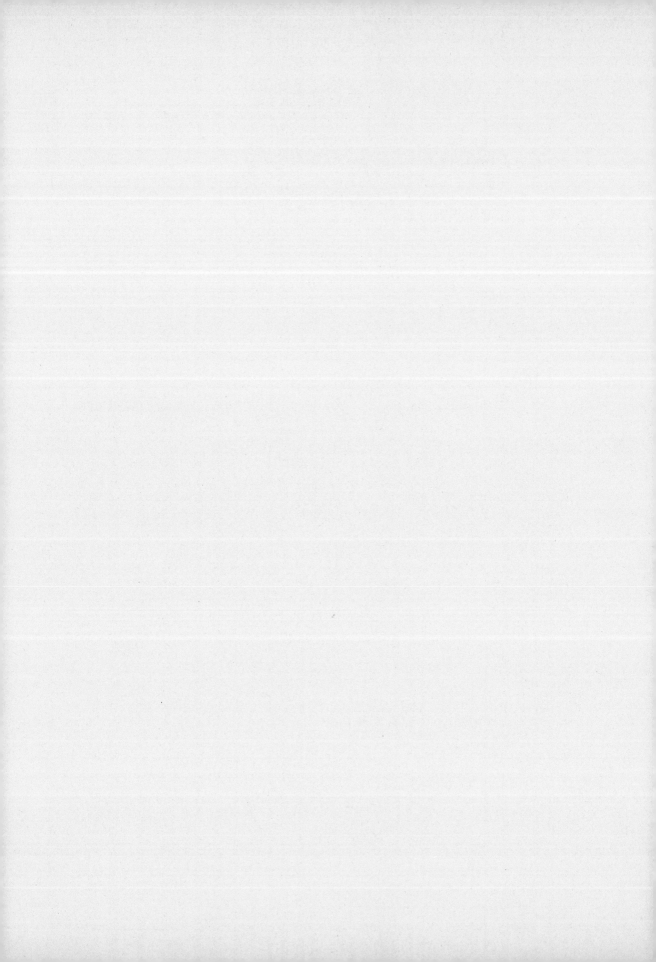

2022년

안전, 주민, 경찰

자치경찰의 새로운 이해

2

자치경찰법령집

이동규 외 14인 지음

박영사

추천사

　대한민국 경찰 창설 76년 만에 도입된 자치경찰제도는 민생치안 정책들을 지역주민들과 공동 생산하는 제도입니다. 특히 사회적 약자인 여성, 아동, 장애인, 노인들을 선제적으로 보호하고 지역의 교통안전 확보와 학교폭력·가정폭력 방지 등 믿음직하고 친근한 우리동네 이웃 경찰관이 되어주는 것이 자치경찰제도의 최우선 목표입니다. 하지만 도입 초창기이다 보니 자치경찰의 독립적 재원확보의 문제, 자치경찰사무의 무한정 확대에 대한 우려 등 부정적인 시각들이 있는 것도 사실입니다. 이러한 중요한 시점에 경찰인재개발원 자치경찰 교육센터에서 '자치경찰의 새로운 이해'라는 책을 발간한 것은 매우 시의적절하고 뜻 깊다고 생각합니다. 경찰인재개발원은 생활안전, 교통, 여성청소년 등 대한민국 지역경찰 교육의 중심지이자 코로나 팬데믹으로 대한민국이 매우 어려운 시기에 따뜻한 손길로 해외 동포들에게 생활치료센터를 제일 먼저 제공한 우리의 영웅들이 근무하는 곳이기도 합니다.

　이 책은 총론 부분에서는 자치경찰제도의 이해와 자치경찰사무에 대해 큰 숲에서 바라봅니다. 그리고 각론 부분에서는 경찰업무의 큰 파트를 차지하고 범죄예방의 핵심이라고 할 수 있는 112 치안종합상황실, 생활안전, 여성청소년 업무, 보호조치 등에 대해 세세히 다루고 있습니다. 이 책은 이제 막 시작한 한국형 자치경찰제도가 안착하고 더욱 성공적으로 발전할 수 있는 밑거름이 되는 소중한 교재로서 적극 추천합니다. 이 책이 나오기까지 노력해주신 경찰인재개발원 자치경찰교육센터의 교수님들의 노고에 진심으로 감사 말씀을 드립니다.

2021. 11.

경찰대학 자치경찰발전연구원장 서준배

머리말

2021년 드디어 우리나라에 자치경찰제도가 본격적으로 도입되고, 우리는 자치경찰 시대를 맞이하게 되었습니다.

자치경찰제도는 국가경찰제도의 단점을 보완하여, 국민의 더욱 가까운 곳에서 치안 서비스를 제공하기 위한 것으로 지방자치제도의 기본 이념을 따르는 제도입니다.

자치경찰제도에서의 경찰은 지역에 더욱 특화된 치안서비스를 제공함으로써, 경찰과 국민은 더욱 가까워지고, 제복을 입은 시민이라는 경찰 본연의 모습은 더욱 선명해질 수 있습니다.

그러나 자치경찰제의 도입과 따라 고민하고 해결해야 할 숙제들이 많이 있습니다. 우리나라의 자치경찰제도는 다른 나라들의 자치경찰제도와는 또 다른 새로운 것으로서 제도나 인력, 행정이나 교육 등 여러 가지 면에서 앞으로 함께 고민해야 할 문제들도 많이 가지고 있습니다.

이 책은 자치경찰의 과거와 현재 그리고 미래에 대한 내용입니다. 경찰 개념의 역사적 변화에서부터, 자치경찰제도의 도입 과정, 자치경찰 · 국가경찰 · 자치단체 간의 권한과 임무 구분, 현재 자치경찰 사무의 각 분야에 대한 구체적인 실무내용, 그리고 자치경찰의 교육과 미래전략에 대한 내용까지 포함하고 있습니다. 이를 통해 자치경찰의 중요한 개념들을 이해하고 자치경찰 사무에 대한 내용을 최대한 구체적으로 파악할 수 있도록 정리하였습니다.

이 책은 자치경찰 소속 경찰관, 국가경찰 소속 경찰관, 자지경찰 사무를 담당하는 공무원들을 비롯하여 구체적인 자치경찰의 실무에 대해 알고 싶은 여러 분들에게 도움이 될 수 있을 것입니다. 경찰 업무가 매우 광범위하고, 분량과 내용상 깊이의 제한으로 각 분야별로 모든 내용을 담지는 못했지만, 가장 필수적이고 핵심적인 내용들을 담을 수 있도록 최대한 노력하였고 일반 시민이나 학생들도 자치경찰의 구체적인 내용들을 이해할 수 있도록 가능하면 쉽게 읽을 수 있도록 구성하였습니다.

앞서 얘기한 것처럼 새로운 자치경찰제도는 우리가 이전에 보았던 다른 나라들의 자치경찰제도 그리고 우리나라에서 시범적으로 실시했던 자치경찰 제도와는 또 다른 모습과 특징을 갖고 있습니다. 이 책을 통해 우리나라의 자치경찰을 새롭게 이해하고, 자치경찰제도가 우리나라에 빨리 안착되어, 경찰이 더욱 가까이에서 국민들을 더욱 안전하게 지킬 수 있는 데 조금이나마 도움이 되었으면 합니다.

2021년 11월
경찰인재개발원 자치경찰교육센터 교수 일동

목차

PART 03

국가와 지방자치단체

PART 04

자치경찰 조례

헌법

안전, 주민, 경찰
자치경찰의 새로운 이해 자치경찰법령집

01 대한민국헌법

[시행 1988. 2. 25] [헌법 제10호, 1987. 10. 29, 전부개정]

전문

　　유구한 역사와 전통에 빛나는 우리 대한국민은 3·1운동으로 건립된 대한민국임시정부의 법통과 불의에 항거한 4·19민주이념을 계승하고, 조국의 민주개혁과 평화적 통일의 사명에 입각하여 정의·인도와 동포애로써 민족의 단결을 공고히 하고, 모든 사회적 폐습과 불의를 타파하며, 자율과 조화를 바탕으로 자유민주적 기본질서를 더욱 확고히 하여 정치·경제·사회·문화의 모든 영역에 있어서 각인의 기회를 균등히 하고, 능력을 최고도로 발휘하게 하며, 자유와 권리에 따르는 책임과 의무를 완수하게 하여, 안으로는 국민생활의 균등한 향상을 기하고 밖으로는 항구적인 세계평화와 인류공영에 이바지함으로써 우리들과 우리들의 자손의 안전과 자유와 행복을 영원히 확보할 것을 다짐하면서 1948년 7월 12일에 제정되고 8차에 걸쳐 개정된 헌법을 이제 국회의 의결을 거쳐 국민투표에 의하여 개정한다.

제1장　총강

제1조 ① 대한민국은 민주공화국이다.

　② 대한민국의 주권은 국민에게 있고, 모든 권력은 국민으로부터 나온다.

제2조 ① 대한민국의 국민이 되는 요건은 법률로 정한다.

　② 국가는 법률이 정하는 바에 의하여 재외국민을 보호할 의무를 진다.

제3조 대한민국의 영토는 한반도와 그 부속도서로 한다.

제4조 대한민국은 통일을 지향하며, 자유민주적 기본질서에 입각한 평화적 통일 정책을 수립하고 이를 추진한다.

제5조 ① 대한민국은 국제평화의 유지에 노력하고 침략적 전쟁을 부인한다.

　② 국군은 국가의 안전보장과 국토방위의 신성한 의무를 수행함을 사명으로 하며, 그 정치적 중립성은 준수된다.

제6조 ① 헌법에 의하여 체결·공포된 조약과 일반적으로 승인된 국제법규는 국내법과 같은 효력을 가진다.

　② 외국인은 국제법과 조약이 정하는 바에 의하여 그 지위가 보장된다.

제7조 ① 공무원은 국민전체에 대한 봉사자이며, 국민에 대하여 책임을 진다.

　② 공무원의 신분과 정치적 중립성은 법률이 정하는 바에 의하여 보장된다.

제8조 ① 정당의 설립은 자유이며, 복수정당제는 보장된다.

　② 정당은 그 목적·조직과 활동이 민주적이어야 하며, 국민의 정치적 의사형성에 참여하는데 필요한

조직을 가져야 한다.

③ 정당은 법률이 정하는 바에 의하여 국가의 보호를 받으며, 국가는 법률이 정하는 바에 의하여 정당운 영에 필요한 자금을 보조할 수 있다.

④ 정당의 목적이나 활동이 민주적 기본질서에 위배될 때에는 정부는 헌법재판소에 그 해산을 제소할 수 있고, 정당은 헌법재판소의 심판에 의하여 해산된다.

제9조 국가는 전통문화의 계승·발전과 민족문화의 창달에 노력하여야 한다.

제2장 국민의 권리와 의무

제10조 모든 국민은 인간으로서의 존엄과 가치를 가지며, 행복을 추구할 권리를 가진다. 국가는 개인이 가지는 불가침의 기본적 인권을 확인하고 이를 보장할 의무를 진다.

제11조 ① 모든 국민은 법 앞에 평등하다. 누구든지 성별·종교 또는 사회적 신분에 의하여 정치적·경 제적·사회적·문화적 생활의 모든 영역에 있어서 차별을 받지 아니한다.

② 사회적 특수계급의 제도는 인정되지 아니하며, 어떠한 형태로도 이를 창설할 수 없다.

③ 훈장등의 영전은 이를 받은 자에게만 효력이 있고, 어떠한 특권도 이에 따르지 아니한다.

제12조 ① 모든 국민은 신체의 자유를 가진다. 누구든지 법률에 의하지 아니하고는 체포·구속·압수· 수색 또는 심문을 받지 아니하며, 법률과 적법한 절차에 의하지 아니하고는 처벌·보안처분 또는 강 제노역을 받지 아니한다.

② 모든 국민은 고문을 받지 아니하며, 형사상 자기에게 불리한 진술을 강요당하지 아니한다.

③ 체포·구속·압수 또는 수색을 할 때에는 적법한 절차에 따라 검사의 신청에 의하여 법관이 발부한 영장을 제시하여야 한다. 다만, 현행범인인 경우와 장기 3년 이상의 형에 해당하는 죄를 범하고 도피 또는 증거인멸의 염려가 있을 때에는 사후에 영장을 청구할 수 있다.

④ 누구든지 체포 또는 구속을 당한 때에는 즉시 변호인의 조력을 받을 권리를 가진다. 다만, 형사피고인 이 스스로 변호인을 구할 수 없을 때에는 법률이 정하는 바에 의하여 국가가 변호인을 붙인다.

⑤ 누구든지 체포 또는 구속의 이유와 변호인의 조력을 받을 권리가 있음을 고지받지 아니하고는 체포 또는 구속을 당하지 아니한다. 체포 또는 구속을 당한 자의 가족등 법률이 정하는 자에게는 그 이유와 일시·장소가 지체없이 통지되어야 한다.

⑥ 누구든지 체포 또는 구속을 당한 때에는 적부의 심사를 법원에 청구할 권리를 가진다.

⑦ 피고인의 자백이 고문·폭행·협박·구속의 부당한 장기화 또는 기망 기타의 방법에 의하여 자의로 진술된 것이 아니라고 인정될 때 또는 정식재판에 있어서 피고인의 자백이 그에게 불리한 유일한 증거일 때에는 이를 유죄의 증거로 삼거나 이를 이유로 처벌할 수 없다.

제13조 ① 모든 국민은 행위시의 법률에 의하여 범죄를 구성하지 아니하는 행위로 소추되지 아니하며, 동일한 범죄에 대하여 거듭 처벌받지 아니한다.

② 모든 국민은 소급입법에 의하여 참정권의 제한을 받거나 재산권을 박탈당하지 아니한다.

③ 모든 국민은 자기의 행위가 아닌 친족의 행위로 인하여 불이익한 처우를 받지 아니한다.

제14조 모든 국민은 거주·이전의 자유를 가진다.

제15조 모든 국민은 직업선택의 자유를 가진다.

제16조 모든 국민은 주거의 자유를 침해받지 아니한다. 주거에 대한 압수나 수색을 할 때에는 검사의 신

청에 의하여 법관이 발부한 영장을 제시하여야 한다.

제17조 모든 국민은 사생활의 비밀과 자유를 침해받지 아니한다.

제18조 모든 국민은 통신의 비밀을 침해받지 아니한다.

제19조 모든 국민은 양심의 자유를 가진다.

제20조 ① 모든 국민은 종교의 자유를 가진다.

　② 국교는 인정되지 아니하며, 종교와 정치는 분리된다.

제21조 ① 모든 국민은 언론·출판의 자유와 집회·결사의 자유를 가진다.

　② 언론·출판에 대한 허가나 검열과 집회·결사에 대한 허가는 인정되지 아니한다.

　③ 통신·방송의 시설기준과 신문의 기능을 보장하기 위하여 필요한 사항은 법률로 정한다.

　④ 언론·출판은 타인의 명예나 권리 또는 공중도덕이나 사회윤리를 침해하여서는 아니된다. 언론·출판이 타인의 명예나 권리를 침해한 때에는 피해자는 이에 대한 피해의 배상을 청구할 수 있다.

제22조 ① 모든 국민은 학문과 예술의 자유를 가진다.

　② 저작자·발명가·과학기술자와 예술가의 권리는 법률로써 보호한다.

제23조 ① 모든 국민의 재산권은 보장된다. 그 내용과 한계는 법률로 정한다.

　② 재산권의 행사는 공공복리에 적합하도록 하여야 한다.

　③ 공공필요에 의한 재산권의 수용·사용 또는 제한 및 그에 대한 보상은 법률로써 하되, 정당한 보상을 지급하여야 한다.

제24조 모든 국민은 법률이 정하는 바에 의하여 선거권을 가진다.

제25조 모든 국민은 법률이 정하는 바에 의하여 공무담임권을 가진다.

제26조 ① 모든 국민은 법률이 정하는 바에 의하여 국가기관에 문서로 청원할 권리를 가진다.

　② 국가는 청원에 대하여 심사할 의무를 진다.

제27조 ① 모든 국민은 헌법과 법률이 정한 법관에 의하여 법률에 의한 재판을 받을 권리를 가진다.

　② 군인 또는 군무원이 아닌 국민은 대한민국의 영역안에서는 중대한 군사상 기밀·초병·초소·유독음식물공급·포로·군용물에 관한 죄중 법률이 정한 경우와 비상계엄이 선포된 경우를 제외하고는 군사법원의 재판을 받지 아니한다.

　③ 모든 국민은 신속한 재판을 받을 권리를 가진다. 형사피고인은 상당한 이유가 없는 한 지체없이 공개재판을 받을 권리를 가진다.

　④ 형사피고인은 유죄의 판결이 확정될 때까지는 무죄로 추정된다.

　⑤ 형사피해자는 법률이 정하는 바에 의하여 당해 사건의 재판절차에서 진술할 수 있다.

제28조 형사피의자 또는 형사피고인으로서 구금되었던 자가 법률이 정하는 불기소처분을 받거나 무죄판결을 받은 때에는 법률이 정하는 바에 의하여 국가에 정당한 보상을 청구할 수 있다.

제29조 ① 공무원의 직무상 불법행위로 손해를 받은 국민은 법률이 정하는 바에 의하여 국가 또는 공공단체에 정당한 배상을 청구할 수 있다. 이 경우 공무원 자신의 책임은 면제되지 아니한다.

　② 군인·군무원·경찰공무원 기타 법률이 정하는 자가 전투·훈련등 직무집행과 관련하여 받은 손해에 대하여는 법률이 정하는 보상외에 국가 또는 공공단체에 공무원의 직무상 불법행위로 인한 배상은 청구할 수 없다.

제30조 타인의 범죄행위로 인하여 생명·신체에 대한 피해를 받은 국민은 법률이 정하는 바에 의하여 국가로부터 구조를 받을 수 있다.

제31조 ① 모든 국민은 능력에 따라 균등하게 교육을 받을 권리를 가진다.

② 모든 국민은 그 보호하는 자녀에게 적어도 초등교육과 법률이 정하는 교육을 받게 할 의무를 진다.

③ 의무교육은 무상으로 한다.

④ 교육의 자주성·전문성·정치적 중립성 및 대학의 자율성은 법률이 정하는 바에 의하여 보장된다.

⑤ 국가는 평생교육을 진흥하여야 한다.

⑥ 학교교육 및 평생교육을 포함한 교육제도와 그 운영, 교육재정 및 교원의 지위에 관한 기본적인 사항은 법률로 정한다.

제32조 ① 모든 국민은 근로의 권리를 가진다. 국가는 사회적·경제적 방법으로 근로자의 고용의 증진과 적정임금의 보장에 노력하여야 하며, 법률이 정하는 바에 의하여 최저임금제를 시행하여야 한다.

② 모든 국민은 근로의 의무를 진다. 국가는 근로의 의무의 내용과 조건을 민주주의원칙에 따라 법률로 정한다.

③ 근로조건의 기준은 인간의 존엄성을 보장하도록 법률로 정한다.

④ 여자의 근로는 특별한 보호를 받으며, 고용·임금 및 근로조건에 있어서 부당한 차별을 받지 아니한다.

⑤ 연소자의 근로는 특별한 보호를 받는다.

⑥ 국가유공자·상이군경 및 전몰군경의 유가족은 법률이 정하는 바에 의하여 우선적으로 근로의 기회를 부여받는다.

제33조 ① 근로자는 근로조건의 향상을 위하여 자주적인 단결권·단체교섭권 및 단체행동권을 가진다.

② 공무원인 근로자는 법률이 정하는 자에 한하여 단결권·단체교섭권 및 단체행동권을 가진다.

③ 법률이 정하는 주요방위산업체에 종사하는 근로자의 단체행동권은 법률이 정하는 바에 의하여 이를 제한하거나 인정하지 아니할 수 있다.

제34조 ① 모든 국민은 인간다운 생활을 할 권리를 가진다.

② 국가는 사회보장·사회복지의 증진에 노력할 의무를 진다.

③ 국가는 여자의 복지와 권익의 향상을 위하여 노력하여야 한다.

④ 국가는 노인과 청소년의 복지향상을 위한 정책을 실시할 의무를 진다.

⑤ 신체장애자 및 질병·노령 기타의 사유로 생활능력이 없는 국민은 법률이 정하는 바에 의하여 국가의 보호를 받는다.

⑥ 국가는 재해를 예방하고 그 위험으로부터 국민을 보호하기 위하여 노력하여야 한다.

제35조 ① 모든 국민은 건강하고 쾌적한 환경에서 생활할 권리를 가지며, 국가와 국민은 환경보전을 위하여 노력하여야 한다.

② 환경권의 내용과 행사에 관하여는 법률로 정한다.

③ 국가는 주택개발정책등을 통하여 모든 국민이 쾌적한 주거생활을 할 수 있도록 노력하여야 한다.

제36조 ① 혼인과 가족생활은 개인의 존엄과 양성의 평등을 기초로 성립되고 유지되어야 하며, 국가는 이를 보장한다.

② 국가는 모성의 보호를 위하여 노력하여야 한다.

③ 모든 국민은 보건에 관하여 국가의 보호를 받는다.

제37조 ① 국민의 자유와 권리는 헌법에 열거되지 아니한 이유로 경시되지 아니한다.

② 국민의 모든 자유와 권리는 국가안전보장·질서유지 또는 공공복리를 위하여 필요한 경우에 한하여 법률로써 제한할 수 있으며, 제한하는 경우에도 자유와 권리의 본질적인 내용을 침해할 수 없다.

제38조 모든 국민은 법률이 정하는 바에 의하여 납세의 의무를 진다.

제39조 ① 모든 국민은 법률이 정하는 바에 의하여 국방의 의무를 진다.

② 누구든지 병역의무의 이행으로 인하여 불이익한 처우를 받지 아니한다.

제3장 국회

제40조 입법권은 국회에 속한다.

제41조 ① 국회는 국민의 보통·평등·직접·비밀선거에 의하여 선출된 국회의원으로 구성한다.

② 국회의원의 수는 법률로 정하되, 200인 이상으로 한다.

③ 국회의원의 선거구와 비례대표제 기타 선거에 관한 사항은 법률로 정한다.

제42조 국회의원의 임기는 4년으로 한다.

제43조 국회의원은 법률이 정하는 직을 겸할 수 없다.

제44조 ① 국회의원은 현행범인인 경우를 제외하고는 회기중 국회의 동의없이 체포 또는 구금되지 아니한다.

② 국회의원이 회기전에 체포 또는 구금된 때에는 현행범인이 아닌 한 국회의 요구가 있으면 회기중 석방된다.

제45조 국회의원은 국회에서 직무상 행한 발언과 표결에 관하여 국회외에서 책임을 지지 아니한다.

제46조 ① 국회의원은 청렴의 의무가 있다.

② 국회의원은 국가이익을 우선하여 양심에 따라 직무를 행한다.

③ 국회의원은 그 지위를 남용하여 국가·공공단체 또는 기업체와의 계약이나 그 처분에 의하여 재산상의 권리·이익 또는 직위를 취득하거나 타인을 위하여 그 취득을 알선할 수 없다.

제47조 ① 국회의 정기회는 법률이 정하는 바에 의하여 매년 1회 집회되며, 국회의 임시회는 대통령 또는 국회재적의원 4분의 1 이상의 요구에 의하여 집회된다.

② 정기회의 회기는 100일을, 임시회의 회기는 30일을 초과할 수 없다.

③ 대통령이 임시회의 집회를 요구할 때에는 기간과 집회요구의 이유를 명시하여야 한다.

제48조 국회는 의장 1인과 부의장 2인을 선출한다.

제49조 국회는 헌법 또는 법률에 특별한 규정이 없는 한 재적의원 과반수의 출석과 출석의원 과반수의 찬성으로 의결한다. 가부동수인 때에는 부결된 것으로 본다.

제50조 ① 국회의 회의는 공개한다. 다만, 출석의원 과반수의 찬성이 있거나 의장이 국가의 안전보장을 위하여 필요하다고 인정할 때에는 공개하지 아니할 수 있다.

② 공개하지 아니한 회의내용의 공표에 관하여는 법률이 정하는 바에 의한다.

제51조 국회에 제출된 법률안 기타의 의안은 회기중에 의결되지 못한 이유로 폐기되지 아니한다. 다만, 국회의원의 임기가 만료된 때에는 그러하지 아니하다.

제52조 국회의원과 정부는 법률안을 제출할 수 있다.

제53조 ① 국회에서 의결된 법률안은 정부에 이송되어 15일 이내에 대통령이 공포한다.

② 법률안에 이의가 있을 때에는 대통령은 제1항의 기간내에 이의서를 붙여 국회로 환부하고, 그 재의를 요구할 수 있다. 국회의 폐회중에도 또한 같다.

③ 대통령은 법률안의 일부에 대하여 또는 법률안을 수정하여 재의를 요구할 수 없다.

④ 재의의 요구가 있을 때에는 국회는 재의에 붙이고, 재적의원과반수의 출석과 출석의원 3분의 2 이상의 찬성으로 전과 같은 의결을 하면 그 법률안은 법률로서 확정된다.

⑤ 대통령이 제1항의 기간내에 공포나 재의의 요구를 하지 아니한 때에도 그 법률안은 법률로서 확정된다.

⑥ 대통령은 제4항과 제5항의 규정에 의하여 확정된 법률을 지체없이 공포하여야 한다. 제5항에 의하여 법률이 확정된 후 또는 제4항에 의한 확정법률이 정부에 이송된 후 5일 이내에 대통령이 공포하지 아니할 때에는 국회의장이 이를 공포한다.

⑦ 법률은 특별한 규정이 없는 한 공포한 날로부터 20일을 경과함으로써 효력을 발생한다.

제54조 ① 국회는 국가의 예산안을 심의·확정한다.

② 정부는 회계연도마다 예산안을 편성하여 회계연도 개시 90일전까지 국회에 제출하고, 국회는 회계연도 개시 30일전까지 이를 의결하여야 한다.

③ 새로운 회계연도가 개시될 때까지 예산안이 의결되지 못한 때에는 정부는 국회에서 예산안이 의결될 때까지 다음의 목적을 위한 경비는 전년도 예산에 준하여 집행할 수 있다.

1. 헌법이나 법률에 의하여 설치된 기관 또는 시설의 유지·운영
2. 법률상 지출의무의 이행
3. 이미 예산으로 승인된 사업의 계속

제55조 ① 한 회계연도를 넘어 계속하여 지출할 필요가 있을 때에는 정부는 연한을 정하여 계속비로서 국회의 의결을 얻어야 한다.

② 예비비는 총액으로 국회의 의결을 얻어야 한다. 예비비의 지출은 차기국회의 승인을 얻어야 한다.

제56조 정부는 예산에 변경을 가할 필요가 있을 때에는 추가경정예산안을 편성하여 국회에 제출할 수 있다.

제57조 국회는 정부의 동의없이 정부가 제출한 지출예산 각항의 금액을 증가하거나 새 비목을 설치할 수 없다.

제58조 국채를 모집하거나 예산외에 국가의 부담이 될 계약을 체결하려 할 때에는 정부는 미리 국회의 의결을 얻어야 한다.

제59조 조세의 종목과 세율은 법률로 정한다.

제60조 ① 국회는 상호원조 또는 안전보장에 관한 조약, 중요한 국제조직에 관한 조약, 우호통상항해조약, 주권의 제약에 관한 조약, 강화조약, 국가나 국민에게 중대한 재정적 부담을 지우는 조약 또는 입법사항에 관한 조약의 체결·비준에 대한 동의권을 가진다.

② 국회는 선전포고, 국군의 외국에의 파견 또는 외국군대의 대한민국 영역안에서의 주류에 대한 동의권을 가진다.

제61조 ① 국회는 국정을 감사하거나 특정한 국정사안에 대하여 조사할 수 있으며, 이에 필요한 서류의 제출 또는 증인의 출석과 증언이나 의견의 진술을 요구할 수 있다.

② 국정감사 및 조사에 관한 절차 기타 필요한 사항은 법률로 정한다.

제62조 ① 국무총리·국무위원 또는 정부위원은 국회나 그 위원회에 출석하여 국정처리상황을 보고하거나 의견을 진술하고 질문에 응답할 수 있다.

② 국회나 그 위원회의 요구가 있을 때에는 국무총리·국무위원 또는 정부위원은 출석·답변하여야 하며, 국무총리 또는 국무위원이 출석요구를 받은 때에는 국무위원 또는 정부위원으로 하여금 출

석·답변하게 할 수 있다.

제63조 ① 국회는 국무총리 또는 국무위원의 해임을 대통령에게 건의할 수 있다.

② 제1항의 해임건의는 국회재적의원 3분의 1 이상의 발의에 의하여 국회재적의원 과반수의 찬성이 있어야 한다.

제64조 ① 국회는 법률에 저촉되지 아니하는 범위안에서 의사와 내부규율에 관한 규칙을 제정할 수 있다.

② 국회는 의원의 자격을 심사하며, 의원을 징계할 수 있다.

③ 의원을 제명하려면 국회재적의원 3분의 2 이상의 찬성이 있어야 한다.

④ 제2항과 제3항의 처분에 대하여는 법원에 제소할 수 없다.

제65조 ① 대통령·국무총리·국무위원·행정각부의 장·헌법재판소 재판관·법관·중앙선거관리위원회 위원·감사원장·감사위원 기타 법률이 정한 공무원이 그 직무집행에 있어서 헌법이나 법률을 위배한 때에는 국회는 탄핵의 소추를 의결할 수 있다.

② 제1항의 탄핵소추는 국회재적의원 3분의 1 이상의 발의가 있어야 하며, 그 의결은 국회재적의원 과반수의 찬성이 있어야 한다. 다만, 대통령에 대한 탄핵소추는 국회재적의원 과반수의 발의와 국회재적의원 3분의 2 이상의 찬성이 있어야 한다.

③ 탄핵소추의 의결을 받은 자는 탄핵심판이 있을 때까지 그 권한행사가 정지된다.

④ 탄핵결정은 공직으로부터 파면함에 그친다. 그러나, 이에 의하여 민사상이나 형사상의 책임이 면제되지는 아니한다.

제4장 ◈ 정부

제1절 대통령

제66조 ① 대통령은 국가의 원수이며, 외국에 대하여 국가를 대표한다.

② 대통령은 국가의 독립·영토의 보전·국가의 계속성과 헌법을 수호할 책무를 진다.

③ 대통령은 조국의 평화적 통일을 위한 성실한 의무를 진다.

④ 행정권은 대통령을 수반으로 하는 정부에 속한다.

제67조 ① 대통령은 국민의 보통·평등·직접·비밀선거에 의하여 선출한다.

② 제1항의 선거에 있어서 최고득표자가 2인 이상인 때에는 국회의 재적의원 과반수가 출석한 공개회의에서 다수표를 얻은 자를 당선자로 한다.

③ 대통령후보자가 1인일 때에는 그 득표수가 선거권자 총수의 3분의 1 이상이 아니면 대통령으로 당선될 수 없다.

④ 대통령으로 선거될 수 있는 자는 국회의원의 피선거권이 있고 선거일 현재 40세에 달하여야 한다.

⑤ 대통령의 선거에 관한 사항은 법률로 정한다.

제68조 ① 대통령의 임기가 만료되는 때에는 임기만료 70일 내지 40일전에 후임자를 선거한다.

② 대통령이 궐위된 때 또는 대통령 당선자가 사망하거나 판결 기타의 사유로 그 자격을 상실한 때에는 60일 이내에 후임자를 선거한다.

제69조 대통령은 취임에 즈음하여 다음의 선서를 한다.

"나는 헌법을 준수하고 국가를 보위하며 조국의 평화적 통일과 국민의 자유와 복리의 증진 및 민족문화의 창달에 노력하여 대통령으로서의 직책을 성실히 수행할 것을 국민 앞에 엄숙히 선서합니다."

제70조 대통령의 임기는 5년으로 하며, 중임할 수 없다.

제71조 대통령이 궐위되거나 사고로 인하여 직무를 수행할 수 없을 때에는 국무총리, 법률이 정한 국무위원의 순서로 그 권한을 대행한다.

제72조 대통령은 필요하다고 인정할 때에는 외교·국방·통일 기타 국가안위에 관한 중요정책을 국민투표에 붙일 수 있다.

제73조 대통령은 조약을 체결·비준하고, 외교사절을 신임·접수 또는 파견하며, 선전포고와 강화를 한다.

제74조 ① 대통령은 헌법과 법률이 정하는 바에 의하여 국군을 통수한다.

② 국군의 조직과 편성은 법률로 정한다.

제75조 대통령은 법률에서 구체적으로 범위를 정하여 위임받은 사항과 법률을 집행하기 위하여 필요한 사항에 관하여 대통령령을 발할 수 있다.

제76조 ① 대통령은 내우·외환·천재·지변 또는 중대한 재정·경제상의 위기에 있어서 국가의 안전보장 또는 공공의 안녕질서를 유지하기 위하여 긴급한 조치가 필요하고 국회의 집회를 기다릴 여유가 없을 때에 한하여 최소한으로 필요한 재정·경제상의 처분을 하거나 이에 관하여 법률의 효력을 가지는 명령을 발할 수 있다.

② 대통령은 국가의 안위에 관계되는 중대한 교전상태에 있어서 국가를 보위하기 위하여 긴급한 조치가 필요하고 국회의 집회가 불가능한 때에 한하여 법률의 효력을 가지는 명령을 발할 수 있다.

③ 대통령은 제1항과 제2항의 처분 또는 명령을 한 때에는 지체없이 국회에 보고하여 그 승인을 얻어야 한다.

④ 제3항의 승인을 얻지 못한 때에는 그 처분 또는 명령은 그때부터 효력을 상실한다. 이 경우 그 명령에 의하여 개정 또는 폐지되었던 법률은 그 명령이 승인을 얻지 못한 때부터 당연히 효력을 회복한다.

⑤ 대통령은 제3항과 제4항의 사유를 지체없이 공포하여야 한다.

제77조 ① 대통령은 전시·사변 또는 이에 준하는 국가비상사태에 있어서 병력으로써 군사상의 필요에 응하거나 공공의 안녕질서를 유지할 필요가 있을 때에는 법률이 정하는 바에 의하여 계엄을 선포할 수 있다.

② 계엄은 비상계엄과 경비계엄으로 한다.

③ 비상계엄이 선포된 때에는 법률이 정하는 바에 의하여 영장제도, 언론·출판·집회·결사의 자유, 정부나 법원의 권한에 관하여 특별한 조치를 할 수 있다.

④ 계엄을 선포한 때에는 대통령은 지체없이 국회에 통고하여야 한다.

⑤ 국회가 재적의원 과반수의 찬성으로 계엄의 해제를 요구한 때에는 대통령은 이를 해제하여야 한다.

제78조 대통령은 헌법과 법률이 정하는 바에 의하여 공무원을 임면한다.

제79조 ① 대통령은 법률이 정하는 바에 의하여 사면·감형 또는 복권을 명할 수 있다.

② 일반사면을 명하려면 국회의 동의를 얻어야 한다.

③ 사면·감형 및 복권에 관한 사항은 법률로 정한다.

제80조 대통령은 법률이 정하는 바에 의하여 훈장 기타의 영전을 수여한다.

제81조 대통령은 국회에 출석하여 발언하거나 서한으로 의견을 표시할 수 있다.

제82조 대통령의 국법상 행위는 문서로써 하며, 이 문서에는 국무총리와 관계 국무위원이 부서한다. 군사에 관한 것도 또한 같다.

제83조 대통령은 국무총리·국무위원·행정각부의 장 기타 법률이 정하는 공사의 직을 겸할 수 없다.

제84조 대통령은 내란 또는 외환의 죄를 범한 경우를 제외하고는 재직중 형사상의 소추를 받지 아니한다.

제85조 전직대통령의 신분과 예우에 관하여는 법률로 정한다.

제2절   행정부

제1관 국무총리와 국무위원

제86조 ① 국무총리는 국회의 동의를 얻어 대통령이 임명한다.

　② 국무총리는 대통령을 보좌하며, 행정에 관하여 대통령의 명을 받아 행정각부를 통할한다.

　③ 군인은 현역을 면한 후가 아니면 국무총리로 임명될 수 없다.

제87조 ① 국무위원은 국무총리의 제청으로 대통령이 임명한다.

　② 국무위원은 국정에 관하여 대통령을 보좌하며, 국무회의의 구성원으로서 국정을 심의한다.

　③ 국무총리는 국무위원의 해임을 대통령에게 건의할 수 있다.

　④ 군인은 현역을 면한 후가 아니면 국무위원으로 임명될 수 없다.

제2관 국무회의

제88조 ① 국무회의는 정부의 권한에 속하는 중요한 정책을 심의한다.

　② 국무회의는 대통령·국무총리와 15인 이상 30인 이하의 국무위원으로 구성한다.

　③ 대통령은 국무회의의 의장이 되고, 국무총리는 부의장이 된다.

제89조 다음 사항은 국무회의의 심의를 거쳐야 한다.

　　1. 국정의 기본계획과 정부의 일반정책

　　2. 선전·강화 기타 중요한 대외정책

　　3. 헌법개정안·국민투표안·조약안·법률안 및 대통령령안

　　4. 예산안·결산·국유재산처분의 기본계획·국가의 부담이 될 계약 기타 재정에 관한 중요사항

　　5. 대통령의 긴급명령·긴급재정경제처분 및 명령 또는 계엄과 그 해제

　　6. 군사에 관한 중요사항

　　7. 국회의 임시회 집회의 요구

　　8. 영전수여

　　9. 사면·감형과 복권

　　10. 행정각부간의 권한의 획정

　　11. 정부안의 권한의 위임 또는 배정에 관한 기본계획

　　12. 국정처리상황의 평가·분석

　　13. 행정각부의 중요한 정책의 수립과 조정

　　14. 정당해산의 제소

　　15. 정부에 제출 또는 회부된 정부의 정책에 관계되는 청원의 심사

　　16. 검찰총장·합동참모의장·각군참모총장·국립대학교총장·대사 기타 법률이 정한 공무원과 국영기업체관리자의 임명

17. 기타 대통령·국무총리 또는 국무위원이 제출한 사항

제90조 ① 국정의 중요한 사항에 관한 대통령의 자문에 응하기 위하여 국가원로로 구성되는 국가원로
자문회의를 둘 수 있다.

② 국가원로자문회의의 의장은 직전대통령이 된다. 다만, 직전대통령이 없을 때에는 대통령이 지명한다.

③ 국가원로자문회의의 조직·직무범위 기타 필요한 사항은 법률로 정한다.

제91조 ① 국가안전보장에 관련되는 대외정책·군사정책과 국내정책의 수립에 관하여 국무회의의 심
의에 앞서 대통령의 자문에 응하기 위하여 국가안전보장회의를 둔다.

② 국가안전보장회의는 대통령이 주재한다.

③ 국가안전보장회의의 조직·직무범위 기타 필요한 사항은 법률로 정한다.

제92조 ① 평화통일정책의 수립에 관한 대통령의 자문에 응하기 위하여 민주평화통일자문회의를 둘 수
있다.

② 민주평화통일자문회의의 조직·직무범위 기타 필요한 사항은 법률로 정한다.

제93조 ① 국민경제의 발전을 위한 중요정책의 수립에 관하여 대통령의 자문에 응하기 위하여 국민경
제자문회의를 둘 수 있다.

② 국민경제자문회의의 조직·직무범위 기타 필요한 사항은 법률로 정한다.

제3관 행정각부

제94조 행정각부의 장은 국무위원 중에서 국무총리의 제청으로 대통령이 임명한다.

제95조 국무총리 또는 행정각부의 장은 소관사무에 관하여 법률이나 대통령령의 위임 또는 직권으로
총리령 또는 부령을 발할 수 있다.

제96조 행정각부의 설치·조직과 직무범위는 법률로 정한다.

제4관 감사원

제97조 국가의 세입·세출의 결산, 국가 및 법률이 정한 단체의 회계검사와 행정기관 및 공무원의 직무
에 관한 감찰을 하기 위하여 대통령 소속하에 감사원을 둔다.

제98조 ① 감사원은 원장을 포함한 5인 이상 11인 이하의 감사위원으로 구성한다.

② 원장은 국회의 동의를 얻어 대통령이 임명하고, 그 임기는 4년으로 하며, 1차에 한하여 중임할 수
있다.

③ 감사위원은 원장의 제청으로 대통령이 임명하고, 그 임기는 4년으로 하며, 1차에 한하여 중임할 수
있다.

제99조 감사원은 세입·세출의 결산을 매년 검사하여 대통령과 차년도국회에 그 결과를 보고하여야
한다.

제100조 감사원의 조직·직무범위·감사위원의 자격·감사대상공무원의 범위 기타 필요한 사항은 법률
로 정한다.

제101조 ① 사법권은 법관으로 구성된 법원에 속한다.

② 법원은 최고법원인 대법원과 각급법원으로 조직된다.

③ 법관의 자격은 법률로 정한다.

제102조 ① 대법원에 부를 둘 수 있다.

② 대법원에 대법관을 둔다. 다만, 법률이 정하는 바에 의하여 대법관이 아닌 법관을 둘 수 있다.

③ 대법원과 각급법원의 조직은 법률로 정한다.

제103조 법관은 헌법과 법률에 의하여 그 양심에 따라 독립하여 심판한다.

제104조 ① 대법원장은 국회의 동의를 얻어 대통령이 임명한다.

② 대법관은 대법원장의 제청으로 국회의 동의를 얻어 대통령이 임명한다.

③ 대법원장과 대법관이 아닌 법관은 대법관회의의 동의를 얻어 대법원장이 임명한다.

제105조 ① 대법원장의 임기는 6년으로 하며, 중임할 수 없다.

② 대법관의 임기는 6년으로 하며, 법률이 정하는 바에 의하여 연임할 수 있다.

③ 대법원장과 대법관이 아닌 법관의 임기는 10년으로 하며, 법률이 정하는 바에 의하여 연임할 수 있다.

④ 법관의 정년은 법률로 정한다.

제106조 ① 법관은 탄핵 또는 금고 이상의 형의 선고에 의하지 아니하고는 파면되지 아니하며, 징계처분에 의하지 아니하고는 정직 · 감봉 기타 불리한 처분을 받지 아니한다.

② 법관이 중대한 심신상의 장해로 직무를 수행할 수 없을 때에는 법률이 정하는 바에 의하여 퇴직하게 할 수 있다.

제107조 ① 법률이 헌법에 위반되는 여부가 재판의 전제가 된 경우에는 법원은 헌법재판소에 제청하여 그 심판에 의하여 재판한다.

② 명령 · 규칙 또는 처분이 헌법이나 법률에 위반되는 여부가 재판의 전제가 된 경우에는 대법원은 이를 최종적으로 심사할 권한을 가진다.

③ 재판의 전심절차로서 행정심판을 할 수 있다. 행정심판의 절차는 법률로 정하되, 사법절차가 준용되어야 한다.

제108조 대법원은 법률에 저촉되지 아니하는 범위안에서 소송에 관한 절차, 법원의 내부규율과 사무처리에 관한 규칙을 제정할 수 있다.

제109조 재판의 심리와 판결은 공개한다. 다만, 심리는 국가의 안전보장 또는 안녕질서를 방해하거나 선량한 풍속을 해할 염려가 있을 때에는 법원의 결정으로 공개하지 아니할 수 있다.

제110조 ① 군사재판을 관할하기 위하여 특별법원으로서 군사법원을 둘 수 있다.

② 군사법원의 상고심은 대법원에서 관할한다.

③ 군사법원의 조직 · 권한 및 재판관의 자격은 법률로 정한다.

④ 비상계엄하의 군사재판은 군인 · 군무원의 범죄나 군사에 관한 간첩죄의 경우와 초병 · 초소 · 유독음식물공급 · 포로에 관한 죄중 법률이 정한 경우에 한하여 단심으로 할 수 있다. 다만, 사형을 선고한 경우에는 그러하지 아니하다.

제6장 헌법재판소

제111조 ① 헌법재판소는 다음 사항을 관장한다.

1. 법원의 제청에 의한 법률의 위헌여부 심판
2. 탄핵의 심판
3. 정당의 해산 심판
4. 국가기관 상호간, 국가기관과 지방자치단체간 및 지방자치단체 상호간의 권한쟁의에 관한 심판
5. 법률이 정하는 헌법소원에 관한 심판

② 헌법재판소는 법관의 자격을 가진 9인의 재판관으로 구성하며, 재판관은 대통령이 임명한다.

③ 제2항의 재판관중 3인은 국회에서 선출하는 자를, 3인은 대법원장이 지명하는 자를 임명한다.

④ 헌법재판소의 장은 국회의 동의를 얻어 재판관중에서 대통령이 임명한다.

제112조 ① 헌법재판소 재판관의 임기는 6년으로 하며, 법률이 정하는 바에 의하여 연임할 수 있다.

② 헌법재판소 재판관은 정당에 가입하거나 정치에 관여할 수 없다.

③ 헌법재판소 재판관은 탄핵 또는 금고 이상의 형의 선고에 의하지 아니하고는 파면되지 아니한다.

제113조 ① 헌법재판소에서 법률의 위헌결정, 탄핵의 결정, 정당해산의 결정 또는 헌법소원에 관한 인용결정을 할 때에는 재판관 6인 이상의 찬성이 있어야 한다.

② 헌법재판소는 법률에 저촉되지 아니하는 범위안에서 심판에 관한 절차, 내부규율과 사무처리에 관한 규칙을 제정할 수 있다.

③ 헌법재판소의 조직과 운영 기타 필요한 사항은 법률로 정한다.

제7장 선거관리

제114조 ① 선거와 국민투표의 공정한 관리 및 정당에 관한 사무를 처리하기 위하여 선거관리위원회를 둔다.

② 중앙선거관리위원회는 대통령이 임명하는 3인, 국회에서 선출하는 3인과 대법원장이 지명하는 3인의 위원으로 구성한다. 위원장은 위원중에서 호선한다.

③ 위원의 임기는 6년으로 한다.

④ 위원은 정당에 가입하거나 정치에 관여할 수 없다.

⑤ 위원은 탄핵 또는 금고 이상의 형의 선고에 의하지 아니하고는 파면되지 아니한다.

⑥ 중앙선거관리위원회는 법령의 범위안에서 선거관리 · 국민투표관리 또는 정당사무에 관한 규칙을 제정할 수 있으며, 법률에 저촉되지 아니하는 범위안에서 내부규율에 관한 규칙을 제정할 수 있다.

⑦ 각급 선거관리위원회의 조직 · 직무범위 기타 필요한 사항은 법률로 정한다.

제115조 ① 각급 선거관리위원회는 선거인명부의 작성등 선거사무와 국민투표사무에 관하여 관계 행정기관에 필요한 지시를 할 수 있다.

② 제1항의 지시를 받은 당해 행정기관은 이에 응하여야 한다.

제116조 ① 선거운동은 각급 선거관리위원회의 관리하에 법률이 정하는 범위안에서 하되, 균등한 기회가 보장되어야 한다.

② 선거에 관한 경비는 법률이 정하는 경우를 제외하고는 정당 또는 후보자에게 부담시킬 수 없다.

제8장 　　지방자치

제117조 ① 지방자치단체는 주민의 복리에 관한 사무를 처리하고 재산을 관리하며, 법령의 범위안에서
　　　　자치에 관한 규정을 제정할 수 있다.

　　　　② 지방자치단체의 종류는 법률로 정한다.

제118조 ① 지방자치단체에 의회를 둔다.

　　　　② 지방의회의 조직·권한·의원선거와 지방자치단체의 장의 선임방법 기타 지방자치단체의 조직과
　　　　운영에 관한 사항은 법률로 정한다.

제9장 　　경제

제119조 ① 대한민국의 경제질서는 개인과 기업의 경제상의 자유와 창의를 존중함을 기본으로 한다.

　　　　② 국가는 균형있는 국민경제의 성장 및 안정과 적정한 소득의 분배를 유지하고, 시장의 지배와 경제력
　　　　의 남용을 방지하며, 경제주체간의 조화를 통한 경제의 민주화를 위하여 경제에 관한 규제와 조정을
　　　　할 수 있다.

제120조 ① 광물 기타 중요한 지하자원·수산자원·수력과 경제상 이용할 수 있는 자연력은 법률이 정
　　　　하는 바에 의하여 일정한 기간 그 채취·개발 또는 이용을 특허할 수 있다.

　　　　② 국토와 자원은 국가의 보호를 받으며, 국가는 그 균형있는 개발과 이용을 위하여 필요한 계획을 수립
　　　　한다.

제121조 ① 국가는 농지에 관하여 경자유전의 원칙이 달성될 수 있도록 노력하여야 하며, 농지의 소작
　　　　제도는 금지된다.

　　　　② 농업생산성의 제고와 농지의 합리적인 이용을 위하거나 불가피한 사정으로 발생하는 농지의 임대차
　　　　와 위탁경영은 법률이 정하는 바에 의하여 인정된다.

제122조 국가는 국민 모두의 생산 및 생활의 기반이 되는 국토의 효율적이고 균형있는 이용·개발과 보전
　　　　을 위하여 법률이 정하는 바에 의하여 그에 관한 필요한 제한과 의무를 과할 수 있다.

제123조 ① 국가는 농업 및 어업을 보호·육성하기 위하여 농·어촌종합개발과 그 지원등 필요한 계획
　　　　을 수립·시행하여야 한다.

　　　　② 국가는 지역간의 균형있는 발전을 위하여 지역경제를 육성할 의무를 진다.

　　　　③ 국가는 중소기업을 보호·육성하여야 한다.

　　　　④ 국가는 농수산물의 수급균형과 유통구조의 개선에 노력하여 가격안정을 도모함으로써 농·
　　　　어민의 이익을 보호한다.

　　　　⑤ 국가는 농·어민과 중소기업의 자조조직을 육성하여야 하며, 그 자율적 활동과 발전을 보장한다.

제124조 국가는 건전한 소비행위를 계도하고 생산품의 품질향상을 촉구하기 위한 소비자보호운동을
　　　　법률이 정하는 바에 의하여 보장한다.

제125조 국가는 대외무역을 육성하며, 이를 규제·조정할 수 있다.

제126조 국방상 또는 국민경제상 긴절한 필요로 인하여 법률이 정하는 경우를 제외하고는, 사영기업을
　　　　국유 또는 공유로 이전하거나 그 경영을 통제 또는 관리할 수 없다.

제127조 ① 국가는 과학기술의 혁신과 정보 및 인력의 개발을 통하여 국민경제의 발전에 노력하여야 한다.

② 국가는 국가표준제도를 확립한다.

③ 대통령은 제1항의 목적을 달성하기 위하여 필요한 자문기구를 둘 수 있다.

제10장 헌법개정

제128조 ① 헌법개정은 국회재적의원 과반수 또는 대통령의 발의로 제안된다.

② 대통령의 임기연장 또는 중임변경을 위한 헌법개정은 그 헌법개정 제안 당시의 대통령에 대하여는 효력이 없다.

제129조 제안된 헌법개정안은 대통령이 20일 이상의 기간 이를 공고하여야 한다.

제130조 ① 국회는 헌법개정안이 공고된 날로부터 60일 이내에 의결하여야 하며, 국회의 의결은 재적의원 3분의 2 이상의 찬성을 얻어야 한다.

② 헌법개정안은 국회가 의결한 후 30일 이내에 국민투표에 붙여 국회의원선거권자 과반수의 투표와 투표자 과반수의 찬성을 얻어야 한다.

③ 헌법개정안이 제2항의 찬성을 얻은 때에는 헌법개정은 확정되며, 대통령은 즉시 이를 공포하여야 한다.

부칙 〈제10호, 1987. 10. 29.〉

제1조 이 헌법은 1988년 2월 25일부터 시행한다. 다만, 이 헌법을 시행하기 위하여 필요한 법률의 제정·개정과 이 헌법에 의한 대통령 및 국회의원의 선거 기타 이 헌법시행에 관한 준비는 이 헌법시행 전에 할 수 있다.

제2조 ① 이 헌법에 의한 최초의 대통령선거는 이 헌법시행일 40일 전까지 실시한다.

② 이 헌법에 의한 최초의 대통령의 임기는 이 헌법시행일로부터 개시한다.

제3조 ① 이 헌법에 의한 최초의 국회의원선거는 이 헌법공포일로부터 6월 이내에 실시하며, 이 헌법에 의하여 선출된 최초의 국회의원의 임기는 국회의원선거후 이 헌법에 의한 국회의 최초의 집회일로부터 개시한다.

② 이 헌법공포 당시의 국회의원의 임기는 제1항에 의한 국회의 최초의 집회일 전일까지로 한다.

제4조 ① 이 헌법시행 당시의 공무원과 정부가 임명한 기업체의 임원은 이 헌법에 의하여 임명된 것으로 본다. 다만, 이 헌법에 의하여 선임방법이나 임명권자가 변경된 공무원과 대법원장 및 감사원장은 이 헌법에 의하여 후임자가 선임될 때까지 그 직무를 행하며, 이 경우 전임자인 공무원의 임기는 후임자가 선임되는 전일까지로 한다.

② 이 헌법시행 당시의 대법원장과 대법원판사가 아닌 법관은 제1항 단서의 규정에 불구하고 이 헌법에 의하여 임명된 것으로 본다.

③ 이 헌법중 공무원의 임기 또는 중임제한에 관한 규정은 이 헌법에 의하여 그 공무원이 최초로 선출 또는 임명된 때로부터 적용한다.

제5조 이 헌법시행 당시의 법령과 조약은 이 헌법에 위배되지 아니하는 한 그 효력을 지속한다.

제6조 이 헌법시행 당시에 이 헌법에 의하여 새로 설치될 기관의 권한에 속하는 직무를 행하고 있는 기관은 이 헌법에 의하여 새로운 기관이 설치될 때까지 존속하며 그 직무를 행한다.

헌법재판소법
[시행 2020. 12. 10] [법률 제17469호, 2020. 6. 9, 일부개정]

헌법재판소(법제과) 02-708-3692

제1장 ◆ 총칙 〈개정 2011. 4. 5.〉

제1조(목적) 이 법은 헌법재판소의 조직 및 운영과 그 심판절차에 관하여 필요한 사항을 정함을 목적으로 한다.

[전문개정 2011. 4. 5.]

제2조(관장사항) 헌법재판소는 다음 각 호의 사항을 관장한다.

1. 법원의 제청(提請)에 의한 법률의 위헌(違憲) 여부 심판

2. 탄핵(彈劾)의 심판

3. 정당의 해산심판

4. 국가기관 상호간, 국가기관과 지방자치단체 간 및 지방자치단체 상호간의 권한쟁의(權限爭議)에 관한 심판

5. 헌법소원(憲法訴願)에 관한 심판

[전문개정 2011. 4. 5.]

제3조(구성) 헌법재판소는 9명의 재판관으로 구성한다.

[전문개정 2011. 4. 5.]

제4조(재판관의 독립) 재판관은 헌법과 법률에 의하여 양심에 따라 독립하여 심판한다.

[전문개정 2011. 4. 5.]

제5조(재판관의 자격) ① 재판관은 다음 각 호의 어느 하나에 해당하는 직(職)에 15년 이상 있던 40세 이상인 사람 중에서 임명한다. 다만, 다음 각 호 중 둘 이상의 직에 있던 사람의 재직기간은 합산한다.

1. 판사, 검사, 변호사

2. 변호사 자격이 있는 사람으로서 국가기관, 국영·공영 기업체, 「공공기관의 운영에 관한 법률」 제4조에 따른 공공기관 또는 그 밖의 법인에서 법률에 관한 사무에 종사한 사람

3. 변호사 자격이 있는 사람으로서 공인된 대학의 법률학 조교수 이상의 직에 있던 사람

② 다음 각 호의 어느 하나에 해당하는 사람은 재판관으로 임명할 수 없다. 〈개정 2020. 6. 9.〉

1. 다른 법령에 따라 공무원으로 임용하지 못하는 사람

2. 금고 이상의 형을 선고받은 사람

3. 탄핵에 의하여 파면된 후 5년이 지나지 아니한 사람

4. 「정당법」 제22조에 따른 정당의 당원 또는 당원의 신분을 상실한 날부터 3년이 경과되지 아니한 사람

5. 「공직선거법」 제2조에 따른 선거에 후보자(예비후보자를 포함한다)로 등록한 날부터 5년이 경과되지 아니한 사람

6. 「공직선거법」 제2조에 따른 대통령선거에서 후보자의 당선을 위하여 자문이나 고문의 역할을 한 날부터 3년이 경과되지 아니한 사람

③ 제2항 제6호에 따른 자문이나 고문의 역할을 한 사람의 구체적인 범위는 헌법재판소규칙으로 정한다. 〈신설 2020. 6. 9.〉

[전문개정 2011. 4. 5.]

제6조(재판관의 임명) ① 재판관은 대통령이 임명한다. 이 경우 재판관 중 3명은 국회에서 선출하는 사람을, 3명은 대법원장이 지명하는 사람을 임명한다.

② 재판관은 국회의 인사청문을 거쳐 임명·선출 또는 지명하여야 한다. 이 경우 대통령은 재판관(국회에서 선출하거나 대법원장이 지명하는 사람은 제외한다)을 임명하기 전에, 대법원장은 재판관을 지명하기 전에 인사청문을 요청한다.

③ 재판관의 임기가 만료되거나 정년이 도래하는 경우에는 임기만료일 또는 정년도래일까지 후임자를 임명하여야 한다.

④ 임기 중 재판관이 결원된 경우에는 결원된 날부터 30일 이내에 후임자를 임명하여야 한다.

⑤ 제3항 및 제4항에도 불구하고 국회에서 선출한 재판관이 국회의 폐회 또는 휴회 중에 그 임기가 만료되거나 정년이 도래한 경우 또는 결원된 경우에는 국회는 다음 집회가 개시된 후 30일 이내에 후임자를 선출하여야 한다.

[전문개정 2011. 4. 5.]

제7조(재판관의 임기) ① 재판관의 임기는 6년으로 하며, 연임할 수 있다.

② 재판관의 정년은 70세로 한다. 〈개정 2014. 12. 30.〉

[전문개정 2011. 4. 5.]

제8조(재판관의 신분 보장) 재판관은 다음 각 호의 어느 하나에 해당하는 경우가 아니면 그 의사에 반하여 해임되지 아니한다.

1. 탄핵결정이 된 경우
2. 금고 이상의 형을 선고받은 경우

[전문개정 2011. 4. 5.]

제9조(재판관의 정치 관여 금지) 재판관은 정당에 가입하거나 정치에 관여할 수 없다.

[전문개정 2011. 4. 5.]

제10조(규칙 제정권) ① 헌법재판소는 이 법과 다른 법률에 저촉되지 아니하는 범위에서 심판에 관한 절차, 내부 규율과 사무처리에 관한 규칙을 제정할 수 있다.

② 헌법재판소규칙은 관보에 게재하여 공포한다.

[전문개정 2011. 4. 5.]

제10조의2(입법 의견의 제출) 헌법재판소장은 헌법재판소의 조직, 인사, 운영, 심판절차와 그 밖에 헌법재판소의 업무와 관련된 법률의 제정 또는 개정이 필요하다고 인정하는 경우에는 국회에 서면으로 그 의견을 제출할 수 있다.

[전문개정 2011. 4. 5.]

제11조(경비) ① 헌법재판소의 경비는 독립하여 국가의 예산에 계상(計上)하여야 한다.

② 제1항의 경비 중에는 예비금을 둔다.

[전문개정 2011. 4. 5.]

제2장 **조직** 〈개정 2011. 4. 5.〉

제12조(헌법재판소장) ① 헌법재판소에 헌법재판소장을 둔다.

② 헌법재판소장은 국회의 동의를 받아 재판관 중에서 대통령이 임명한다.

③ 헌법재판소장은 헌법재판소를 대표하고, 헌법재판소의 사무를 총괄하며, 소속 공무원을 지휘·감독한다.

④ 헌법재판소장이 궐위(闕位)되거나 부득이한 사유로 직무를 수행할 수 없을 때에는 다른 재판관이 헌법재판소규칙으로 정하는 순서에 따라 그 권한을 대행한다.

[전문개정 2011. 4. 5.]

제13조 삭제 〈1991. 11. 30.〉

제14조(재판관의 겸직 금지) 재판관은 다음 각 호의 어느 하나에 해당하는 직을 겸하거나 영리를 목적으로 하는 사업을 할 수 없다.

　　1. 국회 또는 지방의회의 의원의 직

　　2. 국회·정부 또는 법원의 공무원의 직

　　3. 법인·단체 등의 고문·임원 또는 직원의 직

[전문개정 2011. 4. 5.]

제15조(헌법재판소장 등의 대우) 헌법재판소장의 대우와 보수는 대법원장의 예에 따르며, 재판관은 정무직(政務職)으로 하고 그 대우와 보수는 대법관의 예에 따른다.

[전문개정 2011. 4. 5.]

제16조(재판관회의) ① 재판관회의는 재판관 전원으로 구성하며, 헌법재판소장이 의장이 된다.

② 재판관회의는 재판관 7명 이상의 출석과 출석인원 과반수의 찬성으로 의결한다.

③ 의장은 의결에서 표결권을 가진다.

④ 다음 각 호의 사항은 재판관회의의 의결을 거쳐야 한다.

　　1. 헌법재판소규칙의 제정과 개정, 제10조의2에 따른 입법 의견의 제출에 관한 사항

　　2. 예산 요구, 예비금 지출과 결산에 관한 사항

　　3. 사무처장, 사무차장, 헌법재판연구원장, 헌법연구관 및 3급 이상 공무원의 임면(任免)에 관한 사항

　　4. 특히 중요하다고 인정되는 사항으로서 헌법재판소장이 재판관회의에 부치는 사항

⑤ 재판관회의의 운영에 필요한 사항은 헌법재판소규칙으로 정한다.

[전문개정 2011. 4. 5.]

제17조(사무처) ① 헌법재판소의 행정사무를 처리하기 위하여 헌법재판소에 사무처를 둔다.

② 사무처에 사무처장과 사무차장을 둔다.

③ 사무처장은 헌법재판소장의 지휘를 받아 사무처의 사무를 관장하며, 소속 공무원을 지휘·감독한다.

④ 사무처장은 국회 또는 국무회의에 출석하여 헌법재판소의 행정에 관하여 발언할 수 있다.

⑤ 헌법재판소장이 한 처분에 대한 행정소송의 피고는 헌법재판소 사무처장으로 한다.

⑥ 사무차장은 사무처장을 보좌하며, 사무처장이 부득이한 사유로 직무를 수행할 수 없을 때에는 그 직무를 대행한다.

⑦ 사무처에 실, 국, 과를 둔다.

⑧ 실에는 실장, 국에는 국장, 과에는 과장을 두며, 사무처장·사무차장·실장 또는 국장 밑에 정책의 기획, 계획의 입안, 연구·조사, 심사·평가 및 홍보업무를 보좌하는 심의관 또는 담당관을 둘 수 있다.

⑨ 이 법에 규정되지 아니한 사항으로서 사무처의 조직, 직무 범위, 사무처에 두는 공무원의 정원, 그 밖에 필요한 사항은 헌법재판소규칙으로 정한다.

[전문개정 2011. 4. 5.]

제18조(사무처 공무원) ① 사무처장은 정무직으로 하고, 보수는 국무위원의 보수와 같은 금액으로 한다.

② 사무차장은 정무직으로 하고, 보수는 차관의 보수와 같은 금액으로 한다.

③ 실장은 1급 또는 2급, 국장은 2급 또는 3급, 심의관 및 담당관은 2급부터 4급까지, 과장은 3급 또는 4급의 일반직국가공무원으로 임명한다. 다만, 담당관 중 1명은 3급 상당 또는 4급 상당의 별정직국가 공무원으로 임명할 수 있다.

④ 사무처 공무원은 헌법재판소장이 임면한다. 다만, 3급 이상의 공무원의 경우에는 재판관회의의 의결을 거쳐야 한다.

⑤ 헌법재판소장은 다른 국가기관에 대하여 그 소속 공무원을 사무처 공무원으로 근무하게 하기 위하여 헌법재판소에의 파견근무를 요청할 수 있다.

[전문개정 2011. 4. 5.]

제19조(헌법연구관) ① 헌법재판소에 헌법재판소규칙으로 정하는 수의 헌법연구관을 둔다. 〈개정 2011. 4. 5.〉

② 헌법연구관은 특정직국가공무원으로 한다. 〈개정 2011. 4. 5.〉

③ 헌법연구관은 헌법재판소장의 명을 받아 사건의 심리(審理) 및 심판에 관한 조사·연구에 종사한다. 〈개정 2011. 4. 5.〉

④ 헌법연구관은 다음 각 호의 어느 하나에 해당하는 사람 중에서 헌법재판소장이 재판관회의의 의결을 거쳐 임용한다. 〈개정 2011. 4. 5.〉

  1. 판사·검사 또는 변호사의 자격이 있는 사람

  2. 공인된 대학의 법률학 조교수 이상의 직에 있던 사람

  3. 국회, 정부 또는 법원 등 국가기관에서 4급 이상의 공무원으로서 5년 이상 법률에 관한 사무에 종사한 사람

  4. 법률학에 관한 박사학위 소지자로서 국회, 정부, 법원 또는 헌법재판소 등 국가기관에서 5년 이상 법률에 관한 사무에 종사한 사람

  5. 법률학에 관한 박사학위 소지자로서 헌법재판소규칙으로 정하는 대학 등 공인된 연구기관에서 5년 이상 법률에 관한 사무에 종사한 사람

⑤ 삭제 〈2003. 3. 12.〉

⑥ 다음 각 호의 어느 하나에 해당하는 사람은 헌법연구관으로 임용될 수 없다. 〈개정 2011. 4. 5.〉

  1. 「국가공무원법」 제33조 각 호의 어느 하나에 해당하는 사람

  2. 금고 이상의 형을 선고받은 사람

  3. 탄핵결정에 의하여 파면된 후 5년이 지나지 아니한 사람

⑦ 헌법연구관의 임기는 10년으로 하되, 연임할 수 있고, 정년은 60세로 한다. 〈개정 2011. 4. 5.〉

⑧ 헌법연구관이 제6항 각 호의 어느 하나에 해당할 때에는 당연히 퇴직한다. 다만, 「국가공무원법」 제33조 제5호에 해당할 때에는 그러하지 아니하다. 〈개정 2011. 4. 5.〉

⑨ 헌법재판소장은 다른 국가기관에 대하여 그 소속 공무원을 헌법연구관으로 근무하게 하기 위하여

헌법재판소에의 파견근무를 요청할 수 있다. 〈개정 2011. 4. 5.〉

⑩ 사무차장은 헌법연구관의 직을 겸할 수 있다. 〈개정 2011. 4. 5.〉

⑪ 헌법재판소장은 헌법연구관을 사건의 심리 및 심판에 관한 조사·연구업무 외의 직에 임명하거나 그 직을 겸임하게 할 수 있다. 이 경우 헌법연구관의 수는 헌법재판소규칙으로 정하며, 보수는 그 중 고액의 것을 지급한다. 〈개정 2011. 4. 5., 2014. 12. 30.〉

[제목개정 2011. 4. 5.]

제19조의2(헌법연구관보) ① 헌법연구관을 신규임용하는 경우에는 3년간 헌법연구관보(憲法研究官補)로 임용하여 근무하게 한 후 그 근무성적을 고려하여 헌법연구관으로 임용한다. 다만, 경력 및 업무능력 등을 고려하여 헌법재판소규칙으로 정하는 바에 따라 헌법연구관보 임용을 면제하거나 그 기간을 단축할 수 있다.

② 헌법연구관보는 헌법재판소장이 재판관회의의 의결을 거쳐 임용한다.

③ 헌법연구관보는 별정직국가공무원으로 하고, 그 보수와 승급기준은 헌법연구관의 예에 따른다.

④ 헌법연구관보가 근무성적이 불량한 경우에는 재판관회의의 의결을 거쳐 면직시킬 수 있다.

⑤ 헌법연구관보의 근무기간은 이 법 및 다른 법령에 규정된 헌법연구관의 재직기간에 산입한다.

[전문개정 2011. 4. 5.]

제19조의3(헌법연구위원) ① 헌법재판소에 헌법연구위원을 둘 수 있다. 헌법연구위원은 사건의 심리 및 심판에 관한 전문적인 조사·연구에 종사한다.

② 헌법연구위원은 3년 이내의 범위에서 기간을 정하여 임명한다.

③ 헌법연구위원은 2급 또는 3급 상당의 별정직공무원이나 「국가공무원법」 제26조의5에 따른 임기제공무원으로 하고, 그 직제 및 자격 등에 관하여는 헌법재판소규칙으로 정한다. 〈개정 2012. 12. 11.〉

[본조신설 2007. 12. 21.]

제19조의4(헌법재판연구원) ① 헌법 및 헌법재판 연구와 헌법연구관, 사무처 공무원 등의 교육을 위하여 헌법재판소에 헌법재판연구원을 둔다.

② 헌법재판연구원의 정원은 원장 1명을 포함하여 40명 이내로 하고, 원장 밑에 부장, 팀장, 연구관 및 연구원을 둔다. 〈개정 2014. 12. 30.〉

③ 원장은 헌법재판소장이 재판관회의의 의결을 거쳐 헌법연구관으로 보하거나 1급인 일반직국가공무원으로 임명한다. 〈신설 2014. 12. 30.〉

④ 부장은 헌법연구관이나 2급 또는 3급 일반직공무원으로, 팀장은 헌법연구관이나 3급 또는 4급 일반직공무원으로 임명하고, 연구관 및 연구원은 헌법연구관 또는 일반직공무원으로 임명한다. 〈개정 2014. 12. 30.〉

⑤ 연구관 및 연구원은 다음 각 호의 어느 하나에 해당하는 사람 중에서 헌법재판소장이 보하거나 헌법재판연구원장의 제청을 받아 헌법재판소장이 임명한다. 〈신설 2014. 12. 30.〉

1. 헌법연구관

2. 변호사의 자격이 있는 사람(외국의 변호사 자격을 포함한다)

3. 학사 또는 석사학위를 취득한 사람으로서 헌법재판소규칙으로 정하는 실적 또는 경력이 있는 사람

4. 박사학위를 취득한 사람

⑥ 그 밖에 헌법재판연구원의 조직과 운영에 필요한 사항은 헌법재판소규칙으로 정한다. 〈신설 2014. 12. 30.〉

[전문개정 2011. 4. 5.]

제20조(헌법재판소장 비서실 등) ① 헌법재판소에 헌법재판소장 비서실을 둔다.

② 헌법재판소장 비서실에 비서실장 1명을 두되, 비서실장은 1급 상당의 별정직국가공무원으로 임명하고, 헌법재판소장의 명을 받아 기밀에 관한 사무를 관장한다.

③ 제2항에 규정되지 아니한 사항으로서 헌법재판소장 비서실의 조직과 운영에 필요한 사항은 헌법재판소규칙으로 정한다.

④ 헌법재판소에 재판관 비서관을 둔다.

⑤ 재판관 비서관은 4급의 일반직국가공무원 또는 4급 상당의 별정직국가공무원으로 임명하며, 재판관의 명을 받아 기밀에 관한 사무를 관장한다.

[전문개정 2011. 4. 5.]

제21조(서기 및 정리) ① 헌법재판소에 서기(書記) 및 정리(廷吏)를 둔다.

② 헌법재판소장은 사무처 직원 중에서 서기 및 정리를 지명한다.

③ 서기는 재판장의 명을 받아 사건에 관한 서류의 작성·보관 또는 송달에 관한 사무를 담당한다.

④ 정리는 심판정(審判廷)의 질서유지와 그 밖에 재판장이 명하는 사무를 집행한다.

[전문개정 2011. 4. 5.]

제3장　일반심판절차 〈개정 2011. 4. 5.〉

제22조(재판부) ① 이 법에 특별한 규정이 있는 경우를 제외하고는 헌법재판소의 심판은 재판관 전원으로 구성되는 재판부에서 관장한다.

② 재판부의 재판장은 헌법재판소장이 된다.

[전문개정 2011. 4. 5.]

제23조(심판정족수) ① 재판부는 재판관 7명 이상의 출석으로 사건을 심리한다.

② 재판부는 종국심리(終局審理)에 관여한 재판관 과반수의 찬성으로 사건에 관한 결정을 한다. 다만, 다음 각 호의 어느 하나에 해당하는 경우에는 재판관 6명 이상의 찬성이 있어야 한다.

　　1. 법률의 위헌결정, 탄핵의 결정, 정당해산의 결정 또는 헌법소원에 관한 인용결정(認容決定)을 하는 경우

　　2. 종전에 헌법재판소가 판시한 헌법 또는 법률의 해석 적용에 관한 의견을 변경하는 경우

[전문개정 2011. 4. 5.]

제24조(제척·기피 및 회피) ① 재판관이 다음 각 호의 어느 하나에 해당하는 경우에는 그 직무집행에서 제척(除斥)된다.

　　1. 재판관이 당사자이거나 당사자의 배우자 또는 배우자였던 경우

　　2. 재판관과 당사자가 친족관계이거나 친족관계였던 경우

　　3. 재판관이 사건에 관하여 증언이나 감정(鑑定)을 하는 경우

　　4. 재판관이 사건에 관하여 당사자의 대리인이 되거나 되었던 경우

　　5. 그 밖에 재판관이 헌법재판소 외에서 직무상 또는 직업상의 이유로 사건에 관여한 경우

② 재판부는 직권 또는 당사자의 신청에 의하여 제척의 결정을 한다.

③ 재판관에게 공정한 심판을 기대하기 어려운 사정이 있는 경우 당사자는 기피(忌避)신청을 할 수 있다. 다만, 변론기일(辯論期日)에 출석하여 본안(本案)에 관한 진술을 한 때에는 그러하지 아니하다.

④ 당사자는 동일한 사건에 대하여 2명 이상의 재판관을 기피할 수 없다.

⑤ 재판관은 제1항 또는 제3항의 사유가 있는 경우에는 재판장의 허가를 받아 회피(回避)할 수 있다.

⑥ 당사자의 제척 및 기피신청에 관한 심판에는 「민사소송법」 제44조, 제45조, 제46조 제1항·제2항 및 제48조를 준용한다.

[전문개정 2011. 4. 5.]

제25조(대표자·대리인) ① 각종 심판절차에서 정부가 당사자(참가인을 포함한다. 이하 같다)인 경우에는 법무부장관이 이를 대표한다.

② 각종 심판절차에서 당사자인 국가기관 또는 지방자치단체는 변호사 또는 변호사의 자격이 있는 소속 직원을 대리인으로 선임하여 심판을 수행하게 할 수 있다.

③ 각종 심판절차에서 당사자인 사인(私人)은 변호사를 대리인으로 선임하지 아니하면 심판청구를 하거나 심판 수행을 하지 못한다. 다만, 그가 변호사의 자격이 있는 경우에는 그러하지 아니하다.

[전문개정 2011. 4. 5.]

제26조(심판청구의 방식) ① 헌법재판소에의 심판청구는 심판절차별로 정하여진 청구서를 헌법재판소에 제출함으로써 한다. 다만, 위헌법률심판에서는 법원의 제청서, 탄핵심판에서는 국회의 소추의결서(訴追議決書)의 정본(正本)으로 청구서를 갈음한다.

② 청구서에는 필요한 증거서류 또는 참고자료를 첨부할 수 있다.

[전문개정 2011. 4. 5.]

제27조(청구서의 송달) ① 헌법재판소가 청구서를 접수한 때에는 지체 없이 그 등본을 피청구기관 또는 피청구인(이하 "피청구인"이라 한다)에게 송달하여야 한다.

② 위헌법률심판의 제청이 있으면 법무부장관 및 당해 소송사건의 당사자에게 그 제청서의 등본을 송달한다.

[전문개정 2011. 4. 5.]

제28조(심판청구의 보정) ① 재판장은 심판청구가 부적법하나 보정(補正)할 수 있다고 인정되는 경우에는 상당한 기간을 정하여 보정을 요구하여야 한다.

② 제1항에 따른 보정 서면에 관하여는 제27조 제1항을 준용한다.

③ 제1항에 따른 보정이 있는 경우에는 처음부터 적법한 심판청구가 있은 것으로 본다.

④ 제1항에 따른 보정기간은 제38조의 심판기간에 산입하지 아니한다.

⑤ 재판장은 필요하다고 인정하는 경우에는 재판관 중 1명에게 제1항의 보정요구를 할 수 있는 권한을 부여할 수 있다.

[전문개정 2011. 4. 5.]

제29조(답변서의 제출) ① 청구서 또는 보정 서면을 송달받은 피청구인은 헌법재판소에 답변서를 제출할 수 있다.

② 답변서에는 심판청구의 취지와 이유에 대응하는 답변을 적는다.

[전문개정 2011. 4. 5.]

제30조(심리의 방식) ① 탄핵의 심판, 정당해산의 심판 및 권한쟁의의 심판은 구두변론에 의한다.

② 위헌법률의 심판과 헌법소원에 관한 심판은 서면심리에 의한다. 다만, 재판부는 필요하다고 인정하는 경우에는 변론을 열어 당사자, 이해관계인, 그 밖의 참고인의 진술을 들을 수 있다.

③ 재판부가 변론을 열 때에는 기일을 정하여 당사자와 관계인을 소환하여야 한다.

[전문개정 2011. 4. 5.]

제31조(증거조사) ① 재판부는 사건의 심리를 위하여 필요하다고 인정하는 경우에는 직권 또는 당사자의 신청에 의하여 다음 각 호의 증거조사를 할 수 있다.

    1. 당사자 또는 증인을 신문(訊問)하는 일

    2. 당사자 또는 관계인이 소지하는 문서·장부·물건 또는 그 밖의 증거자료의 제출을 요구하고 영치(領置)하는 일

    3. 특별한 학식과 경험을 가진 자에게 감정을 명하는 일

    4. 필요한 물건·사람·장소 또는 그 밖의 사물의 성상(性狀)이나 상황을 검증하는 일

② 재판장은 필요하다고 인정하는 경우에는 재판관 중 1명을 지정하여 제1항의 증거조사를 하게 할 수 있다.

[전문개정 2011. 4. 5.]

제32조(자료제출 요구 등) 재판부는 결정으로 다른 국가기관 또는 공공단체의 기관에 심판에 필요한 사실을 조회하거나, 기록의 송부나 자료의 제출을 요구할 수 있다. 다만, 재판·소추 또는 범죄수사가 진행 중인 사건의 기록에 대하여는 송부를 요구할 수 없다.

[전문개정 2011. 4. 5.]

제33조(심판의 장소) 심판의 변론과 종국결정의 선고는 심판정에서 한다. 다만, 헌법재판소장이 필요하다고 인정하는 경우에는 심판정 외의 장소에서 변론 또는 종국결정의 선고를 할 수 있다.

[전문개정 2011. 4. 5.]

제34조(심판의 공개) ① 심판의 변론과 결정의 선고는 공개한다. 다만, 서면심리와 평의(評議)는 공개하지 아니한다.

② 헌법재판소의 심판에 관하여는 「법원조직법」 제57조 제1항 단서와 같은 조 제2항 및 제3항을 준용한다.

[전문개정 2011. 4. 5.]

제35조(심판의 지휘와 법정경찰권) ① 재판장은 심판정의 질서와 변론의 지휘 및 평의의 정리(整理)를 담당한다.

② 헌법재판소 심판정의 질서유지와 용어의 사용에 관하여는 「법원조직법」 제58조부터 제63조까지의 규정을 준용한다.

[전문개정 2011. 4. 5.]

제36조(종국결정) ① 재판부가 심리를 마쳤을 때에는 종국결정을 한다.

② 종국결정을 할 때에는 다음 각 호의 사항을 적은 결정서를 작성하고 심판에 관여한 재판관 전원이 이에 서명날인하여야 한다.

    1. 사건번호와 사건명

    2. 당사자와 심판수행자 또는 대리인의 표시

    3. 주문(主文)

    4. 이유

    5. 결정일

③ 심판에 관여한 재판관은 결정서에 의견을 표시하여야 한다.

④ 종국결정이 선고되면 서기는 지체 없이 결정서 정본을 작성하여 당사자에게 송달하여야 한다.

⑤ 종국결정은 헌법재판소규칙으로 정하는 바에 따라 관보에 게재하거나 그 밖의 방법으로 공시한다.

[전문개정 2011. 4. 5.]

제37조(심판비용 등) ① 헌법재판소의 심판비용은 국가부담으로 한다. 다만, 당사자의 신청에 의한 증거조사의 비용은 헌법재판소규칙으로 정하는 바에 따라 그 신청인에게 부담시킬 수 있다.

② 헌법재판소는 헌법소원심판의 청구인에 대하여 헌법재판소규칙으로 정하는 공탁금의 납부를 명할 수 있다.

③ 헌법재판소는 다음 각 호의 어느 하나에 해당하는 경우에는 헌법재판소규칙으로 정하는 바에 따라 공탁금의 전부 또는 일부의 국고 귀속을 명할 수 있다.

1. 헌법소원의 심판청구를 각하하는 경우

2. 헌법소원의 심판청구를 기각하는 경우에 그 심판청구가 권리의 남용이라고 인정되는 경우

[전문개정 2011. 4. 5.]

제38조(심판기간) 헌법재판소는 심판사건을 접수한 날부터 180일 이내에 종국결정의 선고를 하여야 한다. 다만, 재판관의 궐위로 7명의 출석이 불가능한 경우에는 그 궐위된 기간은 심판기간에 산입하지 아니한다.

[전문개정 2011. 4. 5.]

제39조(일사부재리) 헌법재판소는 이미 심판을 거친 동일한 사건에 대하여는 다시 심판할 수 없다.

[전문개정 2011. 4. 5.]

제39조의2(심판확정기록의 열람·복사) ① 누구든지 권리구제, 학술연구 또는 공익 목적으로 심판이 확정된 사건기록의 열람 또는 복사를 신청할 수 있다. 다만, 헌법재판소장은 다음 각 호의 어느 하나에 해당하는 경우에는 사건기록을 열람하거나 복사하는 것을 제한할 수 있다.

1. 변론이 비공개로 진행된 경우

2. 사건기록의 공개로 인하여 국가의 안전보장, 선량한 풍속, 공공의 질서유지나 공공복리를 현저히 침해할 우려가 있는 경우

3. 사건기록의 공개로 인하여 관계인의 명예, 사생활의 비밀, 영업비밀(「부정경쟁방지 및 영업비밀보호에 관한 법률」 제2조 제2호에 규정된 영업비밀을 말한다) 또는 생명·신체의 안전이나 생활의 평온을 현저히 침해할 우려가 있는 경우

② 헌법재판소장은 제1항 단서에 따라 사건기록의 열람 또는 복사를 제한하는 경우에는 신청인에게 그 사유를 명시하여 통지하여야 한다.

③ 제1항에 따른 사건기록의 열람 또는 복사 등에 관하여 필요한 사항은 헌법재판소규칙으로 정한다.

④ 사건기록을 열람하거나 복사한 자는 열람 또는 복사를 통하여 알게 된 사항을 이용하여 공공의 질서 또는 선량한 풍속을 침해하거나 관계인의 명예 또는 생활의 평온을 훼손하는 행위를 하여서는 아니 된다.

[전문개정 2011. 4. 5.]

제40조(준용규정) ① 헌법재판소의 심판절차에 관하여는 이 법에 특별한 규정이 있는 경우를 제외하고는 헌법재판의 성질에 반하지 아니하는 한도에서 민사소송에 관한 법령을 준용한다. 이 경우 탄핵심판의 경우에는 형사소송에 관한 법령을 준용하고, 권한쟁의심판 및 헌법소원심판의 경우에는 「행정소송법」을 함께 준용한다.

② 제1항 후단의 경우에 형사소송에 관한 법령 또는 「행정소송법」이 민사소송에 관한 법령에 저촉될 때에는 민사소송에 관한 법령은 준용하지 아니한다.

[전문개정 2011. 4. 5.]

제41조(위헌 여부 심판의 제청) ① 법률이 헌법에 위반되는지 여부가 재판의 전제가 된 경우에는 당해 사건을 담당하는 법원(군사법원을 포함한다. 이하 같다)은 직권 또는 당사자의 신청에 의한 결정으로 헌법재판소에 위헌 여부 심판을 제청한다.

② 제1항의 당사자의 신청은 제43조 제2호부터 제4호까지의 사항을 적은 서면으로 한다.

③ 제2항의 신청서면의 심사에 관하여는「민사소송법」제254조를 준용한다.

④ 위헌 여부 심판의 제청에 관한 결정에 대하여는 항고할 수 없다.

⑤ 대법원 외의 법원이 제1항의 제청을 할 때에는 대법원을 거쳐야 한다.

[전문개정 2011. 4. 5.]

제42조(재판의 정지 등) ① 법원이 법률의 위헌 여부 심판을 헌법재판소에 제청한 때에는 당해 소송사건의 재판은 헌법재판소의 위헌 여부의 결정이 있을 때까지 정지된다. 다만, 법원이 긴급하다고 인정하는 경우에는 종국재판 외의 소송절차를 진행할 수 있다.

② 제1항 본문에 따른 재판정지기간은「형사소송법」제92조 제1항·제2항 및「군사법원법」제132조 제1항·제2항의 구속기간과「민사소송법」제199조의 판결 선고기간에 산입하지 아니한다.

[전문개정 2011. 4. 5.]

제43조(제청서의 기재사항) 법원이 법률의 위헌 여부 심판을 헌법재판소에 제청할 때에는 제청서에 다음 각 호의 사항을 적어야 한다.

1. 제청법원의 표시

2. 사건 및 당사자의 표시

3. 위헌이라고 해석되는 법률 또는 법률의 조항

4. 위헌이라고 해석되는 이유

5. 그 밖에 필요한 사항

[전문개정 2011. 4. 5.]

제44조(소송사건 당사자 등의 의견) 당해 소송사건의 당사자 및 법무부장관은 헌법재판소에 법률의 위헌 여부에 대한 의견서를 제출할 수 있다.

[전문개정 2011. 4. 5.]

제45조(위헌결정) 헌법재판소는 제청된 법률 또는 법률 조항의 위헌 여부만을 결정한다. 다만, 법률 조항의 위헌결정으로 인하여 해당 법률 전부를 시행할 수 없다고 인정될 때에는 그 전부에 대하여 위헌결정을 할 수 있다.

[전문개정 2011. 4. 5.]

제46조(결정서의 송달) 헌법재판소는 결정일부터 14일 이내에 결정서 정본을 제청한 법원에 송달한다. 이 경우 제청한 법원이 대법원이 아닌 경우에는 대법원을 거쳐야 한다.

[전문개정 2011. 4. 5.]

제47조(위헌결정의 효력) ① 법률의 위헌결정은 법원과 그 밖의 국가기관 및 지방자치단체를 기속(羈束)한다.

② 위헌으로 결정된 법률 또는 법률의 조항은 그 결정이 있는 날부터 효력을 상실한다. 〈개정 2014. 5. 20.〉

③ 제2항에도 불구하고 형벌에 관한 법률 또는 법률의 조항은 소급하여 그 효력을 상실한다. 다만, 해당 법률 또는 법률의 조항에 대하여 종전에 합헌으로 결정한 사건이 있는 경우에는 그 결정이 있는 날의 다음 날로 소급하여 효력을 상실한다. 〈신설 2014. 5. 20.〉

④ 제3항의 경우에 위헌으로 결정된 법률 또는 법률의 조항에 근거한 유죄의 확정판결에 대하여는 재심을 청구할 수 있다. 〈개정 2014. 5. 20.〉

⑤ 제4항의 재심에 대하여는 「형사소송법」을 준용한다. 〈개정 2014. 5. 20.〉

[전문개정 2011. 4. 5.]

제2절 　탄핵심판 〈개정 2011. 4. 5.〉

제48조(탄핵소추) 다음 각 호의 어느 하나에 해당하는 공무원이 그 직무집행에서 헌법이나 법률을 위반한 경우에는 국회는 헌법 및 「국회법」에 따라 탄핵의 소추를 의결할 수 있다.

　　1. 대통령, 국무총리, 국무위원 및 행정각부(行政各部)의 장

　　2. 헌법재판소 재판관, 법관 및 중앙선거관리위원회 위원

　　3. 감사원장 및 감사위원

　　4. 그 밖에 법률에서 정한 공무원

[전문개정 2011. 4. 5.]

제49조(소추위원) ① 탄핵심판에서는 국회 법제사법위원회의 위원장이 소추위원이 된다.

② 소추위원은 헌법재판소에 소추의결서의 정본을 제출하여 탄핵심판을 청구하며, 심판의 변론에서 피청구인을 신문할 수 있다.

[전문개정 2011. 4. 5.]

제50조(권한 행사의 정지) 탄핵소추의 의결을 받은 사람은 헌법재판소의 심판이 있을 때까지 그 권한 행사가 정지된다.

[전문개정 2011. 4. 5.]

제51조(심판절차의 정지) 피청구인에 대한 탄핵심판 청구와 동일한 사유로 형사소송이 진행되고 있는 경우에는 재판부는 심판절차를 정지할 수 있다.

[전문개정 2011. 4. 5.]

제52조(당사자의 불출석) ① 당사자가 변론기일에 출석하지 아니하면 다시 기일을 정하여야 한다.

② 다시 정한 기일에도 당사자가 출석하지 아니하면 그의 출석 없이 심리할 수 있다.

[전문개정 2011. 4. 5.]

제53조(결정의 내용) ① 탄핵심판 청구가 이유 있는 경우에는 헌법재판소는 피청구인을 해당 공직에서 파면하는 결정을 선고한다.

② 피청구인이 결정 선고 전에 해당 공직에서 파면되었을 때에는 헌법재판소는 심판청구를 기각하여야 한다.

[전문개정 2011. 4. 5.]

제54조(결정의 효력) ① 탄핵결정은 피청구인의 민사상 또는 형사상의 책임을 면제하지 아니한다.

② 탄핵결정에 의하여 파면된 사람은 결정 선고가 있은 날부터 5년이 지나지 아니하면 공무원이 될 수

없다.

[전문개정 2011. 4. 5.]

제3절   정당해산심판 〈개정 2011. 4. 5.〉

제55조(정당해산심판의 청구) 정당의 목적이나 활동이 민주적 기본질서에 위배될 때에는 정부는 국무회의의 심의를 거쳐 헌법재판소에 정당해산심판을 청구할 수 있다.

[전문개정 2011. 4. 5.]

제56조(청구서의 기재사항) 정당해산심판의 청구서에는 다음 각 호의 사항을 적어야 한다.

    1. 해산을 요구하는 정당의 표시

    2. 청구 이유

[전문개정 2011. 4. 5.]

제57조(가처분) 헌법재판소는 정당해산심판의 청구를 받은 때에는 직권 또는 청구인의 신청에 의하여 종국결정의 선고 시까지 피청구인의 활동을 정지하는 결정을 할 수 있다.

[전문개정 2011. 4. 5.]

제58조(청구 등의 통지) ① 헌법재판소장은 정당해산심판의 청구가 있는 때, 가처분결정을 한 때 및 그 심판이 종료한 때에는 그 사실을 국회와 중앙선거관리위원회에 통지하여야 한다.

② 정당해산을 명하는 결정서는 피청구인 외에 국회, 정부 및 중앙선거관리위원회에도 송달하여야 한다.

[전문개정 2011. 4. 5.]

제59조(결정의 효력) 정당의 해산을 명하는 결정이 선고된 때에는 그 정당은 해산된다.

[전문개정 2011. 4. 5.]

제60조(결정의 집행) 정당의 해산을 명하는 헌법재판소의 결정은 중앙선거관리위원회가 「정당법」에 따라 집행한다.

[전문개정 2011. 4. 5.]

제4절   권한쟁의심판 〈개정 2011. 4. 5.〉

제61조(청구 사유) ① 국가기관 상호간, 국가기관과 지방자치단체 간 및 지방자치단체 상호간에 권한의 유무 또는 범위에 관하여 다툼이 있을 때에는 해당 국가기관 또는 지방자치단체는 헌법재판소에 권한쟁의심판을 청구할 수 있다.

② 제1항의 심판청구는 피청구인의 처분 또는 부작위(不作爲)가 헌법 또는 법률에 의하여 부여받은 청구인의 권한을 침해하였거나 침해할 현저한 위험이 있는 경우에만 할 수 있다.

[전문개정 2011. 4. 5.]

제62조(권한쟁의심판의 종류) ① 권한쟁의심판의 종류는 다음 각 호와 같다. 〈개정 2018. 3. 20.〉

    1. 국가기관 상호간의 권한쟁의심판

       국회, 정부, 법원 및 중앙선거관리위원회 상호간의 권한쟁의심판

    2. 국가기관과 지방자치단체 간의 권한쟁의심판

       가. 정부와 특별시·광역시·특별자치시·도 또는 특별자치도 간의 권한쟁의심판

나. 정부와 시·군 또는 지방자치단체인 구(이하 "자치구"라 한다) 간의 권한쟁의심판

3. 지방자치단체 상호간의 권한쟁의심판

가. 특별시·광역시·특별자치시·도 또는 특별자치도 상호간의 권한쟁의심판

나. 시·군 또는 자치구 상호간의 권한쟁의심판

다. 특별시·광역시·특별자치시·도 또는 특별자치도와 시·군 또는 자치구 간의 권한쟁의심판

② 권한쟁의가 「지방교육자치에 관한 법률」 제2조에 따른 교육·학예에 관한 지방자치단체의 사무에 관한 것인 경우에는 교육감이 제1항 제2호 및 제3호의 당사자가 된다.

[전문개정 2011. 4. 5.]

제63조(청구기간) ① 권한쟁의의 심판은 그 사유가 있음을 안 날부터 60일 이내에, 그 사유가 있은 날부터 180일 이내에 청구하여야 한다.

② 제1항의 기간은 불변기간으로 한다.

[전문개정 2011. 4. 5.]

제64조(청구서의 기재사항) 권한쟁의심판의 청구서에는 다음 각 호의 사항을 적어야 한다.

1. 청구인 또는 청구인이 속한 기관 및 심판수행자 또는 대리인의 표시

2. 피청구인의 표시

3. 심판 대상이 되는 피청구인의 처분 또는 부작위

4. 청구 이유

5. 그 밖에 필요한 사항

[전문개정 2011. 4. 5.]

제65조(가처분) 헌법재판소가 권한쟁의심판의 청구를 받았을 때에는 직권 또는 청구인의 신청에 의하여 종국결정의 선고 시까지 심판 대상이 된 피청구인의 처분의 효력을 정지하는 결정을 할 수 있다.

[전문개정 2011. 4. 5.]

제66조(결정의 내용) ① 헌법재판소는 심판의 대상이 된 국가기관 또는 지방자치단체의 권한의 유무 또는 범위에 관하여 판단한다.

② 제1항의 경우에 헌법재판소는 권한침해의 원인이 된 피청구인의 처분을 취소하거나 그 무효를 확인할 수 있고, 헌법재판소가 부작위에 대한 심판청구를 인용하는 결정을 한 때에는 피청구인은 결정 취지에 따른 처분을 하여야 한다.

[전문개정 2011. 4. 5.]

제67조(결정의 효력) ① 헌법재판소의 권한쟁의심판의 결정은 모든 국가기관과 지방자치단체를 기속한다.

② 국가기관 또는 지방자치단체의 처분을 취소하는 결정은 그 처분의 상대방에 대하여 이미 생긴 효력에 영향을 미치지 아니한다.

[전문개정 2011. 4. 5.]

제5절 헌법소원심판 〈개정 2011. 4. 5.〉

제68조(청구 사유) ① 공권력의 행사 또는 불행사(不行使)로 인하여 헌법상 보장된 기본권을 침해받은 자는 법원의 재판을 제외하고는 헌법재판소에 헌법소원심판을 청구할 수 있다. 다만, 다른 법률에 구제절차가 있는 경우에는 그 절차를 모두 거친 후에 청구할 수 있다.

② 제41조 제1항에 따른 법률의 위헌 여부 심판의 제청신청이 기각된 때에는 그 신청을 한 당사자는

헌법재판소에 헌법소원심판을 청구할 수 있다. 이 경우 그 당사자는 당해 사건의 소송절차에서 동일한 사유를 이유로 다시 위헌 여부 심판의 제청을 신청할 수 없다.

[전문개정 2011. 4. 5.]

[한정위헌, 2016헌마33, 2016. 4. 28., 헌법재판소법(2011. 4. 5. 법률 제10546호로 개정된 것) 제68조 제1항 본문 중 "법원의 재판을 제외하고는" 부분은, 헌법재판소가 위헌으로 결정한 법령을 적용함으로써 국민의 기본권을 침해한 재판이 포함되는 것으로 해석하는 한 헌법에 위반된다.]

제69조(청구기간) ① 제68조 제1항에 따른 헌법소원의 심판은 그 사유가 있음을 안 날부터 90일 이내에, 그 사유가 있는 날부터 1년 이내에 청구하여야 한다. 다만, 다른 법률에 따른 구제절차를 거친 헌법소원의 심판은 그 최종결정을 통지받은 날부터 30일 이내에 청구하여야 한다.

② 제68조 제2항에 따른 헌법소원심판은 위헌 여부 심판의 제청신청을 기각하는 결정을 통지받은 날부터 30일 이내에 청구하여야 한다.

[전문개정 2011. 4. 5.]

제70조(국선대리인) ① 헌법소원심판을 청구하려는 자가 변호사를 대리인으로 선임할 자력(資力)이 없는 경우에는 헌법재판소에 국선대리인을 선임하여 줄 것을 신청할 수 있다. 이 경우 제69조에 따른 청구기간은 국선대리인의 선임신청이 있는 날을 기준으로 정한다.

② 제1항에도 불구하고 헌법재판소가 공익상 필요하다고 인정할 때에는 국선대리인을 선임할 수 있다.

③ 헌법재판소는 제1항의 신청이 있는 경우 또는 제2항의 경우에는 헌법재판소규칙으로 정하는 바에 따라 변호사 중에서 국선대리인을 선정한다. 다만, 그 심판청구가 명백히 부적법하거나 이유 없는 경우 또는 권리의 남용이라고 인정되는 경우에는 국선대리인을 선정하지 아니할 수 있다.

④ 헌법재판소가 국선대리인을 선정하지 아니한다는 결정을 한 때에는 지체 없이 그 사실을 신청인에게 통지하여야 한다. 이 경우 신청인이 선임신청을 한 날부터 그 통지를 받은 날까지의 기간은 제69조의 청구기간에 산입하지 아니한다.

⑤ 제3항에 따라 선정된 국선대리인은 선정된 날부터 60일 이내에 제71조에 규정된 사항을 적은 심판청구서를 헌법재판소에 제출하여야 한다.

⑥ 제3항에 따라 선정한 국선대리인에게는 헌법재판소규칙으로 정하는 바에 따라 국고에서 그 보수를 지급한다.

[전문개정 2011. 4. 5.]

제71조(청구서의 기재사항) ① 제68조 제1항에 따른 헌법소원의 심판청구서에는 다음 각 호의 사항을 적어야 한다.

    1. 청구인 및 대리인의 표시

    2. 침해된 권리

    3. 침해의 원인이 되는 공권력의 행사 또는 불행사

    4. 청구 이유

    5. 그 밖에 필요한 사항

② 제68조 제2항에 따른 헌법소원의 심판청구서의 기재사항에 관하여는 제43조를 준용한다. 이 경우 제43조 제1호 중 "제청법원의 표시"는 "청구인 및 대리인의 표시"로 본다.

③ 헌법소원의 심판청구서에는 대리인의 선임을 증명하는 서류 또는 국선대리인 선임통지서를 첨부하여야 한다.

[전문개정 2011. 4. 5.]

제72조(사전심사) ① 헌법재판소장은 헌법재판소에 재판관 3명으로 구성되는 지정재판부를 두어 헌법소원심판의 사전심사를 담당하게 할 수 있다. 〈개정 2011. 4. 5.〉

② 삭제 〈1991. 11. 30.〉

③ 지정재판부는 다음 각 호의 어느 하나에 해당되는 경우에는 지정재판부 재판관 전원의 일치된 의견에 의한 결정으로 헌법소원의 심판청구를 각하한다. 〈개정 2011. 4. 5.〉

    1. 다른 법률에 따른 구제절차가 있는 경우 그 절차를 모두 거치지 아니하거나 또는 법원의 재판에 대하여 헌법소원의 심판이 청구된 경우

    2. 제69조의 청구기간이 지난 후 헌법소원심판이 청구된 경우

    3. 제25조에 따른 대리인의 선임 없이 청구된 경우

    4. 그 밖에 헌법소원심판의 청구가 부적법하고 그 흠결을 보정할 수 없는 경우

④ 지정재판부는 전원의 일치된 의견으로 제3항의 각하결정을 하지 아니하는 경우에는 결정으로 헌법소원을 재판부의 심판에 회부하여야 한다. 헌법소원심판의 청구 후 30일이 지날 때까지 각하결정이 없는 때에는 심판에 회부하는 결정(이하 "심판회부결정"이라 한다)이 있는 것으로 본다. 〈개정 2011. 4. 5.〉

⑤ 지정재판부의 심리에 관하여는 제28조, 제31조, 제32조 및 제35조를 준용한다. 〈개정 2011. 4. 5.〉

⑥ 지정재판부의 구성과 운영에 필요한 사항은 헌법재판소규칙으로 정한다. 〈개정 2011. 4. 5.〉

[제목개정 2011. 4. 5.]

제73조(각하 및 심판회부 결정의 통지) ① 지정재판부는 헌법소원을 각하하거나 심판회부결정을 한 때에는 그 결정일부터 14일 이내에 청구인 또는 그 대리인 및 피청구인에게 그 사실을 통지하여야 한다. 제72조 제4항 후단의 경우에도 또한 같다.

② 헌법재판소장은 헌법소원이 제72조 제4항에 따라 재판부의 심판에 회부된 때에는 다음 각 호의 자에게 지체 없이 그 사실을 통지하여야 한다.

    1. 법무부장관

    2. 제68조 제2항에 따른 헌법소원심판에서는 청구인이 아닌 당해 사건의 당사자

[전문개정 2011. 4. 5.]

제74조(이해관계기관 등의 의견 제출) ① 헌법소원의 심판에 이해관계가 있는 국가기관 또는 공공단체와 법무부장관은 헌법재판소에 그 심판에 관한 의견서를 제출할 수 있다.

② 제68조 제2항에 따른 헌법소원이 재판부에 심판 회부된 경우에는 제27조 제2항 및 제44조를 준용한다.

[전문개정 2011. 4. 5.]

제75조(인용결정) ① 헌법소원의 인용결정은 모든 국가기관과 지방자치단체를 기속한다.

② 제68조 제1항에 따른 헌법소원을 인용할 때에는 인용결정서의 주문에 침해된 기본권과 침해의 원인이 된 공권력의 행사 또는 불행사를 특정하여야 한다.

③ 제2항의 경우에 헌법재판소는 기본권 침해의 원인이 된 공권력의 행사를 취소하거나 그 불행사가 위헌임을 확인할 수 있다.

④ 헌법재판소가 공권력의 불행사에 대한 헌법소원을 인용하는 결정을 한 때에는 피청구인은 결정 취지에 따라 새로운 처분을 하여야 한다.

⑤ 제2항의 경우에 헌법재판소는 공권력의 행사 또는 불행사가 위헌인 법률 또는 법률의 조항에 기인한 것이라고 인정될 때에는 인용결정에서 해당 법률 또는 법률의 조항이 위헌임을 선고할 수 있다.

⑥ 제5항의 경우 및 제68조 제2항에 따른 헌법소원을 인용하는 경우에는 제45조 및 제47조를 준용한다.

⑦ 제68조 제2항에 따른 헌법소원이 인용된 경우에 해당 헌법소원과 관련된 소송사건이 이미 확정된 때에는 당사자는 재심을 청구할 수 있다.

⑧ 제7항에 따른 재심에서 형사사건에 대하여는 「형사소송법」을 준용하고, 그 외의 사건에 대하여는 「민사소송법」을 준용한다.

[전문개정 2011. 4. 5.]

제5장 전자정보처리조직을 통한 심판절차의 수행 〈신설 2009. 12. 29.〉

제76조(전자문서의 접수) ① 각종 심판절차의 당사자나 관계인은 청구서 또는 이 법에 따라 제출할 그 밖의 서면을 전자문서(컴퓨터 등 정보처리능력을 갖춘 장치에 의하여 전자적인 형태로 작성되어 송수신되거나 저장된 정보를 말한다. 이하 같다)화하고 이를 정보통신망을 이용하여 헌법재판소에서 지정·운영하는 전자정보처리조직(심판절차에 필요한 전자문서를 작성·제출·송달하는 데에 필요한 정보처리능력을 갖춘 전자적 장치를 말한다. 이하 같다)을 통하여 제출할 수 있다.

② 제1항에 따라 제출된 전자문서는 이 법에 따라 제출된 서면과 같은 효력을 가진다.

③ 전자정보처리조직을 이용하여 제출된 전자문서는 전자정보처리조직에 전자적으로 기록된 때에 접수된 것으로 본다.

④ 제3항에 따라 전자문서가 접수된 경우에 헌법재판소는 헌법재판소규칙으로 정하는 바에 따라 당사자나 관계인에게 전자적 방식으로 그 접수 사실을 즉시 알려야 한다.

[전문개정 2011. 4. 5.]

제77조(전자서명 등) ① 당사자나 관계인은 헌법재판소에 제출하는 전자문서에 헌법재판소규칙으로 정하는 바에 따라 본인임을 확인할 수 있는 전자서명을 하여야 한다.

② 재판관이나 서기는 심판사건에 관한 서류를 전자문서로 작성하는 경우에 「전자정부법」 제2조 제6호에 따른 행정전자서명(이하 "행정전자서명"이라 한다)을 하여야 한다.

③ 제1항의 전자서명과 제2항의 행정전자서명은 헌법재판소의 심판절차에 관한 법령에서 정하는 서명·서명날인 또는 기명날인으로 본다.

[본조신설 2009. 12. 29.]

제78조(전자적 송달 등) ① 헌법재판소는 당사자나 관계인에게 전자정보처리조직과 그와 연계된 정보통신망을 이용하여 결정서나 이 법에 따른 각종 서류를 송달할 수 있다. 다만, 당사자나 관계인이 동의하지 아니하는 경우에는 그러하지 아니하다.

② 헌법재판소는 당사자나 관계인에게 송달하여야 할 결정서 등의 서류를 전자정보처리조직에 입력하여 등재한 다음 그 등재 사실을 헌법재판소규칙으로 정하는 바에 따라 전자적 방식으로 알려야 한다.

③ 제1항에 따른 전자정보처리조직을 이용한 서류 송달은 서면으로 한 것과 같은 효력을 가진다.

④ 제2항의 경우 송달받을 자가 등재된 전자문서를 헌법재판소규칙으로 정하는 바에 따라 확인한 때에 송달된 것으로 본다. 다만, 그 등재 사실을 통지한 날부터 2주 이내에 확인하지 아니하였을 때에는 등재 사실을 통지한 날부터 2주가 지난 날에 송달된 것으로 본다.

⑤ 제1항에도 불구하고 전자정보처리조직의 장애로 인하여 전자적 송달이 불가능하거나 그 밖에 헌법재판소규칙으로 정하는 사유가 있는 경우에는 「민사소송법」에 따라 송달할 수 있다.

[전문개정 2011. 4. 5.]

제79조(벌칙) 다음 각 호의 어느 하나에 해당하는 자는 1년 이하의 징역 또는 100만원 이하의 벌금에 처한다.

    1. 헌법재판소로부터 증인, 감정인, 통역인 또는 번역인으로서 소환 또는 위촉을 받고 정당한 사유 없이 출석하지 아니한 자

    2. 헌법재판소로부터 증거물의 제출요구 또는 제출명령을 받고 정당한 사유 없이 이를 제출하지 아니한 자

    3. 헌법재판소의 조사 또는 검사를 정당한 사유 없이 거부·방해 또는 기피한 자

[전문개정 2011. 4. 5.]

부칙 〈제17469호, 2020. 6. 9.〉

제1조(시행일) 이 법은 공포 후 6개월이 경과한 날부터 시행한다.

제2조(재판관 결격사유에 관한 적용례) 제5조 제2항 및 제3항의 개정규정은 이 법 시행 이후 재판관으로 임명하는 경우부터 적용한다.

PART

02

경찰

안전, 주민, 경찰
자치경찰의 새로운 이해 자치경찰법령집

국가경찰과 자치경찰의 조직 및 운영에 관한 법률(경찰법)

[시행 2021. 7. 1] [법률 제17990호, 2021. 3. 30, 일부개정]

경찰청(기획조정과) 02-3150-1151

제1장 총칙

제1조(목적) 이 법은 경찰의 민주적인 관리·운영과 효율적인 임무수행을 위하여 경찰의 기본조직 및 직무 범위와 그 밖에 필요한 사항을 규정함을 목적으로 한다.

제2조(국가와 지방자치단체의 책무) 국가와 지방자치단체는 국민의 생명·신체 및 재산을 보호하고 공공의 안녕과 질서유지에 필요한 시책을 수립·시행하여야 한다.

제3조(경찰의 임무) 경찰의 임무는 다음 각 호와 같다.

1. 국민의 생명·신체 및 재산의 보호
2. 범죄의 예방·진압 및 수사
3. 범죄피해자 보호
4. 경비·요인경호 및 대간첩·대테러 작전 수행
5. 공공안녕에 대한 위험의 예방과 대응을 위한 정보의 수집·작성 및 배포
6. 교통의 단속과 위해의 방지
7. 외국 정부기관 및 국제기구와의 국제협력
8. 그 밖에 공공의 안녕과 질서유지

제4조(경찰의 사무) ① 경찰의 사무는 다음 각 호와 같이 구분한다.

1. 국가경찰사무: 제3조에서 정한 경찰의 임무를 수행하기 위한 사무. 다만, 제2호의 자치경찰사무는 제외한다.
2. 자치경찰사무: 제3조에서 정한 경찰의 임무 범위에서 관할 지역의 생활안전·교통·경비·수사 등에 관한 다음 각 목의 사무

   가. 지역 내 주민의 생활안전 활동에 관한 사무
   1) 생활안전을 위한 순찰 및 시설의 운영
   2) 주민참여 방범활동의 지원 및 지도
   3) 안전사고 및 재해·재난 시 긴급구조지원
   4) 아동·청소년·노인·여성·장애인 등 사회적 보호가 필요한 사람에 대한 보호 업무 및 가정폭력·학교폭력·성폭력 등의 예방
   5) 주민의 일상생활과 관련된 사회질서의 유지 및 그 위반행위의 지도·단속. 다만, 지방자치단체 등 다른 행정청의 사무는 제외한다.
   6) 그 밖에 지역주민의 생활안전에 관한 사무

   나. 지역 내 교통활동에 관한 사무
   1) 교통법규 위반에 대한 지도·단속

2) 교통안전시설 및 무인 교통단속용 장비의 심의·설치·관리

3) 교통안전에 대한 교육 및 홍보

4) 주민참여 지역 교통활동의 지원 및 지도

5) 통행 허가, 어린이 통학버스의 신고, 긴급자동차의 지정 신청 등 각종 허가 및 신고에 관한 사무

6) 그 밖에 지역 내의 교통안전 및 소통에 관한 사무

다. 지역 내 다중운집 행사 관련 혼잡 교통 및 안전 관리

라. 다음의 어느 하나에 해당하는 수사사무

1) 학교폭력 등 소년범죄

2) 가정폭력, 아동학대 범죄

3) 교통사고 및 교통 관련 범죄

4) 「형법」 제245조에 따른 공연음란 및 「성폭력범죄의 처벌 등에 관한 특례법」 제12조에 따른 성적 목적을 위한 다중이용장소 침입행위에 관한 범죄

5) 경범죄 및 기초질서 관련 범죄

6) 가출인 및 「실종아동등의 보호 및 지원에 관한 법률」 제2조 제2호에 따른 실종아동등 관련 수색 및 범죄

② 제1항 제2호가목부터 다목까지의 자치경찰사무에 관한 구체적인 사항 및 범위 등은 대통령령으로 정하는 기준에 따라 시·도조례로 정한다.

③ 제1항 제2호라목의 자치경찰사무에 관한 구체적인 사항 및 범위 등은 대통령령으로 정한다.

제5조(권한남용의 금지) 경찰은 그 직무를 수행할 때 헌법과 법률에 따라 국민의 자유와 권리 및 모든 개인이 가지는 불가침의 기본적 인권을 보호하고, 국민 전체에 대한 봉사자로서 공정·중립을 지켜야 하며, 부여된 권한을 남용하여서는 아니 된다.

제6조(직무수행) ① 경찰공무원은 상관의 지휘·감독을 받아 직무를 수행하고, 그 직무수행에 관하여 서로 협력하여야 한다.

② 경찰공무원은 구체적 사건수사와 관련된 제1항의 지휘·감독의 적법성 또는 정당성에 대하여 이견이 있을 때에는 이의를 제기할 수 있다.

③ 경찰공무원의 직무수행에 필요한 사항은 따로 법률로 정한다.

제2장 국가경찰위원회

제7조(국가경찰위원회의 설치) ① 국가경찰행정에 관하여 제10조 제1항 각 호의 사항을 심의·의결하기 위하여 행정안전부에 국가경찰위원회를 둔다.

② 국가경찰위원회는 위원장 1명을 포함한 7명의 위원으로 구성하되, 위원장 및 5명의 위원은 비상임(非常任)으로 하고, 1명의 위원은 상임(常任)으로 한다.

③ 제2항에 따른 위원 중 상임위원은 정무직으로 한다.

제8조(국가경찰위원회 위원의 임명 및 결격사유 등) ① 위원은 행정안전부장관의 제청으로 국무총리를 거쳐 대통령이 임명한다.

② 행정안전부장관은 위원 임명을 제청할 때 경찰의 정치적 중립이 보장되도록 하여야 한다.

③ 위원 중 2명은 법관의 자격이 있는 사람이어야 한다.

④ 위원은 특정 성(性)이 10분의 6을 초과하지 아니하도록 노력하여야 한다.

⑤ 다음 각 호의 어느 하나에 해당하는 사람은 위원이 될 수 없으며, 위원이 다음 각 호의 어느 하나에 해당하는 경우에는 당연퇴직한다.

1. 정당의 당원이거나 당적을 이탈한 날부터 3년이 지나지 아니한 사람

2. 선거에 의하여 취임하는 공직에 있거나 그 공직에서 퇴직한 날부터 3년이 지나지 아니한 사람

3. 경찰, 검찰, 국가정보원 직원 또는 군인의 직에 있거나 그 직에서 퇴직한 날부터 3년이 지나지 아니한 사람

4. 「국가공무원법」 제33조 각 호의 어느 하나에 해당하는 사람. 다만, 「국가공무원법」 제33조 제 2호 및 제5호에 해당하는 경우에는 같은 법 제69조 제1호 단서에 따른다.

⑥ 위원에 대해서는 「국가공무원법」 제60조 및 제65조를 준용한다.

제9조(국가경찰위원회 위원의 임기 및 신분보장) ① 위원의 임기는 3년으로 하며, 연임(連任)할 수 없다. 이 경우 보궐위원의 임기는 전임자 임기의 남은 기간으로 한다.

② 위원은 중대한 신체상 또는 정신상의 장애로 직무를 수행할 수 없게 된 경우를 제외하고는 그 의사에 반하여 면직되지 아니한다.

제10조(국가경찰위원회의 심의·의결 사항 등) ① 다음 각 호의 사항은 국가경찰위원회의 심의·의결을 거쳐야 한다.

1. 국가경찰사무에 관한 인사, 예산, 장비, 통신 등에 관한 주요정책 및 경찰 업무 발전에 관한 사항

2. 국가경찰사무에 관한 인권보호와 관련되는 경찰의 운영·개선에 관한 사항

3. 국가경찰사무 담당 공무원의 부패 방지와 청렴도 향상에 관한 주요 정책사항

4. 국가경찰사무 외에 다른 국가기관으로부터의 업무협조 요청에 관한 사항

5. 제주특별자치도의 자치경찰에 대한 경찰의 지원·협조 및 협약체결의 조정 등에 관한 주요 정책사항

6. 제18조에 따른 시·도자치경찰위원회 위원 추천, 자치경찰사무에 대한 주요 법령·정책 등에 관한 사항, 제25조 제4항에 따른 시·도자치경찰위원회 의결에 대한 재의 요구에 관한 사항

7. 제2조에 따른 시책 수립에 관한 사항

8. 제32조에 따른 비상사태 등 전국적 치안유지를 위한 경찰청장의 지휘·명령에 관한 사항

9. 그 밖에 행정안전부장관 및 경찰청장이 중요하다고 인정하여 국가경찰위원회의 회의에 부친 사항

② 행정안전부장관은 제1항에 따라 심의·의결된 내용이 적정하지 아니하다고 판단할 때에는 재의(再議)를 요구할 수 있다.

제11조(국가경찰위원회의 운영 등) ① 국가경찰위원회의 사무는 경찰청에서 수행한다.

② 국가경찰위원회의 회의는 재적위원 과반수의 출석과 출석위원 과반수의 찬성으로 의결한다.

③ 이 법에 규정된 것 외에 국가경찰위원회의 운영 및 제10조 제1항 각 호에 따른 심의·의결 사항의 구체적 범위, 재의 요구 등에 필요한 사항은 대통령령으로 정한다.

제12조(경찰의 조직) 치안에 관한 사무를 관장하게 하기 위하여 행정안전부장관 소속으로 경찰청을 둔다.

제13조(경찰사무의 지역적 분장기관) 경찰의 사무를 지역적으로 분담하여 수행하게 하기 위하여 특별시·광역시·특별자치시·도·특별자치도(이하 "시·도"라 한다)에 시·도경찰청을 두고, 시·도경찰청장 소속으로 경찰서를 둔다. 이 경우 인구, 행정구역, 면적, 지리적 특성, 교통 및 그 밖의 조건을 고려하여 시·도에 2개의 시·도경찰청을 둘 수 있다.

제14조(경찰청장) ① 경찰청에 경찰청장을 두며, 경찰청장은 치안총감(治安總監)으로 보한다.

② 경찰청장은 국가경찰위원회의 동의를 받아 행정안전부장관의 제청으로 국무총리를 거쳐 대통령이 임명한다. 이 경우 국회의 인사청문을 거쳐야 한다.

③ 경찰청장은 국가경찰사무를 총괄하고 경찰청 업무를 관장하며 소속 공무원 및 각급 경찰기관의 장을 지휘·감독한다.

④ 경찰청장의 임기는 2년으로 하고, 중임(重任)할 수 없다.

⑤ 경찰청장이 직무를 집행하면서 헌법이나 법률을 위배하였을 때에는 국회는 탄핵 소추를 의결할 수 있다.

⑥ 경찰청장은 경찰의 수사에 관한 사무의 경우에는 개별 사건의 수사에 대하여 구체적으로 지휘·감독할 수 없다. 다만, 국민의 생명·신체·재산 또는 공공의 안전 등에 중대한 위험을 초래하는 긴급하고 중요한 사건의 수사에 있어서 경찰의 자원을 대규모로 동원하는 등 통합적으로 현장 대응할 필요가 있다고 판단할 만한 상당한 이유가 있는 때에는 제16조에 따른 국가수사본부장을 통하여 개별 사건의 수사에 대하여 구체적으로 지휘·감독할 수 있다.

⑦ 경찰청장은 제6항 단서에 따라 개별 사건의 수사에 대한 구체적 지휘·감독을 개시한 때에는 이를 국가경찰위원회에 보고하여야 한다.

⑧ 경찰청장은 제6항 단서의 사유가 해소된 경우에는 개별 사건의 수사에 대한 구체적 지휘·감독을 중단하여야 한다.

⑨ 경찰청장은 제16조에 따른 국가수사본부장이 제6항 단서의 사유가 해소되었다고 판단하여 개별 사건의 수사에 대한 구체적 지휘·감독의 중단을 건의하는 경우 특별한 이유가 없으면 이를 승인하여야 한다.

⑩ 제6항 단서에서 규정하는 긴급하고 중요한 사건의 범위 등 필요한 사항은 대통령령으로 정한다.

제15조(경찰청 차장) ① 경찰청에 차장을 두며, 차장은 치안정감(治安正監)으로 보한다.

② 차장은 경찰청장을 보좌하며, 경찰청장이 부득이한 사유로 직무를 수행할 수 없을 때에는 그 직무를 대행한다.

제16조(국가수사본부장) ① 경찰청에 국가수사본부를 두며, 국가수사본부장은 치안정감으로 보한다.

② 국가수사본부장은 「형사소송법」에 따른 경찰의 수사에 관하여 각 시·도경찰청장과 경찰서장 및 수사부서 소속 공무원을 지휘·감독한다.

③ 국가수사본부장의 임기는 2년으로 하며, 중임할 수 없다.

④ 국가수사본부장은 임기가 끝나면 당연히 퇴직한다.

⑤ 국가수사본부장이 직무를 집행하면서 헌법이나 법률을 위배하였을 때에는 국회는 탄핵 소추를 의결할 수 있다.

⑥ 국가수사본부장을 경찰청 외부를 대상으로 모집하여 임용할 필요가 있는 때에는 다음 각 호의 자격을 갖춘 사람 중에서 임용한다.

    1. 10년 이상 수사업무에 종사한 사람 중에서 「국가공무원법」 제2조의2에 따른 고위공무원단에 속하는 공무원, 3급 이상 공무원 또는 총경 이상 경찰공무원으로 재직한 경력이 있는 사람

    2. 판사 · 검사 또는 변호사의 직에 10년 이상 있었던 사람

    3. 변호사 자격이 있는 사람으로서 국가기관, 지방자치단체, 「공공기관의 운영에 관한 법률」 제4조에 따른 공공기관(이하 "국가기관등"이라 한다)에서 법률에 관한 사무에 10년 이상 종사한 경력이 있는 사람

    4. 대학이나 공인된 연구기관에서 법률학 · 경찰학 분야에서 조교수 이상의 직이나 이에 상당하는 직에 10년 이상 있었던 사람

    5. 제1호부터 제4호까지의 경력 기간의 합산이 15년 이상인 사람

⑦ 국가수사본부장을 경찰청 외부를 대상으로 모집하여 임용하는 경우 다음 각 호의 어느 하나에 해당하는 사람은 국가수사본부장이 될 수 없다.

    1. 「경찰공무원법」 제8조 제2항 각 호의 결격사유에 해당하는 사람

    2. 정당의 당원이거나 당적을 이탈한 날부터 3년이 지나지 아니한 사람

    3. 선거에 의하여 취임하는 공직에 있거나 그 공직에서 퇴직한 날부터 3년이 지나지 아니한 사람

    4. 제6항 제1호에 해당하는 공무원 또는 제6항 제2호의 판사 · 검사의 직에서 퇴직한 날로부터 1년이 지나지 아니한 사람

    5. 제6항 제3호에 해당하는 사람으로서 국가기관등에서 퇴직한 날로부터 1년이 지나지 아니한 사람

제17조(하부조직) ① 경찰청의 하부조직은 본부 · 국 · 부 또는 과로 한다.

② 경찰청장 · 차장 · 국가수사본부장 · 국장 또는 부장 밑에 정책의 기획이나 계획의 입안 및 연구 · 조사를 통하여 그를 직접 보좌하는 담당관을 둘 수 있다.

③ 경찰청의 하부조직의 명칭 및 분장 사무와 공무원의 정원은 「정부조직법」 제2조 제4항 및 제5항을 준용하여 대통령령 또는 행정안전부령으로 정한다.

제4장 ◈ 시 · 도자치경찰위원회

제18조(시 · 도자치경찰위원회의 설치) ① 자치경찰사무를 관장하게 하기 위하여 특별시장 · 광역시장 · 특별자치시장 · 도지사 · 특별자치도지사(이하 "시 · 도지사"라 한다) 소속으로 시 · 도자치경찰위원회를 둔다. 다만, 제13조 후단에 따라 시 · 도에 2개의 시 · 도경찰청을 두는 경우 시 · 도지사 소속으로 2개의 시 · 도자치경찰위원회를 둘 수 있다. 〈개정 2021. 3. 30.〉

② 시 · 도자치경찰위원회는 합의제 행정기관으로서 그 권한에 속하는 업무를 독립적으로 수행한다.

③ 제1항 단서에 따라 2개의 시 · 도자치경찰위원회를 두는 경우 해당 시 · 도자치경찰위원회의 명칭, 관할구역, 사무분장, 그 밖에 필요한 사항은 대통령령으로 정한다. 〈신설 2021. 3. 30.〉

제19조(시 · 도자치경찰위원회의 구성) ① 시 · 도자치경찰위원회는 위원장 1명을 포함한 7명의 위원으로 구성하되, 위원장과 1명의 위원은 상임으로 하고, 5명의 위원은 비상임으로 한다.

② 위원은 특정 성(性)이 10분의 6을 초과하지 아니하도록 노력하여야 한다.

③ 위원 중 1명은 인권문제에 관하여 전문적인 지식과 경험이 있는 사람이 임명될 수 있도록 노력하여야 한다.

제20조(시·도자치경찰위원회 위원의 임명 및 결격사유) ① 시·도자치경찰위원회 위원은 다음 각 호의 사람을 시·도지사가 임명한다.

    1. 시·도의회가 추천하는 2명

    2. 국가경찰위원회가 추천하는 1명

    3. 해당 시·도 교육감이 추천하는 1명

    4. 시·도자치경찰위원회 위원추천위원회가 추천하는 2명

    5. 시·도지사가 지명하는 1명

② 시·도자치경찰위원회 위원은 다음 각 호의 어느 하나에 해당하는 자격을 갖추어야 한다.

    1. 판사·검사·변호사 또는 경찰의 직에 5년 이상 있었던 사람

    2. 변호사 자격이 있는 사람으로서 국가기관등에서 법률에 관한 사무에 5년 이상 종사한 경력이 있는 사람

    3. 대학이나 공인된 연구기관에서 법률학·행정학 또는 경찰학 분야의 조교수 이상의 직이나 이에 상당하는 직에 5년 이상 있었던 사람

    4. 그 밖에 관할 지역주민 중에서 지방자치행정 또는 경찰행정 등의 분야에 경험이 풍부하고 학식과 덕망을 갖춘 사람

③ 시·도자치경찰위원회 위원장은 위원 중에서 시·도지사가 임명하고, 상임위원은 시·도자치경찰위원회의 의결을 거쳐 위원 중에서 위원장의 제청으로 시·도지사가 임명한다. 이 경우 위원장과 상임위원은 지방자치단체의 공무원으로 한다.

④ 위원은 정치적 중립을 지켜야 하며, 권한을 남용하여서는 아니 된다.

⑤ 공무원이 아닌 위원에 대해서는 「지방공무원법」 제52조 및 제57조를 준용한다.

⑥ 공무원이 아닌 위원은 그 소관 사무와 관련하여 형법이나 그 밖의 법률에 따른 벌칙을 적용할 때에는 공무원으로 본다.

⑦ 다음 각 호의 어느 하나에 해당하는 사람은 위원이 될 수 없다. 위원이 각 호의 어느 하나에 해당한 경우에는 당연퇴직한다.

    1. 정당의 당원이거나 당적을 이탈한 날부터 3년이 지나지 아니한 사람

    2. 선거에 의하여 취임하는 공직에 있거나 그 공직에서 퇴직한 날부터 3년이 지나지 아니한 사람

    3. 경찰, 검찰, 국가정보원 직원 또는 군인의 직에 있거나 그 직에서 퇴직한 날부터 3년이 지나지 아니한 사람

    4. 국가 및 지방자치단체의 공무원(국립 또는 공립대학의 조교수 이상의 직에 있는 사람은 제외한다. 이하 이 조에서 같다)이거나 공무원이었던 사람으로서 퇴직한 날부터 3년이 지나지 아니한 사람. 다만, 제20조 제3항 후단에 따라 위원장과 상임위원이 지방자치단체의 공무원이 된 경우에는 당연퇴직하지 아니한다.

    5. 「지방공무원법」 제31조 각 호의 어느 하나에 해당하는 사람. 다만, 「지방공무원법」 제31조 제2호 및 제5호에 해당하는 경우에는 같은 법 제61조 제1호 단서에 따른다.

⑧ 그 밖에 위원의 임명방법 등에 관하여 필요한 사항은 대통령령으로 정하는 기준에 따라 시·도조례로 정한다.

제21조(시·도자치경찰위원회 위원추천위원회) ① 시·도자치경찰위원회 위원 추천을 위하여 시·도지사

소속으로 시·도자치경찰위원회 위원추천위원회를 둔다.

② 시·도지사는 시·도자치경찰위원회 위원추천위원회에 각계각층의 관할 지역주민의 의견이 수렴될 수 있도록 위원을 구성하여야 한다.

③ 시·도자치경찰위원회 위원추천위원회 위원의 수, 자격, 구성, 위원회 운영 등에 관하여 필요한 사항은 대통령령으로 정한다.

제22조(시·도자치경찰위원회 위원장의 직무) ① 시·도자치경찰위원회 위원장은 시·도자치경찰위원회를 대표하고 회의를 주재하며 시·도자치경찰위원회의 의결을 거쳐 업무를 수행한다.

② 시·도자치경찰위원회 위원장이 부득이한 사유로 직무를 수행할 수 없을 때에는 상임위원, 시·도자치경찰위원회 위원 중 연장자순으로 그 직무를 대행한다.

제23조(시·도자치경찰위원회 위원의 임기 및 신분보장) ① 시·도자치경찰위원회 위원장과 위원의 임기는 3년으로 하며, 연임할 수 없다.

② 보궐위원의 임기는 전임자 임기의 남은 기간으로 하되, 전임자의 남은 임기가 1년 미만인 경우 그 보궐위원은 제1항에도 불구하고 한 차례만 연임할 수 있다.

③ 위원은 중대한 신체상 또는 정신상의 장애로 직무를 수행할 수 없게 된 경우를 제외하고는 그 의사에 반하여 면직되지 아니한다.

제24조(시·도자치경찰위원회의 소관 사무) ① 시·도자치경찰위원회의 소관 사무는 다음 각 호로 한다.

1. 자치경찰사무에 관한 목표의 수립 및 평가

2. 자치경찰사무에 관한 인사, 예산, 장비, 통신 등에 관한 주요정책 및 그 운영지원

3. 자치경찰사무 담당 공무원의 임용, 평가 및 인사위원회 운영

4. 자치경찰사무 담당 공무원의 부패 방지와 청렴도 향상에 관한 주요 정책 및 인권침해 또는 권한남용 소지가 있는 규칙, 제도, 정책, 관행 등의 개선

5. 제2조에 따른 시책 수립

6. 제28조 제2항에 따른 시·도경찰청장의 임용과 관련한 경찰청장과의 협의, 제30조 제4항에 따른 평가 및 결과 통보

7. 자치경찰사무 감사 및 감사의뢰

8. 자치경찰사무 담당 공무원의 주요 비위사건에 대한 감찰요구

9. 자치경찰사무 담당 공무원에 대한 징계요구

10. 자치경찰사무 담당 공무원의 고충심사 및 사기진작

11. 자치경찰사무와 관련된 중요사건·사고 및 현안의 점검

12. 자치경찰사무에 관한 규칙의 제정·개정 또는 폐지

13. 지방행정과 치안행정의 업무조정과 그 밖에 필요한 협의·조정

14. 제32조에 따른 비상사태 등 전국적 치안유지를 위한 경찰청장의 지휘·명령에 관한 사무

15. 국가경찰사무·자치경찰사무의 협력·조정과 관련하여 경찰청장과 협의

16. 국가경찰위원회에 대한 심의·조정 요청

17. 그 밖에 시·도지사, 시·도경찰청장이 중요하다고 인정하여 시·도자치경찰위원회의 회의에 부친 사항에 대한 심의·의결

② 시·도자치경찰위원회의 업무와 관련하여 시·도지사는 정치적 목적이나 개인적 이익을 위해 관여하여서는 아니 된다.

제25조(시·도자치경찰위원회의 심의·의결사항 등) ① 시·도자치경찰위원회는 제24조의 사무에 대하

여 심의 · 의결한다.

② 시 · 도자치경찰위원회의 회의는 재적위원 과반수의 출석과 출석위원 과반수의 찬성으로 의결한다.

③ 시 · 도지사는 제1항에 관한 시 · 도자치경찰위원회의 의결이 적정하지 아니하다고 판단할 때에는 재의를 요구할 수 있다.

④ 위원회의 의결이 법령에 위반되거나 공익을 현저히 해친다고 판단되면 행정안전부장관은 미리 경찰청장의 의견을 들어 국가경찰위원회를 거쳐 시 · 도지사에게 제3항의 재의를 요구하게 할 수 있고, 경찰청장은 국가경찰위원회와 행정안전부장관을 거쳐 시 · 도지사에게 재의를 요구하게 할 수 있다.

⑤ 시 · 도자치경찰위원회의 위원장은 재의요구를 받은 날부터 7일 이내에 회의를 소집하여 재의결하여야 한다. 이 경우 재적위원 과반수의 출석과 출석위원 3분의 2 이상의 찬성으로 전과 같은 의결을 하면 그 의결사항은 확정된다.

제26조(시 · 도자치경찰위원회의 운영 등) ① 시 · 도자치경찰위원회의 회의는 정기적으로 개최하여야 한다. 다만 위원장이 필요하다고 인정하는 경우, 위원 2명 이상이 요구하는 경우 및 시 · 도지사가 필요하다고 인정하는 경우에는 임시회의를 개최할 수 있다.

② 시 · 도자치경찰위원회는 회의 안건과 관련된 이해관계인이 있는 경우 그 의견을 듣거나 회의에 참석하게 할 수 있다.

③ 시 · 도자치경찰위원회의 위원 중 공무원이 아닌 위원에게는 예산의 범위에서 직무활동에 필요한 비용 등을 지급할 수 있다.

④ 그 밖에 시 · 도자치경찰위원회의 운영 등에 필요한 사항은 대통령령으로 정하는 기준에 따라 시 · 도조례로 정한다.

제27조(사무기구) ① 시 · 도자치경찰위원회의 사무를 처리하기 위하여 시 · 도자치경찰위원회에 필요한 사무기구를 둔다.

② 사무기구에는 「지방자치단체에 두는 국가공무원의 정원에 관한 법률」에도 불구하고 대통령령으로 정하는 바에 따라 경찰공무원을 두어야 한다.

③ 제주특별자치도에는 「제주특별자치도 설치 및 국제자유도시 조성을 위한 특별법」 제44조 제3항에도 불구하고 같은 법 제6조 제1항 단서에 따라 이 법 제27조 제2항을 우선하여 적용한다.

④ 사무기구의 조직 · 정원 · 운영 등에 관하여 필요한 사항은 경찰청장의 의견을 들어 대통령령으로 정하는 기준에 따라 시 · 도조례로 정한다.

제5장 ◈ 시 · 도경찰청 및 경찰서 등

제28조(시 · 도경찰청장) ① 시 · 도경찰청에 시 · 도경찰청장을 두며, 시 · 도경찰청장은 치안정감 · 치안감(治安監) 또는 경무관(警務官)으로 보한다.

② 「경찰공무원법」 제7조에도 불구하고 시 · 도경찰청장은 경찰청장이 시 · 도자치경찰위원회와 협의하여 추천한 사람 중에서 행정안전부장관의 제청으로 국무총리를 거쳐 대통령이 임용한다.

③ 시 · 도경찰청장은 국가경찰사무에 대해서는 경찰청장의 지휘 · 감독을, 자치경찰사무에 대해서는 시 · 도자치경찰위원회의 지휘 · 감독을 받아 관할구역의 소관 사무를 관장하고 소속 공무원 및 소속 경찰기관의 장을 지휘 · 감독한다. 다만, 수사에 관한 사무에 대해서는 국가수사본부장의 지휘 · 감독을 받아 관할구역의 소관 사무를 관장하고 소속 공무원 및 소속 경찰기관의 장을 지휘 · 감독한다.

④ 제3항 본문의 경우 시 · 도자치경찰위원회는 자치경찰사무에 대해 심의 · 의결을 통하여 시 · 도경찰청장을 지휘 · 감독한다. 다만, 시 · 도자치경찰위원회가 심의 · 의결할 시간적 여유가 없거나 심의 · 의결이 곤란한 경우 대통령령으로 정하는 바에 따라 시 · 도자치경찰위원회의 지휘 · 감독권을 시 · 도경찰청장에게 위임한 것으로 본다.

제29조(시 · 도경찰청 차장) ① 시 · 도경찰청에 차장을 둘 수 있다.

② 차장은 시 · 도경찰청장을 보좌하여 소관 사무를 처리하고 시 · 도경찰청장이 부득이한 사유로 직무를 수행할 수 없을 때에는 그 직무를 대행한다.

제30조(경찰서장) ① 경찰서에 경찰서장을 두며, 경찰서장은 경무관, 총경(總警) 또는 경정(警正)으로 보한다.

② 경찰서장은 시 · 도경찰청장의 지휘 · 감독을 받아 관할구역의 소관 사무를 관장하고 소속 공무원을 지휘 · 감독한다.

③ 경찰서장 소속으로 지구대 또는 파출소를 두고, 그 설치기준은 치안수요 · 교통 · 지리 등 관할구역의 특성을 고려하여 행정안전부령으로 정한다. 다만, 필요한 경우에는 출장소를 둘 수 있다.

④ 시 · 도자치경찰위원회는 정기적으로 경찰서장의 자치경찰사무 수행에 관한 평가결과를 경찰청장에게 통보하여야 하며 경찰청장은 이를 반영하여야 한다.

제31조(직제) 시 · 도경찰청 및 경찰서의 명칭, 위치, 관할구역, 하부조직, 공무원의 정원, 그 밖에 필요한 사항은 「정부조직법」 제2조 제4항 및 제5항을 준용하여 대통령령 또는 행정안전부령으로 정한다.

제6장 비상사태 등 전국적 치안유지를 위한 경찰청장의 지휘 · 명령

제32조(비상사태 등 전국적 치안유지를 위한 경찰청장의 지휘 · 명령) ① 경찰청장은 다음 각 호의 경우에는 제2항에 따라 자치경찰사무를 수행하는 경찰공무원(제주특별자치도의 자치경찰공무원을 포함한다)을 직접 지휘 · 명령할 수 있다.

1. 전시 · 사변, 천재지변, 그 밖에 이에 준하는 국가 비상사태, 대규모의 테러 또는 소요사태가 발생하였거나 발생할 우려가 있어 전국적인 치안유지를 위하여 긴급한 조치가 필요하다고 인정할 만한 충분한 사유가 있는 경우

2. 국민안전에 중대한 영향을 미치는 사안에 대하여 다수의 시 · 도에 동일하게 적용되는 치안정책을 시행할 필요가 있다고 인정할 만한 충분한 사유가 있는 경우

3. 자치경찰사무와 관련하여 해당 시 · 도의 경찰력으로는 국민의 생명 · 신체 · 재산의 보호 및 공공의 안녕과 질서유지가 어려워 경찰청장의 지원 · 조정이 필요하다고 인정할 만한 충분한 사유가 있는 경우

② 경찰청장은 제1항에 따른 조치가 필요한 경우에는 시 · 도자치경찰위원회에 자치경찰사무를 담당하는 경찰공무원을 직접 지휘 · 명령하려는 사유 및 내용 등을 구체적으로 제시하여 통보하여야 한다.

③ 제2항에 따른 통보를 받은 시 · 도자치경찰위원회는 정당한 사유가 없으면 즉시 자치경찰사무를 담당하는 경찰공무원에게 경찰청장의 지휘 · 명령을 받을 것을 명하여야 하며, 제1항에 규정된 사유에 해당하지 아니한다고 인정하면 시 · 도자치경찰위원회의 의결을 거쳐 경찰청장에게 그 지휘 · 명령의 중단을 요청할 수 있다.

④ 경찰청장이 제1항에 따라 지휘 · 명령을 하는 경우에는 국가경찰위원회에 즉시 보고하여야 한다. 다

만, 제1항 제3호의 경우에는 미리 국가경찰위원회의 의결을 거쳐야 하며 긴급한 경우에는 우선 조치 후 지체 없이 국가경찰위원회의 의결을 거쳐야 한다.

⑤ 제4항에 따라 보고를 받은 국가경찰위원회는 제1항에 규정된 사유에 해당하지 아니한다고 인정하면 그 지휘 · 명령을 중단할 것을 의결하여 경찰청장에게 통보할 수 있다.

⑥ 경찰청장은 제1항에 따라 지휘 · 명령할 수 있는 사유가 해소된 때에는 경찰공무원에 대한 지휘 · 명령을 즉시 중단하여야 한다.

⑦ 시 · 도자치경찰위원회는 제1항 제3호에 해당하는 경우 의결로 지원 · 조정의 범위 · 기간 등을 정하여 경찰청장에게 지원 · 조정을 요청할 수 있다.

⑧ 경찰청장은 제주특별자치도경찰청의 관할구역에서 제1항의 지휘 · 명령권을 제주특별자치도경찰청장에게 위임할 수 있다.

 제7장 치안분야의 과학기술진흥

제33조(치안에 필요한 연구개발의 지원 등) ① 경찰청장은 치안에 필요한 연구 · 실험 · 조사 · 기술개발(이하 "연구개발사업"이라 한다) 및 전문인력 양성 등 치안분야의 과학기술진흥을 위한 시책을 마련하여 추진하여야 한다.

② 경찰청장은 연구개발사업을 효율적으로 추진하기 위하여 다음 각 호의 어느 하나에 해당하는 기관 또는 단체 등과 협약을 맺어 연구개발사업을 실시하게 할 수 있다.

1. 국공립 연구기관
2. 「특정연구기관 육성법」 제2조에 따른 특정연구기관
3. 「과학기술분야 정부출연연구기관 등의 설립 · 운영 및 육성에 관한 법률」에 따라 설립된 과학기술분야 정부출연연구기관
4. 「고등교육법」에 따른 대학 · 산업대학 · 전문대학 및 기술대학
5. 「민법」이나 다른 법률에 따라 설립된 법인으로서 치안분야 연구기관 또는 법인 부설 연구소
6. 「기초연구진흥 및 기술개발지원에 관한 법률」 제14조의2제1항에 따라 인정받은 기업부설연구소 또는 기업의 연구개발전담부서
7. 그 밖에 대통령령으로 정하는 치안분야 관련 연구 · 조사 · 기술개발 등을 수행하는 기관 또는 단체

③ 경찰청장은 제2항 각 호의 기관 또는 단체 등에 대하여 연구개발사업을 실시하는 데 필요한 경비의 전부 또는 일부를 출연하거나 보조할 수 있다.

④ 제2항에 따른 연구개발사업의 실시와 제3항에 따른 출연금의 지급 · 사용 및 관리 등에 필요한 사항은 대통령령으로 정한다.

 제8장 보칙

제34조(자치경찰사무에 대한 재정적 지원) 국가는 지방자치단체가 이관받은 사무를 원활히 수행할 수 있도록 인력, 장비 등에 소요되는 비용에 대하여 재정적 지원을 하여야 한다.

제35조(예산) ① 자치경찰사무의 수행에 필요한 예산은 시·도자치경찰위원회의 심의·의결을 거쳐 시·도지사가 수립한다. 이 경우 시·도자치경찰위원회는 경찰청장의 의견을 들어야 한다.

② 시·도지사는 자치경찰사무 담당 공무원에게 조례에서 정하는 예산의 범위에서 재정적 지원 등을 할 수 있다.

③ 시·도의회는 관련 예산의 효율적인 관리를 위하여 의결로써 자치경찰사무에 대해 시·도자치경찰위원장의 출석 및 자료 제출을 요구할 수 있다.

제36조(세종특별자치시자치경찰위원회에 대한 특례) ① 세종특별자치시자치경찰위원회에 대해서는 제19조 제1항 및 제20조 제3항에도 불구하고 위원장 및 상임위원을 비상임으로 할 수 있다.

② 제27조에도 불구하고 세종특별자치시자치경찰위원회에는 사무기구를 두지 아니하며 세종특별자치시자치경찰위원회의 사무는 세종특별자치시경찰청에서 처리한다.

부칙 〈제17990호, 2021. 3. 30.〉

제1조(시행일) 이 법은 공포 후 3개월이 경과한 날부터 시행한다.

제2조(복수의 시·도자치경찰위원회 설치를 위한 준비행위 등) 시·도자치경찰위원회의 구성 및 인력·시설의 확보 등 시·도에 2개의 시·도자치경찰위원회를 설치하기 위하여 필요한 준비행위 및 시범운영은 이 법 시행 전부터 할 수 있다.

02 국가경찰과 자치경찰의 조직 및 운영에 관한 법률 제14조 제10항에 따른 긴급하고 중요한 사건의 범위 등에 관한 규정

[시행 2021. 1. 1] [대통령령 제31350호, 2020. 12. 31, 제정]

경찰청(수사국) 02-3150-1688

제1조(목적) 이 영은 「국가경찰과 자치경찰의 조직 및 운영에 관한 법률」 제14조 제10항에 따라 경찰청장이 구체적으로 지휘·감독할 수 있는 긴급하고 중요한 사건의 범위와 그 수사지휘의 방식을 정하는 것을 목적으로 한다.

제2조(긴급하고 중요한 사건의 범위 등) ① 「국가경찰과 자치경찰의 조직 및 운영에 관한 법률」(이하 "법"이라 한다) 제14조 제6항 단서에 따른 긴급하고 중요한 사건은 다음 각 호의 어느 하나에 해당하는 사건 및 이와 직접적인 관련이 있는 사건으로 한다.

1. 전시·사변 또는 이에 준하는 국가 비상사태가 발생하거나 발생이 임박하여 전국적인 치안유지가 필요한 사건

2. 재난, 테러 등이 발생하여 공공의 안전에 대한 급박한 위해(危害)나 범죄로 인한 피해의 급속한 확산을 방지하기 위해 신속한 조치가 필요한 사건

3. 국가중요시설의 파괴·기능마비, 대규모 집단의 폭행·협박·손괴·방화 등에 대하여 경찰의 자원을 대규모로 동원할 필요가 있는 사건

4. 전국 또는 일부 지역에서 연쇄적·동시다발적으로 발생하거나 광역화된 범죄에 대하여 경찰력의 집중적인 배치, 경찰 각 기능의 종합적 대응 또는 국가기관·지방자치단체·공공기관과의 공조가 필요한 사건

② 경찰청장은 법 제14조 제6항 단서에 따라 개별 사건의 수사에 대해 구체적 지휘·감독을 하려는 경우에는 그 필요성 등을 신중하게 판단해야 한다.

제3조(수사지휘의 방식) ① 경찰청장은 법 제14조 제6항 단서에 따라 국가수사본부장에게 개별 사건의 수사에 대한 구체적 지휘를 하는 경우에는 서면으로 지휘해야 한다.

② 경찰청장은 제1항에도 불구하고 서면 지휘가 불가능하거나 현저히 곤란한 경우에는 구두나 전화 등 서면 외의 방식으로 지휘할 수 있다. 이 경우 사후에 신속하게 서면으로 지휘내용을 송부해야 한다.

부칙 〈제31350호, 2020. 12. 31.〉

이 영은 2021년 1월 1일부터 시행한다.

03 국가경찰위원회 규정

[시행 2021. 1. 5] [대통령령 제31380호, 2021. 1. 5, 타법개정]

경찰청(기획조정과) 02-3150-3113
경찰청(경찰위원회담당관실) 02-3150-3208

제1조(목적) 이 영은 「국가경찰과 자치경찰의 조직 및 운영에 관한 법률」(이하 "법"이라 한다) 제11조 제3항에 따라 국가경찰위원회(이하 "위원회"라 한다)의 운영등에 관하여 필요한 사항을 규정함을 목적으로 한다. 〈개정 2020. 12. 31.〉

제2조(위원장) ① 위원장은 위원회를 대표하며, 위원회의 사무를 총괄한다. 〈개정 2021. 1. 5.〉

② 위원장은 비상임위원중에서 호선한다.

③ 위원장이 사고가 있을 때에는 상임위원, 위원중 연장자순으로 위원장의 직무를 대리한다.

제3조(위원의 예우등) ① 위원중 상임이 아닌 위원에게는 예산의 범위안에서 수당과 여비를 지급할 수 있다.

② 상임위원은 정무직으로 한다.

제4조(위원의 면직) ① 법 제9조 제2항에 따라 위원이 중대한 심신상의 장애로 직무를 수행할 수 없게 되어 면직하는 경우에는 위원회의 의결이 있어야 한다. 〈개정 2020. 12. 31.〉

② 제1항의 의결요구는 위원장 또는 행정안전부장관이 한다. 〈개정 2008. 2. 29., 2013. 3. 23., 2014. 11. 19., 2017. 7. 26.〉

제5조(심의ㆍ의결사항의 구체적 범위) ① 법 제10조 제1항 제1호의 범위는 다음과 같다. 〈개정 2018. 7. 3., 2020. 12. 31.〉

1. 경찰청 소관 법령과 행정규칙의 제정ㆍ개정 및 폐지에 관한 사항
2. 경찰공무원의 채용ㆍ승진 등 인사운영 기준에 관한 사항
3. 경찰공무원에 대한 교육 및 복지 증진에 관한 사항
4. 경찰복제 및 경찰장비에 관한 사항
5. 경찰정보통신 개발 및 운영에 관한 사항
6. 경찰조직 및 예산 편성 등에 관한 사항
7. 경찰 중ㆍ장기 발전계획에 관한 사항
8. 그 밖에 위원회가 경찰 주요정책 및 경찰 업무 발전에 필요하다고 인정하는 사항

② 법 제10조 제1항 제2호의 범위는 다음 각호와 같다. 〈개정 2020. 12. 31.〉

1. 국민의 권리ㆍ의무와 직접 관계되는 경찰행정 및 수사절차
2. 경찰행정과 관련되는 과태료ㆍ범칙금 기타 벌칙에 관한 사항
3. 경찰행정과 관련되는 국민의 부담에 관한 사항

제6조(재의요구) ① 법 제10조 제2항에 따라 행정안전부장관이 재의를 요구하는 경우에는 의결한 날부터 10일이내에 재의요구서를 위원회에 제출하여야 한다. 〈개정 2008. 2. 29., 2013. 3. 23., 2014. 11. 19., 2017. 7. 26., 2020. 12. 31.〉

② 위원장은 재의요구가 있는 경우에는 그 요구를 받은 날부터 7일이내에 회의를 소집하여 다시 의결하

여야 한다.

제7조(회의) ① 위원회의 회의는 정기회의와 임시회의로 구분한다.

② 정기회의는 특별한 사유가 있는 경우를 제외하고는 매월 2회 위원장이 소집한다. 〈개정 2019. 7. 23.〉

③ 위원장은 필요한 경우 임시회의를 소집할 수 있으며, 위원 3인이상과 행정안전부장관 또는 경찰청장은 위원장에게 임시회의의 소집을 요구할 수 있다. 〈개정 2008. 2. 29., 2013. 3. 23., 2014. 11. 19., 2017. 7. 26.〉

④ 제3항의 규정에 의한 임시회의소집 요구가 있는 경우에는 위원장은 특별한 사유가 없는 한 회의를 소집하여야 한다.

제8조(간사) ① 위원회에 간사 1인을 두되, 간사는 경찰청 혁신기획조정담당관이 된다. 〈개정 2020. 12. 31.〉

② 간사는 위원장의 명을 받아 다음 사항을 처리한다.

1. 의안의 작성

2. 회의진행에 필요한 준비

3. 회의록 작성과 보관

4. 기타 위원회의 사무

제9조(의견청취등) ① 위원장은 위원회의 심의를 위하여 필요한 경우에는 관계공무원 또는 관계전문가의 출석·발언이나 자료의 제출을 요구할 수 있다.

② 위원장은 위원회의 심의를 위하여 필요한 경우에는 관계 경찰공무원에게 필요한 사항의 보고를 요구할 수 있으며, 그 관계 경찰공무원은 성실히 이에 응하여야 한다. 〈신설 2018. 7. 3.〉

③ 위원회에 출석한 관계공무원 또는 관계전문가에 대하여는 예산의 범위안에서 수당과 여비를 지급할 수 있다. 다만, 공무원이 그 소관업무와 직접적으로 관련되어 출석하는 경우에는 그러하지 아니한다. 〈개정 2018. 7. 3.〉

제10조(공무원의 정원) 위원회에 두는 공무원의 정원은 [별표]와 같다.

제11조(운영세칙) 이 영에 규정된 사항외에 위원회의 운영을 위하여 필요한 사항은 위원회의 의결을 거쳐 위원장이 정한다.

부칙 〈제31380호, 2021. 1. 5.〉

이 영은 공포한 날부터 시행한다. 〈단서 생략〉

04 자치경찰사무와 시·도 자치경찰 위원회의 조직 및 운영 등에 관한 규정

[시행 2021. 7. 1.] [대통령령 제31733호, 2021. 6. 8., 일부개정]

경찰청(자치경찰추진단) 02-3150-0174

제1조(목적) 이 영은 「국가경찰과 자치경찰의 조직 및 운영에 관한 법률」 제4조, 제18조, 제20조, 제21조 및 제26조부터 제28조까지의 규정에서 위임된 사항과 그 시행에 필요한 사항을 규정함을 목적으로 한다.

제2조(생활안전·교통·경비 관련 자치경찰사무의 범위 등) 「국가경찰과 자치경찰의 조직 및 운영에 관한 법률」(이하 "법"이라 한다) 제4조 제1항 제2호가목부터 다목까지의 규정에 따른 자치경찰사무에 관한 구체적인 사항 및 범위 등을 같은 조 제2항에 따라 특별시·광역시·특별자치시·도·특별자치도(이하 "시·도"라 한다)의 조례로 정하는 경우 지켜야 하는 기준은 다음 각 호와 같다.

1. 법 제3조에 따른 경찰의 임무 범위와 별표에 따른 생활안전, 교통, 경비 관련 자치경찰사무의 범위를 준수할 것

2. 관할 지역의 인구, 범죄발생 빈도 등 치안 여건과 보유 인력·장비 등을 고려하여 자치경찰사무를 적정한 규모로 정할 것

3. 기관 간 협의체 구성, 상호협력·지원 및 중복감사 방지 등 자치경찰사무가 국가경찰사무와 유기적으로 연계되고 균형이 이루어지도록 하는 사항을 포함할 것

4. 자치경찰 사무의 내용은 국민의 생명·신체 및 재산을 보호하고 공공의 안녕과 질서를 유지하는 데 효율적인 것으로 정할 것

제3조(수사 관련 자치경찰사무의 범위 등) 법 제4조 제1항 제2호라목에 따른 자치경찰사무에 관한 구체적인 사항 및 범위는 다음 각 호와 같다.

1. 학교폭력 등 소년범죄: 소년(19세 미만인 사람을 말한다. 이하 이 조에서 같다)이 한 다음 각 목의 범죄. 다만, 그 소년이 해당 사건에서 19세 이상인 사람과 「형법」 제30조부터 제32조까지의 규정에 따른 공범관계에 있는 경우는 제외한다.

   가. 「형법」 제225조, 제229조(제225조의 죄에 의하여 만들어진 문서 또는 도화의 행사죄로 한정한다), 제230조 및 제235조(제225조, 제229조 또는 제230조의 미수범으로 한정한다)의 범죄

   나. 「형법」 제257조, 제258조, 제258조의2 및 제260조부터 제264조까지(제262조는 같은 조의 죄를 범하여 사람을 상해에 이르게 한 경우로 한정한다)의 범죄

   다. 「형법」 제266조의 범죄

   라. 「형법」 제276조부터 제281조까지(제281조는 같은 조의 죄를 범하여 사람을 상해에 이르게 한 경우로 한정한다)의 범죄

   마. 「형법」 제283조부터 제286조까지의 범죄

   바. 「형법」 제287조, 제294조(제287조의 미수범으로 한정한다) 및 제296조(제287조의 예비 또는 음모로 한정한다)의 범죄

사. 「형법」 제307조부터 제309조까지 및 제311조의 범죄

아. 「형법」 제319조, 제320조, 제322조(제319조 또는 제320조의 미수범으로 한정한다)의 범죄

자. 「형법」 제324조 및 제324조의5(제324조의 미수범으로 한정한다)의 범죄

차. 「형법」 제329조부터 제331조까지, 제331조의2 및 제342조(제329조부터 제331조까지 또는 제331조2의 미수범으로 한정한다)의 범죄. 다만, 같은 소년이 본문에 규정된 죄를 3회 이상 범한 사건은 제외한다.

카. 「형법」 제347조, 제350조, 제350조의2, 제351조(제347조, 제350조 또는 제350조의2의 상습범으로 한정한다) 및 제352조(제347조, 제350조, 제350조의2 또는 제351조의 미수범으로 한정한다)의 범죄

타. 「형법」 제360조의 범죄

파. 「형법」 제366조, 제368조(제366조의 죄를 범하여 사람의 생명 또는 신체에 대하여 위험을 발생하게 하거나 사람을 상해에 이르게 한 경우로 한정한다), 제369조 제1항 및 제371조(제366조 또는 제369조 제1항의 미수범으로 한정한다)의 범죄

하. 「정보통신망 이용촉진 및 정보보호 등에 관한 법률」 제70조 제1항·제2항 및 제74조 제1항 제2호·제3호의 범죄

거. 가목부터 하목까지의 범죄로서 다른 법률에 따라 가중처벌되는 범죄

2. 가정폭력 및 아동학대 범죄: 다음 각 목의 범죄

가. 「가정폭력범죄의 처벌 등에 관한 특례법」 제2조 제3호에 따른 가정폭력범죄

나. 「아동학대범죄의 처벌 등에 관한 특례법」 제2조 제4호에 따른 아동학대범죄

3. 교통사고 및 교통 관련 범죄: 다음 각 목의 범죄. 다만, 「도로교통법」 제2조 제3호의 고속도로에서 발생한 교통사고 및 교통 관련 범죄는 제외한다.

가. 「교통사고처리 특례법」 제3조 제1항의 범죄. 다만, 차의 운전자가 같은 항의 죄를 범하고도 피해자를 구호하는 등 「도로교통법」 제54조 제1항에 따른 조치를 하지 않고 도주하거나 피해자를 사고 장소로부터 옮겨 유기하고 도주한 경우는 제외한다.

나. 「도로교통법」 제148조(「특정범죄 가중처벌 등에 관한 법률」 제5조의3이 적용되는 죄를 범한 경우는 제외한다), 제148조의2, 제151조, 제151조의2제2호, 제152조 제1호, 제153조 제2항 제2호 및 제154조부터 제157조까지의 범죄

다. 「자동차손해배상보장법」 제46조 제2항의 범죄

라. 「특정범죄 가중처벌 등에 관한 법률」 제5조의11 및 제5조의13의 범죄

4. 「형법」 제245조의 범죄 및 「성폭력범죄의 처벌 등에 관한 특례법」 제12조의 범죄

5. 경범죄 및 기초질서 관련 범죄: 「경범죄처벌법」 제3조에 따른 경범죄

6. 가출인 및 「실종아동등의 보호 및 지원에 관한 법률」 제2조 제2호에 따른 실종아동등 관련 수색 및 범죄: 가목의 수색 및 나목의 범죄

가. 가출인 또는 실종아동등의 조속한 발견을 위한 수색. 다만, 제1호부터 제5호까지 또는 나목의 범죄가 아닌 범죄로 인해 실종된 경우는 제외한다.

나. 「실종아동등의 보호 및 지원에 관한 법률」 제17조 및 제18조의 범죄

제4조(복수의 시·도자치경찰위원회의 설치 등) ① 법 제18조 제1항 단서에 따라 경기도지사 소속으로 경기도남부자치경찰위원회와 경기도북부자치경찰위원회를 두며, 해당 시·도자치경찰위원회의 관할 구역은 다음 각 호의 구분에 따른다.

1. 경기도남부자치경찰위원회: 「경찰청과 그 소속기관 직제」 제38조에 따른 경기도남부경찰청의 관할구역

2. 경기도북부자치경찰위원회: 「경찰청과 그 소속기관 직제」 제38조에 따른 경기도북부경찰청의 관할구역

제4조의2(시·도자치경찰위원회 위원의 임명방법 및 절차 등) ① 특별시장·광역시장·특별자치시장·도 지사·특별자치도지사(이하 "시·도지사"라 한다)는 법 제18조 제1항에 따른 시·도자치경찰위원회 (이하 "시·도자치경찰위원회"라 한다)의 위원을 임명하기 위하여 법 제20조제1항 제1호부터 제4호 까지의 규정에 따른 위원 추천권자(이하 이 조에서 "추천권자"라 한다)에게 위원으로 임명할 사람의 추천을 요청해야 한다.

② 시·도지사는 시·도자치경찰위원회 위원의 임기가 만료되는 경우에는 그 임기 만료 30일 전까지 추천권자에게 위원으로 임명할 사람의 추천을 요청해야 한다.

③ 시·도지사는 시·도자치경찰위원회 위원 중 결원이 생겼을 때에는 지체 없이 결원된 위원을 추천한 추천권자에게 위원으로 임명할 사람의 추천을 요청해야 한다.

④ 시·도자치경찰위원회 위원장 및 상임위원의 신분과 직급은 「지방자치단체의 행정기구와 정원 기준 등에 관한 규정」에 따르며, 위원의 임명절차 등에 관한 구체적인 사항은 시·도의 조례로 정한다.

제5조(시·도자치경찰위원회 위원추천위원회의 구성) ① 법 제21조 제1항에 따른 시·도자치경찰위원회 위원추천위원회(이하 "추천위원회"라 한다)는 시·도자치경찰위원회 위원을 추천할 때마다 위원장 1명을 포함하여 5명의 위원으로 구성한다.

② 추천위원회 위원(이하 "추천위원"이라 한다)은 시·도지사가 다음 각 호에 해당하는 사람을 임명하 거나 위촉하며, 추천위원회 위원장은 추천위원 중에서 호선(互選)한다.

1. 「지방자치법 시행령」 제102조 제3항에 따라 각 시·도별로 두는 시·군·자치구의회의 의장 전 부가 참가하는 지역협의체가 추천하는 1명

2. 「지방자치법 시행령」 제102조 제3항에 따라 각 시·도별로 두는 시장·군수·자치구의 구청장 전부가 참가하는 지역협의체가 추천하는 1명

3. 재직 중인 경찰공무원이 아닌 사람 중에서 경찰청장이 추천하는 1명

4. 시·도경찰청의 소재지를 관할하는 지방법원장이 추천하는 1명

5. 시·도 본청 소속 기획 담당 실장[경기도북부자치경찰위원회의 경우에는 행정(2)부지사 밑에 두는 기획 담당 실장을 말한다]

③ 제2항 제1호 및 제2호에도 불구하고 세종특별자치시와 제주특별자치도의 추천위원은 해당 시·도 의회 및 해당 시·도 교육감이 각각 1명씩 추천한다.

제6조(추천위원의 제척 및 회피) ① 추천위원은 자기 또는 자기의 친족이 심사대상자가 되거나 그 밖에 해당 안건의 심사·의결에 공정을 기할 수 없는 현저한 사유가 있는 경우에는 그 심사·의결에 관여 할 수 없다.

② 추천위원회는 추천위원에게 제1항의 사유가 있다고 인정하는 경우에는 의결로 해당 추천위원의 제 척(除斥) 결정을 해야 한다.

③ 추천위원은 제1항의 사유가 있는 경우 추천위원회 위원장의 허가를 받아 추천위원회 심사 참여를 회피할 수 있다.

제7조(추천위원회 위원장) ① 추천위원회 위원장은 추천위원회를 대표하고, 추천위원회의 업무를 총괄 한다.

② 추천위원회 위원장이 부득이한 사유로 직무를 수행할 수 없을 때에는 시·도지사가 지명하는 추천위원이 그 직무를 대행한다.

제8조(추천위원회의 회의) ① 추천위원회 위원장은 시·도지사 또는 추천위원 3분의 1 이상이 요청하거나 추천위원회 위원장이 필요하다고 인정하는 경우 추천위원회의 회의를 소집하고 그 의장이 된다.

② 추천위원회는 재적위원 과반수의 찬성으로 의결한다.

③ 추천위원회 위원장은 회의를 소집하려면 회의 개최 3일 전까지 회의의 일시·장소 및 안건 등을 각 추천위원에게 알려야 한다. 다만, 긴급한 사정이나 그 밖의 부득이한 사유가 있는 경우에는 그렇지 않다.

④ 추천위원회의 회의는 공개하지 않는다.

제9조(추천위원회의 추천) ① 추천위원회는 법 제20조 제1항 제4호에 따른 시·도자치경찰위원회 위원 추천을 위한 심사를 한다.

② 추천위원은 시·도자치경찰위원회 위원으로 적합하다고 판단되는 사람을 추천위원회에 심사대상자로 제시한다.

③ 제2항에 따라 각 추천위원이 제시하는 심사대상자의 수는 추천위원회에서 의결로 정한다.

④ 추천위원회는 심사대상자에게 자격요건 충족 여부 및 결격사유 유무 등의 심사에 필요한 자료의 제출을 요구할 수 있다.

⑤ 추천위원회는 심사를 거쳐 법 제20조 제2항에 따른 자격을 갖추고 같은 조 제7항 각 호에 따른 결격사유가 없는 심사대상자 중 가장 적합하다고 인정하는 사람을 시·도지사에게 서면으로 추천해야 한다.

⑥ 추천위원회는 제5항에 따라 위원을 추천하였을 때에는 그 결과를 즉시 시·도자치경찰위원회에 통보해야 한다.

⑦ 추천위원회는 제5항에 따른 추천과 제6항에 따른 통보를 완료한 때에 해산된 것으로 본다.

제10조(비밀엄수의 의무 등) ① 추천위원 또는 추천위원이었던 사람은 직무상 알게 된 비밀을 누설하거나 심사와 관련된 개인 의견을 외부에 공표해서는 안 된다.

② 추천위원회는 제9조 제7항에 따라 해산되는 경우에는 지체 없이 심사대상자의 개인정보 등 신상자료를 폐기해야 한다.

제11조(추천위원의 수당 등) 시·도지사는 추천위원회에 참석한 위원에게 예산의 범위에서 수당과 여비를 지급할 수 있다.

제12조(추천위원회 운영 세칙) 이 영에서 규정한 사항 외에 추천위원회의 운영 등에 필요한 사항은 추천위원회의 의결로 정한다.

제13조(시·도자치경찰위원회의 회의) ① 시·도자치경찰위원회 위원장은 법 제26조 제1항에 따라 정기회의와 임시회의를 소집·개최한다. 이 경우 정기회의는 특별한 사유가 있는 경우를 제외하고는 월 1회 이상 소집·개최한다.

② 시·도자치경찰위원회 위원장은 회의를 소집하려면 회의 개최 3일 전까지 회의의 일시·장소 및 안건 등을 위원에게 알려야 한다. 다만, 긴급한 사정이나 그 밖의 부득이한 사유가 있는 경우에는 그렇지 않다.

③ 시·도자치경찰위원회는 회의록을 작성하고, 회의의 내용 및 결과와 출석한 위원의 성명을 적어야 한다.

④ 제3항의 회의록에는 위원장과 출석한 위원이 서명·날인해야 한다.

제14조(의견 청취 등) ① 시·도자치경찰위원회 위원장은 시·도자치경찰위원회의 심의를 위하여 필요

한 경우에는 관계 공무원 또는 관계 전문가의 출석·발언이나 자료의 제출을 요구할 수 있다.

② 시·도자치경찰위원회에 출석한 관계 공무원 또는 관계 전문가에 대하여는 예산의 범위에서 수당과 여비를 지급할 수 있다. 다만, 공무원이 소관 업무와 직접적으로 관련되어 출석하는 경우에는 지급하지 않는다.

제15조(실무협의회) ① 시·도자치경찰위원회는 자치경찰사무의 원활한 수행, 국가경찰사무·자치경찰사무의 협력·조정 및 그 밖에 필요한 사항을 협의하기 위하여 경찰청 등 관계 기관과 실무협의회를 구성·운영할 수 있다.

② 제1항에서 규정한 사항 외에 실무협의회 운영 등에 필요한 사항은 시·도의 조례로 정한다.

제16조(위원의 수당 등) ① 시·도자치경찰위원회에 출석한 공무원이 아닌 위원에게는 법 제26조 제3항에 따라 예산의 범위에서 상임위원에 준하여 수당과 여비, 그 밖에 필요한 경비를 지급할 수 있다.

② 제1항에 따른 수당 등의 지급기준은 시·도의 조례로 정한다.

제17조(운영규정) 이 영에서 정한 사항 외에 시·도자치경찰위원회의 운영 등에 필요한 사항은 시·도의 조례로 정한다.

제18조(사무기구) ① 법 제27조 제1항에 따른 시·도자치경찰위원회 사무기구의 조직에 관한 사항은 「지방자치단체의 행정기구와 정원기준 등에 관한 규정」에 따른다.

② 사무기구의 장은 시·도자치경찰위원회 위원장의 명을 받아 소관 사무를 처리하고 소속 직원을 지휘·감독한다.

③ 법 제27조 제2항에 따라 사무기구에 두는 경찰공무원의 시·도별 정원과 계급별 정원은 「시·도자치경찰위원회에 두는 경찰공무원의 정원에 관한 규정」에 따르며, 사무기구에 두는 경찰공무원은 경찰청 소속 공무원으로 충원해야 한다.

제19조(자치경찰사무 지휘·감독권의 위임) 법 제28조 제4항 단서에 따라 시·도자치경찰위원회는 자치경찰사무에 대한 지휘·감독이 실시간으로 이루어질 수 있도록 미리 경찰청장과 협의하여 시·도경찰청장에게 위임되는 자치경찰사무 지휘·감독권의 범위 및 위임 절차 등을 시·도자치경찰위원회의 의결을 거쳐 정해야 한다.

부칙 〈제31349호, 2020. 12. 31.〉

제1조(시행일) 이 영은 2021년 1월 1일부터 시행한다.

제2조(자치경찰사무 수행에 관한 시범운영) ① 경찰청장과 시·도지사는 법률 제17689호 경찰법 전부개정법률 부칙 제3조 제1항에 따른 자치경찰사무 수행에 관한 시범운영(이하 이 조에서 "시범운영"이라 한다)을 위한 시·도자치경찰위원회의 구성 및 자치경찰사무의 처리에 필요한 인력·시설·장비의 확보 등 준비행위를 신속히 마쳐야 한다.

② 시범운영의 계획 및 실시 등에 필요한 사항은 시·도자치경찰위원회와 시·도경찰청장이 협의하여 정한다.

③ 시범운영의 준비가 완료된 시·도는 시·도자치경찰위원회와 시·도경찰청장이 협의하여 시범운영을 실시한다.

제3조(다른 법령의 폐지) 「치안행정협의회규정」은 폐지한다.

제4조(다른 법령의 개정) ① 경비업법 시행령 일부를 다음과 같이 개정한다.

제3조 제1항 전단 및 후단, 같은 조 제2항 단서, 제4조 제1항·제2항, 같은 조 제3항 각 호 외의 부분, 제5조 제1항 전단·후단, 같은 조 제2항 전단, 제6조 제1항·제2항, 제20조 제1항, 제23조 제1항·제2항, 제28조

제5항, 제29조, 제30조, 제31조 제1항 각 호 외의 부분, 제31조의2 각 호 외의 부분, 제32조 제2항 본문, 별표 4 제2호가목 및 별표 5 제2호 중 "지방경찰청장"을 각각 "시 · 도경찰청장"으로 한다.

제3조 제1항 전단, 제4조 제3항 각 호 외의 부분 및 제5조 제1항 전단 · 제2항 전단 중 "해당 지방경찰청"을 각각 "해당 시 · 도경찰청"으로 한다.

제11조 제3항, 별표 3 제1호가목 본문 및 같은 표 제3호 전단 중 "지방경찰청"을 "시 · 도경찰청"으로 한다.

별표 3 제3호 후단 중 "인천지방경찰청"을 "인천광역시경찰청"으로, "서울지방경찰청"을 "서울특별시경찰청"으로 한다.

② 경찰공무원 교육훈련규정 일부를 다음과 같이 개정한다.

제2조 제2호가목 중 "지방경찰청"을 "시 · 도경찰청"으로 한다.

③ 경찰공무원 징계령 일부를 다음과 같이 개정한다.

제3조 제2항 및 제5조 제3항 중 "지방경찰청"을 각각 "시 · 도경찰청"으로 한다.

④ 경찰관 직무집행법 시행령 일부를 다음과 같이 개정한다.

제2조, 제5조, 제7조 각 호 외의 부분 및 제8조 중 "국가경찰공무원"을 각각 "경찰공무원"으로 한다.

제10조 제2항, 제11조 제1항, 제17조의3제1항 및 제19조 제2항 전단 · 후단 중 "지방경찰청"을 각각 "시 · 도경찰청"으로 한다.

제17조의2제1항 각 호 외의 부분, 같은 조 제2항, 제19조 제2항 후단, 제21조 제1항 · 제3항, 제21조의2제1항 각 호 외의 부분 및 같은 조 제2항 중 "지방경찰청장"을 각각 "시 · 도경찰청장"으로 한다.

제17조의3의 제목 및 같은 조 제1항 · 제2항 중 "경찰위원회"를 각각 "국가경찰위원회"로 한다.

⑤ 경찰위원회규정 일부를 다음과 같이 개정한다.

제명 "경찰위원회규정"을 "국가경찰위원회 규정"으로 한다.

제1조 중 "경찰법(이하 "법"이라 한다) 제10조 제3항의 규정에 의하여 경찰위원회"를 「「국가경찰과 자치경찰의 조직 및 운영에 관한 법률」(이하 "법"이라 한다) 제11조 제3항에 따라 국가경찰위원회"로 한다.

제4조 제1항 중 "법 제7조 제3항의 규정에 의하여"를 "법 제9조 제2항에 따라"로 한다.

제5조 제1항 각 호 외의 부분 중 "법 제9조 제1항 제1호"를 "법 제10조 제1항 제1호"로 하고, 같은 항 제8호 중 "국가경찰"을 "경찰"로 하며, 같은 조 제2항 각 호 외의 부분 중 "법 제9조 제1항 제2호"를 "법 제10조 제1항 제2호"로 한다.

제6조 제1항 중 "법 제9조 제2항의 규정에 의하여"를 "법 제10조 제2항에 따라"로 한다.

제8조 제1항 중 "기획담당관"을 "혁신기획조정담당관"으로 한다.

별표의 제목 중 "경찰위원회"를 "국가경찰위원회"로 한다.

⑥ 경찰제복 및 경찰장비의 규제에 관한 법률 시행령 일부를 다음과 같이 개정한다.

제9조 제1항 각 호 외의 부분 중 "지방경찰청장"을 "시 · 도경찰청장"으로 한다.

⑦ 공공재정 부정청구 금지 및 부정이익 환수 등에 관한 법률 시행령 일부를 다음과 같이 개정한다.

제17조 제2항부터 제4항까지 중 "지방경찰청장"을 각각 "시 · 도경찰청장"으로 한다.

⑧ 공무원연금법 시행령 일부를 다음과 같이 개정한다.

별표 2 제3호다목 중 "지방경찰청장"을 "시 · 도경찰청장"으로 한다.

⑨ 공직자윤리법 시행령 일부를 다음과 같이 개정한다.

제3조 제4항 제6호 중 "국가경찰공무원"을 "경찰공무원"으로 한다.

제4조의3제2항 제4호 중 "지방경찰청"을 각각 "시·도경찰청"으로 한다.

⑩ 과세자료의 제출 및 관리에 관한 법률 시행령 일부를 다음과 같이 개정한다.

별표 제24호의 과세자료제출기관란 중 "지방경찰청"을 "시·도경찰청"으로 한다.

⑪ 교원의 지위 향상 및 교육활동 보호를 위한 특별법 시행령 일부를 다음과 같이 개정한다.

제12조 제2항 제7호 중 "「경찰법」 제2조 제2항에 따른 지방경찰청의 학교폭력 담당 부서 소속 국가경찰공무원"을 "「국가경찰과 자치경찰의 조직 및 운영에 관한 법률」 제13조에 따른 시·도경찰청의 학교폭력 담당 부서 소속 경찰공무원"으로 한다.

제15조 제2항 제5호 중 "「경찰법」 제2조 제2항에 따른 경찰서에 소속된 국가경찰공무원"을 "「국가경찰과 자치경찰의 조직 및 운영에 관한 법률」 제13조에 따른 경찰서에 소속된 경찰공무원"으로 한다.

⑫ 국가기술자격법 시행령 일부를 다음과 같이 개정한다.

별표 6 경찰청의 수임기관란 중 "지방경찰청"을 "시·도경찰청장"으로 한다.

⑬ 기부금품의 모집 및 사용에 관한 법률 시행령 일부를 다음과 같이 개정한다.

제15조 제1항 제2호 중 "지방경찰청"을 "시·도경찰청"으로 한다.

⑭ 대부업정책협의회 등의 구성 및 운영에 관한 규정 일부를 다음과 같이 개정한다.

제6조 제3항 제1호나목 중 "지방경찰청"을 "시·도경찰청"으로 한다.

⑮ 도로교통법 시행령 일부를 다음과 같이 개정한다.

제2조 제1항 각 호 외의 부분 단서, 제5조 제3항 후단, 제11조 제1항 제3호, 제12조 제3항, 제19조 제1항 제5호·제2항 제4호, 제20조 제2항 단서, 제24조 제2항, 제25조 제1항·제2항·제4항, 제26조 제1항, 제43조 제2항 단서, 제44조 단서, 제53조 제1항, 제54조 제2항, 제55조 제1항 각 호 외의 부분, 같은 조 제2항, 제60조 제1항 각 호 외의 부분, 같은 조 제4항, 제61조 제2항·제3항, 제62조 제1항부터 제5항까지, 제64조 제4항 제6호, 제66조 제1항·제2항, 제70조 제1항·제3항, 제70조의2제1항부터 제3항까지, 제83조 제4항, 제85조 제2항, 제86조 제1항 각 호 외의 부분 본문·단서, 같은 조 제3항 각 호 외의 부분, 같은 조 제4항, 같은 조 제5항 각 호 외의 부분, 제87조의3 제1항 각 호 외의 부분, 제88조 제1항 전단, 제88조 제8항 전단, 제88조의2 각 호 외의 부분, 같은 조 제1호다목, 제94조 제3항, 제98조 제3항, 제99조 제3항, 제100조 제1항 각 호 외의 부분, 같은 조 제2항 및 별표 1 제1호마목1)부터 3)까지 외의 부분, 별표 5 제9호다목1) 단서 및 별표 6 제2호의2나목 중 "지방경찰청장"을 각각 "시·도경찰청장"으로 한다.

제11조 제2항 제1호가목을 다음과 같이 하고, 같은 호 다목 중 "국가경찰공무원 또는 자치경찰공무원(이하 "경찰공무원"이라 한다)"을 "경찰공무원(자치경찰공무원을 포함한다. 이하 같다)"으로 한다.

　　가. 경찰공무원(의무경찰을 포함한다)

제24조 제1항·제2항 및 제32조 각 호 외의 부분 본문 중 "국가경찰공무원"을 각각 "경찰공무원(자치경찰공무원은 제외한다)"으로 한다.

별표 8 제55호 중 "지방경찰청"을 "시·도경찰청"으로 한다.

⑯ 도시공원 및 녹지 등에 관한 법률 시행령 일부를 다음과 같이 개정한다.

제15조의2 및 제15조의3 중 "지방경찰청장"을 각각 "시·도경찰청장"으로 한다.

⑰ 민·군기술협력사업 촉진법 시행령 일부를 다음과 같이 개정한다.

제3조 제2항 제9호 중 "「경찰법」 제26조 제1항"을 "「국가경찰과 자치경찰의 조직 및 운영에 관한 법률」 제33조 제1항"으로 한다.

⑱ 변호사법 시행령 일부를 다음과 같이 개정한다.

제7조의2제2항 제5호 중 "「경찰법」 제2조에 따른 경찰청, 지방경찰청"을 "「국가경찰과 자치경찰의 조직 및 운영에 관한 법률」 제12조 및 제13조에 따른 경찰청, 시·도경찰청"으로 한다.

제8조 제2호다목 중 "「경찰법」 제2조 제1항에 따른 경찰청과 같은 조 제2항에 따른 지방경찰청,"을 "「국가경찰과 자치경찰의 조직 및 운영에 관한 법률」 제12조 및 제13조에 따른 경찰청, 시·도경찰청 및"으로 한다.

⑲ 병역법 시행령 일부를 다음과 같이 개정한다.

제169조의2제2항 제3호를 다음과 같이 한다.

  3. 시·도경찰청 수사담당 부장(서울특별시 지방병무사범방지대책위원회의 경우에는 서울특별시경찰청 2차장)

제169조의4제2항 중 "지방경찰청장"을 "시·도경찰청장"으로 한다.

⑳ 보행안전 및 편의증진에 관한 법률 시행령 일부를 다음과 같이 개정한다.

제15조 제2항 제2호 중 "지방경찰청"을 "시·도경찰청"으로 한다.

㉑ 부패방지 및 국민권익위원회의 설치와 운영에 관한 법률 시행령 일부를 다음과 같이 개정한다.

제70조 제2항부터 제4항까지 중 "지방경찰청장"을 각각 "시·도경찰청장"으로 한다.

㉒ 사격 및 사격장 안전관리에 관한 법률 시행령 일부를 다음과 같이 개정한다.

제4조 제1항 각 호 외의 부분 본문, 같은 조 제2항, 제12조 각 호 외의 부분, 제14조 제2항 본문, 별표 1의2의 보유부지의 구조·설비란 제2호 전단, 별표 2의 보유부지의 구조·설비란 제2호 전단, 별표 3의 사옥의 구조·설비란 제3호 전단, 같은 표 탄알받이의 구조·설비란 제3호 전단, 별표 4의 사옥의 구조·설비란 제6호 전단, 같은 표 사격선과 표적 간의 측벽 및 방탄벽(방탄벽은 사선에서 가까운 것부터 차례대로 번호를 붙여 호칭한다)의 구조·설비란 제11호 전단, 별표 5의 보유부지의 구조·설비란 제3호 전단, 별표 6의 사옥의 구조·설비란 제3호 전단, 같은 표 탄알받이의 구조·설비란 제3호 전단, 별표 7의 사옥의 구조·설비란 제5호 전단, 같은 표 사격선과 표적 간의 측벽 및 방탄벽(방탄벽은 사선에서 가까운 것부터 순차로 번호를 붙여 호칭한다)의 구조·설비란 제9호 전단, 같은 표 탄알받이의 구조·설비란의 제4호 전단, 별표 9의 보유부지의 구조·설비란 제3호 전단 및 별표 15의 보유부지의 구조·설비란 제1호 중 "지방경찰청장"을 각각 "시·도경찰청장"으로 한다.

㉓ 사행행위 등 규제 및 처벌 특례법 시행령 일부를 다음과 같이 개정한다.

제5조 제2항, 제15조 제1항 및 제16조 각 호 외의 부분 중 "지방경찰청장"을 각각 "시·도경찰청장"으로 한다.

㉔ 아동·청소년의 성보호에 관한 법률 시행령 일부를 다음과 같이 개정한다.

제33조 제7항 및 제39조 제1항 각 호 외의 부분 중 "지방경찰청장"을 각각 "시·도경찰청장"으로 한다.

㉕ 여성폭력방지기본법 시행령 일부를 다음과 같이 개정한다.

제10조 제1항 제3호 중 "지방경찰청"을 "시·도경찰청"으로 한다.

㉖ 옥외광고물 등의 관리와 옥외광고산업 진흥에 관한 법률 시행령 일부를 다음과 같이 개정한다.

제16조 제3항 후단 중 "지방경찰청장"을 "시·도경찰청장"으로 한다.

㉗ 원자력시설 등의 방호 및 방사능 방재 대책법 시행령 일부를 다음과 같이 개정한다.

제7조 제4항 제1호 중 "지방경찰청"을 "시·도경찰청"으로 한다.

㉘ 위치정보의 보호 및 이용 등에 관한 법률 시행령 일부를 다음과 같이 개정한다.

제28조 각 호 외의 부분 중 "「경찰법」 제2조에 따른 경찰청·지방경찰청·경찰서"를 "「국가경찰과 자치경찰의 조직 및 운영에 관한 법률」 제12조 및 제13조에 따른 경찰청 및 시·도경찰청, 경찰서"로 한다.

㉙ 위해성 경찰장비의 사용기준 등에 관한 규정 일부를 다음과 같이 개정한다.

제1조 중 "국가경찰공무원"을 "경찰공무원"으로 한다.

제4조 중 "(국가경찰공무원에 한한다. 이하 같다)"를 "(경찰공무원으로 한정한다. 이하 같다)"로 한다.

제5조 후단, 제13조의2제1항 각 호 외의 부분 및 제13조의2제3항 전단 중 "지방경찰청장"을 각각 "시·도경찰청장"으로 한다.

㉚ 유실물법 시행령 일부를 다음과 같이 개정한다.

제13조 중 "지방경찰청장"을 "시·도경찰청장"으로 한다.

㉛ 의무경찰대 설치 및 운영에 관한 법률 시행령 일부를 다음과 같이 개정한다.

제2조 제2호, 같은 조 제3호가목, 제3조 제1항, 제3조의2제1항·제2항, 별지 제2호서식 작성방법란 제2호 및 별지 제2호의2서식 작성방법란 제1호 중 "지방경찰청"을 각각 "시·도경찰청"으로 한다.

제35조 제2항 중 "국가경찰공무원"을 각각 "경찰공무원"으로 한다.

㉜ 자동차손해배상 보장법 시행령 일부를 다음과 같이 개정한다.

제12조의3제1항 각 호 외의 부분 중 "국가경찰공무원"을 "경찰공무원"으로 한다.

제33조 제1항 중 "지방경찰청장"을 "시·도경찰청장"으로 한다.

㉝ 자율주행자동차 상용화 촉진 및 지원에 관한 법률 시행령 일부를 다음과 같이 개정한다.

제7조 제2항 제4호 중 "지방경찰청장"을 "시·도경찰청장"으로 한다.

㉞ 자전거 이용 활성화에 관한 법률 시행령 일부를 다음과 같이 개정한다.

제2조의2 각 호 외의 부분 단서 및 제3조 중 "지방경찰청장"을 각각 "시·도경찰청장"으로 한다.

㉟ 장애인활동 지원에 관한 법률 시행령 일부를 다음과 같이 개정한다.

제20조의2제1항 전단 및 같은 조 제2항 중 "지방경찰청장"을 각각 "시·도경찰청장"으로 한다.

㊱ 정신건강증진 및 정신질환자 복지서비스 지원에 관한 법률 시행령 일부를 다음과 같이 개정한다.

제8조 제1항 제1호 중 "「경찰법」 제2조"를 "「국가경찰과 자치경찰의 조직 및 운영에 관한 법률」 제13조"로 한다.

㊲ 제주특별자치도 설치 및 국제자유도시 조성을 위한 특별법 시행령 일부를 다음과 같이 개정한다.

제13조 후단, 제15조 제1항 및 같은 조 제2항 중 "국가경찰공무원"을 각각 "경찰공무원"으로 한다.

제38조 제2항 및 제3항 중 "국가경찰·자치경찰 공무원"을 각각 "경찰공무원·자치경찰공무원"으로 한다.

㊳ 지방세기본법 시행령 일부를 다음과 같이 개정한다.

별표 3 제18호, 제80호, 제125호, 제126호, 제259호 및 제296호 중 "지방경찰청"을 각각 "시·도경찰청"으로 한다.

㊱ 집회 및 시위에 관한 법률 시행령 일부를 다음과 같이 개정한다.

제3조 각 호 외의 부분 중 "지방경찰청장"을 "시·도경찰청장"으로 한다.

제5조 전단, 제13조 제2항 단서 및 제17조 각 호 외의 부분 본문 중 "국가경찰공무원"을 각각 "경찰공무원"으로 한다.

㊵ 청소년복지 지원법 시행령 일부를 다음과 같이 개정한다.

제4조 제1항 제7호 중 "「경찰법」 제2조 제2항에 따른 지방경찰청"을 "「국가경찰과 자치경찰의 조직 및 운영에 관한 법률」 제13조에 따른 시·도경찰청"으로 한다.

㊶ 청원경찰법 시행령 일부를 다음과 같이 개정한다.

제2조 각 호 외의 부분 전단·후단, 제4조 제1항, 같은 조 제2항 전단, 제8조 제5항 전단, 같은 조 제6항, 제14조 제3항, 제16조 제1항·제2항, 제20조 각 호 외의 부분, 제20조의2 각 호 외의 부분, 제21조 제2항 및 별표 2 제1호 각 목 외의 부분·제2호 각 목 외의 부분·제4호 각 목 외의 부분 중 "지방경찰청장"을 각각 "시·도경찰청장"으로 한다.

㊷ 초·중등교육법 시행령 일부를 다음과 같이 개정한다.

제31조의3제2항 제2호 중 "지방경찰청"을 "시·도경찰청"으로 한다.

㊸ 총포·도검·화약류 등의 안전관리에 관한 법률 시행령 일부를 다음과 같이 개정한다.

제12조 제1항 제6호, 제26조 제3항 각 호 외의 부분 본문, 제26조의2제1항 각 호 외의 부분 본문, 제28조 제1항 각 호 외의 부분, 제82조 본문, 제83조 제1항 각 호 외의 부분, 같은 조 제2항 전단·후단, 같은 조 제3항 전단·후단, 제83조의2 각 호 외의 부분 및 제84조 제2항 본문 중 "지방경찰청장"을 각각 "시·도경찰청장"으로 한다.

㊹ 치안분야 과학기술 진흥에 관한 규정 일부를 다음과 같이 개정한다.

제1조 중 "「경찰법」 제26조"를 "「국가경찰과 자치경찰의 조직 및 운영에 관한 법률」 제33조"로 한다.

제3조 제1항 중 "「경찰법」(이하 "법"이라 한다) 제26조 제1항"을 "「국가경찰과 자치경찰의 조직 및 운영에 관한 법률」(이하 "법"이라 한다) 제33조 제1항"으로 한다.

제4조 제1항 중 "법 제26조 제2항"을 "법 제33조 제2항"으로 한다.

제5조 각 호 외의 부분 중 "법 제26조 제2항 제7호"를 "법 제33조 제2항 제7호"로 한다.

제6조 제1항 중 "법 제26조 제3항"을 "법 제33조 제3항"으로 한다.

㊺ 통합방위법 시행령 일부를 다음과 같이 개정한다.

제2조 제2항, 제3조 제2항 제5호, 같은 조 제5항, 제8조 제1항 제5호, 제19조 제1항, 제20조 제2항, 제23조 제1항 제1호·제2호, 같은 조 제3항, 제25조 제1항 제3호가목, 같은 조 제2항·제4항, 제32조 각 호 외의 부분, 같은 조 제2호 전단 및 제34조 제2항 중 "지방경찰청장"을 각각 "시·도경찰청장"으로 한다.

제31조 제2항 전단 중 "지방경찰청장,"을 "시·도경찰청장,"으로, "지방경찰청장등"을 "시·도경찰청장등"으로 하고, 같은 항 후단 중 "지방경찰청장"을 "시·도경찰청장"으로 하며, 같은 조 제3항부터 제5항까지 중 "지방경찰청장등"을 각각 "시·도경찰청장등"으로 한다.

제31조 제3항 및 제5항 중 "국가경찰"을 각각 "경찰"로 한다.

㊻ 특정범죄신고자등보호법시행령 일부를 다음과 같이 개정한다.

제6조 제4항 및 제8조 제1항 제2호 중 "지방경찰청장"을 각각 "시·도경찰청장"으로 한다.

㊼ 학교폭력예방 및 대책에 관한 법률 시행령 일부를 다음과 같이 개정한다.

제5조 제4항 제3호 중 "시·도 지방경찰청"을 "해당 시·도경찰청"으로 한다.

제30조 중 "지방경찰청장"을 "시·도경찰청장"으로 한다.

㊽ 해양사고의 조사 및 심판에 관한 법률 시행령 일부를 다음과 같이 개정한다.

제1조의2 각 호 외의 부분 단서 중 "국가경찰용선박"을 각각 "경찰용선박"으로 한다.

㊾ 행정권한의 위임 및 위탁에 관한 규정 일부를 다음과 같이 개정한다.

제28조 제1항 각 호 외의 부분 및 같은 조 제2항 중 "지방경찰청장"을 각각 "시·도경찰청장"으로 한다.

부칙 〈제31733호, 2021. 6. 8.〉

이 영은 2021년 7월 1일부터 시행한다.

생활안전, 교통, 경비 관련 자치경찰사무의 범위(제2조 제1호 관련)

1. 지역 내 주민의 생활안전 활동에 관한 사무

자치경찰사무	범위
가. 생활안전을 위한 순찰 및 시설의 운영	1) 지역주민 안전을 위한 범죄예방시설 설치 · 운영 2) 지역주민 안전을 위한 범죄예방진단 3) 지역주민 안전을 위한 순찰과 범죄예방활동 시행 · 관리
나. 주민참여 방범활동의 지원 및 지도	1) 범죄예방을 위한 주민 참여 지역협의체 구성 · 운영 2) 주민 참여형 범죄예방활동 시행 · 관리
다. 안전사고 및 재해 · 재난 시 긴급구조지원	1) 재난이 발생할 우려가 현저하거나 재난이 발생한 경우 주민의 생명 · 신체 및 재산을 보호하기 위한 긴급구조지원 2) 재해 발생 시 지역의 사회질서 유지 및 교통관리 등 3) 그 밖에 긴급구조지원기관으로서의 긴급구조지원 활동 등
라. 아동 · 청소년 · 노인 · 여성 · 장애인 등 사회적 보호가 필요한 사람에 대한 보호 업무 및 가정 · 학교 · 성폭력 등의 예방	1) 아동 · 노인 · 장애인 학대 예방과 피해 아동 · 노인 · 장애인에 대한 보호활동 2) 아동 · 청소년 · 노인 · 여성 · 장애인 등 사회적 보호가 필요한 사람의 실종 예방 · 대응 활동 3) 아동 대상 범죄예방 및 아동안전 보호활동 4) 청소년 비행방지 등 선도 · 보호 활동 5) 가정폭력범죄 예방과 피해자 등 보호 활동 6) 학교폭력의 근절 · 예방과 가해학생 선도 및 피해학생 보호 활동 7) 성폭력 예방과 성폭력 피해자 등 보호 활동 8) 그 밖에 관련 법령에 경찰의 사무로 규정된 아동 · 청소년 · 노인 · 여성 · 장애인 등 사회적 보호가 필요한 사람에 대한 보호 및 가정폭력 · 학교폭력 · 성폭력 등 예방 업무
마. 주민의 일상생활과 관련된 사회질서의 유지 및 그 위반행위의 지도 · 단속. 다만, 지방자치단체 등 다른 행정청의 사무는 제외한다.	1) 경범죄 위반행위 지도 · 단속 등 공공질서 유지 2) 공공질서에 반하는 풍속 · 성매매사범 및 사행행위 지도 · 단속 3) 그 밖에 관련 법령에 경찰의 사무로 규정된 주민의 일상생활과 관련된 사회질서의 유지 및 그 위반행위의 지도 · 단속 업무
바. 그 밖에 지역주민의 생활안전에 관한 사무	1) 지역주민의 생활안전 관련 112신고(일반신고를 포함한다) 처리 2) 지하철, 내수면 등 일반적인 출동이 어려운 특정 지역에서 주민의 생명 · 신체 · 재산의 보호를 위한 경찰대 운영 3) 유실물 보관 · 반환 · 매각 · 국고귀속 등 유실물 관리 4) 「경찰관 직무집행법」 제4조에 따른 응급구호대상자에 대한 보호조치 및 유관기관 협력 5) 그 밖에 관련 법령에 경찰의 사무로 규정된 지역주민의 생활안전에 관한 사무

2. 지역 내 교통 활동에 관한 사무

자치경찰사무	범위
가. 교통법규 위반에 대한 지도·단속	1) 교통법규 위반 지도·단속, 공익신고 처리 등 2) 음주단속 장비 등 교통경찰용 장비 보급·관리·운영 등
나. 교통안전시설 및 무인 교통단속용 장비의 심의·설치·관리	1) 교통사고 예방, 교통소통을 위한 교통안전시설 설치·관리·운영 2) 도로교통 규제 관련 지역 교통안전시설 심의위원회 설치 및 운영 3) 무인 교통단속용 장비의 심의·설치·관리·운영
다. 교통안전에 대한 교육 및 홍보	1) 교통안전에 대한 교육 2) 교통안전에 대한 홍보
라. 주민참여 지역 교통활동의 지원 및 지도	1) 교통활동 지원 협력단체에 대한 운영·관리 2) 주민참여형 교통안전활동 지원 및 지도
마. 통행 허가, 어린이 통학버스의 신고, 긴급자동차의 지정 신청 등 각종 허가 및 신고에 관한 사무	1) 차마의 안전기준 초과 승차, 안전기준 초과적재 및 차로폭 초과 차 통행허가 처리 2) 도로공사 신고접수, 현장점검 및 지도·감독 등 3) 어린이통학버스 관련 신고접수·관리 및 관계 기관 합동 점검 4) 긴급자동차의 지정 신청·관리 5) 버스전용차로 통행 지정신청 처리 6) 주·정차 위반차량 견인대행법인등 지정
바. 그 밖에 지역 내의 교통안전 및 소통에 관한 사무	1) 지역주민의 교통안전 관련 112신고(일반신고를 포함한다) 처리 2) 운전면허 관련 민원 업무 3) 지역교통정보센터 운영 및 교통정보 연계 4) 정체 해소 등 소통 및 안전 확보를 위한 교통관리 5) 지역 내 교통안전대책 수립·시행 6) 교통안전 관련 기관 협의 등

3. 지역 내 다중운집 행사 관련 혼잡 교통 및 안전 관리

가. 지역 내 다중운집 행사 등의 교통질서 확보 및 교통안전 관리 지원

나. 지역 내 다중운집 행사 안전 관리 지원

05 시·도자치경찰위원회에 두는 경찰공무원의 정원에 관한 규정

[시행 2021. 7. 1.] [대통령령 제31731호, 2021. 6. 8., 일부개정]

행정안전부(사회조직과) 044-205-2369

제1조(목적) 이 영은 「국가경찰과 자치경찰의 조직 및 운영에 관한 법률」 제27조 제2항에 따라 시·도자치경찰위원회의 사무기구에 두는 경찰공무원의 정원에 관한 사항을 규정함을 목적으로 한다.

제2조(정원) ① 「국가경찰과 자치경찰의 조직 및 운영에 관한 법률」 제27조 제2항에 따라 시·도자치경찰위원회(세종특별자치시자치경찰위원회는 제외한다. 이하 같다)의 사무기구에 두는 경찰공무원의 총정원은 별표와 같다.

② 시·도자치경찰위원회의 사무기구에 두는 경찰공무원의 시·도자치경찰위원회별 정원과 계급별 정원은 제1항에 따른 총정원의 범위에서 행정안전부령으로 정한다.

③ 제1항에 따른 총정원은 경찰청장의 의견을 들어 배정해야 한다.

제3조(정원의 배정 등) 제2조에 따른 정원의 배정 기준 및 운영 등에 필요한 사항은 행정안전부령으로 정한다.

부칙 〈제31731호, 2021. 6. 8.〉

이 영은 2021년 7월 1일부터 시행한다.

▌ 시·도자치경찰위원회에 두는 경찰공무원의 정원에 관한 규정 [별표]

시·도자치경찰위원회의 사무기구에 두는 경찰공무원 총정원표

(제2조 제1항 관련)

총계	51
경찰공무원 계	51
총경 이하	51

06 시·도자치경찰위원회에 두는 경찰 공무원의 정원에 관한 규정 시행규칙

[시행 2021. 7. 1.] [행정안전부령 제260호, 2021. 6. 10., 일부개정]

행정안전부(사회조직과) 044-205-2369

제1조(목적) 이 규칙은 「시·도자치경찰위원회에 두는 경찰공무원의 정원에 관한 규정」에서 위임된 사항과 그 시행에 필요한 사항을 규정함을 목적으로 한다.

제2조(시·도자치경찰위원회별 경찰공무원 정원) 「시·도자치경찰위원회에 두는 경찰공무원의 정원에 관한 규정」(이하 "영"이라 한다) 제2조 제2항에 따른 시·도자치경찰위원회(세종특별자치시자치경찰위원회는 제외한다. 이하 같다)의 사무기구에 두는 경찰공무원의 시·도자치경찰위원회별 정원과 계급별 정원은 별표와 같다.

제3조(정원의 배정 기준 및 운영 등) ① 영 제2조에 따른 시·도자치경찰위원회 사무기구에 두는 경찰공무원의 정원은 해당 특별시·광역시·도 및 특별자치도의 치안수요 및 지역특성 등을 고려하여 배정한다.

② 경찰청장은 시·도자치경찰위원회의 사무기구에 두는 경찰공무원의 정원을 조정할 필요가 있다고 인정할 때에는 「행정기관의 조직과 정원에 관한 통칙」 제8조에 따라 행정안전부장관에게 정원의 조정을 요구할 수 있다. 이 경우 경찰청장은 경찰공무원 정원 조정과 관련하여 미리 시·도자치경찰위원회의 의견을 들어야 한다.

③ 제2항 후단에 따라 시·도자치경찰위원회의 의견을 듣기 위한 구체적인 절차와 방법 등은 경찰청장이 정한다.

부칙 〈제260호, 2021. 6. 10.〉

이 규칙은 2021년 7월 1일부터 시행한다.

▌시·도자치경찰위원회에 두는 경찰공무원의 정원에 관한 규정 시행규칙 [별표]

시·도자치경찰위원회 사무기구에 두는 경찰공무원 정원표(제2조 관련)

기관별 / 계급별	합계	서울특별시자치경찰위원회	부산광역시자치경찰위원회	대구광역시자치경찰위원회	인천광역시자치경찰위원회	광주광역시자치경찰위원회	대전광역시자치경찰위원회	울산광역시자치경찰위원회	경기도남부자치경찰위원회	경기도북부자치경찰위원회	강원도자치경찰위원회	충청북도자치경찰위원회	충청남도자치경찰위원회	전라북도자치경찰위원회	전라남도자치경찰위원회	경상북도자치경찰위원회	경상남도자치경찰위원회	제주특별자치도자치경찰위원회
총계	51	3	3	3	3	3	3	3	3	3	3	3	3	3	3	3	3	3
총경	17	1	1	1	1	1	1	1	1	1	1	1	1	1	1	1	1	1
경정	17	1	1	1	1	1	1	1	1	1	1	1	1	1	1	1	1	1
경위	17	1	1	1	1	1	1	1	1	1	1	1	1	1	1	1	1	1

07 경찰청과 그 소속기관 직제

[시행 2021. 10. 5.] [대통령령 제31999호, 2021. 9. 24., 일부개정]

행정안전부(사회조직과) 044-205-2362
경찰청(기획조정과) 02-3150-1151

 제1장 총칙

제1조(목적) 이 영은 경찰청과 그 소속기관의 조직과 직무범위, 그 밖에 필요한 사항을 규정함을 목적으로 한다.

제2조(소속기관) ① 경찰청장의 관장사무를 지원하기 위하여 경찰청장 소속으로 경찰대학·경찰인재개발원·중앙경찰학교 및 경찰수사연수원을 둔다.

② 경찰청장의 관장사무를 지원하기 위하여 「책임운영기관의 설치·운영에 관한 법률」 제4조 제1항, 같은 법 시행령 제2조 제1항 및 별표 1에 따라 경찰청장 소속의 책임운영기관으로 경찰병원을 둔다.

③ 「국가경찰과 자치경찰의 조직 및 운영에 관한 법률」 제13조에 따라 시·도경찰청과 경찰서를 둔다.

 제2장 경찰청

제3조(직무) 경찰청은 치안에 관한 사무를 관장한다.

제4조(하부조직) ① 경찰청에 생활안전국·교통국·경비국·공공안녕정보국·외사국 및 국가수사본부를 둔다.

② 경찰청장 밑에 대변인 및 감사관 각 1명을 두고, 경찰청 차장 밑에 기획조정관·경무인사기획관·정보화장비정책관 및 치안상황관리관 각 1명을 둔다.

제5조(대변인) ① 대변인은 경무관으로 보한다.

② 대변인은 다음 사항에 관하여 경찰청장을 보좌한다.

1. 주요정책에 관한 대국민 홍보계획의 수립·조정 및 협의·지원
2. 언론보도 내용에 대한 확인 및 정정보도 등에 관한 사항
3. 온라인대변인 지정·운영 등 소셜 미디어 정책소통 총괄·점검 및 평가
4. 청 내 업무의 대외 정책발표사항 관리 및 브리핑 지원에 관한 사항
5. 전자브리핑 운영 및 지원에 관한 사항

제6조(감사관) ① 감사관은 고위공무원단에 속하는 일반직공무원 또는 경무관으로 보한다.

② 감사관은 다음 사항에 관하여 경찰청장을 보좌한다.

1. 경찰청과 그 소속기관 및 산하단체에 대한 감사
2. 다른 기관에 의한 경찰청과 그 소속기관 및 산하단체에 대한 감사결과의 처리
3. 사정업무
4. 경찰기관 공무원(의무경찰을 포함한다)에 대한 진정 및 비위사항의 조사·처리

5. 민원업무의 운영 및 지도

6. 경찰 직무수행 과정상의 인권보호 및 개선에 관한 사항

7. 경찰 수사 과정상의 범죄피해자 보호 및 지원에 관한 사항

8. 그 밖에 경찰청장이 감사에 관하여 지시한 사항의 처리

제7조(기획조정관) ① 기획조정관은 치안감으로 보한다.

② 기획조정관은 다음 사항에 관하여 경찰청 차장을 보좌한다.

1. 행정제도, 업무처리절차 및 조직문화의 개선 등 경찰행정 개선업무의 총괄·지원

2. 조직진단 및 평가를 통한 조직과 정원(의무경찰은 제외한다)의 관리

3. 정부혁신 관련 과제 발굴·선정, 추진상황 확인·점검 및 관리

4. 주요사업의 진행 상황 파악 및 그 결과의 심사평가

5. 주요정책 및 주요업무계획의 수립·종합 및 조정

6. 청 내 국가사무 민간위탁 현황 관리 등 총괄

7. 치안분야 과학기술진흥을 위한 시책 수립 및 연구개발사업의 총괄·조정

8. 국가경찰위원회의 간사업무에 관한 사항

9. 예산의 편성과 조정 및 결산에 관한 사항

10. 국유재산관리계획의 수립 및 집행

11. 경찰 관련 규제심사 및 규제개선에 관한 사항

12. 소관 법령안의 심사 및 법규집의 편찬·발간

13. 소관 법령 질의·회신의 총괄

14. 소관 행정심판업무와 소송사무의 총괄

15. 자치경찰제도 관련 기획 및 조정

16. 자치경찰제도 관련 법령 사무 총괄

17. 자치경찰제도 관련 예산의 편성과 조정 및 결산에 관한 사항

18. 자치경찰제도 관련 특별시·광역시·특별자치시·도·특별자치도(이하 "시·도"라 한다) 및 시·도자치경찰위원회와의 협력에 관한 사항

제8조(경무인사기획관) ① 경무인사기획관은 치안감 또는 경무관으로 보한다.

② 경무인사기획관은 다음 사항에 관하여 경찰청 차장을 보좌한다.

1. 보안 및 관인·관인대장의 관리에 관한 사항

2. 소속 공무원의 복무에 관한 사항

3. 사무관리의 처리·지도 및 제도의 연구·개선

4. 기록물의 분류·접수·발송·통제·편찬 및 기록관 운영과 관련된 기록물의 수집·이관·보존· 평가·활용 등에 관한 사항

5. 정보공개 업무

6. 예산의 집행 및 회계 관리

7. 청사의 방호·유지·보수 및 청사관리업체의 지도·감독

8. 경찰박물관의 운영

9. 소속 공무원의 임용·상훈 및 그 밖의 인사 업무

10. 경찰청 소속 공무원단체에 관한 사항

11. 경찰공무원의 채용·승진시험과 교육훈련의 관리

12. 경찰대학, 경찰인재개발원 및 중앙경찰학교의 운영에 관한 감독

13. 소속 공무원의 복지제도 기획 및 운영에 관한 사항

14. 경찰행정 분야 양성평등 관련 정책 및 성희롱·성폭력 예방에 관한 사항 총괄

15. 경찰청과 그 소속기관·산하단체 내 양성평등 관련 정책 및 성희롱·성폭력 예방에 관한 사항 총괄

16. 그 밖에 청 내 다른 국 또는 담당관의 주관에 속하지 않는 사항

제9조(정보화장비정책관) ① 정보화장비정책관은 고위공무원단에 속하는 일반직공무원 또는 경무관으로 보한다.

② 정보화장비정책관은 다음 사항에 관하여 경찰청 차장을 보좌한다.

1. 정보통신업무의 계획수립 및 추진

2. 정보화업무의 종합관리 및 개발·운영

3. 정보통신시설 및 장비의 운영 및 관리

4. 정보통신보안에 관한 업무

5. 정보통신교육계획의 수립 및 시행

6. 경찰장비의 운영 및 발전에 관한 사항

7. 경찰복제에 관한 계획의 수립 및 연구

제10조(치안상황관리관) ① 치안상황관리관은 치안감 또는 경무관으로 보한다.

② 치안상황관리관은 다음 사항에 관하여 경찰청 차장을 보좌한다.

1. 치안 상황의 접수·상황판단, 전파 및 초동조치 등에 관한 사항

2. 치안상황실 운영에 관한 사항

3. 112신고제도의 기획·운영 및 112치안종합상황실 운영 총괄

4. 지구대·파출소 상황관리업무의 기획

5. 안전관리·재난상황 및 위기상황 관리기관과의 연계체계 구축·운영

제11조(생활안전국) ① 생활안전국에 국장 1명을 두고, 국장 밑에 「행정기관의 조직과 정원에 관한 통칙」 제12조에 따른 보좌기관 중 실장·국장을 보좌하는 보좌기관(이하 "정책관등"이라 한다) 1명을 둔다.

② 국장은 치안감 또는 경무관으로 보하고, 정책관등 1명은 고위공무원단에 속하는 일반직공무원으로 보한다.

③ 국장은 다음 사항을 분장한다.

1. 범죄예방에 관한 기획·조정·연구 등 예방적 경찰활동 총괄

2. 경비업에 관한 연구 및 지도

3. 범죄예방진단 및 범죄예방순찰 기획·운영

4. 풍속 및 성매매(아동·청소년 대상 성매매는 제외한다) 사범에 대한 지도 및 단속

5. 총포·도검·화약류 등의 지도·단속

6. 즉결심판청구업무의 지도

7. 각종 안전사고의 예방에 관한 사항

8. 소년비행 방지에 관한 업무

9. 소년 대상 범죄의 예방에 관한 업무

10. 아동학대의 예방 및 피해자 보호에 관한 업무

11. 가출인 및 「실종아동등의 보호 및 지원에 관한 법률」제2조 제2호에 따른 실종아동등(이하 "실종아동등"이라 한다)과 관련된 업무

12. 실종아동등 찾기를 위한 신고체계 운영

13. 여성 대상 범죄와 관련된 주요 정책의 총괄 수립·조정

14. 여성 대상 범죄 유관기관과의 협력 업무

15. 성폭력 및 가정폭력 예방 및 피해자 보호에 관한 업무

16. 스토킹·성매매 예방 및 피해자 보호에 관한 업무

제12조(교통국) ① 교통국에 국장 1명을 둔다.

② 국장은 치안감 또는 경무관으로 보한다.

③ 국장은 다음 사항을 분장한다.

1. 도로교통에 관련되는 종합기획 및 심사분석

2. 도로교통에 관련되는 법령의 정비 및 행정제도의 연구

3. 교통경찰공무원에 대한 교육 및 지도

4. 교통안전시설의 관리

5. 자동차운전면허의 관리

6. 도로교통사고의 예방을 위한 홍보·지도 및 단속

7. 고속도로순찰대의 운영 및 지도

제13조(경비국) ① 경비국에 국장 1명을 둔다.

② 국장은 치안감 또는 경무관으로 보한다.

③ 국장은 다음 사항을 분장한다.

1. 경비에 관한 계획의 수립 및 지도

2. 경찰부대의 운영·지도 및 감독

3. 청원경찰의 운영 및 지도

4. 민방위업무의 협조에 관한 사항

5. 경찰작전·경찰전시훈련 및 비상계획에 관한 계획의 수립·지도

6. 중요시설의 방호 및 지도

7. 예비군의 무기 및 탄약 관리의 지도

8. 대테러 예방 및 진압대책의 수립·지도

9. 의무경찰의 복무 및 교육훈련

10. 의무경찰의 인사 및 정원의 관리

11. 경호 및 주요 인사 보호 계획의 수립·지도

12. 경찰항공기의 관리·운영 및 항공요원의 교육훈련

13. 경찰업무수행과 관련된 항공지원업무

제14조(공공안녕정보국) ① 공공안녕정보국에 국장 1명을 두고, 국장 밑에 정책관등 1명을 둔다.

② 국장은 치안감 또는 경무관으로, 정책관등 1명은 경무관으로 보한다.

③ 국장은 다음 사항을 분장한다.

1. 공공안녕에 대한 위험의 예방과 대응을 위한 정보업무 기획·지도 및 조정

2. 국민안전과 국가안보를 저해하는 위험 요인에 관한 정보활동

3. 국가중요시설 및 주요 인사의 안전·보호에 관한 정보활동

4. 집회·시위 등 공공갈등과 다중운집에 따른 질서 및 안전 유지에 관한 정보활동

5. 국민의 생명·신체의 안전이나 재산의 보호 등 생활의 평온과 관련된 정책에 관한 정보활동

6. 국가기관·지방자치단체·공공기관의 장이 요청한 신원조사 및 사실확인에 관한 정보활동

7. 그 밖에 범죄·재난·공공갈등 등 공공안녕에 대한 위험의 예방과 대응을 위한 정보활동으로서 제2호부터 제6호까지에 준하는 정보활동

제15조(외사국) ① 외사국에 국장 1명을 둔다.

② 국장은 치안감 또는 경무관으로 보한다.

③ 국장은 다음 사항을 분장한다.

1. 외사경찰업무에 관한 기획·지도 및 조정

2. 재외국민 및 외국인에 관련된 신원조사

3. 외국경찰기관과의 교류·협력

4. 국제형사경찰기구에 관련되는 업무

5. 외사정보의 수집·분석 및 관리

6. 외사보안업무의 지도·조정

7. 국제공항 및 국제해항의 보안활동에 관한 계획 및 지도

제16조(국가수사본부) ① 국가수사본부는 경찰수사 관련 정책의 수립·총괄·조정, 경찰수사 및 수사 지휘·감독 기능을 수행한다.

② 국가수사본부에 수사국, 형사국, 사이버수사국 및 안보수사국을 둔다.

③ 국가수사본부장 밑에 수사기획조정관 및 과학수사관리관 각 1명을 둔다.

제17조(수사기획조정관) ① 수사기획조정관은 치안감으로 보한다.

② 수사기획조정관은 다음 사항에 관하여 국가수사본부장을 보좌한다.

1. 수사경찰행정 및 주요 수사정책에 관한 업무의 총괄·지원

2. 수사경찰 기구·인력의 진단 및 관리

3. 수사경찰의 배치·교육훈련 및 성과평가

4. 경찰수사연수원의 운영에 관한 감독

5. 형사사법정보시스템(KICS) 운영 및 관리에 관한 사항

6. 수사절차 관련 법령·제도·정책 등 연구 및 관리에 관한 사항

7. 수사기법 연구 개발 및 개선에 관한 사무 총괄

8. 수사정책 관련 대내외 협업 및 조정에 관한 사항

9. 수사에 관한 민원처리 업무 총괄·조정

10. 수사심의 관련 제도·정책의 수립 및 운영·관리

11. 수사 관련 접수 이의사건의 조사·처리

12. 수사 관련 진정 및 비위사항의 조사·처리

제18조(과학수사관리관) ① 과학수사관리관은 치안감 또는 경무관으로 보한다.

② 과학수사관리관은 다음 사항에 관하여 국가수사본부장을 보좌한다.

1. 과학수사의 기획 및 지도

2. 범죄감식 및 증거분석

3. 범죄기록 및 주민등록지문의 수집·관리

제19조(수사국) ① 수사국에 국장 1명을 둔다.

② 국장은 치안감 또는 경무관으로 보한다.

③ 국장은 다음 사항을 분장한다.

    1. 부패범죄, 공공범죄, 경제범죄 및 금융범죄에 관한 수사 지휘·감독

    2. 제1호의 범죄 수사에 관한 기획, 정책·수사지침 수립·연구·분석 및 수사기법 개발

    3. 제1호의 범죄에 대한 통계 및 수사자료 분석

    4. 국가수사본부장이 지정하는 중요 범죄에 대한 정보수집 및 수사

    5. 중요 범죄정보의 수집 및 분석에 관한 사항

제20조(형사국) ① 형사국에 국장 1명을 둔다.

② 국장은 치안감 또는 경무관으로 보한다.

③ 국장은 다음 사항을 분장한다.

    1. 강력범죄, 폭력범죄 및 교통사고·교통범죄에 관한 수사 지휘·감독

    2. 마약류 범죄 및 조직범죄에 관한 수사 지휘·감독

    3. 성폭력범죄, 아동·청소년 대상 성매매, 가정폭력, 아동학대, 학교폭력 및 실종사건에 관한 수사 지휘·감독 및 아동·청소년 대상 성매매 단속

    4. 제1호부터 제3호까지의 규정에서 정한 범죄 및 외국인 관련 범죄 수사에 관한 기획, 정책·수사지침 수립·연구·분석 및 수사기법 개발

    5. 제1호부터 제3호까지의 규정에서 정한 범죄 및 외국인 관련 범죄에 대한 통계 및 수사자료 분석

제21조(사이버수사국) ① 사이버수사국에 국장 1명을 둔다.

② 국장은 치안감 또는 경무관으로 보한다.

③ 국장은 다음 사항을 분장한다.

    1. 사이버공간에서의 범죄(이하 "사이버범죄"라 한다) 정보의 수집·분석

    2. 사이버범죄 신고·상담

    3. 사이버범죄 수사에 관한 사항

    4. 사이버범죄 예방에 관한 사항

    5. 사이버수사에 관한 기법 연구

    6. 사이버수사 관련 국제공조에 관한 사항

    7. 디지털포렌식에 관한 사항

제22조(안보수사국) ① 안보수사국에 국장 1명을 둔다.

② 국장은 치안감 또는 경무관으로 보한다.

③ 국장은 다음 사항을 분장한다.

    1. 안보수사경찰업무에 관한 기획 및 교육

    2. 보안관찰 및 경호안전대책 업무에 관한 사항

    3. 북한이탈주민 신변보호

    4. 국가안보와 국익에 반하는 범죄에 대한 수사의 지휘·감독

    5. 안보범죄정보 및 보안정보의 수집·분석 및 관리

    6. 국내외 유관기관과의 안보범죄정보 협력에 관한 사항

    7. 남북교류와 관련되는 안보수사경찰업무

    8. 국가안보와 국익에 반하는 중요 범죄에 대한 수사

제23조(위임규정) ① 「행정기관의 조직과 정원에 관한 통칙」 제12조에 따라 경찰청에 두는 정책관등의 명칭과 그 소관업무는 행정안전부령으로 정한다.

② 「행정기관의 조직과 정원에 관한 통칙」 제12조 제3항 및 제14조 제4항에 따라 경찰청에 두는 보조기관 또는 보좌기관은 경찰청에 두는 정원의 범위에서 행정안전부령으로 정한다.

제3장 경찰대학

제24조(직무) 경찰대학(이하 이 장에서 "대학"이라 한다)은 치안 부문에 종사하는 경찰간부가 될 사람에게 학술을 연마하고 심신을 단련시키기 위한 교육훈련, 치안 분야 전문인력의 양성과 치안에 관한 이론ㆍ정책 및 과학기술 연구에 관한 사무를 관장한다.

제25조(학장) ① 대학에 학장 1명을 두며, 학장은 치안정감으로 보한다.

② 학장은 경찰청장의 명을 받아 대학의 사무를 총괄하고, 소속 공무원을 지휘ㆍ감독한다.

제26조(하부조직) ① 대학에 교수부 및 학생지도부를 둔다.

② 「행정기관의 조직과 정원에 관한 통칙」 제12조 제3항 및 제14조 제4항에 따라 대학에 두는 보조기관 또는 보좌기관은 경찰청의 소속기관(경찰병원은 제외한다)에 두는 정원의 범위에서 행정안전부령으로 정한다.

제27조(교수부) ① 교수부에 부장 1명을 두며, 부장은 경무관으로 보한다.

② 부장은 다음 사항을 분장한다.

1. 교육계획의 수립과 교육의 실시
2. 학생의 모집ㆍ등록 및 입학과 교과과정의 편성
3. 학생의 학점ㆍ성적평가ㆍ학위 및 학적관리
4. 교재의 편찬과 교육용 기구 및 재료의 관리
5. 학칙 및 교육운영위원회에 관한 사항
6. 그 밖의 학사지원업무에 관한 사항

제28조(학생지도부) ① 학생지도부에 부장 1명을 두며, 부장은 경무관으로 보한다.

② 부장은 다음 사항을 분장한다.

1. 학생의 학교 내외 생활 및 훈련지도
2. 학생의 상훈 및 징계 등 신분에 관한 사항
3. 학생의 급여품 및 대여품의 검수 및 관리
4. 학생의 급식 및 세탁 등 후생업무

제29조(치안정책연구소) ① 「경찰대학 설치법」 제12조에 따라 대학에 치안정책연구소를 부설한다.

② 치안정책연구소에 소장 1명 및 연구관 2명을 두며, 소장은 고위공무원단에 속하는 일반직공무원 또는 경무관으로 보하고, 연구관 2명은 고위공무원단에 속하는 일반직공무원으로 보한다.

③ 치안정책연구소는 다음 사항을 분장한다.

1. 치안에 관한 이론 및 정책의 연구
2. 치안에 관련되는 국내외 연구기관과의 협조 및 교류
3. 치안에 관한 국내외 자료의 조사ㆍ정리 및 출판물의 간행
4. 통일과 관련한 치안분야의 연구

5. 국가안전보장과 관련된 연구

6. 「국가경찰과 자치경찰의 조직 및 운영에 관한 법률」 제33조에 따른 연구개발사업의 기획 · 평가 · 관리 및 치안과학분야의 시험 · 조사 · 분석 등 연구

7. 그 밖에 치안에 관한 교육과 관련되는 학술 및 정책의 연구

④ 소장은 연구소의 사무를 총괄하고, 소속 공무원을 지휘 · 감독한다.

⑤ 치안정책연구소의 하부조직, 운영, 그 밖에 필요한 사항은 학칙으로 정한다.

제30조(도서관) ① 대학에 도서관을 둔다.

② 도서관에 도서관장 1명을 두며, 도서관장은 교수 · 부교수 · 조교수 또는 5급 중에서 학장이 임명하되, 교수 · 부교수 · 조교수는 겸임하여 보할 수 있다.

③ 도서관은 국내외의 도서 · 기록물 · 시청각자료 등의 수집 · 보존 · 분류 및 열람에 관한 사항을 분장한다.

④ 도서관장은 학장의 명을 받아 시설의 설치 · 유지 및 관리에 관한 사무를 관장하고, 소속 공무원을 지휘 · 감독한다.

 제4장   경찰교육훈련기관

제31조(직무) ① 경찰인재개발원은 경찰공무원에 대한 교육훈련을 관장한다.

② 중앙경찰학교는 경찰공무원(의무경찰을 포함한다)으로 임용될 사람(경찰간부후보생을 제외한다)에 대한 교육훈련을 관장한다.

③ 경찰수사연수원은 수사업무에 종사하는 경찰공무원에 대한 전문연수에 관한 사항을 관장한다.

제32조(원장 및 교장) ① 경찰인재개발원에 원장 1명을 두며, 원장은 치안감으로 보한다.

② 중앙경찰학교에 교장 1명을 두며, 교장은 치안감으로 보한다.

③ 경찰수사연수원에 원장 1명을 두며, 원장은 경무관으로 보한다.

④ 각 원장 및 교장은 경찰청장의 명을 받아 경찰인재개발원 · 중앙경찰학교 및 경찰수사연수원의 사무를 총괄하고, 소속 공무원을 지휘 · 감독한다.

제33조(하부조직) 「행정기관의 조직과 정원에 관한 통칙」 제12조 제3항 및 제14조 제4항에 따라 경찰인재개발원 · 중앙경찰학교 및 경찰수사연수원에 두는 보조기관 또는 보좌기관은 경찰청의 소속기관(경찰병원은 제외한다)에 두는 정원의 범위에서 행정안전부령으로 정한다.

제5장   경찰병원

제34조(직무) 경찰병원은 경찰업무를 수행하는 기관에 근무하는 공무원과 그 가족, 경찰교육기관에서 교육을 받고 있는 사람 및 의무경찰의 질병진료에 관한 사무를 관장한다.

제35조(하부조직의 설치 등) ① 경찰병원의 하부조직의 설치와 분장사무는 「책임운영기관의 설치 · 운영에 관한 법률」 제15조 제2항에 따라 같은 법 제10조에 따른 기본운영규정으로 정한다.

② 「책임운영기관의 설치 · 운영에 관한 법률」 제16조 제1항 후단에 따라 경찰병원에 두는 공무원의 종류별 · 계급별 정원은 이를 종류별 정원으로 통합하여 행정안전부령으로 정하고, 직급별 정원은 같은

법 제16조 제2항에 따라 같은 법 제10조에 따른 기본운영규정으로 정한다.

③ 경찰병원에 두는 고위공무원단에 속하는 공무원으로 보하는 직위의 총수는 행정안전부령으로 정한다.

제36조(일반환자의 진료) 경찰병원은 그 업무에 지장이 없는 범위에서 일반민간환자에 대한 진료를 할 수 있다.

제6장 시·도경찰관서

제1절 총칙

제37조(직무) 시·도경찰청은 시·도의 치안에 관한 사무를 수행한다.

제38조(명칭 등) 시·도경찰청의 명칭 및 위치는 별표 1과 같으며, 그 관할구역은 행정안전부령으로 정한다.

제39조(시·도경찰청장) ① 시·도경찰청에 청장 1명을 둔다.

② 시·도경찰청장은 국가경찰사무에 대해서는 경찰청장의 지휘·감독을, 자치경찰사무에 대해서는 시·도자치경찰위원회의 지휘·감독을 받아 소관사무를 총괄하고, 소속 공무원을 지휘·감독한다. 다만, 수사에 관한 사무에 대해서는 국가수사본부장의 지휘·감독을 받는다.

③ 서울특별시·부산광역시·인천광역시 및 경기도남부의 시·도경찰청장은 치안정감으로, 그 밖의 시·도경찰청장은 치안감 또는 경무관으로 보한다.

제40조(시·도경찰청 차장) ① 시·도경찰청장을 보조하기 위하여 서울특별시경찰청에 차장 3명을, 제주특별자치도경찰청에 차장 1명을 둔다.

② 서울특별시경찰청 차장은 치안감으로, 제주특별자치도경찰청 차장은 경무관으로 보한다.

제41조(직할대) ① 시·도경찰청장은 행정안전부령으로 정하는 범위에서 차장(차장을 두지 않는 경우에는 시·도경찰청장) 밑에 직할대를 둘 수 있다.

② 직할대의 장은 특정 경찰사무에 관하여 시·도경찰청장 또는 시·도경찰청 차장을 보좌한다.

제42조(경찰서) ① 시·도경찰청장의 소관사무를 분장하기 위하여 시·도경찰청장 소속으로 258개 경찰서의 범위에서 경찰서를 두며, 경찰서의 명칭은 별표 2와 같다.

② 경찰서의 하부조직, 위치 및 관할구역과 그 밖에 필요한 사항은 행정안전부령으로 정한다.

③ 「국가경찰과 자치경찰의 조직 및 운영에 관한 법률」 제30조 제1항에 따라 경찰서장은 경무관, 총경 또는 경정으로 보하되, 경찰서장을 경무관으로 보하는 경찰서는 별표 3과 같다.

제43조(지구대 등) ① 시·도경찰청장은 경찰서장의 소관사무를 분장하기 위하여 행정안전부령으로 정하는 바에 따라 경찰청장의 승인을 받아 지구대 또는 파출소를 둘 수 있다.

② 시·도경찰청장은 제1항에 따른 사무분장이 임시로 필요한 경우에는 출장소를 둘 수 있다.

③ 지구대·파출소 및 출장소의 명칭·위치 및 관할구역과 그 밖에 필요한 사항은 시·도경찰청장이 정한다.

제2절	**서울특별시경찰청**

제44조(하부조직) ① 서울특별시경찰청에 경무부·경비부·공공안녕정보외사부·수사부·안보수사부·생활안전부 및 교통지도부를 둔다.

② 「행정기관의 조직과 정원에 관한 통칙」 제12조 제3항 및 제14조 제4항에 따라 서울특별시경찰청에 두는 보조기관 또는 보좌기관은 경찰청의 소속기관(경찰병원은 제외한다)에 두는 정원의 범위에서 행정안전부령으로 정한다.

③ 제41조에 따라 서울특별시경찰청에 두는 직할대 중 101경비단장 및 기동단장은 경무관으로 보한다.

제45조(복수차장의 운영) ① 서울특별시경찰청에 공공안전차장, 수사차장 및 자치경찰차장을 두며, 청장이 부득이한 사유로 그 직무를 수행할 수 없을 때에는 공공안전차장, 수사차장, 자치경찰차장 순으로 그 직무를 대리한다.

② 공공안전차장은 경무부·경비부 및 공공안녕정보외사부의 소관업무에 관하여 청장을 보조한다.

③ 수사차장은 수사부 및 안보수사부의 소관업무에 관하여 청장을 보조한다.

④ 자치경찰차장은 생활안전부 및 교통지도부의 소관업무에 관하여 청장을 보조한다.

제46조(경무부) ① 경무부에 부장 1명을 두며, 부장은 경무관으로 보한다.

② 부장은 다음 사항을 분장한다.

　1. 보안

　2. 관인 및 관인대장의 보관 및 관리

　3. 기록물의 분류·접수·발송·통제·편찬 및 기록관 운영과 관련된 기록물의 수집·이관·보존·평가·활용 등에 관한 사항

　4. 소속 공무원의 복무·보수·원호 및 사기진작

　5. 예산의 집행·회계·결산 및 국유재산관리

　6. 소속기관의 조직 및 정원(의무경찰을 제외한다)의 관리

　7. 소관 법제업무

　8. 경찰장비의 발전 및 운영에 관한 계획의 수립·조정

　9. 경찰장비의 운영·보급 및 지도

　10. 소속 공무원의 임용·교육훈련·상훈, 그 밖의 인사업무

　11. 정보화시설 및 통신시설·장비의 운영

　12. 행정정보화 및 사무자동화에 관한 사항

　13. 통신보안에 관한 사항

　14. 그 밖에 청 내 다른 부, 담당관 또는 직할대의 주관에 속하지 않는 사항

제47조(경비부) ① 경비부에 부장 1명을 두며, 부장은 경무관으로 보한다.

② 부장은 다음 사항을 분장한다.

　1. 경비에 관한 계획의 수립 및 지도

　2. 경찰부대의 운영에 관한 지도 및 감독

　3. 민방위업무의 협조에 관한 사항

　4. 청원경찰의 운영 및 지도

　5. 경호·경비에 관한 사항

　6. 경찰작전과 비상계획의 수립 및 집행

7. 의무경찰의 복무·교육훈련

8. 의무경찰의 인사관리 및 정원의 관리

9. 중요시설의 방호 및 지도

제48조(공공안녕정보외사부) ① 공공안녕정보외사부에 부장 1명을 두며, 부장은 경무관으로 보한다.

② 부장은 다음 사항을 분장한다.

1. 공공안녕에 대한 위험의 예방과 대응을 위한 정보업무 기획·지도 및 조정

2. 국민안전과 국가안보를 저해하는 위험 요인에 관한 정보활동

3. 국가중요시설 및 주요 인사의 안전·보호에 관한 정보활동

4. 집회·시위 등 공공갈등과 다중운집에 따른 질서 및 안전 유지에 관한 정보활동

5. 국민의 생명·신체의 안전이나 재산의 보호 등 생활의 평온과 관련된 정책에 관한 정보활동

6. 국가기관·지방자치단체·공공기관의 장이 요청한 신원조사 및 사실확인에 관한 정보활동

7. 범죄·재난·공공갈등 등 공공안녕에 대한 위험의 예방과 대응을 위한 정보활동으로서 제2호부터 제6호까지에 준하는 정보활동

8. 외사경찰업무에 관한 기획·지도 및 외국경찰기관과의 교류·협력

9. 외사정보의 수집·분석 및 외사보안업무

제49조(수사부) ① 수사부에 부장 1명을 두며, 부장은 경무관으로 보한다.

② 부장은 다음 사항을 분장한다.

1. 범죄수사의 지휘·감독

2. 수사에 관한 민원 처리 업무 총괄·조정

3. 유치장 관리의 지도 및 감독

4. 범죄수법의 조사·연구 및 공조

5. 범죄감식 및 감식자료의 수집·관리

6. 반부패·공공범죄수사대, 금융범죄수사대, 강력범죄수사대, 마약범죄수사대의 운영에 관한 사항

7. 사이버범죄의 예방

8. 사이버범죄의 수사 및 수사 지휘·감독

9. 디지털포렌식 및 분석 지도

제50조(안보수사부) ① 안보수사부에 부장 1명을 두며, 부장은 경무관으로 보한다.

② 부장은 다음 사항을 분장한다.

1. 안보수사경찰업무에 관한 기획·지도

2. 국가안보와 국익에 반하는 범죄에 대한 수사 및 그에 대한 지휘·감독

3. 안보범죄정보의 수집·분석 및 관리

제51조(생활안전부) ① 생활안전부에 부장 1명을 두며, 부장은 경무관으로 보한다.

② 부장은 다음 사항을 분장한다.

1. 범죄예방에 관한 연구 및 계획의 수립

2. 경비업에 관한 지도 및 감독

3. 범죄예방진단 및 범죄예방순찰에 관한 기획·운영

4. 풍속·성매매 사범에 관한 지도 및 단속

5. 총포·도검·화약류 등의 지도 및 단속

6. 즉결심판청구업무의 지도

7. 각종 안전사고의 예방에 관한 사항

8. 소년비행 방지에 관한 업무

9. 소년범죄의 수사 및 지도

10. 여성·소년에 대한 범죄의 예방에 관한 업무

11. 가출인 및 실종아동등과 관련된 업무의 총괄

12. 가정폭력 및 아동학대의 수사, 예방 및 피해자 보호에 관한 업무

13. 성폭력 범죄의 수사, 성폭력·성매매의 예방 및 피해자 보호에 관한 업무

제52조(교통지도부) ① 교통지도부에 부장 1명을 두며, 부장은 경무관으로 보한다.

② 부장은 다음 사항을 분장한다.

1. 도로교통안전과 소통에 관한 계획의 수립 및 지도·단속

2. 도로교통안전을 위한 민간협력조직의 운영에 관한 지도

3. 교통안전시설에 관한 계획의 수립 및 지도·단속

4. 자동차운전면허 관련 행정처분, 행정심판, 행정소송 및 자동차운전전문학원(일반학원을 포함한다)의 지도·감독

5. 도로교통사고 조사의 지도

제3절 　 경기도남부경찰청

제53조(하부조직) ① 경기도남부경찰청에 경무부·공공안전부·수사부 및 자치경찰부를 둔다.

② 「행정기관의 조직과 정원에 관한 통칙」 제12조 제3항 및 제14조 제4항에 따라 경기도남부경찰청에 두는 보조기관 또는 보좌기관은 경찰청의 소속기관(경찰병원은 제외한다)에 두는 정원의 범위에서 행정안전부령으로 정한다.

제54조(경무부) ① 경무부에 부장 1명을 두며, 부장은 경무관으로 보한다.

② 부장은 제46조 제2항의 사항을 분장한다.

제55조(공공안전부) ① 공공안전부에 부장 1명을 두며, 부장은 경무관으로 보한다.

② 부장은 제47조 제2항 및 제48조 제2항의 사항을 분장한다.

제56조(수사부) ① 수사부에 부장 1명을 두며, 부장은 경무관으로 보한다.

② 부장은 제49조 제2항 및 제50조 제2항의 사항을 분장한다.

제57조(자치경찰부) ① 자치경찰부에 부장 1명을 두며, 부장은 경무관으로 보한다.

② 부장은 제51조 제2항 및 제52조 제2항의 사항을 분장한다.

제4절 　 부산광역시 · 대구광역시 · 인천광역시 · 광주광역시 · 대전광역시 · 울산광역시 · 경기도북부 · 강원도 · 충청북도 · 충청남도 · 전라북도 · 전라남도 · 경상북도 및 경상남도의 시 · 도경찰청

제58조(하부조직) ① 부산광역시·대구광역시·인천광역시·광주광역시·대전광역시·울산광역시·경기도북부·강원도·충청북도·충청남도·전라북도·전라남도·경상북도 및 경상남도의 시·도경찰청에 공공안전부·수사부·자치경찰부를 각각 둔다.

② 「행정기관의 조직과 정원에 관한 통칙」 제12조 제3항 및 제14조 제4항에 따라 부산광역시·대구 광역시·인천광역시·광주광역시·대전광역시·울산광역시·경기도북부·강원도·충청북도·충 청남도·전라북도·전라남도·경상북도 및 경상남도의 시·도경찰청에 두는 보조기관 또는 보좌기 관은 경찰청의 소속기관(경찰병원은 제외한다)에 두는 정원의 범위에서 행정안전부령으로 정한다.

③ 제41조에 따라 인천광역시경찰청에 두는 직할대 중 인천국제공항경찰단장은 경무관으로 보한다.

제59조(공공안전부) ① 공공안전부에 부장 1명을 두며, 부장은 경무관으로 보한다.

② 부장은 제46조 제2항·제47조 제2항 및 제48조 제2항의 사항을 분장한다.

제60조(수사부) ① 수사부에 부장 1명을 두며, 부장은 경무관으로 보한다.

② 부장은 제49조 제2항 및 제50조 제2항의 사항을 분장한다.

제61조(자치경찰부) ① 자치경찰부에 부장 1명을 두며, 부장은 경무관으로 보한다.

② 부장은 제51조 제2항 및 제52조 제2항의 사항을 분장한다.

제5절 그 밖의 시 · 도경찰청

제62조(하부조직) 「행정기관의 조직과 정원에 관한 통칙」 제12조 제3항 및 제14조 제4항에 따라 그 밖의 시·도경찰청에 두는 보조기관 또는 보좌기관은 경찰청의 소속기관(경찰병원은 제외한다)에 두는 정원의 범위에서 행정안전부령으로 정한다.

제7장 공무원의 정원

제63조(경찰청에 두는 공무원의 정원) ① 경찰청에 두는 공무원의 정원은 별표 4와 같다. 다만, 필요한 경 우에는 별표 4에 따른 총정원의 7퍼센트를 넘지 않는 범위에서 행정안전부령으로 정원을 따로 정할 수 있다.

② 경찰청에 두는 공무원의 직급별 정원은 행정안전부령으로 정한다. 이 경우 총경의 정원은 49명을, 4급 공무원의 정원은 4명을 각각 그 상한으로 하고, 4급 또는 5급 공무원 정원은 5급 공무원의 정원(4 급 또는 5급 공무원 정원을 포함한다)의 3분의 1을 그 상한으로 한다.

제64조(소속기관에 두는 공무원의 정원) ① 경찰청의 소속기관(경찰병원은 제외한다. 이하 이 조에서 같 다)에 두는 공무원의 정원은 별표 5와 같다. 다만, 필요한 경우에는 별표 5에 따른 총정원의 7퍼센트 를 넘지 않는 범위에서 행정안전부령으로 정원을 따로 정할 수 있다.

② 경찰청의 소속기관에 두는 공무원의 직급별 정원은 행정안전부령으로 정한다. 이 경우 총경의 정원 은 528명을, 4급 공무원의 정원은 15명을 각각 그 상한으로 하고, 4급 또는 5급 공무원 정원은 5급 공무원의 정원(4급 또는 5급 공무원 정원을 포함한다)의 100분의 15를 그 상한으로 한다. 〈개정 2021. 3. 30.〉

③ 소속기관별 공무원의 정원은 경찰청의 소속기관에 두는 정원의 범위에서 경찰청장이 따로 정한다.

④ 제1항 및 별표 5에 따른 경찰청 소속기관의 정원 중 1명(4급 또는 총경 1명)은 과학기술정보통신부 소속 공무원으로 충원해야 한다. 이 경우 경찰청장은 충원방법 및 절차 등에 관하여 과학기술정보통 신부장관과 미리 협의해야 한다.

⑤ 제3항 및 별표 5에 따라 경찰대학에 두는 공무원의 정원 중 고위공무원단에 속하는 일반직공무원

1명과 경찰인재개발원 및 중앙경찰학교에 두는 「공무원 인재개발법」 제5조 제1항에 따른 교수요원의 정원 중 3분의 1의 범위에서 필요한 인원은 임기제공무원으로 임용할 수 있다.

제65조(개방형직위에 대한 특례) 행정안전부령으로 정하는 국장급 1개 개방형직위는 임기제공무원으로 보할 수 있다.

제8장   **평가대상 조직 및 정원**

제66조(평가대상 조직 및 정원) ① 「행정기관의 조직과 정원에 관한 통칙」 제31조 제1항에 따라 경찰청과 그 소속기관에 두는 평가대상 조직 및 정원은 별표 6과 같다.

② 제1항에 따른 평가대상 조직 및 정원의 구체적인 사항은 행정안전부령으로 정한다.

부칙 〈제31999호, 2021. 9. 24.〉

이 영은 2021년 10월 5일부터 시행한다.

경찰청과 그 소속기관 직제 시행규칙

[시행 2021. 10. 5.] [행정안전부령 제279호, 2021. 9. 24., 일부개정]

경찰청(기획조정과) 02-3150-1151

제1장　총칙

제1조(목적) 이 규칙은 경찰청과 그 소속기관에 두는 보조기관·보좌기관의 직급 및 직급별 정원, 과 또는 이에 상당하는 담당관의 설치 및 사무분장 등 「경찰청과 그 소속기관 직제」에서 위임된 사항과 그 시행에 필요한 사항을 규정함을 목적으로 한다.

제2장　경찰청

제2조(대변인) ① 대변인 밑에 홍보담당관 1명을 두되, 총경으로 보한다.

② 홍보담당관은 다음 사항에 관하여 대변인을 보좌한다.

1. 주요정책에 관한 대국민 홍보계획의 수립·조정 및 협의·지원
2. 언론보도 내용에 대한 확인 및 정정보도 등에 관한 사항
3. 경찰청 방송국 운영에 관한 사항
4. 경찰청 홈페이지 운영에 관한 사항
5. 청 내 업무의 대외 정책발표 사항 관리 및 브리핑 지원에 관한 사항
6. 전자브리핑 운영 및 지원에 관한 사항

제3조(감사관) ① 감사관은 고위공무원단에 속하는 일반직공무원 또는 경무관으로 보하되, 고위공무원단 직위의 직무등급은 나등급으로 한다.

② 감사관 밑에 감사담당관·감찰담당관 및 인권보호담당관 각 1명을 둔다.

③ 각 담당관은 총경으로 보한다.

④ 감사담당관은 다음 사항에 관하여 감사관을 보좌한다.

1. 감사 업무에 관한 기획, 지도 및 조정
2. 경찰청과 그 소속기관 및 산하단체에 대한 감사
3. 다른 기관에 의한 경찰청과 그 소속기관 및 산하단체에 대한 감사결과의 처리
4. 경찰청장이 감사에 관하여 지시한 사항의 처리
5. 경찰청 소속 공무원의 재산등록·선물신고 및 취업심사에 관한 사항
6. 민원업무의 운영 및 지도
7. 그 밖에 감사관 내 다른 담당관의 주관에 속하지 않는 사항

⑤ 감찰담당관은 다음 사항에 관하여 감사관을 보좌한다.

1. 감찰 업무에 관한 기획, 지도 및 조정

2. 사정업무

3. 경찰기관 공무원(의무경찰을 포함한다)에 대한 진정 및 비위사항의 조사·처리

4. 경찰청장이 감찰에 관하여 지시한 사항의 처리

⑥ 인권보호담당관은 다음 사항에 관하여 감사관을 보좌한다.

1. 경찰 직무수행과정상의 인권 보호 및 개선에 관한 사항

2. 경찰기관 공무원(의무경찰을 포함한다)의 인권침해 사항에 대한 상담·조사 및 처리

3. 범죄피해자의 보호 및 지원에 관한 경찰정책의 수립·종합 및 조정

제4조(기획조정관) ① 기획조정관 밑에 혁신기획조정담당관·재정담당관·규제개혁법무담당관·자치경찰담당관 및 과학치안정책팀장 각 1명을 둔다.

② 혁신기획조정담당관·규제개혁법무담당관 및 자치경찰담당관은 총경으로 보하고, 재정담당관은 서기관 또는 총경으로 보하며, 과학치안정책팀장은 기술서기관 또는 공업사무관으로 보한다.

③ 혁신기획조정담당관은 다음 사항에 관하여 기획조정관을 보좌한다.

1. 주요정책 및 주요업무계획의 수립·종합 및 조정

2. 주요사업의 진행 상황 파악 및 그 결과의 심사평가

3. 행정제도 개선계획의 수립과 그 집행의 지도·감독

4. 업무처리절차의 개선 등 경찰행정 업무의 총괄·지원

5. 정부혁신 관련 과제 발굴·선정, 추진상황 확인·점검 및 관리

6. 자체 제안제도의 운영

7. 청 내 국가사무 민간위탁 현황 관리 등 총괄

8. 조직진단 및 평가를 통한 조직과 정원(의무경찰을 제외한다)의 관리

9. 국정감사, 당정협의 등 국회·정당과 관련되는 사항

10. 대내외 성과평가 제도의 운영·개선 및 총괄

11. 성과관리계획의 수립 및 정부업무평가 관리 등 대외평가 총괄

12. 경찰통계연보의 발간

13. 고객만족 행정의 추진 및 고객관리시스템의 운영·개선

14. 국가경찰위원회의 간사업무에 관한 사항

15. 전화민원 상담업무

16. 그 밖에 기획조정관 내 다른 담당관의 주관에 속하지 않는 사항

④ 재정담당관은 다음 사항에 관하여 기획조정관을 보좌한다.

1. 예산의 편성과 조정 및 결산에 관한 사항

2. 국유재산관리계획의 수립 및 집행

3. 중기 재정계획 수립 및 재정사업 성과 분석

4. 민간투자 시설사업 계획의 수립 및 집행

⑤ 규제개혁법무담당관은 다음 사항에 관하여 기획조정관을 보좌한다.

1. 경찰 관련 규제심사 및 규제개혁에 관한 사항

2. 경찰청 소관 법령안의 심사

3. 경찰청 소관 법규집의 편찬 및 발간

4. 경찰청 소관 법령 질의·회신의 총괄

5. 경찰청 소관 행정심판업무 및 소송사무의 총괄

⑥ 자치경찰담당관은 다음 사항에 관하여 기획조정관을 보좌한다.

1. 자치경찰제도 관련 각종 정책 및 계획의 수립·조정

2. 자치경찰제도 관련 특별시·광역시·특별자치도·도·특별자치도(이하 "시·도"라 한다)별 치안 현안 및 운영현황 총괄 관리

3. 자치경찰제도의 연구 및 개선

4. 자치경찰제도 관련 법령에 대한 사무 총괄

5. 자치경찰제도 관련 시·도 조례 제정·개정에 관한 협의·조정

6. 자치경찰제도 관련 예산의 편성과 조정 및 결산에 관한 사항

7. 자치경찰제도 관련 재정의 성과관리 및 평가에 관한 사항

8. 자치경찰제도 관련 시·도 및 시·도자치경찰위원회와의 협력에 관한 사항

9. 시·도자치경찰위원회와 시·도경찰청 간 기관협의체 운영 지원

10. 그 밖에 자치경찰제도 관련 협력·지원에 관한 사항

⑦ 과학치안정책팀장은 다음 사항에 관하여 기획조정관을 보좌한다.

1. 치안분야 과학기술진흥 시책 수립

2. 경찰청 소관 연구개발사업 총괄·조정

3. 치안산업 육성 지원 및 관련 정책 수립

4. 경찰 관련 학회와의 교류·협력 활성화

제5조(경무인사기획관) ① 경무인사기획관 밑에 경무담당관·인사담당관·교육정책담당관·복지정책담당관 및 양성평등정책담당관 각 1명을 둔다.

② 경무담당관·인사담당관·교육정책담당관 및 복지정책담당관은 총경으로 보하고, 양성평등정책담당관은 서기관으로 보한다.

③ 경무담당관은 다음 사항에 관하여 경무인사기획관을 보좌한다.

1. 보안에 관한 사항

2. 관인 및 관인대장의 관리

3. 소속 공무원의 복무에 관한 사항

4. 사무관리의 처리·지도 및 관련 제도의 연구·개선

5. 기록물의 분류·접수·발송·통제·편찬 및 기록관 운영과 관련된 기록물의 수집·이관·보존·평가·활용 등에 관한 사항

6. 정보공개 업무에 관한 사항

7. 예산의 집행 및 회계 관리

8. 청사의 방호·유지·보수 및 청사관리업체의 지도·감독

9. 경찰박물관의 운영

10. 경찰청 소속 공무원단체에 관한 사항

11. 경찰악대와 의장대의 운영 및 지도

12. 그 밖에 청 내 다른 국 또는 담당관의 주관에 속하지 않는 사항

④ 인사담당관은 다음 사항에 관하여 경무인사기획관을 보좌한다.

1. 소속 공무원의 충원에 관한 계획의 수립

2. 소속 공무원의 임용 등 인사관리

3. 소속 공무원의 근무성적평정과 승진심사

4. 소속 공무원의 상훈 업무

5. 인사위원회의 운영

⑤ 교육정책담당관은 다음 사항에 관하여 경무인사기획관을 보좌한다.

1. 소속 공무원의 교육훈련에 관한 정책과 계획의 수립·조정

2. 교육훈련 운영·관리 및 성과평가

3. 경찰대학, 경찰인재개발원 및 중앙경찰학교의 운영에 관한 감독

4. 소속 공무원의 채용 및 승진시험 관리

⑥ 복지정책담당관은 다음 사항에 관하여 경무인사기획관을 보좌한다.

1. 소속 공무원의 복지제도 기획 및 운영에 관한 사항

2. 경찰공무원의 보수·수당 등에 관한 제도 개선

3. 순직·공상 경찰공무원 등에 대한 보훈에 관한 사항

4. 경찰병원 및 경찰공제회의 운영에 관한 감독

⑦ 양성평등정책담당관은 다음 사항에 관하여 경무인사기획관을 보좌한다.

1. 경찰행정 분야 양성평등 관련 정책의 수립 및 이행 관리

2. 경찰행정 분야 성 주류화(性 主流化) 제도 운영 및 지도

3. 경찰청과 그 소속기관 및 산하단체 내 성희롱·성폭력 예방 대책 수립

4. 경찰청과 그 소속기관 및 산하단체 내 양성평등 관련 제도 및 문화의 개선 방안 수립·조정

제6조(정보화장비정책관) ① 정보화장비정책관은 고위공무원단에 속하는 일반직공무원 또는 경무관으로 보하되, 고위공무원단 직위의 직무등급은 나등급으로 한다.

② 정보화장비정책관 밑에 정보화장비기획담당관, 정보통신담당관 및 장비담당관 각 1명을 둔다.

③ 정보화장비기획담당관 및 장비담당관은 총경으로 보하고, 정보통신담당관은 부이사관·서기관·기술서기관 또는 총경으로 보한다.

④ 정보화장비기획담당관은 다음 사항에 관하여 정보화장비정책관을 보좌한다.

1. 정보화·장비 기술의 융합에 관한 기획·조정

2. 정보화 관련 법령 및 제도의 연구·개선

3. 정보화 보안에 관한 업무

4. 정보화 관련 교육 업무

5. 그 밖에 정보화장비정책관 내 다른 담당관의 주관에 속하지 않는 사항

⑤ 정보통신담당관은 다음 사항에 관하여 정보화장비정책관을 보좌한다.

1. 정보통신망의 운영·유지 및 보수 업무

2. 경찰 무선망의 운영 및 개선에 관한 업무

3. 정보통신 관련 프로그램의 연구·개발

⑥ 장비담당관은 다음 사항에 관하여 정보화장비정책관을 보좌한다.

1. 경찰장비의 운영 및 발전에 관한 종합계획의 수립·조정

2. 경찰장비의 운영·보급 및 지도

3. 경찰복제에 관한 계획의 수립 및 연구

제7조(치안빅데이터정책담당관) ①「행정기관의 조직과 정원에 관한 통칙」제29조 제3항 및 제5항에 따라 차장 밑에 치안빅데이터정책담당관 1명을 둔다.

② 치안빅데이터정책담당관은 서기관 또는 기술서기관으로 보한다.

③ 치안빅데이터정책담당관은 다음 사항에 관하여 차장을 보좌한다.

    1. 치안분야 빅데이터 활용에 관한 정책의 수립·시행

    2. 치안분야 빅데이터 분석 시스템 개발

    3. 치안분야 빅데이터 담당자에 대한 교육

    4. 치안분야 빅데이터 활용 관련 국내외 기관과의 교류·협력

제8조(생활안전국) ① 「경찰청과 그 소속기관 직제」 제11조 제1항에 따라 생활안전국장 밑에 두는 보좌
기관은 여성청소년안전기획관으로 하며, 여성청소년안전기획관은 고위공무원단에 속하는 일반직공
무원으로 보하되, 그 직위의 직무등급은 나등급으로 한다.

② 여성청소년안전기획관은 「경찰청과 그 소속기관 직제」 제11조 제3항 제8호부터 제16호까지의 사항
에 관하여 생활안전국장을 보좌한다.

③ 생활안전국에 범죄예방정책과·생활질서과·아동청소년과 및 여성안전기획과를 둔다.

④ 각 과장은 총경으로 보한다.

⑤ 범죄예방정책과장은 다음 사항을 분장한다.

    1. 범죄예방에 관한 연구 및 계획의 수립

    2. 범죄예방 관련 법령·제도의 연구·개선 및 지침 수립

    3. 범죄예방진단 및 범죄예방순찰 기획·운영

    4. 환경설계를 통한 범죄예방(CPTED) 기획·운영

    5. 협력방범에 관한 기획·연구 및 협업

    6. 경비업에 관한 연구 및 지도

    7. 그 밖에 국 내 다른 과의 주관에 속하지 않는 사항

⑥ 생활질서과장은 다음 사항을 분장한다.

    1. 풍속 및 성매매(아동·청소년 대상 성매매는 제외한다) 사범에 관한 지도·단속

    2. 총포·도검·화약류 등의 지도·단속

    3. 즉결심판청구업무의 지도

    4. 각종 안전사고의 예방에 관한 사항

⑦ 아동청소년과장은 다음 사항을 분장한다.

    1. 소년 비행 방지에 관한 업무

    2. 소년에 대한 범죄의 예방에 관한 업무

    3. 비행소년의 보호지도에 관한 업무

    4. 아동학대의 예방 및 피해자 보호에 관한 업무

    5. 가출인 및 「실종아동등의 보호 및 지원에 관한 법률」 제2조 제2호에 따른 실종아동등과 관련
       된 정책 수립 및 관리

    6. 실종사건 지도와 관련 정보의 처리

    7. 아동·노인·장애인 학대 범죄 유관기관 협력 업무

⑧ 여성안전기획과장은 다음 사항을 분장한다.

    1. 여성 대상 범죄의 연구 및 예방에 관한 업무

    2. 여성 대상 범죄 유관기관과의 교류협력

    3. 성폭력·가정폭력 예방 및 피해자 보호에 관한 업무

         4. 스토킹·성매매 예방 및 피해자 보호에 관한 업무
         5. 성폭력범죄자(「성폭력범죄의 처벌 등에 관한 특례법」 제42조에 따른 신상정보 등록대상자를
            포함한다)의 재범방지에 관한 업무
  제9조(교통국) ① 교통국에 교통기획과·교통안전과 및 교통운영과를 둔다.
     ② 각 과장은 총경으로 보한다.
     ③ 교통기획과장은 다음 사항을 분장한다.
         1. 도로교통에 관련되는 사항에 대한 종합기획 및 심사분석
         2. 도로교통에 관련되는 법령의 정비 및 행정제도의 연구
         3. 교통경찰공무원에 대한 교육·지도
         4. 도로교통공단에 대한 지도·감독
         5. 운전면허 관련 기획·지도
         6. 운전면허시험의 지도·감독
         7. 외국운전면허 및 국제 운전면허에 관한 사항
         8. 교통안전교육 및 특별교통안전교육에 관한 계획수립 및 지도
         9. 그 밖에 국 내 다른 과의 주관에 속하지 않는 사항
     ④ 교통안전과장은 다음 사항을 분장한다.
         1. 도로교통사고의 예방을 위한 홍보·지도 및 단속
         2. 대규모 집회·시위 등 교통 관리
         3. 교통단속 관련 법령 제정·개정 및 지침·시스템 관리·개선
         4. 교통법규 위반 범칙금·즉결심판·과태료 관리
         5. 교통단속장비 규격 관리
         6. 교통 협력단체 관리에 관한 업무
         7. 도로교통사고 통계 분석·관리에 관한 업무
         8. 고속도로순찰대의 운영 및 지도
         9. 고속도로 교통안전대책 수립 및 추진
     ⑤ 교통운영과장은 다음 사항을 분장한다.
         1. 교통규제 관련 법령 및 보호구역 관련 법령 제정·개정 및 지침·시스템 관리·개선
         2. 교통안전시설 운영 및 감독
         3. 광역 교통정보 사업 관련 업무
         4. 교통정보의 수집·분석 및 제공
         5. 무인 교통단속용 장비 설치·관리 및 감독
         6. 자율주행 분야 도로교통 인프라 기술 등 신기술 관련 기획 및 연구 개발
  제10조(경비국) ① 경비국에 경비과·위기관리센터·경호과 및 항공과를 둔다.
     ② 각 과장 및 위기관리센터장은 총경으로 보한다.
     ③ 경비과장은 다음 사항을 분장한다.
         1. 경비에 관한 계획의 수립 및 지도
         2. 경찰부대 운영·지도 및 전국단위 경력운용
         3. 행사경비·선거경비 등 일반 경비계획 수립 및 지도
         4. 집회시위 안전장비 연구·개발 및 구매·보급

5. 의무경찰 등 기동경찰의 인력관리 계획 및 지도

6. 의무경찰 등 기동경찰의 복무·사기 관리 및 후생복지에 관한 사항

7. 그 밖에 국 내 다른 과의 주관에 속하지 않는 사항

④ 위기관리센터장은 다음 사항을 분장한다.

1. 대테러 종합대책 연구·기획 및 지도

2. 대테러 관련 법령의 연구·개정 및 지침 수립

3. 테러대책기구 및 대테러 전담조직 운영 업무

4. 대테러 종합훈련 및 교육

5. 경찰작전과 경찰 전시훈련에 관한 계획의 수립 및 지도

6. 비상대비계획의 수립 및 지도

7. 중요시설의 방호 및 지도

8. 예비군 무기·탄약관리의 지도

9. 청원경찰의 운영 및 지도

10. 민방위 업무의 협조에 관한 사항

⑤ 경호과장은 다음 사항을 분장한다.

1. 경호계획의 수립 및 지도

2. 주요 인사의 보호에 관한 사항

⑥ 항공과장은 다음 사항을 분장한다.

1. 경찰항공기의 관리 및 운영

2. 경찰항공요원의 교육훈련

3. 경찰업무수행과 관련된 항공지원업무

제11조(공공안녕정보국) ① 「경찰청과 그 소속기관 직제」 제14조 제1항에 따라 공공안녕정보국장 밑에 두는 보좌기관은 공공안녕정보심의관으로 하며, 공공안녕정보심의관은 경무관으로 보한다.

② 공공안녕정보심의관은 「경찰청과 그 소속기관 직제」 제14조 제3항 제1호부터 제7호까지의 사항에 관하여 공공안녕정보국장을 보좌한다.

③ 공공안녕정보국에 정보관리과·정보분석과·정보상황과 및 정보협력과를 둔다.

④ 각 과장은 총경으로 보한다.

⑤ 정보관리과장은 다음 사항을 분장한다.

1. 정보업무에 관한 기획·지도 및 조정

2. 국가기관·지방자치단체·공공기관의 장이 요청한 신원조사 및 기록관리

3. 범죄·재난·공공갈등 등 공공안녕에 대한 위험의 예방과 대응을 위한 정보활동(이하 "정보활동"이라 한다)의 지도 및 이와 관련되는 법령·제도의 연구·개선

4. 그 밖에 국 내 다른 과의 주관에 속하지 않는 사항

⑥ 정보분석과장은 다음 사항을 분장한다.

1. 국민의 생명·신체의 안전이나 재산의 보호 등 국민 생활의 평온과 관련된 정책에 관한 정보활동

2. 국가기관·지방자치단체·공공기관의 장이 요청한 사실확인에 관한 정보활동

3. 안전사고·민생침해사범 등 국민안전을 저해하는 위험 요인에 관한 정보활동

4. 제1호부터 제3호까지에 준하는 정보활동

⑦ 정보상황과장은 다음 사항을 분장한다.

1. 집회·시위 등 공공갈등과 다중운집에 따른 질서 및 안전 유지에 관한 정보활동

2. 재해·재난으로 인한 위험의 예방과 대응을 위한 정보활동

3. 국가중요시설 및 주요 인사의 안전 및 보호에 관한 정보활동

4. 제1호부터 제3호까지에 준하는 정보활동

⑧ 정보협력과장은 다음 사항을 분장한다.

1. 국민안전, 국가안보, 주요 인사·시설의 안전 관련 첩보의 수집 및 협력 업무

2. 국민생활의 평온과 관련된 정책 및 국가기관·지방자치단체·공공기관의 장이 요구하는 사실 확인에 관한 첩보의 수집 및 협력 업무

3. 집회·시위 등 공공갈등과 그 밖의 공공안녕에 대한 위험의 예방과 대응을 위한 첩보의 수집 및 협력 업무

제12조(외사국) ① 외사국에 외사기획정보과·인터폴국제공조과 및 국제협력과를 둔다.

② 각 과장은 총경으로 보한다.

③ 외사기획정보과장은 다음 사항을 분장한다.

1. 외사경찰업무에 관한 기획 및 지도

2. 외사정보에 관한 기획·지도 및 조정

3. 외사정보 수집·종합·분석 및 관리

4. 외사대테러·방첩업무의 지도·조정, 관련 정보 수집·관리 및 국내외 유관기관과의 협력

5. 국제공항 및 국제해항의 보안활동에 관한 계획 및 지도

6. 그 밖에 국내 다른 과의 주관에 속하지 않는 사항

④ 인터폴국제공조과장은 다음 사항을 분장한다.

1. 국제형사경찰기구(인터폴) 및 외국 법집행기관과의 국제공조에 관한 기획·지도 및 조정

2. 해외거점 범죄 및 불법수익 분석 및 대응 업무

3. 한국경찰 연락사무소(코리안데스크) 관련 업무

4. 해외 파견 경찰관의 선발·교육 및 관리 업무

5. 재외국민 및 외국인과 관련된 신원조사

⑤ 국제협력과장은 다음 사항을 분장한다.

1. 외국경찰 등과의 교류·협력 및 치안외교 총괄

2. 국제 치안협력사업 및 치안장비 수출 지원

제13조(수사기획조정관) ① 수사기획조정관 밑에 수사운영지원담당관 및 수사심사정책담당관 각 1명을 둔다.

② 각 담당관은 총경으로 보한다.

③ 수사운영지원담당관은 다음 사항에 관하여 수사기획조정관을 보좌한다.

1. 수사경찰행정 및 주요 수사정책에 관한 종합계획의 수립 및 시행

2. 수사경찰 기구·인력 진단 및 관리

3. 수사경찰 배치에 관한 사항

4. 수사경찰 예산의 편성 및 배정

5. 수사경찰 장비에 관한 사항

6. 수사경찰 성과관리에 관한 사항

7. 수사공보 및 홍보에 관한 업무의 총괄·지원

8. 수사경과 등 자격관리제도의 계획 수립 및 운영

9. 수사경찰 교육훈련 및 역량 평가·관리

10. 경찰수사연수원의 운영에 관한 감독

11. 형사사법정보시스템(KICS) 운영 및 관리에 관한 사항

12. 범죄통계 관리, 범죄 동향 및 데이터 분석에 관한 사항

13. 그 밖에 국가수사본부 내 다른 국 또는 담당관의 주관에 속하지 않는 사항

④ 수사심사정책담당관은 다음 사항에 관하여 수사기획조정관을 보좌한다.

1. 수사심의 관련 제도·정책의 수립 및 운영·관리

2. 외부위원이 참여하는 수사심의제도 운영에 관한 사항

3. 수사에 관한 민원처리 업무 총괄·조정

4. 경찰청 수사부서 대상 접수 이의사건의 조사·처리

5. 수사 관련 진정 및 비위사항의 조사·처리

6. 수사절차상 제도·정책(수사절차상 인권보호와 관련된 제도·정책은 제외한다)의 연구 및 운영에 관한 사항

7. 수사 관련 법령·규칙의 연구 및 관리

8. 수사심의제도 관련 유관기관과의 교류·협력에 관한 사항

9. 수사기법 연구 개발 및 개선에 관한 사무 총괄

제14조(과학수사관리관) ① 과학수사관리관 밑에 과학수사담당관 및 범죄분석담당관 각 1명을 둔다.

② 각 담당관은 총경으로 보한다.

③ 과학수사담당관은 다음 사항에 관하여 과학수사관리관을 보좌한다.

1. 과학수사 기획 및 지도

2. 과학수사 관련 국내외 기관과의 교류 및 협력

3. 과학수사 장비 및 기법 연구·개발

4. 그 밖에 과학수사관리관 내 다른 담당관의 주관에 속하지 않는 사항

④ 범죄분석담당관은 다음 사항에 관하여 과학수사관리관을 보좌한다.

1. 범죄분석에 관한 기획 및 지원

2. 범죄기록 및 수사자료의 관리

3. 범죄감식 및 증거분석

4. 주민등록지문 등 지문자료의 수집·관리

제15조(수사인권담당관) ① 국가수사본부장 밑에 수사인권담당관 1명을 둔다.

② 수사인권담당관은 4급 또는 총경으로 보한다.

③ 수사인권담당관은 다음 사항에 관하여 국가수사본부장을 보좌한다.

1. 수사절차상 인권보호와 관련된 제도·정책의 수립, 점검 및 지도

2. 수사인권 관련 유관기관과의 교류·협력에 관한 사항

3. 수사과정에서의 수갑 등 장구사용 및 강제수사에 관한 사항

4. 유치장 운영 및 관리·감독에 관한 사항

5. 수사경찰의 인권침해 사항에 대한 상담·조사 및 처리

제16조(수사국) ① 수사국에 경제범죄수사과, 반부패·공공범죄수사과, 중대범죄수사과 및 범죄정보과

를 둔다.

② 각 과장은 총경으로 보한다.

③ 경제범죄수사과장은 다음 사항을 분장한다.

　　1. 다음 각 목의 사건에 관한 수사 지휘·감독

　　　　가. 사기·횡령·배임 등 경제범죄 사건

　　　　나. 문서·통화·유가증권·인장 등에 관한 범죄 사건

　　　　다. 전기통신금융사기(사이버수사국 소관 범죄는 제외한다) 범죄 사건

　　　　라. 불법사금융, 보험사기 등 금융범죄 및 주가조작 등 기업범죄 사건

　　　　마. 물가 및 공정거래, 지식재산권, 과학기술, 조세 관련 범죄 등 그 밖의 경제범죄 사건

　　2. 제1호에 규정된 사건에 관한 범죄현상 및 정보의 분석·연구·관리 및 정책·수사지침의 수립

　　3. 제1호에 규정된 사건에 관한 통계·기록물 관리 및 민원 접수·처리

　　4. 제1호에 규정된 사건에 관한 관계기관 공조 및 협조

　　5. 제1호에 규정된 사건에 관한 수사기법 개발, 지원 및 교육

　　6. 범죄수익 추적 및 보전 관련 수사 지휘·감독, 현장지원, 국제공조 및 유관기관 대응

　　7. 수사국 내 부서 간 업무 조정

　　8. 그 밖에 수사국 내 다른 과의 주관에 속하지 않는 사항

④ 반부패·공공범죄수사과장은 다음 사항을 분장한다.

　　1. 다음 각 목의 사건에 관한 수사 지휘·감독

　　　　가. 증·수뢰죄, 직권남용·직무유기 등 부정부패범죄 및 공무원 직무에 관한 범죄 사건

　　　　나. 「공직선거법」, 「정치자금법」 위반 등 선거범죄 및 정치 관계법률 위반 범죄 사건

　　　　다. 「집회 및 시위에 관한 법률」 위반 범죄 사건

　　　　라. 건설·환경·의료·보건위생·문화재 및 그 밖의 공공범죄 사건

　　2. 제1호에 규정된 사건에 관한 범죄현상 및 정보의 분석·연구·관리, 정책·수사지침 수립

　　3. 제1호에 규정된 사건에 관한 통계·기록물 관리, 민원 접수·처리

　　4. 제1호에 규정된 사건에 관한 관계기관 공조 및 협조

　　5. 제1호에 규정된 사건에 관한 수사기법 개발, 지원 및 교육

　　6. 국민권익위원회 이첩 사건 등 부정부패 신고민원 처리

⑤ 중대범죄수사과장은 다음 사항을 분장한다.

　　1. 국가수사본부장이 지휘하는 범죄 중 중대한 범죄의 첩보 수집 및 수사

　　2. 정부기관 등의 수사의뢰, 고발사건 중 중대한 범죄의 수사

　　3. 그 밖에 사회적 관심이 집중되거나 공공의 이익 또는 사회질서에 중대한 영향을 미칠 우려가
　　　있는 범죄의 첩보 수집 및 수사

⑥ 범죄정보과장은 중요 범죄정보의 수집·분석 및 범죄정보 업무에 관한 기획·조정·지도·통제에 관
한 사항을 분장한다.

제17조(형사국) ① 형사국에 강력범죄수사과·마약조직범죄수사과 및 여성청소년범죄수사과를 둔다.

② 각 과장은 총경으로 보한다.

③ 강력범죄수사과장은 다음 사항을 분장한다.

　　1. 다음 각 목의 사건에 관한 수사지휘·감독

　　　　가. 살인·강도·절도 등 강력범죄 사건

나. 폭력 사건

　　다. 약취 · 유인 · 인신매매 사건

　　라. 도박 사건

　　마. 도주 사건

　　바. 의료사고 · 화재사고 · 안전사고 · 폭발물사고 사건

　　사. 교통사고 및 교통 관련 범죄 사건

2. 제1호에 규정된 사건에 관한 범죄현상 및 정보의 분석 · 연구 · 관리, 정책 · 수사지침 수립

3. 제1호에 규정된 사건에 관한 통계 · 기록물 관리, 민원 접수 · 처리

4. 제1호에 규정된 사건에 관한 관계기관 공조 및 협조

5. 제1호에 규정된 사건에 관한 수사기법 개발, 지원 및 교육

6. 그 밖에 국 내 다른 과의 주관에 속하지 않는 사항

④ 마약조직범죄수사과장은 다음 사항을 분장한다.

1. 마약류범죄 및 조직범죄 사건에 대한 수사 지휘 · 감독

2. 제1호에 규정된 사건과 외국인범죄에 대한 범죄현상 및 정보의 분석 · 연구 · 관리, 정책 · 수사
지침 수립

3. 제1호에 규정된 사건과 외국인범죄에 대한 국내외 유관기관과의 교류 및 협력

4. 제1호에 규정된 사건과 외국인범죄에 대한 통계 · 기록물 관리, 민원 접수 · 처리

5. 제1호에 규정된 사건과 외국인범죄에 대한 수사기법 개발

⑤ 여성청소년범죄수사과장은 다음 사항을 분장한다.

1. 다음 각 목의 사건에 관한 수사지휘 · 감독

　　가. 성폭력, 가정폭력, 아동 · 청소년 대상 성매매 사건

　　나. 학교폭력, 소년범죄, 아동학대, 실종 사건

2. 제1호에 규정된 사건에 관한 범죄현상 및 정보의 분석 · 연구 · 관리, 정책 · 수사지침 수립

3. 제1호에 규정된 사건에 관한 통계 · 기록물 관리, 민원 접수 · 처리

4. 제1호에 규정된 사건에 관한 관계기관 공조 및 협조

5. 제1호에 규정된 사건에 관한 수사기법 개발, 지원 및 교육

제18조(사이버수사국) ① 사이버수사국에 사이버수사기획과 · 사이버범죄수사과 및 디지털포렌식센터
를 둔다.

② 각 과장 및 디지털포렌식센터장은 총경으로 보한다.

③ 사이버수사기획과장은 다음 사항을 분장한다.

1. 사이버 안전 확보를 위한 기획 및 관련 법령 제정 · 개정

2. 사이버공간에서의 범죄(이하 "사이버범죄"라 한다) 관련 정보 수집 · 분석 및 배포에 관한 사항

3. 사이버범죄 예방 및 사이버위협 대응에 관한 연구 · 기획 · 집행 · 지도 및 조정

4. 사이버범죄 통계 관리 및 분석

5. 사이버범죄 관련 국제 공조 및 협력

6. 그 밖에 국 내 다른 과의 주관에 속하지 않는 사항

④ 사이버범죄수사과장은 다음 사항을 분장한다.

1. 사이버범죄 수사에 관한 기획

2. 사이버범죄 및 사이버테러 수사에 관한 지휘 · 감독 및 통제

3. 사이버범죄 대응 수사전략 연구 및 계획 수립

4. 사이버범죄 및 사이버테러에 관한 수사

5. 사이버범죄 및 사이버테러 관련 국제공조수사

6. 사이버범죄 신고 · 상담 · 제보

7. 사이버범죄 피해자 보호대책 수립 및 관계기관과의 협력 지원

⑤ 디지털포렌식센터장은 다음 사항을 분장한다.

1. 디지털포렌식에 관한 기획 · 지도 · 조정

2. 디지털포렌식 관련 법령 및 제도의 연구 · 개선

3. 디지털포렌식 수행 및 지원

4. 디지털포렌식 기법 연구 및 개발

5. 디지털증거분석실 운영

6. 디지털증거분석관 교육 · 관리 및 지도

7. 디지털포렌식 관련 유관기관과의 협력

제19조(안보수사국) ① 안보수사국에 안보기획관리과 · 안보수사지휘과 · 안보범죄분석과 및 안보수사과를 둔다.

② 각 과장은 총경으로 보한다.

③ 안보기획관리과장은 다음 사항을 분장한다.

1. 안보수사경찰업무에 대한 인사 · 조직 · 기획 · 예산 · 감사 · 교육에 관한 사항

2. 외국 안보수사기관과의 교류 및 홍보

3. 보안관찰 및 경호안전대책 업무에 관한 사항

4. 북한이탈주민 신변보호

5. 남북교류 관련 안보수사경찰업무

6. 안보상황 관리 및 합동정보조사에 관한 사항

7. 그 밖에 국 내 다른 과의 주관에 속하지 않는 사항

④ 안보수사지휘과장은 다음 사항을 분장한다.

1. 간첩 · 테러 · 경제안보 · 첨단안보 등 국가안보와 국익에 반하는 범죄에 대한 수사의 지휘 · 감독

2. 안보범죄 관련 디지털포렌식의 수행 및 지원

⑤ 안보범죄분석과장은 다음 사항을 분장한다.

1. 간첩 · 테러 · 경제안보 · 첨단안보 등 국가안보와 국익에 반하는 범죄첩보에 대한 분석 · 지원

2. 보안 관련 정보 분석 · 지원

3. 안보범죄 첩보와 관련한 대내외 협의

⑥ 안보수사과장은 간첩 · 테러 · 경제안보 · 첨단안보 등 국가안보와 국익에 반하는 범죄의 첩보 수집 및 수사에 관한 사항을 분장한다.

제3장 **경찰대학**

제20조(운영지원과) ① 경찰대학에 운영지원과를 둔다.

② 과장은 총경으로 보한다.

③ 운영지원과장은 다음 사항을 분장한다.

  1. 보안

  2. 관인 및 관인대장의 보관 및 관리

  3. 교내 공무원의 임용 · 복무 · 교육훈련 · 연금 · 급여 등 인사업무

  4. 기록물의 분류 · 접수 · 발송 · 통제 · 편찬 · 보존 및 관리

  5. 정보공개업무에 관한 사항

  6. 비상계획

  7. 예산 · 회계 · 결산과 물품 및 국유재산의 관리

  8. 그 밖에 다른 부 · 소 · 도서관의 주관에 속하지 않는 사항

제21조(교수부) ① 교수부에 교무과를 둔다.

  ② 과장은 총경으로 보한다.

  ③ 교무과장은 다음 사항(행정적 사항만 해당한다)을 분장한다.

  1. 교육계획의 수립과 교육의 실시에 관한 사항

  2. 학생의 모집 · 등록 · 입학 및 교과과정의 편성

  3. 학생의 학점 · 성적평가 · 학위 및 학적관리

  4. 교재의 편찬과 교육용 기구 및 재료의 관리

  5. 학칙 및 교육운영위원회에 관한 사항

  6. 그 밖의 학사지원업무에 관한 사항

제22조(학생지도부) ① 학생지도부에 학생과를 둔다.

  ② 과장은 총경으로 보한다.

  ③ 학생과장은 다음 사항을 분장한다.

  1. 학생의 학교 내외 생활 및 훈련지도

  2. 학생의 상훈 · 징계 등 신분에 관한 사항

  3. 학생의 급여품 및 대여품의 검수 · 관리

  4. 학생의 급식 및 세탁 등 후생업무

제23조(치안정책연구소) 고위공무원단에 속하는 일반직공무원으로 보하는 치안정책연구소장의 직무등급은 나등급으로 하며, 연구관 2명의 직무등급은 나등급으로 한다.

제24조(도서관) 도서관장은 교수 · 부교수 · 조교수 또는 사서사무관 중에서 학장이 임명하되, 교수 · 부교수 · 조교수는 겸임하여 보할 수 있다.

제4장 ◆ 경찰교육훈련기관

제25조(운영지원과) ① 경찰인재개발원 · 중앙경찰학교 및 경찰수사연수원에 각각 운영지원과를 둔다.

  ② 각 과장은 서기관 또는 총경으로 보한다.

  ③ 운영지원과장은 다음 사항을 분장한다. 다만, 경찰수사연수원의 운영지원과장은 제27조 제3항의 사항을 포함하여 분장한다.

  1. 보안

  2. 관인 및 관인대장의 보관 및 관리

3. 교내 공무원의 임용·복무·교육훈련·연금·급여 등 인사업무

4. 기록물의 분류·접수·발송·통제·편찬·보존 및 관리

5. 정보공개업무에 관한 사항

6. 비상계획

7. 예산·회계·결산 및 물품의 관리와 조달

8. 국유재산 및 청사의 관리

9. 그 밖에 다른 과의 주관에 속하지 않는 사항

제26조(교무과) ① 경찰인재개발원·중앙경찰학교 및 경찰수사연수원에 각각 교무과를 둔다.

② 과장은 총경 또는 경정으로 보한다.

③ 교무과장은 다음 사항을 분장한다.

1. 교육계획의 수립과 교육의 실시

2. 교육성과의 분석 및 평가

3. 교육생의 입교등록·성적평가 및 학적관리

4. 교과과정의 편성 및 교육진행에 관한 업무

5. 교재편찬·도서 및 교육용 기구 및 재료의 관리

6. 교칙 및 교육운영에 관한 사항

7. 교육진행 및 교장관리

8. 교안관리

9. 교수초빙 및 강사의 위촉

10. 교육훈련에 관한 연구 및 발전

제27조(학생과) ① 경찰인재개발원 및 중앙경찰학교에 각각 학생과를 둔다.

② 과장은 총경으로 보한다.

③ 학생과장은 다음 사항을 분장한다.

1. 교육생의 생활지도

2. 교육생의 상훈 및 징계에 관한 사항

제5장 경찰병원

제28조(경찰병원장) ① 경찰병원에 원장 1인을 두되, 원장은 고위공무원단에 속하는 임기제공무원으로 보하고, 그 직위의 직무등급은 나등급으로 한다.

② 원장은 경찰병원의 사무를 총괄하고, 소속 공무원을 지휘·감독한다.

제29조(고위공무원단에 속하는 공무원으로 보하는 직위의 수 등) 경찰병원에 고위공무원단에 속하는 공무원으로 보하는 직위 4개(제28조의 고위공무원단 직위를 포함한다)를 두고, 제28조의 고위공무원단 직위를 제외한 고위공무원단에 속하는 공무원으로 보하는 직위의 직무등급은 「책임운영기관의 설치·운영에 관한 법률」 제10조에 따른 기본운영규정에 표시한다.

제1절　총칙

제30조(관할구역 등) ① 시·도경찰청의 관할구역은 별표 1과 같다.

② 경찰서의 명칭·위치 및 관할구역은 별표 2와 같다.

③ 경찰관서간의 경계에 있는 하천·도로·교량·터널, 그 밖의 중요 공작물에 대한 시·도경찰청간의 관할은 경찰청장이, 경찰서간의 관할은 시·도경찰청장이 변경할 수 있다.

제2절　서울특별시경찰청

제31조(서울특별시경찰청에 두는 담당관 및 직할대) ① 서울특별시경찰청장(이하 이 절에서 "서울경찰청장"이라 한다) 밑에 홍보담당관·청문감사담당관 및 112치안종합상황실장 각 1명을 둔다.

② 서울특별시경찰청(이하 이 절에서 "서울경찰청"이라 한다) 공공안전차장 밑에 101경비단·기동단·22경찰경호대·국회경비대·김포공항경찰대·경찰특공대 및 202경비대를 둔다.

③ 서울경찰청 수사차장 밑에 수사심사담당관 1명을 둔다.

제32조(홍보담당관) ① 홍보담당관은 총경으로 보한다.

② 홍보담당관은 경찰홍보사무에 관하여 서울경찰청장을 보좌한다.

제33조(청문감사담당관) ① 청문감사담당관은 총경으로 보한다.

② 청문감사담당관은 다음 사항에 관하여 서울경찰청장을 보좌한다.

　　1. 서울경찰청 및 그 소속기관에 대한 감사

　　2. 다른 기관에 의한 서울경찰청 및 그 소속기관에 대한 감사결과의 처리

　　3. 사정업무

　　4. 소속 경찰기관 공무원(의무경찰을 포함한다)에 대한 진정 및 비위사항의 조사·처리

　　5. 민원업무의 운영 및 지도

제34조(112치안종합상황실장) ① 112치안종합상황실장은 총경으로 보한다.

② 112치안종합상황실장은 다음 사항에 관하여 서울경찰청장을 보좌한다.

　　1. 112신고 접수·지령 및 초동조치에 대한 지휘 등 치안상황의 관리

　　2. 112제도 기획·조정에 관한 업무

　　3. 112치안종합상황실 운영에 관한 업무

　　4. 지구대·파출소 상황업무의 기획·관리

　　5. 서울경찰청 소관 안전관리·재난상황 및 위기상황관리 업무

　　6. 비상업무에 관한 계획의 수립 및 집행

제35조(직할대) ① 22경찰경호대·국회경비대·기동대·경찰특공대 및 202경비대의 대장은 총경으로 보하고, 김포공항경찰대의 대장은 경정으로 보한다.

② 제1항에 따른 직할대장의 사무는 경찰청장이 정하는 기준에 따라 서울경찰청장이 정한다.

제36조(수사심사담당관) ① 수사심사담당관은 총경으로 보한다.

② 수사심사담당관은 다음 사항에 관하여 수사차장을 보좌한다.

1. 수사심의 관련 제도 · 정책의 수립 및 운영 · 관리
2. 불송치 결정 사건을 비롯한 수사 전반의 점검 및 조정과 각종 강제수사의 적법 · 타당성 심사 등에 관한 사항
3. 외부위원이 참여하는 수사심의제도 운영에 관한 사항
4. 수사 관련 인권보호 정책의 수립, 점검 및 지도
5. 수사 관련 진정 및 비위사항의 조사 · 처리
6. 수사부서 대상 접수 이의사건의 조사 · 처리

제37조(경무부) ① 경무부에 경무기획과 · 인사교육과 및 정보화장비과를 둔다.
② 각 과장은 총경으로 보한다.
③ 경무기획과장은 다음 사항을 분장한다.
    1. 보안
    2. 관인 및 관인대장의 보관 및 관리
    3. 기록물의 분류 · 접수 · 발송 · 통제 · 편찬 및 기록관 운영과 관련된 기록물의 수집 · 이관 · 보존 · 평가 · 활용 등에 관한 사항
    4. 정보공개업무에 관한 사항
    5. 소속 공무원의 복무 · 보수 · 원호 및 사기진작
    6. 예산의 집행 · 회계 · 결산 및 국유재산관리
    7. 소속기관의 조직 및 정원(의무경찰은 제외한다)의 관리
    8. 지방의회에 관한 사항
    9. 서울경찰청 소관 법제업무
    10. 그 밖에 청 내 다른 부 · 과 · 담당관 또는 직할대의 주관에 속하지 않는 사항
④ 인사교육과장은 다음 사항을 분장한다.
    1. 소속 공무원의 임용 · 교육훈련 및 상훈에 관한 사항
    2. 소속 공무원의 근무성적평정, 승진심사 및 승진시험에 관한 사항
⑤ 정보화장비과장은 다음 사항을 분장한다.
    1. 정보화시설 및 통신시설 · 장비의 운영
    2. 행정정보화 및 사무자동화에 관한 사항
    3. 통신보안에 관한 사항
    4. 경찰장비의 발전 및 운영에 관한 계획의 수립 · 조정
    5. 경찰장비 운영 · 보급 및 지도

제38조(경비부) ① 경비부에 경비과 및 테러대응과를 둔다.
② 각 과장은 총경으로 보한다.
③ 경비과장은 다음 사항을 분장한다.
    1. 일반경비 · 다중경비 · 혼잡경비 및 재해경비에 관한 사항
    2. 경찰부대의 운영과 지도 및 감독
    3. 의무경찰 등 기동경찰의 복무 · 교육훈련 및 인력관리 등에 관한 사항
    4. 민방위업무의 협조에 관한 사항
    5. 그 밖에 부 내 다른 과의 주관에 속하지 않는 사항
④ 테러대응과장은 다음 사항을 분장한다.

1. 테러 예방 및 진압대책의 수립·지도

2. 대테러 전담조직의 운영과 지도 및 감독

3. 중요시설의 방호 및 지도

4. 경찰작전과 비상대비계획의 수립 및 집행

5. 청원경찰의 운영 및 지도

6. 경호·경비에 관한 사항

7. 경찰항공 업무에 관한 사항

제39조(공공안녕정보외사부) ① 공공안녕정보외사부에 정보분석과·정보상황과 및 외사과를 둔다.

② 각 과장은 총경으로 보한다.

③ 정보분석과장은 다음 사항을 분장한다.

1. 정보업무에 관한 기획·지도 및 조정

2. 국민의 생명·신체의 안전이나 재산의 보호 등 생활의 평온과 관련된 정책에 관한 정보활동

3. 국가기관·지방자치단체·공공기관의 장이 요청한 신원조사 및 사실확인에 관한 정보활동

4. 안전사고·민생침해사범 등 국민안전을 저해하는 위험 요인에 관한 정보활동

5. 제2호부터 제4호까지에 준하는 정보활동

6. 그 밖에 부 내 다른 과의 주관에 속하지 않는 사항

④ 정보상황과장은 다음 사항을 분장한다.

1. 집회·시위 등 공공갈등과 다중운집에 따른 질서 및 안전 유지에 관한 정보활동

2. 재해·재난으로 인한 위험의 예방과 대응을 위한 정보활동

3. 국가중요시설 및 주요 인사의 안전 및 보호에 관한 정보활동

4. 제1호부터 제3호까지에 준하는 정보활동

⑤ 외사과장은 다음 사항을 분장한다.

1. 외사경찰업무에 관한 기획 및 지도

2. 외국경찰기관과의 교류 및 협력

3. 외사정보 수집·분석 및 외사보안업무

4. 외사대테러·방첩업무

5. 해외 도피사범 송환 등 국제공조 업무

6. 그 밖의 외사경찰업무

제40조(수사부) ① 수사부에 수사과, 형사과, 사이버수사과, 과학수사과, 반부패·공공범죄수사대, 금융범죄수사대, 강력범죄수사대 및 마약범죄수사대를 둔다.

② 각 과장 및 대장은 총경으로 보한다. 다만, 과학수사과장은 서기관·연구관 또는 총경으로 보한다.

③ 수사과장은 다음 사항을 분장한다.

1. 범죄수사의 지휘·감독

2. 수사에 관한 민원 처리 업무 총괄·조정

3. 유치장 관리의 지도 및 감독

4. 지능범죄 수사 지휘·감독

5. 밀수·탈세 및 그 밖의 경제사범의 조사

6. 선거와 국민투표에 관련된 범죄에 관한 사항

7. 범죄첩보의 수집 및 분석에 관한 사항

8. 그 밖에 부 내 다른 과 또는 수사대의 주관에 속하지 않는 사항

④ 형사과장은 다음 사항을 분장한다.

1. 다음 각 목의 사건(경찰서에서 수사하는 사건만 해당한다)에 대한 수사 지휘·감독

    가. 강력범죄·폭력범죄 사건

    나. 마약류범죄 사건

    다. 조직범죄 사건

2. 제1호에 규정된 사건과 외국인범죄에 대한 범죄수법의 조사·연구 및 공조

⑤ 사이버수사과장은 다음 사항을 분장한다.

1. 사이버범죄의 수사

2. 경찰서 사이버범죄 수사 지휘·감독

3. 사이버범죄의 예방에 관한 업무

4. 디지털포렌식에 관한 업무

⑥ 과학수사과장은 다음 사항을 분장한다.

1. 현장감식 및 증거물의 수집·분석·감정

2. 범죄분석 및 범죄자료 관리

3. 변사자 조사 등 검시조사관 운영

4. 과학수사 장비 및 기법 운영

⑦ 반부패·공공범죄수사대장은 공무원범죄·선거범죄 등 주요 부패·공공 범죄 사건으로서 다음 각 호의 어느 하나에 해당하는 사건에 대한 정보수집 및 수사 사무를 분장한다.

1. 국가수사본부장 또는 서울경찰청장이 지정하는 중요범죄 사건

2. 국가수사본부 또는 서울경찰청에서 추진하는 중요 기획수사 사건

3. 둘 이상의 경찰서에 걸쳐 발생했거나 사건의 경중, 중요도 등을 고려하여 서울경찰청에서 직접 수사할 필요가 있는 사건

⑧ 금융범죄수사대장은 전기통신금융사기·불법사금융 등 주요 경제·금융범죄 사건으로서 다음 각 호의 어느 하나에 해당하는 사건에 대한 정보수집 및 수사 사무를 분장한다.

1. 국가수사본부장 또는 서울경찰청장이 지정하는 중요범죄 사건

2. 국가수사본부 또는 서울경찰청에서 추진하는 중요 기획수사 사건

3. 둘 이상의 경찰서에 걸쳐 발생했거나 사건의 경중, 중요도 등을 고려하여 서울경찰청에서 직접 수사할 필요가 있는 사건

⑨ 강력범죄수사대장은 강력범죄, 폭력범죄, 조직범죄 등에 관한 사건으로서 다음 각 호의 어느 하나에 해당하는 사건에 대한 정보수집 및 수사 사무를 분장한다.

1. 국가수사본부장 또는 서울경찰청장이 지정하는 중요범죄 사건

2. 국가수사본부 또는 서울경찰청에서 추진하는 중요 기획수사 사건

3. 둘 이상의 경찰서에 걸쳐 발생했거나 사건의 경중, 중요도 등을 고려하여 서울경찰청에서 직접 수사할 필요가 있는 사건

⑩ 마약범죄수사대장은 마약류범죄, 외국인 또는 외국인과 관련된 범죄 사건으로서 다음 각 호의 어느 하나에 해당하는 사건에 대한 정보수집 및 수사 사무를 분장한다.

1. 국가수사본부장 또는 서울경찰청장이 지정하는 중요범죄 사건

2. 국가수사본부 또는 서울경찰청에서 추진하는 중요 기획수사 사건

3. 둘 이상의 경찰서에 걸쳐 발생했거나 사건의 경중, 중요도 등을 고려하여 서울경찰청에서 직접
   수사할 필요가 있는 사건

제41조(안보수사부) ① 안보수사부에 안보수사지원과 및 안보수사과를 둔다.

② 각 과장은 총경으로 보한다.

③ 안보수사지원과장은 다음 사항을 분장한다.

    1. 안보수사경찰업무에 관한 기획 · 지도

    2. 간첩 · 테러 · 경제안보 등 국가안보와 국익에 반하는 범죄에 대한 수사의 지도 · 조정 및 첨단안
      보 관련 범죄에 대한 수사

    3. 제2호의 범죄에 관한 첩보의 분석 및 관리

    4. 보안관찰 및 경호안전대책 업무에 관한 사항

    5. 북한이탈주민 신변보호에 관한 사항

    6. 남북교류 관련 안보수사경찰 업무 및 안보상황 관리, 합동정보조사에 관한 사항

    7. 그 밖에 부 내 다른 과의 주관에 속하지 않는 사항

④ 안보수사과장은 간첩 · 테러 · 경제안보 등 국가안보와 국익에 반하는 범죄의 첩보 수집 및 수사에
관한 사항을 분장한다.

제42조(생활안전부) ① 생활안전부에 생활안전과 · 생활질서과 · 여성청소년과 및 지하철경찰대를 둔다.

② 각 과장 및 지하철경찰대장은 총경으로 보한다.

③ 생활안전과장은 다음 사항을 분장한다.

    1. 범죄예방에 관한 연구 및 계획의 수립

    2. 경비업에 관한 지도 · 감독

    3. 범죄예방진단 및 범죄예방순찰에 관한 기획 · 운영

    4. 그 밖에 부 내 다른 과의 주관에 속하지 않는 사항

④ 생활질서과장은 다음 사항을 분장한다.

    1. 풍속 및 성매매(아동 · 청소년 대상 성매매는 제외한다) 사범에 관한 지도 · 단속

    2. 총포 · 도검 · 화약류 등의 지도 · 단속

    3. 즉결심판청구업무의 지도

    4. 각종 안전사고의 예방에 관한 사항

⑤ 여성청소년과장은 다음 사항을 분장한다.

    1. 여성 · 아동 · 청소년에 대한 범죄 예방 및 피해자 보호에 관한 업무

    2. 가정폭력 · 아동학대 수사, 예방 및 피해자 보호에 관한 업무

    3. 성폭력 범죄의 수사, 아동 · 청소년 대상 성매매의 단속 · 수사, 성폭력 · 성매매 예방 및 피해자
      보호에 관한 업무

    4. 학교폭력 등 소년비행 방지 · 선도 및 소년범죄 수사에 관한 업무

    5. 실종 · 가출인 예방, 수색 및 수사 등에 관한 업무

    6. 아동 보호인력 운영 및 아동안전정책에 관한 업무

⑥ 지하철경찰대장은 다음 사항을 분장한다.

    1. 지하철역 및 전동차 내 범죄의 예방 및 수사

    2. 지하철 범죄 분석 및 대책 수립

제43조(교통지도부) ① 교통지도부에 교통관리과 및 교통안전과를 둔다.

② 각 과장은 총경으로 보한다.

③ 교통관리과장은 다음 사항을 분장한다.

    1. 교통안전시설 및 신호 운영에 관한 계획의 수립 및 규제

    2. 무인 교통단속용 장비의 설치 및 관리

    3. 공익신고 및 과태료 징수 관련 계획 수립

    4. 운전면허의 취소와 정지에 관한 업무

    5. 운전면허 관련 행정심판 · 행정소송 업무

    6. 자동차운전전문학원(일반자동차운전학원을 포함한다)의 지도 · 감독

    7. 교통정보의 수집 · 분석 및 제공

    8. 그 밖에 부 내 다른 과의 주관에 속하지 않는 사항

④ 교통안전과장은 다음 사항을 분장한다.

    1. 도로교통의 안전과 소통에 관한 계획의 수립 및 지도 · 단속

    2. 도로교통안전을 위한 민간협력조직의 운영 지도

    3. 기동경호 계획 수립 · 운영

    4. 도로교통사고 조사의 지도 및 교통범죄 수사

제3절   세종특별자치시경찰청

제44조(하부조직) ① 세종특별자치시경찰청(이하 이 절에서 "세종경찰청"이라 한다)에 경무기획과 · 공공안전과 · 수사과 및 생활안전교통과를 둔다.

② 세종특별시경찰청장(이하 이 절에서 "세종경찰청장"이라 한다) 밑에 112치안종합상황실장을 둔다.

③ 세종경찰청장은 경찰청장이 정하는 기준에 따라 경비대 · 기동대 · 의무경찰대 · 경찰특공대 등 직할대를 둘 수 있다.

④ 제3항에 따라 두는 직할대 중 세종기동대장은 총경으로 보한다.

제45조(112치안종합상황실장) ① 112치안종합상황실장은 총경 또는 경정으로 보한다.

② 112치안종합상황실장은 제53조에 규정된 사항에 관하여 세종경찰청장을 보좌한다.

제46조(경무기획과) ① 경무기획과장은 총경 또는 경정으로 보한다.

② 경무기획과장은 제51조 · 제52조 · 제54조 및 제56조에 규정된 사항을 분장한다.

제47조(공공안전과) ① 공공안전과장은 총경 또는 경정으로 보한다.

② 공공안전과장은 제57조 · 제59조 및 제70조 제3호부터 제6호까지에 규정된 사항을 분장한다.

제48조(수사과) ① 수사과장은 총경으로 보한다.

② 수사과장은 제63조 · 제64조 및 제67조에 규정된 사항을 분장한다.

제49조(생활안전교통과) ① 생활안전교통과장은 총경 또는 경정으로 보한다.

② 생활안전교통과장은 제71조 · 제72조 및 제73조에 규정된 사항을 분장한다.

제4절   그 밖의 시 · 도경찰청

제50조(하부조직) ① 경기도남부경찰청 경무부에 경무기획과 · 정보화장비과를 두고, 공공안전부에 경비과 · 공공안녕정보과 · 외사과를 두며, 수사부에 수사과, 형사과, 사이버수사과, 과학수사과, 반부

패·경제범죄수사대, 강력범죄수사대 및 안보수사과를 두고, 자치경찰부에 생활안전·여성청소년과 및 교통과를 둔다.

② 부산광역시 및 인천광역시의 시·도경찰청 공공안전부에 경무기획과·정보화장비과·경비과·공공안녕정보과 및 외사과를 두고, 수사부에 수사과·형사과·사이버수사과·과학수사과·광역수사대 및 안보수사과를 두며, 자치경찰부에 생활안전과·여성청소년과 및 교통과를 둔다. 다만, 부산광역시경찰청의 경우에는 광역수사대에 속하는 사무를 반부패·경제범죄수사대 및 강력범죄수사대로 나누어 분장한다.

③ 대구광역시·광주광역시·대전광역시·울산광역시·경기도북부·강원도·충청북도·충청남도·전라북도·전라남도·경상북도 및 경상남도의 시·도경찰청 공공안전부에 경무기획정보화장비과·경비과 및 공공안녕정보외사과를 두고, 수사부에 수사과·형사과 및 안보수사과를 두며, 자치경찰부에 생활안전과·여성청소년과 및 교통과를 둔다. 다만, 경상북도경찰청에는 다른 시·도경찰청의 경무기획정보화장비과에 속하는 사무를 경무기획과와 정보화장비과로 나누어 분장하고, 경상남도경찰청에는 다른 시·도경찰청의 공공안녕정보외사과에 속하는 사무를 공공안녕정보과와 외사과로 나누어 분장하며, 대구광역시·대전광역시·경기도북부·충청남도·전라북도·경상북도 및 경상남도의 시·도경찰청에는 다른 시·
도경찰청의 수사과에 속하는 사무를 수사과와 사이버수사과로 나누어 분장하고, 대전광역시·경기도북부·충청남도·전라남도 및 경상북도의 시·도경찰청에는 다른 시·도경찰청의 형사과에 속하는 사무를 형사과 및 과학수사과로 나누어 분장하며, 대구광역시 및 경상남도 시·도경찰청에는 다른 시·도경찰청의 형사과에 속하는 사무를 형사과·과학수사과 및 광역수사대로 나누어 분장한다. 〈개정 2021. 3. 30.〉

④ 제주특별자치도경찰청에 경무기획과·정보화장비과·공공안녕정보과·외사과·수사과·형사과·안보수사과·생활안전과·여성청소년과 및 경비교통과를 둔다.

⑤ 시·도경찰청장 밑에 홍보담당관·청문감사담당관 및 112치안종합상황실장 각 1명을 두고, 부산광역시·대구광역시·인천광역시·광주광역시·대전광역시·경기도남부·경기도북부·충청남도·전라남도·경상북도·경상남도의 시·도경찰청 수사부장 밑에 수사심사담당관 1명을 둔다. 다만, 제주특별자치도경찰청의 청문감사담당관 및 112치안종합상황실장은 차장 밑에 둔다.

⑥ 각 과장, 담당관 및 112치안종합상황실장은 총경으로 보한다. 다만, 과학수사과장은 서기관·연구관 또는 총경으로 보한다.

⑦ 시·도경찰청장은 경찰청장이 정하는 기준에 따라 경비단 또는 경비대·기동대·의무경찰대·경찰특공대 등 직할대를 둘 수 있다.

⑧ 제7항에 따라 두는 직할대 중 제주해안경비단장 및 경기도남부기동대장은 각각 총경으로 보한다.

제51조(홍보담당관) 홍보담당관은 경찰홍보사무에 관하여 시·도경찰청장을 보좌한다.

제52조(청문감사담당관) 청문감사담당관은 청문·감사 및 민원 업무에 관하여 시·도경찰청장을 보좌한다.

제53조(112치안종합상황실장) 112치안종합상황실장은 다음 각 호의 사항에 관하여 시·도경찰청장을 보좌한다.

　　1. 112신고 접수·지령 및 초동조치에 대한 지휘 등 치안상황의 관리

　　2. 112제도 기획·조정에 관한 업무

　　3. 112치안종합상황실 운영에 관한 업무

　　4. 지구대·파출소 상황업무의 기획·관리

5. 시·도경찰청 소관 안전관리·재난상황 및 위기상황관리 업무

6. 비상업무에 관한 계획의 수립 및 집행

제54조(경무기획과) 경무기획과장은 다음 사항을 분장한다.

1. 보안

2. 관인 및 관인대장의 보관 및 관리

3. 기록물의 분류·접수·발송·통제·편찬 및 기록관 운영과 관련된 기록물의 수집·이관·보존·
평가·활용 등에 관한 사항

4. 정보공개업무에 관한 사항

5. 소속 공무원의 인사, 교육·훈련 및 상훈

6. 예산의 집행·회계, 물품 및 국유재산의 관리

7. 소속 공무원의 복무 및 후생에 관한 사항

8. 소속기관의 조직 및 정원(의무경찰은 제외한다)의 관리

9. 시·도경찰청 소관 법제업무

10. 그 밖에 청 내 다른 부·과·담당관 또는 직할대의 주관에 속하지 않는 사항

제55조(경무기획정보화장비과) 경무기획정보화장비과장은 제54조 및 제56조에 규정된 사항을 분장한다.

제56조(정보화장비과) 정보화장비과장은 다음 사항을 분장한다.

1. 정보화시설 및 통신시설·장비의 운영

2. 행정정보화 및 사무자동화에 관한 사항

3. 통신보안에 관한 사항

4. 경찰장비의 발전 및 운영에 관한 계획의 수립·조정

5. 장비의 수급 계획 및 보급 관리

제57조(경비과) 경비과장은 다음 사항을 분장한다.

1. 일반경비·다중경비·혼잡경비 및 재해경비에 관한 사항

2. 경찰부대의 운영과 지도 및 감독

3. 의무경찰 등 기동경찰의 복무·교육훈련 및 인력관리 등에 관한 사항

4. 테러 예방 및 진압대책의 수립·지도

5. 대테러 전담조직의 운영과 지도 및 감독

6. 중요시설의 방호 및 지도

7. 경찰작전과 비상대비계획의 수립 및 집행

8. 청원경찰의 운영 및 지도

9. 경호·경비에 관한 사항

10. 경찰항공 업무에 관한 사항

11. 민방위 업무의 협조에 관한 사항

제58조(경비교통과) 경비교통과장은 제57조 및 제73조에 규정된 사항을 분장한다.

제59조(공공안녕정보외사과) 공공안녕정보외사과장은 다음 사항을 분장한다.

1. 정보업무에 관한 기획·지도 및 조정

2. 국민안전과 국가안보를 저해하는 위험 요인에 관한 정보활동

3. 국가중요시설 및 주요 인사의 안전 및 보호에 관한 정보활동

4. 집회·시위 등 공공갈등과 다중운집에 따른 질서 및 안전 유지에 관한 정보활동

5. 국민의 생명·신체의 안전이나 재산의 보호 등 생활의 평온과 관련된 정책에 관한 정보활동

6. 국가기관·지방자치단체·공공기관의 장이 요청한 신원조사 및 사실확인에 관한 정보활동

7. 제2호부터 제6호까지에 준하는 정보활동

8. 외사경찰업무에 관한 기획 및 지도

9. 외국경찰기관과의 교류 및 협력

10. 외사정보 수집·분석 및 외사보안업무

11. 외사대테러·방첩 업무

12. 해외 도피사범 송환 등 국제공조 업무

13. 그 밖의 외사경찰업무

제60조(공공안녕정보과) 공공안녕정보과장은 제59조 제1호부터 제7호까지에 규정된 사항을 분장한다.

제61조(외사과) 외사과장은 제59조 제8호부터 제13호까지에 규정된 사항을 분장한다.

제62조(수사심사담당관) 수사심사담당관은 다음 사항에 관하여 시·도경찰청 수사부장을 보좌한다.

1. 수사심의 관련 제도·정책의 수립 및 운영·관리

2. 불송치 결정 사건을 비롯한 수사 전반의 점검 및 조정과 각종 강제수사의 적법성·타당성 심사 등에 관한 사항

3. 외부위원이 참여하는 수사심의제도 운영에 관한 사항

4. 수사 관련 인권보호 정책의 수립, 점검 및 지도

5. 수사 관련 진정 및 비위사항의 조사·처리

6. 수사부서 대상 접수 이의사건의 조사·처리

제63조(수사과) 수사과장은 다음 사항을 분장한다. 다만, 부산광역시·대구광역시·인천광역시·경기도 남부 및 경상남도의 시·도경찰청 수사부에 두는 수사과장의 경우에는 제8호·제9호 및 제10호에 규정된 사항을 제외하고, 대전광역시·경기도북부·충청남도 및 경상북도의 시·

도경찰청 수사부에 두는 수사과장의 경우에는 제8호 및 제10호에 규정된 사항을 제외하며, 광주광역시 및 전라남도의 시·도경찰청 수사부에 두는 수사과장의 경우에는 제8호를 제외하고, 전라북도경찰청 수사부에 두는 수사과장의 경우에는 제10호를 제외한다. 〈개정 2021. 3. 30.〉

1. 범죄수사의 지도

2. 수사에 관한 민원의 처리

3. 유치장 관리의 지도 및 감독

4. 경제·금융 사범에 대한 정보의 처리 및 수사·지도

5. 공무원·병무·문화재·식품·환경·총기·성매매 등과 관련된 범죄에 대한 정보의 처리 및 수사·지도

6. 선거·집회시위 등과 관련된 공안범죄에 대한 정보의 처리 및 수사·지도

7. 범죄첩보의 수집 및 분석에 관한 사항

8. 제62조에 규정된 사항

9. 제68조에 규정된 사항

10. 사이버공간에서의 범죄에 대한 정보의 처리 및 수사·지도

제64조(형사과) 형사과장은 다음 사항을 분장한다. 다만, 부산광역시·대구광역시·인천광역시·경기도 남부 및 경상남도의 시·도경찰청 수사부에 두는 형사과장의 경우에는 제3호 및 제4호에 규정된 사항을 제외하고, 대전광역시·경기도북부·충청남도·전라남도 및 경상북도 시·도경찰청 수사부에

두는 형사과장의 경우에는 제4호에 규정된 사항을 제외한다. 〈개정 2021. 3. 30.〉

    1. 다음 각 목의 사건(경찰서에서 수사하는 사건만 해당한다)에 대한 수사 지휘 · 감독

        가. 강력범죄 · 폭력범죄 사건

        나. 마약류범죄 사건

        다. 조직범죄 사건

    2. 제1호에 규정된 사건과 외국인범죄에 대한 범죄수법의 조사 · 연구 및 공조

    3. 제69조에 규정된 사항

    4. 범죄감식 및 감식자료의 수집 · 관리

제65조(사이버수사과) 사이버수사과장은 다음 사항을 분장한다.

    1. 사이버범죄의 수사

    2. 경찰서 사이버범죄 수사 지휘 · 감독

    3. 사이버범죄의 예방에 관한 업무

    4. 디지털포렌식에 관한 업무

제66조(과학수사과) 과학수사과장은 다음 사항을 분장한다.

    1. 현장감식 및 증거물의 수집 · 분석 · 감정

    2. 범죄분석 및 범죄자료 관리

    3. 변사자 조사 등 검시조사관 운영

    4. 과학수사 장비 및 기법 운영

제67조(광역수사대) 광역수사대장은 제68조 및 제69조에 규정된 사항을 분장한다.

제68조(반부패 · 경제범죄수사대) 반부패 · 경제범죄수사대장은 주요 부패 · 공공 · 경제 · 금융 범죄 사건으로서 다음 각 호의 어느 하나에 해당하는 사건에 대한 정보수집 및 수사 사무를 분장한다.

    1. 국가수사본부장 또는 시 · 도경찰청장이 지정하는 중요범죄 사건

    2. 국가수사본부 또는 시 · 도경찰청에서 추진하는 중요 기획수사 사건

    3. 둘 이상의 경찰서에 걸쳐 발생했거나 사건의 경중, 중요도 등을 고려하여 시 · 도경찰청에서 직접 수사할 필요가 있는 사건

제69조(강력범죄수사대) 강력범죄수사대장은 강력범죄, 폭력범죄, 마약류범죄, 조직범죄, 외국인 또는 외국인과 관련된 범죄 사건으로서 다음 각 호의 어느 하나에 해당하는 사건에 대한 정보수집 및 수사 사무를 분장한다.

    1. 국가수사본부장 또는 시 · 도경찰청장이 지정하는 중요범죄 사건

    2. 국가수사본부 또는 시 · 도경찰청에서 추진하는 중요 기획수사 사건

    3. 둘 이상의 경찰서에 걸쳐 발생했거나 사건의 경중, 중요도 등을 고려하여 시 · 도경찰청에서 직접 수사할 필요가 있는 사건

제70조(안보수사과) 안보수사과장은 다음 사항을 분장한다.

    1. 안보수사경찰업무에 관한 기획 · 지도

    2. 간첩 · 테러 · 경제안보 · 첨단안보 등 국가안보와 국익에 반하는 범죄에 대한 수사 및 그에 대한 지휘 · 감독

    3. 제2호의 범죄에 관한 첩보의 수집 · 분석 및 관리

    4. 보안관찰 및 경호안전대책 업무에 관한 사항

    5. 북한이탈주민 신변보호에 관한 사항

6. 남북교류 관련 안보수사경찰 업무 및 안보상황 관리, 합동정보조사에 관한 사항

제71조(생활안전과) 생활안전과장은 다음 사항을 분장한다.

  1. 범죄예방에 관한 연구 및 계획의 수립

  2. 경비업에 관한 지도·감독

  3. 범죄예방진단 및 범죄예방순찰에 관한 기획·운영

  4. 각종 안전사고 예방에 관한 계획의 수립

  5. 풍속 및 성매매(아동·청소년 대상 성매매는 제외한다) 사범에 관한 지도·단속

  6. 풍속영업 등에 관한 지도·감독

  7. 총포·도검·화약류 등의 허가 및 단속

  8. 즉결심판청구에 관한 지도

제72조(여성청소년과) 여성청소년과장은 다음 사항을 분장한다.

  1. 여성·아동·청소년에 대한 범죄 예방 및 피해자 보호에 관한 업무

  2. 가정폭력·아동학대 수사, 예방 및 피해자 보호에 관한 업무

  3. 성폭력 범죄의 수사, 아동·청소년 대상 성매매의 단속·수사, 성폭력·성매매 예방 및 피해자
     보호에 관한 업무

  4. 학교폭력 등 소년비행 방지·선도 및 소년범죄 수사에 관한 업무

  5. 실종·가출인 예방, 수색 및 수사 등에 관한 업무

  6. 아동 보호인력 운영 및 아동안전정책에 관한 업무

제73조(교통과) 교통과장은 다음 사항을 분장한다.

  1. 도로교통의 안전과 소통에 관한 계획의 수립 및 지도·단속

  2. 도로교통안전을 위한 민간협력조직의 운영 지도

  3. 공익신고 및 과태료 징수 관련 계획 수립

  4. 교통기동순찰대의 운영 및 관리

  5. 운전면허의 취소와 정지에 관한 업무

  6. 운전면허 관련 행정심판·행정소송 업무

  7. 자동차운전전문학원(일반자동차운전학원을 포함한다)의 지도·감독

  8. 교통정보의 수집·분석 및 제공

  9. 도로교통사고 조사의 지도

제5절 　경찰서

제74조(하부조직) ① 경찰서의 사무를 분장하기 위하여 경찰서에 청문감사관·112치안종합상황실 및 5
과(경무과·정보안보외사과·수사과·생활안전과 및 경비교통과)를 둔다. 다만, 별표 3의 경찰서에
는 정보안보외사과를 갈음하여 공공안녕정보외사과와 안보과를 두고, 별표 4의 경찰서에는 수사과
를 갈음하여 수사과와 형사과를 두며, 별표 5의 경찰서에는 수사과를 갈음하여 수사·형사과 및 수
사심사관을 두고, 별표 6의 경찰서에는 생활안전과를 갈음하여 생활안전과 및 여성청소년과를 두며,
별표 7의 경찰서에는 경비교통과를 갈음하여 경비과 및 교통과를 두고, 별표 8의 경찰서에는 생활안
전과 및 경비교통과를 갈음하여 생활안전교통과를 두며, 별표 9의 경찰서에는 생활안전과 및 경비교
통과를 갈음하여 생활안전교통과 및 여성청소년과를 두고, 별표 10의 경찰서에는 112치안종합상황

실 및 생활안전과를 갈음하여 생활안전과를 두며, 별표 11의 경찰서에는 청문감사관 및 경무과를 갈음하여 경무과를 둔다.

② 청문감사관은 민원상담·고충해결·민원처리 지도·감독 및 감찰업무를 수행한다.

③ 112치안종합상황실장은 112신고사건의 처리 등 치안상황 관리 및 지구대·파출소 운영·관리 업무를 수행한다.

④ 수사심사관은 불송치 결정 사건을 비롯한 수사 전반의 심사 및 점검과 각종 강제수사의 적법성·타당성 심사 업무를 수행한다.

⑤ 과장의 분장사무는 경찰청장이 정하는 기준에 따라 시·도경찰청장이 정한다.

제75조(경찰서의 등급구분) ① 경찰서의 등급은 1급지·2급지 및 3급지로 구분한다.

② 1급지 경찰서의 과장·청문감사관·수사심사관 및 112치안종합상황실장은 경정으로, 2급지 및 3급지 경찰서의 과장·청문감사관 및 112치안종합상황실장은 경정 또는 경감으로 보한다.

③ 경찰서별 등급구분은 별표 12와 같다.

제76조(지구대 및 파출소의 설치기준) 경찰서장의 소관사무를 분장하기 위하여 경찰서장 소속으로 지구대를 두되, 다음 각 호의 어느 하나에 해당하는 경우에는 파출소를 둘 수 있다.

1. 도서, 산간 오지, 농어촌 벽지(僻地) 등 교통·지리적 원격지로 인접 경찰관서에서의 출동이 용이하지 않은 경우

2. 관할구역에 국가중요시설 등 특별한 경계가 요구되는 시설이 있는 경우

3. 휴전선 인근 등 보안상 취약지역을 관할하는 경우

4. 그 밖에 치안수요가 특수하여 지구대를 운영하는 것이 적당하지 않은 경우

제7장 공무원의 정원

제77조(경찰청에 두는 공무원의 정원) ① 경찰청에 두는 공무원의 직급별 정원은 별표 13과 같다. 다만, 「행정기관의 조직과 정원에 관한 통칙」 제29조 제2항 및 「경찰청과 그 소속기관 직제」 제63조 제1항 단서에 따라 별표 13에 따른 총정원의 7퍼센트를 넘지 않는 범위에서 따로 정하는 공무원의 직급별 정원은 별표 14와 같으며, 별표 14의 정원 중 83명(서기관 또는 기술서기관 1명, 기술서기관 또는 공업사무관 1명, 행정사무관 2명, 행정사무관 또는 공업사무관 1명, 전산사무관 또는 통계사무관 1명, 행정주사 7명, 행정주사보 11명, 전산주사보 2명, 공업주사보 1명, 항공주사보 1명, 시설주사보 1명, 통계주사보 1명, 사서주사보 1명, 행정서기 18명, 전산서기 1명, 의료기술서기 2명, 시설서기 1명, 행정서기보 19명, 공업서기보 1명, 운전서기보 1명, 기록연구사 1명, 학예연구사 4명, 공업연구사 2명, 보건연구사 2명)은 임기제공무원으로 임용한다.

② 경찰청에 두는 공무원 정원 중 양성평등정책 관련 업무를 담당하는 1명(4급 1명)은 임기제공무원으로 임용할 수 있다.

③ 경찰청에 두는 공무원 정원 중 10명(통계주사 1명, 전산주사 3명, 전산주사보 6명)의 범위에서 필요한 인원을 임기제공무원으로 충원할 수 있다.

④ 경찰청에 두는 공무원 정원 중 공공데이터 관련 업무를 담당하는 2명(5급 1명, 6급 1명), 정보보호·보안을 담당하는 3명(7급 3명)은 임기제공무원으로 임용한다.

제78조(소속기관에 두는 공무원의 정원) ① 소속기관에 두는 공무원의 직급별 정원은 별표 15와 같다. 다

만, 「행정기관의 조직과 정원에 관한 통칙」 제29조 제2항 및 「경찰청과 그 소속기관 직제」 제64조 제1항 단서에 따라 별표 15에 따른 총정원의 7퍼센트를 넘지 않는 범위에서 따로 정하는 공무원의 직급별 정원은 별표 16과 같으며, 별표 16의 정원 중 847명(행정주사 42명, 행정주사보 51명, 전산주사보 1명, 공업주사보 50명, 공업주사보 또는 농업주사보 2명, 시설주사보 1명, 간호주사보 1명, 행정서기 304명, 시설서기 16명, 전산서기 2명, 운전서기 1명, 행정서기보 39명, 시설서기보 4명, 운전서기보 317명, 위생서기보 14명, 공업서기보 2명)은 임기제공무원으로 임용한다.

② 경찰병원에 두는 공무원의 정원은 별표 17과 같다. 다만, 「책임운영기관의 설치·운영에 관한 법률 시행령」 제30조 제2항에 따라 총정원의 9퍼센트를 넘지 않는 범위에서 「책임운영기관의 설치·운영에 관한 법률」 제10조에 따른 기본운영규정으로 정원을 따로 정할 수 있다.

③ 소속기관에 두는 공무원의 정원 중 21명(행정주사 17명, 의료기술서기보 4명)의 범위에서 필요한 인원을 임기제공무원으로 충원할 수 있다.

제79조(시간선택제채용공무원 정원의 운영) ① 「행정기관의 조직과 정원에 관한 통칙」 제24조 제3항 및 「공무원임용령」 제3조의3제1항에 따라 경찰청과 그 소속기관에 두는 시간선택제채용공무원(이하 "시간선택제채용공무원"이라 한다) 정원은 별표 15 및 별표 17과 같다.

② 제1항에도 불구하고 기관 운영상 필요한 경우에는 시간선택제채용공무원 정원 외의 공무원 정원을 활용하여 시간선택제채용공무원으로 운영할 수 있다.

제80조(개방형직위에 대한 특례) 「경찰청과 그 소속기관 직제」 제65조에서 "행정안전부령으로 정하는 국장급 1개 개방형직위"란 「경찰청과 그 소속기관 직제」 제6조에 따른 감사관을 말한다.

제8장 ◆ 평가대상 조직 및 정원

제81조(평가대상 조직 및 정원) 경찰청과 그 소속기관에 두는 평가대상 조직 및 정원의 구체적인 사항은 별표 18과 같다.

부칙 〈제279호, 2021. 9. 24.〉

이 영은 2021년 10월 5일부터 시행한다.

경찰공무원법

[시행 2021. 1. 1] [법률 제17687호, 2020. 12. 22, 전부개정]

경찰청(인사담당관실) 02-3150-2831
해양경찰청(인사담당관실) 032-835-2335

제1조(목적) 이 법은 경찰공무원의 책임 및 직무의 중요성과 신분 및 근무조건의 특수성에 비추어 그 임용, 교육훈련, 복무(服務), 신분보장 등에 관하여 「국가공무원법」에 대한 특례를 규정함을 목적으로 한다.

제2조(정의) 이 법에서 사용하는 용어의 정의는 다음과 같다.

1. "임용"이란 신규채용·승진·전보·파견·휴직·직위해제·정직·강등·복직·면직·해임 및 파면을 말한다.
2. "전보"란 경찰공무원의 동일 직위 및 자격 내에서의 근무기관이나 부서를 달리하는 임용을 말한다.
3. "복직"이란 휴직·직위해제 또는 정직(강등에 따른 정직을 포함한다) 중에 있는 경찰공무원을 직위에 복귀시키는 것을 말한다.

제3조(계급 구분) 경찰공무원의 계급은 다음과 같이 구분한다.

치안총감(治安總監)
치안정감(治安正監)
치안감(治安監)
경무관(警務官)
총경(總警)
경정(警正)
경감(警監)
경위(警衛)
경사(警査)
경장(警長)
순경(巡警)

제4조(경과 구분) ① 경찰공무원은 그 직무의 종류에 따라 경과(警科)에 의하여 구분할 수 있다.

② 경과의 구분에 필요한 사항은 대통령령으로 정한다.

제5조(경찰공무원인사위원회의 설치) ① 경찰공무원의 인사(人事)에 관한 중요 사항에 대하여 경찰청장 또는 해양경찰청장의 자문에 응하게 하기 위하여 경찰청과 해양경찰청에 경찰공무원인사위원회(이하 "인사위원회"라 한다)를 둔다.

② 인사위원회의 구성 및 운영에 필요한 사항은 대통령령으로 정한다.

제6조(인사위원회의 기능) 인사위원회는 다음 각 호의 사항을 심의한다.

1. 경찰공무원의 인사행정에 관한 방침과 기준 및 기본계획
2. 경찰공무원의 인사에 관한 법령의 제정·개정 또는 폐지에 관한 사항

3. 그 밖에 경찰청장 또는 해양경찰청장이 인사위원회의 회의에 부치는 사항

제7조(임용권자) ① 총경 이상 경찰공무원은 경찰청장 또는 해양경찰청장의 추천을 받아 행정안전부장관 또는 해양수산부장관의 제청으로 국무총리를 거쳐 대통령이 임용한다. 다만, 총경의 전보, 휴직, 직위해제, 강등, 정직 및 복직은 경찰청장 또는 해양경찰청장이 한다.

② 경정 이하의 경찰공무원은 경찰청장 또는 해양경찰청장이 임용한다. 다만, 경정으로의 신규채용, 승진임용 및 면직은 경찰청장 또는 해양경찰청장의 제청으로 국무총리를 거쳐 대통령이 한다.

③ 경찰청장은 대통령령으로 정하는 바에 따라 경찰공무원의 임용에 관한 권한의 일부를 특별시장·광역시장·도지사·특별자치시장 또는 특별자치도지사(이하 "시·도지사"라 한다), 국가수사본부장, 소속 기관의 장, 시·도경찰청장에게 위임할 수 있다. 이 경우 시·도지사는 위임받은 권한의 일부를 대통령령으로 정하는 바에 따라 「국가경찰과 자치경찰의 조직 및 운영에 관한 법률」 제18조에 따른 시·도자치경찰위원회(이하 "시·도자치경찰위원회"라 한다), 시·도경찰청장에게 다시 위임할 수 있다.

④ 해양경찰청장은 대통령령으로 정하는 바에 따라 경찰공무원의 임용에 관한 권한의 일부를 소속 기관의 장, 지방해양경찰관서의 장에게 위임할 수 있다.

⑤ 경찰청장, 해양경찰청장 또는 제3항 및 제4항에 따라 임용권을 위임받은 자는 행정안전부령 또는 해양수산부령으로 정하는 바에 따라 소속 경찰공무원의 인사기록을 작성·보관하여야 한다.

제8조(임용자격 및 결격사유) ① 경찰공무원은 신체 및 사상이 건전하고 품행이 방정(方正)한 사람 중에서 임용한다.

② 다음 각 호의 어느 하나에 해당하는 사람은 경찰공무원으로 임용될 수 없다.

1. 대한민국 국적을 가지지 아니한 사람
2. 「국적법」 제11조의2제1항에 따른 복수국적자
3. 피성년후견인 또는 피한정후견인
4. 파산선고를 받고 복권되지 아니한 사람
5. 자격정지 이상의 형(刑)을 선고받은 사람
6. 자격정지 이상의 형의 선고유예를 선고받고 그 유예기간 중에 있는 사람
7. 공무원으로 재직기간 중 직무와 관련하여 「형법」 제355조 및 제356조에 규정된 죄를 범한 자로서 300만원 이상의 벌금형을 선고받고 그 형이 확정된 후 2년이 지나지 아니한 사람
8. 「성폭력범죄의 처벌 등에 관한 특례법」 제2조에 규정된 죄를 범한 사람으로서 100만원 이상의 벌금형을 선고받고 그 형이 확정된 후 3년이 지나지 아니한 사람
9. 미성년자에 대한 다음 각 목의 어느 하나에 해당하는 죄를 저질러 형 또는 치료감호가 확정된 사람(집행유예를 선고받은 후 그 집행유예기간이 경과한 사람을 포함한다)
   가. 「성폭력범죄의 처벌 등에 관한 특례법」 제2조에 따른 성폭력범죄
   나. 「아동·청소년의 성보호에 관한 법률」 제2조 제2호에 따른 아동·청소년대상 성범죄
10. 징계에 의하여 파면 또는 해임처분을 받은 사람

제9조(벌금형의 분리선고) 「형법」 제38조에도 불구하고 제8조 제2항 제7호 또는 제8호에 규정된 죄와 다른 죄의 경합범에 대하여 벌금형을 선고하는 경우에는 이를 분리선고하여야 한다.

제10조(신규채용) ① 경정 및 순경의 신규채용은 공개경쟁시험으로 한다.

② 경위의 신규채용은 경찰대학을 졸업한 사람 및 대통령령으로 정하는 자격을 갖추고 공개경쟁시험으로 선발된 사람(이하 "경찰간부후보생"이라 한다)으로서 교육훈련을 마치고 정하여진 시험에 합격

한 사람 중에서 한다.

③ 다음 각 호의 어느 하나에 해당하는 경우에는 경력 등 응시요건을 정하여 같은 사유에 해당하는 다수인을 대상으로 경쟁의 방법으로 채용하는 시험(이하 "경력경쟁채용시험"이라 한다)으로 경찰공무원을 신규채용할 수 있다. 다만, 다수인을 대상으로 시험을 실시하는 것이 적당하지 아니하여 대통령령으로 정하는 경우에는 다수인을 대상으로 하지 아니한 시험으로 경찰공무원을 채용할 수 있다.

1. 「국가공무원법」 제70조 제1항 제3호의 사유로 퇴직하거나 같은 법 제71조 제1항 제1호의 휴직 기간 만료로 퇴직한 경찰공무원을 퇴직한 날부터 3년(「공무원 재해보상법」에 따른 공무상 질병 또는 부상으로 인한 휴직의 경우에는 5년) 이내에 퇴직 시에 재직한 계급의 경찰공무원으로 재임용하는 경우

2. 공개경쟁시험으로 임용하는 것이 부적당한 경우에 임용예정 직무에 관련된 자격증 소지자를 임용하는 경우

3. 임용예정직에 상응하는 근무실적 또는 연구실적이 있거나 전문지식을 가진 사람을 임용하는 경우

4. 「국가공무원법」에 따른 5급 공무원의 공개경쟁채용시험이나 「사법시험법」(2009년 5월 28일 법률 제9747호로 폐지되기 전의 것을 말한다)에 따른 사법시험에 합격한 사람을 경정 이하의 경찰공무원으로 임용하는 경우

5. 섬, 외딴곳 등 특수지역에서 근무할 사람을 임용하는 경우

6. 외국어에 능통한 사람을 임용하는 경우

7. 제주특별자치도의 자치경찰공무원(이하 "자치경찰공무원"이라 한다)을 그 계급에 상응하는 경찰공무원으로 임용하는 경우

8. 「국가경찰과 자치경찰의 조직 및 운영에 관한 법률」 제16조에 따라 경찰청 외부를 대상으로 모집하여 국가수사본부장을 임용하는 경우

④ 제2항에 따른 경찰간부후보생의 교육훈련, 경력경쟁채용시험 및 제3항 각 호 외의 부분 단서에 따른 채용시험(이하 "경력경쟁채용시험등"이라 한다)을 통하여 채용할 수 있는 경찰공무원의 계급, 임용예정직에 관련된 자격증의 구분, 근무실적 또는 연구실적, 전보 제한 등에 관한 사항은 대통령령으로 정한다.

제11조(부정행위자에 대한 제재) 경찰청장 또는 해양경찰청장은 경찰공무원의 채용시험 또는 경찰간부후보생 공개경쟁선발시험에서 부정행위를 한 응시자에 대해서는 해당 시험을 정지 또는 무효로 하고, 그 처분이 있은 날부터 5년간 시험응시자격을 정지한다.

제12조(채용후보자 명부 등) ① 경찰청장 또는 해양경찰청장(제7조 제3항 및 제4항에 따라 임용권을 위임받은 자를 포함한다)은 신규채용시험에 합격한 사람(경찰대학을 졸업한 사람과 경찰간부후보생을 포함한다, 이하 이 조에서 같다)을 대통령령으로 정하는 바에 따라 성적 순위에 따라 채용후보자 명부에 등재(登載)하여야 한다.

② 경찰공무원의 신규채용은 제1항에 따른 채용후보자 명부의 등재 순위에 따른다. 다만, 채용후보자가 경찰교육기관에서 신임교육을 받은 경우에는 그 교육성적 순위에 따른다.

③ 제1항에 따른 채용후보자 명부의 유효기간은 2년의 범위에서 대통령령으로 정한다. 다만, 경찰청장 또는 해양경찰청장은 필요에 따라 1년의 범위에서 그 기간을 연장할 수 있다.

④ 신규채용시험에 합격한 사람이 채용후보자 명부에 등재된 이후 그 유효기간 내에 「병역법」에 따른 병역 복무를 위하여 군에 입대한 경우(대학생 군사훈련 과정 이수자를 포함한다)의 의무복무 기간은

제3항에 따른 기간에 넣어 계산하지 아니한다.

⑤ 경찰청장 또는 해양경찰청장은 채용후보자 명부의 유효기간을 연장하기로 결정한 경우에는 그 사실을 공고하여야 한다.

⑥ 제1항에 따른 채용후보자 명부의 작성 및 운영에 필요한 사항은 대통령령으로 정한다.

⑦ 임용권자는 경찰공무원의 결원을 보충할 때 채용후보자 명부 또는 승진후보자 명부에 등재된 후보자 수가 결원 수보다 적고, 인사행정 운영상 특히 필요하다고 인정할 때에는 그 결원된 계급에 관하여 다른 임용권자가 작성한 자치경찰공무원의 신규임용후보자 명부 또는 승진후보자 명부를 해당 기관의 채용후보자 명부 또는 승진후보자 명부로 보아 해당 자치경찰공무원을 임용할 수 있다. 이 경우 임용권자는 그 자치경찰공무원의 임용권자와 협의하여야 한다.

제13조(시보임용) ① 경정 이하의 경찰공무원을 신규 채용할 때에는 1년간 시보(試補)로 임용하고, 그 기간이 만료된 다음 날에 정규 경찰공무원으로 임용한다.

② 휴직기간, 직위해제기간 및 징계에 의한 정직처분 또는 감봉처분을 받은 기간은 제1항에 따른 시보임용기간에 산입하지 아니한다.

③ 시보임용기간 중에 있는 경찰공무원이 근무성적 또는 교육훈련성적이 불량할 때에는 「국가공무원법」 제68조 및 이 법 제28조에도 불구하고 면직시키거나 면직을 제청할 수 있다.

④ 다음 각 호의 어느 하나에 해당하는 경우에는 시보임용을 거치지 아니한다.

　　1. 경찰대학을 졸업한 사람 또는 경찰간부후보생으로서 정하여진 교육을 마친 사람을 경위로 임용하는 경우

　　2. 경찰공무원으로서 대통령령으로 정하는 상위계급으로의 승진에 필요한 자격 요건을 갖추고 임용예정 계급에 상응하는 공개경쟁 채용시험에 합격한 사람을 해당 계급의 경찰공무원으로 임용하는 경우

　　3. 퇴직한 경찰공무원으로서 퇴직 시에 재직하였던 계급의 채용시험에 합격한 사람을 재임용하는 경우

　　4. 자치경찰공무원을 그 계급에 상응하는 경찰공무원으로 임용하는 경우

제14조(경찰공무원과 자치경찰공무원 간의 인사 교류) ① 경찰청장은 경찰공무원의 능력을 발전시키고 국가경찰과 제주특별자치도의 자치경찰 사무의 연계성을 높이기 위하여 국가경찰과 자치경찰 간에 긴밀한 인사 교류가 될 수 있도록 노력하여야 한다.

② 제10조 제3항 제7호에 따라 자치경찰공무원을 경찰공무원으로 채용할 때에는 경력경쟁채용시험등을 거치지 아니할 수 있다.

제15조(승진) ① 경찰공무원은 바로 아래 하위계급에 있는 경찰공무원 중에서 근무성적평정, 경력평정, 그 밖의 능력을 실증(實證)하여 승진임용한다. 다만, 해양경찰청장을 보하는 경우 치안감을 치안총감으로 승진임용할 수 있다.

② 경무관 이하 계급으로의 승진은 승진심사에 의하여 한다. 다만, 경정 이하 계급으로의 승진은 대통령령으로 정하는 비율에 따라 승진시험과 승진심사를 병행할 수 있다.

③ 총경 이하의 경찰공무원에 대해서는 대통령령으로 정하는 바에 따라 계급별로 승진대상자 명부를 작성하여야 한다.

④ 경찰공무원의 승진에 필요한 계급별 최저근무연수, 승진 제한에 관한 사항, 그 밖에 승진에 관하여 필요한 사항은 대통령령으로 정한다.

제16조(근속승진) ① 경찰청장 또는 해양경찰청장은 제15조 제2항에도 불구하고 해당 계급에서 다음 각

호의 기간 동안 재직한 사람을 경장, 경사, 경위, 경감으로 각각 근속승진임용할 수 있다. 다만, 인사교류 경력이 있거나 주요 업무의 추진 실적이 우수한 공무원 등 경찰행정 발전에 기여한 공이 크다고 인정되는 경우에는 대통령령으로 정하는 바에 따라 그 기간을 단축할 수 있다.

    1. 순경을 경장으로 근속승진임용하려는 경우: 해당 계급에서 4년 이상 근속자

    2. 경장을 경사로 근속승진임용하려는 경우: 해당 계급에서 5년 이상 근속자

    3. 경사를 경위로 근속승진임용하려는 경우: 해당 계급에서 6년 6개월 이상 근속자

    4. 경위를 경감으로 근속승진임용하려는 경우: 해당 계급에서 8년 이상 근속자

② 제1항에 따라 근속승진한 경찰공무원이 근무하는 기간에는 그에 해당하는 직급의 정원이 따로 있는 것으로 보고, 종전 직급의 정원은 감축된 것으로 본다.

③ 제1항에 따른 근속승진임용의 기준 및 절차 등에 관하여 필요한 사항은 대통령령으로 정한다.

제17조(승진심사위원회) ① 제15조 제2항에 따른 승진심사를 위하여 경찰청과 해양경찰청에 중앙승진심사위원회를 두고, 경찰청·해양경찰청·시·도경찰청과 대통령령으로 정하는 경찰기관·지방해양경찰관서에 보통승진심사위원회를 둔다.

② 제1항에 따라 설치된 승진심사위원회는 제15조 제3항에 따라 작성된 승진대상자 명부의 선순위자(같은 조 제2항 단서에 따른 승진시험에 합격된 승진후보자는 제외한다) 순으로 승진시키려는 결원의 5배수의 범위에 있는 사람 중에서 승진후보자를 심사·선발한다.

③ 승진심사위원회의 구성·관할 및 운영에 필요한 사항은 대통령령으로 정한다.

제18조(승진후보자 명부 등) ① 경찰청장 또는 해양경찰청장(제7조 제3항 및 제4항에 따라 임용권을 위임받은 자를 포함한다)은 제15조 제2항에 따른 승진시험에 합격한 사람과 제17조 제2항에 따라 승진후보자로 선발된 사람을 대통령령으로 정하는 바에 따라 승진후보자 명부에 등재하여야 한다.

② 경무관 이하 계급으로의 승진은 제1항에 따른 승진후보자 명부의 등재 순위에 따른다.

③ 승진후보자 명부의 유효기간과 작성 및 운영에 관하여는 제12조를 준용한다.

제19조(특별유공자 등의 특별승진) ① 경찰공무원으로서 다음 각 호의 어느 하나에 해당되는 사람에 대하여는 제15조에도 불구하고 1계급 특별승진시킬 수 있다. 다만, 경위 이하의 경찰공무원으로서 모든 경찰공무원의 귀감이 되는 공을 세우고 전사하거나 순직한 사람에 대하여는 2계급 특별승진 시킬 수 있다.

    1. 「국가공무원법」 제40조의4제1항 제1호부터 제4호까지의 규정 중 어느 하나에 해당되는 사람

    2. 전사하거나 순직한 사람

    3. 직무 수행 중 현저한 공적을 세운 사람

② 특별승진의 요건과 그 밖에 필요한 사항은 대통령령으로 정한다.

제20조(시험실시기관과 응시자격 등) ① 경찰공무원의 신규채용시험 및 승진시험과 경찰간부후보생 선발시험은 경찰청장 또는 해양경찰청장이 실시한다. 다만, 경찰청장 또는 해양경찰청장이 필요하다고 인정할 때에는 대통령령으로 정하는 바에 따라 그 권한의 일부를 소속 기관의 장, 시·도경찰청장, 지방해양경찰관서의 장에게 위임할 수 있다.

② 제1항에 따른 각종 시험의 응시자격, 시험방법, 그 밖에 시험의 실시에 필요한 사항은 대통령령으로 정한다.

제21조(보훈) 경찰공무원으로서 전투나 그 밖의 직무 수행 또는 교육훈련 중 사망한 사람(공무상 질병으로 사망한 사람을 포함한다) 및 부상(공무상의 질병을 포함한다)을 입고 퇴직한 사람과 그 유족 또는 가족은 「국가유공자 등 예우 및 지원에 관한 법률」 또는 「보훈보상대상자 지원에 관한 법률」에 따라

예우 또는 지원을 받는다.

제22조(교육훈련) ① 경찰청장 또는 해양경찰청장은 모든 경찰공무원에게 균등한 교육훈련의 기회가 주어지도록 교육훈련에 관한 종합적인 기획 및 조정을 하여야 한다.

② 경찰청장 또는 해양경찰청장은 경찰공무원의 교육훈련을 위한 교육훈련기관을 설치·운영할 수 있다.

③ 경찰청장 또는 해양경찰청장은 교육훈련을 위하여 필요하면 대통령령으로 정하는 바에 따라 경찰공무원을 국내외의 교육기관에 위탁하여 일정 기간 교육훈련을 받게 할 수 있다.

④ 제2항에 따른 경찰공무원 교육훈련기관의 설치 및 운영에 필요한 사항과 제3항에 따라 교육훈련을 받은 경찰공무원의 복무에 관한 사항은 대통령령으로 정한다.

제23조(정치 관여 금지) ① 경찰공무원은 정당이나 정치단체에 가입하거나 정치활동에 관여하는 행위를 하여서는 아니 된다.

② 제1항에서 정치활동에 관여하는 행위란 다음 각 호의 어느 하나에 해당하는 행위를 말한다.

　　1. 정당이나 정치단체의 결성 또는 가입을 지원하거나 방해하는 행위

　　2. 그 직위를 이용하여 특정 정당이나 특정 정치인에 대하여 지지 또는 반대 의견을 유포하거나, 그러한 여론을 조성할 목적으로 특정 정당이나 특정 정치인에 대하여 찬양하거나 비방하는 내용의 의견 또는 사실을 유포하는 행위

　　3. 특정 정당이나 특정 정치인을 위하여 기부금 모집을 지원하거나 방해하는 행위 또는 국가·지방자치단체 및 「공공기관의 운영에 관한 법률」에 따른 공공기관의 자금을 이용하거나 이용하게 하는 행위

　　4. 특정 정당이나 특정인의 선거운동을 하거나 선거 관련 대책회의에 관여하는 행위

　　5. 「정보통신망 이용촉진 및 정보보호 등에 관한 법률」에 따른 정보통신망을 이용한 제1호부터 제4호까지의 규정에 해당하는 행위

　　6. 소속 직원이나 다른 공무원에 대하여 제1호부터 제5호까지의 행위를 하도록 요구하거나 그 행위와 관련한 보상 또는 보복으로서 이익 또는 불이익을 주거나 이를 약속 또는 고지(告知)하는 행위

제24조(거짓 보고 등의 금지) ① 경찰공무원은 직무에 관하여 거짓으로 보고나 통보를 하여서는 아니 된다.

② 경찰공무원은 직무를 게을리하거나 유기(遺棄)해서는 아니 된다.

제25조(지휘권 남용 등의 금지) 전시·사변, 그 밖에 이에 준하는 비상사태이거나 작전수행 중인 경우 또는 많은 인명 손상이나 국가재산 손실의 우려가 있는 위급한 사태가 발생한 경우, 경찰공무원을 지휘·감독하는 사람은 정당한 사유 없이 그 직무 수행을 거부 또는 유기하거나 경찰공무원을 지정된 근무지에서 진출·퇴각 또는 이탈하게 하여서는 아니 된다.

제26조(복제 및 무기 휴대) ① 경찰공무원은 제복을 착용하여야 한다.

② 경찰공무원은 직무 수행을 위하여 필요하면 무기를 휴대할 수 있다.

③ 경찰공무원의 복제(服制)에 관한 사항은 행정안전부령 또는 해양수산부령으로 정한다.

제27조(당연퇴직) 경찰공무원이 제8조 제2항 각 호의 어느 하나에 해당하게 된 경우에는 당연히 퇴직한다. 다만, 제8조 제2항 제4호는 파산선고를 받은 사람으로서 「채무자 회생 및 파산에 관한 법률」에 따라 신청기한 내에 면책신청을 하지 아니하였거나 면책불허가 결정 또는 면책 취소가 확정된 경우만 해당하고, 제8조 제2항 제6호는 「형법」 제129조부터 제132조까지, 「성폭력범죄의 처벌 등에 관한 특례법」 제2조, 「아동·청소년의 성보호에 관한 법률」 제2조 제2호 및 직무와 관련하여 「형법」 제355조 또는 제356조에 규정된 죄를 범한 사람으로서 자격정지 이상의 형의 선고유예를 받은 경우만

해당한다.

제28조(직권면직) ① 임용권자는 경찰공무원이 다음 각 호의 어느 하나에 해당될 때에는 직권으로 면직시킬 수 있다.

　　1. 「국가공무원법」 제70조 제1항 제3호부터 제5호까지의 규정 중 어느 하나에 해당될 때

　　2. 경찰공무원으로는 부적합할 정도로 직무 수행능력이나 성실성이 현저하게 결여된 사람으로서 대통령령으로 정하는 사유에 해당된다고 인정될 때

　　3. 직무를 수행하는 데에 위험을 일으킬 우려가 있을 정도의 성격적 또는 도덕적 결함이 있는 사람으로서 대통령령으로 정하는 사유에 해당된다고 인정될 때

　　4. 해당 경과에서 직무를 수행하는 데 필요한 자격증의 효력이 상실되거나 면허가 취소되어 담당 직무를 수행할 수 없게 되었을 때

② 제1항 제2호·제3호 또는 「국가공무원법」 제70조 제1항 제5호의 사유로 면직시키는 경우에는 제32조에 따른 징계위원회의 동의를 받아야 한다.

③ 「국가공무원법」 제70조 제1항 제4호의 사유로 인한 직권면직일은 휴직기간의 만료일이나 휴직 사유의 소멸일로 한다.

제29조(실종된 경찰공무원의 휴직기간) ① 「국가공무원법」 제71조 제1항 제4호의 사유로 인한 경찰공무원의 휴직기간은 같은 법 제72조 제3호에도 불구하고 법원의 실종선고를 받는 날까지로 한다.

② 제1항에 따른 휴직자가 있는 경우에는 그 휴직자의 계급에 해당하는 정원이 따로 있는 것으로 보고, 결원을 보충할 수 있다.

제30조(정년) ① 경찰공무원의 정년은 다음과 같다.

　　1. 연령정년: 60세

　　2. 계급정년

　　　　치안감: 4년

　　　　경무관: 6년

　　　　총경: 11년

　　　　경정: 14년

② 징계로 인하여 강등(경감으로 강등된 경우를 포함한다)된 경찰공무원의 계급정년은 제1항 제2호에도 불구하고 다음 각 호에 따른다.

　　1. 강등된 계급의 계급정년은 강등되기 전 계급 중 가장 높은 계급의 계급정년으로 한다.

　　2. 계급정년을 산정할 때에는 강등되기 전 계급의 근무연수와 강등 이후의 근무연수를 합산한다.

③ 수사, 정보, 외사, 보안, 자치경찰사무 등 특수 부문에 근무하는 경찰공무원으로서 대통령령으로 정하는 바에 따라 지정을 받은 사람은 총경 및 경정의 경우에는 4년의 범위에서 대통령령으로 정하는 바에 따라 제1항 제2호에 따른 계급정년을 연장할 수 있다.

④ 경찰청장 또는 해양경찰청장은 전시·사변이나 그 밖에 이에 준하는 비상사태에서는 2년의 범위에서 제1항 제2호에 따른 계급정년을 연장할 수 있다. 이 경우 경무관 이상의 경찰공무원에 대해서는 행정안전부장관 또는 해양수산부장관과 국무총리를 거쳐 대통령의 승인을 받아야 하고, 총경·경정의 경찰공무원에 대해서는 국무총리를 거쳐 대통령의 승인을 받아야 한다.

⑤ 경찰공무원은 그 정년이 된 날이 1월에서 6월 사이에 있으면 6월 30일에 당연퇴직하고, 7월에서 12월 사이에 있으면 12월 31일에 당연퇴직한다.

⑥ 제1항 제2호에 따른 계급정년을 산정할 때 제주특별자치도의 자치경찰공무원으로 근무한 경력이 있

는 경찰공무원의 경우에는 그 계급에 상응하는 자치경찰공무원으로 근무한 연수(年數)를 산입한다.

제31조(고충심사위원회) ① 경찰공무원의 인사상담 및 고충을 심사하기 위하여 경찰청, 해양경찰청, 시ㆍ도자치경찰위원회, 시ㆍ도경찰청, 대통령령으로 정하는 경찰기관 및 지방해양경찰관서에 경찰공무원 고충심사위원회를 둔다.

② 경찰공무원 고충심사위원회의 심사를 거친 재심청구와 경정 이상의 경찰공무원의 인사상담 및 고충심사는 「국가공무원법」에 따라 설치된 중앙고충심사위원회에서 한다.

③ 경찰공무원 고충심사위원회의 구성, 심사 절차 및 운영에 필요한 사항은 대통령령으로 정한다.

제32조(징계위원회) ① 경무관 이상의 경찰공무원에 대한 징계의결은 「국가공무원법」에 따라 국무총리 소속으로 설치된 징계위원회에서 한다.

② 총경 이하의 경찰공무원에 대한 징계의결을 하기 위하여 대통령령으로 정하는 경찰기관 및 해양경찰관서에 경찰공무원 징계위원회를 둔다.

③ 경찰공무원 징계위원회의 구성ㆍ관할ㆍ운영, 징계의결의 요구 절차, 그 밖에 필요한 사항은 대통령령으로 정한다.

제33조(징계의 절차) 경찰공무원의 징계는 징계위원회의 의결을 거쳐 징계위원회가 설치된 소속 기관의 장이 하되, 「국가공무원법」에 따라 국무총리 소속으로 설치된 징계위원회에서 의결한 징계는 경찰청장 또는 해양경찰청장이 한다. 다만, 파면ㆍ해임ㆍ강등 및 정직은 징계위원회의 의결을 거쳐 해당 경찰공무원의 임용권자가 하되, 경무관 이상의 강등 및 정직과 경정 이상의 파면 및 해임은 경찰청장 또는 해양경찰청장의 제청으로 행정안전부장관 또는 해양수산부장관과 국무총리를 거쳐 대통령이 하고, 총경 및 경정의 강등 및 정직은 경찰청장 또는 해양경찰청장이 한다.

제34조(행정소송의 피고) 징계처분, 휴직처분, 면직처분, 그 밖에 의사에 반하는 불리한 처분에 대한 행정소송은 경찰청장 또는 해양경찰청장을 피고로 한다. 다만, 제7조 제3항 및 제4항에 따라 임용권을 위임한 경우에는 그 위임을 받은 자를 피고로 한다.

제35조(경찰간부후보생의 보수 등) 교육 중인 경찰간부후보생에게는 대통령령으로 정하는 바에 따라 보수와 그 밖의 실비(實費)를 지급한다.

제36조(「국가공무원법」과의 관계) ① 경찰공무원에 대해서는 「국가공무원법」 제73조의4, 제76조 제2항부터 제5항까지의 규정을 적용하지 아니하며, 치안총감과 치안정감에 대해서는 「국가공무원법」 제68조 본문을 적용하지 아니한다.

② 「국가공무원법」을 경찰공무원에게 적용할 때에는 다음 각 호에 따른다.

1. 「국가공무원법」 제32조의5 및 제43조 중 "직급"은 "계급"으로 본다.
2. 「국가공무원법」 제42조 제2항, 제85조 제1항 및 제2항 중 "인사혁신처장"은 "경찰청장 또는 해양경찰청장"으로 본다.
3. 「국가공무원법」 제67조, 제68조, 제78조 제1항 제1호 및 같은 조 제2항, 제80조 제7항 및 제8항 중 "이 법"은 "이 법 및 「국가공무원법」"으로 본다.
4. 「국가공무원법」 제71조 제2항 제3호 중 "중앙인사관장기관의 장"은 "경찰청장 또는 해양경찰청장"으로 본다.

제37조(벌칙) ① 경찰공무원으로서 전시ㆍ사변, 그 밖에 이에 준하는 비상사태이거나 작전 수행 중인 경우에 제24조 제2항 또는 제25조, 「국가공무원법」 제58조 제1항을 위반한 사람은 3년 이상의 징역이나 금고에 처하며, 제24조 제1항, 「국가공무원법」 제57조를 위반한 사람은 7년 이하의 징역이나 금고에 처한다.

② 제1항의 경우 외에 집단 살상의 위급 사태가 발생한 경우에 제24조 또는 제25조, 「국가공무원법」 제57조 및 제58조 제1항을 위반한 사람은 7년 이하의 징역이나 금고에 처한다.

③ 경찰공무원으로서 제23조를 위반하여 정당이나 정치단체에 가입하거나 정치활동에 관여하는 행위를 한 사람은 5년 이하의 징역과 5년 이하의 자격정지에 처하고, 그 죄에 대한 공소시효의 기간은 「형사소송법」 제249조 제1항에도 불구하고 10년으로 한다.

④ 경찰공무원으로서 「국가공무원법」 제44조 또는 제45조를 위반한 사람은 1년 이하의 징역 또는 100만원 이하의 벌금에 처하고, 같은 법 제66조를 위반한 사람은 2년 이하의 징역 또는 200만원 이하의 벌금에 처한다.

부칙 〈제17687호, 2020. 12. 22.〉

제1조(시행일) 이 법은 2021년 1월 1일부터 시행한다.

제2조(지방경찰청 등에 관한 경과조치) ① 이 법 시행 당시의 지방경찰청 및 지방경찰청장(이하 이 조에서 "지방경찰청등"이라고 한다)은 이 법에 따른 시·도경찰청 및 시·도경찰청장(이하 이 조에서 "시·도경찰청등"이라 한다)으로 본다.

② 이 법 시행 당시 종전의 규정에 따른 지방경찰청등의 행위 또는 지방경찰청등에 대한 행위는 이 법에 따른 시·도경찰청등의 행위 또는 시·도경찰청등에 대한 행위로 본다.

제3조(형사소송법과의 관계에 관한 경과조치) 법률 제3606호 경찰공무원법 전부개정법률 시행일인 1983년 1월 1일 당시 경정은 법률 제3282호 형사소송법 일부개정법률 제196조의 규정에 의한 사법경찰관으로 경장은 동법 동조의 규정에 의한 사법경찰리로 보며, 경찰청 및 해양경찰청에 근무하였던 경무관은 법률 제3282호 형사소송법 일부개정법률 제196조의 규정의 적용을 받지 아니한다.

제4조(금치산자 등에 관한 경과조치) 법률 제12912호 경찰공무원법 일부개정법률 제7조 제2항 제3호의 개정규정에도 불구하고 법률 제10429호 민법 일부개정법률 부칙 제2조에 따라 금치산 또는 한정치산 선고의 효력이 유지되는 사람에 대해서는 법률 제12233호 경찰공무원법 일부개정법률 제7조 제2항 제3호를 따른다.

제5조(장학지원 채용에 관한 경과조치) 이 법 시행 당시 종전의 규정에 따라 장학금 지급 대상이었던 사람에 대해서는 종전의 규정을 적용한다.

제6조(형 또는 치료감호를 받은 사람의 결격사유 및 당연퇴직에 관한 적용례) 제8조 제2항 제7호부터 제9호까지 및 제27조 단서(파산선고를 받은 사람에 대한 개정부분은 제외한다)의 개정규정은 법률 제16668호 경찰공무원법 일부개정법률의 시행일인 2020년 6월 4일 이후 최초로 저지른 죄로 형 또는 치료감호를 받은 사람부터 적용한다.

제7조(파산선고를 받은 사람의 당연퇴직에 관한 적용례) 제27조 단서(파산선고를 받은 사람에 대한 부분만 해당한다)의 개정규정은 법률 제16668호 경찰공무원법 일부개정법률의 시행일인 2020년 6월 4일 이후 최초로 저지른 죄로 형 또는 치료감호를 받은 사람부터 적용한다.

제8조(다른 법률의 개정) ① 경찰공무원 보건안전 및 복지 기본법 일부를 다음과 같이 개정한다.

제2조 제1호 중 "「경찰공무원법」 제2조에 따른 국가경찰공무원"을 "「경찰공무원법」 제3조에 따른 경찰공무원"으로 한다.

② 의무경찰대 설치 및 운영에 관한 법률 일부를 다음과 같이 개정한다.

제2조 제1항 중 "「경찰공무원법」에 따른 국가경찰공무원"을 "「경찰공무원법」에 따른 경찰공무원"으로 한다.

제4조 제1항 중 "「경찰공무원법」 제10조, 제16조, 제21조, 제22조 및 제24조"를 "「경찰공무원법」 제13조, 제21조, 제27조, 제28조 및 제30조"로 한다.

③ 제주특별자치도 설치 및 국제자유도시 조성을 위한 특별법 일부를 다음과 같이 개정한다.

제119조 제1항 중 "「경찰공무원법」 제7조, 제8조의2, 제9조, 제10조, 제13조, 제14조, 제16조, 제18조, 제19조, 제21조 및 제23조"를 "「경찰공무원법」 제8조, 제11조, 제12조, 제13조, 제18조, 제19조, 제21조, 제24조, 제25조, 제27조 및 제29조"로 한다.

제119조 제2항 중 "같은 법 제10조 제3항"을 "같은 법 제13조 제3항"으로, "같은 법 제14조 제1항 제1호"를 "같은 법 제19조 제1항 제1호"로, "같은 법 제23조 제1항"을 "같은 법 제29조 제1항"으로 한다.제468조 제1항 중 "「경찰공무원법」 제18조 제2항, 제19조"를 "「경찰공무원법」 제24조 제2항, 제25조"로 하고, "「경찰공무원법」 제18조 제1항"을 "「경찰공무원법」 제24조 제1항"으로 한다.

제468조 제2항 중 "「경찰공무원법」 제18조, 제19조"를 "「경찰공무원법」 제24조, 제25조"로 한다.

④ 청원경찰법 일부를 다음과 같이 개정한다.

제5조 제4항 중 "「경찰공무원법」 제18조"를 "「경찰공무원법」 제24조"로 한다.

제9조(다른 법령과의 관계) 이 법 시행 당시 다른 법령에서 종전의 「경찰공무원법」 또는 그 규정을 인용한 경우에 이 법 가운데 그에 해당하는 규정이 있을 때에는 종전의 규정을 갈음하여 이 법의 해당 규정을 인용한 것으로 본다.

10 경찰공무원 임용령

[시행 2021. 7. 6.] [대통령령 제31869호, 2021. 7. 6., 일부개정]

경찰청(교육정책담당관) 02-3150-2832
경찰청(인사담당관실) 02-3150-2831

제1장 ◈ 총칙

제1조(목적) 이 영은 경찰공무원의 임용에 관하여 「경찰공무원법」에서 위임된 사항과 그 시행에 필요한 사항을 규정함을 목적으로 한다.

[본조신설 2016. 12. 30.]

[종전 제1조는 제2조의2로 이동 〈2016. 12. 30.〉]

제2조(정의) 이 영에서 "전과"란 경과(警科)를 변경하는 것을 말한다.

[전문개정 2012. 12. 28.]

제2조의2(적용범위) 경찰공무원(해양경찰청 소속 경찰공무원은 제외한다. 이하 같다)의 임용은 다른 법령에 특별한 규정이 있는 경우를 제외하고는 이 영이 정하는 바에 따른다. 〈개정 2017. 10. 17., 2020. 6. 23.〉

[제1조에서 이동 〈2016. 12. 30.〉]

제3조(경과) ① 총경 이하 경찰공무원에게 부여하는 경과는 다음 각 호와 같다. 다만, 제2호와 제3호의 경과는 경정 이하 경찰공무원에게만 부여한다. 〈개정 1987. 12. 31., 1994. 12. 31., 2002. 7. 10., 2004. 12. 18., 2012. 12. 28., 2014. 11. 19., 2016. 12. 30., 2017. 7. 26., 2020. 6. 23.〉

    1. 일반경과

    2. 수사경과

    3. 보안경과

    4. 특수경과

        가. 삭제 〈2016. 12. 30.〉

        나. 삭제 〈2016. 12. 30.〉

        다. 항공경과

        라. 정보통신경과

② 임용권자(제4조 제1항부터 제6항까지의 규정에 따라 임용권의 위임을 받은 자를 포함한다. 이하 같다) 또는 임용제청권자[「경찰공무원법」(이하 "법"이라 한다) 제7조 제1항에 따른 추천이 필요한 경우에는 경찰청장을 포함한다. 이하 같다]는 경찰공무원을 신규채용 할 때에 경과를 부여해야 한다. 〈개정 1991. 7. 30., 1996. 8. 8., 2014. 11. 19., 2016. 12. 30., 2017. 7. 26., 2020. 6. 23., 2020. 12. 31.〉

③ 삭제 〈2016. 12. 30.〉

④ 경찰청장은 전시·사변 또는 이에 준하는 비상사태가 발생한 경우에는 경과의 일부를 폐지 또는 병합하거나 신설할 수 있다. 〈개정 1991. 7. 30., 1996. 8. 8., 2014. 11. 19., 2016. 12. 30., 2017. 7. 26., 2017. 10. 17., 2020. 6. 23.〉

⑤ 경과별 직무의 종류 및 전과 등에 관하여 필요한 사항은 행정안전부령으로 정한다. 〈개정 1996. 8. 8., 1998. 12. 31., 2008. 2. 29., 2013. 3. 23., 2014. 11. 19., 2016. 12. 30., 2017. 7. 26., 2020. 6. 23.〉
[제목개정 2016. 12. 30.]

제4조(임용권의 위임 등) ① 경찰청장은 법 제7조 제3항 전단에 따라 특별시장·광역시장·특별자치시장·도지사 또는 특별자치도지사(이하 "시·도지사"라 한다)에게 해당 특별시·광역시·특별자치시·도 또는 특별자치도(이하 "시·도"라 한다)의 자치경찰사무를 담당하는 경찰공무원[「국가경찰과 자치경찰의 조직 및 운영에 관한 법률」 제18조 제1항에 따른 시·도자치경찰위원회(이하 "시·도자치경찰위원회"라 한다), 시·도경찰청 및 경찰서(지구대 및 파출소는 제외한다)에서 근무하는 경찰공무원을 말한다] 중 경정의 전보·파견·휴직·직위해제 및 복직에 관한 권한과 경감 이하의 임용권(신규채용 및 면직에 관한 권한은 제외한다)을 위임한다. 〈신설 2020. 12. 31.〉

② 경찰청장은 법 제7조 제3항 전단에 따라 국가수사본부장에게 국가수사본부 안에서의 경정 이하에 대한 전보권을 위임한다. 〈신설 2020. 12. 31.〉

③ 경찰청장은 법 제7조 제3항 전단에 따라 경찰대학·경찰인재개발원·중앙경찰학교·경찰수사연수원·경찰병원 및 시·도경찰청(이하 "소속기관등"이라 한다)의 장에게 그 소속 경찰공무원 중 경정의 전보·파견·휴직·직위해제 및 복직에 관한 권한과 경감 이하의 임용권을 위임한다. 〈개정 1991. 7. 30., 1996. 8. 8., 1999. 12. 28., 2005. 5. 13., 2007. 9. 20., 2009. 11. 23., 2010. 10. 22., 2016. 12. 30., 2018. 3. 30., 2020. 12. 31.〉

④ 제1항에 따라 임용권을 위임받은 시·도지사는 법 제7조 제3항 후단에 따라 경감 또는 경위로의 승진임용에 관한 권한을 제외한 임용권을 시·도자치경찰위원회에 다시 위임한다. 〈신설 2020. 12. 31.〉

⑤ 제4항에 따라 임용권을 위임받은 시·도자치경찰위원회는 시·도지사와 시·도경찰청장의 의견을 들어 그 권한의 일부를 시·도경찰청장에게 다시 위임할 수 있다. 〈신설 2020. 12. 31.〉

⑥ 제3항 및 제5항에 따라 임용권을 위임받은 시·도경찰청장은 소속 경감 이하 경찰공무원에 대한 해당 경찰서 안에서의 전보권을 경찰서장에게 다시 위임할 수 있다. 〈개정 1987. 12. 31., 1991. 7. 30., 1996. 8. 8., 2016. 12. 30., 2020. 12. 31.〉

⑦ 경찰청장은 수사부서에서 총경을 보직하는 경우에는 국가수사본부장의 추천을 받아야 한다. 〈신설 2020. 12. 31.〉

⑧ 시·도자치경찰위원회는 임용권을 행사하는 경우에는 시·도경찰청장의 추천을 받아야 한다. 〈신설 2020. 12. 31.〉

⑨ 시·도경찰청장 및 경찰서장은 지구대장 및 파출소장을 보직하는 경우에는 시·도자치경찰위원회의 의견을 사전에 들어야 한다. 〈신설 2020. 12. 31.〉

⑩ 소속기관등의 장은 경감 또는 경위를 신규채용하거나 경위 또는 경사를 승진시키려면 미리 경찰청장의 승인을 받아야 한다. 〈개정 1991. 7. 30., 2016. 12. 30., 2017. 10. 17., 2020. 12. 31.〉

⑪ 제1항부터 제6항까지의 규정에도 불구하고 경찰청장은 경찰공무원의 정원 조정, 승진임용, 인사교류 또는 파견을 위하여 필요한 경우에는 임용권을 행사할 수 있다. 〈개정 2016. 12. 30., 2020. 12. 31.〉
[제목개정 2020. 12. 31.]

제5조(임용시기) ① 경찰공무원은 임용장이나 임용통지서에 적힌 날짜에 임용된 것으로 보며, 임용일자를 소급해서는 아니 된다. 〈개정 2018. 7. 3.〉

② 사망으로 인한 면직은 사망한 다음 날에 면직된 것으로 본다. 〈신설 2018. 7. 3.〉

③ 임용일자는 그 임용장이 피임용자에게 송달되는 기간 및 사무인계에 필요한 기간을 참작하여 정하여

야 한다. 〈개정 2018. 7. 3.〉

제6조(임용시기의 특례) 제5조 제1항에도 불구하고 다음 각 호의 어느 하나에 해당하는 경우에는 다음 각
호의 구분에 따른 일자에 임용된 것으로 본다. 〈개정 1991. 7. 30., 2005. 5. 13., 2016. 12. 30., 2017. 10.
17., 2018. 7. 3., 2020. 12. 31.〉

    1. 법 제19조 제1항 제2호에 따라 전사하거나 순직한 사람을 다음 각 목의 어느 하나에 해당하는
      날을 임용일자로 하여 특별승진임용하는 경우
      가. 재직 중 사망한 경우: 사망일의 전날
      나. 퇴직 후 사망한 경우: 퇴직일의 전날
    2. 형사사건으로 기소되어 직위해제하는 경우: 기소된 날
    3. 「국가공무원법」제70조 제1항 제4호에 따라 직권으로 면직시키는 경우: 휴직기간의 만료일 또
      는 휴직사유의 소멸일
    4. 법 제10조 제2항에 따른 경찰간부후보생, 「경찰대학 설치법」에 따른 경찰대학의 학생 또는 시
      보임용예정자가 제21조 제1항에 따른 경찰공무원의 직무수행과 관련된 실무수습 중 사망한
      경우: 사망일의 전날

[제목개정 2018. 7. 3.]

제7조(결원의 적기 보충) 임용권자 또는 임용제청권자는 해당 기관에 결원이 있는 경우에는 지체 없이
결원보충에 필요한 조치를 하여야 한다. 〈개정 2016. 12. 30.〉

[제목개정 2016. 12. 30.]

제8조(계급정년 연한의 계산) 법 제10조 제3항 제1호에 따라 재임용된 경찰공무원의 계급정년 연한은 재
임용 전에 해당 계급의 경찰공무원으로 근무한 연수를 합하여 계산한다. 〈개정 2020. 12. 31.〉

[전문개정 2016. 12. 30.]

제2장 경찰공무원인사위원회

제9조(경찰공무원인사위원회의 구성) ① 법 제5조에 따른 경찰공무원인사위원회(이하 "인사위원회"라 한다)
는 위원장을 포함하여 5명 이상 7명 이하의 위원으로 구성한다. 〈개정 2016. 12. 30., 2020. 12. 31.〉

  ② 인사위원회의 위원장은 경찰청 인사담당국장이 되고, 위원은 경찰청 소속 총경 이상 경찰공무원 중
에서 경찰청장이 각각 임명한다. 〈개정 2017. 7. 26., 2020. 6. 23.〉

제10조(위원장의 직무) ① 위원장은 인사위원회를 대표하며, 인사위원회의 사무를 총괄한다. 〈개정 1998.
2. 2.〉

  ② 위원장이 부득이한 사유로 직무를 수행할 수 없을 때에는 위원 중에서 최상위계급 또는 선임의 경찰
공무원이 그 직무를 대행한다. 〈개정 2002. 7. 10., 2016. 12. 30.〉

제11조(회의) ① 위원장은 인사위원회의 회의를 소집하고 그 의장이 된다.

  ② 회의는 재적위원 과반수의 찬성으로 의결한다.

제12조(간사) ① 인사위원회에 2명 이하의 간사를 둔다. 〈개정 2016. 12. 30.〉

  ② 간사는 경찰청 소속 경찰공무원 중에서 위원장이 지명한다. 〈개정 1991. 7. 30., 1996. 8. 8., 2014. 11.
19., 2016. 12. 30., 2017. 7. 26., 2020. 6. 23.〉

  ③ 간사는 위원장의 명을 받아 인사위원회의 사무를 처리한다.

제13조(심의사항의 보고) 위원장은 인사위원회에서 심의된 사항을 지체 없이 경찰청장에게 보고하여야 한다. 〈개정 1991. 7. 30., 1996. 8. 8., 2014. 11. 19., 2016. 12. 30., 2017. 7. 26., 2020. 6. 23.〉

제14조(운영세칙) 이 영에 규정된 사항 외에 인사위원회의 운영에 필요한 사항은 인사위원회의 의결을 거쳐 위원장이 정한다.

[전문개정 2016. 12. 30.]

제3장 ◈ 신규채용

제15조(경력경쟁채용등의 임용직위 제한) 법 제10조 제3항에 따른 채용시험(이하 "경력경쟁채용시험등"이라 한다)을 통하여 채용(이하 "경력경쟁채용등"이라 한다)하는 경우에는 그 경력경쟁채용시험등을 실시할 당시의 임용예정직위 외의 직위로 임용할 수 없다. 〈개정 2020. 12. 31.〉

[전문개정 2015. 11. 4.]

제16조(경력경쟁채용등의 요건) ① 다음 각 호의 어느 하나에 해당하는 사람은 경력경쟁채용등의 대상이 될 수 없다. 〈개정 2015. 11. 4., 2020. 12. 31.〉

　　1. 종전의 재직기관에서 감봉 이상의 징계처분을 받은 사람

　　2. 법 제30조 제1항 제2호에 따라 정년퇴직한 사람

② 법 제10조 제3항 제2호에 따른 경력경쟁채용등은 「국가기술자격법」이나 그 밖의 법령에 따른 자격증 소지자를 대상으로 한다. 〈개정 2015. 11. 4., 2020. 12. 31.〉

③ 법 제10조 제3항 제3호에 따른 경력경쟁채용등의 대상은 국가기관·지방자치단체·공공기관, 그 밖에 이에 준하는 기관의 임용예정직에 관련성이 있는 직무분야에서 임용예정계급에 상응하는 근무경력 또는 연구경력이 3년(별표 1에 따른 특수기술부문에 근무할 사람을 임용하려는 경우에는 2년) 이상인 사람으로 한다. 다만, 의무경찰로 임용되어 정해진 복무를 마친 사람을 순경으로 경력경쟁채용등을 하는 경우를 제외하고는 종전 재직기관에서 퇴직한 날부터 다음 각 호에 해당하는 날까지의 기간이 3년을 넘는 사람을 경력경쟁채용등의 대상으로 할 수 없다. 〈개정 1993. 8. 23., 1998. 12. 31., 2015. 11. 4., 2015. 11. 20., 2016. 12. 30., 2020. 12. 31.〉

1. 경무관 이상인 경찰공무원을 채용하는 경우: 서류전형일

2. 총경 이하인 경찰공무원을 채용하는 경우: 면접시험일

④ 제3항에 따른 경력경쟁채용등을 할 때 다음 각 호의 어느 하나에 해당하는 경우에는 3년의 근무경력 또는 연구경력이 필요하지 아니하다. 〈개정 1991. 7. 30., 1994. 12. 31., 1996. 8. 8., 1998. 12. 31., 2008. 2. 29., 2011. 2. 9., 2011. 8. 30., 2013. 3. 23., 2014. 11. 19., 2015. 11. 4., 2015. 11. 20., 2016. 12. 30., 2017. 7. 26., 2017. 8. 16., 2020. 6. 23., 2020. 6. 30., 2021. 7. 6.〉

1. 의무경찰로 임용되어 정해진 복무를 마친 사람을 순경으로 임용하는 경우

2. 다음 각 목의 사람을 경사 이하의 경찰공무원으로 임용하는 경우

　　가. 2년제 이상 대학의 경찰행정 관련 학과를 졸업한 사람(법령에 따라 이와 같은 수준의 학력이 있다고 인정되는 사람을 포함한다)

　　나. 4년제 대학의 경찰행정 관련 학과에 재학 중이거나 재학했던 사람으로서 별표 1의2의 경찰행정학 전공 이수로 인정될 수 있는 과목을 45학점 이상 이수한 사람

3. 삭제 〈2016. 12. 30.〉

4. 보안업무와 관련 있는 사람을 보안요원으로 근무하게 하기 위하여 경장 이하의 경찰공무원으로 임용하는 경우

5. 임용예정직에 관련된 전문지식을 가진 사람을 경찰공무원으로 임용하는 경우

⑤ 삭제 〈2020. 12. 31.〉

⑥ 법 제10조 제3항 제5호에 따른 경력경쟁채용등의 대상은 해당 기관이 관할 또는 소재하는 읍·면지역에서 본인·배우자 또는 직계존속이 5년 이상 거주하고 있거나 거주한 사람이어야 하며, 이 경우의 임용예정계급은 순경으로 한다. 〈개정 2015. 11. 4., 2020. 12. 31.〉

⑦ 법 제8조 제3항 제6호에 따른 경력경쟁채용등의 대상은 행정안전부령으로 정하는 임용예정계급별 외국어 능력기준에 해당하여야 한다. 〈개정 1998. 12. 31., 2008. 2. 29., 2013. 3. 23., 2014. 11. 19., 2015. 11. 4., 2016. 12. 30., 2017. 7. 26., 2020. 12. 31.〉

⑧ 제2항 및 제3항에 따른 임용예정계급별 자격증의 구분, 근무경력 또는 연구경력의 기준 등에 관하여 필요한 사항은 행정안전부령으로 정한다. 〈개정 1996. 8. 8., 1998. 12. 31., 2008. 2. 29., 2013. 3. 23., 2014. 11. 19., 2016. 12. 30., 2017. 7. 26., 2020. 6. 23.〉

[제목개정 2015. 11. 4.]

제17조(채용후보자의 등록) ① 법 제10조에 따른 공개경쟁채용시험, 경찰간부후보생 공개경쟁선발시험 및 경력경쟁채용시험등에 합격한 사람은 행정안전부령으로 정하는 바에 따라 임용권자 또는 임용제청권자에게 채용후보자 등록을 해야 한다. 〈개정 1996. 8. 8., 1998. 12. 31., 2008. 2. 29., 2013. 3. 23., 2014. 11. 19., 2015. 11. 4., 2017. 7. 26., 2017. 10. 17., 2020. 6. 23., 2020. 12. 31.〉

② 제1항에 따른 채용후보자 등록을 하지 아니한 사람은 경찰공무원으로 임용될 의사가 없는 것으로 본다. 〈개정 2015. 11. 4., 2017. 10. 17.〉

제18조(채용후보자 명부의 작성) ① 법 제12조 제1항에 따른 채용후보자 명부는 임용예정계급별로 작성하되, 채용후보자의 서류를 심사하여 임용 적격자만을 등재한다. 〈개정 2016. 12. 30., 2020. 12. 31.〉

② 임용권자 또는 임용제청권자는 제1항에 따른 채용후보자 명부에의 등재 여부를 본인에게 알려야 한다. 〈개정 2016. 12. 30.〉

③ 채용후보자 명부의 유효기간은 2년으로 하되, 경찰청장은 필요에 따라 1년의 범위에서 그 기간을 연장할 수 있다. 〈개정 1991. 7. 30., 1996. 8. 8., 2014. 11. 19., 2016. 12. 30., 2017. 7. 26., 2020. 6. 23.〉

[제목개정 2016. 12. 30.]

제18조의2(임용 또는 임용제청의 유예) ① 임용권자 또는 임용제청권자는 채용후보자 명부에 등재된 채용후보자가 다음 각 호의 어느 하나에 해당하는 경우에는 채용후보자 명부의 유효기간의 범위에서 기간을 정하여 임용 또는 임용제청을 유예할 수 있다. 다만, 유예기간 중이라도 그 사유가 소멸한 경우에는 임용 또는 임용제청을 할 수 있다.

1. 「병역법」에 따른 병역복무를 위하여 징집 또는 소집되는 경우

2. 학업을 계속하는 경우

3. 6개월 이상의 장기요양이 필요한 질병이 있는 경우

4. 임신하거나 출산한 경우

5. 그 밖에 임용 또는 임용제청의 유예가 부득이하다고 인정되는 경우

② 제1항에 따른 임용 또는 임용제청의 유예를 원하는 사람은 해당 사유를 증명할 수 있는 자료를 첨부하여 임용권자 또는 임용제청권자가 정하는 기간 내에 신청해야 한다. 이 경우 원하는 유예기간을 분명하게 적어야 한다.

[본조신설 2020. 12. 10.]

제19조(채용후보자의 자격상실) 채용후보자가 다음 각 호의 어느 하나에 해당하는 경우에는 채용후보자로서의 자격을 상실한다. 〈개정 2016. 12. 30.〉

1. 채용후보자가 임용 또는 임용제청에 응하지 아니한 경우
2. 채용후보자로서 받아야 할 교육훈련에 응하지 아니한 경우
3. 채용후보자로서 받은 교육훈련성적이 수료점수에 미달되는 경우
4. 채용후보자로서 교육훈련을 받는 중에 퇴학처분을 받은 경우. 다만, 질병 등 교육훈련을 계속할 수 없는 불가피한 사정으로 퇴학처분을 받은 경우는 제외한다.

제20조(시보임용경찰공무원) ① 임용권자 또는 임용제청권자는 시보임용 기간 중에 있는 경찰공무원(이하 "시보임용경찰공무원"이라 한다)의 근무사항을 항상 지도·감독하여야 한다. 〈개정 2016. 12. 30.〉

② 임용권자 또는 임용제청권자는 시보임용경찰공무원이 다음 각 호의 어느 하나에 해당하여 정규 경찰공무원으로 임용하는 것이 부적당하다고 인정되는 경우에는 제3항에 따른 정규임용심사위원회의 심사를 거쳐 해당 시보임용경찰공무원을 면직시키거나 면직을 제청할 수 있다. 〈개정 1991. 7. 30., 2005. 5. 13., 2016. 12. 30.〉

1. 징계사유에 해당하는 경우
2. 제21조 제1항에 따른 교육훈련성적이 만점의 60퍼센트 미만이거나 생활기록이 극히 불량한 경우
3. 「경찰공무원 승진임용 규정」 제7조 제2항에 따른 제2 평정 요소의 평정점이 만점의 50퍼센트 미만인 경우

③ 시보임용경찰공무원을 정규 경찰공무원으로 임용하는 경우 그 적부(適否)를 심사하게 하기 위하여 임용권자 또는 임용제청권자 소속으로 정규임용심사위원회를 둔다. 〈개정 2016. 12. 30.〉

④ 정규임용심사위원회의 구성 및 운영에 필요한 사항은 행정안전부령으로 정한다. 〈개정 1996. 8. 8., 1998. 12. 31., 2008. 2. 29., 2013. 3. 23., 2014. 11. 19., 2017. 7. 26., 2017. 10. 17., 2020. 6. 23.〉

제21조(시보임용경찰공무원 등에 대한 교육훈련) ① 임용권자 또는 임용제청권자는 시보임용경찰공무원 또는 시보임용예정자에게 일정 기간 교육훈련(실무수습을 포함한다)을 시킬 수 있다. 이 경우 시보임용예정자에게 교육훈련을 받는 기간 동안 예산의 범위에서 임용예정계급의 1호봉에 해당하는 봉급의 80퍼센트에 해당하는 금액 등을 지급할 수 있다. 〈개정 2003. 3. 25., 2011. 1. 10., 2016. 12. 30., 2018. 7. 3.〉

② 임용권자 또는 임용제청권자는 시보임용예정자가 제1항에 따른 교육훈련성적이 만점의 60퍼센트 미만이거나 생활기록이 극히 불량할 때에는 시보임용을 하지 아니할 수 있다. 〈개정 2016. 12. 30.〉

[제목개정 2016. 12. 30.]

제22조(보직관리의 원칙) ① 임용권자 또는 임용제청권자는 법령에서 따로 정하거나 다음 각 호의 어느 하나에 해당하는 경우를 제외하고는 소속 경찰공무원에게 하나의 직위를 부여하여야 한다. 〈개정 2005. 5. 13., 2016. 12. 30.〉

  1. 「국가공무원법」 제43조에 따라 별도정원이 인정되는 휴직자의 복직, 파견된 자의 복귀 또는 파면·해임·면직된 자의 복귀 시에 그에 해당하는 계급의 결원이 없어 그 계급의 정원에 최초로 결원이 생길 때까지 해당 경찰공무원을 보직없이 근무하게 하는 경우

  2. 직제의 신설·개편 또는 폐지 시 2개월 이내의 기간 동안 기관의 신설 준비 등을 위하여 보직 없이 근무하게 하는 경우

② 경찰공무원을 보직할 때에는 경과·교육훈련·근무경력 등을 고려하여 능력을 적절히 발전시킬 수 있도록 하여야 한다. 〈개정 2016. 12. 30.〉

③ 상위계급의 직위에 하위계급인 사람을 보직할 수 있는 경우는 다음 각 호의 어느 하나에 해당하는 경우로 한정한다. 〈개정 2016. 12. 30.〉

  1. 승진후보자를 임용예정 계급의 직위에 보직하는 경우

  2. 해당 기관의 상위계급에 결원이 있으나 승진후보자가 없는 경우

④ 경찰공무원을 보직할 때에는 특별한 사정이 없으면 배우자 또는 직계존속이 거주하는 지역을 고려해야 한다. 〈개정 2016. 12. 30., 2019. 12. 24.〉

⑤ 경찰청장은 「국가공무원법」 제32조의5제2항 및 이 영에서 정하는 바에 따라 경찰공무원에 대한 보직관리 기준(이하 "보직관리기준"이라 한다)을 정하여야 한다. 〈개정 1991. 7. 30., 1996. 8. 8., 2005. 5. 13., 2014. 11. 19., 2016. 12. 30., 2017. 7. 26., 2020. 6. 23.〉

제23조(초임 경찰공무원의 보직) ① 경위 이상으로 신규채용된 경찰공무원은 관리능력을 배양할 수 있도록 전공 및 적성을 고려하여 합리적으로 보직하여야 한다. 〈개정 1987. 12. 31., 2016. 12. 30.〉

② 경사 이하로 신규채용된 경찰공무원은 지구대, 파출소, 기동순찰대, 경찰기동대나 그 밖에 경비업무를 수행하는 부서에 보직하여야 한다. 〈개정 2016. 12. 30.〉

③ 삭제 〈2016. 12. 30.〉

제24조(교육훈련이수자의 보직) ① 법 제22조 제3항에 따라 1년 이상의 교육훈련을 받은 경찰공무원은 특별한 사정이 없으면 그 교육훈련내용과 관련되는 직위에 보직해야 한다. 〈개정 2016. 12. 30., 2020. 12. 31.〉

② 제1항에도 불구하고 2년 이상 교육훈련을 받은 경찰공무원은 법 제22조 제2항에 따른 교육훈련기관의 인력현황을 고려하여 교수요원으로 보직할 수 있다. 〈개정 2016. 12. 30., 2020. 12. 31.〉

제25조(전문직위에 임용된 경찰공무원의 전보제한 등) ① 임용권자 또는 임용제청권자는 「공무원임용령」 제43조의3에 따른 전문직위(이하 "전문직위"라 한다)에 임용된 경찰공무원을 해당 직위에 임용된 날부터 3년의 범위에서 경찰청장이 정하는 기간이 지나야 다른 직위에 전보할 수 있다. 다만, 직무수행요건이 같은 직위 간의 전보 등 경찰청장이 정하는 경우에는 기간에 관계없이 전보할 수 있다.

② 제1항에서 규정한 사항 외에 전문직위의 지정, 전문직위 전문관의 선발 및 관리 등 전문직위의 운영에 필요한 사항은 경찰청장이 따로 정한다. 〈개정 2017. 10. 17.〉

[전문개정 2016. 12. 30.]

제26조(전보) 임용권자 또는 임용제청권자는 장기근무 또는 잦은 전보로 인한 업무 능률 저하를 방지하기 위하여 특별한 사정이 없으면 정기적으로 전보를 실시하여야 한다.
[전문개정 2017. 10. 17.]

제27조(전보의 제한) ① 임용권자 또는 임용제청권자는 소속 경찰공무원이 해당 직위에 임용된 날부터 1년 이내(감사업무를 담당하는 경찰공무원의 경우에는 2년 이내)에 다른 직위에 전보할 수 없다. 다만, 다음 각 호의 어느 하나에 해당하는 경우에는 그러하지 아니하다. 〈개정 1989. 7. 11., 1991. 7. 30., 1996. 8. 8., 2001. 2. 3., 2004. 2. 9., 2010. 6. 15., 2011. 10. 17., 2014. 11. 19., 2016. 12. 30., 2017. 7. 26., 2017. 10. 17., 2019. 12. 24., 2020. 6. 23.〉

    1. 직제상 최저단위인 보조기관 또는 보좌기관 내에서 전보하는 경우

    2. 경찰청과 소속기관등 또는 소속기관등 상호 간의 교류를 위하여 전보하는 경우

    3. 기구의 개편, 직제 또는 정원의 변경으로 해당 경찰공무원을 전보하는 경우

    4. 승진임용된 경찰공무원을 전보하는 경우

    5. 전문직위로 경찰공무원을 전보하는 경우

    6. 징계처분을 받은 경우

    7. 형사사건에 관련되어 수사기관에서 조사를 받고 있는 경우

    8. 경찰공무원으로서의 품위를 크게 손상하는 비위(非違)로 인한 감사 또는 조사가 진행 중이어서 해당 직위를 유지하는 것이 부적절하다고 판단되는 경찰공무원을 전보하는 경우

    9. 경찰기동대 등 경비부서에서 정기적으로 교체하는 경우

    10. 교육훈련기관의 교수요원으로 보직하는 경우

    11. 시보임용 중인 경우

    12. 신규채용된 경찰공무원을 해당 계급의 보직관리기준에 따라 전보하는 경우 및 이와 관련한 전보의 경우

    13. 감사담당 경찰공무원 가운데 부적격자로 인정되는 경우

    14. 경정 이하의 경찰공무원을 배우자 또는 직계존속이 거주하는 시·군·자치구 지역의 경찰기관으로 전보하는 경우

    15. 임신 중인 경찰공무원 또는 출산 후 1년이 지나지 않은 경찰공무원의 모성보호, 육아 등을 위하여 필요한 경우

② 법 제22조 제2항에 따른 교육훈련기관의 교수요원으로 임용된 사람은 그 임용일부터 1년 이상 3년 이하의 범위에서 경찰청장이 정하는 기간 안에는 다른 직위에 전보할 수 없다. 다만, 기구의 개편, 직제·정원의 변경이나 교육과정의 개편 또는 폐지가 있거나 교수요원으로서 부적당하다고 인정될 때에는 그렇지 않다. 〈개정 1987. 12. 31., 1991. 7. 30., 2001. 2. 3., 2004. 12. 18., 2007. 9. 20., 2009. 11. 23., 2013. 11. 5., 2014. 11. 19., 2016. 12. 30., 2017. 7. 26., 2020. 6. 23., 2020. 12. 31.〉

③ 법 제10조 제3항 제5호에 따라 채용된 경찰공무원은 그 채용일부터 5년의 범위에서 경찰청장이 정하는 기간(휴직기간, 직위해제기간 및 정직기간은 포함하지 않는다) 안에는 채용조건에 해당하는 기관 또는 부서 외의 기관 또는 부서로 전보할 수 없다. 〈개정 1991. 7. 30., 1996. 8. 8., 2011. 10. 17., 2014. 11. 19., 2015. 11. 4., 2017. 7. 26., 2020. 6. 23., 2020. 12. 31.〉

④ 다음 각 호의 어느 하나에 해당하는 임용은 제1항에 따른 전보제한기간을 계산할 때에는 새로운 임용으로 보지 아니한다. 〈개정 2010. 6. 15., 2016. 12. 30., 2017. 10. 17.〉

    1. 직제상 최저단위인 보조기관 또는 보좌기관 내에서 전보하는 경우

2. 승진 또는 강등 임용

3. 시보임용 중인 경찰공무원을 정규 경찰공무원으로 임용하는 경우

4. 기구의 개편, 직제 또는 정원의 변경에 따라 담당직무의 변경 없이 소속·직위만을 변경하여 재발령하는 경우

제28조(인사교류) ① 임용권자 또는 임용제청권자는 인력의 균형있는 배치와 효율적인 활용 및 경찰공무원의 능력발전 등을 위하여 인사교류계획을 수립하여 실시하여야 한다. 〈개정 2016. 12. 30.〉

② 소속기관등의 장은 그 소속 경찰공무원과 다른 소속기관등의 경찰공무원의 인사교류를 할 때에는 미리 경찰청장의 승인을 받아야 한다. 〈개정 1991. 7. 30., 1996. 8. 8., 2014. 11. 19., 2016. 12. 30., 2017. 7. 26., 2020. 6. 23.〉

제29조(특수지근무 경찰공무원의 인사교류) ① 임용권자는 2년의 범위에서 경찰청장이 정하는 기간 이상 특수지에서 근무한 총경 이하 경찰공무원에 대하여는 따로 인사교류계획을 수립하여 해당 지역 외의 지역으로 전보를 하여야 한다. 이 경우 전보는 경찰청장이 정하는 범위에서 본인이 희망하는 기관 또는 부서로 함을 원칙으로 한다. 〈개정 1991. 7. 30., 1996. 8. 8., 2014. 11. 19., 2016. 12. 30., 2017. 7. 26., 2020. 6. 23.〉

② 제1항의 경우 본인이 다른 지역으로의 전보를 희망하지 아니하거나 그 밖의 부득이한 사유가 있는 경우에는 전보대상에서 제외할 수 있다. 〈개정 2016. 12. 30.〉

③ 제1항 및 제2항에 따른 특수지의 범위, 교류대상·방법, 그 밖에 교류에 필요한 사항은 경찰청장이 정한다. 〈개정 1991. 7. 30., 1996. 8. 8., 2014. 11. 19., 2016. 12. 30., 2017. 7. 26., 2020. 6. 23.〉

[제목개정 2016. 12. 30.]

제30조(파견근무) ① 임용권자 또는 임용제청권자는 다음 각 호의 어느 하나에 해당하는 경우에는 「국가공무원법」 제32조의4에 따라 경찰공무원을 파견할 수 있다. 〈개정 2001. 2. 3., 2005. 5. 13., 2007. 10. 4., 2016. 2. 3., 2016. 12. 30., 2019. 11. 5., 2020. 10. 27.〉

1. 국가기관 외의 기관·단체에서의 국가적 사업을 수행하기 위하여 특히 필요한 경우

2. 다른 기관의 업무폭주로 인한 행정지원의 경우

3. 관련 기관 간의 긴밀한 협조가 필요한 특수업무를 공동으로 수행하기 위하여 필요한 경우

4. 「공무원 인재개발법」에 따른 교육훈련을 위하여 필요한 경우

5. 「공무원 인재개발법」에 따른 공무원교육훈련기관의 교수요원으로 선발된 경우

6. 국제기구, 외국의 정부 또는 연구기관에서의 업무수행 및 능력개발을 위하여 필요한 경우

7. 국내의 연구기관·민간기관 및 단체에서의 관련업무수행·능력개발이나 국가 정책수립과 관련된 자료수집 등을 위하여 필요한 경우

② 제1항에 따른 파견기간은 다음 각 호와 같다. 〈개정 2011. 10. 17., 2017. 10. 17.〉

1. 제1항 제1호부터 제3호까지 및 제7호에 따른 파견기간은 2년 이내로 하되, 필요한 경우에는 총 파견기간이 5년을 초과하지 않는 범위에서 파견기간을 연장할 수 있다.

2. 제1항 제4호 및 제6호에 따른 파견기간은 그 교육훈련·업무수행 및 능력개발을 위하여 필요한 기간으로 한다.

3. 제1항 제5호에 따른 파견기간은 1년 이내로 하되, 필요한 경우에는 총 파견기간이 2년을 초과하지 아니하는 범위에서 파견기간을 연장할 수 있다.

③ 제1항 제1호부터 제3호까지 및 제5호에 따른 파견의 경우에는 미리 파견받을 기관 또는 단체의 장의 요청이 있어야 하며, 다음 각 호의 어느 하나에 해당하는 경우에는 인사혁신처장과 협의하여야 한다.

다만, 제5항에 따라 협의된 파견기간 범위에서 경감 이하 경찰공무원의 파견기간을 연장하거나 경감 이하 경찰공무원의 파견기간이 종료된 후 그 파견자를 교체하는 경우에는 인사혁신처장과의 협의를 생략할 수 있다. 〈개정 2005. 11. 4., 2007. 10. 4., 2008. 2. 29., 2011. 10. 17., 2013. 3. 23., 2014. 11. 19.〉

1. 제1항 제1호부터 제3호까지 및 제6호·제7호에 따른 소속 경찰공무원을 파견하거나 그 파견기 간을 연장하는 경우

2. 제1호에 따른 파견 중 파견기간 종료 전에 파견자를 복귀시키는 경우로서 인사혁신처장이 정 하는 사유에 해당하는 경우

④ 소속기관등의 장은 제1항 제1호부터 제3호까지, 제6호 및 제7호에 따른 파견을 하거나 그 기간을 연장할 때에는 경찰청장의 승인을 받아야 한다. 〈개정 1991. 7. 30., 1996. 8. 8., 2007. 10. 4., 2014. 11. 19., 2016. 12. 30., 2017. 7. 26., 2020. 6. 23.〉

⑤ 인사혁신처장은 제3항 본문에 따라 파견의 협의를 하는 경우에는 「행정기관의 조직과 정원에 관한 통칙」 제24조의2에 따라 별도정원의 계급·규모 등에 대하여 행정안전부장관과 미리 협의하여야 한다. 〈신설 2014. 11. 19., 2017. 7. 26.〉

제30조의2(육아휴직 및 시간선택제전환경찰공무원 지정) ① 「국가공무원법」 제71조 제2항 제4호의 사유 로 인한 휴직명령은 그 경찰공무원이 원하는 경우 이를 분할하여 할 수 있다. 〈개정 2007. 10. 4.〉

② 임용권자 또는 임용제청권자는 경찰공무원이 원하는 경우에는 「국가공무원법」 제26조의2 및 「공무원 임용령」 제57조의3에 따라 통상적인 근무시간보다 짧은 시간을 근무하는 경찰공무원(이하 "시간선택 제전환경찰공무원"이라 한다)으로 지정할 수 있다. 〈개정 2007. 10. 4., 2017. 10. 17., 2018. 7. 3.〉

③ 제2항에 따른 시간선택제전환경찰공무원의 근무시간은 「경찰공무원 복무규정」 제15조 및 제20조 에도 불구하고 1주당 15시간 이상 35시간 이하의 범위에서 경찰청장이 정한다. 〈개정 2007. 10. 4., 2014. 11. 19., 2016. 12. 30., 2017. 7. 26., 2017. 10. 17., 2020. 6. 23.〉

④ 제2항 및 제3항에서 규정한 사항 외에 시간선택제전환경찰공무원의 지정에 필요한 사항은 행정안전 부령으로 정한다. 〈개정 2007. 10. 4., 2008. 2. 29., 2013. 3. 23., 2014. 11. 19., 2016. 12. 30., 2017. 7. 26., 2017. 10. 17., 2020. 6. 23.〉

[본조신설 2005. 11. 4.]

[제목개정 2017. 10. 17.]

제30조의3(출산휴가 또는 육아휴직자 등의 업무를 대행하는 경찰공무원) ① 임용권자 또는 임용제청권자 는 경찰공무원이 다음 각 호의 어느 하나에 해당하는 경우에는 그 공무원의 업무(제3호의 경우에는 시간선택제전환경찰공무원의 근무시간 외의 업무로 한정한다)를 소속 경찰공무원에게 대행하도록 명할 수 있다. 다만, 해당 경찰공무원의 휴직으로 인하여 「국가공무원법」 제43조 제1항에 따라 결원 을 보충한 경우에는 그러하지 아니하다. 〈개정 2017. 10. 17.〉

1. 「국가공무원법」 제71조 제1항 또는 제2항에 따라 휴직하는 경우

2. 「국가공무원 복무규정」 제18조 제1항 또는 제2항에 따른 병가 또는 같은 규정 제20조 제2항 또 는 제10항에 따라 출산휴가나 유산휴가 또는 사산휴가를 받은 경우

3. 시간선택제전환경찰공무원으로 지정된 경우

② 제1항에 따라 육아휴직, 병가, 출산휴가, 유산휴가 또는 사산휴가 중인 경찰공무원의 업무를 대행하 는 경찰공무원 및 시간선택제전환경찰공무원의 근무시간 외의 업무를 대행하는 경찰공무원에게는 예산의 범위에서 「공무원수당 등에 관한 규정」에서 정하는 바에 따라 수당을 지급할 수 있다. 〈개정 2016. 12. 30., 2017. 10. 17.〉

[전문개정 2007. 10. 4.]

제31조(파견 등으로 인한 결원 보충) ① 파견기간이 1년(제30조 제1항 제4호에 따른 파견의 경우에는 6개월) 이상인 경우에는 「국가공무원법」 제43조 제2항에 따른 파견 경찰공무원의 계급(제30조 제1항 제1호부터 제3호까지 및 제5호부터 제7호까지의 규정에 해당하는 경우에는 그 파견 직위에 해당하는 계급을 포함한다)에 해당하는 정원이 따로 있는 것으로 보고 결원을 보충할 수 있다. 이 경우 경찰청장은 미리 인사혁신처장과 협의하여야 한다. 〈개정 2010. 6. 15., 2013. 3. 23., 2014. 11. 19., 2017. 7. 26., 2020. 6. 23.〉

② 정년 잔여기간이 1년 이내인 사람이 퇴직 후의 사회적응능력 배양을 위하여 연수하게 된 경우에는 「국가공무원법」 제43조 제2항에 따라 정원이 따로 있는 것으로 보고 결원을 보충할 수 있다. 〈개정 2010. 6. 15., 2016. 12. 30.〉

③ 출산휴가와 연계하여 「국가공무원법」 제71조 제2항 제4호에 따라 3개월 이상 휴직하는 경우에는「국가공무원법」 제43조 제1항 단서에 따라 정원이 따로 있는 것으로 보고 결원을 보충할 수 있다. 〈신설 2007. 10. 4.〉

[제목개정 2010. 6. 15.]

제5장　채용시험

제32조(시험실시의 원칙) 경찰공무원의 채용시험은 계급별로 실시한다. 다만, 결원보충을 원활히 하기 위하여 필요하다고 인정될 때에는 직무분야별·근무예정지역 또는 근무예정기관별로 구분하여 실시할 수 있다.

제33조(시험실시권) 경찰청장은 법 제20조 제1항 단서에 따라 순경(항공경찰분야에 종사할 사람은 제외한다)의 공개경쟁채용시험의 실시권과 의무경찰로 임용되어 정해진 복무를 마친 사람에 대한 순경으로의 경력경쟁채용시험등의 실시권을 소속기관등의 장에게 위임하고, 경찰간부후보생의 공개경쟁선발시험의 실시권을 경찰대학의 장에게 위임한다. 다만, 경찰청장은 시험출제수준의 균형을 유지하기 위하여 특히 필요하다고 인정하는 경우에는 시험출제업무를 할 수 있다. 〈개정 1991. 7. 30., 1993. 8. 23., 1996. 8. 8., 2009. 11. 23., 2014. 11. 19., 2015. 11. 4., 2015. 11. 20., 2016. 12. 30., 2017. 7. 26., 2018. 3. 30., 2018. 7. 3., 2020. 6. 23., 2020. 12. 31.〉

제34조(공개경쟁채용시험의 공고) ① 경찰청장 또는 제33조에 따라 시험실시권의 위임을 받은 사람(이하 "시험실시권자"라 한다)은 공개경쟁채용시험을 실시할 때에는 임용예정계급, 응시자격, 선발예정인원, 시험의 방법·시기·장소, 시험과목 및 배점에 관한 사항을 시험실시 20일 전까지 공고하여야 한다. 다만, 시험 일정 등 미리 공고할 필요가 있는 사항은 시험 실시 90일 전까지 공고하여야 한다. 〈개정 1991. 7. 30., 1996. 8. 8., 2012. 5. 1., 2014. 11. 19., 2016. 12. 30., 2017. 7. 26., 2017. 10. 17., 2020. 6. 23.〉

② 제1항에 따른 공고내용을 변경할 때에는 시험실시 7일 전까지 그 변경내용을 공고하여야 한다. 〈개정 2016. 12. 30.〉

③ 시험실시권자는 「재난 및 안전관리 기본법」 제14조제1항에 따른 대규모 재난 또는 이에 준하는 불가피한 사유로 공고된 기일에 시험을 실시하기 곤란하다고 판단하는 경우에는 시험의 전부 또는 일부를 연기하거나 시험의 방법·장소를 변경하여 실시할 수 있다. 〈신설 2021. 7. 6.〉

④ 제3항에 따라 시험을 연기·변경하는 경우에는 그 사유 등을 지체 없이 모든 응시자가 알 수 있도록

인터넷 또는 그 밖의 효과적인 방법으로 공고해야 한다. 〈신설 2021. 7. 6.〉

제35조(시험의 방법) ① 경찰공무원의 채용시험(법 제10조 제3항 제8호에 따른 경력경쟁채용시험등은 제외한다)은 다음 각 호의 방법에 따른 신체검사 · 체력검사 · 필기시험 · 종합적성검사 · 면접시험 또는 실기시험과 서류전형으로 실시한다. 다만, 시험실시권자는 업무내용의 특수성이나 그 밖의 사유로 필요하다고 인정하는 경우에는 체력검사를 실시하지 않을 수 있다. 〈개정 1993. 8. 23., 2016. 12. 30., 2020. 12. 31.〉

    1. 신체검사: 직무수행에 필요한 신체조건 및 건강상태를 검정하는 것으로 한다.

    2. 체력검사: 직무수행에 필요한 민첩성 · 지구력 등 체력을 검정하는 것으로 한다.

    3. 필기시험: 교양부문과 전문부문으로 구분하되, 교양부문은 일반교양정도를, 전문부문은 직무수행에 필요한 지식과 그 응용능력을 검정하는 것으로 한다.

    4. 종합적성검사: 직무수행에 필요한 적성과 자질을 종합검정하는 것으로 한다.

    5. 면접시험: 직무수행에 필요한 능력, 발전성 및 적격성을 검정하는 것으로 한다.

    6. 실기시험: 직무수행에 필요한 지식 및 기술을 실습 또는 실기의 방법에 의하여 검정하는 것으로 한다.

    7. 서류전형: 직무수행에 관련되는 자격 및 경력등을 서면에 의하여 심사하는 것으로 한다.

② 법 제10조 제2항에 따라 교육훈련을 마친 경찰간부후보생에 대한 경위에의 채용시험은 그 교육훈련 과정에서 이수한 과목을 검정하는 것으로 한다. 〈개정 2016. 12. 30., 2020. 12. 31.〉

③ 제2항에 따른 시험의 방법 · 합격자의 결정 등에 필요한 사항은 경찰청장의 승인을 받아 경찰대학의 장이 정한다. 〈개정 1991. 7. 30., 1996. 8. 8., 2009. 11. 23., 2014. 11. 19., 2016. 12. 30., 2017. 7. 26., 2018. 7. 3., 2020. 6. 23.〉

제36조(시험의 구분 등) ① 경정 및 순경의 공개경쟁채용시험은 다음 각 호의 단계에 따라 순차적으로 실시한다. 다만, 시험실시권자는 업무내용의 특수성이나 그 밖의 사유로 필요하다고 인정될 때에는 그 순서를 변경하여 실시할 수 있다. 〈개정 1993. 8. 23., 2016. 12. 30., 2021. 1. 5.〉

    1. 제1차시험 : 신체검사

    2. 제2차시험 : 체력검사

    3. 제3차시험 : 선택형 필기시험. 다만, 기입형을 가미할 수 있다.

    4. 제4차시험 : 논문형 필기시험. 다만, 과목별로 기입형을 가미할 수 있다.

    5. 제5차시험 : 종합적성검사

    6. 제6차시험: 면접시험. 다만, 실기시험을 병행할 수 있다.

② 제1항에도 불구하고 순경 공개경쟁채용시험은 제1항 제4호의 시험을 실시하지 아니한다. 〈개정 1994. 12. 31., 2016. 12. 30.〉

③ 제1항에 따른 시험을 치르는 사람은 전(前) 단계 시험에 합격하지 아니하면 다음 단계의 시험에 응시할 수 없다. 다만, 시험실시권자가 필요하다고 인정할 때에는 전 단계 시험의 합격 결정 전에 다음 단계의 시험을 실시할 수 있으며, 이 경우 전 단계 시험에 합격하지 아니한 사람의 다음 단계 시험은 무효로 한다. 〈개정 2016. 12. 30.〉

[제목개정 2016. 12. 30.]

제37조(경찰간부후보생 공개경쟁선발시험) 법 제10조 제2항에 따른 경찰간부후보생 공개경쟁선발시험의 공고, 시험의 구분 등에 관하여는 제34조, 제35조 제1항, 제36조 제1항 및 제3항을 준용한다. 이 경우 제34조 제1항의 "공개경쟁채용시험", 제35조 제1항의 "경찰공무원의 채용시험" 및 제36조 제1항의

"경정 및 순경의 공개경쟁채용시험"은 각각 "경찰간부후보생 공개경쟁선발시험"으로 본다. 〈개정 2020. 12. 31.〉

[전문개정 2016. 12. 30.]

제37조(경찰간부후보생 공개경쟁선발시험) 법 제10조 제2항에 따른 경찰간부후보생 공개경쟁선발시험의 공고, 시험의 구분 등에 관하여는 제34조, 제35조 제1항 및 제36조를 준용한다. 이 경우 제34조 제1 항의 "공개경쟁채용시험", 제35조 제1항의 "경찰공무원의 채용시험", 제36조 제1항의 "경정 및 순경의 공개경쟁채용시험" 및 같은 조 제2항의 "순경 공개경쟁채용시험"은 각각 "경찰간부후보생 공개경쟁선발시험"으로 본다. 〈개정 2019. 12. 24., 2020. 12. 31.〉

[전문개정 2016. 12. 30.]

[시행일: 2022. 1. 1.] 제37조

제38조(경력경쟁채용시험등) ① 경력경쟁채용시험등(법 제10조 제3항 제8호에 따른 경력경쟁채용시험 등은 제외한다)은 신체검사 및 체력검사와 다음 각 호의 구분에 따른 방법으로 한다. 다만, 경무관 이 상의 경찰공무원의 경력경쟁채용등은 서류전형의 방법으로 하고, 총경 이하의 경찰공무원의 경력경 쟁채용등은 시험실시권자가 업무내용의 특수성 또는 그 밖의 사유로 필요하다고 인정하는 경우에는 체력검사를 실시하지 아니할 수 있다. 〈개정 1993. 8. 23., 1998. 12. 31., 2007. 2. 28., 2011. 2. 9., 2015. 11. 4., 2020. 12. 31., 2021. 1. 5.〉

 1. 법 제10조 제3항 제1호 및 제2호에 따른 경력경쟁채용등의 경우에는 서류전형과 면접시험. 다 만, 필기시험 또는 실기시험을 병행할 수 있고, 업무의 특수성 등을 고려하여 특히 필요하다고 인정되는 경우에는 두 시험을 모두 병행하여 실시할 수 있다.
 2. 법 제10조 제3항 제3호·제5호 및 제6호에 따른 경력경쟁채용등의 경우에는 서류전형· 필기시험 또는 실기시험과 면접시험. 다만, 업무의 특수성 등을 고려하여 특히 필요하다고 인정되 는 경우에는 필기시험과 실기시험을 모두 병행하여 실시할 수 있다.
 3. 법 제10조 제3항 제4호에 따른 경력경쟁채용등의 경우에는 서류전형·필기시험 및 면접시험. 이 경우 5급공무원 공개경쟁채용시험 또는 사법시험과 중복되는 과목은 면제한다.

② 제1항에 따른 신체검사는 경찰청장이 지정하는 기관에서 발급하는 신체검사서로 한다. 〈개정 1991. 7. 30., 1996. 8. 8., 2014. 11. 19., 2015. 11. 4., 2017. 7. 26., 2020. 6. 23.〉

③ 제1항 각 호에 따른 필기시험은 선택형으로 하되, 기입형 또는 논문형을 가미할 수 있다. 〈개정 2007. 2. 28., 2015. 11. 4.〉

④ 제1항에 따른 경력경쟁채용시험등의 공고에 관하여는 제34조를 준용한다. 다만, 제34조 제1항 본문 에 따른 공고 시기는 시험 실시 10일 전까지로 한다. 〈개정 2021. 7. 6.〉

제38조의2(국가수사본부장의 경력경쟁채용시험등) ① 법 제10조 제3항 제8호에 따라 국가수사본부장의 임용을 위한 경력경쟁채용시험등을 실시하는 경우에는 시험의 방법·시기·장소 등에 관한 사항을 시험실시 10일 전까지 공고해야 한다.

② 제1항에 따른 경력경쟁채용시험등은 다음 각 호의 구분에 따른 방법으로 실시한다.

 1. 서류심사: 「국가경찰과 자치경찰의 조직 및 운영에 관한 법률」 제16조 제6항 각 호에 따른 응 시자격을 서면으로 심사하고 응시자격을 갖춘 사람은 모두 합격 처리하되, 응시인원이 8명 이 상인 경우에는 합격자를 7명으로 제한하여 결정한다.
 2. 신체검사: 약물검사 및 「공무원 채용 신체검사 규정」에 따른 신체검사서의 결과로 합격 여부를 결정한다.

3. 종합심사: 직무수행능력, 적격성 및 공직관 등을 종합적으로 심사하여 2명 또는 3명의 임용후보자를 결정한다.

③ 제2항 제1호 및 제3호에 따른 시험을 위해 경찰청에 서류심사위원회 및 국가수사본부장 임용후보자 종합심사위원회를 두며, 각 위원회의 구성·운영 및 위원의 자격 등은 경찰청장이 정한다.

④ 법 제10조 제3항 제8호에 따른 경력경쟁채용등을 하는 경우에는 제16조 제1항 제2호 및 제39조 제1항을 적용하지 않는다.

[본조신설 2020. 12. 31.]

제39조(응시연령 및 신체조건 등) ① 경찰공무원 채용시험에 응시하려는 사람은 최종시험 예정일이 속한 연도에 별표 1의3에 따른 응시연령에 해당하여야 한다. 다만, 별표 1의3에 따른 응시상한연령을 1세 초과한 사람으로서 1월 1일에 출생한 사람은 경찰공무원 채용시험에 응시할 수 있다. 〈개정 2012. 12. 28.〉

② 경찰간부후보생 공개경쟁선발시험에 응시할 수 있는 사람의 나이는 21세 이상 40세 이하로 한다. 〈개정 2012. 12. 28.〉

③ 경찰공무원 채용시험 및 경찰간부후보생 공개경쟁선발시험의 신체검사 및 체력검사의 평가기준과 방법은 행정안전부령으로 정한다. 〈개정 1993. 8. 23., 1996. 8. 8., 1998. 12. 31., 2008. 2. 29., 2011. 2. 9., 2013. 3. 23., 2014. 11. 19., 2016. 12. 30., 2017. 7. 26., 2020. 6. 23.〉

④ 경찰간부후보생 공개경쟁선발시험 또는 순경 공개경쟁채용시험에 응시하려는 사람은 「도로교통법」 제80조 제2항 제1호에 따른 제1종 운전면허 중 대형면허 또는 보통면허를 받은 사람이어야 한다. 〈신설 2000. 11. 28., 2005. 5. 13., 2006. 5. 30., 2014. 11. 19., 2016. 12. 30., 2017. 7. 26., 2020. 6. 23.〉

⑤ 경찰청장은 경사 이하 경찰공무원의 경력경쟁채용시험등에 응시하려는 사람에 대해서도 제4항 본문에 따른 응시자격을 갖추도록 할 수 있다. 〈개정 2015. 11. 4., 2017. 7. 26., 2020. 6. 23.〉

⑥ 삭제 〈2020. 6. 23.〉

[제목개정 1993. 8. 23.]

[2012. 12. 28. 대통령령 제24275호에 의하여 2012. 5. 31. 헌법불합치 결정된 이 조 제1항을 개정함]

제40조 삭제 〈2011. 2. 9.〉

제40조의2(응시자격의 예외) 경찰청장은 법 제10조 제3항 각 호 외의 부분 본문에 따라 경찰공무원으로 경력경쟁채용등을 하는 경우로서 임용예정직위의 직무수행을 위하여 특히 필요하다고 인정될 때에는 연령·학력 및 거주요건 등 응시자격을 제한하여 시험을 실시할 수 있다. 〈개정 2014. 11. 19., 2015. 11. 4., 2016. 12. 30., 2017. 7. 26., 2020. 6. 23., 2020. 12. 31.〉

[본조신설 2005. 11. 4.]

제41조(시험과목) ① 경찰공무원 공개경쟁채용시험의 필기시험과목은 별표 2와 같고, 경찰간부후보생 공개경쟁선발시험의 필기시험과목은 별표 3과 같으며, 경찰공무원의 경력경쟁채용시험등의 필기시험과목은 별표 4와 같다. 다만, 영어 과목은 다음 각 호의 어느 하나의 시험으로 대체할 수 있다. 〈개정 1998. 12. 31., 2011. 2. 9., 2011. 8. 30., 2015. 11. 4., 2016. 12. 30.〉

1. 경찰청장이 지정하는 국내외 외국어 시험전문기관에서 실시하는 영어시험
2. 별표 5에 따른 영어능력 검정시험(경사 이하 채용시험은 제외한다)

② 삭제 〈2020. 6. 23.〉

[전문개정 1994. 12. 31.]

제41조(필기시험) ① 경찰공무원 공개경쟁채용시험의 필기시험 과목 및 배점은 별표 2와 같고, 경찰간부

후보생 공개경쟁선발시험의 필기시험 과목 및 배점은 별표 3과 같으며, 경찰공무원의 경력경쟁채용시험등의 필기시험 과목 및 배점은 별표 4와 같다. 다만, 별표 2, 별표 3 및 별표 4의 시험과목 중 다음 각 호의 시험과목은 해당 호에서 정하는 시험으로 대체한다. 〈개정 1998. 12. 31., 2011. 2. 9., 2011. 8. 30., 2015. 11. 4., 2016. 12. 30., 2019. 12. 24., 2020. 10. 27.〉

    1. 필수과목 중 영어 과목: 별표 5에서 정한 영어능력검정시험

    2. 필수과목 중 한국사 과목: 별표 7에서 정한 한국사능력검정시험

② 삭제 〈2020. 6. 23.〉

[전문개정 1994. 12. 31.]

[제목개정 2020. 10. 27.]

[시행일: 2022. 1. 1.] 제41조

제42조(출제수준) 경찰공무원 채용시험의 출제수준은 다음 각 호의 구분에 따른다.

    1. 경위 이상 및 경찰간부후보생: 경찰행정의 기획 및 관리에 필요한 능력·지식을 검정할 수 있는 정도

    2. 경사 및 경장: 경찰업무수행에 필요한 전문적 능력·지식을 검정할 수 있는 정도

    3. 순경: 경찰업무수행에 필요한 기본적 능력·지식을 검정할 수 있는 정도

[전문개정 2016. 12. 30.]

제43조(시험의 합격결정) ① 경찰공무원의 공개경쟁채용시험 및 경찰간부후보생공개경쟁선발시험의 경우 체력검사는 매종목 실격 없이 전 평가종목 총점의 40퍼센트 이상의 득점자를 합격자로 결정하며, 필기시험은 매과목 40퍼센트 이상, 전과목 총점의 60퍼센트 이상의 득점자 중에서 선발예정인원과 시험성적을 고려하여 고득점자순으로 합격자를 결정한다. 다만, 순경의 공개경쟁채용시험의 경우 필기시험은 매과목 40퍼센트 이상의 득점자 중에서 선발예정인원을 고려하여 고득점자순으로 합격자를 결정한다. 〈개정 1993. 8. 23., 2011. 2. 9., 2015. 11. 4.〉

② 경찰공무원의 경력경쟁채용시험등의 경우 체력검사의 합격자 결정에 관하여는 제1항 본문을 준용하며, 필기시험 또는 실기시험은 전과목 총점의 60퍼센트 이상의 득점자 중에서 선발예정인원과 시험성적을 고려하여 고득점자순으로 합격자를 결정한다. 다만, 의무경찰로 임용되어 정해진 복무를 마친 사람을 순경으로 경력경쟁채용등을 하는 경우 필기시험의 합격자 결정에 관하여는 제1항 단서를 준용한다. 〈개정 1993. 8. 23., 2011. 2. 9., 2015. 11. 4., 2015. 11. 20., 2016. 12. 30.〉

③ 종합적성검사의 결과는 면접시험에 반영한다. 〈개정 1993. 8. 23.〉

④ 최종합격자의 결정은 면접시험합격자 중에서 다음 각 호의 방법에 따라 산정한 성적의 순위에 따른다. 〈개정 2010. 5. 4., 2011. 2. 9., 2015. 11. 4., 2020. 12. 31.〉

    1. 체력검사, 필기시험 또는 실기시험 및 면접시험을 실시하는 경우: 체력검사성적 25퍼센트, 필기시험 성적(제36조 제1항에 따라 제3차시험과 제4차시험을 구분하여 실시할 때에는 이를 합산한 성적을 말한다. 이하 같다) 또는 실기시험성적 50퍼센트 및 면접시험 성적 25퍼센트의 비율로 합산한 성적

    2. 체력검사, 필기시험, 실기시험 및 면접시험을 실시하는 경우: 체력검사 성적 10퍼센트, 필기시험 성적 30퍼센트, 실기시험 성적 35퍼센트 및 면접시험 성적 25퍼센트의 비율로 합산한 성적

    3. 필기시험, 실기시험 및 면접시험을 실시하는 경우: 필기시험 성적 30퍼센트, 실기시험 성적 45퍼센트 및 면접시험 성적 25퍼센트의 비율로 합산한 성적

    4. 필기시험 또는 실기시험 및 면접시험을 실시하는 경우: 필기시험 성적 또는 실기시험 성적 75

퍼센트 및 면접시험 성적 25퍼센트의 비율로 합산한 성적. 다만, 법 제10조 제3항 제4호에 따른 경력경쟁채용시험등의 경우에는 면접시험 성적 100퍼센트로 한다.

5. 체력검사 및 면접시험을 실시하는 경우: 체력검사 성적 25퍼센트 및 면접시험 성적 75퍼센트의 비율로 합산한 성적

6. 면접시험을 실시하는 경우: 면접시험 성적 100퍼센트

⑤ 삭제 〈2020. 6. 23.〉

제43조(시험의 합격결정) ① 체력검사는 각 평가종목에 실격이 없고 전 평가종목 총점의 40퍼센트 이상을 득점한 사람을 합격자로 결정한다. 〈개정 2020. 10. 27.〉

② 필기시험은 다음 각 호의 구분에 따른 방법에 따라 합격자를 결정한다. 〈개정 2020. 10. 27.〉

1. 경찰공무원(순경은 제외한다) 공개경쟁채용시험 및 경찰간부후보생 공개경쟁선발시험의 경우: 다음 각 목의 순서에 따른 요건에 모두 해당하는 사람 중에서 선발예정인원과 시험성적을 고려하여 나목의 전 과목 총점이 높은 사람부터 차례로 합격자를 결정한다.

   가. 별표 5에서 정한 영어능력검정시험 및 별표 7에서 정한 한국사능력검정시험에서 각각 기준점수 및 기준등급 이상을 취득할 것

   나. 영어 과목 및 한국사 과목을 제외한 나머지 과목에서 각 과목 만점의 40퍼센트 이상, 전 과목 총점의 60퍼센트 이상을 득점할 것

2. 순경 공개경쟁채용시험의 경우: 다음 각 목의 순서에 따른 요건에 모두 해당(가목의 경우 필수과목에 영어 과목 또는 한국사 과목이 있는 경우만 해당한다)하는 사람 중에서 선발예정인원과 시험성적을 고려하여 영어 과목 및 한국사 과목을 제외한 전 과목 총점이 높은 사람부터 차례로 합격자를 결정한다.

   가. 별표 5에서 정한 영어능력검정시험 또는 별표 7에서 정한 한국사능력검정시험에서 각각 기준점수 또는 기준등급 이상을 취득할 것

   나. 영어 과목 및 한국사 과목을 제외한 나머지 과목에서 각 과목 만점의 40퍼센트 이상을 득점할 것

3. 경찰공무원 경력경쟁채용시험등의 경우: 다음 각 목의 순서에 따른 요건에 모두 해당(가목의 경우 필수과목에 영어 과목 또는 한국사 과목이 있는 경우만 해당한다)하는 사람 중에서 선발예정인원과 시험성적을 고려하여 나목의 전 과목 총점이 높은 사람부터 차례로 합격자를 결정한다. 다만, 의무경찰로 임용되어 정해진 복무를 마친 사람을 순경으로 경력경쟁채용등을 하는 경우에는 제2호의 방법에 따라 합격자를 결정한다.

   가. 별표 5에서 정한 영어능력검정시험 또는 별표 7에서 정한 한국사능력검정시험에서 각각 기준점수 또는 기준등급 이상을 취득할 것

   나. 필수과목인 영어 과목 및 한국사 과목을 제외한 나머지 과목에서 전 과목 총점의 60퍼센트 이상을 득점할 것

③ 실기시험은 만점의 60퍼센트 이상을 득점한 사람 중에서 선발예정인원과 시험성적을 고려하여 점수가 높은 사람부터 차례로 합격자를 결정한다. 〈신설 2020. 10. 27.〉

④ 종합적성검사의 결과는 면접시험에 반영한다. 〈개정 1993. 8. 23., 2020. 10. 27.〉

⑤ 최종합격자의 결정은 면접시험합격자 중에서 다음 각 호의 방법에 따라 산정한 성적의 순위에 따른다. 〈개정 2010. 5. 4., 2011. 2. 9., 2015. 11. 4., 2020. 10. 27., 2020. 12. 31.〉

1. 체력검사, 필기시험 또는 실기시험 및 면접시험을 실시하는 경우: 체력검사성적 25퍼센트, 필

기시험 성적(제36조 제1항에 따라 제3차시험과 제4차시험을 구분하여 실시할 때에는 이를 합산한 성적을 말한다. 이하 같다) 또는 실기시험성적 50퍼센트 및 면접시험 성적 25퍼센트의 비율로 합산한 성적

2. 체력검사, 필기시험, 실기시험 및 면접시험을 실시하는 경우: 체력검사 성적 10퍼센트, 필기시험 성적 30퍼센트, 실기시험 성적 35퍼센트 및 면접시험 성적 25퍼센트의 비율로 합산한 성적

3. 필기시험, 실기시험 및 면접시험을 실시하는 경우: 필기시험 성적 30퍼센트, 실기시험 성적 45퍼센트 및 면접시험 성적 25퍼센트의 비율로 합산한 성적

4. 필기시험 또는 실기시험 및 면접시험을 실시하는 경우: 필기시험 성적 또는 실기시험 성적 75퍼센트 및 면접시험 성적 25퍼센트의 비율로 합산한 성적. 다만, 법 제10조 제3항 제4호에 따른 경력경쟁채용시험등의 경우에는 면접시험 성적 100퍼센트로 한다.

5. 체력검사 및 면접시험을 실시하는 경우: 체력검사 성적 25퍼센트 및 면접시험 성적 75퍼센트의 비율로 합산한 성적

6. 면접시험을 실시하는 경우: 면접시험 성적 100퍼센트

[시행일: 2022. 1. 1.] 제43조

제43조의2(순경 공개경쟁채용시험 선택과목의 점수 산출방법) ① 순경 공개경쟁채용시험의 선택과목에서 득점은 응시자가 선택한 과목 점수의 표준편차와 평균점을 산출하여 별표 6의 계산식에 따라 조정한 점수(이하 "조정점수"라 한다)로 한다.

② 제43조 제1항 단서에서 "매과목 40퍼센트 이상"이란 응시자의 조정점수와 조정 전 점수 중 어느 하나가 40퍼센트 이상에 해당하는 것을 말한다.

[본조신설 2012. 12. 28.]

제43조의2 삭제 〈2019. 12. 24.〉 [시행일 : 2022. 1. 1.] 제43조의2

제44조(응시수수료) ① 경찰공무원의 채용시험 및 경찰간부후보생 공개경쟁선발시험의 응시자는 다음 각 호의 구분에 따른 응시수수료를 납부하여야 한다. 〈개정 1994. 12. 31., 2016. 12. 30.〉

1. 경정 이상 경찰공무원의 채용시험: 1만원

2. 경사 이상 경감 이하 경찰공무원의 채용시험: 7천원

3. 경찰간부후보생 공개경쟁선발시험: 7천원

4. 경장 이하 경찰공무원의 채용시험: 5천원

② 제1항에 따른 응시수수료는 정보통신망을 이용한 전자결제 등 시험실시권자가 지정하는 방법으로 납부하여야 하며, 납부된 응시수수료는 반환할 수 있다. 다만, 시험실시일 3일 이전까지 접수를 철회하지 않은 경우에는 그러하지 아니하다. 〈개정 2011. 2. 9.〉

제45조(시험위원의 임명 등) ① 시험실시권자는 경찰공무원 채용시험 및 경찰간부후보생 공개경쟁선발시험의 출제, 채점, 면접시험, 실기시험, 서류전형, 그 밖에 시험의 실시에 필요한 사항을 담당하게 하기 위하여 다음 각 호의 어느 하나에 해당하는 사람을 시험위원으로 임명 또는 위촉할 수 있다. 〈개정 2016. 12. 30.〉

1. 해당 직무분야의 전문적인 학식 또는 능력이 있는 사람

2. 시험출제에 관하여 전문적인 지식이 있는 사람

3. 임용예정직무에 관한 실무에 정통한 사람

② 제1항에 따라 시험위원으로 임명 또는 위촉된 사람은 시험실시권자가 요구하는 시험문제 작성상의 유의사항 및 서약서 등에 따른 준수사항을 성실히 이행하여야 한다. 〈개정 2016. 12. 30.〉

③ 시험실시권자는 제2항을 위반하여 시험의 신뢰도를 크게 떨어뜨리는 행위를 한 시험위원이 있을 때에는 그 명단을 다른 시험실시권자에게 통보하고, 해당 시험위원이 소속하고 있는 기관의 장에게 그 시험위원에 대한 징계 등 적절한 조치를 할 것을 요청하여야 한다. 〈개정 2016. 12. 30., 2017. 10. 17.〉

④ 시험실시기관의 장은 제3항에 따른 통보를 받은 사람에 대하여는 그 때부터 5년간 경찰공무원채용시험 및 경찰간부후보생 공개경쟁선발시험의 시험위원으로 임명 또는 위촉할 수 없다. 〈개정 2016. 12. 30.〉

⑤ 제1항에 따라 시험위원으로 임명 또는 위촉된 사람에게는 예산의 범위에서 경찰청장이 정하는 바에 따라 수당을 지급할 수 있다. 〈개정 1991. 7. 30., 1996. 8. 8., 2014. 11. 19., 2016. 12. 30., 2017. 7. 26., 2020. 6. 23.〉

[제목개정 2016. 12. 30.]

제45조의2(채용심사관) ① 채용할 경찰공무원에 대한 효과적인 적격성 검증을 위하여 시험실시권자 소속으로 채용심사관을 둘 수 있다.

② 채용심사관의 운영에 필요한 사항은 행정안전부령으로 정한다. 〈개정 2013. 3. 23., 2014. 11. 19., 2017. 7. 26.〉

[본조신설 2011. 2. 9.]

제46조(부정행위자에 대한 조치) ① 경찰공무원의 채용시험 또는 경찰간부후보생 공개경쟁선발시험에서 다음 각 호의 어느 하나에 해당하는 행위를 한 사람에 대해서는 해당 시험을 정지 또는 무효로 하거나 합격을 취소하고, 그 처분이 있은 날부터 5년간 이 영에 따른 시험에 응시할 수 없게 한다. 〈개정 2015. 10. 20.〉

1. 다른 수험생의 답안지를 보거나 본인의 답안지를 보여주는 행위
2. 대리 시험을 의뢰하거나 대리로 시험에 응시하는 행위
3. 통신기기, 그 밖의 신호 등을 이용하여 해당 시험 내용에 관하여 다른 사람과 의사소통하는 행위
4. 부정한 자료를 가지고 있거나 이용하는 행위
5. 병역, 가점 등 시험에 관한 증명서류에 거짓 사실을 적거나 그 서류를 위조·변조하여 시험결과에 부당한 영향을 주는 행위
6. 체력검사나 실기시험에 영향을 미칠 목적으로 인사혁신처장이 정하여 고시하는 금지약물을 복용하거나 금지방법을 사용하는 행위
7. 그 밖에 부정한 수단으로 본인 또는 다른 사람의 시험결과에 영향을 미치는 행위

② 경찰공무원의 채용시험 또는 경찰간부후보생 공개경쟁선발시험에서 다음 각 호의 어느 하나에 해당하는 행위를 한 사람에 대해서는 그 시험을 정지하거나 무효로 한다. 〈신설 2015. 10. 20.〉

1. 시험 시작 전에 시험문제를 열람하는 행위
2. 시험 시작 전 또는 종료 후에 답안을 작성하는 행위
3. 허용되지 아니한 통신기기 또는 전자계산기를 가지고 있는 행위
4. 그 밖에 시험의 공정한 관리에 영향을 미치는 행위로서 시험실시기관의 장이 시험의 정지 또는 무효 처리기준으로 정하여 공고한 행위

③ 다른 법령에 따른 국가공무원 또는 지방공무원 임용시험에서 부정행위를 하여 해당 시험에의 응시자격이 정지된 사람은 응시자격정지 기간 중 이 영에 따른 시험에 응시할 수 없다. 〈개정 2017. 10. 17.〉

④ 시험실시권자는 부정행위를 한 응시자의 명단을 관보에 게재하여야 한다. 〈개정 2015. 10. 20.〉

⑤ 부정행위를 한 응시자가 공무원일 경우에는 시험실시권자는 관할징계위원회에 징계의결을 요구하거나 그 공무원이 소속된 기관의 장에게 이를 요구하여야 한다. 〈개정 2015. 10. 20., 2017. 10. 17.〉

⑥ 시험실시기관의 장은 인사혁신처장이 정하는 바에 따라 제1항 제6호에 해당하는지 여부를 조사할 수 있다. 〈신설 2015. 10. 20.〉

제6장　신분보장

제47조(직권면직사유) ① 법 제28조 제1항 제2호에서 "대통령령으로 정하는 사유"란 다음 각 호의 경우를 말한다. 〈개정 2016. 12. 30., 2020. 12. 31.〉

　　1. 지능 저하 또는 판단력 부족으로 경찰업무를 감당할 수 없는 경우

　　2. 책임감의 결여로 직무수행에 성의가 없고 위험한 직무를 고의로 기피하거나 포기하는 경우

② 법 제28조 제1항 제3호에서 "대통령령으로 정하는 사유"란 다음 각 호의 경우를 말한다. 〈개정 2004. 12. 18., 2016. 12. 30., 2020. 12. 31.〉

　　1. 인격장애, 알코올·약물중독 그 밖의 정신장애로 인하여 경찰업무를 감당할 수 없는 경우

　　2. 사행행위 또는 재산의 낭비로 인한 채무과다, 부정한 이성관계 등 도덕적 결함이 현저하여 타인의 비난을 받는 경우

제48조(정년 연장) ① 법 제30조 제3항에 따른 정년 연장은 임용권자 또는 임용제청권자가 인력수급관계, 직무의 특수성, 연장대상자의 건강상태 및 직무수행능력 등을 고려하여 경찰청장이 정하는 기준에 따라 실시한다. 〈개정 1991. 7. 30., 1996. 8. 8., 1998. 12. 31., 2014. 11. 19., 2016. 12. 30., 2017. 7. 26., 2020. 6. 23., 2020. 12. 31.〉

② 임용권자 또는 임용제청권자가 제1항에 따라 정년을 연장할 때에는 제3항에 따른 정년연장심사위원회의 심사를 거쳐야 한다. 〈개정 2016. 12. 30.〉

③ 경찰공무원의 정년 연장에 관한 사항을 심사하게 하기 위하여 임용권자 또는 임용제청권자 소속으로 경찰공무원정년 연장심사위원회를 둔다. 〈개정 2016. 12. 30.〉

④ 제3항에 따른 경찰공무원정년연장심사위원회의 구성 및 운영에 필요한 사항과 정년 연장 신청 등 정년 연장에 필요한 사항은 행정안전부령으로 정한다. 〈개정 1996. 8. 8., 1998. 12. 31., 2008. 2. 29., 2013. 3. 23., 2014. 11. 19., 2016. 12. 30., 2017. 7. 26., 2020. 6. 23.〉

[제목개정 2016. 12. 30.]

제49조(정년 연장의 대상) 법 제30조 제3항에 따라 경찰청장은 수사, 정보, 외사(外事), 보안, 자치경찰사무 등 특수 부문에 근무하는 경찰공무원 중에서 정년 연장 대상 공무원을 지정한다. 〈개정 2017. 7. 26., 2020. 6. 23., 2020. 12. 31.〉

[전문개정 2016. 12. 30.]

제50조(정년연장인원의 조정) 경찰청장은 연도별 인력수급의 원활을 기하기 위하여 필요하다고 인정될 때에는 소속기관등별로 정년연장인원을 조정할 수 있다. 〈개정 1991. 7. 30., 1996. 8. 8., 2014. 11. 19., 2017. 7. 26., 2020. 6. 23.〉

제7장　보칙 〈신설 2012. 1. 6.〉

제51조(민감정보 및 고유식별정보의 처리) 임용권자 또는 임용제청권자는 법 및 이 영에 따른 경찰공무원
의 임용에 관한 사무를 수행하기 위하여 불가피한 경우 「개인정보 보호법」 제23조에 따른 건강에 관
한 정보, 같은 법 시행령 제18조 제2호에 따른 범죄경력자료에 해당하는 정보 및 같은 영 제19조 제1
호에 따른 주민등록번호가 포함된 자료를 처리할 수 있다.

[본조신설 2012. 1. 6.]

부칙 〈제31869호, 2021. 7. 6.〉

이 영은 공포한 날부터 시행한다.

11 경찰공무원 징계령

[시행 2021. 1. 1][대통령령 제31351호, 2020. 12. 31, 타법개정]

경찰청(감찰과) 02-3150-0422
경찰청(감사담당관) 02-3150-0424

제1조(목적) 이 영은 「경찰공무원법」 제32조 및 제33조에 따른 경찰공무원의 징계와 「국가공무원법」 제78조의2에 따른 징계부가금 부과에 필요한 사항을 규정함을 목적으로 한다. 〈개정 2020. 12. 31.〉

[전문개정 2012. 1. 26.]

제2조(정의) 이 영에서 사용하는 용어의 뜻은 다음과 같다.

1. "중징계"란 파면, 해임, 강등 및 정직을 말한다.

2. "경징계"란 감봉 및 견책을 말한다.

[전문개정 2012. 1. 26.]

제3조(징계위원회의 종류 및 설치) ① 경찰공무원 징계위원회는 경찰공무원 중앙징계위원회(이하 "중앙징계위원회"라 한다)와 경찰공무원 보통징계위원회(이하 "보통징계위원회"라 한다)로 구분한다.

② 중앙징계위원회는 경찰청 및 해양경찰청에 두고, 보통징계위원회는 경찰청, 해양경찰청, 시·도경찰청, 지방해양경찰청, 경찰대학, 경찰인재개발원, 중앙경찰학교, 경찰수사연수원, 해양경찰교육원, 경찰병원, 경찰서, 경찰기동대, 의무경찰대, 해양경찰서, 해양경찰정비창, 경비함정 및 경찰청장 또는 해양경찰청장이 지정하는 경감 이상의 경찰공무원을 장으로 하는 기관(이하 "경찰기관"이라 한다)에 둔다. 〈개정 2017. 7. 26., 2018. 3. 30., 2020. 12. 31.〉

[전문개정 2012. 1. 26.]

제4조(징계위원회의 관할) ① 중앙징계위원회는 총경 및 경정에 대한 징계 또는 「국가공무원법」 제78조의2에 따른 징계부가금 부과(이하 "징계등"이라 한다) 사건을 심의·의결한다.

② 보통징계위원회는 해당 징계위원회가 설치된 경찰기관 소속 경감 이하 경찰공무원에 대한 징계등 사건을 심의·의결한다. 다만, 다음 각 호의 기관에 설치된 보통징계위원회는 각 호의 구분에 따른 경찰공무원에 대한 징계등 사건을 심의·의결한다. 〈개정 2014. 11. 19., 2015. 11. 20., 2017. 7. 26.〉

1. 경정 이상의 경찰공무원을 장으로 하는 경찰서, 경찰기동대·해양경찰서 등 총경 이상의 경찰공무원을 장으로 하는 경찰기관 및 정비창: 소속 경위 이하의 경찰공무원

2. 의무경찰대 및 경비함정 등 경찰청장 또는 해양경찰청장이 지정하는 경감 이상의 경찰공무원을 장으로 하는 경찰기관: 소속 경사 이하의 경찰공무원

③ 경찰청 및 해양경찰청에 설치된 보통징계위원회는 제2항에도 불구하고 경찰청장 또는 해양경찰청장이 징계등 의결을 요구하는 경찰공무원에 대한 징계등 사건을 심의·의결한다. 〈개정 2014. 11. 19., 2017. 7. 26.〉

④ 제2항 단서 또는 제6조 제2항 단서에 따라 해당 보통징계위원회의 징계 관할에서 제외되는 경찰공무원의 징계등 사건은 바로 위 상급 경찰기관에 설치된 보통징계위원회에서 심의·의결한다.

[전문개정 2012. 1. 26.]

제5조(관련 사건의 관할) ① 상위 계급과 하위 계급의 경찰공무원이 관련된 징계등 사건은 제4조에도 불

구하고 상위 계급의 경찰공무원을 관할하는 징계위원회에서 심의·의결하고, 상급 경찰기관과 하급 경찰기관에 소속된 경찰공무원이 관련된 징계등 사건은 상급 경찰기관에 설치된 징계위원회에서 심의·의결한다. 다만, 상위 계급의 경찰공무원이 감독상 과실책임만으로 관련된 경우에는 제4조에 따른 관할 징계위원회에서 각각 심의·의결할 수 있다.

② 소속이 다른 2명 이상의 경찰공무원이 관련된 징계등 사건으로서 관할 징계위원회가 서로 다른 경우에는 모두를 관할하는 바로 위 상급 경찰기관에 설치된 징계위원회에서 심의·의결한다.

③ 「경찰공무원법」 제37조 제1항 또는 제2항에 따른 위반행위와 관련된 징계등 사건은 제4조 제2항에도 불구하고 경찰청·해양경찰청·시·도경찰청 또는 지방해양경찰청에 설치된 보통징계위원회에서 심의·의결할 수 있다. 〈개정 2014. 11. 19., 2017. 7. 26., 2020. 12. 31.〉

④ 제1항과 제2항에 따른 관할 징계위원회는 제1항과 제2항에도 불구하고 관련자에 대한 징계등 사건을 분리하여 심의·의결하는 것이 타당하다고 인정되는 경우에는 해당 징계위원회의 의결로 관련자에 대한 징계등 사건을 제4조에 따른 관할 징계위원회로 이송할 수 있다.

[전문개정 2012. 1. 26.]

제6조(징계위원회의 구성 등) ① 각 징계위원회는 위원장 1명을 포함하여 11명 이상 51명 이하의 공무원위원과 민간위원으로 구성한다. 〈개정 2020. 6. 16.〉

② 징계위원회가 설치된 경찰기관의 장은 징계등 심의 대상자보다 상위 계급인 경위 이상의 소속 경찰공무원 또는 상위 직급에 있는 6급 이상의 소속 공무원 중에서 징계위원회의 공무원위원을 임명한다. 다만, 보통징계위원회의 경우 징계등 심의 대상자보다 상위 계급인 경위 이상의 소속 경찰공무원 또는 상위 직급에 있는 6급 이상의 소속 공무원의 수가 제3항에 따른 민간위원을 제외한 위원 수에 미달되는 등의 사유로 보통징계위원회를 구성하는 것이 곤란한 경우에는 징계등 심의 대상자보다 상위 계급인 경사 이하의 소속 경찰공무원 또는 상위 직급에 있는 7급 이하의 소속 공무원 중에서 임명할 수 있으며, 이 경우에는 제4조 제2항에도 불구하고 3개월 이하의 감봉 또는 견책에 해당하는 징계등 사건만을 심의·의결한다.

③ 징계위원회가 설치된 경찰기관의 장은 제1항에 따른 위원 수의 2분의 1 이상을 다음 각 호의 구분에 따라 다음 각 목의 어느 하나에 해당하는 사람 중에서 성별을 고려하여 민간위원으로 위촉해야 한다. 〈개정 2020. 6. 16.〉

1. 중앙징계위원회
   가. 법관·검사 또는 변호사로 10년 이상 근무한 사람
   나. 「고등교육법」 제2조에 따른 학교 또는 이에 준하는 교육기관(이하 "대학"이라 한다)에서 경찰 관련 학문을 담당하는 정교수 이상으로 재직 중인 사람
   다. 총경 또는 4급 이상의 공무원으로 근무하고 퇴직한 사람[퇴직 전 5년부터 퇴직할 때까지 근무했던 적이 있는 경찰기관(해당 경찰기관이 소속된 중앙행정기관 및 그 중앙행정기관의 다른 소속기관에서 근무했던 경우를 포함한다)의 경우에는 퇴직일부터 3년이 경과한 사람을 말한다]
   라. 민간부문에서 인사·감사 업무를 담당하는 임원급 또는 이에 상응하는 직위에 근무한 경력이 있는 사람
2. 보통징계위원회
   가. 법관·검사 또는 변호사로 5년 이상 근무한 사람
   나. 대학에서 경찰 관련 학문을 담당하는 부교수 이상으로 재직 중인 사람

다. 공무원으로 20년 이상 근속하고 퇴직한 사람[퇴직 전 5년부터 퇴직할 때까지 근무했던 적이 있는 경찰기관(해당 경찰기관이 소속된 중앙행정기관 및 그 중앙행정기관의 다른 소속기관에서 근무했던 경우를 포함한다)의 경우에는 퇴직일부터 3년이 경과한 사람을 말한다]

라. 민간부문에서 인사·감사 업무를 담당하는 임원급 또는 이에 상응하는 직위에 근무한 경력이 있는 사람

④ 징계위원회의 위원장은 위원 중 최상위 계급 또는 이에 상응하는 직급에 있거나 최상위 계급 또는 이에 상응하는 직급에 먼저 승진임용된 공무원이 된다. 〈개정 2020. 6. 16.〉

[전문개정 2013. 10. 22.]

제6조의2(위원의 임기) 제6조 제3항에 따라 위촉되는 민간위원의 임기는 2년으로 하며, 한 차례만 연임할 수 있다.

[본조신설 2013. 10. 22.]

제7조(징계위원회의 회의) ① 징계위원회의 회의는 위원장과 징계위원회가 설치된 경찰기관의 장이 회의마다 지정하는 4명 이상 6명 이하의 위원으로 성별을 고려하여 구성하되, 민간위원의 수는 위원장을 포함한 위원 수의 2분의 1 이상이어야 한다. 〈신설 2020. 6. 16.〉

② 징계위원회의 위원장은 위원회의 사무를 총괄하며 위원회를 대표한다. 〈개정 2020. 6. 16.〉

③ 징계위원회의 회의는 위원장이 소집한다. 〈개정 2020. 6. 16.〉

④ 위원장은 표결권을 가진다. 〈개정 2020. 6. 16.〉

⑤ 위원장이 부득이한 사유로 직무를 수행할 수 없거나 위원장이 필요하다고 인정하는 경우에는 출석한 위원 중 최상위 계급 또는 이에 상응하는 직급에 있거나 최상위 계급 또는 이에 상응하는 직급에 먼저 승진임용된 공무원이 위원장이 된다. 〈개정 2020. 6. 16.〉

[전문개정 2012. 1. 26.]

[제8조에서 이동, 종전 제7조는 제8조로 이동 〈2020. 6. 16.〉]

제8조(징계위원회의 간사) ① 징계위원회에 간사 몇 명을 둔다.

② 간사는 소속 공무원(징계등 사건의 조사 업무를 담당하는 공무원은 제외한다) 중에서 해당 징계위원회가 설치된 경찰기관의 장이 임명한다. 〈개정 2020. 6. 16.〉

③ 간사는 위원장의 명을 받아 징계등 사건에 관한 기록과 그 밖의 서류를 작성하고 보관한다.

[전문개정 2012. 1. 26.]

[제7조에서 이동, 종전 제8조는 제7조로 이동 〈2020. 6. 16.〉]

제9조(징계등 의결의 요구) ① 경찰기관의 장은 소속 경찰공무원이 다음 각 호의 어느 하나에 해당할 때에는 지체 없이 관할 징계위원회를 구성하여 징계등 의결을 요구하여야 한다. 이 경우 별지 제1호서식의 경찰공무원 징계 의결 또는 징계부가금 부과 의결 요구서와 별지 제1호의2서식의 확인서(이하 이 조에서 "징계의결서등"이라 한다)를 관할 징계위원회에 제출하여야 한다.

1. 「국가공무원법」 제78조 제1항 제1호부터 제3호까지의 어느 하나에 해당하는 사유(이하 "징계사유"라 한다)가 있다고 인정할 때

2. 제2항에 다른 징계등 의결 요구 신청을 받았을 때

② 경찰기관의 장은 그 소속 경찰공무원에 대한 징계등 사건이 상급 경찰기관에 설치된 징계위원회의 관할에 속한 경우에는 그 상급 경찰기관의 장에게 징계의결서등을 첨부하여 징계등 의결의 요구를 신청하여야 한다.

③ 제1항과 제2항에 따른 징계등 의결 요구 또는 그 신청은 징계 사유에 대한 충분한 조사를 한 후에 하여야 한다.

④ 경찰기관의 장이 제1항과 제2항에 따라 징계등 의결 요구 또는 그 신청을 할 때에는 중징계 또는 경징계로 구분하여 요구하거나 신청하여야 한다. 다만, 「감사원법」 제32조 제1항 및 제10항에 따라 감사원장이 「국가공무원법」 제79조에 따른 징계의 종류를 구체적으로 지정하여 징계요구를 한 경우에는 그러하지 아니하다.

⑤ 경찰기관의 장은 제1항에 따라 징계등 의결을 요구할 때에는 제1항에 따른 경찰공무원 징계 의결 또는 징계부가금 부과 의결 요구서 사본을 징계등 심의 대상자에게 보내야 한다. 다만, 징계등 심의 대상자가 그 수령을 거부하는 경우에는 그러하지 아니하다.

[전문개정 2013. 10. 22.]

제10조(징계등 사건의 통지) ① 경찰기관의 장은 그 소속이 아닌 경찰공무원에게 징계 사유가 있다고 인정될 때에는 해당 경찰기관의 장에게 그 사실을 증명할 만한 충분한 사유를 명확히 밝혀 통지하여야 한다.

② 제1항에 따라 징계 사유를 통지받은 경찰기관의 장은 타당한 이유가 없으면 통지를 받은 날부터 30일 이내에 제9조에 따라 관할 징계위원회에 징계등 의결을 요구하거나 그 상급 경찰기관의 장에게 징계등 의결의 요구를 신청하여야 한다. 〈개정 2013. 10. 22.〉

③ 제1항에 따라 징계 사유를 통지받은 경찰기관의 장은 해당 사건의 처리 결과를 징계 사유를 통지한 경찰기관의 장에게 회답하여야 한다.

④ 삭제 〈2013. 10. 22.〉

[전문개정 2012. 1. 26.]

제11조(징계등 의결 기한) ① 징계등 의결 요구를 받은 징계위원회는 그 요구서를 받은 날부터 30일 이내에 징계등에 관한 의결을 하여야 한다. 다만, 부득이한 사유가 있을 때에는 해당 징계등 의결을 요구한 경찰기관의 장의 승인을 받아 30일 이내의 범위에서 그 기간을 연장할 수 있다.

② 징계등 의결이 요구된 사건에 대한 징계등 절차의 진행이 「국가공무원법」 제83조에 따라 중지되었을 때에는 그 중지된 기간은 제1항의 징계등 의결 기한에서 제외한다.

[전문개정 2012. 1. 26.]

제12조(징계등 심의 대상자의 출석) ① 징계위원회가 징계등 심의 대상자의 출석을 요구할 때에는 별지 제2호서식의 출석 통지서로 하되, 징계위원회 개최일 5일 전까지 그 징계등 심의 대상자에게 도달되도록 해야 한다. 〈개정 2020. 6. 16.〉

② 징계위원회는 징계등 심의 대상자가 그 징계위원회에 출석하여 진술하기를 원하지 아니할 때에는 진술권 포기서를 제출하게 하여 이를 기록에 첨부하고 서면심사로 징계등 의결을 할 수 있다.

③ 징계위원회는 출석 통지를 하였음에도 불구하고 징계등 심의 대상자가 정당한 사유 없이 출석하지 아니하였을 때에는 그 사실을 기록에 분명히 적고 서면심사로 징계등 의결을 할 수 있다. 다만, 징계등 심의 대상자의 소재가 분명하지 아니할 때에는 출석 통지를 관보에 게재하고, 그 게재일부터 10일이 지나면 출석 통지가 송달된 것으로 보며, 징계등 의결을 할 때에는 관보 게재의 사유와 그 사실을 기록에 분명히 적어야 한다. 〈개정 2013. 10. 22.〉

④ 제3항에도 불구하고 징계위원회는 징계등 심의 대상자가 징계등 사건 또는 형사사건의 사실 조사를 기피할 목적으로 도피하였거나 출석 통지서의 수령을 거부하여 징계등 심의 대상자나 그 가족에게 직접 출석 통지서를 전달하는 것이 곤란하다고 인정될 때에는 징계등 심의 대상자가 소속된 기관의

장에게 출석 통지서를 보내 이를 전달하게 하고, 전달이 불가능하거나 수령을 거부할 때에는 그 사실을 증명하는 서류를 첨부하여 보고하게 한 후 기록에 분명히 적고 서면심사로 징계등 의결을 할 수 있다.

⑤ 징계위원회는 징계등 심의 대상자가 국외 체류 또는 국외 여행 중이거나 그 밖의 부득이한 사유로 징계등 의결 요구서를 받은 날부터 상당한 기간 내에 출석할 수 없다고 인정될 때에는 제11조에도 불구하고 적당한 기간을 정하여 서면으로 진술하게 하여 징계등 의결을 할 수 있다. 이 경우 그 기간 내에 서면으로 진술하지 아니할 때에는 그 진술 없이 징계등 의결을 할 수 있다.

[전문개정 2012. 1. 26.]

제13조(심문과 진술권) ① 징계위원회는 제12조 제1항에 따라 출석한 징계등 심의 대상자에게 징계 사유에 해당하는 사실에 관한 심문을 하고 심사를 위하여 필요하다고 인정될 때에는 관계인을 출석하게 하여 심문할 수 있다.

② 징계위원회는 징계등 심의 대상자에게 진술할 수 있는 기회를 충분히 주어야 하며, 징계등 심의 대상자는 별지 제2호의2서식의 의견서 또는 말로 자기에게 이익이 되는 사실을 진술하거나 증거를 제출할 수 있다. 〈개정 2019. 8. 6.〉

③ 징계등 심의 대상자는 증인의 심문을 신청할 수 있다. 이 경우 징계위원회는 의결로써 그 채택 여부를 결정하여야 한다.

④ 징계등 의결을 요구한 자 또는 징계등 의결의 요구를 신청한 자는 필요하다고 인정할 때에는 징계위원회에 서면을 제출하거나 출석하여 의견을 진술할 수 있다.

⑤ 징계위원회는 필요하다고 인정할 때에는 사실 조사를 하거나 특별한 학식·경험이 있는 사람에게 검증 또는 감정을 의뢰할 수 있다.

[전문개정 2012. 1. 26.]

제14조(징계위원회의 의결) ① 징계위원회의 의결은 위원장을 포함한 위원 과반수의 출석과 출석위원 과반수의 찬성으로 의결하되, 의견이 나뉘어 출석위원 과반수의 찬성을 얻지 못한 경우에는 출석위원 과반수가 될 때까지 징계등 심의 대상자에게 가장 불리한 의견을 제시한 위원의 수를 그 다음으로 불리한 의견을 제시한 위원의 수에 차례로 더하여 그 의견을 합의된 의견으로 본다. 〈개정 2020. 6. 16.〉

② 제1항의 의결은 별지 제3호서식의 징계 또는 징계부가금 의결서(이하 "의결서"라 한다)로 한다. 이 경우 의결서의 이유란에는 다음 각 호의 사항을 구체적으로 적어야 한다. 〈개정 2013. 10. 22., 2019. 8. 6.〉

1. 징계등의 원인이 된 사실
2. 증거에 대한 판단
3. 관계 법령
4. 징계등 면제 사유 해당 여부

③ 징계위원회의 의결 내용은 공개하지 아니한다.

[전문개정 2012. 1. 26.]

제15조(제척, 기피 및 회피) ① 징계위원회의 위원장 또는 위원이 다음 각 호의 어느 하나에 해당하는 경우에는 그 징계등 사건의 심의·의결에 관여하지 못한다. 〈개정 2020. 6. 16.〉

1. 징계등 심의 대상자의 친족 또는 직근 상급자(징계 사유가 발생한 기간 동안 직근 상급자였던 사람을 포함한다)인 경우
2. 그 징계 사유와 관계가 있는 경우

3. 「국가공무원법」 제78조의3제1항 제3호의 사유로 다시 징계등 사건의 심의·의결을 할 때 해당
   징계등 사건의 조사나 심의·의결에 관여한 경우

② 징계등 심의 대상자는 징계위원회의 위원장 또는 위원이 다음 각 호의 어느 하나에 해당하는 경우에
  는 징계위원회에 그 사실을 서면으로 밝히고 해당 위원장 또는 위원의 기피를 신청할 수 있다. 〈개정
  2020. 6. 16.〉

   1. 제1항 각 호의 어느 하나에 해당하는 경우

   2. 불공정한 의결을 할 우려가 있다고 의심할 만한 타당한 사유가 있는 경우

③ 징계위원회는 제2항에 따른 기피 신청을 받은 때에는 해당 징계등 사건을 심의하기 전에 의결로써
  해당 위원장 또는 위원의 기피 여부를 결정해야 한다. 이 경우 기피 신청을 받은 위원장 또는 위원은
  그 의결에 참여하지 못한다. 〈개정 2020. 6. 16.〉

④ 징계위원회의 위원장 또는 위원은 제1항 각 호의 어느 하나에 해당하면 스스로 해당 징계등 사건의
  심의·의결을 회피해야 하며, 제2항 제2호에 해당하면 회피할 수 있다. 〈개정 2020. 6. 16.〉

⑤ 징계위원회는 제1항부터 제4항까지의 규정에 따른 제척, 기피 또는 회피로 인하여 징계위원회를 구
  성하지 못하게 되었을 때에는 해당 경찰기관의 장에게 위원의 보충 임명을 요청하여야 한다.

⑥ 제5항의 경우에 해당 경찰기관의 장은 지체 없이 위원을 보충 임명하여야 한다. 다만, 위원의 보충
  임명이 곤란할 때에는 그 징계등 의결의 요구를 철회하고, 그 상급 경찰기관의 장에게 징계등 의결의
  요구를 신청하여야 한다.

[전문개정 2012. 1. 26.]

제16조(징계등의 정도) 징계위원회는 징계등 사건을 의결할 때에는 징계등 심의 대상자의 평소 행실, 근
  무 성적, 공적(功績), 뉘우치는 정도와 징계등 의결을 요구한 자의 의견을 고려하여야 한다.

[전문개정 2012. 1. 26.]

제17조(징계등 의결의 통지) 징계위원회는 징계등 의결을 하였을 때에는 지체 없이 징계등 의결을 요구
  한 자에게 의결서 정본(正本)을 보내어 통지하여야 한다.

[전문개정 2012. 1. 26.]

제18조(경징계 등의 집행) ① 징계등 의결을 요구한 자는 경징계의 징계등 의결을 통지받았을 때에는 통
  지받은 날부터 15일 이내에 징계등을 집행하여야 한다.

② 징계등 의결을 요구한 자는 제1항에 따라 징계등 의결을 집행할 때에는 의결서 사본에 별지 제4호서
  식의 징계등 처분 사유 설명서를 첨부하여 징계등 처분 대상자에게 보내야 한다.

[전문개정 2012. 1. 26.]

제19조(중징계 등의 처분 제청과 집행) ① 징계등 의결을 요구한 자는 중징계의 징계등 의결을 통지받았
  을 때에는 지체 없이 징계등 처분 대상자의 임용권자에게 의결서 정본을 보내어 해당 징계등 처분을
  제청하여야 한다. 다만, 경무관 이상의 강등 및 정직, 경정 이상의 파면 및 해임 처분의 제청, 총경 및
  경정의 강등 및 정직의 집행은 경찰청장 또는 해양경찰청장이 한다. 〈개정 2014. 11. 19., 2017. 7. 26.〉

② 제1항에 따라 중징계 처분의 제청을 받은 임용권자는 15일 이내에 의결서 사본에 별지 제4호서식의
  징계등 처분 사유 설명서를 첨부하여 징계등 처분 대상자에게 보내야 한다.

[전문개정 2012. 1. 26.]

제20조(보고 및 통지) 징계등 의결을 요구한 경찰기관의 장은 경징계의 징계등 의결을 집행하였을 때에
  는 지체 없이 그 결과에 의결서의 사본을 첨부하여 해당 임용권자에게 보고하고, 징계등 처분을 받은
  사람의 소속 경찰기관의 장에게 통지하여야 한다.

[전문개정 2012. 1. 26.]

제21조(비밀누설 금지) 징계위원회의 회의에 참석한 사람은 직무상 알게 된 비밀을 누설해서는 아니 된다.

[전문개정 2012. 1. 26.]

부칙 〈제31351호, 2020. 12. 31.〉

제1조(시행일) 이 영은 2021년 1월 1일부터 시행한다.

제2조 생략

제3조(다른 법령의 개정) ① 생략

② 경찰공무원 징계령 일부를 다음과 같이 개정한다.

제1조 중 "「경찰공무원법」 제26조 및 제27조"를 "「경찰공무원법」 제32조 및 제33조"로 한다.

제5조 제3항 중 "「경찰공무원법」 제31조 제1항 또는 제2항"을 "「경찰공무원법」 제37조 제1항 또는 제2항"으로 한다.

③부터 ⑧까지 생략

12 경찰공무원 승진임용 규정

[시행 2021. 8. 31.] [대통령령 제31956호, 2021. 8. 31., 일부개정]

경찰청(인사담당관실) 02-3150-2831

제1장 총칙

제1조(목적) 이 영은 경찰공무원의 승진임용에 관하여 「경찰공무원법」에서 위임된 사항과 그 시행에 필요한 사항을 규정함을 목적으로 한다.

[전문개정 2013. 1. 9.]

제2조(다른 법령과의 관계) 경찰공무원(해양경찰청 소속 경찰공무원은 제외한다. 이하 같다)의 승진임용은 다른 법령에 특별한 규정이 있는 경우를 제외하고는 이 영에서 정하는 바에 따른다. 〈개정 2020. 6. 23.〉

[전문개정 2013. 1. 9.]

제3조(승진임용의 구분) 경찰공무원의 승진임용은 심사승진임용·시험승진임용 및 특별승진임용으로 구분한다.

제4조(승진임용 예정 인원 결정) ① 경찰청장은 승진임용 예정 인원을 정할 당시의 실제 결원과 해당 연도 예상 결원을 고려하여 승진임용 예정 인원을 계급별로 정한다. 다만, 경찰청장이 필요하다고 인정하는 경우에는 경과별(警科別) 또는 직무의 특수성 등을 고려하여 경찰청장이 따로 정하는 분야(이하 "특수분야"라 한다)별로 정할 수 있다. 〈개정 2014. 11. 19., 2016. 10. 31., 2017. 7. 26., 2020. 6. 23.〉

② 제1항에 따른 승진임용 예정 인원 중 경무관으로의 승진임용 예정 인원은 경무관 정원의 25퍼센트, 총경으로의 승진임용 예정 인원은 총경 정원의 20퍼센트를 초과할 수 없다. 다만, 승진임용 예정 인원이 승진임용 예정 인원을 정할 당시의 실제 결원과 해당 연도 예상 결원을 합한 것보다 적을 경우에는 그 승진임용 예정 인원에 부족한 인원을 더하여 승진임용 예정 인원을 정할 수 있다. 〈개정 2016. 10. 31.〉

③ 제1항에 따른 승진임용 예정 인원 중 경감 이하 계급으로의 승진임용 예정 인원을 정하는 경우에는 해당 계급으로의 승진임용 예정 인원의 30퍼센트 이내에서 특별승진임용 예정 인원을 따로 정할 수 있다. 다만, 제37조 제1항 제1호·제4호 및 같은 조 제3항 제1호·제6호에 해당하는 특별승진의 경우에는 그 비율을 초과하여 정할 수 있다. 〈개정 2014. 11. 19., 2016. 10. 31.〉

④ 「경찰공무원법」(이하 "법"이라 한다) 제15조 제2항 단서에 따라 승진심사에 의한 승진(이하 "심사승진"이라 한다)과 승진시험에 의한 승진(이하 "시험승진"이라 한다)을 병행하는 경우에 승진임용 예정 인원은 다음 각 호의 방법에 따라 정한다. 〈개정 2016. 10. 31., 2017. 9. 26., 2020. 6. 23., 2020. 12. 31.〉

1. 계급별로 전체 승진임용 예정 인원에서 제3항에 따른 특별승진임용 예정 인원을 뺀 인원의 50퍼센트씩을 각각 심사승진임용 예정 인원과 시험승진임용 예정 인원으로 한다. 다만, 제1항 단서에 따라 특수분야의 승진임용 예정 인원을 정하는 경우에는 심사승진임용 예정 인원과 시험승진임용 예정 인원 중 어느 한쪽의 예정 인원이 50퍼센트를 초과하게 정할 수 있다.

2. 제1호에도 불구하고 승진심사를 하기 전에 승진시험을 실시한 경우에 그 최종합격자 수가 시

험승진임용 예정 인원보다 적을 때에는 심사승진임용 예정 인원에 그 부족한 인원을 더하여 심사승진임용 예정 인원을 산정한다.

⑤ 경찰청장은 제1항부터 제4항까지의 규정에 따라 정해진 승진임용 예정 인원을 제11조 제1항에 따라 승진대상자 명부를 작성한 기관별로 배정한다. 〈개정 2014. 11. 19., 2016. 10. 31., 2017. 7. 26., 2020. 6. 23.〉

⑥ 제5항에 따른 인원 배정은 각 기관별 승진대상자 명부에 기록된 인원의 비율에 따른다. 다만, 해당 계급으로의 근속승진 예정자 수 등 소속 기관별 승진 여건을 고려하여 조정할 수 있다. 〈개정 2016. 10. 31.〉

[전문개정 2013. 1. 9.]

[제목개정 2016. 10. 31.]

제5조(승진소요 최저근무연수) ① 경찰공무원이 승진하려면 다음 각 호의 구분에 따른 기간 동안 해당 계급에 재직하여야 한다.

　1. 총경: 4년 이상

　2. 경정 및 경감: 3년 이상

　3. 경위 및 경사: 2년 이상

　4. 경장 및 순경: 1년 이상

② 휴직 기간, 직위해제 기간, 징계처분 기간 및 제6조 제1항 제2호에 따른 승진임용 제한기간은 제1항의 기간에 포함하지 않는다. 다만, 다음 각 호의 기간은 제1항의 기간에 포함한다. 〈개정 2017. 4. 25., 2018. 9. 18., 2018. 11. 20., 2021. 8. 31.〉

　1. 「국가공무원법」 제71조에 따른 휴직 기간 중 다음 각 목의 기간

　　가. 「공무원 재해보상법」에 따른 공무상 질병 또는 부상으로 인하여 「국가공무원법」 제71조 제1항 제1호에 따라 휴직한 경우에 그 휴직 기간

　　나. 「국가공무원법」 제71조 제1항 제3호·제5호 또는 같은 조 제2항 제1호에 따라 휴직한 경우에 그 휴직 기간

　　다. 「국가공무원법」 제71조 제2항 제2호에 따라 휴직한 경우에 그 휴직 기간의 50퍼센트에 해당하는 기간

　　라. 「국가공무원법」 제71조 제2항 제4호에 따라 휴직한 경우에 그 휴직 기간. 다만, 자녀 1명에 대하여 총 휴직 기간이 1년을 넘는 경우에는 최초의 1년으로 하되, 다음의 어느 하나에 해당하는 경우에는 그 휴직 기간 전부로 한다.

　　　1) 첫째 자녀에 대하여 부모가 모두 휴직을 하는 경우로서 각 휴직 기간이 「공무원임용령」 제31조 제2항 제1호다목1)에 따라 인사혁신처장이 정하는 기간 이상인 경우

　　　2) 둘째 자녀 이후에 대하여 휴직을 하는 경우

　2. 다음 각 목의 어느 하나에 해당하는 경우에 그 직위해제 기간

　　가. 「국가공무원법」 제73조의3제1항 제3호에 따라 직위해제처분을 받은 사람에 대한 징계 의결 요구에 대하여 관할 징계위원회가 징계하지 아니하기로 의결한 경우와 해당 직위해제 처분의 사유가 된 징계처분이 소청심사위원회의 결정 또는 법원의 판결에 따라 무효 또는 취소로 확정된 경우

　　나. 「국가공무원법」 제73조의3제1항 제4호에 따라 직위해제처분을 받은 사람의 처분 사유가 된 형사사건이 법원의 판결에 따라 무죄로 확정된 경우

다.「국가공무원법」제73조의3 제1항 제6호에 따라 직위해제처분을 받은 사람의 처분사유가
된 비위행위(이하 "비위행위"라 한다)가 1) 및 2)에 모두 해당하는 경우
1) 비위행위에 대한 징계절차와 관련하여 다음의 어느 하나에 해당하는 경우
가) 경찰기관의 장이「경찰공무원 징계령」제9조에 따른 징계의결 요구를 하지 않기로
한 경우
나) 해당 경찰공무원에 대한 징계의결 요구에 대하여 관할 징계위원회가 징계하지 않
기로 의결한 경우
다) 징계처분이 소청심사위원회의 결정이나 법원의 판결에 따라 무효 또는 취소로 확
정된 경우
2) 비위행위에 대한 조사 또는 수사 결과가 다음의 어느 하나에 해당하는 경우
가) 형사사건에 해당하지 않는 경우
나) 사법경찰관이 불송치를 하거나 검사가 불기소를 한 경우. 다만,「형사소송법」제
247조에 따라 공소를 제기하지 않는 경우와 불송치 또는 불기소를 했으나 해당 사
건이 다시 수사 및 기소되어 법원의 판결에 따라 유죄가 확정된 경우는 제외한다.
다) 형사사건으로 기소되거나 약식명령이 청구된 사람이 법원의 판결에 따라 무죄로
확정된 경우
③ 경찰대학을 졸업하고 경위로 임용된 사람이「의무경찰대 설치 및 운영에 관한 법률」제2조의3제2항에
따라 의무경찰대의 대원으로 복무한 기간은 제1항의 기간에 포함하지 아니한다. 〈개정 2016. 10. 31.〉
④ 법 제10조 제3항 제4호에 따라 경찰공무원으로 채용된 사람이 채용 전에 5급 이상 공무원(이에 상응
하는 특정직공무원을 포함한다)으로 5년 이상 근무한 경우에는 그 기간의 20퍼센트에 해당하는 기간
을 채용 당시의 계급에서 근무한 것으로 보아 제1항의 기간에 포함한다. 〈개정 2018. 6. 12., 2020. 12.
31.〉
⑤ 「법원조직법」제72조에 따른 사법연수생으로 수습한 기간은 제1항에 따른 경정 이하 경찰공무원으
로의 승진소요 최저근무연수에 포함한다.
⑥ 「국가공무원법」제26조의2 및「공무원임용령」제57조의3에 따라 통상적인 근무시간보다 짧은 시간
을 근무하는 경찰공무원(이하 "시간선택제전환경찰공무원"이라 한다)의 근무기간은 다음 각 호의
기준에 따라 제1항의 기간에 포함한다. 〈개정 2018. 6. 12., 2018. 9. 18.〉
1. 해당 계급에서 시간선택제전환경찰공무원으로 근무한 1년 이하의 기간은 그 기간 전부
2. 해당 계급에서 시간선택제전환경찰공무원으로 근무한 1년을 넘는 기간은 근무시간에 비례한
기간
3. 해당 계급에서「국가공무원법」제71조 제2항 제4호의 사유로 인한 휴직을 대신하여 시간선택
제전환경찰공무원으로 지정되어 근무한 기간은 둘째 자녀부터 각각 3년의 범위에서 그 기간
전부
⑦ 강등되었던 사람이 강등되기 직전의 계급으로 승진한 경우 강등되기 직전의 계급에서 재직한 기간은
제1항의 기간에 포함한다.
⑧ 강등된 경우 강등되기 직전의 계급에서 재직한 기간은 제1항의 기간에 포함한다.
[전문개정 2013. 1. 9.]

제6조(승진임용의 제한) ① 다음 각 호의 어느 하나에 해당하는 경찰공무원은 승진임용될 수 없다. 〈개정
2015. 9. 22., 2018. 9. 18., 2018. 12. 11., 2019. 11. 5., 2020. 12. 31.〉

1. 징계의결 요구, 징계처분, 직위해제, 휴직(「공무원 재해보상법」에 따른 공무상 질병 또는 부상으로 인하여 「국가공무원법」 제71조 제1항 제1호에 따라 휴직한 사람을 제37조 제1항 제4호 또는 같은 조 제2항에 따라 특별승진임용하는 경우는 제외한다) 또는 시보임용 기간 중에 있는 사람

2. 징계처분의 집행이 끝난 날부터 다음 각 목의 구분에 따른 기간[「국가공무원법」 제78조의2제1항 각 호의 어느 하나에 해당하는 사유로 인한 징계처분과 소극행정, 음주운전(음주측정에 응하지 않은 경우를 포함한다), 성폭력, 성희롱 및 성매매에 따른 징계처분의 경우에는 각각 6개월을 더한 기간]이 지나지 않은 사람

    가. 강등·정직: 18개월

    나. 감봉: 12개월

    다. 견책: 6개월

3. 징계에 관하여 경찰공무원과 다른 법령을 적용받는 공무원으로 재직하다가 경찰공무원으로 임용된 사람으로서, 종전의 신분에서 징계처분을 받고 그 징계처분의 집행이 끝난 날부터 다음 각 목의 구분에 따른 기간이 지나지 아니한 사람

    가. 강등: 18개월

    나. 근신·영창 또는 그 밖에 이와 유사한 징계처분: 6개월

4. 법 제30조 제3항에 따라 계급정년이 연장된 사람

② 제1항에 따라 승진임용 제한기간 중에 있는 사람이 다시 징계처분을 받은 경우 승진임용 제한기간은 전(前) 처분에 대한 승진임용 제한기간이 끝난 날부터 계산하고, 징계처분으로 승진임용 제한기간 중에 있는 사람이 휴직하는 경우 징계처분에 따른 남은 승진임용 제한기간은 복직일부터 계산한다.

③ 경찰공무원이 징계처분을 받은 후 해당 계급에서 다음 각 호의 포상을 받은 경우에는 제1항 제2호 및 제3호에 따른 승진임용 제한기간의 2분의 1을 단축할 수 있다. 〈개정 2018. 6. 12.〉

1. 훈장

2. 포장

3. 모범공무원 포상

4. 대통령표창 또는 국무총리표창

5. 제안이 채택·시행되어 받은 포상

[전문개정 2013. 1. 9.]

제2장 ◆ 경찰공무원 평정 〈개정 2013. 1. 9.〉

제7조(근무성적 평정) ① 총경 이하의 경찰공무원에 대해서는 매년 근무성적을 평정하여야 하며, 근무성적 평정의 결과는 승진 등 인사관리에 반영하여야 한다. 〈개정 2016. 10. 31.〉

② 근무성적은 다음 각 호의 평정 요소에 따라 평정한다. 다만, 총경의 근무성적은 제2 평정 요소로만 평정한다. 〈개정 2013. 3. 23., 2014. 11. 19., 2016. 10. 31., 2017. 7. 26., 2020. 6. 23.〉

1. 제1 평정 요소

    가. 경찰업무 발전에 대한 기여도

    나. 포상 실적

다. 그 밖에 행정안전부령으로 정하는 평정 요소

2. 제2 평정 요소

가. 근무실적

나. 직무수행능력

다. 직무수행태도

③ 제2 평정 요소에 따른 근무성적 평정은 평정대상자의 계급별로 평정 결과가 다음 각 호의 분포비율에 맞도록 하여야 한다. 다만, 평정 결과 제4호에 해당하는 사람이 없는 경우에는 제4호의 비율을 제3호의 비율에 가산하여 적용한다. 〈개정 2016. 10. 31.〉

1. 수: 20퍼센트

2. 우: 40퍼센트

3. 양: 30퍼센트

4. 가: 10퍼센트

④ 제11조 제2항 단서에 해당하는 경찰공무원과 경찰서 수사과에서 고소·고발 등에 대한 조사업무를 직접 처리하는 경위 계급의 경찰공무원을 평정할 때에는 제3항의 비율을 적용하지 아니할 수 있다.

⑤ 근무성적 평정 결과는 공개하지 아니한다. 다만, 경찰청장은 근무성적 평정이 완료되면 평정 대상 경찰공무원에게 해당 근무성적 평정 결과를 통보할 수 있다. 〈개정 2018. 11. 20., 2020. 6. 23.〉

⑥ 근무성적 평정의 기준, 시기, 방법, 그 밖에 필요한 사항은 행정안전부령으로 정한다. 〈개정 2013. 3. 23., 2014. 11. 19., 2017. 7. 26., 2020. 6. 23.〉

[전문개정 2013. 1. 9.]

제8조(근무성적 평정의 예외) ① 휴직·직위해제 등의 사유로 해당 연도의 평정기관에서 6개월 이상 근무하지 아니한 경찰공무원에 대해서는 근무성적을 평정하지 아니한다.

② 삭제 〈2016. 10. 31.〉

③ 교육훈련 외의 사유로 국가기관, 지방자치단체 또는 인사혁신처장이 지정하는 기관에 2개월 이상 파견근무하게 된 경찰공무원에 대해서는 파견받은 기관의 의견을 고려하여 근무성적을 평정하여야 한다. 〈개정 2013. 3. 23., 2014. 11. 19.〉

④ 평정대상자인 경찰공무원이 전보된 경우에는 그 경찰공무원의 근무성적 평정표를 전보된 기관에 이관하여야 한다. 다만, 평정기관을 달리하는 기관으로 전보된 후 2개월 이내에 정기평정을 할 때에는 전출기관에서 전출 전까지의 근무기간에 대한 근무성적을 평정하여 이관하여야 하며, 전입기관에서는 받은 평정 결과를 고려하여 평정하여야 한다.

⑤ 정기평정 이후에 신규채용되거나 승진임용된 경찰공무원에 대해서는 2개월이 지난 후부터 근무성적을 평정하여야 한다.

[전문개정 2013. 1. 9.]

제9조(경력 평정) ① 경찰공무원의 경력 평정은 제5조에 따른 승진소요 최저근무연수가 지난 총경 이하의 경찰공무원(제11조 제2항 단서에 해당하는 경찰공무원은 제외한다)이 해당 계급에서 근무한 연수(年數)에 대하여 실시하며, 경력 평정 결과는 승진대상자 명부 작성에 반영한다.

② 경력 평정은 해당 경찰공무원의 인사기록을 기준으로 하여 실시하며, 필요하다고 인정될 때에는 인사기록이 정확한지를 조회·확인할 수 있다. 〈개정 2018. 6. 12.〉

③ 경력 평정은 기본경력과 초과경력으로 구분하여 실시하되, 계급별로 기본경력과 초과경력에 포함되는 기간은 다음 각 호와 같다. 〈개정 2015. 9. 22., 2020. 6. 23.〉

1. 기본경력

    가. 총경·경정·경감: 평정기준일부터 최근 4년간

    나. 경위·경사: 평정기준일부터 최근 3년간

    다. 경장: 평정기준일부터 최근 2년간

    라. 순경: 평정기준일부터 최근 1년 6개월간

2. 초과경력

    가. 총경: 기본경력 전 3년간

    나. 경정·경감: 기본경력 전 5년간

    다. 경위: 기본경력 전 4년간

    라. 경사: 기본경력 전 1년 6개월간

    마. 경장: 기본경력 전 1년간

    바. 순경: 기본경력 전 6개월간

④ 경력 평정의 시기, 방법, 기간 계산, 그 밖에 필요한 사항은 행정안전부령으로 정한다. 〈개정 2013. 3. 23., 2014. 11. 19., 2017. 7. 26., 2020. 6. 23.〉

[전문개정 2013. 1. 9.]

제10조 삭제 〈2014. 12. 9.〉

제3장 **승진대상자 명부** 〈개정 2013. 1. 9.〉

제11조(승진대상자 명부의 작성) ① 총경 이하 경찰공무원에 대한 승진대상자 명부는 다음 각 호의 구분에 따른 경찰기관의 장(이하 "승진대상자명부작성자"라 한다)이 계급별로 작성한다. 〈개정 2018. 3. 30., 2020. 12. 31.〉

    1. 경정 이상 경찰공무원과 경찰청 소속 경위 이상 경찰공무원: 경찰청장

    2. 경감 이하 경찰공무원(제4호에 해당하는 사람은 제외한다): 경찰대학·경찰인재개발원·중앙경찰학교·경찰수사연수원·경찰병원 및 시·도경찰청(이하 "소속기관등"이라 한다)의 장

    3. 경찰청 소속 경사 이하 경찰공무원: 경찰청의 각 국(局) 단위급 부서별 국장급 부서장

    4. 경찰서 소속 경사 이하 경찰공무원: 경찰서장

② 승진대상자 명부는 제7조부터 제9조까지의 규정에 따라 산정된 평정점(評定點)을 다음 각 호의 구분에 따른 비율로 반영하여 작성한다. 다만, 법 제10조 제3항 제2호 또는 제4호에 따라 경정 이하의 경찰공무원으로 신규채용할 수 있는 사람으로서 「경찰공무원 임용령」 제39조 제1항의 응시연령에 이르지 아니한 경감 이하 경찰공무원에 대해서는 그가 경정으로 승진할 때까지 근무성적 평정만으로 승진대상자 명부를 작성할 수 있다. 〈개정 2014. 12. 9., 2016. 10. 31., 2016. 12. 30., 2020. 12. 31.〉

    1. 근무성적 평정점: 65퍼센트

    2. 경력 평정점: 35퍼센트

    3. 삭제 〈2014. 12. 9.〉

③ 승진대상자 명부를 작성할 때에는 다음 각 호의 어느 하나에 해당하는 사람에게 행정안전부령으로 정하는 바에 따라 가산점을 줄 수 있다. 〈개정 2013. 3. 23., 2014. 11. 19., 2017. 7. 26., 2018. 9. 18.〉

    1. 삭제 〈2018. 9. 18.〉

2. 삭제 〈2018. 9. 18.〉

3. 자격증 소지자

4. 국어 또는 외국어 능력이 우수한 사람

5. 재직 중 학사·석사 또는 박사 학위를 취득한 사람

6. 삭제 〈2016. 10. 31.〉

④ 제1항에도 불구하고 경찰청장은 제1호의 각 승진대상자 명부를, 시·도경찰청장은 제2호의 각 승진대상자 명부를 계급별로 통합하여 작성하되, 통합된 명부에 기록하는 순서는 각 명부의 총평정점 순위에 따른다. 〈개정 2016. 10. 31., 2020. 12. 31.〉

1. 경찰청 소속 경위 이하 계급으로의 승진: 경찰청 국장급 부서장이 작성한 각 승진대상자 명부

2. 제17조 제1항 단서에 따른 경위 이하 계급으로의 승진: 시·도경찰청장 또는 경찰서장이 작성한 각 승진대상자 명부

⑤ 승진대상자명부작성자는 필요한 경우 승진대상자 명부를 경과별 또는 특수분야별로 작성할 수 있다. 〈개정 2016. 10. 31.〉

⑥ 승진대상자 명부는 매년 1월 1일을 기준으로 작성한다. 다만, 경무관 및 총경으로의 승진대상자 명부는 매년 11월 1일을 기준으로 작성한다.

⑦ 삭제 〈2020. 6. 23.〉

⑧ 이 영에서 규정한 사항 외에 승진대상자 명부 작성에 필요한 세부사항은 행정안전부령으로 정한다. 〈신설 2016. 10. 31., 2017. 7. 26.〉

[전문개정 2013. 1. 9.]

제12조 삭제 〈2016. 10. 31.〉

제13조(승진대상자 명부의 조정) 승진대상자명부작성자는 승진대상자 명부 작성 이후 다음 각 호의 어느 하나에 해당하는 사유가 발생한 경우에는 승진대상자 명부를 조정하여야 한다.

1. 전출자나 전입자가 있는 경우

2. 삭제 〈2014. 12. 9.〉

3. 징계처분이나 직위해제처분을 받은 사람이 있는 경우

4. 경력 평정을 한 후에 평정사실과 다른 사실이 발견되는 등의 사유로 경력을 재평정한 경우

5. 휴직자나 퇴직자가 있는 경우

6. 제6조 제1항 제2호부터 제4호까지의 규정에 따른 승진임용 제한기간 중에 있는 사람이 있는 경우

[전문개정 2013. 1. 9.]

제4장 ◈ 승진심사

제14조(승진심사) ① 경찰공무원의 승진심사는 계급별로 하되, 경찰청장이 필요하다고 인정할 때에는 경과별 또는 특수분야별로 구분하여 실시할 수 있다. 〈개정 2014. 11. 19., 2016. 10. 31., 2017. 7. 26., 2020. 6. 23.〉

② 경정 이하 계급으로의 승진심사는 1월 2일부터 3월 31일 사이에 연 1회 실시한다. 다만, 경찰청장이 그 기간 내에 승진심사를 할 수 없다고 인정할 때에는 기간을 연장할 수 있으며, 경찰공무원의 증원이

나 그 밖에 특별한 사유가 있으면 추가로 승진심사를 할 수 있다. 〈개정 2014. 11. 19., 2017. 7. 26., 2020. 6. 23.〉

[전문개정 2013. 1. 9.]

제15조(중앙승진심사위원회의 구성) ① 법 제17조 제1항에 따른 중앙승진심사위원회(이하 "중앙승진심사위원회"라 한다)는 위원장을 포함한 5명 이상 7명 이하의 위원으로 구성한다. 〈개정 2020. 12. 31.〉

② 경무관으로의 승진심사를 위하여 구성되는 중앙승진심사위원회 회의에 부칠 사항을 사전에 심의하기 위하여 중앙승진심사위원회에 복수의 승진심의위원회를 둘 수 있으며, 각각의 승진심의위원회는 위원장을 포함한 5명 이상 7명 이하의 위원으로 구성한다.

③ 삭제 〈2020. 6. 23.〉

④ 제1항 및 제2항의 위원은 회의 소집일 전에 승진심사대상자보다 상위계급인 경찰공무원 중에서 경찰청장이 임명하되, 제2항에 따라 승진심의위원회를 두는 경우 중앙승진심사위원회 위원은 승진심의위원회 위원 중에서 임명한다. 〈개정 2014. 11. 19., 2017. 7. 26., 2020. 6. 23.〉

⑤ 위원장은 위원 중 최상위계급 또는 선임인 경찰공무원이 된다.

⑥ 제1항·제2항·제4항 및 제5항에서 규정한 사항 외에 승진심의위원회의 운영에 필요한 사항은 행정안전부령으로 정한다. 〈개정 2013. 3. 23., 2014. 11. 19., 2017. 7. 26., 2020. 6. 23.〉

[전문개정 2013. 1. 9.]

제16조(보통승진심사위원회의 구성) ① 법 제17조 제1항에 따른 보통승진심사위원회(이하 "보통승진심사위원회"라 한다)는 경찰청·소속기관등 및 경찰서에 둔다. 〈개정 2013. 11. 5., 2014. 11. 19., 2017. 7. 26., 2020. 6. 23., 2020. 12. 31.〉

② 보통승진심사위원회는 위원장을 포함한 5명 이상 7명 이하의 위원으로 구성한다.

③ 보통승진심사위원회 위원은 그 보통승진심사위원회가 설치된 경찰기관의 장이 승진심사대상자보다 상위계급인 경위 이상 소속 경찰공무원 중에서 임명하며, 위원장은 위원 중 최상위계급 또는 선임인 경찰공무원이 된다. 〈개정 2018. 11. 20.〉

④ 제3항에도 불구하고 시·도경찰청 및 경찰서에 두는 보통승진심사위원회 위원 중 2명은 승진심사대상자보다 상위계급인 경위 이상 소속 경찰공무원 중에서 「국가경찰과 자치경찰의 조직 및 운영에 관한 법률」 제18조 제1항에 따른 시·도자치경찰위원회의 추천을 받아 그 보통심사위원회가 설치된 경찰기관의 장이 임명한다. 〈신설 2020. 12. 31.〉

[전문개정 2013. 1. 9.]

제17조(승진심사위원회의 관할) ① 승진심사위원회는 다음 각 호의 구분에 따라 경찰공무원의 승진심사를 관할한다. 다만, 경찰청장은 승진예정 인원 등을 고려하여 부득이할 때에는 제2호의 승진심사 중 경찰서의 보통승진심사위원회에서 실시할 경위 이하 계급으로의 승진심사를 시·도경찰청의 보통승진심사위원회에서 하게 할 수 있다. 〈개정 2020. 12. 31.〉

1. 총경 이상 계급으로의 승진심사: 중앙승진심사위원회

2. 경정 이하 계급으로의 승진심사: 해당 경찰관이 소속한 경찰기관의 보통승진심사위원회(제3호의 경우는 제외한다)

3. 경찰서 소속 경찰공무원의 경감 이상 계급으로의 승진심사: 시·도경찰청 보통승진심사위원회

② 삭제 〈2020. 6. 23.〉

[전문개정 2013. 1. 9.]

제18조(승진심사위원회의 회의) ① 중앙승진심사위원회의 회의는 경찰청장이 소집하며, 보통승진심사위

원회의 회의는 해당 경찰기관의 장이 경찰청장(경찰서 보통승진심사위원회 회의의 경우 시·도경찰 청장을 말한다)의 승인을 받아 소집한다. 〈개정 2020. 12. 31.〉

② 승진심사위원회의 회의는 재적위원 과반수의 찬성으로 의결한다.

③ 승진심사위원회의 회의는 비공개로 한다.

[전문개정 2013. 1. 9.]

제19조(승진심사위원회의 간사 등) ① 승진심사위원회에 간사 1명과 서기 몇 명을 둔다.

② 간사와 서기는 승진심사위원회가 설치되어 있는 경찰기관 소속 인사담당 경찰공무원 중에서 그 경찰 기관의 장이 임명한다.

③ 간사는 위원장의 명을 받아 위원회의 사무를 처리하며, 서기는 간사를 보조한다.

[전문개정 2013. 1. 9.]

제20조(승진심사대상) 승진심사는 제11조에 따른 승진대상자 명부의 선순위자(승진시험에 합격한 사람 은 제외한다)순으로 심사승진임용 예정 인원의 5배수를 대상으로 한다. 다만, 경찰청장은 부득이한 사유가 있을 때에는 승진심사대상자의 범위를 심사승진임용 예정 인원의 5배수 이하로 하게 할 수 있다. 〈개정 2014. 11. 19., 2016. 10. 31., 2017. 7. 26., 2020. 6. 23.〉

[전문개정 2013. 1. 9.]

제21조(승진심사대상자에서의 제외) 경찰공무원이 다음 각 호의 어느 하나에 해당하는 경우에는 승진심 사대상에서 제외한다. 〈개정 2013. 9. 17., 2018. 6. 12.〉

　　1. 「경찰공무원 교육훈련규정」 제8조 제1항부터 제3항까지의 규정에 따른 교육을 받지 아니하였 거나 그 교육성적이 만점의 60퍼센트 미만인 경우

　　2. 제6조 제1항 각 호의 어느 하나에 해당하는 경우

　　3. 삭제 〈2018. 6. 12.〉

　　4. 총경 이하 경찰공무원이 「경찰공무원 교육훈련규정」 제6조의2제1항에 따른 승진임용에 필요 한 교육훈련시간을 충족하지 못한 경우. 다만, 「경찰공무원 교육훈련규정」 제6조의2제2항 제 1호에 해당하는 경우는 제외한다.

[전문개정 2013. 1. 9.]

제22조(승진심사의 기준 등) ① 승진심사위원회는 승진심사대상자가 승진될 계급에서 직무를 수행할 능 력이 있는지를 평가하기 위하여 다음 각 호의 사항을 심사한다. 〈개정 2016. 10. 31.〉

　　1. 경험한 직책

　　2. 승진기록

　　3. 현 계급에서의 연도별 근무성적

　　4. 상벌

　　5. 소속 경찰기관의 장의 평가·추천

　　6. 적성

② 승진심사의 절차와 그 밖에 필요한 사항은 행정안전부령으로 정한다. 〈개정 2013. 3. 23., 2014. 11. 19., 2017. 7. 26., 2020. 6. 23.〉

[전문개정 2013. 1. 9.]

제22조의2(동료·민원인 등의 평가 반영) ① 임용권자(「경찰공무원 임용령」 제4조 제1항부터 제6항까지 의 규정에 따라 임용권을 위임받은 자를 포함한다. 이하 같다)나 임용제청권자(법 제7조 제1항에 따 른 추천이 필요한 경우에는 경찰청장을 포함한다. 이하 같다)는 승진심사를 거쳐 소속 경찰공무원을

승진임용하거나 승진임용을 제청할 때 승진심사대상자에 대한 동료 평가 및 민원 평가를 실시하여 그 결과를 반영할 수 있다. 이 경우 동료 평가는 승진심사대상자의 상위·동일·하위 계급의 경찰공무원이 하고, 민원 평가는 승진심사대상자의 업무와 관련된 민원인 등이 한다. 〈개정 2014. 11. 19., 2016. 12. 30., 2017. 7. 26., 2018. 6. 12., 2020. 6. 23., 2020. 12. 31.〉

② 제1항에 따른 평가 결과는 특별승급, 성과상여금 지급, 교육훈련, 보직 관리 등 각종 인사관리에 반영할 수 있다.

③ 제1항 및 제2항에 따른 평가의 실시와 평가 결과의 반영 등에 관한 사항은 경찰청장이 정한다. 〈개정 2014. 11. 19., 2017. 7. 26., 2020. 6. 23.〉

[전문개정 2013. 1. 9.]

제23조(승진심사 결과의 보고 등) ① 승진심사위원회는 승진심사를 마쳤을 때에는 지체 없이 다음 각 호의 서류를 작성하여 중앙승진심사위원회의 경우에는 경찰청장에게, 보통승진심사위원회의 경우에는 그 위원회가 설치된 경찰기관의 장에게 보고해야 한다. 〈개정 2014. 11. 19., 2017. 7. 26., 2018. 6. 12., 2020. 6. 23.〉

1. 승진심사 의결서
2. 승진심사 종합평가서
3. 승진임용예정자로 선발된 사람의 명부

② 제1항 제3호에 따른 승진임용예정자로 선발된 사람의 명부는 승진심사 종합평가성적이 우수한 사람 순으로 작성하되, 동점자가 있는 경우에는 행정안전부령으로 정하는 순서에 따라 선순위자를 결정한다. 〈개정 2016. 10. 31., 2017. 7. 26., 2018. 6. 12.〉

[전문개정 2013. 1. 9.]

[제목개정 2016. 10. 31.]

제24조(심사승진후보자 명부의 작성) ① 임용권자나 임용제청권자는 승진심사위원회에서 승진임용예정자로 선발된 사람에 대하여 심사승진후보자 명부를 작성하여야 한다.

② 심사승진후보자 명부의 작성에 관하여는 제23조 제2항을 준용한다. 〈개정 2018. 6. 12.〉

③ 임용권자나 임용제청권자는 심사승진후보자 명부에 기록된 사람이 승진임용되기 전에 정직 이상의 징계처분을 받은 경우에는 심사승진후보자 명부에서 그 사람을 제외하여야 한다.

[전문개정 2013. 1. 9.]

제25조(승진후보자의 승진임용 등) ① 경찰공무원의 승진임용 시 심사승진후보자와 시험승진후보자가 있을 경우에 승진임용 인원은 각각 승진임용 인원의 50퍼센트로 한다. 〈개정 2017. 9. 26., 2020. 6. 23.〉

② 심사승진임용은 제24조에 따른 심사승진후보자 명부에 기록된 순서에 따라 결원이 있을 때마다 수시로 한다.

[전문개정 2013. 1. 9.]

제26조(근속승진) ① 법 제16조에 따른 근속승진(이하 "근속승진"이라 한다) 기간은 제5조 제2항부터 제8항까지의 규정에 따른 승진소요 최저근무연수의 계산 방법에 따라 계산한다. 〈개정 2016. 10. 31., 2020. 12. 31.〉

② 법 제16조 제1항 각 호 외의 부분 단서에 따라 다음 각 호의 경찰공무원을 근속승진임용하는 경우에는 해당 각 호의 구분에 따른 기간을 근속승진 기간에서 단축할 수 있다. 〈신설 2021. 8. 31.〉

1. 「공무원임용령」 제48조 제1항 제1호에 따른 인사교류 기간 중에 있거나 인사교류 경력이 있는 경찰공무원: 인사교류 기간의 2분의 1에 해당하는 기간

2. 국정과제 등 주요 업무의 추진실적이 우수한 경찰공무원이나 적극행정 수행 태도가 돋보인 경
   찰공무원: 1년

③ 제2항 제2호에 따라 근속승진 기간을 단축하는 경찰공무원의 인원수는 인사혁신처장이 제한할 수
   있다. 〈신설 2021. 8. 31.〉

④ 임용권자는 경감으로의 근속승진임용을 위한 심사를 연 1회 실시할 수 있다. 이 경우 해당 기관의
   근속승진 대상자의 100분의 40에 해당하는 인원수(소수점 이하가 있는 경우에는 1명을 가산한다)를
   초과하여 근속승진임용할 수 없다. 〈개정 2016. 6. 24., 2018. 6. 12., 2019. 11. 5., 2021. 8. 31.〉

⑤ 임용권자는 인사의 원활한 운영을 위하여 필요하다고 인정되는 경우에는 경위 재직기간별로 승진대
   상자 명부를 구분하여 작성할 수 있다. 〈개정 2018. 6. 12., 2021. 8. 31.〉

⑥ 제1항부터 제5항까지에서 규정한 사항 외에 근속승진 방법, 그 밖에 인사운영에 필요한 사항은 경찰
   청장이 정한다. 〈개정 2014. 11. 19., 2017. 7. 26., 2018. 6. 12., 2020. 6. 23., 2021. 8. 31.〉

제5장 승진시험

제27조(시험 실시의 원칙) ① 경찰공무원의 승진시험(이하 "시험"이라 한다)은 계급별로 실시하되, 경찰
   청장이 필요하다고 인정할 때에는 경과별 또는 특수분야별로 구분하여 실시할 수 있다. 〈개정 2014.
   11. 19., 2016. 10. 31., 2017. 7. 26., 2020. 6. 23.〉

② 제1항에 따라 경과별 또는 특수분야별로 시험을 실시하는 경우에는 승진임용 후 2년 이상 5년 이하의
   범위에서 행정안전부장관이 정하는 기간 동안 경찰청장이 지정하는 직무부서에서 근무할 것을 조건
   으로 할 수 있다. 〈개정 2013. 3. 23., 2014. 11. 19., 2016. 10. 31., 2017. 7. 26., 2020. 6. 23.〉

[전문개정 2013. 1. 9.]

제28조(시험 실시권의 위임) 경찰청장은 법 제20조 제1항에 따라 경감 이하 계급으로의 시험을 소속기관
   등의 장에게 위임할 수 있다. 〈개정 2014. 11. 19., 2017. 7. 26., 2020. 6. 23., 2020. 12. 31.〉

[전문개정 2013. 1. 9.]

제29조(응시자격) 시험에 응시하려는 경찰공무원은 다음 각 호의 요건을 갖추어야 한다. 〈개정 2013. 9.
   17., 2018. 6. 12.〉

   1. 시험을 실시하는 해의 1월 1일을 기준으로 제5조에 따른 승진소요 최저근무연수 이상 해당 계
      급에서 재직하였을 것
   2. 「경찰공무원 교육훈련규정」 제8조 제1항 또는 제2항에 따른 교육을 받은 사람으로서 그 교육
      성적이 만점의 60퍼센트 이상일 것
   3. 제6조 제1항에 따른 승진임용 제한 사유에 해당하지 아니할 것
   4. 총경 이하 경찰공무원의 경우 「경찰공무원 교육훈련규정」 제6조의2제1항에 따른 승진임용에
      필요한 교육훈련시간 이상 교육훈련을 받았을 것. 다만, 「경찰공무원 교육훈련규정」 제6조의2
      제2항 제1호에 해당하는 경우는 제외한다.

[전문개정 2013. 1. 9.]

제30조(시험의 시행 및 공고) ① 시험은 매년 1회 실시한다.

② 시험을 실시하려는 경우에는 그 일시 · 장소, 그 밖에 시험 실시에 필요한 사항을 시험 실시 15일 전까
   지 공고하여야 한다.

[전문개정 2013. 1. 9.]

제31조(시험의 방법 및 절차) ① 시험은 제1차시험, 제2차시험 및 제3차시험으로 구분하여 다음 각 호의 방법으로 실시한다. 〈개정 2014. 11. 19., 2015. 10. 30., 2016. 10. 31.〉

    1. 제1차시험은 선택형으로 하는 것을 원칙으로 하되, 과목별로 기입형을 포함할 수 있다. 다만, 경과별 또는 특수분야별로 구분하여 실시하는 경우에는 실기시험으로 하거나 실기시험을 병행할 수 있다.

    2. 제2차시험은 논문형으로 하는 것을 원칙으로 하되, 과목별로 주관식 단답형을 포함할 수 있다. 다만, 경과별 또는 특수분야별로 구분하여 실시하는 경우에는 실기시험으로 하거나 실기시험을 병행할 수 있다.

    3. 제3차시험은 면접시험으로 하며, 직무수행에 필요한 응용능력과 적격성을 검정한다.

② 제1항에도 불구하고 경찰청장이 필요하다고 인정할 때에는 제3차시험을 생략할 수 있으며, 제1차시험과 제2차시험을 동시에 실시할 수 있다. 〈개정 2014. 11. 19., 2017. 7. 26., 2020. 6. 23.〉

③ 제1차시험에 합격하지 아니하면 제2차시험에 응시할 수 없고, 제2차시험에 합격하지 아니하면 제3차시험에 응시할 수 없다. 다만, 제2항에 따라 제1차시험과 제2차시험을 동시에 실시하는 경우에는 그러하지 아니하다.

④ 제2항에 따라 제1차시험과 제2차시험을 동시에 실시하는 경우 제1차시험에 불합격한 사람의 제2차시험은 무효로 한다.

[전문개정 2013. 1. 9.]

제31조의2(경감 이하 계급으로의 시험 방법 등의 특례) ① 경감 이하 계급으로의 시험의 경우 특수분야 중 경찰청장이 지정하는 분야에 대해서는 제31조 제1항에도 불구하고 필기시험과 면접시험으로 구분하여 실시할 수 있다. 다만, 경찰청장이 필요하다고 인정할 때에는 면접시험을 생략할 수 있다. 〈개정 2013. 3. 23., 2014. 11. 19., 2016. 10. 31., 2017. 7. 26., 2020. 6. 23.〉

② 제1항에 따른 필기시험과 면접시험은 다음 각 호의 방법으로 실시한다.

    1. 필기시험은 선택형으로 하는 것을 원칙으로 하되, 과목별로 기입형을 포함할 수 있다.

    2. 면접시험에서는 직무수행에 필요한 응용능력과 적격성을 검정한다.

③ 필기시험에 합격하지 아니하면 면접시험에 응시할 수 없다.

[전문개정 2013. 1. 9.]

제32조(시험 과목 등) 제31조 제1항에 따른 제1차시험과 제2차시험 및 제31조의2에 따른 필기시험의 과목과 과목별 배점비율은 행정안전부령으로 정한다. 〈개정 2013. 3. 23., 2014. 11. 19., 2017. 7. 26., 2020. 6. 23.〉

[전문개정 2013. 1. 9.]

제33조(시험의 합격자 결정) ① 제1차시험 및 제2차시험에서는 각 과목 만점의 40퍼센트 이상 득점한 사람 중에서 선발예정 인원을 고려하여 고득점자순으로 합격자를 결정한다. 〈개정 2016. 10. 31.〉

② 제3차시험에서는 합격·불합격만을 결정한다.

③ 최종합격자는 제3차시험에 합격한 사람(제3차시험을 실시하지 아니하는 경우에는 제2차시험에 합격한 사람을 말한다) 중에서 다음 각 호의 비율로 합산한 성적의 고득점자순으로 결정한다. 〈개정 2014. 12. 9., 2016. 10. 31.〉

    1. 제1차시험성적 36퍼센트(경비경찰의 경우에는 30퍼센트)

    2. 제2차시험성적 24퍼센트(경비경찰의 경우에는 30퍼센트)

    3. 해당 계급에서의 근무성적 40퍼센트

4. 삭제 〈2014. 12. 9.〉

④ 제3항 제3호에 따른 해당 계급에서의 근무성적은 경장 이하 경찰공무원의 경우에는 시험 실시연도 기준일부터 최근 1년 이내에 그 계급에서 평정한 평정점으로 산정하며, 경사 이상 경찰공무원의 경우에는 시험 실시연도 기준일부터 최근 2년 이내에 그 계급에서 평정한 평정점으로 다음의 계산방식으로 산정한다. 〈개정 2018. 6. 12.〉

(최근 1년 이내에 평정한 평정점 × 60/100) + (최근 1년 전 2년 이내에 평정한 평정점 × 40/100)

[전문개정 2013. 1. 9.]

제33조의2(특례 시험의 합격자 결정) ① 제31조의2에 따라 시험을 실시하는 경우에 필기시험 및 면접시험의 합격자 결정은 다음 각 호의 방법에 따른다. 〈개정 2016. 10. 31.〉

1. 필기시험에서는 각 과목 만점의 40퍼센트 이상 득점한 사람 중에서 선발예정 인원을 고려하여 고득점자순으로 합격자를 결정한다.

2. 면접시험에서는 합격·불합격만을 결정한다.

② 최종합격자는 면접시험에 합격한 사람(제31조의2제1항 단서에 따라 면접시험을 생략한 경우에는 필기시험에 합격한 사람을 말한다) 중에서 다음 각 호의 비율로 합산한 성적의 고득점자순으로 결정한다. 이 경우 해당 계급에서의 근무성적 계산방법에 관하여는 제33조 제4항을 준용한다. 〈개정 2014. 12. 9., 2016. 10. 31.〉

1. 필기시험성적 60퍼센트

2. 해당 계급에서의 근무성적 40퍼센트

3. 삭제 〈2014. 12. 9.〉

[전문개정 2013. 1. 9.]

제33조의3(특례 시험 선택과목의 점수 산출방법) ① 제31조의2에 따른 필기시험 선택과목의 득점은 응시자가 선택한 과목 점수의 표준편차와 평균점을 산출하여 별표의 계산식에 따라 조정한 점수(이하 "조정점수"라 한다)로 한다.

② 제33조의2제1항 제1호에서 "각 과목 만점의 40퍼센트 이상"이란 응시자의 조정점수와 조정 전 점수 중 어느 하나가 40퍼센트 이상에 해당하는 것을 말한다.

[본조신설 2019. 12. 24.]

제34조(시험위원의 임명 등) ① 시험실시기관의 장은 다음 각 호의 어느 하나에 해당하는 사람 중에서 시험 시행에 필요한 사항을 담당할 시험위원을 임명하거나 위촉할 수 있다.

1. 해당 시험 분야에 대한 전문적인 학식이나 능력이 있는 사람

2. 임용예정 직무의 실무에 정통한 사람

② 시험위원에게는 예산의 범위에서 경찰청장이 정하는 바에 따라 수당을 지급한다. 〈개정 2014. 11. 19., 2017. 7. 26., 2020. 6. 23.〉

[전문개정 2013. 1. 9.]

제35조(부정행위자에 대한 조치) ① 시험에서 다음 각 호의 어느 하나에 해당하는 행위를 한 경찰공무원에 대해서는 그 시험을 정지 또는 무효로 하거나 합격을 취소하고, 그 처분이 있은 날부터 5년간 이 영에 따른 시험에 응시할 수 없게 한다.

1. 다른 수험생의 답안지를 보거나 본인의 답안지를 보여주는 행위

2. 대리 시험을 의뢰하거나 대리로 시험에 응시하는 행위

3. 통신기기, 그 밖의 신호 등을 이용하여 해당 시험 내용에 관하여 다른 사람과 의사소통하는 행위

4. 부정한 자료를 가지고 있거나 이용하는 행위

5. 실기시험에 영향을 미칠 목적으로 「공무원임용시험령」 제51조 제1항 제6호에 따라 인사혁신 처장이 정하여 고시하는 금지약물을 복용하거나 금지방법을 사용하는 행위

6. 그 밖에 부정한 수단으로 본인 또는 다른 사람의 시험결과에 영향을 미치는 행위

② 시험에서 다음 각 호의 어느 하나에 해당하는 행위를 한 경찰공무원에 대해서는 그 시험을 정지하거나 무효로 한다.

1. 시험 시작 전에 시험문제를 열람하는 행위

2. 시험 시작 전 또는 종료 후에 답안을 작성하는 행위

3. 허용되지 아니한 통신기기 또는 전자계산기를 가지고 있는 행위

4. 그 밖에 시험의 공정한 관리에 영향을 미치는 행위로서 시험실시기관의 장이 시험의 정지 또는 무효 처리기준으로 정하여 공고한 행위

[전문개정 2018. 11. 20.]

제36조(시험승진후보자 명부의 작성 등) ① 임용권자나 임용제청권자는 시험에 합격한 사람에 대하여 각 계급별로 승진후보자 명부를 작성하되, 제33조 제3항 또는 제33조의2제2항에 따른 합산성적 고득점 자순으로 작성하여야 한다. 〈개정 2016. 10. 31.〉

② 시험승진임용은 제1항에 따른 시험승진후보자 명부에 기록된 순서에 따른다.

③ 임용권자나 임용제청권자는 시험승진후보자 명부에 기록된 사람이 승진임용되기 전에 정직 이상의 징계처분을 받은 경우에는 시험승진후보자 명부에서 그 사람을 제외하여야 한다.

[전문개정 2013. 1. 9.]

제6장 특별승진

제37조(특별유공자 등의 특별승진) ① 법 제19조 제1항 제1호에 따른 특별승진대상자는 다음 각 호와 같다. 〈개정 2017. 1. 6., 2019. 11. 5., 2020. 6. 23., 2020. 12. 31.〉

1. 「국가공무원법」 제40조의4제1항 제1호에 해당하는 경우: 「공무원임용령」 제35조의2제1항 제1호에 따른 포상을 받은 사람

2. 「국가공무원법」 제40조의4제1항 제2호에 해당하는 경우: 다음 각 목의 어느 하나에 해당하는 사람

가. 행정 능률을 향상시키고 예산을 절감하는 등 직무수행능력이 탁월하여 경찰행정 발전에 기여한 공이 매우 크다고 임용권자가 인정하는 사람

나. 「공무원임용령」 제35조의2제1항 제2호나목에 따른 포상을 받은 사람

다. 경찰청장이 정하는 포상을 받은 사람

3. 「국가공무원법」 제40조의4제1항 제3호에 해당하는 경우: 「공무원 제안 규정」에 따른 창안등급 동상 이상을 받은 사람으로서 경찰행정 발전에 기여한 실적이 뚜렷한 사람

4. 「국가공무원법」 제40조의4제1항 제4호에 해당하는 경우: 20년 이상 근속하고 정년 1년 전까지의 기간 중 자진하여 퇴직하는 사람으로서 재직 중 특별한 공적이 있다고 인정되는 사람

② 법 제19조 제1항 제2호에 따른 특별승진대상자는 전투, 대(對)간첩작전, 그 밖에 이에 준하는 업무수

행 중 현저한 공을 세우고 사망하였거나 부상을 입어 사망한 사람 또는 직무수행 중 다른 사람의 모범이 되는 공을 세우고 사망하였거나 부상을 입어 사망한 사람으로 한다. 〈개정 2020. 12. 31.〉

③ 법 제19조 제1항 제3호에 따른 특별승진대상자는 다음 각 호와 같다. 이 경우 제1호, 제2호 또는 제4호에 해당하는 특별승진대상자에는 첩보 제공 등 공조수사를 하여 사건 해결에 결정적인 기여를 한 사람을 포함한다. 〈개정 2013. 3. 23., 2014. 11. 19., 2017. 7. 26., 2020. 6. 23., 2020. 12. 31.〉

1. 헌신적인 노력으로 간첩 또는 무장공비를 사살하거나 검거한 사람

2. 국가안전을 해치는 중한 범죄의 주모자를 검거한 사람

3. 전시·사변 또는 이에 준하는 비상사태에서 위험을 무릅쓰고 헌신·분투하여 사태 진압에 특별한 공을 세운 사람

4. 살인·강도·조직폭력 등 중한 범죄의 범인 검거에 헌신·분투하여 그 공이 특별히 현저한 사람

5. 천재지변이나 그 밖의 재난 발생 시 위험을 무릅쓰고 인명을 구조하거나 재산을 보호한 공이 특별히 현저한 사람

6. 행정안전부령으로 정하는 특별경비부서에서 헌신적으로 직무를 수행한 공이 있고, 상위직의 직무수행능력이 있다고 인정되는 사람

④ 제1항 제2호나목에 해당하는 경우로서 「공무원임용령」 제35조의2제5항에 따라 인사혁신처장이 정하는 국무총리 표창 이상의 포상을 받은 사람을 특별승진임용할 때에는 계급별 정원을 초과하여 임용할 수 있으며, 정원과 현원이 일치할 때까지 그 인원에 해당하는 정원이 해당 기관에 따로 있는 것으로 본다. 이 경우 특별승진임용의 절차 및 운영 등에 필요한 사항은 경찰청장이 정한다. 〈신설 2019. 11. 5.〉

[전문개정 2013. 1. 9.]

제38조(특별승진의 계급 범위) 제37조에 따른 특별승진은 다음 각 호의 계급으로 승진하는 것으로 한정한다.

1. 제37조 제1항 제1호의 경우: 경정 이하 계급으로의 승진

2. 제37조 제1항 제2호 및 제3호의 경우: 경감 이하 계급으로의 승진

3. 제37조 제1항 제4호 또는 같은 조 제2항의 경우: 치안정감 이하 계급으로의 승진

4. 제37조 제3항 제1호부터 제5호까지의 경우: 경감 이하 계급으로의 승진

5. 제37조 제3항 제6호의 경우: 경위 이하 계급으로의 승진

[전문개정 2013. 1. 9.]

제39조(특별승진의 실시) 경찰공무원의 특별승진은 경찰청장이 특히 필요하다고 인정하는 경우에 수시로 실시할 수 있다. 〈개정 2014. 11. 19., 2016. 10. 31., 2017. 7. 26., 2018. 6. 12., 2020. 6. 23.〉

[전문개정 2013. 1. 9.]

제40조(승진소요 최저근무연수 등의 적용 배제) ① 제37조 제1항 제4호 및 같은 조 제3항 제2호부터 제5호까지의 규정에 해당하는 특별승진에 대해서는 제5조 제1항을 적용하지 아니한다.

② 제37조 제2항에 해당하는 특별승진에 대해서는 제5조 제1항 및 제6조를 적용하지 아니한다.

③ 제37조 제3항 제1호에 해당하는 특별승진에 대해서는 제5조 제1항 및 제6조 제1항 제4호를 적용하지 아니한다.

[전문개정 2013. 1. 9.]

제40조의2(특별승진의 제한 및 취소) ① 제37조 제1항 제4호에 따라 특별승진임용할 때에는 해당 경찰공무원이 재직기간 중 중징계 처분 또는 다음 각 호의 어느 하나에 해당하는 사유로 경징계 처분을 받

은 사실이 없어야 한다.

  1. 「국가공무원법」 제78조의2제1항 각 호의 징계 사유

  2. 「성폭력범죄의 처벌 등에 관한 특례법」 제2조에 따른 성폭력범죄

  3. 「성매매알선 등 행위의 처벌에 관한 법률」 제2조 제1항 제1호에 따른 성매매

  4. 「양성평등기본법」 제3조 제2호에 따른 성희롱

  5. 「도로교통법」 제44조 제1항에 따른 음주운전 또는 같은 조 제2항에 따른 음주측정에 대한 불응

② 제37조 제1항 제4호에 따라 특별승진임용된 사람이 「국가공무원법」 제74조의2제3항 제1호·제1호의2 또는 제1호의3에 해당하여 명예퇴직수당을 환수하는 경우에는 특별승진임용을 취소해야 한다. 이 경우 특별승진임용이 취소된 사람은 그 특별승진임용 전의 계급으로 퇴직한 것으로 본다.

[본조신설 2019. 6. 25.]

제41조(특별승진심사) ① 임용권자나 임용제청권자는 소속 경찰공무원을 특별승진시키려면 중앙승진심사위원회의 심사를 거쳐야 한다. 다만, 경위 이하 경찰공무원을 특별승진시키려는 경우에는 경찰청장이 정하는 바에 따라 보통승진심사위원회의 심사로 중앙승진심사위원회의 심사를 갈음할 수 있다. 〈개정 2014. 11. 19., 2017. 7. 26., 2020. 6. 23.〉

② 제37조에 해당하는 특별승진대상자가 「경찰공무원 교육훈련규정」 제8조 제1항 및 제2항에 따른 교육을 수료하지 아니한 경우에는 그 교육을 수료한 후에 제1항에 따른 심사를 받게 하여야 한다. 다만, 제37조 제1항 제4호, 같은 조 제2항 또는 같은 조 제3항 제1호부터 제5호까지의 규정에 해당하는 특별승진대상자의 경우에는 그러하지 아니하다.

③ 제1항에 따른 특별승진심사에 필요한 사항은 행정안전부령으로 정한다. 〈개정 2013. 3. 23., 2014. 11. 19., 2017. 7. 26., 2020. 6. 23.〉

[전문개정 2013. 1. 9.]

제42조(특별승진후보자 명부의 작성 등) ① 임용권자나 임용제청권자는 특별승진임용예정자로 선발된 사람에 대하여 특별승진후보자 명부를 작성하여야 한다.

② 특별승진후보자 명부에 기록하는 순서는 승진심사위원회의 특별승진 의결일순으로 하되, 의결일이 같을 경우에는 근무성적 평정점순으로 한다. 〈개정 2016. 10. 31.〉

③ 특별승진임용은 특별한 경우 외에는 제2항에 따른 특별승진후보자 명부에 기록된 순서에 따른다.

④ 임용권자나 임용제청권자는 특별승진후보자 명부에 기록된 사람이 승진임용되기 전에 정직 이상의 징계처분을 받은 경우에는 특별승진후보자 명부에서 그 사람을 제외하여야 한다.

[전문개정 2013. 1. 9.]

 제7장   대우공무원 〈신설 2008. 12. 3.〉

제43조(대우공무원의 선발 등) ① 임용권자나 임용제청권자는 소속 경찰공무원 중 해당 계급에서 제5조에 따른 승진소요 최저근무연수 이상 근무하고 승진임용 제한 사유가 없는 근무실적 우수자를 바로 위 계급의 대우공무원(이하 "대우공무원"이라 한다)으로 선발할 수 있다.

② 대우공무원 선발에 필요한 사항은 행정안전부령으로 정한다. 〈개정 2013. 3. 23., 2014. 11. 19., 2017. 7. 26., 2020. 6. 23.〉

③ 대우공무원에게는 「공무원수당 등에 관한 규정」에서 정하는 바에 따라 수당을 지급할 수 있다.
[전문개정 2013. 1. 9.]

제8장 　보칙 〈신설 2012. 1. 6.〉

제44조(민감정보 및 고유식별정보의 처리) 임용권자나 임용제청권자는 법 및 이 영에 따른 경찰공무원의 승진임용에 관한 사무를 수행하기 위하여 불가피한 경우 「개인정보 보호법」 제23조에 따른 건강에 관한 정보, 같은 법 시행령 제18조 제2호에 따른 범죄경력자료에 해당하는 정보 및 같은 영 제19조 제1호에 따른 주민등록번호가 포함된 자료를 처리할 수 있다.
[전문개정 2013. 1. 9.]

부칙 〈제31352호, 2020. 12. 31.〉

제1조(시행일) 이 영은 2021년 1월 1일부터 시행한다.

제2조(보통승진심사위원회 위원 임명에 관한 적용례) 제16조 제4항의 개정규정은 「국가경찰과 자치경찰의 조직 및 운영에 관한 법률」 제18조 제1항에 따른 시·도자치경찰위원회가 설치·구성된 이후 해당 시·도경찰청 및 경찰서에 두는 보통승진심사위원회 위원을 임명하는 경우부터 적용한다.

부칙 〈제31956호, 2021. 8. 31.〉

이 영은 공포한 날부터 시행한다.

13 경찰공무원 교육훈련규정

[시행 2021. 7. 20.] [대통령령 제31900호, 2021. 7. 20., 타법개정]

경찰청(교육운영과) 02-3150-1230

제1조(목적) 이 영은 경찰공무원 및 경찰공무원으로 임용될 자의 교육훈련에 관하여 필요한 사항을 규정함을 목적으로 한다. 〈개정 1973. 12. 31., 1978. 4. 24., 1983. 5. 30.〉

제2조(정의) 이 영에서 사용하는 용어의 뜻은 다음과 같다. 〈개정 1973. 12. 31., 1975. 9. 4., 1978. 4. 24., 1979. 5. 8., 1983. 5. 30., 1987. 12. 31., 1991. 7. 30., 1996. 8. 8., 1999. 12. 28., 2000. 6. 27., 2001. 2. 3., 2007. 9. 20., 2009. 11. 23., 2010. 5. 14., 2010. 10. 22., 2013. 9. 17., 2013. 11. 5., 2014. 11. 19., 2017. 7. 26., 2018. 3. 30., 2020. 12. 31., 2021. 7. 20.〉

1. "경찰기관"이란 경찰청, 해양경찰청 및 그 소속기관등을 말한다.
2. "소속기관등"이란 경찰대학, 경찰인재개발원, 중앙경찰학교, 경찰수사연수원, 경찰병원, 시·도경찰청, 직할대 및 경찰서를 말한다.
3. "학교교육"이란 경찰대학·경찰인재개발원·중앙경찰학교 및 경찰수사연수원(이하 "경찰교육기관"이라 한다)에서 실시하는 교육을 말한다.
4. "위탁교육"이란 「경찰공무원법」(이하 "법"이라 한다) 제22조 제3항에 따른 국내외의 교육기관 등에 위탁하여 행하는 교육훈련을 말한다.
5. "직장훈련"이란 경찰기관의 장이 소속경찰공무원의 직무수행능력을 향상시키기 위하여 일상업무를 통하여 행하는 훈련을 말한다.
6. "기타교육훈련"이란 제3호부터 제5호까지의 교육훈련에 속하지 아니하는 교육훈련으로서 경찰기관의 장의 명에 의하거나 경찰공무원 스스로 하는 직무 관련 학습·연구 활동을 말한다.
7. "교수요원"이란 경찰교육기관에서 학생의 교육을 전담하는 자를 말한다.

제3조 삭제 〈2003. 3. 25.〉

제4조(교육훈련의 기회) ① 교육훈련의 기회는 모든 경찰공무원에게 균등하게 부여되어야 한다. 〈개정 1983. 5. 30.〉

② 경찰청장이 교육인원을 배정할 때에는 교육과정별 우선순위에 따라 소속기관등별로 균등히 하여야 한다. 〈개정 1991. 7. 30., 1996. 8. 8., 2014. 11. 19., 2017. 7. 26.〉

제5조(교육계획) ① 경찰청장은 연도개시 2월전까지 다음 연도의 경찰공무원 교육훈련에 관한 일반지침을 작성하고 교육인원의 배정을 하여야 한다. 〈개정 1983. 5. 30., 1991. 7. 30., 1996. 8. 8., 2014. 11. 19., 2017. 7. 26.〉

② 경찰교육기관의 장은 제1항의 일반지침 및 교육인원의 배정에 따라 연도 개시 1개월 전까지 다음 각 호의 사항을 포함한 교육계획을 작성해야 한다. 〈개정 1973. 12. 31., 2021. 1. 5.〉

1. 당해연도의 교육훈련기본방향
2. 교육훈련과정별 교육훈련의 목표·기간 및 대상
3. 교육 대상자의 선발계획

4. 교육훈련과정별 각 과목의 교수요목

5. 교재편찬 및 교재심의계획

6. 교육훈련의 평가방법

7. 기타 필요한 사항

③ 경찰기관의 장은 제1항의 일반지침에 따라 직장훈련계획을 작성하여야 한다.

④ 소속기관등의 장은 제1항의 교육인원의 배정에 따라 교육대상자를 선발하고 그 순위를 정하여야 한다. 〈개정 1991. 7. 30.〉

제6조(교육훈련실시의 의무) ① 경찰기관의 장은 소속경찰공무원에게 그 직무와 관련된 학식·기술 및 응용능력을 배양할 수 있도록 교육훈련계획과 교육순기에 따라 교육훈련을 시켜야 한다. 〈개정 1983. 5. 30.〉

② 임용권자(「경찰공무원 임용령」 제4조 제1항부터 제6항까지의 규정에 따라 임용권을 위임받은 자를 포함한다) 임용제청권자 또는 임용추천권자는 「경찰공무원 임용령」 제21조 제1항 또는 「해양경찰청 소속 경찰공무원 임용에 관한 규정」 제21조 제1항에 따라 경찰공무원으로 임용될 자에 대하여 임용전에 경찰교육기관에서 신임교육을 받게 할 수 있다. 〈개정 1983. 5. 30., 1991. 7. 30., 2016. 12. 30., 2020. 6. 23., 2020. 12. 31., 2021. 7. 20.〉

제6조의2(교육훈련이수시간의 승진임용에의 반영) ① 총경 이하 경찰공무원이 별표에서 정하는 바에 따라 제7조의 교육훈련을 이수한 시간(이하 "교육훈련이수시간"이라 한다)을 승진임용(「행정기관의 조직과 정원에 관한 통칙」 제26조 제2항에 따라 공무원 정원을 통합하여 운영하는 경우의 승진임용을 포함한다. 이하 같다)에 반영하여야 한다. 〈개정 2014. 11. 19., 2017. 7. 26.〉

② 제1항에도 불구하고 다음 각 호의 어느 하나에 해당하는 경우에는 교육훈련이수시간을 승진임용에 반영하지 아니한다. 〈개정 2020. 12. 31.〉

  1. 직무수행상의 특별한 사유로 승진임용에 필요한 교육훈련시간을 충족하지 못한 경찰공무원에 대하여 경찰청장이 필요하다고 인정하는 경우

  2. 법 제19조에 따라 특별승진임용하는 경우

③ 제1항에 따라 교육훈련이수시간을 승진임용에 반영하는 경우에 연간 이수하여야 할 교육훈련시간과 교육훈련이수시간으로 인정할 수 있는 교육훈련의 범위 및 교육훈련의 운영에 필요한 사항은 경찰청장이 정한다. 이 경우 경찰청장은 연간 이수하여야 할 교육훈련시간 및 교육훈련의 내용 등을 계급별·경과별(警科別) 또는 그 밖의 적정 기준에 따른 구분단위별로 다르게 정할 수 있다.

[본조신설 2013. 9. 17.]

제6조의3(부서장의 교육훈련 성과책임 등) ① 경찰기관의 장은 국장·부장·과장 및 이에 준하는 보조기관 또는 보좌기관 등(이하 "부서장"이라 한다)에 대하여 소속 경찰공무원의 교육훈련시간 달성도 등에 관한 성과책임을 부여하여야 한다. 〈개정 2014. 11. 19., 2017. 7. 26., 2021. 7. 20.〉

② 제1항에 따른 성과책임이 부여되는 부서장은 소속 경찰공무원에게 연간 자기능력개발계획을 수립하도록 하고 그 실적을 관리하여야 한다.

[본조신설 2013. 9. 17.]

제7조(교육훈련의 구분) 경찰공무원의 교육훈련은 학교교육·위탁교육·직장훈련 및 기타교육훈련으로 구분한다. 〈개정 1983. 5. 30., 2000. 6. 27., 2013. 9. 17.〉

제8조(신임·기본·전문교육) ① 경찰공무원으로 신규채용된 자로서 제6조 제2항의 규정에 의한 임용전 신임교육을 받지 아니한 자는 신규채용된 후 신임교육을 받아야 한다. 다만, 경사이상의 경찰공무원

으로 신규채용된 자로서 제2항의 규정에 의한 해당교육을 받은 자는 그러하지 아니하다.

② 경정·경감·경위 및 경사(「경찰공무원 승진임용 규정」 제24조 제1항 및 제36조 제1항에 따라 경정·경감·경위 및 경사 승진후보자명부에 등재된 자를 포함한다)는 해당 계급별 기본교육을 받아야 한다. 〈개정 2003. 3. 25., 2020. 6. 23., 2021. 7. 20.〉

③ 경찰청장이 정하는 바에 의하여 교육훈련대상자로 선발된 총경(「경찰공무원 승진임용 규정」 제24조 제1항에 따라 총경승진후보자명부에 등재된 자를 포함한다)은 기본교육으로 치안정책교육을 받아야 한다. 〈개정 2003. 3. 25., 2014. 11. 19., 2017. 7. 26., 2020. 6. 23., 2021. 7. 20.〉

④ 경정 이하 경찰공무원은 직무와 관련된 전문교육을 받아야 한다. 〈신설 2001. 2. 3.〉

[전문개정 1983. 5. 30.]

[제목개정 2001. 2. 3.]

제9조(직장훈련의 성과측정) ① 경찰청장은 정기적으로 직장훈련에 대한 평가를 실시하여 개선발전시켜야 한다. 〈개정 1991. 7. 30., 1996. 8. 8., 2014. 11. 19., 2017. 7. 26., 2021. 7. 20.〉

② 제1항의 평가의 방법은 경찰청장이 정한다. 〈개정 1975. 9. 4., 1991. 7. 30., 1996. 8. 8., 2014. 11. 19., 2017. 7. 26., 2021. 7. 20.〉

제10조(교육과정) 경찰공무원 및 경찰공무원으로 임용될 자의 교육훈련을 위한 경찰교육기관별 교육과정, 교육기간과 그 대상은 경찰청장이 정한다. 〈개정 1973. 12. 31., 1983. 5. 30., 1996. 8. 8., 2000. 6. 27., 2001. 2. 3., 2014. 11. 19., 2017. 7. 26., 2021. 7. 20.〉

제11조(수탁교육) ① 경찰청장은 중앙행정기관의 장으로부터의 요청이 있을 때에는 경찰교육기관에서 수탁교육을 할 수 있다. 〈개정 1991. 7. 30., 1996. 8. 8., 2014. 11. 19., 2017. 7. 26., 2021. 7. 20.〉

② 제1항의 규정에 의하여 수탁교육을 할 때에는 당해 중앙행정기관의 장으로 하여금 그 교육에 필요한 비용을 납부하게 할 수 있다. 〈개정 1975. 9. 4.〉

③ 삭제 〈2021. 7. 20.〉

제12조(위탁교육을 받을 자) 법 제22조 제3항에 따른 위탁교육을 받을 자는 다음 각호에 해당하는 자중에서 경찰청장이 따로 정하는 방법으로 선발한다. 다만, 교수요원은 그러하지 아니할 수 있다. 〈개정 1975. 9. 4., 1983. 5. 30., 1991. 7. 30., 1996. 8. 8., 2000. 6. 27., 2001. 2. 3., 2014. 11. 19., 2016. 2. 3., 2017. 7. 26., 2020. 12. 31., 2021. 7. 20.〉

    1. 위탁교육분야에 대하여 경찰청장이 정하는 기준에 해당하는 자

    2. 「공무원 인재개발법 시행령」 제32조 각호에 해당하는 자

    3. 징계처분을 받은 자는 그 집행이 종료된 날부터 1년이 경과된 자

    4. 휴직중이 아닌 자

제13조(위탁교육과 학교교육과의 관계) ① 경감 또는 경위로서 당해 직무와 관련된 전문분야의 위탁교육을 받은 자는 그에 상응하는 제8조 제3항의 규정에 의한 전문화교육을 받은 것으로 본다. 〈개정 1991. 7. 30.〉

② 위탁교육기관에서 받은 포상 또는 징계는 경찰교육기관에서 받은 포상 또는 징계로 본다.

제14조(위탁교육이수자 결과보고) 위탁교육을 이수한 자는 교육훈련결과보고서를 그 이수후 출근하는 날로부터 30일안에 경찰청장 또는 해양경찰청장에게 제출하여야 한다. 〈개정 1975. 9. 4., 1991. 7. 30., 1996. 8. 8., 2000. 6. 27., 2014. 11. 19., 2017. 7. 26.〉

제15조(의무복무) 경찰간부후보생과정을 졸업하고 경찰공무원으로 임용된 자는 수업연한에 해당하는 기간 경찰공무원으로 복무할 의무가 있다. 〈개정 1983. 5. 30.〉

제16조(수당등의 상환) 경찰간부후보생과정을 졸업한 자로서 제15조의 규정에 의한 의무복무기간중 다음 각호의 1에 해당할 때에는 재교시의 사비·식비·수당 기타의 학비를 상환하게 하여야 한다. 〈개정 1975. 9. 4., 1991. 7. 30.〉

    1. 정당한 이유없이 복무의무를 이행하지 아니한 때

    2. 파면 또는 해임처분을 받은 때

제17조(학칙등) ① 학교교육에 관한 다음 사항은 경찰교육기관의 장이 학칙 또는 교칙으로 정한다.

    1. 입학·퇴학·졸업·상벌에 관한 사항

    2. 시험·과정수료·인정에 관한 사항

    3. 수업시간 및 휴업일에 관한 사항

    4. 내무생활에 관한 사항

    5. 수탁생에 관한 사항

    6. 학생의 표지에 관한 사항

    7. 기타 경찰교육기관의 장이 필요하다고 인정하는 사항

② 경찰교육기관의 장이 제1항에 따라 학칙 또는 교칙을 제정·개정 또는 폐지하려는 때에는 경찰청장의 승인을 얻어야 한다. 〈개정 1975. 9. 4., 1991. 7. 30., 1996. 8. 8., 2014. 11. 19., 2017. 7. 26., 2021. 1. 5.〉

제18조(내무생활) 경찰교육기관에서 교육훈련을 받는 경찰공무원과 경찰공무원으로 임용될 자는 휴가 기타 학칙 또는 교칙이 정하는 기간을 제외하고는 기숙사에 입사하여야 한다. 다만, 교육목적이나 원활한 교육운영을 위하여 경찰교육기관의 장이 필요하다고 인정하는 경우에는 그러하지 아니하다. 〈개정 1983. 5. 30., 2007. 9. 20., 2021. 7. 20.〉

제19조(급식등) ① 제18조의 규정에 의하여 기숙사에 입사중인 경찰공무원과 경찰공무원으로 임용될 자에게는 예산의 범위안에서 경찰청장이 정하는 바에 의하여 급식을 한다. 〈개정 1975. 9. 4., 1983. 5. 30., 1991. 7. 30., 1996. 8. 8., 2014. 11. 19., 2017. 7. 26., 2021. 7. 20.〉

② 순경으로 임용될 자에 대하여는 예산의 범위안에서 경찰청장이 정하는 바에 의하여 경찰공무원에 준하여 급여품을 지급할 수 있다. 〈개정 2003. 3. 25., 2014. 11. 19., 2017. 7. 26., 2021. 7. 20.〉

제20조(수료점수미달자에 대한 인사조치) ① 교육훈련에서 수료점수에 미달된 경찰공무원은 1회에 한하여 다시 그 과정의 교육훈련을 받게 할 수 있다. 〈개정 1983. 5. 30.〉

② 임용권자는 제1항의 규정에 의하여 다시 교육훈련을 받은 경찰공무원이 재차 수료점수에 미달하고 직무수행능력 또는 성실성이 현저히 결여되어 법 제28조 제1항 제2호에 따른 직권면직사유에 해당된다고 인정하는 때에는 관할징계위원회에 직권면직의 동의를 요구할 수 있다. 〈개정 1983. 5. 30., 2020. 12. 31.〉

③ 소속기관등의 장은 제2항의 규정에 의한 처리결과를 당해 교육기관의 장에게 통보하여야 한다. 〈개정 1975. 9. 4., 1991. 7. 30.〉

제20조의2(퇴학처분) ① 경찰교육기관의 장은 교육 대상자가 다음 각 호의 어느 하나에 해당하게 된 때에는 퇴학처분을 하고, 해당 소속기관등의 장에게 이를 통보해야 한다. 〈개정 1991. 7. 30., 2021. 1. 5.〉

    1. 입교명령을 받은 자가 타인으로 하여금 대리로 교육훈련을 받게 한 때

    2. 정당한 이유없이 결석한 때

    3. 수업을 극히 태만히 한 때

    4. 생활성적이 극히 불량한 때

    5. 시험중 부정한 행위를 한 때

6. 경찰교육기관의 장의 교육훈련에 관한 지시에 따르지 아니한 때

7. 질병 및 그 밖에 교육 대상자의 특수사정으로 인하여 교육훈련을 계속 받을 수 없게 된 때

② 소속기관등의 장은 제1항 제1호 내지 제6호의 사유로 인하여 퇴학처분을 당한 자 또는 정당한 이유없이 등록을 기피한 자로서 국가공무원법 제78조 제1항 각호의 1에 해당한다고 인정하는 때에는 관할 징계위원회에 징계의결을 요구하고, 이를 경찰교육기관의 장에게 통보하여야 한다. 〈개정 1983. 5. 30., 1991. 7. 30.〉

③ 제1항의 규정에 의하여 퇴학처분을 받은 자는 차후 다시 교육훈련을 받아야 한다.

[본조신설 1979. 5. 8.]

제21조(교수요원 및 강사의 자격기준) ① 교수요원은 다음 각호의 1에 해당하는 자이어야 한다. 〈개정 1979. 5. 8., 1983. 5. 30., 2000. 6. 27., 2001. 2. 3., 2006. 6. 12.〉

  1. 경위이상의 경찰공무원으로서 담당할 분야와 관련된 실무·연구 또는 강의경력이 3년 이상인 자

  2. 경위이상의 경찰공무원 또는 6급 이상의 일반직공무원 또는 고위공무원단에 속하는 일반직공무원(이에 상당하는 별정직공무원을 포함한다)으로서 담당할 분야에 관련된 석사이상의 학위를 가진 자

  3. 사격·무도훈련 또는 생활지도를 담당하는 교수요원의 경우에는 경찰공무원으로서 담당할 분야와 관련된 실무·연구 또는 강의경력이 있는 자

② 제1항에도 불구하고 중앙경찰학교에서 신임교육을 담당하는 교수요원 선발 과정에서 같은 항 제1호나 제2호에 해당하는 자가 없는 경우에는 경사 이상의 경찰공무원 중에서 담당할 분야와 관련된 실무·연구 또는 강의경력이 3년 이상이거나 담당할 분야와 관련된 석사 이상의 학위를 가진 자를 교수요원으로 할 수 있다. 〈신설 2007. 9. 20.〉

③ 경찰교육기관의 강사는 다음 각호의 어느 하나에 해당하는 자이어야 한다. 〈개정 1979. 5. 8., 2001. 2. 3., 2007. 9. 20., 2012. 2. 29.〉

  1. 제1항 각호의 어느 하나에 해당하는 자

  2. 「고등교육법」 제16조 및 「대학교원 자격기준 등에 관한 규정」에 따른 조교수 이상의 자격을 갖춘 자

  3. 담당할 분야와 관련된 학식과 경험이 풍부한 자

④ 제3항의 규정에 의한 강사는 경찰교육기관의 장이 임명 또는 위촉한다. 〈개정 1975. 9. 4., 2007. 9. 20.〉

[제목개정 2001. 2. 3.]

제22조(교수요원의 결격사유) 징계처분기간중에 있거나 징계처분으로 인한 승진임용 제한기간이 경과하지 아니한 자는 교수요원으로 임용할 수 없다. 〈개정 2001. 2. 3.〉

[제목개정 2001. 2. 3.]

제23조(교수요원의 전보) 교수요원으로서 「경찰공무원 임용령」 제27조 제2항에 따른 복무기간이 만료된 자를 전보할 때에는 본인의 희망을 고려한다. 〈개정 1983. 5. 30., 2001. 2. 3., 2016. 12. 30., 2020. 6. 23., 2021. 7.20〉

[전문개정 1973. 12. 31.]

[제목개정 2001. 2. 3.]

제24조(교육훈련비의 지급) 경찰기관의 장은 소속경찰공무원중 이 영에 의한 교육대상자로 선발된 자에게는 예산의 범위안에서 공무원여비규정에 의하여 여비를 지급하여야 하며, 입학금·등록금 기타 교육훈련에 소요되는 경비를 지급할 수 있다. 〈개정 1983. 5. 30., 1998. 2. 24., 2000. 6. 27.〉

[전문개정 1973. 12. 31.]

제25조(훈련담당관) ① 경찰공무원의 직장훈련에 관한 사항을 담당하게 하기 위하여 경찰기관에 직장훈련담당관을 둔다. 〈개정 1983. 5. 30.〉

② 직장훈련담당관을 겸할 경찰공무원과 그 직무는 경찰청장이 정한다. 〈개정 1983. 5. 30., 1991. 7. 30., 1996. 8. 8., 2014. 11. 19., 2017. 7. 26., 2021. 7.20〉

제26조(준용) ① 제22조 · 제23조의 규정은 경찰교육기관의 조교에 이를 준용한다. 〈개정 1973. 12. 31.〉

② 「공무원 인재개발법 시행령」 제22조 내지 제26조는 경찰공무원의 교육훈련에 이를 준용한다. 〈개정 1983. 5. 30., 2016. 2. 3.〉

제27조 삭제 〈1983. 5. 30.〉

부칙 〈제31900호, 2021. 7. 20.〉

(해양경찰청 소속 경찰공무원 교육훈련규정)

제1조(시행일) 이 영은 공포한 날부터 시행한다.

경찰공무원 복무규정

[시행 2021. 1. 5] [대통령령 제31380호, 2021. 1. 5, 타법개정]

경찰청(경무과) 02-3150-0750

제1장 **총칙**

제1조(목적) 이 영은 경찰공무원의 복무에 관한 사항을 규정함을 목적으로 한다.

제2조(정의) 이 영에서 "경찰기관"이란 「경찰공무원징계령」 제3조 제2항에 따른 경찰기관을 말한다.

　[전문개정 2008. 11. 11.]

제3조(기본강령) 경찰공무원은 다음의 기본강령에 따라 복무해야 한다. 〈개정 2021. 1. 5.〉

　　1. 경찰사명

　　　경찰공무원은 국가와 민족을 위하여 충성과 봉사를 다하며, 국민의 생명·신체 및 재산을 보호하고, 공공의 안녕과 질서를 유지함을 그 사명으로 한다.

　　2. 경찰정신

　　　경찰공무원은 국민의 수임자로서 일상의 직무수행에 있어서 국민의 자유와 권리를 존중하는 호국·봉사·정의의 정신을 그 바탕으로 삼는다.

　　3. 규율

　　　경찰공무원은 법령을 준수하고 직무상의 명령에 복종하며, 상사에 대한 존경과 부하에 대한 존중으로써 규율을 지켜야 한다.

　　4. 단결

　　　경찰공무원은 주어진 사명을 다하기 위하여 긍지를 가지고 한마음 한뜻으로 굳게 뭉쳐 임무수행에 모든 역량을 기울여야 한다.

　　5. 책임

　　　경찰공무원은 창의와 노력으로써 소임을 완수하여야 하며, 직무수행의 결과에 대하여 책임을 진다.

　　6. 성실·청렴

　　　경찰공무원은 성실하고 청렴한 생활태도로써 국민의 모범이 되어야 한다.

제2장 **복무자세**

제4조(예절) ① 경찰공무원은 고운말을 사용하도록 노력하여야 하며, 국민에게 겸손하고 친절하여야 한다.

　② 경찰공무원은 상·하급자 및 동료간에 서로 예절을 지켜야 한다.

제5조(용모·복장) 경찰공무원은 용모와 복장을 단정히 하여 품위를 유지하여야 한다.

제6조(환경정돈) 경찰공무원은 사무실과 그 주변환경을 항상 깨끗하게 정리·정돈하여 명랑한 분위기를 유지하여야 한다.

제7조(일상행동) 경찰공무원은 공·사생활을 막론하고 국민의 모범이 되어야 하며, 다음과 같이 행동하여야 한다.

    1. 상·하급자 및 동료를 비난·악평하거나 서로 다투는 행위를 하여서는 아니되며, 항상 협동심과 상부상조의 동료애를 발휘하여야 한다.

    2. 경솔하거나 난폭한 행동을 하여서는 아니되며, 항상 명랑·활달하여야 한다.

    3. 건전하지 못한 오락행위를 하여서는 아니된다.

제3장 복무등

제8조(지정장소외에서의 직무수행금지) 경찰공무원은 상사의 허가를 받거나 그 명령에 의한 경우를 제외하고는 직무와 관계없는 장소에서 직무수행을 하여서는 아니된다.

제9조(근무시간중 음주금지) 경찰공무원은 근무시간중 음주를 하여서는 아니된다. 다만, 특별한 사정이 있는 경우에는 예외로 하되, 이 경우 주기가 있는 상태에서 직무를 수행하여서는 아니된다.

제10조(민사분쟁에의 부당개입금지) 경찰공무원은 직위 또는 직권을 이용하여 부당하게 타인의 민사분쟁에 개입하여서는 아니된다.

제11조(상관에 대한 신고) 경찰공무원은 신규채용·승진·전보·파견·출장·연가·교육훈련기관에의 입교 기타 신분관계 또는 근무관계 또는 근무관계의 변동이 있는 때에는 소속상관에게 신고를 하여야 한다.

제12조(보고 및 통보) 경찰공무원은 치안상 필요한 상황의 보고 및 통보를 신속·정확·간결하게 하여야 한다.

제13조(여행의 제한) 경찰공무원은 휴무일 또는 근무시간외에 2시간 이내에 직무에 복귀하기 어려운 지역으로 여행을 하고자 할 때에는 소속 경찰기관의 장에게 신고를 하여야 한다. 다만, 치안상 특별한 사정이 있어 경찰청장, 해양경찰청장 또는 경찰기관의 장이 지정하는 기간중에는 소속경찰기관의 장의 허가를 받아야 한다. 〈개정 1991. 7. 30., 2008. 11. 11., 2017. 7. 26.〉

제14조(비상소집) ① 경찰기관의 장은 비상사태에 대처하기 위하여 필요하다고 인정할 때에는 소속경찰공무원을 긴급히 소집(이하 "비상소집"이라 한다)하거나 일정한 장소에 대기하게 할 수 있다.

  ② 제1항의 규정에 의한 비상소집의 요건·종류·절차등에 관하여 필요한 사항은 경찰청장 또는 해양경찰청장이 정한다. 〈개정 1991·7·30, 1996·8·8, 2014. 11. 19., 2017. 7. 26.〉

제15조(특수근무자의 근무수칙등) ① 경찰청장 또는 해양경찰청장은 대간첩작전을 주임무로 하는 경찰공무원, 해양경찰청의 해상근무경찰공무원, 경찰기동대의 대원 기타 특수근무경찰공무원에 대한 근무수칙·내무생활 기타 복무에 관하여 필요한 사항을 따로 정하여 실시할 수 있다. 〈개정 1991·7·30, 1996·8·8, 2014. 11. 19., 2017. 7. 26.〉

  ② 경찰청장 또는 해양경찰청장은 필요하다고 인정할 때에는 제1항의 규정에 의한 복무에 필요한 사항의 일부를 당해 경찰기관의 장이 정하여 실시하게 할 수 있다. 〈개정 1991·7·30, 1996·8·8, 2014. 11. 19., 2017. 7. 26.〉

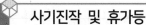
제4장　사기진작 및 휴가등

제16조(사기진작) 경찰기관의 장은 소속 경찰공무원에 대한 인사상담·고충처리 기타의 방법으로 직무의욕을 고취시키고 사기진작에 노력하여야 한다.

제17조(건강관리) ① 경찰기관의 장은 소속 경찰공무원의 건강유지와 체력향상에 관한 보건대책을 강구하여야 한다.

② 경찰공무원은 항상 보건위생에 유의하여 건강을 유지하고 체력을 증진하는데 노력하여야 한다.

제18조(포상휴가) 경찰기관의 장은 근무성적이 탁월하거나 다른 경찰공무원의 모범이 될 공적이 있는 경찰공무원에 대하여 1회10일이내의 포상휴가를 허가할 수 있다. 이 경우의 포상휴가기간은 연가일수에 산입하지 아니한다.

제19조(연일근무자 등의 휴무) 경찰기관의 장은 특별한 사정이 없는 한 다음과 같이 휴무를 허가하여야한다. 〈개정 2008. 11. 11.〉

　　1. 연일근무자 및 공휴일근무자에 대하여는 그 다음날 1일의 휴무

　　2. 당직 또는 철야근무자에 대하여는 다음 날 오후 2시를 기준으로 하여 오전 또는 오후의 휴무

[제목개정 2008. 11. 11.]

제5장　보칙

제20조(「국가공무원 복무규정」의 준용) 경찰공무원의 복무에 관하여 이 영에서 규정한 사항 외에는 「국가공무원 복무규정」을 적용한다.

[전문개정 2008. 11. 11.]

부칙 〈제31380호, 2021. 1. 5.〉

이 영은 공포한 날부터 시행한다. 〈단서 생략〉

15 경찰제복 및 경찰장비의 규제에 관한 법률(약칭: 경찰제복장비법)

[시행 2021. 1. 1] [법률 제17689호, 2020. 12. 22, 타법개정]

경찰청(장비과) 02-3150-1252

제1조(목적) 이 법은 경찰제복 및 경찰장비의 제조·판매와 그 착용·사용에 관한 사항을 규제함으로써 경찰제복 및 경찰장비의 무분별한 유통·사용을 방지하고 경찰의 명예와 품위를 유지·향상시키는 데 기여함을 목적으로 한다.

제2조(정의) 이 법에서 사용하는 용어의 정의는 다음과 같다. 〈개정 2017. 7. 26.〉

1. "경찰제복"이란 「경찰공무원법」 제20조 및 「제주특별자치도 설치 및 국제자유도시 조성을 위한 특별법」 제118조에 따른 경찰공무원의 제복을 말한다.
2. "경찰장비"란 「경찰관직무집행법」 제10조에 따른 경찰의 직무수행을 위하여 필요한 장비 중 행정안전부령으로 정한 것을 말한다.
3. "유사경찰제복" 및 "유사경찰장비"란 경찰제복 또는 경찰장비와 형태·색상 및 구조 등이 유사하여 외관상으로는 식별이 곤란한 물품을 말한다.

제3조(제조·판매의 등록) ① 경찰제복이나 경찰장비의 제조 또는 판매업(이하 "제조·판매업"이라 한다)을 하려는 자는 대통령령으로 정하는 시설을 갖추고, 제조 또는 판매하려는 경찰제복 또는 경찰장비의 종류를 정하여 다음 각 호의 구분에 따라 경찰청장·해양경찰청장 또는 제주특별자치도지사(이하 "경찰청장등"이라 한다)에게 등록하여야 한다. 등록한 경찰제복 또는 경찰장비의 종류를 변경하는 경우에도 또한 같다. 〈개정 2017. 7. 26., 2020. 12. 22.〉

1. 경찰청 소속 경찰공무원의 경찰제복 및 경찰장비: 경찰청장
2. 해양경찰청 소속 경찰공무원의 경찰제복 및 경찰장비: 해양경찰청장
3. 제주특별자치도 자치경찰공무원의 경찰제복 및 경찰장비: 제주특별자치도지사

② 제1항에 따른 제조·판매업의 등록에 필요한 사항은 대통령령으로 정한다.

제4조(결격사유) 다음 각 호의 어느 하나에 해당하는 자는 제조·판매업의 등록을 할 수 없다. 〈개정 2018. 10. 16.〉

1. 이 법을 위반하여 징역의 실형을 선고받고 그 집행이 종료(집행이 종료된 것으로 보는 경우를 포함한다)되거나 집행이 면제된 날부터 3년이 경과하지 아니한 자 또는 그 형의 집행유예를 선고받고 그 유예기간에 있는 자
2. 피성년후견인 또는 피한정후견인
3. 파산선고를 받은 자로서 복권되지 아니한 자
4. 제5조에 따라 등록이 취소(이 조 제2호 또는 제3호에 해당하여 등록이 취소된 경우는 제외한다)된 날부터 3년이 경과하지 아니한 자
5. 임원 중 제1호부터 제4호까지의 어느 하나에 해당하는 자가 있는 법인 또는 단체

제5조(등록의 취소 등) ① 경찰청장등은 제조·판매업자가 다음 각 호의 어느 하나에 해당하면 행정안전부령으로 정하는 기준에 따라 제조·판매업의 등록을 취소하거나 1년 이내의 기간을 정하여 이 법에

따른 영업을 정지시킬 수 있다. 다만, 제1호부터 제4호까지의 규정에 해당하는 경우에는 등록을 취소하여야 한다. 〈개정 2017. 7. 26.〉

    1. 거짓이나 그 밖의 부정한 방법으로 제3조에 따른 등록을 하거나 변경 등록을 한 경우

    2. 정당한 사유 없이 등록한 날부터 1년이 지날 때까지 영업을 시작하지 아니하거나 1년 이상 계속하여 영업을 하지 아니한 경우

    3. 제4조 각 호의 어느 하나에 해당하게 된 경우. 다만, 제4조 제5호의 법인 또는 단체가 3개월 이내에 그 임원을 해임하거나 교체 임명한 경우에는 그러하지 아니하다.

    4. 영업정지기간 중에 제조·판매업을 한 경우

    5. 등록의 시설기준을 유지하지 못하는 경우

    6. 제6조부터 제8조까지의 규정을 위반한 경우

    7. 제10조 제1항에 따른 보고 또는 자료제출을 하지 아니하거나 거짓으로 한 경우

    8. 제10조 제2항에 따른 관계 공무원의 출입·검사를 거부·방해 또는 기피한 경우

② 경찰청장등은 제1항에 따라 등록을 취소하거나 영업을 정지하려면 청문을 하여야 한다.

제6조(장부의 기재·비치) ① 제조·판매업자는 사업장에 다음 각 호의 사항을 기재한 제조·판매 장부를 비치하여야 한다.

    1. 제조·판매 연월일

    2. 제조·판매 품목과 수량

    3. 구매자의 주소·성명·연령·생년월일(경찰공무원은 소속·계급·성명·연령을 말한다)

    4. 그 밖에 대통령령으로 정하는 사항

② 제1항에 따른 장부의 기재·비치 등에 필요한 사항은 행정안전부령으로 정한다. 〈개정 2017. 7. 26.〉

제7조(명의대여의 금지) 제조·판매업자는 자기의 영업명의를 타인에게 대여하여서는 아니 된다.

제8조(경찰제복 등의 제조·판매 등의 금지) ① 누구든지 경찰공무원이 아닌 자를 위하여 경찰제복이나 경찰장비를 제조·판매 또는 대여하거나 판매·대여할 목적으로 소지하여서는 아니 된다.

② 누구든지 유사경찰제복 또는 유사경찰장비를 제조·판매 또는 대여하거나 판매·대여할 목적으로 소지하여서는 아니 된다.

③ 제1항 및 제2항은 다음 각 호의 어느 하나에 해당하는 경우에는 적용하지 아니한다.

    1. 문화·예술활동, 공적 의식행사, 공익적 목적을 위한 활동 등 대통령령으로 정하는 경우

    2. 다른 법령에 따라 착용 또는 사용·휴대가 허용된 경우

    3. 대통령령으로 정하는 식별표시를 하여 구별되도록 하는 경우

제9조(경찰제복 등의 착용·사용 등의 금지) ① 경찰공무원이 아닌 자는 경찰제복 또는 경찰장비를 착용하거나 사용 또는 휴대하여서는 아니 된다.

② 누구든지 유사경찰제복을 착용하여 경찰공무원과 식별이 곤란하도록 하여서는 아니 된다.

③ 누구든지 유사경찰장비를 착용하거나 사용 또는 휴대하여서는 아니 된다.

④ 제1항부터 제3항까지는 제8조 제3항 각 호의 어느 하나에 해당하는 경우에는 이를 적용하지 아니한다.

제10조(보고 및 검사) ① 경찰청장등은 필요하다고 인정하면 제조·판매업자에 대하여 그 영업에 관한 사항을 보고하게 하거나 자료를 제출하게 할 수 있다.

② 경찰청장등은 필요하다고 인정하면 관계 공무원으로 하여금 제조·판매업자의 사무실·사업장이나 그 밖의 필요한 장소에 출입하여 시설·장부·서류와 그 밖의 물건을 검사하게 하거나 관계인에게 질문하게 할 수 있다.

③ 제2항에 따라 출입·검사 또는 질문을 하는 공무원은 그 권한을 표시하는 증표(證票)를 지니고 이를 관계인에게 내보여야 한다.

④ 제1항에 따른 보고·자료제출과 제2항에 따른 검사·질문의 실시에 필요한 세부적 사항은 대통령령으로 정한다.

제11조(권한의 위임·위탁) 이 법에 따른 경찰청장등의 권한은 대통령령으로 정하는 바에 따라 그 소속 기관의 장에게 위임하거나 다른 행정기관의 장 또는 관련 법인·단체에 위탁할 수 있다.

제11조의2(벌칙 적용에서 공무원 의제) 제11조에 따라 위탁받은 업무에 종사하는 관련 법인 또는 단체의 임직원은 「형법」 제129조부터 제132조까지의 규정에 따른 벌칙을 적용할 때에는 공무원으로 본다. [본조신설 2018. 10. 16.]

제12조(벌칙) ① 다음 각 호의 어느 하나에 해당하는 자는 1년 이하의 징역 또는 1천만원 이하의 벌금에 처한다.

1. 제3조 제1항에 따른 등록을 하지 아니하고 경찰제복 또는 경찰장비를 제조·판매 또는 대여하거나 판매·대여할 목적으로 소지한 자

2. 제7조를 위반하여 다른 사람에게 자기의 영업명의를 대여한 자

3. 제8조를 위반하여 경찰제복·경찰장비 또는 유사경찰제복·유사경찰장비를 제조·판매 또는 대여하거나 판매·대여할 목적으로 소지한 자

② 제9조 제1항부터 제3항까지를 위반한 자는 6개월 이하의 징역이나 300만원 이하의 벌금·구류 또는 과료에 처한다.

제13조(양벌규정) 법인·단체의 대표자나 그 법인·단체 또는 개인의 대리인·사용인, 그 밖의 종업원이 그 법인·단체 또는 개인의 업무에 관하여 제12조의 어느 하나에 해당하는 위반행위를 하면 그 행위자를 벌하는 외에 그 법인·단체 또는 개인에게도 해당 조문의 벌금형을 과(科)한다. 다만, 법인·단체 또는 개인이 그 위반행위를 방지하기 위하여 해당 업무에 관하여 상당한 주의와 감독을 게을리하지 아니한 경우에는 그러하지 아니하다.

부칙 〈제17689호, 2020. 12. 22.〉

제1조(시행일) 이 법은 2021년 1월 1일부터 시행한다.

제2조부터 제6조까지 생략

제7조(다른 법률의 개정) ① 부터 ⑥까지 생략

⑦ 경찰제복 및 경찰장비의 규제에 관한 법률 일부를 다음과 같이 개정한다.

제3조 제1항 제1호 및 제2호 중 "국가경찰공무원"을 각각 "경찰공무원"으로 한다.

⑧ 부터 〈53〉까지 생략

제8조 생략

16 경찰공무원 보건안전 및 복지 기본법 (경찰복지법)

[시행 2021. 1. 1] [법률 제17687호, 2020. 12. 22, 타법개정]

경찰청(복지정책담당관) 02-3150-1076
해양경찰청(운영지원과) 032-835-2227

제1장　총칙

제1조(목적) 이 법은 경찰공무원에 대한 보건안전 및 복지 정책의 수립·시행 등에 필요한 사항을 규정함으로써 경찰공무원의 근무여건 개선과 삶의 질 향상을 도모하는 한편, 경찰공무원의 위상과 사기를 높이고 치안업무에 전념할 수 있도록 함을 목적으로 한다.

제2조(정의) 이 법에서 사용하는 용어의 뜻은 다음과 같다. 〈개정 2014. 11. 19., 2017. 7. 26., 2017. 10. 24., 2020. 12. 22.〉

　　1. "경찰공무원"이란 「경찰공무원법」 제3조에 따른 경찰공무원을 말한다.

　　1의2. "위험직무공상경찰공무원"이란 생명과 신체에 대한 고도의 위험을 무릅쓰고 「공무원연금법」 제3조 제1항 제2호 각 목에 해당하는 위험한 직무를 수행하다가 질병에 걸리거나 부상을 입은 경찰공무원을 말한다.

　　2. "경찰공무원 가족"이란 다음 각 목의 어느 하나에 해당하는 사람을 말한다.

　　　가. 배우자

　　　나. 본인 및 배우자의 직계존비속

　　3. "복지시설"이란 경찰공무원의 복지를 증진하기 위하여 운영되는 다음 각 목의 시설을 말한다.

　　　가. 경찰관서(해양경찰관서를 포함한다)의 구내식당, 매점, 휴게실, 주유소

　　　나. 보육시설, 주거시설

　　　다. 수련원, 연수원

　　　라. 경찰공무원 및 그 가족의 여가나 문화활동을 위한 시설

　　　마. 그 밖에 경찰공무원의 복지를 위한 시설

　　4. "체육시설"이란 경찰공무원의 체력을 유지·향상시키기 위하여 운영되는 시설을 말한다.

제3조(국가의 책무) ① 국가는 경찰공무원이 재직 중에는 그 직무수행에 전념하고, 퇴직 후에는 안정된 생활을 할 수 있도록 경찰공무원의 보건안전 및 복지증진을 위한 여건을 조성하여야 한다.

② 국가는 경찰공무원의 보건안전 및 복지증진에 관하여 필요한 시책을 수립·시행하여야 한다.

③ 국가는 경찰공무원의 근무환경 개선을 통하여 위험한 근무여건이나 과도한 업무량 등으로 인한 경찰공무원의 건강장애 예방 및 치유에 노력하여야 한다.

④ 국가는 직무를 수행하다가 질병에 걸리거나 부상을 입은 경찰공무원에 대하여 충분한 지원이 이루어질 수 있도록 노력하여야 한다. 〈신설 2017. 10. 24.〉

⑤ 국가는 이 법에 따른 경찰공무원의 보건안전 및 복지증진을 위한 정책에 소요되는 재원의 조성에 적극 노력하여야 한다. 〈개정 2017. 10. 24.〉

제4조(다른 법률과의 관계) 경찰공무원의 보건안전 및 복지에 관하여 다른 법률에 특별한 규정이 있는 경

우를 제외하고는 이 법에서 정하는 바에 따른다.

 제2장 **경찰공무원 보건안전 및 복지증진 기본계획의 수립 등**

제5조(경찰공무원 보건안전 및 복지증진 기본계획의 수립 등) ① 경찰청장과 해양경찰청장은 각각 5년마다 경찰공무원 보건안전 및 복지증진 기본계획(이하 "기본계획"이라 한다)을 제7조에 따른 경찰공무원 보건안전 및 복지증진 정책심의위원회의 심의를 거쳐 수립하여야 한다. 〈개정 2014. 11. 19., 2017. 7. 26.〉

② 제1항에 따라 수립된 기본계획은 관계 중앙행정기관의 장과 협의한 후 대통령의 승인을 받아 확정된다. 수립된 기본계획을 변경하고자 할 때에도 또한 같다.

③ 기본계획에는 다음 각 호의 사항이 포함되어야 한다.

  1. 경찰공무원의 보건안전 및 복지증진 정책의 기본목표 및 추진방향

  2. 경찰공무원의 근무여건 개선에 관한 사항

  3. 경찰공무원의 복지시설과 체육시설(이하 "복지시설등"이라 한다)의 설치 · 운영에 관한 사항

  4. 경찰공무원의 업무적 특성을 감안한 건강검진 및 정신건강검사 등 의료지원에 관한 사항

  5. 경찰공무원의 보건안전 및 복지 사업에 사용되는 재원의 조달 및 운용에 관한 사항

  6. 경찰공무원의 보건안전 및 복지증진을 위한 연구에 관한 사항

  7. 그 밖에 경찰공무원의 보건안전 및 복지증진을 위하여 필요한 사항

④ 경찰청장과 해양경찰청장은 각각 기본계획에 따라 매년 연도별 시행계획(이하 "시행계획"이라 한다)을 수립 · 시행하여야 한다. 〈개정 2014. 11. 19., 2017. 7. 26.〉

⑤ 기본계획의 수립절차 및 시행계획의 수립 · 시행 등에 필요한 사항은 대통령령으로 정한다.

제5조(경찰공무원 보건안전 및 복지증진 기본계획의 수립 등) ① 경찰청장과 해양경찰청장은 각각 5년마다 경찰공무원 보건안전 및 복지증진 기본계획(이하 "기본계획"이라 한다)을 제7조에 따른 경찰공무원 보건안전 및 복지증진 정책심의위원회의 심의를 거쳐 수립하여야 한다. 〈개정 2014. 11. 19., 2017. 7. 26.〉

② 제1항에 따라 수립된 기본계획은 관계 중앙행정기관의 장과 협의한 후 대통령의 승인을 받아 확정된다. 수립된 기본계획을 변경하고자 할 때에도 또한 같다.

③ 기본계획에는 다음 각 호의 사항이 포함되어야 한다. 〈개정 2021. 4. 20.〉

  1. 경찰공무원의 보건안전 및 복지증진 정책의 기본목표 및 추진방향

  2. 경찰공무원의 근무여건 개선에 관한 사항

  3. 경찰공무원의 복지시설과 체육시설(이하 "복지시설등"이라 한다)의 설치 · 운영에 관한 사항

  4. 경찰공무원의 업무적 특성을 감안한 심신건강연구, 건강검진 및 정신건강검사 등 의료지원에 관한 사항

  5. 경찰공무원의 보건안전 및 복지 사업에 사용되는 재원의 조달 및 운용에 관한 사항

  6. 경찰공무원의 보건안전 및 복지증진을 위한 연구에 관한 사항

  7. 그 밖에 경찰공무원의 보건안전 및 복지증진을 위하여 필요한 사항

④ 경찰청장과 해양경찰청장은 각각 기본계획에 따라 매년 연도별 시행계획(이하 "시행계획"이라 한다)을 수립 · 시행하여야 한다. 〈개정 2014. 11. 19., 2017. 7. 26.〉

⑤ 기본계획의 수립절차 및 시행계획의 수립·시행 등에 필요한 사항은 대통령령으로 정한다.

[시행일: 2022. 4. 21.] 제5조

제6조(현황조사) ① 경찰청장과 해양경찰청장은 5년마다 경찰공무원의 보건안전 및 복지 현황에 관한 조사를 실시하고, 그 결과를 기본계획에 반영하여야 한다. 〈개정 2014. 11. 19., 2017. 7. 26.〉

② 제1항에 따른 현황조사 사항 및 방법 등에 필요한 사항은 대통령령으로 정한다.

제7조(경찰공무원 보건안전 및 복지증진 정책심의위원회) ① 경찰공무원에 대한 보건안전 및 복지증진 정책의 수립과 그 시행 등에 관한 사항을 심의하기 위하여 경찰청 및 해양경찰청이 공동으로 운영하는 경찰공무원 보건안전 및 복지증진 정책심의위원회(이하 "위원회"라 한다)를 둔다. 〈개정 2017. 7. 26., 2017. 10. 24.〉

② 위원회는 위원장 2명을 포함한 22명 이내의 위원으로 구성한다. 〈개정 2017. 10. 24.〉

③ 위원장은 경찰청 차장 및 해양경찰청 차장이 되고, 위원은 다음 각 호의 사람 중에서 경찰청장 및 해양경찰청장이 협의하여 위촉 또는 임명한다. 〈개정 2017. 10. 24.〉

　　1. 경찰공무원의 보건안전 및 복지에 관한 학식과 경험이 풍부한 사람

　　2. 고위공무원단에 속하는 관계 중앙행정기관의 일반직공무원

　　3. 경찰청 및 해양경찰청 소속 공무원

④ 위원회는 다음 각 호의 사항을 심의한다.

　　1. 경찰공무원 보건안전 및 복지증진 정책의 목표 및 기본방향에 관한 사항

　　2. 경찰공무원 보건안전 및 복지증진을 위한 법령 및 제도 개선과 예산지원에 관한 사항

　　3. 기본계획의 수립에 관한 사항

　　4. 제6조에 따른 현황조사에 관한 사항

　　5. 그 밖에 경찰공무원 보건안전 및 복지증진과 관련하여 위원장이 제안하는 사항

⑤ 위원회 소관 사무를 전문적으로 심의하기 위하여 경찰 및 해양경찰별로 분과위원회를 둘 수 있다. 〈개정 2017. 10. 24.〉

⑥ 각 분과위원회에서 소관 분야에 관하여 심의한 사항은 위원장이 위원회에서 재심의하여야 할 필요가 있다고 인정하는 경우를 제외하고는 위원회에서 심의한 것으로 본다. 〈신설 2017. 10. 24.〉

⑦ 위원의 임기, 위원회 및 분과위원회의 구성과 운영에 필요한 사항은 대통령령으로 정한다. 〈개정 2017. 10. 24.〉

제3장　보건안전 및 복지증진

제8조(의료지원) ① 국가는 경찰공무원의 체력과 건강관리를 위하여 경찰공무원에게 업무적 특성을 감안한 건강검진 및 정신건강검사와 진료(심리치료를 포함한다) 등의 의료지원을 제공할 수 있다. 〈개정 2018. 9. 18.〉

② 제1항에 따른 의료지원은 경찰병원(「정부조직법」 제4조에 따라 경찰공무원의 의료기관으로 설립된 국립경찰병원을 말한다)이나 대통령령으로 정하는 의료기관에서 실시하되, 필요한 경우 민간 의료기관에 의뢰하거나 위탁할 수 있다.

③ 제1항에 따른 건강검진 및 정신건강검사의 검진항목·시기·주기, 진료의 대상·방법·절차, 그 밖에 의료지원의 실시에 필요한 사항은 대통령령으로 정한다.

제8조(의료지원) ① 국가는 경찰공무원의 체력과 건강관리를 위하여 경찰공무원에게 업무적 특성을 감안한 심신건강연구, 건강검진 및 정신건강검사와 진료(심리치료를 포함한다) 등의 의료지원을 제공할 수 있다. 〈개정 2018. 9. 18., 2021. 4. 20.〉

② 제1항에 따른 의료지원은 경찰병원(「정부조직법」 제4조에 따라 경찰공무원의 의료기관으로 설립된 국립경찰병원을 말한다)이나 대통령령으로 정하는 의료기관에서 실시하되, 필요한 경우 민간 의료기관에 의뢰하거나 위탁할 수 있다.

③ 제1항에 따른 건강검진 및 정신건강검사의 검진항목·시기·주기, 진료의 대상·방법·절차, 그 밖에 의료지원의 실시에 필요한 사항은 대통령령으로 정한다.

[시행일: 2022. 4. 21.] 제8조

제8조의2(특수건강진단) ① 경찰청장과 해양경찰청장은 경찰공무원의 건강 보호·유지를 위하여 제8조 제2항에 따른 의료기관, 「국민건강보험법」에 따른 건강검진을 실시하는 기관 또는 「의료법」 제3조에 따른 의료기관에서 경찰공무원에 대한 특수건강진단을 실시하여야 한다.

② 경찰청장과 해양경찰청장은 제1항에 따른 특수건강진단 결과에 따라 특정 경찰공무원의 건강을 보호하기 위하여 필요한 경우에 해당 경찰공무원에 대하여 정밀건강진단 실시 등 필요한 명령을 할 수 있다.

③ 경찰청장과 해양경찰청장은 제1항 및 제2항 또는 다른 법령에 따른 건강진단 결과에 따라 특별히 관리를 필요로 하는 소속 경찰공무원에 대하여 보직변경, 질병치료를 위한 병가 명령 등의 조치를 하여야 한다.

④ 경찰청장과 해양경찰청장은 제1항 및 제2항에 따른 건강진단 결과를 해당 경찰공무원의 건강 보호·유지 외의 목적으로 사용하여서는 아니 된다.

⑤ 제1항의 특수건강진단 및 제2항의 정밀건강진단의 시기·항목 등 필요한 사항은 교대·야간근무, 위해환경 노출의 정도 등 근무환경을 고려하여 경찰청장과 해양경찰청장이 각각 정한다.

[본조신설 2021. 4. 20.]

[시행일: 2022. 4. 21.] 제8조의2

제9조(직원숙소 지원) ① 경찰청장과 해양경찰청장은 경찰공무원이 안정된 주거생활을 함으로써 근무에 전념할 수 있도록 하기 위하여 비연고지에 근무하는 경찰공무원에게 직원숙소(경찰공무원의 주거안정을 위하여 신축, 매입 또는 임차한 주거용 건물과 관사를 말한다. 이하 같다)를 제공할 수 있다. 〈개정 2014. 11. 19., 2017. 7. 26.〉

② 직원숙소의 입주자 선정기준은 직원숙소에서 함께 거주할 경찰공무원 가족의 수 및 연고지와의 거리 등을 고려하여 대통령령으로 정한다.

③ 직원숙소의 규모 및 시설기준과 그 관리 등에 관한 사항은 경찰청장과 해양경찰청장이 각각 정한다. 〈개정 2014. 11. 19., 2017. 7. 26.〉

제10조(복지시설등의 설치·운영) ① 경찰청장과 해양경찰청장은 경찰공무원의 복지증진과 체력의 유지·향상을 위하여 기본계획과 시행계획에 따라 복지시설등을 설치·운영할 수 있다. 다만, 보육시설 및 체육시설을 설치하기 어려운 경우에는 국가 또는 지방자치단체가 운영하는 시설이나 민간시설을 이용하게 할 수 있으며, 해당 시설을 이용하는 경찰공무원에게 그 소요비용을 지원할 수 있다. 〈개정 2014. 11. 19., 2017. 7. 26.〉

② 경찰청장과 해양경찰청장은 복지시설등의 효율적인 운영을 위하여 필요한 경우에는 경찰공무원과 경찰공무원 가족 외의 사람에게도 복지시설등을 이용하게 할 수 있다. 〈개정 2014. 11. 19., 2017. 7. 26.〉

③ 경찰청장과 해양경찰청장은 복지시설등의 효율적인 운영을 위하여 필요한 경우에는 위원회의 심의를 거쳐 복지시설등을 민간업체에 위탁하여 운영할 수 있다. 〈개정 2014. 11. 19., 2017. 7. 26.〉

④ 복지시설등의 설치·운영이나 위탁운영에 필요한 사항은 대통령령으로 정한다.

제11조(퇴직경찰공무원 취업 등 지원) ① 국가는 퇴직경찰공무원(퇴직 예정자를 포함한다. 이하 이 조에서 같다)의 원활한 사회복귀와 생활안정을 위하여 대통령령으로 정하는 바에 따라 퇴직경찰공무원에게 진로·직업 상담, 취업알선, 채용박람회 개최 등의 취업지원을 실시할 수 있다.

② 경찰청장과 해양경찰청장은 대통령령으로 정하는 바에 따라 퇴직경찰공무원에게 사회적응교육 및 직업교육훈련을 실시할 수 있다. 〈개정 2014. 11. 19., 2017. 7. 26.〉

③ 국가는 예산의 범위에서 퇴직경찰공무원의 창업을 지원하기 위하여 필요한 창업상담, 창업교육 등의 사업을 실시할 수 있다.

④ 국가는 제2항에 따른 사회적응교육 및 직업교육훈련에 드는 비용의 전부 또는 일부를 예산의 범위에서 지원할 수 있다.

제12조(위험직무공상경찰공무원 지원) ① 국가는 위험직무공상경찰공무원의 원활한 직무복귀와 생활안정을 위하여 필요한 지원을 할 수 있다.

② 위험직무공상경찰공무원이 그 질병 또는 부상으로 인하여 치료 등의 요양을 하는 경우에는 특별위로금을 지급할 수 있다.

③ 제2항에 따른 위로금의 지급 기준 및 방법 등에 필요한 사항은 대통령령으로 정한다.

[본조신설 2017. 10. 24.]

부칙 〈제17687호, 2020. 12. 22.〉 (경찰공무원법)

제1조(시행일) 이 법은 2021년 1월 1일부터 시행한다.

제2조부터 제7조까지 생략

제8조(다른 법률의 개정) ① 경찰공무원 보건안전 및 복지 기본법 일부를 다음과 같이 개정한다.

제2조 제1호 중 "「경찰공무원법」 제2조에 따른 국가경찰공무원"을 "「경찰공무원법」 제3조에 따른 경찰공무원"으로 한다.

② 부터 ④까지 생략

제9조 생략

제1조(목적) ① 이 법은 국민의 자유와 권리 및 모든 개인이 가지는 불가침의 기본적 인권을 보호하고 사회공공의 질서를 유지하기 위한 경찰관(경찰공무원만 해당한다. 이하 같다)의 직무 수행에 필요한 사항을 규정함을 목적으로 한다. 〈개정 2020. 12. 22.〉

② 이 법에 규정된 경찰관의 직권은 그 직무 수행에 필요한 최소한도에서 행사되어야 하며 남용되어서는 아니 된다.

[전문개정 2014. 5. 20.]

제2조(직무의 범위) 경찰관은 다음 각 호의 직무를 수행한다. 〈개정 2018. 4. 17., 2020. 12. 22.〉

1. 국민의 생명·신체 및 재산의 보호
2. 범죄의 예방·진압 및 수사

   2의2. 범죄피해자 보호
3. 경비, 주요 인사(人士) 경호 및 대간첩·대테러 작전 수행
4. 공공안녕에 대한 위험의 예방과 대응을 위한 정보의 수집·작성 및 배포
5. 교통 단속과 교통 위해(危害)의 방지
6. 외국 정부기관 및 국제기구와의 국제협력
7. 그 밖에 공공의 안녕과 질서 유지

[전문개정 2014. 5. 20.]

제3조(불심검문) ① 경찰관은 다음 각 호의 어느 하나에 해당하는 사람을 정지시켜 질문할 수 있다.

1. 수상한 행동이나 그 밖의 주위 사정을 합리적으로 판단하여 볼 때 어떠한 죄를 범하였거나 범하려 하고 있다고 의심할 만한 상당한 이유가 있는 사람
2. 이미 행하여진 범죄나 행하여지려고 하는 범죄행위에 관한 사실을 안다고 인정되는 사람

② 경찰관은 제1항에 따라 같은 항 각 호의 사람을 정지시킨 장소에서 질문을 하는 것이 그 사람에게 불리하거나 교통에 방해가 된다고 인정될 때에는 질문을 하기 위하여 가까운 경찰서·지구대·파출소 또는 출장소(지방해양경찰관서를 포함하며, 이하 "경찰관서"라 한다)로 동행할 것을 요구할 수 있다. 이 경우 동행을 요구받은 사람은 그 요구를 거절할 수 있다. 〈개정 2014. 11. 19., 2017. 7. 26.〉

③ 경찰관은 제1항 각 호의 어느 하나에 해당하는 사람에게 질문을 할 때에 그 사람이 흉기를 가지고 있는지를 조사할 수 있다.

④ 경찰관은 제1항이나 제2항에 따라 질문을 하거나 동행을 요구할 경우 자신의 신분을 표시하는 증표를 제시하면서 소속과 성명을 밝히고 질문이나 동행의 목적과 이유를 설명하여야 하며, 동행을 요구하는 경우에는 동행 장소를 밝혀야 한다.

⑤ 경찰관은 제2항에 따라 동행한 사람의 가족이나 친지 등에게 동행한 경찰관의 신분, 동행 장소, 동행 목적과 이유를 알리거나 본인으로 하여금 즉시 연락할 수 있는 기회를 주어야 하며, 변호인의 도움을

받을 권리가 있음을 알려야 한다.

⑥ 경찰관은 제2항에 따라 동행한 사람을 6시간을 초과하여 경찰관서에 머물게 할 수 없다.

⑦ 제1항부터 제3항까지의 규정에 따라 질문을 받거나 동행을 요구받은 사람은 형사소송에 관한 법률에 따르지 아니하고는 신체를 구속당하지 아니하며, 그 의사에 반하여 답변을 강요당하지 아니한다.

[전문개정 2014. 5. 20.]

제4조(보호조치 등) ① 경찰관은 수상한 행동이나 그 밖의 주위 사정을 합리적으로 판단해 볼 때 다음 각 호의 어느 하나에 해당하는 것이 명백하고 응급구호가 필요하다고 믿을 만한 상당한 이유가 있는 사람(이하 "구호대상자"라 한다)을 발견하였을 때에는 보건의료기관이나 공공구호기관에 긴급구호를 요청하거나 경찰관서에 보호하는 등 적절한 조치를 할 수 있다.

1. 정신착란을 일으키거나 술에 취하여 자신 또는 다른 사람의 생명·신체·재산에 위해를 끼칠 우려가 있는 사람

2. 자살을 시도하는 사람

3. 미아, 병자, 부상자 등으로서 적당한 보호자가 없으며 응급구호가 필요하다고 인정되는 사람. 다만, 본인이 구호를 거절하는 경우는 제외한다.

② 제1항에 따라 긴급구호를 요청받은 보건의료기관이나 공공구호기관은 정당한 이유 없이 긴급구호를 거절할 수 없다.

③ 경찰관은 제1항의 조치를 하는 경우에 구호대상자가 휴대하고 있는 무기·흉기 등 위험을 일으킬 수 있는 것으로 인정되는 물건을 경찰관서에 임시로 영치(領置)하여 놓을 수 있다.

④ 경찰관은 제1항의 조치를 하였을 때에는 지체 없이 구호대상자의 가족, 친지 또는 그 밖의 연고자에게 그 사실을 알려야 하며, 연고자가 발견되지 아니할 때에는 구호대상자를 적당한 공공보건의료기관이나 공공구호기관에 즉시 인계하여야 한다.

⑤ 경찰관은 제4항에 따라 구호대상자를 공공보건의료기관이나 공공구호기관에 인계하였을 때에는 즉시 그 사실을 소속 경찰서장이나 해양경찰서장에게 보고하여야 한다. 〈개정 2014. 11. 19., 2017. 7. 26.〉

⑥ 제5항에 따라 보고를 받은 소속 경찰서장이나 해양경찰서장은 대통령령으로 정하는 바에 따라 구호대상자를 인계한 사실을 지체 없이 해당 공공보건의료기관 또는 공공구호기관의 장 및 그 감독행정청에 통보하여야 한다. 〈개정 2014. 11. 19., 2017. 7. 26.〉

⑦ 제1항에 따라 구호대상자를 경찰관서에서 보호하는 기간은 24시간을 초과할 수 없고, 제3항에 따라 물건을 경찰관서에 임시로 영치하는 기간은 10일을 초과할 수 없다.

[전문개정 2014. 5. 20.]

제5조(위험 발생의 방지 등) ① 경찰관은 사람의 생명 또는 신체에 위해를 끼치거나 재산에 중대한 손해를 끼칠 우려가 있는 천재(天災), 사변(事變), 인공구조물의 파손이나 붕괴, 교통사고, 위험물의 폭발, 위험한 동물 등의 출현, 극도의 혼잡, 그 밖의 위험한 사태가 있을 때에는 다음 각 호의 조치를 할 수 있다.

1. 그 장소에 모인 사람, 사물(事物)의 관리자, 그 밖의 관계인에게 필요한 경고를 하는 것

2. 매우 긴급한 경우에는 위해를 입을 우려가 있는 사람을 필요한 한도에서 억류하거나 피난시키는 것

3. 그 장소에 있는 사람, 사물의 관리자, 그 밖의 관계인에게 위해를 방지하기 위하여 필요하다고 인정되는 조치를 하게 하거나 직접 그 조치를 하는 것

② 경찰관서의 장은 대간첩 작전의 수행이나 소요(騷擾) 사태의 진압을 위하여 필요하다고 인정되는

상당한 이유가 있을 때에는 대간첩 작전지역이나 경찰관서·무기고 등 국가중요시설에 대한 접근 또는 통행을 제한하거나 금지할 수 있다.

③ 경찰관은 제1항의 조치를 하였을 때에는 지체 없이 그 사실을 소속 경찰관서의 장에게 보고하여야 한다.

④ 제2항의 조치를 하거나 제3항의 보고를 받은 경찰관서의 장은 관계 기관의 협조를 구하는 등 적절한 조치를 하여야 한다.

[전문개정 2014. 5. 20.]

제6조(범죄의 예방과 제지) 경찰관은 범죄행위가 목전(目前)에 행하여지려고 하고 있다고 인정될 때에는 이를 예방하기 위하여 관계인에게 필요한 경고를 하고, 그 행위로 인하여 사람의 생명·신체에 위해를 끼치거나 재산에 중대한 손해를 끼칠 우려가 있는 긴급한 경우에는 그 행위를 제지할 수 있다.

[전문개정 2014. 5. 20.]

제7조(위험 방지를 위한 출입) ① 경찰관은 제5조 제1항·제2항 및 제6조에 따른 위험한 사태가 발생하여 사람의 생명·신체 또는 재산에 대한 위해가 임박한 때에 그 위해를 방지하거나 피해자를 구조하기 위하여 부득이하다고 인정하면 합리적으로 판단하여 필요한 한도에서 다른 사람의 토지·건물·배 또는 차에 출입할 수 있다.

② 흥행장(興行場), 여관, 음식점, 역, 그 밖에 많은 사람이 출입하는 장소의 관리자나 그에 준하는 관계인은 경찰관이 범죄나 사람의 생명·신체·재산에 대한 위해를 예방하기 위하여 해당 장소의 영업시간이나 해당 장소가 일반인에게 공개된 시간에 그 장소에 출입하겠다고 요구하면 정당한 이유 없이 그 요구를 거절할 수 없다.

③ 경찰관은 대간첩 작전 수행에 필요할 때에는 작전지역에서 제2항에 따른 장소를 검색할 수 있다.

④ 경찰관은 제1항부터 제3항까지의 규정에 따라 필요한 장소에 출입할 때에는 그 신분을 표시하는 증표를 제시하여야 하며, 함부로 관계인이 하는 정당한 업무를 방해해서는 아니 된다.

[전문개정 2014. 5. 20.]

제8조(사실의 확인 등) ① 경찰관서의 장은 직무 수행에 필요하다고 인정되는 상당한 이유가 있을 때에는 국가기관이나 공사(公私) 단체 등에 직무 수행에 관련된 사실을 조회할 수 있다. 다만, 긴급한 경우에는 소속 경찰관으로 하여금 현장에 나가 해당 기관 또는 단체의 장의 협조를 받아 그 사실을 확인하게 할 수 있다.

② 경찰관은 다음 각 호의 직무를 수행하기 위하여 필요하면 관계인에게 출석하여야 하는 사유·일시 및 장소를 명확히 적은 출석 요구서를 보내 경찰관서에 출석할 것을 요구할 수 있다.

1. 미아를 인수할 보호자 확인

2. 유실물을 인수할 권리자 확인

3. 사고로 인한 사상자(死傷者) 확인

4. 행정처분을 위한 교통사고 조사에 필요한 사실 확인

[전문개정 2014. 5. 20.]

제8조의2(정보의 수집 등) ① 경찰관은 범죄·재난·공공갈등 등 공공안녕에 대한 위험의 예방과 대응을 위한 정보의 수집·작성·배포와 이에 수반되는 사실의 확인을 할 수 있다.

② 제1항에 따른 정보의 구체적인 범위와 처리 기준, 정보의 수집·작성·배포에 수반되는 사실의 확인 절차와 한계는 대통령령으로 정한다.

[본조신설 2020. 12. 22.]

[종전 제8조의2는 제8조의3으로 이동 〈2020. 12. 22.〉]

제8조의3(국제협력) 경찰청장 또는 해양경찰청장은 이 법에 따른 경찰관의 직무수행을 위하여 외국 정부기관, 국제기구 등과 자료 교환, 국제협력 활동 등을 할 수 있다. 〈개정 2014. 11. 19., 2017. 7. 26.〉

[본조신설 2014. 5. 20.]

[제8조의2에서 이동 〈2020. 12. 22.〉]

제9조(유치장) 법률에서 정한 절차에 따라 체포·구속된 사람 또는 신체의 자유를 제한하는 판결이나 처분을 받은 사람을 수용하기 위하여 경찰서와 해양경찰서에 유치장을 둔다. 〈개정 2014. 11. 19., 2017. 7. 26.〉

[전문개정 2014. 5. 20.]

제10조(경찰장비의 사용 등) ① 경찰관은 직무수행 중 경찰장비를 사용할 수 있다. 다만, 사람의 생명이나 신체에 위해를 끼칠 수 있는 경찰장비(이하 이 조에서 "위해성 경찰장비"라 한다)를 사용할 때에는 필요한 안전교육과 안전검사를 받은 후 사용하여야 한다.

② 제1항 본문에서 "경찰장비"란 무기, 경찰장구(警察裝具), 최루제(催涙劑)와 그 발사장치, 살수차, 감식기구(鑑識機具), 해안 감시기구, 통신기기, 차량·선박·항공기 등 경찰이 직무를 수행할 때 필요한 장치와 기구를 말한다.

③ 경찰관은 경찰장비를 함부로 개조하거나 경찰장비에 임의의 장비를 부착하여 일반적인 사용법과 달리 사용함으로써 다른 사람의 생명·신체에 위해를 끼쳐서는 아니 된다.

④ 위해성 경찰장비는 필요한 최소한도에서 사용하여야 한다.

⑤ 경찰청장은 위해성 경찰장비를 새로 도입하려는 경우에는 대통령령으로 정하는 바에 따라 안전성 검사를 실시하여 그 안전성 검사의 결과보고서를 국회 소관 상임위원회에 제출하여야 한다. 이 경우 안전성 검사에는 외부 전문가를 참여시켜야 한다.

⑥ 위해성 경찰장비의 종류 및 그 사용기준, 안전교육·안전검사의 기준 등은 대통령령으로 정한다.

[전문개정 2014. 5. 20.]

제10조의2(경찰장구의 사용) ① 경찰관은 다음 각 호의 직무를 수행하기 위하여 필요하다고 인정되는 상당한 이유가 있을 때에는 그 사태를 합리적으로 판단하여 필요한 한도에서 경찰장구를 사용할 수 있다.

    1. 현행범이나 사형·무기 또는 장기 3년 이상의 징역이나 금고에 해당하는 죄를 범한 범인의 체포 또는 도주 방지

    2. 자신이나 다른 사람의 생명·신체의 방어 및 보호

    3. 공무집행에 대한 항거(抗拒) 제지

② 제1항에서 "경찰장구"란 경찰관이 휴대하여 범인 검거와 범죄 진압 등의 직무 수행에 사용하는 수갑, 포승(捕繩), 경찰봉, 방패 등을 말한다.

[전문개정 2014. 5. 20.]

제10조의3(분사기 등의 사용) 경찰관은 다음 각 호의 직무를 수행하기 위하여 부득이한 경우에는 현장책임자가 판단하여 필요한 최소한의 범위에서 분사기(「총포·도검·화약류 등의 안전관리에 관한 법률」에 따른 분사기를 말하며, 그에 사용하는 최루 등의 작용제를 포함한다. 이하 같다) 또는 최루탄을 사용할 수 있다. 〈개정 2015. 1. 6.〉

    1. 범인의 체포 또는 범인의 도주 방지

    2. 불법집회·시위로 인한 자신이나 다른 사람의 생명·신체와 재산 및 공공시설 안전에 대한 현

저한 위해의 발생 억제

[전문개정 2014. 5. 20.]

제10조의4(무기의 사용) ① 경찰관은 범인의 체포, 범인의 도주 방지, 자신이나 다른 사람의 생명·신체의 방어 및 보호, 공무집행에 대한 항거의 제지를 위하여 필요하다고 인정되는 상당한 이유가 있을 때에는 그 사태를 합리적으로 판단하여 필요한 한도에서 무기를 사용할 수 있다. 다만, 다음 각 호의 어느 하나에 해당할 때를 제외하고는 사람에게 위해를 끼쳐서는 아니 된다.

1. 「형법」에 규정된 정당방위와 긴급피난에 해당할 때
2. 다음 각 목의 어느 하나에 해당하는 때에 그 행위를 방지하거나 그 행위자를 체포하기 위하여 무기를 사용하지 아니하고는 다른 수단이 없다고 인정되는 상당한 이유가 있을 때
   가. 사형·무기 또는 장기 3년 이상의 징역이나 금고에 해당하는 죄를 범하거나 범하였다고 의심할 만한 충분한 이유가 있는 사람이 경찰관의 직무집행에 항거하거나 도주하려고 할 때
   나. 체포·구속영장과 압수·수색영장을 집행하는 과정에서 경찰관의 직무집행에 항거하거나 도주하려고 할 때
   다. 제3자가 가목 또는 나목에 해당하는 사람을 도주시키려고 경찰관에게 항거할 때
   라. 범인이나 소요를 일으킨 사람이 무기·흉기 등 위험한 물건을 지니고 경찰관으로부터 3회 이상 물건을 버리라는 명령이나 항복하라는 명령을 받고도 따르지 아니하면서 계속 항거할 때
3. 대간첩 작전 수행 과정에서 무장간첩이 항복하라는 경찰관의 명령을 받고도 따르지 아니할 때

② 제1항에서 "무기"란 사람의 생명이나 신체에 위해를 끼칠 수 있도록 제작된 권총·소총·도검 등을 말한다.

③ 대간첩·대테러 작전 등 국가안전에 관련되는 작전을 수행할 때에는 개인화기(個人火器) 외에 공용화기(共用火器)를 사용할 수 있다.

[전문개정 2014. 5. 20.]

제11조(사용기록의 보관) 제10조 제2항에 따른 살수차, 제10조의3에 따른 분사기, 최루탄 또는 제10조의4에 따른 무기를 사용하는 경우 그 책임자는 사용 일시·장소·대상, 현장책임자, 종류, 수량 등을 기록하여 보관하여야 한다.

[전문개정 2014. 5. 20.]

제11조의2(손실보상) ① 국가는 경찰관의 적법한 직무집행으로 인하여 다음 각 호의 어느 하나에 해당하는 손실을 입은 자에 대하여 정당한 보상을 하여야 한다. 〈개정 2018. 12. 24.〉

1. 손실발생의 원인에 대하여 책임이 없는 자가 생명·신체 또는 재산상의 손실을 입은 경우(손실발생의 원인에 대하여 책임이 없는 자가 경찰관의 직무집행에 자발적으로 협조하거나 물건을 제공하여 생명·신체 또는 재산상의 손실을 입은 경우를 포함한다)
2. 손실발생의 원인에 대하여 책임이 있는 자가 자신의 책임에 상응하는 정도를 초과하는 생명·신체 또는 재산상의 손실을 입은 경우

② 제1항에 따른 보상을 청구할 수 있는 권리는 손실이 있음을 안 날부터 3년, 손실이 발생한 날부터 5년간 행사하지 아니하면 시효의 완성으로 소멸한다.

③ 제1항에 따른 손실보상신청 사건을 심의하기 위하여 손실보상심의위원회를 둔다.

④ 경찰청장 또는 시·도경찰청장은 제3항의 손실보상심의위원회의 심의·의결에 따라 보상금을 지급하고, 거짓 또는 부정한 방법으로 보상금을 받은 사람에 대하여는 해당 보상금을 환수하여야 한다.

〈개정 2018. 12. 24., 2020. 12. 22.〉

⑤ 보상금이 지급된 경우 손실보상심의위원회는 대통령령으로 정하는 바에 따라 국가경찰위원회에 심사자료와 결과를 보고하여야 한다. 이 경우 국가경찰위원회는 손실보상의 적법성 및 적정성 확인을 위하여 필요한 자료의 제출을 요구할 수 있다. 〈신설 2018. 12. 24., 2020. 12. 22.〉

⑥ 경찰청장 또는 시·도경찰청장은 제4항에 따라 보상금을 반환하여야 할 사람이 대통령령으로 정한 기한까지 그 금액을 납부하지 아니한 때에는 국세 체납처분의 예에 따라 징수할 수 있다. 〈신설 2018. 12. 24., 2020. 12. 22.〉

⑦ 제1항에 따른 손실보상의 기준, 보상금액, 지급 절차 및 방법, 제3항에 따른 손실보상심의위원회의 구성 및 운영, 제4항 및 제6항에 따른 환수절차, 그 밖에 손실보상에 관하여 필요한 사항은 대통령령으로 정한다. 〈신설 2018. 12. 24.〉

[본조신설 2013. 4. 5.]

제11조의3(범인검거 등 공로자 보상) ① 경찰청장, 시·도경찰청장 또는 경찰서장은 다음 각 호의 어느 하나에 해당하는 사람에게 보상금을 지급할 수 있다. 〈개정 2020. 12. 22.〉

　　1. 범인 또는 범인의 소재를 신고하여 검거하게 한 사람

　　2. 범인을 검거하여 경찰공무원에게 인도한 사람

　　3. 테러범죄의 예방활동에 현저한 공로가 있는 사람

　　4. 그 밖에 제1호부터 제3호까지의 규정에 준하는 사람으로서 대통령령으로 정하는 사람

② 경찰청장, 시·도경찰청장 및 경찰서장은 제1항에 따른 보상금 지급의 심사를 위하여 대통령령으로 정하는 바에 따라 각각 보상금심사위원회를 설치·운영하여야 한다. 〈개정 2020. 12. 22.〉

③ 제2항에 따른 보상금심사위원회는 위원장 1명을 포함한 5명 이내의 위원으로 구성한다.

④ 제2항에 따른 보상금심사위원회의 위원은 소속 경찰공무원 중에서 경찰청장, 시·도경찰청장 또는 경찰서장이 임명한다. 〈개정 2020. 12. 22.〉

⑤ 경찰청장, 시·도경찰청장 또는 경찰서장은 제2항에 따른 보상금심사위원회의 심사·의결에 따라 보상금을 지급하고, 거짓 또는 부정한 방법으로 보상금을 받은 사람에 대하여는 해당 보상금을 환수한다. 〈개정 2020. 12. 22.〉

⑥ 경찰청장, 시·도경찰청장 또는 경찰서장은 제5항에 따라 보상금을 반환하여야 할 사람이 대통령령으로 정한 기한까지 그 금액을 납부하지 아니한 때에는 국세 체납처분의 예에 따라 징수할 수 있다. 〈개정 2018. 12. 24., 2020. 12. 22.〉

⑦ 제1항에 따른 보상 대상, 보상금의 지급 기준 및 절차, 제2항 및 제3항에 따른 보상금심사위원회의 구성 및 심사사항, 제5항 및 제6항에 따른 환수절차, 그 밖에 보상금 지급에 관하여 필요한 사항은 대통령령으로 정한다. 〈신설 2018. 12. 24.〉

[본조신설 2016. 1. 27.]

[제목개정 2018. 12. 24.]

제12조(벌칙) 이 법에 규정된 경찰관의 의무를 위반하거나 직권을 남용하여 다른 사람에게 해를 끼친 사람은 1년 이하의 징역이나 금고에 처한다.

[전문개정 2014. 5. 20.]

제13조 삭제 〈2014. 5. 20.〉

부칙 〈제17689호, 2020. 12. 22.〉
(국가경찰과 자치경찰의 조직 및 운영에 관한 법률)

제1조(시행일) 이 법은 2021년 1월 1일부터 시행한다.

제2조부터 제6조까지 생략

제7조(다른 법률의 개정) ① 부터 ④까지 생략

⑤ 경찰관 직무집행법 일부를 다음과 같이 개정한다.

제1조 제1항 중 "경찰관(국가경찰공무원만 해당한다. 이하 같다)"을 "경찰관(경찰공무원만 해당한다. 이하 같다)"으로 한다.

제11조의2제4항 및 제6항, 제11조의3제1항 각 호 외의 부분, 같은 조 제2항 및 제4항부터 제6항까지 중 "지방경찰청장"을 각각 "시·도경찰청장"으로 한다.

제11조의2제5항 전단 및 후단 중 "경찰위원회"를 각각 "국가경찰위원회"로 한다.

⑥ 부터 <53>까지 생략

제8조 생략

18 경찰관 직무집행법 시행령

[시행 2021. 1. 5] [대통령령 제31380호, 2021. 1. 5, 타법개정]

경찰청(규제개혁법무담당관실) 02-3150-1192

제1조(목적) 이 영은 경찰관직무집행법(이하 "법"이라 한다)의 시행에 관하여 필요한 사항을 규정함을 목적으로 한다.

제2조(임시영치) 경찰공무원이 법 제4조 제3항의 규정에 의하여 무기·흉기등을 임시영치한 때에는 소속 국가경찰관서의 장(지방해양경찰관서의 장을 포함한다. 이하 같다)은 그 물건을 소지하였던 자에게 별지 제1호서식에 의한 임시영치증명서를 교부하여야 한다. 〈개정 1996·8·8, 2006. 6. 29., 2014. 11. 19., 2017. 7. 26., 2020. 12. 31.〉

제3조(피구호자의 인계통보) 법 제4조 제6항의 규정에 의한 경찰서장 또는 해양경찰서장의 공중보건의료기관·공공구호기관의 장 및 그 감독행정청에 대한 통보는 별지 제2호서식에 의한다. 〈개정 1996·8·8, 2014. 11. 19., 2017. 7. 26.〉

[전문개정 1989·3·7]

제4조(대간첩작전지역등에 대한 접근등의 금지·제한) 국가경찰관서의 장은 법 제5조 제2항의 규정에 의하여 대간첩작전지역등에 대한 접근 또는 통행을 제한하거나 금지한 때에는 보안상 부득이한 경우를 제외하고는 지체없이 그 기간·장소 기타 필요한 사항을 방송·벽보·경고판·전단살포등 적당한 방법으로 일반인에게 널리 알려야 한다. 이를 해제한 때에도 또한 같다. 〈개정 2006. 6. 29.〉

제5조(신분을 표시하는 증표) 법 제3조 제4항 및 법 제7조 제4항의 신분을 표시하는 증표는 경찰공무원의 공무원증으로 한다. 〈개정 1989·3·7, 2006. 6. 29., 2020. 12. 31.〉

제6조(출석요구서) 법 제8조 제2항의 규정에 의한 출석요구서는 별지 제3호서식에 의한다.

제7조(보고) 경찰공무원은 다음의 조치를 한 때에는 소속 국가경찰관서의 장에게 이를 보고하여야 한다. 〈개정 2006. 6. 29., 2020. 12. 31.〉

1. 법 제3조 제2항의 규정에 의한 동행요구를 한 때
2. 법 제4조 제1항의 규정에 의한 긴급구호요청 또는 보호조치를 한 때
3. 법 제4조 제3항의 규정에 의한 임시영치를 한 때
4. 법 제6조 제1항의 규정에 의하여 범죄행위를 제지한 때
5. 삭제 〈1989·3·7〉
6. 법 제7조 제2항 및 제3항의 규정에 의하여 다수인이 출입하는 장소에 대하여 출입 또는 검색을 한 때
7. 법 제8조 제1항 단서의 규정에 의한 사실확인을 한 때
8. 삭제 〈1999. 11. 27.〉
9. 삭제 〈1999. 11. 27.〉

제8조(민감정보 및 고유식별정보의 처리) 경찰공무원은 법 제2조에 따른 경찰관의 직무를 수행하기 위하여 불가피한 경우 「개인정보 보호법」 제23조에 따른 건강에 관한 정보, 같은 법 시행령 제18조 제2호

에 따른 범죄경력자료에 해당하는 정보, 같은 영 제19조에 따른 주민등록번호, 여권번호, 운전면허의 면허번호 또는 외국인등록번호가 포함된 자료를 처리할 수 있다. 〈개정 2020. 12. 31.〉

[본조신설 2012. 1. 6.]

제9조(손실보상의 기준 및 보상금액 등) ① 법 제11조의2제1항에 따라 손실보상을 할 때 물건을 멸실·훼손한 경우에는 다음 각 호의 기준에 따라 보상한다.

　　1. 손실을 입은 물건을 수리할 수 있는 경우: 수리비에 상당하는 금액

　　2. 손실을 입은 물건을 수리할 수 없는 경우: 손실을 입은 당시의 해당 물건의 교환가액

　　3. 영업자가 손실을 입은 물건의 수리나 교환으로 인하여 영업을 계속할 수 없는 경우: 영업을 계속할 수 없는 기간 중 영업상 이익에 상당하는 금액

② 물건의 멸실·훼손으로 인한 손실 외의 재산상 손실에 대해서는 직무집행과 상당한 인과관계가 있는 범위에서 보상한다.

③ 법 제11조의2제1항에 따라 손실보상을 할 때 생명·신체상의 손실의 경우에는 별표의 기준에 따라 보상한다. 〈신설 2019. 6. 25.〉

④ 법 제11조의2제1항에 따라 보상금을 지급받을 사람이 동일한 원인으로 다른 법령에 따라 보상금 등을 지급받은 경우 그 보상금 등에 상당하는 금액을 제외하고 보상금을 지급한다. 〈신설 2019. 6. 25.〉

[본조신설 2014. 2. 18.]

[제목개정 2019. 6. 25.]

제10조(손실보상의 지급절차 및 방법) ① 법 제11조의2에 따라 경찰관의 적법한 직무집행으로 인하여 발생한 손실을 보상받으려는 사람은 별지 제4호서식의 보상금 지급 청구서에 손실내용과 손실금액을 증명할 수 있는 서류를 첨부하여 손실보상청구 사건 발생지를 관할하는 국가경찰관서의 장에게 제출하여야 한다.

② 제1항에 따라 보상금 지급 청구서를 받은 국가경찰관서의 장은 해당 청구서를 제11조 제1항에 따른 손실보상청구 사건을 심의할 손실보상심의위원회가 설치된 경찰청, 해양경찰청, 시·도경찰청 및 지방해양경찰청의 장(이하 "경찰청장등"이라 한다)에게 보내야 한다. 〈개정 2014. 11. 19., 2017. 7. 26., 2020. 12. 31.〉

③ 제2항에 따라 보상금 지급 청구서를 받은 경찰청장등은 손실보상심의위원회의 심의·의결에 따라 보상 여부 및 보상금액을 결정하되, 다음 각 호의 어느 하나에 해당하는 경우에는 그 청구를 각하(却下)하는 결정을 하여야 한다. 〈개정 2019. 6. 25.〉

　　1. 청구인이 같은 청구 원인으로 보상신청을 하여 보상금 지급 여부에 대하여 결정을 받은 경우. 다만, 기각 결정을 받은 청구인이 손실을 증명할 수 있는 새로운 증거가 발견되었음을 소명(疎明)하는 경우는 제외한다.

　　2. 손실보상 청구가 요건과 절차를 갖추지 못한 경우. 다만, 그 잘못된 부분을 시정할 수 있는 경우는 제외한다.

④ 경찰청장등은 제3항에 따른 결정일부터 10일 이내에 다음 각 호의 구분에 따른 통지서에 결정 내용을 적어서 청구인에게 통지하여야 한다.

　　1. 보상금을 지급하기로 결정한 경우: 별지 제5호서식의 보상금 지급 청구 승인 통지서

　　2. 보상금 지급 청구를 각하하거나 보상금을 지급하지 아니하기로 결정한 경우: 별지 제6호서식의 보상금 지급 청구 기각·각하 통지서

⑤ 보상금은 다른 법률에 특별한 규정이 있는 경우를 제외하고는 현금으로 지급하여야 한다.

⑥ 보상금은 일시불로 지급하되, 예산 부족 등의 사유로 일시금으로 지급할 수 없는 특별한 사정이 있는 경우에는 청구인의 동의를 받아 분할하여 지급할 수 있다.

⑦ 보상금을 지급받은 사람은 보상금을 지급받은 원인과 동일한 원인으로 인한 부상이 악화되거나 새로 발견되어 다음 각 호의 어느 하나에 해당하는 경우에는 보상금의 추가 지급을 청구할 수 있다. 이 경우 보상금 지급 청구, 보상금액 결정, 보상금 지급 결정에 대한 통지, 보상금 지급 방법 등에 관하여는 제1항부터 제6항까지의 규정을 준용한다. 〈신설 2019. 6. 25.〉

    1. 별표 제2호에 따른 부상등급이 변경된 경우(부상등급 외의 부상에서 제1급부터 제8급까지의 등급으로 변경된 경우를 포함한다)

    2. 별표 제2호에 따른 부상등급 외의 부상에 대해 부상등급의 변경은 없으나 보상금의 추가 지급이 필요한 경우

⑧ 제1항부터 제7항까지에서 규정한 사항 외에 손실보상의 청구 및 지급에 필요한 사항은 경찰청장 또는 해양경찰청장이 정한다. 〈개정 2014. 11. 19., 2017. 7. 26., 2019. 6. 25.〉

[본조신설 2014. 2. 18.]

제11조(손실보상심의위원회의 설치 및 구성) ① 법 제11조의2제3항에 따라 소속 경찰공무원의 직무집행으로 인하여 발생한 손실보상청구 사건을 심의하기 위하여 경찰청, 해양경찰청, 시·도경찰청 및 지방해양경찰청에 손실보상심의위원회(이하 "위원회"라 한다)를 설치한다. 〈개정 2014. 11. 19., 2017. 7. 26., 2020. 12. 31.〉

② 위원회는 위원장 1명을 포함한 5명 이상 7명 이하의 위원으로 구성한다.

③ 위원회의 위원은 소속 경찰공무원과 다음 각 호의 어느 하나에 해당하는 사람 중에서 경찰청장등이 위촉하거나 임명한다. 이 경우 위원의 과반수 이상은 경찰공무원이 아닌 사람으로 하여야 한다.

    1. 판사·검사 또는 변호사로 5년 이상 근무한 사람

    2. 「고등교육법」 제2조에 따른 학교에서 법학 또는 행정학을 가르치는 부교수 이상으로 5년 이상 재직한 사람

    3. 경찰 업무와 손실보상에 관하여 학식과 경험이 풍부한 사람

④ 위촉위원의 임기는 2년으로 한다.

⑤ 위원회의 사무를 처리하기 위하여 위원회에 간사 1명을 두되, 간사는 소속 경찰공무원 중에서 경찰청장등이 지명한다.

[본조신설 2014. 2. 18.]

제12조(위원장) ① 위원장은 위원 중에서 호선(互選)한다.

② 위원장은 위원회를 대표하며, 위원회의 업무를 총괄한다.

③ 위원장이 부득이한 사유로 직무를 수행할 수 없는 때에는 위원장이 미리 지명한 위원이 그 직무를 대행한다.

[본조신설 2014. 2. 18.]

제13조(손실보상심의위원회의 운영) ① 위원장은 위원회의 회의를 소집하고, 그 의장이 된다.

② 위원회의 회의는 재적위원 과반수의 출석으로 개의(開議)하고, 출석위원 과반수의 찬성으로 의결한다.

③ 위원회는 심의를 위하여 필요한 경우에는 관계 공무원이나 관계 기관에 사실조사나 자료의 제출 등을 요구할 수 있으며, 관계 전문가에게 필요한 정보의 제공이나 의견의 진술 등을 요청할 수 있다.

[본조신설 2014. 2. 18.]

제14조(위원의 제척 · 기피 · 회피) ① 위원회의 위원이 다음 각 호의 어느 하나에 해당하는 경우에는 위원회의 심의 · 의결에서 제척(除斥)된다.

    1. 위원 또는 그 배우자나 배우자였던 사람이 심의 안건의 청구인인 경우

    2. 위원이 심의 안건의 청구인과 친족이거나 친족이었던 경우

    3. 위원이 심의 안건에 대하여 증언, 진술, 자문, 용역 또는 감정을 한 경우

    4. 위원이나 위원이 속한 법인이 심의 안건 청구인의 대리인이거나 대리인이었던 경우

    5. 위원이 해당 심의 안건의 청구인인 법인의 임원인 경우

② 청구인은 위원에게 공정한 심의 · 의결을 기대하기 어려운 사정이 있는 경우에는 위원회에 기피 신청을 할 수 있고, 위원회는 의결로 이를 결정한다. 이 경우 기피 신청의 대상인 위원은 그 의결에 참여하지 못한다.

③ 위원이 제1항 각 호에 따른 제척 사유에 해당하는 경우에는 스스로 해당 안건의 심의 · 의결에서 회피(回避)하여야 한다.

[본조신설 2014. 2. 18.]

제15조(위원의 해촉) 경찰청장등은 위원회의 위원이 다음 각 호의 어느 하나에 해당하는 경우에는 해당 위원을 해촉(解囑)할 수 있다.

    1. 심신장애로 인하여 직무를 수행할 수 없게 된 경우

    2. 직무태만, 품위손상이나 그 밖의 사유로 위원으로 적합하지 아니하다고 인정되는 경우

    3. 제14조 제1항 각 호의 어느 하나에 해당하는 데에도 불구하고 회피하지 아니한 경우

    4. 제16조를 위반하여 직무상 알게 된 비밀을 누설한 경우

[본조신설 2014. 2. 18.]

제16조(비밀 누설의 금지) 위원회의 회의에 참석한 사람은 직무상 알게 된 비밀을 누설해서는 아니 된다.

[본조신설 2014. 2. 18.]

제17조(위원회의 운영 등에 필요한 사항) 제11조부터 제16조까지에서 규정한 사항 외에 위원회의 운영 등에 필요한 사항은 경찰청장 또는 해양경찰청장이 정한다. 〈개정 2014. 11. 19., 2017. 7. 26.〉

[본조신설 2014. 2. 18.]

제17조의2(보상금의 환수절차) ① 경찰청장 또는 시 · 도경찰청장은 법 제11조의2제4항에 따라 보상금을 환수하려는 경우에는 위원회의 심의 · 의결에 따라 환수 여부 및 환수금액을 결정하고, 거짓 또는 부정한 방법으로 보상금을 받은 사람에게 다음 각 호의 내용을 서면으로 통지해야 한다. 〈개정 2020. 12. 31.〉

    1. 환수사유

    2. 환수금액

    3. 납부기한

    4. 납부기관

② 법 제11조의2제6항에서 "대통령령으로 정한 기한"이란 제1항에 따른 통지일부터 40일 이내의 범위에서 경찰청장 또는 시 · 도경찰청장이 정하는 기한을 말한다. 〈개정 2020. 12. 31.〉

③ 제1항 및 제2항에서 규정한 사항 외에 보상금 환수절차에 관하여 필요한 사항은 경찰청장이 정한다.

[본조신설 2019. 6. 25.]

제17조의3(국가경찰위원회 보고 등) ① 법 제11조의2제5항에 따라 위원회(경찰청 및 시 · 도경찰청에 설치된 위원회만 해당한다. 이하 이 조에서 같다)는 보상금 지급과 관련된 심사자료와 결과를 반기별로

국가경찰위원회에 보고해야 한다. 〈개정 2020. 12. 31.〉

② 국가경찰위원회는 필요하다고 인정하는 때에는 수시로 보상금 지급과 관련된 심사자료와 결과에 대한 보고를 위원회에 요청할 수 있다. 이 경우 위원회는 그 요청에 따라야 한다. 〈개정 2020. 12. 29.〉

[본조신설 2019. 6. 25.]

[제목개정 2020. 12. 31.]

제18조(범인검거 등 공로자 보상금 지급 대상자) 법 제11조의3제1항 제4호에서 "대통령령으로 정하는 사람"이란 다음 각 호의 어느 하나에 해당하는 사람을 말한다.

　　1. 범인의 신원을 특정할 수 있는 정보를 제공한 사람

　　2. 범죄사실을 입증하는 증거물을 제출한 사람

　　3. 그 밖에 범인 검거와 관련하여 경찰 수사 활동에 협조한 사람 중 보상금 지급 대상자에 해당한다고 법 제11조의3제2항에 따른 보상금심사위원회가 인정하는 사람

[본조신설 2016. 6. 21.]

[제목개정 2019. 6. 25.]

제19조(보상금심사위원회의 구성 및 심사사항 등) ① 법 제11조의3제2항에 따라 경찰청에 두는 보상금심사위원회의 위원장은 경찰청 소속 과장급 이상의 경찰공무원 중에서 경찰청장이 임명하는 사람으로 한다.

② 법 제11조의3제2항에 따라 시·도경찰청 및 경찰서에 두는 보상금심사위원회의 위원장에 관하여는 제1항을 준용한다. 이 경우 "경찰청"은 각각 "시·도경찰청" 또는 "경찰서"로, "경찰청장"은 각각 "시·도경찰청장" 또는 "경찰서장"으로 본다. 〈개정 2020. 12. 31.〉

③ 법 제11조의3제2항에 따른 보상금심사위원회(이하 "보상금심사위원회"라 한다)는 다음 각 호의 사항을 심사·의결한다.

　　1. 보상금 지급 대상자에 해당하는 지 여부

　　2. 보상금 지급 금액

　　3. 보상금 환수 여부

　　4. 그 밖에 보상금 지급이나 환수에 필요한 사항

④ 보상금심사위원회의 회의는 재적위원 과반수의 찬성으로 의결한다.

[본조신설 2016. 6. 21.]

제20조(범인검거 등 공로자 보상금의 지급 기준) 법 제11조의3제1항에 따른 보상금의 최고액은 5억원으로 하며, 구체적인 보상금 지급 기준은 경찰청장이 정하여 고시한다.

[본조신설 2016. 6. 21.]

[제목개정 2019. 6. 25.]

제21조(범인검거 등 공로자 보상금의 지급 절차 등) ① 경찰청장, 시·도경찰청장 또는 경찰서장은 보상금 지급사유가 발생한 경우에는 직권으로 또는 보상금을 지급받으려는 사람의 신청에 따라 소속 보상금심사위원회의 심사·의결을 거쳐 보상금을 지급한다. 〈개정 2020. 12. 31.〉

② 보상금심사위원회는 제20조에 따라 경찰청장이 정하여 고시한 보상금 지급 기준에 따라 보상 금액을 심사·의결한다. 이 경우 보상금심사위원회는 다음 각 호의 사항을 고려하여 보상금액을 결정할 수 있다.

　　1. 테러범죄 예방의 기여도

　　2. 범죄피해의 규모

3. 범인 신고 등 보상금 지급 대상 행위의 난이도

4. 보상금 지급 대상자가 다른 법령에 따라 보상금 등을 지급받을 수 있는지 여부

5. 그 밖에 범인검거와 관련한 제반 사정

③ 경찰청장, 시·도경찰청장 및 경찰서장은 소속 보상금심사위원회의 보상금 심사를 위하여 필요한 경우에는 보상금 지급 대상자와 관계 공무원 또는 기관에 사실조사나 자료의 제출 등을 요청할 수 있다. 〈개정 2020. 12. 31.〉

[본조신설 2016. 6. 21.]

[제목개정 2019. 6. 25.]

제21조의2(범인검거 등 공로자 보상금의 환수절차) ① 경찰청장, 시·도경찰청장 또는 경찰서장은 법 제11조의3제5항에 따라 보상금을 환수하려는 경우에는 보상금심사위원회의 심사·의결에 따라 환수 여부 및 환수금액을 결정하고, 거짓 또는 부정한 방법으로 보상금을 받은 사람에게 다음 각 호의 내용을 서면으로 통지해야 한다. 〈개정 2020. 12. 31.〉

1. 환수사유

2. 환수금액

3. 납부기한

4. 납부기관

② 법 제11조의3제6항에서 "대통령령으로 정한 기한"이란 제1항에 따른 통지일부터 40일 이내의 범위에서 경찰청장, 시·도경찰청장 또는 경찰서장이 정하는 기한을 말한다. 〈개정 2020. 12. 31.〉

[본조신설 2019. 6. 25.]

제22조(범인검거 등 공로자 보상금의 지급 등에 필요한 사항) 제18조부터 제21조까지 및 제21조의2에서 규정한 사항 외에 보상금의 지급 등에 필요한 사항은 경찰청장이 정하여 고시한다. 〈개정 2019. 6. 25.〉

[본조신설 2016. 6. 21.]

[제목개정 2019. 6. 25.]

부칙 〈제31380호, 2021. 1. 5.〉

(어려운 법령용어 정비를 위한 473개 법령의 일부개정에 관한 대통령령)

이 영은 공포한 날부터 시행한다. 〈단서 생략〉

19 경찰관의 정보수집 및 처리 등에 관한 규정

[시행 2021. 3. 23] [대통령령 제31555호, 2021. 3. 23, 제정]

경찰청(정보관리과) 02-3150-1430

제1조(목적) 이 영은 「경찰관 직무집행법」 제8조의2에 따라 경찰관이 수집·작성·배포할 수 있는 공공 안녕에 대한 위험의 예방과 대응을 위한 정보의 구체적인 범위와 처리 기준, 정보의 수집·작성·배 포에 수반되는 사실의 확인 절차 및 한계에 관하여 규정함을 목적으로 한다.

제2조(정보활동의 기본원칙 등) ① 공공안녕에 대한 위험의 예방과 대응을 위한 정보의 수집·작성·배포 와 이에 수반되는 사실의 확인을 위해 경찰관이 수행하는 활동(이하 "정보활동"이라 한다)은 국민의 자유와 권리를 보호하는 것을 목적으로 해야 하며, 필요 최소한의 범위에 그쳐야 한다.

② 경찰관은 정보활동과 관련하여 다음 각 호의 행위를 해서는 안 된다.

1. 정치에 관여하기 위해 정보를 수집·작성·배포하는 행위
2. 법령의 직무 범위를 벗어나 개인의 동향 등을 파악하기 위해 사생활에 관한 정보를 수집·작성· 배포하는 행위
3. 상대방의 명시적 의사에 반해 자료 제출이나 의견 표명을 강요하는 행위
4. 부당한 민원이나 청탁을 직무 관련자에게 전달하는 행위
5. 직무상 알게 된 정보를 누설하거나 개인의 이익을 위해 사용하는 행위
6. 직무와 무관한 비공식적 직함을 사용하는 행위

③ 경찰청장 또는 해양경찰청장은 정보활동이 적법하게 이루어지도록 현장점검·교육 강화 방안 등을 수립·시행해야 한다.

제3조(수집 등 대상 정보의 구체적인 범위) 경찰관이 「경찰관 직무집행법」(이하 "법"이라 한다) 제8조의2제 1항에 따라 수집·작성·배포할 수 있는 정보의 구체적인 범위는 다음 각 호와 같다.

1. 범죄의 예방과 대응에 필요한 정보
2. 「형의 집행 및 수용자의 처우에 관한 법률」 제126조의2 또는 「보호관찰 등에 관한 법률」 제55조의3 에 따라 통보되는 정보의 대상자인 수형자·가석방자의 재범방지 및 피해자의 보호에 필요한 정보
3. 국가중요시설의 안전 및 주요 인사(人士)의 보호에 필요한 정보
4. 방첩·대테러활동 등 국가안전을 위한 활동에 필요한 정보
5. 재난·안전사고 등으로부터 국민안전을 확보하기 위한 정보
6. 집회·시위 등으로 인한 공공갈등과 다중운집에 따른 질서 및 안전 유지에 필요한 정보
7. 국민의 생명·신체·재산의 보호와 공공안녕에 대한 위험의 예방과 대응을 위한 정책에 관한 정보[해당 정책의 입안·집행·평가를 위해 객관적이고 필요한 사항에 관한 정보로 한정하며, 이와 직접적·구체적으로 관련이 없는 사생활·신조(信條) 등에 관한 정보는 제외한다]
8. 도로 교통의 위해(危害) 방지·제거 및 원활한 소통 확보를 위한 정보
9. 「보안업무규정」 제45조 제1항에 따라 경찰청장이 위탁받은 신원조사 또는 「공공기관의 정보

공개에 관한 법률」 제2조 제3호에 따른 공공기관의 장이 법령에 근거하여 요청한 사실의 확인을 위한 정보

10. 그 밖에 제1호부터 제9호까지에서 규정한 사항에 준하는 정보

제4조(정보의 수집 및 사실의 확인 절차) ① 경찰관은 법 제8조의2제1항에 따라 정보를 수집하거나 정보의 수집·작성·배포에 수반되는 사실을 확인하려는 경우에는 상대방에게 자신의 신분을 밝히고 정보 수집 또는 사실 확인의 목적을 설명해야 한다. 이 경우 강제적인 방법을 사용해서는 안 된다.

② 제1항 전단에도 불구하고 다음 각 호의 어느 하나에 해당하는 경우에는 같은 항 전단에서 규정한 절차를 생략할 수 있다.

1. 국민의 생명·신체의 안전이나 국가안보에 긴박한 위험이 발생할 우려가 있는 경우

2. 범죄의 대응을 위한 정보활동에 현저한 지장을 초래할 우려가 있는 경우

③ 경찰관은 정보를 제공하거나 사실을 확인해 준 자가 신분이나 처우와 관련하여 불이익을 받지 않도록 비밀유지 등 필요한 조치를 해야 한다.

제5조(정보 수집 등을 위한 출입의 한계) 경찰관은 다음 각 호의 장소에 상시적으로 출입해서는 안 되며, 정보활동을 위해 필요한 경우에 한정하여 일시적으로만 출입해야 한다.

1. 언론·교육·종교·시민사회 단체 등 민간단체

2. 민간기업

3. 정당의 사무소

제6조(정보의 작성) 경찰관은 수집한 정보를 작성할 때 객관적 사실에 기초해 중립적으로 작성해야 하며, 정치에 관여하는 등 특정한 목적을 가지고 그 내용을 왜곡해서는 안 된다.

제7조(수집·작성한 정보의 처리) ① 경찰관은 수집·작성한 정보를 그 목적 외의 용도로 사용해서는 안 된다.

② 경찰관은 공공안녕에 대한 위험의 예방과 대응을 위해 필요한 경우에는 수집·작성한 정보를 관계기관 등에 통보할 수 있다.

③ 경찰관은 수집·작성한 정보가 그 목적이 달성되어 불필요하게 되었을 때에는 지체 없이 그 정보를 폐기해야 한다. 다만, 다른 법령에 따라 보존해야 하는 경우는 제외한다.

제8조(위법한 지시의 금지 및 거부) ① 누구든지 정보활동과 관련하여 경찰관에게 이 영과 그 밖의 법령에 반하여 지시해서는 안 된다.

② 경찰관은 명백히 위법한 지시라고 판단되는 경우에는 그 집행을 거부할 수 있다.

③ 경찰관은 명백히 위법한 지시를 거부했다는 이유로 인사·직무 등과 관련한 어떠한 불이익도 받지 않는다.

제9조(세부 사항) 이 영에서 규정한 사항 외에 경찰관의 정보활동에 필요한 세부 사항은 경찰청장 또는 해양경찰청장이 정한다.

부칙 〈제31555호, 2021. 3. 23.〉

이 영은 2021년 3월 23일부터 시행한다.

규정(약칭: 위해성경찰장비규정)
[시행 2021. 1. 5] [대통령령 제31380호, 2021. 1. 5, 타법개정]

경찰청(장비과) 02-3150-1252

제1조(목적) 이 영은 「경찰관 직무집행법」 제10조에 따라 경찰공무원이 직무를 수행할 때 사용할 수 있는 사람의 생명이나 신체에 위해를 끼칠 수 있는 경찰장비의 종류·사용기준 및 안전관리 등에 관한 사항을 규정함을 목적으로 한다. 〈개정 2020. 12. 31.〉

[전문개정 2014. 11. 19.]

제2조(위해성 경찰장비의 종류) 「경찰관 직무집행법」(이하 "법"이라 한다) 제10조 제1항 단서에 따른 사람의 생명이나 신체에 위해를 끼칠 수 있는 경찰장비(이하 "위해성 경찰장비"라 한다)의 종류는 다음 각 호와 같다. 〈개정 2014. 11. 19.〉

　　1. 경찰장구 : 수갑·포승(捕繩)·호송용포승·경찰봉·호신용경봉·전자충격기·방패 및 전자 방패

　　2. 무기 : 권총·소총·기관총(기관단총을 포함한다. 이하 같다)·산탄총·유탄발사기·박격포·3인치포·함포·크레모아·수류탄·폭약류 및 도검

　　3. 분사기·최루탄등 : 근접분사기·가스분사기·가스발사총(고무탄 발사겸용을 포함한다. 이하 같다) 및 최루탄(그 발사장치를 포함한다. 이하 같다)

　　4. 기타장비 : 가스차·살수차·특수진압차·물포·석궁·다목적발사기 및 도주차량차단장비

[제목개정 2014. 11. 19.]

제3조 삭제 〈2014. 11. 19.〉

제4조(영장집행등에 따른 수갑등의 사용기준) 경찰관(경찰공무원으로 한정한다. 이하 같다)은 체포·구속영장을 집행하거나 신체의 자유를 제한하는 판결 또는 처분을 받은 자를 법률이 정한 절차에 따라 호송하거나 수용하기 위하여 필요한 때에는 최소한의 범위안에서 수갑·포승 또는 호송용포승을 사용할 수 있다. 〈개정 2006. 6. 29., 2020. 12. 31.〉

제5조(자살방지등을 위한 수갑등의 사용기준 및 사용보고) 경찰관은 범인·술에 취한 사람 또는 정신착란자의 자살 또는 자해기도를 방지하기 위하여 필요한 때에는 수갑·포승 또는 호송용포승을 사용할 수 있다. 이 경우 경찰관은 소속 국가경찰관서의 장(경찰청장·해양경찰청장·시·도경찰청장·지방해양경찰청장·경찰서장 또는 해양경찰서장 기타 경무관·총경·경정 또는 경감을 장으로 하는 국가경찰관서의 장을 말한다.이하 같다)에게 그 사실을 보고해야 한다. 〈개정 2006. 6. 29., 2014. 11. 19., 2017. 7. 26., 2020. 12. 31., 2021. 1. 5.〉

제6조(불법집회등에서의 경찰봉·호신용경봉의 사용기준) 경찰관은 불법집회·시위로 인하여 발생할 수 있는 타인 또는 경찰관의 생명·신체의 위해와 재산·공공시설의 위험을 방지하기 위하여 필요한 때에는 최소한의 범위안에서 경찰봉 또는 호신용경봉을 사용할 수 있다.

제7조(경찰봉·호신용경봉의 사용시 주의사항) 경찰관이 경찰봉 또는 호신용경봉을 사용하는 때에는 인명 또는 신체에 대한 위해를 최소화하도록 주의하여야 한다.

제8조(전자충격기등의 사용제한) ① 경찰관은 14세미만의 자 또는 임산부에 대하여 전자충격기 또는 전자방패를 사용하여서는 아니된다.

② 경찰관은 전극침(電極針) 발사장치가 있는 전자충격기를 사용하는 경우 상대방의 얼굴을 향하여 전극침을 발사하여서는 아니된다.

제9조(총기사용의 경고) 경찰관은 법 제10조의4에 따라 사람을 향하여 권총 또는 소총을 발사하고자 하는 때에는 미리 구두 또는 공포탄에 의한 사격으로 상대방에게 경고하여야 한다. 다만, 다음 각 호의 어느 하나에 해당하는 경우로서 부득이한 때에는 경고하지 아니할 수 있다. 〈개정 2014. 11. 19.〉

　　1. 경찰관을 급습하거나 타인의 생명·신체에 대한 중대한 위험을 야기하는 범행이 목전에 실행되고 있는 등 상황이 급박하여 특히 경고할 시간적 여유가 없는 경우

　　2. 인질·간첩 또는 테러사건에 있어서 은밀히 작전을 수행하는 경우

제10조(권총 또는 소총의 사용제한) ① 경찰관은 법 제10조의4의 규정에 의하여 권총 또는 소총을 사용하는 경우에 있어서 범죄와 무관한 다중의 생명·신체에 위해를 가할 우려가 있는 때에는 이를 사용하여서는 아니된다. 다만, 권총 또는 소총을 사용하지 아니하고는 타인 또는 경찰관의 생명·신체에 대한 중대한 위험을 방지할 수 없다고 인정되는 때에는 필요한 최소한의 범위안에서 이를 사용할 수 있다.

② 경찰관은 총기 또는 폭발물을 가지고 대항하는 경우를 제외하고는 14세미만의 자 또는 임산부에 대하여 권총 또는 소총을 발사하여서는 아니된다.

제11조(동물의 사살) 경찰관은 공공의 안전을 위협하는 동물을 사살하기 위하여 부득이한 때에는 권총 또는 소총을 사용할 수 있다.

제12조(가스발사총등의 사용제한) ① 경찰관은 범인의 체포 또는 도주방지, 타인 또는 경찰관의 생명·신체에 대한 방호, 공무집행에 대한 항거의 억제를 위하여 필요한 때에는 최소한의 범위안에서 가스발사총을 사용할 수 있다. 이 경우 경찰관은 1미터이내의 거리에서 상대방의 얼굴을 향하여 이를 발사하여서는 아니된다.

② 경찰관은 최루탄발사기로 최루탄을 발사하는 경우 30도이상의 발사각을 유지하여야 하고, 가스차·살수차 또는 특수진압차의 최루탄발사대로 최루탄을 발사하는 경우에는 15도이상의 발사각을 유지하여야 한다.

제13조(가스차·특수진압차·물포의 사용기준) ① 경찰관은 불법집회·시위 또는 소요사태로 인하여 발생할 수 있는 타인 또는 경찰관의 생명·신체의 위해와 재산·공공시설의 위험을 억제하기 위하여 부득이한 경우에는 현장책임자의 판단에 의하여 필요한 최소한의 범위에서 가스차를 사용할 수 있다. 〈개정 2020. 1. 7.〉

② 경찰관은 소요사태의 진압, 대간첩·대테러작전의 수행을 위하여 부득이한 경우에는 필요한 최소한의 범위안에서 특수진압차를 사용할 수 있다.

③ 경찰관은 불법해상시위를 해산시키거나 선박운항정지(정선)명령에 불응하고 도주하는 선박을 정지시키기 위하여 부득이한 경우에는 현장책임자의 판단에 의하여 필요한 최소한의 범위안에서 경비함정의 물포를 사용할 수 있다. 다만, 사람을 향하여 직접 물포를 발사해서는 안 된다. 〈개정 2021. 1. 5.〉

[제목개정 2020. 1. 7.]

제13조의2(살수차의 사용기준) ① 경찰관은 다음 각 호의 어느 하나에 해당하여 살수차 외의 경찰장비로는 그 위험을 제거·완화시키는 것이 현저히 곤란한 경우에는 시·도경찰청장의 명령에 따라 살수차

를 배치·사용할 수 있다. 〈개정 2020. 12. 31.〉

    1. 소요사태로 인해 타인의 법익이나 공공의 안녕질서에 대한 직접적인 위험이 명백하게 초래되는 경우

    2.「통합방위법」제21조 제4항에 따라 지정된 국가중요시설에 대한 직접적인 공격행위로 인해 해당 시설이 파괴되거나 기능이 정지되는 등 급박한 위험이 발생하는 경우

② 경찰관은 제1항에 따라 살수차를 사용하는 경우 별표 3의 살수거리별 수압기준에 따라 살수해야 한다. 이 경우 사람의 생명 또는 신체에 치명적인 위해를 가하지 않도록 필요한 최소한의 범위에서 살수해야 한다.

③ 경찰관은 제2항에 따라 살수하는 것으로 제1항 각 호의 어느 하나에 해당하는 위험을 제거·완화시키는 것이 곤란하다고 판단하는 경우에는 시·도경찰청장의 명령에 따라 필요한 최소한의 범위에서 최루액을 혼합하여 살수할 수 있다. 이 경우 최루액의 혼합 살수 절차 및 방법은 경찰청장이 정한다. 〈개정 2020. 12. 31.〉

[본조신설 2020. 1. 7.]

제14조(석궁의 사용기준) 경찰관은 총기·폭발물 기타 위험물로 무장한 범인 또는 인질범의 체포, 대간첩·대테러작전등 국가안전에 관련되는 작전을 은밀히 수행하거나 총기를 사용할 경우에는 화재·폭발의 위험이 있는 등 부득이한 때에 한하여 현장책임자의 판단에 의하여 필요한 최소한의 범위안에서 석궁을 사용할 수 있다.

제15조(다목적발사기의 사용기준) 경찰관은 인질범의 체포 또는 대간첩·대테러작전등 국가안전에 관련되는 작전을 수행하거나 공공시설의 안전에 대한 현저한 위해의 발생을 방지하기 위하여 필요한 때에는 최소한의 범위안에서 다목적발사기를 사용할 수 있다.

제16조(도주차량차단장비의 사용기준등) ① 경찰관은 무면허운전이나 음주운전 기타 범죄에 이용하였다고 의심할 만한 차량 또는 수배중인 차량이 정당한 검문에 불응하고 도주하거나 차량으로 직무집행중인 경찰관에게 위해를 가한 후 도주하려는 경우에는 도주차량차단장비를 사용할 수 있다.

② 도주차량차단장비를 운용하는 경찰관은 검문 또는 단속장소의 전방에 동 장비의 운용중임을 알리는 안내표지판을 설치하고 기타 필요한 안전조치를 취하여야 한다.

제17조(위해성 경찰장비 사용을 위한 안전교육) 법 제10조 제1항 단서에 따라 직무수행 중 위해성 경찰장비를 사용하는 경찰관은 별표 1의 기준에 따라 위해성 경찰장비 사용을 위한 안전교육을 받아야 한다.

[전문개정 2014. 11. 19.]

제18조(위해성 경찰장비에 대한 안전검사) 위해성 경찰장비를 사용하는 경찰관이 소속한 국가경찰관서의 장은 소속 경찰관이 사용할 위해성 경찰장비에 대한 안전검사를 별표 2의 기준에 따라 실시하여야 한다.

[전문개정 2014. 11. 19.]

제18조의2(신규 도입 장비의 안전성 검사) ① 경찰청장은 위해성 경찰장비를 새로 도입하려는 경우에는 법 제10조 제5항에 따라 안전성 검사를 실시하여 새로 도입하려는 장비(이하 이 조에서 "신규 도입 장비"라 한다)가 사람의 생명이나 신체에 미치는 영향을 평가하여야 한다.

② 제1항에 따른 안전성 검사는 신규 도입 장비와 관련된 분야의 외부 전문가가 신규 도입 장비의 주요 특성이나 작동원리에 기초하여 제시하는 검사방법 및 기준에 따라 실시하되, 신규 도입 장비에 대하여 일반적으로 인정되는 합리적인 검사방법이나 기준이 있을 경우 그 검사방법이나 기준에 따라 안전성 검사를 실시할 수 있다.

③ 법 제10조 제5항 후단에 따라 안전성 검사에 참여한 외부 전문가는 안전성 검사가 끝난 후 30일 이내에 신규 도입 장비의 안전성 여부에 대한 의견을 경찰청장에게 제출하여야 한다.

④ 경찰청장은 신규 도입 장비에 대한 안전성 검사를 실시한 후 3개월 이내에 다음 각 호의 내용이 포함된 안전성 검사 결과보고서를 국회 소관 상임위원회에 제출하여야 한다.

1. 신규 도입 장비의 주요 특성 및 기본적인 작동 원리
2. 안전성 검사의 방법 및 기준
3. 안전성 검사에 참여한 외부 전문가의 의견
4. 안전성 검사 결과 및 종합 의견

[본조신설 2014. 11. 19.]

제19조(위해성 경찰장비의 개조 등) 국가경찰관서의 장은 폐기대상인 위해성 경찰장비 또는 성능이 저하된 위해성 경찰장비를 개조할 수 있으며, 소속경찰관으로 하여금 이를 본래의 용법에 준하여 사용하게 할 수 있다. 〈개정 2014. 11. 19.〉

[제목개정 2014. 11. 19.]

제20조(사용기록의 보관 등) ① 제2조 제2호부터 제4호까지의 위해성 경찰장비(제4호의 경우에는 살수차만 해당한다)를 사용하는 경우 그 현장책임자 또는 사용자는 별지 서식의 사용보고서를 작성하여 직근상급 감독자에게 보고하고, 직근상급 감독자는 이를 3년간 보관하여야 한다. 〈개정 2014. 11. 19.〉

② 제1항의 규정에 의하여 제2조 제2호의 무기 사용보고를 받은 직근상급 감독자는 지체없이 지휘계통을 거쳐 경찰청장 또는 해양경찰청장에게 보고하여야 한다. 〈개정 2014. 11. 19., 2017. 7. 26.〉

[제목개정 2014. 11. 19.]

제21조(부상자에대한 긴급조치) 경찰관이 위해성 경찰장비를 사용하여 부상자가 발생한 경우에는 즉시 구호, 그 밖에 필요한 긴급조치를 하여야 한다. 〈개정 2014. 11. 19.〉

부칙 〈제31380호, 2021. 1. 5.〉
(어려운 법령용어 정비를 위한 473개 법령의 일부개정에 관한 대통령령)

이 영은 공포한 날부터 시행한다. 〈단서 생략〉

경찰직무 응원법
[시행 2021. 1. 1] [법률 제17689호, 2020. 12. 22., 타법개정]

경찰청(경비과) 02-3150-1556

제1조(응원경찰관의 파견) ① 시·도경찰청장 또는 지방해양경찰관서의 장은 돌발사태를 진압하거나 공공질서가 교란(攪亂)되었거나 교란될 우려가 현저한 지역(이하 "특수지구"라 한다)을 경비할 때 그 소관 경찰력으로는 이를 감당하기 곤란하다고 인정할 때에는 응원(應援)을 받기 위하여 다른 지방경찰청장이나 지방해양경찰관서의 장 또는 자치경찰단을 설치한 제주특별자치도지사에게 경찰관 파견을 요구할 수 있다. 〈개정 2014. 11. 19., 2017. 7. 26., 2020. 12. 22.〉

② 경찰청장이나 해양경찰청장은 돌발사태를 진압하거나 특수지구를 경비할 때 긴급한 경우 시·도경찰청장, 소속 경찰기관의 장 또는 지방해양경찰관서의 장에게 다른 시·도경찰청 또는 지방해양경찰관서의 경찰관을 응원하도록 소속 경찰관의 파견을 명할 수 있다. 〈개정 2017. 7. 26., 2020. 12. 22.〉

[전문개정 2010. 7. 23.]

제2조(파견경찰관의 소속) 제1조에 따라 파견된 경찰관은 파견받은 시·도경찰청 또는 지방해양경찰관서의 경찰관으로서 직무를 수행한다. 〈개정 2014. 11. 19., 2017. 7. 26., 2020. 12. 22.〉

[전문개정 2010. 7. 23.]

제3조(이동 근무) 시·도경찰청장이나 지방해양경찰관서의 장은 경호, 이동 승무, 물품 호송 등에 특히 필요한 경우에는 그 소속 경찰관으로 하여금 다른 시·도경찰청 또는 지방해양경찰관서의 구역에서 직무를 수행하게 할 수 있다. 〈개정 2014. 11. 19., 2017. 7. 26., 2020. 12. 22.〉

[전문개정 2010. 7. 23.]

제4조(기동대의 편성) 경찰청장 또는 해양경찰청장은 돌발사태를 진압하거나 특수지구를 경비하도록 하기 위하여 특히 필요할 때에는 소속 경찰관으로 경찰기동대(이하 "기동대"라 한다)를 편성하여 필요한 지역에 파견할 수 있다.

[전문개정 2017. 7. 26.]

제5조(기동대의 편성·파견·해체) 기동대의 편성, 파견 목적, 주둔지역과 해체는 그때마다 경찰청장이나 해양경찰청장이 공고한다. 〈개정 2014. 11. 19., 2017. 7. 26.〉

[전문개정 2010. 7. 23.]

제6조(기동대의 대장) 기동대에 대장을 두되, 대장은 경무관(警務官) 또는 총경(總警) 중에서 경찰청장이나 해양경찰청장이 임명한다. 다만, 필요에 따라 과장인 총경으로 하여금 대장을 겸하게 할 수 있다. 〈개정 2014. 11. 19., 2017. 7. 26.〉

[전문개정 2010. 7. 23.]

제7조(대장의 권한) 대장은 경찰청장이나 해양경찰청장의 명을 받아 기동대의 업무를 맡아 처리하며 소속 경찰관(이하 "대원"이라 한다)을 지휘·감독한다. 〈개정 2014. 11. 19., 2017. 7. 26.〉

[전문개정 2010. 7. 23.]

제8조(파견경찰관의 직무) 제1조와 제3조에 따라 파견된 경찰관과 제4조에 따른 기동대는 파견 목적 외

의 직무를 수행할 수 없다.

[전문개정 2010. 7. 23.]

제9조(상벌, 승진, 복무 및 수당) 대원에 대한 상벌, 승진, 복무 및 특별수당에 관한 사항은 대통령령으로 정한다.

[전문개정 2010. 7. 23.]

부칙 〈제17689호, 2020. 12. 22.〉

제1조(시행일) 이 법은 2021년 1월 1일부터 시행한다.

제2조부터 제6조까지 생략

제7조(다른 법률의 개정) ① 부터 ⑦까지 생략

⑧ 경찰직무 응원법 일부를 다음과 같이 개정한다.

제1조 제1항 중 "지방경찰청장"을 "시·도경찰청장"으로 한다. 제1조 제2항 중 "지방경찰청장"을 "시·도경찰청장"으로, "다른 지방경찰청"을 "다른 시·도경찰청"으로 한다.

제2조 중 "지방경찰청"을 "시·도경찰청"으로 한다.

제3조 중 "지방경찰청장"을 "시·도경찰청장"으로, "다른 지방경찰청"을 "다른 시·도경찰청"으로 한다.

⑨부터 〈53〉까지 생략

제8조 생략

국가와 지방자치단체

안전, 주민, 경찰
자치경찰의 새로운 이해 자치경찰법령집

정부조직법
[시행 2021. 8. 9.] [법률 제18293호, 2021. 7. 8., 일부개정]

행정안전부(조직기획과) 044-205-2302

 제1장 ◆ **총칙**

제1조(목적) 이 법은 국가행정사무의 체계적이고 능률적인 수행을 위하여 국가행정기관의 설치·조직과 직무범위의 대강을 정함을 목적으로 한다.

제2조(중앙행정기관의 설치와 조직 등) ① 중앙행정기관의 설치와 직무범위는 법률로 정한다.

② 중앙행정기관은 이 법에 따라 설치된 부·처·청과 다음 각 호의 행정기관으로 하되, 중앙행정기관은 이 법 및 다음 각 호의 법률에 따르지 아니하고는 설치할 수 없다. 〈개정 2020. 6. 9., 2020. 8. 11.〉

1. 「방송통신위원회의 설치 및 운영에 관한 법률」 제3조에 따른 방송통신위원회
2. 「독점규제 및 공정거래에 관한 법률」 제35조에 따른 공정거래위원회
3. 「부패방지 및 국민권익위원회의 설치와 운영에 관한 법률」 제11조에 따른 국민권익위원회
4. 「금융위원회의 설치 등에 관한 법률」 제3조에 따른 금융위원회
5. 「개인정보 보호법」 제7조에 따른 개인정보 보호위원회
6. 「원자력안전위원회의 설치 및 운영에 관한 법률」 제3조에 따른 원자력안전위원회
7. 「신행정수도 후속대책을 위한 연기·공주지역 행정중심복합도시 건설을 위한 특별법」 제38조에 따른 행정중심복합도시건설청
8. 「새만금사업 추진 및 지원에 관한 특별법」 제34조에 따른 새만금개발청

③ 중앙행정기관의 보조기관은 이 법과 다른 법률에 특별한 규정이 있는 경우를 제외하고는 차관·차장·실장·국장 및 과장으로 한다. 다만, 실장·국장 및 과장의 명칭은 대통령령으로 정하는 바에 따라 본부장·단장·부장·팀장 등으로 달리 정할 수 있으며, 실장·국장 및 과장의 명칭을 달리 정한 보조기관은 이 법을 적용할 때 실장·국장 및 과장으로 본다.

④ 제3항에 따른 보조기관의 설치와 사무분장은 법률로 정한 것을 제외하고는 대통령령으로 정한다. 다만, 과의 설치와 사무분장은 총리령 또는 부령으로 정할 수 있다.

⑤ 행정각부에는 대통령령으로 정하는 특정 업무에 관하여 장관과 차관(제34조 제3항 및 제37조 제2항에 따라 행정안전부 및 산업통상자원부에 두는 본부장을 포함한다)을 직접 보좌하기 위하여 차관보를 둘 수 있으며, 중앙행정기관에는 그 기관의 장, 차관(제29조 제2항·제34조 제3항 및 제37조 제2항에 따라 과학기술정보통신부·행정안전부 및 산업통상자원부에 두는 본부장을 포함한다)·차장·실장·국장 밑에 정책의 기획, 계획의 입안, 연구·조사, 심사·평가 및 홍보 등을 통하여 그를 보좌하는 보좌기관을 대통령령으로 정하는 바에 따라 둘 수 있다. 다만, 과에 상당하는 보좌기관은 총리령 또는 부령으로 정할 수 있다. 〈개정 2017. 7. 26., 2020. 6. 9.〉

⑥ 중앙행정기관의 보조기관 및 보좌기관은 이 법과 다른 법률에 특별한 규정이 있는 경우를 제외하고는 일반직공무원·특정직공무원(경찰공무원 및 교육공무원만 해당한다) 또는 별정직공무원으로 보

(補)하되, 다음 각 호에 따른 중앙행정기관의 보조기관 및 보좌기관은 대통령령으로 정하는 바에 따라 다음 각 호의 구분에 따른 특정직공무원으로도 보할 수 있다. 다만, 별정직공무원으로 보하는 국장은 중앙행정기관마다 1명을 초과할 수 없다. 〈개정 2020. 6. 9.〉

1. 외교부: 외무공무원
2. 법무부: 검사
3. 국방부, 병무청 및 방위사업청: 현역군인
4. 행정안전부의 안전·재난 업무 담당: 소방공무원
5. 소방청: 소방공무원

⑦ 제6항에 따라 중앙행정기관의 보조기관 또는 보좌기관을 보하는 경우 차관보·실장·국장 및 이에 상당하는 보좌기관은 고위공무원단에 속하는 공무원 또는 이에 상당하는 특정직공무원으로 보하고, 과장 및 이에 상당하는 보좌기관의 계급은 대통령령으로 정하는 바에 따른다. 〈개정 2020. 6. 9.〉

⑧ 제6항 및 제7항에 따라 일반직공무원 또는 특정직공무원으로 보하는 직위 중 그 소관업무의 성질상 전문성이 특히 필요하다고 인정되는 경우 중앙행정기관별로 100분의 20 범위에서 대통령령으로 정하는 직위는 근무기간을 정하여 임용하는 공무원으로도 보할 수 있다. 〈개정 2013. 12. 24.〉

⑨ 중앙행정기관이 아닌 행정기관의 보조기관 및 보좌기관과 행정기관의 파견직위(파견된 공무원으로 보하는 직위를 말한다)에 보하는 공무원의 경우 실장·국장 및 이에 상당하는 보좌기관은 고위공무원단에 속하는 공무원 또는 이에 상당하는 특정직공무원으로 보하고, 과장 및 이에 상당하는 보좌기관의 계급은 대통령령으로 정하는 바에 따른다. 〈개정 2020. 6. 9.〉

⑩ 중앙행정기관과 중앙행정기관이 아닌 행정기관의 차관보·보조기관 및 보좌기관에 대하여는 각각 적정한 직급 또는 직무등급을 배정하여야 한다. 〈개정 2020. 6. 9.〉

제2조(중앙행정기관의 설치와 조직 등) ① 중앙행정기관의 설치와 직무범위는 법률로 정한다.

② 중앙행정기관은 이 법에 따라 설치된 부·처·청과 다음 각 호의 행정기관으로 하되, 중앙행정기관은 이 법 및 다음 각 호의 법률에 따르지 아니하고는 설치할 수 없다. 〈개정 2020. 6. 9., 2020. 8. 11., 2020. 12. 29.〉

1. 「방송통신위원회의 설치 및 운영에 관한 법률」 제3조에 따른 방송통신위원회
2. 「독점규제 및 공정거래에 관한 법률」 제54조에 따른 공정거래위원회
3. 「부패방지 및 국민권익위원회의 설치와 운영에 관한 법률」 제11조에 따른 국민권익위원회
4. 「금융위원회의 설치 등에 관한 법률」 제3조에 따른 금융위원회
5. 「개인정보 보호법」 제7조에 따른 개인정보 보호위원회
6. 「원자력안전위원회의 설치 및 운영에 관한 법률」 제3조에 따른 원자력안전위원회
7. 「신행정수도 후속대책을 위한 연기·공주지역 행정중심복합도시 건설을 위한 특별법」 제38조에 따른 행정중심복합도시건설청
8. 「새만금사업 추진 및 지원에 관한 특별법」 제34조에 따른 새만금개발청

③ 중앙행정기관의 보조기관은 이 법과 다른 법률에 특별한 규정이 있는 경우를 제외하고는 차관·차장·실장·국장 및 과장으로 한다. 다만, 실장·국장 및 과장의 명칭은 대통령령으로 정하는 바에 따라 본부장·단장·부장·팀장 등으로 달리 정할 수 있으며, 실장·국장 및 과장의 명칭을 달리 정한 보조기관은 이 법을 적용할 때 실장·국장 및 과장으로 본다.

④ 제3항에 따른 보조기관의 설치와 사무분장은 법률로 정한 것을 제외하고는 대통령령으로 정한다. 다만, 과의 설치와 사무분장은 총리령 또는 부령으로 정할 수 있다.

⑤ 행정각부에는 대통령령으로 정하는 특정 업무에 관하여 장관과 차관(제34조 제3항 및 제37조 제2항에 따라 행정안전부 및 산업통상자원부에 두는 본부장을 포함한다)을 직접 보좌하기 위하여 차관보를 둘 수 있으며, 중앙행정기관에는 그 기관의 장, 차관(제29조 제2항·제34조 제3항 및 제37조 제2항에 따라 과학기술정보통신부·행정안전부 및 산업통상자원부에 두는 본부장을 포함한다)·차장·실장·국장 밑에 정책의 기획, 계획의 입안, 연구·조사, 심사·평가 및 홍보 등을 통하여 그를 보좌하는 보좌기관을 대통령령으로 정하는 바에 따라 둘 수 있다. 다만, 과에 상당하는 보좌기관은 총리령 또는 부령으로 정할 수 있다. 〈개정 2017. 7. 26., 2020. 6. 9.〉

⑥ 중앙행정기관의 보조기관 및 보좌기관은 이 법과 다른 법률에 특별한 규정이 있는 경우를 제외하고는 일반직공무원·특정직공무원(경찰공무원 및 교육공무원만 해당한다) 또는 별정직공무원으로 보(補)하되, 다음 각 호에 따른 중앙행정기관의 보조기관 및 보좌기관은 대통령령으로 정하는 바에 따라 다음 각 호의 구분에 따른 특정직공무원으로도 보할 수 있다. 다만, 별정직공무원으로 보하는 국장은 중앙행정기관마다 1명을 초과할 수 없다. 〈개정 2020. 6. 9.〉

  1. 외교부: 외무공무원

  2. 법무부: 검사

  3. 국방부, 병무청 및 방위사업청: 현역군인

  4. 행정안전부의 안전·재난 업무 담당: 소방공무원

  5. 소방청: 소방공무원

⑦ 제6항에 따라 중앙행정기관의 보조기관 또는 보좌기관을 보하는 경우 차관보·실장·국장 및 이에 상당하는 보좌기관은 고위공무원단에 속하는 공무원 또는 이에 상당하는 특정직공무원으로 보하고, 과장 및 이에 상당하는 보좌기관의 계급은 대통령령으로 정하는 바에 따른다. 〈개정 2020. 6. 9.〉

⑧ 제6항 및 제7항에 따라 일반직공무원 또는 특정직공무원으로 보하는 직위 중 그 소관업무의 성질상 전문성이 특히 필요하다고 인정되는 경우 중앙행정기관별로 100분의 20 범위에서 대통령령으로 정하는 직위는 근무기간을 정하여 임용하는 공무원으로도 보할 수 있다. 〈개정 2013. 12. 24.〉

⑨ 중앙행정기관이 아닌 행정기관의 보조기관 및 보좌기관과 행정기관의 파견직위(파견된 공무원으로 보하는 직위를 말한다)에 보하는 공무원의 경우 실장·국장 및 이에 상당하는 보좌기관은 고위공무원단에 속하는 공무원 또는 이에 상당하는 특정직공무원으로 보하고, 과장 및 이에 상당하는 보좌기관의 계급은 대통령령으로 정하는 바에 따른다. 〈개정 2020. 6. 9.〉

⑩ 중앙행정기관과 중앙행정기관이 아닌 행정기관의 차관보·보조기관 및 보좌기관에 대하여는 각각 적정한 직급 또는 직무등급을 배정하여야 한다. 〈개정 2020. 6. 9.〉

[시행일: 2021. 12. 30.] 제2조

제3조(특별지방행정기관의 설치) ① 중앙행정기관에는 소관사무를 수행하기 위하여 필요한 때에는 특히 법률로 정한 경우를 제외하고는 대통령령으로 정하는 바에 따라 지방행정기관을 둘 수 있다.

② 제1항의 지방행정기관은 업무의 관련성이나 지역적인 특수성에 따라 통합하여 수행함이 효율적이라고 인정되는 경우에는 대통령령으로 정하는 바에 따라 관련되는 다른 중앙행정기관의 소관사무를 통합하여 수행할 수 있다.

제4조(부속기관의 설치) 행정기관에는 그 소관사무의 범위에서 필요한 때에는 대통령령으로 정하는 바에 따라 시험연구기관·교육훈련기관·문화기관·의료기관·제조기관 및 자문기관 등을 둘 수 있다.

제5조(합의제행정기관의 설치) 행정기관에는 그 소관사무의 일부를 독립하여 수행할 필요가 있는 때에는 법률로 정하는 바에 따라 행정위원회 등 합의제행정기관을 둘 수 있다.

제6조(권한의 위임 또는 위탁) ① 행정기관은 법령으로 정하는 바에 따라 그 소관사무의 일부를 보조기 관 또는 하급행정기관에 위임하거나 다른 행정기관·지방자치단체 또는 그 기관에 위탁 또는 위임할 수 있다. 이 경우 위임 또는 위탁을 받은 기관은 특히 필요한 경우에는 법령으로 정하는 바에 따라 위 임 또는 위탁을 받은 사무의 일부를 보조기관 또는 하급행정기관에 재위임할 수 있다.

② 보조기관은 제1항에 따라 위임받은 사항에 대하여는 그 범위에서 행정기관으로서 그 사무를 수행 한다.

③ 행정기관은 법령으로 정하는 바에 따라 그 소관사무 중 조사·검사·검정·관리 업무 등 국민의 권리·의무와 직접 관계되지 아니하는 사무를 지방자치단체가 아닌 법인·단체 또는 그 기관이나 개인에게 위탁할 수 있다.

제7조(행정기관의 장의 직무권한) ① 각 행정기관의 장은 소관사무를 통할하고 소속공무원을 지휘·감독 한다.

② 차관(제29조 제2항·제34조 제3항 및 제37조 제2항에 따라 과학기술정보통신부·행정안전부 및 산 업통상자원부에 두는 본부장을 포함한다. 이하 이 조에서 같다) 또는 차장(국무조정실 차장을 포함한 다. 이하 이 조에서 같다)은 그 기관의 장을 보좌하여 소관사무를 처리하고 소속공무원을 지휘·감독 하며, 그 기관의 장이 사고로 직무를 수행할 수 없으면 그 직무를 대행한다. 다만, 차관 또는 차장이 2명 이상인 기관의 장이 사고로 직무를 수행할 수 없으면 대통령령으로 정하는 순서에 따라 그 직무를 대행한다. 〈개정 2014. 11. 19., 2017. 7. 26.〉

③ 각 행정기관의 보조기관은 그 기관의 장, 차관 또는 차장을 보좌하여 소관사무를 처리하고 소속공무 원을 지휘·감독한다.

④ 제1항과 제2항의 경우에 소속청에 대하여는 중요정책수립에 관하여 그 청의 장을 직접 지휘할 수 있다.

⑤ 부·처의 장은 그 소관사무의 효율적 추진을 위하여 필요한 경우에는 국무총리에게 소관사무와 관련 되는 다른 행정기관의 사무에 대한 조정을 요청할 수 있다.

제8조(공무원의 정원 등) ① 각 행정기관에 배치할 공무원의 종류와 정원, 고위공무원단에 속하는 공무 원으로 보하는 직위와 고위공무원단에 속하는 공무원의 정원, 공무원배치의 기준 및 절차 그 밖에 필 요한 사항은 대통령령으로 정한다. 다만, 각 행정기관에 배치하는 정무직공무원(대통령비서실 및 국 가안보실에 배치하는 정무직공무원은 제외한다)의 경우에는 법률로 정한다.

② 제1항의 경우 직무의 성질상 2개 이상의 행정기관의 정원을 통합하여 관리하는 것이 효율적이라고 인정되는 경우에는 그 정원을 통합하여 정할 수 있다.

제9조(예산조치와의 병행) 행정기관 또는 소속기관을 설치하거나 공무원의 정원을 증원할 때에는 반드시 예산상의 조치가 병행되어야 한다.

제10조(정부위원) 국무조정실의 실장 및 차장, 부·처·청의 처장·차관·청장·차장·실장·국장 및 차 관보와 제29조 제2항·제34조 제3항 및 제37조 제2항에 따라 과학기술정보통신부·행정안전부 및 산업통상자원부에 두는 본부장은 정부위원이 된다. 〈개정 2014. 11. 19., 2017. 7. 26.〉

제11조(대통령의 행정감독권) ① 대통령은 정부의 수반으로서 법령에 따라 모든 중앙행정기관의 장을 지휘·감독한다.

② 대통령은 국무총리와 중앙행정기관의 장의 명령이나 처분이 위법 또는 부당하다고 인정하면 이를 중지 또는 취소할 수 있다.

제12조(국무회의) ① 대통령은 국무회의 의장으로서 회의를 소집하고 이를 주재한다.

② 의장이 사고로 직무를 수행할 수 없는 경우에는 부의장인 국무총리가 그 직무를 대행하고, 의장과 부의장이 모두 사고로 직무를 수행할 수 없는 경우에는 기획재정부장관이 겸임하는 부총리, 교육부장관이 겸임하는 부총리 및 제26조 제1항에 규정된 순서에 따라 국무위원이 그 직무를 대행한다. 〈개정 2014. 11. 19.〉

③ 국무위원은 정무직으로 하며 의장에게 의안을 제출하고 국무회의의 소집을 요구할 수 있다.

④ 국무회의의 운영에 관하여 필요한 사항은 대통령령으로 정한다.

제13조(국무회의의 출석권 및 의안제출) ① 국무조정실장·국가보훈처장·인사혁신처장·법제처장·식품의약품안전처장 그 밖에 법률로 정하는 공무원은 필요한 경우 국무회의에 출석하여 발언할 수 있다. 〈개정 2014. 11. 19., 2017. 7. 26.〉

② 제1항에 규정된 공무원은 소관사무에 관하여 국무총리에게 의안의 제출을 건의할 수 있다.

제14조(대통령비서실) ① 대통령의 직무를 보좌하기 위하여 대통령비서실을 둔다.

② 대통령비서실에 실장 1명을 두되, 실장은 정무직으로 한다.

제15조(국가안보실) ① 국가안보에 관한 대통령의 직무를 보좌하기 위하여 국가안보실을 둔다.

② 국가안보실에 실장 1명을 두되, 실장은 정무직으로 한다.

제16조(대통령경호처) ① 대통령 등의 경호를 담당하기 위하여 대통령경호처를 둔다. 〈개정 2017. 7. 26.〉

② 대통령경호처에 처장 1명을 두되, 처장은 정무직으로 한다. 〈개정 2017. 7. 26.〉

③ 대통령경호처의 조직·직무범위 그 밖에 필요한 사항은 따로 법률로 정한다. 〈개정 2017. 7. 26.〉

[제목개정 2017. 7. 26.]

제17조(국가정보원) ① 국가안전보장에 관련되는 정보·보안 및 범죄수사에 관한 사무를 담당하기 위하여 대통령 소속으로 국가정보원을 둔다.

② 국가정보원의 조직·직무범위 그 밖에 필요한 사항은 따로 법률로 정한다.

제17조(국가정보원) ① 국가안전보장에 관련되는 정보 및 보안에 관한 사무를 담당하기 위하여 대통령 소속으로 국가정보원을 둔다. 〈개정 2020. 12. 15.〉

② 국가정보원의 조직·직무범위 그 밖에 필요한 사항은 따로 법률로 정한다.

[시행일: 2024. 1. 1.] 제17조

제3장   **국무총리**

제18조(국무총리의 행정감독권) ① 국무총리는 대통령의 명을 받아 각 중앙행정기관의 장을 지휘·감독한다.

② 국무총리는 중앙행정기관의 장의 명령이나 처분이 위법 또는 부당하다고 인정될 경우에는 대통령의 승인을 받아 이를 중지 또는 취소할 수 있다.

제19조(부총리) ① 국무총리가 특별히 위임하는 사무를 수행하기 위하여 부총리 2명을 둔다. 〈개정 2014. 11. 19.〉

② 부총리는 국무위원으로 보한다.

③ 부총리는 기획재정부장관과 교육부장관이 각각 겸임한다. 〈개정 2014. 11. 19.〉

④ 기획재정부장관은 경제정책에 관하여 국무총리의 명을 받아 관계 중앙행정기관을 총괄·조정한다. 〈신설 2014. 11. 19.〉

⑤ 교육부장관은 교육·사회 및 문화 정책에 관하여 국무총리의 명을 받아 관계 중앙행정기관을 총괄·조정한다. 〈신설 2014. 11. 19.〉

제20조(국무조정실) ① 각 중앙행정기관의 행정의 지휘·감독, 정책 조정 및 사회위험·갈등의 관리, 정부업무평가 및 규제개혁에 관하여 국무총리를 보좌하기 위하여 국무조정실을 둔다.

② 국무조정실에 실장 1명을 두되, 실장은 정무직으로 한다.

③ 국무조정실에 차장 2명을 두되, 차장은 정무직으로 한다.

제21조(국무총리비서실) ① 국무총리의 직무를 보좌하기 위하여 국무총리비서실을 둔다.

② 국무총리비서실에 실장 1명을 두되, 실장은 정무직으로 한다.

제22조(국무총리의 직무대행) 국무총리가 사고로 직무를 수행할 수 없는 경우에는 기획재정부장관이 겸임하는 부총리, 교육부장관이 겸임하는 부총리의 순으로 직무를 대행하고, 국무총리와 부총리가 모두 사고로 직무를 수행할 수 없는 경우에는 대통령의 지명이 있으면 그 지명을 받은 국무위원이, 지명이 없는 경우에는 제26조 제1항에 규정된 순서에 따른 국무위원이 그 직무를 대행한다. 〈개정 2014. 11. 19.〉

제22조의2(국가보훈처) ① 국가유공자 및 그 유족에 대한 보훈, 제대군인의 보상·보호 및 보훈선양에 관한 사무를 관장하기 위하여 국무총리 소속으로 국가보훈처를 둔다.

② 국가보훈처에 처장 1명과 차장 1명을 두되, 처장과 차장은 정무직으로 한다.

[전문개정 2017. 7. 26.]

제22조의3(인사혁신처) ① 공무원의 인사·윤리·복무 및 연금에 관한 사무를 관장하기 위하여 국무총리 소속으로 인사혁신처를 둔다.

② 인사혁신처에 처장 1명과 차장 1명을 두되, 처장은 정무직으로 하고, 차장은 고위공무원단에 속하는 일반직공무원으로 보한다.

[본조신설 2014. 11. 19.]

제23조(법제처) ① 국무회의에 상정될 법령안·조약안과 총리령안 및 부령안의 심사와 그 밖에 법제에 관한 사무를 전문적으로 관장하기 위하여 국무총리 소속으로 법제처를 둔다.

② 법제처에 처장 1명과 차장 1명을 두되, 처장은 정무직으로 하고, 차장은 고위공무원단에 속하는 일반직공무원으로 보한다. 〈개정 2013. 12. 24.〉

제24조 삭제 〈2017. 7. 26.〉

제25조(식품의약품안전처) ① 식품 및 의약품의 안전에 관한 사무를 관장하기 위하여 국무총리 소속으로 식품의약품안전처를 둔다.

② 식품의약품안전처에 처장 1명과 차장 1명을 두되, 처장은 정무직으로 하고, 차장은 고위공무원단에 속하는 일반직공무원으로 보한다. 〈개정 2013. 12. 24.〉

제26조(행정각부) ① 대통령의 통할하에 다음의 행정각부를 둔다. 〈개정 2014. 11. 19., 2017. 7. 26.〉

    1. 기획재정부

    2. 교육부

    3. 과학기술정보통신부

    4. 외교부

    5. 통일부

    6. 법무부

    7. 국방부

    8. 행정안전부

    9. 문화체육관광부

    10. 농림축산식품부

    11. 산업통상자원부

    12. 보건복지부

    13. 환경부

    14. 고용노동부

    15. 여성가족부

    16. 국토교통부

    17. 해양수산부

    18. 중소벤처기업부

② 행정각부에 장관 1명과 차관 1명을 두되, 장관은 국무위원으로 보하고, 차관은 정무직으로 한다. 다만, 기획재정부·과학기술정보통신부·외교부·문화체육관광부·산업통상자원부·보건복지부·국토교통부에는 차관 2명을 둔다. 〈개정 2014. 11. 19., 2017. 7. 26., 2020. 8. 11., 2021. 7. 8.〉

③ 장관은 소관사무에 관하여 지방행정의 장을 지휘·감독한다.

제27조(기획재정부) ① 기획재정부장관은 중장기 국가발전전략수립, 경제·재정정책의 수립·총괄·조정, 예산·기금의 편성·집행·성과관리, 화폐·외환·국고·정부회계·내국세제·관세·국제금융, 공공기관 관리, 경제협력·국유재산·민간투자 및 국가채무에 관한 사무를 관장한다.

② 기획재정부에 차관보 1명을 둘 수 있다.

③ 내국세의 부과·감면 및 징수에 관한 사무를 관장하기 위하여 기획재정부장관 소속으로 국세청을 둔다.

④ 국세청에 청장 1명과 차장 1명을 두되, 청장은 정무직으로 하고, 차장은 고위공무원단에 속하는 일반직공무원으로 보한다. 〈개정 2013. 12. 24.〉

⑤ 관세의 부과·감면 및 징수와 수출입물품의 통관 및 밀수출입단속에 관한 사무를 관장하기 위하여 기획재정부장관 소속으로 관세청을 둔다.

⑥ 관세청에 청장 1명과 차장 1명을 두되, 청장은 정무직으로 하고, 차장은 고위공무원단에 속하는 일반직공무원으로 보한다. 〈개정 2013. 12. 24.〉

⑦ 정부가 행하는 물자(군수품을 제외한다)의 구매·공급 및 관리에 관한 사무와 정부의 주요시설공사계약에 관한 사무를 관장하기 위하여 기획재정부장관 소속으로 조달청을 둔다.

⑧ 조달청에 청장 1명과 차장 1명을 두되, 청장은 정무직으로 하고, 차장은 고위공무원단에 속하는 일반직공무원으로 보한다. 〈개정 2013. 12. 24.〉

⑨ 통계의 기준설정과 인구조사 및 각종 통계에 관한 사무를 관장하기 위하여 기획재정부장관 소속으로 통계청을 둔다.

⑩ 통계청에 청장 1명과 차장 1명을 두되, 청장은 정무직으로 하고, 차장은 고위공무원단에 속하는 일반직공무원으로 보한다. 〈개정 2013. 12. 24.〉

제28조(교육부) ① 교육부장관은 인적자원개발정책, 학교교육 · 평생교육, 학술에 관한 사무를 관장한다.

② 교육부에 차관보 1명을 둘 수 있다.

[제29조에서 이동, 종전 제28조는 제29조로 이동 〈2014. 11. 19.〉]

제29조(과학기술정보통신부) ① 과학기술정보통신부장관은 과학기술정책의 수립 · 총괄 · 조정 · 평가, 과학기술의 연구개발 · 협력 · 진흥, 과학기술인력 양성, 원자력 연구 · 개발 · 생산 · 이용, 국가정보화 기획 · 정보보호 · 정보문화, 방송 · 통신의 융합 · 진흥 및 전파관리, 정보통신산업, 우편 · 우편환 및 우편대체에 관한 사무를 관장한다. 〈개정 2017. 7. 26.〉

② 과학기술정보통신부에 과학기술혁신사무를 담당하는 본부장 1명을 두되, 본부장은 정무직으로 한다. 〈신설 2017. 7. 26.〉

[제목개정 2017. 7. 26.]

[제28조에서 이동, 종전 제29조는 제28조로 이동 〈2014. 11. 19.〉]

제30조(외교부) ① 외교부장관은 외교, 경제외교 및 국제경제협력외교, 국제관계 업무에 관한 조정, 조약 기타 국제협정, 재외국민의 보호 · 지원, 재외동포정책의 수립, 국제정세의 조사 · 분석에 관한 사무를 관장한다.

② 외교부에 차관보 1명을 둘 수 있다.

제31조(통일부) 통일부장관은 통일 및 남북대화 · 교류 · 협력에 관한 정책의 수립, 통일교육, 그 밖에 통일에 관한 사무를 관장한다.

제32조(법무부) ① 법무부장관은 검찰 · 행형 · 인권옹호 · 출입국관리 그 밖에 법무에 관한 사무를 관장한다.

② 검사에 관한 사무를 관장하기 위하여 법무부장관 소속으로 검찰청을 둔다.

③ 검찰청의 조직 · 직무범위 그 밖에 필요한 사항은 따로 법률로 정한다.

제33조(국방부) ① 국방부장관은 국방에 관련된 군정 및 군령과 그 밖에 군사에 관한 사무를 관장한다.

② 국방부에 차관보 1명을 둘 수 있다.

③ 징집 · 소집 그 밖에 병무행정에 관한 사무를 관장하기 위하여 국방부장관 소속으로 병무청을 둔다.

④ 병무청에 청장 1명과 차장 1명을 두되, 청장은 정무직으로 하고, 차장은 고위공무원단에 속하는 일반직공무원으로 보한다. 〈개정 2013. 12. 24.〉

⑤ 방위력 개선사업, 군수물자 조달 및 방위산업 육성에 관한 사무를 관장하기 위하여 국방부장관 소속으로 방위사업청을 둔다.

⑥ 방위사업청에 청장 1명과 차장 1명을 두되, 청장은 정무직으로 하고, 차장은 고위공무원단에 속하는 일반직공무원으로 보한다. 〈개정 2013. 12. 24.〉

제34조(행정안전부) ① 행정안전부장관은 국무회의의 서무, 법령 및 조약의 공포, 정부조직과 정원, 상훈, 정부혁신, 행정능률, 전자정부, 정부청사의 관리, 지방자치제도, 지방자치단체의 사무지원 · 재정 · 세

제, 낙후지역 등 지원, 지방자치단체간 분쟁조정, 선거·국민투표의 지원, 안전 및 재난에 관한 정책의 수립·총괄·조정, 비상대비, 민방위 및 방재에 관한 사무를 관장한다. 〈개정 2014. 11. 19., 2017. 7. 26., 2020. 2. 4.〉

② 국가의 행정사무로서 다른 중앙행정기관의 소관에 속하지 아니하는 사무는 행정안전부장관이 이를 처리한다. 〈개정 2014. 11. 19., 2017. 7. 26.〉

③ 행정안전부에 재난안전관리사무를 담당하는 본부장 1명을 두되, 본부장은 정무직으로 한다. 〈신설 2017. 7. 26.〉

④ 행정안전부에 차관보 1명을 둘 수 있다. 〈개정 2014. 11. 19., 2017. 7. 26.〉

⑤ 치안에 관한 사무를 관장하기 위하여 행정안전부장관 소속으로 경찰청을 둔다. 〈개정 2014. 11. 19., 2017. 7. 26.〉

⑥ 경찰청의 조직·직무범위 그 밖에 필요한 사항은 따로 법률로 정한다. 〈개정 2017. 7. 26.〉

⑦ 소방에 관한 사무를 관장하기 위하여 행정안전부장관 소속으로 소방청을 둔다. 〈신설 2017. 7. 26.〉

⑧ 소방청에 청장 1명과 차장 1명을 두되, 청장 및 차장은 소방공무원으로 보한다. 〈신설 2017. 7. 26.〉
[제목개정 2017. 7. 26.]

제35조(문화체육관광부) ① 문화체육관광부장관은 문화·예술·영상·광고·출판·간행물·체육·관광, 국정에 대한 홍보 및 정부발표에 관한 사무를 관장한다.

② 문화체육관광부에 차관보 1명을 둘 수 있다.

③ 문화재에 관한 사무를 관장하기 위하여 문화체육관광부장관 소속으로 문화재청을 둔다.

④ 문화재청에 청장 1명과 차장 1명을 두되, 청장은 정무직으로 하고, 차장은 고위공무원단에 속하는 일반직공무원으로 보한다. 〈개정 2013. 12. 24.〉

제36조(농림축산식품부) ① 농림축산식품부장관은 농산·축산, 식량·농지·수리, 식품산업진흥, 농촌개발 및 농산물 유통에 관한 사무를 관장한다.

② 농림축산식품부에 차관보 1명을 둘 수 있다.

③ 농촌진흥에 관한 사무를 관장하기 위하여 농림축산식품부장관 소속으로 농촌진흥청을 둔다.

④ 농촌진흥청에 청장 1명과 차장 1명을 두되, 청장은 정무직으로 하고, 차장은 고위공무원단에 속하는 일반직공무원으로 보한다. 〈개정 2013. 12. 24.〉

⑤ 산림에 관한 사무를 관장하기 위하여 농림축산식품부장관 소속으로 산림청을 둔다.

⑥ 산림청에 청장 1명과 차장 1명을 두되, 청장은 정무직으로 하고, 차장은 고위공무원단에 속하는 일반직공무원으로 보한다. 〈개정 2013. 12. 24.〉

제37조(산업통상자원부) ① 산업통상자원부장관은 상업·무역·공업·통상, 통상교섭 및 통상교섭에 관한 총괄·조정, 외국인 투자, 중견기업, 산업기술 연구개발정책 및 에너지·지하자원에 관한 사무를 관장한다. 〈개정 2017. 7. 26.〉

② 산업통상자원부에 통상교섭사무를 담당하는 본부장 1명을 두되, 본부장은 정무직으로 한다. 〈개정 2017. 7. 26.〉

③ 산업통상자원부에 차관보 1명을 둘 수 있다. 〈개정 2017. 7. 26.〉

④ 특허·실용신안·디자인 및 상표에 관한 사무와 이에 대한 심사·심판사무를 관장하기 위하여 산업통상자원부장관 소속으로 특허청을 둔다. 〈개정 2017. 7. 26.〉

⑤ 특허청에 청장 1명과 차장 1명을 두되, 청장은 정무직으로 하고, 차장은 고위공무원단에 속하는 일반직공무원으로 보한다. 〈개정 2013. 12. 24., 2017. 7. 26.〉

제38조(보건복지부) ① 보건복지부장관은 생활보호 · 자활지원 · 사회보장 · 아동(영 · 유아 보육을 포함한다) · 노인 · 장애인 · 보건위생 · 의정(醫政) 및 약정(藥政)에 관한 사무를 관장한다.

② 방역 · 검역 등 감염병에 관한 사무 및 각종 질병에 관한 조사 · 시험 · 연구에 관한 사무를 관장하기 위하여 보건복지부장관 소속으로 질병관리청을 둔다.

③ 질병관리청에 청장 1명과 차장 1명을 두되, 청장은 정무직으로 하고, 차장은 고위공무원단에 속하는 일반직공무원으로 보한다.

[전문개정 2020. 8. 11.]

제39조(환경부) ① 환경부장관은 자연환경, 생활환경의 보전, 환경오염방지, 수자원의 보전 · 이용 및 개발에 관한 사무를 관장한다. 〈개정 2018. 6. 8.〉

② 기상에 관한 사무를 관장하기 위하여 환경부장관 소속으로 기상청을 둔다.

③ 기상청에 청장 1명과 차장 1명을 두되, 청장은 정무직으로 하고, 차장은 고위공무원단에 속하는 일반직공무원으로 보한다. 〈개정 2013. 12. 24.〉

제39조(환경부) ① 환경부장관은 자연환경, 생활환경의 보전, 환경오염방지, 수자원의 보전 · 이용 · 개발 및 하천에 관한 사무를 관장한다. 〈개정 2018. 6. 8., 2020. 12. 31.〉

② 기상에 관한 사무를 관장하기 위하여 환경부장관 소속으로 기상청을 둔다.

③ 기상청에 청장 1명과 차장 1명을 두되, 청장은 정무직으로 하고, 차장은 고위공무원단에 속하는 일반직공무원으로 보한다. 〈개정 2013. 12. 24.〉

[시행일: 2022. 1. 1.] 제39조

제40조(고용노동부) 고용노동부장관은 고용정책의 총괄, 고용보험, 직업능력개발훈련, 근로조건의 기준, 근로자의 복지후생, 노사관계의 조정, 산업안전보건, 산업재해보상보험과 그 밖에 고용과 노동에 관한 사무를 관장한다.

제41조(여성가족부) 여성가족부장관은 여성정책의 기획 · 종합, 여성의 권익증진 등 지위향상, 청소년 및 가족(다문화가족과 건강가정사업을 위한 아동업무를 포함한다)에 관한 사무를 관장한다.

제42조(국토교통부) ① 국토교통부장관은 국토종합계획의 수립 · 조정, 국토의 보전 · 이용 및 개발, 도시 · 도로 및 주택의 건설, 해안 · 하천 및 간척, 육운 · 철도 및 항공에 관한 사무를 관장한다. 〈개정 2018. 6. 8.〉

② 국토교통부에 차관보 1명을 둘 수 있다.

제42조(국토교통부) ① 국토교통부장관은 국토종합계획의 수립 · 조정, 국토의 보전 · 이용 및 개발, 도시 · 도로 및 주택의 건설, 해안 및 간척, 육운 · 철도 및 항공에 관한 사무를 관장한다. 〈개정 2018. 6. 8., 2020. 12. 31.〉

② 국토교통부에 차관보 1명을 둘 수 있다.

[시행일: 2022. 1. 1.] 제42조

제43조(해양수산부) ① 해양수산부장관은 해양정책, 수산, 어촌개발 및 수산물 유통, 해운 · 항만, 해양환경, 해양조사, 해양수산자원개발, 해양과학기술연구 · 개발 및 해양안전심판에 관한 사무를 관장한다. 〈개정 2017. 4. 18.〉

② 해양에서의 경찰 및 오염방제에 관한 사무를 관장하기 위하여 해양수산부장관 소속으로 해양경찰청을 둔다. 〈신설 2017. 7. 26.〉

③ 해양경찰청에 청장 1명과 차장 1명을 두되, 청장 및 차장은 경찰공무원으로 보한다. 〈신설 2017. 7. 26.〉

제44조(중소벤처기업부) 중소벤처기업부장관은 중소기업 정책의 기획·종합, 중소기업의 보호·육성, 창업·벤처기업의 지원, 대·중소기업 간 협력 및 소상공인에 대한 보호·지원에 관한 사무를 관장한다.
[본조신설 2017. 7. 26.]

부칙 〈제18293호, 2021. 7. 8.〉

제1조(시행일) 이 법은 공포 후 1개월이 경과한 날부터 시행한다.

제2조(다른 법률의 개정) ① 기업 활력 제고를 위한 특별법 일부를 다음과 같이 개정한다.

제6조 제5항 각 호 외의 부분 중 "산업통상자원부차관"을 "산업통상자원부차관 중 산업통상자원부장관이 지명하는 차관"으로 한다.

② 수소경제 육성 및 수소 안전관리에 관한 법률 일부를 다음과 같이 개정한다.

제6조 제5항 중 "산업통상자원부차관"을 "산업통상자원부차관 중 산업통상자원부장관이 지명하는 차관"으로 한다.

③ 항공우주산업개발 촉진법 일부를 다음과 같이 개정한다.

제16조 제4항 중 "산업통상자원부차관"을 "산업통상자원부차관 중 산업통상자원부장관이 지명하는 차관"으로 한다.

행정기관의 조직과 정원에 관한 통칙

[시행 2021. 9. 10.] [대통령령 제31961호, 2021. 8. 31., 타법개정]

행정안전부(조직기획과) 044-205-2311

제1장 총칙

제1조(목적) 이 영은 「정부조직법」과 다른 법령에 의하여 설치되는 국가행정기관의 조직 및 정원의 합리적인 책정과 관리를 위한 기준을 정함으로써 능률적인 행정조직의 운영을 기함을 목적으로 한다. 〈개정 1994. 1. 17., 2005. 3. 24., 2009. 4. 6.〉

제2조(정의) 이 영에서 사용되는 용어의 정의는 다음과 같다.

1. "중앙행정기관" 이라 함은 국가의 행정사무를 담당하기 위하여 설치된 행정기관으로서 그 관할권의 범위가 전국에 미치는 행정기관을 말한다. 다만, 그 관할권의 범위가 전국에 미치더라도 다른 행정기관에 부속하여 이를 지원하는 행정기관은 제외한다.

2. "특별지방행정기관"이라 함은 특정한 중앙행정기관에 소속되어, 당해 관할구역내에서 시행되는 소속 중앙행정기관의 권한에 속하는 행정사무를 관장하는 국가의 지방행정기관을 말한다.

3. "부속기관"이라 함은 행정권의 직접적인 행사를 임무로 하는 기관에 부속하여 그 기관을 지원하는 행정기관을 말한다.

4. "자문기관"이라 함은 부속기관중 행정기관의 자문에 응하여 행정기관에 전문적인 의견을 제공하거나, 자문을 구하는 사항에 관하여 심의·조정·협의하는 등 행정기관의 의사결정에 도움을 주는 행정기관을 말한다.

5. "소속기관"이라 함은 중앙행정기관에 소속된 기관으로서, 특별지방행정기관과 부속기관을 말한다.

6. "보조기관"이라 함은 행정기관의 의사 또는 판단의 결정이나 표시를 보조함으로써 행정기관의 목적달성에 공헌하는 기관을 말한다.

7. "보좌기관"이라 함은 행정기관이 그 기능을 원활하게 수행할 수 있도록 그 기관장이나 보조기관을 보좌함으로써 행정기관의 목적달성에 공헌하는 기관을 말한다.

8. "하부조직"이라 함은 행정기관의 보조기관과 보좌기관을 말한다.

제3조(조직과 정원의 관리목표) ① 행정기관의 조직과 정원은 그 업무의 성질과 양에 따라 업무수행을 위한 적정규모가 유지되도록 하여야 한다.

② 행정기관의 조직은 다른 행정기관의 조직과 기능상의 중복이 없어야 하며, 종합적이고 체계적으로 편성되어야 한다.

③ 행정기관의 기능과 업무량이 변경될 경우에는 그에 따라 행정기관의 조직과 정원도 조정되어야 한다.

제4조(직제 등) ① 행정기관의 조직과 정원을 규정하는 대통령령은 특별한 사유가 없는 한 「정부조직법」(이하 "법"이라 한다) 제2조 제2항의 규정에 의한 중앙행정기관 단위로 정하고, 그 명칭을 "○○직제"로 한다. 〈개정 1990. 12. 31., 2009. 4. 6.〉

② 행정기관의 조직과 정원을 규정하는 대통령령(이하 "직제 등"이라 한다)에는 다음 사항이 포함되어야 한다. 다만, 제5호의2의 경우에는 제4조의2제2항 제4호 및 제5호의 사항을 훈령·예규 및 그 밖의 방법으로 표시할 수 있다. 〈개정 1998. 2. 28., 2005. 3. 24., 2006. 6. 15., 2014. 3. 11., 2020. 4. 14.〉

1. 행정기관의 설치와 그 소관업무

2. 하부조직과 그 분장업무

3. 삭제 〈1990 · 12 · 31〉

4. 직위에 부여되는 계급(고위공무원단에 속하는 공무원으로 임용되는 직위의 경우에는 공무원의 종류)

5. 공무원의 종류별·계급별 정원(고위공무원단에 속하는 공무원의 경우에는 공무원의 종류별 정원)

5의2. 직제시행규칙을 두지 아니하는 경우에는 제4조의2제2항 각호의 사항

6. 기타 행정기관의 운영에 관하여 필요한 사항

제4조의2(직제시행규칙) ① 법 제2조 제4항 단서 및 제5항 단서의 규정에 의한 과 또는 이에 상당하는 보좌기관의 설치와 사무분장을 정하는 총리령 또는 부령의 명칭은 특별한 사유가 없는 한 ○○직제시행규칙(이하 "직제시행규칙"이라 한다)으로 한다. 〈개정 2005. 3. 24., 2013. 3. 23.〉

② 직제시행규칙을 두는 경우에는 다음 사항이 포함되어야 한다. 〈개정 2004. 6. 11., 2005. 3. 24., 2006. 6. 15., 2008. 2. 29., 2013. 3. 23., 2014. 3. 11., 2014. 11. 19., 2017. 7. 26., 2020. 4. 14.〉

1. 법 제2조 제4항 단서에 따른 과의 설치와 그 분장업무

2. 법 제2조 제5항 본문에 따른 실장·국장을 보좌하는 보좌기관의 명칭과 그 소관업무

3. 법 제2조 제5항 단서에 따른 과에 상당하는 보좌기관의 설치와 그 소관업무

4. 직위에 부여되는 직급[고위공무원단에 속하는 공무원으로 임용되는 직위의 경우에는 직무등급(「국가공무원법」 제23조에 따라 인사혁신처장이 행정안전부장관과 협의하여 배정하는 직무등급을 말한다. 이하 "직무등급"이라 한다)] 및 공무원의 종류

5. 공무원의 종류별·직급별 정원(고위공무원단에 속하는 공무원의 경우에는 공무원의 종류별 정원)

6. 특별지방행정기관의 관할구역등에 관한 사항

7. 개방형직위의 지정

8. 기타 직제등에서 위임한 하부조직 및 소속기관의 설치와 그 운영에 관하여 필요한 사항

[본조신설 1998. 2. 28.]

제5조(기능의 배분과 정원의 배정) ① 행정기관의 업무중 기획·조정 또는 통제기능에 속하는 업무와 전국적으로 통일을 요하는 집행업무는 중앙행정기관에, 기타의 집행업무는 지방행정기관에 배분한다.

② 행정기관에는 그 업무의 성질과 양에 따라 적정한 종류와 규모의 공무원의 정원을 배정하되, 담당업무의 성질상 특별한 경우를 제외하고는 중앙행정기관에는 5급 이상 또는 고위공무원단에 속하는 공무원과 이를 보조하는 최소한의 6·7급 공무원을, 지방행정기관에는 최소한의 5급 이상 또는 고위공무원단에 속하는 공무원과 사무를 직접 담당하는 6급이하의 공무원을 배정한다. 〈개정 2006. 6. 15.〉

③ 행정기관의 장은 당초 정원을 배정한 취지 및 목적에 따라 지체 없이 공무원을 배치해야 한다. 〈신설 2019. 4. 16.〉

④ 중앙행정기관의 장은 새로운 업무의 발생, 업무량의 증감 등에 효율적으로 대처하기 위하여 일시적

으로 각 차관 및 실장·국장·과장이 담당하는 사무의 일부를 조정하여 수행하게 하거나 소속 공무원이 수행하게 할 수 있다. 〈개정 2019. 4. 16.〉

제6조(행정기관의 설치) 행정기관을 설치하고자 하는 경우에는 다음 각호의 요건을 갖추어야 한다.

    1. 업무의 독자성과 계속성이 있을 것

    2. 기존행정기관의 업무와 중복되지 아니할 것

    3. 업무의 성질과 양으로 보아 기존행정기관의 기구개편 등으로 그 업무를 수행할 수 없을 만한 타당성이 있을 것

제7조 삭제 〈1990 · 12 · 31〉

제8조(조직관리지침의 통보와 직제등의 제정 또는 개정) ① 행정안전부장관은 매년 3월말일까지 당해 연도의 정부행정조직의 관리·운영방침과 다음 연도의 기구개편안 및 소요정원안의 작성에 필요한 기준을 정한 정부조직관리지침을 수립하여 국무총리의 승인을 얻어 중앙행정기관의 장에게 통보하여야 한다. 〈개정 1994. 1. 17., 1998. 2. 28., 2005. 3. 24., 2008. 2. 29., 2013. 3. 23., 2014. 11. 19., 2017. 7. 26.〉

② 중앙행정기관의 장은 당해 기관과 그 소속기관의 기구와 정원을 조정할 필요가 있다고 인정할 때에는 제1항의 정부조직관리지침에 따라 다음 연도의 기구개편안과 소요정원안을 작성하여 당해연도 4월말일까지 행정안전부장관에게 제출하여야 하며, 행정안전부장관은 이를 검토하여 다음 연도의 기관별 소요기구와 정원을 책정하여야 한다. 〈개정 1998 · 2 · 28, 2008. 2. 29., 2013. 3. 23., 2014. 11. 19., 2017. 3. 8., 2017. 7. 26.〉

③ 제2항의 규정에 의하여 책정된 소요기구와 정원에 관한 직제 등의 제정 또는 개정에 필요한 조치는 다음 연도중에 그 소요시기에 따라 행한다. 다만, 다음연도 1월중에 시행하여야 할 기구와 정원의 경우에는 당해연도에 이를 행할 수 있다.

④ 중앙행정기관의 장은 당해연도중에 긴급히 기구와 정원을 조정할 필요가 있다고 인정할 때에는 제1항의 정부조직관리지침에서 정한 바에 따라 기구개편안과 소요정원안을 행정안전부장관에게 제출할 수 있다. 〈개정 1994 · 1 · 17, 1995 · 4 · 12, 1998 · 2 · 28, 2008. 2. 29., 2013. 3. 23., 2014. 11. 19., 2017. 7. 26.〉

⑤ 관계 중앙행정기관의 장은 국가적 현안 또는 사회문제 해결 등을 위하여 상호 관련성이 있는 중앙행정기관의 기구와 정원을 공동으로 조정할 필요가 있다고 인정될 때에는 다음 각 호의 사항을 고려하여 제1항의 정부조직관리지침에서 정하는 바에 따라 제2항 또는 제4항에 따른 기구개편안과 소요정원안을 공동으로 마련하여 행정안전부장관에게 제출할 수 있다. 〈신설 2017. 3. 8., 2017. 7. 26.〉

    1. 관계 중앙행정기관의 관련 업무 수행 조직 및 정원의 규모와 기능

    2. 지방자치단체 및 법인·단체 등과의 업무 연계 및 협력·지원 방안

⑥ 직제등을 제정하거나 개정되는 직제등이 다수 중앙행정기관과 관련되는 등 소관 중앙행정기관이 분명하지 아니한 경우에는 행정안전부장관은 제2항 및 제4항의 규정에 의한 중앙행정기관의 장의 기구개편안과 소요정원안의 제출절차 없이 직제등의 제정 또는 개정에 필요한 조치를 할 수 있다. 〈개정 1994 · 1 · 17, 1998 · 2 · 28, 2008. 2. 29., 2013. 3. 23., 2014. 11. 19., 2017. 3. 8., 2017. 7. 26.〉

⑦ 직제 등은 특별한 사유가 없는 한 연1회를 초과하여 개정할 수 없다. 〈개정 2017. 3. 8.〉

제8조의2(직제시행규칙의 제정 또는 개정) ① 중앙행정기관의 장은 필요한 경우 직제등에 규정된 당해 기관과 그 소속기관의 기능과 계급별 및 고위공무원단에 속하는 공무원의 정원의 범위안에서 제4조의2의 규정에 의하여 직제시행규칙을 제정 또는 개정할 수 있다. 다만, 국무총리 또는 행정각부에 소속하는 중앙행정기관의 장은 국무총리 또는 소속장관에게 직제시행규칙의 제정 또는 개정을 요청할 수

있다. 〈개정 2006. 6. 15.〉

② 중앙행정기관의 장은 제1항의 규정에 의하여 직제시행규칙이 제정 또는 개정된 때에는 이를 지체없이 행정안전부장관에게 통보하여야 한다. 이 경우 행정안전부장관은 이에 대한 의견을 제시할 수 있다. 〈개정 2008. 2. 29., 2013. 3. 23., 2014. 11. 19., 2017. 7. 26.〉

[본조신설 1998 · 2 · 28]

제9조(직제 등의 개정에 따른 예산조치) ① 행정안전부장관은 제8조 제2항의 규정에 의한 다음 연도의 기관별 소요기구와 정원의 책정결과를 당해연도 6월 말일까지 기획재정부장관에게 통보하여야 하며, 기획재정부장관은 통보된 정원의 범위안에서 다음연도의 인건비예산을 편성하여야 한다. 〈개정 1994 · 12 · 23, 1998 · 2 · 28, 1999. 5. 24., 2008. 2. 29., 2013. 3. 23., 2014. 11. 19., 2017. 7. 26.〉

② 제1항의 규정에 의하여 소요예산이 예산에 계상된 경우에는 직제 등의 제정 또는 개정에 필요한 조치에 앞서 기획재정부장관과 따로 예산협의를 하지 아니한다. 〈개정 1994 · 12 · 23, 1998 · 2 · 28, 1999. 5. 24., 2008. 2. 29.〉

제9조의2 삭제 〈1998 · 2 · 28〉

제10조(직제 등의 개정요구 등) 중앙행정기관의 장은 해당 기관과 그 소속기관의 기구의 개편과 정원의 조정을 위하여 직제 등을 제정 또는 개정하려는 경우에는 다음 각 호의 서류를 행정안전부장관에게 제출해야 한다.

1. 직제 등의 안
2. 직제 등 개정요구서
3. 기관 일반현황 및 하부조직별 정원과 그 현황
4. 재배치 추진계획

[전문개정 2020. 4. 14.]

제10조의2(정부조직관리정보시스템의 구축·활용 등) ① 행정안전부장관은 정부의 효율적인 조직관리를 위하여 정부조직통계, 정부기구도, 정부조직관리지침 및 그 밖에 조직 관련 제도 등에 관한 정보(이하 이 조에서 "정부조직관리정보"라 한다)를 전자적으로 처리할 수 있는 시스템(이하 이 조에서 "정부조직관리정보시스템"이라 한다)을 구축하여야 한다. 〈개정 2017. 7. 26.〉

② 행정안전부장관은 정부조직관리정보시스템의 원활한 구축 및 운영을 위하여 필요하면 중앙행정기관에 필요한 자료의 제공 또는 관련 시스템의 연계를 요청할 수 있다. 이 경우 자료의·제공이나 시스템의 연계를 요청받은 자는 특별한 사유가 없으면 그 요청에 따라야 한다. 〈개정 2018. 3. 30.〉

③ 행정안전부장관은 정부조직관리정보가 변경된 경우에는 지체 없이 이를 정부조직관리정보시스템에 반영하는 등 정부조직관리정보시스템과 정부조직관리정보가 원활하게 이용될 수 있도록 필요한 조치를 마련하여야 한다. 〈신설 2018. 3. 30.〉

[본조신설 2016. 4. 5.]

제11조(차관보) ① 차관보는 직제에서 정하는 특정 업무에 관하여 전문적 지식과 경험을 활용하여 정책의 입안·기획·조사·연구 등을 통하여 장관과 차관을 직접 보좌한다. 〈개정 2021. 3. 9.〉

② 차관보 밑에는 하부조직을 둘 수 없다.

제12조(보좌기관의 설치) ① 법 제2조 제5항의 규정에 의한 보좌기관은 전문적 지식을 활용하여 정책의 기획, 계획의 입안, 연구·조사, 심사·평가 및 홍보와 행정개선 등에 관하여 행정기관의 장이나 그 보조기관을 보좌한다. 〈개정 1995. 4. 12., 2005. 3. 24.〉

② 법 제2조 제5항의 규정에 의한 보좌기관의 명칭은 정책관·기획관·담당관 등으로 정할 수 있으며, 업무수행에 필요한 최소한의 하부조직을 둘 수 있다. 〈개정 2005. 3. 24., 2013. 3. 23.〉

③ 법 제2조 제5항 단서의 규정에 의한 보좌기관의 상한 및 설치기준은 각 중앙행정기관의 계급별 정원, 직무의 특수성 등을 고려하여 행정안전부장관이 정한다. 〈신설 2005. 3. 24., 2008. 2. 29., 2013. 3. 23., 2014. 11. 19., 2017. 7. 26.〉

④ 법 제2조 제7항 및 제9항에 따라 과장에 상당하는 보좌기관은 3급 또는 4급 공무원(이에 상당하는 공무원을 포함한다)으로 보한다. 〈개정 2021. 3. 9.〉

제13조(기획조정실장과 기획조정관의 설치) 중앙행정기관에는 해당 기관의 업무 전반에 대한 종합적인 기획·조정과 기획재정·행정관리·규제개혁법무 및 정보화 등에 관하여 그 기관의 장과 차관 또는 차장을 보좌하기 위하여 기획조정실장 또는 기획조정관을 둘 수 있다.

[본조신설 2013. 3. 23.]

제14조(보조기관의 설치) ① 중앙행정기관에 국을 두는 경우에는 다음의 요건을 갖추어야 한다. 다만, 실(기획조정실은 제외한다)을 두는 경우에는 다음의 요건을 갖추되, 국으로서는 그 목적달성이 곤란하다고 인정되는 특별한 사유가 있는 경우에 둘 수 있다. 〈개정 2013. 3. 23., 2021. 1. 5.〉

　　1. 중앙행정기관의 소관업무를 업무의 성질이나 양에 따라 여러 개로 분담하여 수행할 필요가 있을 것

　　2. 업무의 한계가 분명하고 업무의 독자성과 계속성이 있을 것

② 실 또는 국 밑에는 소관업무를 업무의 양이나 성질에 따라 여러 개로 분담하여 수행할 필요가 있는 경우에 보조기관을 둘 수 있다. 〈개정 2013. 3. 23., 2021. 1. 5.〉

③ 법 제2조 제3항 단서에 따라 실장·국장 및 과장의 명칭은 본부장·단장·부장 및 팀장 등으로 달리 정할 수 있으며, 법 제2조 제7항 및 제9항에 따라 과장은 3급 또는 4급 공무원(이에 상당하는 공무원을 포함한다)으로 보한다. 〈개정 2013. 3. 23., 2014. 3. 11., 2021. 3. 9.〉

④ 법 제2조 제4항 단서에 따른 과의 상한 및 설치기준은 각 중앙행정기관의 계급별 정원, 직무의 특수성 등을 고려하여 행정안전부장관이 정한다. 〈개정 2013. 3. 23., 2014. 11. 19., 2017. 7. 26.〉

⑤ 제2항에 따라 보조기관을 두는 경우 실 밑에는 국 또는 과, 국 밑에는 과를 둘 수 있다. 이 경우 실 밑에 두는 국에는 국장을 보좌하는 보좌기관을 둘 수 없다. 〈신설 2013. 3. 23.〉

[전문개정 2005. 3. 24.]

제15조 삭제 〈2005. 3. 24.〉

제16조 삭제 〈2005. 3. 24.〉

제17조 삭제 〈2005. 3. 24.〉

제17조의2 삭제 〈2005. 3. 24.〉

제17조의3(한시적 보조기관 등의 설치) ① 다음 각 호의 어느 하나에 해당하는 경우에는 중앙행정기관과 그 소속기관에 한시적 보조기관 또는 보좌기관(이하 "한시조직"이라 한다)을 설치·운영할 수 있다. 〈개정 2014. 3. 11., 2015. 5. 26., 2017. 7. 26.〉

　　1. 한시적으로 발생하는 행정수요에 대처하기 위하여 필요한 경우

　　2. 기존의 보조기관과 보좌기관으로는 그 목적을 달성하기 곤란한 중요한 업무가 발생한 경우

　　3. 삭제 〈2018. 3. 30.〉

② 한시조직은 그 존속기간을 3년 이내로 하되, 행정안전부장관과 협의하여 존속기간을 총 2년의 범위에서 연장할 수 있다. 다만, 국가적 중요사업의 수행 등을 위하여 필요한 경우에는 행정안전부장관과 협의하여 총 2년을 초과하여 해당 사업의 수행 등을 위하여 필요한 기간까지 존속기간을 연장할 수 있다. 〈개정 2018. 3. 30.〉

③ 한시조직은 그 존속기간이 경과한 때에는 자동적으로 폐지된다. 〈개정 2011. 7. 4.〉

④ 중앙행정기관의 장이 한시조직을 설치하고자 하는 때에는 제10조의 규정에 의한 관련서류를 갖추어 행정안전부장관에게 제출하여야 하며, 행정안전부장관은 한시조직의 타당성 여부를 검토하여 그 결과를 통보하고 직제 등에 반영하는 등 필요한 조치를 취하여야 한다. 〈개정 2008. 2. 29., 2013. 3. 23., 2014. 11. 19., 2017. 7. 26.〉

[본조신설 2004. 6. 11.]

제17조의4 삭제 〈2018. 3. 30.〉

제18조(특별지방행정기관과 그 하부조직의 설치) ① 특별지방행정기관은 중앙행정기관의 업무를 지역적으로 분담하여 수행할 필요가 있고, 당해 업무의 전문성과 특수성으로 인하여 지방자치단체 또는 그 기관에 위임하여 처리하는 것이 적합하지 아니한 경우에 이를 둘 수 있다.

② 제1항에 따라 특별지방행정기관을 두는 경우에는 지역적인 특수성, 행정수요, 다른 기관과의 관계 및 적정한 관할구역 등을 고려해야 한다. 〈개정 2021. 1. 5.〉

③ 중앙행정기관의 지시를 받아 일선행정기관을 지휘·감독함을 주된 기능으로 하는 중간 감독기관인 특별지방행정기관은 특별한 경우를 제외하고는 이를 둘 수 없다.

④ 특별지방행정기관의 장의 직급은 그 기관의 규모와 소관 업무의 성질 등에 비추어 적정하게 배정하고, 직무등급은 직무의 곤란성 및 책임도를 고려하여 인사혁신처장이 행정안전부장관과 협의하여 배정하며, 기관장과의 근무교대제의 운영이 필요한 기관의 경우를 제외하고는 부기관장을 둘 수 없다. 〈개정 2006. 6. 15., 2008. 2. 29., 2013. 3. 23., 2014. 11. 19., 2017. 7. 26.〉

⑤ 특별지방행정기관의 하부조직의 설치에 관하여는 제12조 및 제14조의 규정을 각각 준용한다. 〈개정 2005. 3. 24.〉

제19조(부속기관과 그 하부조직의 설치) ① 법 제4조의 규정에 의하여 행정기관에 그 기관에 부속하여 이를 지원하는 부속기관을 둘 수 있다. 〈개정 2005. 3. 24.〉

② 부속기관의 장의 직급은 그 기관의 규모와 소관 업무의 성질 등에 비추어 적정하게 배정하고, 직무등급은 직무의 곤란성 및 책임도를 고려하여 인사혁신처장이 행정안전부장관과 협의하여 배정하며, 기관장과의 근무교대제의 운영이 필요한 기관의 경우를 제외하고는 부기관장을 둘 수 없다. 〈개정 2006. 6. 15., 2008. 2. 29., 2013. 3. 23., 2014. 11. 19., 2017. 7. 26.〉

③ 자문기관을 제외한 부속기관의 하부조직의 설치에 관하여는 제12조 및 제14조의 규정을 각각 준용한다. 다만, 부속기관 중 시험연구기관 및 의료기관의 하부조직의 설치기준은 그 특수성을 고려하여

행정안전부장관이 따로 정할 수 있다. 〈개정 2005. 3. 24., 2013. 3. 23., 2014. 11. 19., 2017. 7. 26.〉

제20조(자문기관의 설치) 제19조 제1항에 따라 행정기관의 부속기관으로 위원회 또는 심의회 등 자문기관을 두는 경우에는 「행정기관 소속 위원회의 설치·운영에 관한 법률」 및 같은 법 시행령에서 정하는 바에 따른다.

[전문개정 2009. 3. 31.]

제21조(합의제행정기관의 설치) 법 제5조의 규정에 의하여 행정기관에 그 소관사무의 일부를 독립하여 수행할 필요가 있을 때에는 법률이 정하는 바에 의하여 행정기능과 아울러 규칙을 제정할 수 있는 준입법적 기능 및 이의의 결정 등 재결을 행할 수 있는 준사법적 기능을 가지는 행정위원회 등 합의제 행정기관을 둘 수 있다. 〈개정 1998. 2. 28., 2005. 3. 24.〉

제22조 삭제 〈1998·2·28〉

제3장　정원관리

제23조(정원의 배정) ① 공무원의 정원은 계급별·직급별 또는 고위공무원단에 속하는 공무원의 경우에는 공무원의 종류별로 배정하되, 다음 각 호의 기준에 따른다. 〈개정 2005. 3. 24., 2006. 6. 15., 2013. 12. 11., 2019. 4. 16.〉

　　1. 정원의 배정은 행정기관의 업무의 양 및 성질에 따라 정하고, 직급 또는 고위공무원단에 속하는 공무원으로 보하는 직위에 해당하는지의 여부는 업무의 성질·난이도·책임도 및 다른 행정기관과의 균형 등을 고려하여 정한다. 이 경우 행정안전부장관은 업무의 성질·난이도·책임도 등에 관한 구체적인 기준을 따로 정할 수 있다.

　　2. 1개의 직위에는 1개의 직급 또는 직무등급을 부여한다. 다만, 업무의 성격이 특수하거나 1개의 직위에 2개이상의 이질적인 업무가 복합되어 있는 경우에 한하여 복수직급으로 할 수 있다.

　　3. 1개의 직위에 대하여는 일반직과 별정직(「별정직공무원 인사규정」의 적용을 받는 별정직에 한정한다)의 복수직을 부여할 수 없다. 다만, 실장·국장의 직위 또는 비서에 관한 직위에는 그러하지 아니하다.

② 제1항의 규정에 의하여 직급별 정원을 배정하는 경우에는 행정의 전문성을 제고하기 위하여 동일계급내 행정직렬의 비율이 하향조정되도록 노력하여야 한다. 〈신설 1998·2·28〉

제23조의2(복수직급 공무원) ① 중앙행정기관과 그 소속기관의 정책수립 기능을 강화하고 효율적인 인력 운영을 도모하기 위하여 중앙행정기관(합의제행정기관을 포함한다)과 그 소속기관에 다음 각 호의 구분에 따른 복수직급 공무원을 둘 수 있다. 〈개정 2013. 3. 23., 2014. 3. 11.〉

　　1. 법 제2조 제3항에 따른 실장·국장 또는 이에 상당하는 보좌기관 밑에 두는 4급공무원을 대체하는 3급공무원. 이 경우 해당 3급공무원 밑에는 4급공무원으로 보하는 보조기관 또는 보좌기관을 둘 수 없다.

　　2. 법 제2조 제3항에 따른 과장 또는 이에 상당하는 보좌기관 밑에 두는 5급공무원을 대체하는 4급공무원. 이 경우 해당 4급공무원 밑에는 5급공무원으로 보하는 보조기관 또는 보좌기관을 둘 수 없다.

　　3. 특별지방행정기관의 장 또는 부속기관의 장인 4급 공무원을 대체하는 3급 공무원. 이 경우 해당 3급 공무원 밑에는 4급 공무원으로 보하는 보조기관 또는 보좌기관을 둘 수 있다.

4. 특별지방행정기관의 장 또는 부속기관의 장인 5급 공무원을 대체하는 4급 공무원. 이 경우 해당 4급 공무원 밑에는 5급 공무원으로 보하는 보조기관 또는 보좌기관을 둘 수 있다.

② 제18조 및 제19조에 따른 특별지방행정기관 및 부속기관의 하부조직에 두는 복수직급 공무원의 정원관리에 관하여는 제1항 제1호 및 제2호를 준용한다. 〈개정 2014. 3. 11.〉

[전문개정 2011. 7. 4.]

[제목개정 2014. 3. 11.]

제24조(기관별 정원의 관리) ① 공무원의 정원은 행정기관별·계급별·직급별 또는 고위공무원단에 속하는 공무원의 경우에는 공무원의 종류별로 배정한다. 〈개정 2005. 3. 24., 2006. 6. 15.〉

② 행정기관의 장은 제1항의 정원을 초과하여 공무원을 임용하거나 임용제청할 수 없다. 다만, 상위직급에 결원이 있을 때에는 그 결원의 범위에서 같은 직렬의 바로 아래 하위직급(상위직과 하위직의 복수직급인 경우에는 그 중 하위직급의 바로 아래 하위직급을 말한다)의 공무원을 임용하거나 임용제청할 수 있다. 〈개정 2011. 7. 4.〉

③ 행정기관의 장은 공무원 정원중 일부를 인사관계법령이 정하는 바에 따라 「국가공무원법」 제26조의2의 규정에 의한 통상적인 근무시간보다 짧게 근무하는 공무원(이하 이 항에서 "시간선택제공무원"이라 한다)으로 운영할 수 있다. 이 경우 시간선택제공무원의 정원은 시간선택제공무원이 수행할 업무에 소요되는 주당 총근무시간을 기준으로 40시간당 정원 1명으로 산정하여 정원에 나타내되, 주당 총근무시간이 40시간 미만인 경우에는 소수점 단위로 산정하여 정원에 나타낼 수 있다. 〈신설 2002. 7. 13., 2005. 3. 24., 2011. 7. 4., 2016. 4. 5.〉

④ 「국가공무원법」의 규정에 의한 겸임의 경우에는 제1항의 규정을 적용하지 아니한다. 〈개정 2004. 6. 11., 2005. 3. 24.〉

⑤ 중앙행정기관의 장은 소관 업무의 성질상 전문성이 특히 필요하다고 인정되는 경우 계급별 또는 직무등급(고위공무원단 직위의 직무등급은 제외한다)별로 100분의 20 범위에서 총리령·부령으로 정하는 정원을 「공무원임용령」 제3조의2제1호에 따른 일반임기제공무원으로 임용할 수 있다. 다만, 의무직렬 등 전문성이 요구되는 직무를 수행하는 정원의 경우에는 「공무원임용령」 제3조의2제1호 및 제22조의4제1항 전단에도 불구하고 행정안전부장관이 정하는 바에 따라 같은 영 제3조의2제2호에 따른 전문임기제공무원으로 임용할 수 있다. 〈신설 2009. 4. 6., 2013. 12. 11., 2014. 3. 11., 2014. 11. 19., 2017. 7. 26.〉

제24조의2(파견 등으로 인한 별도정원의 관리) ① 중앙행정기관(합의제 행정기관을 포함한다)의 장은 다음 각 호의 어느 하나에 해당하는 사유가 발생하여 별도 정원(파견자의 정원이 따로 있는 것으로 보고 결원을 보충할 수 있는 정원을 말한다. 이하 같다)을 운용할 필요가 있다고 인정되는 경우에는 기관별·계급별 또는 고위공무원단에 속하는 공무원의 경우에는 공무원의 종류별 별도 정원에 대하여 미리 행정안전부장관과 협의해야 한다. 이 경우 인사혁신처장은 다음 각 호의 구분에 따른 시기에 별도 정원 및 그 기간의 연장 등에 관하여 행정안전부장관에게 협의를 요청해야 한다. 〈개정 2014. 11. 19., 2016. 2. 3., 2017. 7. 26., 2020. 4. 14.〉

1. 「국가공무원법」 제32조의4 및 제43조 제2항에 따른 1년 이상의 파견근무 및 그 기간의 연장(1년 미만으로 연장하는 경우를 포함한다): 「공무원임용령」 제41조 제3항 본문에 따른 파견의 협의 시

2. 「공무원 인재개발법」 제13조 제1항 및 「공무원 인재개발법 시행령」 제31조 제1항 및 제37조 제1항에 따른 6월 이상의 교육훈련: 위탁교육훈련계획의 협의 시

3. 「공무원 인재개발법」 제13조 제2항에 따라 수립되는 위탁교육훈련계획에 의한 6월 이상의 교육훈련: 위탁교육훈련계획의 수립 시

② 행정안전부장관은 제1항 제1호의 사유로 인한 별도정원이 장기적·지속적으로 필요하다고 인정되는 경우에는 이를 당해 중앙행정기관의 직제상 정원에 포함하여 운용할 수 있다. 〈개정 2008. 2. 29., 2013. 3. 23., 2014. 11. 19., 2017. 7. 26.〉

[본조신설 2004. 6. 11.]

제24조의3(육아휴직 결원보충 활성화를 위한 별도정원의 관리) ① 중앙행정기관의 장은 「국가공무원법」 제43조 제1항 및 제71조 제2항 제4호에 따른 육아휴직과 이에 따른 결원보충이 원활하게 이루어질 수 있도록 하기 위하여 필요한 경우 매년 해당 기관의 통상적인 육아휴직자 수의 범위에서 별도정원을 운용할 수 있다. 〈개정 2013. 3. 23., 2014. 11. 19., 2016. 4. 5.〉

② 중앙행정기관의 장이 제1항에 따른 별도정원을 운용하는 경우에는 해당 별도정원의 공무원의 종류별·계급별 정원을 행정안전부장관에게 통보하여야 한다. 〈개정 2016. 4. 5., 2017. 7. 26.〉

③ 삭제 〈2016. 4. 5.〉

④ 제1항에 따른 별도정원의 운용에 관하여 필요한 사항은 행정안전부장관이 정한다. 〈개정 2013. 3. 23., 2014. 11. 19., 2016. 4. 5., 2017. 7. 26.〉

[본조신설 2012. 9. 5.]

제25조(한시정원) ① 중앙행정기관의 장은 제17조의3에 따라 한시조직을 설치하는 경우 그에 필요한 정원을 두거나 한시적으로 발생하는 행정수요에 대처하기 위하여 제17조의3에 따른 한시조직을 설치하지 아니하고 한시적으로 운영하는 정원을 둘 수 있다.

② 제1항에 따른 정원(이하 "한시정원"이라 한다)의 존속기간, 존속기간의 연장 및 한시정원에 관한 관련 서류의 제출 등에 관하여는 제17조의3제2항부터 제4항까지의 규정을 준용한다. 이 경우 제17조의3제2항부터 제4항까지의 규정 중 "한시조직"은 "한시정원"으로 본다.

③ 제17조의3에 따라 설치하는 한시조직에는 제1항에 따른 한시정원 외에 해당 한시조직이 속한 중앙행정기관 또는 소속기관의 정원을 배정하여 운영할 수 있다. 이 경우 중앙행정기관의 장은 배정 전후의 정원배정표를 작성하여 지체 없이 이를 행정안전부장관에게 통보하여야 한다. 〈신설 2015. 5. 26., 2017. 7. 26.〉

[본조신설 2011. 7. 4.]

제26조(정원의 통합관리) ① 제24조의 규정에 불구하고 동일 중앙행정기관의 소속기관이 2개이상인 경우에는 특별한 사정이 있는 경우를 제외하고는 직제등에서 그 중앙행정기관의 각 소속기관 정원을 통합하여 정하며, 다음 각호에 해당하는 경우에는 중앙행정기관의 정원과 소속기관의 정원을 통합하여 정할수 있다. 〈개정 1996·6·29, 1998·2·28〉

　　1. 행정기관의 업무량이 계절적·주기적으로 일정한 성향을 가지고 변동하는 경우

　　2. 행정기관의 직무의 성질이 서로 유사한 경우

　　3. 행정기관의 직렬·직종 및 직급등이 서로 유사한 경우

② 행정기관의 장은 직무의 종류·곤란성 및 책임도를 고려하여 업무수행상 문제가 없다고 판단되는 경우에는 인사관계규정이 정하는 바에 따라 다음 각호의 어느 하나에 해당되는 공무원 정원을 각각 통합하여 운영할 수 있다. 〈신설 1990·12·31, 1994·1·17, 1996·6·29, 1998·2·28, 2006. 6. 15., 2007. 1. 5., 2008. 12. 31., 2011. 3. 7., 2011. 7. 4., 2011. 12. 21., 2013. 3. 23., 2013. 12. 11., 2014. 11. 19., 2017. 7. 26.〉

1. 일반직공무원의 6급·7급·8급·9급

2. 삭제 〈2013. 12. 11.〉

3. 경찰공무원의 경감·경위·경사·경장·순경

4. 소방공무원의 소방경·소방위·소방장·소방교·소방사

5. 기타 1호 내지 4호에 준하는 공무원의 정원중 행정안전부장관이 특별히 필요하다고 인정하는 공무원

③ 제2항에 따라 정원을 통합하여 운영하는 경우에 공무원을 승진임용하는 때에는 그 승진된 자가 당해 직급 또는 계급에 재직하는 기간 동안에는 그에 해당하는 직급 또는 계급의 정원이 따로 있는 것으로 보고, 종전 직급 또는 계급의 정원은 감축된 것으로 본다. 〈신설 2006. 6. 15.〉

제26조의2(기구개편 및 정원조정에 따른 초과현원의 재배치) 인사혁신처장은 기구개편 및 정원조정에 따라 초과현원이 발생하는 경우에는 관계기관의 장과의 협의를 거쳐 인사관계 법령에서 정하는 바에 따라 초과현원을 다른 중앙행정기관에 재배치하거나 초과현원을 효율적으로 활용하기 위한 방안을 마련하여 시행할 수 있다. 〈개정 1998. 2. 28., 2005. 2. 25., 2008. 2. 29., 2013. 3. 23., 2014. 3. 11., 2014. 11. 19.〉

[본조신설 1995. 4. 12.]

제27조(정원의 운영과 통보) ① 중앙행정기관의 장은 소속기관 및 실·국별로 정원을 배정하되, 효율적인 정원운영을 위하여 필요한 경우 중앙행정기관의 공무원정원을 소속기관에 배정하여 운영할 수 있다. 다만, 직제상 직위를 부여하고 있는 정원에 해당하는 인원은 그러하지 아니하다. 〈개정 1994. 1. 17., 1996. 6. 29., 2004. 6. 11.〉

② 제1항 단서에도 불구하고 중앙행정기관의 장은 중앙행정기관의 일반직 3급 또는 4급의 복수직급정원과 소속기관의 일반직 4급 정원(소속기관의 장의 정원은 제외한다), 중앙행정기관의 일반직 4급 또는 5급의 복수직급정원과 소속기관의 일반직 5급 정원(소속기관의 장의 정원은 제외한다)을 각각 상호이체하여 배정·운영할 수 있다. 다만, 중앙행정기관과 소속기관 간에 상호이체하여 배정하는 정원은 중앙행정기관의 해당 직급 정원의 2분의 1을 초과할 수 없다. 〈신설 1996. 6. 29., 2004. 6. 11., 2009. 4. 6., 2014. 3. 11.〉

③ 제2항에도 불구하고 중앙행정기관의 장은 제2항에 따른 중앙행정기관의 복수직급 정원과 소속기관의 장의 정원을 행정안전부장관이 정하는 바에 따라 상호이체하여 배정·운영할 수 있다. 〈신설 2011. 7. 4., 2013. 3. 23., 2014. 3. 11., 2014. 11. 19., 2017. 7. 26.〉

④ 중앙행정기관의 장은 제1항부터 제3항까지의 규정에 따라 정원을 배정한 때에는 배정 전후의 정원배정표를 작성하여 지체없이 이를 행정안전부장관에게 통보하여야 한다. 〈개정 1998. 2. 28., 2008. 2. 29., 2011. 7. 4., 2013. 3. 23., 2014. 11. 19., 2017. 7. 26.〉

제28조

[종전 제28조는 제33조로 이동 〈2018. 3. 30.〉]

제29조(총액인건비제의 운영에 관한 특례) ① 중앙행정기관의 조직 및 정원 운영의 자율성을 보장하고 합리화를 도모하기 위하여 행정안전부장관이 지정하는 중앙행정기관(「고등교육법」 제2조 및 제3조에 따른 국립대학을 포함한다)의 경우 중앙행정기관별 인건비 총액의 범위안에서 조직 또는 정원을 운영하는 총액인건비제를 운영할 수 있다. 〈개정 2006. 12. 29., 2008. 2. 29., 2013. 3. 23., 2014. 11. 19., 2017. 7. 26.〉

② 제1항의 규정에 의하여 총액인건비제를 운영하는 중앙행정기관의 정원의 규정방식 및 배정기준에

대하여는 제4조 제2항 제5호, 제8조의2제1항, 제23조 제1항, 제24조 제1항, 제25조 및 제26조의 규정에 불구하고 행정안전부장관이 따로 정하는 바에 의한다. 〈개정 2006. 12. 29., 2008. 2. 29., 2011. 7. 4., 2013. 3. 23., 2014. 11. 19., 2017. 7. 26.〉

③ 제17조의3에도 불구하고 총액인건비제를 운영하는 중앙행정기관에는 총리령 또는 부령으로 정하는 바에 따라 한시적 보조기관 및 보좌기관을 둘 수 있다. 〈신설 2013. 3. 23., 2020. 4. 14.〉

④ 제3항에 따른 한시적 보조기관 및 보좌기관의 장은 제12조 제4항 및 제14조 제3항에도 불구하고 중앙행정기관의 경우에는 5급 공무원으로, 소속기관의 경우에는 5급 또는 6급 공무원으로 보할 수 있다. 〈개정 2020. 4. 14.〉

⑤ 제3항에 따른 한시적 보조기관 및 보좌기관에 4급 정원을 배정하여 운영하는 경우 그 4급 정원은 중앙행정기관별 직제 등에 따른 4급 정원의 상한에 포함하지 않는다. 〈신설 2019. 4. 16., 2020. 4. 14.〉

⑥ 행정안전부장관은 제1항에 따라 총액인건비제를 운영하는 중앙행정기관의 조직 및 정원의 운영실태를 점검하여 그 적정성 및 타당성 등에 대한 평가를 실시하고, 그 결과를 기획재정부장관과 협의하여 해당 기관의 다음 연도 총액인건비에 반영되도록 하는 등 필요한 조치를 하여야 한다. 〈개정 2006. 12. 29., 2008. 2. 29., 2013. 3. 23., 2014. 11. 19., 2017. 7. 26., 2019. 4. 16.〉

[본조신설 2005. 3. 24.]

제29조의2(유동정원 운영에 관한 특례) ① 중앙행정기관의 장은 정원 운영의 효율성을 제고하기 위하여 제27조 제1항 본문에 따라 소속기관 및 실·국별로 배정한 정원 중 일부를 새로운 행정수요 등에 재배정하여 운영할 수 있다. 이 경우 중앙행정기관의 장은 새로운 행정수요 등에 대처할 필요가 있다고 인정되는 경우에는 전단에 따라 재배정하여 운영할 수 있는 정원(이하 "유동정원"이라 한다) 중 중앙행정기관의 유동정원을 소속기관에 배정하여 운영하거나, 소속기관의 유동정원을 중앙행정기관에 배정하여 운영할 수 있다.

② 제1항에 따른 유동정원의 지정계급 및 지정비율 등 유동정원의 운영에 필요한 사항은 행정안전부장관이 정한다. 〈개정 2013. 3. 23., 2014. 11. 19., 2017. 7. 26.〉

[본조신설 2011. 7. 4.]

제29조의3(긴급현안 대응을 위한 정원 운영의 특례) ① 중앙행정기관의 장은 사회적으로 긴급하고 중요한 현안이 발생하여 신속한 대응체계를 구축해야 할 경우에는 행정안전부장관이 정하는 바에 따라 해당 중앙행정기관에 일시적으로 따로 두는 정원(이하 "임시정원"이라 한다)을 운영할 수 있다.

② 임시정원의 운영기간은 6개월 이내로 하되, 1회만 연장할 수 있다. 다만, 각종 재난으로부터 국민의 생명·신체 및 재산을 보호하기 위하여 긴급한 조치가 필요하다고 인정되는 경우에는 행정안전부장관이 정하는 바에 따라 운영기간을 다시 연장할 수 있다. 〈개정 2021. 3. 9.〉

③ 임시정원의 배정 및 운영 방식 등은 제4조 제2항, 제8조의2제1항, 제10조, 제23조, 제24조 제1항, 제26조 및 제27조에도 불구하고 행정안전부장관이 따로 정한다.

④ 임시정원은 운영기간 종료 시 소멸하며, 임시정원 소멸로 해당 계급 또는 직급에 초과현원이 있는 경우에는 정원과 현원이 일치될 때까지 그에 해당하는 정원이 따로 있는 것으로 본다.

[본조신설 2019. 4. 16.]

제30조(중기인력운영계획의 수립) ① 중앙행정기관의 장은 그 기관의 업무량 증감과 그에 따른 인력수요의 변화 등을 고려하여 부처별 중기인력운영계획을 수립하여 매년 4월 말까지 행정안전부장관에게 제출해야 한다. 〈개정 2013. 3. 23., 2014. 11. 19., 2017. 7. 26., 2021. 1. 5.〉

② 행정안전부장관은 제1항에 따라 제출받은 부처별 중기인력운영계획을 종합하여 매년 5월 말까지

각 중앙행정기관별 또는 주요 기능별로 정부 중기인력운영계획을 수립하여야 한다. 〈개정 2013. 3. 23., 2014. 11. 19., 2017. 7. 26., 2018. 3. 30.〉

③ 제1항 및 제2항에 따른 중기인력운영계획의 수립에 관하여 필요한 세부사항은 행정안전부장관이 정한다. 〈개정 2013. 3. 23., 2014. 11. 19., 2017. 7. 26.〉

[본조신설 2008. 2. 29.]

제4장 ◇ 조직 및 정원에 대한 평가 등 〈신설 2018. 3. 30.〉

제31조(신설 조직 및 정원에 대한 평가) ① 행정안전부장관은 중앙행정기관과 그 소속기관에 하부조직을 신설하거나 정원을 증원하는 경우에는 3년 이내의 기간을 설정하여 다음 각 호의 사항을 평가할 수 있다.

　　1. 행정수요와 업무량 등이 적정한지 여부

　　2. 소관 업무를 지속적으로 수행하여야 할지 여부

　　3. 소관 업무의 성과 또는 실적

　　4. 그 밖에 신설되는 하부조직 또는 증원되는 정원의 운영 전반에 관한 사항 중 평가가 필요하다고 행정안전부장관이 인정하는 사항

② 제1항에도 불구하고 신설되거나 증원되는 하부조직 또는 정원이 다음 각 호의 어느 하나에 해당하는 경우에는 평가를 하지 아니한다.

　　1. 법률에 그 설치근거가 명시된 경우

　　2. 운영지원·기획재정·행정관리·규제개혁법무·정보화 및 홍보 등 각 기관의 업무 전반을 조정하거나 지원하는 업무를 수행하는 경우

　　3. 그 밖에 평가 대상으로 부적절하다고 인정하여 행정안전부장관이 정하는 사유에 해당하는 경우

③ 행정안전부장관은 제1항에 따른 평가 결과에 따라 평가대상에 관한 규정을 삭제하거나 평가대상인 하부조직 또는 정원의 축소·폐지 또는 총 3년의 범위에서 평가기간의 연장 등의 조치를 할 수 있다.

④ 제1항부터 제3항까지의 규정에 따른 평가의 대상, 항목, 기준 및 절차 등에 필요한 세부 사항은 행정안전부장관이 정한다.

[본조신설 2018. 3. 30.]

제32조(조직진단) ① 행정안전부장관은 정부행정조직을 효율적으로 관리·운영하기 위하여 각급 행정기관의 행정수요 및 업무량 판단, 기구 및 정원의 운영실태, 기능배분의 적정성, 다수 중앙행정기관과 관련되는 기능의 수행체계 등을 분석·평가할 수 있다. 이 경우 행정안전부장관은 필요하다고 인정하는 경우에는 업무 성격상 상호관련성이 있는 행정기관을 분야별로 구분하여 분석·평가할 수 있다. 〈개정 1998·2·28, 2008. 2. 29., 2011. 7. 4., 2013. 3. 23., 2014. 11. 19., 2017. 7. 26.〉

② 행정안전부장관은 제1항의 규정에 의한 조직진단결과 시정 또는 보완이 필요하다고 판단되는 사항에 관하여는 관계중앙행정기관의 장의 의견을 들은 후 이에 대한 시정 또는 보완을 요청할 수 있으며, 시정 또는 보완요청을 받은 중앙행정기관의 장은 정당한 사유가 있는 경우를 제외하고는 필요한 조치를 하고 그 결과를 행정안전부장관에게 통보하여야 한다. 〈개정 1998·2·28, 2008. 2. 29., 2013. 3. 23., 2014. 11. 19., 2017. 7. 26.〉

③ 중앙행정기관의 장은 효율적인 조직관리 및 운영을 위하여 해당 기관에 대한 조직진단을 실시할 수

있다. 다만, 제8조 제2항에 따라 다음 연도의 기구개편안과 소요정원안을 행정안전부장관에게 제출하기 위해서는 해당 기관 정원의 재배치 방안 등을 포함한 조직진단을 실시해야 한다. 〈개정 2019. 4. 16.〉

④ 중앙행정기관의 장은 제3항에 따른 조직진단 과정에 국민이 참여하여 의견을 제시하도록 할 수 있고, 제시된 의견을 검토하여 기구개편안 및 소요정원안에 반영할 수 있다. 〈신설 2019. 4. 16.〉

⑤ 중앙행정기관의 장은 제3항에 따른 조직진단을 위해 행정안전부장관에게 조직진단에 필요한 지원을 요청할 수 있다. 〈신설 2019. 4. 16.〉

⑥ 행정안전부장관은 중앙행정기관의 장에게 제3항 단서에 따른 조직진단 결과의 제출을 요청할 수 있다. 〈신설 2019. 4. 16.〉

⑦ 행정안전부장관은 제1항 및 제3항에 따른 업무를 효율적으로 수행하기 위하여 전문연구기관을 지정하여 다음 각 호의 업무를 지원하게 할 수 있다. 〈신설 2017. 3. 8., 2017. 7. 26., 2019. 4. 16.〉

　　1. 조직진단 기법의 연구ㆍ개발

　　2. 조직ㆍ정원관리 관련 법령ㆍ제도의 조사 및 연구

　　3. 외국정부의 조직ㆍ정원관리 관련 동향 조사ㆍ분석

　　4. 중앙행정기관 간 협업 활성화 지원

　　5. 제4항에 따라 국민이 참여하는 조직진단 및 그 밖에 조직진단에 필요한 사항

⑧ 행정안전부장관은 제7항에 따라 지정된 기관에 대하여 그 활동에 필요한 경비의 일부 또는 전부를 예산의 범위에서 지원할 수 있다. 〈신설 2017. 3. 8., 2017. 7. 26., 2019. 4. 16.〉

⑨ 제7항에 따른 전문연구기관의 지정ㆍ운영 등에 필요한 사항은 행정안전부장관이 정한다. 〈신설 2017. 3. 8., 2017. 7. 26., 2019. 4. 16.〉

[본조신설 1994ㆍ1ㆍ17]

[제27조의2에서 이동 〈2018. 3. 30.〉]

제33조(정원감사) ① 행정안전부장관은 조직관리상 필요하다고 인정하는 때에는 행정기관에 대하여 정원감사를 실시하고, 그 결과를 해당 기관에 통보하여야 한다. 〈개정 2008. 2. 29., 2013. 3. 23., 2014. 3. 11., 2014. 11. 19., 2017. 7. 26.〉

② 행정안전부장관은 제1항에 따른 정원감사 결과에 따라 다음 각 호의 조치를 할 수 있다. 〈개정 2019. 4. 16.〉

　　1. 해당 기관의 장에게 시정 또는 개선 요구

　　2. 제24조 및 제27조에 따라 배정한 정원에 해당하는 인력을 행정안전부장관이 정하는 특별한 사유 없이 1년 이상 배치하지 않는 경우 그 정원의 조정

③ 제2항에 따라 시정 또는 개선을 요구받은 기관의 장은 그에 필요한 조치를 하고, 그 결과를 행정안전부장관에게 통보하여야 한다. 〈신설 2014. 3. 11., 2014. 11. 19., 2017. 7. 26.〉

④ 제1항부터 제3항까지에서 규정한 사항 외에 정원감사 실시를 위하여 필요한 사항은 행정안전부장관이 정한다. 〈신설 2014. 3. 11., 2014. 11. 19., 2017. 7. 26.〉

[전문개정 1998ㆍ2ㆍ28]

[제28조에서 이동 〈2018. 3. 30.〉]

부칙 〈제31518호, 2021. 3. 9.〉

이 영은 공포한 날부터 시행한다.

03 행정권한의 위임 및 위탁에 관한 규정(약칭: 행정위임위탁규정)

[시행 2021. 9. 10.] [대통령령 제31961호, 2021. 8. 31., 타법개정]

행정안전부(사회조직과) 044-205-2367

제1장 총칙

제1조(목적) 이 영은 「정부조직법」 제6조 제1항 및 그 밖의 법령에 따라 행정능률의 향상, 행정사무의 간소화와 행정기관의 권한 및 책임의 일치를 위하여 법률에 규정된 행정기관의 권한 중 그 보조기관 또는 하급행정기관의 장에게 위임하거나 다른 행정기관의 장 또는 지방자치단체의 장에게 위임 또는 위탁할 권한을 정하고, 「정부조직법」 제6조 제3항 및 그 밖의 법령에 따라 행정 간여(干與)의 범위를 축소하여 민간의 자율적인 행정 참여의 기회를 확대하기 위하여 법률에 규정된 행정기관의 소관 사무 중 지방자치단체가 아닌 법인·단체 또는 그 기관이나 개인에게 위탁할 사무를 정함을 목적으로 한다.

제2조(정의) 이 영에서 사용하는 용어의 뜻은 다음과 같다.

1. "위임"이란 법률에 규정된 행정기관의 장의 권한 중 일부를 그 보조기관 또는 하급행정기관의 장이나 지방자치단체의 장에게 맡겨 그의 권한과 책임 아래 행사하도록 하는 것을 말한다.
2. "위탁"이란 법률에 규정된 행정기관의 장의 권한 중 일부를 다른 행정기관의 장에게 맡겨 그의 권한과 책임 아래 행사하도록 하는 것을 말한다.
3. "민간위탁"이란 법률에 규정된 행정기관의 사무 중 일부를 지방자치단체가 아닌 법인·단체 또는 그 기관이나 개인에게 맡겨 그의 명의로 그의 책임 아래 행사하도록 하는 것을 말한다.
4. "위임기관"이란 자기의 권한을 위임한 해당 행정기관의 장을 말하고, "수임기관"이란 행정기관의 장의 권한을 위임받은 하급행정기관의 장 및 지방자치단체의 장을 말한다.
5. "위탁기관"이란 자기의 권한을 위탁한 해당 행정기관의 장을 말하고, "수탁기관"이란 행정기관의 권한을 위탁받은 다른 행정기관의 장과 사무를 위탁받은 지방자치단체가 아닌 법인·단체 또는 그 기관이나 개인을 말한다.

제2장 행정기관 간 위임·위탁

제3조(위임 및 위탁의 기준 등) ① 행정기관의 장은 허가·인가·등록 등 민원에 관한 사무, 정책의 구체화에 따른 집행사무 및 일상적으로 반복되는 사무로서 그가 직접 시행하여야 할 사무를 제외한 일부 권한(이하 "행정권한"이라 한다)을 그 보조기관 또는 하급행정기관의 장, 다른 행정기관의 장, 지방자치단체의 장에게 위임 및 위탁한다.

② 행정기관의 장은 행정권한을 위임 및 위탁할 때에는 위임 및 위탁하기 전에 수임기관의 수임능력 여부를 점검하고, 필요한 인력 및 예산을 이관하여야 한다.

③ 행정기관의 장은 행정권한을 위임 및 위탁할 때에는 위임 및 위탁하기 전에 단순한 사무인 경우를 제외하고는 수임 및 수탁기관에 대하여 수임 및 수탁사무 처리에 필요한 교육을 하여야 하며, 수임 및 수탁사무의 처리지침을 통보하여야 한다. 〈개정 2016. 3. 22.〉

제4조(재위임) 특별시장·광역시장·특별자치시장·도지사 또는 특별자치도지사(특별시·광역시·특별자치시·도 또는 특별자치도의 교육감을 포함한다. 이하 같다)나 시장·군수 또는 구청장(자치구의 구청장을 말한다. 이하 같다)은 행정의 능률향상과 주민의 편의를 위하여 필요하다고 인정될 때에는 수임사무의 일부를 그 위임기관의 장의 승인을 받아 규칙으로 정하는 바에 따라 시장·군수·구청장(교육장을 포함한다) 또는 읍·면·동장, 그 밖의 소속기관의 장에게 다시 위임할 수 있다. 〈개정 2013. 1. 16.〉

제5조(위임 및 위탁사무의 처리) 수임 및 수탁기관은 수임 및 수탁사무를 처리할 때 법령을 준수하고, 수임 및 수탁사무를 성실히 수행하여야 한다.

제6조(지휘·감독) 위임 및 위탁기관은 수임 및 수탁기관의 수임 및 수탁사무 처리에 대하여 지휘·감독하고, 그 처리가 위법하거나 부당하다고 인정될 때에는 이를 취소하거나 정지시킬 수 있다.

제7조(사전승인 등의 제한) 수임 및 수탁사무의 처리에 관하여 위임 및 위탁기관은 수임 및 수탁기관에 대하여 사전승인을 받거나 협의를 할 것을 요구할 수 없다.

제8조(책임의 소재 및 명의 표시) ① 수임 및 수탁사무의 처리에 관한 책임은 수임 및 수탁기관에 있으며, 위임 및 위탁기관의 장은 그에 대한 감독책임을 진다.

② 수임 및 수탁사무에 관한 권한을 행사할 때에는 수임 및 수탁기관의 명의로 하여야 한다. 〈개정 2011. 12. 21.〉

제9조(권한의 위임 및 위탁에 따른 감사) 위임 및 위탁기관은 위임 및 위탁사무 처리의 적정성을 확보하기 위하여 필요한 경우에는 수임 및 수탁기관의 수임 및 수탁사무 처리 상황을 수시로 감사할 수 있다.

제3장 민간위탁

제10조(다른 법령과의 관계) 민간위탁사무에 관하여는 다른 법령에 특별한 규정이 없으면 이 영에서 정하는 바에 따른다.

제11조(민간위탁의 기준) ① 행정기관은 법령으로 정하는 바에 따라 그 소관 사무 중 조사·검사·검정·관리 사무 등 국민의 권리·의무와 직접 관계되지 아니하는 다음 각 호의 사무를 민간위탁할 수 있다.

　　1. 단순 사실행위인 행정작용
　　2. 공익성보다 능률성이 현저히 요청되는 사무
　　3. 특수한 전문지식 및 기술이 필요한 사무
　　4. 그 밖에 국민 생활과 직결된 단순 행정사무

② 행정기관은 제1항 각 호의 어느 하나에 해당하는 사무에 대하여 민간위탁의 필요성 및 타당성 등을 정기적·종합적으로 판단하여 필요할 때에는 민간위탁을 하여야 한다.

③ 행정기관이 제1항 각 호의 어느 하나에 해당하는 사무를 민간위탁하였을 때에는 필요한 사무처리지침을 통보하고, 그 처리에 필요한 적절한 조치를 하여야 한다. 〈개정 2016. 3. 22.〉

제12조(민간위탁 대상기관의 선정기준 등) ① 행정기관은 민간위탁할 대상기관을 선정할 때에는 인력과

기구, 재정 부담 능력, 시설과 장비, 기술 보유의 정도, 책임능력과 공신력, 지역 간 균형 분포 등을 종합적으로 검토하여 적정한 기관을 수탁기관(이하 "민간수탁기관"이라 한다)으로 선정하여야 한다.

② 행정기관은 민간수탁기관을 선정하려는 경우에는 다른 법령에서 정한 경우를 제외하고는 공개모집을 하여야 한다. 다만, 민간위탁의 목적·성질·규모 등을 고려하여 필요하다고 인정될 때에는 관계 법령에 위배되지 아니하는 범위에서 민간수탁기관의 자격을 제한할 수 있다.

③ 행정기관은 행정사무를 민간위탁하는 경우에는 사무 처리의 지연, 불필요한 서류의 요구, 처리기준의 불공정, 수수료의 부당징수 등 문제점을 종합적으로 검토하여 이를 방지할 보완조치를 마련하여야 한다.

제13조(계약의 체결 등) ① 행정기관은 민간수탁기관이 선정되면 민간수탁기관과 위탁에 관한 계약을 체결하여야 한다.

② 행정기관은 민간수탁기관과 위탁에 관한 계약을 체결할 때에는 계약 내용에 민간위탁의 목적, 위탁수수료 또는 비용, 위탁기간, 민간수탁기관의 의무, 계약 위반 시의 책임과 그 밖에 필요한 사항을 포함하여야 한다.

제14조(지휘·감독) ① 위탁기관은 민간위탁사무의 처리에 대하여 민간수탁기관을 지휘·감독하며, 필요하다고 인정될 때에는 민간수탁기관에 민간위탁사무에 관하여 필요한 지시를 하거나 조치를 명할 수 있다.

② 위탁기관은 민간수탁기관에 대하여 필요한 사항을 보고하게 할 수 있다.

③ 위탁기관은 민간수탁기관의 사무 처리가 위법하거나 부당하다고 인정될 때에는 이를 취소하거나 정지시킬 수 있다.

④ 위탁기관이 제3항에 따라 취소하거나 정지시킬 때에는 그 취소 또는 정지의 사유를 문서로 민간수탁기관에 통보하고 사전에 의견 진술의 기회를 주어야 한다.

제15조(사무편람) ① 민간수탁기관은 수탁사무의 종류별로 처리부서, 처리기간, 처리절차, 처리기준, 구비서류, 서식 및 수수료 등을 구분하여 구체적으로 밝힌 사무편람을 작성하여 갖춰 두어야 한다.

② 민간수탁기관은 제1항의 편람을 작성하였을 때에는 위탁기관의 승인을 받아야 한다.

제16조(처리 상황의 감사) ① 위탁기관의 장은 민간위탁사무의 처리 결과에 대하여 매년 1회 이상 감사를 하여야 한다.

② 위탁기관의 장은 제1항에 따른 감사 결과 민간위탁사무의 처리가 위법하거나 부당하다고 인정될 때에는 민간수탁기관에 대하여 적절한 시정조치를 할 수 있고, 관계 임원과 직원에 대해서는 문책을 요구할 수 있다.

제4장 행정기관 간 위임·위탁사항

제17조(대통령 소관) ① 대통령은 「국가공무원법」 제62조에 따른 중앙행정기관(대통령 직속기관 및 국무총리 직속기관을 포함한다. 이하 이 항에서 같다) 소속 공무원의 영예 등의 수령 허가에 관한 권한을 해당 중앙행정기관의 장에게 위임하고, 그 밖의 기관 소속 공무원의 영예 등의 수령 허가에 관한 권한을 행정안전부장관에게 위임한다. 〈개정 2013. 3. 23., 2014. 11. 19., 2017. 7. 26.〉

② 대통령은 「지방공무원법」 제54조에 따른 영예 등의 수령 허가에 관한 권한을 행정안전부장관에게 위임한다. 〈개정 2013. 3. 23., 2014. 11. 19., 2017. 7. 26.〉

[전문개정 2011. 1. 24.]

제27조(행정안전부 소관) ① 행정안전부장관은 다음 각 호의 사항에 관한 권한을 특별시장·광역시장·특별자치시장·도지사 또는 특별자치도지사에게 각각 위임한다. 〈개정 2011. 1. 24., 2013. 1. 16., 2013. 3. 23., 2014. 11. 19., 2017. 7. 26., 2017. 10. 31.〉

    1. 「민원 처리에 관한 법률」(이하 이 호에서 "법"이라 한다)에 따른 민원처리기준표에 관한 다음 각 목의 사항[특별시·광역시·특별자치시·도·특별자치도 또는 시·군·구(자치구를 말한다)의 자치법규에 따른 민원에 한정한다]

      가. 법 제36조 제1항에 따른 민원처리기준표의 작성, 관보 고시 및 통합전자민원창구 게시

      나. 법 제36조 제2항에 따른 민원처리기준표 변경 필요 사항의 통보 접수, 관보 고시 및 통합전자민원창구 게시와 민원처리기준표 반영

      다. 법 제36조 제3항에 따른 민원의 처리기간, 구비서류, 처리절차 및 신청방법 등에 관한 자치법규의 개정 요청

      라. 법 제37조 제1항에 따른 민원처리기준표 변경을 위한 관계 행정기관의 장과의 협의 및 자치법규 개정까지의 잠정적인 민원처리기준표의 변경

    2. 「민법」 제32조에 따라 설립하였거나 설립하려는 행정안전부장관 소관의 비영리법인(법인의 활동범위가 해당 특별시장·광역시장·특별자치시장·도지사 또는 특별자치도지사의 관할구역에 한정되는 경우만 해당한다)의 설립허가 및 그 취소, 정관변경허가, 해산신고의 수리, 그 밖의 지도·감독에 관한 권한

② 행정안전부장관은 「국가를 당사자로 하는 계약에 관한 법률」 제27조 제1항에 따른 부정당업자 입찰 참가자격의 제한 및 통보에 관한 권한을 소속기관의 장에게 위임한다. 〈개정 2013. 3. 23., 2014. 11. 19., 2017. 7. 26.〉

③ 삭제 〈2014. 11. 19.〉

[제목개정 2017. 7. 26.]

제28조(경찰청 소관) ① 경찰청장은 다음 각 호의 사항에 관한 권한을 시·도경찰청장에게 위임한다. 〈개정 2010. 10. 22., 2012. 6. 27., 2015. 11. 20., 2018. 3. 30., 2020. 12. 31.〉

    1. 삭제 〈2011. 1. 24.〉

    2. 삭제 〈2011. 1. 24.〉

    3. 「국가유공자 등 예우 및 지원에 관한 법률」 제6조 제3항 후단 및 같은 법 시행령 제9조 제1항·제2항 또는 「보훈보상대상자 지원에 관한 법률」 제4조 제3항 후단 및 같은 법 시행령 제6조 제1항·제2항에 따른 소관 경찰공무원 및 의무경찰에 대한 국가유공자 등 요건 관련 사실의 확인 및 통보. 다만, 사망 또는 상이 당시 경찰청·경찰병원·경찰대학·경찰인재개발원·중앙경찰학교 및 경찰수사연구원 소속 공무원이었던 사람에 대한 관련 사실의 확인 및 통보는 제외한다.

② 경찰청장은 시·도경찰청장, 경찰대학장, 경찰인재개발원장, 중앙경찰학교장 및 경찰수사연수원장에게 해당 소속기관의 4급 및 5급 공무원의 전보권과 6급 이하 공무원의 임용권을 각각 위임한다. 〈개정 2013. 11. 20., 2018. 3. 30., 2020. 12. 31.〉

제29조(소방청 소관) 소방청장은 다음 각 호의 사항에 관한 권한을 특별시장·광역시장·특별자치시장·도지사 또는 특별자치도지사에게 각각 위임한다. 〈개정 2012. 8. 22., 2013. 1. 16., 2014. 11. 19., 2017. 7. 26.〉

1. 지방자치단체에 두는 국가소방공무원의 승급에 관한 권한

2. 삭제 〈2011. 1. 24.〉

3. 삭제 〈2011. 1. 24.〉

4. 「민법」 제32조에 따라 설립하였거나 설립하려는 소방청장 소관의 비영리법인(법인의 활동범위가 해당 특별시장·광역시장·특별자치시장·도지사 또는 특별자치도지사의 관할구역에 한정되는 경우만 해당한다)의 설립허가 및 그 취소, 정관변경허가, 해산신고의 수리, 그 밖의 지도·감독에 관한 권한

5. 「소방공무원 보건안전 및 복지 기본법」 제10조 제1항 및 같은 법 시행령 제8조 제2항·제4항에 따른 지역소방전문치료센터의 지정·운영에 관한 권한

[제목개정 2017. 7. 26.]

(중략)

부칙 〈제31505호, 2021. 2. 25.〉

제1조(시행일) 이 영은 2021년 3월 1일부터 시행한다.

제2조(위임기관의 처분·행위 및 계속 중인 행위에 관한 경과조치) 제41조의2제5항 제3호의 개정규정에 따라 국립수산물품질관리원장에게 위임되는 사무에 관하여 이 영 시행 당시 해양수산부장관 또는 국립수산과학원장이 한 처분 또는 행위와 해양수산부장관 또는 국립수산과학원장에 대한 신청·신고나 그 밖의 행위는 각각 국립수산물품질관리원장의 행위 또는 국립수산물품질관리원장에 대한 행위로 본다.

부칙 〈제31961호, 2021. 8. 31.〉

제1조(시행일) 이 영은 2021년 9월 10일부터 시행한다.

제2조 ~ 제5조 생략

04 행정 효율과 협업 촉진에 관한 규정

[시행 2021. 1. 5] [대통령령 제31380호, 2021. 1. 5, 타법개정]

행정안전부(정보공개정책과 – 공문서, 서식, 관인 등) 044-205-2262
행정안전부(협업정책과 – 행정협업) 044-205-2243
행정안전부(협업정책과 – 지식행정, 정책연구) 044-205-2252

 제1장   총칙

제1조(목적) 이 영은 행정기관의 행정업무 운영에 관한 사항을 규정함으로써 행정업무의 간소화·표준화·과학화 및 정보화를 도모하고 행정기관 간 협업을 촉진하여 행정의 효율을 높이는 것을 목적으로 한다. 〈개정 2016. 4. 26.〉

제2조(적용범위) 중앙행정기관(대통령 직속기관과 국무총리 직속기관을 포함한다. 이하 같다)과 그 소속기관, 지방자치단체의 기관과 군(軍)의 기관(이하 "행정기관"이라 한다)의 행정업무 운영에 관하여 다른 법령에 특별한 규정이 있는 경우를 제외하고는 이 영에서 정하는 바에 따른다.

제3조(정의) 이 영에서 사용하는 용어의 뜻은 다음과 같다. 〈개정 2014. 2. 18., 2021. 1. 5.〉

1. "공문서"란 행정기관에서 공무상 작성하거나 시행하는 문서(도면·사진·디스크·테이프·필름·슬라이드·전자문서 등의 특수매체기록을 포함한다. 이하 같다)와 행정기관이 접수한 모든 문서를 말한다.

2. "전자문서"란 컴퓨터 등 정보처리능력을 가진 장치에 의하여 전자적인 형태로 작성되거나 송신·수신 또는 저장된 문서를 말한다.

3. "문서과"란 행정기관 내의 공문서를 분류·배부·보존하는 업무를 수행하거나 수신·발신하는 업무를 지원하는 등 문서에 관한 업무를 주관하는 과(課)·담당관 등을 말한다.

4. "처리과"란 업무 처리를 주관하는 과·담당관 등을 말한다.

5. "서명"이란 기안자·검토자·협조자·결재권자[제10조에 따라 결재, 위임전결 또는 대결(代決)하는 자를 말한다. 이하 같다] 또는 발신명의인이 공문서(전자문서는 제외한다)에 자필로 자기의 성명을 다른 사람이 알아볼 수 있도록 한글로 표시하는 것을 말한다.

6. "전자이미지서명"이란 기안자·검토자·협조자·결재권자 또는 발신명의인이 전자문서상에 전자적인 이미지 형태로 된 자기의 성명을 표시하는 것을 말한다.

7. "전자문자서명"이란 기안자·검토자·협조자·결재권자 또는 발신명의인이 전자문서상에 자동 생성된 자기의 성명을 전자적인 문자 형태로 표시하는 것을 말한다.

8. "행정전자서명"이란 기안자·검토자·협조자·결재권자 또는 발신명의인의 신원과 전자문서의 변경 여부를 확인할 수 있도록 그 전자문서에 첨부되거나 결합된 전자적 형태의 정보로서「전자정부법 시행령」제29조에 따른 인증기관으로부터 인증을 받은 것을 말한다.

9. "전자이미지관인"이란 관인의 인영(印影: 도장을 찍은 모양)을 컴퓨터 등 정보처리능력을 가진 장치에 전자적인 이미지 형태로 입력하여 사용하는 관인을 말한다.

10. "전자문서시스템"이란 문서의 기안·검토·협조·결재·등록·시행·분류·편철·보관·보존·이관·접수·배부·공람·검색·활용 등 모든 처리절차가 전자적으로 처리되는 시스템을 말

한다.

11. "업무관리시스템"이란 행정기관이 업무처리의 모든 과정을 제22조 제1항에 따른 과제관리카드 및 문서관리카드 등을 이용하여 전자적으로 관리하는 시스템을 말한다.

12. "행정정보시스템"이란 행정기관이 행정정보를 생산·수집·가공·저장·검색·제공·송신·수신하고 활용할 수 있도록 하드웨어·소프트웨어·데이터베이스 등을 통합한 시스템을 말한다.

13. "정보통신망"이란 「전기통신사업법」 제2조 제2호에 따른 전기통신설비를 활용하거나 전기통신설비와 컴퓨터 및 컴퓨터의 이용기술을 활용하여 정보를 수집·가공·저장·검색·송신 또는 수신하는 정보통신체제를 말한다.

14. "정책실명제"란 정책의 투명성과 책임성을 높이기 위하여 행정기관에서 소관 업무와 관련하여 수립·시행하는 주요 정책의 결정 및 집행 과정에 참여하는 관련자의 실명과 의견을 기록·관리하는 제도를 말한다.

제2장   공문서 관리 등 행정업무의 처리

제1절   공문서의 작성 및 처리

제4조(공문서의 종류) 공문서(이하 "문서"라 한다)의 종류는 다음 각 호의 구분에 따른다.

1. 법규문서: 헌법·법률·대통령령·총리령·부령·조례·규칙(이하 "법령"이라 한다) 등에 관한 문서

2. 지시문서: 훈령·지시·예규·일일명령 등 행정기관이 그 하급기관이나 소속 공무원에 대하여 일정한 사항을 지시하는 문서

3. 공고문서: 고시·공고 등 행정기관이 일정한 사항을 일반에게 알리는 문서

4. 비치문서: 행정기관이 일정한 사항을 기록하여 행정기관 내부에 비치하면서 업무에 활용하는 대장, 카드 등의 문서

5. 민원문서: 민원인이 행정기관에 허가, 인가, 그 밖의 처분 등 특정한 행위를 요구하는 문서와 그에 대한 처리문서

6. 일반문서: 제1호부터 제5호까지의 문서에 속하지 아니하는 모든 문서

제5조(문서의 전자적 처리) 행정기관의 장(법령에 따라 행정권한을 위임받거나 위탁받은 자를 포함한다. 이하 같다)은 문서의 기안·검토·협조·결재·등록·시행·분류·편철·보관·보존·이관·접수·배부·공람·검색·활용 등 처리절차를 전자문서시스템 또는 업무관리시스템 상에서 전자적으로 처리하도록 하여야 한다.

제6조(문서의 성립 및 효력 발생) ① 문서는 결재권자가 해당 문서에 서명(전자이미지서명, 전자문자서명 및 행정전자서명을 포함한다. 이하 같다)의 방식으로 결재함으로써 성립한다.

② 문서는 수신자에게 도달(전자문서의 경우는 수신자가 관리하거나 지정한 전자적 시스템 등에 입력되는 것을 말한다)됨으로써 효력을 발생한다.

③ 제2항에도 불구하고 공고문서는 그 문서에서 효력발생 시기를 구체적으로 밝히고 있지 않으면 그 고시 또는 공고 등이 있은 날부터 5일이 경과한 때에 효력이 발생한다.

제7조(문서 작성의 일반원칙) ① 문서는 「국어기본법」 제3조 제3호에 따른 어문규범에 맞게 한글로 작성하되, 뜻을 정확하게 전달하기 위하여 필요한 경우에는 괄호 안에 한자나 그 밖의 외국어를 함께 적을 수 있으며, 특별한 사유가 없으면 가로로 쓴다.

② 문서의 내용은 간결하고 명확하게 표현하고 일반화되지 않은 약어와 전문용어 등의 사용을 피하여 이해하기 쉽게 작성하여야 한다.

③ 문서에는 음성정보나 영상정보 등이 수록되거나 연계된 바코드 등을 표기할 수 있다.

④ 문서에 쓰는 숫자는 특별한 사유가 없으면 아라비아 숫자를 쓴다.

⑤ 문서에 쓰는 날짜는 숫자로 표기하되, 연·월·일의 글자는 생략하고 그 자리에 온점을 찍어 표시하며, 시·분은 24시각제에 따라 숫자로 표기하되, 시·분의 글자는 생략하고 그 사이에 쌍점을 찍어 구분한다. 다만, 특별한 사유가 있으면 다른 방법으로 표시할 수 있다.

⑥ 문서 작성에 사용하는 용지는 특별한 사유가 없으면 가로 210밀리미터, 세로 297밀리미터의 직사각형 용지로 한다.

⑦ 제1항부터 제6항까지에서 규정한 사항 외에 문서 작성에 필요한 사항은 행정안전부령으로 정한다. 〈개정 2013. 3. 23., 2014. 11. 19., 2017. 7. 26.〉

제8조(문서의 기안) ① 문서의 기안은 전자문서로 하는 것을 원칙으로 한다. 다만, 업무의 성질상 전자문서로 기안하기 곤란하거나 그 밖의 특별한 사정이 있으면 그러하지 아니하다.

② 문서의 기안은 행정안전부령으로 정하는 기안문으로 하여야 한다. 다만, 관계 서식이 따로 있는 경우에는 그 내용을 관계 서식에 기입하는 방법으로 할 수 있다. 〈개정 2013. 3. 23., 2014. 11. 19., 2017. 7. 26.〉

③ 둘 이상의 행정기관의 장의 결재가 필요한 문서는 그 문서 처리를 주관하는 행정기관에서 기안하여야 한다.

④ 기안문에는 행정안전부령으로 정하는 바에 따라 발의자(기안하도록 지시하거나 스스로 기안한 사람을 말한다)와 보고자를 알 수 있도록 표시하여야 한다. 다만, 다음 각 호의 문서에는 발의자와 보고자의 표시를 생략할 수 있다. 〈개정 2013. 3. 23., 2014. 11. 19., 2017. 7. 26.〉

1. 검토나 결정이 필요하지 아니한 문서

2. 각종 증명 발급, 회의록, 그 밖의 단순 사실을 기록한 문서

3. 일상적·반복적인 업무로서 경미한 사항에 관한 문서

제9조(문서의 검토 및 협조) ① 기안문은 결재권자의 결재를 받기 전에 보조기관 또는 보좌기관의 검토를 받아야 한다. 다만, 보조기관 또는 보좌기관이 출장 등의 사유로 검토할 수 없는 등 부득이한 경우에는 검토를 생략할 수 있으며, 이 경우 검토자의 서명란에 출장 등의 사유를 적어야 한다.

② 기안문의 내용이 행정기관 내의 다른 보조기관 또는 보좌기관의 업무와 관련이 있을 때에는 그 보조기관 또는 보좌기관의 협조를 받아야 한다.

③ 보조기관 또는 보좌기관이 제1항에 따라 기안문을 검토하는 경우에 그 내용과 다른 의견이 있으면 기안문을 직접 수정하거나 기안문 또는 별지에 그 의견을 표시하여야 한다.

④ 보조기관 또는 보좌기관이 제2항에 따라 협조하는 경우에 그 내용과 다른 의견이 있으면 기안문 또는 별지에 그 의견을 표시하여야 한다.

제10조(문서의 결재) ① 문서는 해당 행정기관의 장의 결재를 받아야 한다. 다만, 보조기관 또는 보좌기관의 명의로 발신하는 문서는 그 보조기관 또는 보좌기관의 결재를 받아야 한다.

② 행정기관의 장은 업무의 내용에 따라 보조기관 또는 보좌기관이나 해당 업무를 담당하는 공무원으로

하여금 위임전결하게 할 수 있으며, 그 위임전결 사항은 해당 기관의 장이 훈령이나 지방자치단체의 규칙으로 정한다.

③ 제1항이나 제2항에 따라 결재할 수 있는 사람이 휴가, 출장, 그 밖의 사유로 결재할 수 없을 때에는 그 직무를 대리하는 사람이 대결하고 내용이 중요한 문서는 사후에 보고하여야 한다.

제11조(문서의 등록 등) ① 행정기관은 문서를 생산(제6조 제1항에 따라 문서가 성립된 경우를 말한다. 이하 같다)하였을 때에는 지체 없이 「공공기록물 관리에 관한 법률 시행령」 제20조에 따라 생산등록번호(이하 "생산등록번호"라 한다)를 부여하고 등록하여야 한다.

② 제4조 제1호부터 제3호까지의 규정에 따른 문서에는 생산등록번호 외에 행정안전부령으로 정하는 번호를 부여한다. 〈개정 2013. 3. 23., 2014. 11. 19., 2017. 7. 26.〉

제12조(시행문의 작성) ① 결재를 받은 문서 가운데 발신하여야 하는 문서는 행정안전부령으로 정하는 시행문으로 작성하여 발신한다. 〈개정 2013. 3. 23., 2014. 11. 19., 2017. 7. 26.〉

② 시행문의 수신자가 여럿인 경우 그 수신자 전체를 함께 표시하여 시행문을 작성·시행할 수 있다. 다만, 수신자의 개인정보 보호 등을 위하여 필요할 때에는 수신자별로 작성·시행하여야 한다.

제13조(발신 명의) ① 문서의 발신 명의는 행정기관의 장으로 한다. 다만, 합의제기관의 권한에 속하는 문서의 발신 명의는 그 합의제기관으로 한다.

② 제1항에도 불구하고 행정기관 내의 보조기관 또는 보좌기관 상호간에 발신하는 문서는 해당 보조기관 또는 보좌기관의 명의로 한다.

③ 발신할 필요가 없는 내부결재문서는 발신 명의를 표시하지 아니한다.

제14조(관인날인 또는 서명) ① 제13조 제1항 본문 또는 단서에 따라 행정기관의 장 또는 합의제기관의 명의로 발신하는 문서의 발신 명의에는 관인(전자이미지관인을 포함한다. 이하 이 조에서 같다)을 찍는다. 이 경우 제13조 제1항 본문에 따라 행정기관의 장의 명의로 발신하는 문서의 발신 명의에는 행정기관의 장이 관인의 날인(捺印)을 갈음하여 서명(전자문자서명과 행정전자서명은 제외한다)을 할 수도 있다.

② 제13조 제2항에 따라 행정기관 내의 보조기관 또는 보좌기관 상호 간에 발신하는 문서의 발신 명의에는 보조기관 또는 보좌기관이 서명을 한다.

③ 관보나 신문 등에 실리는 문서에는 관인을 찍거나 서명하지 아니하며, 경미한 내용의 문서에는 행정안전부령으로 정하는 바에 따라 관인날인 또는 서명을 생략할 수 있다. 〈개정 2013. 3. 23., 2014. 11. 19., 2017. 7. 26.〉

④ 관인을 찍어야 할 문서로서 다수의 수신자에게 동시에 발신 또는 교부하거나 알리는 문서에는 관인의 날인을 갈음하여 관인의 인영을 인쇄하여 사용할 수 있다. 이 경우 실제 규격대로 인쇄하기 어려운 경우에는 관인의 실제 규격보다 축소하여 인쇄할 수 있다.

제15조(문서의 발신) ① 문서는 직접 처리하여야 할 행정기관에 발신한다. 다만, 필요한 경우에는 행정조직상의 계통에 따라 발신한다.

② 하급기관이 바로 위 상급기관 외의 상급기관(바로 위 상급기관에 대한 지휘·감독권을 가지는 상급기관을 말한다)에 발신하는 문서 중에서 필요하다고 인정되는 문서는 그 바로 위 상급기관을 거쳐 발신하여야 한다.

③ 상급기관이 바로 아래 하급기관 외의 하급기관(바로 아래 하급기관의 지휘·감독을 받는 하급기관을 말한다)에 발신하는 문서 중에서 필요하다고 인정되는 문서는 그 바로 아래 하급기관을 거쳐서 발신하여야 한다.

④ 다음 각 호의 어느 하나에 해당하는 경우에는 해당 문서를 생산한 처리과의 장의 승인을 받아 이미 발신한 문서의 수신자를 변경하거나 추가하여 다시 발신할 수 있다.

1. 결재권자나 해당 문서를 생산한 처리과의 장의 지시가 있는 경우
2. 수신자의 명칭이 변경된 경우
3. 착오로 인하여 수신자를 누락하였거나 잘못 지정한 경우
4. 해당 업무와 관련된 기관의 요청이 있는 경우

제16조(문서의 발신방법 등) ① 문서는 정보통신망을 이용하여 발신하는 것을 원칙으로 한다.

② 제1항에도 불구하고 업무의 성질상 제1항에 따른 발신방법이 적절하지 아니하거나 그 밖의 특별한 사정이 있으면 우편·팩스 등의 방법으로 문서를 발신할 수 있으며, 내용이 중요한 문서는 등기우편 이나 그 밖에 발신 사실을 증명할 수 있는 특수한 방법으로 발신하여야 한다.

③ 행정기관이 아닌 자에게는 행정기관의 홈페이지나 행정기관이 공무원에게 부여한 전자우편주소를 이용하여 문서를 발신할 수 있다.

④ 행정기관의 장은 문서를 수신·발신하는 경우에 문서의 보안 유지와 위조, 변조, 분실, 훼손 및 도난 방지를 위한 적절한 조치를 마련하여야 한다.

⑤ 결재권자는 비밀사항이거나 누설되면 국가안전보장, 질서유지, 경제안정, 그 밖의 국가이익을 해칠 우려가 있는 내용의 문서를 결재할 때에는 그 문서 내용의 암호화 등 보안 유지가 가능한 발신방법을 지정하여야 한다.

제17조(결재받은 문서의 수정) 결재를 받은 문서의 일부분을 삭제하거나 수정할 때에는 재작성하여 결재 를 받아야 한다. 다만, 종이문서의 경우로서 삭제하거나 수정하려는 사항이 명백한 오류의 정정 등 경미한 사항인 경우에는 행정안전부령으로 정하는 바에 따라 삭제하거나 수정할 수 있다. 〈개정 2013. 3. 23., 2014. 11. 19., 2017. 7. 26.〉

제18조(문서의 접수·처리) ① 문서는 처리과에서 접수하여야 하며, 접수한 문서에는 접수일시와 「공공 기록물 관리에 관한 법률 시행령」 제20조에 따른 접수등록번호(이하 "접수등록번호"라 한다)를 전 자적으로 표시하되, 종이문서인 경우에는 행정안전부령으로 정하는 접수인을 찍고 접수일시와 접수 등록번호를 적는다. 〈개정 2013. 3. 23., 2014. 11. 19., 2017. 7. 26.〉

② 제1항에도 불구하고 문서과에서 받은 문서는 문서과에서 접수일시를 전자적으로 표시하거나 적고 지체 없이 처리과에 배부하여야 한다. 이 경우 처리과는 배부받은 문서에 접수등록번호를 표시하거 나 적는다.

③ 행정기관은 문서의 접수 및 배부 경로에 관한 정보를 「공공기록물 관리에 관한 법률 시행령」 제20조 에 따른 등록정보로 관리하여야 한다.

④ 처리과에서 문서 수신·발신 업무를 담당하는 사람은 접수한 문서를 처리담당자에게 인계하여야 하 고, 처리담당자는 행정안전부령으로 정하는 문서인 경우에는 공람할 자의 범위를 정하여 그 문서를 공람하게 할 수 있다. 이 경우 전자문서를 공람하였다는 기록이 업무관리시스템 또는 전자문서시스 템 상에서 자동으로 표시되도록 하여야 한다. 〈개정 2013. 3. 23., 2014. 11. 19., 2017. 7. 26.〉

⑤ 제4항에 따라 공람을 하는 결재권자는 문서의 처리기한과 처리방법을 지시할 수 있으며, 필요하면 조직 관계 법령 또는 제60조에 따라 업무분장된 담당자 외에 그 문서의 처리담당자를 따로 지정할 수 있다.

⑥ 행정기관의 홈페이지나 행정기관이 부여한 공무원의 전자우편주소 등 정보통신망을 이용하여 행정 기관이 아닌 자로부터 받은 문서는 제1항부터 제5항까지의 규정에 따라 처리한다. 이 경우 해당 문서

에 대한 위조·변조 방지 조치 등으로 인하여 접수일시와 접수등록번호를 표시할 수 없으면 그 문서에 표시하지 아니할 수 있고 발신자의 주소와 성명 등이 불분명할 때에는 접수하지 아니할 수 있다.

제19조(문서의 쪽 번호 등 표시) 2장 이상으로 이루어진 문서가 제1호 각 목의 어느 하나에 해당하는 경우에는 제2호 각 목의 구분에 따라 쪽 번호 또는 발급번호를 표시하거나 간인(間印) 등을 해야 한다. 〈개정 2013. 3. 23., 2014. 11. 19., 2017. 7. 26., 2021. 1. 5.〉

　　1. 대상 문서

　　　가. 문서의 순서 또는 연결 관계를 명백히 할 필요가 있는 문서

　　　나. 사실관계나 법률관계의 증명에 관계되는 문서

　　　다. 허가, 인가 및 등록 등에 관계되는 문서

　　2. 표시 방법

　　　가. 전자문서인 경우: 행정안전부령으로 정하는 바에 따라 전자적 방법으로 쪽 번호 또는 발급번호를 표시한다.

　　　나. 종이문서인 경우: 관인 관리자가 관인을 이용하여 간인한다. 다만, 민원서류나 그 밖에 필요하다고 인정하는 종이문서에는 간인을 갈음하여 구멍뚫기(천공)방식으로 표시할 수 있다.

제20조(외국어로 된 문서 등에 대한 특례) 외국어로 된 문서에는 제7조, 제13조, 제14조, 제17조 및 제19조를 적용하지 아니할 수 있고, 법규문서 중에서 법률에 관한 문서는 이 영의 적용을 받지 아니하는 기관에서 다른 관행이 있는 경우에는 그 관행에 따를 수 있다.

####　제2절　　업무관리시스템의 구축 · 운영

제21조(업무관리시스템) ① 행정기관의 장은 업무처리의 모든 과정을 효율적으로 관리하기 위하여 업무관리시스템을 구축·운영하여야 한다. 다만, 업무의 성질상 업무관리시스템의 구축·운영이 곤란하거나 그 밖의 특별한 사유가 있는 경우에는 그러하지 아니하다.

② 중앙행정기관, 지방자치단체 또는 지방교육행정기관의 장은 제1항 본문에 따라 업무관리시스템을 구축·운영하는 경우에 그 소속기관 등을 포함하여 구축·운영할 수 있다.

③ 행정안전부장관은 제1항과 제2항에 따른 업무관리시스템의 구축·운영을 지원하기 위한 계획을 수립·시행할 수 있다. 〈개정 2013. 3. 23., 2014. 11. 19., 2017. 7. 26.〉

제22조(업무관리시스템의 구성 및 운영) ① 업무관리시스템에는 행정기관 업무의 기능별 단위 과제의 담당자·내용·추진실적 등을 기록·관리하기 위한 카드(이하 "과제관리카드"라 한다)와 문서의 작성·검토·결재·등록·공개·공유 등 문서처리의 모든 과정을 기록·관리하는 카드(이하 "문서관리카드"라 한다) 등이 포함되어야 한다. 이 경우 문서관리카드는 다음 각 호의 사항을 포함하여야 한다. 〈개정 2014. 2. 18.〉

　　1. 기안 내용

　　2. 의사결정 과정에서 제기된 의견, 수정 내용과 지시 사항

　　3. 의사결정 내용

② 제1항과 제2항에서 규정한 사항 외에 업무관리시스템의 구성 및 운영 등에 필요한 세부사항은 행정안전부령으로 정한다. 〈개정 2013. 3. 23., 2014. 11. 19., 2017. 7. 26.〉

제23조(업무관리시스템 등과 행정정보시스템 간의 연계·운영) ① 행정기관의 장은 효율적인 업무수행을 위하여 업무관리시스템 또는 전자문서시스템을 기능분류시스템(행정기관의 업무를 기능별로 분류

하고 관련 행정정보를 연계하여 전자적으로 관리하는 시스템을 말한다. 이하 같다) 등 행정정보시스템과 연계하여 운영하여야 한다. 다만, 업무의 성질상 연계하여 운영하는 것이 적합하지 아니하거나 그 밖의 특별한 사유가 있는 경우에는 그러하지 아니하다.

② 행정기관의 장은 업무관리시스템으로 관리한 업무실적 등을 효과적으로 활용하도록 노력하여야 한다.

제24조(업무관리시스템 등의 표준 고시) ① 행정안전부장관은 다음 각 호의 표준을 정하여야 한다. 다만, 「산업표준화법」에 따른 한국산업표준이 제정되어 있는 사항은 그 표준을 따른다. 〈개정 2013. 3. 23., 2014. 11. 19., 2017. 7. 26.〉

　　1. 업무관리시스템의 규격에 관한 표준과 업무관리시스템을 이용한 전자문서 등의 유통에 관한 표준

　　2. 전자문서시스템의 규격에 관한 표준과 전자문서시스템을 이용한 전자문서 등의 유통에 관한 표준

　　3. 업무관리시스템 또는 전자문서시스템과 행정정보시스템 간 연계를 위한 표준

② 행정안전부장관은 제1항에 따른 규격·유통 및 연계에 관한 표준을 정하였으면 그 내용을 관보에 고시하고 인터넷에 게시하여야 한다. 그 표준을 변경하는 경우에도 또한 같다. 〈개정 2013. 3. 23., 2014. 11. 19., 2017. 7. 26.〉

③ 행정기관의 장은 특별한 사유가 없으면 제2항에 따라 고시된 표준과 「공공기록물 관리에 관한 법률」 제39조에 따른 표준에 적합한 업무관리시스템이나 전자문서시스템을 구축·운영하여야 한다.

제25조(정부전자문서유통지원센터) ① 행정안전부장관은 전자문서의 원활한 유통을 지원하기 위하여 행정안전부에 정부전자문서유통지원센터(이하 이 조에서 "센터"라 한다)를 둔다. 〈개정 2013. 3. 23., 2014. 11. 19., 2017. 7. 26.〉

② 센터는 다음 각 호의 업무를 수행한다.

　　1. 전자문서의 원활한 유통을 위한 지원과 유통 및 연계에 관한 표준 등의 운영

　　2. 전자문서의 효율적인 유통을 위한 프로그램의 개발 및 보급

　　3. 전자문서의 유통 시 발생하는 장애를 복구하기 위한 지원

　　4. 유통되는 전자문서의 위조·변조·훼손 또는 유출을 방지하기 위한 보호대책 마련

③ 제1항 및 제2항에서 규정한 사항 외에 센터의 운영에 필요한 세부 사항은 행정안전부령으로 정한다. 〈개정 2013. 3. 23., 2014. 11. 19., 2017. 7. 26.〉

제3절　서식의 제정 및 활용

제26조(서식의 제정) 행정기관에서 장기간에 걸쳐 반복적으로 사용하는 문서로서 정형화할 수 있는 문서는 특별한 사유가 없으면 서식으로 정하여 사용한다.

제27조(서식 제정 방법) ① 다음 각 호의 서식은 법령으로 정하여야 한다. 다만, 법령에서 고시 등으로 정하도록 한 경우와 그 밖의 특별한 사유가 있는 경우에는 고시·훈령·예규 등으로 정할 수 있다.

　　1. 국민의 권리·의무와 직접 관련되는 사항을 기재사항으로 정하는 서식

　　2. 인가, 허가, 승인 등 민원에 관계되는 서식

　　3. 행정기관에서 공통적으로 사용하는 서식 중 중요한 서식

② 제1항에 따른 서식 외의 서식은 고시·훈령·예규 등으로 정할 수 있다.

제28조(서식 설계의 일반 원칙) ① 서식은 글씨의 크기, 항목 간의 간격, 적어 넣을 칸의 크기 등을 균형

있게 조절하여 서식에 적을 사항을 쉽게 알 수 있도록 하여야 한다.

② 서식에는 누구나 쉽게 이해할 수 있는 용어를 사용하고, 불필요하거나 활용도가 낮은 항목을 넣어서는 아니 된다.

③ 서식은 특별한 사유가 없으면 별도의 기안문과 시행문을 작성하지 아니하고 그 서식 자체를 기안문과 시행문으로 갈음할 수 있도록 생산등록번호·접수등록번호·수신자·시행일 및 접수일 등의 항목을 넣어야 한다.

④ 법령에서 서식에 날인하여야 한다고 정하고 있지 아니하면 서명이나 날인을 선택할 수 있도록 하여야 한다.

⑤ 서식에는 가능하면 행정기관의 로고·상징·마크·홍보문구 등을 표시하여 행정기관의 이미지를 높일 수 있도록 하여야 한다.

⑥ 민원서식에는 민원인의 편의를 도모하기 위하여 그 민원업무의 처리흐름도, 처리기간, 전자적 처리가 가능한지 등을 표시하여야 하며, 음성정보나 영상정보 등을 수록하거나 연계한 바코드 등을 표기할 수 있다.

⑦ 서식에는 용지의 규격과 지질을 표시하여야 한다.

⑧ 제1항부터 제7항까지에서 규정한 사항 외에 서식 설계에 관한 세부 기준은 행정안전부령으로 정한다. 〈개정 2013. 3. 23., 2014. 11. 19., 2017. 7. 26.〉

제29조(서식의 승인 등) ① 중앙행정기관이 제27조 제1항 각 호 외의 부분 본문에 따라 법령으로 서식을 제정하거나 변경하려는 경우에는 제28조에 따라 설계하여야 한다. 이 경우 서식을 제정하려는 경우에는 행정안전부장관의 승인을 받아야 하며, 서식을 변경하려는 경우에는 해당 중앙행정기관의 장은 제28조에 따른 원칙과 기준에 따라 자체심사를 하여야 한다. 〈개정 2013. 3. 23., 2014. 11. 19., 2015. 8. 3., 2017. 7. 26.〉

② 중앙행정기관의 소속기관이 서식을 정하거나 변경하려는 경우에는 제28조에 따라 설계하여 소속 중앙행정기관의 장의 승인을 받아야 한다.

③ 제1항 및 제2항에 따라 승인된 서식을 업무관리시스템, 행정정보시스템 등에서 그대로 사용할 수 없는 경우에는 서식의 주요 내용을 변경하지 아니하는 범위에서 기재항목 또는 형식 등을 변경할 수 있고, 필요한 경우에는 단순히 자구, 활자크기, 용지의 지질 등을 변경하여 사용할 수 있다. 이 경우 제1항 및 제2항에도 불구하고 사후통보로 승인을 갈음할 수 있다.

④ 서식을 제정한 기관은 그 서식을 폐지하였을 때에는 지체 없이 그 서식을 승인한 기관에 그 사실을 통보하여야 한다.

⑤ 제27조 제1항 각 호 외의 부분 본문에 따른 서식 외에 지방자치단체의 장이나 지방교육행정기관의 장은 소관 업무의 수행을 위하여 필요한 서식을 제28조에 따라 정할 수 있다.

제30조(서식 승인의 신청) ① 중앙행정기관은 해당 법령의 입법예고와 동시에 제29조 제1항에 따른 서식 승인의 신청을 하여야 한다.

② 둘 이상 기관의 업무에 관계되는 서식은 관계 기관 간의 사전 협의를 거쳐 승인을 신청하여야 한다.

제31조(서식의 제공) 행정기관의 장은 정보통신망을 이용하여 소관 업무와 관련된 서식을 제공하여 국민이 편리하게 그 서식을 사용할 수 있도록 노력하여야 한다.

제32조(서식에 해당 국가 언어의 병기 등) 재외공관의 장은 재외공관에서 사용하는 서식에 그 국가의 언어를 함께 적어 사용하게 하거나 그 국가의 언어로 번역한 서식을 사용하게 할 수 있다. 〈개정 2021. 1. 5.〉

제33조(관인의 종류 및 비치) ① 관인은 행정기관의 명의로 발신하거나 교부하는 문서에 사용하는 청인(廳印)과 행정기관의 장이나 보조기관의 명의로 발신하거나 교부하는 문서에 사용하는 직인(職印)으로 구분한다.

② 각급 행정기관은 다음 각 호의 구분에 따라 관인을 가진다.

　1. 합의제기관은 청인을 가진다. 다만, 행정기관의 소관 사무에 관한 자문에 응하기 위하여 설립된 합의제기관은 필요한 경우에만 청인을 가진다.

　2. 제1호 외의 기관은 그 기관장의 직인을 가진다.

　3. 「정부조직법」 제6조 제2항에 따라 보조기관이 위임받은 사무를 행정기관으로서 처리하는 경우에는 그 사무 처리를 위하여 직인을 가진다.

　4. 합의제기관의 장이 법령에 따라 합의제기관의 장으로서 사무를 처리하는 경우에는 그 사무 처리를 위하여 직인을 가질 수 있다.

③ 각급 행정기관은 전자문서에 사용하기 위하여 전자이미지관인을 가진다.

제34조(특수 관인) ① 행정기관의 장은 유가증권 등 특수한 증표 발행, 민원업무 또는 재무에 관한 업무 등 특수한 업무 처리에 사용하는 관인을 따로 가질 수 있다.

② 세입징수관, 지출관, 회계 등 재무에 관한 업무를 담당하는 공무원의 직인은 기획재정부장관이, 국립의 각급 학교에서 사용하는 관인은 교육부장관이, 외교부와 재외공관에서 외교문서에 사용하는 관인은 외교부장관이, 검찰기관에서 사용하는 관인은 법무부장관이, 군 기관에서 사용하는 관인은 국방부장관이 각각 그 규격과 등록 등 관리에 필요한 사항을 정한다. 〈개정 2013. 3. 23.〉

제35조(규격) 관인의 모양은 별표의 규격을 초과하지 아니하는 범위에서 행정기관의 장이 정한다.

제36조(등록) ① 행정기관은 행정안전부령으로 정하는 바에 따라 관인의 인영을 그 행정기관의 관인대장에 등록하여야 하며, 전자이미지관인의 인영은 그 행정기관의 전자이미지관인대장에 등록하여야 한다. 다만, 부득이한 경우에는 그 행정기관의 바로 위 상급기관에 등록할 수 있다. 〈개정 2013. 3. 23., 2014. 11. 19., 2017. 7. 26.〉

② 행정기관은 제1항에 따라 등록하지 아니한 관인을 사용할 수 없다.

③ 행정기관의 장은 관인을 위조·변조하거나 부정하게 사용하지 못하도록 필요한 조치를 하여야 한다.

제37조(재등록 및 폐기) ① 행정기관이 관인을 분실하거나 닳아 없어지는 등의 사유로 관인을 갱신할 때에는 제36조에 따라 등록한 행정기관에 갱신한 관인을 등록(이하 "재등록"이라 한다)해야 한다. 〈개정 2021. 1. 5.〉

② 행정기관이 관인을 폐기할 때에는 행정안전부령으로 정하는 바에 따라 관인대장에 관인 폐기일과 폐기 사유 등을 적고, 그 관인을 제39조에 따른 관인폐기 공고문과 함께 「공공기록물 관리에 관한 법률」에 따른 영구기록물관리기관에 이관하여야 한다. 이 경우 영구기록물관리기관은 폐기된 관인이 사용되거나 유출되지 아니하도록 하여야 한다. 〈개정 2013. 3. 23., 2014. 11. 19., 2017. 7. 26.〉

③ 전자이미지관인을 사용하는 기관은 관인을 폐기하거나 재등록한 경우 즉시 사용 중인 전자이미지관인을 삭제하고, 재등록한 관인의 인영을 전자이미지관인으로 재등록하여 사용하여야 한다.

④ 전자이미지관인을 사용하는 기관은 사용 중인 전자이미지관인의 인영의 원형이 제대로 표시되지 아니하는 경우 전자이미지관인을 재등록하여 사용하여야 한다.

⑤ 제3항과 제4항에 따라 전자이미지관인을 폐기하거나 재등록하는 경우 전자이미지관인대장에 그 사

유를 적어야 한다.

제38조(전자이미지관인의 제출 및 관리) ① 둘 이상의 행정기관이 공동으로 사용하는 행정정보시스템을 구축·운영하는 행정기관의 장(이하 이 조에서 "행정정보시스템 운영기관장"이라 한다)은 그 행정정보시스템에 전자이미지관인을 전자입력하기 위하여 그 행정정보시스템을 사용하는 행정기관의 장에게 전자이미지관인을 제출하게 할 수 있다.

② 제1항에 따라 전자이미지관인을 제출한 행정기관의 장은 제37조에 따라 전자이미지관인을 재등록하거나 폐기하려는 경우에는 그 사실을 지체 없이 행정정보시스템 운영기관장에게 통보하여야 한다.

③ 제37조에 따라 전자이미지관인을 재등록하거나 폐기한 행정기관의 장은 공동으로 사용하는 행정정보시스템에 재등록한 전자이미지관인을 전자입력하거나 폐기한 전자이미지관인을 삭제하여야 한다. 다만, 직접 전자이미지관인을 전자입력하거나 삭제할 수 없는 경우에는 행정정보시스템 운영기관장이 제37조에 따라 재등록된 전자이미지관인을 제출받아 전자입력하거나 폐기된 전자이미지관인을 삭제할 수 있다.

제39조(공고) 제36조에 따른 등록기관은 관인을 등록 또는 재등록하거나 폐기하였을 때에는 행정안전부령으로 정하는 바에 따라 그 사실을 관보에 공고하여야 한다. 〈개정 2013. 3. 23., 2014. 11. 19., 2017. 7. 26.〉

제40조(공인) 지방자치단체의 기관에서 사용하는 공인(公印)에 관하여는 이 절의 규정에도 불구하고 그 지방자치단체의 조례로 정하는 바에 따른다.

제3장 행정업무의 효율적 수행

제1절 행정협업의 촉진 〈개정 2016. 4. 26.〉

제41조(행정협업의 촉진) ① 행정기관의 장은 업무의 효율성을 높이고 행정서비스에 대한 국민의 만족도를 높이기 위하여 다른 행정기관과 공동의 목표를 설정하고 해당 행정기관 상호간의 기능을 연계하거나 시설·장비 및 정보 등을 공동으로 활용하는 방식의 행정기관 간 협업(이하 "행정협업"이라 한다)을 촉진하고 이에 적합한 업무과제(이하 "행정협업과제"라 한다)를 발굴하여야 한다. 이 경우 행정기관의 장은 발굴한 행정협업과제 수행을 위하여 노력하여야 한다. 〈개정 2016. 4. 26.〉

② 행정협업과제는 다음 각 호의 어느 하나에 해당하는 업무를 대상으로 한다. 〈신설 2016. 4. 26.〉

　　1. 다수의 행정기관이 공동으로 수행할 필요가 있는 업무

　　2. 다른 행정기관의 행정지원을 필요로 하는 업무

　　3. 법령에 따라 다른 행정기관의 인가·승인 등을 거쳐야 하는 업무

　　4. 행정기관 간 행정정보의 공유 또는 제46조의4에 따른 행정정보시스템의 상호 연계나 통합이 필요한 업무

　　5. 그 밖에 다른 행정기관의 협의·동의 및 의견조회 등이 필요한 업무

③ 행정안전부장관은 행정협업을 촉진하기 위한 계획을 수립·시행할 수 있다. 〈개정 2013. 3. 23., 2014. 11. 19., 2016. 4. 26., 2017. 7. 26.〉

④ 행정안전부장관은 필요하다고 인정하는 경우 국무조정실장에게 행정협업의 촉진에 필요한 지원을 요청할 수 있다. 〈신설 2016. 4. 26., 2017. 7. 26.〉

[제44조에서 이동, 종전 제41조는 삭제]

제42조(행정협업과제의 등록) ① 행정기관의 장은 제41조 제1항 전단에 따라 발굴한 과제를 행정안전부
장관이 정하는 바에 따라 제46조의2에 따른 행정협업시스템에 등록·관리하여야 한다. 이 경우 행정
기관의 장은 등록하려는 행정협업과제를 공동으로 수행할 관련 행정기관의 장과 사전에 협의하여야
하며, 협의를 요청받은 행정기관의 장은 협조하여야 한다. 〈개정 2017. 7. 26.〉

② 행정기관의 장은 제1항에 따라 행정협업과제를 행정협업시스템에 등록하려는 경우에는 다음 각 호
의 사항을 포함하여 등록하여야 한다. 〈개정 2017. 7. 26.〉

1. 행정협업과제의 주관부서 및 과제담당자와 협업부서 및 담당자
2. 행정협업과제와 관련된 다른 행정기관의 단위과제
3. 행정협업과제의 이력, 내용 및 취지
4. 그 밖에 행정안전부장관이 정하는 사항

[본조신설 2016. 4. 26.]

[종전 제42조는 제46조의2로 이동 〈2016. 4. 26.〉]

제43조(행정협업과제의 추가 발굴 등) ① 행정안전부장관은 행정협업을 촉진하기 위하여 제41조 제1항
전단에 따라 행정기관의 장이 발굴한 행정협업과제 외의 행정협업과제를 추가로 발굴할 수 있다. 〈개
정 2017. 7. 26.〉

② 행정안전부장관은 제1항에 따라 행정협업과제를 추가로 발굴하기 위하여 필요한 경우에는 행정기
관, 국민, 공공기관, 민간 기업 또는 단체 등을 대상으로 다음 각 호의 사항과 관련된 행정협업의 수요,
현황 및 애로사항 등을 조사할 수 있다. 〈개정 2017. 7. 26.〉

1. 목표달성을 위하여 다수의 행정기관이 함께 협력할 필요가 있고 구심적 역할을 수행하는 행정
기관이 필요한 정책 또는 사업
2. 행정기관 간 협력을 통하여 비용 또는 예산을 절감할 수 있는 정책 또는 사업
3. 행정기관 간 이해상충 가능성이 높아 이견에 대한 협의·조정이 필요한 정책 또는 사업
4. 그 밖에 관련 행정기관과의 협의 결과 행정협업과제 발굴을 위하여 필요하다고 인정하는 사항

③ 행정안전부장관은 제2항에 따른 조사의 전문성 및 효율성을 높이기 위하여 필요한 경우에는 행정안
전부장관이 정하는 바에 따라 관련 학회 등 연구단체, 전문기관 또는 민간 기업에 제1항 각 호의 사항
의 전부 또는 일부에 관한 조사를 의뢰할 수 있다. 〈개정 2017. 7. 26.〉

④ 행정안전부장관은 제2항에 따른 조사 결과로 발굴된 행정협업과제를 관련 행정기관과의 협의를 통
하여 확정한다. 〈개정 2017. 7. 26.〉

⑤ 행정안전부장관은 제4항에 따라 확정된 행정협업과제를 제46조의2에 따른 행정협업시스템에 등록
·관리하여야 한다. 〈개정 2017. 7. 26.〉

⑥ 제5항에 따른 행정협업과제의 등록 사항에 관하여는 제42조 제2항을 준용한다.

[본조신설 2016. 4. 26.]

[종전 제43조는 제46조의3으로 이동 〈2016. 4. 26.〉]

제44조(행정협업과제의 점검·관리 및 지원) ① 행정협업과제를 수행하는 행정기관은 관련 행정기관과
협조하여 그 진행 상황을 지속적으로 점검하여야 한다. 〈개정 2016. 4. 26.〉

② 행정기관의 장은 그 행정기관의 행정협업과제의 수행 성과를 평가·분석하고 체계적으로 관리하여
야 한다. 〈개정 2016. 4. 26.〉

③ 행정안전부장관은 필요하다고 인정하거나 관련 행정기관이 요청한 경우에는 행정협업과제의 수행에 필요한 지원을 할 수 있다. 〈개정 2016. 4. 26., 2017. 7. 26.〉

④ 행정안전부장관은 행정협업과제의 발굴 및 수행 과정에서 관련 행정기관 간 이견이 발생하는 경우 제46조 제1항에 따라 임명된 관련 행정기관의 협업책임관 간의 회의 등을 통하여 원활한 협의가 이루어질 수 있도록 필요한 지원을 할 수 있다. 〈신설 2016. 4. 26., 2017. 7. 26.〉

[제목개정 2016. 4. 26.]

[제46조에서 이동, 종전 제44조는 제41조로 이동 〈2016. 4. 26.〉]

제44조의2

[제44조의2는 제46조의4로 이동 〈2016. 4. 26.〉]

제44조의3

[제44조의3은 제46조의5로 이동 〈2016. 4. 26.〉]

제45조(협의체 구성 및 업무협약 체결) 행정기관은 행정협업과제의 효율적인 수행을 위하여 필요한 경우 관련 행정기관과 협의체를 구성하거나 행정협업과제의 목적, 협력 범위 및 기능 분담 등에 관한 업무협약을 체결할 수 있다. 〈개정 2016. 4. 26.〉

제46조(협업책임관) ① 행정기관의 장은 소속 기획조정실장 또는 이에 준하는 직위의 공무원을 해당 행정기관의 행정협업에 관한 업무를 총괄하는 책임관(이하 "협업책임관"이라 한다)으로 임명하여야 한다.

② 협업책임관의 업무는 다음 각 호와 같다. 〈개정 2017. 10. 17.〉

　　1. 해당 행정기관의 행정협업 과제 발굴 및 수행의 총괄

　　2. 해당 행정기관의 행정정보시스템의 다른 행정기관과의 연계 및 효율적 운영에 관한 총괄 관리

　　3. 해당 행정기관의 행정협업 촉진을 위한 행정업무 절차, 관련 제도 등의 정비·개선

　　4. 해당 행정기관의 행정협업과제 수행과 관련된 다른 행정기관과의 협의·조정

　　5. 해당 행정기관의 공공기관, 기업, 단체 등과의 협업 추진에 관한 업무를 총괄하는 부서의 지정·운영

　　6. 그 밖에 행정협업의 촉진을 위하여 필요한 업무

③ 행정기관의 장은 제1항에 따라 협업책임관을 임명한 경우에는 행정안전부장관이 정하는 바에 따라 그 사실을 제46조의2에 따른 행정협업시스템에 등록하여야 한다. 〈개정 2017. 7. 26.〉

[본조신설 2016. 4. 26.]

[종전 제46조는 제44조로 이동 〈2016. 4. 26.〉]

제46조의2(행정협업시스템의 구축·운영) ① 행정안전부장관은 행정협업이 원활하게 수행되도록 실시간 의사소통이 가능하고 공동작업 및 실적관리가 필요한 업무를 등록·관리할 수 있는 전자적 협업지원시스템(이하 "행정협업시스템"이라 한다)을 구축하여야 한다. 〈개정 2014. 2. 18., 2014. 11. 19., 2016. 4. 26., 2017. 7. 26.〉

② 행정기관의 장은 행정협업시스템을 이용하여 행정협업을 수행하도록 노력하여야 하며, 행정협업시스템을 이용하여 행정협업을 요청하거나 요청받은 행정기관은 관련문서 등을 행정협업시스템을 통하여 공동으로 이용할 수 있도록 하여야 한다. 다만, 업무의 성질상 행정협업시스템을 통하여 공동으로 이용하는 것이 곤란하거나 그 밖의 특별한 사정이 있는 경우에는 그러하지 아니하다. 〈개정 2016. 4. 26.〉

③ 제1항 및 제2항에서 규정한 사항 외에 행정협업시스템의 구축·운영 등에 필요한 세부 사항은 행정안

전부장관이 정한다. 〈개정 2013. 3. 23., 2014. 11. 19., 2016. 4. 26., 2017. 7. 26.〉

[제목개정 2016. 4. 26.]

[제42조에서 이동 〈2016. 4. 26.〉]

제46조의3(행정협업시스템의 활용 촉진) ① 행정기관의 장은 소관 업무 중 행정협업시스템을 이용하여 업무를 수행한 실적 등 행정협업시스템 활용 실태를 평가·분석하고 그 활용을 촉진하여야 한다. 〈개정 2016. 4. 26.〉

② 행정안전부장관은 각급 행정기관의 행정협업시스템 활용 실태를 점검·평가하고 필요한 지원을 할 수 있다. 〈개정 2013. 3. 23., 2014. 11. 19., 2016. 4. 26., 2017. 7. 26.〉

[제목개정 2016. 4. 26.]

[제43조에서 이동 〈2016. 4. 26.〉]

제46조의4(행정정보시스템의 상호 연계 및 통합) ① 행정협업과제를 수행하는 행정기관의 장은 행정협업 과제의 원활한 추진을 위하여 행정기관 간 행정정보시스템의 상호 연계나 통합을 적극적으로 추진하여야 한다. 〈개정 2016. 4. 26.〉

② 행정안전부장관은 행정협업과제의 수행을 위하여 필요하다고 인정되거나 관련 행정기관의 지원 요청이 있는 경우 행정정보시스템의 연계·통합에 필요한 지원을 할 수 있다. 〈개정 2014. 11. 19., 2016. 4. 26., 2017. 7. 26.〉

[본조신설 2014. 2. 18.]

[제44조의2에서 이동 〈2016. 4. 26.〉]

제46조의5(행정협업조직의 설치) ① 행정기관의 장은 다수의 행정기관이 수행하는 사무의 목적, 대상 또는 관할구역 등이 유사하거나 연관성이 높은 경우에는 관련 기능, 업무처리절차 및 정보시스템 등을 연계·통합하거나 시설·인력 등을 공동으로 활용하는 등 협력하여 업무를 수행하는 조직(이하 "행정협업조직"이라 한다)을 설치·운영할 수 있다. 〈개정 2016. 4. 26.〉

② 제1항에 따라 행정협업조직 설치·운영에 참여하는 관계 행정기관의 장은 해당 행정협업조직의 운영을 위하여 필요한 공동운영규정을 제정할 수 있다. 〈개정 2016. 4. 26.〉

[본조신설 2015. 8. 3.]

[제목개정 2016. 4. 26.]

[제44조의3에서 이동 〈2016. 4. 26.〉]

제46조의6(행정협업 관련 시설 등의 확보) ① 행정기관의 장은 행정협업의 효율적 수행을 위하여 필요한 경우 공동시설·공간·설비 등을 마련하여 다른 행정기관에 제공할 수 있다.

② 행정안전부장관은 「전자정부법」 제32조에 따라 전자적 행정업무 수행을 위하여 정부가 설치한 시설이 행정협업 관련 시설로 활용되거나 연계되도록 노력하여야 한다. 〈개정 2017. 7. 26.〉

[본조신설 2016. 4. 26.]

제46조의7(행정협업문화의 조성 및 국제협력 등) ① 행정안전부장관은 행정협업에 대한 인식을 높이고, 행정협업문화를 조성하기 위하여 다음 각 호의 사업을 추진할 수 있다. 〈개정 2017. 7. 26., 2017. 10. 17.〉

　1. 행정협업 우수사례의 발굴·포상 및 홍보

　2. 행정협업 활성화를 위한 자문 등 전문인력 및 기술지원

　3. 행정협업 활성화를 위한 포럼 및 세미나 개최

　4. 행정협업 활성화를 위한 교육콘텐츠의 개발·보급

5. 행정협업 활성화를 위한 정책연구 및 제도개선 사업

6. 행정협업 활성화를 위한 사무공간 혁신 등 조직문화 조성

7. 그 밖에 행정협업의 활성화에 필요한 사업

② 행정안전부장관은 행정협업의 참고사례 발굴 및 우수사례의 전파, 전문인력의 양성 및 교류, 관련 전문기술의 확보 등을 위하여 국제협력을 적극적으로 추진하여야 한다. 〈개정 2017. 7. 26.〉

③ 행정기관의 장은 행정협업이 원활하게 수행될 수 있도록 조직 내 활발한 소통을 유도하는 사무공간을 마련하는 데 노력하여야 한다. 〈신설 2017. 10. 17.〉

[본조신설 2016. 4. 26.]

제46조의8(행정협업우수기관 포상 및 홍보 등) ① 행정안전부장관은 행정협업성과가 우수한 행정기관을 선정하여 포상 또는 홍보할 수 있다. 〈개정 2017. 7. 26.〉

② 행정기관의 장은 행정협업에 이바지한 공로가 뚜렷한 공무원 등을 포상하고 인사상 우대조치 등을 할 수 있다.

[본조신설 2016. 4. 26.]

제3절   지식행정의 활성화

제47조(행정기관의 지식행정 활성화) ① 행정기관의 장은 해당 기관의 행정정보(「전자정부법」 제2조 제6호에 따른 행정정보를 말한다), 행정업무 수행의 경험 및 업무에 관한 지식(이하 "행정지식"이라 한다)의 공동이용 등을 통하여 정책과 행정서비스의 질을 높이는 방식의 행정(이하 "지식행정"이라 한다)을 활성화하도록 노력하여야 한다. 〈개정 2014. 2. 18.〉

② 중앙행정기관, 지방자치단체 및 지방교육행정기관의 장은 다음 각 호의 사항을 포함하는 지식행정 활성화계획을 매년 수립·시행하여야 한다. 다만, 「전자정부법 시행령」 제35조 제1항에 따른 행정지식관리시스템(이하 "행정지식관리시스템"이라 한다)을 구축·운영하지 아니하는 경우에는 제4호의 사항은 제외할 수 있다. 〈개정 2016. 4. 26., 2017. 10. 17.〉

1. 지식행정의 목표 및 활용 전략

2. 지식행정 담당자의 지정

   2의2. 연구모임에 관한 사항

   2의3. 지식정보의 수집·관리·활용 방안

3. 지식행정 활성화를 위한 평가·보상 방안

4. 행정지식관리시스템의 관리자의 지정 및 운영에 관한 사항

5. 그 밖에 지식행정 활성화를 위하여 필요한 사항

③ 행정기관의 장은 특별한 사유가 없으면 전자문서시스템, 업무관리시스템, 행정지식관리시스템 등 각종 행정정보시스템과 「전자정부법 시행령」 제35조 제3항에 따라 행정안전부장관이 구축·운영하는 행정지식의 공동 활용을 위한 시스템(이하 "정부통합지식행정시스템"이라 한다)을 연계하여 행정지식이 범정부적으로 활용·관리되도록 하여야 한다. 〈개정 2013. 3. 23., 2014. 2. 18., 2014. 11. 19., 2017. 7. 26.〉

제48조(정부지식행정활성화계획) 행정안전부장관은 행정기관의 지식행정 활성화를 위하여 다음 각 호의 사항을 포함하는 정부지식행정활성화계획을 매년 수립·시행하여야 한다. 〈개정 2013. 3. 23., 2014. 11. 19., 2017. 7. 26., 2017. 10. 17.〉

1. 정부 지식행정 활성화 추진 전략
2. 행정지식관리시스템과 정부통합지식행정시스템의 운영 및 활용 실태의 점검·평가에 관한 사항
3. 지식행정 우수사례 발굴·포상에 관한 사항
4. 분야별 전문가가 질의에 답변하는 운영방식 등 전문지식 활용 촉진에 관한 사항
5. 그 밖에 정부 지식행정 활성화를 위하여 필요한 지원 등에 관한 사항

제4절　정책연구의 관리

제49조(정책연구) 중앙행정기관(그 소속기관을 포함한다. 이하 이 절에서 같다)의 장은 정책의 개발 또
는 주요 정책현안에 대한 조사·연구 등을 목적으로 정책연구를 수행할 자(이하 "연구자"라 한다)와
의 계약을 통하여 정책연구를 하게 할 수 있다.

제50조(정책연구심의위원회 설치) ① 중앙행정기관의 장은 제49조에 따른 계약을 통한 정책연구(이하
"정책연구"라 한다)에 관한 다음 각 호의 사항을 심의하기 위하여 정책연구심의위원회(이하 이 절에
서 "위원회"라 한다)를 둔다.
　　1. 연구과제와 연구자의 선정에 관한 사항
　　2. 연구결과의 평가에 관한 사항
　　3. 연구결과의 활용상황 점검 및 공개 등에 관한 사항
　　4. 그 밖에 정책연구의 체계적인 관리를 위하여 필요한 사항
② 위원회는 위원회의 업무를 효율적으로 수행하기 위하여 필요하면 소위원회를 둘 수 있으며, 제1항
각 호의 사항 중에서 연구과제의 선정을 제외한 사항에 대한 심의를 소위원회에 위임할 수 있다. 이
경우 위원회는 소위원회의 심의 내용을 확인·점검할 수 있다.
③ 위원회나 소위원회의 위원은 본인 또는 본인의 배우자, 4촌 이내의 혈족, 2촌 이내의 인척 또는 그
사람이 속한 기관·단체와의 정책연구 계약에 관한 사항의 심의·의결에 관여하지 못한다.
④ 제1항부터 제3항까지에서 규정한 사항 외에 위원회와 소위원회의 구성·운영 등에 필요한 사항은
행정안전부령으로 정한다. 〈개정 2013. 3. 23., 2014. 11. 19., 2017. 7. 26.〉

제51조(연구과제와 연구자의 선정) ① 중앙행정기관의 장은 공정하고 투명하게 정책연구가 이루어지도
록 위원회의 심의를 거쳐 연구과제를 선정하여야 하며 연구과제별로 담당부서의 과장급 공무원을 과
제담당관으로 지정하여야 한다. 다만, 다음 각 호의 어느 하나에 해당하는 경우에는 위원회의 심의를
거치지 아니한다.
　　1. 제2항 각 호에 따라 위원회의 심의를 거치지 아니하고 연구자를 선정하여 정책연구를 하는 경
　　　우 중 긴급하게 정책연구를 할 필요가 있어 연구과제를 선정하는 경우
　　2. 예산의 편성에 따라 특정 사업 수행의 일부로 정책연구 사업이 정해진 경우로서 그 사업을 주
　　　관하는 부서의 장이 그 사업의 내용에 따라 연구과제를 선정하는 경우
② 중앙행정기관의 장은 「국가를 당사자로 하는 계약에 관한 법률」에 따른 계약의 방법으로 연구자를
선정하되, 같은 법에 따라 계약상대자를 결정하기 전에 연구자 선정에 관하여 위원회의 심의를 거쳐
야 한다. 다만, 다음 각 호의 어느 하나에 해당하는 경우에는 위원회의 심의를 거치지 아니한다.
　　1. 「국가를 당사자로 하는 계약에 관한 법률」 제7조 본문에 따른 일반경쟁 방식으로 연구자를 선
　　　정하는 경우
　　2. 「국가를 당사자로 하는 계약에 관한 법률 시행령」 제13조에 따른 입찰참가자격 사전심사를 하

는 경우

3. 「국가를 당사자로 하는 계약에 관한 법률 시행령」 제43조 제1항에 따라 제안서를 제출받아 평가하는 경우

제52조(연구결과의 평가 및 활용) 중앙행정기관의 장은 정책연구가 종료된 후 그 정책연구결과를 평가하여야 하며, 정책연구 종료일부터 6개월 이내에 정책연구결과 활용상황을 점검하여야 한다. 이 경우 정책연구결과 평가 및 활용상황 점검에 관한 사항은 위원회의 심의를 거쳐야 한다.

제53조(정책연구관리시스템의 구축ㆍ운영) 행정안전부장관은 중앙행정기관이 전자적으로 정책연구과정을 관리하고 정책연구결과를 공동으로 이용할 수 있도록 정책연구관리시스템을 구축ㆍ운영하여야 한다. 〈개정 2013. 3. 23., 2014. 11. 19., 2017. 7. 26.〉

제54조(정책연구의 공개) ① 중앙행정기관의 장은 다음 각 호의 사항을 그 공개가 가능한 때에 지체 없이 정책연구관리시스템을 통하여 공개하여야 한다. 〈개정 2014. 2. 18.〉

1. 정책연구의 계약 체결 내용
2. 정책연구결과 및 그 평가 결과
3. 정책연구결과 활용상황
4. 그 밖에 중앙행정기관의 장이 필요하다고 인정하는 정책연구에 관한 사항

② 지방자치단체의 장은 정책연구가 종료된 후 제1항 제2호에 따른 정책연구결과를 해당 지방자치단체의 조례로 정하는 바에 따라 정책연구관리시스템을 통하여 공개하여야 한다. 〈신설 2014. 2. 18., 2017. 10. 17.〉

③ 「공공기관의 정보공개에 관한 법률」 제9조에 따른 비공개 대상 정보에 대해서는 제1항 및 제2항을 적용하지 아니한다. 〈신설 2014. 2. 18.〉

제55조(기관별 성과점검 등 관리) ① 중앙행정기관의 장은 매년 기관의 정책연구 추진과정, 연구결과의 공개 및 활용상황 등을 점검하여야 한다.

② 행정안전부장관은 제1항에 따른 기관별 점검사항을 종합하여 정책연구의 성과를 점검할 수 있다. 〈개정 2013. 3. 23., 2014. 11. 19., 2017. 7. 26.〉

③ 행정안전부장관은 제2항에 따른 종합점검 결과를 해당 중앙행정기관의 장, 기획재정부장관 및 감사원장에게 통보할 수 있다. 〈개정 2013. 3. 23., 2014. 11. 19., 2017. 7. 26.〉

④ 기획재정부장관은 제3항에 따라 행정안전부장관으로부터 통보받은 점검결과를 다음 해 예산을 편성할 때에 반영할 수 있다. 〈개정 2013. 3. 23., 2014. 11. 19., 2017. 7. 26.〉

제56조(다른 법령에 따라 관리되는 정책연구 등) 중앙행정기관이 다음 각 호의 어느 하나에 해당하는 연구 또는 조사를 하는 경우에는 이 절의 규정을 적용하지 아니한다. 〈개정 2012. 1. 20., 2013. 3. 23., 2014. 11. 19., 2017. 7. 26.〉

1. 「과학기술기본법」 제11조에 따른 국가연구개발사업의 연구
2. 「학술진흥법」에 따른 학술연구
3. 「국민건강증진법」 제19조에 따른 건강증진사업 관련 조사ㆍ연구
4. 기술ㆍ전산ㆍ임상 연구, 그 밖의 단순 반복적인 설문조사
5. 대가로 지급하는 금액이 1천만원 이하인 조사ㆍ연구
6. 그 밖에 다른 법령에 따라 관리되고 있는 연구로서 행정안전부장관이 정하는 연구

제5절 영상회의의 운영

제57조(영상회의실의 설치·운영 및 지정) ① 행정기관의 장은 다음 각 호의 회의를 개최하기 위하여 영상회의실을 설치·운영할 수 있다. 〈개정 2013. 3. 23., 2014. 2. 18.〉

1. 국무회의 및 차관회의
2. 장관·차관이 참석하는 회의
3. 둘 이상의 정부청사에 위치한 기관 간에 개최하는 회의
4. 정부청사에 위치한 기관과 지방자치단체 간에 개최하는 회의
5. 그 밖에 원격지(遠隔地)에 위치한 기관 간 회의

② 행정안전부장관은 제1항 각 호의 회의를 개최하기 위하여 정부영상회의실을 설치·운영하거나 행정기관이 공동으로 사용할 수 있는 영상회의실을 지정할 수 있다. 이 경우 행정안전부장관은 원활한 공동사용을 위하여 필요한 지원을 할 수 있다. 〈개정 2014. 2. 18., 2014. 11. 19., 2017. 7. 26.〉

③ 행정안전부장관이 제2항에 따라 지정한 영상회의실을 운영하는 행정기관의 장은 다른 기관이 영상회의실 사용을 요청하면 적극 협조하여야 한다. 〈개정 2014. 2. 18., 2014. 11. 19., 2017. 7. 26.〉

④ 제1항부터 제3항까지에서 규정한 사항 외에 영상회의실 및 정부영상회의실의 설치·운영, 지정 등에 필요한 사항은 행정안전부령으로 정한다. 〈개정 2014. 2. 18., 2014. 11. 19., 2017. 7. 26.〉

⑤ 삭제 〈2014. 2. 18.〉

[제목개정 2014. 2. 18.]

제58조(영상회의시스템의 구축 및 연계·운영) ① 행정기관의 장은 영상회의시스템을 구축하는 경우에 특별한 사유가 없으면 행정안전부장관이 정하는 기술규격에 적합하도록 하여 다른 행정기관 등의 영상회의시스템과 연계하여 운영할 수 있도록 하여야 한다. 〈개정 2013. 3. 23., 2014. 2. 18., 2014. 11. 19., 2017. 7. 26.〉

② 행정안전부장관은 영상회의실의 연계를 원활히 하고, 이용 편의를 높이기 위하여 공통기반 및 통합이용 시스템을 구축·운영할 수 있다. 〈신설 2014. 2. 18., 2014. 11. 19., 2017. 7. 26.〉

제59조(영상회의시스템 이용 활성화) ① 행정기관의 장은 원격지에 위치한 기관 간에 회의를 개최하는 경우 영상회의를 우선적으로 활용하여야 한다.

② 행정안전부장관은 영상회의를 활용하여야 하는 주요 회의와 이용 목표를 정하여 행정기관의 장에게 영상회의를 적극 활용할 것을 요청할 수 있다. 이 경우 행정기관의 장은 특별한 사유가 없으면 요청에 따라야 한다. 〈개정 2014. 11. 19., 2017. 7. 26.〉

③ 행정안전부장관은 행정기관의 영상회의 활용실적을 정기적으로 점검·평가할 수 있다. 〈개정 2014. 11. 19., 2017. 7. 26.〉

④ 행정기관의 장은 해당 기관의 영상회의를 총괄적으로 관리하기 위하여 영상회의 책임관과 영상회의 전담부서를 지정하여야 한다.

⑤ 영상회의 책임관은 해당 기관의 영상회의 현황 및 영상회의 실적관리, 영상회의 활성화 계획의 수립·이행 등의 임무를 수행한다.

⑥ 행정안전부장관은 행정기관의 영상회의 활성화를 위하여 영상회의 이용 홍보 및 교육, 영상회의 책임관 회의 개최, 행정기관별 영상회의 활용 우수사례 발굴·공유 및 우수기관 포상 등을 할 수 있다. 〈개정 2014. 11. 19., 2017. 7. 26.〉

[전문개정 2014. 2. 18.]

제4장	행정업무의 관리

제60조(업무의 분장) 각 처리과의 장은 업무를 효율적으로 처리하고 책임소재를 명확하게 하기 위하여 소관 업무를 단위업무별로 분장하되, 소속 공무원 간의 업무량이 균형을 이룰 수 있도록 하여야 한다.

제61조(업무의 인계ㆍ인수) ① 공무원이 조직개편, 인사발령 또는 업무분장 조정 등의 사유로 업무를 인계ㆍ인수할 때에는 해당 업무에 관한 모든 사항이 구체적으로 나타나도록 행정안전부령으로 정하는 바에 따라 업무관리시스템이나 전자문서시스템을 이용하여 인계ㆍ인수하여야 한다. 〈개정 2013. 3. 23., 2014. 11. 19., 2017. 7. 26.〉

② 행정기관의 장은 제1항에 따른 인계ㆍ인수가 원활하게 이루어질 수 있도록 기능분류시스템의 자료를 최신의 정보로 유지하여야 한다.

제62조(업무편람의 작성ㆍ활용) ① 행정기관이 상당 기간에 걸쳐 반복적으로 하는 업무는 그 업무의 처리가 표준화ㆍ전문화될 수 있도록 업무편람을 작성하여 활용하는 것을 원칙으로 한다.

② 업무편람은 다음 각 호의 구분에 따라 행정편람과 직무편람으로 구분한다.

　　1. 행정편람: 업무처리 절차와 기준, 장비운용 방법, 그 밖의 일상적 근무규칙 등에 관하여 각 업무담당자에게 필요한 지침ㆍ기준 또는 지식을 제공하는 업무지도서 또는 업무참고서 등

　　2. 직무편람: 제60조에 따라 분장하는 단위업무에 대한 업무계획, 업무현황 및 그 밖의 참고자료 등을 체계적으로 정리한 업무 자료철 등

③ 행정기관의 장은 행정편람을 발간할 때 필요하면 그 기관의 공무원이나 관계 전문가에게 자문할 수 있다.

제63조(정책의 실명 관리) ① 행정기관의 장은 주요 정책의 결정이나 집행과 관련되는 다음 각 호의 사항을 종합적으로 기록ㆍ관리하여야 한다.

　　1. 주요 정책의 결정과 집행 과정에 참여한 관련자의 소속, 직급 또는 직위, 성명과 그 의견

　　2. 주요 정책의 결정이나 집행과 관련된 각종 계획서, 보고서, 회의ㆍ공청회ㆍ세미나 관련 자료 및 그 토의내용

② 행정기관의 장은 주요 정책의 결정을 위하여 회의ㆍ공청회ㆍ세미나 등을 개최하는 경우에는 일시, 참석자, 발언내용, 결정사항, 표결내용 등을 처리과의 직원으로 하여금 기록하게 하여야 한다.

③ 행정기관이 언론기관에 보도자료를 제공하는 경우에는 그 보도자료에 담당부서ㆍ담당자ㆍ연락처 등을 함께 적어야 한다.

제63조의2(정책실명제 책임관 지정) ① 행정기관의 장은 해당 기관의 정책실명제를 효율적으로 운영하기 위하여 기획조정실장 등 해당 기관의 기획 업무를 총괄하는 직위에 있는 공무원을 정책실명제 책임관으로 지정하여야 한다.

② 정책실명제 책임관은 다음 각 호의 임무를 수행한다.

　　1. 해당 기관의 정책실명제 활성화 계획 수립 및 시행

　　2. 해당 기관의 정책실명제 대상사업 선정 및 추진실적 공개

　　3. 자체 평가 및 교육

　　4. 그 밖에 해당 기관의 정책실명제 운영을 위하여 필요한 업무

[본조신설 2014. 2. 18.]

제63조의3(정책실명제 중점관리 대상 선정) ① 행정기관의 장은 다음 각 호의 사항 중에서 정책실명제 중점관리 대상사업을 선정하여 관리하여야 한다. 〈개정 2018. 11. 27.〉

　　1. 주요 국정 현안에 관한 사항

　　2. 대규모 예산이 투입되는 사업

　　3. 일정 규모 이상의 연구용역

　　4. 법령 또는 자치법규의 제정·개정 및 폐지

　　5. 제63조의5제1항에 따라 행정안전부장관이 정한 절차에 따라 국민이 신청한 사업

　　6. 그 밖에 중점관리가 필요한 사업

② 행정기관의 장은 제1항에 따른 정책실명제 중점관리 대상사업 선정을 위하여 자체 세부 기준을 마련하고, 심의위원회를 구성하여 심의를 거친 후 대상사업을 선정하여야 한다.

③ 행정기관의 장은 정책실명제 중점관리 대상사업의 추진실적을 해당 기관의 인터넷 홈페이지 등을 통하여 공개하여야 한다. 다만, 「공공기관의 정보공개에 관한 법률」 제9조에 따른 비공개 대상 정보에 해당하는 경우에는 그러하지 아니하다.

[본조신설 2014. 2. 18.]

제63조의4(정책실명제 평가) 행정안전부장관은 정책실명제의 활성화를 위하여 필요한 경우 각 행정기관의 정책실명제 추진실적 등을 평가할 수 있다. 〈개정 2014. 11. 19., 2017. 7. 26.〉

[본조신설 2014. 2. 18.]

제63조의5(정책실명제 세부 규정) ① 정책실명제 중점관리 대상사업 선정, 심의위원회의 구성, 정책실명제 추진실적 평가기준 및 그 밖에 정책실명제 운영을 위하여 필요한 세부 사항은 행정안전부장관이 정한다. 〈개정 2014. 11. 19., 2017. 7. 26.〉

② 이 영에서 규정한 사항 외에 지방자치단체에서 운영하는 정책실명제의 대상 및 범위 등에 관하여 필요한 세부 사항은 해당 지방자치단체의 조례로 정할 수 있다. 〈개정 2017. 12. 29.〉

[본조신설 2014. 2. 18.]

제64조(업무개선 및 행정효율성진단) ① 행정기관의 장은 국민에 대한 서비스의 질을 향상시키고 행정의 효율성을 높이기 위하여 지속적으로 해당 기관의 행정업무의 수행절차 및 방법을 개선하여야 한다.

② 행정안전부장관은 업무개선을 촉진하기 위하여 행정기관이 참여하는 행정업무 개선 우수사례 경진대회 등을 개최할 수 있으며, 우수사례에 대해서는 포상할 수 있다. 〈개정 2013. 3. 23., 2014. 11. 19., 2017. 7. 26.〉

③ 행정안전부장관은 행정기관의 업무 효율성 향상을 위하여 행정업무 수행의 절차와 방법, 수행체계 및 관련 제도 등을 분석하고 재설계하는 행정효율성진단을 하고 이에 따라 업무개선을 권고할 수 있다. 〈개정 2013. 3. 23., 2014. 11. 19., 2017. 7. 26.〉

④ 행정안전부장관은 다음 각 호의 어느 하나에 해당하는 진단 등을 할 때에 제3항에 따른 행정효율성진단 결과를 활용하게 할 수 있다. 〈개정 2013. 3. 23., 2014. 11. 19., 2017. 7. 26., 2018. 3. 30.〉

　　1. 「전자정부법」 제48조에 따른 행정기관의 업무 재설계

　　2. 「행정기관의 조직과 정원에 관한 통칙」 제32조에 따른 조직진단

⑤ 행정안전부장관은 행정효율성진단을 하는 경우 해당 분야에 대한 경험이나 전문능력을 가진 각급 행정기관 소속 공무원이나 관계 전문가의 지원을 받을 수 있다. 〈개정 2013. 3. 23., 2014. 11. 19., 2017. 7. 26.〉

제5장 보칙

제65조(행정업무 운영에 관한 교육) 행정기관의 장은 소속 공무원에 대하여 매년 1회 이상 행정업무의 효율성 증진을 위한 교육을 하여야 한다.

제66조(행정업무 운영에 관한 감사) 행정안전부장관이 필요하다고 인정하면 국무총리의 명을 받아 각급 행정기관에 대하여 이 영에서 규정하는 업무운영에 관한 감사를 할 수 있다. 〈개정 2013. 3. 23., 2014. 11. 19., 2017. 7. 26.〉

제67조(문서 미등록자 등에 대한 조치) 행정기관의 장은 다음 각 호의 어느 하나에 해당하는 공무원에게 징계나 그 밖에 필요한 조치를 하여야 한다.

　　1. 결재받은 문서를 등록하지 아니한 사람
　　2. 제10조 제2항에 따라 훈령이나 규칙으로 정한 결재권자를 상향 또는 하향 조정하여 기안하거나 검토·결재를 한 사람
　　3. 관인을 부당하게 사용한 사람
　　4. 업무협조 지연의 책임이 있는 사람
　　5. 공무가 아닌 목적으로 업무관리시스템이나 전자문서시스템을 이용한 사람

제68조(대통령 또는 국무총리 명의로 시행하는 문서에 관한 특례) 법령에 따라 대통령 또는 국무총리 명의로 시행하여야 하는 문서의 형식 및 처리 방법에 관한 사항은 법령에 특별한 규정이 있는 경우를 제외하고는 대통령훈령으로 정한다.

제69조(국가정보원의 업무운영에 대한 특례) ① 제8조 제3항에 따라 국가정보원이 아닌 행정기관에서 문서를 기안할 경우 국가정보원 소관 사항은 국가정보원에서 따로 기안할 수 있다.

② 국가정보원에서 작성하는 시행문에는 기안자, 검토자, 협조자, 결재권자의 직위 또는 직급과 서명 및 연락처 등을 표시하지 아니할 수 있다.

③ 국가정보원장은 제39조에도 불구하고 관인공고 절차를 생략하거나 제63조 제3항에 따른 보도자료를 비실명으로 제공할 수 있다.

제70조(권한의 위임) 행정안전부장관은 정부영상회의실의 관리·운영에 관한 권한을 정부청사관리본부장에게 위임한다. 〈개정 2013. 3. 23., 2014. 11. 19., 2016. 12. 27., 2017. 7. 26.〉

부칙 〈제31380호, 2021. 1. 5.〉

(어려운 법령용어 정비를 위한 473개 법령의 일부개정에 관한 대통령령)

이 영은 공포한 날부터 시행한다. 〈단서 생략〉

05 행정기관 소속 위원회의 설치·운영에 관한 법률(약칭: 행정기관위원회법)

[시행 2017. 7. 26] [법률 제14839호, 2017. 7. 26, 타법개정]

행정안전부(경제조직과) 044-205-2344,2354

제1조(목적) 이 법은 행정기관 소속 위원회의 설치 및 운영에 필요한 사항을 규정함으로써 위원회 운영의 민주성·투명성·효율성 향상에 기여함을 목적으로 한다.

제2조(기본원칙) ① 행정기관의 장은 위원회(위원회, 심의회, 협의회 등 명칭을 불문하고 행정기관의 소관 사무에 관하여 자문에 응하거나 조정, 협의, 심의 또는 의결 등을 하기 위한 복수의 구성원으로 이루어진 합의제 기관을 말한다. 이하 같다)를 공정하고 적정하게 운영함으로써 주요 정책에 관한 이해를 원활하게 조정하고, 관계 행정기관 간의 합의 및 협의가 체계적으로 이루어지도록 하며, 민주적이고 효율적인 행정이 되도록 하여야 한다.

② 위원회는 법령에 규정된 기능과 권한을 넘어서 국민의 권리를 제한하거나 의무를 부과하는 내용 등의 자문에 응하거나 조정·협의·심의·의결 등을 하여서는 아니 된다.

제3조(적용범위) ① 이 법은 다음 각 호의 행정기관 소속 위원회에 대하여 적용한다.

　　1. 대통령과 그 소속 기관
　　2. 국무총리와 그 소속 기관
　　3. 「정부조직법」 제2조 제2항에 따른 중앙행정기관과 그 소속 기관

② 제1항에도 불구하고 「헌법」에 따라 설치되는 위원회 및 「정부조직법」 제2조 제2항에 따라 다른 법률에 의하여 중앙행정기관으로 설치되는 위원회에 대하여는 이 법을 적용하지 아니한다. 다만, 중앙행정기관으로 설치되는 위원회 내에 위원회를 설치·운영하는 경우에는 그러하지 아니하다.

제4조(다른 법률과의 관계) 위원회의 설치·운영 등에 관한 다른 법률을 제정하거나 개정하는 경우에는 이 법의 목적과 기본원칙에 맞도록 하여야 한다.

제5조(위원회의 설치요건) ① 「정부조직법」 제5조에 따라 합의제행정기관(이하 "행정위원회"라 한다)을 설치할 경우에는 다음 각 호의 요건을 갖추어야 한다.

　　1. 업무의 내용이 전문적인 지식이나 경험이 있는 사람의 의견을 들어 결정할 필요가 있을 것
　　2. 업무의 성질상 특히 신중한 절차를 거쳐 처리할 필요가 있을 것
　　3. 기존 행정기관의 업무와 중복되지 아니하고 독자성(獨自性)이 있을 것
　　4. 업무가 계속성·상시성(常時性)이 있을 것

② 행정위원회를 제외한 위원회(이하 "자문위원회등"이라 한다)는 제1항 제1호 및 제2호의 요건을 갖추어야 한다.

제6조(위원회의 설치절차 등) ① 행정기관의 장(대통령 및 국무총리 소속 위원회 중 그 위원회의 간사 역할을 수행하는 등 운영을 주관하는 중앙행정기관의 장이 따로 있는 경우에는 그 중앙행정기관의 장을 말한다. 이하 같다)은 위원회를 설치하려면 미리 행정안전부장관과 협의하여야 한다. 이 경우 협의 대상 위원회의 범위는 대통령령으로 정한다. 〈개정 2013. 3. 23., 2014. 11. 19., 2017. 7. 26.〉

② 행정기관의 장은 위원회를 설치할 경우 다음 각 호의 사항을 법령에 명시하여야 한다. 다만, 제4호의

경우에는 국민의 권리·의무와 관련되는 인·허가, 분쟁 조정 등 특히 공정하고 객관적인 심의·의결이 필요한 경우에 한정한다. 〈개정 2015. 8. 11.〉

1. 설치목적·기능 및 성격
2. 위원의 구성 및 임기
3. 존속기한(존속기한이 있는 경우에 한한다)
4. 위원의 결격사유, 제척(除斥)·기피·회피
5. 회의의 소집 및 의결정족수 등 대통령령으로 정하는 사항

③ 행정기관의 장은 국민의 권리·의무와 관련되는 인·허가, 분쟁 조정 등 공정하고 객관적인 심의·의결이 필요한 위원회를 설치할 때에는 공무원이 아닌 위원(제8조 제3항에 따른 분과위원회 등의 위원을 포함한다)에 대한 벌칙 적용에서 공무원 의제에 관한 사항이 관련 법률에 명시되도록 필요한 조치를 하여야 한다. 〈개정 2015. 8. 11.〉

④ 행정기관의 장은 공정하고 객관적인 위원회 운영을 위하여 업무 관련 비위(非違)가 있는 등 위원의 직을 유지하는 것이 적합하지 아니하다고 인정되는 위원에 대한 면직 또는 해촉 기준을 마련하여야 한다. 〈신설 2015. 8. 11.〉

⑤ 제1항부터 제4항까지에서 규정한 사항 외에 위원회의 설치 방법·절차 등에 필요한 사항은 대통령령으로 정한다. 〈신설 2015. 8. 11.〉

제7조(중복 위원회의 설치 제한 등) ① 행정기관의 장은 그 기관 또는 관련 기관 내에 설치되어 있는 위원회와 성격과 기능이 중복되는 위원회를 설치·운영하여서는 아니 된다.

② 행정기관의 장은 성격·기능이 유사하거나 관련이 있는 복수의 위원회를 하나의 위원회와 분과위원회, 전문위원회 등의 체계로 연계하여 설치·운영하여야 한다. 〈신설 2015. 8. 11.〉

③ 행정기관의 장은 불필요한 자문위원회등이 설치되지 아니하도록 소관 정책에 관한 각계 전문가의 의견을 종합적으로 반영하기 위하여 위원회를 통합하여 설치·운영하도록 노력하여야 한다. 〈개정 2015. 8. 11.〉

제8조(위원회의 구성) ① 위원회는 설치 목적을 효율적으로 달성하기 위하여 필요한 적정 인원의 비상임위원으로 구성한다. 다만, 행정위원회 등 대통령령으로 정하는 특별한 경우에는 목적 달성에 필요한 최소한의 상임위원을 둘 수 있다.

② 공무원이 아닌 위원의 임기는 대통령령으로 정하는 특별한 경우를 제외하고는 3년을 넘지 아니하도록 하여야 한다.

③ 위원회의 효율적 운영을 위하여 필요하면 위원회에 분과위원회 등을 둘 수 있다.

④ 행정기관의 장은 위원회의 설치·운영에 관한 법령이 시행된 날부터 최소한의 기간 내에 관련 분야의 전문지식 또는 실무경험이 풍부한 사람 등을 위원으로 임명하거나 위촉하여야 한다.

⑤ 제1항부터 제4항까지에서 규정한 사항 외에 위원회 구성에 관하여 필요한 사항은 대통령령으로 정한다.

제9조(위원회의 운영) ① 행정기관의 장은 회의 개최 7일 전까지 회의 일정과 안건 등을 위원에게 통보하여야 한다. 다만, 긴급한 사유로 위원회를 개최할 필요가 있거나 보안과 관련된 사항 등 대통령령으로 정하는 경우에는 그러하지 아니하다.

② 위원회는 안건의 내용이 경미한 경우 등 대통령령으로 정하는 경우를 제외하고는 위원이 출석하는 회의(화상회의를 포함한다)로 개최하여야 한다.

③ 위원회는 회의 안건과 관련된 이해관계인이 있는 경우 그 의견을 듣거나 회의에 참석하게 할 수 있다.

④ 위원회는 특정한 위원에 의하여 부당하게 심의·의결이 되지 아니하도록 공정하게 운영되어야 한다.

⑤ 제1항부터 제4항까지에서 규정한 사항 외에 위원회 운영에 관하여 필요한 사항은 대통령령으로 정한다.

제10조(위원회의 사무기구 등) ① 행정위원회에는 필요한 최소한도의 사무기구를 둘 수 있으며, 그 사무기구의 구성 및 정원에 관한 사항은 행정기관의 조직과 정원을 규정하는 대통령령으로 정한다.

② 자문위원회등에는 사무기구를 설치하거나 상근(常勤)인 전문위원 등의 직원을 둘 수 없다. 다만, 행정기관의 장이 직접 사무 지원을 하기 곤란한 위원회로서 대통령령으로 정하는 요건에 해당하는 경우에는 그러하지 아니하다.

제11조(위원회의 존속기한) ①「정부조직법」제5조에 따라 한시적으로 운영할 필요가 있는 행정위원회를 설치할 경우 목적 달성을 위하여 필요한 최소한의 기한 내에서 존속기한을 정하여 법률에 명시하여야 한다.

② 행정기관의 장은 자문위원회등을 설치할 때에 계속하여 존치시켜야 할 명백한 사유가 없는 경우에는 존속기한을 정하여 법령에 명시하여야 한다. 이 경우 존속기한은 자문위원회등의 목적 달성을 위하여 필요한 최소한의 기한 내에서 설정하여야 하며, 원칙적으로 5년을 초과할 수 없다.

③ 행정기관의 장은 제2항에 따른 존속기한이 정해진 자문위원회등 대통령령으로 정하는 자문위원회등을 제외하고는 2년마다 소관 자문위원회등의 존속 여부를 점검하여 행정안전부장관에게 제출하여야 한다. 〈개정 2013. 3. 23., 2014. 11. 19., 2017. 7. 26.〉

④ 행정안전부장관은 제3항에 따라 제출된 점검 결과에 대하여 폐지 등이 필요하다고 인정하면 그 결과를 제14조 제1항의 정비계획에 포함하여야 한다. 〈개정 2013. 3. 23., 2014. 11. 19., 2017. 7. 26.〉

⑤ 제3항에 따른 자문위원회등의 존속 여부의 점검 등에 필요한 사항은 대통령령으로 정한다.

제12조(수당) 행정기관의 장은 위원회에 출석한 위원에게 예산의 범위에서 수당을 지급할 수 있다. 다만, 공무원인 위원이 그 소관 업무와 직접적으로 관련되는 위원회에 출석하는 경우에는 그러하지 아니한다.

제13조(위원회의 현황 및 활동내역 통보 등) ① 행정기관의 장은 위원회가 설치된 경우 위원회 설치 후 지체 없이 다음 각 호의 위원회 현황을 행정안전부장관에게 통보하여야 한다. 다만, 다른 법령에 따라 각 행정기관에 공통으로 설치된 위원회 등 대통령령으로 정하는 위원회는 통보대상에서 제외하며, 다른 법령에 따라 비공개 대상으로 된 위원회는 행정안전부장관과 협의하여 통보범위를 정할 수 있다. 〈개정 2013. 3. 23., 2014. 11. 19., 2017. 7. 26.〉

1. 위원회 구성 및 기능

2. 위원회 회의 개최 등 운영계획

3. 위원회 운영인력, 예산현황 등 대통령령으로 정하는 사항

② 행정기관의 장은 매년 소관 위원회의 예산집행 내용, 운영 실적 등의 활동내역서를 행정안전부장관에게 통보하여야 한다. 다만, 다른 법령에 따라 각 행정기관에 공통으로 설치된 위원회 등 대통령령으로 정하는 위원회는 통보대상에서 제외하며, 다른 법령에 따라 비공개 대상으로 된 위원회는 행정안전부장관과 협의하여 통보범위를 정할 수 있다. 〈개정 2013. 3. 23., 2014. 11. 19., 2017. 7. 26.〉

③ 행정기관의 장은「공공기록물 관리에 관한 법률」제17조 제2항에서 정한 바에 따라 위원회의 회의록·속기록 또는 녹음기록을 구체적으로 충실히 작성하여야 한다.

제14조(위원회 활동상황 점검) ① 행정안전부장관은 제13조 제1항 및 제2항에 따라 통보된 위원회 현황과 활동내역서를 점검하여 위원회 운영의 시정·보완 및 통폐합 등에 관한 정비계획을 수립하여야

한다. 〈개정 2013. 3. 23., 2014. 11. 19., 2017. 7. 26.〉

② 행정안전부장관은 제1항의 업무를 수행하기 위하여 행정기관에 대하여 위원회의 활동내역서 등을 확인하거나 관련 자료의 제출을 요청할 수 있다. 〈개정 2013. 3. 23., 2014. 11. 19., 2017. 7. 26.〉

③ 제2항에 따라 관련 자료의 제출을 요청받은 행정기관의 장은 특별한 사유가 없는 한 이에 응하여야 한다.

④ 행정안전부장관은 행정기관의 장에게 제1항의 정비계획에 따라 필요한 조치를 권고할 수 있다. 〈개정 2013. 3. 23., 2014. 11. 19., 2017. 7. 26.〉

⑤ 행정기관의 장은 제4항에 따른 권고에 대한 조치 결과를 지체 없이 행정안전부장관에게 통보하여야 한다. 〈개정 2013. 3. 23., 2014. 11. 19., 2017. 7. 26.〉

제15조(위원회 운영 공개 및 국회보고 등) ① 행정기관의 장은 대통령령으로 정하는 바에 따라 제13조 제1항 및 제2항에 따른 위원회 현황과 활동내역서 등을 인터넷 홈페이지 등에 공개하고, 이를 국회 소관 상임위원회에 보고하여야 한다.

② 행정안전부장관은 제14조에 따라 수립된 위원회 정비계획 및 조치 결과 등을 종합한 위원회 운영 현황에 관한 보고서를 작성하여 매년 정기국회 개회 전까지 국회에 제출하여야 한다. 〈개정 2013. 3. 23., 2014. 11. 19., 2017. 7. 26.〉

부칙 〈제14839호, 2017. 7. 26.〉

제1조(시행일) ① 이 법은 공포한 날부터 시행한다. 다만, 부칙 제5조에 따라 개정되는 법률 중 이 법 시행 전에 공포되었으나 시행일이 도래하지 아니한 법률을 개정한 부분은 각각 해당 법률의 시행일부터 시행한다.

제2조부터 제4조까지 생략

제5조(다른 법률의 개정) ① 부터 〈107〉까지 생략

〈108〉 행정기관 소속 위원회의 설치·운영에 관한 법률 일부를 다음과 같이 개정한다.

제6조 제1항 전단, 제11조 제3항·제4항, 제13조 제1항 각 호 외의 부분 본문·단서, 같은 조 제2항 본문·단서, 제14조 제1항·제2항·제4항·제5항 및 제15조 제2항 중 "행정자치부장관"을 각각 "행정안전부장관"으로 한다.

〈109〉부터 〈382〉까지 생략

제6조 생략

국가공무원법

[시행 2021. 6. 8.] [법률 제18237호, 2021. 6. 8., 일부개정]

인사혁신처(인사혁신기획과–총괄) 044–201–8314, 8315
인사혁신처(인재정책과–채용) 044–201–8204
인사혁신처(복무과–복무) 044–201–8445
인사혁신처(인사혁신기획과–임용) 044–201–8295
인사혁신처(복무과–징계) 044–201–8434

 제1장　총칙 〈개정 2008. 3. 28.〉

제1조(목적) 이 법은 각급 기관에서 근무하는 모든 국가공무원에게 적용할 인사행정의 근본 기준을 확립하여 그 공정을 기함과 아울러 국가공무원에게 국민 전체의 봉사자로서 행정의 민주적이며 능률적인 운영을 기하게 하는 것을 목적으로 한다.

[전문개정 2008. 3. 28.]

제2조(공무원의 구분) ① 국가공무원(이하 "공무원"이라 한다)은 경력직공무원과 특수경력직공무원으로 구분한다.

② "경력직공무원"이란 실적과 자격에 따라 임용되고 그 신분이 보장되며 평생 동안(근무기간을 정하여 임용하는 공무원의 경우에는 그 기간 동안을 말한다) 공무원으로 근무할 것이 예정되는 공무원을 말하며, 그 종류는 다음 각 호와 같다. 〈개정 2012. 12. 11., 2020. 1. 29.〉

　1. 일반직공무원: 기술·연구 또는 행정 일반에 대한 업무를 담당하는 공무원

　2. 특정직공무원: 법관, 검사, 외무공무원, 경찰공무원, 소방공무원, 교육공무원, 군인, 군무원, 헌법재판소 헌법연구관, 국가정보원의 직원, 경호공무원과 특수 분야의 업무를 담당하는 공무원으로서 다른 법률에서 특정직공무원으로 지정하는 공무원

　3. 삭제 〈2012. 12. 11.〉

③ "특수경력직공무원"이란 경력직공무원 외의 공무원을 말하며, 그 종류는 다음 각 호와 같다. 〈개정 2012. 12. 11., 2013. 3. 23.〉

　1. 정무직공무원

　　가. 선거로 취임하거나 임명할 때 국회의 동의가 필요한 공무원

　　나. 고도의 정책결정 업무를 담당하거나 이러한 업무를 보조하는 공무원으로서 법률이나 대통령령(대통령비서실 및 국가안보실의 조직에 관한 대통령령만 해당한다)에서 정무직으로 지정하는 공무원

　2. 별정직공무원: 비서관·비서 등 보좌업무 등을 수행하거나 특정한 업무 수행을 위하여 법령에서 별정직으로 지정하는 공무원

　3. 삭제 〈2012. 12. 11.〉

　4. 삭제 〈2011. 5. 23.〉

④ 제3항에 따른 별정직공무원의 채용조건·임용절차·근무상한연령, 그 밖에 필요한 사항은 국회규칙, 대법원규칙, 헌법재판소규칙, 중앙선거관리위원회규칙 또는 대통령령(이하 "대통령령등"이라 한다)으로 정한다. 〈개정 2011. 5. 23., 2012. 12. 11., 2015. 5. 18.〉

[전문개정 2008. 3. 28.]

제2조의2(고위공무원단) ① 국가의 고위공무원을 범정부적 차원에서 효율적으로 인사관리하여 정부의 경쟁력을 높이기 위하여 고위공무원단을 구성한다.

② 제1항의 "고위공무원단"이란 직무의 곤란성과 책임도가 높은 다음 각 호의 직위(이하 "고위공무원단 직위"라 한다)에 임용되어 재직 중이거나 파견·휴직 등으로 인사관리되고 있는 일반직공무원, 별정직공무원 및 특정직공무원(특정직공무원은 다른 법률에서 고위공무원단에 속하는 공무원으로 임용할 수 있도록 규정하고 있는 경우만 해당한다)의 군(群)을 말한다. 〈개정 2012. 12. 11.〉

  1. 「정부조직법」 제2조에 따른 중앙행정기관의 실장·국장 및 이에 상당하는 보좌기관

  2. 행정부 각급 기관(감사원은 제외한다)의 직위 중 제1호의 직위에 상당하는 직위

  3. 「지방자치법」 제110조 제2항·제112조 제5항 및 「지방교육자치에 관한 법률」 제33조 제2항에 따라 국가공무원으로 보하는 지방자치단체 및 지방교육행정기관의 직위 중 제1호의 직위에 상당하는 직위

  4. 그 밖에 다른 법령에서 고위공무원단에 속하는 공무원으로 임용할 수 있도록 정한 직위

③ 인사혁신처장은 고위공무원단에 속하는 공무원이 갖추어야 할 능력과 자질을 설정하고 이를 기준으로 고위공무원단 직위에 임용되려는 자를 평가하여 신규채용·승진임용 등 인사관리에 활용할 수 있다. 〈개정 2013. 3. 23., 2014. 11. 19.〉

④ 제2항에 따른 인사관리의 구체적인 범위, 제3항에 따른 능력과 자질의 내용, 평가 대상자의 범위, 평가 방법 및 평가 결과의 활용 등에 필요한 사항은 대통령령으로 정한다.

[전문개정 2008. 3. 28.]

제2조의2(고위공무원단) ① 국가의 고위공무원을 범정부적 차원에서 효율적으로 인사관리하여 정부의 경쟁력을 높이기 위하여 고위공무원단을 구성한다.

② 제1항의 "고위공무원단"이란 직무의 곤란성과 책임도가 높은 다음 각 호의 직위(이하 "고위공무원단 직위"라 한다)에 임용되어 재직 중이거나 파견·휴직 등으로 인사관리되고 있는 일반직공무원, 별정직공무원 및 특정직공무원(특정직공무원은 다른 법률에서 고위공무원단에 속하는 공무원으로 임용할 수 있도록 규정하고 있는 경우만 해당한다)의 군(群)을 말한다. 〈개정 2012. 12. 11., 2021. 1. 12.〉

  1. 「정부조직법」 제2조에 따른 중앙행정기관의 실장·국장 및 이에 상당하는 보좌기관

  2. 행정부 각급 기관(감사원은 제외한다)의 직위 중 제1호의 직위에 상당하는 직위

  3. 「지방자치법」 제123조 제2항·제125조 제5항 및 「지방교육자치에 관한 법률」 제33조 제2항에 따라 국가공무원으로 보하는 지방자치단체 및 지방교육행정기관의 직위 중 제1호의 직위에 상당하는 직위

  4. 그 밖에 다른 법령에서 고위공무원단에 속하는 공무원으로 임용할 수 있도록 정한 직위

③ 인사혁신처장은 고위공무원단에 속하는 공무원이 갖추어야 할 능력과 자질을 설정하고 이를 기준으로 고위공무원단 직위에 임용되려는 자를 평가하여 신규채용·승진임용 등 인사관리에 활용할 수 있다. 〈개정 2013. 3. 23., 2014. 11. 19.〉

④ 제2항에 따른 인사관리의 구체적인 범위, 제3항에 따른 능력과 자질의 내용, 평가 대상자의 범위, 평가 방법 및 평가 결과의 활용 등에 필요한 사항은 대통령령으로 정한다.

[전문개정 2008. 3. 28.]

[시행일: 2022. 1. 13.] 제2조의2

제3조(적용 범위) ① 특수경력직공무원에 대하여는 이 법 또는 다른 법률에 특별한 규정이 없으면 제33조, 제43조제1항, 제44조, 제45조, 제45조의2, 제45조의3, 제46조부터 제50조까지, 제50조의2, 제51

조부터 제59조까지, 제59조의2, 제60조부터 제67조까지, 제69조, 제84조 및 제84조의2에 한정하여 이 법을 적용한다. 〈개정 2015. 5. 18., 2021. 6. 8.〉

② 제1항에도 불구하고 제2조 제3항 제1호의 정무직공무원에 대하여는 제33조와 제69조를 적용하지 아니하고, 대통령령으로 정하는 특수경력직공무원에 대하여는 제65조와 제66조를 적용하지 아니한다.

③ 제26조의2와 제26조의3은 대통령령등으로 정하는 공무원에게만 적용한다. 〈개정 2015. 5. 18.〉

④ 제26조의5에 따라 근무기간을 정하여 임용하는 공무원에 대하여는 이 법 또는 다른 법률에 특별한 규정이 없으면 제28조의2, 제28조의3, 제32조의2, 제32조의4, 제40조, 제40조의2부터 제40조의4까지, 제41조, 제73조의4, 제74조 및 제74조의2를 적용하지 아니한다.

[전문개정 2012. 12. 11.]

[시행일 : 2021. 12. 9.] 제3조

제4조(일반직공무원의 계급 구분 등) ① 일반직공무원은 1급부터 9급까지의 계급으로 구분하며, 직군(職群)과 직렬(職列)별로 분류한다. 다만, 고위공무원단에 속하는 공무원은 그러하지 아니하다. 〈개정 2010. 6. 8., 2011. 5. 23., 2012. 12. 11.〉

② 다음 각 호의 공무원에 대하여는 대통령령등으로 정하는 바에 따라 제1항에 따른 계급 구분이나 직군 및 직렬의 분류를 적용하지 아니할 수 있다. 〈개정 2011. 5. 23., 2012. 12. 11., 2015. 5. 18.〉

1. 특수 업무 분야에 종사하는 공무원

2. 연구·지도·특수기술 직렬의 공무원

3. 인사관리의 효율성과 기관성과를 높이기 위하여 제1항의 계급 구분이나 직군 및 직렬의 분류를 달리 적용하는 것이 특히 필요하다고 인정되는 기관에 속한 공무원

③ 삭제 〈2010. 6. 8.〉

④ 제1항 및 제2항에 따른 각 계급의 직무의 종류별 명칭은 대통령령등으로 정한다. 〈개정 2010. 6. 8., 2015. 5. 18.〉

[전문개정 2008. 3. 28.]

[제목개정 2012. 12. 11.]

제5조(정의) 이 법에서 사용하는 용어의 뜻은 다음과 같다.

1. "직위(職位)"란 1명의 공무원에게 부여할 수 있는 직무와 책임을 말한다.

2. "직급(職級)"이란 직무의 종류·곤란성과 책임도가 상당히 유사한 직위의 군을 말한다.

3. "정급(定級)"이란 직위를 직급 또는 직무등급에 배정하는 것을 말한다.

4. "강임(降任)"이란 같은 직렬 내에서 하위 직급에 임명하거나 하위 직급이 없어 다른 직렬의 하위 직급으로 임명하거나 고위공무원단에 속하는 일반직공무원(제4조 제2항에 따라 같은 조 제1항의 계급 구분을 적용하지 아니하는 공무원은 제외한다)을 고위공무원단 직위가 아닌 하위 직위에 임명하는 것을 말한다.

5. "전직(轉職)"이란 직렬을 달리하는 임명을 말한다.

6. "전보(轉補)"란 같은 직급 내에서의 보직 변경 또는 고위공무원단 직위 간의 보직 변경(제4조 제2항에 따라 같은 조 제1항의 계급 구분을 적용하지 아니하는 공무원은 고위공무원단 직위와 대통령령으로 정하는 직위 간의 보직 변경을 포함한다)을 말한다.

7. "직군(職群)"이란 직무의 성질이 유사한 직렬의 군을 말한다.

8. "직렬(職列)"이란 직무의 종류가 유사하고 그 책임과 곤란성의 정도가 서로 다른 직급의 군을 말한다.

9. "직류(職類)"란 같은 직렬 내에서 담당 분야가 같은 직무의 군을 말한다.

10. "직무등급"이란 직무의 곤란성과 책임도가 상당히 유사한 직위의 군을 말한다.

[전문개정 2008. 3. 28.]

제2장 ◆ 중앙인사관장기관 〈개정 2008. 3. 28.〉

제6조(중앙인사관장기관) ① 인사행정에 관한 기본 정책의 수립과 이 법의 시행·운영에 관한 사무는 다음 각 호의 구분에 따라 관장(管掌)한다. 〈개정 2013. 3. 23., 2014. 11. 19.〉

1. 국회는 국회사무총장

2. 법원은 법원행정처장

3. 헌법재판소는 헌법재판소사무처장

4. 선거관리위원회는 중앙선거관리위원회사무총장

5. 행정부는 인사혁신처장

② 중앙인사관장기관의 장(행정부의 경우에는 인사혁신처장을 말한다. 이하 같다)은 각 기관의 균형적인 인사 운영을 도모하고 인력의 효율적인 활용과 능력 개발을 위하여 법령으로 정하는 바에 따라 인사관리에 관한 총괄적인 사항을 관장한다. 〈개정 2013. 3. 23., 2014. 11. 19.〉

③ 중앙인사관장기관의 장은 다음 각 호의 어느 하나에 해당하는 경우에는 그 초과된 현원을 총괄하여 관리할 수 있다. 이 경우 결원이 있는 기관의 장은 중앙인사관장기관의 장과 협의하여 결원을 보충하여야 한다.

1. 조직의 개편 등으로 현원이 정원을 초과하는 경우

2. 행정기관별로 고위공무원단에 속하는 공무원의 현원이 정원을 초과하는 경우

④ 행정부 내 각급 기관은 공무원의 임용·인재개발·보수 등 인사 관계 법령(특정직공무원의 인사 관계 법령을 포함하되, 총리령·부령을 제외한다)의 제정 또는 개폐 시에는 인사혁신처장과 협의하여야 한다. 〈개정 2013. 3. 23., 2014. 11. 19., 2015. 12. 24.〉

[전문개정 2008. 3. 28.]

제7조 삭제 〈2008. 2. 29.〉

제8조 삭제 〈2008. 2. 29.〉

제8조의2 삭제 〈2008. 2. 29.〉

제8조의3(관계 기관 등에 대한 협조 요청) ① 인사혁신처장은 소관 업무를 수행하기 위하여 필요하면 행정기관·공공단체, 그 밖의 관련 기관에 자료·정보의 제공이나 의견 제출 등의 협조를 요청할 수 있다. 〈개정 2013. 3. 23., 2014. 11. 19.〉

② 제1항에 따라 협조를 요청받은 기관은 특별한 사유가 없으면 이에 따라야 한다.

[전문개정 2008. 3. 28.]

제8조의4 삭제 〈2008. 2. 29.〉

제9조(소청심사위원회의 설치) ① 행정기관 소속 공무원의 징계처분, 그 밖에 그 의사에 반하는 불리한 처분이나 부작위에 대한 소청을 심사·결정하게 하기 위하여 인사혁신처에 소청심사위원회를 둔다. 〈개정 2013. 3. 23., 2014. 11. 19.〉

② 국회, 법원, 헌법재판소 및 선거관리위원회 소속 공무원의 소청에 관한 사항을 심사·결정하게 하기

위하여 국회사무처, 법원행정처, 헌법재판소사무처 및 중앙선거관리위원회사무처에 각각 해당 소청심사위원회를 둔다.

③ 국회사무처, 법원행정처, 헌법재판소사무처 및 중앙선거관리위원회사무처에 설치된 소청심사위원회는 위원장 1명을 포함한 위원 5명 이상 7명 이하의 비상임위원으로 구성하고, 인사혁신처에 설치된 소청심사위원회는 위원장 1명을 포함한 5명 이상 7명 이하의 상임위원과 상임위원 수의 2분의 1 이상인 비상임위원으로 구성하되, 위원장은 정무직으로 보한다. 〈개정 2011. 5. 23., 2013. 3. 23., 2014. 11. 19., 2015. 5. 18.〉

④ 제1항에 따라 설치된 소청심사위원회는 다른 법률로 정하는 바에 따라 특정직공무원의 소청을 심사·결정할 수 있다.

⑤ 소청심사위원회의 조직에 관하여 필요한 사항은 대통령령등으로 정한다. 〈개정 2015. 5. 18.〉
[전문개정 2008. 3. 28.]

제10조(소청심사위원회위원의 자격과 임명) ① 소청심사위원회의 위원(위원장을 포함한다. 이하 같다)은 다음 각 호의 어느 하나에 해당하고 인사행정에 관한 식견이 풍부한 자 중에서 국회사무총장, 법원행정처장, 헌법재판소사무처장, 중앙선거관리위원회사무총장 또는 인사혁신처장의 제청으로 국회의장, 대법원장, 헌법재판소장, 중앙선거관리위원회위원장 또는 대통령이 임명한다. 이 경우 인사혁신처장이 위원을 임명제청하는 때에는 국무총리를 거쳐야 하고, 인사혁신처에 설치된 소청심사위원회의 위원 중 비상임위원은 제1호 및 제2호의 어느 하나에 해당하는 자 중에서 임명하여야 한다. 〈개정 2008. 3. 28., 2011. 5. 23., 2013. 3. 23., 2014. 11. 19.〉

    1. 법관·검사 또는 변호사의 직에 5년 이상 근무한 자

    2. 대학에서 행정학·정치학 또는 법률학을 담당한 부교수 이상의 직에 5년 이상 근무한 자

    3. 3급 이상 공무원 또는 고위공무원단에 속하는 공무원으로 3년 이상 근무한 자

② 소청심사위원회의 상임위원의 임기는 3년으로 하며, 한 번만 연임할 수 있다. 〈개정 2008. 3. 28.〉

③ 삭제 〈1973. 2. 5.〉

④ 소청심사위원회의 상임위원은 다른 직무를 겸할 수 없다. 〈개정 2008. 3. 28.〉

⑤ 소청심사위원회의 공무원이 아닌 위원은 「형법」이나 그 밖의 법률에 따른 벌칙을 적용할 때 공무원으로 본다. 〈신설 2008. 3. 28.〉

제10조의2(소청심사위원회위원의 결격사유) ① 다음 각 호의 어느 하나에 해당하는 자는 소청심사위원회의 위원이 될 수 없다.

    1. 제33조 각 호의 어느 하나에 해당하는 자

    2. 「정당법」에 따른 정당의 당원

    3. 「공직선거법」에 따라 실시하는 선거에 후보자로 등록한 자

② 소청심사위원회위원이 제1항 각 호의 어느 하나에 해당하게 된 때에는 당연히 퇴직한다.
[본조신설 2008. 3. 28.]

제11조(소청심사위원회위원의 신분 보장) 소청심사위원회의 위원은 금고 이상의 형벌이나 장기의 심신 쇠약으로 직무를 수행할 수 없게 된 경우 외에는 본인의 의사에 반하여 면직되지 아니한다.
[전문개정 2008. 3. 28.]

제12조(소청심사위원회의 심사) ① 소청심사위원회는 이 법에 따른 소청을 접수하면 지체 없이 심사하여야 한다.

② 소청심사위원회는 제1항에 따른 심사를 할 때 필요하면 검증(檢證)·감정(鑑定), 그 밖의 사실조사를

하거나 증인을 소환하여 질문하거나 관계 서류를 제출하도록 명할 수 있다.

③ 소청심사위원회가 소청 사건을 심사하기 위하여 징계 요구 기관이나 관계 기관의 소속 공무원을 증인으로 소환하면 해당 기관의 장은 이에 따라야 한다.

④ 소청심사위원회는 필요하다고 인정하면 소속 직원에게 사실조사를 하게 하거나 특별한 학식·경험이 있는 자에게 검증이나 감정을 의뢰할 수 있다.

⑤ 소청심사위원회가 증인을 소환하여 질문할 때에는 대통령령등으로 정하는 바에 따라 일당과 여비를 지급하여야 한다. 〈개정 2015. 5. 18.〉

[전문개정 2008. 3. 28.]

제13조(소청인의 진술권) ① 소청심사위원회가 소청 사건을 심사할 때에는 대통령령등으로 정하는 바에 따라 소청인 또는 제76조 제1항 후단에 따른 대리인에게 진술 기회를 주어야 한다. 〈개정 2015. 5. 18.〉

② 제1항에 따른 진술 기회를 주지 아니한 결정은 무효로 한다.

[전문개정 2008. 3. 28.]

제14조(소청심사위원회의 결정) ① 소청 사건의 결정은 재적 위원 3분의 2 이상의 출석과 출석 위원 과반수의 합의에 따르되, 의견이 나뉘어 출석 위원 과반수의 합의에 이르지 못하였을 때에는 과반수에 이를 때까지 소청인에게 가장 불리한 의견에 차례로 유리한 의견을 더하여 그 중 가장 유리한 의견을 합의된 의견으로 본다. 〈개정 2008. 3. 28., 2021. 6. 8.〉

② 제1항에도 불구하고 파면·해임·강등 또는 정직에 해당하는 징계처분을 취소 또는 변경하려는 경우와 효력 유무 또는 존재 여부에 대한 확인을 하려는 경우에는 재적 위원 3분의 2 이상의 출석과 출석 위원 3분의 2 이상의 합의가 있어야 한다. 이 경우 구체적인 결정의 내용은 출석 위원 과반수의 합의에 따르되, 의견이 나뉘어 출석 위원 과반수의 합의에 이르지 못하였을 때에는 과반수에 이를 때까지 소청인에게 가장 불리한 의견에 차례로 유리한 의견을 더하여 그 중 가장 유리한 의견을 합의된 의견으로 본다. 〈신설 2021. 6. 8.〉

③ 소청심사위원회의 위원은 그 위원회에 계류(繫留)된 소청 사건의 증인이 될 수 없으며, 다음 각 호의 사항에 관한 소청 사건의 심사·결정에서 제척된다. 〈개정 2008. 3. 28., 2011. 5. 23., 2021. 6. 8.〉

1. 위원 본인과 관계있는 사항

2. 위원 본인과 친족 관계에 있거나 친족 관계에 있었던 자와 관계있는 사항

④ 소청 사건의 당사자는 다음 각 호의 어느 하나에 해당하는 때에는 그 이유를 구체적으로 밝혀 그 위원에 대한 기피를 신청할 수 있고, 소청심사위원회는 해당 위원의 기피 여부를 결정하여야 한다. 이 경우 기피신청을 받은 위원은 그 기피 여부에 대한 결정에 참여할 수 없다. 〈신설 2011. 5. 23., 2021. 6. 8.〉

1. 소청심사위원회의 위원에게 제3항에 따른 제척사유가 있는 경우

2. 심사·결정의 공정을 기대하기 어려운 사정이 있는 경우

⑤ 소청심사위원회 위원은 제4항에 따른 기피사유에 해당하는 때에는 스스로 그 사건의 심사·결정에서 회피할 수 있다. 〈신설 2011. 5. 23., 2021. 6. 8.〉

⑥ 소청심사위원회의 결정은 다음과 같이 구분한다. 〈개정 2008. 3. 28., 2011. 5. 23., 2021. 6. 8.〉

1. 심사 청구가 이 법이나 다른 법률에 적합하지 아니한 것이면 그 청구를 각하(却下)한다.

2. 심사 청구가 이유 없다고 인정되면 그 청구를 기각(棄却)한다.

3. 처분의 취소 또는 변경을 구하는 심사 청구가 이유 있다고 인정되면 처분을 취소 또는 변경하거나 처분 행정청에 취소 또는 변경할 것을 명한다.

4. 처분의 효력 유무 또는 존재 여부에 대한 확인을 구하는 심사 청구가 이유 있다고 인정되면 처분의 효력 유무 또는 존재 여부를 확인한다.

5. 위법 또는 부당한 거부처분이나 부작위에 대하여 의무 이행을 구하는 심사 청구가 이유 있다고 인정되면 지체 없이 청구에 따른 처분을 하거나 이를 할 것을 명한다.

⑦ 소청심사위원회의 취소명령 또는 변경명령 결정은 그에 따른 징계나 그 밖의 처분이 있을 때까지는 종전에 행한 징계처분 또는 제78조의2에 따른 징계부가금(이하 "징계부가금"이라 한다) 부과처분에 영향을 미치지 아니한다. 〈개정 2008. 12. 31., 2010. 3. 22., 2011. 5. 23., 2021. 6. 8.〉

⑧ 소청심사위원회가 징계처분 또는 징계부가금 부과처분(이하 "징계처분등"이라 한다)을 받은 자의 청구에 따라 소청을 심사할 경우에는 원징계처분보다 무거운 징계 또는 원징계부가금 부과처분보다 무거운 징계부가금을 부과하는 결정을 하지 못한다. 〈개정 2010. 3. 22., 2011. 5. 23., 2021. 6. 8.〉

⑨ 소청심사위원회의 결정은 그 이유를 구체적으로 밝힌 결정서로 하여야 한다. 〈개정 2008. 3. 28., 2011. 5. 23., 2021. 6. 8.〉

⑩ 소청의 제기 · 심리 및 결정, 그 밖에 소청 절차에 필요한 사항은 대통령령등으로 정한다. 〈개정 2008. 3. 28., 2011. 5. 23., 2015. 5. 18., 2021. 6. 8.〉

[제목개정 2008. 3. 28.]
[시행일 : 2021. 12. 9.] 제14조

제14조의2(임시위원의 임명) ① 제14조 제3항부터 제5항까지의 규정에 따른 소청심사위원회 위원의 제척 · 기피 또는 회피 등으로 심사 · 결정에 참여할 수 있는 위원 수가 3명 미만이 된 경우에는 3명이 될 때까지 국회사무총장, 법원행정처장, 헌법재판소사무처장, 중앙선거관리위원회사무총장 또는 인사혁신처장은 임시위원을 임명하여 해당 사건의 심사 · 결정에 참여하도록 하여야 한다. <개정 2013. 3. 23., 2014. 11. 19., 2021. 6. 8.>

② 임시위원의 자격 등에 관하여는 제10조제1항 각 호 및 같은 조제5항을, 결격사유에 관하여는 제10조의2를 준용한다.

[본조신설 2011. 5. 23.]
[시행일 : 2021. 12. 9.] 제14조의2

제15조(결정의 효력) 제14조에 따른 소청심사위원회의 결정은 처분 행정청을 기속(羈束)한다.

[전문개정 2008. 3. 28.]

제16조(행정소송과의 관계) ① 제75조에 따른 처분, 그 밖에 본인의 의사에 반한 불리한 처분이나 부작위(不作爲)에 관한 행정소송은 소청심사위원회의 심사 · 결정을 거치지 아니하면 제기할 수 없다.

② 제1항에 따른 행정소송을 제기할 때에는 대통령의 처분 또는 부작위의 경우에는 소속 장관(대통령령으로 정하는 기관의 장을 포함한다. 이하 같다)을, 중앙선거관리위원회위원장의 처분 또는 부작위의 경우에는 중앙선거관리위원회사무총장을 각각 피고로 한다.

[전문개정 2008. 3. 28.]

제17조(인사에 관한 감사) ① 인사혁신처장은 대통령령으로 정하는 바에 따라 행정기관의 인사행정 운영의 적정 여부를 정기 또는 수시로 감사할 수 있으며, 필요하면 관계 서류를 제출하도록 요구할 수 있다. 〈개정 2013. 3. 23., 2014. 11. 19.〉

② 국회 · 법원 · 헌법재판소 및 선거관리위원회 소속 공무원의 인사 사무에 대한 감사는 국회의장, 대법원장, 헌법재판소장 또는 중앙선거관리위원회위원장의 명을 받아 국회사무총장, 법원행정처장, 헌법재판소사무처장 및 중앙선거관리위원회사무총장이 각각 실시한다.

③ 제1항과 제2항에 따른 감사 결과 위법 또는 부당한 사실이 발견되면 지체 없이 관계 기관의 장에게 그 시정(是正)과 관계 공무원의 징계를 요구하여야 하며, 관계 기관의 장은 지체 없이 시정하고 관계 공무원을 징계처분하여야 한다.

④ 인사혁신처장은 제1항에 따른 감사 결과 다음 각 호의 어느 하나에 해당하는 사실이 확인된 경우에는 해당 기관의 기관명과 각 호의 사실을 대통령령으로 정하는 바에 따라 공표할 수 있다. 〈신설 2018. 10. 16.〉

1. 주요 비위 발생의 원인이 행정기관의 장의 지시 또는 중대한 관리 감독 소홀에 기인한 경우
2. 제76조의2제1항에 따른 신고를 받고도 이를 묵인 또는 은폐하거나 필요한 조치를 하지 아니한 경우
3. 제76조의2제1항을 위반하여 불이익한 처분이나 대우를 한 경우
4. 감사 결과 중대한 위법 또는 현저히 부당한 사실이 발견되어 인사혁신처장이 공표가 필요하다고 인정하는 경우

[전문개정 2008. 3. 28.]

제17조의2(위법·부당한 인사행정 신고) ① 누구든지 위법 또는 부당한 인사행정 운영이 발생하였거나 발생할 우려가 있다고 인정되는 경우에는 중앙인사관장기관의 장에게 신고할 수 있다.

② 누구든지 제1항에 따른 신고를 하지 못하도록 방해하거나 신고를 취하하도록 강요해서는 아니 되며, 신고자에게 신고를 이유로 불이익조치를 해서는 아니 된다.

③ 제1항 및 제2항에 따른 신고의 절차·방법 및 신고의 처리 등에 필요한 사항은 대통령령등으로 정한다.

[본조신설 2020. 1. 29.]

제18조(통계 보고) ① 국회사무총장, 법원행정처장, 헌법재판소사무처장, 중앙선거관리위원회사무총장 또는 인사혁신처장은 국회·법원·헌법재판소·선거관리위원회 또는 행정 각 기관의 인사에 관한 통계보고 제도를 정하여 실시하고 정기 또는 수시로 필요한 보고를 받을 수 있다. 〈개정 2013. 3. 23., 2014. 11. 19.〉

② 제1항의 인사에 관한 통계보고 제도에 관한 사항은 대통령령등으로 정한다. 〈개정 2015. 5. 18.〉

[전문개정 2008. 3. 28.]

제19조(인사기록) ① 국가기관의 장은 그 소속 공무원의 인사기록을 작성·유지·보관하여야 한다.

② 제1항의 인사기록에 관한 사항은 대통령령등으로 정한다. 〈개정 2015. 5. 18.〉

[전문개정 2008. 3. 28.]

제19조의2(인사관리의 전자화) ① 국회사무총장, 법원행정처장, 헌법재판소사무처장, 중앙선거관리위원회사무총장 및 인사혁신처장은 공무원의 인사관리를 과학화하기 위하여 공무원의 인사기록을 데이터베이스화하여 관리하고 인사 업무를 전자적으로 처리할 수 있는 시스템을 구축하여 운영할 수 있다. 〈개정 2013. 3. 23., 2014. 11. 19.〉

② 제1항에 따른 시스템의 구축·운영 등에 필요한 사항은 대통령령등으로 정한다. 〈개정 2015. 5. 18.〉

[전문개정 2008. 3. 28.]

제19조의3(공직후보자 등의 관리) ① 인사혁신처장은 정무직공무원(선거로 취임하는 공무원은 제외한다), 공무원 채용시험 위원, 위원회 위원 및 제28조의4에 따른 개방형 직위에 관한 일정한 자격을 갖춘 후보자 등 공직에서의 직무수행과 관련된 전문분야의 지식·기술·경험 등을 보유하고 있는 사람(이하 "공직후보자등"이라 한다)을 체계적으로 관리하기 위하여 공직후보자등에 관한 정보를 수집하여 관리할 수 있다. 〈개정 2020. 1. 29.〉

② 인사혁신처장은 제1항에 따라 공직후보자등에 관한 정보를 수집·관리하는 경우 미리 서면이나 전자 매체로 본인의 동의를 받아야 하며, 본인이 요구하면 관리하는 정보를 폐기하여야 한다. 다만, 본인이 직접 제공한 기관 외의 다른 기관에 제공하는 것을 동의한 정보와 공공 기록물, 출판물, 인터넷 및 언론 보도 등으로 일반에게 공개되고 불특정 다수인이 구입하여 열람할 수 있는 정보는 그러하지 아니하다. 〈개정 2013. 3. 23., 2014. 11. 19., 2020. 1. 29.〉

③ 인사혁신처장은 제2항에도 불구하고 공직후보자등의 관리를 위하여 필요하면 「개인정보 보호법」 제2조 제6호에 따른 공공기관에 재직 중인 자이거나 재직하였던 자에 관한 인사 또는 성과평가 등에 관한 자료를 해당 공공기관에 요청할 수 있다. 〈개정 2011. 3. 29., 2013. 3. 23., 2014. 11. 19., 2020. 1. 29.〉

④ 국가기관, 지방자치단체 및 대통령령으로 정하는 기관의 장(이하 "국가기관등의 장"이라 한다)은 인사상 목적 또는 공직에서의 직무수행과 관련된 전문분야의 지식·기술·경험 등의 활용을 위하여 필요한 경우에는 제1항에 따른 공직후보자등에 관한 정보를 인사혁신처장에게 요청하여 제공받거나 해당 정보를 직접 열람할 수 있다. 이 경우 인사혁신처장은 「개인정보 보호법」 등 관계 법령에 위배되지 아니하는 범위에서 해당 정보를 제공하거나 열람할 수 있도록 필요한 조치를 취하여야 한다. 〈개정 2020. 1. 29.〉

⑤ 인사혁신처장은 공직후보자등에 관한 정보를 수집하는 경우 그 목적에 필요한 최소한의 범위에서 수집하여야 하며, 목적 외의 용도로 활용해서는 아니 된다. 〈개정 2020. 1. 29.〉

⑥ 제4항에 따라 정보를 제공하거나 열람한 국가기관등의 장은 그 정보를 목적 외의 용도로 활용하여서는 아니 된다. 〈개정 2020. 1. 29.〉

⑦ 제1항부터 제6항까지의 규정에 따른 수집 정보의 범위와 수집 절차, 직접 열람할 수 있는 정보의 범위 및 정보의 활용·보호 등에 필요한 사항은 대통령령으로 정한다. 〈신설 2020. 1. 29.〉

[전문개정 2008. 3. 28.]

제19조의4(인사업무의 전문성 확보) ① 소속 장관은 각 기관의 직무 및 인력 특성을 반영한 전략적 인사운영을 위하여 인사업무 담당 조직의 전문성이 확보될 수 있는 방안을 마련하여야 한다.

② 소속 장관은 인사혁신처장이 정하는 바에 따라 인사 담당 공무원의 보직기준 등 필요한 인사관리기준을 정하여 인사업무에 대한 전문성 및 자격을 갖춘 사람을 인사 담당 공무원으로 임용하여야 한다.

[본조신설 2015. 12. 24.]

제20조(권한 위탁) 국회사무총장, 법원행정처장, 헌법재판소사무처장, 중앙선거관리위원회사무총장 또는 인사혁신처장은 이 법에 따른 권한의 일부를 대통령령등으로 정하는 바에 따라 다른 기관에 위탁할 수 있다. 〈개정 2013. 3. 23., 2014. 11. 19., 2015. 5. 18.〉

[전문개정 2008. 3. 28.]

제3장 ◈ 직위분류제 〈개정 2008. 3. 28.〉

제21조(직위분류제의 확립) 직위분류제에 관하여는 이 법에 규정한 것 외에는 대통령령으로 정한다.

[전문개정 2008. 3. 28.]

제22조(직위분류제의 원칙) 직위분류를 할 때에는 모든 대상 직위를 직무의 종류와 곤란성 및 책임도에 따라 직군·직렬·직급 또는 직무등급별로 분류하되, 같은 직급이나 같은 직무등급에 속하는 직위에

대하여는 동일하거나 유사한 보수가 지급되도록 분류하여야 한다.

[전문개정 2008. 3. 28.]

제22조의2(직무분석) ① 중앙인사관장기관의 장 또는 소속 장관은 합리적인 인사관리를 위하여 필요하면 직무분석을 실시할 수 있다. 다만, 행정부의 경우 인사혁신처장은 법률에 따라 새로 설치되는 기관의 직위에 대하여 직무분석을 실시하는 등 대통령령으로 정하는 경우에는 그 실시대상 직위 및 실시방법 등에 대하여 행정안전부장관과 협의하여야 한다. 〈개정 2014. 11. 19., 2017. 7. 26.〉

② 제1항에 따른 직무분석의 실시와 그 결과의 활용 등에 필요한 사항은 대통령령등으로 정한다. 〈개정 2015. 5. 18.〉

[전문개정 2008. 3. 28.]

제23조(직위의 정급) ① 국회사무총장, 법원행정처장, 헌법재판소사무처장, 중앙선거관리위원회사무총장 또는 인사혁신처장은 법령(국회규칙, 대법원규칙, 헌법재판소규칙 및 중앙선거관리위원회규칙을 포함한다)으로 정하는 바에 따라 직위분류제의 적용을 받는 모든 직위를 어느 하나의 직급 또는 직무등급에 배정하여야 한다. 〈개정 2013. 3. 23., 2014. 11. 19.〉

② 국회사무총장, 법원행정처장, 헌법재판소사무처장, 중앙선거관리위원회사무총장 또는 인사혁신처장은 법령(국회규칙, 대법원규칙, 헌법재판소규칙 및 중앙선거관리위원회규칙을 포함한다)으로 정하는 바에 따라 제1항에 따른 정급(定級)을 재심사하고, 필요하다고 인정하면 이를 개정하여야 한다. 〈개정 2013. 3. 23., 2014. 11. 19.〉

③ 행정부의 경우 인사혁신처장은 제1항 및 제2항에 따라 정급을 실시하거나 재심사·개정하는 경우에는 대통령령으로 정하는 바에 따라 행정안전부장관과 협의하여야 한다. 〈신설 2014. 11. 19., 2017. 7. 26.〉

[전문개정 2008. 3. 28.]

제24조(직위분류제의 실시) 직위분류제는 대통령령으로 정하는 바에 따라 그 실시가 쉬운 기관, 직무의 종류 및 직위부터 단계적으로 실시할 수 있다.

[전문개정 2008. 3. 28.]

제25조 삭제 〈1973. 2. 5.〉

제4장 　임용과 시험 〈개정 2008. 3. 28.〉

제26조(임용의 원칙) 공무원의 임용은 시험성적·근무성적, 그 밖의 능력의 실증에 따라 행한다. 다만, 국가기관의 장은 대통령령등으로 정하는 바에 따라 장애인·이공계전공자·저소득층 등에 대한 채용·승진·전보 등 인사관리상의 우대와 실질적인 양성 평등을 구현하기 위한 적극적인 정책을 실시할 수 있다. 〈개정 2008. 12. 31., 2015. 5. 18.〉

[전문개정 2008. 3. 28.]

제26조의2(근무시간의 단축 임용) 국가기관의 장은 업무의 특성이나 기관의 사정 등을 고려하여 소속 공무원을 대통령령등으로 정하는 바에 따라 통상적인 근무시간보다 짧게 근무하는 공무원으로 임용할 수 있다. 〈개정 2015. 5. 18.〉

[전문개정 2008. 3. 28.]

제26조의3(외국인과 복수국적자의 임용) ① 국가기관의 장은 국가안보 및 보안·기밀에 관계되는 분야를 제외하고 대통령령등으로 정하는 바에 따라 외국인을 공무원으로 임용할 수 있다. 〈개정 2011. 5. 23., 2015. 5. 18.〉

② 국가기관의 장은 다음 각 호의 어느 하나에 해당하는 분야로서 대통령령등으로 정하는 분야에는 복수국적자(대한민국 국적과 외국 국적을 함께 가진 사람을 말한다. 이하 같다)의 임용을 제한할 수 있다. 〈신설 2011. 5. 23., 2015. 5. 18.〉

1. 국가의 존립과 헌법 기본질서의 유지를 위한 국가안보 분야

2. 내용이 누설되는 경우 국가의 이익을 해하게 되는 보안·기밀 분야

3. 외교, 국가 간 이해관계와 관련된 정책결정 및 집행 등 복수국적자의 임용이 부적합한 분야

[전문개정 2008. 3. 28.]

[제목개정 2011. 5. 23.]

제26조의4(지역 인재의 추천 채용 및 수습근무) ① 임용권자는 우수한 인재를 공직에 유치하기 위하여 학업 성적 등이 뛰어난 고등학교 이상 졸업자나 졸업 예정자를 추천·선발하여 3년의 범위에서 수습으로 근무하게 하고, 그 근무기간 동안 근무성적과 자질이 우수하다고 인정되는 자는 6급 이하의 공무원(제4조 제2항에 따라 같은 조 제1항의 계급 구분이나 직군 및 직렬의 분류를 적용하지 아니하는 공무원 중 6급 이하에 상당하는 공무원을 포함한다. 이하 같다)으로 임용할 수 있다. 〈개정 2010. 3. 22., 2011. 5. 23., 2012. 12. 11., 2015. 5. 18.〉

② 제33조 각 호의 어느 하나에 해당하는 사람은 제1항에 따른 수습근무를 할 수 없으며, 수습으로 근무 중인 사람이 제33조 각 호의 어느 하나에 해당하게 된 때에는 수습으로 근무할 수 있는 자격을 상실한다. 〈신설 2015. 5. 18.〉

③ 제1항에 따라 수습으로 근무하는 자를 공무원으로 임용할 때에는 행정 분야와 기술 분야별로 적정한 구성을 유지하고 지역별 균형을 이루도록 하여야 한다. 〈개정 2010. 3. 22., 2012. 12. 11., 2015. 5. 18.〉

④ 제1항에 따라 수습으로 근무하는 자는 직무상 행위를 하거나 「형법」, 그 밖의 법률에 따른 벌칙을 적용할 때 공무원으로 본다. 〈개정 2015. 5. 18.〉

⑤ 제1항에 따른 추천·선발 방법, 수습근무 기간, 임용 직급 등에 관한 사항은 대통령령으로 정한다. 〈신설 2010. 3. 22., 2015. 5. 18.〉

[전문개정 2008. 3. 28.]

[제목개정 2012. 12. 11., 2015. 5. 18.]

제26조의5(근무기간을 정하여 임용하는 공무원) ① 임용권자는 전문지식·기술이 요구되거나 임용관리에 특수성이 요구되는 업무를 담당하게 하기 위하여 경력직공무원을 임용할 때에 일정기간을 정하여 근무하는 공무원(이하 "임기제공무원"이라 한다)을 임용할 수 있다.

② 임기제공무원의 임용요건, 임용절차, 근무상한연령 및 그 밖에 필요한 사항은 대통령령등으로 정한다. 〈개정 2015. 5. 18.〉

[본조신설 2012. 12. 11.]

제26조의6(차별금지) 국가기관의 장은 소속 공무원을 임용할 때 합리적인 이유 없이 성별, 종교 또는 사회적 신분 등을 이유로 차별해서는 아니 된다.

[본조신설 2020. 1. 29.]

제27조(결원 보충 방법) 국가기관의 결원은 신규채용·승진임용·강임·전직 또는 전보의 방법으로 보충한다.

[전문개정 2008. 3. 28.]

제28조(신규채용) ① 공무원은 공개경쟁 채용시험으로 채용한다. 〈개정 2011. 5. 23.〉

② 제1항에도 불구하고 다음 각 호의 어느 하나에 해당하는 경우에는 경력 등 응시요건을 정하여 같은 사유에 해당하는 다수인을 대상으로 경쟁의 방법으로 채용하는 시험(이하 "경력경쟁채용시험"이라 한다)으로 공무원을 채용할 수 있다. 다만, 제1호, 제3호, 제4호, 제5호, 제7호, 제11호의 어느 하나에 해당하는 경우 중 다수인을 대상으로 시험을 실시하는 것이 적당하지 아니하여 대통령령등으로 정하는 경우에는 다수인을 대상으로 하지 아니한 시험으로 공무원을 채용할 수 있다. 〈개정 2010. 3. 22., 2011. 5. 23., 2012. 10. 22., 2012. 12. 11., 2013. 3. 23., 2014. 11. 19., 2015. 5. 18., 2018. 3. 20.〉

1. 제70조 제1항 제3호의 사유로 퇴직하거나 제71조 제1항 제1호의 휴직 기간 만료로 퇴직한 경력직공무원을 퇴직한 날부터 3년(「공무원 재해보상법」에 따른 공무상 부상 또는 질병으로 인한 휴직의 경우에는 5년) 이내에 퇴직 시에 재직한 직급(고위공무원단에 속하는 공무원은 퇴직 시에 재직한 직위와 곤란성과 책임도가 유사한 직위를 말한다. 이하 이 호에서 같다)의 경력직공무원으로 재임용하는 경우 또는 경력직공무원으로 재직하던 중 특수경력직공무원이나 다른 종류의 경력직공무원이 되기 위하여 퇴직한 자를 퇴직 시에 재직한 직급의 경력직공무원으로 재임용하는 경우

2. 공개경쟁 채용시험으로 임용하는 것이 부적당한 경우에 같은 종류의 직무에 관한 자격증 소지자를 임용하는 경우

3. 임용예정 직급·직위와 같은 직급·직위(고위공무원단에 속하는 일반직공무원은 임용예정 직위와 곤란성·책임도가 유사한 직위를 말한다)에서의 근무경력 또는 임용예정 직급·직위에 상응하는 근무기간이나 연구 경력이 대통령령등으로 정하는 기간 이상인 사람을 임용하는 경우

4. 임용 예정직에 관련된 특수 목적을 위하여 설립된 학교(대학원을 포함한다) 중 대통령령으로 정하는 학교의 졸업자로서 각급 기관에서 실무 수습을 마친 자를 임용하는 경우

5. 1급 공무원을 임용하거나 제23조에 따라 배정된 직무등급이 가장 높은 등급의 직위에 고위공무원단에 속하는 일반직공무원을 임용하는 경우

6. 공개경쟁 채용시험으로 결원을 보충하기 곤란한 특수한 직무분야·환경 또는 섬, 외딴 곳 등 특수한 지역에 근무할 자를 임용하는 경우

7. 지방공무원을 그 직급·직위에 해당하는 국가공무원(고위공무원단에 속하는 일반직공무원으로 임용하는 경우에는 해당 직위와 곤란성과 책임도가 유사한 직위의 국가공무원을 말한다)으로 임용하는 경우

8. 외국어에 능통하고 국제적 소양과 전문 지식을 지닌 자를 임용하는 경우

9. 임용 예정직에 관련된 전문계·예능계 및 사학계(史學系)의 고등학교·전문대학 및 대학(대학원을 포함한다)의 학과 중 대통령령으로 정하는 학과의 졸업자로서 인사혁신처장이 정하는 바에 따라 해당 학교장의 추천을 받은 자를 연구 또는 기술 직렬의 공무원으로 임용하는 경우

10. 대통령령등으로 정하는 임용 예정직에 관련된 과학기술 분야 또는 공개경쟁 채용시험으로 결원보충이 곤란한 특수 전문 분야의 연구나 근무경력이 있는 자를 임용하는 경우

11. 제26조의4에 따라 수습근무를 마친 자와 제85조에 따라 재학 중 장학금을 받고 졸업한 자를 임용하는 경우

12. 연고지나 그 밖에 지역적 특수성을 고려하여 일정한 지역에 거주하는 자를 그 지역에 소재하는 기관에 임용하는 경우

13. 「국적법」 제4조 및 제8조에 따라 대한민국 국적을 취득한 사람 또는 「북한이탈주민의 보호

및 정착지원에 관한 법률」제2조 제1호에 따른 북한이탈주민을 임용하는 경우

③ 삭제 〈2011. 5. 23.〉

④ 경력경쟁채용시험 및 제2항 각 호 외의 부분 단서에 따른 시험(이하 이 조에서 "경력경쟁채용시험등" 이라 한다)의 경우에는 제70조 제1항 제3호의 사유로 퇴직한 사람을 우선하여 채용할 수 있으며, 경 력경쟁채용시험등으로 임용할 수 있는 공무원의 직급 또는 직위, 직급별 또는 직위별 응시 자격 및 시험 등에 필요한 사항은 대통령령등으로 정한다. 〈개정 2011. 5. 23., 2012. 12. 11., 2014. 1. 7., 2015. 5. 18.〉

⑤ 제2항 제6호·제8호 또는 제12호에 따라 경력경쟁채용시험으로 채용된 자는 정원조정·직제개편 등 대통령령등으로 정하는 경우 외에는 5년간 전직이나 해당 기관 외의 기관으로 전보될 수 없으며, 5년 이내에 퇴직하면 그 근무경력은 제2항 제3호의 경력경쟁채용시험 응시에 필요한 근무 또는 연구 실적에 넣어 계산하지 아니한다. 〈개정 2011. 5. 23., 2015. 5. 18.〉

[전문개정 2008. 3. 28.]

제28조의2(전입) 국회, 법원, 헌법재판소, 선거관리위원회 및 행정부 상호 간에 다른 기관 소속 공무원을 전입하려는 때에는 시험을 거쳐 임용하여야 한다. 이 경우 임용 자격 요건 또는 승진소요최저연수· 시험과목이 같을 때에는 대통령령등으로 정하는 바에 따라 그 시험의 일부나 전부를 면제할 수 있다. 〈개정 2015. 5. 18.〉

[전문개정 2008. 3. 28.]

제28조의3(전직) 공무원을 전직 임용하려는 때에는 전직시험을 거쳐야 한다. 다만, 대통령령등으로 정하는 전직의 경우에는 시험의 일부나 전부를 면제할 수 있다. 〈개정 2015. 5. 18.〉

[전문개정 2008. 3. 28.]

제28조의4(개방형 직위) ① 임용권자나 임용제청권자는 해당 기관의 직위 중 전문성이 특히 요구되거나 효율적인 정책 수립을 위하여 필요하다고 판단되어 공직 내부나 외부에서 적격자를 임용할 필요가 있는 직위에 대하여는 개방형 직위로 지정하여 운영할 수 있다. 이 경우 「정부조직법」등 조직 관계 법령에 따라 1급부터 3급까지의 공무원 또는 이에 상당하는 공무원으로 보할 수 있는 직위(고위공무 원단 직위를 포함하며, 실장·국장 밑에 두는 보조기관 또는 이에 상당하는 직위는 제외한다) 중 임 기제공무원으로도 보할 수 있는 직위(대통령령으로 정하는 직위는 제외한다)는 개방형 직위로 지정 된 것으로 본다. 〈개정 2012. 12. 11.〉

② 임용권자나 임용제청권자는 제1항에 따른 개방형 직위에 대하여는 직위별로 직무의 내용· 특성 등을 고려하여 직무수행요건을 설정하고 그 요건을 갖춘 자를 임용하거나 임용제청하여야 한다.

③ 삭제 〈2008. 12. 31.〉

④ 개방형 직위의 운영 등에 필요한 사항은 대통령령등으로 정한다. 〈개정 2015. 5. 18.〉

[전문개정 2008. 3. 28.]

제28조의5(공모 직위) ① 임용권자나 임용제청권자는 해당 기관의 직위 중 효율적인 정책 수립 또는 관 리를 위하여 해당 기관 내부 또는 외부의 공무원 중에서 적격자를 임용할 필요가 있는 직위에 대하여 는 공모 직위(公募 職位)로 지정하여 운영할 수 있다.

② 임용권자나 임용제청권자는 제1항에 따른 공모 직위에 대하여는 직위별로 직무의 내용·특성 등을 고려하여 직무수행요건을 설정하고 그 요건을 갖춘 자를 임용하거나 임용제청하여야 한다.

③ 삭제 〈2008. 12. 31.〉

④ 중앙인사관장기관의 장은 공모 직위를 운영할 때 각 기관간 인력의 이동과 배치가 적절한 균형을

유지할 수 있도록 관계 기관의 장과 협의하여 이를 조정할 수 있다.

⑤ 공모 직위의 운영 등에 필요한 사항은 대통령령등으로 정한다. 〈개정 2015. 5. 18.〉

[전문개정 2008. 3. 28.]

제28조의6(고위공무원단에 속하는 공무원으로의 임용 등) ① 고위공무원단에 속하는 공무원의 채용과 고위공무원단 직위로의 승진임용, 고위공무원으로서 적격한지 여부 및 그 밖에 고위공무원 임용 제도와 관련하여 대통령령으로 정하는 사항을 심사하기 위하여 인사혁신처에 고위공무원임용심사위원회를 둔다. 〈개정 2013. 3. 23., 2014. 11. 19., 2015. 12. 24.〉

② 고위공무원임용심사위원회는 위원장을 포함하여 5명 이상 9명 이하의 위원으로 구성하며, 위원장은 인사혁신처장이 된다. 〈개정 2013. 3. 23., 2014. 11. 19., 2015. 12. 24.〉

③ 임용권자 또는 임용제청권자는 고위공무원단에 속하는 공무원의 채용 또는 고위공무원단 직위로 승진임용하고자 하는 경우 임용대상자를 선정하여 고위공무원임용심사위원회의 심사를 거쳐 임용 또는 임용제청하여야 한다. 다만, 고위공무원단에 속하는 공무원의 채용에 있어서는 임용절차 간소화, 직무의 특수성 등을 고려하여 경력직 고위공무원을 특수경력직 또는 다른 경력직 고위공무원으로 채용하는 경우 등 대통령령으로 정하는 경우에는 고위공무원임용심사위원회의 심사를 생략할 수 있다. 〈개정 2008. 12. 31.〉

④ 고위공무원임용심사위원회의 위원 중 공무원이 아닌 위원은 「형법」이나 그 밖의 법률에 따른 벌칙을 적용할 때에는 공무원으로 본다. 〈신설 2021. 6. 8.〉

⑤ 제1항부터 제3항까지에 따른 고위공무원임용심사위원회의 구성 및 운영, 위원자격 등에 관하여 필요한 사항은 대통령령으로 정한다. 〈개정 2021. 6. 8.〉

[본조신설 2008. 2. 29.]

제29조(시보 임용) ① 5급 공무원(제4조 제2항에 따라 같은 조 제1항의 계급 구분이나 직군 및 직렬의 분류를 적용하지 아니하는 공무원 중 5급에 상당하는 공무원을 포함한다. 이하 같다)을 신규 채용하는 경우에는 1년, 6급 이하의 공무원을 신규 채용하는 경우에는 6개월간 각각 시보(試補)로 임용하고 그 기간의 근무성적·교육훈련성적과 공무원으로서의 자질을 고려하여 정규 공무원으로 임용한다. 다만, 대통령령등으로 정하는 경우에는 시보 임용을 면제하거나 그 기간을 단축할 수 있다. 〈개정 2011. 5. 23., 2012. 12. 11., 2015. 5. 18.〉

② 휴직한 기간, 직위해제 기간 및 징계에 따른 정직이나 감봉 처분을 받은 기간은 제1항의 시보 임용 기간에 넣어 계산하지 아니한다.

③ 시보 임용 기간 중에 있는 공무원이 근무성적·교육훈련성적이 나쁘거나 이 법 또는 이 법에 따른 명령을 위반하여 공무원으로서의 자질이 부족하다고 판단되는 경우에는 제68조와 제70조에도 불구하고 면직시키거나 면직을 제청할 수 있다. 이 경우 구체적인 사유 및 절차 등에 필요한 사항은 대통령령등으로 정한다. 〈개정 2015. 5. 18.〉

[전문개정 2008. 3. 28.]

제30조 삭제 〈1981. 4. 20.〉

제31조(경쟁시험 합격자의 우선임용 및 결원 보충의 조정) ① 임용권자나 임용제청권자는 결원을 보충할 때 공개경쟁 채용시험 합격자와 공개경쟁 승진시험 합격자를 우선하여 임용하거나 임용제청하여야 한다.

② 중앙인사관장기관의 장은 각급 기관의 5급 이상 공무원(제4조 제2항에 따라 같은 조 제1항의 계급 구분을 적용하지 아니하는 공무원 중 5급 이상에 상당하는 공무원을 포함한다. 이하 같다)의 결원을

보충할 때 공개경쟁 채용시험 합격자, 공개경쟁 승진시험 합격자 및 일반 승진시험 합격자의 보충임용이 적절한 균형을 유지할 수 있도록 조정하고 규제하여야 한다.

[전문개정 2008. 3. 28.]

제31조의2(국무위원 임명 전 인사청문 실시) 대통령이 국무위원을 임명하려면 미리 국회의 인사청문을 거쳐야 한다.

[전문개정 2008. 3. 28.]

제32조(임용권자) ① 행정기관 소속 5급 이상 공무원 및 고위공무원단에 속하는 일반직공무원은 소속 장관의 제청으로 인사혁신처장과 협의를 거친 후에 국무총리를 거쳐 대통령이 임용하되, 고위공무원단에 속하는 일반직공무원의 경우 소속 장관은 해당 기관에 소속되지 아니한 공무원에 대하여도 임용제청할 수 있다. 이 경우 국세청장은 국회의 인사청문을 거쳐 대통령이 임명한다. 〈개정 2013. 3. 23., 2014. 11. 19.〉

② 소속 장관은 소속 공무원에 대하여 제1항 외의 모든 임용권을 가진다.

③ 대통령은 대통령령으로 정하는 바에 따라 제1항에 따른 임용권의 일부를 소속 장관에게 위임할 수 있으며, 소속 장관은 대통령령으로 정하는 바에 따라 제2항에 따른 임용권의 일부와 대통령으로부터 위임받은 임용권의 일부를 그 보조기관 또는 소속 기관의 장에게 위임하거나 재위임할 수 있다.

④ 국회 소속 공무원은 국회의장이 임용하되, 국회규칙으로 정하는 바에 따라 그 임용권의 일부를 소속 기관의 장에게 위임할 수 있다.

⑤ 법원 소속 공무원은 대법원장이 임용하되, 대법원규칙으로 정하는 바에 따라 그 임용권의 일부를 소속 기관의 장에게 위임할 수 있다.

⑥ 헌법재판소 소속 공무원은 헌법재판소장이 임용하되, 헌법재판소규칙으로 정하는 바에 따라 그 임용권의 일부를 헌법재판소사무처장에게 위임할 수 있다.

⑦ 선거관리위원회 소속 5급 이상 공무원은 중앙선거관리위원회의 의결을 거쳐 중앙선거관리위원회위원장이 임용하고, 6급 이하의 공무원은 중앙선거관리위원회사무총장이 임용한다. 이 경우 중앙선거관리위원회위원장은 중앙선거관리위원회규칙으로 정하는 바에 따라 중앙선거관리위원회 상임위원ㆍ사무총장 및 시ㆍ도선거관리위원회위원장에게, 중앙선거관리위원회사무총장은 시ㆍ도선거관리위원회위원장에게 그 임용권의 일부를 각각 위임할 수 있다. 〈개정 2012. 12. 11.〉

[전문개정 2008. 3. 28.]

제32조의2(인사교류) 인사혁신처장은 행정기관 상호간, 행정기관과 교육ㆍ연구기관 또는 공공기관 간에 인사교류가 필요하다고 인정하면 인사교류계획을 수립하고, 국무총리의 승인을 받아 이를 실시할 수 있다. 〈개정 2012. 10. 22., 2013. 3. 23., 2014. 11. 19.〉

[전문개정 2008. 12. 31.]

제32조의3(겸임) 직위와 직무 내용이 유사하고 담당 직무 수행에 지장이 없다고 인정하면 대통령령등으로 정하는 바에 따라 경력직공무원 상호 간에 겸임하게 하거나 경력직공무원과 대통령령으로 정하는 관련 교육ㆍ연구기관, 그 밖의 기관ㆍ단체의 임직원 간에 서로 겸임하게 할 수 있다. 〈개정 2012. 12. 11., 2015. 5. 18., 2021. 6. 8.〉

[전문개정 2008. 3. 28.]

[시행일 : 2021. 12. 9.] 제32조의3

제32조의4(파견근무) ① 국가기관의 장은 국가적 사업의 수행 또는 그 업무 수행과 관련된 행정 지원이나 연수, 그 밖에 능력 개발 등을 위하여 필요하면 소속 공무원을 다른 국가기관ㆍ공공단체ㆍ정부투

자기관·국내외의 교육기관·연구기관, 그 밖의 기관에 일정 기간 파견근무하게 할 수 있으며, 국가적 사업의 공동 수행 또는 전문성이 특히 요구되는 특수 업무의 효율적 수행 등을 위하여 필요하면 국가기관 외의 기관·단체의 임직원을 파견받아 근무하게 할 수 있다.

② 파견권자는 파견 사유가 소멸하거나 파견 목적이 달성될 가망이 없으면 그 공무원을 지체 없이 원래의 소속 기관에 복귀시켜야 한다.

③ 제1항에 따라 국가기관 외의 기관·단체에서 파견된 임직원은 직무상 행위를 하거나 「형법」, 그 밖의 법률에 따른 벌칙을 적용할 때 공무원으로 본다.

④ 공무원을 파견근무하게 하거나 국가기관 외의 기관·단체의 임직원을 파견받아 근무하게 하는 경우 그 사유·기간·절차, 파견된 자의 인사교류를 위한 신규 채용, 파견된 자의 승진임용, 파견근무 중 복무, 그 밖에 필요한 사항은 대통령령등으로 정한다. 〈개정 2015. 5. 18.〉

[전문개정 2008. 3. 28.]

제32조의5(보직관리의 원칙) ① 임용권자나 임용제청권자는 법령으로 따로 정하는 경우 외에는 소속 공무원의 직급과 직류를 고려하여 그 직급에 상응하는 일정한 직위를 부여하여야 한다. 다만, 고위공무원단에 속하는 일반직공무원과 제4조 제2항 제1호에 따른 공무원 중 계급 구분 및 직군·직렬의 분류가 적용되지 아니하는 공무원에 대하여는 자격·경력 등을 고려하여 그에 상응하는 일정한 직위를 부여하여야 한다. 〈개정 2012. 12. 11.〉

② 소속 공무원을 보직할 때에는 그 공무원의 전공분야·훈련·근무경력·전문성·적성 등을 고려하여 적격한 직위에 임용하여야 한다. 이 경우 보직관리 기준에 필요한 사항은 대통령령등으로 정한다. 〈개정 2015. 5. 18.〉

[전문개정 2008. 3. 28.]

제33조(결격사유) 다음 각 호의 어느 하나에 해당하는 자는 공무원으로 임용될 수 없다. 〈개정 2010. 3. 22., 2013. 8. 6., 2015. 12. 24., 2018. 10. 16., 2021. 1. 12.〉

1. 피성년후견인

2. 파산선고를 받고 복권되지 아니한 자

3. 금고 이상의 실형을 선고받고 그 집행이 종료되거나 집행을 받지 아니하기로 확정된 후 5년이 지나지 아니한 자

4. 금고 이상의 형을 선고받고 그 집행유예 기간이 끝난 날부터 2년이 지나지 아니한 자

5. 금고 이상의 형의 선고유예를 받은 경우에 그 선고유예 기간 중에 있는 자

6. 법원의 판결 또는 다른 법률에 따라 자격이 상실되거나 정지된 자

6의2. 공무원으로 재직기간 중 직무와 관련하여 「형법」 제355조 및 제356조에 규정된 죄를 범한 자로서 300만원 이상의 벌금형을 선고받고 그 형이 확정된 후 2년이 지나지 아니한 자

6의3. 「성폭력범죄의 처벌 등에 관한 특례법」 제2조에 규정된 죄를 범한 사람으로서 100만원 이상의 벌금형을 선고받고 그 형이 확정된 후 3년이 지나지 아니한 사람

6의4. 미성년자에 대한 다음 각 목의 어느 하나에 해당하는 죄를 저질러 파면·해임되거나 형 또는 치료감호를 선고받아 그 형 또는 치료감호가 확정된 사람(집행유예를 선고받은 후 그 집행유예기간이 경과한 사람을 포함한다)

    가. 「성폭력범죄의 처벌 등에 관한 특례법」 제2조에 따른 성폭력범죄

    나. 「아동·청소년의 성보호에 관한 법률」 제2조 제2호에 따른 아동·청소년대상 성범죄

7. 징계로 파면처분을 받은 때부터 5년이 지나지 아니한 자

8. 징계로 해임처분을 받은 때부터 3년이 지나지 아니한 자

[전문개정 2008. 3. 28.]

제33조의2(벌금형의 분리 선고) 「형법」 제38조에도 불구하고 제33조 제6호의2 또는 제6호의3에 규정된 죄와 다른 죄의 경합범(競合犯)에 대하여 벌금형을 선고하는 경우에는 이를 분리 선고하여야 한다. 〈개정 2015. 12. 24.〉

[본조신설 2014. 1. 7.]

제34조(시험 실시기관) ① 행정기관 소속 공무원의 채용시험·승진시험, 그 밖의 시험은 인사혁신처장 또는 인사혁신처장이 지정하는 소속기관의 장이 실시한다. 다만, 인사혁신처장 또는 그 소속기관의 장이 단독으로 실시하기 곤란하면 관계 기관과 공동으로 실시할 수 있으며, 인사혁신처장은 대통령령으로 정하는 바에 따라 그 시험의 일부를 다른 행정기관의 장에게 위임하여 실시할 수 있다. 〈개정 2008. 3. 28., 2013. 3. 23., 2014. 11. 19., 2015. 12. 24.〉

② 삭제 〈2004. 3. 11.〉

③ 국회 및 법원 소속 공무원의 채용시험·승진시험, 그 밖의 시험은 국회사무처 또는 법원행정처에서 실시한다. 이 경우 국회사무총장 또는 법원행정처장은 국회규칙 또는 대법원규칙으로 정하는 바에 따라 그 시험의 일부를 소속 기관에 위임하여 실시할 수 있다. 〈개정 2008. 3. 28.〉

④ 헌법재판소 소속 공무원의 채용시험·승진시험, 그 밖의 시험은 헌법재판소사무처에서 실시한다. 다만, 헌법재판소사무처장은 그 시험의 전부나 일부를 인사혁신처장 또는 법원행정처장에게 위탁하여 실시할 수 있다. 〈개정 2008. 3. 28., 2013. 3. 23., 2014. 11. 19.〉

⑤ 선거관리위원회 소속 공무원의 채용시험·승진시험, 그 밖의 시험은 중앙선거관리위원회사무처에서 실시하되, 중앙선거관리위원회규칙으로 정하는 바에 따라 그 시험의 일부를 시·도선거관리위원회에 위임하여 실시할 수 있다. 다만, 중앙선거관리위원회사무총장은 시험의 전부나 일부를 인사혁신처장에게 위탁하여 실시하거나 인사혁신처장이 실시한 공개경쟁 채용시험에 합격한 자를 선거관리위원회에서 실시한 공개경쟁 채용시험에 합격한 자로 보아 임용할 수 있다. 〈개정 2008. 3. 28., 2013. 3. 23., 2014. 11. 19.〉

제35조(평등의 원칙) 공개경쟁에 따른 채용시험은 같은 자격을 가진 모든 국민에게 평등하게 공개하여야 하며 시험의 시기와 장소는 응시자의 편의를 고려하여 결정한다.

[전문개정 2008. 3. 28.]

제36조(응시 자격) 각종 시험에 있어서 담당할 직무 수행에 필요한 최소한도의 자격요건은 대통령령등으로 정한다. 〈개정 2015. 5. 18.〉

[전문개정 2008. 3. 28.]

제36조의2(채용시험의 가점) ① 다음 각 호의 어느 하나에 해당하는 사람이 공무원 채용시험에 응시하면 일정한 점수를 가산할 수 있다.

　　1. 「국가기술자격법」이나 그 밖의 법령에 따른 자격을 취득한 사람

　　2. 「의사상자 등 예우 및 지원에 관한 법률」 제2조 제2호에 따른 의사자의 배우자 또는 자녀

　　3. 「의사상자 등 예우 및 지원에 관한 법률」 제2조 제3호에 따른 의상자 및 그 배우자 또는 자녀

② 제1항에 따라 가산할 수 있는 구체적 대상, 가산 점수, 가산 방법 등에 필요한 사항은 대통령령등으로 정한다.

[전문개정 2015. 5. 18.]

제37조(시험의 공고) ① 공개경쟁 채용시험, 공개경쟁 승진시험 또는 경력경쟁채용시험을 실시할 때에

는 임용예정 직급·직위, 응시 자격, 선발 예정 인원, 시험의 방법·시기·장소 , 그 밖에 필요한 사항을 대통령령등으로 정하는 바에 따라 공고하여야 한다. 다만, 제28조 제2항 단서에 따라 다수인을 대상으로 하지 아니한 시험의 경우에는 공고하지 아니할 수 있다. 〈개정 2011. 5. 23., 2012. 12. 11., 2015. 5. 18.〉

② 원활한 결원 보충을 위하여 필요하면 근무예정 지역 또는 근무예정 기관을 미리 정하여 공개경쟁 채용시험을 실시할 수 있다. 이 경우 그 시험에 따라 채용된 공무원은 대통령령등으로 정하는 기간 동안 해당 근무 지역 또는 근무 기관에 근무하여야 한다. 〈개정 2015. 5. 18.〉

[전문개정 2008. 3. 28.]

제38조(채용후보자 명부) ① 시험 실시기관의 장은 공개경쟁 채용시험에 합격한 사람을 대통령령등으로 정하는 바에 따라 채용후보자 명부에 등재하여야 한다. 〈개정 2013. 8. 6., 2015. 5. 18.〉

② 제28조 제1항에 따른 공무원 공개경쟁 채용시험에 합격한 사람의 채용후보자 명부의 유효기간은 2년의 범위에서 대통령령등으로 정한다. 다만, 시험 실시기관의 장은 필요에 따라 1년의 범위에서 그 기간을 연장할 수 있다. 〈개정 2013. 8. 6., 2015. 5. 18.〉

③ 다음 각 호의 기간은 제2항에 따른 기간에 넣어 계산하지 아니한다. 〈개정 2015. 5. 18.〉

　1. 공개경쟁 채용시험 합격자가 채용후보자 명부에 등재된 후 그 유효기간 내에 「병역법」에 따른 병역 복무를 위하여 군에 입대한 경우(대학생 군사훈련 과정 이수자를 포함한다)의 의무복무 기간

　2. 대통령령등으로 정하는 사유로 임용되지 못한 기간

④ 제2항에 따라 시험 실시기관의 장이 채용후보자 명부의 유효기간을 연장하기로 결정하면 지체 없이 이를 공고하여야 한다.

[전문개정 2008. 3. 28.]

제39조(채용후보자의 임용 절차) ① 시험 실시기관의 장은 채용후보자 명부에 등재된 채용후보자를 대통령령등으로 정하는 바에 따라 임용권이나 임용제청권을 갖는 기관에 추천하여야 한다. 다만, 공개경쟁 채용시험 합격자의 우선임용을 위하여 필요하면 인사혁신처장이 채용후보자를 제32조 제1항부터 제3항까지의 규정에도 불구하고 근무할 기관을 지정하여 임용하거나 임용제청할 수 있다. 〈개정 2013. 3. 23., 2014. 11. 19., 2015. 5. 18.〉

② 각 임용권자나 임용제청권자는 제1항에 따라 추천받은 채용후보자를 임용한 때에는 그 결과를 시험 실시기관의 장에게 지체 없이 알려야 한다.

③ 채용후보자가 다음 각 호의 어느 하나에 해당하면 채용후보자로서의 자격을 잃는다. 〈개정 2015. 5. 18.〉

　1. 제1항에 따라 추천받은 기관의 임용 또는 임용제청에 따르지 아니한 경우

　2. 제50조에 따른 시보 공무원이 될 자에 대한 교육훈련에 따르지 아니한 경우

　3. 훈련 성적이 나쁘거나 본인의 귀책사유로 교육훈련을 계속 받을 수 없게 되는 등 공무원으로서 직무를 수행하기 곤란하다고 판단되는 경우. 이 경우 구체적인 사유 및 절차 등에 필요한 사항은 대통령령등으로 정한다.

④ 임용권자는 채용후보자에 대하여 임용 전에 실무 수습을 실시할 수 있다. 이 경우 실무 수습 중인 채용후보자는 그 직무상 행위를 하거나 「형법」 또는 그 밖의 법률에 따른 벌칙을 적용할 때에는 공무원으로 본다. 〈신설 2012. 10. 22.〉

[전문개정 2008. 3. 28.]

제40조(승진) ① 승진임용은 근무성적평정·경력평정, 그 밖에 능력의 실증에 따른다. 다만, 1급부터 3급까지의 공무원으로의 승진임용 및 고위공무원단 직위로의 승진임용의 경우에는 능력과 경력 등을 고려하여 임용하며, 5급 공무원으로의 승진임용의 경우에는 승진시험을 거치도록 하되, 필요하다고 인정하면 대통령령등으로 정하는 바에 따라 승진심사위원회의 심사를 거쳐 임용할 수 있다. 〈개정 2015. 5. 18.〉

② 6급 이하 공무원으로의 승진임용의 경우 필요하다고 인정하면 대통령령등으로 정하는 바에 따라 승진시험을 병용(並用)할 수 있다. 〈개정 2015. 5. 18.〉

③ 승진에 필요한 계급별 최저 근무연수, 승진 제한, 그 밖에 승진에 필요한 사항은 대통령령등으로 정한다. 〈개정 2015. 5. 18.〉

[전문개정 2008. 3. 28.]

제40조의2(승진임용의 방법) ① 1급 공무원으로의 승진은 바로 하급 공무원 중에서, 2급 및 3급 공무원으로의 승진은 같은 직군 내의 바로 하급 공무원 중에서 각각 임용하거나 임용제청하며, 고위공무원단 직위로의 승진임용은 대통령령으로 정하는 자격·경력 등을 갖춘 자 중에서 임용하거나 임용제청한다.

② 승진시험에 따른 승진은 승진시험 합격자 중에서 대통령령등으로 정하는 승진임용 순위에 따라 임용하거나 임용제청한다. 다만, 공개경쟁 승진시험에 합격하여 승진후보자 명부에 등재된 자의 임용방법에 관하여는 제39조 제1항과 제2항을 준용한다. 〈개정 2015. 5. 18.〉

③ 제1항과 제2항 외의 승진은 같은 직렬의 바로 하급 공무원 중에서 임용하되, 임용하려는 결원의 수에 대하여 승진후보자 명부의 높은 순위에 있는 자부터 차례로 대통령령등으로 정하는 범위에서 임용하거나 임용제청하여야 한다. 〈개정 2015. 5. 18.〉

④ 각급 기관의 장은 대통령령등으로 정하는 바에 따라 근무성적·경력평정, 그 밖에 능력의 실증에 따른 순위에 따라 직급별로 승진후보자 명부를 작성한다. 〈개정 2015. 5. 18.〉

⑤ 5급 공무원 공개경쟁 승진시험에 합격한 자의 승진후보자 명부는 국회사무총장, 법원행정처장, 헌법재판소사무처장, 중앙선거관리위원회사무총장 또는 인사혁신처장이 작성한다. 〈개정 2013. 3. 23., 2014. 11. 19.〉

[전문개정 2008. 3. 28.]

제40조의3(승진 심사) ① 제40조의2제1항·제3항 또는 제40조의4제1항 제1호부터 제3호까지의 규정에 따라 임용하거나 임용제청을 할 때에는 미리 승진심사위원회의 심사를 거쳐야 한다.

② 제1항에 따른 승진 심사를 위하여 국회사무총장, 법원행정처장, 헌법재판소사무처장 또는 중앙선거관리위원회사무총장 소속으로 중앙승진심사위원회를 두고, 행정부 소속 공무원의 승진 심사는 제28조의6제3항에 따라 고위공무원임용심사위원회가 담당하며, 각 임용권자나 임용제청권자 단위별로 보통승진심사위원회를 둔다.

③ 승진심사위원회의 구성·권한 및 운영, 그 밖에 필요한 사항은 대통령령등으로 정한다. 〈개정 2015. 5. 18.〉

[전문개정 2008. 3. 28.]

제40조의4(우수 공무원 등의 특별승진) ① 공무원이 다음 각 호의 어느 하나에 해당하면 제40조 및 제40조의2에도 불구하고 특별승진임용하거나 일반 승진시험에 우선 응시하게 할 수 있다.

    1. 청렴하고 투철한 봉사 정신으로 직무에 모든 힘을 다하여 공무 집행의 공정성을 유지하고 깨끗한 공직 사회를 구현하는 데에 다른 공무원의 귀감(龜鑑)이 되는 자

    2. 직무수행 능력이 탁월하여 행정 발전에 큰 공헌을 한 자

3. 제53조에 따른 제안의 채택·시행으로 국가 예산을 절감하는 등 행정 운영 발전에 뚜렷한 실적이 있는 자

4. 재직 중 공적이 특히 뚜렷한 자가 제74조의2에 따라 명예퇴직 할 때

5. 재직 중 공적이 특히 뚜렷한 자가 공무로 사망한 때

② 특별승진의 요건, 그 밖에 필요한 사항은 대통령령등으로 정한다. 〈개정 2015. 5. 18.〉

[전문개정 2008. 3. 28.]

제41조(승진시험 방법) ① 승진시험은 일반 승진시험과 공개경쟁 승진시험으로 구분한다.

② 일반 승진시험은 승진후보자 명부의 높은 순위에 있는 자부터 차례로 임용하려는 결원 또는 결원과 예상 결원을 합한 총결원의 2배수 이상 5배수 이내 범위의 자에 대하여 실시하며, 시험성적 점수와 승진후보자 명부에 따른 평정 점수를 합산한 종합 성적에 따라 합격자를 결정한다. 다만, 유능한 공무원을 발탁하기 위하여 승진기회의 확대가 필요한 경우에는 대통령령으로 정하는 바에 따라 배수의 범위를 달리하여 시험을 실시할 수 있다. 〈개정 2011. 5. 23.〉

③ 공개경쟁 승진시험은 5급 공무원 승진에 한정하되, 기관간 승진기회의 균형을 유지하고 유능한 공무원을 발탁하기 위하여 필요한 경우에 실시하며, 시험성적에 따라 합격자를 결정한다.

④ 제2항과 제3항에 따른 승진시험의 응시 대상자, 응시 방법, 합격자 결정 방법, 합격의 효력, 그 밖에 승진시험에 필요한 사항은 대통령령등으로 정한다. 〈개정 2015. 5. 18.〉

[전문개정 2008. 3. 28.]

제42조(국가유공자 우선 임용) ① 공무원을 임용할 때에 법령으로 정하는 바에 따라 국가유공자를 우선 임용하여야 한다.

② 제1항에 따른 우선 임용에 관한 사항은 국회사무총장, 법원행정처장, 헌법재판소사무처장, 중앙선거관리위원회사무총장 또는 인사혁신처장이 관장한다. 다만, 그 임용에 관한 법령의 제정·개폐 또는 중요 정책에 관하여는 국가보훈처장과 협의한다. 〈개정 2013. 3. 23., 2014. 11. 19.〉

[전문개정 2008. 3. 28.]

제43조(휴직·파견 등의 결원보충 등) ① 공무원이 제71조 제1항 제1호·제3호·제5호·제6호, 제71조 제2항 또는 제73조의2에 따라 6개월 이상 휴직하면 휴직일부터 그 휴직자의 직급·직위 또는 상당 계급(고위공무원단에 속하는 공무원은 해당 휴직자의 직위와 곤란성과 책임도가 유사한 직위를 말한다)에 해당하는 정원이 따로 있는 것으로 보고 결원을 보충할 수 있다. 다만, 제71조 제2항 제4호에 따라 휴직하는 경우에는 대통령령등으로 정하는 경우에 한하여 3개월 이상 휴직하는 경우에도 결원을 보충할 수 있고, 출산휴가와 육아휴직을 연속하여 사용하는 경우에는 출산휴가일부터 후임자를 보충할 수 있다. 〈개정 2008. 12. 31., 2011. 5. 23., 2012. 12. 11., 2015. 5. 18.〉

② 공무원을 제32조의4에 따라 파견하는 경우에는 대통령령등으로 정하는 바에 따라 파견 기간 중 그 파견하는 직급(고위공무원단에 속하는 일반직공무원은 그 파견하는 직위와 곤란성과 책임도가 유사한 직위를 말한다. 이하 이 조에서 같다)에 해당하는 정원이 따로 있는 것으로 보고 결원을 보충할 수 있다. 다만, 남은 파견기간이 2개월 이하인 경우에는 그러하지 아니하다. 〈개정 2015. 5. 18.〉

③ 파면처분·해임처분·면직처분 또는 강등처분에 대하여 소청심사위원회나 법원에서 무효나 취소의 결정 또는 판결을 하면 그 파면처분·해임처분·면직처분 또는 강등처분에 따라 결원을 보충하였던 때부터 파면처분·해임처분·면직처분 또는 강등처분을 받은 사람의 처분 전 직급·직위에 해당하는 정원이 따로 있는 것으로 본다. 〈개정 2011. 5. 23., 2012. 12. 11.〉

④ 제73조의3 제1항 제3호·제4호 또는 제6호에 따라 직위해제를 한 경우로서 직위해제 기간이 6개월을

경과하면 직위해제된 사람의 직급·직위 또는 상당 계급(고위공무원단에 속하는 공무원은 해당 직위 해제된 사람의 직위와 곤란성과 책임도가 유사한 직위를 말한다)에 해당하는 정원이 따로 있는 것으로 보고 결원을 보충할 수 있다. 다만, 제78조의4 제3항에 따라 징계의결이 요구되어 제73조의3 제1 항 제3호에 따른 직위해제 처분을 하는 경우에는 직위해제를 한 때부터 해당 정원이 따로 있는 것으로 보고 결원을 보충할 수 있다. 〈개정 2021. 6. 8.〉

⑤ 제1항부터 제3항까지의 규정 및 제4항 본문에 따른 정원은 다음 각 호의 어느 하나에 해당하는 사유가 발생한 이후 그 직급·직위에 최초로 결원이 발생한 때에 각각 소멸된 것으로 본다. 다만, 제1항에 따른 특수경력직공무원의 정원은 제1호의 사유가 발생한 때에 소멸된 것으로 본다. 〈개정 2011. 5. 23., 2012. 12. 11., 2015. 12. 24., 2021. 6. 8.〉

1. 휴직자의 복직
2. 파견된 자의 복귀
3. 파면·해임·면직된 사람의 복귀 또는 강등된 사람의 처분 전 직급 회복
4. 직위해제된 사람에 대한 직위 부여

[전문개정 2008. 3. 28.]

[시행일 : 2021. 12. 9.] 제43조

제43조의2 삭제 〈1978. 12. 5.〉

제43조의3 삭제 〈1978. 12. 5.〉

제44조(시험 또는 임용의 방해행위 금지) 누구든지 시험 또는 임용에 관하여 고의로 방해하거나 부당한 영향을 주는 행위를 하여서는 아니 된다.

[전문개정 2008. 3. 28.]

제45조(인사에 관한 부정행위 금지) 누구든지 채용시험·승진·임용, 그 밖에 인사기록에 관하여 거짓이 나 부정하게 진술·기재·증명·채점 또는 보고하여서는 아니 된다.

[전문개정 2008. 3. 28.]

제45조의2(채용시험 등 부정행위자에 대한 조치) ① 시험실시기관의 장은 채용시험·승진시험, 그 밖의 시험에서 다른 사람에게 대신하여 응시하게 하는 행위 등 대통령령으로 정하는 부정행위를 한 사람 에 대하여 대통령령으로 정하는 바에 따라 해당 시험의 정지·무효 또는 합격 취소 처분을 할 수 있 다. 이 경우 처분을 받은 사람에 대하여는 처분이 있은 날부터 5년의 범위에서 대통령령으로 정하는 기간 동안 채용시험·승진시험, 그 밖의 시험의 응시자격을 정지할 수 있다.

② 시험실시기관의 장은 제1항에 따른 처분(시험의 정지는 제외한다)을 하려는 때에는 미리 그 처분 내용과 사유를 당사자에게 통지하여 소명할 기회를 주어야 한다.

[본조신설 2015. 5. 18.]

제45조의3(채용 비위 관련자의 합격 등 취소) ① 시험실시기관의 장 또는 임용권자는 누구든지 공무원 채용과 관련하여 대통령령등으로 정하는 비위를 저질러 유죄판결이 확정된 경우에는 그 비위 행위로 인하여 채용시험에 합격하거나 임용된 사람에 대하여 대통령령등으로 정하는 바에 따라 합격 또는 임용을 취소할 수 있다. 이 경우 취소 처분을 하기 전에 미리 그 내용과 사유를 당사자에게 통지하고 소명할 기회를 주어야 한다.

② 제1항에 따른 취소 처분은 합격 또는 임용 당시로 소급하여 효력이 발생한다.

[본조신설 2021. 6. 8.]

[시행일 : 2021. 12. 9.] 제45조의3

제46조(보수 결정의 원칙) ① 공무원의 보수는 직무의 곤란성과 책임의 정도에 맞도록 계급별·직위별 또는 직무등급별로 정한다. 다만, 다음 각 호의 어느 하나에 해당하는 공무원의 보수는 따로 정할 수 있다. 〈개정 2012. 12. 11.〉

    1. 직무의 곤란성과 책임도가 매우 특수하거나 결원을 보충하는 것이 곤란한 직무에 종사하는 공무원

    2. 제4조 제2항에 따라 같은 조 제1항의 계급 구분이나 직군 및 직렬의 분류를 적용하지 아니하는 공무원

    3. 임기제공무원

② 공무원의 보수는 일반의 표준 생계비, 물가 수준, 그 밖의 사정을 고려하여 정하되, 민간 부문의 임금 수준과 적절한 균형을 유지하도록 노력하여야 한다.

③ 경력직공무원 간의 보수 및 경력직공무원과 특수경력직공무원 간의 보수는 균형을 도모하여야 한다.

④ 공무원의 보수 중 봉급에 관하여는 법률로 정한 것 외에는 대통령령으로 정한다.

⑤ 이 법이나 그 밖의 법률에 따른 보수에 관한 규정에 따르지 아니하고는 어떠한 금전이나 유가물(有價物)도 공무원의 보수로 지급할 수 없다.

[전문개정 2008. 3. 28.]

제47조(보수에 관한 규정) ① 공무원의 보수에 관한 다음 각 호의 사항은 대통령령으로 정한다.

    1. 봉급·호봉 및 승급에 관한 사항

    2. 수당에 관한 사항

    3. 보수 지급 방법, 보수의 계산, 그 밖에 보수 지급에 관한 사항

② 제1항에도 불구하고 특수 수당과 제51조 제2항에 따른 상여금(賞與金)의 지급 또는 특별승급에 관한 사항은 대통령령등으로 정한다. 〈개정 2015. 5. 18.〉

③ 제1항에 따른 보수를 거짓이나 그 밖의 부정한 방법으로 수령한 경우에는 수령한 금액의 5배의 범위에서 가산하여 징수할 수 있다. 〈신설 2008. 12. 31., 2021. 6. 8〉

④ 제3항에 따라 가산하여 징수할 수 있는 보수의 종류, 가산금액 등에 관한 사항은 대통령령으로 정한다. 〈신설 2008. 12. 31., 2012. 12. 11.〉

[전문개정 2008. 3. 28.]

[시행일 2021. 12. 9.]

제48조(실비 변상 등) ① 공무원은 보수 외에 대통령령등으로 정하는 바에 따라 직무 수행에 필요한 실비(實費) 변상을 받을 수 있다. 〈개정 2015. 5. 18.〉

② 공무원이 소속 기관장의 허가를 받아 본래의 업무 수행에 지장이 없는 범위에서 담당 직무 외의 특수한 연구과제를 위탁받아 처리하면 그 보상을 지급받을 수 있다.

③ 제1항 및 제2항에 따른 실비 변상이나 보상을 거짓이나 그 밖의 부정한 방법으로 수령한 경우에는 수령한 금액의 5배의 범위에서 가산하여 징수할 수 있다. 〈신설 2012. 12. 11., 2021. 6. 8〉

④ 제3항에 따라 가산하여 징수할 수 있는 실비 변상 및 보상의 종류, 가산금액 등에 관한 사항은 대통령령으로 정한다. 〈신설 2012. 12. 11.〉

[전문개정 2008. 3. 28.]

[시행일 2021. 12. 9.]

제49조(국가기관 외의 기관 등에서 파견된 자의 보수) 제32조의4제1항에 따라 국가기관 외의 기관·단체에서 파견된 임직원의 보수는 파견한 기관이 지급하며, 파견받은 기관은 제48조를 준용하여 실비 변상 등을 할 수 있다. 다만, 특히 필요한 경우 파견받은 기관은 파견한 기관과 협의하여 보수를 지급할 수 있다.

[전문개정 2008. 3. 28.]

 **제6장** **능률** 〈개정 2008. 3. 28.〉

제50조(인재개발) ① 모든 공무원과 시보 공무원이 될 사람은 국민 전체에 대한 봉사자로서 갖추어야 할 공직가치를 확립하고, 담당 직무를 효과적으로 수행할 수 있는 미래지향적 역량과 전문성을 배양하기 위하여 법령으로 정하는 바에 따라 교육훈련을 받고 자기개발 학습을 하여야 한다. 〈개정 2015. 12. 24.〉

② 국회사무총장, 법원행정처장, 헌법재판소사무처장, 중앙선거관리위원회사무총장 또는 인사혁신처장은 각 기관의 협조를 받아 인재개발에 관한 종합적인 기획 및 조정을 한다. 〈개정 2013. 3. 23., 2014. 11. 19., 2015. 12. 24.〉

③ 각 기관의 장과 관리직위에 있는 공무원은 지속적인 인재개발을 통하여 소속 직원의 공직가치를 확립하고 미래지향적 역량과 전문성을 향상시킬 책임을 진다. 〈개정 2015. 12. 24.〉

④ 교육훈련 실적은 인사관리에 반영하여야 한다.

[전문개정 2008. 3. 28.]

[제목개정 2015. 12. 24.]

제50조의2(적극행정의 장려) ① 각 기관의 장은 소속 공무원의 적극행정(공무원이 불합리한 규제의 개선 등 공공의 이익을 위해 업무를 적극적으로 처리하는 행위를 말한다. 이하 이 조에서 같다)을 장려하기 위하여 대통령령등으로 정하는 바에 따라 인사상 우대 및 교육의 실시 등에 관한 계획을 수립·시행할 수 있다.

② 적극행정 추진에 관한 다음 각 호의 사항을 심의하기 위하여 각 기관에 적극행정위원회를 설치·운영할 수 있다.

1. 제1항에 따른 계획 수립에 관한 사항
2. 공무원이 불합리한 규제의 개선 등 공공의 이익을 위해 업무를 적극적으로 추진하기 위하여 해당 업무의 처리 기준, 절차, 방법 등에 관한 의견 제시를 요청한 사항
3. 그 밖에 적극행정 추진을 위하여 필요하다고 대통령령등으로 정하는 사항

③ 공무원이 적극행정을 추진한 결과에 대하여 해당 공무원의 행위에 고의 또는 중대한 과실이 없다고 인정되는 경우에는 대통령령등으로 정하는 바에 따라 이 법 또는 다른 공무원 인사 관계 법령에 따른 징계 또는 징계부가금 부과 의결을 하지 아니한다.

④ 인사혁신처장은 각 기관의 적극행정 문화 조성을 위하여 필요한 사업을 발굴하고 추진할 수 있다.

⑤ 적극행정위원회의 구성·운영 및 적극행정을 한 공무원에 대한 인사상 우대 등 적극행정을 장려하기 위하여 필요한 사항은 대통령령등으로 정한다.

[본조신설 2021. 6. 8.]

[시행일 : 2021. 12. 9.]

제51조(근무성적의 평정) ① 각 기관의 장은 정기 또는 수시로 소속 공무원의 근무성적을 객관적이고 엄정하게 평정하여 인사관리에 반영하여야 한다.

② 제1항에 따른 근무성적평정 결과 근무성적이 우수한 자에 대하여는 상여금을 지급하거나 특별승급시킬 수 있다.

③ 제1항의 근무성적평정에 관한 사항은 대통령령등으로 정한다. 〈개정 2015. 5. 18.〉

[전문개정 2008. 3. 28.]

제52조(능률 증진을 위한 실시사항) ① 중앙인사관장기관의 장은 공무원의 근무능률을 높이기 위하여 공무원의 보건·휴양·안전·후생, 그 밖에 필요한 사항에 대한 기준을 설정하여야 하며, 각 기관의 장은 이를 실시하여야 한다. 〈개정 2013. 3. 23., 2014. 11. 19., 2015. 5. 18.〉

② 중앙인사관장기관의 장은 장애인공무원의 원활한 직무수행을 위하여 근로지원인(장애인공무원의 직무수행을 지원하는 사람을 말한다)의 배정 또는 보조공학기기·장비의 지급 등 필요한 지원을 할 수 있다. 〈신설 2015. 5. 18.〉

③ 중앙인사관장기관의 장은 제2항에 따른 지원업무를 효율적으로 추진하기 위하여 전문기관을 지정하여 수행하게 할 수 있고, 그 지원업무 수행에 필요한 경비의 전부 또는 일부를 출연하거나 보조할 수 있다. 〈신설 2015. 5. 18.〉

④ 제2항에 따른 지원의 세부내용 및 방법 등과 제3항에 따른 전문기관의 지정 기준, 지정 및 지정취소의 절차 등에 필요한 사항은 대통령령등으로 정한다. 〈신설 2015. 5. 18.〉

[전문개정 2008. 3. 28.]

제53조(제안 제도) ① 행정 운영의 능률화와 경제화를 위한 공무원의 창의적인 의견이나 고안(考案)을 계발하고 이를 채택하여 행정 운영의 개선에 반영하도록 하기 위하여 제안 제도를 둔다.

② 제안이 채택되고 시행되어 국가 예산을 절약하는 등 행정 운영 발전에 뚜렷한 실적이 있는 자에게는 상여금을 지급할 수 있으며 특별승진이나 특별승급을 시킬 수 있다.

③ 제2항에 따른 상여금이나 그 밖에 제안 제도의 운영에 필요한 사항은 대통령령으로 정한다.

[전문개정 2008. 3. 28.]

제54조(상훈 제도) ① 공무원으로서 직무에 힘을 다하거나 사회에 공헌한 공적이 뚜렷한 자에게는 훈장 또는 포장을 수여하거나 표창을 한다.

② 제1항에 따른 훈장·포장 및 표창에 관한 사항은 법률로 정한 것 외에는 대통령령으로 정한다. 다만, 표창에 관한 사항은 국회규칙, 대법원규칙, 헌법재판소규칙 또는 중앙선거관리위원회규칙으로도 정할 수 있다.

[전문개정 2008. 3. 28.]

 제7장 　복무 〈개정 2008. 3. 28.〉

제55조(선서) 공무원은 취임할 때에 소속 기관장 앞에서 대통령령등으로 정하는 바에 따라 선서(宣誓)하여야 한다. 다만, 불가피한 사유가 있으면 취임 후에 선서하게 할 수 있다. 〈개정 2015. 5. 18.〉

[전문개정 2008. 3. 28.]

제56조(성실 의무) 모든 공무원은 법령을 준수하며 성실히 직무를 수행하여야 한다.

[전문개정 2008. 3. 28.]

제57조(복종의 의무) 공무원은 직무를 수행할 때 소속 상관의 직무상 명령에 복종하여야 한다.

[전문개정 2008. 3. 28.]

제58조(직장 이탈 금지) ① 공무원은 소속 상관의 허가 또는 정당한 사유가 없으면 직장을 이탈하지 못한다.

② 수사기관이 공무원을 구속하려면 그 소속 기관의 장에게 미리 통보하여야 한다. 다만, 현행범은 그러하지 아니하다.

[전문개정 2008. 3. 28.]

제59조(친절·공정의 의무) 공무원은 국민 전체의 봉사자로서 친절하고 공정하게 직무를 수행하여야 한다.

[전문개정 2008. 3. 28.]

제59조의2(종교중립의 의무) ① 공무원은 종교에 따른 차별 없이 직무를 수행하여야 한다.

② 공무원은 소속 상관이 제1항에 위배되는 직무상 명령을 한 경우에는 이에 따르지 아니할 수 있다.

[본조신설 2009. 2. 6.]

제60조(비밀 엄수의 의무) 공무원은 재직 중은 물론 퇴직 후에도 직무상 알게 된 비밀을 엄수(嚴守)하여야 한다.

[전문개정 2008. 3. 28.]

제61조(청렴의 의무) ① 공무원은 직무와 관련하여 직접적이든 간접적이든 사례·증여 또는 향응을 주거나 받을 수 없다.

② 공무원은 직무상의 관계가 있든 없든 그 소속 상관에게 증여하거나 소속 공무원으로부터 증여를 받아서는 아니 된다.

[전문개정 2008. 3. 28.]

제62조(외국 정부의 영예 등을 받을 경우) 공무원이 외국 정부로부터 영예나 증여를 받을 경우에는 대통령의 허가를 받아야 한다.

[전문개정 2008. 3. 28.]

제63조(품위 유지의 의무) 공무원은 직무의 내외를 불문하고 그 품위가 손상되는 행위를 하여서는 아니 된다.

[전문개정 2008. 3. 28.]

제64조(영리 업무 및 겸직 금지) ① 공무원은 공무 외에 영리를 목적으로 하는 업무에 종사하지 못하며 소속 기관장의 허가 없이 다른 직무를 겸할 수 없다.

② 제1항에 따른 영리를 목적으로 하는 업무의 한계는 대통령령등으로 정한다. 〈개정 2015. 5. 18.〉

[전문개정 2008. 3. 28.]

제65조(정치 운동의 금지) ① 공무원은 정당이나 그 밖의 정치단체의 결성에 관여하거나 이에 가입할 수 없다.

② 공무원은 선거에서 특정 정당 또는 특정인을 지지 또는 반대하기 위한 다음의 행위를 하여서는 아니 된다.

1. 투표를 하거나 하지 아니하도록 권유 운동을 하는 것
2. 서명 운동을 기도(企圖)·주재(主宰)하거나 권유하는 것
3. 문서나 도서를 공공시설 등에 게시하거나 게시하게 하는 것
4. 기부금을 모집 또는 모집하게 하거나, 공공자금을 이용 또는 이용하게 하는 것
5. 타인에게 정당이나 그 밖의 정치단체에 가입하게 하거나 가입하지 아니하도록 권유 운동을 하는 것

③ 공무원은 다른 공무원에게 제1항과 제2항에 위배되는 행위를 하도록 요구하거나, 정치적 행위에 대한 보상 또는 보복으로서 이익 또는 불이익을 약속하여서는 아니 된다.

④ 제3항 외에 정치적 행위의 금지에 관한 한계는 대통령령등으로 정한다. 〈개정 2015. 5. 18.〉

[전문개정 2008. 3. 28.]

[단순위헌, 2018헌마551, 2020. 4. 23. 국가공무원법(2008. 3. 28. 법률 제8996호로 개정된 것) 제65조 제1항 중 '국가공무원법 제2조 제2항 제2호의 교육공무원 가운데 초·중등교육법 제19조 제1항의 교원은 그 밖의 정치단체의 결성에 관여하거나 이에 가입할 수 없다.' 부분은 헌법에 위반된다.]

제66조(집단 행위의 금지) ① 공무원은 노동운동이나 그 밖에 공무 외의 일을 위한 집단 행위를 하여서는 아니 된다. 다만, 사실상 노무에 종사하는 공무원은 예외로 한다.

② 제1항 단서의 사실상 노무에 종사하는 공무원의 범위는 대통령령등으로 정한다. 〈개정 2015. 5. 18.〉

③ 제1항 단서에 규정된 공무원으로서 노동조합에 가입된 자가 조합 업무에 전임하려면 소속 장관의 허가를 받아야 한다.

④ 제3항에 따른 허가에는 필요한 조건을 붙일 수 있다.

[전문개정 2008. 3. 28.]

제67조(위임 규정) 공무원의 복무에 관하여 필요한 사항은 이 법에 규정한 것 외에는 대통령령등으로 정한다. 〈개정 2015. 5. 18.〉

[전문개정 2008. 3. 28.]

제8장 ◆ 신분 보장 〈개정 2008. 3. 28.〉

제68조(의사에 반한 신분 조치) 공무원은 형의 선고, 징계처분 또는 이 법에서 정하는 사유에 따르지 아니하고는 본인의 의사에 반하여 휴직·강임 또는 면직을 당하지 아니한다. 다만, 1급 공무원과 제23조에 따라 배정된 직무등급이 가장 높은 등급의 직위에 임용된 고위공무원단에 속하는 공무원은 그러하지 아니하다.

[전문개정 2010. 3. 22.]

제69조(당연퇴직) 공무원이 다음 각 호의 어느 하나에 해당할 때에는 당연히 퇴직한다. 〈개정 2015. 5. 18., 2015. 12. 24., 2018. 10. 16.〉

　　1. 제33조 각 호의 어느 하나에 해당하는 경우. 다만, 제33조 제2호는 파산선고를 받은 사람으로서 「채무자 회생 및 파산에 관한 법률」에 따라 신청기한 내에 면책신청을 하지 아니하였거나 면책불허가 결정 또는 면책 취소가 확정된 경우만 해당하고, 제33조 제5호는 「형법」 제129조부터 제132조까지, 「성폭력범죄의 처벌 등에 관한 특례법」 제2조, 「아동·청소년의 성보호에 관한 법률」 제2조 제2호 및 직무와 관련하여 「형법」 제355조 또는 제356조에 규정된 죄를 범한 사람으로서 금고 이상의 형의 선고유예를 받은 경우만 해당한다.

　　2. 임기제공무원의 근무기간이 만료된 경우

[전문개정 2012. 12. 11.]

제70조(직권 면직) ① 임용권자는 공무원이 다음 각 호의 어느 하나에 해당하면 직권으로 면직시킬 수 있다. 〈개정 2008. 3. 28., 2012. 12. 11., 2016. 5. 29.〉

　　1. 삭제 〈1991. 5. 31.〉

　　2. 삭제 〈1991. 5. 31.〉

3. 직제와 정원의 개폐 또는 예산의 감소 등에 따라 폐직(廢職) 또는 과원(過員)이 되었을 때

4. 휴직 기간이 끝나거나 휴직 사유가 소멸된 후에도 직무에 복귀하지 아니하거나 직무를 감당할 수 없을 때

5. 제73조의3제3항에 따라 대기 명령을 받은 자가 그 기간에 능력 또는 근무성적의 향상을 기대하기 어렵다고 인정된 때

6. 전직시험에서 세 번 이상 불합격한 자로서 직무수행 능력이 부족하다고 인정된 때

7. 병역판정검사·입영 또는 소집의 명령을 받고 정당한 사유 없이 이를 기피하거나 군복무를 위하여 휴직 중에 있는 자가 군복무 중 군무(軍務)를 이탈하였을 때

8. 해당 직급·직위에서 직무를 수행하는데 필요한 자격증의 효력이 없어지거나 면허가 취소되어 담당 직무를 수행할 수 없게 된 때

9. 고위공무원단에 속하는 공무원이 제70조의2에 따른 적격심사 결과 부적격 결정을 받은 때

② 임용권자는 제1항 제3호부터 제8호까지의 규정에 따라 면직시킬 경우에는 미리 관할 징계위원회의 의견을 들어야 한다. 다만, 제1항 제5호에 따라 면직시킬 경우에는 징계위원회의 동의를 받아야 한다. 〈개정 2008. 3. 28.〉

③ 임용권자나 임용제청권자는 제1항 제3호에 따라 소속 공무원을 면직시킬 때에는 임용 형태, 업무 실적, 직무수행 능력, 징계처분 사실 등을 고려하여 면직 기준을 정하여야 한다. 〈개정 2008. 3. 28.〉

④ 제3항에 따른 면직 기준을 정하거나 제1항 제3호에 따라 면직 대상자를 결정할 때에는 임용권자 또는 임용제청권자(임용권자나 임용제청권자가 분명하지 아니하면 중앙인사관장기관의 장을 말한다)별로 심사위원회를 구성하여 그 심사위원회의 심의·의결을 거쳐야 한다. 〈개정 2008. 3. 28.〉

⑤ 제4항에 따른 심사위원회의 위원장은 임용권자 또는 임용제청권자가 되며, 위원은 면직 대상자보다 상위 계급자 또는 고위공무원단에 속하는 일반직공무원 중에서 위원장이 지명하는 5명 이상 7명 이하로 구성하되, 면직 대상자의 상위 계급자 또는 고위공무원단에 속하는 일반직공무원을 우선하여 지명하여야 한다. 다만, 상위 계급자 또는 고위공무원단에 속하는 일반직공무원이 부족하면 4명 이내로 구성할 수 있다. 〈개정 2008. 3. 28., 2015. 5. 18.〉

⑥ 제1항 제4호에 따른 직권 면직일은 휴직 기간이 끝난 날 또는 휴직 사유가 소멸한 날로 한다. 〈개정 2008. 3. 28.〉

제70조의2(적격심사) ① 고위공무원단에 속하는 일반직공무원은 다음 각 호의 어느 하나에 해당하면 고위공무원으로서 적격한지 여부에 대한 심사(이하 "적격심사"라 한다)를 받아야 한다. 〈개정 2010. 3. 22., 2012. 12. 11., 2014. 1. 7.〉

1. 삭제 〈2014. 1. 7.〉

2. 근무성적평정에서 최하위 등급의 평정을 총 2년 이상 받은 때. 이 경우 고위공무원단에 속하는 일반직공무원으로 임용되기 전에 고위공무원단에 속하는 별정직공무원으로 재직한 경우에는 그 재직기간 중에 받은 최하위등급의 평정을 포함한다.

3. 대통령령으로 정하는 정당한 사유 없이 직위를 부여받지 못한 기간이 총 1년에 이른 때

4. 다음 각 목의 경우에 모두 해당할 때

가. 근무성적평정에서 최하위 등급을 1년 이상 받은 사실이 있는 경우. 이 경우 고위공무원단에 속하는 일반직공무원으로 임용되기 전에 고위공무원단에 속하는 별정직공무원으로 재직한 경우에는 그 재직기간 중에 받은 최하위 등급을 포함한다.

나. 대통령령으로 정하는 정당한 사유 없이 6개월 이상 직위를 부여받지 못한 사실이 있는 경우

5. 제3항 단서에 따른 조건부 적격자가 교육훈련을 이수하지 아니하거나 연구과제를 수행하지 아니한 때

② 적격심사는 제1항 각 호의 어느 하나에 해당하게 된 때부터 6개월 이내에 실시하여야 한다. 〈개정 2014. 1. 7.〉

③ 적격심사는 근무성적, 능력 및 자질의 평정에 따르되, 고위공무원의 직무를 계속 수행하게 하는 것이 곤란하다고 판단되는 사람을 부적격자로 결정한다. 다만, 교육훈련 또는 연구과제 등을 통하여 근무성적 및 능력의 향상이 기대되는 사람은 조건부 적격자로 결정할 수 있다. 〈개정 2014. 1. 7.〉

④ 제3항 단서에 따른 조건부 적격자의 교육훈련 이수 및 연구과제 수행에 관한 확인 방법·절차 등 필요한 사항은 대통령령으로 정한다. 〈신설 2014. 1. 7.〉

⑤ 제1항부터 제3항까지의 규정에 따른 적격심사는 제28조의6제1항에 따른 고위공무원임용심사위원회에서 실시한다. 〈개정 2011. 5. 23., 2014. 1. 7.〉

⑥ 소속 장관은 소속 공무원이 제1항 각 호의 어느 하나에 해당되면 지체 없이 인사혁신처장에게 적격심사를 요구하여야 한다. 〈개정 2013. 3. 23., 2014. 1. 7., 2014. 11. 19.〉

[전문개정 2008. 3. 28.]

제71조(휴직) ① 공무원이 다음 각 호의 어느 하나에 해당하면 임용권자는 본인의 의사에도 불구하고 휴직을 명하여야 한다. 〈개정 2008. 3. 28.〉

　　1. 신체·정신상의 장애로 장기 요양이 필요할 때

　　2. 삭제 〈1978. 12. 5.〉

　　3. 「병역법」에 따른 병역 복무를 마치기 위하여 징집 또는 소집된 때

　　4. 천재지변이나 전시·사변, 그 밖의 사유로 생사(生死) 또는 소재(所在)가 불명확하게 된 때

　　5. 그 밖에 법률의 규정에 따른 의무를 수행하기 위하여 직무를 이탈하게 된 때

　　6. 「공무원의 노동조합 설립 및 운영 등에 관한 법률」 제7조에 따라 노동조합 전임자로 종사하게 된 때

② 임용권자는 공무원이 다음 각 호의 어느 하나에 해당하는 사유로 휴직을 원하면 휴직을 명할 수 있다. 다만, 제4호의 경우에는 대통령령으로 정하는 특별한 사정이 없으면 휴직을 명하여야 한다. 〈개정 2008. 3. 28., 2011. 5. 23., 2013. 8. 6., 2015. 5. 18., 2015. 12. 24., 2021. 6. 8〉

　　1. 국제기구, 외국 기관, 국내외의 대학·연구기관, 다른 국가기관 또는 대통령령으로 정하는 민간기업, 그 밖의 기관에 임시로 채용될 때

　　2. 국외 유학을 하게 된 때

　　3. 중앙인사관장기관의 장이 지정하는 연구기관이나 교육기관 등에서 연수하게 된 때

　　4. 만 8세 이하 또는 초등학교 2학년 이하의 자녀를 양육하기 위하여 필요하거나 여성공무원이 임신 또는 출산하게 된 때

　　5. 조부모, 부모(배우자의 부모를 포함한다), 배우자, 자녀 또는 손자녀를 부양하거나 돌보기 위하여 필요한 경우. 다만, 조부모나 손자녀의 돌봄을 위하여 휴직할 수 있는 경우는 본인 외에 돌볼 사람이 없는 등 대통령령등으로 정하는 요건을 갖춘 경우로 한정한다.

　　6. 외국에서 근무·유학 또는 연수하게 되는 배우자를 동반하게 된 때

　　7. 대통령령등으로 정하는 기간 동안 재직한 공무원이 직무 관련 연구과제 수행 또는 자기개발을 위하여 학습·연구 등을 하게 된 때

③ 임기제공무원에 대하여는 제1항 제1호·제3호 및 제2항 제4호에 한정하여 제1항 및 제2항을 적용한

다. 〈신설 2012. 12. 11., 2020. 1. 29.〉

④ 임용권자는 제2항 제4호에 따른 휴직을 이유로 인사에 불리한 처우를 하여서는 아니 된다. 〈개정 2008. 3. 28.〉

⑤ 제1항부터 제4항까지의 규정에 따른 휴직 제도 운영에 관하여 필요한 사항은 대통령령등으로 정한다. 〈개정 2008. 3. 28., 2012. 12. 11., 2015. 5. 18.〉

제72조(휴직 기간) 휴직 기간은 다음과 같다. 〈개정 2011. 5. 23., 2013. 8. 6., 2015. 5. 18., 2015. 12. 24., 2018. 3. 20., 2021. 6. 8〉

1. 제71조 제1항 제1호에 따른 휴직기간은 1년 이내로 하되, 부득이한 경우 1년의 범위에서 연장할 수 있다. 다만, 다음 각 목의 어느 하나에 해당하는 공무상 질병 또는 부상으로 인한 휴직기간은 3년 이내로 하되, 의학적 소견 등을 고려하여 대통령령등으로 정하는 바에 따라 2년의 범위에서 연장할 수 있다.
   가. 「공무원 재해보상법」 제22조 제1항에 따른 요양급여 지급 대상 부상 또는 질병
   나. 「산업재해보상보험법」 제40조에 따른 요양급여 결정 대상 질병 또는 부상

2. 제71조 제1항 제3호와 제5호에 따른 휴직 기간은 그 복무 기간이 끝날 때까지로 한다.

3. 제71조 제1항 제4호에 따른 휴직 기간은 3개월 이내로 한다.

4. 제71조 제2항 제1호에 따른 휴직 기간은 그 채용 기간으로 한다. 다만, 민간기업이나 그 밖의 기관에 채용되면 3년 이내로 한다.

5. 제71조 제2항 제2호와 제6호에 따른 휴직 기간은 3년 이내로 하되, 부득이한 경우에는 2년의 범위에서 연장할 수 있다.

6. 제71조 제2항 제3호에 따른 휴직 기간은 2년 이내로 한다.

7. 제71조 제2항 제4호에 따른 휴직 기간은 자녀 1명에 대하여 3년 이내로 한다.

8. 제71조 제2항 제5호에 따른 휴직 기간은 1년 이내로 하되, 재직 기간 중 총 3년을 넘을 수 없다.

9. 제71조 제1항 제6호에 따른 휴직 기간은 그 전임 기간으로 한다.

10. 제71조 제2항 제7호에 따른 휴직 기간은 1년 이내로 한다.

[전문개정 2008. 3. 28.]

제73조(휴직의 효력) ① 휴직 중인 공무원은 신분은 보유하나 직무에 종사하지 못한다.

② 휴직 기간 중 그 사유가 없어지면 30일 이내에 임용권자 또는 임용제청권자에게 신고하여야 하며, 임용권자는 지체 없이 복직을 명하여야 한다.

③ 휴직 기간이 끝난 공무원이 30일 이내에 복귀 신고를 하면 당연히 복직된다.

[전문개정 2008. 3. 28.]

제73조의2(특수경력직공무원의 휴직) ① 정무직공무원에 대하여는 제71조 제1항 제3호, 같은 조 제2항 제4호, 같은 조 제4항, 제72조 제2호·제7호 및 제73조를 준용한다.

② 별정직공무원에 대하여는 제71조 제1항 제1호·제3호·제4호, 같은 조 제2항 제4호·제5호, 같은 조 제4항, 제72조 제1호부터 제3호까지, 같은 조 제7호·제8호 및 제73조를 준용한다.

③ 삭제 〈2012. 12. 11.〉

④ 특수경력직공무원의 휴직에 대하여 다른 법률에 특별한 규정이 있는 경우에는 그 규정에 따른다.

[전문개정 2011. 5. 23.]

제73조의3(직위해제) ① 임용권자는 다음 각 호의 어느 하나에 해당하는 자에게는 직위를 부여하지 아니할 수 있다. 〈개정 2008. 3. 28., 2010. 3. 22., 2014. 1. 7., 2015. 5. 18.〉

1. 삭제 〈1973. 2. 5.〉

2. 직무수행 능력이 부족하거나 근무성적이 극히 나쁜 자

3. 파면·해임·강등 또는 정직에 해당하는 징계 의결이 요구 중인 자

4. 형사 사건으로 기소된 자(약식명령이 청구된 자는 제외한다)

5. 고위공무원단에 속하는 일반직공무원으로서 제70조의2제1항 제2호부터 제5호까지의 사유로 적격심사를 요구받은 자

6. 금품비위, 성범죄 등 대통령령으로 정하는 비위행위로 인하여 감사원 및 검찰·경찰 등 수사기관에서 조사나 수사 중인 자로서 비위의 정도가 중대하고 이로 인하여 정상적인 업무수행을 기대하기 현저히 어려운 자

② 제1항에 따라 직위를 부여하지 아니한 경우에 그 사유가 소멸되면 임용권자는 지체 없이 직위를 부여하여야 한다. 〈개정 2008. 3. 28.〉

③ 임용권자는 제1항 제2호에 따라 직위해제된 자에게 3개월의 범위에서 대기를 명한다. 〈개정 2008. 3. 28.〉

④ 임용권자 또는 임용제청권자는 제3항에 따라 대기 명령을 받은 자에게 능력 회복이나 근무성적의 향상을 위한 교육훈련 또는 특별한 연구과제의 부여 등 필요한 조치를 하여야 한다. 〈개정 2008. 3. 28.〉

⑤ 공무원에 대하여 제1항 제2호의 직위해제 사유와 같은 항 제3호·제4호 또는 제6호의 직위해제 사유가 경합(競合)할 때에는 같은 항 제3호·제4호 또는 제6호의 직위해제 처분을 하여야 한다. 〈개정 2015. 5. 18.〉

[본조신설 1965. 10. 20.]

[제73조의2에서 이동, 종전 제73조의3은 제73조의4로 이동 〈2004. 3. 11.〉]

제73조의4(강임) ① 임용권자는 직제 또는 정원의 변경이나 예산의 감소 등으로 직위가 폐직되거나 하위의 직위로 변경되어 과원이 된 경우 또는 본인이 동의한 경우에는 소속 공무원을 강임할 수 있다. 〈개정 2010. 3. 22.〉

② 제1항에 따라 강임된 공무원은 상위 직급 또는 고위공무원단 직위에 결원이 생기면 제40조·제40조의2·제40조의4 및 제41조에도 불구하고 우선 임용된다. 다만, 본인이 동의하여 강임된 공무원은 본인의 경력과 해당 기관의 인력 사정 등을 고려하여 우선 임용될 수 있다.

[전문개정 2008. 3. 28.]

제74조(정년) ① 공무원의 정년은 다른 법률에 특별한 규정이 있는 경우를 제외하고는 60세로 한다. 〈개정 2008. 6. 13.〉

② 삭제 〈2008. 6. 13.〉

③ 삭제 〈1998. 2. 24.〉

④ 공무원은 그 정년에 이른 날이 1월부터 6월 사이에 있으면 6월 30일에, 7월부터 12월 사이에 있으면 12월 31일에 각각 당연히 퇴직된다. 〈개정 2008. 3. 28.〉

제74조의2(명예퇴직 등) ① 공무원으로 20년 이상 근속(勤續)한 자가 정년 전에 스스로 퇴직(임기제공무원이 아닌 경력직공무원이 임기제공무원으로 임용되어 퇴직하는 경우로서 대통령령으로 정하는 경우를 포함한다)하면 예산의 범위에서 명예퇴직 수당을 지급할 수 있다. 〈개정 2012. 12. 11.〉

② 직제와 정원의 개폐 또는 예산의 감소 등에 따라 폐직 또는 과원이 되었을 때에 20년 미만 근속한 자가 정년 전에 스스로 퇴직하면 예산의 범위에서 수당을 지급할 수 있다.

③ 제1항에 따라 명예퇴직수당을 지급받은 자가 다음 각 호의 어느 하나에 해당하는 경우에는 명예퇴직

수당을 지급한 국가기관의 장이 그 명예퇴직 수당을 환수하여야 한다. 다만, 제2호에 해당하는 경우로서 국가공무원으로 재임용된 경우에는 재임용한 국가기관의 장이 환수하여야 한다. 〈개정 2008. 12. 31., 2012. 10. 22., 2015. 5. 18.〉

1. 재직 중의 사유로 금고 이상의 형을 받은 경우

1의2. 재직 중에 「형법」 제129조부터 제132조까지에 규정된 죄를 범하여 금고 이상의 형의 선고유예를 받은 경우

1의3. 재직 중에 직무와 관련하여 「형법」 제355조 또는 제356조에 규정된 죄를 범하여 300만원 이상의 벌금형을 선고받고 그 형이 확정되거나 금고 이상의 형의 선고유예를 받은 경우

2. 경력직공무원, 그 밖에 대통령령등으로 정하는 공무원으로 재임용되는 경우

3. 명예퇴직 수당을 초과하여 지급받거나 그 밖에 명예퇴직 수당의 지급 대상이 아닌 자가 지급받은 경우

④ 제3항에 따라 명예퇴직수당을 환수하여야 하는 국가기관의 장은 환수 대상자가 납부기한까지 환수금을 납부하지 아니하면 국세강제징수의 예에 따라 징수할 수 있다. 이 경우 체납액의 징수가 사실상 곤란하다고 판단되는 경우에는 징수 대상자의 주소지를 관할하는 세무서장에게 징수를 위탁한다. 〈개정 2021. 6. 8.〉

⑤ 제1항에 따른 명예퇴직 수당과 제2항에 따른 수당의 지급대상범위 · 지급액 · 지급절차와 제3항 및 제4항에 따른 명예퇴직 수당의 환수액 · 환수절차 등에 필요한 사항은 대통령령등으로 정한다. 〈개정 2012. 10. 22., 2015. 5. 18.〉

[전문개정 2008. 3. 28.]

제74조의3(별정직공무원의 자진퇴직에 따른 수당) ① 다른 법률에 특별한 규정이 있는 경우 외에는 별정직공무원(비서관 · 비서는 제외한다)이 직제와 정원의 개폐 또는 예산의 감소 등으로 폐직 또는 과원이 되었을 때에 스스로 퇴직하면 예산의 범위에서 수당을 지급할 수 있다. 〈개정 2011. 5. 23.〉

② 제1항에 따른 수당의 지급대상범위 · 지급액 · 지급절차 등에 필요한 사항은 대통령령등으로 정한다. 〈개정 2015. 5. 18.〉

[전문개정 2008. 3. 28.]

[제목개정 2011. 5. 23.]

제9장 ◈ 권익의 보장 〈개정 2008. 3. 28.〉

제75조(처분사유 설명서의 교부) ① 공무원에 대하여 징계처분등을 할 때나 강임 · 휴직 · 직위해제 또는 면직처분을 할 때에는 그 처분권자 또는 처분제청권자는 처분사유를 적은 설명서를 교부(交付)하여야 한다. 다만, 본인의 원(願)에 따른 강임 · 휴직 또는 면직처분은 그러하지 아니하다. 〈개정 2010. 3. 22., 2018. 10. 16.〉

② 처분권자는 피해자가 요청하는 경우 「성폭력범죄의 처벌 등에 관한 특례법」 제2조에 따른 성폭력범죄 및 「양성평등기본법」 제3조 제2호에 따른 성희롱에 해당하는 사유로 처분사유 설명서를 교부할 때에는 그 징계처분결과를 피해자에게 함께 통보하여야 한다. 〈신설 2018. 10. 16.〉

[전문개정 2008. 3. 28.]

제76조(심사청구와 후임자 보충 발령) ① 제75조에 따른 처분사유 설명서를 받은 공무원이 그 처분에 불

복할 때에는 그 설명서를 받은 날부터, 공무원이 제75조에서 정한 처분 외에 본인의 의사에 반한 불리한 처분을 받았을 때에는 그 처분이 있은 것을 안 날부터 각각 30일 이내에 소청심사위원회에 이에 대한 심사를 청구할 수 있다. 이 경우 변호사를 대리인으로 선임할 수 있다.

② 본인의 의사에 반하여 파면 또는 해임이나 제70조 제1항 제5호에 따른 면직처분을 하면 그 처분을 한 날부터 40일 이내에는 후임자의 보충발령을 하지 못한다. 다만, 인력 관리상 후임자를 보충하여야 할 불가피한 사유가 있고, 제3항에 따른 소청심사위원회의 임시결정이 없는 경우에는 국회사무총장, 법원행정처장, 헌법재판소사무처장, 중앙선거관리위원회사무총장 또는 인사혁신처장과 협의를 거쳐 후임자의 보충발령을 할 수 있다. 〈개정 2013. 3. 23., 2014. 11. 19.〉

③ 소청심사위원회는 제1항에 따른 소청심사청구가 파면 또는 해임이나 제70조 제1항 제5호에 따른 면직처분으로 인한 경우에는 그 청구를 접수한 날부터 5일 이내에 해당 사건의 최종 결정이 있을 때까지 후임자의 보충발령을 유예하게 하는 임시결정을 할 수 있다.

④ 제3항에 따라 소청심사위원회가 임시결정을 한 경우에는 임시결정을 한 날부터 20일 이내에 최종 결정을 하여야 하며 각 임용권자는 그 최종 결정이 있을 때까지 후임자를 보충발령하지 못한다.

⑤ 소청심사위원회는 제3항에 따른 임시결정을 한 경우 외에는 소청심사청구를 접수한 날부터 60일 이내에 이에 대한 결정을 하여야 한다. 다만, 불가피하다고 인정되면 소청심사위원회의 의결로 30일을 연장할 수 있다.

⑥ 공무원은 제1항의 심사청구를 이유로 불이익한 처분이나 대우를 받지 아니한다.

[전문개정 2008. 3. 28.]

제76조의2(고충 처리) ① 공무원은 인사·조직·처우 등 각종 직무 조건과 그 밖에 신상 문제와 관련한 고충에 대하여 상담을 신청하거나 심사를 청구할 수 있으며, 누구나 기관 내 성폭력 범죄 또는 성희롱 발생 사실을 알게 된 경우 이를 신고할 수 있다. 이 경우 상담 신청이나 심사 청구 또는 신고를 이유로 불이익한 처분이나 대우를 받지 아니한다. 〈개정 2018. 10. 16.〉

② 중앙인사관장기관의 장, 임용권자 또는 임용제청권자는 제1항에 따른 상담을 신청받은 경우에는 소속 공무원을 지정하여 상담하게 하고, 심사를 청구받은 경우에는 제4항에 따른 관할 고충심사위원회에 부쳐 심사하도록 하여야 하며, 그 결과에 따라 고충의 해소 등 공정한 처리를 위하여 노력하여야 한다. 〈개정 2018. 10. 16.〉

③ 중앙인사관장기관의 장, 임용권자 또는 임용제청권자는 기관 내 성폭력 범죄 또는 성희롱 발생 사실의 신고를 받은 경우에는 지체 없이 사실 확인을 위한 조사를 하고 그에 따라 필요한 조치를 하여야 한다. 〈신설 2018. 10. 16.〉

④ 공무원의 고충을 심사하기 위하여 중앙인사관장기관에 중앙고충심사위원회를, 임용권자 또는 임용제청권자 단위로 보통고충심사위원회를 두되, 중앙고충심사위원회의 기능은 소청심사위원회에서 관장한다. 〈개정 2018. 10. 16.〉

⑤ 중앙고충심사위원회는 보통고충심사위원회의 심사를 거친 재심청구와 5급 이상 공무원 및 고위공무원단에 속하는 일반직공무원의 고충을, 보통고충심사위원회는 소속 6급 이하의 공무원의 고충을 각각 심사한다. 다만, 6급 이하의 공무원의 고충이 성폭력 범죄 또는 성희롱 사실에 관한 고충 등 보통고충심사위원회에서 심사하는 것이 부적당하다고 대통령령등으로 정한 사안이거나 임용권자를 달리하는 둘 이상의 기관에 관련된 경우에는 중앙고충심사위원회에서, 원 소속 기관의 보통고충심사위원회에서 고충을 심사하는 것이 부적당하다고 인정될 경우에는 직근 상급기관의 보통고충심사위원회에서 각각 심사할 수 있다. 〈개정 2012. 12. 11., 2018. 10. 16.〉

⑥ 이 법의 적용을 받는 자와 다른 법률의 적용을 받는 자가 서로 관련되는 고충의 심사청구에 대하여는 이 법의 규정에 따라 설치된 고충심사위원회가 대통령령등으로 정하는 바에 따라 심사할 수 있다. 〈개정 2015. 5. 18., 2018. 10. 16.〉

⑦ 중앙인사관장기관의 장, 임용권자 또는 임용제청권자는 심사 결과 필요하다고 인정되면 처분청이나 관계 기관의 장에게 그 시정을 요청할 수 있으며, 요청받은 처분청이나 관계 기관의 장은 특별한 사유가 없으면 이를 이행하고, 그 처리 결과를 알려야 한다. 다만, 부득이한 사유로 이행하지 못하면 그 사유를 알려야 한다. 〈개정 2018. 10. 16.〉

⑧ 고충상담 신청, 성폭력 범죄 또는 성희롱 발생 사실의 신고에 대한 처리절차, 고충심사위원회의 구성·권한·심사절차, 그 밖에 필요한 사항은 대통령령등으로 정한다. 〈개정 2015. 5. 18., 2018. 10. 16.〉

[전문개정 2008. 3. 28.]

제76조의3(특수경력직공무원의 고충 처리) 다른 법률에 특별한 규정이 있는 경우 외에는 특수경력직공무원에 대하여도 대통령령등으로 정하는 바에 따라 제76조의2를 준용할 수 있다. 〈개정 2015. 5. 18.〉

[전문개정 2008. 3. 28.]

제77조(사회보장) ① 공무원이 질병·부상·폐질(廢疾)·퇴직·사망 또는 재해를 입으면 본인이나 유족에게 법률로 정하는 바에 따라 적절한 급여를 지급한다.

② 제1항의 법률에는 다음 각 호의 사항을 규정하여야 한다.

1. 공무원이 상당한 기간 근무하여 퇴직하거나 사망한 경우에 본인이나 그 유족에게 연금 또는 일시금을 지급하는 사항

2. 공무로 인한 부상이나 질병으로 인하여 사망하거나 퇴직한 공무원 또는 그 유족에게 연금 또는 보상을 지급하는 사항

3. 공무상의 부상·질병으로 인하여 요양하는 동안 소득 능력에 장애를 받을 경우 공무원이 받는 손실 보상에 관한 사항

4. 공무로 인하지 아니한 사망·폐질·부상·질병·출산, 그 밖의 사고에 대한 급여 지급 사항

③ 정부는 제2항 외에 법률로 정하는 바에 따라 공무원의 복리와 이익의 적절하고 공정한 보호를 위하여 그 대책을 수립·실시하여야 한다.

[전문개정 2008. 3. 28.]

 제10장 ◆ **징계** 〈개정 2008. 3. 28.〉

제78조(징계 사유) ① 공무원이 다음 각 호의 어느 하나에 해당하면 징계 의결을 요구하여야 하고 그 징계 의결의 결과에 따라 징계처분을 하여야 한다.

1. 이 법 및 이 법에 따른 명령을 위반한 경우

2. 직무상의 의무(다른 법령에서 공무원의 신분으로 인하여 부과된 의무를 포함한다)를 위반하거나 직무를 태만히 한 때

3. 직무의 내외를 불문하고 그 체면 또는 위신을 손상하는 행위를 한 때

② 공무원(특수경력직공무원 및 지방공무원을 포함한다)이었던 사람이 다시 공무원으로 임용된 경우에 재임용 전에 적용된 법령에 따른 징계 사유는 그 사유가 발생한 날부터 이 법에 따른 징계 사유가 발생한 것으로 본다. 〈개정 2021. 6. 8.〉

③ 삭제 〈2021. 6. 8.〉

④ 제1항의 징계 의결 요구는 5급 이상 공무원 및 고위공무원단에 속하는 일반직공무원은 소속 장관이, 6급 이하의 공무원은 소속 기관의 장 또는 소속 상급기관의 장이 한다. 다만, 국무총리·인사혁신처장 및 대통령령등으로 정하는 각급 기관의 장은 다른 기관 소속 공무원이 징계 사유가 있다고 인정하면 관계 공무원에 대하여 관할 징계위원회에 직접 징계를 요구할 수 있다. 〈개정 2012. 12. 11., 2013. 3. 23., 2014. 11. 19., 2015. 5. 18.〉

[전문개정 2008. 3. 28.]

제78조의2(징계부가금) ① 제78조에 따라 공무원의 징계 의결을 요구하는 경우 그 징계 사유가 다음 각 호의 어느 하나에 해당하는 경우에는 해당 징계 외에 다음 각 호의 행위로 취득하거나 제공한 금전 또는 재산상 이득(금전이 아닌 재산상 이득의 경우에는 금전으로 환산한 금액을 말한다)의 5배 내의 징계부가금 부과 의결을 징계위원회에 요구하여야 한다. 〈개정 2015. 5. 18.〉

　　1. 금전, 물품, 부동산, 향응 또는 그 밖에 대통령령으로 정하는 재산상 이익을 취득하거나 제공한 경우

　　2. 다음 각 목에 해당하는 것을 횡령(橫領), 배임(背任), 절도, 사기 또는 유용(流用)한 경우

　　　가. 「국가재정법」에 따른 예산 및 기금

　　　나. 「지방재정법」에 따른 예산 및 「지방자치단체 기금관리기본법」에 따른 기금

　　　다. 「국고금 관리법」 제2조 제1호에 따른 국고금

　　　라. 「보조금 관리에 관한 법률」 제2조 제1호에 따른 보조금

　　　마. 「국유재산법」 제2조 제1호에 따른 국유재산 및 「물품관리법」 제2조 제1항에 따른 물품

　　　바. 「공유재산 및 물품 관리법」 제2조 제1호 및 제2호에 따른 공유재산 및 물품

　　　사. 그 밖에 가목부터 바목까지에 준하는 것으로서 대통령령으로 정하는 것

② 징계위원회는 징계부가금 부과 의결을 하기 전에 징계부가금 부과 대상자가 제1항 각 호의 어느 하나에 해당하는 사유로 다른 법률에 따라 형사처벌을 받거나 변상책임 등을 이행한 경우(몰수나 추징을 당한 경우를 포함한다) 또는 다른 법령에 따른 환수나 가산징수 절차에 따라 환수금이나 가산징수금을 납부한 경우에는 대통령령으로 정하는 바에 따라 조정된 범위에서 징계부가금 부과를 의결하여야 한다. 〈개정 2015. 5. 18.〉

③ 징계위원회는 징계부가금 부과 의결을 한 후에 징계부가금 부과 대상자가 형사처벌을 받거나 변상책임 등을 이행한 경우(몰수나 추징을 당한 경우를 포함한다) 또는 환수금이나 가산징수금을 납부한 경우에는 대통령령으로 정하는 바에 따라 이미 의결된 징계부가금의 감면 등의 조치를 하여야 한다. 〈신설 2015. 5. 18.〉

④ 제1항에 따라 징계부가금 부과처분을 받은 사람이 납부기간 내에 그 부가금을 납부하지 아니한 때에는 처분권자(대통령이 처분권자인 경우에는 처분 제청권자)는 국세강제징수의 예에 따라 징수할 수 있다. 이 경우 체납액의 징수가 사실상 곤란하다고 판단되는 경우에는 징수 대상자의 주소지를 관할하는 세무서장에게 징수를 위탁한다. 〈개정 2015. 5. 18., 2015. 12. 24., 2021. 6. 8.〉

⑤ 처분권자(대통령이 처분권자인 경우에는 처분 제청권자)는 제4항 단서에 따라 관할 세무서장에게 징계부가금 징수를 의뢰한 후 체납일부터 5년이 지난 후에도 징수가 불가능하다고 인정될 때에는 관할 징계위원회에 징계부가금 감면의결을 요청할 수 있다. 〈신설 2015. 12. 24.〉

[본조신설 2010. 3. 22.]

[종전 제78조의2는 제78조의3으로 이동 〈2010. 3. 22.〉]

제78조의3(재징계의결 등의 요구) ① 처분권자(대통령이 처분권자인 경우에는 처분 제청권자)는 다음 각 호에 해당하는 사유로 소청심사위원회 또는 법원에서 징계처분등의 무효 또는 취소(취소명령 포함) 의 결정이나 판결을 받은 경우에는 다시 징계 의결 또는 징계부가금 부과 의결(이하 "징계의결등"이 라 한다)을 요구하여야 한다. 다만, 제3호의 사유로 무효 또는 취소(취소명령 포함)의 결정이나 판결 을 받은 감봉 · 견책처분에 대하여는 징계의결을 요구하지 아니할 수 있다. 〈개정 2010. 3. 22.〉

> 1. 법령의 적용, 증거 및 사실 조사에 명백한 흠이 있는 경우
> 2. 징계위원회의 구성 또는 징계의결등, 그 밖에 절차상의 흠이 있는 경우
> 3. 징계양정 및 징계부가금이 과다(過多)한 경우

② 처분권자는 제1항에 따른 징계의결등을 요구하는 경우에는 소청심사위원회의 결정 또는 법원의 판 결이 확정된 날부터 3개월 이내에 관할 징계위원회에 징계의결등을 요구하여야 하며, 관할 징계위원 회에서는 다른 징계사건에 우선하여 징계의결등을 하여야 한다. 〈개정 2010. 3. 22.〉

[본조신설 2008. 12. 31.]

[제목개정 2010. 3. 22.]

[제78조의2에서 이동 〈2010. 3. 22.〉]

제78조의4(퇴직을 희망하는 공무원의 징계사유 확인 및 퇴직 제한 등) ① 임용권자 또는 임용제청권자는 공무원이 퇴직을 희망하는 경우에는 제78조 제1항에 따른 징계사유가 있는지 및 제2항 각 호의 어느 하나에 해당하는지 여부를 감사원과 검찰 · 경찰 등 조사 및 수사기관(이하 이 조에서 "조사 및 수사 기관"이라 한다)의 장에게 확인하여야 한다. 〈개정 2020. 1. 29.〉

② 제1항에 따른 확인 결과 퇴직을 희망하는 공무원이 파면, 해임, 강등 또는 정직에 해당하는 징계사유 가 있거나 다음 각 호의 어느 하나에 해당하는 경우(제1호 · 제3호 및 제4호의 경우에는 해당 공무원 이 파면 · 해임 · 강등 또는 정직의 징계에 해당한다고 판단되는 경우에 한정한다) 제78조 제4항에 따른 소속 장관 등은 지체 없이 징계의결등을 요구하여야 하고, 퇴직을 허용하여서는 아니 된다. 〈개정 2020. 1. 29.〉

> 1. 비위(非違)와 관련하여 형사사건으로 기소된 때
> 2. 징계위원회에 파면 · 해임 · 강등 또는 정직에 해당하는 징계 의결이 요구 중인 때
> 3. 조사 및 수사기관에서 비위와 관련하여 조사 또는 수사 중인 때
> 4. 각급 행정기관의 감사부서 등에서 비위와 관련하여 내부 감사 또는 조사 중인 때

③ 제2항에 따라 징계의결등을 요구한 경우 임용권자는 제73조의3제1항 제3호에 따라 해당 공무원에게 직위를 부여하지 아니할 수 있다. 〈신설 2020. 1. 29.〉

④ 관할 징계위원회는 제2항에 따라 징계의결등이 요구된 경우 다른 징계사건에 우선하여 징계의결등 을 하여야 한다. 〈개정 2020. 1. 29.〉

⑤ 그 밖에 퇴직을 제한하는 절차 등 필요한 사항은 대통령령등으로 정한다. 〈신설 2020. 1. 29.〉

[본조신설 2015. 12. 24.]

[제목개정 2020. 1. 29.]

제79조(징계의 종류) 징계는 파면 · 해임 · 강등 · 정직 · 감봉 · 견책(譴責)으로 구분한다. 〈개정 2008. 12. 31., 2020. 1. 29.〉

[전문개정 2008. 3. 28.]

제80조(징계의 효력) ① 강등은 1계급 아래로 직급을 내리고(고위공무원단에 속하는 공무원은 3급으로 임용하고, 연구관 및 지도관은 연구사 및 지도사로 한다) 공무원신분은 보유하나 3개월간 직무에 종

사하지 못하며 그 기간 중 보수는 전액을 감한다. 다만, 제4조 제2항에 따라 계급을 구분하지 아니하는 공무원과 임기제공무원에 대해서는 강등을 적용하지 아니한다. 〈신설 2008. 12. 31., 2014. 1. 7., 2015. 12. 24.〉

② 제1항에도 불구하고 이 법의 적용을 받는 특정직공무원 중 외무공무원과 교육공무원의 강등의 효력은 다음 각 호와 같다. 〈신설 2008. 12. 31., 2014. 1. 7., 2015. 12. 24.〉

  1. 외무공무원의 강등은 「외무공무원법」 제20조의2에 따라 배정받은 직무등급을 1등급 아래로 내리고(14등급 외무공무원은 고위공무원단 직위로 임용하고, 고위공무원단에 속하는 외무공무원은 9등급으로 임용하며, 8등급부터 6등급까지의 외무공무원은 5등급으로 임용한다) 공무원신분은 보유하나 3개월간 직무에 종사하지 못하며 그 기간 중 보수는 전액을 감한다.

  2. 교육공무원의 강등은 「교육공무원법」 제2조 제10항에 따라 동종의 직무 내에서 하위의 직위에 임명하고, 공무원신분은 보유하나 3개월간 직무에 종사하지 못하며 그 기간 중 보수는 전액을 감한다. 다만, 「고등교육법」 제14조에 해당하는 교원 및 조교에 대하여는 강등을 적용하지 아니한다.

③ 정직은 1개월 이상 3개월 이하의 기간으로 하고, 정직 처분을 받은 자는 그 기간 중 공무원의 신분은 보유하나 직무에 종사하지 못하며 보수는 전액을 감한다. 〈개정 2008. 3. 28., 2008. 12. 31., 2015. 12. 24.〉

④ 감봉은 1개월 이상 3개월 이하의 기간 동안 보수의 3분의 1을 감한다. 〈개정 2008. 3. 28., 2008. 12. 31.〉

⑤ 견책(譴責)은 전과(前過)에 대하여 훈계하고 회개하게 한다. 〈개정 2008. 3. 28., 2008. 12. 31.〉

⑥ 공무원으로서 징계처분을 받은 자에 대하여는 그 처분을 받은 날 또는 그 집행이 끝난 날부터 대통령령등으로 정하는 기간 동안 승진임용 또는 승급할 수 없다. 다만, 징계처분을 받은 후 직무수행의 공적으로 포상 등을 받은 공무원에 대하여는 대통령령등으로 정하는 바에 따라 승진임용이나 승급을 제한하는 기간을 단축하거나 면제할 수 있다. 〈개정 2008. 3. 28., 2008. 12. 31., 2015. 5. 18.〉

⑦ 공무원(특수경력직공무원 및 지방공무원을 포함한다)이었던 사람이 다시 공무원이 된 경우에는 재임용 전에 적용된 법령에 따라 받은 징계처분은 그 처분일부터 이 법에 따른 징계처분을 받은 것으로 본다. 다만, 제79조에서 정한 징계의 종류 외의 징계처분의 효력에 관하여는 대통령령등으로 정한다. 〈개정 2008. 3. 28., 2008. 12. 31., 2015. 5. 18., 2021. 6. 8.〉

⑧ 삭제 〈2021. 6. 8.〉

제81조(징계위원회의 설치) ① 공무원의 징계처분등을 의결하게 하기 위하여 대통령령등으로 정하는 기관에 징계위원회를 둔다. 〈개정 2010. 3. 22., 2015. 5. 18.〉

② 징계위원회의 종류·구성·권한·심의절차 및 징계 대상자의 진술권에 필요한 사항은 대통령령등으로 정한다. 〈개정 2015. 5. 18.〉

③ 징계의결등에 관하여는 제13조 제2항을 준용한다. 〈개정 2010. 3. 22.〉

[전문개정 2008. 3. 28.]

제82조(징계 등 절차) ① 공무원의 징계처분등은 징계위원회의 의결을 거쳐 징계위원회가 설치된 소속 기관의 장이 하되, 국무총리 소속으로 설치된 징계위원회(국회·법원·헌법재판소·선거관리위원회에 있어서는 해당 중앙인사관장기관에 설치된 상급 징계위원회를 말한다. 이하 같다)에서 한 징계의결등에 대하여는 중앙행정기관의 장이 한다. 다만, 파면과 해임은 징계위원회의 의결을 거쳐 각 임용권자 또는 임용권을 위임한 상급 감독기관의 장이 한다. 〈개정 2010. 3. 22.〉

② 징계의결등을 요구한 기관의 장은 징계위원회의 의결이 가볍다고 인정하면 그 처분을 하기 전에 다

음 각 호의 구분에 따라 심사나 재심사를 청구할 수 있다. 이 경우 소속 공무원을 대리인으로 지정할 수 있다. 〈개정 2020. 1. 29.〉

1. 국무총리 소속으로 설치된 징계위원회의 의결: 해당 징계위원회에 재심사를 청구

2. 중앙행정기관에 설치된 징계위원회(중앙행정기관의 소속기관에 설치된 징계위원회는 제외한다)의 의결: 국무총리 소속으로 설치된 징계위원회에 심사를 청구

3. 제1호 및 제2호 외의 징계위원회의 의결: 직근 상급기관에 설치된 징계위원회에 심사를 청구

③ 징계위원회는 제2항에 따라 심사나 재심사가 청구된 경우에는 다른 징계 사건에 우선하여 심사나 재심사를 하여야 한다. 〈신설 2020. 1. 29.〉

[전문개정 2008. 3. 28.]

[제목개정 2010. 3. 22.]

제83조(감사원의 조사와의 관계 등) ① 감사원에서 조사 중인 사건에 대하여는 제3항에 따른 조사개시 통보를 받은 날부터 징계 의결의 요구나 그 밖의 징계 절차를 진행하지 못한다.

② 검찰·경찰, 그 밖의 수사기관에서 수사 중인 사건에 대하여는 제3항에 따른 수사개시 통보를 받은 날부터 징계 의결의 요구나 그 밖의 징계 절차를 진행하지 아니할 수 있다.

③ 감사원과 검찰·경찰, 그 밖의 수사기관은 조사나 수사를 시작한 때와 이를 마친 때에는 10일 내에 소속 기관의 장에게 그 사실을 통보하여야 한다.

[전문개정 2008. 3. 28.]

제83조의2(징계 및 징계부가금 부과 사유의 시효) ① 징계의결등의 요구는 징계 등 사유가 발생한 날부터 다음 각 호의 구분에 따른 기간이 지나면 하지 못한다. 〈개정 2021. 6. 8.〉

1. 징계 등 사유가 다음 각 목의 어느 하나에 해당하는 경우 : 10년

   가. 「성매매알선 등 행위의 처벌에 관한 법률」 제4조에 따른 금지행위

   나. 「성폭력범죄의 처벌 등에 관한 특례법」 제2조에 따른 성폭력범죄

   다. 「아동·청소년의 성보호에 관한 법률」 제2조 제2호에 따른 아동·청소년대상 성범죄

   라. 「양성평등기본법」 제3조 제2호에 따른 성희롱

2. 징계 등 사유가 제78조의2 제1항 각 호의 어느 하나에 해당하는 경우 : 5년

3. 그 밖의 징계 등 사유에 해당하는 경우 : 3년

② 제83조 제1항 및 제2항에 따라 징계 절차를 진행하지 못하여 제1항의 기간이 지나거나 그 남은 기간이 1개월 미만인 경우에는 제1항의 기간은 제83조 제3항에 따른 조사나 수사의 종료 통보를 받은 날부터 1개월이 지난 날에 끝나는 것으로 본다.

③ 징계위원회의 구성·징계의결등, 그 밖에 절차상의 흠이나 징계양정 및 징계부가금의 과다(過多)를 이유로 소청심사위원회 또는 법원에서 징계처분등의 무효 또는 취소의 결정이나 판결을 한 경우에는 제1항의 기간이 지나거나 그 남은 기간이 3개월 미만인 경우에도 그 결정 또는 판결이 확정된 날부터 3개월 이내에는 다시 징계의결등을 요구할 수 있다. 〈개정 2010. 3. 22.〉

[전문개정 2008. 3. 28.]

[제목개정 2010. 3. 22.]

제83조의3(특수경력직공무원의 징계) 다른 법률에 특별한 규정이 있는 경우 외에는 특수경력직공무원에 대하여도 대통령령등으로 정하는 바에 따라 이 장을 준용할 수 있다. 〈개정 2015. 5. 18.〉

[전문개정 2008. 3. 28.]

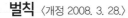

제11장 **벌칙** 〈개정 2008. 3. 28.〉

제84조(정치 운동죄) ① 제65조를 위반한 자는 3년 이하의 징역과 3년 이하의 자격정지에 처한다.

② 제1항에 규정된 죄에 대한 공소시효의 기간은 「형사소송법」 제249조 제1항에도 불구하고 10년으로 한다.

[본조신설 2014. 1. 14.]

[종전 제84조는 제84조의2로 이동 〈2014. 1. 14.〉]

제84조의2(벌칙) 제44조·제45조 또는 제66조를 위반한 자는 다른 법률에 특별히 규정된 경우 외에는 1년 이하의 징역 또는 1천만원 이하의 벌금에 처한다. 〈개정 2010. 3. 22., 2014. 1. 14., 2014. 10. 15.〉

[전문개정 2008. 3. 28.]

[제84조에서 이동 〈2014. 1. 14.〉]

제12장 **보칙** 〈개정 2008. 3. 28.〉

제85조(장학금의 지급) ① 국회사무총장, 법원행정처장, 헌법재판소사무처장, 중앙선거관리위원회사무총장 또는 인사혁신처장은 우수한 공무원을 확보하기 위하여 필요하면 「초·중등교육법」, 「고등교육법」, 그 밖에 다른 법률에 따라 설치된 각급 학교(기능대학과 학위과정이 설치된 교육기관을 포함한다)의 재학생으로서 공무원으로 임용되기를 원하는 자에게 장학금을 지급하고 졸업 후 일정한 의무복무 기간을 부과하여 공무원으로 근무하게 할 수 있다. 〈개정 2013. 3. 23., 2014. 11. 19.〉

② 국회사무총장, 법원행정처장, 헌법재판소사무처장, 중앙선거관리위원회사무총장 또는 인사혁신처장은 제1항에 따라 장학금을 지급받은 자가 본인에게 책임이 있는 사유로 그 지급이 중단되거나 공무원으로 임용되지 아니한 때 또는 의무복무 기간을 마치지 아니하고 퇴직한 때에는 본인에게 지급한 장학금의 전부 또는 일부의 반납을 명할 수 있고, 본인이 반납하지 아니할 경우 그의 보증인(「보험업법」에 따라 보증보험증권을 발행한 보험회사를 포함한다)에게 보증채무의 이행을 청구할 수 있으며 이를 이행하지 아니하면 본인 또는 보증인에 대하여 국세강제징수의 예에 따라 징수할 수 있다. 다만, 대통령령등으로 정하는 불가피한 사유가 있으면 그러하지 아니하다. 〈개정 2013. 3. 23., 2014. 11. 19., 2015. 5. 18., 2021. 6. 8.〉

③ 국회사무총장, 법원행정처장, 헌법재판소사무처장, 중앙선거관리위원회사무총장 또는 인사혁신처장은 제2항 본문에 따른 체납액의 징수가 사실상 곤란하다고 판단되는 경우에는 징수 대상자의 주소지를 관할하는 세무서장에게 징수를 위탁한다. 〈신설 2021. 6. 8.〉

④ 장학금으로 지급될 학비의 범위, 그 지급 대상, 의무복무 기간, 의무 불이행 시 환수할 금액, 그 밖에 필요한 사항은 대통령령등으로 정한다. 이 경우 의무복무 기간은 장학금을 지급받은 기간의 두 배 내에서 정하여야 한다. 〈개정 2015. 5. 18., 2021. 6. 8.〉

[전문개정 2008. 3. 28.]

제85조의2(수수료) ① 제28조에 따라 공무원 신규 채용시험에 응시하려는 사람은 대통령령등으로 정하는 바에 따라 수수료를 내야 한다. 이 경우 수수료 금액은 실비의 범위에서 정하여야 한다.

② 수수료를 과오납한 경우 등 대통령령등으로 정하는 경우에는 제1항에 따라 납부한 수수료를 반환받을 수 있다.

③ 시험실시기관의 장은 제1항에도 불구하고 「국민기초생활 보장법」에 따른 수급자 등 대통령령등으로 정하는 사람에 대하여는 수수료를 감면할 수 있다.

[본조신설 2015. 5. 18.]

부칙 〈제18237호, 2021. 6. 8.〉

제1조(시행일) 이 법은 공포 후 6개월이 경과한 날부터 시행한다. 다만, 제28조의6 제4항 · 제5항, 제78조 제2항 · 제3항, 제80조 제7항 · 제8항의 개정규정은 공포한 날부터 시행한다.

제2조(직위해제에 따른 결원보충에 관한 적용례) 제43조 제4항 및 제5항의 개정규정은 이 법 시행 당시 직위해제 중인 사람이 있는 경우에도 적용한다.

제3조(채용비위 관련자 합격취소에 관한 적용례) 제45조의3의 개정규정은 이 법 시행 이후 공무원 채용과 관련하여 비위를 저지른 경우부터 적용한다.

제4조(공무상 질병 또는 부상으로 인한 휴직 기간의 연장에 관한 적용례) 제72조 제1호 단서의 개정규정은 이 법 시행 당시 종전의 규정에 따라 휴직하였거나 휴직 중인 사람에 대해서도 적용한다.

제5조(소청심사위원회의 결정에 관한 경과조치) 이 법 시행 전에 청구되어 계속 중인 소청사건에 대해서는 제14조 제2항의 개정규정에도 불구하고 종전의 규정에 따른다.

제6조(보수 및 실비 변상 등 부정 수령자에 대한 가산징수에 관한 경과조치) 이 법 시행 전에 보수 및 실비 변상 등을 거짓이나 그 밖의 부정한 방법으로 수령한 경우 그 가산징수에 관하여는 제47조 제3항 및 제48조 제3항의 개정규정에도 불구하고 종전의 규정에 따른다.

제7조(징계시효 연장에 관한 경과조치) 이 법 시행 전에 징계 등 사유가 발생한 경우 그 징계시효에 관하여는 제83조의2 제1항의 개정규정에도 불구하고 종전의 규정에 따른다.

07 지방자치법

[시행 2022. 1. 13] [법률 제17893호, 2021. 1. 12, 전부개정]

행정안전부(자치분권제도과–지방자치법 총괄) 044–205–3307
행정안전부(선거의회과–지방의회, 제30~92조) 044–205–3373

개정이유

  민선지방자치 출범 이후 변화된 지방행정환경을 반영하여 새로운 시대에 걸맞은 주민중심의 지방자치를 구현하고 지방자치단체의 자율성 강화와 이에 따른 투명성 및 책임성을 확보하기 위하여 지방자치단체의 기관구성을 다양화할 수 있는 근거를 마련하고, 지방자치단체에 대하여 주민에 대한 정보공개 의무를 부여하며, 주민의 감사청구 제도를 개선하고, 중앙지방협력회의의 설치 근거를 마련하며, 특별지방자치단체의 설치·운영에 관한 법적 근거를 마련하고, 관할구역 경계조정 제도를 개선하는 한편, 주민의 조례에 대한 제정과 개정·폐지 청구에 관한 사항을 현행 법률에서 분리하여 별도의 법률로 제정하기로 함에 따라 관련 규정을 정비하는 등 그 내용을 반영하여 「지방자치법」을 전부개정하려는 것임.

[출처 : 법제처 국가법령정보센터]

제1장　총강(總綱)

제1절　총칙

제1조(목적) 이 법은 지방자치단체의 종류와 조직 및 운영, 주민의 지방자치행정 참여에 관한 사항과 국가와 지방자치단체 사이의 기본적인 관계를 정함으로써 지방자치행정을 민주적이고 능률적으로 수행하고, 지방을 균형 있게 발전시키며, 대한민국을 민주적으로 발전시키려는 것을 목적으로 한다.

제2조(지방자치단체의 종류) ① 지방자치단체는 다음의 두 가지 종류로 구분한다.

　　1. 특별시, 광역시, 특별자치시, 도, 특별자치도
　　2. 시, 군, 구

　② 지방자치단체인 구(이하 "자치구"라 한다)는 특별시와 광역시의 관할 구역의 구만을 말하며, 자치구의 자치권의 범위는 법령으로 정하는 바에 따라 시·군과 다르게 할 수 있다.

　③ 제1항의 지방자치단체 외에 특정한 목적을 수행하기 위하여 필요하면 따로 특별지방자치단체를 설치할 수 있다. 이 경우 특별지방자치단체의 설치 등에 관하여는 제12장에서 정하는 바에 따른다.

제3조(지방자치단체의 법인격과 관할) ① 지방자치단체는 법인으로 한다.

　② 특별시, 광역시, 특별자치시, 도, 특별자치도(이하 "시·도"라 한다)는 정부의 직할(直轄)로 두고, 시는 도의 관할 구역 안에, 군은 광역시나 도의 관할 구역 안에 두며, 자치구는 특별시와 광역시의 관할 구역 안에 둔다.

　③ 특별시·광역시 또는 특별자치시가 아닌 인구 50만 이상의 시에는 자치구가 아닌 구를 둘 수 있고, 군에는 읍·면을 두며, 시와 구(자치구를 포함한다)에는 동을, 읍·면에는 리를 둔다.

　④ 제10조제2항에 따라 설치된 시에는 도시의 형태를 갖춘 지역에는 동을, 그 밖의 지역에는 읍·면을

두되, 자치구가 아닌 구를 둘 경우에는 그 구에 읍·면·동을 둘 수 있다.

⑤ 특별자치시와 특별자치도의 하부행정기관에 관한 사항은 따로 법률로 정한다.

제4조(지방자치단체의 기관구성 형태의 특례) ① 지방자치단체의 의회(이하 "지방의회"라 한다)와 집행기관에 관한 이 법의 규정에도 불구하고 따로 법률로 정하는 바에 따라 지방자치단체의 장의 선임방법을 포함한 지방자치단체의 기관구성 형태를 달리 할 수 있다.

② 제1항에 따라 지방의회와 집행기관의 구성을 달리하려는 경우에는 「주민투표법」에 따른 주민투표를 거쳐야 한다.

제2절   지방자치단체의 관할 구역

제5조(지방자치단체의 명칭과 구역) ① 지방자치단체의 명칭과 구역은 종전과 같이 하고, 명칭과 구역을 바꾸거나 지방자치단체를 폐지하거나 설치하거나 나누거나 합칠 때에는 법률로 정한다.

② 제1항에도 불구하고 지방자치단체의 구역변경 중 관할 구역 경계변경(이하 "경계변경"이라 한다)과 지방자치단체의 한자 명칭의 변경은 대통령령으로 정한다. 이 경우 경계변경의 절차는 제6조에서 정한 절차에 따른다.

③ 다음 각 호의 어느 하나에 해당할 때에는 관계 지방의회의 의견을 들어야 한다. 다만, 「주민투표법」 제8조에 따라 주민투표를 한 경우에는 그러하지 아니하다.

　1. 지방자치단체를 폐지하거나 설치하거나 나누거나 합칠 때

　2. 지방자치단체의 구역을 변경할 때(경계변경을 할 때는 제외한다)

　3. 지방자치단체의 명칭을 변경할 때(한자 명칭을 변경할 때를 포함한다)

④ 제1항 및 제2항에도 불구하고 다음 각 호의 지역이 속할 지방자치단체는 제5항부터 제8항까지의 규정에 따라 행정안전부장관이 결정한다.

　1. 「공유수면 관리 및 매립에 관한 법률」에 따른 매립지

　2. 「공간정보의 구축 및 관리 등에 관한 법률」 제2조 제19호의 지적공부(이하 "지적공부"라 한다)에 등록이 누락된 토지

⑤ 제4항 제1호의 경우에는 「공유수면 관리 및 매립에 관한 법률」 제28조에 따른 매립면허관청(이하 이 조에서 "면허관청"이라 한다) 또는 관련 지방자치단체의 장이 같은 법 제45조에 따른 준공검사를 하기 전에, 제4항 제2호의 경우에는 「공간정보의 구축 및 관리 등에 관한 법률」 제2조 제18호에 따른 지적소관청(이하 이 조에서 "지적소관청"이라 한다)이 지적공부에 등록하기 전에 각각 해당 지역의 위치, 귀속희망 지방자치단체(복수인 경우를 포함한다) 등을 명시하여 행정안전부장관에게 그 지역이 속할 지방자치단체의 결정을 신청하여야 한다. 이 경우 제4항 제1호에 따른 매립지의 매립면허를 받은 자는 면허관청에 해당 매립지가 속할 지방자치단체의 결정 신청을 요구할 수 있다.

⑥ 행정안전부장관은 제5항에 따른 신청을 받은 후 지체 없이 제5항에 따른 신청내용을 20일 이상 관보나 인터넷 홈페이지에 게재하는 등의 방법으로 널리 알려야 한다. 이 경우 알리는 방법, 의견 제출 등에 관하여는 「행정절차법」 제42조·제44조 및 제45조를 준용한다.

⑦ 행정안전부장관은 제6항에 따른 기간이 끝나면 다음 각 호에서 정하는 바에 따라 결정하고, 그 결과를 면허관청이나 지적소관청, 관계 지방자치단체의 장 등에게 통보하고 공고하여야 한다.

　1. 제6항에 따른 기간 내에 신청내용에 대하여 이의가 제기된 경우: 제166조에 따른 지방자치단체중앙분쟁조정위원회(이하 이 조 및 제6조에서 "위원회"라 한다)의 심의·의결에 따라 제4항

각 호의 지역이 속할 지방자치단체를 결정

2. 제6항에 따른 기간 내에 신청내용에 대하여 이의가 제기되지 아니한 경우: 위원회의 심의·의결을 거치지 아니하고 신청내용에 따라 제4항 각 호의 지역이 속할 지방자치단체를 결정

⑧ 위원회의 위원장은 제7항 제1호에 따른 심의과정에서 필요하다고 인정되면 관계 중앙행정기관 및 지방자치단체의 공무원 또는 관련 전문가를 출석시켜 의견을 듣거나 관계 기관이나 단체에 자료 및 의견 제출 등을 요구할 수 있다. 이 경우 관계 지방자치단체의 장에게는 의견을 진술할 기회를 주어야 한다.

⑨ 관계 지방자치단체의 장은 제4항부터 제7항까지의 규정에 따른 행정안전부장관의 결정에 이의가 있으면 그 결과를 통보받은 날부터 15일 이내에 대법원에 소송을 제기할 수 있다.

⑩ 행정안전부장관은 제9항에 따른 소송 결과 대법원의 인용결정이 있으면 그 취지에 따라 다시 결정하여야 한다.

⑪ 행정안전부장관은 제4항 각 호의 지역이 속할 지방자치단체 결정과 관련하여 제7항 제1호에 따라 위원회의 심의를 할 때 같은 시·도 안에 있는 관계 시·군 및 자치구 상호 간 매립지 조성 비용 및 관리 비용 부담 등에 관한 조정(調整)이 필요한 경우 제165조 제1항부터 제3항까지의 규정에도 불구하고 당사자의 신청 또는 직권으로 위원회의 심의·의결에 따라 조정할 수 있다. 이 경우 그 조정 결과의 통보 및 조정 결정 사항의 이행은 제165조 제4항부터 제7항까지의 규정에 따른다.

제6조(지방자치단체의 관할 구역 경계변경 등) ① 지방자치단체의 장은 관할 구역과 생활권과의 불일치 등으로 인하여 주민생활에 불편이 큰 경우 등 대통령령으로 정하는 사유가 있는 경우에는 행정안전부장관에게 경계변경이 필요한 지역 등을 명시하여 경계변경에 대한 조정을 신청할 수 있다. 이 경우 지방자치단체의 장은 지방의회 재적의원 과반수의 출석과 출석의원 3분의 2 이상의 동의를 받아야 한다.

② 관계 중앙행정기관의 장 또는 둘 이상의 지방자치단체에 걸친 개발사업 등의 시행자는 대통령령으로 정하는 바에 따라 관계 지방자치단체의 장에게 제1항에 따른 경계변경에 대한 조정을 신청하여 줄 것을 요구할 수 있다.

③ 행정안전부장관은 제1항에 따른 경계변경에 대한 조정 신청을 받으면 지체 없이 그 신청 내용을 관계 지방자치단체의 장에게 통지하고, 20일 이상 관보나 인터넷 홈페이지에 게재하는 등의 방법으로 널리 알려야 한다. 이 경우 알리는 방법, 의견의 제출 등에 관하여는 「행정절차법」 제42조·제44조 및 제45조를 준용한다.

④ 행정안전부장관은 제3항에 따른 기간이 끝난 후 지체 없이 대통령령으로 정하는 바에 따라 관계 지방자치단체 등 당사자 간 경계변경에 관한 사항을 효율적으로 협의할 수 있도록 경계변경자율협의체(이하 이 조에서 "협의체"라 한다)를 구성·운영할 것을 관계 지방자치단체의 장에게 요청하여야 한다.

⑤ 관계 지방자치단체는 제4항에 따른 협의체 구성·운영 요청을 받은 후 지체 없이 협의체를 구성하고, 경계변경 여부 및 대상 등에 대하여 같은 항에 따른 행정안전부장관의 요청을 받은 날부터 120일 이내에 협의를 하여야 한다. 다만, 대통령령으로 정하는 부득이한 사유가 있는 경우에는 30일의 범위에서 그 기간을 연장할 수 있다.

⑥ 제5항에 따라 협의체를 구성한 지방자치단체의 장은 같은 항에 따른 협의 기간 이내에 협의체의 협의 결과를 행정안전부장관에게 알려야 한다.

⑦ 행정안전부장관은 다음 각 호의 어느 하나에 해당하는 경우에는 위원회의 심의·의결을 거쳐 경계변경에 대하여 조정할 수 있다.

1. 관계 지방자치단체가 제4항에 따른 행정안전부장관의 요청을 받은 날부터 120일 이내에 협의체를 구성하지 못한 경우

2. 관계 지방자치단체가 제5항에 따른 협의 기간 이내에 경계변경 여부 및 대상 등에 대하여 합의를 하지 못한 경우

⑧ 위원회는 제7항에 따라 경계변경에 대한 사항을 심의할 때에는 관계 지방의회의 의견을 들어야 하며, 관련 전문가 및 지방자치단체의 장의 의견 청취 등에 관하여는 제5조 제8항을 준용한다.

⑨ 행정안전부장관은 다음 각 호의 어느 하나에 해당하는 경우 지체 없이 그 내용을 검토한 후 이를 반영하여 경계변경에 관한 대통령령안을 입안하여야 한다.

1. 제5항에 따른 협의체의 협의 결과 관계 지방자치단체 간 경계변경에 합의를 하고, 관계 지방자치단체의 장이 제6항에 따라 그 내용을 각각 알린 경우

2. 위원회가 제7항에 따른 심의 결과 경계변경이 필요하다고 의결한 경우

⑩ 행정안전부장관은 경계변경의 조정과 관련하여 제7항에 따라 위원회의 심의를 할 때 같은 시·도 안에 있는 관계 시·군 및 자치구 상호 간 경계변경에 관련된 비용 부담, 행정적·재정적 사항 등에 관하여 조정이 필요한 경우 제165조 제1항부터 제3항까지의 규정에도 불구하고 당사자의 신청 또는 직권으로 위원회의 심의·의결에 따라 조정할 수 있다. 이 경우 그 조정 결과의 통보 및 조정 결정 사항의 이행은 제165조 제4항부터 제7항까지의 규정에 따른다.

제7조(자치구가 아닌 구와 읍·면·동 등의 명칭과 구역) ① 자치구가 아닌 구와 읍·면·동의 명칭과 구역은 종전과 같이 하고, 자치구가 아닌 구와 읍·면·동을 폐지하거나 설치하거나 나누거나 합칠 때에는 행정안전부장관의 승인을 받아 그 지방자치단체의 조례로 정한다. 다만, 명칭과 구역의 변경은 그 지방자치단체의 조례로 정하고, 그 결과를 특별시장·광역시장·도지사에게 보고하여야 한다.

② 리의 구역은 자연 촌락을 기준으로 하되, 그 명칭과 구역은 종전과 같이 하고, 명칭과 구역을 변경하거나 리를 폐지하거나 설치하거나 나누거나 합칠 때에는 그 지방자치단체의 조례로 정한다.

③ 인구 감소 등 행정여건 변화로 인하여 필요한 경우 그 지방자치단체의 조례로 정하는 바에 따라 2개 이상의 면을 하나의 면으로 운영하는 등 행정 운영상 면[이하 "행정면"(行政面)이라 한다]을 따로 둘 수 있다.

④ 동·리에서는 행정 능률과 주민의 편의를 위하여 그 지방자치단체의 조례로 정하는 바에 따라 하나의 동·리를 2개 이상의 동·리로 운영하거나 2개 이상의 동·리를 하나의 동·리로 운영하는 등 행정 운영상 동(이하 "행정동"이라 한다)·리(이하 "행정리"라 한다)를 따로 둘 수 있다. 〈개정 2021. 4. 20.〉

⑤ 행정동에 그 지방자치단체의 조례로 정하는 바에 따라 통 등 하부 조직을 둘 수 있다. 〈개정 2021. 4. 20.〉

⑥ 행정리에 그 지방자치단체의 조례로 정하는 바에 따라 하부 조직을 둘 수 있다. 〈신설 2021. 4. 20.〉

제8조(구역의 변경 또는 폐지·설치·분리·합병 시의 사무와 재산의 승계) ① 지방자치단체의 구역을 변경하거나 지방자치단체를 폐지하거나 설치하거나 나누거나 합칠 때에는 새로 그 지역을 관할하게 된 지방자치단체가 그 사무와 재산을 승계한다.

② 제1항의 경우에 지역으로 지방자치단체의 사무와 재산을 구분하기 곤란하면 시·도에서는 행정안전부장관이, 시·군 및 자치구에서는 특별시장·광역시장·특별자치시장·도지사·특별자치도지사(이하 "시·도지사"라 한다)가 그 사무와 재산의 한계 및 승계할 지방자치단체를 지정한다.

제9조(사무소의 소재지) ① 지방자치단체의 사무소 소재지와 자치구가 아닌 구 및 읍·면·동의 사무소 소재지는 종전과 같이 하고, 이를 변경하거나 새로 설정하려면 지방자치단체의 조례로 정한다. 이 경

우 면·동은 행정면·행정동(行政洞)을 말한다.

② 제1항의 사항을 조례로 정할 때에는 그 지방의회의 재적의원 과반수의 찬성이 있어야 한다.

제10조(시·읍의 설치기준 등) ① 시는 그 대부분이 도시의 형태를 갖추고 인구 5만 이상이 되어야 한다.

② 다음 각 호의 어느 하나에 해당하는 지역은 도농(都農) 복합형태의 시로 할 수 있다.

　　1. 제1항에 따라 설치된 시와 군을 통합한 지역

　　2. 인구 5만 이상의 도시 형태를 갖춘 지역이 있는 군

　　3. 인구 2만 이상의 도시 형태를 갖춘 2개 이상의 지역 인구가 5만 이상인 군. 이 경우 군의 인구는
　　　15만 이상으로서 대통령령으로 정하는 요건을 갖추어야 한다.

　　4. 국가의 정책으로 인하여 도시가 형성되고, 제128조에 따라 도의 출장소가 설치된 지역으로서
　　　그 지역의 인구가 3만 이상이며, 인구 15만 이상의 도농 복합형태의 시의 일부인 지역

③ 읍은 그 대부분이 도시의 형태를 갖추고 인구 2만 이상이 되어야 한다. 다만, 다음 각 호의 어느 하나에
　해당하면 인구 2만 미만인 경우에도 읍으로 할 수 있다.

　　1. 군사무소 소재지의 면

　　2. 읍이 없는 도농 복합형태의 시에서 그 시에 있는 면 중 1개 면

④ 시·읍의 설치에 관한 세부기준은 대통령령으로 정한다.

제3절　지방자치단체의 기능과 사무

제11조(사무배분의 기본원칙) ① 국가는 지방자치단체가 사무를 종합적·자율적으로 수행할 수 있도록
국가와 지방자치단체 간 또는 지방자치단체 상호 간의 사무를 주민의 편익증진, 집행의 효과 등을 고
려하여 서로 중복되지 아니하도록 배분하여야 한다.

② 국가는 제1항에 따라 사무를 배분하는 경우 지역주민생활과 밀접한 관련이 있는 사무는 원칙적으로
시·군 및 자치구의 사무로, 시·군 및 자치구가 처리하기 어려운 사무는 시·도의 사무로, 시·도가
처리하기 어려운 사무는 국가의 사무로 각각 배분하여야 한다.

③ 국가가 지방자치단체에 사무를 배분하거나 지방자치단체가 사무를 다른 지방자치단체에 재배분할
때에는 사무를 배분받거나 재배분받는 지방자치단체가 그 사무를 자기의 책임하에 종합적으로 처리
할 수 있도록 관련 사무를 포괄적으로 배분하여야 한다.

제12조(사무처리의 기본원칙) ① 지방자치단체는 사무를 처리할 때 주민의 편의와 복리증진을 위하여 노
력하여야 한다.

② 지방자치단체는 조직과 운영을 합리적으로 하고 규모를 적절하게 유지하여야 한다.

③ 지방자치단체는 법령을 위반하여 사무를 처리할 수 없으며, 시·군 및 자치구는 해당 구역을 관할하
는 시·도의 조례를 위반하여 사무를 처리할 수 없다.

제13조(지방자치단체의 사무 범위) ① 지방자치단체는 관할 구역의 자치사무와 법령에 따라 지방자치단
체에 속하는 사무를 처리한다.

② 제1항에 따른 지방자치단체의 사무를 예시하면 다음 각 호와 같다. 다만, 법률에 이와 다른 규정이
있으면 그러하지 아니하다.

　　1. 지방자치단체의 구역, 조직, 행정관리 등

　　　가. 관할 구역 안 행정구역의 명칭·위치 및 구역의 조정

　　　나. 조례·규칙의 제정·개정·폐지 및 그 운영·관리

다. 산하(傘下) 행정기관의 조직관리

라. 산하 행정기관 및 단체의 지도·감독

마. 소속 공무원의 인사·후생복지 및 교육

바. 지방세 및 지방세 외 수입의 부과 및 징수

사. 예산의 편성·집행 및 회계감사와 재산관리

아. 행정장비관리, 행정전산화 및 행정관리개선

자. 공유재산(公有財産) 관리

차. 주민등록 관리

카. 지방자치단체에 필요한 각종 조사 및 통계의 작성

2. 주민의 복지증진

가. 주민복지에 관한 사업

나. 사회복지시설의 설치·운영 및 관리

다. 생활이 어려운 사람의 보호 및 지원

라. 노인·아동·장애인·청소년 및 여성의 보호와 복지증진

마. 공공보건의료기관의 설립·운영

바. 감염병과 그 밖의 질병의 예방과 방역

사. 묘지·화장장(火葬場) 및 봉안당의 운영·관리

아. 공중접객업소의 위생을 개선하기 위한 지도

자. 청소, 생활폐기물의 수거 및 처리

차. 지방공기업의 설치 및 운영

3. 농림·수산·상공업 등 산업 진흥

가. 못·늪지·보(洑) 등 농업용수시설의 설치 및 관리

나. 농산물·임산물·축산물·수산물의 생산 및 유통 지원

다. 농업자재의 관리

라. 복합영농의 운영·지도

마. 농업 외 소득사업의 육성·지도

바. 농가 부업의 장려

사. 공유림 관리

아. 소규모 축산 개발사업 및 낙농 진흥사업

자. 가축전염병 예방

차. 지역산업의 육성·지원

카. 소비자 보호 및 저축 장려

타. 중소기업의 육성

파. 지역특화산업의 개발과 육성·지원

하. 우수지역특산품 개발과 관광민예품 개발

4. 지역개발과 자연환경보전 및 생활환경시설의 설치·관리

가. 지역개발사업

나. 지방 토목·건설사업의 시행

다. 도시·군계획사업의 시행

라. 지방도(地方道), 시도(市道)·군도(郡道)·구도(區道)의 신설·개선·보수 및 유지

　　마. 주거생활환경 개선의 장려 및 지원

　　바. 농어촌주택 개량 및 취락구조 개선

　　사. 자연보호활동

　　아. 지방하천 및 소하천의 관리

　　자. 상수도·하수도의 설치 및 관리

　　차. 소규모급수시설의 설치 및 관리

　　카. 도립공원, 광역시립공원, 군립공원, 시립공원 및 구립공원 등의 지정 및 관리

　　타. 도시공원 및 공원시설, 녹지, 유원지 등과 그 휴양시설의 설치 및 관리

　　파. 관광지, 관광단지 및 관광시설의 설치 및 관리

　　하. 지방 궤도사업의 경영

　　거. 주차장·교통표지 등 교통편의시설의 설치 및 관리

　　너. 재해대책의 수립 및 집행

　　더. 지역경제의 육성 및 지원

　5. 교육·체육·문화·예술의 진흥

　　가. 어린이집·유치원·초등학교·중학교·고등학교 및 이에 준하는 각종 학교의 설치·운영·
　　　지도

　　나. 도서관·운동장·광장·체육관·박물관·공연장·미술관·음악당 등 공공교육·체육·문
　　　화시설의 설치 및 관리

　　다. 지방문화재의 지정·등록·보존 및 관리

　　라. 지방문화·예술의 진흥

　　마. 지방문화·예술단체의 육성

　6. 지역민방위 및 지방소방

　　가. 지역 및 직장 민방위조직(의용소방대를 포함한다)의 편성과 운영 및 지도·감독

　　나. 지역의 화재예방·경계·진압·조사 및 구조·구급

　7. 국제교류 및 협력

　　가. 국제기구·행사·대회의 유치·지원

　　나. 외국 지방자치단체와의 교류·협력

제14조(지방자치단체의 종류별 사무배분기준) ① 제13조에 따른 지방자치단체의 사무를 지방자치단체의
종류별로 배분하는 기준은 다음 각 호와 같다. 다만, 제13조 제2항 제1호의 사무는 각 지방자치단체
에 공통된 사무로 한다.

　1. 시·도

　　가. 행정처리 결과가 2개 이상의 시·군 및 자치구에 미치는 광역적 사무

　　나. 시·도 단위로 동일한 기준에 따라 처리되어야 할 성질의 사무

　　다. 지역적 특성을 살리면서 시·도 단위로 통일성을 유지할 필요가 있는 사무

　　라. 국가와 시·군 및 자치구 사이의 연락·조정 등의 사무

　　마. 시·군 및 자치구가 독자적으로 처리하기 어려운 사무

　　바. 2개 이상의 시·군 및 자치구가 공동으로 설치하는 것이 적당하다고 인정되는 규모의 시설
　　　을 설치하고 관리하는 사무

2. 시·군 및 자치구

　　제1호에서 시·도가 처리하는 것으로 되어 있는 사무를 제외한 사무. 다만, 인구 50만 이상의
　　시에 대해서는 도가 처리하는 사무의 일부를 직접 처리하게 할 수 있다.

② 제1항의 배분기준에 따른 지방자치단체의 종류별 사무는 대통령령으로 정한다.

③ 시·도와 시·군 및 자치구는 사무를 처리할 때 서로 겹치지 아니하도록 하여야 하며, 사무가 서로
　　겹치면 시·군 및 자치구에서 먼저 처리한다.

제15조(국가사무의 처리 제한) 지방자치단체는 다음 각 호의 국가사무를 처리할 수 없다. 다만, 법률에 이
　　와 다른 규정이 있는 경우에는 국가사무를 처리할 수 있다.

　　1. 외교, 국방, 사법(司法), 국세 등 국가의 존립에 필요한 사무

　　2. 물가정책, 금융정책, 수출입정책 등 전국적으로 통일적 처리를 할 필요가 있는 사무

　　3. 농산물·임산물·축산물·수산물 및 양곡의 수급조절과 수출입 등 전국적 규모의 사무

　　4. 국가종합경제개발계획, 국가하천, 국유림, 국토종합개발계획, 지정항만, 고속국도·일반국도,
　　　　국립공원 등 전국적 규모나 이와 비슷한 규모의 사무

　　5. 근로기준, 측량단위 등 전국적으로 기준을 통일하고 조정하여야 할 필요가 있는 사무

　　6. 우편, 철도 등 전국적 규모나 이와 비슷한 규모의 사무

　　7. 고도의 기술이 필요한 검사·시험·연구, 항공관리, 기상행정, 원자력개발 등 지방자치단체의
　　　　기술과 재정능력으로 감당하기 어려운 사무

제2장 　 주민

제16조(주민의 자격) 지방자치단체의 구역에 주소를 가진 자는 그 지방자치단체의 주민이 된다.

제17조(주민의 권리) ① 주민은 법령으로 정하는 바에 따라 주민생활에 영향을 미치는 지방자치단체의
　　정책의 결정 및 집행 과정에 참여할 권리를 가진다.

② 주민은 법령으로 정하는 바에 따라 소속 지방자치단체의 재산과 공공시설을 이용할 권리와 그 지방
　　자치단체로부터 균등하게 행정의 혜택을 받을 권리를 가진다.

③ 주민은 법령으로 정하는 바에 따라 그 지방자치단체에서 실시하는 지방의회의원과 지방자치단체의
　　장의 선거(이하 "지방선거"라 한다)에 참여할 권리를 가진다.

제18조(주민투표) ① 지방자치단체의 장은 주민에게 과도한 부담을 주거나 중대한 영향을 미치는 지방
　　자치단체의 주요 결정사항 등에 대하여 주민투표에 부칠 수 있다.

② 주민투표의 대상·발의자·발의요건, 그 밖에 투표절차 등에 관한 사항은 따로 법률로 정한다.

제19조(조례의 제정과 개정·폐지 청구) ① 주민은 지방자치단체의 조례를 제정하거나 개정하거나 폐지
　　할 것을 청구할 수 있다.

② 조례의 제정·개정 또는 폐지 청구의 청구권자·청구대상·청구요건 및 절차 등에 관한 사항은 따로
　　법률로 정한다.

제20조(규칙의 제정과 개정·폐지 의견 제출) ① 주민은 제29조에 따른 규칙(권리·의무와 직접 관련되
　　는 사항으로 한정한다)의 제정, 개정 또는 폐지와 관련된 의견을 해당 지방자치단체의 장에게 제출할
　　수 있다.

② 법령이나 조례를 위반하거나 법령이나 조례에서 위임한 범위를 벗어나는 사항은 제1항에 따른 의견

제출 대상에서 제외한다.

③ 지방자치단체의 장은 제1항에 따라 제출된 의견에 대하여 의견이 제출된 날부터 30일 이내에 검토 결과를 그 의견을 제출한 주민에게 통보하여야 한다.

④ 제1항에 따른 의견 제출, 제3항에 따른 의견의 검토와 결과 통보의 방법 및 절차는 해당 지방자치단체의 조례로 정한다.

제21조(주민의 감사 청구) ① 지방자치단체의 18세 이상의 주민으로서 다음 각 호의 어느 하나에 해당하는 사람(「공직선거법」 제18조에 따른 선거권이 없는 사람은 제외한다. 이하 이 조에서 "18세 이상의 주민"이라 한다)은 시·도는 300명, 제198조에 따른 인구 50만 이상 대도시는 200명, 그 밖의 시·군 및 자치구는 150명 이내에서 그 지방자치단체의 조례로 정하는 수 이상의 18세 이상의 주민이 연대 서명하여 그 지방자치단체와 그 장의 권한에 속하는 사무의 처리가 법령에 위반되거나 공익을 현저히 해친다고 인정되면 시·도의 경우에는 주무부장관에게, 시·군 및 자치구의 경우에는 시·도지사에게 감사를 청구할 수 있다.

    1. 해당 지방자치단체의 관할 구역에 주민등록이 되어 있는 사람

    2. 「출입국관리법」 제10조에 따른 영주(永住)할 수 있는 체류자격 취득일 후 3년이 경과한 외국인으로서 같은 법 제34조에 따라 해당 지방자치단체의 외국인등록대장에 올라 있는 사람

② 다음 각 호의 사항은 감사 청구의 대상에서 제외한다.

    1. 수사나 재판에 관여하게 되는 사항

    2. 개인의 사생활을 침해할 우려가 있는 사항

    3. 다른 기관에서 감사하였거나 감사 중인 사항. 다만, 다른 기관에서 감사한 사항이라도 새로운 사항이 발견되거나 중요 사항이 감사에서 누락된 경우와 제22조 제1항에 따라 주민소송의 대상이 되는 경우에는 그러하지 아니하다.

    4. 동일한 사항에 대하여 제22조 제2항 각 호의 어느 하나에 해당하는 소송이 진행 중이거나 그 판결이 확정된 사항

③ 제1항에 따른 청구는 사무처리가 있었던 날이나 끝난 날부터 3년이 지나면 제기할 수 없다.

④ 지방자치단체의 18세 이상의 주민이 제1항에 따라 감사를 청구하려면 청구인의 대표자를 선정하여 청구인명부에 적어야 하며, 청구인의 대표자는 감사청구서를 작성하여 주무부장관 또는 시·도지사에게 제출하여야 한다.

⑤ 주무부장관이나 시·도지사는 제1항에 따른 청구를 받으면 청구를 받은 날부터 5일 이내에 그 내용을 공표하여야 하며, 청구를 공표한 날부터 10일간 청구인명부나 그 사본을 공개된 장소에 갖추어 두어 열람할 수 있도록 하여야 한다.

⑥ 청구인명부의 서명에 관하여 이의가 있는 사람은 제5항에 따른 열람기간에 해당 주무부장관이나 시·도지사에게 이의를 신청할 수 있다.

⑦ 주무부장관이나 시·도지사는 제6항에 따른 이의신청을 받으면 제5항에 따른 열람기간이 끝난 날부터 14일 이내에 심사·결정하되, 그 신청이 이유 있다고 결정한 경우에는 청구인명부를 수정하고, 그 사실을 이의신청을 한 사람과 제4항에 따른 청구인의 대표자에게 알려야 하며, 그 이의신청이 이유 없다고 결정한 경우에는 그 사실을 즉시 이의신청을 한 사람에게 알려야 한다.

⑧ 주무부장관이나 시·도지사는 제6항에 따른 이의신청이 없는 경우 또는 제6항에 따라 제기된 모든 이의신청에 대하여 제7항에 따른 결정이 끝난 경우로서 제1항부터 제3항까지의 규정에 따른 요건을 갖춘 경우에는 청구를 수리하고, 그러하지 아니한 경우에는 청구를 각하하되, 수리 또는 각하 사실을

청구인의 대표자에게 알려야 한다.

⑨ 주무부장관이나 시·도지사는 감사 청구를 수리한 날부터 60일 이내에 감사 청구된 사항에 대하여 감사를 끝내야 하며, 감사 결과를 청구인의 대표자와 해당 지방자치단체의 장에게 서면으로 알리고, 공표하여야 한다. 다만, 그 기간에 감사를 끝내기가 어려운 정당한 사유가 있으면 그 기간을 연장할 수 있으며, 기간을 연장할 때에는 미리 청구인의 대표자와 해당 지방자치단체의 장에게 알리고, 공표하여야 한다.

⑩ 주무부장관이나 시·도지사는 주민이 감사를 청구한 사항이 다른 기관에서 이미 감사한 사항이거나 감사 중인 사항이면 그 기관에서 한 감사 결과 또는 감사 중인 사실과 감사가 끝난 후 그 결과를 알리겠다는 사실을 청구인의 대표자와 해당 기관에 지체 없이 알려야 한다.

⑪ 주무부장관이나 시·도지사는 주민 감사 청구를 처리(각하를 포함한다)할 때 청구인의 대표자에게 반드시 증거 제출 및 의견 진술의 기회를 주어야 한다.

⑫ 주무부장관이나 시·도지사는 제9항에 따른 감사 결과에 따라 기간을 정하여 해당 지방자치단체의 장에게 필요한 조치를 요구할 수 있다. 이 경우 그 지방자치단체의 장은 이를 성실히 이행하여야 하고, 그 조치 결과를 지방의회와 주무부장관 또는 시·도지사에게 보고하여야 한다.

⑬ 주무부장관이나 시·도지사는 제12항에 따른 조치 요구 내용과 지방자치단체의 장의 조치 결과를 청구인의 대표자에게 서면으로 알리고, 공표하여야 한다.

⑭ 제1항부터 제13항까지에서 규정한 사항 외에 18세 이상의 주민의 감사 청구에 필요한 사항은 대통령령으로 정한다.

제22조(주민소송) ① 제21조 제1항에 따라 공금의 지출에 관한 사항, 재산의 취득·관리·처분에 관한 사항, 해당 지방자치단체를 당사자로 하는 매매·임차·도급 계약이나 그 밖의 계약의 체결·이행에 관한 사항 또는 지방세·사용료·수수료·과태료 등 공금의 부과·징수를 게을리한 사항을 감사 청구한 주민은 다음 각 호의 어느 하나에 해당하는 경우에 그 감사 청구한 사항과 관련이 있는 위법한 행위나 업무를 게을리한 사실에 대하여 해당 지방자치단체의 장(해당 사항의 사무처리에 관한 권한을 소속 기관의 장에게 위임한 경우에는 그 소속 기관의 장을 말한다. 이하 이 조에서 같다)을 상대방으로 하여 소송을 제기할 수 있다.

　　1. 주무부장관이나 시·도지사가 감사 청구를 수리한 날부터 60일(제21조 제9항 단서에 따라 감사기간이 연장된 경우에는 연장된 기간이 끝난 날을 말한다)이 지나도 감사를 끝내지 아니한 경우

　　2. 제21조 제9항 및 제10항에 따른 감사 결과 또는 같은 조 제12항에 따른 조치 요구에 불복하는 경우

　　3. 제21조 제12항에 따른 주무부장관이나 시·도지사의 조치 요구를 지방자치단체의 장이 이행하지 아니한 경우

　　4. 제21조 제12항에 따른 지방자치단체의 장의 이행 조치에 불복하는 경우

② 제1항에 따라 주민이 제기할 수 있는 소송은 다음 각 호와 같다.

　　1. 해당 행위를 계속하면 회복하기 어려운 손해를 발생시킬 우려가 있는 경우에는 그 행위의 전부나 일부를 중지할 것을 요구하는 소송

　　2. 행정처분인 해당 행위의 취소 또는 변경을 요구하거나 그 행위의 효력 유무 또는 존재 여부의 확인을 요구하는 소송

　　3. 게을리한 사실의 위법 확인을 요구하는 소송

4. 해당 지방자치단체의 장 및 직원, 지방의회의원, 해당 행위와 관련이 있는 상대방에게 손해배상청구 또는 부당이득반환청구를 할 것을 요구하는 소송. 다만, 그 지방자치단체의 직원이 「회계관계직원 등의 책임에 관한 법률」 제4조에 따른 변상책임을 져야 하는 경우에는 변상명령을 할 것을 요구하는 소송을 말한다.

③ 제2항 제1호의 중지청구소송은 해당 행위를 중지할 경우 생명이나 신체에 중대한 위해가 생길 우려가 있거나 그 밖에 공공복리를 현저하게 해칠 우려가 있으면 제기할 수 없다.

④ 제2항에 따른 소송은 다음 각 호의 구분에 따른 날부터 90일 이내에 제기하여야 한다.
    1. 제1항 제1호: 해당 60일이 끝난 날(제21조 제9항 단서에 따라 감사기간이 연장된 경우에는 연장기간이 끝난 날을 말한다)
    2. 제1항 제2호: 해당 감사 결과나 조치 요구 내용에 대한 통지를 받은 날
    3. 제1항 제3호: 해당 조치를 요구할 때에 지정한 처리기간이 끝난 날
    4. 제1항 제4호: 해당 이행 조치 결과에 대한 통지를 받은 날

⑤ 제2항 각 호의 소송이 진행 중이면 다른 주민은 같은 사항에 대하여 별도의 소송을 제기할 수 없다.

⑥ 소송의 계속(繫屬) 중에 소송을 제기한 주민이 사망하거나 제16조에 따른 주민의 자격을 잃으면 소송절차는 중단된다. 소송대리인이 있는 경우에도 또한 같다.

⑦ 감사 청구에 연대 서명한 다른 주민은 제6항에 따른 사유가 발생한 사실을 안 날부터 6개월 이내에 소송절차를 수계(受繼)할 수 있다. 이 기간에 수계절차가 이루어지지 아니할 경우 그 소송절차는 종료된다.

⑧ 법원은 제6항에 따라 소송이 중단되면 감사 청구에 연대 서명한 다른 주민에게 소송절차를 중단한 사유와 소송절차 수계방법을 지체 없이 알려야 한다. 이 경우 법원은 감사 청구에 적힌 주소로 통지서를 우편으로 보낼 수 있고, 우편물이 통상 도달할 수 있을 때에 감사 청구에 연대 서명한 다른 주민은 제6항의 사유가 발생한 사실을 안 것으로 본다.

⑨ 제2항에 따른 소송은 해당 지방자치단체의 사무소 소재지를 관할하는 행정법원(행정법원이 설치되지 아니한 지역에서는 행정법원의 권한에 속하는 사건을 관할하는 지방법원 본원을 말한다)의 관할로 한다.

⑩ 해당 지방자치단체의 장은 제2항 제1호부터 제3호까지의 규정에 따른 소송이 제기된 경우 그 소송 결과에 따라 권리나 이익의 침해를 받을 제3자가 있으면 그 제3자에 대하여, 제2항 제4호에 따른 소송이 제기된 경우 그 직원, 지방의회의원 또는 상대방에 대하여 소송고지를 해 줄 것을 법원에 신청하여야 한다.

⑪ 제2항 제4호에 따른 소송이 제기된 경우에 지방자치단체의 장이 한 소송고지신청은 그 소송에 관한 손해배상청구권 또는 부당이득반환청구권의 시효중단에 관하여 「민법」 제168조 제1호에 따른 청구로 본다.

⑫ 제11항에 따른 시효중단의 효력은 그 소송이 끝난 날부터 6개월 이내에 재판상 청구, 파산절차참가, 압류 또는 가압류, 가처분을 하지 아니하면 효력이 생기지 아니한다.

⑬ 국가, 상급 지방자치단체 및 감사 청구에 연대 서명한 다른 주민과 제10항에 따라 소송고지를 받은 자는 법원에서 계속 중인 소송에 참가할 수 있다.

⑭ 제2항에 따른 소송에서 당사자는 법원의 허가를 받지 아니하고는 소의 취하, 소송의 화해 또는 청구의 포기를 할 수 없다.

⑮ 법원은 제14항에 따른 허가를 하기 전에 감사 청구에 연대 서명한 다른 주민에게 그 사실을 알려야

하며, 알린 때부터 1개월 이내에 허가 여부를 결정하여야 한다. 이 경우 통지방법 등에 관하여는 제8항 후단을 준용한다.

⑯ 제2항에 따른 소송은 「민사소송 등 인지법」 제2조 제4항에 따른 비재산권을 목적으로 하는 소송으로 본다.

⑰ 소송을 제기한 주민은 승소(일부 승소를 포함한다)한 경우 그 지방자치단체에 대하여 변호사 보수 등의 소송비용, 감사 청구절차의 진행 등을 위하여 사용된 여비, 그 밖에 실제로 든 비용을 보상할 것을 청구할 수 있다. 이 경우 지방자치단체는 청구된 금액의 범위에서 그 소송을 진행하는 데 객관적으로 사용된 것으로 인정되는 금액을 지급하여야 한다.

⑱ 제1항에 따른 소송에 관하여 이 법에 규정된 것 외에는 「행정소송법」에 따른다.

제23조(손해배상금 등의 지급청구 등) ① 지방자치단체의 장(해당 사항의 사무처리에 관한 권한을 소속 기관의 장에게 위임한 경우에는 그 소속 기관의 장을 말한다. 이하 이 조에서 같다)은 제22조 제2항 제4호 본문에 따른 소송에 대하여 손해배상청구나 부당이득반환청구를 명하는 판결이 확정되면 판결이 확정된 날부터 60일 이내를 기한으로 하여 당사자에게 그 판결에 따라 결정된 손해배상금이나 부당이득반환금의 지급을 청구하여야 한다. 다만, 손해배상금이나 부당이득반환금을 지급하여야 할 당사자가 지방자치단체의 장이면 지방의회의 의장이 지급을 청구하여야 한다.

② 지방자치단체는 제1항에 따라 지급청구를 받은 자가 같은 항의 기한까지 손해배상금이나 부당이득 반환금을 지급하지 아니하면 손해배상·부당이득반환의 청구를 목적으로 하는 소송을 제기하여야 한다. 이 경우 그 소송의 상대방이 지방자치단체의 장이면 그 지방의회의 의장이 그 지방자치단체를 대표한다.

제24조(변상명령 등) ① 지방자치단체의 장은 제22조 제2항 제4호 단서에 따른 소송에 대하여 변상할 것을 명하는 판결이 확정되면 판결이 확정된 날부터 60일 이내를 기한으로 하여 당사자에게 그 판결에 따라 결정된 금액을 변상할 것을 명령하여야 한다.

② 제1항에 따라 변상할 것을 명령받은 자가 같은 항의 기한까지 변상금을 지불하지 아니하면 지방세 체납처분의 예에 따라 징수할 수 있다.

③ 제1항에 따라 변상할 것을 명령받은 자는 그 명령에 불복하는 경우 행정소송을 제기할 수 있다. 다만, 「행정심판법」에 따른 행정심판청구는 제기할 수 없다.

제25조(주민소환) ① 주민은 그 지방자치단체의 장 및 지방의회의원(비례대표 지방의회의원은 제외한다)을 소환할 권리를 가진다.

② 주민소환의 투표 청구권자·청구요건·절차 및 효력 등에 관한 사항은 따로 법률로 정한다.

제26조(주민에 대한 정보공개) ① 지방자치단체는 사무처리의 투명성을 높이기 위하여 「공공기관의 정보공개에 관한 법률」에서 정하는 바에 따라 지방의회의 의정활동, 집행기관의 조직, 재무 등 지방자치에 관한 정보(이하 "지방자치정보"라 한다)를 주민에게 공개하여야 한다.

② 행정안전부장관은 주민의 지방자치정보에 대한 접근성을 높이기 위하여 이 법 또는 다른 법령에 따라 공개된 지방자치정보를 체계적으로 수집하고 주민에게 제공하기 위한 정보공개시스템을 구축·운영할 수 있다.

제27조(주민의 의무) 주민은 법령으로 정하는 바에 따라 소속 지방자치단체의 비용을 분담하여야 하는 의무를 진다.

| 제3장 | 조례와 규칙 |

제28조(조례) ① 지방자치단체는 법령의 범위에서 그 사무에 관하여 조례를 제정할 수 있다. 다만, 주민의 권리 제한 또는 의무 부과에 관한 사항이나 벌칙을 정할 때에는 법률의 위임이 있어야 한다.

② 법령에서 조례로 정하도록 위임한 사항은 그 법령의 하위 법령에서 그 위임의 내용과 범위를 제한하거나 직접 규정할 수 없다.

제29조(규칙) 지방자치단체의 장은 법령 또는 조례의 범위에서 그 권한에 속하는 사무에 관하여 규칙을 제정할 수 있다.

제30조(조례와 규칙의 입법한계) 시·군 및 자치구의 조례나 규칙은 시·도의 조례나 규칙을 위반해서는 아니 된다.

제31조(지방자치단체를 신설하거나 격을 변경할 때의 조례·규칙 시행) 지방자치단체를 나누거나 합하여 새로운 지방자치단체가 설치되거나 지방자치단체의 격이 변경되면 그 지방자치단체의 장은 필요한 사항에 관하여 새로운 조례나 규칙이 제정·시행될 때까지 종래 그 지역에 시행되던 조례나 규칙을 계속 시행할 수 있다.

제32조(조례와 규칙의 제정 절차 등) ① 조례안이 지방의회에서 의결되면 지방의회의 의장은 의결된 날부터 5일 이내에 그 지방자치단체의 장에게 이송하여야 한다.

② 지방자치단체의 장은 제1항의 조례안을 이송받으면 20일 이내에 공포하여야 한다.

③ 지방자치단체의 장은 이송받은 조례안에 대하여 이의가 있으면 제2항의 기간에 이유를 붙여 지방의회로 환부(還付)하고, 재의(再議)를 요구할 수 있다. 이 경우 지방자치단체의 장은 조례안의 일부에 대하여 또는 조례안을 수정하여 재의를 요구할 수 없다.

④ 지방의회는 제3항에 따라 재의 요구를 받으면 조례안을 재의에 부치고 재적의원 과반수의 출석과 출석의원 3분의 2 이상의 찬성으로 전(前)과 같은 의결을 하면 그 조례안은 조례로서 확정된다.

⑤ 지방자치단체의 장이 제2항의 기간에 공포하지 아니하거나 재의 요구를 하지 아니하더라도 그 조례안은 조례로서 확정된다.

⑥ 지방자치단체의 장은 제4항 또는 제5항에 따라 확정된 조례를 지체 없이 공포하여야 한다. 이 경우 제5항에 따라 조례가 확정된 후 또는 제4항에 따라 확정된 조례가 지방자치단체의 장에게 이송된 후 5일 이내에 지방자치단체의 장이 공포하지 아니하면 지방의회의 의장이 공포한다.

⑦ 제2항 및 제6항 전단에 따라 지방자치단체의 장이 조례를 공포하였을 때에는 즉시 해당 지방의회의 의장에게 통지하여야 하며, 제6항 후단에 따라 지방의회의 의장이 조례를 공포하였을 때에는 그 사실을 즉시 해당 지방자치단체의 장에게 통지하여야 한다.

⑧ 조례와 규칙은 특별한 규정이 없으면 공포한 날부터 20일이 지나면 효력을 발생한다.

제33조(조례와 규칙의 공포 방법 등) ① 조례와 규칙의 공포는 해당 지방자치단체의 공보에 게재하는 방법으로 한다. 다만, 제32조 제6항 후단에 따라 지방의회의 의장이 조례를 공포하는 경우에는 공보나 일간신문에 게재하거나 게시판에 게시한다.

② 제1항에 따른 공보는 종이로 발행되는 공보(이하 이 조에서 "종이공보"라 한다) 또는 전자적인 형태로 발행되는 공보(이하 이 조에서 "전자공보"라 한다)로 운영한다.

③ 공보의 내용 해석 및 적용 시기 등에 대하여 종이공보와 전자공보는 동일한 효력을 가진다.

④ 조례와 규칙의 공포에 관하여 그 밖에 필요한 사항은 대통령령으로 정한다.

제34조(조례 위반에 대한 과태료) ① 지방자치단체는 조례를 위반한 행위에 대하여 조례로써 1천만원 이하의 과태료를 정할 수 있다.

② 제1항에 따른 과태료는 해당 지방자치단체의 장이나 그 관할 구역의 지방자치단체의 장이 부과·징수한다.

제35조(보고) 조례나 규칙을 제정하거나 개정하거나 폐지할 경우 조례는 지방의회에서 이송된 날부터 5일 이내에, 규칙은 공포 예정일 15일 전에 시·도지사는 행정안전부장관에게, 시장·군수 및 자치구의 구청장은 시·도지사에게 그 전문(全文)을 첨부하여 각각 보고하여야 하며, 보고를 받은 행정안전부장관은 그 내용을 관계 중앙행정기관의 장에게 통보하여야 한다.

제4장   선거

제36조(지방선거에 관한 **법률의 제정**) 지방선거에 관하여 이 법에서 정한 것 외에 필요한 사항은 따로 법률로 정한다.

제5장   지방의회

제1절   조직

제37조(의회의 설치) 지방자치단체에 주민의 대의기관인 의회를 둔다.

제38조(지방의회의원의 선거) 지방의회의원은 주민이 보통·평등·직접·비밀선거로 선출한다.

제2절   지방의회의원

제39조(의원의 임기) 지방의회의원의 임기는 4년으로 한다.

제40조(의원의 의정활동비 등) ① 지방의회의원에게는 다음 각 호의 비용을 지급한다.

1. 의정(議政) 자료를 수집하고 연구하거나 이를 위한 보조 활동에 사용되는 비용을 보전(補塡)하기 위하여 매월 지급하는 의정활동비

2. 지방의회의원의 직무활동에 대하여 지급하는 월정수당

3. 본회의 의결, 위원회 의결 또는 지방의회의 의장의 명에 따라 공무로 여행할 때 지급하는 여비

② 제1항 각 호에 규정된 비용은 대통령령으로 정하는 기준을 고려하여 해당 지방자치단체의 의정비심의위원회에서 결정하는 금액 이내에서 지방자치단체의 조례로 정한다. 다만, 제1항 제3호에 따른 비용은 의정비심의위원회 결정 대상에서 제외한다.

③ 의정비심의위원회의 구성·운영 등에 필요한 사항은 대통령령으로 정한다.

제41조(의원의 정책지원 전문인력) ① 지방의회의원의 의정활동을 지원하기 위하여 지방의회의원 정수의 2분의 1 범위에서 해당 지방자치단체의 조례로 정하는 바에 따라 지방의회에 정책지원 전문인력을 둘 수 있다.

② 정책지원 전문인력은 지방공무원으로 보며, 직급·직무 및 임용절차 등 운영에 필요한 사항은 대통

령령으로 정한다.

제42조(상해·사망 등의 보상) ① 지방의회의원이 직무로 인하여 신체에 상해를 입거나 사망한 경우와 그 상해나 직무로 인한 질병으로 사망한 경우에는 보상금을 지급할 수 있다.

② 제1항의 보상금의 지급기준은 대통령령으로 정하는 범위에서 해당 지방자치단체의 조례로 정한다.

제43조(겸직 등 금지) ① 지방의회의원은 다음 각 호의 어느 하나에 해당하는 직(職)을 겸할 수 없다.

1. 국회의원, 다른 지방의회의원

2. 헌법재판소 재판관, 각급 선거관리위원회 위원

3. 「국가공무원법」 제2조에 따른 국가공무원과 「지방공무원법」 제2조에 따른 지방공무원(「정당법」 제22조에 따라 정당의 당원이 될 수 있는 교원은 제외한다)

4. 「공공기관의 운영에 관한 법률」 제4조에 따른 공공기관(한국방송공사, 한국교육방송공사 및 한국은행을 포함한다)의 임직원

5. 「지방공기업법」 제2조에 따른 지방공사와 지방공단의 임직원

6. 농업협동조합, 수산업협동조합, 산림조합, 엽연초생산협동조합, 신용협동조합, 새마을금고(이들 조합·금고의 중앙회와 연합회를 포함한다)의 임직원과 이들 조합·금고의 중앙회장이나 연합회장

7. 「정당법」 제22조에 따라 정당의 당원이 될 수 없는 교원

8. 다른 법령에 따라 공무원의 신분을 가지는 직

9. 그 밖에 다른 법률에서 겸임할 수 없도록 정하는 직

② 「정당법」 제22조에 따라 정당의 당원이 될 수 있는 교원이 지방의회의원으로 당선되면 임기 중 그 교원의 직은 휴직된다.

③ 지방의회의원이 당선 전부터 제1항 각 호의 직을 제외한 다른 직을 가진 경우에는 임기 개시 후 1개월 이내에, 임기 중 그 다른 직에 취임한 경우에는 취임 후 15일 이내에 지방의회의 의장에게 서면으로 신고하여야 하며, 그 방법과 절차는 해당 지방자치단체의 조례로 정한다.

④ 지방의회의 의장은 제3항에 따라 지방의회의원의 겸직신고를 받으면 그 내용을 연 1회 이상 해당 지방의회의 인터넷 홈페이지에 게시하거나 지방자치단체의 조례로 정하는 방법에 따라 공개하여야 한다.

⑤ 지방의회의원이 다음 각 호의 기관·단체 및 그 기관·단체가 설립·운영하는 시설의 대표, 임원, 상근직원 또는 그 소속 위원회(자문위원회는 제외한다)의 위원이 된 경우에는 그 겸한 직을 사임하여야 한다.

1. 해당 지방자치단체가 출자·출연(재출자·재출연을 포함한다)한 기관·단체

2. 해당 지방자치단체의 사무를 위탁받아 수행하고 있는 기관·단체

3. 해당 지방자치단체로부터 운영비, 사업비 등을 지원받고 있는 기관·단체

4. 법령에 따라 해당 지방자치단체의 장의 인가를 받아 설립된 조합(조합설립을 위한 추진위원회 등 준비단체를 포함한다)의 임직원

⑥ 지방의회의 의장은 지방의회의원이 다음 각 호의 어느 하나에 해당하는 경우에는 그 겸한 직을 사임할 것을 권고하여야 한다. 이 경우 지방의회의 의장은 제66조에 따른 윤리심사자문위원회의 의견을 들어야 하며 그 의견을 존중하여야 한다.

1. 제5항에 해당하는 데도 불구하고 겸한 직을 사임하지 아니할 때

2. 다른 직을 겸하는 것이 제44조 제2항에 위반된다고 인정될 때

⑦ 지방의회의 의장은 지방의회의원의 행위 또는 양수인이나 관리인의 지위가 제5항 또는 제6항에 따라 제한되는지와 관련하여 제66조에 따른 윤리심사자문위원회의 의견을 들을 수 있다.

제44조(의원의 의무) ① 지방의회의원은 공공의 이익을 우선하여 양심에 따라 그 직무를 성실히 수행하여야 한다.

② 지방의회의원은 청렴의 의무를 지며, 지방의회의원으로서의 품위를 유지하여야 한다.

③ 지방의회의원은 지위를 남용하여 재산상의 권리 · 이익 또는 직위를 취득하거나 다른 사람을 위하여 그 취득을 알선해서는 아니 된다.

④ 지방의회의원은 해당 지방자치단체, 제43조 제5항 각 호의 어느 하나에 해당하는 기관 · 단체 및 그 기관 · 단체가 설립 · 운영하는 시설과 영리를 목적으로 하는 거래를 하여서는 아니 된다.

⑤ 지방의회의원은 소관 상임위원회의 직무와 관련된 영리행위를 할 수 없으며, 그 범위는 해당 지방자치단체의 조례로 정한다.

제45조(의원체포 및 확정판결의 통지) ① 수사기관의 장은 체포되거나 구금된 지방의회의원이 있으면 지체 없이 해당 지방의회의 의장에게 영장의 사본을 첨부하여 그 사실을 알려야 한다.

② 각급 법원장은 지방의회의원이 형사사건으로 공소(公訴)가 제기되어 판결이 확정되면 지체 없이 해당 지방의회의 의장에게 그 사실을 알려야 한다.

제46조(지방의회의 의무 등) ① 지방의회는 지방의회의원이 준수하여야 할 지방의회의원의 윤리강령과 윤리실천규범을 조례로 정하여야 한다.

② 지방의회는 소속 의원들이 의정활동에 필요한 전문성을 확보하도록 노력하여야 한다.

제3절　권한

제47조(지방의회의 의결사항) ① 지방의회는 다음 각 호의 사항을 의결한다.

1. 조례의 제정 · 개정 및 폐지
2. 예산의 심의 · 확정
3. 결산의 승인
4. 법령에 규정된 것을 제외한 사용료 · 수수료 · 분담금 · 지방세 또는 가입금의 부과와 징수
5. 기금의 설치 · 운용
6. 대통령령으로 정하는 중요 재산의 취득 · 처분
7. 대통령령으로 정하는 공공시설의 설치 · 처분
8. 법령과 조례에 규정된 것을 제외한 예산 외의 의무부담이나 권리의 포기
9. 청원의 수리와 처리
10. 외국 지방자치단체와의 교류 · 협력
11. 그 밖에 법령에 따라 그 권한에 속하는 사항

② 지방자치단체는 제1항 각 호의 사항 외에 조례로 정하는 바에 따라 지방의회에서 의결되어야 할 사항을 따로 정할 수 있다.

제48조(서류제출 요구) ① 본회의나 위원회는 그 의결로 안건의 심의와 직접 관련된 서류의 제출을 해당 지방자치단체의 장에게 요구할 수 있다.

② 위원회가 제1항의 요구를 할 때에는 지방의회의 의장에게 그 사실을 보고하여야 한다.

③ 제1항에도 불구하고 폐회 중에는 지방의회의 의장이 서류의 제출을 해당 지방자치단체의 장에게 요

구할 수 있다.

④ 제1항 또는 제3항에 따라 서류제출을 요구할 때에는 서면, 전자문서 또는 컴퓨터의 자기테이프 · 자기디스크, 그 밖에 이와 유사한 매체에 기록된 상태 등 제출 형식을 지정할 수 있다.

제49조(행정사무 감사권 및 조사권) ① 지방의회는 매년 1회 그 지방자치단체의 사무에 대하여 시 · 도에서는 14일의 범위에서, 시 · 군 및 자치구에서는 9일의 범위에서 감사를 실시하고, 지방자치단체의 사무 중 특정 사안에 관하여 본회의 의결로 본회의나 위원회에서 조사하게 할 수 있다.

② 제1항의 조사를 발의할 때에는 이유를 밝힌 서면으로 하여야 하며, 재적의원 3분의 1 이상의 찬성이 있어야 한다.

③ 지방자치단체 및 그 장이 위임받아 처리하는 국가사무와 시 · 도의 사무에 대하여 국회와 시 · 도의회가 직접 감사하기로 한 사무 외에는 그 감사를 각각 해당 시 · 도의회와 시 · 군 및 자치구의회가 할 수 있다. 이 경우 국회와 시 · 도의회는 그 감사 결과에 대하여 그 지방의회에 필요한 자료를 요구할 수 있다.

④ 제1항의 감사 또는 조사와 제3항의 감사를 위하여 필요하면 현지확인을 하거나 서류제출을 요구할 수 있으며, 지방자치단체의 장 또는 관계 공무원이나 그 사무에 관계되는 사람을 출석하게 하여 증인으로서 선서한 후 증언하게 하거나 참고인으로서 의견을 진술하도록 요구할 수 있다.

⑤ 제4항에 따른 증언에서 거짓증언을 한 사람은 고발할 수 있으며, 제4항에 따라 서류제출을 요구받은 자가 정당한 사유 없이 서류를 정해진 기한까지 제출하지 아니한 경우, 같은 항에 따라 출석요구를 받은 증인이 정당한 사유 없이 출석하지 아니하거나 선서 또는 증언을 거부한 경우에는 500만원 이하의 과태료를 부과할 수 있다.

⑥ 제5항에 따른 과태료 부과절차는 제34조를 따른다.

⑦ 제1항의 감사 또는 조사와 제3항의 감사를 위하여 필요한 사항은 「국정감사 및 조사에 관한 법률」에 준하여 대통령령으로 정하고, 제4항과 제5항의 선서 · 증언 · 감정 등에 관한 절차는 「국회에서의 증언 · 감정 등에 관한 법률」에 준하여 대통령령으로 정한다.

제50조(행정사무 감사 또는 조사 보고의 처리) ① 지방의회는 본회의의 의결로 감사 또는 조사 결과를 처리한다.

② 지방의회는 감사 또는 조사 결과 해당 지방자치단체나 기관의 시정이 필요한 사유가 있을 때에는 시정을 요구하고, 지방자치단체나 기관에서 처리함이 타당하다고 인정되는 사항은 그 지방자치단체나 기관으로 이송한다.

③ 지방자치단체나 기관은 제2항에 따라 시정 요구를 받거나 이송받은 사항을 지체 없이 처리하고 그 결과를 지방의회에 보고하여야 한다.

제51조(행정사무처리상황의 보고와 질의응답) ① 지방자치단체의 장이나 관계 공무원은 지방의회나 그 위원회에 출석하여 행정사무의 처리상황을 보고하거나 의견을 진술하고 질문에 답변할 수 있다.

② 지방자치단체의 장이나 관계 공무원은 지방의회나 그 위원회가 요구하면 출석 · 답변하여야 한다. 다만, 특별한 이유가 있으면 지방자치단체의 장은 관계 공무원에게 출석 · 답변하게 할 수 있다.

③ 제1항이나 제2항에 따라 지방의회나 그 위원회에 출석하여 답변할 수 있는 관계 공무원은 조례로 정한다.

제52조(의회규칙) 지방의회는 내부운영에 관하여 이 법에서 정한 것 외에 필요한 사항을 규칙으로 정할 수 있다.

제53조(정례회) ① 지방의회는 매년 2회 정례회를 개최한다.

② 정례회의 집회일, 그 밖에 정례회 운영에 필요한 사항은 해당 지방자치단체의 조례로 정한다.

제54조(임시회) ① 지방의회의원 총선거 후 최초로 집회되는 임시회는 지방의회 사무처장·사무국장·사무과장이 지방의회의원 임기 개시일부터 25일 이내에 소집한다.

② 지방자치단체를 폐지하거나 설치하거나 나누거나 합쳐 새로운 지방자치단체가 설치된 경우에 최초의 임시회는 지방의회 사무처장·사무국장·사무과장이 해당 지방자치단체가 설치되는 날에 소집한다.

③ 지방의회의 의장은 지방자치단체의 장이나 조례로 정하는 수 이상의 지방의회의원이 요구하면 15일 이내에 임시회를 소집하여야 한다. 다만, 지방의회의 의장과 부의장이 부득이한 사유로 임시회를 소집할 수 없을 때에는 지방의회의원 중 최다선의원이, 최다선의원이 2명 이상인 경우에는 그 중 연장자의 순으로 소집할 수 있다.

④ 임시회 소집은 집회일 3일 전에 공고하여야 한다. 다만, 긴급할 때에는 그러하지 아니하다.

제55조(부의안건의 공고) 지방자치단체의 장이 지방의회에 부의할 안건은 지방자치단체의 장이 미리 공고하여야 한다. 다만, 회의 중 긴급한 안건을 부의할 때에는 그러하지 아니하다.

제56조(개회·휴회·폐회와 회의일수) ① 지방의회의 개회·휴회·폐회와 회기는 지방의회가 의결로 정한다.

② 연간 회의 총일수와 정례회 및 임시회의 회기는 해당 지방자치단체의 조례로 정한다.

제57조(의장·부의장의 선거와 임기) ① 지방의회는 지방의회의원 중에서 시·도의 경우 의장 1명과 부의장 2명을, 시·군 및 자치구의 경우 의장과 부의장 각 1명을 무기명투표로 선출하여야 한다.

② 지방의회의원 총선거 후 처음으로 선출하는 의장·부의장 선거는 최초집회일에 실시한다.

③ 의장과 부의장의 임기는 2년으로 한다.

제58조(의장의 직무) 지방의회의 의장은 의회를 대표하고 의사(議事)를 정리하며, 회의장 내의 질서를 유지하고 의회의 사무를 감독한다.

제59조(의장 직무대리) 지방의회의 의장이 부득이한 사유로 직무를 수행할 수 없을 때에는 부의장이 그 직무를 대리한다.

제60조(임시의장) 지방의회의 의장과 부의장이 모두 부득이한 사유로 직무를 수행할 수 없을 때에는 임시의장을 선출하여 의장의 직무를 대행하게 한다.

제61조(보궐선거) ① 지방의회의 의장이나 부의장이 궐위(闕位)된 경우에는 보궐선거를 실시한다.

② 보궐선거로 당선된 의장이나 부의장의 임기는 전임자 임기의 남은 기간으로 한다.

제62조(의장·부의장 불신임의 의결) ① 지방의회의 의장이나 부의장이 법령을 위반하거나 정당한 사유 없이 직무를 수행하지 아니하면 지방의회는 불신임을 의결할 수 있다.

② 제1항의 불신임 의결은 재적의원 4분의 1 이상의 발의와 재적의원 과반수의 찬성으로 한다.

③ 제2항의 불신임 의결이 있으면 지방의회의 의장이나 부의장은 그 직에서 해임된다.

제63조(의장 등을 선거할 때의 의장 직무 대행) 제57조 제1항, 제60조 또는 제61조 제1항에 따른 선거(이

하 이 조에서 "의장등의 선거"라 한다)를 실시할 때 의장의 직무를 수행할 사람이 없으면 출석의원 중 최다선의원이, 최다선의원이 2명 이상이면 그 중 연장자가 그 직무를 대행한다. 이 경우 직무를 대행하는 지방의회의원이 정당한 사유 없이 의장등의 선거를 실시할 직무를 이행하지 아니할 때에는 다음 순위의 지방의회의원이 그 직무를 대행한다.

제6절 위원회

제64조(위원회의 설치) ① 지방의회는 조례로 정하는 바에 따라 위원회를 둘 수 있다.

② 위원회의 종류는 다음 각 호와 같다.

1. 소관 의안(議案)과 청원 등을 심사·처리하는 상임위원회
2. 특정한 안건을 심사·처리하는 특별위원회

③ 위원회의 위원은 본회의에서 선임한다.

제65조(윤리특별위원회) ① 지방의회의원의 윤리강령과 윤리실천규범 준수 여부 및 징계에 관한 사항을 심사하기 위하여 윤리특별위원회를 둔다.

② 제1항에 따른 윤리특별위원회(이하 "윤리특별위원회"라 한다)는 지방의회의원의 윤리강령과 윤리실천규범 준수 여부 및 지방의회의원의 징계에 관한 사항을 심사하기 전에 제66조에 따른 윤리심사자문위원회의 의견을 들어야 하며 그 의견을 존중하여야 한다.

제66조(윤리심사자문위원회) ① 지방의회의원의 겸직 및 영리행위 등에 관한 지방의회의 의장의 자문과 지방의회의원의 윤리강령과 윤리실천규범 준수 여부 및 징계에 관한 윤리특별위원회의 자문에 응하기 위하여 윤리특별위원회에 윤리심사자문위원회를 둔다.

② 윤리심사자문위원회의 위원은 민간전문가 중에서 지방의회의 의장이 위촉한다.

③ 제1항 및 제2항에서 규정한 사항 외에 윤리심사자문위원회의 구성 및 운영에 필요한 사항은 회의규칙으로 정한다.

제67조(위원회의 권한) 위원회는 그 소관에 속하는 의안과 청원 등 또는 지방의회가 위임한 특정한 안건을 심사한다.

제68조(전문위원) ① 위원회에는 위원장과 위원의 자치입법활동을 지원하기 위하여 지방의회의원이 아닌 전문지식을 가진 위원(이하 "전문위원"이라 한다)을 둔다.

② 전문위원은 위원회에서 의안과 청원 등의 심사, 행정사무감사 및 조사, 그 밖의 소관 사항과 관련하여 검토보고 및 관련 자료의 수집·조사·연구를 한다.

③ 위원회에 두는 전문위원의 직급과 수 등에 관하여 필요한 사항은 대통령령으로 정한다.

제69조(위원회에서의 방청 등) ① 위원회에서 해당 지방의회의원이 아닌 사람은 위원회의 위원장(이하 이 장에서 "위원장"이라 한다)의 허가를 받아 방청할 수 있다.

② 위원장은 질서를 유지하기 위하여 필요할 때에는 방청인의 퇴장을 명할 수 있다.

제70조(위원회의 개회) ① 위원회는 본회의의 의결이 있거나 지방의회의 의장 또는 위원장이 필요하다고 인정할 때, 재적위원 3분의 1 이상이 요구할 때에 개회한다.

② 폐회 중에는 지방자치단체의 장도 지방의회의 의장 또는 위원장에게 이유서를 붙여 위원회 개회를 요구할 수 있다.

제71조(위원회에 관한 조례) 위원회에 관하여 이 법에서 정한 것 외에 필요한 사항은 조례로 정한다.

제72조(의사정족수) ① 지방의회는 재적의원 3분의 1 이상의 출석으로 개의(開議)한다.

② 회의 참석 인원이 제1항의 정족수에 미치지 못할 때에는 지방의회의 의장은 회의를 중지하거나 산회(散會)를 선포한다.

제73조(의결정족수) ① 회의는 이 법에 특별히 규정된 경우 외에는 재적의원 과반수의 출석과 출석의원 과반수의 찬성으로 의결한다.

② 지방의회의 의장은 의결에서 표결권을 가지며, 찬성과 반대가 같으면 부결된 것으로 본다.

제74조(표결방법) 본회의에서 표결할 때에는 조례 또는 회의규칙으로 정하는 표결방식에 의한 기록표결로 가부(可否)를 결정한다. 다만, 다음 각 호의 어느 하나에 해당하는 경우에는 무기명투표로 표결한다.

1. 제57조에 따른 의장·부의장 선거
2. 제60조에 따른 임시의장 선출
3. 제62조에 따른 의장·부의장 불신임 의결
4. 제92조에 따른 자격상실 의결
5. 제100조에 따른 징계 의결
6. 제32조, 제120조 또는 제121조, 제192조에 따른 재의 요구에 관한 의결
7. 그 밖에 지방의회에서 하는 각종 선거 및 인사에 관한 사항

제75조(회의의 공개 등) ① 지방의회의 회의는 공개한다. 다만, 지방의회의원 3명 이상이 발의하고 출석의원 3분의 2 이상이 찬성한 경우 또는 지방의회의 의장이 사회의 안녕질서 유지를 위하여 필요하다고 인정하는 경우에는 공개하지 아니할 수 있다.

② 지방의회의 의장은 공개된 회의의 방청 허가를 받은 장애인에게 정당한 편의를 제공하여야 한다.

제76조(의안의 발의) ① 지방의회에서 의결할 의안은 지방자치단체의 장이나 조례로 정하는 수 이상의 지방의회의원의 찬성으로 발의한다.

② 위원회는 그 직무에 속하는 사항에 관하여 의안을 제출할 수 있다.

③ 제1항 및 제2항의 의안은 그 안을 갖추어 지방의회의 의장에게 제출하여야 한다.

④ 제1항에 따라 지방의회의원이 조례안을 발의하는 경우에는 발의 의원과 찬성 의원을 구분하되, 해당 조례안의 제명의 부제로 발의 의원의 성명을 기재하여야 한다. 다만, 발의 의원이 2명 이상인 경우에는 대표발의 의원 1명을 명시하여야 한다.

⑤ 지방의회의원이 발의한 제정조례안 또는 전부개정조례안 중 지방의회에서 의결된 조례안을 공표하거나 홍보하는 경우에는 해당 조례안의 부제를 함께 표기할 수 있다.

제77조(조례안 예고) ① 지방의회는 심사대상인 조례안에 대하여 5일 이상의 기간을 정하여 그 취지, 주요 내용, 전문을 공보나 인터넷 홈페이지 등에 게재하는 방법으로 예고할 수 있다.

② 조례안 예고의 방법, 절차, 그 밖에 필요한 사항은 회의규칙으로 정한다.

제78조(의안에 대한 비용추계 자료 등의 제출) ① 지방자치단체의 장이 예산상 또는 기금상의 조치가 필요한 의안을 발의할 경우에는 그 의안의 시행에 필요할 것으로 예상되는 비용에 대한 추계서와 그에 따른 재원조달방안에 관한 자료를 의안에 첨부하여야 한다.

② 제1항에 따른 비용의 추계 및 재원조달방안에 관한 자료의 작성 및 제출절차 등에 관하여 필요한 사항은 해당 지방자치단체의 조례로 정한다.

제79조(회기계속의 원칙) 지방의회에 제출된 의안은 회기 중에 의결되지 못한 것 때문에 폐기되지 아니한다. 다만, 지방의회의원의 임기가 끝나는 경우에는 그러하지 아니하다.

제80조(일사부재의 원칙) 지방의회에서 부결된 의안은 같은 회기 중에 다시 발의하거나 제출할 수 없다.

제81조(위원회에서 폐기된 의안) ① 위원회에서 본회의에 부칠 필요가 없다고 결정된 의안은 본회의에 부칠 수 없다. 다만, 위원회의 결정이 본회의에 보고된 날부터 폐회나 휴회 중의 기간을 제외한 7일 이내에 지방의회의 의장이나 재적의원 3분의 1 이상이 요구하면 그 의안을 본회의에 부쳐야 한다.
② 제1항 단서의 요구가 없으면 그 의안은 폐기된다.

제82조(의장이나 의원의 제척) 지방의회의 의장이나 지방의회의원은 본인·배우자·직계존비속(直系尊卑屬) 또는 형제자매와 직접 이해관계가 있는 안건에 관하여는 그 의사에 참여할 수 없다. 다만, 의회의 동의가 있으면 의회에 출석하여 발언할 수 있다.

제83조(회의규칙) 지방의회는 회의 운영에 관하여 이 법에서 정한 것 외에 필요한 사항을 회의규칙으로 정한다.

제84조(회의록) ① 지방의회는 회의록을 작성하고 회의의 진행내용 및 결과와 출석의원의 성명을 적어야 한다.
② 회의록에는 지방의회의 의장과 지방의회에서 선출한 지방의회의원 2명 이상이 서명하여야 한다.
③ 지방의회의 의장은 회의록 사본을 첨부하여 회의 결과를 그 지방자치단체의 장에게 알려야 한다.
④ 지방의회의 의장은 회의록을 지방의회의원에게 배부하고, 주민에게 공개한다. 다만, 비밀로 할 필요가 있다고 지방의회의 의장이 인정하거나 지방의회에서 의결한 사항은 공개하지 아니한다.

제8절 청원

제85조(청원서의 제출) ① 지방의회에 청원을 하려는 자는 지방의회의원의 소개를 받아 청원서를 제출하여야 한다.
② 청원서에는 청원자의 성명(법인인 경우에는 그 명칭과 대표자의 성명을 말한다) 및 주소를 적고 서명·날인하여야 한다.

제86조(청원의 불수리) 재판에 간섭하거나 법령에 위배되는 내용의 청원은 수리하지 아니한다.

제87조(청원의 심사·처리) ① 지방의회의 의장은 청원서를 접수하면 소관 위원회나 본회의에 회부하여 심사를 하게 한다.
② 청원을 소개한 지방의회의원은 소관 위원회나 본회의가 요구하면 청원의 취지를 설명하여야 한다.
③ 위원회가 청원을 심사하여 본회의에 부칠 필요가 없다고 결정하면 그 처리 결과를 지방의회의 의장에게 보고하고, 지방의회의 의장은 청원한 자에게 알려야 한다.

제88조(청원의 이송과 처리보고) ① 지방의회가 채택한 청원으로서 그 지방자치단체의 장이 처리하는 것이 타당하다고 인정되는 청원은 의견서를 첨부하여 지방자치단체의 장에게 이송한다.
② 지방자치단체의 장은 제1항의 청원을 처리하고 그 처리결과를 지체 없이 지방의회에 보고하여야 한다.

제9절 의원의 사직·퇴직과 자격심사

제89조(의원의 사직) 지방의회는 그 의결로 소속 지방의회의원의 사직을 허가할 수 있다. 다만, 폐회 중

에는 지방의회의 의장이 허가할 수 있다.

제90조(의원의 퇴직) 지방의회의원이 다음 각 호의 어느 하나에 해당될 때에는 지방의회의원의 직에서 퇴직한다.

    1. 제43조 제1항 각 호의 어느 하나에 해당하는 직에 취임할 때

    2. 피선거권이 없게 될 때(지방자치단체의 구역변경이나 없어지거나 합한 것 외의 다른 사유로 그 지방자치단체의 구역 밖으로 주민등록을 이전하였을 때를 포함한다)

    3. 징계에 따라 제명될 때

제91조(의원의 자격심사) ① 지방의회의원은 다른 의원의 자격에 대하여 이의가 있으면 재적의원 4분의 1 이상의 찬성으로 지방의회의 의장에게 자격심사를 청구할 수 있다.

② 심사 대상인 지방의회의원은 자기의 자격심사에 관한 회의에 출석하여 의견을 진술할 수 있으나, 의결에는 참가할 수 없다.

제92조(자격상실 의결) ① 제91조 제1항의 심사 대상인 지방의회의원에 대한 자격상실 의결은 재적의원 3분의 2 이상의 찬성이 있어야 한다.

② 심사 대상인 지방의회의원은 제1항에 따라 자격상실이 확정될 때까지는 그 직을 상실하지 아니한다.

제93조(결원의 통지) 지방의회의 의장은 지방의회의원의 결원이 생겼을 때에는 15일 이내에 그 지방자치단체의 장과 관할 선거관리위원회에 알려야 한다.

제10절   질서

제94조(회의의 질서유지) ① 지방의회의 의장이나 위원장은 지방의회의원이 본회의나 위원회의 회의장에서 이 법이나 회의규칙에 위배되는 발언이나 행위를 하여 회의장의 질서를 어지럽히면 경고 또는 제지를 하거나 발언의 취소를 명할 수 있다.

② 지방의회의 의장이나 위원장은 제1항의 명에 따르지 아니한 지방의회의원이 있으면 그 지방의회의원에 대하여 당일의 회의에서 발언하는 것을 금지하거나 퇴장시킬 수 있다.

③ 지방의회의 의장이나 위원장은 회의장이 소란하여 질서를 유지하기 어려우면 회의를 중지하거나 산회를 선포할 수 있다.

제95조(모욕 등 발언의 금지) ① 지방의회의원은 본회의나 위원회에서 다른 사람을 모욕하거나 다른 사람의 사생활에 대하여 발언해서는 아니 된다.

② 본회의나 위원회에서 모욕을 당한 지방의회의원은 모욕을 한 지방의회의원에 대하여 지방의회에 징계를 요구할 수 있다.

제96조(발언 방해 등의 금지) 지방의회의원은 회의 중에 폭력을 행사하거나 소란한 행위를 하여 다른 사람의 발언을 방해할 수 없으며, 지방의회의 의장이나 위원장의 허가 없이 연단(演壇)이나 단상(壇上)에 올라가서는 아니 된다.

제97조(방청인의 단속) ① 방청인은 의안에 대하여 찬성·반대를 표명하거나 소란한 행위를 하여서는 아니 된다.

② 지방의회의 의장은 회의장의 질서를 방해하는 방청인의 퇴장을 명할 수 있으며, 필요하면 경찰관서에 인도할 수 있다.

③ 지방의회의 의장은 방청석이 소란하면 모든 방청인을 퇴장시킬 수 있다.

④ 제1항부터 제3항까지에서 규정한 사항 외에 방청인 단속에 필요한 사항은 회의규칙으로 정한다.

제11절 징계

제98조(징계의 사유) 지방의회는 지방의회의원이 이 법이나 자치법규에 위배되는 행위를 하면 윤리특별위원회의 심사를 거쳐 의결로써 징계할 수 있다.

제99조(징계의 요구) ① 지방의회의 의장은 제98조에 따른 징계대상 지방의회의원이 있어 징계 요구를 받으면 윤리특별위원회에 회부한다.

② 제95조 제1항을 위반한 지방의회의원에 대하여 모욕을 당한 지방의회의원이 징계를 요구하려면 징계사유를 적은 요구서를 지방의회의 의장에게 제출하여야 한다.

③ 지방의회의 의장은 제2항의 징계 요구를 받으면 윤리특별위원회에 회부한다.

제100조(징계의 종류와 의결) ① 징계의 종류는 다음과 같다.
　　　　1. 공개회의에서의 경고
　　　　2. 공개회의에서의 사과
　　　　3. 30일 이내의 출석정지
　　　　4. 제명

② 제1항 제4호에 따른 제명 의결에는 재적의원 3분의 2 이상의 찬성이 있어야 한다.

제101조(징계에 관한 회의규칙) 징계에 관하여 이 법에서 정한 사항 외에 필요한 사항은 회의규칙으로 정한다.

제12절 사무기구와 직원

제102조(사무처 등의 설치) ① 시·도의회에는 사무를 처리하기 위하여 조례로 정하는 바에 따라 사무처를 둘 수 있으며, 사무처에는 사무처장과 직원을 둔다.

② 시·군 및 자치구의회에는 사무를 처리하기 위하여 조례로 정하는 바에 따라 사무국이나 사무과를 둘 수 있으며, 사무국·사무과에는 사무국장 또는 사무과장과 직원을 둘 수 있다.

③ 제1항과 제2항에 따른 사무처장·사무국장·사무과장 및 직원(이하 제103조, 제104조 및 제118조에서 "사무직원"이라 한다)은 지방공무원으로 보한다.

제103조(사무직원의 정원과 임면 등) ① 지방의회에 두는 사무직원의 수는 인건비 등 대통령령으로 정하는 기준에 따라 조례로 정한다.

② 지방의회의 의장은 지방의회 사무직원을 지휘·감독하고 법령과 조례·의회규칙으로 정하는 바에 따라 그 임면·교육·훈련·복무·징계 등에 관한 사항을 처리한다.

제104조(사무직원의 직무와 신분보장 등) ① 사무처장·사무국장 또는 사무과장은 지방의회의 의장의 명을 받아 의회의 사무를 처리한다.

② 사무직원의 임용·보수·복무·신분보장·징계 등에 관하여는 이 법에서 정한 것 외에는 「지방공무원법」을 적용한다.

제1관 지방자치단체의 장의 직 인수위원회

제105조(지방자치단체의 장의 직 인수위원회) ① 「공직선거법」 제191조에 따른 지방자치단체의 장의 당선인(같은 법 제14조 제3항 단서에 따라 당선이 결정된 사람을 포함하며, 이하 이 조에서 "당선인"이라 한다)은 이 법에서 정하는 바에 따라 지방자치단체의 장의 직 인수를 위하여 필요한 권한을 갖는다.

② 당선인을 보좌하여 지방자치단체의 장의 직 인수와 관련된 업무를 담당하기 위하여 당선이 결정된 때부터 해당 지방자치단체에 지방자치단체의 장의 직 인수위원회(이하 이 조에서 "인수위원회"라 한다)를 설치할 수 있다.

③ 인수위원회는 당선인으로 결정된 때부터 지방자치단체의 장의 임기 시작일 이후 20일의 범위에서 존속한다.

④ 인수위원회는 다음 각 호의 업무를 수행한다.

　　1. 해당 지방자치단체의 조직·기능 및 예산현황의 파악

　　2. 해당 지방자치단체의 정책기조를 설정하기 위한 준비

　　3. 그 밖에 지방자치단체의 장의 직 인수에 필요한 사항

⑤ 인수위원회는 위원장 1명 및 부위원장 1명을 포함하여 다음 각 호의 구분에 따른 위원으로 구성한다.

　　1. 시·도: 20명 이내

　　2. 시·군 및 자치구: 15명 이내

⑥ 위원장·부위원장 및 위원은 명예직으로 하고, 당선인이 임명하거나 위촉한다.

⑦ 「지방공무원법」 제31조 각 호의 어느 하나에 해당하는 사람은 인수위원회의 위원장·부위원장 및 위원이 될 수 없다.

⑧ 인수위원회의 위원장·부위원장 및 위원과 그 직에 있었던 사람은 그 직무와 관련하여 알게 된 비밀을 다른 사람에게 누설하거나 지방자치단체의 장의 직 인수 업무 외의 다른 목적으로 이용할 수 없으며, 직권을 남용해서는 아니 된다.

⑨ 인수위원회의 위원장·부위원장 및 위원과 그 직에 있었던 사람 중 공무원이 아닌 사람은 인수위원회의 업무와 관련하여 「형법」이나 그 밖의 법률에 따른 벌칙을 적용할 때에는 공무원으로 본다.

⑩ 제1항부터 제9항까지에서 규정한 사항 외에 인수위원회의 구성·운영 및 인력·예산 지원 등에 필요한 사항은 해당 지방자치단체의 조례로 정한다.

제2관 지방자치단체의 장의 지위

제106조(지방자치단체의 장) 특별시에 특별시장, 광역시에 광역시장, 특별자치시에 특별자치시장, 도와 특별자치도에 도지사를 두고, 시에 시장, 군에 군수, 자치구에 구청장을 둔다.

제107조(지방자치단체의 장의 선거) 지방자치단체의 장은 주민이 보통·평등·직접·비밀선거로 선출한다.

제108조(지방자치단체의 장의 임기) 지방자치단체의 장의 임기는 4년으로 하며, 3기 내에서만 계속 재임

(在任)할 수 있다.

제109조(겸임 등의 제한) ① 지방자치단체의 장은 다음 각 호의 어느 하나에 해당하는 직을 겸임할 수 없다.

    1. 대통령, 국회의원, 헌법재판소 재판관, 각급 선거관리위원회 위원, 지방의회의원

    2. 「국가공무원법」 제2조에 따른 국가공무원과 「지방공무원법」 제2조에 따른 지방공무원

    3. 다른 법령에 따라 공무원의 신분을 가지는 직

    4. 「공공기관의 운영에 관한 법률」 제4조에 따른 공공기관(한국방송공사, 한국교육방송공사 및 한국은행을 포함한다)의 임직원

    5. 농업협동조합, 수산업협동조합, 산림조합, 엽연초생산협동조합, 신용협동조합 및 새마을금고 (이들 조합·금고의 중앙회와 연합회를 포함한다)의 임직원

    6. 교원

    7. 「지방공기업법」 제2조에 따른 지방공사와 지방공단의 임직원

    8. 그 밖에 다른 법률에서 겸임할 수 없도록 정하는 직

② 지방자치단체의 장은 재임 중 그 지방자치단체와 영리를 목적으로 하는 거래를 하거나 그 지방자치단체와 관계있는 영리사업에 종사할 수 없다.

제110조(지방자치단체의 폐지·설치·분리·합병과 지방자치단체의 장) 지방자치단체를 폐지하거나 설치하거나 나누거나 합쳐 새로 지방자치단체의 장을 선출하여야 하는 경우에는 그 지방자치단체의 장이 선출될 때까지 시·도지사는 행정안전부장관이, 시장·군수 및 자치구의 구청장은 시·도지사가 각각 그 직무를 대행할 사람을 지정하여야 한다. 다만, 둘 이상의 동격의 지방자치단체를 통폐합하여 새로운 지방자치단체를 설치하는 경우에는 종전의 지방자치단체의 장 중에서 해당 지방자치단체의 장의 직무를 대행할 사람을 지정한다.

제111조(지방자치단체의 장의 사임) ① 지방자치단체의 장은 그 직을 사임하려면 지방의회의 의장에게 미리 사임일을 적은 서면(이하 "사임통지서"라 한다)으로 알려야 한다.

② 지방자치단체의 장은 사임통지서에 적힌 사임일에 사임한다. 다만, 사임통지서에 적힌 사임일까지 지방의회의 의장에게 사임통지가 되지 아니하면 지방의회의 의장에게 사임통지가 된 날에 사임한다.

제112조(지방자치단체의 장의 퇴직) 지방자치단체의 장이 다음 각 호의 어느 하나에 해당될 때에는 그 직에서 퇴직한다.

    1. 지방자치단체의 장이 겸임할 수 없는 직에 취임할 때

    2. 피선거권이 없게 될 때. 이 경우 지방자치단체의 구역이 변경되거나 없어지거나 합한 것 외의 다른 사유로 그 지방자치단체의 구역 밖으로 주민등록을 이전하였을 때를 포함한다.

    3. 제110조에 따라 지방자치단체의 장의 직을 상실할 때

제113조(지방자치단체의 장의 체포 및 확정판결의 통지) ① 수사기관의 장은 체포되거나 구금된 지방자치단체의 장이 있으면 지체 없이 영장의 사본을 첨부하여 해당 지방자치단체에 알려야 한다. 이 경우 통지를 받은 지방자치단체는 그 사실을 즉시 행정안전부장관에게 보고하여야 하며, 시·군 및 자치구가 행정안전부장관에게 보고할 때에는 시·도지사를 거쳐야 한다.

② 각급 법원장은 지방자치단체의 장이 형사사건으로 공소가 제기되어 판결이 확정되면 지체 없이 해당 지방자치단체에 알려야 한다. 이 경우 통지를 받은 지방자치단체는 그 사실을 즉시 행정안전부장관에게 보고하여야 하며, 시·군 및 자치구가 행정안전부장관에게 보고할 때에는 시·도지사를 거쳐야 한다.

제3관 지방자치단체의 장의 권한

제114조(지방자치단체의 통할대표권) 지방자치단체의 장은 지방자치단체를 대표하고, 그 사무를 총괄한다.

제115조(국가사무의 위임) 시·도와 시·군 및 자치구에서 시행하는 국가사무는 시·도지사와 시장·군수 및 자치구의 구청장에게 위임하여 수행하는 것을 원칙으로 한다. 다만, 법령에 다른 규정이 있는 경우에는 그러하지 아니하다.

제116조(사무의 관리 및 집행권) 지방자치단체의 장은 그 지방자치단체의 사무와 법령에 따라 그 지방자치단체의 장에게 위임된 사무를 관리하고 집행한다.

제117조(사무의 위임 등) ① 지방자치단체의 장은 조례나 규칙으로 정하는 바에 따라 그 권한에 속하는 사무의 일부를 보조기관, 소속 행정기관 또는 하부행정기관에 위임할 수 있다.

② 지방자치단체의 장은 조례나 규칙으로 정하는 바에 따라 그 권한에 속하는 사무의 일부를 관할 지방자치단체나 공공단체 또는 그 기관(사업소·출장소를 포함한다)에 위임하거나 위탁할 수 있다.

③ 지방자치단체의 장은 조례나 규칙으로 정하는 바에 따라 그 권한에 속하는 사무 중 조사·검사·검정·관리업무 등 주민의 권리·의무와 직접 관련되지 아니하는 사무를 법인·단체 또는 그 기관이나 개인에게 위탁할 수 있다.

④ 지방자치단체의 장이 위임받거나 위탁받은 사무의 일부를 제1항부터 제3항까지의 규정에 따라 다시 위임하거나 위탁하려면 미리 그 사무를 위임하거나 위탁한 기관의 장의 승인을 받아야 한다.

제118조(직원에 대한 임면권 등) 지방자치단체의 장은 소속 직원(지방의회의 사무직원은 제외한다)을 지휘·감독하고 법령과 조례·규칙으로 정하는 바에 따라 그 임면·교육훈련·복무·징계 등에 관한 사항을 처리한다.

제119조(사무인계) 지방자치단체의 장이 퇴직할 때에는 소관 사무 일체를 후임자에게 인계하여야 한다.

제4관 지방의회와의 관계

제120조(지방의회의 의결에 대한 재의 요구와 제소) ① 지방자치단체의 장은 지방의회의 의결이 월권이거나 법령에 위반되거나 공익을 현저히 해친다고 인정되면 그 의결사항을 이송받은 날부터 20일 이내에 이유를 붙여 재의를 요구할 수 있다.

② 제1항의 요구에 대하여 재의한 결과 재적의원 과반수의 출석과 출석의원 3분의 2 이상의 찬성으로 전과 같은 의결을 하면 그 의결사항은 확정된다.

③ 지방자치단체의 장은 제2항에 따라 재의결된 사항이 법령에 위반된다고 인정되면 대법원에 소(訴)를 제기할 수 있다. 이 경우에는 제192조 제4항을 준용한다.

제121조(예산상 집행 불가능한 의결의 재의 요구) ① 지방자치단체의 장은 지방의회의 의결이 예산상 집행할 수 없는 경비를 포함하고 있다고 인정되면 그 의결사항을 이송받은 날부터 20일 이내에 이유를 붙여 재의를 요구할 수 있다.

② 지방의회가 다음 각 호의 어느 하나에 해당하는 경비를 줄이는 의결을 할 때에도 제1항과 같다.

1. 법령에 따라 지방자치단체에서 의무적으로 부담하여야 할 경비
2. 비상재해로 인한 시설의 응급 복구를 위하여 필요한 경비

③ 제1항과 제2항의 경우에는 제120조 제2항을 준용한다.

제122조(지방자치단체의 장의 선결처분) ① 지방자치단체의 장은 지방의회가 지방의회의원이 구속되는

등의 사유로 제73조에 따른 의결정족수에 미달될 때와 지방의회의 의결사항 중 주민의 생명과 재산 보호를 위하여 긴급하게 필요한 사항으로서 지방의회를 소집할 시간적 여유가 없거나 지방의회에서 의결이 지체되어 의결되지 아니할 때에는 선결처분(先決處分)을 할 수 있다.

② 제1항에 따른 선결처분은 지체 없이 지방의회에 보고하여 승인을 받아야 한다.

③ 지방의회에서 제2항의 승인을 받지 못하면 그 선결처분은 그때부터 효력을 상실한다.

④ 지방자치단체의 장은 제2항이나 제3항에 관한 사항을 지체 없이 공고하여야 한다.

제2절　보조기관

제123조(부지사·부시장·부군수·부구청장) ① 특별시·광역시 및 특별자치시에 부시장, 도와 특별자치도에 부지사, 시에 부시장, 군에 부군수, 자치구에 부구청장을 두며, 그 수는 다음 각 호의 구분과 같다.

　　1. 특별시의 부시장의 수: 3명을 넘지 아니하는 범위에서 대통령령으로 정한다.

　　2. 광역시와 특별자치시의 부시장 및 도와 특별자치도의 부지사의 수: 2명(인구 800만 이상의 광역시나 도는 3명)을 넘지 아니하는 범위에서 대통령령으로 정한다.

　　3. 시의 부시장, 군의 부군수 및 자치구의 부구청장의 수: 1명으로 한다.

② 특별시·광역시 및 특별자치시의 부시장, 도와 특별자치도의 부지사는 대통령령으로 정하는 바에 따라 정무직 또는 일반직 국가공무원으로 보한다. 다만, 제1항 제1호 및 제2호에 따라 특별시·광역시 및 특별자치시의 부시장, 도와 특별자치도의 부지사를 2명이나 3명 두는 경우에 1명은 대통령령으로 정하는 바에 따라 정무직·일반직 또는 별정직 지방공무원으로 보하되, 정무직과 별정직 지방공무원으로 보할 때의 자격기준은 해당 지방자치단체의 조례로 정한다.

③ 제2항의 정무직 또는 일반직 국가공무원으로 보하는 부시장·부지사는 시·도지사의 제청으로 행정안전부장관을 거쳐 대통령이 임명한다. 이 경우 제청된 사람에게 법적 결격사유가 없으면 시·도지사가 제청한 날부터 30일 이내에 임명절차를 마쳐야 한다.

④ 시의 부시장, 군의 부군수, 자치구의 부구청장은 일반직 지방공무원으로 보하되, 그 직급은 대통령령으로 정하며 시장·군수·구청장이 임명한다.

⑤ 시·도의 부시장과 부지사, 시의 부시장·부군수·부구청장은 해당 지방자치단체의 장을 보좌하여 사무를 총괄하고, 소속 직원을 지휘·감독한다.

⑥ 제1항 제1호 및 제2호에 따라 시·도의 부시장과 부지사를 2명이나 3명 두는 경우에 그 사무 분장은 대통령령으로 정한다. 이 경우 부시장·부지사를 3명 두는 시·도에서는 그중 1명에게 특정지역의 사무를 담당하게 할 수 있다.

제124조(지방자치단체의 장의 권한대행 등) ① 지방자치단체의 장이 다음 각 호의 어느 하나에 해당되면 부지사·부시장·부군수·부구청장(이하 이 조에서 "부단체장"이라 한다)이 그 권한을 대행한다.

　　1. 궐위된 경우

　　2. 공소 제기된 후 구금상태에 있는 경우

　　3. 「의료법」에 따른 의료기관에 60일 이상 계속하여 입원한 경우

② 지방자치단체의 장이 그 직을 가지고 그 지방자치단체의 장 선거에 입후보하면 예비후보자 또는 후보자로 등록한 날부터 선거일까지 부단체장이 그 지방자치단체의 장의 권한을 대행한다.

③ 지방자치단체의 장이 출장·휴가 등 일시적 사유로 직무를 수행할 수 없으면 부단체장이 그 직무를 대리한다.

④ 제1항부터 제3항까지의 경우에 부지사나 부시장이 2명 이상인 시·도에서는 대통령령으로 정하는 순서에 따라 그 권한을 대행하거나 직무를 대리한다.

⑤ 제1항부터 제3항까지의 규정에 따라 권한을 대행하거나 직무를 대리할 부단체장이 부득이한 사유로 직무를 수행할 수 없으면 그 지방자치단체의 규칙에 정해진 직제 순서에 따른 공무원이 그 권한을 대행하거나 직무를 대리한다.

제125조(행정기구와 공무원) ① 지방자치단체는 그 사무를 분장하기 위하여 필요한 행정기구와 지방공무원을 둔다.

② 제1항에 따른 행정기구의 설치와 지방공무원의 정원은 인건비 등 대통령령으로 정하는 기준에 따라 그 지방자치단체의 조례로 정한다.

③ 행정안전부장관은 지방자치단체의 행정기구와 지방공무원의 정원이 적절하게 운영되고 다른 지방자치단체와의 균형이 유지되도록 하기 위하여 필요한 사항을 권고할 수 있다.

④ 지방공무원의 임용과 시험·자격·보수·복무·신분보장·징계·교육·훈련 등에 관한 사항은 따로 법률로 정한다.

⑤ 지방자치단체에는 제1항에도 불구하고 법률로 정하는 바에 따라 국가공무원을 둘 수 있다.

⑥ 제5항에 규정된 국가공무원의 경우 「국가공무원법」 제32조 제1항부터 제3항까지의 규정에도 불구하고 5급 이상의 국가공무원이나 고위공무원단에 속하는 공무원은 해당 지방자치단체의 장의 제청으로 소속 장관을 거쳐 대통령이 임명하고, 6급 이하의 국가공무원은 그 지방자치단체의 장의 제청으로 소속 장관이 임명한다.

제3절　소속 행정기관

제126조(직속기관) 지방자치단체는 소관 사무의 범위에서 필요하면 대통령령이나 대통령령으로 정하는 범위에서 그 지방자치단체의 조례로 자치경찰기관(제주특별자치도만 해당한다), 소방기관, 교육훈련기관, 보건진료기관, 시험연구기관 및 중소기업지도기관 등을 직속기관으로 설치할 수 있다.

제127조(사업소) 지방자치단체는 특정 업무를 효율적으로 수행하기 위하여 필요하면 대통령령으로 정하는 범위에서 그 지방자치단체의 조례로 사업소를 설치할 수 있다.

제128조(출장소) 지방자치단체는 외진 곳의 주민의 편의와 특정지역의 개발 촉진을 위하여 필요하면 대통령령으로 정하는 범위에서 그 지방자치단체의 조례로 출장소를 설치할 수 있다.

제129조(합의제행정기관) ① 지방자치단체는 소관 사무의 일부를 독립하여 수행할 필요가 있으면 법령이나 그 지방자치단체의 조례로 정하는 바에 따라 합의제행정기관을 설치할 수 있다.

② 제1항의 합의제행정기관의 설치·운영에 필요한 사항은 대통령령이나 그 지방자치단체의 조례로 정한다.

제130조(자문기관의 설치 등) ① 지방자치단체는 소관 사무의 범위에서 법령이나 그 지방자치단체의 조례로 정하는 바에 따라 자문기관(소관 사무에 대한 자문에 응하거나 협의, 심의 등을 목적으로 하는 심의회, 위원회 등을 말한다. 이하 같다)을 설치·운영할 수 있다.

② 자문기관은 법령이나 조례에 규정된 기능과 권한을 넘어서 주민의 권리를 제한하거나 의무를 부과하는 내용으로 자문 또는 심의 등을 하여서는 아니 된다.

③ 자문기관의 설치 요건·절차, 구성 및 운영 등에 관한 사항은 대통령령으로 정한다. 다만, 다른 법령에서 지방자치단체에 둘 수 있는 자문기관의 설치 요건·절차, 구성 및 운영 등을 따로 정한 경우에는

그 법령에서 정하는 바에 따른다.

④ 지방자치단체는 자문기관 운영의 효율성 향상을 위하여 해당 지방자치단체에 설치된 다른 자문기관과 성격·기능이 중복되는 자문기관을 설치·운영해서는 아니 되며, 지방자치단체의 조례로 정하는 바에 따라 성격과 기능이 유사한 다른 자문기관의 기능을 포함하여 운영할 수 있다.

⑤ 지방자치단체의 장은 자문기관 운영의 효율성 향상을 위한 자문기관 정비계획 및 조치 결과 등을 종합하여 작성한 자문기관 운영현황을 매년 해당 지방의회에 보고하여야 한다.

제4절   하부행정기관

제131조(하부행정기관의 장) 자치구가 아닌 구에 구청장, 읍에 읍장, 면에 면장, 동에 동장을 둔다. 이 경우 면·동은 행정면·행정동을 말한다.

제132조(하부행정기관의 장의 임명) ① 자치구가 아닌 구의 구청장은 일반직 지방공무원으로 보하되, 시장이 임명한다.

② 읍장·면장·동장은 일반직 지방공무원으로 보하되, 시장·군수 또는 자치구의 구청장이 임명한다.

제133조(하부행정기관의 장의 직무권한) 자치구가 아닌 구의 구청장은 시장, 읍장·면장은 시장이나 군수, 동장은 시장(구가 없는 시의 시장을 말한다)이나 구청장(자치구의 구청장을 포함한다)의 지휘·감독을 받아 소관 국가사무와 지방자치단체의 사무를 맡아 처리하고 소속 직원을 지휘·감독한다.

제134조(하부행정기구) 지방자치단체는 조례로 정하는 바에 따라 자치구가 아닌 구와 읍·면·동에 소관 행정사무를 분장하기 위하여 필요한 행정기구를 둘 수 있다. 이 경우 면·동은 행정면·행정동을 말한다.

제5절   교육·과학 및 체육에 관한 기관

제135조(교육·과학 및 체육에 관한 기관) ① 지방자치단체의 교육·과학 및 체육에 관한 사무를 분장하기 위하여 별도의 기관을 둔다.

② 제1항에 따른 기관의 조직과 운영에 필요한 사항은 따로 법률로 정한다.

제7장   재무

제1절   재정 운영의 기본원칙

제136조(지방재정의 조정) 국가와 지방자치단체는 지역 간 재정불균형을 해소하기 위하여 국가와 지방자치단체 간, 지방자치단체 상호 간에 적절한 재정 조정을 하도록 노력하여야 한다.

제137조(건전재정의 운영) ① 지방자치단체는 그 재정을 수지균형의 원칙에 따라 건전하게 운영하여야 한다.

② 국가는 지방재정의 자주성과 건전한 운영을 장려하여야 하며, 국가의 부담을 지방자치단체에 넘겨서는 아니 된다.

③ 국가는 다음 각 호의 어느 하나에 해당하는 기관의 신설·확장·이전·운영과 관련된 비용을 지방자

치단체에 부담시켜서는 아니 된다.

　1.「정부조직법」과 다른 법률에 따라 설치된 국가행정기관 및 그 소속 기관

　2.「공공기관의 운영에 관한 법률」제4조에 따른 공공기관

　3. 국가가 출자·출연한 기관(재단법인, 사단법인 등을 포함한다)

　4. 국가가 설립·조성·관리하는 시설 또는 단지 등을 지원하기 위하여 설치된 기관(재단법인, 사단법인 등을 포함한다)

④ 국가는 제3항 각 호의 기관을 신설하거나 확장하거나 이전하는 위치를 선정할 경우 지방자치단체의 재정적 부담을 입지 선정의 조건으로 하거나 입지 적합성의 선정항목으로 이용해서는 아니 된다.

제138조(국가시책의 구현) ① 지방자치단체는 국가시책을 달성하기 위하여 노력하여야 한다.

② 제1항에 따라 국가시책을 달성하기 위하여 필요한 경비의 국고보조율과 지방비부담률은 법령으로 정한다.

제139조(지방채무 및 지방채권의 관리) ① 지방자치단체의 장이나 지방자치단체조합은 따로 법률로 정하는 바에 따라 지방채를 발행할 수 있다.

② 지방자치단체의 장은 따로 법률로 정하는 바에 따라 지방자치단체의 채무부담의 원인이 될 계약의 체결이나 그 밖의 행위를 할 수 있다.

③ 지방자치단체의 장은 공익을 위하여 필요하다고 인정하면 미리 지방의회의 의결을 받아 보증채무부담행위를 할 수 있다.

④ 지방자치단체는 조례나 계약에 의하지 아니하고는 채무의 이행을 지체할 수 없다.

⑤ 지방자치단체는 법령이나 조례의 규정에 따르거나 지방의회의 의결을 받지 아니하고는 채권에 관하여 채무를 면제하거나 그 효력을 변경할 수 없다.

제2절　예산과 결산

제140조(회계연도) 지방자치단체의 회계연도는 매년 1월 1일에 시작하여 그 해 12월 31일에 끝난다.

제141조(회계의 구분) ① 지방자치단체의 회계는 일반회계와 특별회계로 구분한다.

② 특별회계는 법률이나 지방자치단체의 조례로 설치할 수 있다.

제142조(예산의 편성 및 의결) ① 지방자치단체의 장은 회계연도마다 예산안을 편성하여 시·도는 회계연도 시작 50일 전까지, 시·군 및 자치구는 회계연도 시작 40일 전까지 지방의회에 제출하여야 한다.

② 시·도의회는 제1항의 예산안을 회계연도 시작 15일 전까지, 시·군 및 자치구의회는 회계연도 시작 10일 전까지 의결하여야 한다.

③ 지방의회는 지방자치단체의 장의 동의 없이 지출예산 각 항의 금액을 증가시키거나 새로운 비용항목을 설치할 수 없다.

④ 지방자치단체의 장은 제1항의 예산안을 제출한 후 부득이한 사유로 그 내용의 일부를 수정하려면 수정예산안을 작성하여 지방의회에 다시 제출할 수 있다.

제143조(계속비) 지방자치단체의 장은 한 회계연도를 넘어 계속하여 경비를 지출할 필요가 있으면 그 총액과 연도별 금액을 정하여 계속비로서 지방의회의 의결을 받아야 한다.

제144조(예비비) ① 지방자치단체는 예측할 수 없는 예산 외의 지출이나 예산초과지출에 충당하기 위하여 세입·세출예산에 예비비를 계상하여야 한다.

② 예비비의 지출은 다음 해 지방의회의 승인을 받아야 한다.

제145조(추가경정예산) ① 지방자치단체의 장은 예산을 변경할 필요가 있으면 추가경정예산안을 편성하여 지방의회의 의결을 받아야 한다.

② 제1항의 경우에는 제142조 제3항 및 제4항을 준용한다.

제146조(예산이 성립하지 아니할 때의 예산 집행) 지방의회에서 새로운 회계연도가 시작될 때까지 예산안이 의결되지 못하면 지방자치단체의 장은 지방의회에서 예산안이 의결될 때까지 다음 각 호의 목적을 위한 경비를 전년도 예산에 준하여 집행할 수 있다.

　　1. 법령이나 조례에 따라 설치된 기관이나 시설의 유지·운영

　　2. 법령상 또는 조례상 지출의무의 이행

　　3. 이미 예산으로 승인된 사업의 계속

제147조(지방자치단체를 신설할 때의 예산) ① 지방자치단체를 폐지하거나 설치하거나 나누거나 합쳐 새로운 지방자치단체가 설치된 경우에는 지체 없이 그 지방자치단체의 예산을 편성하여야 한다.

② 제1항의 경우에 해당 지방자치단체의 장은 예산이 성립될 때까지 필요한 경상적 수입과 지출을 할 수 있다. 이 경우 수입과 지출은 새로 성립될 예산에 포함시켜야 한다.

제148조(재정부담이 따르는 조례 제정 등) 지방의회는 새로운 재정부담이 따르는 조례나 안건을 의결하려면 미리 지방자치단체의 장의 의견을 들어야 한다.

제149조(예산의 이송·고시 등) ① 지방의회의 의장은 예산안이 의결되면 그날부터 3일 이내에 지방자치단체의 장에게 이송하여야 한다.

② 지방자치단체의 장은 제1항에 따라 예산을 이송받으면 지체 없이 시·도에서는 행정안전부장관에게, 시·군 및 자치구에서는 시·도지사에게 각각 보고하고, 그 내용을 고시하여야 한다. 다만, 제121조에 따른 재의 요구를 할 때에는 그러하지 아니하다.

제150조(결산) ① 지방자치단체의 장은 출납 폐쇄 후 80일 이내에 결산서와 증명서류를 작성하고 지방의회가 선임한 검사위원의 검사의견서를 첨부하여 다음 해 지방의회의 승인을 받아야 한다. 결산의 심사 결과 위법하거나 부당한 사항이 있는 경우에 지방의회는 본회의 의결 후 지방자치단체 또는 해당 기관에 변상 및 징계 조치 등 그 시정을 요구하고, 지방자치단체 또는 해당 기관은 시정 요구를 받은 사항을 지체 없이 처리하여 그 결과를 지방의회에 보고하여야 한다.

② 지방자치단체의 장은 제1항에 따른 승인을 받으면 그날부터 5일 이내에 시·도에서는 행정안전부장관에게, 시·군 및 자치구에서는 시·도지사에게 각각 보고하고, 그 내용을 고시하여야 한다.

③ 제1항에 따른 검사위원의 선임과 운영에 필요한 사항은 대통령령으로 정한다.

제151조(지방자치단체가 없어졌을 때의 결산) ① 지방자치단체를 폐지하거나 설치하거나 나누거나 합쳐 없어진 지방자치단체의 수입과 지출은 없어진 날로 마감하되, 그 지방자치단체의 장이었던 사람이 결산하여야 한다.

② 제1항의 결산은 제150조 제1항에 따라 사무를 인수한 지방자치단체의 의회의 승인을 받아야 한다.

제3절　수입과 지출

제152조(지방세) 지방자치단체는 법률로 정하는 바에 따라 지방세를 부과·징수할 수 있다.

제153조(사용료) 지방자치단체는 공공시설의 이용 또는 재산의 사용에 대하여 사용료를 징수할 수 있다.

제154조(수수료) ① 지방자치단체는 그 지방자치단체의 사무가 특정인을 위한 것이면 그 사무에 대하여

수수료를 징수할 수 있다.

② 지방자치단체는 국가나 다른 지방자치단체의 위임사무가 특정인을 위한 것이면 그 사무에 대하여 수수료를 징수할 수 있다.

③ 제2항에 따른 수수료는 그 지방자치단체의 수입으로 한다. 다만, 법령에 달리 정해진 경우에는 그러하지 아니하다.

제155조(분담금) 지방자치단체는 그 재산 또는 공공시설의 설치로 주민의 일부가 특히 이익을 받으면 이익을 받는 자로부터 그 이익의 범위에서 분담금을 징수할 수 있다.

제156조(사용료의 징수조례 등) ① 사용료·수수료 또는 분담금의 징수에 관한 사항은 조례로 정한다. 다만, 국가가 지방자치단체나 그 기관에 위임한 사무와 자치사무의 수수료 중 전국적으로 통일할 필요가 있는 수수료는 다른 법령의 규정에도 불구하고 대통령령으로 정하는 표준금액으로 징수하되, 지방자치단체가 다른 금액으로 징수하려는 경우에는 표준금액의 50퍼센트 범위에서 조례로 가감 조정하여 징수할 수 있다.

② 사기나 그 밖의 부정한 방법으로 사용료·수수료 또는 분담금의 징수를 면한 자에게는 그 징수를 면한 금액의 5배 이내의 과태료를, 공공시설을 부정사용한 자에게는 50만원 이하의 과태료를 부과하는 규정을 조례로 정할 수 있다.

③ 제2항에 따른 과태료의 부과·징수, 재판 및 집행 등의 절차에 관한 사항은 「질서위반행위규제법」에 따른다.

제157조(사용료 등의 부과·징수, 이의신청) ① 사용료·수수료 또는 분담금은 공평한 방법으로 부과하거나 징수하여야 한다.

② 사용료·수수료 또는 분담금의 부과나 징수에 대하여 이의가 있는 자는 그 처분을 통지받은 날부터 90일 이내에 그 지방자치단체의 장에게 이의신청할 수 있다.

③ 지방자치단체의 장은 제2항의 이의신청을 받은 날부터 60일 이내에 결정을 하여 알려야 한다.

④ 사용료·수수료 또는 분담금의 부과나 징수에 대하여 행정소송을 제기하려면 제3항에 따른 결정을 통지받은 날부터 90일 이내에 처분청을 당사자로 하여 소를 제기하여야 한다.

⑤ 제3항에 따른 결정기간에 결정의 통지를 받지 못하면 제4항에도 불구하고 그 결정기간이 지난 날부터 90일 이내에 소를 제기할 수 있다.

⑥ 제2항과 제3항에 따른 이의신청의 방법과 절차 등에 관하여는 「지방세기본법」 제90조와 제94조부터 제100조까지의 규정을 준용한다.

⑦ 지방자치단체의 장은 사용료·수수료 또는 분담금을 내야 할 자가 납부기한까지 그 사용료·수수료 또는 분담금을 내지 아니하면 지방세 체납처분의 예에 따라 징수할 수 있다.

제158조(경비의 지출) 지방자치단체는 자치사무 수행에 필요한 경비와 위임된 사무에 필요한 경비를 지출할 의무를 진다. 다만, 국가사무나 지방자치단체사무를 위임할 때에는 사무를 위임한 국가나 지방자치단체에서 그 경비를 부담하여야 한다.

제4절 재산 및 공공시설

제159조(재산과 기금의 설치) ① 지방자치단체는 행정목적을 달성하기 위한 경우나 공익상 필요한 경우에는 재산(현금 외의 모든 재산적 가치가 있는 물건과 권리를 말한다)을 보유하거나 특정한 자금을 운용하기 위한 기금을 설치할 수 있다.

② 제1항의 재산의 보유, 기금의 설치·운용에 필요한 사항은 조례로 정한다.

제160조(재산의 관리와 처분) 지방자치단체의 재산은 법령이나 조례에 따르지 아니하고는 교환·양여(讓與)·대여하거나 출자 수단 또는 지급 수단으로 사용할 수 없다.

제161조(공공시설) ① 지방자치단체는 주민의 복지를 증진하기 위하여 공공시설을 설치할 수 있다.

② 제1항의 공공시설의 설치와 관리에 관하여 다른 법령에 규정이 없으면 조례로 정한다.

③ 제1항의 공공시설은 관계 지방자치단체의 동의를 받아 그 지방자치단체의 구역 밖에 설치할 수 있다.

제5절 보칙

제162조(지방재정 운영에 관한 법률의 제정) 지방자치단체의 재정에 관하여 이 법에서 정한 것 외에 필요한 사항은 따로 법률로 정한다.

제163조(지방공기업의 설치·운영) ① 지방자치단체는 주민의 복리증진과 사업의 효율적 수행을 위하여 지방공기업을 설치·운영할 수 있다.

② 지방공기업의 설치·운영에 필요한 사항은 따로 법률로 정한다.

제8장 지방자치단체 상호 간의 관계

제1절 지방자치단체 간의 협력과 분쟁조정

제164조(지방자치단체 상호 간의 협력) ① 지방자치단체는 다른 지방자치단체로부터 사무의 공동처리에 관한 요청이나 사무처리에 관한 협의·조정·승인 또는 지원의 요청을 받으면 법령의 범위에서 협력하여야 한다.

② 관계 중앙행정기관의 장은 지방자치단체 간의 협력 활성화를 위하여 필요한 지원을 할 수 있다.

제165조(지방자치단체 상호 간의 분쟁조정) ① 지방자치단체 상호 간 또는 지방자치단체의 장 상호 간에 사무를 처리할 때 의견이 달라 다툼(이하 "분쟁"이라 한다)이 생기면 다른 법률에 특별한 규정이 없으면 행정안전부장관이나 시·도지사가 당사자의 신청을 받아 조정할 수 있다. 다만, 그 분쟁이 공익을 현저히 해쳐 조속한 조정이 필요하다고 인정되면 당사자의 신청이 없어도 직권으로 조정할 수 있다.

② 제1항 단서에 따라 행정안전부장관이나 시·도지사가 분쟁을 조정하는 경우에는 그 취지를 미리 당사자에게 알려야 한다.

③ 행정안전부장관이나 시·도지사가 제1항의 분쟁을 조정하려는 경우에는 관계 중앙행정기관의 장과의 협의를 거쳐 제166조에 따른 지방자치단체중앙분쟁조정위원회나 지방자치단체지방분쟁조정위원회의 의결에 따라 조정을 결정하여야 한다.

④ 행정안전부장관이나 시·도지사는 제3항에 따라 조정을 결정하면 서면으로 지체 없이 관계 지방자치단체의 장에게 통보하여야 하며, 통보를 받은 지방자치단체의 장은 그 조정 결정 사항을 이행하여야 한다.

⑤ 제3항에 따른 조정 결정 사항 중 예산이 필요한 사항에 대해서는 관계 지방자치단체는 필요한 예산을 우선적으로 편성하여야 한다. 이 경우 연차적으로 추진하여야 할 사항은 연도별 추진계획을 행정안

전부장관이나 시·도지사에게 보고하여야 한다.

⑥ 행정안전부장관이나 시·도지사는 제3항의 조정 결정에 따른 시설의 설치 또는 서비스의 제공으로 이익을 얻거나 그 원인을 일으켰다고 인정되는 지방자치단체에 대해서는 그 시설비나 운영비 등의 전부나 일부를 행정안전부장관이 정하는 기준에 따라 부담하게 할 수 있다.

⑦ 행정안전부장관이나 시·도지사는 제4항부터 제6항까지의 규정에 따른 조정 결정 사항이 성실히 이행되지 아니하면 그 지방자치단체에 대하여 제189조를 준용하여 이행하게 할 수 있다.

제166조(지방자치단체중앙분쟁조정위원회 등의 설치와 구성 등) ① 제165조 제1항에 따른 분쟁의 조정과 제173조 제1항에 따른 협의사항의 조정에 필요한 사항을 심의·의결하기 위하여 행정안전부에 지방자치단체중앙분쟁조정위원회(이하 "중앙분쟁조정위원회"라 한다)를, 시·도에 지방자치단체지방분쟁조정위원회(이하 "지방분쟁조정위원회"라 한다)를 둔다.

② 중앙분쟁조정위원회는 다음 각 호의 분쟁을 심의·의결한다.

  1. 시·도 간 또는 그 장 간의 분쟁

  2. 시·도를 달리하는 시·군 및 자치구 간 또는 그 장 간의 분쟁

  3. 시·도와 시·군 및 자치구 간 또는 그 장 간의 분쟁

  4. 시·도와 지방자치단체조합 간 또는 그 장 간의 분쟁

  5. 시·도를 달리하는 시·군 및 자치구와 지방자치단체조합 간 또는 그 장 간의 분쟁

  6. 시·도를 달리하는 지방자치단체조합 간 또는 그 장 간의 분쟁

③ 지방분쟁조정위원회는 제2항 각 호에 해당하지 아니하는 지방자치단체·지방자치단체조합 간 또는 그 장 간의 분쟁을 심의·의결한다.

④ 중앙분쟁조정위원회와 지방분쟁조정위원회(이하 "분쟁조정위원회"라 한다)는 각각 위원장 1명을 포함하여 11명 이내의 위원으로 구성한다.

⑤ 중앙분쟁조정위원회의 위원장과 위원 중 5명은 다음 각 호의 사람 중에서 행정안전부장관의 제청으로 대통령이 임명하거나 위촉하고, 대통령령으로 정하는 중앙행정기관 소속 공무원은 당연직위원이 된다.

  1. 대학에서 부교수 이상으로 3년 이상 재직 중이거나 재직한 사람

  2. 판사·검사 또는 변호사의 직에 6년 이상 재직 중이거나 재직한 사람

  3. 그 밖에 지방자치사무에 관한 학식과 경험이 풍부한 사람

⑥ 지방분쟁조정위원회의 위원장과 위원 중 5명은 제5항 각 호의 사람 중에서 시·도지사가 임명하거나 위촉하고, 조례로 정하는 해당 지방자치단체 소속 공무원은 당연직위원이 된다.

⑦ 공무원이 아닌 위원장 및 위원의 임기는 3년으로 하며, 연임할 수 있다. 다만, 보궐위원의 임기는 전임자 임기의 남은 기간으로 한다.

제167조(분쟁조정위원회의 운영 등) ① 분쟁조정위원회는 위원장을 포함한 위원 7명 이상의 출석으로 개의하고, 출석위원 3분의 2 이상의 찬성으로 의결한다.

② 분쟁조정위원회의 위원장은 분쟁의 조정과 관련하여 필요하다고 인정하면 관계 공무원, 지방자치단체조합의 직원 또는 관계 전문가를 출석시켜 의견을 듣거나 관계 기관이나 단체에 대하여 자료 및 의견 제출 등을 요구할 수 있다. 이 경우 분쟁의 당사자에게는 의견을 진술할 기회를 주어야 한다.

③ 이 법에서 정한 사항 외에 분쟁조정위원회의 구성과 운영 등에 필요한 사항은 대통령령으로 정한다.

제168조(사무의 위탁) ① 지방자치단체나 그 장은 소관 사무의 일부를 다른 지방자치단체나 그 장에게 위탁하여 처리하게 할 수 있다.

② 지방자치단체나 그 장은 제1항에 따라 사무를 위탁하려면 관계 지방자치단체와의 협의에 따라 규약을 정하여 고시하여야 한다.

③ 제2항의 사무위탁에 관한 규약에는 다음 각 호의 사항이 포함되어야 한다.

　1. 사무를 위탁하는 지방자치단체와 사무를 위탁받는 지방자치단체

　2. 위탁사무의 내용과 범위

　3. 위탁사무의 관리와 처리방법

　4. 위탁사무의 관리와 처리에 드는 경비의 부담과 지출방법

　5. 그 밖에 사무위탁에 필요한 사항

④ 지방자치단체나 그 장은 사무위탁을 변경하거나 해지하려면 관계 지방자치단체나 그 장과 협의하여 그 사실을 고시하여야 한다.

⑤ 사무가 위탁된 경우 위탁된 사무의 관리와 처리에 관한 조례나 규칙은 규약에 다르게 정해진 경우 외에는 사무를 위탁받은 지방자치단체에 대해서도 적용한다.

제2절　행정협의회

제169조(행정협의회의 구성) ① 지방자치단체는 2개 이상의 지방자치단체에 관련된 사무의 일부를 공동으로 처리하기 위하여 관계 지방자치단체 간의 행정협의회(이하 "협의회"라 한다)를 구성할 수 있다. 이 경우 지방자치단체의 장은 시·도가 구성원이면 행정안전부장관과 관계 중앙행정기관의 장에게, 시·군 또는 자치구가 구성원이면 시·도지사에게 이를 보고하여야 한다.

② 지방자치단체는 협의회를 구성하려면 관계 지방자치단체 간의 협의에 따라 규약을 정하여 관계 지방의회에 각각 보고한 다음 고시하여야 한다.

③ 행정안전부장관이나 시·도지사는 공익상 필요하면 관계 지방자치단체에 대하여 협의회를 구성하도록 권고할 수 있다.

제170조(협의회의 조직) ① 협의회는 회장과 위원으로 구성한다.

② 회장과 위원은 규약으로 정하는 바에 따라 관계 지방자치단체의 직원 중에서 선임한다.

③ 회장은 협의회를 대표하며 회의를 소집하고 협의회의 사무를 총괄한다.

제171조(협의회의 규약) 협의회의 규약에는 다음 각 호의 사항이 포함되어야 한다.

　1. 협의회의 명칭

　2. 협의회를 구성하는 지방자치단체

　3. 협의회가 처리하는 사무

　4. 협의회의 조직과 회장 및 위원의 선임방법

　5. 협의회의 운영과 사무처리에 필요한 경비의 부담이나 지출방법

　6. 그 밖에 협의회의 구성과 운영에 필요한 사항

제172조(협의회의 자료제출 요구 등) 협의회는 사무를 처리하기 위하여 필요하다고 인정하면 관계 지방자치단체의 장에게 자료 제출, 의견 제시, 그 밖에 필요한 협조를 요구할 수 있다.

제173조(협의사항의 조정) ① 협의회에서 합의가 이루어지지 아니한 사항에 대하여 관계 지방자치단체의 장이 조정을 요청하면 시·도 간의 협의사항에 대해서는 행정안전부장관이, 시·군 및 자치구 간의 협의사항에 대해서는 시·도지사가 조정할 수 있다. 다만, 관계되는 시·군 및 자치구가 2개 이상의 시·도에 걸쳐 있는 경우에는 행정안전부장관이 조정할 수 있다.

② 행정안전부장관이나 시·도지사가 제1항에 따라 조정을 하려면 관계 중앙행정기관의 장과의 협의를 거쳐 분쟁조정위원회의 의결에 따라 조정하여야 한다.

제174조(협의회의 협의 및 사무처리의 효력) ① 협의회를 구성한 관계 지방자치단체는 협의회가 결정한 사항이 있으면 그 결정에 따라 사무를 처리하여야 한다.

② 제173조 제1항에 따라 행정안전부장관이나 시·도지사가 조정한 사항에 관하여는 제165조 제3항부터 제6항까지의 규정을 준용한다.

③ 협의회가 관계 지방자치단체나 그 장의 명의로 한 사무의 처리는 관계 지방자치단체나 그 장이 한 것으로 본다.

제175조(협의회의 규약변경 및 폐지) 지방자치단체가 협의회의 규약을 변경하거나 협의회를 없애려는 경우에는 제169조 제1항 및 제2항을 준용한다.

제3절   지방자치단체조합

제176조(지방자치단체조합의 설립) ① 2개 이상의 지방자치단체가 하나 또는 둘 이상의 사무를 공동으로 처리할 필요가 있을 때에는 규약을 정하여 지방의회의 의결을 거쳐 시·도는 행정안전부장관의 승인, 시·군 및 자치구는 시·도지사의 승인을 받아 지방자치단체조합을 설립할 수 있다. 다만, 지방자치단체조합의 구성원인 시·군 및 자치구가 2개 이상의 시·도에 걸쳐 있는 지방자치단체조합은 행정안전부장관의 승인을 받아야 한다.

② 지방자치단체조합은 법인으로 한다.

제177조(지방자치단체조합의 조직) ① 지방자치단체조합에는 지방자치단체조합회의와 지방자치단체조합장 및 사무직원을 둔다.

② 지방자치단체조합회의의 위원과 지방자치단체조합장 및 사무직원은 지방자치단체조합규약으로 정하는 바에 따라 선임한다.

③ 관계 지방의회의원과 관계 지방자치단체의 장은 제43조 제1항과 제109조 제1항에도 불구하고 지방자치단체조합회의의 위원이나 지방자치단체조합장을 겸할 수 있다.

제178조(지방자치단체조합회의와 지방자치단체조합장의 권한) ① 지방자치단체조합회의는 지방자치단체조합의 규약으로 정하는 바에 따라 지방자치단체조합의 중요 사무를 심의·의결한다.

② 지방자치단체조합회의는 지방자치단체조합이 제공하는 서비스에 대한 사용료·수수료 또는 분담금을 제156조 제1항에 따른 조례로 정한 범위에서 정할 수 있다.

③ 지방자치단체조합장은 지방자치단체조합을 대표하며 지방자치단체조합의 사무를 총괄한다.

제179조(지방자치단체조합의 규약) 지방자치단체조합의 규약에는 다음 각 호의 사항이 포함되어야 한다.

1. 지방자치단체조합의 명칭
2. 지방자치단체조합을 구성하는 지방자치단체
3. 사무소의 위치
4. 지방자치단체조합의 사무
5. 지방자치단체조합회의의 조직과 위원의 선임방법
6. 집행기관의 조직과 선임방법
7. 지방자치단체조합의 운영 및 사무처리에 필요한 경비의 부담과 지출방법
8. 그 밖에 지방자치단체조합의 구성과 운영에 관한 사항

제180조(지방자치단체조합의 지도·감독) ① 시·도가 구성원인 지방자치단체조합은 행정안전부장관, 시·군 및 자치구가 구성원인 지방자치단체조합은 1차로 시·도지사, 2차로 행정안전부장관의 지도·감독을 받는다. 다만, 지방자치단체조합의 구성원인 시·군 및 자치구가 2개 이상의 시·도에 걸쳐 있는 지방자치단체조합은 행정안전부장관의 지도·감독을 받는다.

② 행정안전부장관은 공익상 필요하면 지방자치단체조합의 설립이나 해산 또는 규약 변경을 명할 수 있다.

제181조(지방자치단체조합의 규약 변경 및 해산) ① 지방자치단체조합의 규약을 변경하거나 지방자치단체조합을 해산하려는 경우에는 제176조 제1항을 준용한다.

② 지방자치단체조합을 해산한 경우에 그 재산의 처분은 관계 지방자치단체의 협의에 따른다.

제4절　지방자치단체의 장 등의 협의체

제182조(지방자치단체의 장 등의 협의체) ① 지방자치단체의 장이나 지방의회의 의장은 상호 간의 교류와 협력을 증진하고, 공동의 문제를 협의하기 위하여 다음 각 호의 구분에 따라 각각 전국적 협의체를 설립할 수 있다.

    1. 시·도지사

    2. 시·도의회의 의장

    3. 시장·군수 및 자치구의 구청장

    4. 시·군 및 자치구의회의 의장

② 제1항 각 호의 전국적 협의체는 그들 모두가 참가하는 지방자치단체 연합체를 설립할 수 있다.

③ 제1항에 따른 협의체나 제2항에 따른 연합체를 설립하였을 때에는 그 협의체·연합체의 대표자는 지체 없이 행정안전부장관에게 신고하여야 한다.

④ 제1항에 따른 협의체나 제2항에 따른 연합체는 지방자치에 직접적인 영향을 미치는 법령 등에 관한 의견을 행정안전부장관에게 제출할 수 있으며, 행정안전부장관은 제출된 의견을 관계 중앙행정기관의 장에게 통보하여야 한다.

⑤ 관계 중앙행정기관의 장은 제4항에 따라 통보된 내용에 대하여 통보를 받은 날부터 2개월 이내에 타당성을 검토하여 행정안전부장관에게 결과를 통보하여야 하고, 행정안전부장관은 통보받은 검토 결과를 해당 협의체나 연합체에 지체 없이 통보하여야 한다. 이 경우 관계 중앙행정기관의 장은 검토 결과 타당성이 없다고 인정하면 구체적인 사유 및 내용을 밝혀 통보하여야 하며, 타당하다고 인정하면 관계 법령에 그 내용이 반영될 수 있도록 적극 협력하여야 한다.

⑥ 제1항에 따른 협의체나 제2항에 따른 연합체는 지방자치와 관련된 법률의 제정·개정 또는 폐지가 필요하다고 인정하는 경우에는 국회에 서면으로 의견을 제출할 수 있다.

⑦ 제1항에 따른 협의체나 제2항에 따른 연합체의 설립신고와 운영, 그 밖에 필요한 사항은 대통령령으로 정한다.

제183조(국가와 지방자치단체의 협력 의무) 국가와 지방자치단체는 주민에 대한 균형적인 공공서비스 제공과 지역 간 균형발전을 위하여 협력하여야 한다.

제184조(지방자치단체의 사무에 대한 지도와 지원) ① 중앙행정기관의 장이나 시·도지사는 지방자치단체의 사무에 관하여 조언 또는 권고하거나 지도할 수 있으며, 이를 위하여 필요하면 지방자치단체에 자료 제출을 요구할 수 있다.

② 국가나 시·도는 지방자치단체가 그 지방자치단체의 사무를 처리하는 데 필요하다고 인정하면 재정지원이나 기술지원을 할 수 있다.

③ 지방자치단체의 장은 제1항의 조언·권고 또는 지도와 관련하여 중앙행정기관의 장이나 시·도지사에게 의견을 제출할 수 있다.

제185조(국가사무나 시·도 사무 처리의 지도·감독) ① 지방자치단체나 그 장이 위임받아 처리하는 국가사무에 관하여 시·도에서는 주무부장관, 시·군 및 자치구에서는 1차로 시·도지사, 2차로 주무부장관의 지도·감독을 받는다.

② 시·군 및 자치구나 그 장이 위임받아 처리하는 시·도의 사무에 관하여는 시·도지사의 지도·감독을 받는다.

제186조(중앙지방협력회의의 설치) ① 국가와 지방자치단체 간의 협력을 도모하고 지방자치 발전과 지역간 균형발전에 관련되는 중요 정책을 심의하기 위하여 중앙지방협력회의를 둔다.

② 제1항에 따른 중앙지방협력회의의 구성과 운영에 관한 사항은 따로 법률로 정한다.

제187조(중앙행정기관과 지방자치단체 간 협의·조정) ① 중앙행정기관의 장과 지방자치단체의 장이 사무를 처리할 때 의견을 달리하는 경우 이를 협의·조정하기 위하여 국무총리 소속으로 행정협의조정위원회를 둔다.

② 행정협의조정위원회는 위원장 1명을 포함하여 13명 이내의 위원으로 구성한다.

③ 행정협의조정위원회의 위원은 다음 각 호의 사람이 되고, 위원장은 제3호의 위촉위원 중에서 국무총리가 위촉한다.

1. 기획재정부장관, 행정안전부장관, 국무조정실장 및 법제처장

2. 안건과 관련된 중앙행정기관의 장과 시·도지사 중 위원장이 지명하는 사람

3. 그 밖에 지방자치에 관한 학식과 경험이 풍부한 사람 중에서 국무총리가 위촉하는 사람 4명

④ 제1항부터 제3항까지에서 규정한 사항 외에 행정협의조정위원회의 구성과 운영 등에 필요한 사항은 대통령령으로 정한다.

제188조(위법·부당한 명령이나 처분의 시정) ① 지방자치단체의 사무에 관한 지방자치단체의 장(제103조 제2항에 따른 사무의 경우에는 지방의회의 의장을 말한다. 이하 이 조에서 같다)의 명령이나 처분이 법령에 위반되거나 현저히 부당하여 공익을 해친다고 인정되면 시·도에 대해서는 주무부장관이, 시·군 및 자치구에 대해서는 시·도지사가 기간을 정하여 서면으로 시정할 것을 명하고, 그 기간에 이행하지 아니하면 이를 취소하거나 정지할 수 있다.

② 주무부장관은 지방자치단체의 사무에 관한 시장·군수 및 자치구의 구청장의 명령이나 처분이 법령에 위반되거나 현저히 부당하여 공익을 해침에도 불구하고 시·도지사가 제1항에 따른 시정명령을 하지 아니하면 시·도지사에게 기간을 정하여 시정명령을 하도록 명할 수 있다.

③ 주무부장관은 시·도지사가 제2항에 따른 기간에 시정명령을 하지 아니하면 제2항에 따른 기간이 지난 날부터 7일 이내에 직접 시장·군수 및 자치구의 구청장에게 기간을 정하여 서면으로 시정할 것을 명하고, 그 기간에 이행하지 아니하면 주무부장관이 시장·군수 및 자치구의 구청장의 명령이나 처분을 취소하거나 정지할 수 있다.

④ 주무부장관은 시·도지사가 시장·군수 및 자치구의 구청장에게 제1항에 따라 시정명령을 하였으나 이를 이행하지 아니한 데 따른 취소·정지를 하지 아니하는 경우에는 시·도지사에게 기간을 정하여 시장·군수 및 자치구의 구청장의 명령이나 처분을 취소하거나 정지할 것을 명하고, 그 기간에 이행하지 아니하면 주무부장관이 이를 직접 취소하거나 정지할 수 있다.

⑤ 제1항부터 제4항까지의 규정에 따른 자치사무에 관한 명령이나 처분에 대한 주무부장관 또는 시·도지사의 시정명령, 취소 또는 정지는 법령을 위반한 것에 한정한다.

⑥ 지방자치단체의 장은 제1항, 제3항 또는 제4항에 따른 자치사무에 관한 명령이나 처분의 취소 또는 정지에 대하여 이의가 있으면 그 취소처분 또는 정지처분을 통보받은 날부터 15일 이내에 대법원에 소를 제기할 수 있다.

제189조(지방자치단체의 장에 대한 직무이행명령) ① 지방자치단체의 장이 법령에 따라 그 의무에 속하는 국가위임사무나 시·도위임사무의 관리와 집행을 명백히 게을리하고 있다고 인정되면 시·도에 대해서는 주무부장관이, 시·군 및 자치구에 대해서는 시·도지사가 기간을 정하여 서면으로 이행할 사항을 명령할 수 있다.

② 주무부장관이나 시·도지사는 해당 지방자치단체의 장이 제1항의 기간에 이행명령을 이행하지 아니하면 그 지방자치단체의 비용부담으로 대집행 또는 행정상·재정상 필요한 조치(이하 이 조에서 "대집행등"이라 한다)를 할 수 있다. 이 경우 행정대집행에 관하여는 「행정대집행법」을 준용한다.

③ 주무부장관은 시장·군수 및 자치구의 구청장이 법령에 따라 그 의무에 속하는 국가위임사무의 관리와 집행을 명백히 게을리하고 있다고 인정됨에도 불구하고 시·도지사가 제1항에 따른 이행명령을 하지 아니하는 경우 시·도지사에게 기간을 정하여 이행명령을 하도록 명할 수 있다.

④ 주무부장관은 시·도지사가 제3항에 따른 기간에 이행명령을 하지 아니하면 제3항에 따른 기간이 지난 날부터 7일 이내에 직접 시장·군수 및 자치구의 구청장에게 기간을 정하여 이행명령을 하고, 그 기간에 이행하지 아니하면 주무부장관이 직접 대집행등을 할 수 있다.

⑤ 주무부장관은 시·도지사가 시장·군수 및 자치구의 구청장에게 제1항에 따라 이행명령을 하였으나 이를 이행하지 아니한 데 따른 대집행등을 하지 아니하는 경우에는 시·도지사에게 기간을 정하여 대집행등을 하도록 명하고, 그 기간에 대집행등을 하지 아니하면 주무부장관이 직접 대집행등을 할 수 있다.

⑥ 지방자치단체의 장은 제1항 또는 제4항에 따른 이행명령에 이의가 있으면 이행명령서를 접수한 날부터 15일 이내에 대법원에 소를 제기할 수 있다. 이 경우 지방자치단체의 장은 이행명령의 집행을 정지하게 하는 집행정지결정을 신청할 수 있다.

제190조(지방자치단체의 자치사무에 대한 감사) ① 행정안전부장관이나 시·도지사는 지방자치단체의 자치사무에 관하여 보고를 받거나 서류·장부 또는 회계를 감사할 수 있다. 이 경우 감사는 법령 위반사항에 대해서만 한다.

② 행정안전부장관 또는 시·도지사는 제1항에 따라 감사를 하기 전에 해당 사무의 처리가 법령에 위반되는지 등을 확인하여야 한다.

제191조(지방자치단체에 대한 감사 절차 등) ① 주무부장관, 행정안전부장관 또는 시·도지사는 이미 감사

원 감사 등이 실시된 사안에 대해서는 새로운 사실이 발견되거나 중요한 사항이 누락된 경우 등 대통령령으로 정하는 경우를 제외하고는 감사 대상에서 제외하고 종전의 감사 결과를 활용하여야 한다.

② 주무부장관과 행정안전부장관은 다음 각 호의 어느 하나에 해당하는 감사를 하려고 할 때에는 지방자치단체의 수감부담을 줄이고 감사의 효율성을 높이기 위하여 같은 기간 동안 함께 감사를 할 수 있다.

1. 제185조에 따른 주무부장관의 위임사무 감사

2. 제190조에 따른 행정안전부장관의 자치사무 감사

③ 제185조, 제190조 및 이 조 제2항에 따른 감사의 절차·방법 등에 관하여 필요한 사항은 대통령령으로 정한다.

제192조(지방의회 의결의 재의와 제소) ① 지방의회의 의결이 법령에 위반되거나 공익을 현저히 해친다고 판단되면 시·도에 대해서는 주무부장관이, 시·군 및 자치구에 대해서는 시·도지사가 해당 지방자치단체의 장에게 재의를 요구하게 할 수 있고, 재의 요구 지시를 받은 지방자치단체의 장은 의결사항을 이송받은 날부터 20일 이내에 지방의회에 이유를 붙여 재의를 요구하여야 한다.

② 시·군 및 자치구의회의 의결이 법령에 위반된다고 판단됨에도 불구하고 시·도지사가 제1항에 따라 재의를 요구하게 하지 아니한 경우 주무부장관이 직접 시장·군수 및 자치구의 구청장에게 재의를 요구하게 할 수 있고, 재의 요구 지시를 받은 시장·군수 및 자치구의 구청장은 의결사항을 이송받은 날부터 20일 이내에 지방의회에 이유를 붙여 재의를 요구하여야 한다.

③ 제1항 또는 제2항의 요구에 대하여 재의한 결과 재적의원 과반수의 출석과 출석의원 3분의 2 이상의 찬성으로 전과 같은 의결을 하면 그 의결사항은 확정된다.

④ 지방자치단체의 장은 제3항에 따라 재의결된 사항이 법령에 위반된다고 판단되면 재의결된 날부터 20일 이내에 대법원에 소를 제기할 수 있다. 이 경우 필요하다고 인정되면 그 의결의 집행을 정지하게 하는 집행정지결정을 신청할 수 있다.

⑤ 주무부장관이나 시·도지사는 재의결된 사항이 법령에 위반된다고 판단됨에도 불구하고 해당 지방자치단체의 장이 소를 제기하지 아니하면 시·도에 대해서는 주무부장관이, 시·군 및 자치구에 대해서는 시·도지사(제2항에 따라 주무부장관이 직접 재의 요구 지시를 한 경우에는 주무부장관을 말한다. 이하 이 조에서 같다)가 그 지방자치단체의 장에게 제소를 지시하거나 직접 제소 및 집행정지결정을 신청할 수 있다.

⑥ 제5항에 따른 제소의 지시는 제4항의 기간이 지난 날부터 7일 이내에 하고, 해당 지방자치단체의 장은 제소 지시를 받은 날부터 7일 이내에 제소하여야 한다.

⑦ 주무부장관이나 시·도지사는 제6항의 기간이 지난 날부터 7일 이내에 제5항에 따른 직접 제소 및 집행정지결정을 신청할 수 있다.

⑧ 제1항 또는 제2항에 따라 지방의회의 의결이 법령에 위반된다고 판단되어 주무부장관이나 시·도지사로부터 재의 요구 지시를 받은 해당 지방자치단체의 장이 재의를 요구하지 아니하는 경우(법령에 위반되는 지방의회의 의결사항이 조례안인 경우로서 재의 요구 지시를 받기 전에 그 조례안을 공포한 경우를 포함한다)에는 주무부장관이나 시·도지사는 제1항 또는 제2항에 따른 기간이 지난 날부터 7일 이내에 대법원에 직접 제소 및 집행정지 결정을 신청할 수 있다.

⑨ 제1항 또는 제2항에 따른 지방의회의 의결이나 제3항에 따라 재의결된 사항이 둘 이상의 부처와 관련되거나 주무부장관이 불분명하면 행정안전부장관이 재의 요구 또는 제소를 지시하거나 직접 제소 및 집행정지 결정을 신청할 수 있다.

제193조(지방자치단체의 역할) 지방자치단체는 국가의 외교 · 통상 정책과 배치되지 아니하는 범위에서 국제교류 · 협력, 통상 · 투자유치를 위하여 외국의 지방자치단체, 민간기관, 국제기구(국제연합과 그 산하기구 · 전문기구를 포함한 정부 간 기구, 지방자치단체 간 기구를 포함한 준정부 간 기구, 국제 비정부기구 등을 포함한다. 이하 같다)와 협력을 추진할 수 있다.

제194조(지방자치단체의 국제기구 지원) 지방자치단체는 국제기구 설립 · 유치 또는 활동 지원을 위하여 국제기구에 공무원을 파견하거나 운영비용 등 필요한 비용을 보조할 수 있다.

제195조(해외사무소 설치 · 운영) ① 지방자치단체는 국제교류 · 협력 등의 업무를 원활히 수행하기 위하여 필요한 곳에 단독 또는 지방자치단체 간 협력을 통해 공동으로 해외사무소를 설치할 수 있다.

② 지방자치단체는 해외사무소가 효율적으로 운영될 수 있도록 노력해야 한다.

제196조(자치구의 재원) 특별시장이나 광역시장은 「지방재정법」에서 정하는 바에 따라 해당 지방자치단체의 관할 구역의 자치구 상호 간의 재원을 조정하여야 한다.

제197조(특례의 인정) ① 서울특별시의 지위 · 조직 및 운영에 대해서는 수도로서의 특수성을 고려하여 법률로 정하는 바에 따라 특례를 둘 수 있다.

② 세종특별자치시와 제주특별자치도의 지위 · 조직 및 행정 · 재정 등의 운영에 대해서는 행정체제의 특수성을 고려하여 법률로 정하는 바에 따라 특례를 둘 수 있다.

제198조(대도시 등에 대한 특례 인정) ① 서울특별시 · 광역시 및 특별자치시를 제외한 인구 50만 이상 대도시의 행정, 재정 운영 및 국가의 지도 · 감독에 대해서는 그 특성을 고려하여 관계 법률로 정하는 바에 따라 특례를 둘 수 있다.

② 제1항에도 불구하고 서울특별시 · 광역시 및 특별자치시를 제외한 다음 각 호의 어느 하나에 해당하는 대도시 및 시 · 군 · 구의 행정, 재정 운영 및 국가의 지도 · 감독에 대해서는 그 특성을 고려하여 관계 법률로 정하는 바에 따라 추가로 특례를 둘 수 있다.

1. 인구 100만 이상 대도시(이하 "특례시"라 한다)
2. 실질적인 행정수요, 국가균형발전 및 지방소멸위기 등을 고려하여 대통령령으로 정하는 기준과 절차에 따라 행정안전부장관이 지정하는 시 · 군 · 구

③ 제1항에 따른 인구 50만 이상 대도시와 제2항 제1호에 따른 특례시의 인구 인정기준은 대통령령으로 정한다.

제1절 설치

제199조(설치) ① 2개 이상의 지방자치단체가 공동으로 특정한 목적을 위하여 광역적으로 사무를 처리할 필요가 있을 때에는 특별지방자치단체를 설치할 수 있다. 이 경우 특별지방자치단체를 구성하는 지방자치단체(이하 "구성 지방자치단체"라 한다)는 상호 협의에 따른 규약을 정하여 구성 지방자치단체의 지방의회 의결을 거쳐 행정안전부장관의 승인을 받아야 한다.

② 행정안전부장관은 제1항 후단에 따라 규약에 대하여 승인하는 경우 관계 중앙행정기관의 장 또는 시·도지사에게 그 사실을 알려야 한다.

③ 특별지방자치단체는 법인으로 한다.

④ 특별지방자치단체를 설치하기 위하여 국가 또는 시·도 사무의 위임이 필요할 때에는 구성 지방자치단체의 장이 관계 중앙행정기관의 장 또는 시·도지사에게 그 사무의 위임을 요청할 수 있다.

⑤ 행정안전부장관이 국가 또는 시·도 사무의 위임이 포함된 규약에 대하여 승인할 때에는 사전에 관계 중앙행정기관의 장 또는 시·도지사와 협의하여야 한다.

⑥ 구성 지방자치단체의 장이 제1항 후단에 따라 행정안전부장관의 승인을 받았을 때에는 규약의 내용을 지체 없이 고시하여야 한다. 이 경우 구성 지방자치단체의 장이 시장·군수 및 자치구의 구청장일 때에는 그 승인사항을 시·도지사에게 알려야 한다.

제200조(설치 권고 등) 행정안전부장관은 공익상 필요하다고 인정할 때에는 관계 지방자치단체에 대하여 특별지방자치단체의 설치, 해산 또는 규약 변경을 권고할 수 있다. 이 경우 행정안전부장관의 권고가 국가 또는 시·도 사무의 위임을 포함하고 있을 때에는 사전에 관계 중앙행정기관의 장 또는 시·도지사와 협의하여야 한다.

제201조(구역) 특별지방자치단체의 구역은 구성 지방자치단체의 구역을 합한 것으로 한다. 다만, 특별지방자치단체의 사무가 구성 지방자치단체 구역의 일부에만 관계되는 등 특별한 사정이 있을 때에는 해당 지방자치단체 구역의 일부만을 구역으로 할 수 있다.

제2절 규약과 기관 구성

제202조(규약 등) ① 특별지방자치단체의 규약에는 법령의 범위에서 다음 각 호의 사항이 포함되어야 한다.

    1. 특별지방자치단체의 목적

    2. 특별지방자치단체의 명칭

    3. 구성 지방자치단체

    4. 특별지방자치단체의 관할 구역

    5. 특별지방자치단체의 사무소의 위치

    6. 특별지방자치단체의 사무

    7. 특별지방자치단체의 사무처리를 위한 기본계획에 포함되어야 할 사항

    8. 특별지방자치단체의 지방의회의 조직, 운영 및 의원의 선임방법

    9. 특별지방자치단체의 집행기관의 조직, 운영 및 장의 선임방법

10. 특별지방자치단체의 운영 및 사무처리에 필요한 경비의 부담 및 지출방법

11. 특별지방자치단체의 사무처리 개시일

12. 그 밖에 특별지방자치단체의 구성 및 운영에 필요한 사항

② 구성 지방자치단체의 장은 제1항의 규약을 변경하려는 경우에는 구성 지방자치단체의 지방의회 의결을 거쳐 행정안전부장관의 승인을 받아야 한다. 이 경우 국가 또는 시·도 사무의 위임에 관하여는 제199조 제4항 및 제5항을 준용한다.

③ 구성 지방자치단체의 장은 제2항에 따라 행정안전부장관의 승인을 받았을 때에는 지체 없이 그 사실을 고시하여야 한다. 이 경우 구성 지방자치단체의 장이 시장·군수 및 자치구의 구청장일 때에는 그 승인사항을 시·도지사에게 알려야 한다.

제203조(기본계획 등) ① 특별지방자치단체의 장은 소관 사무를 처리하기 위한 기본계획(이하 "기본계획"이라 한다)을 수립하여 특별지방자치단체 의회의 의결을 받아야 한다. 기본계획을 변경하는 경우에도 또한 같다.

② 특별지방자치단체는 기본계획에 따라 사무를 처리하여야 한다.

③ 특별지방자치단체의 장은 구성 지방자치단체의 사무처리가 기본계획의 시행에 지장을 주거나 지장을 줄 우려가 있을 때에는 특별지방자치단체의 의회 의결을 거쳐 구성 지방자치단체의 장에게 필요한 조치를 요청할 수 있다.

제204조(의회의 조직 등) ① 특별지방자치단체의 의회는 규약으로 정하는 바에 따라 구성 지방자치단체의 의회 의원으로 구성한다.

② 제1항의 지방의회의원은 제43조 제1항에도 불구하고 특별지방자치단체의 의회 의원을 겸할 수 있다.

③ 특별지방자치단체의 의회가 의결하여야 할 안건 중 대통령령으로 정하는 중요한 사항에 대해서는 특별지방자치단체의 장에게 미리 통지하고, 특별지방자치단체의 장은 그 내용을 구성 지방자치단체의 장에게 통지하여야 한다. 그 의결의 결과에 대해서도 또한 같다.

제205조(집행기관의 조직 등) ① 특별지방자치단체의 장은 규약으로 정하는 바에 따라 특별지방자치단체의 의회에서 선출한다.

② 구성 지방자치단체의 장은 제109조에도 불구하고 특별지방자치단체의 장을 겸할 수 있다.

③ 특별지방자치단체의 의회 및 집행기관의 직원은 규약으로 정하는 바에 따라 특별지방자치단체 소속인 지방공무원과 구성 지방자치단체의 지방공무원 중에서 파견된 사람으로 구성한다.

제3절 운영

제206조(경비의 부담) ① 특별지방자치단체의 운영 및 사무처리에 필요한 경비는 구성 지방자치단체의 인구, 사무처리의 수혜범위 등을 고려하여 규약으로 정하는 바에 따라 구성 지방자치단체가 분담한다.

② 구성 지방자치단체는 제1항의 경비에 대하여 특별회계를 설치하여 운영하여야 한다.

③ 국가 또는 시·도가 사무를 위임하는 경우에는 그 사무를 수행하는 데 필요한 재정적 지원을 할 수 있다.

제207조(사무처리상황 등의 통지) 특별지방자치단체의 장은 대통령령으로 정하는 바에 따라 사무처리 상황 등을 구성 지방자치단체의 장 및 행정안전부장관(시·군 및 자치구만으로 구성하는 경우에는

시·도지사를 포함한다)에게 통지하여야 한다.

제208조(가입 및 탈퇴) ① 특별지방자치단체에 가입하거나 특별지방자치단체에서 탈퇴하려는 지방자치단체의 장은 해당 지방의회의 의결을 거쳐 특별지방자치단체의 장에게 가입 또는 탈퇴를 신청하여야 한다.

② 제1항에 따른 가입 또는 탈퇴의 신청을 받은 특별지방자치단체의 장은 특별지방자치단체 의회의 동의를 받아 신청의 수용 여부를 결정하되, 특별한 사유가 없으면 가입하거나 탈퇴하려는 지방자치단체의 의견을 존중하여야 한다.

③ 제2항에 따른 가입 및 탈퇴에 관하여는 제199조를 준용한다.

제209조(해산) ① 구성 지방자치단체는 특별지방자치단체가 그 설치 목적을 달성하는 등 해산의 사유가 있을 때에는 해당 지방의회의 의결을 거쳐 행정안전부장관의 승인을 받아 특별지방자치단체를 해산하여야 한다.

② 구성 지방자치단체는 제1항에 따라 특별지방자치단체를 해산할 경우에는 상호 협의에 따라 그 재산을 처분하고 사무와 직원의 재배치를 하여야 하며, 국가 또는 시·도 사무를 위임받았을 때에는 관계 중앙행정기관의 장 또는 시·도지사와 협의하여야 한다. 다만, 협의가 성립하지 아니할 때에는 당사자의 신청을 받아 행정안전부장관이 조정할 수 있다.

제210조(지방자치단체에 관한 규정의 준용) 시·도, 시·도와 시·군 및 자치구 또는 2개 이상의 시·도에 걸쳐 있는 시·군 및 자치구로 구성되는 특별지방자치단체는 시·도에 관한 규정을, 시·군 및 자치구로 구성하는 특별지방자치단체는 시·군 및 자치구에 관한 규정을 준용한다. 다만, 제3조, 제1장제2절, 제11조부터 제14조까지, 제17조 제3항, 제25조, 제4장, 제38조, 제39조, 제40조 제1항 제1호 및 제2호, 같은 조 제3항, 제41조, 제6장제1절제1관, 제106조부터 제108조까지, 제110조, 제112조 제2호 후단, 같은 조 제3호, 제123조, 제124조, 제6장제3절(제130조는 제외한다)부터 제5절까지, 제152조, 제166조, 제167조 및 제8장제2절부터 제4절까지, 제11장에 관하여는 그러하지 아니하다.

제211조(다른 법률과의 관계) ① 다른 법률에서 지방자치단체 또는 지방자치단체의 장을 인용하고 있는 경우에는 제202조 제1항에 따른 규약으로 정하는 사무를 처리하기 위한 범위에서는 특별지방자치단체 또는 특별지방자치단체의 장을 인용한 것으로 본다.

② 다른 법률에서 시·도 또는 시·도지사를 인용하고 있는 경우에는 제202조 제1항에 따른 규약으로 정하는 사무를 처리하기 위한 범위에서는 시·도, 시·도와 시·군 및 자치구 또는 2개 이상의 시·도에 걸쳐 있는 시·군 및 자치구로 구성하는 특별지방자치단체 또는 특별지방자치단체의 장을 인용한 것으로 본다.

③ 다른 법률에서 시·군 및 자치구 또는 시장·군수 및 자치구의 구청장을 인용하고 있는 경우에는 제202조 제1항에 따른 규약으로 정하는 사무를 처리하기 위한 범위에서는 동일한 시·도 관할 구역의 시·군 및 자치구로 구성하는 특별지방자치단체 또는 특별지방자치단체의 장을 인용한 것으로 본다.

부칙 〈제17893호, 2021. 1. 12.〉

제1조(시행일) 이 법은 공포 후 1년이 경과한 날부터 시행한다.

제2조(매립지가 속할 지방자치단체의 결정에 관한 적용례) 법률 제9577호 지방자치법 일부개정법률 제4조 제4항의 개정규정은 같은 일부개정법률 시행일인 2009년 4월 1일 전에 종전의 「공유수면매립법」 제25조에 따른 준공검사를 받은 매립지에 대하여 시장·군수 및 자치구의 구청장이 2009년 4월 1일

이후 지적공부에 등록하는 경우에도 적용한다.

제3조(조례의 제정범위를 제한하는 하위 법령 금지에 관한 적용례) 제28조 제2항의 개정규정은 이 법 시행 이후 최초로 제정·개정되는 하위 법령부터 적용한다.

제4조(지방자치단체의 장의 위법·부당한 명령이나 처분 등에 관한 적용례) ① 제188조 제2항의 개정규정은 이 법 시행 이후 시장·군수 및 자치구의 구청장이 하는 명령이나 처분부터 적용한다.

② 제192조 제2항의 개정규정은 이 법 시행 이후 시·군 및 자치구의회가 하는 의결부터 적용한다.

제5조(감사 청구에 관한 특례) 이 법 시행 당시 해당 지방자치단체의 조례로 정하는 감사 청구 주민 수 기준이 제21조 제1항의 개정규정에 따른 기준에 맞지 아니하는 경우에는 그 기준에 맞는 조례가 제정되거나 그 기준에 맞게 개정될 때까지는 다음 각 호의 구분에 따른 수의 18세 이상 주민의 연서로 제21조의 개정규정에 따른 주민감사를 청구할 수 있다.

1. 시·도: 300명 이상
2. 인구 50만 이상 대도시: 200명 이상
3. 그 밖의 시·군 및 자치구: 150명 이상

제6조(정책지원 전문인력 도입규모에 관한 특례) 지방의회에 정책지원 전문인력을 두는 경우 그 규모는 2022년 12월 31일까지는 지방의회의원 정수의 4분의 1 범위에서, 2023년 12월 31일까지는 지방의회의원 정수의 2분의 1 범위에서 연차적으로 도입한다.

제7조(일반적 경과조치) 이 법 시행 당시 종전의 규정에 따른 행정기관의 행위나 행정기관에 대하여 한 행위는 그에 해당하는 이 법에 따른 행정기관의 행위나 행정기관에 대하여 한 행위로 본다.

제8조(조례 등의 효력에 관한 경과조치) 법률 제4004호 지방자치법개정법률 시행일인 1988년 5월 1일 당시의 지방자치단체의 조례 및 규칙은 같은 개정법률에 따라 성립된 것으로 본다.

제9조(행정기관에 관한 경과조치) 법률 제4004호 지방자치법개정법률 시행일인 1988년 5월 1일 당시의 종전 법령, 조례 또는 규칙에 따라 설치된 행정기구는 같은 개정법률에 따라 설치된 것으로 본다.

제10조(공무원의 지위에 관한 경과조치) 법률 제4004호 지방자치법개정법률의 개정에 따라 임명방법이나 임명권자가 달라진 공무원은 같은 개정법률에 따라 임명된 것으로 본다.

제11조(하부행정기구에 관한 경과조치) 법률 제7846호 지방자치법 일부개정법률 시행일인 2006년 1월 11일 전에 종전의 「지방자치법」(법률 제7846호로 개정되기 전의 것을 말한다) 제111조에 따라 설치된 행정기구는 그 설치를 위한 조례가 새로 제정·시행될 때까지 유효한 것으로 본다.

제12조(매립지 귀속 지방자치단체 결정 등에 관한 경과조치) 이 법 시행 전에 종전의 제4조 제3항 각 호의 지역이 속할 지방자치단체의 결정을 신청한 경우에는 제5조 제6항부터 제11항까지의 개정규정에도 불구하고 종전의 규정에 따른다.

제13조(경계변경에 관한 경과조치) 이 법 시행 전에 종전의 제4조에 따라 경계변경에 합의한 경우에는 제6조의 개정규정에도 불구하고 종전의 규정에 따른다.

제14조(조례의 제정과 개정·폐지 청구에 관한 경과조치) 조례의 제정과 개정·폐지 청구에 관하여는 제19조 제2항의 개정규정에 따른 법률이 시행되기 전까지 종전의 규정에 따른다.

제15조(감사 청구기간에 관한 경과조치) 이 법 시행 당시 해당 사무처리가 있었던 날이나 끝난 날부터 2년이 경과한 경우에는 제21조 제3항의 개정규정에도 불구하고 종전의 규정에 따른다.

제16조(지방의회의원의 상해·사망 등의 보상에 관한 경과조치) 이 법 시행 전에 지방의회의원이 신체에 상해를 입거나 사망한 경우와 그 상해나 직무로 인한 질병으로 사망한 경우에 대한 보상금 지급에 관

하여는 제42조의 개정규정에도 불구하고 종전의 규정에 따른다.

제17조(지방의회의원 겸직금지 등에 관한 경과조치) ① 지방의회의 의장은 이 법 시행 전에 종전의 제35조 제3항에 따른 겸직신고를 받은 경우로서 이 법 시행 당시 겸직하고 있는 지방의회의원에 대해서는 이 법 시행일부터 6개월 이내에 제43조 제4항의 개정규정에 따른 조치를 하여야 한다.

② 지방의회의 의장은 이 법 시행 당시 제43조 제5항의 개정규정에 따른 겸직금지 대상이 된 지방의회의원 중 같은 항에 따라 사임하지 아니한 지방의회의원이나 제44조 제2항에 위반된다고 인정되는 지방의회의원에 대하여 이 법 시행일부터 6개월 이내에 제43조 제6항의 개정규정에 따른 조치를 하여야 한다.

제18조(임시회 소집 요구 등에 관한 경과조치) 임시회 소집 요구 및 의안의 발의 등에 관하여는 제54조 제3항 및 제76조 제1항의 개정규정에 따라 해당 지방자치단체의 조례가 제정·개정되기 전까지는 종전의 규정에 따른다.

제19조(지방의회의원의 징계에 관한 경과조치) 이 법 시행 전에 지방의회의원의 징계 요구에 대하여 지방의회의 의장이 본회의에 회부하였을 때에는 제98조 및 제99조의 개정규정에도 불구하고 종전의 규정에 따른다.

제20조(지방의회 사무직원에 관한 경과조치) 이 법 시행 당시의 지방의회 사무직원에 대한 임면·교육·훈련·복무·징계 등에 관하여 지방자치단체의 장이 한 행위는 제103조 제2항의 개정규정에 따라 지방의회의 의장이 한 행위로 본다.

제21조(종전 부칙의 적용범위에 관한 경과조치) 종전의 「지방자치법」의 개정에 따라 규정하였던 종전의 부칙은 이 법 시행 전에 그 효력이 이미 상실된 경우를 제외하고는 이 법의 규정에 위배되지 아니하는 범위에서 이 법 시행 이후에도 계속하여 적용한다.

제23조 … 중략 …

제23조(다른 법령과의 관계) 이 법 시행 당시 다른 법령에서 종전의 「지방자치법」의 규정을 인용하고 있는 경우에는 이 법 가운데 그에 해당하는 규정이 있으면 종전의 규정을 갈음하여 이 법의 해당 규정을 인용한 것으로 본다.

지방자치법 시행령

[시행 2021. 1. 5] [대통령령 제31380호, 2021. 1. 5, 타법개정]

행정안전부(자치분권제도과–지방자치법 총괄) 044-205-3307
행정안전부(선거의회과–지방의회, 제30~92조) 044-205-3373

제1장 총칙

제1조(목적) 이 영은 지방자치법에서 위임된 사항과 그 시행에 필요한 사항을 규정함을 목적으로 한다.

제2조(관계 지방의회) 「지방자치법」(이하 "법"이라 한다) 제4조 제2항에서 "관계 지방자치단체의 의회"란 해당 지방자치단체의 의회와 그 상급 지방자치단체의 의회를 말한다.

제3조(관할구역의 변경 등으로 인한 지방자치단체 등의 사무 인계) 법 제4조 제1항 및 제4조의2제1항·제2항에 따라 지방자치단체 및 자치구가 아닌 구와 읍·면·동·리의 구역을 변경하거나 폐지하거나 설치하거나 나누거나 합치는 데에 따른 사무의 인계에 관하여는 제66조부터 제70조까지의 규정을 준용한다. 〈개정 2011. 10. 14.〉

제4조 삭제 〈2011. 10. 14.〉

제5조 삭제 〈2011. 10. 14.〉

제6조(사무소의 소재지) 법 제6조에 따른 지방자치단체의 사무소 소재지는 주사무소를 기준으로 다음 각 호의 구분에 따른 단위로 결정한다. 〈개정 2016. 1. 22.〉

    1. 특별시·광역시 및 도: 시·군 또는 자치구

    2. 특별자치도: 「제주특별자치도 설치 및 국제자유도시 조성을 위한 특별법」 제10조 제2항에 따른 행정시

    3. 특별자치시 및 시·군·자치구: 읍·면 또는 동

[전문개정 2011. 10. 14.]

제7조(시·읍의 설치기준) ① 법 제7조 제1항에 따라 시로 되려면 다음 각 호의 요건을 갖추어야 한다. 〈개정 2008. 2. 29., 2013. 3. 23., 2014. 11. 19., 2017. 7. 26.〉

    1. 해당 지역의 시가지를 구성하는 지역 안에 거주하는 인구의 비율이 전체 인구의 60퍼센트 이상일 것

    2. 해당 지역의 상업·공업, 그 밖의 도시적 산업에 종사하는 가구의 비율이 전체 가구의 60퍼센트 이상일 것

    3. 1인당 지방세 납세액, 인구밀도 및 인구증가 경향이 행정안전부령으로 정하는 기준 이상일 것

② 법 제7조 제2항 제2호 및 제3호에 따라 도농 복합형태의 시로 되려면 다음 각 호의 요건을 갖추어야 한다.

    1. 해당 지역의 상업·공업, 그 밖의 도시적 산업에 종사하는 가구의 비율이 군 전체 가구의 45퍼센트 이상일 것

    2. 다음의 식으로 계산한 해당 군의 재정자립도가 전국 군 재정자립도의 평균치 이상일 것

        {(지방세 + 세외수입 − 지방채) ÷ 일반회계예산} × 100

③ 법 제7조 제3항 본문에 따라 읍으로 되려면 다음 각 호의 요건을 갖추어야 한다.

    1. 해당 지역의 시가지를 구성하는 지역 안에 거주하는 인구의 비율이 전체 인구의 40퍼센트 이상일 것

    2. 해당 지역의 상업·공업, 그 밖의 도시적 산업에 종사하는 가구의 비율이 전체 가구의 40퍼센트 이상일 것

제8조(지방자치단체의 종류별 사무) 법 제10조 제2항에 따른 지방자치단체의 종류별 사무의 예시는 별표 1과 같다. 다만, 다른 법령에 이와 다른 규정이 있는 경우에는 그러하지 아니하다.

제9조(자치구 사무의 특례) 법 제2조 제2항에 따라 시·군과 다르게 자치구에서 처리하지 아니하고 특별시·광역시에서 처리하는 사무의 예시는 별표 2와 같다. 다만, 다른 법령에 이와 다른 규정이 있는 경우에는 그러하지 아니하다.

제10조(인구 50만 이상 시의 사무의 특례) ① 삭제 〈2008. 10. 8.〉

② 법 제10조 제1항 제2호 단서에 따른 인구 50만 이상의 시가 직접 처리할 수 있는 도의 사무의 예시는 별표 3과 같다. 다만, 다른 법령에 이와 다른 규정이 있는 경우에는 그러하지 아니하다. 〈개정 2008. 10. 8.〉

제10조의2(자치분권 사전협의) ① 중앙행정기관의 장은 다음 각 호의 어느 하나에 해당하는 사항과 관련하여 소관 법령을 제정 또는 개정하려는 경우에는 사전에 행정안전부장관과 협의(이하 "자치분권 사전협의"라 한다)해야 한다.

    1. 지방자치단체의 행정·재정 등에 영향을 미치는 사무의 신설·변경·폐지에 관한 사항

    2. 지방자치단체나 그 장에 대한 국가사무의 위임에 관한 사항

    3. 지방자치단체가 수행하는 사무에 대한 국가의 지도·감독에 관한 사항

② 중앙행정기관의 장은 제1항에 따라 자치분권 사전협의를 요청하는 경우 해당 법령안에 대한 자치분권 사전협의 요청서(전자문서를 포함한다. 이하 이 조에서 같다)를 작성하여 행정안전부장관에게 제출해야 한다.

③ 행정안전부장관은 제2항에 따른 요청서를 받은 경우 해당 법령안이 다음 각 호의 사항에 적합한지 여부에 대해 검토하고, 그 검토의견을 해당 중앙행정기관의 장에게 통보해야 한다.

    1. 「지방자치분권 및 지방행정체제개편에 관한 특별법」에 따른 지방자치분권의 기본이념 및 사무배분의 원칙

    2. 법에 따른 사무처리의 기본원칙 및 사무배분기준

④ 중앙행정기관의 장은 제3항에 따른 검토의견을 통보받은 경우에는 그 검토의견을 해당 법령안에 반영하도록 노력해야 하며, 검토의견을 반영하기 곤란한 경우에는 그 사유를 행정안전부장관에게 통보해야 한다.

⑤ 행정안전부장관은 자치분권 사전협의를 위해 필요한 세부 검토 기준 및 방법 등에 관한 사항을 정하여 중앙행정기관의 장에게 통보할 수 있다. 이 경우 세부 검토 기준 및 방법 등에 관한 사항을 마련하거나 변경하는 경우에는 관계 기관의 장의 의견을 들어야 한다.

⑥ 행정안전부장관은 제3항에 따른 검토를 위해 필요한 경우에는 지방자치단체의 장 또는 법 제165조 제1항에 따른 협의체의 의견을 들을 수 있으며, 전문가에게 자문하거나 조사·연구를 의뢰할 수 있다.

[본조신설 2019. 3. 12.]

제11조(주민 총수의 공표) 지방자치단체의 장은 법 제15조 제1항에 따른 19세 이상의 주민(이하 "19세 이상의 주민"이라 한다)의 총수를 매년 1월 10일까지 공표하여야 한다.

제12조(청구인의 대표자 증명 등) ① 법 제15조 제1항에 따라 조례의 제정·개정·폐지를 청구하려는 청구인의 대표자(이하 "대표자"라 한다)는 청구의 취지와 이유 등을 적은 조례의 제정·개정·폐지 청구서(이하 "청구서"라 한다) 및 조례의 제정·개정·폐지안(이하 "주민청구조례안"이라 한다)을 첨부하여 해당 지방자치단체의 장에게 문서로 대표자증명서의 발급을 신청하여야 한다. 〈개정 2011. 10. 14.〉

② 제1항에 따른 신청을 받으면 해당 지방자치단체의 장은 대표자가 19세 이상의 주민인 경우에만 대표자 증명서를 발급하고 그 취지를 공표하여야 한다.

제13조(서명 요청 절차) ① 대표자는 19세 이상의 주민에게 청구인명부에 서명할 것을 요청할 수 있다. 이 경우 대표자는 청구서나 그 사본, 주민청구조례안 또는 그 사본 및 대표자증명서나 그 사본을 첨부하여야 한다. 〈개정 2011. 10. 14.〉

② 대표자는 19세 이상의 주민에게 제1항에 따른 서명요청권을 위임할 수 있으며, 이를 위임한 경우에는 수임자(受任者)의 성명 및 위임 연월일을 해당 지방자치단체의 장에게 신고하여야 한다. 이 경우 지방자치단체의 장은 즉시 위임신고증을 발급하여야 한다.

③ 제2항에 따른 수임자는 19세 이상의 주민에게 청구인명부에 서명할 것을 요청할 수 있다. 이 경우 수임자는 청구서나 그 사본, 주민청구조례안 또는 그 사본, 대표자증명서나 그 사본 및 위임신고증을 첨부하여야 한다. 〈개정 2011. 10. 14.〉

④ 제1항과 제3항에 따른 서명은 제12조 제2항에 따른 공표가 있은 날부터 특별시·광역시·특별자치시·도 및 특별자치도(이하 "시·도"라 한다)의 경우에는 6개월 이내, 시·군·자치구의 경우에는 3개월 이내에 요청하여야 한다. 다만, 서명 요청 기간을 계산할 때에 「공직선거법」 제33조에 따른 선거기간은 이를 산입하지 아니한다. 〈개정 2011. 10. 14.〉

⑤ 누구든지 「공직선거법」 제33조에 따른 선거기간 중에는 제1항과 제3항에 따라 서명을 요청할 수 없다.

제13조의2(전자서명 요청 절차) ① 대표자는 19세 이상의 주민에게 제13조 제1항에 따른 서명에 갈음하여 행정안전부장관이 정하는 정보시스템을 통한 「전자서명법」 제2조 제2호에 따른 전자서명(이하 "전자서명"이라 한다)을 요청할 수 있다. 〈개정 2020. 12. 8.〉

② 제1항에 따른 정보시스템을 통하여 전자서명을 요청하려는 대표자는 지방자치단체의 장에게 해당 정보시스템의 이용을 신청하여야 한다.

③ 제2항에 따른 신청을 받은 지방자치단체의 장은 제12조 제2항에 따른 공표를 할 때 제4항 각 호의 사항을 포함하여 공표하여야 하고, 제1항에 따른 정보시스템에 제13조 제1항 후단에 따른 문서를 게시하여야 한다.

④ 대표자 또는 제13조 제2항에 따른 수임자는 다음 각 호의 사항을 주민에게 알릴 수 있다.

1. 전자서명을 할 수 있는 정보시스템의 인터넷 주소

2. 전자서명을 하는 방법. 이 경우 제14조 제3항에 따른 전자서명 취소방법을 포함한다.

⑤ 전자서명의 요청에 대해서는 제13조 제4항 및 제5항을 준용한다.

[본조신설 2018. 1. 9.]

제14조(청구인명부의 작성 등) ① 청구인명부에 서명하려는 19세 이상의 주민은 청구인명부에 다음 각 호의 사항을 적고 서명하거나 도장을 찍어야 한다. 다만, 19세 이상의 주민이 제13조의2제1항에 따라 전자서명을 하는 경우에는 전자문서로 생성된 청구인명부에 그 주민이 다음 각 호의 사항을 적은 것으로 본다. 〈개정 2009. 8. 13., 2016. 1. 12., 2018. 1. 9.〉

1. 성명

2. 생년월일

3. 주소·거소 또는 체류지

4. 서명 연월일

② 서명을 한 자가 그 서명을 취소하려면 제15조 제1항에 따라 대표자가 해당 지방자치단체의 장에게 청구인명부를 제출하기 전에 취소하여야 한다. 이 경우 대표자는 즉시 청구인명부에서 그 서명을 삭제하여야 한다.

③ 제1항 단서에 따라 전자서명을 한 주민이 그 전자서명을 취소하려는 경우에는 제15조 제1항 단서에 따라 대표자가 해당 지방자치단체의 장에게 청구인명부 활용을 요청하기 전에 해당 정보시스템을 통하여 직접 취소하여야 한다. 〈신설 2018. 1. 9.〉

④ 제1항 본문에 따른 청구인명부는 시·군·자치구의 경우에는 읍·면·동별로 작성하고, 시·도의 경우에는 시·군·자치구별로 읍·면·동으로 구분하여 작성하여야 한다. 〈개정 2018. 1. 9.〉

[제목개정 2009. 8. 13.]

제15조(청구인명부의 제출) ① 대표자는 청구인명부에 서명한 19세 이상의 주민의 수가 법 제15조 제1항에 따른 주민 수 이상이 되면 제13조 제4항에 따른 서명 요청 기간이 지난 날부터 시·도의 경우에는 10일 이내에, 시·군·자치구의 경우에는 5일 이내에 해당 지방자치단체의 장에게 청구인명부를 제출하여야 한다. 다만, 제13조의2제1항에 따른 전자서명의 경우에는 대표자가 지방자치단체의 장에게 같은 항에 따른 정보시스템에 생성된 청구인명부를 직접 활용하도록 요청하여야 한다. 〈개정 2018. 1. 9.〉

② 제1항에 따라 청구인명부가 제출되면 지방자치단체의 장은 대표자의 성명·주소, 청구취지 및 이유, 연서주민수, 청구인명부 열람기간·장소 및 이의신청 방법 등을 공표하여야 한다.

제16조(청구인명부의 열람 및 이의신청 등) ① 지방자치단체의 장은 시·도의 경우에는 그 지방자치단체와 시·군·자치구별로, 시·군·자치구의 경우에는 그 지방자치단체와 읍·면·동별로 청구인명부나 그 사본을 공개된 장소에 갖추어 두어 열람하게 하여야 한다.

② 삭제 〈2016. 1. 12.〉

③ 법 제15조 제5항에 따라 이의신청을 하려면 그 사유를 적은 서면으로 하여야 한다. 〈개정 2009. 8. 13.〉

④ 지방자치단체의 장은 청구인명부에 적힌 서명이 정당한 서명자가 아니거나 누구의 서명인가를 확인하기 어려우면 제28조에 따른 조례·규칙심의회(이하 "조례·규칙심의회"라 한다)의 심의를 거쳐 서명을 무효로 결정하고 청구인명부를 수정한 후 그 사실을 즉시 대표자에게 알려야 한다.

⑤ 지방자치단체의 장은 법 제15조 제6항에 따라 이의신청에 대한 심사·결정을 하려는 경우에는 미리 조례·규칙심의회의 심의를 거쳐야 한다. 〈개정 2009. 8. 13.〉

⑥ 지방자치단체의 장은 제4항과 제5항에 따른 결정으로 청구인명부에 서명한 19세 이상의 주민수가 법 제15조 제1항에 따른 주민 수에 미치지 못할 때에는 대표자로 하여금 시·도의 경우에는 5일 이내에, 시·군·자치구의 경우에는 3일 이내에 이를 보정하게 할 수 있다.

⑦ 지방자치단체의 장은 제6항에 따라 보정된 청구인명부가 제출되면 열람기간·장소 및 이의신청 방법 등을 공표하여야 한다. 이 경우 보정된 청구인명부의 열람 및 이의신청 등의 절차에 관하여는 제1항부터 제5항까지의 규정을 적용한다.

제17조(청구요건 심사) ① 지방자치단체의 장은 법 제15조 제7항에 따라 청구를 수리하거나 각하하려는 경우에는 미리 조례·규칙심의회의 심의를 거쳐야 한다. 〈개정 2009. 8. 13.〉

② 법 제15조 제8항에 따른 청구인 대표자의 의견 제출에 관하여는 「행정절차법」 제27조를 준용한다. 〈개정 2009. 8. 13.〉

제18조 삭제 〈2011. 10. 14.〉

제19조(주무부장관 등) ① 지방자치단체의 19세 이상의 주민이 법 제16조 제1항에 따라 감사를 청구하는 경우 그 청구 내용이 둘 이상의 부처와 관련되거나 주무부장관이 불분명한 경우에는 행정안전부장관에게 감사를 청구할 수 있다. 〈개정 2008. 2. 29., 2013. 3. 23., 2014. 11. 19., 2017. 7. 26.〉

② 제1항에 따른 청구를 받으면 행정안전부장관은 관계 부처와 협의를 거쳐 처리 주무부처를 지정하고 그 부처로 하여금 관계 부처 간 협의를 통하여 주민 감사청구를 일괄 처리하도록 요청할 수 있다. 〈개정 2008. 2. 29., 2013. 3. 23., 2014. 11. 19., 2017. 7. 26.〉

제20조(주민의 감사청구 절차) ① 19세 이상의 주민의 감사청구에 관하여는 제12조 제1항, 제13조 제1항부터 제3항까지 및 제5항, 제14조, 제15조 제2항, 제16조 제3항부터 제5항까지 및 제7항, 제17조 제1항을 준용(제13조의2제1항에 따라 전자서명을 받는 경우와 관련된 사항은 제외한다)한다. 이 경우 "조례의 제정이나 개폐"는 "감사"로, "지방자치단체의 장"은 "주무부장관이나 시·도지사"로, "조례·규칙심의회"는 "감사청구심의회"로 본다. 〈개정 2018. 1. 9., 2019. 3. 12.〉

② 제1항에 따라 준용하는 제12조 제1항에 따른 신청을 받으면 주무부장관이나 시·도지사는 대표자가 19세 이상의 주민인 경우에만 대표자증명서를 발급하여야 한다.

③ 제1항에 따라 준용하는 제13조 제1항 및 제3항에 따른 서명은 제2항에 따른 증명서를 발급한 날부터 시·도의 경우에는 6개월 이내에, 시·군·자치구의 경우에는 3개월 이내에 요청하여야 한다. 이 경우 서명 요청 기간을 계산할 때에 「공직선거법」 제33조에 따른 선거기간은 이를 산입하지 아니한다.

④ 대표자는 청구인명부에 서명한 19세 이상의 주민 수가 법 제16조에 따른 주민 수 이상이 된 경우에는 제3항에 따른 서명 요청 기간이 지난 날부터 시·도의 경우에는 10일 이내에 주무부장관에게, 시·군·자치구의 경우에는 5일 이내에 시·도지사에게 청구인명부를 제출하여야 한다.

⑤ 주무부장관은 해당 부처와 시·도 및 시·군·자치구별로, 시·도지사는 해당 시·도와 시·군·자치구 및 읍·면·동별로 청구인명부나 그 사본을 공개된 장소에 갖추어 두고 열람하게 하여야 한다.

⑥ 주무부장관이나 시·도지사는 제1항에 따라 준용하는 제16조 제4항 및 제5항에 따른 결정으로 청구인명부에 서명한 19세 이상의 주민 수가 법 제16조에 따른 주민 수에 못 미칠 때에는 대표자로 하여금 시·도의 경우에는 5일 이내에, 시·군·자치구의 경우에는 3일 이내에 이를 보정하게 할 수 있다.

제21조(감사 절차 등) 주무부장관이나 시·도지사가 법 제16조 제3항 및 제6항에 따른 감사와 감사결과에 따른 필요 조치를 요구하는 경우에는 「지방자치단체에 대한 행정감사규정」에서 정하는 바에 따라야 한다. 〈개정 2010. 10. 13.〉

제22조(감사결과의 공표) 주무부장관이나 시·도지사는 법 제16조 제3항에 따라 감사가 끝나면 그 끝난 날부터 10일 이내에 감사 실시 개요와 청구 대상 사무 처리의 적법 여부에 대한 감사결과를 공표하여야 한다. 〈개정 2019. 3. 12.〉

제23조(부처 간 협조) ① 주무부장관이나 시·도지사는 주민 감사청구를 처리할 때에 필요하면 관계 부처의 장이나 지방자치단체의 장에게 자료 요구나 관계 공무원의 지원 등 협조 요청을 할 수 있다.

② 주무부장관이나 시·도지사는 다른 기관에서 이미 감사한 사항이나 감사 중인 사항에 대하여 감사가 청구된 경우에는 법 제16조 제4항에 따른 감사 업무의 처리와 관련하여 그 감사기관에 감사 진행 여부를 확인할 수 있으며, 감사가 끝나면 그 감사결과에 대하여 자료의 제출 등 필요한 협조를 요청할 수 있다.

③ 제1항과 제2항에 따른 협조 요청을 받은 관계 부처의 장, 지방자치단체의 장 및 감사기관은 정당한 사유가 없으면 협조하여야 한다.

제24조(공표 방법 등) 법 제16조 제7항, 이 영 제11조, 제12조 제2항, 제15조 제2항, 제16조 제7항 및 제22조에 따른 관련 사항의 공표는 관보, 지방자치단체의 공보, 게시판·전산망 또는 일간신문에 게시하거나 게재하는 방법으로 한다.

제25조(보고 등) 주무부장관이나 시·도지사는 다음 각 호의 어느 하나에 해당하는 경우에는 행정안전부장관에게 그 사실을 통보하거나 보고하여야 한다. 〈개정 2008. 2. 29., 2013. 3. 23., 2014. 11. 19., 2017. 7. 26.〉

    1. 법 제16조 제7항, 이 영 제12조 제2항, 제15조 제2항, 제16조 제7항 및 제22조에 따른 공표를 한 경우

    2. 법 제16조 제6항에 따라 감사결과에 따른 필요 조치를 요구하고 그 조치결과를 보고받은 경우

제26조(감사청구심의회) ① 지방자치단체의 19세 이상의 주민의 감사청구에 있어서 제5항에 규정된 사항을 심의·의결하기 위하여 주무부장관이나 시·도지사의 소속으로 감사청구심의회(이하 이 조에서 "심의회"라 한다)를 둔다.

② 심의회는 위원장과 부위원장 각 1명을 포함하여 9명 이상 13명 이하의 위원으로 구성하되, 제3항 제2호 각 목에 따라 위촉되는 위원이 2분의 1 이상이어야 한다.

③ 심의회의 위원장과 부위원장은 위원 중에서 호선(互選)하고, 위원은 다음 각 호의 자가 된다.

    1. 주무부장관이나 시·도지사가 소속 공무원 중에서 지명하는 자

    2. 다음 각 목의 어느 하나에 해당하는 자 중에서 주무부장관이나 시·도지사가 위촉하는 자

      가. 법관·검사 또는 변호사 자격이 있는 자

      나. 공인회계사·기술사·건축사 또는 세무사 자격이 있는 자

      다. 시민단체(「비영리민간단체 지원법」 제2조에 따른 비영리민간단체를 말한다)에서 추천한 자

      라. 대학에서 법학·회계학·토목공학 또는 건축공학을 담당하는 부교수 이상으로 재직 중인 자

      마. 그 밖에 감사 업무에 관하여 학식과 경험이 풍부한 자

④ 주무부장관이나 시·도지사가 위촉하는 위원의 임기는 2년으로 한다. 〈개정 2011. 10. 14.〉

⑤ 심의회에서 심의·의결할 사항은 다음 각 호와 같다.

    1. 주민 감사청구 요건의 심사

    2. 주민 감사청구인명부에 적힌 유효 서명의 확인

    3. 청구인명부의 서명에 관한 이의신청의 심사·결정

    4. 그 밖에 주무부장관이나 시·도지사가 주민 감사청구와 관련하여 회의에 부치는 사항

⑥ 심의회의 회의는 재적위원 과반수의 출석과 출석위원 과반수의 찬성으로 의결한다.

⑦ 위원장은 심의회의 회의에 부쳐진 안건을 효율적으로 처리하기 위하여 필요하다고 인정되면 관계 공무원과 감사청구인, 그 밖의 이해관계인을 회의에 참석시켜 의견을 진술하게 하거나 필요한 자료의 제출을 요구할 수 있다.

⑧ 이 영에 규정된 것 외에 심의회의 구성 및 운영 등에 관하여 필요한 사항은 주무부장관 소속인 경우에는 주무부장관이, 시·도지사 소속인 경우에는 해당 시·도의 조례로 정한다.

제26조의2(위원의 해촉) 위원을 위촉한 자는 위원이 다음 각 호의 어느 하나에 해당하는 경우에는 해당 위원을 해촉할 수 있다.

    1. 장기간의 심신장애로 직무를 수행할 수 없게 된 경우

2. 직무와 관련된 비위사실이 있는 경우

3. 직무 태만, 품위 손상, 그 밖의 사유로 인하여 위원의 직을 유지하는 것이 적합하지 아니하다고 인정되는 경우

4. 위원 스스로 직무를 수행하는 것이 곤란하다고 의사를 밝히는 경우

[본조신설 2018. 1. 9.]

제27조(청구서 등의 서식) 제12조에 따른 청구서 및 대표자증명서, 제13조에 따른 위임신고서 및 신고증, 제14조에 따른 청구인명부, 제16조에 따른 이의신청서 및 제20조에 따른 대표자증명서의 서식은 행정안전부령으로 정한다. 〈개정 2008. 2. 29., 2013. 3. 23., 2014. 11. 19., 2017. 7. 26.〉

제27조의2(고유식별정보의 처리) 지방자치단체는 제16조 제4항(제20조 제1항에서 준용하는 경우를 포함한다)에 따른 청구인명부의 서명 및 정당한 서명자 확인 사무를 수행하기 위하여 불가피한 경우「개인정보 보호법 시행령」제19조 제1호 및 제4호에 따른 주민등록번호 또는 외국인등록번호가 포함된 자료를 처리할 수 있다.

[본조신설 2018. 1. 9.]

제2장   조례와 규칙

제28조(조례·규칙심의회) ① 지방자치단체의 장이 조례·규칙의 제정·개정·폐지 및 공포 등을 하려는 경우에 이를 심의·의결하기 위하여 해당 지방자치단체의 장 소속으로 조례·규칙심의회(이하 이 조에서 "심의회"라 한다)를 둔다.

② 심의회는 다음 각 호의 사항을 심의·의결한다. 〈개정 2019. 3. 12.〉

1. 지방자치단체의 장이 지방의회에 제출하는 조례안

2. 지방의회의 의결을 거친 조례공포안. 다만, 지방자치단체의 장이 지방의회에 제출하여 원안 의결된 조례공포안을 제외한다.

3. 주민의 조례 제정·개정·폐지 청구를 받은 경우 유효 서명의 확인, 이의신청 및 청구요건에 관한 사항

4. 지방자치단체의 장이 제정·개정·폐지하려는 규칙안

5. 예산안·결산안 등 지방의회에 제출하는 안건 중 지방자치단체의 장이 심의회의 심의·의결이 필요하다고 인정하는 안건

③ 심의회의 의장은 지방자치단체의 장이 되고, 부의장은 지방자치단체의 부지사·부시장·부군수·부구청장이 되며, 위원은 실장·국장 또는 실장·과장이 된다. 다만, 제2항 제3호의 사항을 심의·의결하는 경우에는 지방자치에 관하여 경험과 학식이 풍부한 변호사·대학교수 및 시민단체대표 등으로서 그 지방자치단체의 장이 위촉하는 위원이 5명 이상 포함되어야 한다.

④ 심의회의 회의는 의장과 부의장을 포함한 재적위원 과반수의 찬성으로 의결한다.

⑤ 이 영에 규정된 것 외에 심의회의 운영에 관하여 필요한 사항은 지방자치단체의 규칙으로 정한다. 〈개정 2008. 2. 29., 2009. 8. 13.〉

제29조(조례와 규칙의 공포 절차) ① 조례와 규칙의 공포문에는 전문(前文)을 붙여야 한다. 〈개정 2019. 3. 12.〉

② 제1항에 따른 조례와 규칙의 공포문 전문에는 제정·개정 및 폐지하는 뜻을 적어 지방자치단체의 장이 서명한 후 직인을 찍고 그 일자를 기록한다. 이 경우 조례 공포문 전문에는 지방의회의 의결을

얻은 사실을 적어야 한다.

③ 법 제26조 제6항 후단에 따라 지방의회의 의장이 공포하는 조례의 공포문 전문에는 지방의회의 의결을 얻은 사실과 법 제26조 제6항 후단에 따라 공포한다는 사실을 적고, 지방의회의 의장이 서명한 후 직인을 찍고 그 일자를 기록한다.

제30조(조례와 규칙의 공포 방법 등) ① 법 제26조에 따른 조례와 규칙의 공포는 해당 지방자치단체의 공보에 게재하는 방법으로 한다. 다만, 법 제26조 제6항에 따라 지방의회의 의장이 공포하는 경우에는 공보나 일간신문에 게재하거나 게시판에 게시한다.

② 지방자치단체나 그 장이 공고하거나 고시하는 경우에는 제1항 본문을 준용하되, 법 제133조 제2항에 따른 예산의 고시에 관하여는 제1항과 제29조 제1항 및 제2항을 준용한다.

제31조(공포일) 제30조에 따른 조례와 규칙의 공포일과 공고·고시일은 그 조례와 규칙 등을 게재한 공보나 신문이 발행된 날이나 게시판에 게시된 날로 한다.

제32조(운영 규정) 법과 이 영에 규정된 것 외에 조례와 규칙의 공포 등에 관하여 필요한 사항은 해당 지방자치단체의 조례로 정한다.

제3장 ◆ 지방의회

제33조(의정활동비·여비 및 월정수당의 지급기준 등) ① 법 제33조 제2항에서 "대통령령으로 정하는 범위에서 해당 지방자치단체의 의정비심의위원회에서 결정하는 금액"이란 다음 각 호의 구분에 따른 금액을 말한다. 〈개정 2018. 10. 30.〉

1. 의정활동비: 별표 4에 따른 의정활동비 지급범위에서 법 제33조 제3항에 따른 의정비심의위원회(이하 이 조 및 제34조에서 "심의회"라 한다)가 임기만료에 의한 지방의회의원 선거가 있는 해에 선거를 마친 후 해당 지방자치단체의 재정 능력 등을 고려하여 결정하는 금액

2. 여비: 별표 5에 따른 여비 지급범위에서 심의회가 임기만료에 의한 지방의회의원 선거가 있는 해에 선거를 마친 후 해당 지방자치단체의 재정 능력 등을 고려하여 결정하는 금액

3. 월정수당: 심의회가 구성되는 해의 월정수당을 기준으로 하되, 심의회가 임기만료에 의한 지방의회의원 선거가 있는 해에 선거를 마친 후 해당 지방자치단체의 주민 수, 재정 능력, 지방공무원 보수인상률, 지방의회의 의정활동 실적을 종합적으로 고려하여 결정하는 금액

② 제1항에 따른 의정활동비와 월정수당은 해당 지방자치단체 소속 공무원의 보수 지급일에 지급한다.

제34조(의정비심의위원회의 구성 등) ① 심의회는 법 제33조 제1항 각 호에 따른 비용 지급기준의 결정이 필요한 경우에 10명의 위원으로 구성하되, 교육계·법조계·언론계·시민사회단체, 통·리의 장 및 지방의회 의장 등으로부터 추천을 받아 지방자치단체의 장이 위촉한다. 이 경우 지방자치단체의 장은 위원이 다양하게 구성되도록 하여야 한다. 〈개정 2008. 10. 8., 2018. 10. 30.〉

② 위원이 될 수 있는 자는 위원회가 구성되는 해의 1월 1일을 기준으로 1년 이전부터 계속하여 당해 지방자치단체의 관할구역에 주민등록이 되어 있는 19세 이상인 자로 한다. 다만, 「공직선거법」 제18조에 따라 선거권이 없는 자와 그 지방자치단체의 소속 공무원·의회의원·교육위원 및 그 배우자·직계존비속·형제자매는 위원이 될 수 없다.

③ 위원장은 위원 중에서 호선하며, 위원의 임기는 위원으로 위촉된 날부터 1년으로 한다. 〈개정 2008. 10. 8.〉

④ 심의회에 참석한 위원에게는 해당 지방자치단체 예산의 범위에서 수당과 여비를 지급할 수 있다.

⑤ 심의회는 위원 위촉으로 심의회가 구성된 해의 10월 말까지 다음 임기만료에 의한 지방의회의원 선거가 있는 해까지 적용할 제33조 제1항에 따른 금액을 결정하고, 그 금액을 해당 지방자치단체의 장과 지방의회의 의장에게 지체 없이 통보하여야 하며, 그 금액은 다음 해부터 적용한다. 이 경우 결정은 위원장을 포함한 재적위원 3분의 2 이상의 찬성으로 의결한다. 〈개정 2008. 10. 8., 2014. 6. 3.〉

⑥ 심의회는 제5항의 금액을 결정하려는 때에는 그 결정의 적정성과 투명성을 위하여 공청회나 객관적이고 공정한 여론조사기관을 통하여 지역주민의 의견을 수렴할 수 있는 절차를 거쳐야 하며, 그 결과를 반영하여야 한다. 다만, 심의회의 결정이 지방공무원의 보수가 인상되는 해의 그 인상률 범위에서 월정수당을 인상하려는 경우에는 지역주민의 의견수렴절차를 생략할 수 있다. 〈개정 2008. 10. 8., 2014. 6. 3.〉

⑦ 심의회는 지방자치단체의 장이나 지방의회의 의장에게 제5항의 결정에 필요한 자료의 제출 및 관계자의 설명을 요청할 수 있다.

⑧ 지방자치단체의 장은 심의회의 위원명단, 회의록 및 제5항 전단에 따라 통보받은 사항을 지체 없이 그 지방자치단체의 인터넷 홈페이지 등에 게재하여야 한다. 〈개정 2008. 10. 8.〉

⑨ 심의회의 회의는 공개하여야 한다. 다만, 출석위원 3분의 2 이상이 찬성한 경우에는 공개하지 아니할 수 있다. 〈신설 2008. 10. 8.〉

⑩ 그 밖에 심의회의 구성 및 운영에 필요한 사항은 해당 지방자치단체의 조례로 정한다. 〈개정 2008. 10. 8.〉

제35조(지방의회 의원의 직무상 상해 등에 대한 보상금의 지급기준 및 절차) ① 법 제34조 제2항에 따른 보상금의 지급기준은 다음 각 호에 정하는 범위에서 해당 지방자치단체의 재정능력을 고려하여 조례로 정한다. 이 경우 제2호나 제3호에 따른 보상금을 지급받은 의원이 제1호나 제2호에 해당하게 되면 제1호나 제2호에 따른 보상금을 지급하되, 그 금액은 제2호나 제3호에 따라 이미 지급한 금액을 공제한 금액으로 한다.

　　1. 직무로 인한 사망, 직무상 상해·질병으로 인한 사망의 경우 : 시·도의회의원 의정활동비의 2년분 상당액

　　2. 직무상 상해로 인한 장애의 경우 : 시·도의회의원 의정활동비의 1년분 상당액

　　3. 그 밖에 직무로 인한 상해의 경우 : 치료비 전액. 다만, 제2호에 따른 지급기준을 초과할 수 없다.

② 법 제34조 제1항에 따라 직무로 인한 상해·사망 등의 해당 여부 및 보상금액 등을 심의하기 위하여 지방자치단체에 지방의회 의원 상해 등 보상심의회(이하 "보상심의회"라 한다)를 둔다.

③ 제2항의 보상심의회는 위원장을 포함하여 5명 이내로 구성하되, 위원장은 시·도의 경우에는 부시장이나 부지사, 시·군 및 자치구의 경우에는 부시장·부군수 또는 부구청장이 되고, 위원은 다음 각 호의 어느 하나에 해당하는 자 중에서 지방자치단체의 장이 임명하거나 위촉한다.

　　1. 해당 지방의회 의원 1명

　　2. 해당 지방자치단체 소속 공무원 1명

　　3. 의무직공무원 1명

　　4. 사회보장에 관한 학식과 경험이 있는 자 1명

④ 법 제34조에 따른 보상금은 보상금을 받을 권리가 있는 자의 신청을 받아 보상심의회의 심의를 거쳐 지방자치단체의 장이 결정하여 지급한다.

⑤ 보상심의회에 출석한 위원에게는 예산의 범위에서 수당을 지급할 수 있다. 다만, 해당 지방자치단체

소속 공무원인 위원의 경우에는 그러하지 아니하다.

⑥ 이 영에 규정된 것 외에 보상금의 지급기준과 절차 등에 관하여 필요한 사항은 해당 지방자치단체의 조례로 정한다.

제36조(중요 재산, 공공시설의 취득 · 설치 및 처분의 범위 등) ① 법 제39조 제1항 제6호에서 "대통령령으로 정하는 중요 재산의 취득 · 처분"이란 「공유재산 및 물품관리법 시행령」 제7조 제1항에 따른 중요 재산의 취득 · 처분을 말한다.

② 제1항에도 불구하고 「공유재산 및 물품 관리법 시행령」 제7조 제3항에 해당하면 중요 재산의 취득 · 처분에 포함하지 아니한다. 〈개정 2014. 7. 7.〉

③ 법 제39조 제1항 제7호에서 "대통령령으로 정하는 공공시설의 설치 · 처분"이란 법 제144조에 따라 조례나 다른 법령에 따라 설치하는 공공시설의 신 · 증설, 용도폐지 · 변경 및 공공시설로서의 성질을 유지할 것을 조건으로 국가나 다른 지방자치단체에 양여(讓與)하는 경우를 말한다.

④ 법 제39조 제1항 제6호 및 제7호에 모두 해당하는 경우에는 그 중 어느 하나의 규정에 따라 지방의회의 의결이 있으면 법 제39조 제1항 제6호 및 제7호에 따른 지방의회의 의결이 있은 것으로 본다.

⑤ 법 제39조 제1항 제6호 및 제7호에 따른 지방의회의 의결사항 중 중요 재산의 취득 · 처분이나 공공시설의 설치 · 처분에 관하여 다른 법령에 따라 지방의회의 의결을 받거나 의견을 청취한 경우에는 법 제39조 제1항 제6호 및 제7호에 따른 지방의회의 의결이 있은 것으로 본다.

제37조(교류협력의 범위) 법 제39조 제1항 제10호에서 "교류협력"이란 외국 지방자치단체와의 자매결연 체결이나 국제행사의 유치 · 개최 등을 말한다.

제38조(서류제출 요구 방법 등) ① 법 제40조에 따른 서류제출 요구는 늦어도 그 서류 제출일 3일전까지 하여야 한다.

② 제1항의 요구를 받은 지방자치단체의 장은 법령이나 조례에서 특별히 규정한 경우 외에는 그에 따라야 한다.

제39조(행정사무 감사 또는 조사의 실시) ① 법 제41조에 따른 지방자치단체의 사무에 대한 감사는 그 지방자치단체의 조례에서 정하는 바에 따라 매년 제1차 또는 제2차 정례회의 회기 내에 한다.

② 지방의회는 법 제41조에 따라 해당 지방자치단체의 사무 중 특정 사안에 관한 조사의 발의가 있을 경우에는 그 조사 여부에 관하여 의결을 한다. 지방의회가 폐회 중 또는 휴회 중인 경우 조사의 발의가 있으면 지방의회의 집회 또는 재개의 요구가 있는 것으로 본다.

③ 감사나 조사는 제41조에 따른 감사 또는 조사계획서에 의하여 한다.

④ 지방의회 의원은 감사 또는 조사를 할 때에 사무보조가 필요하면 지방의회사무직원의 보조를 받을 수 있다.

제40조(행정사무 감사 또는 조사위원회 등의 구성) 지방의회는 해당 지방자치단체의 사무를 감사 또는 조사하려는 경우에는 본회의에서 하거나 소관 상임위원회별로 또는 특별위원회를 구성하여 하게 할 수 있다.

제41조(행정사무 감사 또는 조사계획서) ① 제40조에 따른 소관 상임위원회나 특별위원회(이하 "감사 또는 조사위원회"라 한다)는 다음 사항을 적은 감사 또는 조사계획서를 작성하여 본회의에 제출하고 그 승인을 받아 감사나 조사를 한다.

　　1. 감사 또는 조사위원회의 편성

　　2. 감사 또는 조사일정

　　3. 감사 또는 조사요령

4. 조사의 경우에는 그 목적 및 범위

5. 그 밖에 조례로 정하는 사항

② 본회의는 제1항의 감사 또는 조사계획서를 검토한 다음 의결로써 승인하거나 반려한다.

③ 의장은 감사 또는 조사계획서가 본회의에서 승인되면 지체 없이 해당 지방자치단체의 장에게 통보하여야 한다.

④ 제40조에 따라 본회의에서 직접 감사 또는 조사를 할 경우에는 제1항 제2호부터 제5호까지의 사항을 적은 감사 또는 조사계획서를 작성하여 의결하고 지체 없이 해당 지방자치단체의 장에게 통보하여야 한다.

제42조(행정사무 감사 또는 조사의 대상 기관) ① 감사나 조사의 대상 기관은 다음 각 호와 같다. 〈개정 2010. 11. 2., 2014. 9. 24.〉

1. 해당 지방자치단체

2. 법 제113조부터 제116조까지의 규정에 따른 해당 지방자치단체의 소속 행정기관과 법 제117조와 제120조에 따른 하부행정기관

3. 법 제121조에 따라 설치된 교육·과학 및 체육에 관한 기관

4. 해당 지방자치단체가 설치한 법 제146조에 따른 지방공기업

5. 법 제104조 제2항과 제3항에 따라 위임·위탁된 사무(지방자치단체에 위임·위탁된 사무는 제외한다)를 처리하는 단체 또는 기관. 다만, 본회의가 특히 필요하다고 의결하는 경우만 해당한다.

6. 「지방자치단체 출자·출연 기관의 운영에 관한 법률」 제2조 제1항에 따른 출자·출연 기관 중 지방자치단체가 4분의 1 이상 출자하거나 출연한 법인. 다만, 본회의가 특히 필요하다고 의결하는 경우에 지방자치단체의 출자 또는 출연에 관련된 업무·회계·재산에 대하여만 실시한다.

② 지방의회는 제1항에 따른 감사 또는 조사 대상 기관의 사무가 둘 이상의 지방자치단체의 사무에 해당하면 이를 감사 또는 조사할 때에 관계 지방자치단체의 지방의회와 협의하여야 한다.

제43조(행정사무 감사 또는 조사의 방법 등) ① 법 제41조 제4항에 따른 현지확인의 통보 및 서류의 제출이나 지방자치단체의 장, 관계 공무원 또는 그 사무에 관계되는 자의 출석·증언 및 의견진술의 요구는 늦어도 그 현지확인일·서류제출일·출석일 등의 3일 전까지 의장을 통하여 하여야 한다.

② 제1항의 요구를 받은 관계인 또는 관계 기관은 법령이나 조례에서 특별히 규정한 경우 외에는 그 요구에 따라야 하며 감사 또는 조사에 협조하여야 한다.

③ 제1항의 요구를 받은 지방자치단체의 장, 관계 공무원 또는 그 사무에 관계되는 자가 그 요구에 따를 수 없는 정당한 이유가 있는 경우에는 그 이유서를 출석·증언이나 의견진술일 등의 1일전까지 의장에게 제출하여야 한다.

④ 법 제41조 제5항에 따른 과태료는 해당 지방의회 의장의 통보 등으로 지방자치단체의 장이 부과하되, 과태료의 부과기준은 그 지방자치단체의 조례로 정한다.

⑤ 의장이나 위원장이 증인에게 증언을 요구할 때에는 선서하게 하여야 하며, 선서 전에 의장이나 위원장은 선서의 취지를 알리고 위증을 하면 고발될 수 있음을 알려야 한다.

⑥ 증인 선서의 방식에 관하여는 「국회에서의 증언·감정 등에 관한 법률」 제8조를 준용한다.

제44조(증인의 보호 및 실비 보상) ① 지방의회에서 증언·진술하는 증인·참고인이 방송·보도 등에 응하지 아니한다는 의사를 표명하거나 특별한 이유로 회의의 비공개를 요구할 때에는 본회의나 위원회의 의결로 방송·보도를 금지하거나 회의의 일부 또는 전부를 공개하지 아니할 수 있다.

② 지방의회에서 증언·진술한 증인·참고인이 그 사본을 요구하면 의장의 승인을 받아 내줄 수 있다.

③ 법 제41조 제4항에 따라 서류의 제출이나 증언·진술을 하기 위하여 지방의회나 그 밖의 장소에 출석한 자에게는 해당 지방자치단체의 조례에서 정하는 바에 따라 여비 등 실비를 지급한다.

제45조(행정사무 감사 또는 조사의 한계) 감사 또는 조사는 개인의 사생활을 침해하거나 계속 중인 재판이나 수사 중인 사건의 소추에 관여할 목적으로 행사되어서는 아니 된다.

제46조(제척과 회피) ① 지방의회 의원은 직접 이해관계가 있거나, 공정을 꾀할 수 없는 현저한 사유가 있는 경우 그 사안에 대한 감사 또는 조사에는 참여할 수 없다.

② 본회의나 감사 또는 조사위원회는 제1항의 사유가 있다고 인정하면 그 의결로 해당 지방의회의원의 감사나 조사를 중지시키고 다른 의원에게 감사하게 하거나 조사하게 하여야 한다.

③ 제2항의 조치에 대하여 해당 지방의회 의원의 이의가 있으면 본회의에서 의결하는 바에 따른다.

④ 제1항의 사유가 있는 지방의회 의원은 그 사안에 대하여만 본회의, 감사 또는 조사위원회의 허가를 받아 감사 또는 조사를 회피할 수 있다.

제47조(주의 의무) ① 지방의회 의원은 감사 또는 조사를 하려는 때에는 그 대상 기관의 기능과 활동이 현저히 저해되거나 기밀이 누설되지 아니하도록 주의하여야 한다.

② 지방의회 의원과 사무보조자는 감사 또는 조사를 통하여 알게 된 비밀을 정당한 사유 없이 누설하여서는 아니 된다.

제48조(공개 원칙) 감사나 조사는 공개한다. 다만, 본회의나 감사 또는 조사위원회의 의결로 공개하지 아니할 수 있다.

제49조(국가 및 시·도의 사무에 대한 감사의 방법 등) ① 법 제41조 제3항에 따라 국가사무와 시·도의 사무에 대하여 시·도의회와 시·군 및 자치구의회가 하는 감사에 관하여는 제39조부터 제48조까지 및 제50조부터 제52조까지의 규정을 각각 준용한다.

② 법 제41조 제3항 후단에 따라 국회나 시·도의회가 감사를 한 지방의회에 필요한 자료를 요구하면 그에 따라야 한다.

제50조(행정사무 감사 또는 조사 결과의 보고) ① 감사 또는 조사위원회가 감사 또는 조사를 끝내면 그 위원회의 위원장은 지체 없이 의장에게 감사 또는 조사보고서를 제출하고, 본회의에 보고하여야 한다.

② 의장은 위원장에게 감사 또는 조사에 관한 중간보고를 하게 할 수 있다.

제51조 삭제 〈2011. 10. 14.〉

제52조(운영 규정) 법 및 이 영에 규정된 것 외에 감사 또는 조사에 필요한 사항은 해당 지방자치단체의 조례로 정한다.

제53조(대리 출석·답변의 통지) 지방자치단체의 장은 법 제42조 제2항 단서에 따라 관계 공무원을 출석·답변하게 하려면 그 이유를 밝힌 서면으로 본회의나 그 위원회의 회의 시작 전까지 지방의회의 의장이나 그 위원회의 위원장에게 알려야 한다.

제54조(정례회의 집회일 등) ① 법 제44조에 따른 정례회 중 제1차 정례회는 매년 5월·6월 중에, 제2차 정례회는 11월·12월 중에 열어야 한다. 다만, 총선거가 실시되는 해의 제1차 정례회는 9월·10월 중에 열 수 있다. 〈개정 2016. 1. 12.〉

② 제1항에 따른 정례회에서 처리하여야 할 안건은 다음 각 호와 같다.

　　1. 제1차 정례회는 법 제134조에 따른 결산 승인 및 그 밖에 지방의회의 회의에 부치는 안건

　　2. 제2차 정례회는 법 제127조에 따른 예산안의 의결 및 그 밖에 지방의회의 회의에 부치는 안건

③ 법 및 이 영에서 정한 사항 외에 정례회의 집회일과 회기, 그 밖에 정례회의 운영에 관하여 필요한 사항은 해당 지방자치단체의 조례로 정한다.

제55조(불신임 의결의 통고 등) 지방의회는 법 제55조에 따라 의장이나 부의장에 대한 불신임 의결이 있으면 해당 지방자치단체의 장에게 그 내용을 지체 없이 통고하여야 하며, 그 통고를 받은 지방자치단체의 장은 시·도의 경우에는 행정안전부장관에게, 시·군 및 자치구의 경우에는 시·도지사에게 그 내용을 지체 없이 보고하여야 한다. 〈개정 2008. 2. 29., 2013. 3. 23., 2014. 11. 19., 2017. 7. 26.〉

제56조(특별위원회의 설치) ① 특별위원회는 여러 개의 상임위원회 소관과 관련되거나 특별한 사안에 대한 조사 등이 필요한 경우에 본회의의 의결로 설치할 수 있다.

② 제1항에 따라 특별위원회를 설치하려는 때에는 그 활동 기간을 정하여야 한다. 이 경우 본회의의 의결로 그 활동기간을 연장할 수 있다.

③ 특별위원회는 활동 기간이 끝나기 전까지 활동결과보고서를 본회의에 제출하여야 한다.

제57조(지방의회의 회의록 작성 및 보고) ① 지방의회는 회의 내용을 속기나 녹음으로 기록·보존하여야 한다.

② 지방의회의 의장은 법 제72조 제3항에 따른 통고를 회의가 끝난 날부터 30일 이내에 하여야 하며, 그 통고를 받은 지방자치단체의 장은 행정안전부장관이나 시·도지사가 요구하면 5일 이내에 회의록 사본을 첨부하여 보고하여야 한다. 〈개정 2008. 2. 29., 2013. 3. 23., 2014. 11. 19., 2017. 7. 26.〉

③ 법 및 이 영에 규정한 것 외에 회의록에 관하여 필요한 사항은 회의 규칙으로 정한다.

제58조(소개의견서의 첨부) 법 제73조에 따라 지방의회에 제출하는 청원서에는 소개하는 지방의회 의원의 의견서를 첨부하여야 한다.

제59조(청원서의 보완 요구) 의장은 지방의회에 제출된 청원서가 그 요건을 갖추지 못한 경우에는 기간을 정하여 보완하도록 요구할 수 있다.

제60조(운영 규정) 법 및 이 영에 규정된 것 외에 청원에 필요한 사항은 의회 규칙으로 정한다.

제61조(의원의 사직) ① 지방의회 의원은 사직하려면 본인이 서명하거나 도장을 찍은 사직서를 의장에게 제출하여야 한다.

② 지방의회는 법 제77조에 따른 사직의 허가 여부에 대하여는 토론하지 아니하고 표결에 부친다.

제62조(의원의 자격심사) ① 법 제79조에 따른 지방의회 의원의 자격심사를 청구받은 의장은 그 청구서의 부본을 피심의원에게 송달하고 기간을 정하여 답변서를 제출하게 하여야 하며, 피심의원이 정당한 이유 없이 그 기간 내에 답변서를 제출하지 아니하면 청구서만으로 의원의 자격을 심사할 수 있다.

② 지방의회는 필요한 경우 청구의원과 피심의원을 회의에 출석하게 하여 질문할 수 있다.

③ 피심의원은 지방의회의 다른 의원으로 하여금 회의에 참석하여 변명하게 할 수 있다.

제63조(사무직원의 겸임 업무) 법 제90조에 따라 지방의회에 두는 사무처장·사무국장·사무과장 및 직원은 그 지방자치단체의 집행기관에 소속된 공무원에게 업무를 겸하게 할 수 있다.

[제목개정 2021. 1. 5.]

제63조의2(지방자치단체의 장이 임용권을 위임하는 일반직공무원의 범위) 법 제91조 제2항 제3호에서 "대통령령으로 정하는 일반직공무원"이란 별표 7의2에 따른 공무원을 말한다.

[본조신설 2013. 11. 20.]

제4장 집행기관

제64조(지방자치단체의 장의 선서) 지방자치단체의 장은 취임에 즈음하여 다음의 선서를 한다.

"나는 법령을 준수하고 주민의 복리증진 및 지역사회의 발전과 국가시책의 구현을 위하여 시·도지사(시장·군수·구청장)로서의 직책을 성실히 수행할 것을 엄숙히 선서합니다."

제65조(지방자치단체의 장의 사임통지의 보고) ① 법 제98조에 따른 지방자치단체의 장의 사임통지는 사임일 10일 전까지 하여야 한다. 다만, 부득이한 사유가 있는 경우에는 그러하지 아니하다.

② 제1항에 따라 지방자치단체의 장이 사임통지를 하였을 때에는 시·도의 경우에는 행정안전부장관에게, 시·군 및 자치구의 경우에는 시·도지사에게 이를 즉시 보고하여야 한다. 〈개정 2008. 2. 29., 2013. 3. 23., 2014. 11. 19., 2017. 7. 26.〉

제66조(사무인계) ① 법 제106조에 따른 사무인계는 임기만료로 인한 퇴직의 경우에는 새로운 지방자치단체의 장의 임기가 시작되는 날에, 임기 중에 퇴직하는 경우에는 퇴직하는 날에 그 소관사무의 전부를 새로운 지방자치단체의 장 또는 그 직무나 권한을 대행하는 자에게 인계하여야 한다.

② 제1항에 따라 직무나 권한을 대행하는 자가 사무를 인계받은 경우에는 새로운 지방자치단체의 장이 사무를 인수할 수 있게 될 때에 지체 없이 새로운 지방자치단체의 장에게 인계하여야 한다.

제67조(사무인계서) 제66조에 따른 사무인계는 다음 각 호의 사항을 적은 사무인계서를 작성하고 인계자·인수자 및 참관인이 각각 이에 기명·날인하는 방법으로 해야 한다. 〈개정 2021. 1. 5.〉

1. 서류 및 장부의 목록
2. 공유재산·물품·채권·채무등 재산의 목록
3. 예산·회계의 수지현계표(收支現計表) 및 잔액증명
4. 기획 중 또는 시행 중인 중요 사업
5. 그 밖의 주요 사항

제68조(사무인계 시의 참관) ① 사무인계를 하는 경우에는 반드시 참관인을 두어야 하며, 참관인은 인계가 끝난 즉시 인계서의 흠결 여부를 확인하여 도장을 찍어야 한다.

② 사무인계 시의 참관은 부지사·부시장·부군수 또는 부구청장이 하여야 한다. 다만, 다음 각 호의 어느 하나에 해당하는 경우에는 해당 지방자치단체의 규칙으로 정하는 자가 참관한다.

1. 결원 등의 사유로 부지사·부시장·부군수 또는 부구청장이 참관할 수 없는 경우
2. 제66조에 따라 직무나 권한을 대행하는 자가 인계를 받는 경우
3. 제66조 제2항에 따라 직무나 권한을 대행하는 자가 새로운 지방자치단체의 장에게 사무인계를 하는 경우

제69조(사무인계서류의 생략) 제67조 각 호의 사항 중 인계 당시 갖추어 두고 있는 목록 또는 대장으로 현황을 확인할 수 있는 것은 그로써 사무인계서의 해당부분 작성에 갈음할 수 있다. 이 경우 그 뜻을 사무인계서에 적어야 한다.

제70조(운영 규정) 법 및 이 영에 규정된 것 외에 지방자치단체의 장의 사무인계에 관하여 필요한 사항은 해당 지방자치단체의 규칙으로 정한다.

제71조(지방의회의 재의 및 절차) ① 법 제26조와 법 제107조 또는 법 제108조에 따른 재의(再議)의 요구는 지방의회가 폐회 중일 때에도 할 수 있으며, 재의를 요구받은 지방의회는 부득이한 사유가 없으면 재의요구서가 도착한 날부터 10일 이내에 재의에 부쳐야 한다. 이 경우 폐회 중 또는 휴회 중인 기간

은 이를 산입하지 아니한다.

② 지방자치단체의 장은 지방의회의 의결의 일부에 대하여 또는 그 의결을 수정하여 재의를 요구할 수 없다.

제72조(선결처분) ① 법 제109조 제1항에서 "주민의 생명과 재산보호를 위하여 긴급하게 필요한 사항"이란 다음 각 호의 어느 하나에 해당하는 것을 말한다. 〈개정 2010. 12. 29.〉

  1. 천재지변이나 대형화재로 인한 피해의 복구 및 구호
  2. 중요한 군사안보상의 지원
  3. 급성감염병에 대한 예방조치
  4. 그 밖에 긴급하게 조치하지 아니하면 주민의 생명과 재산에 중대한 피해가 발생할 우려가 있는 사항

② 지방자치단체의 장은 선결처분을 하였을 때에는 시·도의 경우에는 행정안전부장관에게, 시·군 및 자치구의 경우에는 시·도지사에게 그 사실을 보고하여야 한다. 〈개정 2008. 2. 29., 2009. 8. 13., 2013. 3. 23., 2014. 11. 19., 2017. 7. 26.〉

제73조(부시장·부지사 등의 수와 직급 등) ① 법 제110조 제1항에 따라 특별시의 부시장은 3명, 광역시·특별자치시의 부시장과 도 및 특별자치도의 부지사는 2명(인구 800만 이상의 광역시 및 도는 3명)으로 한다. 〈개정 2012. 6. 29.〉

② 법 제110조 제2항에 따라 국가공무원으로 보(補)하는 부시장·부지사(이하 "행정부시장" 또는 "행정부지사"라 한다)는 특별시의 경우에는 정무직 국가공무원으로, 광역시·특별자치시·도와 특별자치도의 경우에는 「국가공무원법」제2조의2에 따라 고위공무원단에 속하는 일반직공무원으로 보하되, 그 직무등급(「국가공무원법」제23조에 따라 행정안전부장관이 배정하는 직무등급을 말한다)은 행정안전부령으로 정한다. 〈개정 2008. 2. 29., 2008. 12. 31., 2012. 6. 29., 2013. 3. 23., 2014. 11. 19., 2017. 7. 26.〉

③ 법 제110조 제2항 단서에 따라 지방공무원으로 보하는 부시장·부지사(이하 "정무부시장" 또는 "정무부지사"라 한다)는 특별시의 경우에는 정무직 지방공무원으로, 광역시·특별자치시·도와 특별자치도의 경우에는 별정직 1급상당 지방공무원 또는 지방관리관으로 보한다. 〈개정 2009. 8. 13., 2012. 6. 29.〉

④ 행정부시장·행정부지사는 시·도의 사무를 총괄하고 소속 공무원을 감독하며, 정무부시장·정무부지사는 해당 시·도지사를 보좌하여 정책과 기획의 수립에 참여하고 그 밖의 정무적 업무를 수행한다. 다만, 시·도의 정무부시장·정무부지사는 해당 시·도의 조례로 정하는 바에 따라 행정부시장·행정부지사의 업무를 분담하여 수행할 수 있다. 〈개정 2009. 8. 13., 2012. 6. 29., 2014. 6. 3.〉

⑤ 제4항 단서에 따라 행정부시장·행정부지사의 업무를 분담하여 수행하는 정무부시장·정무부지사에 대한 명칭은 조례로 정한다. 〈신설 2009. 8. 13.〉

⑥ 행정부시장·행정부지사를 2명 두는 시·도의 경우에는 이를 행정(1)부시장·행정(1)부지사, 행정(2)부시장·행정(2)부지사로 하고, 그 사무분장은 별표 8에서 정하는 바에 따른다. 〈개정 2008. 10. 8., 2009. 8. 13.〉

⑦ 시·군과 자치구의 부시장·부군수 및 부구청장의 직급은 다음 각 호의 기준에 따른다. 〈개정 2009. 8. 13., 2014. 12. 23.〉

  1. 인구 10만 미만의 시·군 및 광역시의 자치구 : 지방 서기관
  2. 인구 50만 미만의 특별시의 자치구와 인구 10만 이상 50만 미만의 시·군 및 광역시의 자치구

: 지방 부이사관

    3. 인구 50만 이상의 시·군 및 자치구 : 지방 이사관

⑧ 제7항을 적용할 때에 인구는 해당 시·군이나 자치구에 주민등록이 되어 있는 주민 수를 기준으로 한다. 인구 변동에 따른 직급 조정 등은 다음 각 호의 기준에 따른다. 〈개정 2009. 8. 13.〉

    1. 매 해 말 인구가 해당 시·군 또는 자치구의 부시장·부군수 또는 부구청장의 직급에 해당하는 인구 기준을 2년간 연속하여 초과하면 다음 해 7월 1일에 그 직급을 상향조정한다.

    2. 전년도 각 분기 말 인구를 산술평균한 인구가 해당 시·군 또는 자치구의 부시장·부군수 또는 부구청장의 직급에 해당하는 인구 기준에 2년간 연속하여 못 미치면 다음 해 7월 1일에 그 직급을 하향조정한다.

    3. 시·군 또는 자치구가 신설되는 경우 신설된 시·군 또는 자치구의 부시장·부군수 또는 부구청장의 직급은 그 시·군 또는 자치구가 신설된 날 현재의 인구를 기준으로 한다.

⑨ 「지방자치분권 및 지방행정체제 개편에 관한 특별법」 제42조 제1항 후단에 따른 부시장은 지방 이사관, 별정직 2급 상당 지방공무원 또는 지방임기제공무원으로 보한다. 〈신설 2010. 11. 2., 2013. 11. 20., 2019. 3. 12.〉

제74조(권한대행 및 직무대리) ① 법 제111조 제1항 및 제2항에 따라 지방자치단체의 장의 권한을 대행하는 부지사·부시장·부군수·부구청장(이하 이 조에서 "부단체장"이라 한다)은 법령과 그 지방자치단체의 조례나 규칙에서 정하는 바에 따라 그 지방자치단체의 장의 권한에 속하는 사무를 처리한다.

② 지방자치단체의 장은 법 제111조 제3항에 따른 사유가 발생한 경우에는 부단체장이 직무를 대리할 범위와 기간을 미리 서면으로 정하여야 한다.

③ 법 제111조 제3항에 따라 지방자치단체의 장의 직무를 대리하는 부단체장은 제2항에 따라 지방자치단체의 장이 미리 서면으로 위임하거나 지시한 사무를 처리한다. 다만, 공익상 긴급히 처리하여야 할 경우에는 위임되거나 지시된 사무 외에 지방자치단체의 장의 권한에 속하는 사무를 처리할 수 있다.

④ 법 제111조 제1항 및 제2항에 따라 부단체장이 지방자치단체의 장의 권한대행을 하게 되거나 권한대행을 하지 아니하게 될 때에는 즉시 이를 지방의회에 통보하고, 시·도의 경우에는 행정안전부장관에게, 시·군·자치구의 경우에는 시·도지사에게 즉시 보고하여야 한다. 〈개정 2008. 2. 29., 2013. 3. 23., 2014. 11. 19., 2017. 7. 26.〉

⑤ 법 제110조 제1항 제1호 및 제2호에 따라 부시장·부지사 3명을 두는 시·도의 경우에는 행정(1)부시장·행정(1)부지사, 행정(2)부시장·행정(2)부지사, 정무부시장·정무부지사의 순으로 시·도지사의 권한을 대행하거나 직무를 대리하고, 부시장이나 부지사 2명을 두는 시·도의 경우에는 행정부시장·행정부지사, 정무부시장·정무부지사의 순으로 시·도지사의 권한을 대행하거나 직무를 대리한다. 〈개정 2010. 11. 2.〉

제75조(직속기관의 설치) 지방자치단체는 소관 사무의 성격상 별도의 전문기관에서 수행하는 것이 효율적인 경우에는 법 제113조에 따라 조례로 직속기관을 설치할 수 있다.

제76조(대학 및 전문대학 등의 설치) 지방자치단체가 제75조에 따라 직속기관 중 대학이나 전문대학 등을 설치하려는 경우에는 다음 각 호의 요건을 모두 갖추어야 한다.

    1. 대학과 전문대학 등을 설치·운영할 만한 지방자치단체의 재정 지원 능력이 있을 것

    2. 지역 내에 산업인력 수요가 있고 대학 및 전문대학 등이 그 인력을 공급할 필요성이 있을 것

    3. 지역 간 균형 발전에 기여할 수 있을 것

    4. 대학과 전문대학 등의 중장기 발전계획, 학과편성 및 학생정원이 적정할 것

    5. 대학과 전문대학 등의 설치에 관하여 지역사회의 적극적인 지원이 있을 것

제77조(사업소의 설치) 지방자치단체는 다음 각 호의 요건을 갖춘 경우에는 법 제114조에 따라 사업소를 설치할 수 있다. 다만, 일정기간 후에 끝나는 사업을 추진하기 위한 경우에는 사업소를 한시적으로 설치한다.

    1. 업무의 성격이나 업무량 등으로 보아 별도의 기관에서 업무를 수행하는 것이 효율적일 것

    2. 사업장의 위치상 현장에서 업무를 추진하는 것이 효율적일 것

제78조(출장소의 설치) ① 지방자치단체는 다음 각 호의 요건을 갖춘 경우에는 법 제115조에 따라 출장소를 설치할 수 있다.

    1. 원격지 주민의 편의를 위하여 소관 사무를 분장할 필요가 있을 것

    2. 업무의 종합성과 계속성이 있을 것

    3. 관할구역의 범위가 분명할 것

② 제1항에도 불구하고 다음 각 호의 어느 하나에 해당하는 경우에는 출장소를 설치할 수 없다. 〈개정 2011. 10. 14.〉

    1. 자치구가 아닌 구가 설치된 시(법 제7조 제2항에 따른 도농 복합형태의 시는 제외한다)의 경우

    2. 법 제4조의2제4항에 따라 설치된 행정동의 경우

제79조(합의제 행정기관의 설치) 지방자치단체는 다음 각 호의 어느 하나에 해당하는 경우에는 법 제116조에 따라 합의제 행정기관을 설치할 수 있다.

    1. 고도의 전문지식이나 기술이 요청되는 경우

    2. 중립적이고 공정한 집행이 필요한 경우

    3. 주민 의사의 반영과 이해관계의 조정이 필요한 경우

제80조(자문기관의 설치요건) ① 지방자치단체는 법 제116조의2제1항에 따라 심의회·위원회 등의 자문기관(이하 "자문기관"이라 한다)을 설치할 경우에는 다음 각 호의 어느 하나에 해당하는 요건을 갖추어야 한다.

    1. 업무 특성상 전문적인 지식이나 경험이 있는 사람의 의견을 들어 결정할 필요가 있을 것

    2. 업무의 성질상 다양한 이해관계의 조정 등 특히 신중한 절차를 거쳐 처리할 필요가 있을 것

② 해당 지방자치단체에 설치된 다른 자문기관과 심의사항이 유사하거나 중복되는 자문기관을 설치·운영하여서는 아니 된다.

[전문개정 2009. 8. 13.]

제80조의2(자문기관의 구성) ① 자문기관은 설치 목적을 효율적으로 달성하는 데 필요한 인원으로 구성한다.

② 자문기관의 위원은 비상임으로 하고, 공무원이 아닌 위원의 임기는 3년을 넘지 아니하도록 하여야 한다.

[본조신설 2009. 8. 13.]

제80조의3(자문기관의 존속기한) ① 지방자치단체는 자문기관을 설치할 때에 계속 존속시켜야 할 명백한 사유가 없는 경우에는 해당 자문기관의 존속기한을 조례에 명시하여야 한다.

② 제1항에 따른 존속기한은 5년의 범위에서 자문기관의 목적을 달성하는 데 필요한 최소한의 기간으로 한다.

[본조신설 2009. 8. 13.]

제81조(이장의 임명) ① 법 제4조의2제4항에 따른 읍·면의 행정리에는 이장을 둔다. 〈개정 2010. 11. 2.〉

② 제1항에 따른 이장은 주민의 신망이 두터운 자 중에서 해당 지방자치단체의 규칙으로 정하는 바에 따라 읍장·면장이 임명한다.

③ 읍장·면장이 제2항에 따라 이장을 임명한 경우에는 이를 해당 시장이나 군수에게 보고하여야 한다.

제5장 재무

제82조(결산 승인) 법 제134조에 따른 지방의회의 결산 승인은 제1차 정례회의의 회기 내에 처리하여야 한다.

제83조(검사위원의 선임) ① 법 제134조에 따른 검사위원의 수는 시·도의 경우에는 5명 이상 10명 이하, 시·군 및 자치구의 경우에는 3명 이상 5명 이하로 하되, 그 수·선임방법·운영 및 실비보상에 필요한 사항은 해당 지방자치단체의 조례로 정한다.

② 제1항에 따른 검사위원은 해당 지방의회 의원이나 공인회계사·세무사 등 재무관리에 관한 전문지식과 경험을 가진 자 중에서 선임한다. 이 경우 지방의회 의원은 검사위원 수의 3분의 1을 초과할 수 없다.

③ 지방자치단체의 상근 직원은 검사위원이 될 수 없다.

제84조(결산 검사 사항) ① 검사위원의 결산 검사 사항은 다음 각 호와 같다. 〈개정 2016. 1. 12.〉

　　1. 결산개요

　　2. 세입·세출의 결산

　　3. 재무제표

　　4. 성과보고서

　　5. 결산서의 첨부서류

　　6. 금고의 결산

② 검사위원은 지방자치단체의 장과 금고에 대하여 검사에 필요한 자료를 요구할 수 있으며, 그 요구를 받은 지방자치단체의 장과 금고는 특별한 사유가 없으면 협조하여야 한다.

③ 검사위원은 결산 검사가 끝난 후 10일 이내에 검사의견서를 해당 지방자치단체의 장에게 제출하여야 하며, 지방의회는 결산심의 시 필요하다고 인정하면 검사위원을 출석시켜 설명을 들을 수 있다.

④ 제1항부터 제3항까지의 규정에서 정한 사항 외에 결산 검사의 세부 기준 및 절차 등에 관하여 필요한 사항은 행정안전부장관이 정한다. 〈신설 2016. 1. 12., 2017. 7. 26.〉

제6장 지방자치단체 상호간의 관계

제85조(분쟁조정 신청 및 직권조정 절차) ① 법 제148조 제1항에 따른 분쟁의 조정 신청은 분쟁 당사자의 쌍방 또는 일방이 서면으로 행정안전부장관이나 시·도지사에게 신청하여야 한다. 이 경우 분쟁 당사자의 일방이 분쟁의 조정 신청을 하였을 때에는 행정안전부장관이나 시·도지사는 이를 다른 당사자에게 알려야 한다. 〈개정 2008. 2. 29., 2013. 3. 23., 2014. 11. 19., 2017. 7. 26.〉

② 행정안전부장관이나 시·도지사는 제1항에 따른 분쟁의 조정 신청을 받으면 이를 지체 없이 지방자

치단체 중앙분쟁조정위원회나 지방자치단체 지방분쟁조정위원회(이하 이 조에서 "분쟁조정위원회"라 한다)에 회부하여야 한다. 〈개정 2008. 2. 29., 2013. 3. 23., 2014. 11. 19., 2017. 7. 26.〉

③ 법 제148조 제1항 단서의 규정에 따라 행정안전부장관이나 시·도지사가 분쟁을 조정하는 경우에는 미리 서면으로 당사자에게 기간을 정하여 협의하여 분쟁을 해결하거나 분쟁조정을 신청하도록 권고하여야 하며, 그 기간 내에 분쟁이 해결되지 아니하거나 분쟁조정 신청이 없는 경우에는 제2항에 따른 분쟁조정위원회에 회부할 수 있다. 〈개정 2008. 2. 29., 2013. 3. 23., 2014. 11. 19., 2017. 7. 26.〉

④ 제2항과 제3항에 따라 회부된 분쟁에 대하여 분쟁조정위원회가 심의·의결을 마치면 지체 없이 그 의결 내용을 행정안전부장관이나 시·도지사에게 통보하여야 한다. 〈개정 2008. 2. 29., 2013. 3. 23., 2014. 11. 19., 2017. 7. 26.〉

제86조(이행계획의 보고) 법 제148조 제5항에 따라 행정안전부장관이나 시·도지사로부터 조정결정을 통보받은 지방자치단체의 장은 통보를 받은 날부터 30일 이내에 그 이행을 위한 계획을 작성하여 행정안전부장관이나 시·도지사에게 보고하여야 한다. 〈개정 2008. 2. 29., 2013. 3. 23., 2014. 11. 19., 2017. 7. 26.〉

제87조(중앙분쟁조정위원회의 위원장의 직무 및 회의 등) ① 지방자치단체 중앙분쟁조정위원회(이하 "중앙분쟁조정위원회"라 한다)의 위원장은 위원회를 대표하고, 위원회의 업무를 총괄한다.

② 중앙분쟁조정위원회의 위원장은 위원회의 회의를 소집하고, 그 의장이 된다.

③ 중앙분쟁조정위원회의 위원장이 부득이한 사유로 직무를 수행할 수 없을 때에는 위원장이 미리 지명한 위원이 그 직무를 대행한다.

제88조(중앙분쟁조정위원회의 당연직 위원) 법 제149조 제5항에 따른 중앙분쟁조정위원회의 당연직 위원은 기획재정부차관, 행정안전부차관, 산업통상자원부차관, 환경부차관 및 국토교통부차관이 된다. 〈개정 2008. 2. 29., 2013. 3. 23., 2014. 11. 19., 2017. 7. 26.〉

제88조의2(위원의 해촉) 중앙분쟁조정위원회 위원의 해촉에 관하여는 제26조의2를 준용한다.

[본조신설 2018. 1. 9.]

제89조(간사) 중앙분쟁조정위원회의 사무를 처리하기 위하여 중앙분쟁조정위원회에 간사 1명과 필요한 공무원을 두되, 간사는 위원장이 행정안전부 소속 공무원 중에서 임명한다. 〈개정 2008. 2. 29., 2013. 3. 23., 2014. 11. 19., 2017. 7. 26.〉

제90조(중앙분쟁조정위원회의 소위원회 등) ① 중앙분쟁조정위원회는 위원회의 심의에 앞서 안건을 전문적으로 검토하기 위하여 소위원회를 둘 수 있다.

② 소위원회는 위원장 1명을 포함하여 5명의 위원으로 구성한다.

③ 소위원회의 위원장은 행정안전부차관이 되고, 위원은 중앙분쟁조정위원회의 위원장이 안건과 관련된 분야의 위원 중에서 지명하되, 당연직 위원과 위촉직 위원을 같은 수로 한다. 〈개정 2008. 2. 29., 2013. 3. 23., 2014. 11. 19., 2017. 7. 26.〉

④ 소위원회의 위원장은 업무수행을 위하여 필요하면 관계 공무원과 관계 전문가 등을 출석하게 하여 의견을 듣거나 관계 기관·단체 등에 대하여 자료 및 의견 제출 등을 요구할 수 있다.

⑤ 소위원회의 운영에 관하여 그 밖에 필요한 사항은 중앙분쟁조정위원회의 의결을 거쳐 위원장이 정한다.

제91조(공무원의 파견 요청 등) ① 중앙분쟁조정위원회는 위원회의 업무수행을 위하여 필요하면 관계 중앙행정기관의 장이나 지방자치단체의 장에게 소속 공무원의 파견을 요청할 수 있다.

② 중앙분쟁조정위원회의 위원장은 제1항에 따라 파견받은 공무원에게 간사의 사무를 지원하게 할 수 있다.

제92조(수당 등) 중앙분쟁조정위원회 및 소위원회에 출석한 위원과 관계 공무원 또는 관계 전문가에게는 예산의 범위에서 수당을 지급할 수 있다. 다만, 공무원인 위원이나 관계 공무원이 소관 업무와 직접 관련하여 출석한 경우에는 그러하지 아니하다.

제93조(운영 세칙) 이 영에 규정된 사항 외에 중앙분쟁조정위원회 및 소위원회의 운영에 필요한 사항은 중앙분쟁조정위원회의 의결을 거쳐 위원장이 정한다.

제94조(지방분쟁조정위원회의 구성 및 운영) ① 지방자치단체 지방분쟁조정위원회(이하 "지방분쟁조정위원회"라 한다)에 관하여는 제26조의2, 제87조 및 제92조를 준용한다. 〈개정 2018. 1. 9.〉

② 이 영에 규정된 것 외에 지방분쟁조정위원회의 구성 및 운영에 필요한 사항은 시·도의 조례로 정한다.

제95조(행정협의회의 구성 기준) ① 법 제152조에 따른 행정협의회(이하 "협의회"라 한다)는 광역계획 및 그 집행, 특수행정수요의 충족, 공공시설의 공동설치, 행정정보의 교환, 행정·재정업무의 조정 등의 필요를 고려하여 관계 지방자치단체 간에 구성한다.

② 제1항에 따른 행정협의회 중 수도권 행정협의회와 대도시권 행정협의회는 수도권과 대도시권 행정의 특수성을 고려하여 관련 시·도로 구성한다.

제96조(협의회 사무소의 위치) 협의회 사무소는 공동으로 처리할 사무의 비중이 보다 큰 지방자치단체(이하 "중심지방자치단체"라 한다)에 둔다.

제97조(협의회 구성 보고) 중심지방자치단체의 장은 법 제152조 제1항에 따라 협의회를 구성하면 10일 이내에 다음 각 호의 사항을 보고하여야 한다.

　　1. 협의회의 명칭
　　2. 가입한 지방자치단체명
　　3. 구성목적
　　4. 구성일자
　　5. 협의회의 규약 사본

제98조(회장) 법 제153조 제1항에 따른 협의회의 회장은 1명으로 하되, 회장이 부득이한 사유로 직무를 수행할 수 없을 때에는 협의회의 규약에서 정하는 바에 따라 그 직무를 대행할 자를 선임한다.

제99조(회의) ① 협의회는 정기 또는 수시로 회의를 개최한다.

② 정기회는 상·하반기로 나누어 연 2회 소집하고 임시회는 규약에서 정하는 바에 따라 관계 지방자치단체의 장이 요구할 때에 회장이 소집한다.

③ 행정안전부장관이나 시·도지사는 개최할 필요성이 있다고 인정되는 협의회에 대하여 시·도가 구성원인 경우에는 행정안전부장관이, 시·군 또는 자치구가 구성원인 경우에는 시·도지사가 그 개최를 권고할 수 있다. 〈개정 2008. 2. 29., 2013. 3. 23., 2014. 11. 19., 2017. 7. 26.〉

④ 회장은 회의가 있을 때마다 협의회의 안건을 준비하여 관계 지방자치단체의 장에게 미리 배포하여야 한다.

⑤ 협의회를 개최한 때에는 회의록을 작성하여야 한다.

⑥ 회장은 협의회 개최 후 14일 이내에 시·도가 구성원인 경우에는 행정안전부장관에게, 시·군 또는 자치구가 구성원인 경우에는 시·도지사에게 협의회 개최 상황을 보고하여야 한다. 〈개정 2008. 2. 29., 2013. 3. 23., 2014. 11. 19., 2017. 7. 26.〉

제100조(자문위원) ① 협의회는 그 협의 사항에 관하여 자문하기 위하여 자문위원을 둘 수 있다.

② 자문위원은 국가의 특별행정기관의 장, 지방의회 의원, 관련 공공단체의 장 및 관계 전문가 중에서 협의회의 승인을 받아 회장이 위촉한다.

제101조(운영 규정) 법 및 이 영에 규정된 것 외에 협의회의 운영에 필요한 사항은 행정안전부령으로 정한다. 〈개정 2008. 2. 29., 2013. 3. 23., 2014. 11. 19., 2017. 7. 26.〉

제102조(협의체의 설립 신고 등) ① 법 제165조에 따라 지방자치단체의 장이나 지방의회의 의장이 전국적 협의체를 설립하였을 때에는 다음 각 호의 사항을 행정안전부장관에게 신고하여야 한다. 신고한 사항을 변경하였을 때에도 또한 같다. 〈개정 2008. 2. 29., 2013. 3. 23., 2014. 11. 19., 2017. 7. 26.〉

    1. 설립취지

    2. 협의체의 명칭

    3. 협의체의 조직과 운영 등에 관한 사항

    4. 창립총회의 회의록

    5. 대표자·임원 및 회원의 성명

② 제1항에 따른 신고는 행정안전부령으로 정하는 서식에 따른다. 〈개정 2008. 2. 29., 2013. 3. 23., 2014. 11. 19., 2017. 7. 26.〉

③ 법 제165조 제1항 제3호 또는 제4호에 따른 협의체는 그 효율적 운영을 위해 각 시·도별 시장·군수·자치구의 구청장 또는 시·군·자치구의회의 의장 전부가 참가하는 지역협의체를 하부조직으로 둘 수 있다. 〈신설 2019. 3. 12.〉

제7장 국가의 지도·감독

제103조(지방자치단체의 사무에 대한 지원 및 보고 청취) ① 중앙행정기관의 장이나 시·도지사는 법 제166조와 제167조에 따른 조언·권고 또는 지도를 위하여 필요하다고 인정하면 지방자치단체의 장이나 관계 공무원의 회의를 소집할 수 있다.

② 중앙행정기관의 장이나 시·도지사는 국가나 지방자치단체의 중요정책이나 시책수립·결정·집행 과정 등에서 정책이나 시책의 실효성을 높이기 위하여 필요하다고 인정하면 지방자치단체의 장에게 지역주민의 여론이나 지역실태 등에 관하여 보고하게 할 수 있다.

제104조(행정협의조정위원회 위원의 임기) 법 제168조 제1항에 따른 행정협의조정위원회(이하 "행정협의조정위원회"라 한다)의 위원장과 위촉위원의 임기는 2년으로 한다. 다만, 보궐위원의 임기는 전임위원 임기의 남은 기간으로 한다.

[전문개정 2011. 10. 14.]

제105조(행정협의조정위원회의 기능 및 협의조정 절차) ① 행정협의조정위원회는 중앙행정기관의 장이나 지방자치단체의 장의 신청에 의하여, 당사자 간에 사무를 처리할 때에 의견을 달리하는 사항에 대하여 협의·조정한다.

② 제1항에 따른 협의·조정의 신청은 당사자의 쌍방 또는 일방이 서면으로 행정협의조정위원회의 위원장에게 신청하여야 한다. 이 경우 시·도지사는 행정안전부장관을, 시장·군수·구청장은 시·도지사와 행정안전부장관을 거쳐야 한다. 〈개정 2008. 2. 29., 2013. 3. 23., 2014. 11. 19., 2017. 7. 26.〉

③ 행정협의조정위원회의 위원장은 제2항에 따른 신청을 받으면 이를 지체 없이 국무총리에게 보고하고 행정안전부장관, 관계 중앙행정기관의 장 및 해당 지방자치단체의 장에게 통보하여야 한다. 〈개정 2008. 2. 29., 2013. 3. 23., 2014. 11. 19., 2017. 7. 26.〉

④ 행정협의조정위원회의 위원장은 제1항에 따른 협의·조정사항에 관한 결정을 하면 지체 없이 서면

으로 국무총리에게 보고하고 행정안전부장관·관계 중앙행정기관의 장 및 해당 지방자치단체의 장에게 통보하여야 하며, 통보를 받은 관계 중앙행정기관의 장과 그 지방자치단체의 장은 그 협의·조정 결정사항을 이행하여야 한다. 〈개정 2008. 2. 29., 2013. 3. 23., 2014. 11. 19., 2017. 7. 26.〉

제106조(회의) 행정협의조정위원회는 재적위원 과반수의 출석으로 개의하고, 출석위원 3분의 2 이상의 찬성으로 의결한다.

제107조(실무위원회) ① 행정협의조정위원회(이하 이 조에서 "위원회"라 한다)는 심의에 앞서 당사자 간의 긴밀한 협조 및 의견 조정과 위원회로부터 위임받은 사무를 처리하기 위하여 위원회에 행정협의조정위원회 실무위원회(이하 "실무위원회"라 한다)를 둔다.

② 실무위원회는 위원장 1명을 포함하여 9명 이내의 실무위원으로 구성한다.

③ 실무위원회의 위원장은 국무조정실장이 되고, 실무위원은 기획재정부차관, 행정안전부차관, 법제처차장, 안건과 관련된 중앙행정기관의 차관 및 지방자치단체의 행정부시장·부지사가 된다. 〈개정 2008. 2. 29., 2013. 3. 23., 2014. 11. 19., 2017. 7. 26.〉

④ 실무위원회의 운영에 필요한 사항은 위원회의 의결을 거쳐 위원장이 정한다.

제108조(간사) ① 행정협의조정위원회와 실무위원회의 사무를 처리하기 행정협의조정위원회와 실무위원회에 각각 간사 1명과 필요한 공무원을 둔다.

② 행정협의조정위원회의 간사는 행정안전부 지방행정정책관이 되고, 실무위원회의 간사는 행정안전부 소속 2급부터 5급까지의 공무원 중에서 실무위원장이 지명한다. 〈개정 2008. 2. 29., 2008. 12. 31., 2013. 3. 23., 2014. 11. 19., 2017. 7. 26.〉

제109조(관계 기관에 대한 협조 요청) 행정협의조정위원회와 실무위원회의 위원장은 업무수행을 위하여 필요하면 관계 공무원과 관계 전문가 등을 출석하게 하여 의견을 듣거나 관계 기관·단체 등에 대하여 자료 및 의견 제출 등을 요구할 수 있다.

제110조(준용) 행정협의조정위원회에 관하여는 제26조의2, 제87조 및 제91조부터 제93조까지의 규정을 준용한다. 이 경우 "중앙분쟁조정위원회"는 "행정협의조정위원회"로, "소위원회"는 "실무위원회"로 본다. 〈개정 2018. 1. 9.〉

제111조(명령·처분의 취소·정지 등의 보고) 주무부장관이나 지방자치단체의 장은 다음 각 호의 어느 하나에 해당하는 사항이 있으면 즉시 행정안전부장관에게 통보하거나 보고하여야 한다. 이 경우 시장·군수 및 자치구의 구청장은 시·도지사를 거쳐 보고하여야 한다. 〈개정 2008. 2. 29., 2013. 3. 23., 2014. 11. 19., 2017. 7. 26.〉

　　1. 법 제169조 제1항에 따라 주무부장관이나 시·도지사가 시정명령을 한 경우와 명령·처분을 취소하거나 정지한 경우

　　2. 법 제169조 제2항에 따라 대법원에 소를 제기한 경우 또는 그에 따른 대법원의 판결이 있는 경우

제112조(직무이행명령 등의 통보 및 보고) 법 제170조에 따라 주무부장관(제1호와 제2호의 경우만 해당한다)이나 지방자치단체의 장은 다음 각 호의 어느 하나에 해당하는 사항이 있으면 행정안전부장관에게 즉시 통보하거나 보고하여야 한다. 이 경우 시장·군수 및 자치구의 구청장은 시·도지사를 거쳐 보고하여야 한다. 〈개정 2008. 2. 29., 2013. 3. 23., 2014. 11. 19., 2017. 7. 26.〉

　　1. 법 제170조 제1항에 따라 주무부장관이나 시·도지사가 이행명령을 한 경우

　　2. 법 제170조 제2항에 따라 주무부장관이나 시·도지사가 대집행(代執行)하거나 행정·재정상 필요한 조치를 한 경우

　　3. 법 제170조 제3항에 따라 대법원에 소를 제기하거나 집행정지결정을 신청한 경우 또는 그에

따른 대법원의 판결·결정이 있는 경우

4. 지방자치단체의 장이 이행명령을 이행한 경우

제113조 삭제 〈2010. 10. 13.〉

제114조(지방의회 의결의 재의 및 제소 등의 보고) 지방자치단체의 장은 다음 각 호의 어느 하나에 해당하는 경우에는 행정안전부장관과 주무부장관에게 즉시 그 내용을 보고하여야 한다. 이 경우 시장·군수 및 자치구의 구청장은 시·도지사를 거쳐 보고하여야 한다. 〈개정 2008. 2. 29., 2013. 3. 23., 2014. 11. 19., 2017. 7. 26.〉

1. 법 제26조 제3항, 법 제107조 제1항 또는 법 제108조 제1항에 따라 해당 지방자치단체의 장이 재의를 요구한 경우 또는 그에 따른 지방의회의 의결이 있는 경우

2. 법 제172조 제1항 및 제2항에 따라 시·도지사가 시·군 및 자치구의 지방의회 의결에 대하여 재의를 요구하게 한 경우 또는 그에 따른 지방의회의 의결이 있는 경우

3. 법 제107조 제3항 및 법 제172조 제3항에 따라 지방자치단체의 장이 재의결된 사항에 대하여 대법원에 소를 제기하거나 집행정지결정을 신청한 경우 또는 그에 따른 대법원의 판결·결정이 있는 경우

4. 법 제172조 제4항에 따라 시·도지사가 시장·군수 및 자치구의 구청장에게 제소를 지시한 경우나 직접 제소하거나 집행정지결정을 신청한 경우 또는 그에 따른 대법원의 판결·결정이 있는 경우

5. 법 제172조 제7항에 따라 시·도지사가 대법원에 직접 제소하거나 집행정지결정을 신청한 경우 또는 그에 따른 대법원의 판결·결정이 있는 경우

제115조(주무부장관의 통보) 주무부장관은 다음 각 호의 어느 하나에 해당하는 경우에는 행정안전부장관에게 즉시 그 내용을 통보하여야 한다. 〈개정 2008. 2. 29., 2013. 3. 23., 2014. 11. 19., 2017. 7. 26.〉

1. 법 제172조 제1항에 따라 주무부장관이 시·도지사에게 재의를 요구하게 한 경우

2. 법 제172조 제4항에 따라 주무부장관이 시·도지사에게 제소를 지시하거나 직접 제소하거나 집행정지결정을 신청한 경우나 그에 따른 대법원의 판결·결정이 있는 경우

3. 법 제172조 제7항에 따라 주무부장관이 대법원에 직접 제소 및 집행정지결정을 신청한 경우와 그에 따른 대법원의 판결·결정이 있는 경우

제116조(판결 등의 공시) 제114조 제3호·제4호 및 제5호에 따른 대법원의 판결·결정이 있는 경우에는 해당 지방자치단체의 장은 공보·게시판·전산망 또는 일간신문에 그 사실을 즉시 공시하여야 한다.

제8장 ◆ 대도시 행정의 특례

제117조(자치구의 재원 조정) ① 법 제173조에 따른 자치구 상호 간의 조정 재원은 해당 시세(市稅) 중「지방세기본법」제8조 제1항 제1호 각 목에 따른 보통세(광역시의 경우에는 「지방세법」제7장제3절에 따른 주민세 사업소분 및 같은 장 제4절에 따른 주민세 종업원분은 제외한다)로 한다. 〈개정 2019. 3. 12., 2020. 12. 31.〉

② 자치구 상호 간의 재원 조정 방법을 정하는 조례에는 조정교부금의 교부율·산정방법 및 교부시기 등이 포함되어야 한다.

[전문개정 2012. 6. 29.]

제118조(대도시 인정 기준) 법 제175조에 따라 특례를 둘 수 있는 인구 50만 이상 대도시는 해당 관할 구역에 전년도 말일 주민등록이 되어 있는 주민 수를 기준으로 2년 간 연속하여 매해 말일 인구가 50만 이상인 시를 말한다. 다만, 인구 50만 이상 대도시가 된 이후에 인구가 감소하여 전년도 각 분기 말일 인구를 산술평균한 인구가 2년 간 연속하여 50만에 미치지 아니하면 그 다음 해부터 인구 50만 이상 대도시에서 제외한다.

[본조신설 2008. 10. 8.]

부칙 〈제31380호, 2021. 1. 5.〉
(어려운 법령용어 정비를 위한 473개 법령의 일부개정에 관한 대통령령)

이 영은 공포한 날부터 시행한다. 〈단서 생략〉

09 지방자치단체의 행정기구와 정원기준 등에 관한 규정

[시행 2021. 1. 5] [대통령령 제31380호, 2021. 1. 5, 타법개정]

행정안전부(자치분권제도과) 044-205-3313

제1장   총칙

제1조(목적) 이 영은 「지방자치법」 제59조·제90조와 제112조에 따라 지방자치단체의 행정기구의 조직과 운영에 관한 대강과 지방공무원의 정원의 기준 등에 관하여 필요한 사항을 규정함을 목적으로 한다.

제2조(정의) 이 영에서 사용하는 용어의 뜻은 다음과 같다. 〈개정 2016. 1. 22.〉

1. "지방행정기관"이란 지방자치단체의 행정사무를 담당하기 위하여 설치된 행정기관으로서 그 관할권이 미치는 범위가 일정지역에 한정되는 기관을 말한다.
2. "의회사무기구"란 지방의회의 사무를 처리하기 위하여 설치된 의회사무처·의회사무국과 의회사무과 등의 기구를 말한다.
3. "본청"이란 지방자치단체장을 직접 보조하는 기관(의회사무기구·소속기관·합의제행정기관과 하부행정기관은 제외한다)을 말한다.
4. "소속기관"이란 직속기관·사업소와 출장소를 말한다.
5. "직속기관"이란 「지방자치법」(이하 "법"이라 한다) 제113조에 따른 직속기관으로 지방농촌진흥기구·지방공무원교육훈련기관·자치경찰단·보건환경연구원·보건소·지방소방학교·소방서와 공립의 대학·전문대학을 말한다.
6. "사업소"란 법 제114조에 따른 사업소를 말한다.
7. "출장소"란 법 제115조에 따른 출장소를 말한다.
8. "보조기관"이란 지방행정기관의 의사 또는 판단의 결정이나 표시를 보조함으로써 행정기관의 목적달성에 공헌하는 기관을 말한다.
9. "보좌기관"이란 지방행정기관이 그 기능을 원활하게 수행할 수 있도록 그 기관장이나 보조기관을 보좌함으로써 행정기관의 목적달성에 공헌하는 기관을 말한다.
10. "합의제행정기관"이란 법 제116조에 따른 합의제행정기관을 말한다.

제3조(기구와 정원의 관리목표) ① 지방자치단체의 장은 지방자치단체의 행정기구(이하 "기구"라 한다)와 지방공무원의 정원(이하 "정원"이라 한다)을 관리할 때 다음 각 호의 기준에 따라야 한다.

1. 소관 행정사무를 효율적으로 수행할 수 있도록 지역여건·업무의 성질과 양 등에 따라 정원을 적정하게 관리하여야 한다.
2. 지방행정기관의 조직은 서로 기능상의 중복이 없도록 하여야 하며, 종합적이고 체계적으로 편성하여야 한다.
3. 지방행정기관의 기능과 업무량이 변경될 경우에는 그에 따라 지방행정기관의 조직과 정원도 조정하여야 한다.

② 지방자치단체의 장은 1명의 연간 사무량이 250일 이상인 사무의 경우에는 정원으로 책정되지 아니

한 인력을 배치하여 이를 처리하게 할 수 없다. 다만, 청소·경비 등 단순노무와 관련된 사무인 경우에는 그러하지 아니하다.

제4조(기준인건비제 운영) ① 지방자치단체는 기준인건비를 기준으로 기구와 정원을 자율적으로 운영하되, 자율성과 책임성이 조화되도록 운영하여야 한다. 〈개정 2018. 2. 20.〉

② 행정안전부장관은 지방자치단체의 행정수요, 인건비 등을 고려하여 매년 기준인건비를 산정하고 전년도 12월 31일까지 각 지방자치단체의 장에게 통보하여야 한다. 〈개정 2008. 2. 29., 2013. 3. 23., 2014. 3. 5., 2014. 11. 19., 2017. 7. 26., 2018. 2. 20.〉

③ 제2항의 기준인건비의 구성요소, 산정방법 등 기준인건비의 산정에 관한 구체적인 사항은 행정안전부장관이 정하는 바에 따른다. 〈개정 2008. 2. 29., 2013. 3. 23., 2014. 3. 5., 2014. 11. 19., 2017. 7. 26., 2018. 2. 20.〉

④ 행정안전부장관은 지방자치단체의 기준인건비 운영에 대한 분석을 실시하고 그 결과를 다음 연도 기준인건비에 반영하는 등 필요한 조치를 할 수 있다. 〈개정 2008. 2. 29., 2013. 3. 23., 2014. 3. 5., 2014. 11. 19., 2017. 7. 26.〉

[제목개정 2014. 3. 5.]

제5조(기구의 설치시 고려사항) ① 지방자치단체의 장이 기구를 설치하거나 개편하려는 때에는 다음 각 호의 사항을 고려하여야 한다.

　　1. 기구의 목적과 기능의 명확성·독자성·계속성
　　2. 기구가 수행하여야 할 사무 또는 사업의 성질과 양에 따른 규모의 적정성
　　3. 규모와 기능이 유사한 다른 기관과의 균형성
　　4. 주민편의, 행정능률 등을 고려한 효율성
　　5. 통솔범위, 기능의 중복유무 등 기구의 능률성
　　6. 사무의 위탁가능성

② 지방자치단체는 위탁이 가능한 사무나 지방공사·지방공단·지방자치단체조합이나 행정협의회의 설립을 통하여 보다 효율적으로 추진할 수 있는 사무에 대하여는 기구를 설치하여서는 아니 된다.

③ 「지방자치법 시행령」 제80조에 따라 설치되는 자문기관에는 상설의 사무처나 사무국·과·담당관을 둘 수 없다.

제6조(기구설치의 일반요건) ① 국은 특별한 경우 외에는 소관 업무의 성질이나 양이 4개 과 이상의 하부조직이 필요한 경우에 설치한다.

② 실·본부[본부는 특별시·광역시·특별자치시·도나 특별자치도(이하 "시·도"라 한다)에 한한다]는 업무의 성질상 국으로서는 그 목적달성이 곤란하다고 인정되는 경우에 설치한다. 이 경우 실·본부 밑에는 국 또는 과를 둘 수 있다. 〈개정 2012. 6. 29., 2019. 4. 30.〉

③ 제2항에도 불구하고 시·군·자치구(이하 "시·군·구"라 한다)는 업무의 성질상 과로서는 그 목적달성이 곤란하다고 인정되는 경우에 실을 설치한다. 〈신설 2019. 4. 30.〉

④ 담당관은 전문적 지식을 활용하여 정책의 기획이나 계획의 입안·조사·분석·평가와 행정개선 등에 관하여 기관장이나 보조기관(국장은 제외한다)을 보좌하기 위하여 필요한 경우에 설치하되, 특별한 경우를 제외하고는 기획업무를 담당하는 실장 밑에 설치하며, 담당관 밑에는 과를 둘 수 없다. 〈개정 2019. 4. 30.〉

⑤ 과는 다음 각 호의 요건을 갖춘 경우로서 특별한 경우 외에는 12명[시·도는 5급 4명 이상, 시·군·구는 6급 4명 이상 포함] 이상의 정원이 필요한 업무량이 있는 경우에 한하여 설치한다. 〈개정 2019.

4. 30., 2021. 1. 5.〉

1. 국의 소관 업무(국이 설치되지 아니한 시·군·구의 경우에는 그 소관 사무를 말한다)를 업무의 양이나 성질에 따라 여러 개로 분담하여 수행할 필요가 있을 것

2. 업무의 한계가 분명하고 업무의 독자성과 계속성이 있을 것

⑥ 지방자치단체의 본청에 설치하는 실·국과 실·과·담당관은 그 행정사무를 총괄하는 부단체장(시의 경우에는 행정부시장을, 도의 경우에는 행정부지사를 말한다)의 지휘·감독 하에 둔다. 다만, 다음 각 호의 어느 하나에 해당하는 경우에는 예외로 한다. 〈개정 2015. 4. 7., 2017. 7. 26., 2019. 4. 30., 2020. 3. 10.〉

1. 공보기능 등 지방자치단체의 장을 직접 보좌하기 위하여 특수성이 인정되는 경우

2. 효율적인 재난안전대응을 위하여 특별시장·광역시장·특별자치시장·도지사·특별자치도지사(이하 "시·도지사"라 한다)가 필요하다고 인정하는 경우. 이 경우 시·도지사는 행정안전부장관과 미리 협의하여야 한다.

3. 「소방기본법」 제3조 제4항에 따라 시·도지사 직속으로 소방본부를 두는 경우

⑦ 지방자치단체는 정책기획기능과 집행기능을 함께 수행하는 보조·보좌기관인 실·국과 실·과·담당관을 폐지하고 그 폐지된 기관과 같은 기능을 수행하는 별도의 사업소를 신설하여서는 아니된다. 〈개정 2019. 4. 30.〉

⑧ 실·국 및 과·담당관의 명칭은 제1항부터 제5항까지의 규정에도 불구하고 실·국은 본부·단·부로, 과·담당관은 팀으로 각각 달리 정할 수 있다. 이 경우 명칭을 달리 정한 보조기관 또는 보좌기관은 이 영을 적용함에 있어서 실·국 또는 과·담당관으로 본다. 〈개정 2019. 4. 30.〉

제7조(기구설치기준의 적용) ① 지방자치단체를 폐지하거나 설치하거나 나누거나 합치는 등 행정구역의 개편으로 기구를 설치하는 경우와 지방자치단체의 인구수가 증가하여 기구를 증설하는 경우 제9조에 따른 시·도의 기구설치기준과 제13조에 따른 시·군·구의 기구설치기준을 적용할 때 그 인구수는 전년도말 현재 해당 지방자치단체에 주민등록이 되어 있는 주민수를 기준으로 한다. 다만, 지방자치단체를 폐지하거나 설치하거나 나누거나 합치는 등 행정구역의 개편으로 기구를 설치하는 경우에는 그 행정구역 개편 예정일의 바로 앞 분기말 현재 해당 지방자치단체에 주민등록이 되어 있는 주민수를 기준으로 할 수 있다.

② 지방자치단체는 다음 각 호의 요건을 모두 충족하는 경우에는 별표 1 또는 별표 3의 기구설치기준에서 해당 구간의 상위 구간의 기준을 적용하여 기구를 증설할 수 있다. 〈신설 2014. 12. 23.〉

1. 동일 구간에서 인구수가 2년간 연속하여 증가할 것

2. 제1호에 따른 지방자치단체의 인구수가 다음 계산식에 따라 산정한 인구수를 초과할 것

$$해당\ 구간의\ 최소인구\ 수 + (해당\ 구간의\ 최대인구\ 수 - 해당\ 구간의\ 최소인구\ 수) \times \frac{90}{100}$$

③ 지방자치단체는 인구수가 별표 1 또는 별표 3의 기구설치기준에서 해당 구간의 최소 인구수의 100분의 90에 2년간 연속하여 미달하는 경우에는 그 다음 해 1월 1일부터 6월 30일까지 별표 1 또는 별표 3의 기구설치기준에 합치되도록 그 기구를 감축하여야 한다. 이 경우 인구수는 전년도 각 분기말 현재 해당 지방자치단체에 주민등록이 되어 있는 주민수의 평균을 기준으로 한다. 〈개정 2014. 12. 23., 2018. 2. 20.〉

1. 삭제 〈2018. 2. 20.〉

2. 삭제 〈2018. 2. 20.〉

3. 삭제 〈2018. 2. 20.〉

제8조(한시기구의 설치운영) ① 지방자치단체의 장은 긴급히 발생하는 한시적 행정수요에 대처하거나 일정기간 후에 끝나는 사업을 수행하기 위하여 부득이한 경우에는 한시기구를 설치·운영할 수 있다. 이 경우 한시기구 설치시에는 기존의 인력을 최대한 활용하여야 한다.

② 본청에 한시기구를 설치할 경우에는 기존의 보조기관과 담당관으로는 그 목적을 달성할 수 없을 정도의 업무의 중요성과 업무량이 있어야 한다.

③ 한시기구를 설치하는 경우에는 최소한 1년 이상의 업무량이 있어야 한다.

④ 한시기구의 존속기한은 3년의 범위에서 그 지방자치단체의 조례로 정한다.

⑤ 한시기구의 존속기한의 연장은 사업추진의 지연 등 불가피한 사유가 있는 경우를 제외하고는 1회에 한한다.

제2장 ◈ 시·도의 기구

제9조(시·도의 기구설치기준) ① 시·도 본청에 두는 실·국·본부의 설치와 그 분장사무는 해당 지방자치단체의 조례로 정하되, 실·국·본부의 설치기준은 별표 1과 같다.

② 지방자치단체의 장은 실·국·본부의 개편, 명칭변경과 사무분장을 할 때 중앙행정조직과 지방행정조직간의 연계성 등을 고려하여 합리적으로 정하여야 한다.

제9조의2(시·도의 기구설치기준에 대한 특례) ① 시·도는 별표 1에 따른 시·도의 실·국·본부 설치기준 상한의 100분의 20의 범위에서 해당 시·도의 조례로 실·국·본부를 추가로 설치할 수 있다.

② 제1항에 따라 추가로 설치하는 실·국·본부의 존속기간은 2년의 범위에서 해당 시·도의 조례로 정한다.

③ 시·도는 제1항에 따라 실·국·본부를 추가로 설치한 경우에는 제2항에 따른 존속기간이 만료되기 전에 추가로 설치한 실·국·본부의 운영 성과를 평가하고, 그 평가 결과에 따라 제2항에 따른 존속기간의 연장·삭제 또는 추가로 설치한 실·국·본부의 폐지 등의 조치를 해야 한다.

④ 시·도지사는 제1항에 따라 실·국·본부를 추가로 설치한 경우 그 설치 내용, 제3항에 따른 평가 결과 및 조치 내용을 행정안전부장관에게 통보해야 한다.

⑤ 제3항에 따른 평가의 항목, 기준 및 절차 등에 관하여 필요한 세부 사항은 해당 시·도의 조례로 정한다.
[본조신설 2019. 4. 30.]

제10조(시·도의 실장·국장·본부장·담당관·과장 등의 직급기준 등) ① 시·도 본청에 두는 실장·국장·본부장·담당관과 과장 등 보조·보좌기관의 직급기준 등은 별표 2와 같다.

② 제1항에 따른 시·도 본청에 두는 보조·보좌기관의 직급은 해당 지방자치단체의 규칙으로 정한다.

제11조(시·도의 과·담당관 등의 설치) 시·도 본청에 두는 과·담당관의 설치와 사무분장 등에 관한 사항은 해당 지방자치단체의 규칙으로 정한다.

제11조의2(시·도자치경찰위원회) ① 「국가경찰과 자치경찰의 조직 및 운영에 관한 법률」 제18조에 따른 시·도자치경찰위원회의 기구설치기준과 공무원의 직급기준은 별표 2와 같다.

② 제1항에 따른 기구설치기준과 공무원의 직급기준을 정할 때에는 경찰청장의 의견을 들어야 한다.
[본조신설 2020. 12. 31.]

제12조(제주특별자치도의 행정기구에 두는 실장·국장·본부장·담당관·과장 등의 직급기준 등) ① 제주

특별자치도의 본청, 소속 행정기관과 하부 행정기관 등에 두는 실장·국장·본부장(소방본부장·사업본부장에 한한다)·담당관·과장 등 보조·보좌기관의 직급기준은 별표 7과 같다.

② 제1항에 따라 제주특별자치도의 행정기구에 두는 보조·보좌기관의 직급은 제주특별자치도의 규칙으로 정한다.

③ 제1항에도 불구하고 실장·국장의 명칭은 본부장·단장·부장으로, 담당관·과장은 팀장으로 각각 달리 정할 수 있다. 이 경우, 명칭을 달리 정한 보조·보좌기관은 이 영을 적용할 때 실장·국장이나 담당관·과장으로 본다.

제3장 시·군·구의 기구

제13조(시·군·구의 기구설치기준) ① 시·군·구 본청의 실·국이나 과·담당관과 자치구가 아닌 구의 과·담당관의 설치에 관한 사항은 해당 지방자치단체의 조례로 정하되, 시·군·구 본청에 두는 실·국의 설치기준은 별표 3과 같다. 〈개정 2018. 2. 20.〉

② 시·군·구 본청의 실장·국장과 과장·담당관의 직급과 실·과·담당관의 사무분장 등에 관한 사항은 해당 지방자치단체의 규칙으로 정한다.

③ 특별시장·광역시장·도지사는 관할 시·군·구 조직간의 균형을 유지하기 위하여 기구의 설치·운영에 관한 지침을 작성하여 시장·군수·구청장에게 통보할 수 있다. 〈개정 2012. 6. 29., 2020. 3. 10.〉

④ 시장·군수·구청장은 실·국과 실·과·담당관의 명칭과 사무분장을 시·도와 시·군·구간 사무의 연계성과 그 기능을 고려하여 합리적으로 정하여야 한다.

제14조(시·군·구의 실장·국장·담당관·과장 등의 직급기준) 시·군·구 본청에 두는 실장·국장·담당관과 과장 등 보조·보좌기관 등의 직급기준은 별표 3과 같다.

제4장 시·도, 시·군·구의 의회사무기구 및 직속기관 등

제15조(의회사무기구의 설치기준 등) ① 법 제90조에 따라 설치하는 시·도의 의회사무처, 시·군·구의 의회사무국이나 의회사무과의 설치기준과 의회사무처장, 의회사무국장·의회사무과장 등 의회사무기구 공무원의 직급기준은 별표 4와 같다.

② 시·도 의회사무처와 2개 이상의 지방자치단체가 하나로 합쳐져 관할 인구가 100만 명 이상이 된 시 의회사무국에 하부조직으로 담당관을 설치할 수 있으며, 시·도와 시·군·구의 위원회에 두는 전문위원의 직급과 정수(定數)는 별표 5와 같다. 〈개정 2011. 8. 22.〉

③ 제2항에 따른 전문위원은 소속위원회의 사무를 처리할 때 소속위원회 위원장의 지휘를 받으며, 그 외의 일반적인 사무는 의회사무처장이나 의회사무국장·의회사무과장의 지휘·감독을 받는다.

④ 시·도와 시·군·구의 의회사무기구에 두는 담당관과 전문위원의 사무분장 등에 관한 사항은 해당 지방자치단체의 규칙으로 정한다. 이 경우 미리 지방의회 의장의 의견을 들어야 한다.

제16조(지방농촌진흥기구) ① 농업·농업인·농촌에 관한 지역적인 연구개발사업·농촌지도사업·교육훈련사업 및 국제협력사업을 분장하기 위하여 도지사·특별자치도지사 소속으로 농업기술원을 두며, 지역별 특화작목에 관한 시험·연구를 행하기 위하여 농업기술원장 소속으로 특화작목시험장을

둘 수 있다. 〈개정 2012. 6. 29., 2016. 12. 30.〉

② 지방자치단체의 연구개발사업·농촌지도사업·교육훈련사업 및 국제협력사업을 분장하기 위하여 특별시장·광역시장·특별자치시장과 시장·군수 소속으로 농업기술센터를 둘 수 있으며, 농업기술센터의 사무를 효율적으로 수행하기 위하여 필요한 지역에 지소를 둘 수 있다. 〈개정 2012. 6. 29., 2016. 12. 30.〉

③ 농업기술원에는 원장(농업기술센터에는 소장을 말한다)을 두며, 원장은 도지사·특별자치도지사의 명을 받아(소장은 특별시장·광역시장·특별자치시장·시장과 군수의 명을 받는다) 소관 사무를 총괄하고 소속공무원을 지휘·감독한다. 〈개정 2012. 6. 29.〉

④ 이 영에서 정한 사항 외에 농업기술원·농업기술센터와 특화작목시험장의 설치에 관한 사항은 해당 지방자치단체의 조례로 정한다.

⑤ 농업기술원에 국이나 부와 그 하부조직으로 과를, 농업기술센터에 과나 담당관을 둘 수 있으며, 국·과와 그 하부조직과 분장사무에 관한 사항은 해당 지방자치단체의 규칙으로 정한다.

⑥ 지방자치단체의 장은 농업기술센터를 폐지하려는 경우에는 미리 행정안전부장관과 협의하여야 한다. 이 경우 시장·군수는 광역시장·도지사를 거쳐야 한다. 〈개정 2008. 2. 29., 2013. 3. 23., 2014. 11. 19., 2017. 7. 26.〉

⑦ 제6항 전단에 따라 협의요청을 받은 행정안전부장관은 지역농업의 균형적인 발전과 효율적인 농촌진흥사업의 추진 등 국가와 지방자치단체의 농촌진흥사업의 연계성을 고려하여 관계 중앙행정기관의 의견을 들어야 한다. 〈개정 2008. 2. 29., 2013. 3. 23., 2014. 11. 19., 2017. 7. 26.〉

⑧ 농업기술원과 농업기술센터에 두는 원장, 소장, 국장·부장과 과장·담당관 등의 직급은 별표 2와 같다.

제17조(지방공립대학 등) ① 시·도지사 소속으로 두는 대학과 전문대학 등(이하 "지방공립대학"이라 한다)의 조직과 분장사무는 시·도 조례로 정하는 바에 따라 시·도 규칙으로 정한다. 〈개정 2012. 6. 29., 2019. 4. 30.〉

② 지방공립대학의 하부조직으로 대학에 교무처·학생처·기획처 등과 사무처나 사무국을, 전문대학에 교무과·학생과 등과 사무국이나 서무과를 둘 수 있다. 〈개정 2012. 4. 10.〉

③ 대학의 사무처장이나 사무국장은 일반직 3급 지방공무원으로, 과장은 일반직 4급이나 5급 지방공무원으로 임명하며, 사무처장 외의 처장 등은 교수나 부교수로 겸하여 임명한다.

④ 전문대학의 사무국장은 일반직 4급 지방공무원으로, 서무과장은 일반직 5급 지방공무원으로 임명하며, 서무과장 외의 과장은 교수·부교수나 조교수로 겸하여 임명한다.

⑤ 대학과 전문대학 외의 공립대학(「근로자직업능력 개발법」에 따른 기능대학 등을 포함한다)의 기구와 정원의 책정에 대하여는 해당 공립대학의 학과수·학생수·학력인정 등을 종합적으로 고려하여 제2항부터 제4항까지의 규정을 준용한다. 〈개정 2010. 8. 25.〉

⑥ 지방자치단체의 장은 지방공립대학에 두는 다음 각 호의 교육공무원 정원을 책정하고자 하는 경우에는 「대학설립·운영 규정」 제6조 제1항의 교원확보기준과 다른 국·공립대학의 정원확보 상황 등을 종합적으로 고려하여야 한다. 〈개정 2012. 2. 29.〉

  1. 총장·학장

  2. 교수·부교수·조교수

  3. 조교

제18조(지방공무원교육훈련기관) ① 시·도지사 소속으로 두는 지방공무원교육원 등(이하 "지방공무원

교육훈련기관"이라 한다)에는 원장을 두며, 원장은 시·도지사의 명을 받아 소관 사무를 총괄하고 소속공무원을 지휘·감독한다.

② 지방공무원교육훈련기관에 과를 둘 수 있으며, 그 분장사무와 하부조직에 관하여는 해당 지방자치단체의 규칙으로 정한다.

③ 지방공무원교육훈련기관에 두는 원장·과장 등의 직급은 별표 2와 같다.

제19조(보건환경연구원 등) ① 시·도지사 소속으로 두는 보건환경연구원에 원장을 두고, 그 하부조직으로 부와 과(科)를 둘 수 있다.

② 보건환경연구원의 원장과 부장·과장(科長)은 지방보건연구관·지방환경연구관이나 지방수의연구관으로 임명하되, 필요한 경우에는 해당 직위에 보직되는 계급에 상당하는 지방수의 직렬의 공무원으로 임명할 수 있다.

③ 「지역보건법」 제16조에 따라 임용하는 보건소장은 4급이나 5급의 일반직지방공무원으로 임명한다. 〈개정 2015. 11. 18.〉

제20조(사업소, 출장소, 사업본부 및 지역본부 등) ① 사업소와 출장소의 조직과 공무원의 직급은 지방자치단체간의 균형을 유지하여야 한다.

② 사업소는 5명 이상의 정원이 필요한 경우에 한하여 설치할 수 있으며, 유사한 기능을 수행하는 사업소를 중복하여 설치할 수 없다.

③ 사업소와 출장소의 장과 그 보조·보좌기관의 직급, 하부조직과 그 분장사무에 관하여는 해당 지방자치단체의 규칙으로 정한다.

④ 시·도는 상수도·도시철도 등 각종 사업의 집행과 관련하여 관할 구역 안에 여러 사업장·지구·지소 형태의 지역사업소를 유지하고 있어 지휘체계가 필요할 때 효율적 사업의 집행과 시설관리를 위하여 사업본부를 설치·운영할 수 있다. 〈개정 2008. 7. 3.〉

⑤ 시·도는 특정 지역과 관련된 정책의 타당성 확보와 현장에 맞는 정책 집행을 강화하기 위하여 정책기획 기능 등 본청의 기능을 현장에 위치한 별도의 장소에서 수행하게 하거나 본청의 기능을 사업소의 기능과 통합하여 수행할 필요가 있는 경우 지역본부를 설치·운영할 수 있다. 〈신설 2016. 12. 30.〉

⑥ 지역본부·사업본부·사업소와 출장소의 장과 그 보조·보좌기관의 직급기준 등은 별표 6과 같다. 다만, 출장소 중 경제자유구역청(「경제자유구역의 지정 및 운영에 관한 특별법」 제27조의2제1항에 따라 설치되는 행정기구를 말한다. 이하 같다)의 장과 보조·보좌기관의 직급은 당해 시·도의 규칙으로 정한다. 〈개정 2009. 7. 30., 2012. 4. 10., 2016. 12. 30.〉

[제목개정 2016. 12. 30.]

제21조(한시기구 등 설치시 직급책정 협의) 한시기구와 소속기관을 설치할 경우 소속 공무원(장과 보조·보좌기관을 포함한다)의 직급이 시·도에서는 3급 이상인 경우에는 미리 행정안전부장관과 협의해야 하고, 시·군·구에서는 4급 이상인 경우에는 미리 시·도지사(특별자치시장 및 특별자치도지사는 제외한다)와 협의하여야 한다. 〈개정 2008. 2. 29., 2008. 7. 3., 2012. 6. 29., 2013. 3. 23., 2014. 11. 19., 2017. 7. 26., 2018. 2. 20.〉

제22조(정원책정의 일반기준) ① 정원은 정원의 관리기관별로 직급을 정하여 책정하되, 다음 각 호의 기준에 따라야 한다. 〈개정 2012. 4. 10., 2013. 12. 4.〉

　　1. 지방자치단체는 인구수 및 다른 지방자치단체와의 균형 등을 고려하여 정원을 책정하여야 한다.

　　2. 지방자치단체는 업무의 성질 · 난이도 · 책임도 등을 고려하여 직급별 정원을 책정하여야 한다.

　　3. 1개의 직위에는 1개의 직급을 부여한다. 다만, 업무의 성질상 일반관리업무가 전체업무의 100분의 50을 넘는 직위는 동일계급 내에서 행정직과 다른 일반직의 복수의 직렬로 할 수 있으며, 업무의 성격이 특수하거나 1개의 직위에 2개 이상의 이질적인 업무가 복합되어 있는 경우에는 4개의 직렬을 초과하지 아니하는 범위에서 복수의 직렬로 할 수 있다.

　　4. 1개의 직위에 대하여는 일반직과 별정직의 복수직을 부여할 수 없다. 다만, 이 영 또는 다른 법령에서 일반직공무원을 갈음하여 별정직공무원으로 임명할 수 있도록 한 직위에 대해서는 그러하지 아니하다.

　　5. 1개의 직위에 일반임기제공무원을 임용하는 경우에는 그 일반임기제공무원의 근무기간 동안 그 직위에 상응하는 직급의 정원을 결원으로 유지하여야 한다.

　　6. 경제자유구역청이 법 제159조에 따른 지방자치단체조합으로 설치된 경우에는 일반임기제공무원으로 한정하여 정원을 책정한다.

② 제1항에 따른 정원의 관리기관은 다음 각 호와 같다. 〈개정 2012. 4. 10.〉

　　1. 시 · 도의 경우 : 본청, 의회사무처, 합의제행정기관, 직속기관, 출장소, 사업소, 경제자유구역청

　　2. 시 · 군 · 구의 경우 : 본청, 의회사무국 · 사무과, 합의제행정기관, 직속기관, 출장소, 사업소, 자치구가 아닌 구, 읍 · 면 · 동과 그 출장소

제23조(인력운용계획의 수립 · 시행) ① 지방자치단체의 장은 계획적이고 효율적인 인력운영을 위하여 중기기본인력운용계획(이하 "기본인력계획"이라 한다)을 수립 · 시행하여야 한다.

② 기본인력계획은 매년 1월 1일을 기준으로 하여 5년간의 연간계획으로 수립하되, 「지방재정법」 제33조에 따른 중기지방재정계획과 연계되도록 하여야 한다.

③ 기본인력계획을 수립할 때 시 · 도지사는 행정안전부장관과, 시장 · 군수 · 구청장은 시 · 도지사(특별자치시장 및 특별자치도지사는 제외한다. 이하 이 항에서 같다)와 협의하여야 하며, 시 · 도지사는 시 · 군 · 구와의 협의결과를 행정안전부장관에게 보고하여야 한다. 〈개정 2012. 6. 29., 2013. 3. 23., 2014. 11. 19., 2017. 7. 26.〉

④ 시 · 도지사나 시장 · 군수 · 구청장은 제3항에 따른 협의를 하기 이전에 기본인력계획을 해당 지방의회에 보고하여야 한다.

⑤ 제3항의 경우 행정안전부장관과 시 · 도지사(특별자치시장 및 특별자치도지사는 제외한다)는 기본인력계획의 적정성 등을 검토하고 보완사항 등 협의결과를 알려야 하며, 협의결과를 통보받은 지방자치단체의 장은 협의결과에 따라 기본인력계획을 보완 · 운영하여야 한다. 〈개정 2008. 2. 29., 2012. 6. 29., 2013. 3. 23., 2014. 11. 19., 2017. 7. 26.〉

⑥ 기본인력계획에 포함할 사항은 행정안전부령으로 정한다. 〈개정 2008. 2. 29., 2013. 3. 23., 2014. 11. 19., 2017. 7. 26.〉

제24조(정원의 관리) ① 지방자치단체의 장은 조직간의 균형있고 합리적인 정원관리를 위하여 지방공무원 종류별로 정원책정기준에 따라 정원을 책정하여야 한다. 이 경우 공무원종류별 정원책정기준은

해당 지방자치단체의 조례로 정한다. 〈개정 2008. 2. 29., 2008. 7. 3.〉

② 지방자치단체의 장은 매년 6월 30일과 12월 31일을 기준으로 정원의 적정 여부와 정원의 증원과 감축 현황을 조사·확인하여야 하고, 시·도지사는 그 조사·확인결과를 지방자치단체별, 기관별, 직급별, 직렬별로 종합 작성한 후 다음 달 말일까지 행정안전부장관에게 보고하여야 한다. 〈개정 2008. 2. 29., 2013. 3. 23., 2014. 11. 19., 2017. 7. 26.〉

③ 지방자치단체의 장은 새로운 증원수요가 발생한 경우에는 지방재정의 건전한 운영과 효율적인 인력관리를 위하여 우선적으로 해당 지방자치단체의 정원의 범위에서 자체조정을 통하여 이에 대처하여야 한다. 이 경우 조정대상의 우선순위는 다음 각 호의 순서와 같다.

1. 여건의 변화로 인하여 업무의 필요성이 감소된 분야의 인력

2. 유사·중복되거나 지나치게 세분화된 기구에 소속된 인력

3. 업무의 성질상 법인, 그 밖의 단체 등에 위탁할 수 있는 업무분야의 인력

④ 시·도지사(특별자치시장 및 특별자치도지사는 제외한다)는 해당 시·도와 관할 시·군·구간 또는 관할 시·군·구 상호간의 지방공무원 정원을 조정할 필요가 있다고 인정하는 경우에는 그 지방자치단체의 장과 협의를 거쳐 정원을 조정할 수 있다. 이 경우 다른 지방자치단체로 조정되는 정원에 해당하는 현원은 가능한 한 그 정원이 조정되는 지방자치단체로 함께 이관하여야 한다. 〈개정 2012. 6. 29.〉

⑤ 지방자치단체의 장은 효율적인 정원관리를 위하여 필요하다고 인정되는 경우에는 정원의 관리기관별 지방공무원의 정원을 조정할 수 있다.

제25조(별정직 정원) ① 별정직지방공무원의 정원은 「지방공무원법」 제2조 제3항 제2호에 해당하는 경우에만 책정할 수 있다.

② 지방자치단체의 장이 제1항의 별정직지방공무원의 정원을 책정할 경우는 직무의 성격상 일반직지방공무원으로 임용하기 곤란한 경우에 한하되, 미리 각 직무분야별·상당계급별로 책정하되, 그 수는 해당 지방자치단체의 조례로 정하는 정원책정기준에 따라 최소한의 범위에 그쳐야 한다. 〈개정 2008. 2. 29., 2008. 7. 3.〉

제26조(우대승진에 따른 정원관리) ① 시장·군수·구청장은 읍·면·동에 근무하는 일반직 9급 지방공무원을 우대하기 위하여 필요한 경우에는 일반직 8급과 9급 지방공무원의 정원을 통합·운영할 수 있다.

② 제1항에 따른 정원을 통합·운영함에 따라 9급 지방공무원을 8급으로 승진임용하는 경우에는 그 승진된 자가 근무하는 기간동안에는 그에 해당하는 8급 지방공무원의 정원이 따로 있는 것으로 보고, 9급 지방공무원의 정원은 감축된 것으로 본다.

제27조(근속승진에 따른 정원관리) ① 지방자치단체의 장은 직무의 종류·곤란성과 책임도를 고려하여 업무수행상 문제가 없다고 판단되는 경우에는 다음 각 호의 어느 하나에 해당하는 공무원 정원을 각각 통합·운영할 수 있다. 〈개정 2011. 3. 7., 2011. 8. 22., 2011. 12. 21., 2012. 9. 21.〉

1. 일반직지방공무원의 6급·7급·8급·9급

2. 삭제 〈2013. 11. 20.〉

3. 삭제 〈2020. 3. 10.〉

② 제1항에 따른 정원을 통합·운영함에 따라 공무원을 승진 임용하는 경우에는 그 승진된 자가 근무하는 기간동안에는 그에 해당하는 직급의 정원이 따로 있는 것으로 보고, 종전 직급의 정원은 감축된 것으로 본다.

제28조(한시정원) ① 지방자치단체의 장은 긴급히 발생하는 한시적 행정수요에 대처하거나 일정기간 후에 종료되는 사업을 수행하기 위하여 제8조 제1항에 따라 한시기구를 설치하는 경우에 그 한시기구

에 따른 한시정원을 두거나 한시기구를 설치하지 아니하고 한시정원만을 둘 수 있다.

② 제1항에 따른 한시정원은 존속기한이 끝나는 날부터 그 정원은 소멸된다.

③ 한시정원은 한시정원이 아닌 정원으로 상계(相計) 조정할 수 없다.

④ 한시정원의 정수와 직급별 정원은 해당 지방자치단체의 조례로 정한다.

⑤ 한시기구를 설치하지 아니하고 한시정원만을 두는 경우에는 최소한 1년 이상의 업무량이 있어야 한시정원을 책정할 수 있다.

⑥ 제5항에 따른 한시정원의 존속기한은 3년의 범위에서 그 지방자치단체의 조례로 정한다.

⑦ 제6항에 따른 한시정원의 존속기한의 연장은 사업추진의 지연 등 불가피한 사유가 있는 경우를 제외하고는 1회에 한한다.

제29조(직급별 정원) 지방자치단체의 지방공무원의 직급별 정원은 합리적인 직급체제를 이룰 수 있도록 하여야 한다. 이 경우 직급별 정원책정기준은 해당 지방자치단체의 조례로 정한다. 〈개정 2008. 2. 29., 2008. 7. 3.〉

제30조(정원의 규정) ① 지방자치단체에 두는 지방공무원 정원의 총수는 다음 각 호의 구분에 따라 해당 지방자치단체의 조례로 정한다. 〈개정 2020. 3. 10.〉

　　1. 집행기관의 정원(제3호에 따른 공무원의 정원은 제외한다)

　　2. 삭제 〈2020. 3. 10.〉

　　3. 지방공립대학에 두는 교육공무원의 정원

　　4. 의회사무기구의 정원

　　5. 합의제행정기관의 정원

② 지방공무원의 직급별 정원[「지방전문경력관 규정」 제2조에 따른 지방전문경력관(이하 "지방전문경력관"이라 한다)의 정원을 포함한다]은 제1항에 따른 정원의 총수 범위에서 제22조 제2항에 따른 정원관리기관별로 해당 지방자치단체의 조례로 정한다. 다만, 시·도의 5급 이하(시·군·구는 6급 이하) 직급별 정원과 지방전문경력관의 정원은 조례로 그 총수만 정하고 그 범위에서 제22조 제2항에 따른 정원의 관리기관별로 해당 지방자치단체의 규칙으로 정한다. 〈개정 2008. 7. 3., 2013. 12. 4.〉

③ 지방공무원의 직렬별 정원(지방전문경력관의 경우에는 「지방전문경력관 규정」 제4조 제1항에 따른 직위군별 정원을 말한다)은 제1항에 따른 정원의 총수 범위에서 제22조 제2항에 따른 정원관리기관별로 해당 지방자치단체의 규칙으로 정한다. 〈개정 2013. 12. 4.〉

④ 지방자치단체의 장은 제2항에 따른 정원의 범위에서 공무원을 임용하거나 임용제청하여야 한다. 다만, 상위직급에 결원이 있을 경우에는 그 결원의 범위에서 동일 직렬의 직근 하위직급을 임용하거나 임용제청할 수 있다.

⑤ 「지방공무원법」에 따른 겸임의 경우에는 제4항을 적용하지 아니한다.

제31조(개방형직위운영에 따른 직급기준의 특례 등) ① 지방자치단체의 장은 「지방공무원법」 제29조의4에 따른 개방형직위로 지정된 실·국장과 과장·담당관 등 보조·보좌기관의 직위와 소속기관의 장이나 그 보조·보좌기관의 직위는 이 영에서 규정된 직급기준에도 불구하고 임기제공무원으로 임명할 수 있다. 〈개정 2013. 12. 4.〉

② 「지방자치단체의 개방형직위 및 공모직위의 운영 등에 관한 규정」에 따라 임기제공무원이나 경력직공무원으로 임용되는 개방형직위는 해당 지방자치단체의 규칙으로 정한다. 〈개정 2013. 12. 4.〉

제31조의2(전문임기제공무원제도 운영에 관한 특례) ① 지방자치단체의 장은 정책결정 또는 특정 분야에 대한 전문적 지식이나 기술이 요구되는 담당관 직위의 경우 이 영에서 규정된 직급기준에도 불구하

고 「지방공무원 임용령」 제3조의2제1호의2에 따른 전문임기제공무원(이하 "전문임기제공무원"이라 한다)으로 임명할 수 있다.

② 제1항에 따라 담당관 직위를 전문임기제공무원으로 임명하는 경우에는 해당 담당관 직위 밑에 다른 담당관 직위를 둘 수 없다.

③ 지방자치단체의 장은 제1항에 따라 담당관 직위를 전문임기제공무원으로 임명하려는 경우로서 그 담당관 직위의 직급이 다음 각 호에 해당하는 경우에는 해당 담당관의 직위 및 직무, 임용 예정인 전문임기제공무원의 상당계급 등에 대하여 미리 행정안전부장관과 협의하여야 한다. 〈개정 2017. 7. 26., 2018. 2. 20.〉

1. 시·도: 3급 이상

2. 시·군·구: 4급 이상

④ 제3항에 따라 행정안전부장관과 협의하여야 하는 담당관 직위의 경우 그 정수는 제9조 제1항 및 제13조 제1항에 따라 설치한 기구 수의 100분의 20을 초과할 수 없다. 〈개정 2017. 7. 26.〉

[본조신설 2016. 12. 30.]

제32조(통합시 설치 등에 따른 한시기구 등에 대한 특례) ① 법 제7조 제2항 제1호에 해당하는 도농복합 형태의 시와 자치구가 아닌 구를 폐지한 시와 2개 이상의 지방자치단체가 하나로 합쳐져 관할 인구가 100만 명 이상이 된 시에는 제13조 제1항에 따른 설치기준을 초과하여 한시기구를 설치할 수 있다. 〈개정 2010. 6. 30.〉

② 제1항에 따른 한시기구와 한시기구에 두는 한시정원의 존속기한은 8년의 범위에서 그 지방자치단체의 조례로 정한다. 다만, 2개 이상의 지방자치단체가 하나로 합쳐져 관할 인구가 100만 명 이상이 된 시의 경우에는 10년의 범위에서 그 지방자치단체의 조례로 정한다. 〈개정 2010. 6. 30.〉

③ 지방자치단체의 장은 제2항에 따른 한시기구의 존속기한 이전이라도 한시기구나 한시정원의 감축 요인이 발생한 경우에는 한시기구나 한시정원을 감축하여야 한다.

[제목개정 2010. 6. 30.]

제6장   보칙

제33조(시정요구) ① 지방자치단체의 장이 이 영과 이 영에 따른 행정안전부령에서 정한 기준과 다르게 기구나 정원을 책정한 경우에는 행정안전부장관은 시·도지사에게, 시·도지사(특별자치시장 및 특별자치도지사는 제외한다)는 시장·군수·구청장에게 시정을 요구할 수 있다. 〈개정 2012. 6. 29., 2013. 3. 23., 2014. 11. 19., 2017. 7. 26.〉

② 제1항과 제34조 제4항에 따른 시정요구를 받은 지방자치단체의 장은 지체 없이 이를 시정하고 그 결과를 시정요구를 받은 날부터 30일(조례를 개정하여야 할 경우에는 조례개정일부터 30일) 이내에 보고하여야 한다. 이 경우 시장·군수·구청장은 시·도지사(특별자치시장 및 특별자치도지사는 제외한다)를 거쳐야 한다. 〈개정 2012. 6. 29.〉

제34조(조직분석·진단 등) ① 행정안전부장관은 행정안전부령으로 정하는 바에 따라 지방자치단체의 기구와 정원의 관리·운영 상황을 분석하고, 그 결과 조직운용의 효율성이 지나치게 낮은 지방자치단체에 대하여는 조직진단을 실시하여야 한다. 〈개정 2008. 2. 29., 2013. 3. 23., 2014. 11. 19., 2017. 7. 26.〉

② 행정안전부장관은 제1항의 조직분석·진단 결과를 공개할 수 있다. 〈개정 2008. 2. 29., 2013. 3. 23., 2014. 11. 19., 2017. 7. 26.〉

③ 행정안전부장관은 제1항에 따른 조직분석·진단 결과 필요하다고 인정하는 경우에는 해당 지방자치단체에 대하여 조직개편 등이 포함된 조직관리개선계획을 수립하여 시행하도록 할 수 있다. 〈개정 2008. 2. 29., 2013. 3. 23., 2014. 11. 19., 2017. 7. 26.〉

④ 행정안전부장관과 시·도지사(특별자치시장 및 특별자치도지사는 제외한다)는 기구와 정원이 효율적으로 관리·운영되도록 하기 위하여 필요한 경우에는 지방자치단체 기관의 행정수요와 업무량 분석, 기능배분과 정원배정의 적정성 분석·평가 등 정원관리실태에 관한 감사를 실시할 수 있으며, 그 결과에 따라 시정할 필요가 있다고 판단되는 경우에는 해당 지방자치단체에 대하여 즉시 시정조치를 명하여야 한다. 〈개정 2008. 2. 29., 2012. 6. 29., 2013. 3. 23., 2014. 11. 19., 2017. 7. 26.〉

⑤ 제4항에 따른 정원관리실태에 관한 감사결과는 원칙적으로 공개한다. 다만, 「공공기관의 정보공개에 관한 법률」 제9조 제1항 각 호의 어느 하나에 해당하는 정보는 공개하지 않을 수 있다. 〈신설 2019. 4. 30.〉

⑥ 제5항에 따른 감사결과의 공개시기와 공개방법 등 세부 사항은 행정안전부장관이 정한다. 〈신설 2019. 4. 30.〉

⑦ 지방자치단체의 장은 효율적인 조직 관리 및 운영을 위하여 해당 기관에 대한 조직분석·진단을 실시할 수 있다. 이 경우 지방자치단체의 장은 행정안전부장관에게 조직분석·진단에 필요한 지원을 요청할 수 있다. 〈신설 2014. 3. 5., 2014. 11. 19., 2017. 7. 26., 2019. 4. 30.〉

⑧ 행정안전부장관은 재정의 건전화를 꾀하고 조직의 효율적 운용을 기한 지방자치단체에 대하여는 행정적·재정적인 우대를 할 수 있다. 〈개정 2008. 2. 29., 2013. 3. 23., 2014. 11. 19., 2017. 7. 26., 2019. 4. 30.〉

제35조(조직관리지침의 통보) 행정안전부장관은 필요한 경우 지방자치단체 간의 조직이 균형되고 규모가 적정하도록 하거나 정부의 조직관리 방향을 고려하여 지방자치단체가 지방행정환경에 능동적으로 대처해 나갈 수 있도록 조직관리 방향 등 그 지침을 통보할 수 있으며, 지방자치단체의 장은 행정안전부장관이 통보한 조직관리 방향과 그 취지에 따라 지방자치단체의 지역특성에 맞는 조직으로 관리해야 한다. 〈개정 2008. 2. 29., 2013. 3. 23., 2014. 11. 19., 2017. 7. 26., 2020. 3. 10.〉

[제목개정 2020. 3. 10.]

제36조(기구와 정원조례의 제안과 의결) ① 지방자치단체의 장은 기구와 정원에 관한 조례안을 해당 지방의회에 제안하는 때에는 행정안전부장관이 정하는 바에 따라 기구와 정원의 조정으로 인하여 추가로 드는 경비를 나타내야 한다. 〈개정 2008. 2. 29., 2013. 3. 23., 2014. 11. 19., 2017. 7. 26.〉

② 지방의회는 지방자치단체의 장이 제안한 기구와 정원에 관한 조례안을 의결할 때 지방행정조직의 합리적 운용과 건전한 재정운영을 위하여 기구를 축소하거나 기구를 하나로 묶어서 합치거나 폐지하여 합치는 것, 정원을 감축하는 것을 의결할 수 있다. 이 경우 미리 지방자치단체의 장의 의견을 들어야 한다.

③ 지방의회는 제1항에 따라 제안된 기구와 정원에 관한 조례안에 대하여는 행정조직의 안정적 운용과 행정의 원활한 수행을 위하여 될 수 있는 대로 빠른 시일내에 처리하도록 노력하여야 한다.

제37조(기구와 정원규칙의 제출) 지방자치단체의 장은 기구와 정원에 관한 규칙을 제정·개정하거나 폐지한 경우에는 이를 공포한 날부터 10일 이내에 해당 지방의회에 제출하여야 한다.

제38조(기구와 정원에 관한 조례·규칙의 입법예고) ① 지방자치단체의 장은 기구나 정원의 조정을 내용

으로 하는 조례·규칙의 제정·개정안을 마련한 경우에는 입법예고를 하여야 한다. 다만, 추가적인 경비가 소요되지 아니하거나 기구·정원의 감축 또는 하위직으로의 직급 조정을 내용으로 하는 경우 (추가적인 경비가 소요되지 아니하지만 상위직으로의 직급 조정을 내용으로 하는 경우는 제외한다) 에는 입법예고 절차를 생략할 수 있다. 〈개정 2008. 7. 3.〉

② 지방자치단체의 장은 기구와 정원의 조정으로 추가로 경비가 드는 조례안을 제1항에 따라 입법예고 하는 경우 그 추가로 드는 경비를 나타내야 한다.

제39조(조직관리위원회의 설치 등) ① 지방자치단체의 기구와 정원의 효율적인 관리에 관한 다음 각 호 의 사항을 심의하기 위하여 조례로 정하는 바에 따라 지방자치단체의 장 소속으로 조직관리위원회 (이하 "위원회"라 한다)를 둘 수 있다. 〈개정 2019. 4. 30.〉

    1. 정부정책과 연계한 해당 지방자치단체의 조직운영정책 수립

    2. 기본인력계획의 수립

    3. 해당 지방자치단체의 조직진단

    4. 해당 지방자치단체의 기구 증설에 관한 사항

    5. 제9조의2제3항에 따른 평가에 관한 사항

    6. 그 밖에 해당 지방자치단체의 조직운영에 관한 주요사항

② 위원회는 위원장을 포함한 10명 이내의 위원으로 구성한다.

③ 위원회의 위원장은 해당 지방자치단체의 부단체장으로 하며, 위원은 관계 공무원과 지방행정조직에 관한 학식과 경험이 풍부한 자 중에서 지방자치단체의 장이 지명하거나 위촉하되, 위촉위원의 수가 전체 위원 수의 2분의 1 이상이어야 한다. 〈개정 2019. 4. 30.〉

④ 위촉위원의 임기는 2년으로 한다. 〈신설 2019. 4. 30.〉

⑤ 위원회는 재적위원 과반수의 출석으로 개의하고, 출석위원 과반수의 찬성으로 의결한다. 〈개정 2019. 4. 30.〉

⑥ 위원회에는 위원장의 명을 받아 위원회의 사무를 처리하기 위하여 해당 지방자치단체의 소속 공무원 중에서 간사와 서기를 둔다. 〈개정 2019. 4. 30.〉

⑦ 위원회에 출석한 위원에게는 예산의 범위에서 출석수당과 업무수행에 필요한 실비를 지급할 수 있 다. 다만, 공무원인 위원이 그 업무와 직접 관련하여 회의에 출석하는 경우에는 그러하지 아니하다. 〈개정 2019. 4. 30.〉

제40조(기구·정원 운영 현황의 공개 등) ① 지방자치단체의 장은 제9조의2제3항에 따른 평가 결과와 매 년 기준인건비 집행 현황 등 기구와 정원의 관리·운영 현황을 해당 기관의 인터넷 홈페이지 등에 공 개하고, 해당 지방의회에 제출하여야 한다. 이 경우 공개 및 제출의 대상, 시기 및 방법 등 구체적인 사항은 행정안전부장관이 정한다. 〈개정 2014. 11. 19., 2017. 7. 26., 2018. 2. 20., 2019. 4. 30.〉

② 행정안전부장관은 지방자치단체의 장이 제1항에 따라 공개한 제9조의2제3항에 따른 평가 결과 및 기구와 정원의 관리·운영 현황을 종합하여 공개할 수 있다. 〈개정 2014. 11. 19., 2017. 7. 26., 2019. 4. 30.〉

[본조신설 2014. 3. 5.]

부칙 〈제31380호, 2021. 1. 5.〉

(어려운 법령용어 정비를 위한 473개 법령의 일부개정에 관한 대통령령)

이 영은 공포한 날부터 시행한다. 〈단서 생략〉

지방자치단체에 두는 국가공무원의 정원에 관한 법률(지방국가공무원법)

[시행 2020. 4. 1] [법률 제16777호, 2019. 12. 10, 일부개정]

행정안전부(조직기획과) 044-205-2316

제1조(목적) 이 법은「지방자치법」제112조 제5항에 따라 지방자치단체에 두는 국가공무원의 정원에 관한 사항을 규정함을 목적으로 한다.

[전문개정 2011. 5. 30.]

제1조(목적) 이 법은「지방자치법」제125조 제5항에 따라 지방자치단체에 두는 국가공무원의 정원에 관한 사항을 규정함을 목적으로 한다. 〈개정 2021. 1. 12.〉

[전문개정 2011. 5. 30.]

[시행일: 2022. 1. 13.] 제1조

제2조(지방자치단체에 두는 국가공무원의 정원의 범위) 지방자치단체에 두는 국가공무원의 정원의 범위는 다음 각 호와 같다. 〈개정 2013. 8. 13.〉

　　1. 「지방자치법」제110조에 따른 특별시·광역시의 부시장 및 도·특별자치도의 부지사

　　2. 「농촌진흥법」제31조 제1항에 따른 연구직공무원 또는 지도직공무원인 국가공무원 179명 이내

　　3. 대통령령으로 정하는 일반행정사무를 담당하는 특별시·광역시·도 및 특별자치도 소속의 일반직 국가공무원 112명 이내

　　4. 삭제 〈2019. 12. 10.〉

[전문개정 2011. 5. 30.]

제2조(지방자치단체에 두는 국가공무원의 정원의 범위) 지방자치단체에 두는 국가공무원의 정원의 범위는 다음 각 호와 같다. 〈개정 2013. 8. 13., 2021. 1. 12.〉

　　1. 「지방자치법」제123조에 따른 특별시·광역시의 부시장 및 도·특별자치도의 부지사

　　2. 「농촌진흥법」제31조 제1항에 따른 연구직공무원 또는 지도직공무원인 국가공무원 179명 이내

　　3. 대통령령으로 정하는 일반행정사무를 담당하는 특별시·광역시·도 및 특별자치도 소속의 일반직 국가공무원 112명 이내

　　4. 삭제 〈2019. 12. 10.〉

[전문개정 2011. 5. 30.]

[시행일: 2022. 1. 13.] 제2조

제3조(지방자치단체에 두는 국가공무원의 정원 등) 제2조에 따른 국가공무원의 직급별 정원 또는 고위공무원단에 속하는 공무원의 정원 등에 관한 사항은 대통령령으로 정한다.

[전문개정 2011. 5. 30.]

부칙 〈제16777호, 2019. 12. 10.〉

이 법은 2020년 4월 1일부터 시행한다.

11 지방자치단체에 두는 국가공무원의 정원에 관한 법률 시행령 (지방국가공무원법 시행령)

[시행 2020. 4. 1] [대통령령 제30515호, 2020. 3. 10, 타법개정]

행정안전부(조직기획과) 044-205-2316

제1조(목적) 이 영은 「지방자치단체에 두는 국가공무원의 정원에 관한 법률」(이하 "법"이라 한다)에서 위임된 사항과 그 시행에 관하여 필요한 사항을 규정함을 목적으로 한다. 〈개정 2005. 10. 7.〉

제2조(특별시·광역시의 부시장 및 도의 부지사에 보하는 국가공무원의 정원) 법 제2조 제1호의 규정에 의한 특별시·광역시의 부시장 및 도의 부지사의 정원은 별표 1과 같다. 〈개정 1995. 7. 1.〉

제3조(연구공무원 또는 지도공무원인 국가공무원의 정원) 법 제2조 제2호의 규정에 의한 연구공무원 및 지도공무원인 국가공무원의 정원은 별표 2와 같다.

제4조(특별시·광역시 및 도의 일반행정사무를 담당하는 국가공무원의 정원) 법 제2조 제3호의 규정에 의한 특별시·광역시 및 도의 일반행정사무를 담당하는 일반직 국가공무원의 정원은 별표 3과 같다. 〈개정 1995. 7. 1.〉

제5조 삭제 〈2020. 3. 10.〉

부칙 〈제30515호, 2020. 3. 10.〉

이 영은 2020년 4월 1일부터 시행한다. 〈단서 생략〉

주민소환에 관한 법률(주민소환법)

[시행 2021. 3. 9] [법률 제17577호, 2020. 12. 8, 일부개정]

행정안전부(선거의회과) 044-205-3372

제1장 ◈ 총칙

제1조(목적) 이 법은 「지방자치법」 제20조의 규정에 의한 주민소환의 투표 청구권자 · 청구요건 · 절차 및 효력 등에 관하여 규정함으로써 지방자치에 관한 주민의 직접참여를 확대하고 지방행정의 민주성과 책임성을 제고함을 목적으로 한다. 〈개정 2007. 5. 11.〉

제1조(목적) 이 법은 「지방자치법」 제25조에 따른 주민소환의 투표 청구권자 · 청구요건 · 절차 및 효력 등에 관하여 규정함으로써 지방자치에 관한 주민의 직접참여를 확대하고 지방행정의 민주성과 책임성을 제고함을 목적으로 한다. 〈개정 2007. 5. 11., 2021. 1. 12.〉

[시행일: 2022. 1. 13.] 제1조

제2조(주민소환투표의 사무관리) ① 주민소환투표사무는 「공직선거법」 제13조 제1항의 규정에 의하여 해당 지방자치단체의 장선거 및 지방의회의원선거의 선거구선거사무를 행하는 선거관리위원회(이하 "관할선거관리위원회"라 한다)가 관리한다.

② 제1항의 규정에 의하여 관할선거관리위원회가 주민소환투표의 사무를 관리함에 있어서는 「공직선거법」 제13조 제3항 내지 제6항의 규정을 준용한다. 이 경우 "선거관리"는 "주민소환투표관리"로, "선거"는 "주민소환투표"로, "선거사무" 및 "선거구선거사무"는 각각 "주민소환투표사무"로 본다.

제3조(주민소환투표권) ① 제4조 제1항의 규정에 의한 주민소환투표인명부 작성기준일 현재 다음 각 호의 어느 하나에 해당하는 자는 주민소환투표권이 있다.

    1. 19세 이상의 주민으로서 당해 지방자치단체 관할구역에 주민등록이 되어 있는 자(「공직선거법」 제18조의 규정에 의하여 선거권이 없는 자를 제외한다)

    2. 19세 이상의 외국인으로서 「출입국관리법」 제10조의 규정에 따른 영주의 체류자격 취득일 후 3년이 경과한 자 중 같은 법 제34조의 규정에 따라 당해 지방자치단체 관할구역의 외국인등록대장에 등재된 자

② 주민소환투표권자의 연령은 주민소환투표일 현재를 기준으로 계산한다.

제4조(주민소환투표인명부의 작성 및 확정) ① 주민소환투표를 실시하는 때에는 주민소환투표인명부 작성기준일(제12조의 규정에 의한 주민소환투표 발의일을 말한다)부터 5일 이내에 주민소환투표인명부를 작성하여야 한다.

② 주민소환투표인명부에 등재되어 있는 국내거주자 중 「공직선거법」 제38조 제4항 제1호부터 제5호까지에 해당하는 사람은 주민소환투표인명부 작성기간 중에 거소투표신고를 할 수 있다. 〈개정 2020. 12. 8.〉

③ 제1항에 따른 주민소환투표인명부의 작성 · 확정과 제2항에 따른 거소투표신고의 절차 및 거소투표신고인명부의 작성 등에 관하여는 「공직선거법」 제5장(선상투표에 관한 사항은 제외한다)을 준용한

다. 이 경우 제9조의 규정에 의한 주민소환투표청구인대표자와 제12조 제2항의 규정에 의한 주민소환투표대상자가 주민소환투표인명부(거소투표신고인명부를 포함한다)의 사본이나 전산자료 복사본의 교부 신청을 하는 경우에는 제18조 제1항의 규정에 의한 주민소환투표운동기간 개시일 다음날까지 하여야 한다. 〈개정 2020. 12. 8.〉

제5조(주민소환투표권 행사의 보장 및 주민소환투표 홍보·계도) ① 국가 및 지방자치단체는 주민소환투표권자가 주민소환투표권을 행사할 수 있도록 필요한 조치를 취하여야 한다.

② 관할선거관리위원회는 주민소환투표인의 투표참여를 보장하기 위하여 교통이 불편한 지역에 거주하는 주민소환투표인 또는 노약자·장애인 등 거동이 불편한 주민소환투표인에게 교통편의를 제공하거나 투표소 접근 편의를 위한 제반 시설을 설치하는 등 필요한 대책을 수립·시행할 수 있다. 〈신설 2020. 12. 8.〉

③ 공무원·학생 또는 다른 사람에게 고용된 자가 주민소환투표인명부를 열람하거나 투표를 하기 위하여 필요한 시간은 보장되어야 하며, 이를 휴무 또는 휴업으로 보지 아니한다. 〈개정 2020. 12. 8.〉

④ 관할선거관리위원회는 그 주관 하에 문서·도화·시설물·신문·방송 등의 방법으로 주민소환투표 참여·투표방법 그 밖에 주민소환투표에 관하여 필요한 계도·홍보를 실시하여야 한다. 〈개정 2020. 12. 8.〉

제6조(다른 법률과의 관계) 주민소환에 관하여「제주특별자치도 설치 및 국제자유도시 조성을 위한 특별법」등 다른 법률에 특별한 규정이 있는 경우를 제외하고는 이 법이 정하는 바에 따른다.

제2장 주민소환투표의 청구 등

제7조(주민소환투표의 청구) ① 전년도 12월 31일 현재 주민등록표 및 외국인등록표에 등록된 제3조 제1항 제1호 및 제2호에 해당하는 자(이하 "주민소환투표청구권자"라 한다)는 해당 지방자치단체의 장 및 지방의회의원(비례대표선거구시·도의회의원 및 비례대표선거구자치구·시·군의회의원은 제외하며, 이하 "선출직 지방공직자"라 한다)에 대하여 다음 각 호에 해당하는 주민의 서명으로 그 소환 사유를 서면에 구체적으로 명시하여 관할선거관리위원회에 주민소환투표의 실시를 청구할 수 있다.

　　1. 특별시장·광역시장·도지사(이하 "시·도지사"라 한다) : 당해 지방자치단체의 주민소환투표청구권자 총수의 100분의 10이상

　　2. 시장·군수·자치구의 구청장 : 당해 지방자치단체의 주민소환투표청구권자 총수의 100분의 15이상

　　3. 지역선거구시·도의회의원(이하 "지역구시·도의원"이라 한다) 및 지역선거구자치구·시·군의회의원(이하 "지역구자치구·시·군의원"이라 한다) : 당해 지방의회의원의 선거구 안의 주민소환투표청구권자 총수의 100분의 20이상

② 제1항의 규정에 의하여 시·도지사에 대한 주민소환투표를 청구함에 있어서 당해 지방자치단체 관할구역 안의 시·군·자치구 전체의 수가 3개 이상인 경우에는 3분의 1이상의 시·군·자치구에서 각각 주민소환투표청구권자 총수의 1만분의 5이상 1천분의 10이하의 범위 안에서 대통령령이 정하는 수 이상의 서명을 받아야 한다. 다만, 당해 지방자치단체 관할구역 안의 시·군·자치구 전체의 수가 2개인 경우에는 각각 주민소환투표청구권자 총수의 100분의 1이상의 서명을 받아야 한다.

③ 제1항의 규정에 의하여 시장·군수·자치구의 구청장 및 지역구지방의회의원(지역구시·도의원과

지역구자치구·시·군의원을 말한다. 이하 같다)에 대한 주민소환투표를 청구함에 있어서 당해 시장·군수·자치구의 구청장 및 당해 지역구지방의회의원 선거구 안의 읍·면·동 전체의 수가 3개 이상인 경우에는 3분의 1이상의 읍·면·동에서 각각 주민소환투표청구권자 총수의 1만분의 5이상 1천분의 10 이하의 범위 안에서 대통령령이 정하는 수 이상의 서명을 받아야 한다. 다만, 당해 시장·군수·자치구의 구청장 및 당해 지역구지방의회의원 선거구 안의 읍·면·동 전체의 수가 2개인 경우에는 각각 주민소환투표청구권자 총수의 100분의 1이상의 서명을 받아야 한다.

④ 주민소환투표청구권자 총수는 전년도 12월 31일 현재의 주민등록표 및 외국인등록표에 의하여 산정한다.

⑤ 지방자치단체의 장은 매년 1월 10일까지 제4항의 규정에 의하여 산정한 주민소환투표청구권자 총수를 공표하여야 한다.

제8조(주민소환투표의 청구제한기간) 제7조 제1항 내지 제3항의 규정에 불구하고, 다음 각 호의 어느 하나에 해당하는 때에는 주민소환투표의 실시를 청구할 수 없다.

1. 선출직 지방공직자의 임기개시일부터 1년이 경과하지 아니한 때
2. 선출직 지방공직자의 임기만료일부터 1년 미만일 때
3. 해당선출직 지방공직자에 대한 주민소환투표를 실시한 날부터 1년 이내인 때

제9조(서명요청 활동) ① 주민소환투표청구인대표자(이하 "소환청구인대표자"라 한다)와 서면에 의하여 소환청구인대표자로부터 서명요청권을 위임받은 자는 대통령령이 정하는 서명요청 활동기간 동안 주민소환투표의 청구사유가 기재되고 관할선거관리위원회가 검인하여 교부한 주민소환투표청구인서명부(이하 "소환청구인서명부"라 한다)를 사용하여 주민소환투표청구권자에게 서명할 것을 요청할 수 있다. 이 경우 제10조의 규정에 따라 서명이 제한되는 기간은 서명요청 활동기간에 산입하지 아니한다.

② 소환청구인대표자가 서명요청권을 위임하고자 할 때에는 그 때마다 인적사항 등을 기재하여 관할선거관리위원회에 신고하여야 한다.

③ 소환청구인서명부에 서명을 한 자가 그 서명을 철회하고자 하는 때에는 그 소환청구인서명부가 관할선거관리위원회에 제출되기 전에 이를 철회하여야 한다. 이 경우 소환청구인대표자는 즉시 소환청구인서명부에서 그 서명을 삭제하여야 한다.

제10조(서명요청 활동의 제한) ① 소환청구인대표자와 서면에 의하여 소환청구인대표자로부터 서명요청권을 위임받은 자(이하 "소환청구인대표자등"이라 한다)는 해당선출직 지방공직자의 선거구의 전부 또는 일부에 대하여 「공직선거법」의 규정에 의한 선거가 실시되는 때에는 그 선거의 선거일전 60일부터 선거일까지 그 선거구에서 서명을 요청할 수 없다.

② 다음 각호의 어느 하나에 해당하는 자는 소환청구인대표자등이 될 수 없으며, 서명요청 활동을 하거나 서명요청 활동을 기획·주도하는 등 서명요청 활동에 관여할 수 없다. 〈개정 2011. 7. 21., 2012. 1. 26.〉

1. 주민소환투표권이 없는 자
2. 「국가공무원법」 제2조에 규정된 국가공무원과 「지방공무원법」 제2조에 규정된 지방공무원. 다만, 「고등교육법」 제14조 제1항·제2항에 따른 교원은 제외한다.
3. 다른 법령에 규정에 따라 공무원 신분을 가진 자
4. 「공직선거법」 제60조 제1항의 규정에 의하여 선거운동을 할 수 없는 자(제4호를 제외한다).
5. 선출직 지방공직자의 해당선거에 후보자가 되고자 하는 자(이하 "입후보예정자"라 한다), 입후보예정자의 가족(배우자, 입후보예정자 또는 그 배우자의 직계존·비속과 형제자매, 입후보

예정자의 직계비속 및 형제자매의 배우자를 말한다) 및 이들이 설립·운영하고 있는 기관·단체·시설의 임·직원

③ 소환청구인대표자등을 제외하고는 누구든지 서명을 요청할 수 없으며, 검인되지 아니한 소환청구인서명부에 서명을 받을 수 없다.

④ 소환청구인대표자등이 소환청구인서명부를 제시하거나 구두로 주민소환투표의 취지나 이유를 설명하는 경우를 제외하고는 누구든지 인쇄물·시설물 그 밖의 방법을 이용하여 서명요청 활동을 할 수 없다.

제11조(주민소환투표청구의 각하) 관할선거관리위원회는 제27조 제1항의 규정에 의하여 준용되는「주민투표법」제12조 제1항의 규정에 의하여 소환청구인대표자가 제출한 주민소환투표청구가 다음 각 호의 어느 하나에 해당하는 경우에는 이를 각하하여야 한다. 이 경우 관할선거관리위원회는 소환청구인대표자에게 그 사유를 통지하고 이를 공표하여야 한다.

1. 유효한 서명의 총수[제27조 제1항의 규정에 의하여 준용되는「주민투표법」제12조 제7항의 규정에 의하여 보정(補正)을 요구한 때에는 그 보정된 서명을 포함한다]가 제7조 제1항 내지 제3항의 규정에 의한 요건에 미달되는 경우
2. 제8조의 규정에 의한 주민소환투표의 청구제한기간 이내에 청구한 경우
3. 주민소환투표청구서(이하 "소환청구서"라 한다)와 소환청구인서명부가 제27조 제1항의 규정에 의하여 준용되는「주민투표법」제12조 제1항의 규정에 의한 기간을 경과하여 제출된 경우
4. 제27조 제1항의 규정에 의하여 준용되는「주민투표법」제12조 제7항의 규정에 의한 보정기간 이내에 보정하지 아니한 경우

제3장　주민소환투표의 실시 등

제12조(주민소환투표의 발의) ① 관할선거관리위원회는 제7조 제1항 내지 제3항의 규정에 의한 주민소환투표청구가 적법하다고 인정하는 경우에는 지체 없이 그 요지를 공표하고, 소환청구인대표자 및 해당선출직 지방공직자에게 그 사실을 통지하여야 한다.

② 관할선거관리위원회는 제1항의 규정에 따른 통지를 받은 선출직 지방공직자(이하 "주민소환투표대상자"라 한다)에 대한 주민소환투표를 발의하고자 하는 때에는 제14조 제2항의 규정에 의한 주민소환투표대상자의 소명요지 또는 소명서 제출기간이 경과한 날부터 7일 이내에 주민소환투표일과 주민소환투표안(소환청구서 요지를 포함한다)을 공고하여 주민소환투표를 발의하여야 한다.

제12조의2(주민소환투표공보) ① 관할선거관리위원회는 주민소환투표안의 내용, 주민소환투표에 부쳐진 사항에 관한 의견과 그 이유, 투표절차 및 그 밖에 필요한 사항을 게재한 책자형 주민소환투표공보를 1회 이상 발행하여야 한다.

② 관할선거관리위원회는 제1항에 따른 책자형 주민소환투표공보를 발행하는 경우 시각장애주민소환투표인(주민소환투표인으로서「장애인복지법」제32조에 따라 등록된 시각장애인을 말한다)을 위한 주민소환투표공보를 함께 발행하여야 한다. 다만, 책자형 주민소환투표공보에 그 내용이 음성·점자 등으로 출력되는 인쇄물 접근성 바코드를 표시하는 것으로 이를 대신할 수 있다.

③ 그 밖에 주민소환투표공보의 규격·작성방법·배부시기 등에 관하여 필요한 사항은 중앙선거관리위원회규칙으로 정한다.

[본조신설 2020. 12. 8.]

제13조(주민소환투표의 실시) ① 주민소환투표일은 제12조 제2항의 규정에 의한 공고일부터 20일 이상 30일 이하의 범위 안에서 관할선거관리위원회가 정한다. 다만, 주민소환투표대상자가 자진사퇴, 피선거권 상실 또는 사망 등으로 궐위된 때에는 주민소환투표를 실시하지 아니한다.

② 제12조 제2항의 규정에 의한 주민소환투표 공고일 이후 90일 이내에 다음 각 호의 어느 하나에 해당하는 투표 또는 선거가 있을 때에는 제1항의 규정에 불구하고 주민소환투표를 그에 병합하거나 동시에 실시할 수 있다.

1. 「주민투표법」에 의한 주민투표
2. 「공직선거법」에 의한 선거·재선거 및 보궐선거(대통령 및 국회의원 선거를 제외한다)
3. 동일 또는 다른 선출직 지방공직자에 대한 주민소환투표

제14조(소명기회의 보장) ① 관할선거관리위원회는 제7조 제1항 내지 제3항의 규정에 의한 주민소환투표청구가 적법하다고 인정하는 때에는 지체 없이 주민소환투표대상자에게 서면으로 소명할 것을 요청하여야 한다.

② 제1항의 규정에 의하여 소명요청을 받은 주민소환투표대상자는 그 요청을 받은 날부터 20일 이내에 500자 이내의 소명요지와 소명서(필요한 자료를 기재한 소명자료를 포함한다)를 관할선거관리위원회에 제출하여야 한다. 이 경우 소명서 또는 소명요지를 제출하지 아니한 때에는 소명이 없는 것으로 본다.

③ 제12조 제2항의 규정에 의하여 주민소환투표일과 주민소환투표안을 공고하는 때에는 제2항의 규정에 의한 소명요지를 함께 공고하여야 한다.

제15조(주민소환투표의 형식) ① 주민소환투표는 찬성 또는 반대를 선택하는 형식으로 실시한다.

② 지방자치단체의 동일 관할구역에 2인 이상의 주민소환투표대상자가 있을 때에는 관할선거관리위원회는 하나의 투표용지에 그 대상자별로 제1항의 규정에 의한 형식으로 주민소환투표를 실시할 수 있다.

제16조(주민소환투표의 실시구역) ① 지방자치단체의 장에 대한 주민소환투표는 당해 지방자치단체 관할구역 전체를 대상으로 한다.

② 지역구지방의회의원에 대한 주민소환투표는 당해 지방의회의원의 지역선거구를 대상으로 한다.

제17조(주민소환투표운동의 원칙) 이 법에서 "주민소환투표운동"이라 함은 주민소환투표에 부쳐지거나 부쳐질 사항에 관하여 찬성 또는 반대하는 행위를 말한다. 다만, 다음 각 호의 어느 하나에 해당하는 행위는 주민소환투표운동으로 보지 아니한다.

1. 주민소환투표에 부쳐지거나 부쳐질 사항에 관한 단순한 의견개진 및 의사표시
2. 주민소환투표운동에 관한 준비행위

제18조(주민소환투표운동의 기간 및 주민소환투표운동을 할 수 없는 자) ① 주민소환투표운동은 제12조 제2항의 규정에 의한 주민소환투표 공고일의 다음날부터 투표일 전일까지(이하 "주민소환투표운동기간"이라 한다)할 수 있다.

② 제1항의 규정에 불구하고, 제13조 제2항의 규정에 의하여 주민소환투표가 실시될 경우의 주민소환투표운동기간은 주민소환투표일 전 25일부터 투표일 전일까지로 한다.

③ 「공직선거법」 제60조 제1항 각 호의 어느 하나에 해당하는 자는 주민소환투표운동을 할 수 없다. 다만, 당해 주민소환투표대상자는 그러하지 아니하다.

제19조(주민소환투표운동의 방법) 주민소환투표운동의 방법은 해당주민소환투표대상자의 선거에 관한

규정에 한하여 「공직선거법」 제61조·제63조(선거운동기구에 관한 사항에 한한다)·제69조·제79조·제82조(제1항 단서를 제외한다)·제82조의4 및 제82조의6의 규정을 준용한다. 이 경우 "선거운동기간"은 "주민소환투표운동기간"으로, "후보자"는 "소환청구인대표자 및 주민소환투표대상자"로, "선거"는 "주민소환투표"로, "정당추천후보자"는 "선출직 지방공직자"로, "소속정당의 정강·정책이나 후보자의 정견 기타 홍보에 필요한 사항"과 "음악(당가 등 정당이나 후보자를 홍보하는 내용의 음악을 포함한다)" 및 "소속정당의 정강·정책이나 후보자의 경력·정견·활동상황"은 각각 "주민소환투표운동에 필요한 사항"으로 본다. 〈개정 2010. 1. 25.〉

제20조(주민소환투표운동의 제한) ① 누구든지 주민소환투표운동기간 중 이 법에서 준용하는 「공직선거법」에 따른 선거운동기구의 설치, 신문광고, 공개장소에서의 연설·대담, 언론기관 초청 대담·토론회, 정보통신망을 이용한 선거운동 및 인터넷 광고와 제27조 제1항의 규정에 의하여 준용되는 「주민투표법」 제17조의 규정에 의하여 관할선거관리위원회가 주관하는 주민소환투표공보의 발행·배부, 「공직선거법」 제8조의7의 규정에 따른 선거방송토론위원회가 중앙선거관리위원회규칙으로 정하는 방법으로 개최하는 토론회(부득이한 사유로 토론회를 개최할 수 없는 경우에는 옥내합동연설회를 말한다)를 제외하고는 어떠한 방법의 주민소환투표운동도 하여서는 아니 된다.

② 제1항의 규정에 따라 주민소환투표운동을 하는 경우에는 다음 각 호의 어느 하나에 해당하는 행위를 할 수 없다.

1. 「공직선거법」 제80조의 규정에 따른 연설금지장소에서의 연설행위
2. 「공직선거법」 제82조의5의 규정을 위반하여 전자우편을 이용한 주민소환투표운동정보를 전송하는 행위
3. 「공직선거법」 제91조에서 정하는 확성장치 및 자동차 사용제한에 관한 규정을 위반하는 행위
4. 「공직선거법」 제102조의 규정을 위반하여 야간에 연설·대담을 하는 행위
5. 「공직선거법」 제106조의 규정을 위반하여 호별방문을 하는 행위
6. 주민소환투표운동을 목적으로 서명 또는 날인을 받는 행위

③ 지위를 이용한 주민소환투표운동의 금지에 관하여는 「공직선거법」 제85조의 규정을 준용한다. 이 경우 "선거운동"은 "주민소환투표운동"으로 본다.

제4장 ◆ 주민소환투표의 효력 및 소송 등

제21조(권한행사의 정지 및 권한대행) ① 주민소환투표대상자는 관할선거관리위원회가 제12조 제2항의 규정에 의하여 주민소환투표안을 공고한 때부터 제22조 제3항의 규정에 의하여 주민소환투표결과를 공표할 때까지 그 권한행사가 정지된다.

② 제1항의 규정에 의하여 지방자치단체의 장의 권한이 정지된 경우에는 부지사·부시장·부군수·부구청장(이하 "부단체장"이라 한다)이 「지방자치법」 제111조 제4항의 규정을 준용하여 그 권한을 대행하고, 부단체장이 권한을 대행할 수 없는 경우에는 「지방자치법」 제111조 제5항의 규정을 준용하여 그 권한을 대행한다. 〈개정 2007. 5. 11.〉

③ 제1항의 규정에 따라 권한행사가 정지된 지방의회의원은 그 정지기간 동안 「공직선거법」 제111조의 규정에 의한 의정활동보고를 할 수 없다. 다만, 인터넷에 의정활동보고서를 게재할 수는 있다.

제21조(권한행사의 정지 및 권한대행) ① 주민소환투표대상자는 관할선거관리위원회가 제12조 제2항의

규정에 의하여 주민소환투표안을 공고한 때부터 제22조 제3항의 규정에 의하여 주민소환투표결과를 공표할 때까지 그 권한행사가 정지된다.

② 제1항의 규정에 의하여 지방자치단체의 장의 권한이 정지된 경우에는 부지사·부시장·부군수·부구청장(이하 "부단체장"이라 한다)이「지방자치법」제124조 제4항의 규정을 준용하여 그 권한을 대행하고, 부단체장이 권한을 대행할 수 없는 경우에는「지방자치법」제124조 제5항의 규정을 준용하여 그 권한을 대행한다. 〈개정 2007. 5. 11., 2021. 1. 12.〉

③ 제1항의 규정에 따라 권한행사가 정지된 지방의회의원은 그 정지기간 동안「공직선거법」제111조의 규정에 의한 의정활동보고를 할 수 없다. 다만, 인터넷에 의정활동보고서를 게재할 수는 있다.

[시행일: 2022. 1. 13.] 제21조

제22조(주민소환투표결과의 확정) ① 주민소환은 제3조의 규정에 의한 주민소환투표권자(이하 "주민소환투표권자"라 한다) 총수의 3분의 1이상의 투표와 유효투표 총수 과반수의 찬성으로 확정된다.

② 전체 주민소환투표자의 수가 주민소환투표권자 총수의 3분의 1에 미달하는 때에는 개표를 하지 아니한다.

③ 관할선거관리위원회는 개표가 끝난 때에는 지체 없이 그 결과를 공표한 후 소환청구인대표자, 주민소환투표대상자, 관계중앙행정기관의 장, 당해 지방자치단체의 장(지방자치단체의 장이 주민소환투표대상자인 경우에는 제21조 제2항의 규정에 의하여 권한을 대행하는 당해 지방자치단체의 부단체장 등을 말한다) 및 당해 지방의회의 의장(지방의회의원이 주민소환투표대상자인 경우에 한하며, 지방의회의 의장이 주민소환투표대상자인 경우에는 당해 지방의회의 부의장을 말한다)에게 통지하여야 한다. 제2항의 규정에 의하여 개표를 하지 아니한 때에도 또한 같다.

제23조(주민소환투표의 효력) ① 제22조 제1항의 규정에 의하여 주민소환이 확정된 때에는 주민소환투표대상자는 그 결과가 공표된 시점부터 그 직을 상실한다.

② 제1항의 규정에 의하여 그 직을 상실한 자는 그로 인하여 실시하는 이 법 또는「공직선거법」에 의한 해당보궐선거에 후보자로 등록할 수 없다.

제24조(주민소환투표소송 등) ① 주민소환투표의 효력에 관하여 이의가 있는 해당 주민소환투표대상자 또는 주민소환투표권자(주민소환투표권자 총수의 100분의 1이상의 서명을 받아야 한다)는 제22조 제3항의 규정에 의하여 주민소환투표결과가 공표된 날부터 14일 이내에 관할선거관리위원회 위원장을 피소청인으로 하여 지역구시·도의원, 지역구자치구·시·군의원 또는 시장·군수·자치구의 구청장을 대상으로 한 주민소환투표에 있어서는 특별시·광역시·도선거관리위원회에, 시·도지사를 대상으로 한 주민소환투표에 있어서는 중앙선거관리위원회에 소청할 수 있다.

② 제1항의 규정에 따른 소청에 대한 결정에 관하여 불복이 있는 소청인은 관할선거관리위원회 위원장을 피고로 하여 그 결정서를 받은 날(결정서를 받지 못한 때에는「공직선거법」제220조 제1항의 규정에 의한 결정기간이 종료된 날을 말한다)부터 10일 이내에 지역구시·도의원, 지역구자치구·시·군의원 또는 시장·군수·자치구의 구청장을 대상으로 한 주민소환투표에 있어서는 그 선거구를 관할하는 고등법원에, 시·도지사를 대상으로 한 주민소환투표에 있어서는 대법원에 소를 제기할 수 있다.

③ 주민소환투표에 관한 소청 및 소송의 절차에 관하여는 이 법에 규정된 사항을 제외하고는「공직선거법」제219조 내지 제229조의 규정 중 지방자치단체의 장 및 지방의회의원에 관한 규정을 준용한다.

제25조(보궐선거 실시제한 등) ① 제24조의 규정에 따른 주민소환투표에 관한 소청 및 소송이 제기되거나 제27조 제1항의 규정에 의하여 준용되는「주민투표법」제26조의 규정에 의한 재투표가 실시되는

때에는 그 결과가 확정된 후에 보궐선거를 실시하여야 한다.

② 보궐선거 및 재투표에 관하여 이 법에서 규정한 사항을 제외하고는 지방자치단체의 장 및 지방의회 의원에 관한 규정에 한하여 「공직선거법」 제195조 내지 제201조를 준용한다.

제26조(주민소환투표관리경비) ① 주민소환투표사무의 관리에 필요한 다음 각 호의 비용은 당해 지방자치단체가 부담하되, 소환청구인대표자 및 주민소환투표대상자가 주민소환투표운동을 위하여 지출한 비용은 각자 부담한다.

    1. 주민소환투표의 준비·관리 및 실시에 필요한 비용

    2. 주민소환투표공보의 발행, 토론회 등의 개최 및 불법 주민소환투표운동의 단속에 필요한 경비

    3. 주민소환투표에 관한 소청 및 소송과 관련된 경비

    4. 주민소환투표결과에 대한 자료의 정리, 그 밖에 주민소환투표사무의 관리를 위한 관할선거관리위원회의 운영 및 사무처리에 필요한 경비

② 지방자치단체는 제1항의 규정에 의한 경비를 주민소환투표 발의일부터 5일 이내에 관할선거관리위원회에 납부하여야 한다.

③ 제1항의 규정에 의한 주민소환투표경비의 산출기준·납부절차·납부방법·집행·회계 및 반환 그 밖의 필요한 사항은 중앙선거관리위원회규칙으로 정한다.

제5장 「주민투표법」의 준용 등

제27조(「주민투표법」의 준용 등) ① 주민소환투표와 관련하여 이 법에 정한 사항을 제외하고는 「주민투표법」 제3조 제2항, 제4조, 제10조 제1항 및 제2항, 제12조(제8항을 제외한다), 제18조, 제19조, 제23조 및 제26조의 규정을 준용한다. 이 경우 "주민투표관리기관"은 "주민소환투표관리기관"으로, "지방자치단체의 장"은 "관할선거관리위원회"로, "주민투표"는 "주민소환투표"로, "주민투표사무"는 "주민소환투표사무"로, "주민투표청구권자"는 "주민소환투표청구권자"로, "주민투표청구인대표자" 및 "청구인대표자"는 각각 "주민소환투표청구인대표자"로, "주민투표청구"는 "주민소환투표청구"로, "주민투표청구서"는 "주민소환투표청구서"로, "청구인대표자증명서"는 "소환청구인대표자증명서"로, "주민투표안"은 "주민소환투표안"으로, "지방자치단체의 조례" 및 "해당지방자치단체의 조례"는 각각 "대통령령"으로 보고, 같은 법 제10조 제1항 중 "제9조 제2항"은 "제7조"로, 같은 법 제12조 제1항 중 "특별시·광역시 또는 도"는 "시·도지사"로, "자치구·시 또는 군"은 "시장·군수·자치구의 구청장, 지역구시·도의원 및 지역구자치구·시·군의원"으로, 같은 법 제26조 제3항 중 "지방자치단체의 장은 관할선거관리위원회와 협의하여"는 "관할선거관리위원회는"으로 본다. 〈개정 2020. 12. 8.〉

② 「주민투표법」 제19조를 준용함에 있어 주민소환투표가 실시되는 구역(지역구지방의회의원 소환투표의 경우 해당 구·시·군의 관할구역을 말한다) 밖에 거소를 둔 사람도 거소투표자의 예에 따라 투표할 수 있으며, 주민소환투표의 투표시간은 오전 6시부터 오후 8시까지로 한다. 〈개정 2020. 12. 8.〉

제28조(벌칙) 제20조 제3항의 규정에 의하여 준용되는 「공직선거법」 제85조 제1항의 규정을 위반하여 주민소환투표운동을 하거나 하게 한 자는 5년 이하의 징역에 처한다.

제29조(벌칙) 다음 각 호의 어느 하나에 해당하는 자는 5년 이하의 징역 또는 3천만원 이하의 벌금에 처한다. 〈개정 2020. 6. 9.〉

    1. 주민소환투표의 결과에 영향을 미치게 할 목적으로 주민소환투표인(주민소환투표인명부 작성 전에는 그 주민소환투표인명부에 오를 자격이 있는 자를 포함한다. 이하 이 조에서 같다)에게 금전·물품·거마(車馬)·향응 그 밖의 재산상의 이익이나 공사(公私)의 직을 제공하거나 그 제공의 의사를 표시하거나 또는 그 제공을 약속한 자

    2. 주민소환투표운동에 이용할 목적으로 학교 그 밖의 공공기관·사회단체·종교단체·노동단체 또는 청년단체·여성단체·노인단체·재향군인단체·씨족단체 그 밖의 기관·단체·시설에 금전·물품 등 재산상의 이익을 제공하거나 그 제공의 의사를 표시하거나 그 제공을 약속한 자

    3. 주민소환투표운동에 이용할 목적으로 야유회·동창회·친목회·향우회·계모임 그 밖의 선거구민의 모임이나 행사에 금전·물품·음식물 그 밖의 재산상의 이익을 제공하거나 그 제공의 의사를 표시하거나 그 제공을 약속한 자

    4. 제1호 내지 제3호에 규정된 행위에 관하여 지시·권유·요구 또는 알선한 자

    5. 주민소환투표인에 대하여 폭행·협박 또는 불법으로 체포·감금하거나 부정한 방법으로 주민소환투표의 자유를 방해한 자

    6. 법령에 의하지 아니하고 주민소환투표함을 열거나 그 투표함(빈 투표함을 포함한다) 또는 투표함 안의 주민소환투표지를 제거·파괴·훼손·은닉 또는 탈취한 자

    7. 주민소환투표의 결과에 영향을 미칠 목적으로 연설·방송·신문·통신·잡지·벽보·선전문서 그 밖의 방법으로 허위사실을 유포하거나 허위사실을 게재한 선전문서를 배포할 목적으로 소지한 자

    8. 주민소환투표의 결과에 영향을 미칠 목적으로 포장된 선물 또는 돈봉투 등 다수의 주민소환투표인에게 배부하도록 구분된 형태로 되어 있는 금품을 운반한 자

    9. 주민소환투표인명부 작성에 관계있는 자로서 그 직권을 남용하여 주민소환투표인명부의 열람을 방해하거나 그 열람에 관한 직무를 유기한 자

제30조(벌칙) ① 다음 각 호의 어느 하나에 해당하는 자는 3년 이하의 징역 또는 1천만원 이하의 벌금에 처한다.

    1. 제29조 제1호 내지 제3호에 규정된 이익이나 공사의 직을 제공받거나 그 제공의 의사표시를 승낙한 자

    2. 성명의 사칭, 신분증명서의 위조 또는 변조 그 밖의 부정한 방법으로 주민소환투표를 하거나 주민소환투표를 하려고 한 자

    3. 허위의 방법으로 주민소환투표인명부에 오르게 한 자

    4. 주민소환투표에 관한 서명요청 활동 및 투표운동의 기회를 이용하여 특정 정당이나 「공직선거법」의 규정에 의한 공직선거의 후보자가 되고자 하는 자를 지지·추천 또는 반대하거나 그 밖의 선거운동에 이르는 행위를 한 자

② 다음 각 호의 어느 하나에 해당하는 자는 2년 이하의 징역 또는 500만원 이하의 벌금에 처한다.

1. 제20조 제1항의 규정에 위반하여 주민소환투표운동을 한 자

2. 제20조 제2항의 규정에 의하여 적용되는 「공직선거법」 제82조의5의 규정을 위반하여 주민소환투표운동 목적의 정보를 전송한 자

제31조(벌칙) ① 제20조 제3항의 규정에 의하여 준용되는 「공직선거법」 제85조 제2항 및 제3항의 규정에 위반된 행위를 하거나 하게 한 자는 3년 이하의 징역 또는 600만원 이하의 벌금에 처한다.

② 제20조 제2항(제2호를 제외한다)의 규정에 의하여 적용되는 「공직선거법」 제82조의5의 규정을 위반하여 주민소환투표운동 목적의 정보를 전송한 자는 2년 이하의 징역 또는 500만원 이하의 벌금에 처한다.

제32조(벌칙) 다음 각 호의 어느 하나에 해당하는 자는 1년 이하의 징역 또는 500만원 이하의 벌금에 처한다.

1. 제10조의 규정을 위반하여 서명요청을 한 자

2. 제18조의 규정에 의한 주민소환투표운동의 제한을 위반하여 주민소환투표운동을 한 자

3. 제20조 제2항의 규정을 위반하여 주민소환투표운동을 한 자

제33조(벌칙) 이 법에서 준용하는 「공직선거법」의 규정과 관련하여 다음 각 호의 어느 하나에 해당하는 자는 1년 이하의 징역 또는 500만원 이하의 벌금에 처한다. 〈개정 2010. 1. 25.〉

1. 「공직선거법」 제61조 제5항의 규정을 위반하여 주민소환투표운동기구를 설치한 자

2. 「공직선거법」 제69조 제5항을 위반하여 광고를 한 사람

3. 「공직선거법」 제79조 제1항, 제3항부터 제5항까지, 제6항(표지를 부착하지 아니한 경우는 제외한다) 또는 제7항을 위반하여 공개장소에서의 연설·대담을 한 자

4. 「공직선거법」 제272조의2제3항의 규정을 위반하여 출입을 방해하거나 자료제출요구에 응하지 아니하거나 허위의 자료를 제출한 자

제34조(이익의 몰수) 제29조 제1호 내지 제3호의 죄를 범한 자가 받은 이익은 이를 몰수한다. 다만, 그 전부 또는 일부를 몰수할 수 없는 때에는 그 가액을 추징한다.

제35조(주민소환투표에 관한 과태료) ① 「형사소송법」 제211조에 규정된 현행범인 또는 준현행범인으로서 이 법에서 준용하는 「공직선거법」 제272조의2제4항의 규정에 따른 동행요구에 응하지 아니한 자는 300만원 이하의 과태료에 처한다.

② 다음 각 호의 어느 하나에 해당하는 자는 이 법에 다른 규정이 있는 경우를 제외하고는 200만원 이하의 과태료에 처한다.

1. 이 법 또는 이 법에서 준용하는 「공직선거법」의 규정에 따른 신고·제출의 의무를 해태한 자

2. 학교·관공서 그 밖의 공공기관·단체의 장으로서 선거관리위원회의 투표소·개표소 설치를 위한 장소협조 요구에 정당한 사유 없이 응하지 아니한 자

3. 선거관리위원회가 첨부한 주민소환투표용지 모형을 훼손·오손한 자

4. 삭제 〈2010. 1. 25.〉

③ 다음 각 호의 어느 하나에 해당하는 자는 100만원 이하의 과태료에 처한다.

1. 주민소환투표사무원·부재자주민소환투표사무원·개표사무원으로 위촉된 자로서 정당한 사유 없이 그 직무수행을 거부·유기하거나 해태한 자

2. 이 법에서 준용하는 「공직선거법」 제61조 제6항의 규정을 위반하여 주민소환투표운동기구에 간판·현판·현수막을 설치 또는 게시한 자

3. 이 법에서 준용하는 「공직선거법」 제79조 제6항의 규정을 위반하여 표지를 부착하지 아니하

고 연설·대담을 한 자

4. 이 법에서 준용하는 「공직선거법」 제272조의2제4항의 규정에 따른 출석요구에 정당한 사유 없이 응하지 아니한 자

④ 제1항부터 제3항까지의 규정에 따른 과태료의 부과·징수절차에 관하여는 「공직선거법」 제261조 제7항 및 제8항을 준용한다. 〈개정 2010. 1. 25.〉

제7장 보칙

제36조(주민소환투표 범죄의 조사 등) ① 관할선거관리위원회는 주민소환투표를 실시하는 때마다 주민소환투표부정을 감시하기 위하여 서명요청 활동기간 개시일부터 주민소환투표일까지 해당관할선거관리위원회에 주민소환투표부정감시단을 둔다.

② 시·도선거관리위원회는 인터넷을 이용한 주민소환투표부정을 감시하기 위하여 제1항의 규정에 따른 기간 중에 사이버주민소환투표부정감시단을 설치·운영하여야 한다.

③ 제1항 및 제2항의 규정에 따른 감시단과 관련하여 이 법에서 정한 사항을 제외하고는 「공직선거법」 제10조의2제2항 전단·제5항 내지 제8항 및 제10조의3의 규정을 준용한다. 이 경우 "공정선거지원단"은 "주민소환투표부정감시단"으로, "사이버공정선거지원단"은 "사이버주민소환투표부정감시단"으로, "선거운동"은 "주민소환투표운동"으로, "선거부정감시사무"는 "주민소환투표부정감시사무"로 본다. 〈개정 2018. 4. 6.〉

④ 선거관리위원회가 이 법의 규정에 따라 주민소환투표를 실시하는 경우 이 법의 위반행위에 대한 단속 및 조사에 관하여는 「공직선거법」 제272조의2 및 「선거관리위원회법」 제14조의2의 규정을 준용한다.

제37조(주민소환투표범죄 신고자 등의 보호) 제28조 내지 제33조의 죄 및 제35조의 과태료에 해당하는 죄를 신고한 신고자 등의 보호에 관하여는 「공직선거법」 제262조의2의 규정을 준용한다.

제38조(주민소환투표범죄 신고자에 대한 포상금 지급) 각급 선거관리위원회(읍·면·동선거관리위원회를 제외한다. 이하 이 조에서 같다)는 제28조 내지 제33조의 죄 및 제35조의 과태료에 해당하는 죄를 선거관리위원회가 인지하기 전에 신고한 자에게 중앙선거관리위원회규칙이 정하는 바에 따라 포상금을 지급할 수 있다.

부칙 〈제17577호, 2020. 12. 8.〉

제1조(시행일) 이 법은 공포 후 3개월이 경과한 날부터 시행한다.

제2조(주민소환투표공보에 관한 적용례) 제12조의2의 개정규정은 이 법 시행 이후 청구되는 주민소환투표부터 적용한다.

제3조(다른 법률의 개정) 제주특별자치도 설치 및 국제자유도시 조성을 위한 특별법 일부를 다음과 같이 개정한다.

제35조 제4호 중 "주민등록지인 시·군·구"는"을 "주민소환투표가 실시되는 구역(지역구지방의회의원 소환투표의 경우 해당 구·시·군의 관할구역을 말한다)"은"으로 한다.

지방공무원법

[시행 2021. 10. 8.] [법률 제18472호, 2021. 10. 8., 일부개정]

행정안전부(지방인사제도과) 044-205-3342

 제1장 **총칙** 〈개정 2008. 12. 31.〉

제1조(목적) 이 법은 지방자치단체의 공무원에게 적용할 인사행정의 근본 기준을 확립하여 지방자치행정의 민주적이며 능률적인 운영을 도모함을 목적으로 한다.

[전문개정 2008. 12. 31.]

제2조(공무원의 구분) ① 지방자치단체의 공무원(지방자치단체가 경비를 부담하는 지방공무원을 말하며, 이하 "공무원"이라 한다)은 경력직공무원과 특수경력직공무원으로 구분한다.

② "경력직공무원"이란 실적과 자격에 따라 임용되고 그 신분이 보장되며 평생 동안(근무기간을 정하여 임용하는 공무원의 경우에는 그 기간 동안을 말한다) 공무원으로 근무할 것이 예정되는 공무원을 말하며, 그 종류는 다음 각 호와 같다. 〈개정 2012. 12. 11., 2019. 12. 10.〉

　1. 일반직공무원: 기술·연구 또는 행정 일반에 대한 업무를 담당하는 공무원

　2. 특정직공무원: 공립 대학 및 전문대학에 근무하는 교육공무원, 교육감 소속의 교육전문직원 및 자치경찰공무원과 그 밖에 특수 분야의 업무를 담당하는 공무원으로서 다른 법률에서 특정직공무원으로 지정하는 공무원

　3. 삭제 〈2012. 12. 11.〉

③ "특수경력직공무원"이란 경력직공무원 외의 공무원을 말하며, 그 종류는 다음 각 호와 같다. 〈개정 2012. 12. 11.〉

　1. 정무직공무원

　　가. 선거로 취임하거나 임명할 때 지방의회의 동의가 필요한 공무원

　　나. 고도의 정책결정업무를 담당하거나 이러한 업무를 보조하는 공무원으로서 법령 또는 조례에서 정무직으로 지정하는 공무원

　2. 별정직공무원: 비서관·비서 등 보좌업무 등을 수행하거나 특정한 업무 수행을 위하여 법령에서 별정직으로 지정하는 공무원

　3. 삭제 〈2012. 12. 11.〉

　4. 삭제 〈2011. 5. 23.〉

④ 제3항에 따른 별정직공무원의 임용조건, 임용절차, 근무 상한연령, 그 밖에 필요한 사항은 대통령령 또는 조례로 정한다. 〈개정 2011. 5. 23., 2012. 12. 11.〉

[전문개정 2008. 12. 31.]

제3조(적용범위) ① 특수경력직공무원에 대하여는 이 법 또는 다른 법률에 특별한 규정이 없으면 제31조, 제41조 제1항, 제42조부터 제46조까지, 제46조의2, 제46조의3, 제47조부터 제51조까지, 제51조의2, 제52조부터 제59조까지, 제61조, 제74조부터 제79조까지, 제82조 및 제83조에 한정하여 이 법

을 적용한다. 〈개정 2015. 5. 18.〉

② 제1항에도 불구하고 정무직공무원에 대하여는 제31조 및 제61조를 적용하지 아니하고, 대통령령으로 정하는 특수경력직공무원에 대하여는 제57조 및 제58조를 적용하지 아니한다.

③ 제25조의2는 대통령령으로, 제25조의3은 대통령령 또는 조례로 정하는 공무원에게만 적용한다.

④ 제25조의5에 따라 근무기간을 정하여 임용하는 공무원에 대하여는 이 법 또는 다른 법률에 특별한 규정이 없으면 제29조의2, 제29조의3, 제30조의2, 제30조의4, 제38조, 제39조, 제39조의2, 제39조의3, 제65조의4, 제66조 및 제66조의2를 적용하지 아니한다.

[전문개정 2012. 12. 11.]

제3조(적용범위) ① 특수경력직공무원에 대하여는 이 법 또는 다른 법률에 특별한 규정이 없으면 제31조, 제41조 제1항, 제42조, 제43조, 제43조의2, 제43조의3, 제44조부터 제46조까지, 제46조의2, 제46조의3, 제47조부터 제51조까지, 제51조의2, 제52조부터 제59조까지, 제61조, 제74조, 제75조, 제75조의2, 제76조부터 제79조까지, 제82조 및 제83조에 한정하여 이 법을 적용한다. 〈개정 2015. 5. 18., 2021. 6. 8.〉

② 제1항에도 불구하고 정무직공무원에 대하여는 제31조 및 제61조를 적용하지 아니하고, 대통령령으로 정하는 특수경력직공무원에 대하여는 제57조 및 제58조를 적용하지 아니한다.

③ 제25조의2는 대통령령으로, 제25조의3은 대통령령 또는 조례로 정하는 공무원에게만 적용한다.

④ 제25조의5에 따라 근무기간을 정하여 임용하는 공무원에 대하여는 이 법 또는 다른 법률에 특별한 규정이 없으면 제29조의2, 제29조의3, 제30조의2, 제30조의4, 제38조, 제39조, 제39조의2, 제39조의3, 제65조의4, 제66조 및 제66조의2를 적용하지 아니한다.

[전문개정 2012. 12. 11.]

[시행일: 2021. 12. 9.] 제3조

제3조의2 삭제 〈1981. 4. 20.〉

제4조(일반직공무원의 계급구분 등) ① 일반직공무원은 1급부터 9급까지의 계급으로 구분하며, 직군(職群)과 직렬(職列)별로 분류한다. 〈개정 2010. 6. 8., 2011. 5. 23., 2012. 12. 11.〉

② 다음 각 호의 공무원에 대하여는 대통령령으로 정하는 바에 따라 제1항에 따른 계급 구분이나 직군 및 직렬의 분류를 적용하지 아니할 수 있다. 〈개정 2012. 12. 11., 2015. 5. 18.〉

1. 특수 업무 분야에 종사하는 공무원

2. 연구 · 지도 또는 특수기술 직렬 공무원

③ 삭제 〈2010. 6. 8.〉

④ 제1항 및 제2항에 따른 각 계급의 직무의 종류별 명칭은 대통령령으로 정한다. 〈개정 2010. 6. 8.〉

[전문개정 2008. 12. 31.]

[제목개정 2012. 12. 11.]

제5조(정의) 이 법에서 사용하는 용어의 뜻은 다음과 같다.

1. "직위(職位)"란 1명의 공무원에게 부여할 수 있는 직무와 책임을 말한다.

2. "직급(職級)"이란 직무의 종류 · 곤란성과 책임도가 상당히 유사한 직위의 군(群)을 말하며, 같은 직급에 속하는 직위에 대하여는 임용자격 · 시험, 그 밖의 인사행정에서 동일한 취급을 한다.

3. "정급(定級)"이란 직위를 직급에 배정하는 것을 말한다.

4. "강임(降任)"이란 같은 직렬 내에서 하위 직급에 임명하거나 하위 직급이 없어 다른 직렬의 하위 직급에 임명하는 것을 말한다.

5. "전직(轉職)"이란 직렬을 달리하여 임명하는 것을 말한다.

6. "전보(轉補)"란 같은 직급 내에서의 보직변경을 말한다.

7. "직군(職群)"이란 직무의 성질이 유사한 직렬의 군을 말한다.

8. "직렬(職列)"이란 직무의 종류가 유사하고, 그 책임과 곤란성의 정도가 다른 직급의 군을 말한다.

9. "직류(職類)"란 같은 직렬 내에서 담당 분야가 같은 직무의 군을 말한다.

10. "직무등급"이란 직무의 곤란성과 책임도가 상당히 유사한 직위의 군을 말한다.

[전문개정 2008. 12. 31.]

제2장   인사기관 〈개정 2008. 12. 31.〉

제6조(임용권자) ① 지방자치단체의 장(특별시·광역시·도 또는 특별자치도의 교육감을 포함한다. 이하 같다)은 이 법에서 정하는 바에 따라 그 소속 공무원의 임명·휴직·면직과 징계를 하는 권한(이하 "임용권"이라 한다)을 가진다.

② 제1항에 따라 임용권을 가지는 자는 그 권한의 일부를 그 지방자치단체의 조례로 정하는 바에 따라 보조기관, 그 소속 기관의 장, 지방의회의 사무처장·사무국장·사무과장 또는 교육위원회의 의사국장에게 위임할 수 있다.

③ 임용권자(임용권의 위임을 받은 자를 포함한다. 이하 같다)는 대통령령으로 정하는 바에 따라 소속 공무원의 인사기록을 작성·보관하여야 한다.

[전문개정 2008. 12. 31.]

제6조(임용권자) ① 지방자치단체의 장[특별시·광역시·특별자치시·도 또는 특별자치도(이하 "시·도"라 한다)의 교육감을 포함한다. 이하 같다] 및 지방의회의 의장[시·도의회의 의장 및 시·군·구(자치구를 말한다. 이하 같다)의회의 의장을 말한다. 이하 같다]은 이 법에서 정하는 바에 따라 그 소속 공무원의 임명·휴직·면직과 징계를 하는 권한(이하 "임용권"이라 한다)을 가진다. 〈개정 2021. 10. 8.〉

② 제1항에 따라 임용권을 가지는 자는 그 권한의 일부를 그 지방자치단체의 조례로 정하는 바에 따라 보조기관, 그 소속 기관의 장이나 지방의회의 사무처장·사무국장·사무과장에게 위임할 수 있다. 〈개정 2021. 10. 8.〉

③ 임용권자(임용권의 위임을 받은 자를 포함한다. 이하 같다)는 대통령령으로 정하는 바에 따라 소속 공무원의 인사기록을 작성·보관하여야 한다.

[전문개정 2008. 12. 31.]

[시행일: 2022. 1. 13.] 제6조

제6조의2(인사관리의 전자화) ① 행정안전부장관 또는 지방자치단체의 장은 공무원의 인사관리를 과학화하기 위하여 공무원의 인사기록을 데이터베이스화하여 관리하고 인사 업무를 전자적으로 처리할 수 있는 시스템을 구축하여 운영할 수 있다. 〈개정 2013. 3. 23., 2014. 11. 19., 2017. 7. 26.〉

② 제1항에 따른 시스템의 구축·운영 등에 필요한 사항은 대통령령으로 정한다.

[전문개정 2008. 12. 31.]

제6조의2(인사관리의 전자화) ① 행정안전부장관, 지방자치단체의 장 또는 지방의회의 의장은 공무원의 인사관리를 과학화하기 위하여 공무원의 인사기록을 데이터베이스화하여 관리하고 인사 업무를 전

자적으로 처리할 수 있는 시스템을 구축하여 운영할 수 있다. 〈개정 2013. 3. 23., 2014. 11. 19., 2017. 7. 26., 2021. 10. 8.〉

② 제1항에 따른 시스템의 구축·운영 등에 필요한 사항은 대통령령으로 정한다.

[전문개정 2008. 12. 31.]

[시행일: 2022. 1. 13.] 제6조의2

제7조(인사위원회의 설치) ① 지방자치단체에 임용권자(임용권을 위임받은 자는 제외하되, 그중 시의 구청장과 지방자치단체의 장이 필요하다고 인정하는 소속 기관의 장을 포함한다)별로 인사위원회를 두되, 특별시·광역시·도 또는 특별자치도(이하 "시·도"라 한다)에는 필요하면 제1인사위원회와 제2인사위원회를 둘 수 있다.

② 인사위원회는 16명 이상 20명 이하의 위원으로 구성한다. 다만, 임용권을 위임받은 기관에 두는 인사위원회와 해당 지방자치단체의 인구 수, 위원 선정의 어려움 등을 고려하여 대통령령으로 정하는 지방자치단체에 두는 인사위원회는 7명 이상 9명 이하의 위원으로 구성할 수 있다. 〈개정 2012. 3. 21.〉

③ 제2항에 따라 인사위원회를 구성할 경우에는 제5항 각 호에 따라 위촉되는 위원이 전체 위원의 2분의 1 이상이어야 한다. 〈신설 2012. 3. 21.〉

④ 제1항에 따라 시·도에 복수의 인사위원회를 두는 경우 제1인사위원회의 위원과 제2인사위원회의 위원은 겸직할 수 없다. 다만, 인사를 담당하는 국 또는 이에 상당하는 보조기관의 장의 경우에는 그러하지 아니하다. 〈신설 2012. 3. 21.〉

⑤ 위원은 해당 지방자치단체의 공무원(국가공무원을 포함한다) 및 다음 각 호에 해당하는 사람으로서 인사행정에 관한 학식과 경험이 풍부한 사람 중에서 지방자치단체의 장이 임명하거나 위촉하되, 위원의 자격요건에 관하여 필요한 사항은 대통령령으로 정한다. 다만, 시험위원은 시험실시기관의 장이 따로 위촉할 수 있다. 〈개정 2012. 3. 21.〉

1. 법관·검사 또는 변호사 자격이 있는 사람

2. 대학에서 조교수 이상으로 재직하거나 초등학교·중학교·고등학교 교장 또는 교감으로 재직하는 사람

3. 공무원(국가공무원을 포함한다)으로서 20년 이상 근속하고 퇴직한 사람

4. 「비영리민간단체 지원법」에 따른 비영리민간단체에서 10년 이상 활동하고 있는 지역단위 조직의 장

5. 상장법인의 임원 또는 「공공기관의 운영에 관한 법률」 제5조에 따라 지정된 공기업의 지역단위 조직의 장으로 근무하고 있는 사람

⑥ 다음 각 호의 어느 하나에 해당하는 사람은 위원으로 위촉될 수 없다. 〈개정 2012. 3. 21.〉

1. 제31조 각 호의 어느 하나에 해당하는 사람

2. 「정당법」에 따른 정당의 당원

3. 지방의회의원

⑦ 제5항에 따라 위촉되는 위원의 임기는 3년으로 하되, 한 번만 연임할 수 있다. 〈개정 2012. 3. 21.〉

⑧ 지방자치단체는 조례로 정하는 바에 따라 인사위원회의 회의에 참석하는 위원에게 실비보상을 할 수 있다. 〈개정 2012. 3. 21.〉

⑨ 위원은 그 직무에 관하여 알게 된 비밀을 누설하여서는 아니 된다. 〈개정 2012. 3. 21.〉

⑩ 위원 중 공무원이 아닌 위원은 그 직무상 행위와 관련하여 「형법」이나 그 밖의 법률에 따른 벌칙을

적용할 때 공무원으로 본다. 〈개정 2012. 3. 21.〉

⑪ 제1항부터 제10항까지에서 규정한 사항 외에 인사위원회의 구성에 필요한 사항은 대통령령으로 정한다. 〈신설 2012. 3. 21.〉

[전문개정 2008. 12. 31.]

제7조(인사위원회의 설치) ① 지방자치단체에 임용권자(임용권을 위임받은 자는 제외하되, 그중 시의 구청장과 지방자치단체의 장이 필요하다고 인정하는 소속 기관의 장을 포함한다)별로 인사위원회를 두되, 시·도에 특별시장·광역시장·특별자치시장·도지사·특별자치도지사(이하 "시·도지사"라 한다) 또는 교육감 소속으로 인사위원회를 두는 경우에는 필요하면 제1인사위원회와 제2인사위원회를 둘 수 있다. 〈개정 2021. 10. 8.〉

② 인사위원회는 16명 이상 20명 이하의 위원으로 구성한다. 다만, 지방의회의 의장 소속 인사위원회, 임용권을 위임받은 기관에 두는 인사위원회와 해당 지방자치단체의 인구 수, 위원 선정의 어려움 등을 고려하여 대통령령으로 정하는 지방자치단체에 두는 인사위원회는 7명 이상 9명 이하의 위원으로 구성할 수 있다. 〈개정 2012. 3. 21., 2021. 10. 8.〉

③ 제2항에 따라 인사위원회를 구성할 경우에는 제5항 각 호에 따라 위촉되는 위원이 전체 위원의 2분의 1 이상이어야 한다. 〈신설 2012. 3. 21.〉

④ 제1항에 따라 시·도에 복수의 인사위원회를 두는 경우 제1인사위원회의 위원과 제2인사위원회의 위원은 겸직할 수 없다. 다만, 인사를 담당하는 국 또는 이에 상당하는 보조기관의 장의 경우에는 그러하지 아니하다. 〈신설 2012. 3. 21.〉

⑤ 지방자치단체의 장과 지방의회의 의장은 각각 소속 공무원(국가공무원을 포함한다) 및 다음 각 호에 해당하는 사람으로서 인사행정에 관한 학식과 경험이 풍부한 사람 중에서 위원을 임명하거나 위촉하되, 위원의 자격요건에 관하여 필요한 사항은 대통령령으로 정한다. 다만, 시험위원은 시험실시기관의 장이 따로 위촉할 수 있다. 〈개정 2012. 3. 21., 2021. 10. 8.〉

  1. 법관·검사 또는 변호사 자격이 있는 사람

  2. 대학에서 조교수 이상으로 재직하거나 초등학교·중학교·고등학교 교장 또는 교감으로 재직하는 사람

  3. 공무원(국가공무원을 포함한다)으로서 20년 이상 근속하고 퇴직한 사람

  4. 「비영리민간단체 지원법」에 따른 비영리민간단체에서 10년 이상 활동하고 있는 지역단위 조직의 장

  5. 상장법인의 임원 또는 「공공기관의 운영에 관한 법률」 제5조에 따라 지정된 공기업의 지역단위 조직의 장으로 근무하고 있는 사람

⑥ 다음 각 호의 어느 하나에 해당하는 사람은 위원으로 위촉될 수 없다. 〈개정 2012. 3. 21.〉

  1. 제31조 각 호의 어느 하나에 해당하는 사람

  2. 「정당법」에 따른 정당의 당원

  3. 지방의회의원

⑦ 제5항에 따라 위촉되는 위원의 임기는 3년으로 하되, 한 번만 연임할 수 있다. 〈개정 2012. 3. 21.〉

⑧ 지방자치단체는 조례로 정하는 바에 따라 인사위원회의 회의에 참석하는 위원에게 실비보상을 할 수 있다. 〈개정 2012. 3. 21.〉

⑨ 위원은 그 직무에 관하여 알게 된 비밀을 누설하여서는 아니 된다. 〈개정 2012. 3. 21.〉

⑩ 위원 중 공무원이 아닌 위원은 그 직무상 행위와 관련하여 「형법」이나 그 밖의 법률에 따른 벌칙을

적용할 때 공무원으로 본다. 〈개정 2012. 3. 21.〉

⑪ 제1항부터 제10항까지에서 규정한 사항 외에 인사위원회의 구성에 필요한 사항은 대통령령으로 정한다. 〈신설 2012. 3. 21.〉

[전문개정 2008. 12. 31.]

[시행일: 2022. 1. 13.] 제7조

제8조(인사위원회의 기능 등) ① 인사위원회는 다음 각 호의 사무를 관장한다. 〈개정 2010. 3. 22.〉

1. 공무원 충원계획의 사전심의 및 각종 임용시험의 실시

2. 임용권자의 요구에 따른 보직관리 기준 및 승진·전보임용 기준의 사전의결

3. 승진임용의 사전심의

4. 임용권자의 요구에 따른 공무원의 징계 의결 또는 제69조의2에 따른 징계부가금(이하 "징계부가금"이라 한다) 부과 의결(이하 "징계의결등"이라 한다)

5. 지방자치단체의 장이 지방의회에 제출하는 공무원의 임용·교육훈련·보수 등 인사와 관련된 조례안 및 규칙안의 사전심의

6. 임용권자의 인사운영에 대한 개선 권고

7. 그 밖에 법령 또는 조례에 따라 인사위원회 관장에 속하는 사항

② 인사위원회는 제1항의 기능 수행에 필요하다고 인정하면 임용권자에게 관계 서류의 제출을 요구할 수 있고, 제1항 제4호의 사무처리를 위하여 사실 조사를 하거나 증인의 증언을 요구할 수 있다.

③ 제1항 제2호에 따른 사전의결 대상 및 제7조 제1항에 따라 복수의 인사위원회가 설치된 경우 각 인사위원회의 사무분장에 필요한 사항은 대통령령으로 정한다.

④ 인사위원회의 징계의결등에 관한 절차는 따로 대통령령으로 정한다. 〈개정 2010. 3. 22.〉

[전문개정 2008. 12. 31.]

제9조(인사위원회의 기관) ① 인사위원회에 위원장·부위원장 각 1명을 두며, 위원장은 시·도의 국가공무원으로 임명하는 부시장·부지사·부교육감, 시·군·구(자치구를 말한다. 이하 같다)의 부시장·부군수·부구청장이 되고, 부위원장은 해당 인사위원회에서 호선(互選)한다. 다만, 임용권을 위임받은 기관에 두는 인사위원회의 위원장과 부위원장은 해당 인사위원회에서 호선한다.

② 제7조 제1항에 따라 시·도에 복수의 인사위원회를 두는 경우 제1인사위원회의 위원장은 제1항 본문에 따르고, 제2인사위원회의 위원장은 부시장·부지사(「지방자치법」 제110조 제6항 후단에 따라 특정지역의 사무를 담당하는 부시장·부지사를 말한다) 또는 인사를 담당하는 국장이 된다.

③ 위원장은 인사위원회를 대표하며, 인사위원회의 사무를 총괄한다.

④ 부위원장은 위원장을 보좌하며, 위원장이 부득이한 사유로 직무를 수행할 수 없을 때에는 그 직무를 대행한다.

[전문개정 2008. 12. 31.]

제9조(인사위원회의 기관) ① 인사위원회에 위원장·부위원장 각 1명을 두며, 위원장은 시·도의 국가공무원으로 임명하는 부시장·부지사·부교육감, 시·도의회의 사무처장, 시·군·구의 부시장·부군수·부구청장, 시·군·구의회의 사무국장 또는 사무과장이 되고, 부위원장은 해당 인사위원회에서 호선(互選)한다. 다만, 임용권을 위임받은 기관에 두는 인사위원회의 위원장과 부위원장은 해당 인사위원회에서 호선한다. 〈개정 2021. 10. 8.〉

② 제7조 제1항에 따라 시·도에 복수의 인사위원회를 두는 경우 제1인사위원회의 위원장은 제1항 본문에 따르고, 제2인사위원회의 위원장은 부시장·부지사(「지방자치법」 제123조 제6항 후단에 따라 특

정지역의 사무를 담당하는 부시장·부지사를 말한다) 또는 인사를 담당하는 국장이 된다. 〈개정 2021. 10. 8.〉

③ 위원장은 인사위원회를 대표하며, 인사위원회의 사무를 총괄한다.

④ 부위원장은 위원장을 보좌하며, 위원장이 부득이한 사유로 직무를 수행할 수 없을 때에는 그 직무를 대행한다.

[전문개정 2008. 12. 31.]

[시행일: 2022. 1. 13.] 제9조

제9조의2(위원의 신분보장) ① 인사위원회의 위원장, 부위원장 및 위원(공무원인 위원장, 부위원장 및 위원은 제외한다. 이하 이 조에서 같다)은 제7조 제5항 각 호에 따른 자격요건이 상실되거나 제7조 제6항 각 호의 어느 하나에 해당할 때에는 그 직을 당연히 퇴직한다. 〈개정 2012. 3. 21.〉

② 인사위원회의 위원장, 부위원장 및 위원은 장기의 심신쇠약으로 직무를 수행할 수 없게 된 경우 외에는 본인의 의사에 반하여 그 직에서 면직되지 아니한다.

[전문개정 2008. 12. 31.]

제10조(인사위원회의 회의) ① 인사위원회의 회의는 위원장이 필요하다고 인정할 때에 소집하고 위원장은 그 의장이 된다.

② 인사위원회의 회의는 위원장과 위원장이 회의마다 지정(임용권을 위임받은 기관에 두는 인사위원회의 경우에는 그 기관의 장이 지정한다)하는 8명의 위원으로 구성하되, 제7조 제5항 각 호에 따라 위촉된 위원이 전체 구성원의 2분의 1 이상이어야 한다. 다만, 제7조 제2항 단서에 따라 인사위원회를 7명 이상 9명 이하의 위원으로 구성한 경우 그 인사위원회의 회의는 위원 전원으로 구성한다. 〈신설 2012. 3. 21.〉

③ 인사위원회의 회의는 제2항에 따른 구성원 3분의 2 이상의 출석과 출석위원 과반수의 찬성으로 의결한다. 다만, 대통령령으로 정하는 경미한 사항에 대하여는 서면으로 심의·의결할 수 있다. 〈개정 2012. 3. 21.〉

④ 그 밖에 인사위원회의 운영에 필요한 사항은 대통령령으로 정한다.

[전문개정 2008. 12. 31.]

제10조의2(인사위원회 위원의 제척·기피·회피) ① 인사위원회의 위원은 다음 각 호의 어느 하나에 해당하는 경우에는 제8조 제1항 제3호·제4호 및 제62조의 심의·의결에서 제척(除斥)된다. 다만, 제3호의 경우에는 제8조 제1항 제4호 및 제62조와 관련된 심의·의결에 한정한다. 〈개정 2014. 1. 7.〉

  1. 위원 본인 또는 그 배우자나 배우자였던 사람이 해당 심의·의결의 대상자인 경우

  2. 위원 본인과 친족 관계에 있거나 친족 관계에 있었던 사람이 해당 심의·의결의 대상자인 경우

  3. 위원 본인이 심의·의결 대상자의 직근 상급자이거나 징계 사유가 발생한 기간 동안 직근 상급자였던 경우

② 제8조 제1항 제3호·제4호 및 제62조의 심의·의결 대상자는 다음 각 호의 어느 하나에 해당하는 경우에는 그 이유를 구체적으로 밝혀 그 위원에 대한 기피를 신청할 수 있고, 인사위원회는 해당 위원의 기피 여부를 결정하여야 한다. 이 경우 기피 신청을 받은 위원은 그 기피 여부에 대한 결정에 참여할 수 없다. 〈개정 2014. 1. 7.〉

  1. 인사위원회의 위원에게 제1항 각 호의 어느 하나에 해당하는 사항이 있는 경우

  2. 그 밖에 심의·의결의 공정을 기대하기 어려운 사정이 있는 경우

③ 인사위원회의 위원은 제1항 또는 제2항에 따른 제척사유 또는 기피사유에 해당하는 것을 알게 되었

을 때에는 스스로 제8조 제1항 제3호·제4호 및 제62조의 심의·의결에서 회피할 수 있다. 이 경우 회피하려는 위원은 위원장에게 그 사유를 소명하여야 한다. 〈개정 2014. 1. 7.〉

[본조신설 2012. 3. 21.]

제10조의3(임시위원의 임명) ① 지방자치단체의 장은 제10조의2에 따른 인사위원회 위원의 제척·기피·회피 등으로 심의·의결에 참여할 수 있는 위원 수가 제10조 제2항에 따른 인사위원회 회의 구성원 수의 3분의 2에 미달하는 때에는 그 구성원 수의 3분의 2가 될 때까지 임시위원을 임명 또는 위촉하여 해당 심의·의결에 참여하도록 하여야 한다.

② 임시위원의 자격, 실비보상, 비밀누설 금지 등에 관하여는 제7조 제5항·제8항부터 제10항까지를 준용하고, 결격사유에 관하여는 같은 조 제6항을 준용한다.

[본조신설 2012. 3. 21.]

제10조의3(임시위원의 임명) ① 지방자치단체의 장과 지방의회의 의장은 제10조의2에 따른 인사위원회 위원의 제척·기피·회피 등으로 심의·의결에 참여할 수 있는 위원 수가 제10조 제2항에 따른 인사위원회 회의 구성원 수의 3분의 2에 미달하는 때에는 그 구성원 수의 3분의 2가 될 때까지 임시위원을 임명 또는 위촉하여 해당 심의·의결에 참여하도록 하여야 한다. 〈개정 2021. 10. 8.〉

② 임시위원의 자격, 실비보상, 비밀누설 금지 등에 관하여는 제7조 제5항·제8항부터 제10항까지를 준용하고, 결격사유에 관하여는 같은 조 제6항을 준용한다.

[본조신설 2012. 3. 21.]

[시행일: 2022. 1. 13.] 제10조의3

제11조(인사위원회의 사무직원) ① 인사위원회에 간사와 서기를 둔다.

② 간사와 서기는 해당 기관의 장이 그 소속 공무원 중에서 임명한다.

③ 간사는 위원장의 명을 받아 인사위원회의 사무를 처리하며 서기는 간사를 보조한다.

[전문개정 2008. 12. 31.]

제11조(인사위원회의 사무직원) ① 인사위원회에 간사와 서기를 둔다.

② 간사와 서기는 해당 지방자치단체의 장과 지방의회의 의장이 각각 그 소속 공무원 중에서 임명한다. 〈개정 2021. 10. 8.〉

③ 간사는 위원장의 명을 받아 인사위원회의 사무를 처리하며 서기는 간사를 보조한다.

[전문개정 2008. 12. 31.]

[시행일: 2022. 1. 13.] 제11조

제12조 삭제 〈1991. 5. 31.〉

제13조(소청심사위원회의 설치) 공무원의 징계, 그 밖에 그 의사에 반하는 불리한 처분이나 부작위(不作爲)에 대한 소청을 심사·결정하기 위하여 시·도에 제6조에 따른 임용권자별로(임용권을 위임받은 자는 제외한다) 지방소청심사위원회 및 교육소청심사위원회(이하 "심사위원회"라 한다)를 둔다.

[전문개정 2008. 12. 31.]

제13조(소청심사위원회의 설치) ① 지방자치단체의 장 소속 공무원의 징계, 그 밖에 그 의사에 반하는 불리한 처분이나 부작위(不作爲)에 대한 소청을 심사·결정하기 위하여 시·도에 임용권자(시·도의회의 의장 및 임용권을 위임받은 자는 제외한다)별로 지방소청심사위원회 및 교육소청심사위원회(이하 "심사위원회"라 한다)를 둔다.

② 지방의회의 의장 소속 공무원의 징계, 그 밖에 그 의사에 반하는 불리한 처분이나 부작위에 대한 소청은 제1항에 따른 지방소청심사위원회에서 심사·결정한다.

제14조(심사위원회의 위원) ① 심사위원회는 16명 이상 20명 이하의 위원으로 구성한다. 이 경우 제2항 제1호 및 제2호에 따라 위촉되는 위원이 전체 위원의 2분의 1 이상이어야 한다. 〈개정 2012. 3. 21.〉

② 위원은 다음 각 호의 어느 하나에 해당하는 사람 중에서 특별시장·광역시장·도지사 또는 특별자치 도지사(이하 "시·도지사"라 한다) 또는 교육감이 임명하거나 위촉한다. 다만, 인사위원회위원, 「정 당법」에 따른 당원, 지방의회의원 및 제31조 각 호의 어느 하나에 해당하는 사람은 심사위원회의 위 원이 될 수 없다.

　　1. 법관·검사 또는 변호사로 재직하는 사람

　　2. 대학에서 법률학을 담당하는 부교수 이상으로 재직하는 사람

　　3. 소속 국장급 이상의 공무원

③ 제2항에 따라 위촉되는 위원의 임기는 2년으로 하되, 연임할 수 있다.

④ 심사위원회의 회의는 위원장과 시·도지사 또는 교육감이 회의마다 지정하는 6명의 위원으로 구성 한다. 이 경우 제2항 제1호 및 제2호에 따라 위촉된 위원이 5명 이상이어야 한다. 〈신설 2012. 3. 21.〉

⑤ 회의에 참석하는 위원에게는 해당 지방자치단체의 조례로 정하는 바에 따라 실비보상을 할 수 있다. 〈개정 2012. 3. 21.〉

⑥ 위원 중 공무원이 아닌 위원은 그 직무상 행위와 관련하여 「형법」이나 그 밖의 법률에 따른 벌칙을 적용할 때 공무원으로 본다. 〈개정 2012. 3. 21.〉

⑦ 제1항부터 제6항까지에서 규정된 사항 외에 심사위원회의 구성·운영 등에 필요한 사항은 대통령령 으로 정한다. 〈개정 2012. 3. 21.〉

[전문개정 2008. 12. 31.]

제14조(심사위원회의 위원) ① 심사위원회는 16명 이상 20명 이하의 위원으로 구성한다. 이 경우 제2항 제1호 및 제2호에 따라 위촉되는 위원이 전체 위원의 2분의 1 이상이어야 한다. 〈개정 2012. 3. 21.〉

② 위원은 다음 각 호의 어느 하나에 해당하는 사람 중에서 시·도지사 또는 교육감이 임명하거나 위촉 한다. 다만, 인사위원회위원, 「정당법」에 따른 당원, 지방의회의원 및 제31조 각 호의 어느 하나에 해당하는 사람은 심사위원회의 위원이 될 수 없다. 〈개정 2021. 10. 8.〉

　　1. 법관·검사 또는 변호사로 재직하는 사람

　　2. 대학에서 법률학을 담당하는 부교수 이상으로 재직하는 사람

　　3. 시·도지사 또는 교육감 소속 국장급 이상의 공무원

　　4. 시·도의회의 의장 소속 과장급 이상의 공무원

③ 제2항에 따라 위촉되는 위원의 임기는 2년으로 하되, 연임할 수 있다.

④ 심사위원회의 회의는 위원장과 시·도지사 또는 교육감이 회의마다 지정하는 6명의 위원으로 구성 한다. 이 경우 제2항 제1호 및 제2호에 따라 위촉된 위원이 5명 이상이어야 한다. 〈신설 2012. 3. 21.〉

⑤ 회의에 참석하는 위원에게는 해당 지방자치단체의 조례로 정하는 바에 따라 실비보상을 할 수 있다. 〈개정 2012. 3. 21.〉

⑥ 위원 중 공무원이 아닌 위원은 그 직무상 행위와 관련하여 「형법」이나 그 밖의 법률에 따른 벌칙을 적용할 때 공무원으로 본다. 〈개정 2012. 3. 21.〉

⑦ 제1항부터 제6항까지에서 규정된 사항 외에 심사위원회의 구성·운영 등에 필요한 사항은 대통령령 으로 정한다. 〈개정 2012. 3. 21.〉

[시행일: 2022. 1. 13.] 제14조

제15조(심사위원회의 위원장) ① 심사위원회에 위원장 1명을 두며, 위원장은 심사위원회에서 제14조 제2항 제1호 또는 제2호에 해당하는 심사위원회 위촉위원 중에서 호선한다.

② 위원장은 심사위원회를 대표하고, 심사위원회의 사무를 총괄한다.

③ 위원장이 부득이한 사유로 직무를 수행할 수 없을 때에는 위원장이 미리 지정한 위원이 그 직무를 대행한다.

[전문개정 2008. 12. 31.]

제15조의2(위원의 신분보장) ① 심사위원회의 위촉위원은 금고 이상의 형벌이나 장기의 심신쇠약으로 직무를 수행할 수 없게 된 경우 외에는 본인의 의사에 반하여 그 직에서 면직되지 아니한다.

② 심사위원회의 위원이 제14조 제2항 단서의 결격사유 중 어느 하나에 해당할 때에는 그 직을 당연히 퇴직한다.

[본조신설 2008. 12. 31.]

제16조(심사위원회의 사무직원) ① 심사위원회에 간사 및 서기를 둔다.

② 간사와 서기는 시·도지사 또는 교육감이 그 소속 공무원 중에서 임명한다.

③ 간사는 위원장의 명을 받아 심사위원회의 사무를 처리하고, 서기는 간사를 보조한다.

[전문개정 2008. 12. 31.]

제17조(심사위원회의 심사) ① 심사위원회는 이 법에 따른 소청을 접수하면 지체 없이 심사하여야 한다.

② 심사위원회는 제1항의 심사를 할 때 필요하다고 인정하면 사실 조사를 하거나 증인을 소환하여 질문을 하거나 관계 서류를 제출하도록 명할 수 있다.

③ 심사위원회가 소청사건을 심사하기 위하여 징계 요구 기관이나 관계 기관의 소속 공무원을 증인으로 소환하면 해당 기관의 장은 이에 따라야 한다.

④ 심사위원회는 필요하다고 인정하면 특별한 학식·경험이 있는 자에게 검증(檢證)이나 감정(鑑定)을 의뢰할 수 있다.

⑤ 심사위원회가 공무원이 아닌 사람을 증인으로 소환하여 질문할 때에는 대통령령으로 정하는 바에 따라 실비보상을 하여야 한다.

[전문개정 2008. 12. 31.]

제18조(소청인의 진술권) ① 심사위원회가 소청사건을 심사할 때에는 대통령령으로 정하는 바에 따라 소청인 또는 그 대리인에게 진술 기회를 주어야 한다.

② 제1항의 진술 기회를 주지 아니한 결정은 무효로 한다.

[전문개정 2008. 12. 31.]

제19조(심사위원회의 결정) ① 심사위원회의 결정은 제14조 제4항에 따른 구성원 3분의 2 이상의 출석과 출석위원 과반수의 합의에 따르되, 의견이 나뉜 경우에는 출석위원 과반수에 이를 때까지 소청인에게 가장 불리한 의견에 차례로 유리한 의견을 더하여 그 중에서 가장 유리한 의견을 합의된 의견으로 본다. 〈개정 2012. 3. 21.〉

② 심사위원회의 위원은 위원회에 계류(繫留)된 소청사건의 증인이 될 수 없으며, 다음 사항에 관한 소청사건의 심사·결정에서 제척된다. 〈개정 2011. 5. 23.〉

1. 위원 본인과 관계있는 사항

2. 위원 본인과 친족이거나 친족이었던 사람과 관계있는 사항

③ 소청 사건의 당사자는 다음 각 호의 어느 하나에 해당하는 때에는 그 이유를 구체적으로 밝혀 그 위원에 대한 기피를 신청할 수 있고, 심사위원회는 해당 위원의 기피 여부를 결정하여야 한다. 이 경우 기피신청을 받은 위원은 그 기피 여부에 대한 결정에 참여할 수 없다. 〈신설 2011. 5. 23.〉

1. 심사위원회의 위원에게 제2항 각 호의 사항이 있는 경우

2. 심사·결정의 공정을 기대하기 어려운 사정이 있는 경우

④ 심사위원회 위원은 제3항 각 호의 어느 하나에 해당하는 때에는 스스로 그 사건의 심사·결정에서 회피할 수 있다. 〈신설 2011. 5. 23.〉

⑤ 심사위원회의 결정은 다음 각 호와 같이 구분한다. 〈개정 2011. 5. 23.〉

1. 심사청구가 이 법 또는 다른 법률에 적합하지 아니하면 그 청구를 각하한다.

2. 심사청구가 이유 없다고 인정되면 그 청구를 기각한다.

3. 처분의 취소 또는 변경을 구하는 심사청구가 이유 있다고 인정되면 처분을 취소 또는 변경하거나 처분행정청에 취소 또는 변경할 것을 명한다.

4. 처분의 효력 유무 또는 존재 여부에 대한 확인을 구하는 심사청구가 이유 있다고 인정되면 처분의 효력 유무 또는 존재 여부를 확인한다.

5. 위법 또는 부당한 거부처분이나 부작위에 대하여 의무이행을 구하는 심사청구가 이유 있다고 인정되면 지체 없이 청구에 따른 처분을 하거나 처분을 할 것을 명한다.

⑥ 심사위원회의 취소명령 또는 변경명령 결정은 그에 따른 징계나 그 밖의 처분이 있을 때까지는 종전에 행한 징계처분 또는 징계부가금 부과처분(이하 "징계처분등"이라 한다)에 영향을 미치지 아니한다. 〈개정 2010. 3. 22., 2011. 5. 23.〉

⑦ 심사위원회가 징계처분등을 받은 자의 청구에 따라 소청을 심사할 경우에는 원징계처분보다 무거운 징계 또는 원징계부가금 부과처분보다 무거운 징계부가금을 부과하는 결정을 하지 못한다. 〈개정 2010. 3. 22., 2011. 5. 23.〉

⑧ 심사위원회의 결정은 그 이유를 구체적으로 밝힌 결정서로 하여야 한다. 〈개정 2011. 5. 23.〉

[전문개정 2008. 12. 31.]

제19조(심사위원회의 결정) ① 심사위원회의 결정은 제14조 제4항에 따른 구성원 3분의 2 이상의 출석과 출석위원 과반수의 합의에 따르되, 의견이 나뉘어 출석위원 과반수의 합의에 이르지 못하였을 때에는 과반수에 이를 때까지 소청인에게 가장 불리한 의견에 차례로 유리한 의견을 더하여 그 중에서 가장 유리한 의견을 합의된 의견으로 본다. 〈개정 2012. 3. 21., 2021. 6. 8.〉

② 제1항에도 불구하고 파면·해임·강등 또는 정직에 해당하는 징계처분을 취소 또는 변경하려는 경우와 효력 유무 또는 존재 여부에 대한 확인을 하려는 경우에는 제14조 제4항에 따른 구성원 3분의 2 이상의 출석과 출석위원 3분의 2 이상의 합의가 있어야 한다. 이 경우 구체적인 결정의 내용은 출석위원 과반수의 합의에 따르되, 의견이 나뉘어 출석위원 과반수의 합의에 이르지 못하였을 때에는 과반수에 이를 때까지 소청인에게 가장 불리한 의견에 차례로 유리한 의견을 더하여 그 중에서 가장 유리한 의견을 합의된 의견으로 본다. 〈신설 2021. 6. 8.〉

③ 심사위원회의 위원은 위원회에 계류(繫留)된 소청사건의 증인이 될 수 없으며, 다음 사항에 관한 소청사건의 심사·결정에서 제척된다. 〈개정 2011. 5. 23., 2021. 6. 8.〉

1. 위원 본인과 관계있는 사항

2. 위원 본인과 친족이거나 친족이었던 사람과 관계있는 사항

④ 소청 사건의 당사자는 다음 각 호의 어느 하나에 해당하는 때에는 그 이유를 구체적으로 밝혀 그 위원

에 대한 기피를 신청할 수 있고, 심사위원회는 해당 위원의 기피 여부를 결정하여야 한다. 이 경우 기피신청을 받은 위원은 그 기피 여부에 대한 결정에 참여할 수 없다. 〈신설 2011. 5. 23., 2021. 6. 8.〉

1. 심사위원회의 위원에게 제3항에 따른 제척사유가 있는 경우
2. 심사·결정의 공정을 기대하기 어려운 사정이 있는 경우

⑤ 심사위원회 위원은 제4항에 따른 기피사유에 해당하는 때에는 스스로 그 사건의 심사·결정에서 회피할 수 있다. 〈신설 2011. 5. 23., 2021. 6. 8.〉

⑥ 심사위원회의 결정은 다음 각 호와 같이 구분한다. 〈개정 2011. 5. 23., 2021. 6. 8.〉

1. 심사청구가 이 법 또는 다른 법률에 적합하지 아니하면 그 청구를 각하한다.
2. 심사청구가 이유 없다고 인정되면 그 청구를 기각한다.
3. 처분의 취소 또는 변경을 구하는 심사청구가 이유 있다고 인정되면 처분을 취소 또는 변경하거나 처분행정청에 취소 또는 변경할 것을 명한다.
4. 처분의 효력 유무 또는 존재 여부에 대한 확인을 구하는 심사청구가 이유 있다고 인정되면 처분의 효력 유무 또는 존재 여부를 확인한다.
5. 위법 또는 부당한 거부처분이나 부작위에 대하여 의무이행을 구하는 심사청구가 이유 있다고 인정되면 지체 없이 청구에 따른 처분을 하거나 처분을 할 것을 명한다.

⑦ 심사위원회의 취소명령 또는 변경명령 결정은 그에 따른 징계나 그 밖의 처분이 있을 때까지는 종전에 행한 징계처분 또는 징계부가금 부과처분(이하 "징계처분등"이라 한다)에 영향을 미치지 아니한다. 〈개정 2010. 3. 22., 2011. 5. 23., 2021. 6. 8.〉

⑧ 심사위원회가 징계처분등을 받은 자의 청구에 따라 소청을 심사할 경우에는 원징계처분보다 무거운 징계 또는 원징계부가금 부과처분보다 무거운 징계부가금을 부과하는 결정을 하지 못한다. 〈개정 2010. 3. 22., 2011. 5. 23., 2021. 6. 8.〉

⑨ 심사위원회의 결정은 그 이유를 구체적으로 밝힌 결정서로 하여야 한다. 〈개정 2011. 5. 23., 2021. 6. 8.〉

[전문개정 2008. 12. 31.]

[시행일: 2021. 12. 9.] 제19조

제19조의2(임시위원의 임명) ① 제19조 제2항부터 제4항까지의 규정에 따른 심사위원회 위원의 제척·기피 또는 회피 등으로 심사·결정에 참여할 수 있는 위원 수가 3명 미만이 된 경우에는 3명이 될 때까지 시·도지사 또는 교육감은 임시위원을 임명하여 해당 사건의 심사·결정에 참여하도록 하여야 한다.

② 임시위원의 자격, 실비보상 등에 관하여는 제14조 제2항 각 호 및 같은 조 제5항·제6항을, 결격사유에 관하여는 제14조 제2항 단서를 준용한다. 〈개정 2012. 3. 21.〉

[본조신설 2011. 5. 23.]

제19조의2(임시위원의 임명) ① 제19조 제3항부터 제5항까지의 규정에 따른 심사위원회 위원의 제척·기피 또는 회피 등으로 심사·결정에 참여할 수 있는 위원 수가 3명 미만이 된 경우에는 3명이 될 때까지 시·도지사 또는 교육감은 임시위원을 임명하여 해당 사건의 심사·결정에 참여하도록 하여야 한다. 〈개정 2021. 6. 8.〉

② 임시위원의 자격, 실비보상 등에 관하여는 제14조 제2항 각 호 및 같은 조 제5항·제6항을, 결격사유에 관하여는 제14조 제2항 단서를 준용한다. 〈개정 2012. 3. 21.〉

[본조신설 2011. 5. 23.]

[시행일: 2021. 12. 9.] 제19조의2

제20조(결정의 효력) 제19조에 따른 심사위원회의 결정은 처분행정청을 기속(羈束)한다.

[전문개정 2008. 12. 31.]

제20조의2(행정소송과의 관계) 제67조에 따른 처분, 그 밖에 본인의 의사에 반한 불리한 처분이나 부작위에 관한 행정소송은 심사위원회의 심사·결정을 거치지 아니하면 제기할 수 없다.

[전문개정 2008. 12. 31.]

제21조(소청 절차) 소청의 제기, 심사 및 결정, 그 밖에 소청 절차에 관하여 필요한 사항은 대통령령으로 정한다.

[전문개정 2008. 12. 31.]

제3장 직위분류제 〈개정 2008. 12. 31.〉

제22조(직위분류제의 확립) ① 직위분류제에 관하여 이 법에 규정된 것 외에는 대통령령으로 정한다.

② 제1항의 직위분류제에서는 모든 대상 직위를 직무의 종류와 곤란성 및 책임도에 따라 직군·직렬·직급 또는 직무등급별로 분류하되, 같은 직급이나 같은 직무등급에 속하는 직위에 대하여는 같은 자격요건을 필요로 하고 동일하거나 유사한 보수가 지급되도록 분류하여야 한다.

[전문개정 2008. 12. 31.]

제22조의2(직무분석) ① 임용권자는 합리적인 인사관리를 위하여 필요하면 직무분석을 할 수 있다.

② 제1항에 따른 직무분석 및 그 결과의 활용 등에 필요한 사항은 대통령령으로 정한다.

[전문개정 2008. 12. 31.]

제23조(직위의 정급) ① 지방자치단체의 장은 대통령령으로 정하는 바에 따라 직위분류제의 적용을 받는 모든 직위를 어느 하나의 직급 또는 직무등급에 배정하여야 한다.

② 지방자치단체의 장은 대통령령으로 정하는 바에 따라 제1항에 규정된 정급(定級)을 재심사하고, 필요하다고 인정하면 이를 개정하여야 한다.

[전문개정 2008. 12. 31.]

제23조(직위의 정급) ① 지방자치단체의 장과 지방의회의 의장은 대통령령으로 정하는 바에 따라 직위분류제의 적용을 받는 모든 직위를 어느 하나의 직급 또는 직무등급에 배정하여야 한다. 〈개정 2021. 10. 8.〉

② 지방자치단체의 장과 지방의회의 의장은 대통령령으로 정하는 바에 따라 제1항에 규정된 정급(定級)을 재심사하고, 필요하다고 인정하면 이를 개정하여야 한다. 〈개정 2021. 10. 8.〉

[전문개정 2008. 12. 31.]

[시행일: 2022. 1. 13.] 제23조

제24조(직위분류제의 실시) 일반직을 대상으로 하는 직위분류제는 대통령령으로 정하는 바에 따라 실시하기 쉬운 것부터 단계적으로 실시할 수 있다.

[전문개정 2008. 12. 31.]

제25조(임용의 기준) 공무원의 임용은 시험성적, 근무성적, 경력평정, 그 밖의 능력의 실증(實證)에 따라 한다. 다만, 지방자치단체의 장은 대통령령으로 정하는 바에 따라 장애인, 이공계 전공자, 저소득층 등에 대한 임용·승진·전보 등 인사관리상의 우대와 실질적 양성평등을 실현하기 위한 적극적인 정책을 실시할 수 있다.

[전문개정 2008. 12. 31.]

제25조(임용의 기준) 공무원의 임용은 시험성적, 근무성적, 경력평정, 그 밖의 능력의 실증(實證)에 따라 한다. 다만, 지방자치단체의 장과 지방의회의 의장은 대통령령으로 정하는 바에 따라 장애인, 이공계 전공자, 저소득층 등에 대한 임용·승진·전보 등 인사관리상의 우대와 실질적 양성평등을 실현하기 위한 적극적인 정책을 실시할 수 있다. 〈개정 2021. 10. 8.〉

[전문개정 2008. 12. 31.]

[시행일: 2022. 1. 13.] 제25조

제25조의2(외국인과 복수국적자의 임용) ①지방자치단체의 장은 국가안보 및 보안·기밀에 관계되는 분야를 제외한 분야에서 대통령령으로 정하는 바에 따라 외국인을 공무원으로 임용할 수 있다. 〈개정 2011. 5. 23.〉

② 지방자치단체의 장은 다음 각 호의 어느 하나에 해당하는 분야로서 대통령령으로 정하는 분야에는 복수국적자(대한민국 국적과 외국 국적을 함께 가진 사람을 말한다. 이하 같다)의 임용을 제한할 수 있다. 〈신설 2011. 5. 23.〉

1. 국가의 존립과 헌법 기본질서의 유지를 위한 국가안보 분야

2. 내용이 누설되는 경우 국가 또는 지방자치단체의 이익을 해하게 되는 보안·기밀 분야

3. 외교, 국가 간 이해관계와 관련된 정책 결정 및 집행 등 복수국적자의 임용이 부적합한 분야

[전문개정 2008. 12. 31.]

[제목개정 2011. 5. 23.]

제25조의2(외국인과 복수국적자의 임용) ①지방자치단체의 장과 지방의회의 의장은 국가안보 및 보안·기밀에 관계되는 분야를 제외한 분야에서 대통령령으로 정하는 바에 따라 외국인을 공무원으로 임용할 수 있다. 〈개정 2011. 5. 23., 2021. 10. 8.〉

② 지방자치단체의 장과 지방의회의 의장은 다음 각 호의 어느 하나에 해당하는 분야로서 대통령령으로 정하는 분야에는 복수국적자(대한민국 국적과 외국 국적을 함께 가진 사람을 말한다. 이하 같다)의 임용을 제한할 수 있다. 〈신설 2011. 5. 23., 2021. 10. 8.〉

1. 국가의 존립과 헌법 기본질서의 유지를 위한 국가안보 분야

2. 내용이 누설되는 경우 국가 또는 지방자치단체의 이익을 해하게 되는 보안·기밀 분야

3. 외교, 국가 간 이해관계와 관련된 정책 결정 및 집행 등 복수국적자의 임용이 부적합한 분야

[전문개정 2008. 12. 31.]

[제목개정 2011. 5. 23.]

[시행일: 2022. 1. 13.] 제25조의2

제25조의3(근무시간의 단축 임용) 지방자치단체의 장은 업무의 특성 또는 기관의 사정 등을 고려하여 신규임용되는 공무원 또는 소속 공무원을 대통령령 또는 조례로 정하는 바에 따라 통상적인 근무시간

보다 짧게 근무하는 공무원으로 임용할 수 있다. 〈개정 2011. 5. 23.〉

[전문개정 2008. 12. 31.]

제25조의3(근무시간의 단축 임용) 지방자치단체의 장과 지방의회의 의장은 업무의 특성 또는 기관의 사정 등을 고려하여 신규임용되는 공무원 또는 소속 공무원을 대통령령 또는 조례로 정하는 바에 따라 통상적인 근무시간보다 짧게 근무하는 공무원으로 임용할 수 있다. 〈개정 2011. 5. 23., 2021. 10. 8.〉

[전문개정 2008. 12. 31.]

[시행일: 2022. 1. 13.] 제25조의3

제25조의4(기술분야 우수 인재의 추천 채용 및 수습근무) ① 임용권자는 우수한 인재를 공직에 유치하기 위하여 학업 성적 등이 뛰어난 고등학교 이상 졸업자나 졸업 예정자를 추천·선발하여 3년의 범위에서 수습으로 근무하게 하고, 그 근무기간 동안 근무성적과 자질이 우수하다고 인정되는 사람은 기술분야의 일반직공무원으로 임용할 수 있다. 〈개정 2012. 12. 11., 2015. 5. 18.〉

② 제31조 각 호의 어느 하나에 해당하는 사람은 제1항에 따른 수습근무를 할 수 없으며, 수습으로 근무 중인 사람이 제31조 각 호의 어느 하나에 해당하게 된 때에는 수습으로 근무할 수 있는 자격을 상실한다. 〈신설 2015. 5. 18.〉

③ 제1항에 따라 수습으로 근무하는 사람은 직무상 행위를 하거나 「형법」, 그 밖의 법률에 따른 벌칙을 적용할 때 공무원으로 본다. 〈개정 2015. 5. 18.〉

④ 제1항에 따른 추천·선발 방법, 수습근무 기간, 임용 직급 등에 관한 사항은 대통령령으로 정한다 〈개정 2015. 5. 18.〉

[본조신설 2012. 3. 21.]

[제목개정 2012. 12. 11., 2015. 5. 18.]

제25조의4(우수 인재의 추천 채용 및 수습근무) ① 임용권자는 우수한 인재를 공직에 유치하기 위하여 학업 성적 등이 뛰어난 고등학교 이상 졸업자나 졸업 예정자를 추천·선발하여 3년의 범위에서 수습으로 근무하게 하고, 그 근무기간 동안 근무성적과 자질이 우수하다고 인정되는 사람은 일반직공무원으로 임용할 수 있다. 〈개정 2012. 12. 11., 2015. 5. 18., 2021. 6. 8.〉

② 제31조 각 호의 어느 하나에 해당하는 사람은 제1항에 따른 수습근무를 할 수 없으며, 수습으로 근무 중인 사람이 제31조 각 호의 어느 하나에 해당하게 된 때에는 수습으로 근무할 수 있는 자격을 상실한다. 〈신설 2015. 5. 18.〉

③ 제1항에 따라 수습으로 근무하는 사람은 직무상 행위를 하거나 「형법」, 그 밖의 법률에 따른 벌칙을 적용할 때 공무원으로 본다. 〈개정 2015. 5. 18.〉

④ 제1항에 따른 추천·선발 방법, 수습근무 기간, 임용 직급 등에 관한 사항은 대통령령으로 정한다 〈개정 2015. 5. 18.〉

[본조신설 2012. 3. 21.]

[제목개정 2021. 6. 8.]

[시행일: 2022. 1. 1.] 제25조의4 제목,제25조의4 제1항

제25조의5(근무기간을 정하여 임용하는 공무원) ① 지방자치단체의 장은 전문지식·기술이 요구되거나 임용관리에 특수성이 요구되는 업무를 담당하게 하기 위하여 경력직공무원을 임용할 때에 일정기간을 정하여 근무하는 공무원(이하 "임기제공무원"이라 한다)을 임용할 수 있다.

② 임기제공무원의 임용조건, 임용절차, 근무상한연령 및 그 밖에 필요한 사항은 대통령령으로 정한다.

[본조신설 2012. 12. 11.]

제25조의5(근무기간을 정하여 임용하는 공무원) ① 지방자치단체의 장과 지방의회의 의장은 전문지식·기술이 요구되거나 임용관리에 특수성이 요구되는 업무를 담당하게 하기 위하여 경력직공무원을 임용할 때에 일정기간을 정하여 근무하는 공무원(이하 "임기제공무원"이라 한다)을 임용할 수 있다. 〈개정 2021. 10. 8.〉

② 임기제공무원의 임용조건, 임용절차, 근무상한연령 및 그 밖에 필요한 사항은 대통령령으로 정한다.

[본조신설 2012. 12. 11.]

[시행일: 2022. 1. 13.] 제25조의5

제25조의6(차별금지) 임용권자는 소속 공무원을 임용할 때 합리적인 이유 없이 성별, 종교 또는 사회적 신분 등을 이유로 차별해서는 아니 된다.

[본조신설 2020. 1. 29.]

제26조(결원 보충 방법) 임용권자는 공무원의 결원을 신규임용·승진임용·강임·전직 또는 전보의 방법으로 보충한다.

[전문개정 2008. 12. 31.]

제27조(신규임용) ① 공무원의 신규임용은 공개경쟁임용시험으로 한다. 〈개정 2011. 5. 23.〉

② 제1항에도 불구하고 다음 각 호의 어느 하나에 해당하는 경우에는 경력 등 응시요건을 정하여 같은 사유에 해당하는 다수인을 대상으로 경쟁의 방법으로 임용하는 시험(이하 "경력경쟁임용시험"이라 한다)으로 공무원을 임용할 수 있다. 다만, 제1호, 제3호, 제4호, 제5호, 제7호, 제10호의 어느 하나에 해당하는 경우 중 다수인을 대상으로 시험을 실시하는 것이 적당하지 아니하여 대통령령으로 정하는 경우에는 다수인을 대상으로 하지 아니한 시험으로 공무원을 임용할 수 있다. 〈개정 2011. 5. 23., 2012. 3. 21., 2012. 12. 11., 2013. 3. 23., 2014. 11. 19., 2015. 5. 18., 2017. 7. 26., 2018. 3. 20.〉

1. 제62조 제1항 제1호의 사유로 퇴직하거나 제63조 제1항 제1호의 휴직기간 만료로 퇴직한 경력직공무원을 퇴직한 날부터 3년(「공무원 재해보상법」에 따른 공무상 부상 또는 질병으로 인한 휴직의 경우는 5년) 이내에 퇴직 시에 재직한 직급의 경력직공무원으로 재임용하는 경우 또는 경력직공무원으로 재직하던 중 특수경력직공무원이나 다른 종류의 경력직공무원이 되기 위하여 퇴직한 사람을 퇴직 시에 재직한 직급의 경력직공무원으로 재임용하는 경우

2. 공개경쟁임용시험으로 임용하는 것이 부적당한 경우에 임용예정 직무에 관한 자격증 소지자를 임용하는 경우

3. 임용예정 직급·직위와 같은 직급·직위에서의 근무경력 또는 임용예정 직급·직위에 상응하는 근무기간이나 연구 경력이 대통령령으로 정하는 기간 이상인 사람을 임용하는 경우

4. 임용예정직에 관련된 특수목적을 위하여 설립된 학교(대학원을 포함한다) 중 대통령령으로 정하는 학교의 졸업자로서 국가기관 또는 지방자치단체에서 실무수습을 마친 사람을 임용하는 경우

5. 1급 공무원을 임용하는 경우

6. 공개경쟁임용시험으로 결원을 보충하기 곤란한 특수한 직무분야나 직무환경 또는 섬, 외딴 곳 등 특수한 지역에 근무할 사람을 임용하는 경우

7. 국가공무원을 그 직급·직위(고위공무원단에 속하는 공무원의 경우 해당 직위와 곤란성 및 책임도가 유사한 직위를 말한다)에 해당하는 지방공무원으로 임용하는 경우

8. 임용예정직에 관련된 실업계·예능계 및 사학계(史學系)의 고등학교·전문대학 및 대학(대학원을 포함한다)의 학과 중 대통령령으로 정하는 학과 졸업자로서 교육부장관 또는 행정안전부

장관이 정하는 바에 따라 해당 학교장의 추천을 받은 사람을 연구 또는 기술직렬 공무원으로 임용하는 경우

9. 대통령령으로 정하는 임용예정직에 관련된 과학기술 분야 및 이에 준하는 특수 전문 분야의 연구경력이나 근무경력이 있는 사람을 임용하는 경우

10. 제25조의4에 따라 수습근무를 마친 사람과 제41조의4에 따라 재학 중 장학금을 받고 졸업한 사람을 임용하는 경우

11. 외국어에 능통하고 국제적 소양과 전문지식을 지닌 사람을 임용하는 경우

12. 연고지나 그 밖에 지역적 특수성을 고려하여 일정한 지역에 거주하는 사람을 그 지역에 소재하는 기관에 임용하는 경우

13. 「국적법」 제4조 및 제8조에 따른 귀화허가를 받아 대한민국 국적을 취득한 사람 또는 「북한이탈주민의 보호 및 정착지원에 관한 법률」 제2조 제1호에 따른 북한이탈주민을 임용하는 경우

③ 삭제 〈2011. 5. 23.〉

④ 경력경쟁임용시험 및 제2항 각 호 외의 부분 단서에 따른 시험(이하 이 조에서 "경력경쟁임용시험등"이라 한다)의 경우에는 제62조 제1항 제1호의 사유로 퇴직한 사람을 우선하여 임용할 수 있으며, 경력경쟁임용시험등으로 임용할 수 있는 공무원의 직급 또는 직위, 직급별 또는 직위별 응시 자격 및 시험 등에 필요한 사항은 대통령령으로 정한다. 〈개정 2011. 5. 23., 2012. 12. 11., 2014. 1. 7.〉

⑤ 제2항 제6호·제11호·제12호 또는 제13호에 따라 경력경쟁임용시험으로 임용된 사람은 5년간 전직 및 해당 기관 외의 기관으로 전보되거나 다른 지방자치단체로 전출될 수 없고, 5년 이내에 퇴직하면 그 근무경력은 제2항 제3호의 경력경쟁임용시험응시에 필요한 근무 또는 연구실적에 포함하지 아니한다. 다만, 다음 각 호의 어느 하나에 해당하는 경우로서 직위가 없어지거나 과원(過員)이 되어 전직·전보 또는 전출되거나 제62조 제1항 제1호에 따라 직권면직된 경우에는 그러하지 아니하다. 〈개정 2011. 5. 23., 2012. 3. 21.〉

1. 지방자치단체를 폐지하거나 설치하거나 나누거나 합친 경우

2. 직제와 정원이 개정되거나 폐지된 경우

3. 예산이 감소된 경우

⑥ 지방자치단체의 장이 제2항 제7호에 따라 국가기관 또는 다른 지방자치단체에 근무하는 국가공무원을 해당 지방자치단체의 공무원으로 경력경쟁임용하려면 제29조의3을 준용하여 동의를 받아야 한다. 〈개정 2011. 5. 23.〉

[전문개정 2008. 12. 31.]

제27조(신규임용) ① 공무원의 신규임용은 공개경쟁임용시험으로 한다. 〈개정 2011. 5. 23.〉

② 제1항에도 불구하고 다음 각 호의 어느 하나에 해당하는 경우에는 경력 등 응시요건을 정하여 같은 사유에 해당하는 다수인을 대상으로 경쟁의 방법으로 임용하는 시험(이하 "경력경쟁임용시험"이라 한다)으로 공무원을 임용할 수 있다. 다만, 제1호, 제3호, 제4호, 제5호, 제7호, 제10호의 어느 하나에 해당하는 경우 중 다수인을 대상으로 시험을 실시하는 것이 적당하지 아니하여 대통령령으로 정하는 경우에는 다수인을 대상으로 하지 아니한 시험으로 공무원을 임용할 수 있다. 〈개정 2011. 5. 23., 2012. 3. 21., 2012. 12. 11., 2013. 3. 23., 2014. 11. 19., 2015. 5. 18., 2017. 7. 26., 2018. 3. 20.〉

1. 제62조 제1항 제1호의 사유로 퇴직하거나 제63조 제1항 제1호의 휴직기간 만료로 퇴직한 경력직공무원을 퇴직한 날부터 3년(「공무원 재해보상법」에 따른 공무상 부상 또는 질병으로 인한 휴직의 경우는 5년) 이내에 퇴직 시에 재직한 직급의 경력직공무원으로 재임용하는 경우 또는

경력직공무원으로 재직하던 중 특수경력직공무원이나 다른 종류의 경력직공무원이 되기 위하여 퇴직한 사람을 퇴직 시에 재직한 직급의 경력직공무원으로 재임용하는 경우

2. 공개경쟁임용시험으로 임용하는 것이 부적당한 경우에 임용예정 직무에 관한 자격증 소지자를 임용하는 경우

3. 임용예정 직급·직위와 같은 직급·직위에서의 근무경력 또는 임용예정 직급·직위에 상응하는 근무기간이나 연구 경력이 대통령령으로 정하는 기간 이상인 사람을 임용하는 경우

4. 임용예정직에 관련된 특수목적을 위하여 설립된 학교(대학원을 포함한다) 중 대통령령으로 정하는 학교의 졸업자로서 국가기관 또는 지방자치단체에서 실무수습을 마친 사람을 임용하는 경우

5. 1급 공무원을 임용하는 경우

6. 공개경쟁임용시험으로 결원을 보충하기 곤란한 특수한 직무분야나 직무환경 또는 섬, 외딴 곳 등 특수한 지역에 근무할 사람을 임용하는 경우

7. 국가공무원을 그 직급·직위(고위공무원단에 속하는 공무원의 경우 해당 직위와 곤란성 및 책임도가 유사한 직위를 말한다)에 해당하는 지방공무원으로 임용하는 경우

8. 임용예정직에 관련된 실업계·예능계 및 사학계(史學系)의 고등학교·전문대학 및 대학(대학원을 포함한다)의 학과 중 대통령령으로 정하는 학과 졸업자로서 교육부장관 또는 행정안전부장관이 정하는 바에 따라 해당 학교장의 추천을 받은 사람을 연구 또는 기술직렬 공무원으로 임용하는 경우

9. 대통령령으로 정하는 임용예정직에 관련된 과학기술 분야 및 이에 준하는 특수 전문 분야의 연구경력이나 근무경력이 있는 사람을 임용하는 경우

10. 제25조의4에 따라 수습근무를 마친 사람과 제41조의4에 따라 재학 중 장학금을 받고 졸업한 사람을 임용하는 경우

11. 외국어에 능통하고 국제적 소양과 전문지식을 지닌 사람을 임용하는 경우

12. 연고지나 그 밖에 지역적 특수성을 고려하여 일정한 지역에 거주하는 사람을 그 지역에 소재하는 기관에 임용하는 경우

13. 「국적법」 제4조 및 제8조에 따른 귀화허가를 받아 대한민국 국적을 취득한 사람 또는 「북한이탈주민의 보호 및 정착지원에 관한 법률」 제2조 제1호에 따른 북한이탈주민을 임용하는 경우

③ 삭제 〈2011. 5. 23.〉

④ 경력경쟁임용시험 및 제2항 각 호 외의 부분 단서에 따른 시험(이하 이 조에서 "경력경쟁임용시험등"이라 한다)의 경우에는 제62조 제1항 제1호의 사유로 퇴직한 사람을 우선하여 임용할 수 있으며, 경력경쟁임용시험등으로 임용할 수 있는 공무원의 직급 또는 직위, 직급별 또는 직위별 응시 자격 및 시험 등에 필요한 사항은 대통령령으로 정한다. 〈개정 2011. 5. 23., 2012. 12. 11., 2014. 1. 7.〉

⑤ 제2항 제6호·제11호·제12호 또는 제13호에 따라 경력경쟁임용시험으로 임용된 사람은 5년간 전직 및 해당 기관 외의 기관으로 전보되거나 다른 지방자치단체로 전출될 수 없고, 5년 이내에 퇴직하면 그 근무경력은 제2항 제3호의 경력경쟁임용시험응시에 필요한 근무 또는 연구실적에 포함하지 아니한다. 다만, 다음 각 호의 어느 하나에 해당하는 경우로서 직위가 없어지거나 과원(過員)이 되어 전직·전보 또는 전출되거나 제62조 제1항 제1호에 따라 직권면직된 경우에는 그러하지 아니하다. 〈개정 2011. 5. 23., 2012. 3. 21.〉

1. 지방자치단체를 폐지하거나 설치하거나 나누거나 합친 경우

2. 직제와 정원이 개정되거나 폐지된 경우

3. 예산이 감소된 경우

⑥ 지방자치단체의 장 또는 지방의회의 의장은 제2항 제7호에 따라 국가공무원을 경력경쟁임용시험으로 임용하려면 해당 국가공무원이 소속된 국가기관의 장의 동의를 받아야 한다. 〈개정 2021. 10. 8.〉

[전문개정 2008. 12. 31.]

[시행일: 2022. 1. 13.] 제27조

제28조(시보임용) ① 5급 공무원(제4조 제2항에 따라 같은 조 제1항의 계급 구분이나 직군 및 직렬의 분류를 적용하지 아니하는 공무원 중 5급에 상당하는 공무원을 포함한다. 이하 같다)을 신규임용하는 경우에는 1년, 6급 이하 공무원(제4조 제2항에 따라 같은 조 제1항의 계급 구분이나 직군 및 직렬의 분류를 적용하지 아니하는 공무원 중 6급 이하에 상당하는 공무원을 포함한다. 이하 같다)을 신규임용하는 경우에는 6개월간 시보로 임용하고, 그 기간의 근무성적·교육훈련성적과 공무원으로서의 자질을 고려하여 정규 공무원으로 임용한다. 다만, 대통령령으로 정하는 경우에는 시보임용을 면제하거나 그 기간을 단축할 수 있다. 〈개정 2012. 12. 11., 2015. 5. 18.〉

② 휴직 기간, 직위해제 기간 및 징계에 따른 정직 또는 감봉처분을 받은 기간은 제1항의 시보임용 기간에 산입(算入)하지 아니한다.

③ 시보임용 기간 중의 공무원이 근무성적·교육훈련성적이 나쁘거나 이 법 또는 이 법에 따른 명령을 위반하여 공무원으로서 자질이 부족하다고 판단되는 경우에는 제60조와 제62조에도 불구하고 면직할 수 있다. 이 경우 구체적인 사유 및 절차 등에 필요한 사항은 대통령령으로 정한다. 〈개정 2015. 5. 18.〉

[전문개정 2008. 12. 31.]

제29조 삭제 〈1981. 4. 20.〉

제29조의2(전직) 공무원이 전직할 때에는 전직시험을 거쳐야 한다. 다만, 대통령령으로 정하는 전직의 경우는 예외로 한다.

[전문개정 2008. 12. 31.]

제29조의3(전입) 지방자치단체의 장은 다른 지방자치단체의 장의 동의를 받아 그 소속 공무원을 전입하도록 할 수 있다.

[전문개정 2008. 12. 31.]

제29조의3(전입) 지방자치단체의 장 또는 지방의회의 의장은 공무원을 전입시키려고 할 때에는 해당 공무원이 소속된 지방자치단체의 장 또는 지방의회의 의장의 동의를 받아야 한다.

[전문개정 2021. 10. 8.]

[시행일: 2022. 1. 13.] 제29조의3

제29조의4(개방형직위) ① 임용권자는 해당 기관의 직위 중 전문성이 특히 요구되거나 효율적인 정책 수립을 위하여 필요하다고 판단되어 공직 내부나 외부에서 적격자를 임용할 필요가 있는 직위를 개방형직위로 지정하여 운영할 수 있다. 이 경우, 「지방자치법」 등 지방자치단체의 조직 관계 법령이나 조례·규칙에 따라 시·도는 5급 이상, 시·군·구는 6급 이상 공무원 또는 이에 상당하는 공무원으로 임명할 수 있는 직위 중 임기제공무원으로도 보할 수 있는 직위는 개방형직위로 본다. 〈개정 2012. 12. 11.〉

② 임용권자는 제1항에 따른 개방형직위에 대하여는 대통령령으로 정하는 바에 따라 직위별로 직무의 내용·특성 등을 고려하여 직무수행 요건을 설정하고 그 요건을 갖춘 사람을 임용하여야 한다.

③ 임용권자는 개방형직위를 지정·변경하거나 직위별 직무수행 요건을 설정·변경하려면 미리 해당 인사위원회의 심의·의결을 거쳐야 한다.

④ 개방형직위의 임용후보자 선발시험은 제32조 제3항 및 제4항에도 불구하고 해당 지방자치단체의 인사위원회에서 실시한다.

⑤ 그 밖에 개방형직위의 운영 등에 필요한 사항은 대통령령으로 정한다.

[전문개정 2008. 12. 31.]

제29조의5(공모직위) ① 임용권자는 해당 기관의 직위 중 업무의 효율적인 처리를 위하여 해당 기관 내부 또는 외부의 공무원(국가공무원을 포함한다) 중에서 적격자를 임용할 필요가 있는 직위를 공모직위(公募職位)로 지정하여 운영할 수 있다.

② 임용권자는 제1항에 따른 공모직위에 대하여는 직위별로 직무의 내용·특성 등을 고려하여 직무수행 요건을 설정하고 그 요건을 갖춘 사람을 임용하여야 한다.

③ 공모직위의 운영 등에 필요한 사항은 대통령령으로 정한다.

[전문개정 2008. 12. 31.]

제30조(공개경쟁시험 합격자의 우선임용 및 결원 보충의 조정) ① 결원을 보충할 때에는 공개경쟁임용시험 합격자와 공개경쟁승진시험 합격자를 우선하여 임용하여야 한다.

② 교육부장관 또는 행정안전부장관은 지방자치단체의 5급 이상 공무원의 결원을 보충할 때 공개경쟁임용시험 합격자, 공개경쟁승진시험 합격자 및 일반승진시험 합격자의 보충임용이 적절한 균형을 유지하도록 조정할 수 있다. 〈개정 2013. 3. 23., 2014. 11. 19., 2017. 7. 26.〉

[전문개정 2008. 12. 31.]

제30조의2(인사교류) ① 교육부장관 또는 행정안전부장관은 인력의 균형 있는 배치와 지방자치단체의 행정 발전을 위하여 교육부 또는 행정안전부와 지방자치단체 간에 인사교류가 필요하다고 인정하면 교육부 또는 행정안전부에 두는 인사교류협의회가 정한 인사교류 기준에 따라 인사교류안을 작성하여 해당 지방자치단체의 장에게 인사교류를 권고할 수 있다. 이 경우 해당 지방자치단체의 장은 정당한 사유가 없으면 인사교류를 하여야 한다. 〈개정 2013. 3. 23., 2014. 11. 19., 2017. 7. 26.〉

② 시·도지사는 해당 시·도와 관할 구역의 시·군·구 간, 관할 구역의 시·군·구 간, 해당 시·도 또는 관할 구역의 시·군·구와 교육·연구기관 또는 공공기관 간에 인사교류가 필요하다고 인정하면 해당 시·도에 두는 인사교류협의회에서 정한 인사교류 기준에 따라 인사교류안을 작성하여 관할 구역의 지방자치단체의 장 등에게 인사교류를 권고할 수 있다. 이 경우 해당 지방자치단체의 장 등은 정당한 사유가 없으면 인사교류를 하여야 한다. 〈개정 2015. 12. 29.〉

③ 제1항 및 제2항에 따른 인사교류의 대상에 관하여는 대통령령으로 정하고, 인사교류협의회의 구성 및 운영, 인사교류의 절차, 그 밖에 인사교류에 필요한 사항은 교육부령, 행정안전부령 또는 시·도 규칙으로 정한다. 〈개정 2013. 3. 23., 2014. 11. 19., 2017. 7. 26.〉

[전문개정 2008. 12. 31.]

제30조의2(인사교류) ① 교육부장관 또는 행정안전부장관은 인력의 균형 있는 배치와 지방자치단체의 행정 발전을 위하여 교육부 또는 행정안전부와 지방자치단체 간, 시·도를 달리하는 지방자치단체 간에 인사교류가 필요하다고 인정하면 교육부 또는 행정안전부에 두는 인사교류협의회가 정한 인사교류 기준에 따라 인사교류안을 작성하여 해당 지방자치단체의 장 또는 지방의회의 의장에게 인사교류를 권고할 수 있다. 이 경우 해당 지방자치단체의 장 또는 지방의회의 의장은 정당한 사유가 없으면 인사교류를 하여야 한다. 〈개정 2013. 3. 23., 2014. 11. 19., 2017. 7. 26., 2021. 10. 8.〉

② 시·도지사 또는 시·도의회의 의장은 해당 시·도 또는 관할 구역의 시·군·구의 다른 기관 간, 해당 시·도와 관할 구역의 시·군·구 간, 관할 구역의 시·군·구 간, 해당 시·도 또는 관할 구역의 시·군·구와 교육·연구기관 또는 공공기관 간에 인사교류가 필요하다고 인정하면 해당 시·도지사 또는 시·도의회의 의장 소속 인사교류협의회에서 정한 인사교류 기준에 따라 인사교류안을 작성하여 관할 구역의 지방자치단체의 장 등에게 인사교류를 권고할 수 있다. 이 경우 해당 지방자치단체의 장 등은 정당한 사유가 없으면 인사교류를 하여야 한다. 〈개정 2015. 12. 29., 2021. 10. 8.〉

③ 제1항 및 제2항에 따른 인사교류의 대상에 관하여는 대통령령으로 정하고, 인사교류협의회의 구성 및 운영, 인사교류의 절차, 그 밖에 인사교류에 필요한 사항은 교육부령, 행정안전부령 또는 시·도의 조례 또는 규칙으로 정한다. 〈개정 2013. 3. 23., 2014. 11. 19., 2017. 7. 26., 2021. 10. 8.〉

[전문개정 2008. 12. 31.]

[시행일: 2022. 1. 13.] 제30조의2

제30조의3(겸임) 직위와 직무내용이 유사하고 담당 직무 수행에 지장이 없다고 인정되면 대통령령으로 정하는 바에 따라 일반직공무원을 특정직공무원, 특수 전문 분야의 일반직공무원, 대학교수 등 교육공무원 또는 대통령령으로 정하는 관련 교육·연구기관이나 그 밖의 기관·단체의 임직원과 서로 겸임하게 할 수 있다. 〈개정 2012. 12. 11.〉

[전문개정 2008. 12. 31.]

제30조의3(겸임) 직위와 직무내용이 유사하고 담당 직무 수행에 지장이 없다고 인정되면 대통령령으로 정하는 바에 따라 경력직공무원 상호 간에 겸임하게 하거나 경력직공무원과 대통령령으로 정하는 관련 교육·연구기관이나 그 밖의 기관·단체의 임직원 간에 서로 겸임하게 할 수 있다. 〈개정 2012. 12. 11., 2021. 6. 8.〉

[전문개정 2008. 12. 31.]

[시행일: 2021. 12. 9.] 제30조의3

제30조의4(파견근무) ① 임용권자는 그 업무수행과 관련된 행정 지원이나 연수, 그 밖에 능력개발 등을 위하여 필요하면 소속 공무원을 지방자치단체의 다른 기관, 다른 지방자치단체, 국가기관, 공공단체, 「공공기관의 운영에 관한 법률」 제4조 제1항 각 호에 해당하는 기관(「지방공기업법」에 따른 지방직영기업, 지방공사 및 지방공단을 포함한다), 국내외의 교육기관·연구기관, 그 밖의 기관에 일정 기간 파견근무하게 할 수 있으며, 전문성이 특히 요구되는 특수업무의 효율적 수행 등을 위하여 필요하면 인사위원회의 의결을 거쳐 지방자치단체 외의 기관·단체의 임직원을 파견받아 근무하게 할 수 있다.

② 파견권자는 파견 사유가 소멸되거나 파견 목적이 달성될 가망이 없으면 그 공무원을 지체 없이 원래의 소속 기관에 복귀시켜야 한다.

③ 제1항에 따라 지방자치단체 외의 기관·단체에서 파견된 임직원은 직무상 행위를 할 때에는 공무원으로 본다. 「형법」이나 그 밖의 법률에 따른 벌칙을 적용할 때에도 또한 같다.

④ 공무원을 파견근무하게 하거나 지방자치단체 외의 기관·단체의 임직원을 파견받아 근무하게 하는 경우 파견 사유·기간·절차와 파견기간 중의 복무, 그 밖에 필요한 사항은 대통령령으로 정한다.

[전문개정 2008. 12. 31.]

제30조의5(보직관리의 원칙) ① 임용권자는 법령에서 따로 정하는 경우 외에는 소속 공무원의 직급과 직종을 고려하여 그 직급에 상응하는 일정한 직위를 부여하여야 한다. 다만, 제4조 제2항 제1호에 따라 계급 구분 및 직군·직렬의 분류가 적용되지 아니하는 공무원에 대하여는 자격·경력 등을 고려하여

그에 상응하는 일정한 직위를 부여하여야 한다. 〈개정 2012. 12. 11.〉

② 소속 공무원을 보직할 때에는 해당 공무원의 전공분야·훈련·근무경력·전문성 및 적성 등을 고려하여 적격한 직위에 임용하여야 한다. 이 경우 보직관리 기준에 관하여 필요한 사항은 대통령령으로 정한다.

[전문개정 2008. 12. 31.]

제31조(결격사유) 다음 각 호의 어느 하나에 해당하는 사람은 공무원이 될 수 없다. 〈개정 2010. 3. 22., 2013. 8. 6., 2015. 12. 29., 2018. 10. 16., 2021. 1. 12.〉

　　1. 피성년후견인

　　2. 파산선고를 받고 복권되지 아니한 사람

　　3. 금고 이상의 형을 선고받고 그 집행이 끝나거나 집행을 받지 아니하기로 확정된 후 5년이 지나지 아니한 사람

　　4. 금고 이상의 형을 선고받고 그 집행유예기간이 끝난 날부터 2년이 지나지 아니한 사람

　　5. 금고 이상의 형의 선고유예를 선고받고 그 선고유예기간 중에 있는 사람

　　6. 법원의 판결 또는 다른 법률에 따라 자격이 상실되거나 정지된 사람

　　6의2. 공무원으로 재직기간 중 직무와 관련하여 「형법」 제355조 및 제356조에 규정된 죄를 범한 사람으로서 300만원 이상의 벌금형을 선고받고 그 형이 확정된 후 2년이 지나지 아니한 사람

　　6의3. 「성폭력범죄의 처벌 등에 관한 특례법」 제2조에 규정된 죄를 범한 사람으로서 100만원 이상의 벌금형을 선고받고 그 형이 확정된 후 3년이 지나지 아니한 사람

　　6의4. 미성년자에 대한 다음 각 목의 어느 하나에 해당하는 죄를 저질러 파면·해임되거나 형 또는 치료감호를 선고받아 그 형 또는 치료감호가 확정된 사람(집행유예를 선고받은 후 그 집행유예기간이 경과한 사람을 포함한다)

　　　　가. 「성폭력범죄의 처벌 등에 관한 특례법」 제2조에 따른 성폭력범죄

　　　　나. 「아동·청소년의 성보호에 관한 법률」 제2조 제2호에 따른 아동·청소년대상 성범죄

　　7. 징계로 파면처분을 받은 날부터 5년이 지나지 아니한 사람

　　8. 징계로 해임처분을 받은 날부터 3년이 지나지 아니한 사람

[전문개정 2008. 12. 31.]

제31조의2(벌금형의 분리 선고) 「형법」 제38조에도 불구하고 제31조 제6호의2 또는 제6호의3에 규정된 죄와 다른 죄의 경합범(競合犯)에 대하여 벌금형을 선고하는 경우에는 이를 분리 선고하여야 한다. 〈개정 2015. 12. 29.〉

[본조신설 2014. 1. 7.]

제32조(시험의 실시) ① 6급·7급 공무원 및 제4조 제2항 제1호에 따라 계급 구분 및 직군·직렬의 분류가 적용되지 아니하는 공무원의 신규임용시험은 시·도 단위로 해당 시·도인사위원회에서 실시한다. 다만, 농촌진흥사업에 종사하는 연구 및 지도직공무원에 대한 신규임용시험은 따로 대통령령으로 정하는 기관에서 실시한다. 〈개정 2012. 12. 11.〉

② 8급 및 9급 공무원의 신규임용시험과 6·7·8급 공무원에의 승진시험, 6·7·8·9급 공무원의 전직시험은 해당 지방자치단체의 인사위원회에서 실시한다. 〈개정 2012. 12. 11.〉

③ 5급 이상 공무원의 각종 임용시험은 대통령령으로 정하는 기관에서 실시한다.

④ 임용예정직과 관련이 있는 자격증 소지자의 경력경쟁임용시험은 제3항에도 불구하고 시·도인사위원회에서 실시한다. 〈개정 2011. 5. 23.〉

⑤ 임용권자는 제36조 및 제39조에 따른 신규임용후보자 또는 승진후보자가 없거나 인사행정 운영상 특히 필요하다고 인정되면 그 직위의 신규임용 또는 승진시험에 상응하는 국가 또는 다른 지방자치단체의 시험에 합격한 사람을 그 직위의 신규임용 및 승진시험에 합격한 사람으로 보아 임용할 수 있다.

⑥ 시장·군수·구청장(자치구의 구청장을 말한다. 이하 같다)은 우수 인력의 확보 또는 시험관리상 필요하다고 인정하면 제2항에도 불구하고 시·도인사위원회에 시험의 실시를 위탁할 수 있다.

[전문개정 2008. 12. 31.]

제32조(시험의 실시) ① 6급·7급 공무원 및 제4조 제2항 제1호에 따라 계급 구분 및 직군·직렬의 분류가 적용되지 아니하는 공무원의 신규임용시험은 시·도 단위로 각각 해당 시·도의 인사위원회에서 실시한다. 다만, 농촌진흥사업에 종사하는 연구 및 지도직공무원에 대한 신규임용시험은 따로 대통령령으로 정하는 기관에서 실시한다. 〈개정 2012. 12. 11., 2021. 10. 8.〉

② 8급 및 9급 공무원의 신규임용시험과 6·7·8급 공무원에의 승진시험, 6·7·8·9급 공무원의 전직시험은 해당 지방자치단체의 인사위원회에서 실시한다. 〈개정 2012. 12. 11.〉

③ 5급 이상 공무원의 각종 임용시험은 대통령령으로 정하는 기관에서 실시한다.

④ 임용예정직과 관련이 있는 자격증 소지자의 경력경쟁임용시험은 제3항에도 불구하고 각각 해당 시·도의 인사위원회에서 실시한다. 〈개정 2011. 5. 23., 2021. 10. 8.〉

⑤ 임용권자는 제36조 및 제39조에 따른 신규임용후보자 또는 승진후보자가 없거나 인사행정 운영상 특히 필요하다고 인정되면 그 직위의 신규임용 또는 승진시험에 상응하는 국가, 다른 지방자치단체 또는 해당 지방자치단체의 다른 기관의 시험에 합격한 사람을 그 직위의 신규임용 및 승진시험에 합격한 사람으로 보아 임용할 수 있다. 〈개정 2021. 10. 8.〉

⑥ 시·도의회의 의장 또는 시장·군수·구청장(자치구의 구청장을 말한다. 이하 같다)은 우수 인력의 확보 또는 시험관리상 필요하다고 인정하면 제1항, 제2항 또는 제4항에도 불구하고 시·도지사 소속 인사위원회에 시험의 실시를 위탁할 수 있다. 〈개정 2021. 10. 8.〉

⑦ 시·군·구의회의 의장은 우수 인력의 확보 또는 시험관리상 필요하다고 인정하면 제2항에도 불구하고 시·도지사 소속 인사위원회, 시·도의회의 의장 소속 인사위원회 또는 시장·군수·구청장 소속 인사위원회에 시험의 실시를 위탁할 수 있다. 〈신설 2021. 10. 8.〉

[전문개정 2008. 12. 31.]

[시행일: 2022. 1. 13.] 제32조

제33조(평등의 원칙) 공개경쟁에 따른 임용시험은 같은 자격을 가진 모든 국민에게 평등하게 공개하여야 하며, 시험의 시기와 장소는 응시자의 편의를 고려하여 결정하여야 한다.

[전문개정 2008. 12. 31.]

제34조(수험자격) 각종 시험의 수험자격은 대통령령으로 정한다.

[전문개정 2008. 12. 31.]

제34조의2(신규임용시험의 가점) ① 다음 각 호의 어느 하나에 해당하는 사람이 공무원 신규임용시험에 응시하면 일정한 점수를 가산할 수 있다.

    1. 「국가기술자격법」이나 그 밖의 법령에 따른 자격을 취득한 사람

    2. 「의사상자 등 예우 및 지원에 관한 법률」 제2조 제2호에 따른 의사자의 배우자 또는 자녀

    3. 「의사상자 등 예우 및 지원에 관한 법률」 제2조 제3호에 따른 의상자 및 그 배우자 또는 자녀

② 제1항에 따라 가산할 수 있는 구체적 대상, 가산 점수, 가산 방법 등에 필요한 사항은 대통령령으로

정한다.

[전문개정 2015. 5. 18.]

제35조(시험의 공고) ① 공개경쟁신규임용시험, 공개경쟁승진시험 또는 경력경쟁임용시험을 실시할 때에는 임용예정 직급·직위, 응시자격, 선발예정 인원, 시험의 방법·시기·장소 등에 관하여 필요한 사항을 대통령령으로 정하는 바에 따라 공고하여야 한다. 다만, 제27조 제2항 단서에 따라 다수인을 대상으로 하지 아니한 시험의 경우에는 공고하지 아니할 수 있다. 〈개정 2011. 5. 23., 2012. 12. 11.〉

② 결원 보충을 원활히 하기 위하여 필요하면 근무예정지역 또는 근무예정기관을 미리 정하여 공개경쟁신규임용시험을 실시할 수 있다. 이 경우 그 시험에 따라 임용된 공무원은 대통령령으로 정하는 기간 동안 해당 근무지역 또는 근무기관에 근무하여야 한다.

[전문개정 2008. 12. 31.]

제36조(신규임용후보자 명부) ① 지방자치단체의 장은 해당 지방자치단체의 인사위원회에서 실시한 신규임용시험에 합격한 사람을 대통령령으로 정하는 바에 따라 신규임용후보자 명부에 등재(登載)하여야 한다.

② 제32조 제3항에 따라 대통령령으로 정하는 기관이 5급 공무원의 신규임용시험을 실시한 경우에는 대통령령으로 정하는 바에 따라 시·도지사 및 교육감은 그 합격자를 신규임용후보자 명부에 등재하여야 한다.

③ 신규임용후보자 명부는 누구든지 열람할 수 있다.

④ 공무원 공개경쟁임용시험에 합격한 사람의 신규임용후보자 명부의 유효기간은 2년의 범위에서 대통령령으로 정한다. 다만, 시험실시기관의 장은 필요하면 1년의 범위에서 그 기간을 연장할 수 있다. 〈개정 2020. 1. 29.〉

⑤ 공개경쟁임용시험 합격자가 임용후보자등록을 마친 후 그 명부의 유효기간 내에 「병역법」에 따른 병역복무를 위하여 군에 입대한 경우(대학생 군사훈련과정이수자를 포함한다)의 의무복무기간과 대통령령으로 정하는 사유로 임용되지 못한 기간은 제4항의 기간에 포함하지 아니한다.

⑥ 제4항 단서에 따라 신규임용후보자 명부의 유효기간을 연장하는 경우에는 지방자치단체의 장은 지체 없이 이를 공고하여야 한다.

⑦ 신규임용후보자 명부에 등재되어 실무수습 중인 사람은 그 직무상 행위를 하거나 「형법」이나 그 밖의 법률에 따른 벌칙을 적용할 때 공무원으로 본다. 〈신설 2010. 3. 22.〉

[전문개정 2008. 12. 31.]

제36조(신규임용후보자 명부) ① 지방자치단체의 장과 지방의회의 의장은 각각 해당 인사위원회에서 실시한 신규임용시험에 합격한 사람을 대통령령으로 정하는 바에 따라 신규임용후보자 명부에 등재(登載)하여야 한다. 〈개정 2021. 10. 8.〉

② 제32조 제3항에 따라 대통령령으로 정하는 기관이 5급 공무원의 신규임용시험을 실시한 경우에는 대통령령으로 정하는 바에 따라 시·도지사, 시·도의회의 의장 및 교육감은 그 합격자를 신규임용후보자 명부에 등재하여야 한다. 〈개정 2021. 10. 8.〉

③ 신규임용후보자 명부는 누구든지 열람할 수 있다.

④ 공무원 공개경쟁임용시험에 합격한 사람의 신규임용후보자 명부의 유효기간은 2년의 범위에서 대통령령으로 정한다. 다만, 시험실시기관의 장은 필요하면 1년의 범위에서 그 기간을 연장할 수 있다. 〈개정 2020. 1. 29.〉

⑤ 공개경쟁임용시험 합격자가 임용후보자등록을 마친 후 그 명부의 유효기간 내에 「병역법」에 따른

병역복무를 위하여 군에 입대한 경우(대학생 군사훈련과정이수자를 포함한다)의 의무복무기간과 대통령령으로 정하는 사유로 임용되지 못한 기간은 제4항의 기간에 포함하지 아니한다.

⑥ 제4항 단서에 따라 신규임용후보자 명부의 유효기간을 연장하는 경우 해당 지방자치단체의 장 또는 지방의회의 의장은 지체 없이 이를 공고하여야 한다. 〈개정 2021. 10. 8.〉

⑦ 신규임용후보자 명부에 등재되어 실무수습 중인 사람은 그 직무상 행위를 하거나 「형법」이나 그 밖의 법률에 따른 벌칙을 적용할 때 공무원으로 본다. 〈신설 2010. 3. 22.〉

[전문개정 2008. 12. 31.]

[시행일: 2022. 1. 13.] 제36조

제37조(신규임용 방법) ① 제36조 제1항 또는 제2항에 따라 신규임용후보자 명부를 작성한 지방자치단체의 장이 그 명부에 등재된 자 중에서 공무원을 신규임용할 때에는 신규임용후보자 명부의 최고순위자부터 3배수의 범위에서 임명하여야 한다.

② 시장·군수·구청장 및 제6조 제2항에 따라 임용권의 위임을 받은 자가 공무원을 신규임용할 때에는 제36조 제1항 또는 제2항에 따라 신규임용후보자 명부를 작성한 지방자치단체의 장에게 임용후보자의 추천을 요청하여야 한다.

③ 제2항에 따른 요청을 받은 자는 지체 없이 신규임용후보자 명부에 등재된 사람 중에서 그 순위에 따라 직위별로 3배수의 범위에 해당하는 임용후보자를 추천하여야 한다.

④ 임용권자는 제3항에 따라 임용후보자를 추천받으면 요청한 인원을 선택하여 임용하고, 그 결과를 임명후보자의 추천을 받은 날부터 7일 이내에 그 추천을 한 자에게 알려야 한다.

⑤ 임용후보자가 다음 각 호의 어느 하나에 해당하면 임용후보자로서의 자격을 잃는다. 〈개정 2015. 5. 18.〉

1. 임용권자의 임용에 따르지 아니한 경우
2. 제74조에 따라 시보공무원이 될 사람에 대한 교육훈련에 따르지 아니한 경우
3. 훈련성적이 나쁘거나 본인의 귀책사유로 교육훈련을 계속 받을 수 없게 되는 등 공무원으로서 직무를 수행하기 곤란하다고 판단하는 경우. 이 경우 구체적인 사유 및 절차 등에 필요한 사항은 대통령령으로 정한다.

[전문개정 2008. 12. 31.]

제37조(신규임용 방법) ① 제36조 제1항 또는 제2항에 따라 신규임용후보자 명부를 작성한 지방자치단체의 장 또는 지방의회의 의장이 그 명부에 등재된 자 중에서 공무원을 신규임용할 때에는 신규임용후보자 명부의 최고순위자부터 3배수의 범위에서 임명하여야 한다. 〈개정 2021. 10. 8.〉

② 제6조 제2항에 따라 임용권의 위임을 받은 자, 제32조 제6항 또는 제7항에 따라 시험의 실시를 위탁한 지방의회의 의장 또는 시장·군수·구청장이 공무원을 신규임용할 때에는 제36조 제1항에 따라 신규임용후보자 명부를 작성한 지방자치단체의 장 또는 지방의회의 의장에게 임용후보자의 추천을 요청하여야 한다. 〈신설 2021. 10. 8.〉

③ 시장·군수·구청장, 시·군·구의회의 의장 및 제6조 제2항에 따라 임용권의 위임을 받은 자가 5급 공무원을 신규임용할 때에는 제36조 제2항에 따라 신규임용후보자 명부를 작성한 시·도지사, 시·도의회의 의장 또는 교육감에게 임용후보자의 추천을 요청하여야 한다. 〈개정 2021. 10. 8.〉

④ 제2항 또는 제3항에 따른 요청을 받은 자는 지체 없이 신규임용후보자 명부에 등재된 사람 중에서 그 순위에 따라 직위별로 3배수의 범위에 해당하는 임용후보자를 추천하여야 한다. 〈개정 2021. 10. 8.〉

⑤ 임용권자는 제4항에 따라 임용후보자를 추천받으면 요청한 인원을 선택하여 임용하고, 그 결과를 임명후보자의 추천을 받은 날부터 7일 이내에 그 추천을 한 자에게 알려야 한다. 〈개정 2021. 10. 8.〉

⑥ 임용후보자가 다음 각 호의 어느 하나에 해당하면 임용후보자로서의 자격을 잃는다. 〈개정 2015. 5. 18., 2021. 10. 8.〉

1. 임용권자의 임용에 따르지 아니한 경우

2. 제74조에 따라 시보공무원이 될 사람에 대한 교육훈련에 따르지 아니한 경우

3. 훈련성적이 나쁘거나 본인의 귀책사유로 교육훈련을 계속 받을 수 없게 되는 등 공무원으로서 직무를 수행하기 곤란하다고 판단하는 경우. 이 경우 구체적인 사유 및 절차 등에 필요한 사항은 대통령령으로 정한다.

[전문개정 2008. 12. 31.]

[시행일: 2022. 1. 13.] 제37조

제38조(승진) ① 계급 간의 승진임용은 근무성적평정, 경력평정, 그 밖의 능력의 실증에 따라 한다. 다만, 1급부터 3급까지의 공무원으로의 승진임용은 능력과 경력 등을 고려하여 임용하며, 5급 공무원으로의 승진임용은 승진시험을 거치도록 하되, 필요하다고 인정하면 대통령령으로 정하는 바에 따라 인사위원회의 의결을 거쳐 임용할 수 있다.

② 6급 이하 공무원으로의 승진임용의 경우 필요하다고 인정하면 대통령령으로 정하는 바에 따라 승진시험을 병용(竝用)할 수 있다.

③ 승진에 필요한 계급별 최저근무연수, 승진의 제한, 그 밖에 승진에 필요한 사항은 대통령령으로 정한다.

[전문개정 2008. 12. 31.]

제39조(승진임용의 방법) ① 1급 공무원으로의 승진은 바로 하급 공무원 중에서, 2급 및 3급 공무원으로의 승진은 같은 직군 내의 바로 하급 공무원 중에서 각각 임용한다.

② 승진시험에 따른 승진은 승진시험 합격자 중에서 대통령령으로 정하는 승진임용 순위에 따라 임용한다. 다만, 다음 각 호의 어느 하나에 해당하는 시험에 합격하여 승진후보자 명부에 등재된 사람의 임용방법에 관하여는 제37조 제1항부터 제4항까지의 규정을 준용한다. 〈개정 2012. 3. 21.〉

1. 공개경쟁승진시험

2. 시·도 단위 또는 제6항에 따른 권역별로 실시한 기술직렬 5급 이하 공무원 및 제4조 제2항에 따른 연구 또는 특수기술직렬의 공무원 중 5급 이하 공무원에 상당하는 공무원으로의 일반승진시험

③ 제1항 및 제2항 외의 승진은 같은 직렬의 바로 하급 공무원 중에서 임용하되, 임용하려는 결원에 대하여 승진후보자 명부의 높은 순위에 있는 사람부터 차례로 대통령령으로 정하는 범위에서 임용하여야 한다.

④ 제1항 및 제3항에 따라 승진임용할 때에는 해당 인사위원회의 사전심의를 거쳐야 한다. 이 경우 시·군·구의 부시장·부군수·부구청장으로 승진임용하기 위한 인사위원회의 사전심의를 할 때에는 제9조 제1항에도 불구하고 인사위원회위원장의 직무는 위촉위원 중에서 호선하는 사람이 수행한다.

⑤ 임용권자는 대통령령으로 정하는 바에 따라 근무성적평정, 경력평정, 그 밖의 능력의 실증에 의한 순위에 따라 직급별로 승진후보자 명부를 작성한다. 다만, 우수 인력의 확보와 승진기회의 균형 유지를 위하여 시·도지사는 시장·군수·구청장과 협의하여 해당 시·도 및 시·군·구 소속 기술직렬 6급 이하 공무원 및 제4조 제2항에 따른 연구 또는 특수기술직렬의 공무원 중 6급 이하 공무원에 상당

하는 공무원에 대하여 시장·군수·구청장이 작성한 승진후보자 명부를 기초로 대통령령으로 정하는 바에 따라 시·도 단위별로 승진후보자 명부를 통합하여 작성할 수 있다. 〈개정 2012. 3. 21.〉

⑥ 도지사는 제5항 단서에도 불구하고 해당 도의 생활권, 지리적 범위 등을 고려하여 필요하다고 인정하는 때에는 해당 시장·군수와 협의하여 해당 도의 관할구역에서 권역별로 승진후보자 명부를 통합하여 작성할 수 있다. 〈신설 2012. 3. 21.〉

⑦ 다음 각 호의 어느 하나에 해당하는 승진후보자 명부는 시·도지사 및 교육감이 작성한다. 〈개정 2012. 3. 21.〉

1. 5급 공무원 공개경쟁승진시험에 합격한 사람의 승진후보자 명부

2. 시·도 단위 또는 제6항에 따른 권역별로 실시한 기술직렬 5급 이하 공무원 및 제4조 제2항에 따른 연구 또는 특수기술직렬의 공무원 중 5급 이하 공무원에 상당하는 공무원으로의 일반승진시험에 합격한 사람의 승진후보자 명부

[전문개정 2008. 12. 31.]

제39조(승진임용의 방법) ① 1급 공무원으로의 승진은 바로 하급 공무원 중에서, 2급 및 3급 공무원으로의 승진은 같은 직군 내의 바로 하급 공무원 중에서 각각 임용한다.

② 승진시험에 따른 승진은 승진시험 합격자 중에서 대통령령으로 정하는 승진임용 순위에 따라 임용한다. 다만, 다음 각 호의 어느 하나에 해당하는 시험에 합격하여 승진후보자 명부에 등재된 사람의 임용방법에 관하여는 제37조 제1항부터 제5항까지의 규정을 준용한다. 〈개정 2012. 3. 21., 2021. 10. 8.〉

1. 공개경쟁승진시험

2. 시·도 단위 또는 제6항에 따른 권역별로 실시한 기술직렬 5급 이하 공무원 및 제4조 제2항에 따른 연구 또는 특수기술직렬의 공무원 중 5급 이하 공무원에 상당하는 공무원으로의 일반승진시험

③ 제1항 및 제2항 외의 승진은 같은 직렬의 바로 하급 공무원 중에서 임용하되, 임용하려는 결원에 대하여 승진후보자 명부의 높은 순위에 있는 사람부터 차례로 대통령령으로 정하는 범위에서 임용하여야 한다.

④ 제1항 및 제3항에 따라 승진임용할 때에는 해당 인사위원회의 사전심의를 거쳐야 한다. 이 경우 지방의회의 사무처장·사무국장·사무과장 또는 시·군·구의 부시장·부군수·부구청장으로 승진임용하기 위한 인사위원회의 사전심의를 할 때에는 제9조 제1항에도 불구하고 인사위원회위원장의 직무는 위촉위원 중에서 호선하는 사람이 수행한다. 〈개정 2021. 10. 8.〉

⑤ 임용권자는 대통령령으로 정하는 바에 따라 근무성적평정, 경력평정, 그 밖의 능력의 실증에 의한 순위에 따라 직급별로 승진후보자 명부를 작성한다. 다만, 우수 인력의 확보와 승진기회의 균형 유지를 위하여 시·도지사 또는 시·도의회의 의장은 해당 시·도의 다른 임용권자 또는 관할 구역의 시·군·구의 임용권자와, 시장·군수·구청장 또는 시·군·구의회의 의장은 각각 상호 간에 협의하여 해당 시·도 또는 시·군·구 소속 기술직렬 6급 이하 공무원 및 제4조 제2항에 따른 연구 또는 특수기술직렬의 공무원 중 6급 이하 공무원에 상당하는 공무원에 대하여 대통령령으로 정하는 바에 따라 시·도 또는 시·군·구 단위별로 승진후보자 명부를 통합하여 작성할 수 있다. 〈개정 2012. 3. 21., 2021. 10. 8.〉

⑥ 도지사 또는 도의회의 의장은 제5항 단서에도 불구하고 해당 도의 생활권, 지리적 범위 등을 고려하여 필요하다고 인정하는 때에는 해당 시장·군수 또는 시·군의회의 의장과 협의하여 대통령령으로

정하는 바에 따라 해당 도의 관할구역에서 권역별로 승진후보자 명부를 통합하여 작성할 수 있다. 〈신설 2012. 3. 21., 2021. 10. 8.〉

⑦ 다음 각 호의 어느 하나에 해당하는 승진후보자 명부는 시·도지사, 시·도의회의 의장 및 교육감이 작성한다. 〈개정 2012. 3. 21., 2021. 10. 8.〉

　　1. 5급 공무원 공개경쟁승진시험에 합격한 사람의 승진후보자 명부

　　2. 시·도 단위 또는 제6항에 따른 권역별로 실시한 기술직렬 5급 이하 공무원 및 제4조 제2항에 따른 연구 또는 특수기술직렬의 공무원 중 5급 이하 공무원에 상당하는 공무원으로의 일반승진시험에 합격한 사람의 승진후보자 명부

[전문개정 2008. 12. 31.]

[시행일: 2022. 1. 13.] 제39조

제39조의2(승진시험의 방법) ① 승진시험은 일반승진시험과 공개경쟁승진시험으로 구분한다.

② 일반승진시험은 승진후보자 명부(제39조 제5항 단서 또는 같은 조 제6항에 따른 시·도 및 시·군·구 소속 기술직렬 6급 이하 공무원 및 제4조 제2항에 따른 연구 또는 특수기술직렬의 공무원 중 6급 이하 공무원에 상당하는 공무원의 일반승진시험의 경우에는 시·도 단위 또는 권역별로 작성된 승진후보자 명부를 말한다. 이하 같다)의 높은 순위에 있는 사람부터 차례로 임용하려는 결원 또는 결원과 예상결원을 합한 총결원의 2배수 이상 5배수 이하 범위의 사람에 대하여 실시하며, 시험성적 점수와 승진후보자 명부에 의한 평정점수를 합산한 종합성적으로 합격자를 결정한다. 〈개정 2012. 3. 21.〉

③ 공개경쟁승진시험은 5급 공무원으로의 승진에 한정하되, 지방자치단체 간 승진 기회의 균형을 유지하고 유능한 공무원을 발탁하기 위하여 필요한 경우에 실시하며, 시험성적으로 합격자를 결정한다.

④ 제2항 및 제3항에 따른 승진시험의 응시대상자, 시험방법, 합격자 결정 방법, 합격의 효력, 그 밖에 승진시험에 필요한 사항은 대통령령으로 정한다.

[전문개정 2008. 12. 31.]

제39조의3(우수 공무원 등의 특별승진) ① 공무원이 다음 각 호의 어느 하나에 해당할 때에는 제38조 및 제39조 제1항부터 제3항까지의 규정에도 불구하고 특별승진임용할 수 있다. 다만, 6급 공무원에 대하여는 승진시험에 우선 응시하게 하거나 인사위원회의 승진 의결 대상자로 할 수 있다.

　　1. 청렴하고 투철한 봉사정신으로 직무에 모든 힘을 다하여 공무집행의 공정성을 유지하고 깨끗한 공직사회를 구현하는 데에 다른 공무원의 귀감이 되는 사람

　　2. 직무수행능력이 탁월하여 행정발전에 큰 공헌을 한 사람

　　3. 제78조에 따른 제안을 채택하고 시행함으로써 국가 또는 지방자치단체 예산을 절감하는 등 행정운영 발전에 뚜렷한 실적이 있는 사람

　　4. 재직 중 공적이 특히 뚜렷한 사람이 제66조의2에 따라 명예퇴직할 때

　　5. 재직 중 공적이 특히 뚜렷한 사람이 공무로 사망하였을 때

② 특별승진임용의 요건과 그 밖에 필요한 사항은 대통령령으로 정한다.

[전문개정 2008. 12. 31.]

제40조(국가유공자의 우선 임용) 공무원을 임용할 때 법령에서 정하는 바에 따라 국가유공자를 우선 임용하여야 한다.

[전문개정 2008. 12. 31.]

제41조(휴직자·장기훈련자 등의 결원 보충) ① 공무원이 제63조 제1항 제1호·제2호·제4호·제5호, 제

63조 제2항 또는 제65조의2에 따라 6개월 이상 휴직한 경우에는 휴직일부터 그 휴직자의 직급·직위 또는 상당 계급에 해당하는 정원이 따로 있는 것으로 보고 결원을 보충할 수 있다. 다만, 제63조 제2항 제4호에 따라 휴직할 때에는 대통령령 또는 지방자치단체의 조례로 정하는 경우에는 3개월 이상 휴직하더라도 결원을 보충할 수 있고, 출산휴가와 육아휴직을 연속하여 사용하는 경우에는 출산휴가일부터 후임자를 보충할 수 있다. 〈개정 2011. 5. 23., 2012. 12. 11.〉

② 공무원이 제30조의4에 따라 파견된 경우에는 대통령령으로 정하는 바에 따라 파견기간 중 그 파견자의 직급에 해당하는 정원이 따로 있는 것으로 보고 결원을 보충하거나 파견된 사람의 승진임용을 할 수 있다. 다만, 남은 파견기간이 2개월 이하인 경우에는 그러하지 아니하다.

③ 공무원에게 한 파면처분·해임처분·면직처분 또는 강등처분에 대하여 심사위원회 또는 법원에서 무효나 취소의 결정 또는 판결을 한 경우에는 그 파면처분·해임처분·면직처분 또는 강등처분에 의하여 결원을 보충하였던 때부터 파면처분·해임처분·면직처분·강등처분을 받은 사람의 처분 전 직급·직위에 해당하는 정원이 따로 있는 것으로 본다. 〈개정 2011. 5. 23., 2012. 12. 11.〉

④ 제69조의4 제2항에 따라 직위를 부여하지 아니하는 경우에는 직위해제된 사람의 직급·직위 또는 상당 계급에 해당하는 정원이 따로 있는 것으로 보고 결원을 보충할 수 있다. 〈신설 2015. 12. 29.〉

⑤ 제1항부터 제3항까지의 규정에 따른 정원은 다음 각 호의 어느 하나에 해당하는 사유가 발생한 이후 해당 직급·직위에 최초로 결원이 발생한 때에 각각 소멸된 것으로 본다. 다만, 제1항에 따른 특수경력직공무원의 정원은 제1호의 사유가 발생한 때에 소멸된 것으로 본다. 〈개정 2011. 5. 23., 2012. 12. 11., 2015. 12. 29.〉

1. 휴직자의 복직

2. 파견된 사람의 복귀

3. 파면·해임·면직된 사람의 복귀 또는 강등된 사람의 처분 전 직급 회복

[전문개정 2008. 12. 31.]

제41조(휴직자 · 장기훈련자 등의 결원 보충) ① 공무원이 제63조 제1항 제1호·제2호·제4호·제5호, 제63조 제2항 또는 제65조의2에 따라 6개월 이상 휴직한 경우에는 휴직일부터 그 휴직자의 직급·직위 또는 상당 계급에 해당하는 정원이 따로 있는 것으로 보고 결원을 보충할 수 있다. 다만, 제63조 제2항 제4호에 따라 휴직할 때에는 대통령령 또는 지방자치단체의 조례로 정하는 경우에는 3개월 이상 휴직하더라도 결원을 보충할 수 있고, 출산휴가와 육아휴직을 연속하여 사용하는 경우에는 출산휴가일부터 후임자를 보충할 수 있다. 〈개정 2011. 5. 23., 2012. 12. 11.〉

② 공무원이 제30조의4에 따라 파견된 경우에는 대통령령으로 정하는 바에 따라 파견기간 중 그 파견자의 직급에 해당하는 정원이 따로 있는 것으로 보고 결원을 보충하거나 파견된 사람의 승진임용을 할 수 있다. 다만, 남은 파견기간이 2개월 이하인 경우에는 그러하지 아니하다.

③ 공무원에게 한 파면처분·해임처분·면직처분 또는 강등처분에 대하여 심사위원회 또는 법원에서 무효나 취소의 결정 또는 판결을 한 경우에는 그 파면처분·해임처분·면직처분 또는 강등처분에 의하여 결원을 보충하였던 때부터 파면처분·해임처분·면직처분·강등처분을 받은 사람의 처분 전 직급·직위에 해당하는 정원이 따로 있는 것으로 본다. 〈개정 2011. 5. 23., 2012. 12. 11.〉

④ 제65조의3 제1항 제2호부터 제4호까지에 따라 직위해제를 한 경우로서 직위해제 기간이 6개월을 경과하면 직위해제된 사람의 직급·직위 또는 상당 계급에 해당하는 정원이 따로 있는 것으로 보고 결원을 보충할 수 있다. 다만, 제69조의4 제2항에 따라 징계의결이 요구되어 제65조의3 제1항 제2호에 따라 직위해제를 하는 경우에는 직위해제를 한 때부터 해당 정원이 따로 있는 것으로 보고 결원을

보충할 수 있다. 〈개정 2021. 6. 8.〉

⑤ 제1항부터 제3항까지 및 제4항 본문에 따른 정원은 다음 각 호의 어느 하나에 해당하는 사유가 발생한 이후 해당 직급·직위에 최초로 결원이 발생한 때에 각각 소멸된 것으로 본다. 다만, 제1항에 따른 특수경력직공무원의 정원은 제1호의 사유가 발생한 때에 소멸된 것으로 본다. 〈개정 2011. 5. 23., 2012. 12. 11., 2015. 12. 29., 2021. 6. 8.〉

1. 휴직자의 복직

2. 파견된 사람의 복귀

3. 파면·해임·면직된 사람의 복귀 또는 강등된 사람의 처분 전 직급 회복

4. 직위해제된 사람에 대한 직위 부여

[전문개정 2008. 12. 31.]

[시행일: 2021. 12. 9.] 제41조

제41조의2 삭제 〈1981. 4. 20.〉

제41조의3 삭제 〈1981. 4. 20.〉

제41조의4(장학금 지급) ① 지방자치단체의 장은 우수한 공무원을 확보하기 위하여 필요하면 「초·중등교육법」, 「고등교육법」, 그 밖의 법률에 따라 설치된 각급학교(기능대학과 학위과정이 설치된 교육기관을 포함한다)의 재학생으로서 공무원으로 임용되기를 원하는 사람에게 장학금을 지급하고 졸업 후 일정한 의무복무 기간을 부과하여 공무원으로 근무하게 할 수 있다.

② 제1항에 따라 장학금을 받은 사람이 본인에게 책임이 있는 사유로 장학금 지급이 중단되거나 공무원으로 임용되지 아니한 경우 또는 의무복무 기간을 마치지 아니하고 퇴직한 경우에는 본인에게 지급한 장학금의 전부 또는 일부의 반납을 명하거나 본인이 반납하지 아니할 경우 그의 보증인(「보험업법」에 따라 보증보험증권을 발행한 보험회사를 포함한다)에게 보증채무의 이행을 청구할 수 있으며, 이를 이행하지 아니하면 지방세 체납처분의 예에 따라 징수할 수 있다. 다만, 대통령령으로 정하는 불가피한 사유가 있을 때에는 그러하지 아니하다. 〈개정 2021. 10. 8.〉

③ 장학금으로 지급될 학비의 범위, 지급 대상, 채용방법, 의무복무 기간, 의무 불이행 시 환수할 금액, 그 밖에 필요한 사항은 대통령령으로 정한다. 이 경우 의무복무 기간은 장학금을 받은 기간의 2배 이내에서 정하여야 한다.

[전문개정 2008. 12. 31.]

제41조의5 삭제 〈1981. 4. 20.〉

제42조(시험 또는 임용 방해행위의 금지) 누구든지 시험 또는 임용에 관하여 고의로 방해하거나 부당한 영향을 미치는 행위를 하여서는 아니 된다.

[전문개정 2008. 12. 31.]

제43조(인사에 관한 부정행위의 금지) 누구든지 임용시험·승진·임용, 그 밖에 인사기록에 관하여 거짓이나 부정하게 진술·기재·증명·채점 또는 보고를 하여서는 아니 된다.

[전문개정 2008. 12. 31.]

제43조의2(임용시험 부정행위자에 대한 조치) ① 시험실시기관의 장은 임용시험에서 다른 사람에게 대신하여 응시하게 하는 행위 등 대통령령으로 정하는 부정행위를 한 사람에 대하여 대통령령으로 정하는 바에 따라 해당 시험의 정지·무효 또는 합격 취소 처분을 할 수 있다. 이 경우 처분을 받은 사람에 대해서는 처분이 있은 날부터 5년의 범위에서 대통령령으로 정하는 기간 동안 임용시험의 응시자격을 정지할 수 있다.

② 시험실시기관의 장은 제1항에 따른 처분(시험의 정지는 제외한다)을 하려는 때에는 미리 그 처분 내용과 사유를 당사자에게 통지하여 소명할 기회를 주어야 한다.

[본조신설 2015. 5. 18.]

제43조의3(채용 비위 관련자의 합격 등 취소) ① 시험실시기관의 장 또는 임용권자는 누구든지 공무원 채용과 관련하여 대통령령으로 정하는 비위를 저질러 유죄판결이 확정된 경우에는 그 비위행위로 인하여 채용시험에 합격하거나 임용된 사람에 대하여 대통령령으로 정하는 바에 따라 합격 또는 임용을 취소할 수 있다. 이 경우 취소 처분을 하기 전에 미리 그 내용과 사유를 당사자에게 통지하고 소명할 기회를 주어야 한다.

② 제1항에 따른 취소 처분은 합격 또는 임용 당시로 소급하여 효력이 발생한다.

[본조신설 2021. 6. 8.]

[시행일: 2021. 12. 9.] 제43조의3

제5장 ◈ 보수 〈개정 2008. 12. 31.〉

제44조(보수결정의 원칙) ① 공무원의 보수는 직무의 곤란성과 책임의 정도에 맞도록 계급별·직위별 또는 직무등급별로 정한다. 다만, 다음 각 호의 어느 하나에 해당하는 공무원의 보수는 따로 정할 수 있다. 〈개정 2012. 12. 11.〉

　　1. 직무의 곤란성과 책임도가 매우 특수하거나 결원을 보충하기 어려운 직무에 종사하는 공무원

　　2. 제4조 제2항에 따라 같은 조 제1항의 계급 구분이나 직군 및 직렬의 분류를 적용하지 아니하는 공무원

　　3. 임기제공무원

② 공무원의 보수는 일반의 표준생계비, 물가수준, 그 밖의 사정을 고려하여 정하되, 민간 부문의 임금수준과 적절한 균형을 유지하도록 노력하여야 한다.

③ 경력직공무원 간, 경력직공무원과 특수경력직공무원 간에 보수의 균형을 도모하여야 한다.

④ 이 법이나 그 밖의 법령에서 정한 보수에 관한 규정에 따르지 아니하고는 어떠한 금전이나 유가물(有價物)도 공무원의 보수로 지급될 수 없다.

[전문개정 2008. 12. 31.]

제45조(보수에 관한 규정) ① 공무원의 보수에 관한 다음 각 호의 사항은 대통령령으로 정한다.

　　1. 봉급·호봉 및 승급에 관한 사항

　　2. 수당에 관한 사항

　　3. 보수 지급 방법, 보수 계산, 그 밖에 보수 지급에 관한 사항

② 제1항에도 불구하고 특수수당과 제76조 제2항에 따른 상여금의 지급 또는 특별승급에 관한 사항은 대통령령으로 정한다.

③ 제1항에 따른 보수를 거짓이나 그 밖의 부정한 방법으로 수령한 경우에는 수령한 금액의 2배의 범위에서 가산하여 징수할 수 있다.

④ 제3항에 따라 가산하여 징수할 수 있는 보수의 종류, 가산금액 등에 관한 사항은 대통령령으로 정한다. 〈개정 2012. 12. 11.〉

[전문개정 2008. 12. 31.]

제45조(보수에 관한 규정) ① 공무원의 보수에 관한 다음 각 호의 사항은 대통령령으로 정한다.

    1. 봉급·호봉 및 승급에 관한 사항

    2. 수당에 관한 사항

    3. 보수 지급 방법, 보수 계산, 그 밖에 보수 지급에 관한 사항

  ② 제1항에도 불구하고 특수수당과 제76조 제2항에 따른 상여금의 지급 또는 특별승급에 관한 사항은 대통령령으로 정한다.

  ③ 제1항에 따른 보수를 거짓이나 그 밖의 부정한 방법으로 수령한 경우에는 수령한 금액의 5배의 범위에서 가산하여 징수할 수 있다. 〈개정 2021. 6. 8.〉

  ④ 제3항에 따라 가산하여 징수할 수 있는 보수의 종류, 가산금액 등에 관한 사항은 대통령령으로 정한다. 〈개정 2012. 12. 11.〉

  [전문개정 2008. 12. 31.]

  [시행일: 2021. 12. 9.] 제45조

제46조(실비보상 등) ① 공무원은 보수 외에 해당 지방자치단체의 조례로 정하는 바에 따라 직무 수행에 필요한 실비보상을 받을 수 있다.

  ② 공무원은 소속 기관의 장의 허가를 받아 본래의 업무수행에 지장이 없는 범위에서 담당 직무 외의 특수한 연구과제를 위탁받아 처리한 경우에는 그 보상을 받을 수 있다.

  ③ 제1항 및 제2항에 따른 실비보상 등을 거짓이나 그 밖의 부정한 방법으로 수령한 경우에는 수령한 금액의 2배의 범위에서 가산하여 징수할 수 있다. 〈신설 2012. 12. 11.〉

  ④ 제3항에 따라 가산하여 징수할 수 있는 실비보상 등의 종류, 가산금액 등에 관한 사항은 대통령령으로 정한다. 〈신설 2012. 12. 11.〉

  [전문개정 2008. 12. 31.]

제46조(실비보상 등) ① 공무원은 보수 외에 해당 지방자치단체의 조례로 정하는 바에 따라 직무 수행에 필요한 실비보상을 받을 수 있다.

  ② 공무원은 소속 기관의 장의 허가를 받아 본래의 업무수행에 지장이 없는 범위에서 담당 직무 외의 특수한 연구과제를 위탁받아 처리한 경우에는 그 보상을 받을 수 있다.

  ③ 제1항 및 제2항에 따른 실비보상 등을 거짓이나 그 밖의 부정한 방법으로 수령한 경우에는 수령한 금액의 5배의 범위에서 가산하여 징수할 수 있다. 〈신설 2012. 12. 11., 2021. 6. 8.〉

  ④ 제3항에 따라 가산하여 징수할 수 있는 실비보상 등의 종류, 가산금액 등에 관한 사항은 대통령령으로 정한다. 〈신설 2012. 12. 11.〉

  [전문개정 2008. 12. 31.]

  [시행일: 2021. 12. 9.] 제46조

제46조의2(별정직공무원의 자진퇴직에 따른 수당) 별정직공무원(비서관·비서는 제외한다)이 다음 각 호의 어느 하나에 해당하는 경우로서 직위가 없어지거나 과원이 되어 스스로 퇴직하는 경우에는 다른 법률에 특별한 규정이 있는 경우가 아니면 대통령령으로 정하는 바에 따라 예산의 범위에서 수당을 지급할 수 있다. 〈개정 2011. 5. 23., 2014. 1. 7.〉

    1. 지방자치단체를 폐지하거나 설치하거나 나누거나 합친 경우

    2. 직제와 정원이 개정되거나 폐지된 경우

    3. 예산이 감소된 경우

  [전문개정 2008. 12. 31.]

[제목개정 2011. 5. 23.]

제46조의3(지방자치단체 외의 기관 등에서 파견된 사람의 보수) 제30조의4 제1항에 따라 지방자치단체 외의 기관·단체에서 파견된 임직원의 보수는 파견한 기관에서 지급하며 파견받은 기관은 제46조를 준용하여 실비보상 등을 할 수 있다. 다만, 특히 필요한 경우에는 대통령령으로 정하는 바에 따라 파견받은 기관은 파견기관과 협의하여 보수를 지급할 수 있다.

[전문개정 2008. 12. 31.]

제6장　복무 〈개정 2008. 12. 31.〉

제47조(복무 선서) 공무원은 취임할 때에 소속 기관장 앞에서 조례로 정하는 바에 따라 선서를 하여야 한다. 다만, 불가피한 사유가 있을 때에는 취임 후에 선서하게 할 수 있다.

[전문개정 2008. 12. 31.]

제48조(성실의 의무) 모든 공무원은 법규를 준수하며 성실히 그 직무를 수행하여야 한다.

[전문개정 2008. 12. 31.]

제49조(복종의 의무) 공무원은 직무를 수행할 때 소속 상사의 직무상 명령에 복종하여야 한다. 다만, 이에 대한 의견을 진술할 수 있다.

[전문개정 2008. 12. 31.]

제50조(직장이탈 금지) ① 공무원은 소속 상사의 허가 없이 또는 정당한 이유 없이 직장을 이탈하지 못한다.

② 수사기관이 공무원을 구속하려면 소속 기관의 장에게 미리 통보하여야 한다. 다만, 현행범은 그러하지 아니하다.

[전문개정 2008. 12. 31.]

제51조(친절·공정의 의무) 공무원은 주민 전체의 봉사자로서 친절하고 공정하게 직무를 수행하여야 한다.

[전문개정 2008. 12. 31.]

제51조의2(종교중립의 의무) ① 공무원은 종교에 따른 차별 없이 직무를 수행하여야 한다.

② 공무원은 소속 상관이 제1항에 위배되는 직무상 명령을 한 경우에는 이에 따르지 아니할 수 있다.

[본조신설 2009. 2. 6.]

제52조(비밀 엄수의 의무) 공무원은 직무상 알게 된 비밀을 엄수하여야 한다.

[전문개정 2008. 12. 31.]

제53조(청렴의 의무) ① 공무원은 직무와 관련하여 직접적이든 간접적이든 사례(謝禮)·증여 또는 향응을 주거나 받을 수 없다.

② 공무원은 직무상 관계가 있든 없든 그 소속 상사에게 증여하거나 소속 공무원으로부터 증여를 받아서는 아니 된다.

[전문개정 2008. 12. 31.]

제54조(외국정부의 영예 등을 받을 경우) 공무원은 외국정부로부터 영예 또는 증여를 받을 경우에는 대통령의 허가를 받아야 한다.

[전문개정 2008. 12. 31.]

제55조(품위 유지의 의무) 공무원은 품위를 손상하는 행위를 하여서는 아니 된다.

[전문개정 2008. 12. 31.]

제56조(영리 업무 및 겸직 금지) ① 공무원은 공무 외에 영리를 목적으로 하는 업무에 종사하지 못하며, 소속 기관의 장의 허가 없이 다른 직무를 겸할 수 없다.

② 제1항에 따른 영리를 목적으로 하는 업무의 한계는 대통령령으로 정한다.

[전문개정 2008. 12. 31.]

제57조(정치운동의 금지) ① 공무원은 정당이나 그 밖의 정치단체의 결성에 관여하거나 가입할 수 없다.

② 공무원은 선거에서 특정정당 또는 특정인을 지지하거나 반대하기 위하여 다음 각 호의 어느 하나에 해당하는 행위를 하여서는 아니 된다.

　　1. 투표를 하거나 하지 아니하도록 권유하는 것

　　2. 서명운동을 기획·주재하거나 권유하는 것

　　3. 문서 또는 도화(圖畵)를 공공시설 등에 게시하거나 게시하게 하는 것

　　4. 기부금품을 모집하거나 모집하게 하는 행위 또는 공공자금을 이용하거나 이용하게 하는 것

　　5. 타인에게 정당이나 그 밖의 정치단체에 가입하게 하거나 가입하지 아니하도록 권유하는 것

③ 공무원은 다른 공무원에게 제1항과 제2항에 위배되는 행위를 하도록 요구하거나 정치적 행위에 대한 보상 또는 보복으로 이익 또는 불이익을 약속하여서는 아니 된다.

④ 제1항부터 제3항까지에서 규정한 사항 외에 공무원의 정치적 행위의 금지에 관한 한계는 대통령령으로 정한다. 〈신설 2011. 5. 23.〉

[전문개정 2008. 12. 31.]

제58조(집단행위의 금지) ① 공무원은 노동운동이나 그 밖에 공무 외의 일을 위한 집단행위를 하여서는 아니 된다. 다만, 사실상 노무에 종사하는 공무원은 예외로 한다.

② 제1항 단서에 규정된 사실상 노무에 종사하는 공무원의 범위는 조례로 정한다.

③ 제1항 단서에 규정된 사실상 노무에 종사하는 공무원으로서 노동조합에 가입한 사람이 조합업무를 전임(專任)으로 하려면 소속 지방자치단체의 장의 허가를 받아야 한다.

④ 제3항에 따른 허가에는 필요한 조건을 붙일 수 있다.

[전문개정 2008. 12. 31.]

제58조(집단행위의 금지) ① 공무원은 노동운동이나 그 밖에 공무 외의 일을 위한 집단행위를 하여서는 아니 된다. 다만, 사실상 노무에 종사하는 공무원은 예외로 한다.

② 제1항 단서에 규정된 사실상 노무에 종사하는 공무원의 범위는 조례로 정한다.

③ 제1항 단서에 규정된 사실상 노무에 종사하는 공무원으로서 노동조합에 가입한 사람이 조합업무를 전임(專任)으로 하려면 소속 지방자치단체의 장 또는 소속 지방의회의 의장의 허가를 받아야 한다. 〈개정 2021. 10. 8.〉

④ 제3항에 따른 허가에는 필요한 조건을 붙일 수 있다.

[전문개정 2008. 12. 31.]

[시행일: 2022. 1. 13.] 제58조

제59조(위임규정) 공무원의 복무에 필요한 사항은 이 법에서 규정하는 것 외에는 대통령령 또는 해당 지방자치단체의 조례로 정한다.

[전문개정 2008. 12. 31.]

제60조(신분보장의 원칙) 공무원은 형의 선고·징계 또는 이 법에서 정하는 사유가 아니면 본인의 의사에 반하여 휴직·강임 또는 면직을 당하지 아니한다. 다만, 1급 공무원은 그러하지 아니하다.

[전문개정 2008. 12. 31.]

제61조(당연퇴직) 공무원이 다음 각 호의 어느 하나에 해당할 때에는 당연히 퇴직한다. 〈개정 2015. 5. 18., 2015. 12. 29., 2018. 10. 16.〉

1. 제31조 각 호의 어느 하나에 해당하는 경우. 다만, 제31조 제2호는 파산선고를 받은 사람으로서 「채무자 회생 및 파산에 관한 법률」에 따라 신청기한 내에 면책신청을 하지 아니하였거나 면책불허가 결정 또는 면책 취소가 확정된 경우만 해당하고, 제31조 제5호는 「형법」 제129조부터 제132조까지, 「성폭력범죄의 처벌 등에 관한 특례법」 제2조, 「아동·청소년의 성보호에 관한 법률」 제2조 제2호 및 직무와 관련하여 「형법」 제355조 또는 제356조에 규정된 죄를 범한 사람으로서 금고 이상의 형의 선고유예를 받은 경우만 해당한다.

2. 임기제공무원의 근무기간이 만료된 경우

[전문개정 2012. 12. 11.]

제62조(직권면직) ① 임용권자는 공무원이 다음 각 호의 어느 하나에 해당할 때에는 직권으로 면직시킬 수 있다. 〈개정 2012. 12. 11., 2016. 5. 29.〉

1. 다음 각 목의 어느 하나에 해당하는 경우로서 직위가 없어지거나 과원이 된 때

   가. 지방자치단체를 폐지하거나 설치하거나 나누거나 합친 경우

   나. 직제와 정원이 개정되거나 폐지된 경우

   다. 예산이 감소된 경우

2. 휴직기간이 끝나거나 휴직사유가 소멸된 후에도 직무에 복귀하지 아니하거나 직무를 감당할 수 없을 때

3. 전직시험에서 3회 이상 불합격한 사람으로서 직무수행 능력이 부족하다고 인정될 때

4. 병역판정검사·입영 또는 소집 명령을 받고 정당한 이유 없이 이를 기피하거나 군복무를 위하여 휴직 중인 사람이 군복무 중 군무(軍務)를 이탈하였을 때

5. 제65조의3 제3항에 따라 대기명령을 받은 사람이 그 기간 중 능력 또는 근무성적의 향상을 기대하기 어렵다고 인정될 때

6. 해당 직급·직위에서 직무를 수행하는 데 필요한 자격증의 효력이 없어지거나 면허가 취소되어 담당 직무를 수행할 수 없게 되었을 때

② 임용권자는 제1항에 따라 면직시킬 경우에는 미리 인사위원회의 의견을 들어야 한다. 다만, 제1항 제5호에 따라 면직시킬 경우에는 해당 인사위원회의 동의를 받아야 하며, 시·군·구의 5급 이상 공무원은 시·도인사위원회의 동의를 받아야 한다.

③ 임용권자는 제1항 제1호에 따라 소속 공무원을 면직시킬 때에는 임용형태, 업무실적, 직무수행능력, 징계처분 사실 등을 고려하여 면직 기준을 정하여야 한다.

④ 제3항의 면직 기준을 정하거나 제1항 제1호에 따라 면직 대상자를 결정할 때에는 미리 해당 인사위원회의 의결을 거쳐야 한다.

⑤ 제1항 제2호에 따른 직권면직일은 휴직기간이 끝난 날 또는 휴직사유가 소멸한 날로 한다.

[전문개정 2008. 12. 31.]

제62조(직권면직) ① 임용권자는 공무원이 다음 각 호의 어느 하나에 해당할 때에는 직권으로 면직시킬 수 있다. 〈개정 2012. 12. 11., 2016. 5. 29.〉

　　1. 다음 각 목의 어느 하나에 해당하는 경우로서 직위가 없어지거나 과원이 된 때

　　　가. 지방자치단체를 폐지하거나 설치하거나 나누거나 합친 경우

　　　나. 직제와 정원이 개정되거나 폐지된 경우

　　　다. 예산이 감소된 경우

　　2. 휴직기간이 끝나거나 휴직사유가 소멸된 후에도 직무에 복귀하지 아니하거나 직무를 감당할 수 없을 때

　　3. 전직시험에서 3회 이상 불합격한 사람으로서 직무수행 능력이 부족하다고 인정될 때

　　4. 병역판정검사·입영 또는 소집 명령을 받고 정당한 이유 없이 이를 기피하거나 군복무를 위하여 휴직 중인 사람이 군복무 중 군무(軍務)를 이탈하였을 때

　　5. 제65조의3 제3항에 따라 대기명령을 받은 사람이 그 기간 중 능력 또는 근무성적의 향상을 기대하기 어렵다고 인정될 때

　　6. 해당 직급·직위에서 직무를 수행하는 데 필요한 자격증의 효력이 없어지거나 면허가 취소되어 담당 직무를 수행할 수 없게 되었을 때

② 임용권자는 제1항에 따라 면직시킬 경우에는 미리 인사위원회의 의견을 들어야 한다. 다만, 제1항 제5호에 따라 면직시킬 경우에는 해당 인사위원회의 동의를 받아야 하며, 시장·군수·구청장 소속 5급 이상 공무원은 시·도지사 소속 인사위원회의 동의를 받아야 하고, 시·군·구의회의 의장 소속 5급 이상 공무원은 시·도의회의 의장 소속 인사위원회의 동의를 받아야 한다. 〈개정 2021. 10. 8.〉

③ 임용권자는 제1항 제1호에 따라 소속 공무원을 면직시킬 때에는 임용형태, 업무실적, 직무수행능력, 징계처분 사실 등을 고려하여 면직 기준을 정하여야 한다.

④ 제3항의 면직 기준을 정하거나 제1항 제1호에 따라 면직 대상자를 결정할 때에는 미리 해당 인사위원회의 의결을 거쳐야 한다.

⑤ 제1항 제2호에 따른 직권면직일은 휴직기간이 끝난 날 또는 휴직사유가 소멸한 날로 한다.

[전문개정 2008. 12. 31.]

[시행일: 2022. 1. 13.] 제62조

제63조(휴직) ① 공무원이 다음 각 호의 어느 하나에 해당하면 임용권자는 본인의 의사에도 불구하고 휴직을 명하여야 한다.

　　1. 신체·정신상의 장애로 장기요양이 필요할 때

　　2. 「병역법」에 따른 병역의무를 마치기 위하여 징집되거나 소집되었을 때

　　3. 천재지변 또는 전시·사변이나 그 밖의 사유로 생사(生死) 또는 소재(所在)가 불명확하게 되었을 때

　　4. 「공무원의 노동조합 설립 및 운영 등에 관한 법률」 제7조에 따라 노동조합 전임자로 종사하게 되었을 때

　　5. 그 밖에 법률에 따른 의무를 수행하기 위하여 직무를 이탈하게 되었을 때

② 공무원이 다음 각 호의 어느 하나에 해당하는 사유로 휴직을 원하면 임용권자는 휴직을 명할 수 있다. 다만, 제4호의 경우에는 대통령령으로 정하는 특별한 사정이 없으면 휴직을 명하여야 한다. 〈개정 2011. 5. 23., 2013. 3. 23., 2013. 8. 6., 2014. 11. 19., 2015. 5. 18., 2015. 12. 29., 2017. 7. 26.〉

　　1. 국제기구·외국기관, 국내외의 대학·연구기관, 다른 국가기관 또는 대통령령으로 정하는 민

간기업, 그 밖의 기관에 임시로 채용될 때

2. 해외유학을 하게 되었을 때

3. 교육부장관 또는 행정안전부장관이 지정하는 연구기관이나 교육기관 등에서 연수하게 되었을 때

4. 만 8세 이하 또는 초등학교 2학년 이하의 자녀를 양육하기 위하여 필요하거나 여성공무원이 임신 또는 출산하게 되었을 때

5. 사고나 질병 등으로 장기간 요양이 필요한 조부모, 부모(배우자의 부모를 포함한다), 배우자, 자녀 또는 손자녀의 간호를 위하여 필요할 때. 다만, 조부모나 손자녀의 간호를 위하여 휴직할 수 있는 경우는 본인 외에는 간호할 수 있는 사람이 없는 등 대통령령으로 정하는 요건을 갖춘 경우로 한정한다.

6. 외국에서 근무·유학 또는 연수하게 되는 배우자를 동반할 때

7. 대통령령으로 정하는 기간 동안 재직한 공무원이 직무 관련 연구과제 수행 또는 자기개발을 위하여 학습·연구 등을 하게 된 때

③ 임기제공무원에 대하여는 제1항 제1호·제2호 및 제2항 제4호에 한정하여 제1항 및 제2항을 적용한다. 〈신설 2012. 12. 11., 2020. 1. 29.〉

④ 임용권자는 제2항 제4호에 따른 휴직을 이유로 불리한 처우를 하여서는 아니 된다.

⑤ 제1항부터 제4항까지의 규정에 따른 휴직제도 운영에 필요한 사항은 대통령령으로 정한다. 〈개정 2012. 12. 11.〉

[전문개정 2008. 12. 31.]

제63조(휴직) ① 공무원이 다음 각 호의 어느 하나에 해당하면 임용권자는 본인의 의사에도 불구하고 휴직을 명하여야 한다.

1. 신체·정신상의 장애로 장기요양이 필요할 때

2. 「병역법」에 따른 병역의무를 마치기 위하여 징집되거나 소집되었을 때

3. 천재지변 또는 전시·사변이나 그 밖의 사유로 생사(生死) 또는 소재(所在)가 불명확하게 되었을 때

4. 「공무원의 노동조합 설립 및 운영 등에 관한 법률」 제7조에 따라 노동조합 전임자로 종사하게 되었을 때

5. 그 밖에 법률에 따른 의무를 수행하기 위하여 직무를 이탈하게 되었을 때

② 공무원이 다음 각 호의 어느 하나에 해당하는 사유로 휴직을 원하면 임용권자는 휴직을 명할 수 있다. 다만, 제4호의 경우에는 대통령령으로 정하는 특별한 사정이 없으면 휴직을 명하여야 한다. 〈개정 2011. 5. 23., 2013. 3. 23., 2013. 8. 6., 2014. 11. 19., 2015. 5. 18., 2015. 12. 29., 2017. 7. 26., 2021. 6. 8.〉

1. 국제기구·외국기관, 국내외의 대학·연구기관, 다른 국가기관 또는 대통령령으로 정하는 민간기업, 그 밖의 기관에 임시로 채용될 때

2. 해외유학을 하게 되었을 때

3. 교육부장관 또는 행정안전부장관이 지정하는 연구기관이나 교육기관 등에서 연수하게 되었을 때

4. 만 8세 이하 또는 초등학교 2학년 이하의 자녀를 양육하기 위하여 필요하거나 여성공무원이 임신 또는 출산하게 되었을 때

5. 조부모, 부모(배우자의 부모를 포함한다), 배우자, 자녀 또는 손자녀를 부양하거나 돌보기 위하여 필요한 경우. 다만, 조부모나 손자녀의 돌봄을 위하여 휴직할 수 있는 경우는 본인 외에 돌볼 사람이 없는 등 대통령령으로 정하는 요건을 갖춘 경우로 한정한다.

6. 외국에서 근무·유학 또는 연수하게 되는 배우자를 동반할 때

7. 대통령령으로 정하는 기간 동안 재직한 공무원이 직무 관련 연구과제 수행 또는 자기개발을 위하여 학습·연구 등을 하게 된 때

③ 임기제공무원에 대하여는 제1항 제1호·제2호 및 제2항 제4호에 한정하여 제1항 및 제2항을 적용한다. 〈신설 2012. 12. 11., 2020. 1. 29.〉

④ 임용권자는 제2항 제4호에 따른 휴직을 이유로 불리한 처우를 하여서는 아니 된다.

⑤ 제1항부터 제4항까지의 규정에 따른 휴직제도 운영에 필요한 사항은 대통령령으로 정한다. 〈개정 2012. 12. 11.〉

[전문개정 2008. 12. 31.]

[시행일: 2021. 12. 9.] 제63조

제64조(휴직기간) 휴직기간은 다음 각 호와 같다. 〈개정 2011. 5. 23., 2013. 8. 6., 2015. 5. 18., 2015. 12. 29., 2018. 3. 20.〉

1. 제63조 제1항 제1호에 따른 휴직기간은 1년 이내로 하되, 부득이한 경우 1년의 범위에서 연장할 수 있다. 다만, 다음 각 목의 어느 하나에 해당하는 질병 또는 부상으로 인한 휴직기간은 3년 이내로 한다.
   가. 「공무원 재해보상법」 제22조 제1항에 따른 요양급여 지급대상 부상 또는 질병
   나. 「산업재해보상보험법」 제40조에 따른 요양급여 결정 대상 질병 또는 부상

2. 제63조 제1항 제2호 및 제5호에 따른 휴직기간은 복무기간이 끝날 때까지로 한다.

3. 제63조 제1항 제3호에 따른 휴직기간은 3개월 이내로 한다.

4. 제63조 제1항 제4호에 따른 휴직기간은 그 전임기간으로 한다.

5. 제63조 제2항 제1호에 따른 휴직기간은 그 채용기간으로 한다. 다만, 민간기업이나 그 밖의 기관에 채용되는 경우에는 3년 이내로 한다.

6. 제63조 제2항 제2호 및 제6호에 따른 휴직기간은 3년 이내로 하되, 부득이한 경우에는 2년의 범위에서 연장할 수 있다.

7. 제63조 제2항 제3호에 따른 휴직기간은 2년 이내로 한다.

8. 제63조 제2항 제4호에 따른 휴직기간은 자녀 1명에 대하여 3년 이내로 한다.

9. 제63조 제2항 제5호에 따른 휴직기간은 1년 이내로 하되, 재직기간 중 총 3년을 초과할 수 없다.

10. 제63조 제2항 제7호에 따른 휴직기간은 1년 이내로 한다.

[전문개정 2008. 12. 31.]

제64조(휴직기간) 휴직기간은 다음 각 호와 같다. 〈개정 2011. 5. 23., 2013. 8. 6., 2015. 5. 18., 2015. 12. 29., 2018. 3. 20., 2021. 6. 8.〉

1. 제63조 제1항 제1호에 따른 휴직기간은 1년 이내로 하되, 부득이한 경우 1년의 범위에서 연장할 수 있다. 다만, 다음 각 목의 어느 하나에 해당하는 질병 또는 부상으로 인한 휴직기간은 3년 이내로 하되, 의학적 소견 등을 고려하여 대통령령으로 정하는 바에 따라 2년의 범위에서 연장할 수 있다.

가. 「공무원 재해보상법」 제22조 제1항에 따른 요양급여 지급대상 부상 또는 질병

나. 「산업재해보상보험법」 제40조에 따른 요양급여 결정 대상 질병 또는 부상

2. 제63조 제1항 제2호 및 제5호에 따른 휴직기간은 복무기간이 끝날 때까지로 한다.

3. 제63조 제1항 제3호에 따른 휴직기간은 3개월 이내로 한다.

4. 제63조 제1항 제4호에 따른 휴직기간은 그 전임기간으로 한다.

5. 제63조 제2항 제1호에 따른 휴직기간은 그 채용기간으로 한다. 다만, 민간기업이나 그 밖의 기관에 채용되는 경우에는 3년 이내로 한다.

6. 제63조 제2항 제2호 및 제6호에 따른 휴직기간은 3년 이내로 하되, 부득이한 경우에는 2년의 범위에서 연장할 수 있다.

7. 제63조 제2항 제3호에 따른 휴직기간은 2년 이내로 한다.

8. 제63조 제2항 제4호에 따른 휴직기간은 자녀 1명에 대하여 3년 이내로 한다.

9. 제63조 제2항 제5호에 따른 휴직기간은 1년 이내로 하되, 재직기간 중 총 3년을 초과할 수 없다.

10. 제63조 제2항 제7호에 따른 휴직기간은 1년 이내로 한다.

[전문개정 2008. 12. 31.]

[시행일: 2021. 12. 9.] 제64조

제65조(휴직의 효력) ① 휴직 중인 공무원은 공무원의 신분은 보유하나 직무에 종사하지 못한다.

② 휴직 중인 공무원은 휴직기간 중 그 사유가 소멸되면 30일 이내에 임용권자에게 신고하여야 하며, 임용권자는 지체 없이 복직을 명하여야 한다.

③ 휴직기간이 끝난 공무원이 30일 이내에 복귀신고를 하면 당연히 복직된다.

[전문개정 2008. 12. 31.]

제65조의2(특수경력직공무원의 휴직) ① 정무직공무원에 대하여는 제63조 제1항 제2호, 같은 조 제2항 제4호, 같은 조 제4항, 제64조 제2호·제8호 및 제65조를 준용한다.

② 별정직공무원에 대하여는 제63조 제1항 제1호부터 제3호까지, 같은 조 제2항 제4호·제5호, 같은 조 제4항, 제64조 제1호부터 제3호까지, 같은 조 제8호·제9호 및 제65조를 준용한다.

③ 삭제 〈2012. 12. 11.〉

④ 특수경력직공무원의 휴직에 대하여 다른 법률에 특별한 규정이 있는 경우에는 그 규정에 따른다.

[전문개정 2011. 5. 23.]

제65조의3(직위해제) ① 임용권자는 다음 각 호의 어느 하나에 해당하는 사람에 대하여는 직위를 부여하지 아니할 수 있다. 〈개정 2010. 3. 22., 2015. 5. 18.〉

1. 직무수행 능력이 부족하거나 근무성적이 극히 나쁜 사람

2. 파면·해임·강등·정직에 해당하는 징계의결이 요구되고 있는 사람

3. 형사사건으로 기소된 사람(약식명령이 청구된 사람은 제외한다)

4. 금품비위, 성범죄 등 대통령령으로 정하는 비위행위로 인하여 감사원 및 검찰·경찰 등 수사기관에서 조사나 수사 중인 자로서 비위의 정도가 중대하고 이로 인하여 정상적인 업무수행을 기대하기 현저히 어려운 자

② 임용권자는 제1항에 따라 직위를 주지 아니한 경우에 그 사유가 소멸되면 지체 없이 직위를 부여하여야 한다.

③ 임용권자는 제1항 제1호에 따라 직위를 주지 아니할 때에는 미리 해당 인사위원회의 의견을 들어야

하며, 직위해제된 사람에게는 3개월의 범위에서 대기를 명한다.

④ 임용권자는 제3항에 따라 대기명령을 받은 사람에게 능력 회복이나 근무성적의 향상을 위한 교육훈련 또는 특별한 연구과제의 부여 등 필요한 조치를 하여야 한다.

⑤ 공무원에 대하여 제1항 제1호의 직위해제 사유와 같은 항 제2호부터 제4호까지의 직위해제 사유가 경합(競合)할 때에는 같은 항 제2호부터 제4호까지의 직위해제 처분을 하여야 한다. 〈개정 2015. 5. 18.〉

[전문개정 2008. 12. 31.]

제65조의4(강임) ① 임용권자는 직제 또는 정원의 변경이나 예산의 감소 등으로 직위가 없어지거나 하위의 직위로 변경되어 과원이 되었을 때 또는 본인이 동의한 경우에는 소속 공무원을 강임할 수 있다. 〈개정 2010. 3. 22.〉

② 제1항에 따라 강임된 공무원은 상위 직급에 결원이 생기면 제38조, 제39조 및 제39조의2에도 불구하고 우선 임용된다. 다만, 본인이 동의하여 강임된 공무원은 본인의 경력과 해당 기관의 인력 사정 등을 고려하여 우선 임용될 수 있다.

[전문개정 2008. 12. 31.]

제66조(정년) ① 공무원의 정년은 다른 법률에 특별한 규정이 있는 경우를 제외하고는 60세로 한다.

② 제1항에 따른 정년을 적용할 때 공무원은 그 정년에 이른 날이 1월에서 6월 사이에 있으면 6월 30일에, 7월에서 12월 사이에 있으면 12월 31일에 각각 당연히 퇴직한다.

[전문개정 2008. 12. 31.]

제66조의2(명예퇴직 등) ① 공무원으로 20년 이상 근속(勤續)한 사람이 정년 전에 스스로 퇴직하는 경우(임기제공무원이 아닌 경력직공무원이 임기제공무원으로 임용되어 퇴직하는 경우로서 대통령령으로 정하는 경우를 포함한다)에는 예산의 범위에서 명예퇴직수당을 지급할 수 있다. 〈개정 2012. 12. 11.〉

② 다음 각 호의 어느 하나에 해당하는 경우로서 직위가 없어지거나 과원이 되었을 때 20년 미만 근속한 사람이 정년 전에 스스로 퇴직하는 경우에는 예산의 범위에서 수당을 지급할 수 있다.

　　1. 지방자치단체를 폐지하거나 설치하거나 나누거나 합친 경우

　　2. 직제와 정원이 개정되거나 폐지된 경우

　　3. 예산이 감소된 경우

③ 제1항에 따라 명예퇴직수당을 받은 사람이 다음 각 호의 어느 하나에 해당하는 경우에는 명예퇴직수당을 지급한 지방자치단체의 장이 그 명예퇴직수당을 환수하여야 한다. 다만, 제2호에 해당하는 경우로서 지방공무원으로 재임용된 경우에는 재임용한 지방자치단체의 장이 환수하여야 한다. 〈개정 2012. 12. 11.〉

　　1. 재직 중의 사유로 금고 이상의 형을 선고받은 경우

　1의2. 재직 중에 「형법」 제129조부터 제132조까지에 규정된 죄를 범하여 금고 이상의 형의 선고유예를 받은 경우

　1의3. 재직 중에 직무와 관련하여 「형법」 제355조 또는 제356조에 규정된 죄를 범하여 300만원 이상의 벌금형을 선고받고 그 형이 확정되거나 금고 이상의 형의 선고유예를 받은 경우

　　2. 경력직공무원, 그 밖에 대통령령으로 정하는 공무원으로 재임용되는 경우

　　3. 명예퇴직수당을 초과하여 받거나 그 밖에 명예퇴직수당 지급 대상이 아닌 사람이 지급받은 경우

④ 제3항에 따라 환수금을 내야 할 사람이 기한 내에 내지 아니하면 지방세 체납처분의 예에 따라 환수금을 징수할 수 있다. 〈신설 2012. 12. 11.〉

⑤ 제1항의 명예퇴직수당 및 제2항의 수당 지급 대상 범위, 지급액, 지급절차와 제3항 및 제4항에 따른 명예퇴직수당의 환수액, 환수 절차 등에 관하여 필요한 사항은 대통령령으로 정한다. 〈개정 2012. 12. 11.〉

[전문개정 2008. 12. 31.]

제66조의2(명예퇴직 등) ① 공무원으로 20년 이상 근속(勤續)한 사람이 정년 전에 스스로 퇴직하는 경우(임기제공무원이 아닌 경력직공무원이 임기제공무원으로 임용되어 퇴직하는 경우로서 대통령령으로 정하는 경우를 포함한다)에는 예산의 범위에서 명예퇴직수당을 지급할 수 있다. 〈개정 2012. 12. 11.〉

② 다음 각 호의 어느 하나에 해당하는 경우로서 직위가 없어지거나 과원이 되었을 때 20년 미만 근속한 사람이 정년 전에 스스로 퇴직하는 경우에는 예산의 범위에서 수당을 지급할 수 있다.

　1. 지방자치단체를 폐지하거나 설치하거나 나누거나 합친 경우

　2. 직제와 정원이 개정되거나 폐지된 경우

　3. 예산이 감소된 경우

③ 제1항에 따라 명예퇴직수당을 받은 사람이 다음 각 호의 어느 하나에 해당하는 경우에는 명예퇴직수당을 지급한 지방자치단체의 장 또는 지방의회의 의장이 그 명예퇴직수당을 환수하여야 한다. 다만, 제2호에 해당하는 경우로서 지방공무원으로 재임용된 경우에는 재임용한 지방자치단체의 장 또는 지방의회의 의장이 환수하여야 한다. 〈개정 2012. 12. 11., 2021. 10. 8.〉

　1. 재직 중의 사유로 금고 이상의 형을 선고받은 경우

　1의2. 재직 중에 「형법」 제129조부터 제132조까지에 규정된 죄를 범하여 금고 이상의 형의 선고유예를 받은 경우

　1의3. 재직 중에 직무와 관련하여 「형법」 제355조 또는 제356조에 규정된 죄를 범하여 300만원 이상의 벌금형을 선고받고 그 형이 확정되거나 금고 이상의 형의 선고유예를 받은 경우

　2. 경력직공무원, 그 밖에 대통령령으로 정하는 공무원으로 재임용되는 경우

　3. 명예퇴직수당을 초과하여 받거나 그 밖에 명예퇴직수당 지급 대상이 아닌 사람이 지급받은 경우

④ 제3항에 따라 환수금을 내야 할 사람이 기한 내에 내지 아니하면 지방세 체납처분의 예에 따라 환수금을 징수할 수 있다. 〈신설 2012. 12. 11.〉

⑤ 제1항의 명예퇴직수당 및 제2항의 수당 지급 대상 범위, 지급액, 지급절차와 제3항 및 제4항에 따른 명예퇴직수당의 환수액, 환수 절차 등에 관하여 필요한 사항은 대통령령으로 정한다. 〈개정 2012. 12. 11.〉

[전문개정 2008. 12. 31.]

[시행일: 2022. 1. 13.] 제66조의2

제67조(처분사유 설명서의 교부 및 심사의 청구) ① 임용권자가 공무원에 대하여 징계처분등을 할 때와 강임·휴직·직위해제 또는 면직처분을 할 때에는 그 공무원에게 처분의 사유를 적은 설명서를 교부하여야 한다. 다만, 본인의 원(願)에 따른 강임·휴직 또는 면직처분의 경우에는 그러하지 아니하다. 〈개정 2010. 3. 22.〉

② 임용권자는 피해자가 요청하는 경우「성폭력범죄의 처벌 등에 관한 특례법」제2조에 따른 성폭력범죄 및「양성평등기본법」제3조 제2호에 따른 성희롱에 해당하는 사유로 처분사유 설명서를 교부할 때에는 그 징계처분결과를 피해자에게 함께 통보하여야 한다. 〈신설 2018. 10. 16.〉

③ 제1항에 따른 설명서를 받은 공무원이 그 처분에 불복할 때에는 설명서를 받은 날부터 30일 이내 또는 공무원이 제1항에서 정한 처분 외에 본인의 의사에 반하는 불이익처분을 받았을 때에는 그 처분이 있은 것을 안 날부터 30일 이내에 심사위원회에 그 처분에 대한 심사를 청구할 수 있다. 이 경우 변호사를 대리인으로 선임할 수 있다. 〈개정 2018. 10. 16.〉

④ 본인의 의사에 반하여 파면 또는 해임이나 제62조 제1항 제5호에 따른 면직처분을 하였을 때에는 그 처분을 한 날부터 40일 이내에는 후임자를 보충발령하지 못한다. 다만, 인력 관리상 후임자를 보충하여야 할 불가피한 사유가 있는 경우(제5항에 따른 임시결정을 한 경우는 제외한다)에는 해당 인사위원회의 의결을 거쳐 후임자를 보충발령할 수 있다. 〈개정 2018. 10. 16.〉

⑤ 제3항에 따른 심사청구가 파면 또는 해임이나 제62조 제1항 제5호에 따른 면직처분으로 인한 경우에는 심사위원회는 그 청구를 접수한 날부터 5일 이내에 해당 사건의 최종결정이 있을 때까지 후임자의 보충발령을 유예하게 하는 임시결정을 할 수 있다. 〈개정 2018. 10. 16.〉

⑥ 제5항에 따라 심사위원회가 임시결정을 한 경우에는 임시결정을 한 날부터 20일 이내에 최종결정을 하여야 하며, 임용권자는 그 최종결정이 있을 때까지 후임자를 보충발령하지 못한다. 〈개정 2018. 10. 16.〉

⑦ 심사위원회는 제5항에 따른 임시결정을 한 경우 외에는 소청심사청구를 접수한 날부터 60일 이내에 이에 대한 결정을 하여야 한다. 다만, 불가피하다고 인정되면 심사위원회의 의결로 30일을 연장할 수 있다. 〈개정 2018. 10. 16.〉

⑧ 공무원은 제3항의 심사청구를 이유로 불이익한 처분이나 대우를 받지 아니한다. 〈개정 2018. 10. 16.〉
[전문개정 2008. 12. 31.]

제67조의2(고충처리) ① 공무원은 누구나 인사·조직·처우 등 각종 근무조건과 그 밖의 신상문제와 관련한 고충에 대하여 상담을 신청하거나 심사를 청구할 수 있으며, 누구나 기관 내 성폭력 범죄 또는 성희롱을 겪거나 그 발생 사실을 알게 된 경우 이를 신고할 수 있다. 이 경우 상담 신청이나 심사 청구 또는 신고를 이유로 불이익을 주는 처분이나 대우를 받지 아니한다. 〈개정 2021. 10. 8.〉

② 임용권자는 제1항에 따라 상담을 신청 받은 경우에는 소속 공무원을 지정하여 상담하게 하고, 심사를 청구 받은 경우에는 인사위원회 회의에 부쳐 심사하도록 하여야 하며 그 결과에 따라 고충의 해소 등 공정한 처리를 위하여 노력하여야 한다. 〈개정 2020. 1. 29.〉

③ 임용권자는 기관 내 성폭력 범죄 또는 성희롱 발생 사실의 신고를 받은 경우에는 지체 없이 사실 확인을 위한 조사를 하고 그에 따라 필요한 조치를 하여야 한다. 〈신설 2021. 10. 8.〉

④ 인사위원회는 임용권자로부터 고충심사의 요구를 받으면 지체 없이 이를 심사하고 임용권자에게 보고하거나 알려야 한다. 〈개정 2020. 1. 29., 2021. 10. 8.〉

⑤ 제4항에 따라 고충심사 결과에 대한 보고 또는 통지를 받은 임용권자는 심사결과를 청구인에게 알릴 뿐 아니라 직접 고충 해소를 위한 조치를 하거나 관계 기관의 장에게 시정요청을 할 수 있으며, 요청을 받은 관계 기관의 장은 특별한 사유가 없으면 이를 이행하고 그 처리 결과를 임용권자에게 알려야 한다. 다만, 부득이한 사유로 이행하지 못할 경우에는 그 사유를 알려야 한다. 〈개정 2020. 1. 29., 2021. 10. 8.〉

⑥ 고충상담이나 고충심사의 절차, 그 밖에 필요한 사항은 대통령령으로 정한다. 〈개정 2020. 1. 29., 2021. 10. 8.〉

[전문개정 2008. 12. 31.]

제67조의3(특수경력직공무원의 고충처리) 다른 법률에 특별한 규정이 있는 경우 외에는 대통령령으로 정하는 바에 따라 특수경력직공무원에 대하여도 제67조의2를 준용할 수 있다.

[전문개정 2008. 12. 31.]

제68조(사회보장) ① 공무원이 질병·부상·장애·분만·퇴직·사망 또는 재해를 입은 경우에는 본인이나 유족에게 법률에서 정하는 바에 따라 적절한 급여를 지급한다.

② 지방자치단체는 법률에서 정하는 바에 따라 공무원의 복지와 이익을 적절·공정하게 보호하기 위하여 그 대책을 수립·실시하여야 한다.

[전문개정 2008. 12. 31.]

제9장	징계 〈개정 2008. 12. 31.〉

제69조(징계사유) ① 공무원이 다음 각 호의 어느 하나에 해당하면 징계의결을 요구하여야 하고, 징계의결의 결과에 따라 징계처분을 하여야 한다.

1. 이 법 또는 이 법에 따른 명령이나 지방자치단체의 조례 또는 규칙을 위반하였을 때
2. 직무상의 의무(다른 법령에서 공무원의 신분으로 인하여 부과된 의무를 포함한다)를 위반하거나 직무를 태만히 하였을 때
3. 공무원의 품위를 손상하는 행위를 하였을 때

② 공무원(특수경력직공무원 및 국가공무원을 포함한다)이었던 사람이 다시 공무원으로 임용된 경우에 재임용 전에 적용된 법령에 따른 징계사유는 그 사유가 발생한 날부터 이 법에 따른 징계사유가 발생한 것으로 본다. 다만, 같은 사유로 이미 징계처분을 받은 경우에는 그러하지 아니하다. 〈개정 2021. 6. 8.〉

③ 삭제 〈2021. 6. 8.〉

④ 삭제 〈2021. 6. 8.〉

[전문개정 2008. 12. 31.]

제69조의2(징계부가금) ① 제69조에 따라 공무원의 징계 의결을 요구하는 경우 그 징계 사유가 다음 각 호의 어느 하나에 해당하는 경우에는 해당 징계 외에 다음 각 호의 행위로 취득하거나 제공한 금전 또는 재산상 이득(금전이 아닌 재산상 이득의 경우에는 금전으로 환산한 금액을 말한다)의 5배 내의 징계부가금 부과 의결을 인사위원회에 요구하여야 한다. 〈개정 2015. 5. 18.〉

1. 금전, 물품, 부동산, 향응 또는 그 밖에 대통령령으로 정하는 재산상 이익을 취득하거나 제공한 경우

2. 다음 각 목에 해당하는 것을 횡령(橫領), 배임(背任), 절도, 사기 또는 유용(流用)한 경우
　　가.「국가재정법」에 따른 예산 및 기금
　　나.「지방재정법」에 따른 예산 및「지방자치단체 기금관리기본법」에 따른 기금
　　다.「국고금 관리법」제2조 제1호에 따른 국고금
　　라.「보조금 관리에 관한 법률」제2조 제1호에 따른 보조금
　　마.「국유재산법」제2조 제1호에 따른 국유재산 및「물품관리법」제2조 제1항에 따른 물품
　　바.「공유재산 및 물품 관리법」제2조 제1호 및 제2호에 따른 공유재산 및 물품
　　사. 그 밖에 가목부터 바목까지에 준하는 것으로서 대통령령으로 정하는 것
② 인사위원회는 징계부가금 부과 의결을 하기 전에 징계부가금 부과 대상자가 제1항 각 호의 어느 하나
에 해당하는 사유로 다른 법률에 따라 형사처벌을 받거나 변상책임 등을 이행한 경우(몰수나 추징을
당한 경우를 포함한다) 또는 다른 법령에 따른 환수나 가산징수 절차에 따라 환수금이나 가산징수금
을 납부한 경우에는 대통령령으로 정하는 바에 따라 조정된 범위에서 징계부가금 부과를 의결하여야
한다. 〈개정 2015. 5. 18.〉
③ 인사위원회는 징계부가금 부과 의결을 한 후에 징계부가금 부과 대상자가 형사처벌을 받거나 변상책
임 등을 이행한 경우(몰수나 추징을 당한 경우를 포함한다) 또는 환수금이나 가산징수금을 납부한
경우에는 대통령령으로 정하는 바에 따라 이미 의결된 징계부가금의 감면 등의 조치를 하여야 한다.
〈신설 2015. 5. 18.〉
④ 제1항에 따라 징계부가금 부과처분을 받은 사람이 납부기간 내에 그 부가금을 납부하지 아니한 때에
는 처분권자는 지방세 체납처분의 예에 따라 징수할 수 있다. 〈개정 2015. 5. 18.〉
⑤ 처분권자는 제4항에 따른 징수 조치를 성실히 이행하였음에도 불구하고 체납일부터 5년이 지난 후에
도 징수가 불가능하다고 인정될 때에는 관할 인사위원회에 징계부가금 감면의결을 요청할 수 있다.
〈신설 2015. 12. 29.〉
[본조신설 2010. 3. 22.]
[종전 제69조의2는 제69조의3으로 이동 〈2010. 3. 22.〉]

제69조의3(재징계의결 등의 요구) ① 처분권자는 다음 각 호에 해당하는 사유로 심사위원회 또는 법원에
서 징계처분등의 무효 또는 취소(취소명령 포함)의 결정이나 판결을 받은 경우에는 다시 징계의결등
을 요구하여야 한다. 다만, 제3호의 사유로 무효 또는 취소(취소명령포함)의 결정이나 판결을 받은
감봉·견책처분에 대하여는 징계의결을 요구하지 아니할 수 있다. 〈개정 2010. 3. 22.〉
　　1. 법령의 적용, 증거 및 사실 조사에 명백한 흠이 있는 경우
　　2. 인사위원회의 구성 또는 징계의결등, 그 밖에 절차상의 흠이 있는 경우
　　3. 징계양정 또는 징계부가금이 과다(過多)한 경우
② 처분권자는 제1항에 따른 징계의결등을 요구하는 경우에는 심사위원회의 결정 또는 법원의 판결이
확정된 날부터 3개월 이내에 관할 인사위원회에 징계의결등을 요구하여야 하며, 관할 인사위원회에
서는 다른 징계사건에 우선하여 징계의결등을 하여야 한다. 〈개정 2010. 3. 22.〉
[본조신설 2008. 12. 31.]
[제목개정 2010. 3. 22.]
[제69조의2에서 이동 〈2010. 3. 22.〉]

제69조의4(퇴직을 희망하는 공무원의 징계사유 확인 및 퇴직 제한 등) ① 임용권자는 공무원이 퇴직을 희
망하는 경우에는 제69조 제1항에 따른 징계사유가 있는지 및 제2항 각 호의 어느 하나에 해당하는지

여부를 감사원과 검찰·경찰 등 조사 및 수사기관(이하 이 조에서 "조사 및 수사기관"이라 한다)의 장에게 확인하여야 한다. 〈개정 2020. 1. 29.〉

② 제1항에 따른 확인 결과 퇴직을 희망하는 공무원이 파면, 해임, 강등 또는 정직에 해당하는 징계사유가 있거나 다음 각 호의 어느 하나에 해당하는 경우(제1호·제3호 및 제4호의 경우에는 해당 공무원이 파면·해임·강등 또는 정직의 징계에 해당한다고 판단되는 경우에 한정한다) 임용권자는 지체 없이 징계의결등을 요구하여야 하고, 퇴직을 허용하여서는 아니 된다. 〈개정 2020. 1. 29.〉

1. 비위(非違)와 관련하여 형사사건으로 기소된 때

2. 인사위원회에 파면·해임·강등 또는 정직에 해당하는 징계 의결이 요구 중인 때

3. 조사 및 수사기관에서 비위와 관련하여 조사 또는 수사 중인 때

4. 각급 행정기관의 감사부서 등에서 비위와 관련하여 내부 감사 또는 조사 중인 때

③ 관할 인사위원회는 제2항에 따라 징계의결등이 요구된 경우 다른 징계사건에 우선하여 징계의결등을 하여야 한다.

④ 그 밖에 퇴직을 제한하는 절차 등 필요한 사항은 대통령령으로 정한다. 〈신설 2020. 1. 29.〉

[본조신설 2015. 12. 29.]

[제목개정 2020. 1. 29.]

제70조(징계의 종류) 징계는 파면·해임·강등·정직·감봉 및 견책으로 구분한다.

[전문개정 2008. 12. 31.]

제71조(징계의 효력) ① 강등은 1계급 아래로 직급을 내리고(연구관 및 지도관은 연구사 및 지도사로 한다) 공무원신분은 보유하나 3개월간 직무에 종사하지 못하며 그 기간 중 보수는 전액을 감한다. 다만, 제4조 제2항에 따라 계급을 구분하지 아니하는 공무원, 임기제공무원 및 「고등교육법」 제14조에 따른 교원과 조교에 대해서는 강등을 적용하지 아니한다. 〈개정 2012. 12. 11., 2014. 1. 7., 2015. 12. 29.〉

② 제1항에도 불구하고 교육감 소속의 교육전문직원의 강등은 「교육공무원법」 제2조 제10항에 따라 같은 종류의 직무에서 하위의 직위에 임명하고, 공무원의 신분은 보유하게 하나 3개월간 직무에 종사하지 못하게 하며 그 기간 중 보수는 전액을 감한다. 〈신설 2014. 1. 7., 2015. 12. 29.〉

③ 정직은 1개월 이상 3개월 이하의 기간으로 하고, 정직처분을 받은 사람은 그 기간 중 공무원의 신분은 보유하나 직무에 종사하지 못하며 보수는 전액을 삭감한다. 〈개정 2014. 1. 7., 2015. 12. 29.〉

④ 감봉은 1개월 이상 3개월 이하의 기간 보수의 3분의 1을 삭감한다. 〈개정 2014. 1. 7.〉

⑤ 견책은 전과(前過)에 대하여 훈계하고 뉘우치게 한다. 〈개정 2014. 1. 7.〉

⑥ 징계처분을 받은 공무원은 그 처분을 받은 날 또는 그 집행이 끝난 날부터 대통령령으로 정하는 기간 동안 승진임용 또는 승급을 할 수 없다. 다만, 징계처분을 받은 후 직무수행의 공적으로 포상 등을 받은 공무원에 대하여는 대통령령으로 정하는 바에 따라 승진임용이나 승급의 제한기간을 단축하거나 면제할 수 있다. 〈개정 2014. 1. 7.〉

⑦ 공무원(특수경력직공무원 및 국가공무원을 포함한다)이었던 사람이 다시 공무원이 된 경우에는 재임용 전에 적용된 법령에 따라 받은 징계처분은 그 처분일부터 이 법에 따른 징계처분을 받은 것으로 본다. 다만, 제70조에서 정한 징계의 종류 외의 징계처분의 효력에 관하여는 대통령령으로 정한다. 〈개정 2014. 1. 7., 2021. 6. 8.〉

⑧ 삭제 〈2021. 6. 8.〉

⑨ 삭제 〈2021. 6. 8.〉

[전문개정 2008. 12. 31.]

제72조(징계 등 절차) ① 징계처분등은 인사위원회의 의결을 거쳐 임용권자가 한다. 다만, 5급 이상 공무원 또는 이와 관련된 하위직공무원의 징계처분등과 소속 기관(시·도와 구·시·군, 구·시·군)을 달리하는 동일사건에 관련된 사람의 징계처분등은 시·도의 인사위원회의 의결로 한다. 〈개정 2010. 3. 22.〉

② 징계의결등을 요구한 기관의 장은 인사위원회의 의결이 가볍다고 인정하면 그 처분을 하기 전에 직근 상급기관에 설치된 인사위원회(시·도인사위원회의 의결에 대하여는 그 인사위원회, 시·도에 복수의 인사위원회를 두는 경우 제1인사위원회의 의결에 대하여는 그 인사위원회, 제2인사위원회의 의결에 대하여는 제1인사위원회)에 심사 또는 재심사를 청구할 수 있다. 이 경우 소속 공무원을 대리인으로 지정할 수 있다. 〈개정 2010. 3. 22.〉

[전문개정 2008. 12. 31.]
[제목개정 2010. 3. 22.]

제72조(징계 등 절차) ① 징계처분등은 인사위원회의 의결을 거쳐 임용권자가 한다. 다만, 5급 이상 공무원 또는 이와 관련된 하위직공무원의 징계처분등과 소속 기관(시·도와 구·시·군, 구·시·군)을 달리하는 동일사건에 관련된 사람의 징계처분등은 대통령령으로 정하는 바에 따라 시·도지사 소속 인사위원회 또는 시·도의회의 의장 소속 인사위원회의 의결로 한다. 〈개정 2010. 3. 22., 2021. 10. 8.〉

② 징계의결등을 요구한 기관의 장은 인사위원회의 의결이 가볍다고 인정하면 그 처분을 하기 전에 직근 상급기관에 설치된 인사위원회(시·도의 인사위원회의 의결에 대하여는 그 인사위원회, 시·도에 복수의 인사위원회를 두는 경우 제1인사위원회의 의결에 대하여는 그 인사위원회, 제2인사위원회의 의결에 대하여는 제1인사위원회)에 심사 또는 재심사를 청구할 수 있다. 이 경우 소속 공무원을 대리인으로 지정할 수 있다. 〈개정 2010. 3. 22., 2021. 10. 8.〉

[전문개정 2008. 12. 31.]
[제목개정 2010. 3. 22.]
[시행일: 2022. 1. 13.] 제72조

제73조(징계의 관리) ① 감사원에서 조사 중인 사건이나 각 행정기관에서 대통령령으로 정하는 바에 따라 조사 중인 사건에 대하여는 제3항에 따른 조사개시 통보를 받은 날부터 징계의결 요구나 그 밖의 징계절차를 진행하지 못한다. 〈개정 2010. 3. 22.〉

② 검찰·경찰, 그 밖의 수사기관에서 수사 중인 사건에 대하여는 제3항에 따른 수사개시 통보를 받은 날부터 징계의결 요구나 그 밖의 징계절차를 진행하지 아니할 수 있다.

③ 감사원과 검찰·경찰, 그 밖의 수사기관 및 제1항에 따른 행정기관은 조사나 수사를 시작하였을 때와 마쳤을 때에는 10일 이내에 소속 기관의 장에게 해당 사실을 알려야 한다. 〈개정 2010. 3. 22.〉

[전문개정 2008. 12. 31.]

제73조의2(징계 및 징계부가금 부과 사유의 시효) ① 징계의결등의 요구는 징계 등의 사유가 발생한 날부터 3년(제69조의2 제1항 각 호의 어느 하나에 해당하는 경우에는 5년)이 지나면 하지 못한다. 〈개정 2010. 3. 22., 2012. 3. 21., 2015. 5. 18.〉

② 제73조 제1항 및 제2항에 따라 징계절차를 진행하지 못하여 제1항의 기간이 지나거나 그 남은 기간이 1개월 미만인 경우에는 제1항의 기간은 제73조 제3항에 따른 조사나 수사의 종료 통보를 받은 날(조사 결과에 대하여 이의가 제기된 경우에는 이의를 제기한 사람이 이의에 대한 결정을 통보받은 날을 말한다)부터 1개월이 지난 날에 끝나는 것으로 본다. 〈개정 2010. 3. 22.〉

③ 인사위원회의 구성, 징계의결등, 그 밖의 절차상의 흠이나 징계양정 및 징계부가금의 과다를 이유로 심사위원회 또는 법원에서 징계처분등의 무효 또는 취소의 결정이나 판결을 한 경우에는 제1항의 기간이 지나거나 그 남은 기간이 3개월 미만이더라도 그 결정 또는 판결이 확정된 날부터 3개월 이내에는 다시 징계의결등을 요구할 수 있다. 〈개정 2010. 3. 22.〉

[전문개정 2008. 12. 31.]

[제목개정 2010. 3. 22.]

제73조의2(징계 및 징계부가금 부과 사유의 시효) ① 징계의결등의 요구는 징계 등 사유가 발생한 날부터 다음 각 호의 구분에 따른 기간이 지나면 하지 못한다. 〈개정 2021. 6. 8.〉

　　　1. 징계 등 사유가 다음 각 목의 어느 하나에 해당하는 경우: 10년

　　　　　가. 「성매매알선 등 행위의 처벌에 관한 법률」 제4조에 따른 금지행위

　　　　　나. 「성폭력범죄의 처벌 등에 관한 특례법」 제2조에 따른 성폭력범죄

　　　　　다. 「아동·청소년의 성보호에 관한 법률」 제2조 제2호에 따른 아동·청소년대상 성범죄

　　　　　라. 「양성평등기본법」 제3조 제2호에 따른 성희롱

　　　2. 징계 등 사유가 제69조의2 제1항 각 호의 어느 하나에 해당하는 경우: 5년

　　　3. 그 밖의 징계 등 사유에 해당하는 경우: 3년

② 제73조 제1항 및 제2항에 따라 징계절차를 진행하지 못하여 제1항의 기간이 지나거나 그 남은 기간이 1개월 미만인 경우에는 제1항의 기간은 제73조 제3항에 따른 조사나 수사의 종료 통보를 받은 날(조사 결과에 대하여 이의가 제기된 경우에는 이의를 제기한 사람이 이의에 대한 결정을 통보받은 날을 말한다)부터 1개월이 지난 날에 끝나는 것으로 본다. 〈개정 2010. 3. 22.〉

③ 인사위원회의 구성, 징계의결등, 그 밖의 절차상의 흠이나 징계양정 및 징계부가금의 과다를 이유로 심사위원회 또는 법원에서 징계처분등의 무효 또는 취소의 결정이나 판결을 한 경우에는 제1항의 기간이 지나거나 그 남은 기간이 3개월 미만이더라도 그 결정 또는 판결이 확정된 날부터 3개월 이내에는 다시 징계의결등을 요구할 수 있다. 〈개정 2010. 3. 22.〉

[전문개정 2008. 12. 31.]

[제목개정 2010. 3. 22.]

[시행일: 2021. 12. 9.] 제73조의2

제73조의3(특수경력직공무원의 징계) 다른 법률에 특별한 규정이 있는 경우 외에는 대통령령으로 정하는 바에 따라 특수경력직공무원에 대하여도 이 장의 규정을 준용할 수 있다.

[전문개정 2008. 12. 31.]

 제10장　**능률** 〈개정 2008. 12. 31.〉

제74조(훈련) ① 모든 공무원과 시보공무원이 될 사람은 담당 직무와 관련된 학식·기술 및 응용 능력을 배양하기 위하여 법령에서 정하는 바에 따라 훈련을 받아야 한다.

② 교육부장관 또는 행정안전부장관은 공무원 훈련에 관한 종합적인 기획·조정 및 감독을 한다. 〈개정 2013. 3. 23., 2014. 11. 19., 2017. 7. 26.〉

③ 지방자치단체의 장과 감독 직위에 있는 공무원은 일상 업무를 통하여 계속적으로 부하직원을 훈련시킬 책임을 진다.

④ 훈련성적은 인사관리에 반영하여야 한다.

[전문개정 2008. 12. 31.]

제74조(훈련) ① 모든 공무원과 시보공무원이 될 사람은 담당 직무와 관련된 학식·기술 및 응용 능력을 배양하기 위하여 법령에서 정하는 바에 따라 훈련을 받아야 한다.

② 교육부장관 또는 행정안전부장관은 공무원 훈련에 관한 종합적인 기획·조정 및 감독을 한다. 〈개정 2013. 3. 23., 2014. 11. 19., 2017. 7. 26.〉

③ 지방자치단체의 장, 지방의회의 의장 및 감독 직위에 있는 공무원은 일상 업무를 통하여 계속적으로 부하직원을 훈련시킬 책임을 진다. 〈개정 2021. 10. 8.〉

④ 훈련성적은 인사관리에 반영하여야 한다.

[전문개정 2008. 12. 31.]

[시행일: 2022. 1. 13.] 제74조

제75조(훈련기관) 교육부, 행정안전부와 지방자치단체에 공무원의 훈련기관을 둘 수 있다. 〈개정 2013. 3. 23., 2014. 11. 19., 2017. 7. 26.〉

[전문개정 2008. 12. 31.]

제75조의2(적극행정의 장려) ① 지방자치단체의 장은 소속 공무원의 적극행정(공무원이 불합리한 규제의 개선 등 공공의 이익을 위해 업무를 적극적으로 처리하는 행위를 말한다. 이하 이 조에서 같다)을 장려하기 위하여 조례로 정하는 바에 따라 계획을 수립·시행할 수 있다. 이 경우 대통령령으로 정하는 인사상 우대 및 교육의 실시 등의 사항을 포함하여야 한다.

② 적극행정 추진에 관한 다음 각 호의 사항을 심의하기 위하여 지방자치단체의 장 소속으로 적극행정위원회를 둔다. 다만, 적극행정위원회를 두기 어려운 경우에는 인사위원회(시·도에 복수의 인사위원회를 두는 경우 제1인사위원회를 말한다)가 적극행정위원회의 기능을 대신할 수 있다.

1. 제1항에 따른 계획 수립에 관한 사항

2. 공무원이 불합리한 규제의 개선 등 공공의 이익을 위해 업무를 적극적으로 추진하기 위하여 해당 업무의 처리 기준, 절차, 방법 등에 관한 의견 제시를 요청한 사항

3. 그 밖에 적극행정 추진을 위하여 필요하다고 대통령령으로 정하는 사항

③ 공무원이 적극행정을 추진한 결과에 대하여 해당 공무원의 행위에 고의 또는 중대한 과실이 없다고 인정되는 경우에는 대통령령으로 정하는 바에 따라 징계의결등을 하지 아니한다.

④ 교육부장관 또는 행정안전부장관은 공직사회의 적극행정 문화 조성을 위하여 필요한 사업을 발굴하고 추진할 수 있다.

⑤ 적극행정위원회의 구성·운영 및 적극행정을 한 공무원에 대한 인사상 우대 등 적극행정을 장려하기 위하여 필요한 사항은 대통령령으로 정한다.

[본조신설 2021. 6. 8.]

[시행일: 2021. 12. 9.] 제75조의2

제76조(근무성적의 평정) ① 임용권자는 정기 또는 수시로 소속 공무원의 근무성적을 객관적이고 엄정하게 평정하여 인사관리에 반영하여야 한다.

② 제1항에 따른 근무성적 평정결과 근무성적이 우수한 사람에 대하여는 상여금을 지급하거나 특별승급시킬 수 있다.

③ 제1항의 근무성적 평정에 관한 사항은 대통령령으로 정한다.

[전문개정 2008. 12. 31.]

제77조(능률 증진을 위한 사항) ①지방자치단체의 장은 공무원의 근무 능률을 높이기 위하여 보건·휴양·안전·후생, 그 밖에 필요한 사항에 대한 기준을 설정하고, 이를 실시하여야 한다. 〈개정 2015. 5. 18.〉

② 지방자치단체의 장은 장애인공무원의 원활한 직무수행을 위하여 근로지원인(장애인공무원의 직무수행을 지원하는 사람을 말한다)의 배정 또는 보조공학기기·장비의 지급 등 필요한 지원을 할 수 있다. 〈신설 2015. 5. 18.〉

③ 지방자치단체의 장은 제2항에 따른 업무의 일부를 조례로 정하는 바에 따라 전문기관을 지정하여 수행하게 할 수 있고, 그 지원업무 수행에 필요한 경비의 전부 또는 일부를 출연하거나 보조할 수 있다. 〈신설 2015. 5. 18.〉

④ 제2항에 따른 지원의 세부내용, 방법, 절차 등과 제3항에 따른 위탁에 필요한 사항은 조례로 정한다. 〈신설 2015. 5. 18.〉

[전문개정 2008. 12. 31.]

제77조(능률 증진을 위한 사항) ①지방자치단체의 장과 지방의회의 의장은 소속 공무원의 근무 능률을 높이기 위하여 보건·휴양·안전·후생, 그 밖에 필요한 사항에 대한 기준을 설정하고, 이를 실시하여야 한다. 이 경우 지방자치단체의 장과 지방의회의 의장은 상호 간에 협의하여 통합하여 운영할 수 있다. 〈개정 2015. 5. 18., 2021. 10. 8.〉

② 지방자치단체의 장과 지방의회의 의장은 소속 장애인공무원의 원활한 직무수행을 위하여 근로지원인(장애인공무원의 직무수행을 지원하는 사람을 말한다)의 배정 또는 보조공학기기·장비의 지급 등 필요한 지원을 할 수 있다. 〈신설 2015. 5. 18., 2021. 10. 8.〉

③ 지방자치단체의 장과 지방의회의 의장은 제2항에 따른 업무의 일부를 조례로 정하는 바에 따라 전문기관을 지정하여 수행하게 할 수 있고, 그 지원업무 수행에 필요한 경비의 전부 또는 일부를 출연하거나 보조할 수 있다. 〈신설 2015. 5. 18., 2021. 10. 8.〉

④ 제2항에 따른 지원의 세부내용, 방법, 절차 등과 제3항에 따른 위탁에 필요한 사항은 조례로 정한다. 〈신설 2015. 5. 18.〉

[전문개정 2008. 12. 31.]

[시행일: 2022. 1. 13.] 제77조

제78조(제안제도) ① 행정운영의 능률화와 경제화를 위한 공무원의 창의적인 의견이나 고안을 계발하고 이를 채택하여 행정운영 개선에 반영하기 위하여 제안제도를 둔다.

② 제안이 채택되고 시행되어 국가 또는 지방자치단체 예산을 절약하는 등 행정운영 발전에 뚜렷한 실적이 있는 사람에게는 상여금을 지급할 수 있으며 특별승진 또는 특별승급시킬 수 있다.

③ 제2항에 따른 상여금, 특별승진 또는 특별승급에 관하여는 대통령령으로 정하고, 그 밖에 제안제도의 운영에 필요한 사항은 규칙으로 정한다.

[전문개정 2008. 12. 31.]

제79조(표창) 지방자치단체의 장은 공무원으로서 직무에 특히 성실하거나 사회에 공헌한 공적이 뚜렷한 사람에게는 조례로 정하는 바에 따라 표창을 행한다.

[전문개정 2008. 12. 31.]

제79조(표창) 지방자치단체의 장과 지방의회의 의장은 공무원으로서 직무에 특히 성실하거나 사회에 공헌한 공적이 뚜렷한 사람에게는 조례로 정하는 바에 따라 표창을 행한다. 〈개정 2021. 10. 8.〉

[전문개정 2008. 12. 31.]

[시행일: 2022. 1. 13.] 제79조

제11장 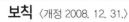 보칙 〈개정 2008. 12. 31.〉

제80조(국가공무원과의 교류) ① 이 법에 따라 임용된 공무원은 그 직에 상응한 국가공무원에 임용될 수 있다.

② 제1항에 따라 공무원을 국가공무원으로 임용하려면 「국가공무원법」에 따른 경력경쟁채용시험을 거쳐야 한다. 다만, 제32조 제3항에 따라 신규임용 및 승진시험을 거친 5급 이상 공무원에 대하여는 이를 면제한다. 〈개정 2011. 5. 23.〉

③ 공무원이 국가공무원에 임용될 경우 경력계산을 할 때 공무원으로 재직한 기간은 국가공무원으로 재직한 기간으로 본다.

[전문개정 2008. 12. 31.]

제81조(지방자치단체의 인사행정에 관한 지도 · 감독) 교육부장관 또는 행정안전부장관은 시 · 도의 인사행정이 이 법에 따라 운영되도록 지도 · 감독하고, 시 · 도지사는 해당 시 · 도의 관할 구역 시 · 군 · 구의 인사행정이 이 법에 따라 운영되도록 지도 · 감독한다. 〈개정 2013. 3. 23., 2014. 11. 19., 2017. 7. 26.〉

[전문개정 2008. 12. 31.]

제81조의2(수수료) ① 제27조에 따라 공무원 신규임용시험에 응시하려는 사람은 대통령령으로 정하는 바에 따라 수수료를 내야 한다. 이 경우 수수료 금액은 실비의 범위에서 정하여야 한다.

② 수수료를 과오납한 경우 등 대통령령으로 정하는 경우에는 제1항에 따라 납부한 수수료를 반환받을 수 있다.

③ 시험실시기관의 장은 제1항에도 불구하고 「국민기초생활 보장법」에 따른 수급자 등 대통령령으로 정하는 사람에 대하여는 수수료를 감면할 수 있다.

[본조신설 2015. 5. 18.]

제12장 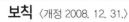 벌칙 〈개정 2008. 12. 31.〉

제82조(정치 운동죄) ① 제57조를 위반한 자는 3년 이하의 징역과 3년 이하의 자격정지에 처한다.

② 제1항에 규정된 죄에 대한 공소시효의 기간은 「형사소송법」 제249조 제1항에도 불구하고 10년으로 한다.

[본조신설 2014. 1. 14.]

[종전 제82조는 제83조로 이동 〈2014. 1. 14.〉]

제83조(벌칙) 제42조 · 제43조 또는 제58조를 위반한 자는 다른 법률에 특별히 규정된 경우 외에는 1년 이하의 징역 또는 1천만원 이하의 벌금에 처한다. 〈개정 2010. 3. 22., 2014. 1. 14., 2014. 10. 15.〉

[전문개정 2008. 12. 31.]

[제82조에서 이동 〈2014. 1. 14.〉]

제1조(시행일) 이 법은 2022년 1월 13일부터 시행한다. 다만, 제41조의4 제2항 및 제67조의2의 개정규정은 공포한 날부터 시행하고, 부칙 제3조 제2항은 2022년 1월 21일부터 시행한다.

제2조(지방의회의 의장 소속 공무원의 임용에 관한 경과조치) 이 법 시행 당시 지방의회의 의장 소속의 공무원으로서 종전의 규정에 따라 지방자치단체의 장에게 소속되어 있던 지방공무원의 임용에 관하여 지방자치단체의 장이 한 행위나 지방자치단체의 장에 대하여 한 행위는 각각 이 법에 따라 지방의회의 의장이 한 행위나 지방의회의 의장에 대하여 한 행위로 본다.

제3조(다른 법률의 개정) ① 제주특별자치도 설치 및 국제자유도시 조성을 위한 특별법 일부를 다음과 같이 개정한다.

제47조 제3항 각 호 외의 부분 중 "제37조 제1항·제3항"을 "제37조 제1항·제4항"으로 하고, 같은 조 제4항 중 "제67조의2 제5항"을 "제67조의2 제6항"으로 한다.

제87조 제2항 제1호 중 "제67조의2 제2항·제3항"을 "제67조의2 제2항·제4항"으로 한다.

② 법률 제18308호 장애인고용촉진 및 직업재활법 일부개정법률 일부를 다음과 같이 개정한다.

부칙 제5조 제2항 중 "지방자치단체의 장은 장애인 공무원"을 "지방자치단체의 장과 지방의회의 의장은 소속 장애인 공무원"으로 한다.

제1조(목적) 이 법은 지방자치단체의 행정 운영에 필요한 재원(財源)을 교부하여 그 재정을 조정함으로써 지방행정을 건전하게 발전시키도록 함을 목적으로 한다.

[전문개정 2009. 2. 6.]

제2조(정의) 이 법에서 사용하는 용어의 뜻은 다음과 같다. 〈개정 2014. 12. 23., 2014. 12. 31.〉

1. "지방교부세"란 제4조에 따라 산정한 금액으로서 제6조, 제9조, 제9조의3 및 제9조의4에 따라 국가가 재정적 결함이 있는 지방자치단체에 교부하는 금액을 말한다.

2. "지방자치단체"란 「지방자치법」 제2조 제1항 및 제2항에 따른 특별시·광역시·특별자치시·도·특별자치도 및 시·군·자치구와 같은 법 제159조 제1항에 따른 지방자치단체조합을 말한다.

3. "기준재정수요액"이란 각 지방자치단체의 재정수요를 합리적으로 측정하기 위하여 제7조에 따라 산정한 금액을 말한다.

4. "기준재정수입액"이란 각 지방자치단체의 재정수입을 합리적으로 측정하기 위하여 제8조에 따라 산정한 금액을 말한다.

5. "측정항목"이란 각 지방자치단체의 기준재정수요액을 합리적으로 측정하기 위하여 기능별·성질별로 분류하여 설정한 표준적 경비의 종류를 말한다.

6. "측정단위"란 기준재정수요액을 합리적으로 측정하기 위한 각 측정항목의 단위를 말한다.

7. "단위비용"이란 기준재정수요액을 산정하기 위한 각 측정단위의 단위당 금액을 말한다.

[전문개정 2009. 2. 6.]

제2조(정의) 이 법에서 사용하는 용어의 뜻은 다음과 같다. 〈개정 2014. 12. 23., 2014. 12. 31., 2021. 1. 12.〉

1. "지방교부세"란 제4조에 따라 산정한 금액으로서 제6조, 제9조, 제9조의3 및 제9조의4에 따라 국가가 재정적 결함이 있는 지방자치단체에 교부하는 금액을 말한다.

2. "지방자치단체"란 「지방자치법」 제2조 제1항 및 제2항에 따른 특별시·광역시·특별자치시·도·특별자치도 및 시·군·자치구와 같은 법 제176조 제1항에 따른 지방자치단체조합을 말한다.

3. "기준재정수요액"이란 각 지방자치단체의 재정수요를 합리적으로 측정하기 위하여 제7조에 따라 산정한 금액을 말한다.

4. "기준재정수입액"이란 각 지방자치단체의 재정수입을 합리적으로 측정하기 위하여 제8조에 따라 산정한 금액을 말한다.

5. "측정항목"이란 각 지방자치단체의 기준재정수요액을 합리적으로 측정하기 위하여 기능별·성질별로 분류하여 설정한 표준적 경비의 종류를 말한다.

6. "측정단위"란 기준재정수요액을 합리적으로 측정하기 위한 각 측정항목의 단위를 말한다.

7. "단위비용"이란 기준재정수요액을 산정하기 위한 각 측정단위의 단위당 금액을 말한다.

[전문개정 2009. 2. 6.]

[시행일: 2022. 1. 13.] 제2조

제3조(교부세의 종류) 지방교부세(이하 "교부세"라 한다)의 종류는 보통교부세·특별교부세·부동산교부세 및 소방안전교부세로 구분한다. 〈개정 2014. 12. 23., 2014. 12. 31.〉

[전문개정 2009. 2. 6.]

제4조(교부세의 재원) ① 교부세의 재원은 다음 각 호로 한다. 〈개정 2014. 12. 23., 2019. 12. 10.〉

    1. 해당 연도의 내국세(목적세 및 종합부동산세, 담배에 부과하는 개별소비세 총액의 100분의 45 및 다른 법률에 따라 특별회계의 재원으로 사용되는 세목의 해당 금액은 제외한다. 이하 같다) 총액의 1만분의 1,924에 해당하는 금액

    2. 「종합부동산세법」에 따른 종합부동산세 총액

    3. 「개별소비세법」에 따라 담배에 부과하는 개별소비세 총액의 100분의 45에 해당하는 금액

    4. 제5조 제3항에 따라 같은 항 제1호의 차액을 정산한 금액

    5. 제5조 제3항에 따라 같은 항 제2호의 차액을 정산한 금액

    6. 제5조 제3항에 따라 같은 항 제3호의 차액을 정산한 금액

② 교부세의 종류별 재원은 다음 각 호와 같다. 〈개정 2014. 1. 1., 2014. 12. 23., 2014. 12. 31.〉

    1. 보통교부세: (제1항 제1호의 금액 + 제1항 제4호의 정산액) × 100분의 97

    2. 특별교부세: (제1항 제1호의 금액 + 제1항 제4호의 정산액) × 100분의 3

    3. 삭제 〈2014. 12. 31.〉

    4. 부동산교부세: 제1항 제2호의 금액 + 제1항 제5호의 정산액

    5. 소방안전교부세: 제1항 제3호의 금액 + 제1항 제6호의 정산액

[전문개정 2009. 2. 6.]

제5조(예산 계상) ① 국가는 해마다 이 법에 따른 교부세를 국가예산에 계상하여야 한다. 〈개정 2014. 1. 1.〉

② 추가경정예산에 의하여 교부세의 재원인 국세(國稅)가 늘거나 줄면 교부세도 함께 조절하여야 한다. 다만, 국세가 줄어드는 경우에는 지방재정 여건 등을 고려하여 다음 다음 연도까지 교부세를 조절할 수 있다. 〈신설 2014. 1. 1.〉

③ 다음 각 호의 교부세 차액은 늦어도 다음 다음 연도의 국가예산에 계상하여 정산하여야 한다. 〈개정 2014. 1. 1., 2014. 12. 23., 2019. 12. 10.〉

    1. 내국세 예산액과 그 결산액의 차액으로 인한 교부세의 차액

    2. 종합부동산세 예산액과 그 결산액의 차액으로 인한 교부세의 차액

    3. 「개별소비세법」에 따라 담배에 부과되는 개별소비세 총액의 100분의 45에 해당하는 예산액과 그 결산액의 차액으로 인한 교부세의 차액

[전문개정 2009. 2. 6.]

제6조(보통교부세의 교부) ① 보통교부세는 해마다 기준재정수입액이 기준재정수요액에 못 미치는 지방자치단체에 그 미달액을 기초로 교부한다. 다만, 자치구의 경우에는 기준재정수요액과 기준재정수입액을 각각 해당 특별시 또는 광역시의 기준재정수요액 및 기준재정수입액과 합산하여 산정한 후, 그 특별시 또는 광역시에 교부한다.

② 행정안전부장관은 제1항에 따라 보통교부세를 교부하려면 해당 지방자치단체의 장에게 다음 각 호의 자료를 첨부하여 보통교부세의 결정을 통지하여야 한다. 〈개정 2013. 3. 23., 2014. 11. 19., 2017. 7. 26.〉

    1. 보통교부세의 산정 기초자료

    2. 지방자치단체별 내역

3. 관련 자료

[전문개정 2009. 2. 6.]

제7조(기준재정수요액) ① 기준재정수요액은 각 측정항목별로 측정단위의 수치를 해당 단위비용에 곱하여 얻은 금액을 합산한 금액으로 한다.

② 측정항목 및 측정단위는 대통령령으로 정하고, 단위비용은 대통령령으로 정하는 기준 이내에서 물가변동 등을 고려하여 행정안전부령으로 정한다. 〈개정 2013. 3. 23., 2014. 11. 19., 2017. 7. 26.〉

③ 제1항과 제2항에 따라 기준재정수요액을 산정할 때에 다음 각 호의 어느 하나에 해당하는 경우에는 단위비용을 조정하거나 기준재정수요액을 보정(補正)하여야 한다.

1. 대통령령으로 정하는 섬이나 외딴곳의 특수성을 고려할 필요가 있는 경우
2. 대통령령으로 정하는 낙후지역의 개발 등 지역 간의 균형 잡힌 발전을 촉진하기 위하여 필요한 경우
3. 단위비용의 획일적 적용 또는 그 밖의 사유로 각 지방자치단체의 기준재정수요액이 매우 불합리하게 책정된 경우

[전문개정 2009. 2. 6.]

제8조(기준재정수입액) ① 기준재정수입액은 기준세율로 산정한 해당 지방자치단체의 보통세 수입액으로 한다.

② 제1항의 기준세율은 「지방세법」에 규정된 표준세율의 100분의 80에 해당하는 세율로 한다.

③ 제1항과 제2항의 기준세율로 산정한 각 지방자치단체의 기준재정수입액이 매우 불합리한 경우에는 이를 보정하여야 한다.

[전문개정 2009. 2. 6.]

제8조의2(산정자료의 착오 등에 대한 조치) 교부세 산정자료에 대한 착오 등으로 기준재정수요액 또는 기준재정수입액이 잘못 산정되어 보통교부세가 교부된 경우에는 착오 등의 사실을 확인한 시점의 다음 연도 보통교부세를 산정할 때에 잘못 산정된 금액을 해당 지방자치단체의 기준재정수요액 또는 기준재정수입액에 가감하여 산정할 수 있다.

[전문개정 2009. 2. 6.]

제8조의3(건전재정운영을 위한 자체노력 반영) ① 지방자치단체의 건전재정운영을 유도·촉진하기 위하여 제7조에 따른 기준재정수요액과 제8조에 따른 기준재정수입액을 산정함에 있어 지방자치단체별로 건전재정운영을 위한 자체노력의 정도를 반영할 수 있다.

② 제1항에 따라 지방자치단체별 자체노력의 정도를 반영할 때 항목 및 산정기준은 행정안전부령으로 정한다. 〈개정 2013. 3. 23., 2014. 11. 19., 2017. 7. 26.〉

[본조신설 2011. 3. 7.]

제9조(특별교부세의 교부) ① 특별교부세는 다음 각 호의 구분에 따라 교부한다. 〈개정 2014. 1. 1.〉

1. 기준재정수요액의 산정방법으로는 파악할 수 없는 지역 현안에 대한 특별한 재정수요가 있는 경우: 특별교부세 재원의 100분의 40에 해당하는 금액
2. 보통교부세의 산정기일 후에 발생한 재난을 복구하거나 재난 및 안전관리를 위한 특별한 재정수요가 생기거나 재정수입이 감소한 경우: 특별교부세 재원의 100분의 50에 해당하는 금액
3. 국가적 장려사업, 국가와 지방자치단체 간에 시급한 협력이 필요한 사업, 지역 역점시책 또는 지방행정 및 재정운용 실적이 우수한 지방자치단체에 재정 지원 등 특별한 재정수요가 있을 경우: 특별교부세 재원의 100분의 10에 해당하는 금액

② 행정안전부장관은 지방자치단체의 장이 제1항 각 호에 따른 특별교부세의 교부를 신청하는 경우에는 이를 심사하여 특별교부세를 교부한다. 다만, 행정안전부장관이 필요하다고 인정하는 경우에는 신청이 없는 경우에도 일정한 기준을 정하여 특별교부세를 교부할 수 있다. 〈신설 2011. 3. 7., 2013. 3. 23., 2014. 1. 1., 2014. 11. 19., 2014. 12. 31., 2017. 7. 26.〉

③ 삭제 〈2017. 7. 26.〉

④ 행정안전부장관은 제1항에 따른 특별교부세의 사용에 관하여 조건을 붙이거나 용도를 제한할 수 있다. 〈신설 2011. 3. 7., 2013. 3. 23., 2014. 1. 1., 2014. 11. 19., 2014. 12. 31., 2017. 7. 26.〉

⑤ 지방자치단체의 장은 제4항에 따른 교부조건의 변경이 필요하거나 용도를 변경하여 특별교부세를 사용하고자 하는 때에는 미리 행정안전부장관의 승인을 받아야 한다. 〈신설 2011. 3. 7., 2013. 3. 23., 2014. 11. 19., 2014. 12. 31., 2017. 7. 26.〉

⑥ 행정안전부장관은 제1항에 따른 특별교부세를 교부하는 경우 민간에 지원하는 보조사업에 대하여는 교부할 수 없다. 〈신설 2014. 1. 1., 2014. 11. 19., 2014. 12. 31., 2017. 7. 26.〉

⑦ 제1항 제3호에 따른 우수한 지방자치단체의 선정기준 등 특별교부세의 운영에 필요한 사항은 대통령령으로 정한다. 〈개정 2011. 3. 7., 2014. 1. 1.〉

[전문개정 2009. 2. 6.]

제9조의2 삭제 〈2014. 12. 31.〉

제9조의3(부동산교부세의 교부) ① 부동산교부세는 지방자치단체에 전액 교부하여야 한다.

② 제1항에 따른 부동산교부세의 교부기준은 지방자치단체의 재정여건이나 지방세 운영상황 등을 고려하여 대통령령으로 정한다. 〈개정 2010. 1. 1.〉

[전문개정 2009. 2. 6.]

제9조의4(소방안전교부세의 교부) ① 행정안전부장관은 지방자치단체의 소방 인력 운용, 소방 및 안전시설 확충, 안전관리 강화 등을 위하여 소방안전교부세를 지방자치단체에 전액 교부하여야 한다. 이 경우 소방 분야에 대해서는 소방청장의 의견을 들어 교부하여야 한다. 〈개정 2017. 7. 26., 2019. 12. 10.〉

② 제1항에 따른 소방안전교부세의 교부기준은 지방자치단체의 소방 인력, 소방 및 안전시설 현황, 소방 및 안전시설 투자 소요, 재난예방 및 안전강화 노력, 재정여건 등을 고려하여 대통령령으로 정한다. 다만, 소방안전교부세 중 「개별소비세법」에 따라 담배에 부과하는 개별소비세 총액의 100분의 20을 초과하는 부분은 소방 인력의 인건비로 우선 충당하여야 한다. 〈개정 2019. 12. 10.〉

[본조신설 2014. 12. 23.]

[종전 제9조의4는 제9조의5로 이동 〈2014. 12. 23.〉]

제9조의5(관련 규정의 준용) 부동산교부세 및 소방안전교부세의 산정자료의 착오 등에 관한 조치, 이의신청, 보고에 관하여는 제8조의2·제13조 및 제15조를, 특별교부세의 보고에 관하여는 제15조를 준용한다. 〈개정 2014. 12. 23., 2014. 12. 31.〉

[전문개정 2009. 2. 6.]

[제9조의4에서 이동 〈2014. 12. 23.〉]

제10조(교부 시기) 교부세는 1년을 4기(期)로 나누어 교부한다. 다만, 특별교부세는 예외로 할 수 있다.

[전문개정 2009. 2. 6.]

제11조(부당 교부세의 시정 등) ① 행정안전부장관은 지방자치단체가 교부세 산정에 필요한 자료를 부풀리거나 거짓으로 기재하여 부당하게 교부세를 교부받거나 받으려 하는 경우에는 그 지방자치단체가 정당하게 받을 수 있는 금액을 초과하는 부분을 반환하도록 명하거나 부당하게 받으려 하는 금액

을 감액(減額)할 수 있다. 〈개정 2013. 3. 23., 2014. 11. 19., 2014. 12. 31., 2017. 7. 26.〉

② 행정안전부장관은 지방자치단체가 법령을 위반하여 지나치게 많은 경비를 지출하였거나 수입 확보를 위한 징수를 게을리한 경우에는 그 지방자치단체에 교부할 교부세를 감액하거나 이미 교부한 교부세의 일부를 반환하도록 명할 수 있다. 이 경우 감액하거나 반환을 명하는 교부세의 금액은 법령을 위반하여 지출하였거나 징수를 게을리하여 확보하지 못한 금액을 초과할 수 없다. 〈개정 2013. 3. 23., 2014. 11. 19., 2017. 7. 26.〉

③ 행정안전부장관은 지방자치단체의 장이 제9조 제4항에 따른 교부조건이나 용도를 위반하여 특별교부세를 사용한 때에는 교부조건이나 용도를 위반하여 사용한 금액의 반환을 명하거나 다음 연도에 교부할 지방교부세에서 이를 감액할 수 있다. 〈신설 2011. 3. 7., 2013. 3. 23., 2014. 11. 19., 2014. 12. 31., 2017. 7. 26.〉

④ 제1항부터 제3항까지의 규정에 따라 교부세를 반환하는 경우에는 대통령령으로 정하는 바에 따라 분할하여 반환할 수 있다. 〈신설 2014. 12. 31.〉

[전문개정 2009. 2. 6.]

제12조(구역 변경 등으로 인한 교부세 조정) 행정안전부장관은 지방자치단체의 구역을 변경하거나 지방자치단체를 폐지·설치·분리·병합하는 경우에는 해당 지방자치단체에 교부할 교부세를 대통령령으로 정하는 바에 따라 조정한다. 〈개정 2013. 3. 23., 2014. 11. 19., 2014. 12. 31., 2017. 7. 26.〉

[전문개정 2009. 2. 6.]

제13조(교부세액 등에 대한 이의신청) ① 지방자치단체의 장은 제6조 제2항에 따라 보통교부세의 결정 통지를 받은 경우에 그 지방자치단체의 교부세액의 산정 기초자료 등에 이의가 있으면 통지를 받은 날부터 30일 이내에 행정안전부장관에게 이의를 신청할 수 있다. 이 경우 지방자치단체의 장이 시장 또는 군수인 경우에는 광역시장 또는 도지사를 거쳐야 한다. 〈개정 2013. 3. 23., 2014. 11. 19., 2017. 7. 26.〉

② 행정안전부장관은 제1항에 따라 이의신청을 받으면 그 신청을 받은 날부터 30일 이내에 심사하여 그 결과를 해당 지방자치단체의 장에게 통지하여야 한다. 〈개정 2013. 3. 23., 2014. 11. 19., 2017. 7. 26.〉

[전문개정 2009. 2. 6.]

제14조 삭제 〈1999. 12. 28.〉

제15조(보통교부세의 보고) 행정안전부장관은 매 회계연도 종료 후 3개월 이내에 보통교부세의 배분기준, 배분내용, 집행실적, 그 밖에 보통교부세의 운영에 필요한 주요 사항을 국회 소관 상임위원회에 보고하여야 한다. 〈개정 2013. 3. 23., 2014. 11. 19., 2017. 7. 26.〉

[전문개정 2009. 2. 6.]

부칙 〈제16776호, 2019. 12. 10.〉

이 법은 「소방공무원법」에 따라 지방소방공무원의 신분이 국가소방공무원으로 전환되는 날부터 시행한다.

15 지방자치단체에 대한 행정감사규정

[시행 2017. 7. 26] [대통령령 제28211호, 2017. 7. 26, 타법개정]

행정안전부(감사담당관실) 044-205-1152

제1조(목적) 이 영은 「지방자치법」제167조, 제171조 및 제171조의2(「지방교육자치에 관한 법률」제3
조에서 준용하는 경우를 포함한다)에 따라 지방자치단체 및 시·도교육청에 대하여 실시하는 감사의
절차와 방법 등에 관한 사항을 규정함을 목적으로 한다.

제2조(정의) 이 영에서 "감사"란 주무부장관, 행정안전부장관 또는 특별시장·광역시장·도지사(이하
"시·도지사"라 한다)가 「지방자치법」(이하 "법"이라 한다) 제167조, 제171조 및 제171조의2에 따라
다음 각 호의 사무(이하 "감사대상사무"라 한다)에 관한 업무와 활동 등을 조사·점검·확인·분석·
검증하고 그 결과를 처리하는 것을 말한다. 〈개정 2013. 3. 23., 2014. 11. 19., 2017. 7. 26.〉

　　1. 법 제167조 제1항에 따른 지방자치단체(제주특별자치도는 제외한다. 이하 같다)나 그 장이 위
　　　임받아 처리하는 국가사무

　　2. 법 제167조 제2항에 따른 시·군 및 자치구나 그 장이 위임받아 처리하는 특별시·광역시 또는
　　　도의 사무

　　3. 법 제171조 제1항에 따른 지방자치단체의 자치사무

제3조(감사의 종류) 주무부장관, 행정안전부장관 또는 시·도지사가 실시하는 감사는 다음 각 호와 같이
구분한다. 〈개정 2013. 3. 23., 2014. 11. 19., 2017. 7. 26.〉

　　1. 정부합동감사: 주무부장관과 행정안전부장관이 법 제171조의2제2항에 따라 지방자치단체에
　　　대하여 같은 기간 동안 함께 실시하는 감사

　　2. 시도종합감사: 시·도지사가 시·군 및 자치구의 감사대상사무 전반에 대하여 실시하는 감사

　　3. 특정감사: 주무부장관, 행정안전부장관 또는 시·도지사가 지방자치단체의 감사대상사무 중
　　　특정한 분야에 대하여 실시하는 감사

　　4. 복무감사: 행정안전부장관 또는 시·도지사가 법 제167조, 제171조 및 제171조의2에 따른 감
　　　사대상 지방자치단체에 소속된 사람이 감사대상 사무와 관련하여 법령과 직무상 명령을 준수
　　　하는지 여부 등 그 복무에 대하여 실시하는 감사

제4조(감사계획의 수립 등) ① 주무부장관, 행정안전부장관 또는 시·도지사는 감사를 하려는 경우에는
다음 각 호의 사항을 포함하는 연간 감사계획을 미리 수립하여야 한다. 〈개정 2013. 3. 23., 2014. 11. 19.,
2017. 7. 26.〉

　　1. 감사사항

　　2. 감사의 목적 및 필요성

　　3. 감사의 종류와 감사대상 지방자치단체

　　4. 감사의 범위

　　5. 감사기간(감사활동 수행기간과 제18조 제2항에 따라 감사결과에 포함될 징계 등의 처분요구
　　　나 조치사항을 결정하는 기간을 말한다. 이하 같다)과 감사인원

6. 그 밖에 감사에 필요한 사항

② 주무부장관, 행정안전부장관 또는 시·도지사는 제1항에 따른 연간 감사계획에 포함되지 아니한 감사를 하려는 경우에는 제1항 각 호의 사항이 포함된 감사계획을 별도로 수립하여야 한다. 〈개정 2013. 3. 23., 2014. 11. 19., 2017. 7. 26.〉

③ 주무부장관 또는 시·도지사는 제1항 및 제2항에 따라 감사계획을 수립한 때에는 지체 없이 행정안전부장관에게 통보하여야 한다. 〈개정 2013. 3. 23., 2014. 11. 19., 2017. 7. 26.〉

제5조(감사계획의 통보) ① 주무부장관, 행정안전부장관 또는 시·도지사는 제4조 제1항에 따른 연간 감사계획의 주요 내용을 매년 1월 31일까지 감사대상 지방자치단체의 장에게 통보하여야 한다. 다만, 신속히 감사를 실시하여야 할 긴급한 사정이 있거나 감사의 실효성을 거두기 위하여 부득이한 경우에는 그러하지 아니하다. 〈개정 2013. 3. 23., 2014. 11. 19., 2017. 7. 26.〉

② 주무부장관, 행정안전부장관 또는 시·도지사는 제1항에 따라 연간 감사계획을 통보한 후 이를 변경하였을 경우에는 지체 없이 그 내용을 감사대상 지방자치단체의 장에게 통보하여야 한다. 다만, 신속히 감사를 실시하여야 할 긴급한 사정이 있거나 감사의 실효성을 거두기 위하여 부득이한 경우에는 그러하지 아니하다. 〈개정 2013. 3. 23., 2014. 11. 19., 2017. 7. 26.〉

제6조(감사계획의 협의 등) ① 주무부장관, 행정안전부장관 또는 시·도지사는 제4조에 따라 연간 감사계획을 수립하였을 때에는 「공공감사에 관한 법률」 제3조 제2항에 따라 감사원과 협의하여야 한다. 이미 수립한 감사계획 중 감사사항, 감사대상 지방자치단체, 감사의 범위, 감사기간 등 주요 내용을 변경하였을 때에도 또한 같다. 〈개정 2013. 3. 23., 2014. 11. 19., 2017. 7. 26.〉

② 행정안전부장관은 주무부장관 또는 시·도지사가 제4조 제2항에 따라 연간 감사계획과 별도로 수립한 감사계획에 대하여 다른 주무부장관 또는 시·도지사나 행정안전부장관이 실시하는 감사와의 중복 여부 등을 검토하여 해당 주무부장관에게 의견을 제시할 수 있다. 〈개정 2013. 3. 23., 2014. 11. 19., 2017. 7. 26.〉

제7조(사전조사 등) ① 주무부장관 또는 시·도지사는 법 제167조에 따라 위임사무에 대한 감사를 실시하기 전에 감사대상 선정의 적정성, 문제점의 도출 및 취약 분야의 확인 등을 위하여 다음 각 호의 사항에 관한 사전 조사를 실시할 수 있다.

1. 감사대상과 관련된 자료 및 정보의 수집과 확인
2. 감사대상의 일부에 대한 표본조사

② 행정안전부장관 또는 시·도지사는 법 제171조 제2항에 따라 감사를 실시하기 전에 해당 지방자치단체의 자치사무 처리가 법령에 위반되는지 여부 등을 확인하기 위하여 필요하다고 인정되는 경우에는 다음 각 호의 업무를 수행할 수 있다. 〈개정 2013. 3. 23., 2014. 11. 19., 2017. 7. 26.〉

1. 해당 지방자치단체에 소속된 사람이나 민원인, 그 밖의 제3자로부터 해당 지방자치단체의 사무처리가 법령에 위반된다는 정보가 수집된 경우 그 사실관계를 파악하기 위한 서류나 장부 등의 확인
2. 신문·방송 등 언론매체나 정보통신매체 등에 의하여 해당 지방자치단체의 사무처리가 법령에 위반되는 것으로 공개된 내용의 사실관계를 파악하기 위한 서류나 장부 등의 확인
3. 해당 지방자치단체의 자치사무 중 특정 분야에 관하여 제출받은 자료 및 해당 지방자치단체의 정보시스템에 입력된 자료 중 법령에 위반되거나 위반되는 것으로 의심할 만한 상당한 이유가 있는 사무에 대한 서류나 장부 등의 확인

③ 행정안전부장관 또는 시·도지사는 제2항에 따른 업무를 수행한 결과 해당 지방자치단체의 자치사

무 처리가 법령을 위반하였거나 위반한 것으로 의심할 만한 상당한 이유가 있으면 그 사무를 감사대 상으로 특정하여 미리 감사일정 등을 해당 지방자치단체의 장에게 통보하여야 한다. 〈개정 2013. 3. 23., 2014. 11. 19., 2017. 7. 26.〉

제8조(감사반 편성·운영) ① 주무부장관, 행정안전부장관 또는 시·도지사는 제3조 각 호의 구분에 따른 감사를 효율적으로 실시하기 위하여 해당 기관 소속 공무원으로 구성되는 감사반을 편성·운영하여야 한다. 〈개정 2013. 3. 23., 2014. 11. 19., 2017. 7. 26.〉

② 주무부장관과 행정안전부장관은 제3조 제1호 또는 제3호에 따른 감사를 효율적으로 수행하기 위하여 필요하다고 인정되는 때에는 각 주무부장관 소속 공무원과 행정안전부장관 소속 공무원으로 구성되는 감사반을 편성·운영할 수 있다. 〈개정 2013. 3. 23., 2014. 11. 19., 2017. 7. 26.〉

제9조(감사의 주기) 주무부장관, 행정안전부장관 또는 시·도지사는 제4조의 연간 감사계획에 따라 감사를 실시하되, 정부합동감사와 시도종합감사는 2년의 범위에서 주무부장관, 행정안전부장관 또는 시·도지사가 정하는 기간마다 정기적으로 실시한다. 다만, 주무부장관, 행정안전부장관 및 시·도지사는 감사 인력, 감사대상 사무의 특성 및 감사대상 지방자치단체의 여건 등을 고려하여 정부합동감사와 시도종합감사의 실시 주기를 달리 정할 수 있다. 〈개정 2013. 3. 23., 2014. 11. 19., 2017. 7. 26.〉

제10조(감사기간 및 활동의 연장) ① 주무부장관, 행정안전부장관 또는 시·도지사는 법 제167조, 제171조 및 제171조의2제2항에 따라 감사를 하는 경우에는 제5조에 따라 통보된 감사기간에 하는 것을 원칙으로 한다. 다만, 그 감사기간 동안 감사를 마칠 수 없는 경우에는 감사대상 지방자치단체에 그 사유와 연장기간 등 필요한 사항을 통보한 후 감사기간을 연장하여 실시할 수 있다. 〈개정 2013. 3. 23., 2014. 11. 19., 2017. 7. 26.〉

② 감사활동의 수행은 「국가공무원 복무규정」 제9조 및 「지방공무원 복무규정」 제2조에 따른 근무시간에 실시하는 것을 원칙으로 하되, 증거인멸 및 진술번복 방지 등 불가피한 사유가 있는 경우에는 시간을 연장하여 실시할 수 있다.

제11조(자료제출 요구) ① 주무부장관, 행정안전부장관 또는 시·도지사는 감사활동 수행기간 동안 필요하다고 인정되는 때에는 감사대상 지방자치단체나 그 소속 공무원 또는 그 밖에 감사사항과 관련이 있다고 인정되는 자에게 다음 각 호의 조치를 할 수 있다. 〈개정 2013. 3. 23., 2014. 11. 19., 2017. 7. 26.〉

1. 출석·답변의 요구(「정보통신망 이용촉진 및 정보보호 등에 관한 법률」에 따른 정보통신망을 이용한 요구를 포함한다)

2. 관계 서류·장부 및 물품 등의 제출 요구

3. 전산정보시스템에 입력된 자료의 조사

4. 금고·창고·장부 및 물품 등의 봉인(封印) 요구

② 제1항 각 호에 따른 조치는 감사에 필요한 최소한도에 그쳐야 한다.

③ 제1항 각 호에 따른 조치를 요구받은 자는 정당한 사유가 없으면 그 요구에 따라야 한다.

④ 주무부장관, 행정안전부장관 또는 시·도지사는 감사대상 지방자치단체가 아닌 다른 중앙행정기관, 지방자치단체 또는 공공기관[「공공기관의 운영에 관한 법률」 제4조에 따라 지정된 기관(같은 법 제5조 제4항에 따른 기타공공기관으로서 직원의 정원이 100명 미만인 기관은 제외한다)을 말한다. 이하 같다]이 보유한 자료 또는 정보를 이용하지 아니하면 감사를 할 수 없는 경우 해당 중앙행정기관, 지방자치단체 또는 공공기관에 필요한 자료 또는 정보의 제출을 요청할 수 있다. 〈개정 2012. 1. 13., 2013. 3. 23., 2014. 11. 19., 2017. 7. 26.〉

⑤ 주무부장관, 행정안전부장관 또는 시·도지사(감사활동을 수행하는 사람을 포함한다)는 감사를 위

하여 제출받은 정보 또는 자료를 감사 목적 외의 용도로 이용해서는 아니 된다. 〈개정 2013. 3. 23., 2014. 11. 19., 2017. 7. 26.〉

제12조(확인서의 요구) ① 제8조에 따른 감사반에 편성되어 감사활동을 수행하는 사람은 감사와 관련된 사항의 증거를 보강하기 위하여 필요한 경우에는 감사대상 지방자치단체나 그 소속 공무원 또는 그 밖에 감사사항과 관련이 있다고 인정되는 자로부터 사실관계 등을 적은 확인서를 받을 수 있다.

② 제8조에 따른 감사반에 편성되어 감사활동을 수행하는 사람은 감사를 수행하는 과정에서 확인된 사항이 징계 사유에 해당하거나, 그 밖의 중요한 사안에 관련된 자의 책임소재와 한계를 분명히 하고 행위의 동기·배경 또는 변명을 듣기 위하여 필요한 경우에는 관련자와의 문답서를 작성할 수 있다.

③ 주무부장관, 행정안전부장관 또는 시·도지사는 제8조에 따른 감사반의 감사활동 수행 결과, 감사대상 지방자치단체의 사무 중 위법·부당하다고 인정되는 사항 및 사무 처리의 내용이 분명하지 아니한 사항 등에 대하여 감사대상 지방자치단체의 장이나 그 소속 기관의 장, 그 밖에 해당 감사대상 사무와 관련이 있는 자로부터 설명이나 변명 등을 들을 필요가 있다고 인정되는 때에는 질문서를 보내고 답변서를 받을 수 있다. 〈개정 2013. 3. 23., 2014. 11. 19., 2017. 7. 26.〉

제13조(외부 전문가 등의 자문) ① 주무부장관, 행정안전부장관 또는 시·도지사는 예산·회계·보건·환경·건설 등 전문지식이나 실무경험이 요구되는 경우에는 외부 전문기관이나 외부 전문가에게 자문할 수 있다. 〈개정 2013. 3. 23., 2014. 11. 19., 2017. 7. 26.〉

② 제1항에 따라 자문에 응한 외부 전문기관이나 외부 전문가에게는 예산의 범위에서 수당, 여비 및 그 밖에 필요한 경비를 지급할 수 있다.

제14조(시·도지사 간 공동감사) ① 시·도지사는 감사대상사무를 공동으로 처리하는 시·군 및 자치구가 둘 이상인 경우로서 해당 시·군 및 자치구가 둘 이상의 시·도에 걸치는 경우에는 그 사무에 대하여 관계 시·도지사와 공동으로 감사를 할 수 있다. 이 경우 예산 규모 및 사무의 처리 분량 등에 비추어 주된 시·군 및 자치구를 관할하는 시·도지사가 감사를 주관하되, 관계 시·도지사와 따로 협의하는 경우에는 그에 따른다.

② 제1항의 감사를 하기 위한 감사반의 편성, 감사의 방법, 그 밖에 필요한 사항은 주된 시·군 및 자치구를 관할하는 시·도지사가 관계 시·도지사와 협의하여 정한다.

제15조(감사의 생략) 주무부장관, 행정안전부장관 또는 시·도지사는 감사대상사무를 적법하고 공정하게 수행하기 위하여 노력한 감사대상 지방자치단체에 대해서는 감사의 전부 또는 일부를 하지 아니할 수 있다. 〈개정 2013. 3. 23., 2014. 11. 19., 2017. 7. 26.〉

제16조(중복감사 금지) 법 제171조의2제1항에서 "새로운 사실이 발견되거나 중요한 사항이 누락된 경우 등 대통령령으로 정하는 경우"란 다음 각 호의 어느 하나에 해당하는 경우를 말한다.

　　1. 새로운 증거 또는 사실이 발견된 경우

　　2. 감사 증거서류 등이 위조·변조되었음이 증명된 경우

　　3. 감사결과에 영향을 미칠 만한 중요한 사항이 누락된 경우

제17조(비밀유지 의무) 다음 각 호의 어느 하나에 해당하는 사람은 감사 업무와 관련하여 직무상 알게 된 비밀을 누설해서는 아니 된다. 〈개정 2013. 3. 23., 2014. 11. 19., 2017. 7. 26.〉

　　1. 주무부장관, 행정안전부장관 또는 시·도지사

　　2. 제7조 제1항에 따른 사전조사 업무 및 같은 조 제2항에 따른 업무를 수행하는 사람

　　3. 제8조에 따른 감사반에 편성되어 감사를 수행하는 사람, 그 밖에 감사와 관련되는 업무를 수행하는 사람

4. 제1호부터 제3호까지의 직에 있었던 사람

제18조(감사결과의 통보 및 처리) ① 주무부장관, 행정안전부장관 또는 시·도지사는 감사활동 수행기간이 종료된 날부터 60일 이내에 제2항에 따라 감사결과에 포함될 징계 등의 처분요구나 조치사항을 결정하여야 하며, 그 결정을 한 날부터 10일 이내에 감사결과를 감사대상 지방자치단체의 장에게 통보하여야 한다. 다만, 감사활동 수행기간이 종료된 날부터 60일 이내에 다른 감사를 하여야 하는 등 특별한 사유가 있는 경우에는 30일의 범위에서 제2항에 따라 감사결과에 포함될 징계 등의 처분요구나 조치사항 결정기한을 연장할 수 있다. 〈개정 2013. 3. 23., 2014. 11. 19., 2017. 7. 26.〉

② 제1항에 따른 감사결과에는 징계, 문책, 경고, 훈계, 시정, 주의, 개선, 권고 등의 처분요구나 조치사항이 포함되어야 한다. 〈개정 2012. 1. 13.〉

③ 주무부장관, 행정안전부장관 또는 시·도지사가 제1항에 따라 감사결과를 감사대상 지방자치단체의 장에게 통보하면 「지방공무원법」 제73조 제3항에 따라 조사를 마쳤다는 사실을 알린 것으로 본다. 〈개정 2013. 3. 23., 2014. 11. 19., 2017. 7. 26.〉

④ 감사대상 지방자치단체의 장은 제1항에 따라 통보받은 감사결과 중 경고 처분요구에 대해서는 그 통보를 받은 날부터 10일 이내에 해당 지방자치단체의 인터넷 홈페이지에 그 내용을 공개하여야 한다. 다만, 감사대상 지방자치단체의 장이 해당 내용을 공개하지 않는 등의 사유가 있는 경우에는 주무부장관, 행정안전부장관 또는 시·도지사가 해당 인터넷 홈페이지 등을 통해 직접 공개할 수 있다. 〈신설 2012. 1. 13., 2013. 3. 23., 2014. 11. 19., 2017. 7. 26.〉

⑤ 감사대상 지방자치단체의 장은 제1항에 따라 감사결과를 통보받은 때에는 정당한 사유가 없으면 60일 이내에 감사결과의 조치사항을 이행하고, 그 이행결과를 해당 주무부장관, 행정안전부장관 또는 시·도지사에게 통보하여야 한다. 다만, 예산 등의 사유로 그 조치에 장기간이 필요한 사항인 때에는 앞으로 조치할 계획을 제출함으로써 이행결과 통보를 갈음할 수 있으며, 그 조치가 완료된 때에는 조치결과를 즉시 통보하여야 한다. 〈개정 2012. 1. 13., 2013. 3. 23., 2014. 11. 19., 2017. 7. 26.〉

⑥ 감사대상 지방자치단체의 장은 제1항에 따른 징계 처분요구 중 중징계(파면·해임·강등 또는 정직을 말한다) 사건에 대하여 관할 인사위원회가 징계의결의 요구와 다르게 경한 의결을 한 경우에는 그 집행을 하기 전에 지체 없이 주무부장관, 행정안전부장관 또는 시·도지사에게 징계의결 결과를 통보하여야 한다. 이 경우 주무부장관, 행정안전부장관 또는 시·도지사는 해당 지방자치단체의 장에게 심사 또는 재심사 청구에 관한 의견을 제시할 수 있다. 〈신설 2012. 1. 13., 2013. 3. 23., 2014. 11. 19., 2017. 7. 26.〉

⑦ 주무부장관, 행정안전부장관 또는 시·도지사는 제5항 본문에 따라 이행결과를 통보받거나 같은 항 단서에 따라 조치결과를 통보받은 때에는 감사대상 지방자치단체의 이행결과 또는 조치결과의 적정성 등을 확인할 수 있다. 〈개정 2012. 1. 13., 2013. 3. 23., 2014. 11. 19., 2017. 7. 26.〉

제19조(감사에 따른 제도개선 요청 등) 주무부장관, 행정안전부장관 또는 시·도지사는 감사결과 법령상, 제도상 또는 행정상 개선할 사항이 있다고 인정되는 때에는 그 사항을 관계 행정기관에 통보할 수 있다. 〈개정 2013. 3. 23., 2014. 11. 19., 2017. 7. 26.〉

제20조(재심의 신청 등) ① 제18조에 따라 감사결과를 통보받은 감사대상 지방자치단체의 장은 그 처분요구나 조치사항이 위법 또는 부당하다고 인정할 때에는 그 통보를 받은 날부터 1개월 이내에 주무부장관, 행정안전부장관 또는 시·도지사에게 재심의를 신청할 수 있다. 〈개정 2013. 3. 23., 2014. 11. 19., 2017. 7. 26.〉

② 제1항에 따른 재심의를 신청하는 경우에는 신청이유와 내용을 분명히 밝히고, 필요한 증거서류가

있으면 첨부하여야 한다.

③ 주무부장관, 행정안전부장관 또는 시·도지사는 제1항에 따라 재심의를 신청받은 때에는 지체 없이 재심의 신청 안건을 검토하여야 하고, 특별한 사유가 없으면 재심의 신청 안건을 접수한 날부터 2개월 이내에 처리하여야 한다. 〈개정 2013. 3. 23., 2014. 11. 19., 2017. 7. 26.〉

④ 주무부장관, 행정안전부장관 또는 시·도지사는 제3항에 따라 재심의 신청 안건을 검토한 결과 다음 각 호의 어느 하나에 해당하는 때에는 재심의 신청을 각하하고, 이유가 없다고 인정될 때에는 기각하며, 이유가 있다고 인정될 때에는 그 감사결과를 취소하거나 변경하여야 한다. 〈개정 2013. 3. 23., 2014. 11. 19., 2017. 7. 26.〉

1. 재심의 신청대상이 아니거나 재심의를 신청할 수 있는 자가 아닌 경우

2. 재심의 신청기간이 지난 경우

3. 재심의 신청에 따라 재심의한 사안인 경우

4. 「행정심판법」이나 그 밖의 법률에 따른 행정심판, 「감사원법」에 따른 심사청구 또는 소송 등을 통하여 확정된 사안인 경우

5. 그 밖에 재심의와 관련된 요건 및 절차를 갖추지 못한 경우

⑤ 주무부장관, 행정안전부장관 또는 시·도지사는 제4항 제5호의 경우 보정(補正)할 수 있다고 인정되는 때에는 적절한 기한을 정하여 그 보정을 요구할 수 있으며, 그 기간에 보정이 된 경우에는 적법한 재심의 신청이 된 것으로 본다. 다만, 정해진 기간 내에 보정이 이루어지지 아니한 때에는 재심의 신청을 각하한다. 〈개정 2013. 3. 23., 2014. 11. 19., 2017. 7. 26.〉

⑥ 제1항에 따라 재심의를 신청한 감사대상 지방자치단체의 장은 주무부장관, 행정안전부장관 또는 시·도지사가 재심의 신청 안건을 처리하기 전에 재심의 신청을 취하할 수 있다. 〈개정 2013. 3. 23., 2014. 11. 19., 2017. 7. 26.〉

제21조(직권 재심의) 주무부장관, 행정안전부장관 또는 시·도지사는 제18조에 따라 감사결과를 통보한 날부터 2년 이내에 증거서류 등의 오류·누락 등으로 그 처분요구나 조치사항이 위법 또는 부당함을 발견하였을 때에는 이를 직권으로 재심의할 수 있다. 〈개정 2013. 3. 23., 2014. 11. 19., 2017. 7. 26.〉

제22조(시·도교육청 감사에의 준용) 시·도교육청(제주특별자치도교육청은 제외한다. 이하 이 조에서 같다)이나 그 장이 교육·과학·기술·체육, 그 밖의 학예(이하 이 조에서 "교육·학예"라 한다)에 관하여 위임받아 처리하는 국가사무 또는 교육·학예에 관한 자치사무를 대상으로 교육부장관이 실시하는 감사에 관하여는 제2조(제2호는 제외한다), 제3조(제2호는 제외한다), 제4조 제1항·제2항, 제5조, 제6조 제1항, 제7조, 제8조 제1항, 제9조부터 제13조까지 및 제15조부터 제21조까지의 규정을 준용한다. 이 경우 "주무부장관, 행정안전부장관"·"주무부장관과 행정안전부장관" 또는 "행정안전부장관"은 각각 "교육부장관"으로, "지방자치단체"는 "시·도교육청"으로 보고, 제3조 제1호 중 "정부합동감사"는 "교육·학예에 관한 종합감사"로, "지방자치단체에 대하여 같은 기간 동안 함께"는 "교육·학예에 관한 국가위임사무 및 자치사무에 대하여 같은 시·도교육청을 대상으로 같은 기간 동안"으로 보며, 제9조 본문 중 "정부합동감사"는 "교육·학예에 관한 종합감사"로, "2년"은 "5년"으로 보고, 제9조 단서 중 "정부합동감사"는 "교육·학예에 관한 종합감사"로 본다. 〈개정 2013. 3. 23., 2014. 11. 19., 2017. 7. 26.〉

제23조(고유식별정보의 처리) 주무부장관, 행정안전부장관 또는 시·도지사는 다음 각 호의 사무를 수행하기 위하여 불가피한 경우 「개인정보 보호법 시행령」 제19조에 따른 주민등록번호, 여권번호, 운전면허의 면허번호 또는 외국인등록번호가 포함된 자료를 처리할 수 있다. 〈개정 2013. 3. 23., 2014. 11.

19., 2017. 7. 26.〉

  1. 제7조에 따른 사전조사 등에 관한 사무

  2. 제11조에 따른 자료제출 요구에 관한 사무

[본조신설 2013. 1. 16.]

부칙 〈제28211호, 2017. 7. 26.〉

제1조(시행일) 이 영은 공포한 날부터 시행한다. 다만, 부칙 제8조에 따라 개정되는 대통령령 중 이 영 시행 전에 공포되었으나 시행일이 도래하지 아니한 대통령령을 개정한 부분은 각각 해당 대통령령의 시행일부터 시행한다.

제2조부터 제7조까지 생략

제8조(다른 법령의 개정) ① 부터 ＜182＞까지 생략

 ＜183＞ 지방자치단체에 대한 행정감사규정 일부를 다음과 같이 개정한다.

 제2조 각 호 외의 부분, 제3조 각 호 외의 부분, 같은 조 제1호·제3호·제4호, 제4조 제1항 각 호 외의 부분, 같은 조 제2항·제3항, 제5조 제1항 본문, 같은 조 제2항 본문, 제6조 제1항 전단, 같은 조 제2항, 제7조 제2항 각 호 외의 부분, 같은 조 제3항, 제8조 제1항·제2항, 제9조 본문·
단서, 제10조 제1항 본문, 제11조 제1항 각 호 외의 부분, 같은 조 제4항·제5항, 제12조 제3항, 제13조 제1항, 제15조, 제17조 제1호, 제18조 제1항 본문, 같은 조 제3항, 같은 조 제4항 단서, 같은 조 제5항 본문, 같은 조 제6항 전단·후단, 같은 조 제7항, 제19조, 제20조 제1항·제3항, 같은 조 제4항 각 호 외의 부분, 같은 조 제5항 본문, 같은 조 제6항, 제21조, 제22조 후단 및 제23조 각 호 외의 부분 중 "행정자치부장관"을 각각 "행정안전부장관"으로 한다.

 ＜184＞부터 ＜388＞까지 생략

PART
04

자치경찰 조례

안전, 주민, 경찰
자치경찰의 새로운 이해 자치경찰법령집

01 ○○광역시·도 자치경찰사무와 자치경찰위원회의 조직 및 운영 등에 관한 조례

제1조(목적) 이 조례는 「국가경찰과 자치경찰의 조직 및 운영에 관한 법률」과 「자치경찰사무와 시·도 자치경찰위원회의 조직 및 운영 등에 관한 규정」에서 위임된 사항과 그 시행에 필요한 사항을 규정함을 목적으로 한다.

제2조(생활안전·교통·경비 관련 자치경찰사무의 범위 등) ① 「국가경찰과 자치경찰의 조직 및 운영에 관한 법률」(이하 "법"이라 한다) 제4조 제2항 및 「자치경찰사무와 시·도자치경찰위원회의 조직 및 운영 등에 관한 규정」(이하 "영"이라 한다) 제2조에 따른 자치경찰사무의 구체적 사항과 범위는 별표1과 같다.

② 제1항에 따른 별표1을 개정할 필요가 있을 경우 영 제2조 제2호에 따라 자치경찰사무가 적정한 규모로 정해지도록 미리 ○○광역시경찰청장의 의견을 들어야 한다.

> ※ 특별시·광역시·특별자치시·도·특별자치도의 경우, ○○광역시자치경찰위원회, ○○광역시장, ○○광역시경찰청장의 명칭은 해당 특별시·광역시·특별자치시·도·특별자치도의 행정기구 명칭에 맞게 규정한다.

③ ○○광역시자치경찰위원회(이하 "위원회"라 한다)는 영 제2조 제3호에 따라 자치경찰사무가 국가경찰사무와 유기적으로 연계되고 다른 특별시·광역시·특별자치시·도·특별자치도의 자치경찰사무와 균형이 이루어지도록 노력하여야 하며, 필요한 경우 경찰청장의 의견을 들을 수 있다.

제3조(중복감사의 방지) ① 위원회는 영 제2조 제3호에 따라 중복감사를 방지하기 위해 경찰청장과 협의하여 자치경찰사무에 대한 감사계획을 수립·실시할 수 있다.

② 제1항에 따른 자치경찰사무에 대한 감사 절차와 방법 등은 법 제24조 제1항 제12호에 따른 위원회규칙(이하 "위원회규칙"이라 한다)으로 정한다.

제4조(위원회 위원의 임명방법) ① ○○광역시장(이하 "시장"이라 한다)은 법 제20조 제1항 제1호부터 제4호까지의 규정에 따른 위원 추천권자(이하 이 조에서 "추천권자"라 한다)로부터 위원으로 임명할 사람을 추천받은 경우 추천권자에게 위원으로 추천받은 사람의 자격요건 충족 여부 및 결격사유 유무 등을 확인할 수 있는 자료를 요구할 수 있다.

② 시장은 위원으로 추천받은 사람이 법 제20조 제2항의 자격요건을 갖추지 못하였거나 같은 조 제7항의 결격사유에 해당할 경우 해당 사실을 추천권자에게 통보하여야 한다.

제5조(위원장 및 상임위원의 임명방법) ① 시장은 법 제20조 제1항에 따른 위원 임명과 동시에 위원 중 1명을 위원장으로 임명한다.

② 제1항에 따라 임명된 위원장은 임명일로부터 7일 이내에 회의를 개최하고, 위원회는 해당 회의에서 상임위원 선정을 의결한다.

제6조(의안의 발의 및 상정) ① 위원은 재적위원 2인 이상의 찬성으로 법 제24조에 따른 위원회 소관 사무 범위 안에서 위원회에 상정할 의안을 발의할 수 있다. 다만, 위원장과 상임위원은 단독으로 의안을 발의할 수 있다.

② 위원장은 발의된 의안을 법 제26조 제1항에 따른 정기회의 또는 임시회의에 상정한다.

제7조(위원의 수당) ① 위원회의 위원 중 공무원이 아닌 위원에게 지급하는 수당의 종류는 다음 각 호와 같고 수당의 지급기준은 별표2와 같다.

    1. 참석수당: 위원회에 위원이 출석하여 심의·의결·자문 등을 하는 경우에 지급하는 수당

    2. 심사수당: 위원회 의결을 거쳐 위원장으로부터 의뢰를 받아 미리 자료를 수집하거나 회의 안건을 검토하여 위원회에 보고하는 경우에 지급하는 수당

    3. 그 밖에 운영에 필요한 수당

② 원거리에 거주하는 등 특별한 사유가 있는 경우 제1항 제1호에 따른 참석수당 지급 시 교통비, 식비 (급량비 기준 단가 적용), 숙박비를 실비의 범위에서 별도 지급할 수 있다.

제8조(위원의 여비) 위원회의 위원 중 공무원이 아닌 위원에게 위원회의 의결에 따라 출장할 때에는 3급 지방공무원에 상당하는 여비를 지급할 수 있다.

제9조(지급 절차 등) 이 조례에서 정한 사항 외에 위원회 위원의 수당 및 여비 등 지급에 필요한 사항은 위원회규칙으로 정한다.

제10조(실무협의회 구성 등) ① 위원회는 영 제15조 제1항에 따라 경찰청 등과 실무협의회를 운영할 수 있다.

② 실무협의회는 위원회, 경찰청 등 관계기관의 소속 공무원등으로 구성한다.

③ 실무협의회는 회의 운영에 필요한 경우 관계전문가에게 회의에 출석하여 발언하게 하거나 자료의 제출을 요청할 수 있다

제11조(간사) ① 실무협의회에 실무협의회의 사무를 처리할 간사 1명을 둔다.

② 간사는 위원회 사무기구 소속 과장이 된다.

제12조(운영세칙) 이 조례에서 규정한 사항 외에 실무협의회의 구성, 회의개최, 운영 등에 필요한 사항은 위원회가 경찰청 등 관계기관과 협의하여 정한다.

제13조(예산) ① 위원회는 법 제35조 제1항에 따라 「지방자치법」 제127조 제1항에서 시장이 의회에 예산안을 제출하도록 정한 기한의 30일 전까지 자치경찰사무 수행에 필요한 예산안을 심의·의결하여 시장에게 제출한다.

② 위원회는 제1항에 따라 예산안을 심의·의결하기 전에 예산안을 경찰청장에게 통보하고 의견을 들어야 한다.

제14조(자치경찰사무 담당 공무원 등에 대한 지원) ① 시장은 법 제35조 제2항에 따라 자치경찰사무를 수행하는 공무원에게 「○○광역시 공무원 후생복지에 관한 조례」에 따라 ○○광역시 소속 공무원이 적용받는 후생복지에 관한 사항 등 예산의 범위에서 복지, 처우 등의 지원을 할 수 있다.

② 시장은 자치경찰사무를 수행하는 공무원이 아닌 직원에게도 공무원에 준하여 제1항에 따른 지원을 할 수 있다.

③ 제1항에 따른 조례 등을 제정·개정 또는 폐지하는 경우에는 미리 위원회의 의견을 들어야 한다.

제15조(위원장의 의회 출석·답변) 위원장은 「지방자치법」 제42조 제2항에 따라 시의회가 요구하면 출석·답변하여야 한다. 다만, 특별한 이유가 있으면 위원장은 상임위원 또는 위원회 소속 공무원에게 출석·답변하게 할 수 있다.

부칙

이 조례는 공포한 날부터 시행한다.

생활안전, 교통, 경비 관련 자치경찰사무의 구체적 사항 및 범위(제2조 제1항 관련)

가. 지역 내 주민의 생활안전활동에 관한 사무

자치경찰사무	범위 기준	구체적 사항 및 범위
1) 생활안전을 위한 순찰 및 시설의 운영	가) 지역 주민 안전을 위한 범죄 예방 시설 설치·운영	① 범죄취약지역 환경 개선 등 지역 범죄 예방환경설계 (CPTED) 사업 추진 ② CCTV 통합관제센터 운영 지원
	나) 지역 주민 안전을 위한 범죄 예방진단	① 지역·건물의 범죄취약요소 현장진단 및 점검·관리 ② 범죄예방 우수시설 인증 시행 ③ 범죄예방 강화구역 관리 등 범죄예방진단팀(CPO) 운영
	다) 지역 주민 안전을 위한 순찰과 범죄예방활동 시행·관리	① 시기별·테마별 범죄예방활동 시행·관리 ② 범죄예방을 위한 순찰(지역안전순찰 등) 제도 시행 ③ 은행·편의점 등 현금다액 취급업소 범죄예방활동 시행
2) 주민참여 방범활동의 지원 및 지도	가) 범죄예방을 위한 주민 참여 지역 협의체 구성·운영	① 생활안전협의회, 자율방범대 등에 대한 협업 및 지원·지도
	나) 주민 참여형 범죄예방활동 시행·관리	① 지역주민 대상 범죄예방요령·범죄예방교실·시민경찰학교 등 홍보활동 ② 주민 참여형 범죄예방활동(합동순찰 등)
3) 안전사고 및 재해·재난 시 긴급구조지원	가) 재난이 발생할 우려가 현저하거나 재난이 발생하였을 때에 주민의 생명·신체 및 재산을 보호하기 위한 긴급구조지원	① 재난이 발생할 우려가 현저하거나 안전사고 및 재해·재난 발생 시 지역주민 안전확보를 위한 긴급구조지원
	나) 재해 발생 시 지역의 사회질서 유지 및 교통관리 등	① 재해발생지역의 사회질서 유지 ② 재해발생지역의 교통관리 등
	다) 그 밖에 긴급구조지원기관으로서의 긴급구조지원 활동 등	그 밖에 긴급구조지원기관으로서의 지역 내 긴급구조지원 활동 등
4) 아동·청소년·노인·여성·장애인 등 사회적 보호가 필요한 사람에 대한 보호 업무 및 가정·학교·성폭력 등의 예방	가) 아동·노인·장애인 학대 예방과 피해 아동·노인·장애인에 대한 보호활동	① 아동·노인·장애인 학대 예방활동(교육·홍보 등) ② 아동·노인·장애인 학대 사안대응(시설 내 학대 점검, 가·피해자 조사 등) ③ 아동·노인·장애인 학대 피해자 보호기관 등 연계·지원 ④ 아동·노인·장애인 학대 관련 학대예방경찰관 (APO) 운영
	나) 아동·청소년·노인·여성·장애인 등 사회적 보호가 필요한 사람의 실종 예방·대응 활동	① 지문 등 사전등록 업무 ② 실종·유괴 경보 체계 구축·운영 ③ 실종아동등 조기발견 지침 대상시설 지도·감독 ④ 유전자 채취 및 보호시설 등 일제수색 운영
	다) 아동 대상 범죄예방 및 아동 안전 보호활동	① 아동안전지킴이 운영 및 선발·배치·감독 ② 아동안전지킴이집 관리 및 운영·교육·홍보 ③ 기타 아동 대상 범죄예방 및 아동안전 보호활동

자치경찰사무	범위 기준	구체적 사항 및 범위
	라) 청소년 비행방지 등 선도 · 보호 활동	① 청소년 비행방지, 선도 · 보호활동 ② 위기청소년(가 · 피해학생, 학교 · 가정 밖 청소년 등) 면담 · 관리 ③ 위기청소년 발굴(거리상담 등) 및 유관기관 연계 ④ 소년범 선도제도 운영(선도프로그램, 선도심사위원회, 전문가참여제, 우범소년 송치) ⑤ 경찰의 청소년 선도 · 보호 활동에 대한 청소년 참여 제도 운영(정책자문단 등)
	마) 가정폭력범죄 예방과 피해자 등 보호 활동	① 가정폭력 예방활동(교육 · 홍보 등) ② 가정폭력 (긴급)임시조치 ③ 가정폭력 피해자 상담 · 보호기관 등 연계 · 지원 ④ 가정폭력 사안대응(협업회의 참석, 가 · 피해자 조사 등) ⑤ 가정폭력 관련 학대예방경찰관(APO) 운영
	바) 학교폭력의 근절 · 예방과 가해학생 선도 및 피해학생 보호 활동	① 학교폭력 예방활동(교육 · 홍보 등) ② 학교폭력 사안대응(학폭위 참석, 117사안대응, 가 · 피해학생 조사 등) ③ 청소년육성회 등 지역 내 학교폭력 유관단체와 협업 업무 ④ 청소년경찰학교, 명예경찰소년단 운영 ⑤ 학교전담경찰관(SPO) 운영
	사) 성폭력 예방과 성폭력 피해자 등 보호 활동	① 성폭력범죄 예방활동(교육 · 홍보 등) ② 성폭력범죄 피해자 보호 · 지원
	아) 그 밖에 관련 법령에 경찰의 사무로 규정된 아동 · 청소년 · 노인 · 여성 · 장애인 등 사회적 보호가 필요한 사람에 대한 보호 및 가정폭력 · 학교폭력 · 성폭력 등 예방 업무	그 밖에 관련 법령에 경찰의 사무로 규정된 아동 · 청소년 · 노인 · 여성 · 장애인 등 사회적 보호가 필요한 사람에 대한 보호 및 가정폭력 · 학교폭력 · 성폭력 등 예방 업무
5) 주민의 일상생활과 관련된 사회질서의 유지 및 그 위반행위의 지도 · 단속 (다만, 지방자치단체 등 다른 행정청의 사무는 제외한다)	가) 경범죄 위반행위 지도 · 단속 등 공공질서 유지	① 경범죄 위반행위 단속(과태료 등 지자체 행정처분 사항 제외) ② 지역 내 기초질서 확립을 위한 주민 대상 계도 및 홍보 등
	나) 공공질서에 반하는 풍속 · 성매매사범 및 사행행위 지도 · 단속	① 풍속영업의 지도 · 단속 ② 성매매 단속 ③ 성매매 예방 및 피해자 보호 ④ 사행행위 지도 · 단속
	다) 그 밖에 관련 법령에 경찰의 사무로 규정된 주민의 일상생활과 관련된 사회질서의 유지 및 그 위반행위의 지도 · 단속 업무	그 밖에 관련 법령에 경찰의 사무로 규정된 주민의 일상생활과 관련된 사회질서의 유지 및 그 위반행위의 지도 · 단속 업무
6) 그 밖에 지역주민의 생활안전에 관한	가) 지역주민의 생활안전 관련 112신고(일반신고를 포함한다)	① 가정폭력, 학교폭력, 아동학대, 실종 등 자치경찰 수사 사무 관련 신고 처리

자치경찰사무	범위 기준	구체적 사항 및 범위
사무	처리	② 풍속영업, 기타경범, 주취자 등 지역 질서유지 관련 신고 처리 ③ 분실습득, 보호조치, 상담문의 등 지역 주민의 생활안전 관련 신고 처리
	나) 지하철, 내수면 등 일반적인 출동이 어려운 특정 지역에서 주민의 생명·신체·재산의 보호를 위한 경찰대 운영	① 지하철경찰대 설치·운영(수사 제외) ② 내수면경찰대 설치·운영 ③ 관광경찰대 설치·운영
	다) 유실물 보관·반환·매각·국고귀속 등 유실물 관리	① 유실물 처리업무 계획 및 지도·감독 ② 습득물·분실물 신고접수 및 보관 ③ 유실자 확인 및 습득자 소유권 취득 시 물건 인계 ④ 법정기간 만료 시 국고·금고 귀속 ⑤ 유실물 관리 시설의 설치 및 운영
	라)「경찰관 직무집행법」제4조에 따른 응급구호대상자에 대한 보호조치 및 유관기관 협력	① 응급구호대상자 보건의료기관 또는 공공구호기관 긴급구호 요청 및 인계하거나 경찰관서 임시보호 등 조치 ② 응급구호대상자 휴대 무기·흉기 임시영치 ③ 주취자응급의료센터 운영 지원 ④그 밖에 응급구호대상자 보호에 필요한 조치
	마) 그 밖에 관련 법령에 경찰의 사무로 규정된 지역주민의 생활안전에 관한 사무	그 밖에 관련 법령에 경찰의 사무로 규정된 지역주민의 생활안전에 관한 사무

나. 지역 내 교통활동에 관한 사무

자치경찰사무	사무의 범위 기준	구체적 내용
1) 교통법규 위반에 대한 지도·단속	가) 교통법규 위반 지도·단속, 공익신고 처리 등	① 음주·무면허 등 교통법규 위반 단속 ② 교통법규 위반 공익신고 처리 ③ 기타 교통법규 위반신고 처리(영상단속, 방문 신고 등)
	나) 음주단속 장비 등 교통경찰용 장비 보급·관리·운영 등	① 음주단속장비 등 구매·보급 ② 음주단속장비 등 검정·교정 ③ 음주단속장비 등 노후장비 교체
2) 교통안전시설 및 무인 교통단속용 장비의 심의·설치·관리	가) 교통사고 예방, 교통소통을 위한 교통안전시설 설치·관리·운영	① 교통안전시설 운영계획 수립 ② 교통신호기 설치·관리·운영 ③ 교통안전표지 설치·관리 ④ 교통노면표시 설치·관리 ⑤ 교통안전시설 및 유사 교통안전시설 무단 설치 단속 ⑥ 그 밖에 도로 위험 방지와 교통안전 및 원활한 소통을 위한 교통안전시설 관련 조치
	나) 도로교통 규제 관련 지역 교통안전시설 심의위원회 설치 및 운영	① 지역 교통안전시설 심의위원회 구성 ② 도로교통 규제 및 교통안전시설 설치여부의 심의·결정
	다) 무인 교통단속용 장비의 심의·설치·관리·운영	① 무인 교통단속용장비의 설치·관리·운영 ② 무인 교통단속용장비의 우선 설치장소 선정 심의
3) 교통안전에 대한	가) 교통안전에 대한 교육	① 지역주민 대상 교통안전 교육계획 수립·시행

자치경찰사무	사무의 범위 기준	구체적 내용
교육 및 홍보		② 교안, 리플렛 등 교육자료 제작 · 배포
	나) 교통안전에 대한 홍보	① 지역주민 대상 교통안전 홍보계획 수립 · 시행
		② 교통안전 홍보물품 구매 · 보급
4) 주민참여 지역 교통 활동의 지원 및 지도	가) 교통활동 지원 협력단체에 대한 운영 · 관리	① 모범운전자회 · 녹색어머니회 등 교통활동 지원을 위한 운전자 모임 및 학부모단체 구성
		② 모범운전자회 · 녹색어머니회 등 교통활동지원을 위한 운전자 모임 및 학부모 단체의 교통안전 지원활동 관리
	나) 주민참여형 교통안전활동 지원 및 지도	① 무사고 운전자 선발 · 관리
		② 교통법규 위반 공익신고 활성화를 위한 홍보 · 안내
5) 통행 허가, 어린이 통학버스의 신고, 긴급 자동차의 지정 신청 등 각종 허가 및 신고 에 관한 사무	가) 차마의 안전기준 초과 승차, 안전기준 초과적재 및 차로폭 초과 차 통행허가 처리	① 안전기준 초과승차 허가 신청서 접수 · 허가증 발급
		② 안전기준 초과적재 허가 신청서 접수 · 허가증 발급
		③ 차로폭초과차 통행 허가 신청서 접수 · 허가증 발급
	나) 도로공사 신고접수, 현장점검 및 지도 · 감독 등	① 도로점용허가 필요 조치
		② 도로공사 신고 관련 교통안전 및 원활한 소통을 위한 필요 조치
	다) 어린이통학버스 관련 신고접수 · 관리 및 관계 기관 합동 점검	① 어린이통학버스 신고 접수 및 신고증명서 발급 · 재교부
		② 관계부처 합동 어린이통학버스 안전점검 및 계도 · 단속
	라) 긴급자동차의 지정 신청 · 관리	① 긴급자동차 지정증 신청서 접수 · 지정증 발급
		② 긴급자동차 지정증 재교부 신청서 접수 · 지정증 발급
		③ 긴급자동차 지정 취소 및 지정증 회수
	마) 버스전용차로 통행 지정신청 처리	① 버스전용차로 통행 지정신청서 접수 · 지정증 발급
		② 버스전용차로 통행 지정증 재교부 신청서 접수 · 지정증 발급
		③ 버스전용차로 통행 지정 취소 및 지정증 회수
	바) 주 · 정차 위반차량 견인대행 법인등 지정	① 견인대행법인등 지정신청서 접수 · 지정증 발급
		② 견인대행법인등 지정 취소 · 정지 및 지정증 회수
6) 그 밖에 지역 내의 교통안전 및 소통 에 관한 사무	가) 지역주민의 교통안전 관련 112 신고(일반신고를 포함한다) 처리	① 교통사고, 사망 · 대형사고 신고 처리
		② 음주운전, 교통위반 신고 처리
		③ 교통불편 신고 처리
	나) 운전면허 관련 민원 업무	① 운전면허 발급 · 재발급 · 갱신 신청 · 접수 · 교부
		② 운전면허 적성검사 신청 · 접수
		③ 국제운전면허 신청접수 및 교부
		④ 운전경력증명서 발급
		⑤ 기타 운전면허 관련 민원 업무
	다) 지역교통정보센터 운영 및 교통정보 연계	① 지역교통정보센터 운영
		② 교통정보 연계(경찰청 도시교통정보센터 등과의 연계)
	라) 정체 해소 등 소통 및 안전 확보를 위한 교통관리	① 출 · 퇴근 시간대 및 상습 정체 구간 주요 교차로에서의 교통관리
		② 안전사고 · 재해 · 재난 발생 시 이동로 및 안전 확보를 위한 교통통제 및 관리
	마) 지역 내 교통안전대책 수립 · 시행	① 시기별 · 취약 대상 · 위험요인별 지역내 교통안전 대책 수립 · 시행
		② 지역 교통안전협의체 구성 · 운영 등 교통안전 분야 유

자치경찰사무	사무의 범위 기준	구체적 내용
		관기관 협업
	바) 교통안전 관련 기관 협의 등	① 지역 교통영향평가, 교통성 검토 등 교통소통 관련 협의 ② 「도로법」 제48조에 따른 자동차전용도로 지정 등 관련 협의(도로관리청이 국토부장관인 경우는 제외) ③ 「교통안전법」상 안전진단, 사고조사 관련 협의 ④ 「어린이 · 노인 및 장애인 보호구역의 지정 및 관리에 관한 규칙」 제3조에 따른 보호구역의 지정 등 관련 협의 ⑤ 그 밖에 지역 내의 교통안전 및 소통에 관한 사무

다. 지역 내 다중운집 행사 관련 혼잡 교통 및 안전 관리

자치경찰사무	사무의 범위 기준	구체적 내용
-	가. 지역 내 다중운집 행사 등의 교통질서 확보 및 교통안전 관리 지원	① 다중운집 행사장 주변 주요 교차로 소통 확보를 위한 교통관리 지원 ② 행사장 주변 보행자 등 교통사고 예방을 위한 교통안 전활동 지원
	나. 지역 내 다중운집 행사 안전 관리 지원	① 다중운집 행사 안전관리계획 수립 지원 ② 행사장 주변 안전사고 예방 및 질서유지를 위한 안전 활동 지원

비고: 위 표의 나목 지역 내 교통 활동에 관한 사무 중 「도로교통법」 제2조 제3호의 고속도로에서 이루어지는 사무는 제외한다.

▌[별표 2.] 〈제정 0000. 00. 00.〉

<u>수당의 지급기준</u>(제7조 제1항 관련)

1. 참석수당

구분	단위	기준 단가	비고
위원회	일당	• 기본료: 150,000원 • 초과: 50,000원	• 초과는 2시간 이상 시 1일 1회만 지급한다.

2. 심사수당 및 그 밖에 위원회 운영에 필요한 수당: 위원회 예산 범위내에서 사전 위원회 의결로 정하는 바에 따라 지급 가능

제1조(목적) 이 조례는 「국가경찰과 자치경찰의 조직 및 운영에 관한 법률」과 「자치경찰사무와 시 · 도 자치경찰위원회의 조직 및 운영 등에 관한 규정」에서 위임된 사항과 자치경찰 사무의 수행에 필요한 사항을 규정하는 것을 목적으로 한다.

제2조(생활안전, 교통, 경비 관련 자치경찰사무의 범위 등) ① 「국가경찰과 자치경찰의 조직 및 운영에 관한 법률」(이하 "법"이라 한다) 제4조 제2항 및 「자치경찰사무와 시 · 도자치경찰위원회의 조직 및 운영 등에 관한 규정」(이하 "영"이라 한다) 제2조에 따른 자치경찰사무의 구체적 사항과 범위는 별표 1과 같다.

서울특별시 자치경찰사무 및 자치경찰 위원회의 조직·운영 등에 관한 조례

[시행 2022. 1. 13.] [서울특별시조례 제8127호, 2021. 9. 30., 타법개정]

서울특별시(조직담당관), 02-2133-6744

② 서울특별시 자치경찰위원회는 제1항에 따른 별표 1을 개정할 필요가 있을 경우 영 제2조 제2호에 따라 자치경찰사무가 적정한 규모로 정해질 수 있도록 미리 서울특별시경찰청장의 의견을 청취한다.

③ 서울특별시 자치경찰위원회는 영 제2조 제3호에 따라 자치경찰사무가 국가경찰사무와 유기적으로 연계되고 다른 광역시·특별자치시·도·특별자치도의 자치경찰사무와 균형이 이루어지도록 노력하여야 하며, 필요한 경우 경찰청장의 의견을 들을 수 있다.

제3조(자치경찰위원회의 설치 및 기능) 서울특별시 자치경찰사무를 관장하고 위원회의 소관 사무를 심의·의결하기 위하여 서울특별시장(이하 "시장"이라 한다) 소속으로 합의제 행정기관인 서울특별시 자치경찰위원회(이하 "위원회"라 한다)를 둔다.

제4조(위원회의 구성) 위원회는 위원장 1명을 포함한 7명의 위원으로 구성하되, 위원장과 1명의 위원은 상임으로 하고, 5명의 위원은 비상임으로 한다.

제5조(위원회 위원의 임명방법) ① 시장은 법 제20조 제1항 제1호부터 제4호까지의 규정에 따른 위원 추천권자(이하 이 조에서 "추천권자"라 한다)로부터 위원으로 임명할 사람을 추천받은 경우에는 추천권자 또는 추천받은 사람에게 위원으로 추천받은 사람의 자격요건 충족 여부 및 결격사유 유무 등을 확인할 수 있는 자료를 요구할 수 있다.

② 시장은 위원으로 추천받은 사람이 법 제20조 제2항의 자격요건을 갖추지 못하였거나 같은 조 제7항의 결격사유에 해당할 경우 해당 사실을 추천권자에게 통보하고 재추천을 요청하여야 한다.

제6조(위원장 및 상임위원의 임명방법) ① 시장은 법 제20조에 따라 위원을 임명하고 위원 중 1명을 위원장으로 임명한다.

② 제1항에 따라 임명된 위원장은 임명일로부터 14일 이내에 회의를 개최하고, 해당 회의에서 시장에게 제청할 상임위원을 위원회의 의결을 거쳐 선정한다.

③ 제2항에 따라 선정된 상임위원은 위원장의 제청으로 시장이 임명한다.

제7조(의안의 제안 및 상정) ① 시장 또는 위원장은 법 제24조에 따른 위원회 소관 사무 범위에서 위원회에 상정할 의안을 제안할 수 있다.

② 위원은 재적위원 3명 이상의 찬성으로 위원회에 상정할 의안을 제안할 수 있다.

③ 위원장은 제1항과 제2항에 따라 제안된 의안을 법 제26조 제1항에 따른 정기회의 또는 임시회의에 상정한다.

제8조(위원회의 회의 등) ① 위원장은 법 제26조 제1항에 따라 정기회의와 임시회의를 소집·개최한다. 이 경우 정기회의는 특별한 사유가 있는 경우를 제외하고는 월 1회 이상 소집·개최한다.

② 위원회의 회의는 재적위원 과반수의 출석과 출석위원 과반수의 찬성으로 의결한다.

③ 위원회는 심의·의결한 사항을 시장과 경찰청장, 서울특별시경찰청장에게 통보하여야 한다.

제9조(관계자의 위원회 참석·답변 등) 위원장은 회의에 상정되는 안건을 효율적으로 처리하기 위하여

필요하다고 인정되는 경우에는 자치경찰사무 담당공무원 등 관계 공무원과 전문가 및 그 밖의 이해관계인을 회의에 참석하여 답변하게 하거나 필요한 자료의 제출을 요구할 수 있다.

제10조(위원의 제척·기피·회피) ① 위원이 다음 각 호의 어느 하나에 해당하는 경우에는 위원회의 심의·의결에서 제척된다.

　　1. 위원 또는 그 배우자나 배우자였던 사람이 해당 안건의 당사자가 되거나 그 안건의 당사자와 공동권리자 또는 공동의무자인 경우

　　2. 위원이 해당 안건의 당사자와 친족이거나 친족이었던 경우

　　3. 위원이 해당 안건에 대하여 증언, 진술, 자문, 연구, 용역 또는 감정을 한 경우

　　4. 위원이나 위원이 속한 법인이 해당 안건의 당사자의 대리인이거나 대리인이었던 경우

　　5. 그 밖에 위원회에서 의결하고 위원장이 승인한 경우

② 해당 안건의 당사자는 제1항에 따른 제척사유가 있거나 위원에게 공정한 심의·의결을 기대하기 어려운 사정이 있는 경우에는 위원회에 기피 신청을 할 수 있고, 위원회는 의결로 기피 여부를 결정한다. 이 경우 기피 신청의 대상인 위원은 그 의결에 참여하지 못한다.

③ 위원이 제1항 각 호에 따른 제척 사유에 해당하는 경우에는 스스로 해당 안건의 심의·의결에서 회피하여야 한다.

제11조(위원의 수당) 위원회 위원의 수당과 여비 등의 지급에 관한 사항은 「지방자치단체 회계관리에 관한 훈령」 별표 5 및 「서울특별시 위원회 수당 및 여비 지급 조례」에 따른다.

제12조(실무협의회 구성 등) ① 위원회는 영 제15조 제1항에 따라 제13조 제1항의 사항을 협의하는 실무협의회를 운영할 수 있다.

② 실무협의회는 위원회, 서울특별시 관계부서, 경찰청, 서울특별시경찰청, 서울특별시교육청 등 관계기관의 소속 공무원 등으로 구성한다.

③ 실무협의회는 회의 운영에 필요한 경우 관계전문가 등에게 회의에 출석하여 발언하게 하거나 자료의 제출을 요청할 수 있다.

제13조(실무협의회 회의) ① 실무협의회는 다음 각 호의 사항을 협의한다.

　　1. 자치경찰사무의 원활한 수행에 관련된 사항

　　2. 국가경찰사무·자치경찰사무의 협력·조정

　　3. 지방행정과 치안행정의 업무조정 사항

　　4. 그 밖에 실무협의회 구성원 간 공동으로 협의가 필요하다고 요구하는 사항

② 실무협의회 협의결과는 위원회의 심의·의결을 거쳐 경찰청장, 서울특별시경찰청장 등 관계기관의 장에게 통보하고 각 관계기관의 장은 소관 사무 처리시 이를 반영할 수 있다.

제14조(실무협의회 간사) ① 실무협의회에 실무협의회의 사무를 처리할 간사 1명을 둔다.

② 간사는 위원회 사무기구 소속 과장이 된다.

제15조(실무협의회 운영세칙) 이 조례에서 규정한 사항 외에 실무협의회의 구성, 회의개최, 운영 등에 필요한 사항은 위원회가 경찰청 등 관계기관과 협의하여 정한다.

제16조(사무기구와 소속 직원 등) ① 위원회는 소관사무의 처리를 위하여 법 제27조에 따라 사무기구와 소속 직원을 둔다.

② 사무기구의 조직과 정원은 「서울특별시 행정기구 설치 조례」와 「서울특별시 공무원 정원 조례」에 따른다.

③ 제2항의 조직 및 정원에 대하여 경찰청장의 의견을 들을 수 있다.

제17조(예산) 위원회는 법 제35조 제1항에 따라 자치경찰사무 수행에 필요한 예산안을 심의·의결하기 전에 경찰청장에게 통보하고 의견을 들어야 한다.

제18조(자치경찰사무 담당 공무원 등에 대한 지원) ① 시장은 자치경찰사무를 수행하는 공무원에게 법 제35조 제2항 및 「서울특별시 공무원 후생복지에 관한 조례」에 따라 예산의 범위에서 서울특별시 소속 공무원이 적용받는 후생복지, 처우 등의 지원을 할 수 있다.

② 시장은 자치경찰사무를 수행하는 공무원이 아닌 직원에게 제1항에 따른 지원을 할 수 있다.

제19조(위원장의 의회 출석·답변) 위원장은 「지방자치법」 제51조 제2항에 따라 시의회가 요구하면 특별한 사유가 없는 한 출석하여 답변하여야 한다.

제20조(위원회의 감사) ① 위원회는 영 제2조 제3호에 따라 중복감사를 방지하기 위해 경찰청장과 협의하여 자치경찰사무에 대한 감사계획을 수립·실시할 수 있다.

② 제1항에 따른 자치경찰사무에 대한 감사 절차와 방법 등은 서울특별시 자치경찰위원회 세칙(이하 "위원회세칙"이라 한다)으로 정한다.

제21조(위원회세칙) 이 조례에서 규정한 사항 외에 위원회의 운영 등에 필요한 사항은 위원회세칙으로 정한다.

부칙 〈제8127호, 2021. 9. 30.〉

이 조례는 공포한 날부터 시행한다. 다만, … <단서 생략> … 제103조의 개정규정은 2022년 1월 13일부터 시행한다.

생활안전, 교통, 경비 관련 자치경찰사무의 구체적 사항 및 범위(제2조 관련)

가. 지역 내 주민의 생활안전 활동에 관한 사무

자치경찰사무	범위 기준	구체적 사항 및 범위
1) 생활안전을 위한 순찰 및 시설의 운영	가) 지역 주민 안전을 위한 범죄예방 시설 설치 · 운영	① 범죄취약지역 환경 개선 등 지역 범죄 예방환경설계 (CPTED) 사업 추진 ② CCTV 통합관제센터 운영 지원
	나) 지역 주민 안전을 위한 범죄예방진단	① 지역 · 건물의 범죄취약요소 현장진단 및 점검 · 관리 ② 범죄예방 강화구역 관리 등 범죄예방진단 전담 경찰관 운영
	다) 지역 주민 안전을 위한 순찰과 범죄예방활동 시행 · 관리	① 시기 · 장소별 범죄예방활동 시행 · 관리 ② 범죄예방을 위한 순찰 시행
2) 주민참여 방범활동의 지원 및 지도	가) 범죄예방을 위한 주민 참여 지역협의체 구성 · 운영	① 생활안전협의회, 자율방범대 등 범죄 예방을 위한 주민 참여 지역협의체와의 협업 및 지원 · 지도
	나) 주민 참여형 범죄예방 활동 시행 · 관리	① 지역주민 대상 범죄예방 요령 등 홍보활동 ② 주민 참여형 범죄예방활동
3) 안전사고 및 재해 · 재난 시 긴급구조지원	가) 재난이 발생할 우려가 현저하거나 재난이 발생한 경우 주민의 생명 · 신체 및 재산을 보호하기 위한 긴급구조지원	① 재난이 발생할 우려가 현저하거나 안전사고 및 재해 · 재난 발생 시 지역주민 안전확보를 위한 긴급구조지원
	나) 재해 발생 시 지역의 사회질서 유지 및 교통관리 등	① 재해발생지역의 사회질서 유지 ② 재해발생지역의 교통관리 등
	다) 그 밖에 긴급구조지원기관으로서의 긴급구조지원 활동 등	그 밖에 긴급구조지원기관으로서의 지역 내 긴급구조지원 활동
4) 아동 · 청소년 · 노인 · 여성 · 장애인 등 사회적 보호가 필요한 사람에 대한 보호 업무 및 가정 · 학교 · 성폭력 등의 예방	가) 아동 · 노인 · 장애인 학대 예방과 피해 아동 · 노인 · 장애인에 대한 보호활동	① 아동 · 노인 · 장애인 학대 예방활동 ② 아동 · 노인 · 장애인 학대 사안대응 ③ 아동 · 노인 · 장애인 학대 피해자 보호기관 등 연계 · 지원 ④ 아동 · 노인 · 장애인 학대 관련 학대예방 전담 경찰관 운영
	나) 아동 · 청소년 · 노인 · 여성 · 장애인 등 사회적 보호가 필요한 사람의 실종 예방 · 대응 활동	① 실종 사전예방활동 ② 실종 · 유괴 경보 체계 구축 · 운영 ③ 실종아동등 조기발견 지침 대상시설 지도 · 감독 ④ 유전자 채취 및 보호시설 등 일제수색 운영
	다) 아동 대상 범죄예방 및 아동안전 보호활동	① 아동안전지킴이 등 아동안전보호 인력운영 및 선발 · 배치 · 감독 ② 아동안전지킴이집 등 아동안전 보호기관 관리 및 운영 · 교육 · 홍보 ③ 그 밖에 아동 대상 범죄예방 및 아동안전 보호활동
	라) 청소년 비행방지 등 선도 · 보호 활동	① 청소년 비행 사전방지 활동 ② 청소년 선도 · 보호활동 및 청소년 참여제도 운영
	마) 가정폭력범죄 예방과 피해자 등 보호 활동	① 가정폭력 예방을 위한 교육 · 홍보 ② 가정폭력범죄에 대한 응급조치, (긴급)임시조치 ③ 가정폭력 피해자 보호 · 지원

자치경찰사무	범위 기준	구체적 사항 및 범위
		④ 가정폭력 관련 학대예방 전담 경찰관 운영
	바) 학교폭력의 근절·예방과 가해학생 선도 및 피해학생 보호 활동	① 학교폭력 범죄근절 및 예방활동 ② 가해학생 선도 및 피해학생 보호 ③ 학교폭력 예방 전담 경찰관 운영
	사) 성폭력 예방과 성폭력 피해자 등 보호 활동	① 성폭력범죄 예방을 위한 교육 및 홍보활동 ② 성폭력범죄 피해자 보호·지원
	아) 그 밖에 관련 법령에 경찰의 사무로 규정된 아동·청소년·노인·여성·장애인 등 사회적 보호가 필요한 사람에 대한 보호 및 가정폭력·학교폭력·성폭력 등 예방 업무	그 밖에 관련 법령에 경찰의 사무로 규정된 아동·청소년·노인·여성·장애인 등 사회적 보호가 필요한 사람에 대한 보호 및 가정폭력·학교폭력·성폭력 등 예방업무
5) 주민의 일상생활과 관련된 사회질서의 유지 및 그 위반행위의 지도·단속 (다만, 지방자치단체 등 다른 행정청의 사무는 제외한다)	가) 경범죄 위반행위 지도·단속 등 공공질서 유지	① 경범죄 위반행위 단속 ② 지역 내 기초질서 확립 홍보
	나) 공공질서에 반하는 풍속·성매매사범 및 사행행위 지도·단속	① 풍속영업의 지도·단속 ② 성매매 단속 ③ 성매매 예방 및 피해자 보호 ④ 사행행위 지도·단속
	다) 그 밖에 관련 법령에 경찰의 사무로 규정된 주민의 일상생활과 관련된 사회질서의 유지 및 그 위반행위의 지도·단속 업무	그 밖에 관련 법령에 경찰의 사무로 규정된 주민의 일상생활과 관련된 사회질서의 유지 및 그 위반행위의 지도·단속 업무
6) 그 밖에 지역주민의 생활안전에 관한 사무	가) 지역주민의 생활안전 관련 112신고(일반신고를 포함한다) 처리	① 가정폭력, 학교폭력, 아동학대, 실종 등 자치경찰 수사사무 관련 신고 처리 ② 풍속영업, 그 밖의 경범, 주취자 등 지역 질서유지 관련 신고 처리 ③ 분실습득, 보호조치, 상담문의 등 주민생활 관련 신고 처리
	나) 지하철, 내수면 등 일반적인 출동이 어려운 특정 지역에서 주민의 생명·신체·재산의 보호를 위한 경찰대 운영	① 지하철경찰대 설치·운영(수사 제외) ② 내수면경찰대 설치·운영 ③ 관광경찰대 설치·운영
	다) 유실물 보관·반환·매각·국고귀속 등 유실물 관리	① 유실물 관련 보관·반환·매각·국고귀속 등 처리업무 ② 유실물 관리 시설의 설치 및 운영
	라) 「경찰관 직무집행법」 제4조에 따른 응급구호대상자에 대한 보호조치 및 유관기관 협력	① 응급구호대상자 관련 보호조치 ② 응급구호대상자 휴대 무기·흉기 임시영치 ③ 주취자응급의료센터 운영 지원 ④ 그 밖에 응급구호대상자 보호에 필요한 조치
	마) 그 밖에 관련 법령에 경찰의 사무로 규정된 지역주민의 생활안전에 관한 사무	그 밖에 관련 법령에 경찰의 사무로 규정된 지역주민의 생활안전에 관한 사무

나. 지역 내 교통 활동에 관한 사무

자치경찰사무	사무의 범위 기준	구체적 내용
1) 교통법규 위반에 대한 지도·단속	가) 교통법규 위반 지도·단속, 공익신고 처리 등	① 교통법규 위반 단속 ② 교통법규 위반 공익신고 처리
	나) 음주단속 장비 등 교통경찰용 장비 보급·관리·운영 등	① 음주단속장비 구매·보급·관리 ② 교통단속장비 구매·보급·관리
2) 교통안전시설 및 무인 교통단속용 장비의 심의·설치·관리	가) 교통사고 예방, 교통소통을 위한 교통안전시설 설치·관리·운영	① 교통안전시설 운영계획 수립 및 설치·관리·운영 ② 교통안전시설 및 유사 교통안전시설 무단 설치 단속 ③ 그 밖에 도로 위험 방지와 교통안전 및 원활한 소통을 위한 교통안전시설 관련 조치
	나) 도로교통 규제 관련 지역 교통안전시설심의위원회 설치 및 운영	① 지역 교통안전시설 심의위원회 구성·운영 ② 도로교통 규제 및 교통안전 시설 심의·결정
	다) 무인 교통단속용 장비의 심의·설치·관리·운영	① 무인 교통단속용 장비의 심의·설치·관리·운영
3) 교통안전에 대한 교육 및 홍보	가) 교통안전에 대한 교육	① 지역주민 대상 교통안전 교육
	나) 교통안전에 대한 홍보	① 지역주민 대상 교통안전 홍보
4) 주민참여 지역 교통활동의 지원 및 지도	가) 교통활동 지원 협력단체에 대한 운영·관리	① 모범운전자회·녹색어머니회 등 교통활동 지원 협력단체 구성·관리
	나) 주민참여형 교통안전활동 지원 및 지도	① 주민참여형 교통안전 활동 선발·관리 등 지원 ② 주민참여형 교통안전 활동 활성화를 위한 홍보·안내
5) 통행 허가, 어린이통학버스의 신고, 긴급자동차의 지정 신청 등 각종 허가 및 신고에 관한 사무	가) 차마의 안전기준 초과 승차, 안전기준 초과적재 및 차로폭 초과 차 통행허가 처리	① 안전기준 초과승차, 안전기준 초과적재 및 차로폭 초과차 통행허가 처리
	나) 도로공사 신고접수, 현장점검 및 지도·감독 등	① 도로공사 신고접수 및 도로점용허가 관련 교통안전 및 원활한 소통을 위한 필요 조치
	다) 어린이통학버스 관련 신고 접수·관리 및 관계 기관 합동 점검	① 어린이통학버스 신고·접수 관리 및 안전점검
	라) 긴급자동차의 지정 신청·관리	① 긴급자동차의 지정 신청·관리
	마) 버스전용차로 통행 지정신청 처리	① 버스전용차로 통행 지정 신청·관리
	바) 주·정차 위반차량 견인대행법인등 지정	① 견인대행법인등 지정 신청·관리
6) 그 밖에 지역 내의 교통안전 및 소통에 관한 사무	가) 지역주민의 교통안전 관련 112신고(일반신고를 포함한다) 처리	① 교통사고 신고처리 ② 교통안전 및 소통 관련 신고처리
	나) 운전면허 관련 민원 업무	① 운전면허 발급·재발급·갱신 신청·접수·교부 ② 운전면허 적성검사 신청·접수 ③ 국제운전면허 신청접수 및 교부

자치경찰사무	사무의 범위 기준	구체적 내용
		④ 운전경력증명서 발급
		⑤ 그 밖에 운전면허 관련 민원 업무
	다) 지역교통정보센터 운영 및 교통정보 연계	① 지역교통정보센터 운영
		② 교통정보 연계 업무
	라) 정체 해소 등 소통 및 안전 확보를 위한 교통관리	① 상습 정체 구간 주요 교차로에서의 교통관리
		② 안전사고·재해·재난 발생 시 이동로 및 안전 확보를 위한 교통통제 및 관리
		③ 그 밖에 도로통제 등으로 교통정체 우려시 관련 기관의 사전대책 협의
	마) 지역 내 교통안전대책 수립·시행	① 지역내 교통안전대책 수립·시행
		② 지역 교통안전 분야 유관기관 협업
	바) 교통안전 관련 기관 협의 등	① 도로법, 교통안전법 등 교통관련 법령상 유관기관 협의
		② 그 밖에 지역 내의 교통안전 및 소통에 관한 사무

다. 지역 내 다중운집 행사 관련 혼잡 교통 및 안전 관리

자치경찰사무	사무의 범위 기준	구체적 내용
–	가. 지역 내 다중운집 행사 등의 교통질서 확보 및 교통안전 관리 지원	① 지역 내 다중운집 행사 관련 교통안전대책 협의 및 교통관리 지원
		② 행사장 주변 교통안전활동 지원
	나. 지역 내 다중운집 행사 안전 관리 지원	① 다중운집 행사 안전대책 협의 및 행사장 안전관리·안전활동 지원

비고 1: 위 표의 나목 지역 내 교통 활동에 관한 사무 중 「도로교통법」 제2조 제3호의 고속도로에서 이루어지는 사무는 제외한다.

비고 2: 위 표의 가목 '지역 내 주민의 생활안전 활동에 관한 사무' 중 '지역 내 주민'은 '지역 내에 일상생활의 상당부분을 영위하는 모든 사람'으로 본다.

03 부산광역시 자치경찰사무와 자치경찰 위원회의 조직 및 운영 등에 관한 조례

[시행 2021. 4. 7.] [부산광역시조례 제6366호, 2021. 4. 7., 제정]

부산광역시

제1조(목적) 이 조례는「국가경찰과 자치경찰의 조직 및 운영에 관한 법률」및「자치경찰사무와 시·도 자치경찰위원회의 조직 및 운영 등에 관한 규정」에서 위임된 사항과 그 시행에 필요한 사항을 규정함을 목적으로 한다.

제2조(자치경찰사무의 범위 등) ① 「국가경찰과 자치경찰의 조직 및 운영에 관한 법률」(이하 "법"이라 한다) 제4조 제2항 및「자치경찰사무와 시·도자치경찰위원회의 조직 및 운영 등에 관한 규정」(이하 "영"이라 한다) 제2조에 따른 자치경찰사무의 구체적인 사항과 범위는 별표와 같다.

② 부산광역시장(이하 "시장"이라 한다)은 별표를 개정할 필요가 있을 경우 영 제2조 제2호에 따라 자치 경찰사무가 적정한 규모로 정해지도록 미리 부산광역시경찰청장의 의견을 들어야 한다.

③ 법 제18조 제1항에 따른 부산광역시자치경찰위원회(이하 "위원회"라 한다)는 영 제2조 제3호에 따라 자치경찰사무가 국가경찰사무와 유기적으로 연계되고 다른 특별시·광역시·특별자치시·도· 특별자치도의 자치경찰사무와 균형이 이루어지도록 노력하여야 하며, 필요한 경우 경찰청장의 의견을 들을 수 있다.

제3조(중복감사의 방지) ① 위원회는 영 제2조 제3호에 따라 중복감사를 방지하기 위해 법 제14조 제1항의 경찰청장과 협의하여 자치경찰사무에 대한 감사계획을 수립할 수 있다.

② 제1항에 따른 자치경찰사무에 대한 감사 절차와 방법 등은 위원회에서 별도로 정한다.

제4조(위원회 위원의 임명방법) ① 시장은 영 제4조 제1항에 따른 추천권자에게 위원으로 추천받은 사람의 자격요건 충족 여부 및 결격사유 유무 등을 확인할 수 있는 자료를 요구할 수 있다.

② 시장은 위원으로 추천받은 사람이 법 제20조 제2항의 자격요건을 갖추지 못하였거나 같은 조 제7항의 결격사유에 해당할 경우 해당 사실을 추천권자에게 통보하여야 한다.

제5조(위원장 및 상임위원의 임명방법) ① 시장은 법 제20조 제1항에 따라 위원을 임명하고 위원 중 1명을 위원장으로 임명한다.

② 제1항에 따라 임명된 위원장은 회의를 개최하고, 상임위원은 위원회의 의결을 거쳐 위원 중에서 위원장의 제청으로 시장이 임명한다.

제6조(의안의 발의 및 상정) ① 위원은 2명 이상의 찬성으로 법 제24조에 따른 위원회 소관 사무 범위에서 위원회에 상정할 의안을 발의할 수 있다. 다만, 위원장과 상임위원은 단독으로 의안을 발의할 수 있다.

② 위원장은 발의된 의안을 법 제26조 제1항에 따른 정기회의 또는 임시회의에 상정한다.

제7조(위원회 회의 운영) ① 법 제26조 제1항에 따른 정기회의 및 임시회의는 재적위원 과반수의 출석으로 개의한다.

② 위원회의 사무를 처리하기 위하여 법 제27조에 따라 사무기구 소속 간사 1명을 두며 간사는 위원회 업무를 담당하는 부서의 장으로 한다.

제8조(위원의 제척·기피·회피) ① 위원이 다음 각 호의 어느 하나에 해당하는 경우에는 위원회의 심의·의결에서 제척된다.

    1. 위원 또는 그 배우자나 배우자였던 사람이 해당 안건의 당사자(당사자가 법인·단체 등인 경우에는 그 임원을 포함한다. 이하 같다)가 되거나 해당 안건의 당사자와 공동권리자 또는 공동의 무자인 경우

    2. 위원이 해당 안건의 당사자와 친족이거나 친족이었던 경우

    3. 위원이 해당 안건에 관하여 용역, 자문, 감정 또는 조사를 한 경우

    4. 위원이나 위원이 속한 법인이 해당 안건의 당사자의 대리인이거나 대리인이었던 경우

② 해당 안건의 당사자는 제1항 각 호에 따른 제척 사유가 있거나 위원에게 공정한 심의·의결을 기대하기 어려운 사정이 있는 경우에는 기피 신청을 할 수 있고, 위원회는 의결로 이를 결정한다. 이 경우 기피 신청의 대상인 위원은 그 의결에 참여하지 못한다.

③ 위원이 제1항 각 호에 따른 제척 사유에 해당하는 경우에는 스스로 해당 안건의 심의·의결에서 회피하여야 한다.

제9조(위원의 수당 등) 위원회의 위원 중 공무원이 아닌 위원에게 지급하는 수당은 「부산광역시 소속 위원회 위원 수당 및 여비 지급에 관한 조례」에 따르고, 공무원이 아닌 위원이 위원회의 의결에 따라 출장할 때에는 상임위원에 준하여 「부산광역시 공무원 여비 조례」에 따라 여비를 지급할 수 있다.

제10조(실무협의회 구성 등) ① 위원회는 영 제15조 제1항에 따라 경찰청 등과 실무협의회를 구성·운영할 수 있다.

② 실무협의회는 위원회, 경찰청 등 관계기관의 소속 공무원 등으로 구성한다.

③ 실무협의회는 필요한 경우 관계전문가에게 회의에 출석하여 발언하게 하거나 자료의 제출을 요청할 수 있다.

④ 실무협의회의 사무를 처리하기 위하여 간사 1명을 두며, 간사는 실무협의회 업무를 담당하는 부서의 장이 된다.

⑤ 이 조례에서 규정한 사항 외에 실무협의회의 구성, 회의개최, 운영 등에 필요한 사항은 경찰청 등 관계기관과 협의하여 정한다.

제11조(자치경찰사무 담당 공무원 등에 대한 지원) ① 시장은 법 제35조 제2항에 따라 자치경찰사무를 수행하는 공무원에게 「부산광역시 공무원 후생복지에 관한 조례」에 따라 예산의 범위에서 복지, 처우 등의 지원을 할 수 있다. 다만, 「경찰공무원 보건안전 및 복지 기본법」 및 「공무원 후생복지에 관한 규정」에 따른 지원과 중복하여 지급하지 아니한다.

② 시장은 자치경찰사무를 수행하는 직원 중 공무원이 아닌 직원에게도 공무원에 준하여 제1항에 따른 지원을 할 수 있다.

부칙

이 조례는 공포한 날부터 시행한다.

생활안전, 교통, 경비 관련 자치경찰사무의 구체적 사항 및 범위

(제2조 제1항 관련)

1. 지역 내 주민의 생활안전활동에 관한 사무

자치경찰사무	범위 기준	구체적 사항 및 범위
가. 생활안전을 위한 순찰 및 시설의 운영	1) 지역 주민 안전을 위한 범죄 예방 시설 설치 · 운영	가) 범죄취약지역 환경 개선 등 지역 범죄 예방환경 설계 (CPTED) 사업 추진 나) CCTV 통합관제센터 운영 지원
	2) 지역 주민 안전을 위한 범죄 예방진단	가) 지역 · 건물의 범죄취약요소 현장진단 및 점검 · 관리 나) 범죄예방 우수시설 인증 시행 다) 범죄예방 강화구역 관리 등 범죄예방진단팀(CPO)운영
	3) 지역 주민 안전을 위한 순찰 과 범죄예방활동 시행 · 관리	가) 시기별 · 테마별 범죄예방활동 시행 · 관리 나) 범죄예방을 위한 순찰 제도 시행 다) 은행 · 편의점 등 현금다액 취급업소 범죄예방활동 시행
나. 주민참여 방범활동 의 지원 및 지도	1) 범죄예방을 위한 주민 참여 지역 협의체 구성 · 운영	가) 생활안전협의회, 자율방범대 등에 대한 협업 및지원 · 지도
	2) 주민 참여형 범죄예방활동 시 행 · 관리	가) 지역주민 대상 범죄예방요령 · 범죄예방교실 · 시민 경 찰학교 등 홍보활동 나) 주민 참여형 범죄예방활동(합동순찰 등)
다. 안전사고 및 재해 · 재난시 긴급구조 지원	1) 재난이 발생할 우려가 현저하거 나 재난이 발생하였을 때에 주민 의 생명 · 신체 및 재산을 보호하 기 위한 긴급구조지원	가) 재난이 발생할 우려가 현저하거나 안전사고 및 재해 · 재난 발생 시 지역주민 안전확보를 위한 긴급구조지원
	2) 재해 발생 시 지역의 사회질 서 유지 및 교통관리 등	가) 재해발생지역의 사회질서 유지 나) 재해발생지역의 교통관리 등
	3) 그 밖에 긴급구조지원기관으 로서의 긴급구조지원 활동 등	가) 그 밖에 긴급구조지원기관으로서의 지역 내 긴급 구조 지원 활동 등
라. 아동 · 청소년 · 노 인 · 여성 · 장애인 등 사회적 보호가 필요한 사람에 대 한 보호 업무 및 가 정 · 학교 · 성폭력 등의 예방	1) 아동 · 노인 · 장애인 학대 예방 과 피해 아동 · 노인 · 장애인 에 대한 보호활동	가) 아동 · 노인 · 장애인 학대 예방활동(교육 · 홍보 등) 나) 아동 · 노인 · 장애인 학대 사안대응(시설 내 학대 점검, 가 · 피해자 조사 등) 다) 아동 · 노인 · 장애인 학대 피해자 보호기관 등 연계 · 지원 라) 아동 · 노인 · 장애인 학대 관련 학대예방경찰관(APO) 운영
	2) 아동 · 청소년 · 노인 · 여성 · 장애인 등 사회적 보호가 필요 한 사람의 실종 예방 · 대응 활동	가) 지문 등 사전등록 업무 나) 실종 · 유괴 경보 체계 구축 · 운영 다) 실종아동등 조기발견 지침 대상시설 지도 · 감독 라) 유전자 채취 및 보호시설 등 일제수색 운영
	3) 아동 대상 범죄예방 및 아동 안전 보호활동	가) 아동안전지킴이 운영 및 선발 · 배치 · 감독 나) 아동안전지킴이집 관리 및 운영 · 교육 · 홍보 다) 기타 아동 대상 범죄예방 및 아동안전 보호활동
	4) 청소년 비행방지 등 선도 · 보 호 활동	가) 청소년 비행방지, 선도 · 보호활동 나) 위기청소년(가 · 피해학생, 학교 · 가정 밖 청소년 등) 면

자치경찰사무	범위 기준	구체적 사항 및 범위
		담 · 관리 다) 위기청소년 발굴(거리상담 등) 및 유관기관 연계 라) 소년범 선도제도 운영(선도프로그램, 선도심사위원회, 전문가참여제, 우범소년 송치) 마) 경찰의 청소년 선도 · 보호 활동에 대한 청소년 참여 제도 운영(정책자문단 등)
	5) 가정폭력범죄 예방과 피해자 등 보호 활동	가) 가정폭력 예방활동(교육 · 홍보 등) 나) 가정폭력 (긴급)임시조치 다) 가정폭력 피해자 상담 · 보호기관 등 연계 · 지원 라) 가정폭력 사안대응(협업회의 참석, 가 · 피해자 조사 등) 마) 가정폭력 관련 학대예방경찰관(APO) 운영
	6) 학교폭력의 근절 · 예방과 가해학생 선도 및 피해학생 보호 활동	가) 학교폭력 예방활동(교육 · 홍보 등) 나) 학교폭력 사안대응(학폭위 참석, 117사안대응, 가 · 피해학생 조사 등) 다) 청소년육성회 등 지역 내 학교폭력 유관단체와 협업 업무 라) 청소년경찰학교, 명예경찰소년단 운영 마) 학교전담경찰관(SPO) 운영
	7) 성폭력 예방과 성폭력 피해자 등 보호 활동	가) 성폭력범죄 예방활동(교육 · 홍보 등) 나) 성폭력범죄 피해자 보호 · 지원
	8) 그 밖에 관련 법령에 경찰의 사무로 규정된 아동 · 청소년 · 노인 · 여성 · 장애인 등 사회적 보호가 필요한 사람에 대한 보호 및 가정폭력 · 학교폭력 · 성폭력 등 예방 업무	가) 그 밖에 관련 법령에 경찰의 사무로 규정된 아동 · 청소년 · 노인 · 여성 · 장애인 등 사회적 보호가 필요한 사람에 대한 보호 및 가정폭력 · 학교폭력 · 성폭력 등 예방 업무
마. 주민의 일상생활과 관련된 사회질서의 유지 및 그 위반행위의 지도 · 단속 (다만, 지방자치단체 등 다른 행정청의 사무는 제외한다)	1) 경범죄 위반행위 지도 · 단속 등 공공질서 유지	가) 경범죄 위반행위 단속(과태료 등 지자체 행정처분 사항 제외) 나) 지역 내 기초질서 확립을 위한 주민 대상 계도 및 홍보 등
	2) 공공질서에 반하는 풍속 · 성매매사범 및 사행행위 지도 · 단속	가) 풍속영업의 지도 · 단속 나) 성매매 단속 다) 성매매 예방 및 피해자 보호 라) 사행행위 지도 · 단속
	3) 그 밖에 관련 법령에 경찰의 사무로 규정된 주민의 일상생활과 관련된 사회질서의 유지 및 그 위반행위의 지도 · 단속 업무	가) 그 밖에 관련 법령에 경찰의 사무로 규정된 주민의 일상생활과 관련된 사회질서의 유지 및 그 위반행위의 지도 · 단속 업무
바. 그 밖에 지역주민의 생활안전에 관한 사무	1) 지역주민의 생활안전 관련 112신고(일반신고를 포함한다) 처리	가) 가정폭력, 학교폭력, 아동학대, 실종 등 자치경찰 수사사무 관련 신고 처리 나) 풍속영업, 기타경범, 주취자 등 지역 질서유지 관련 신고 처리 다) 분실습득, 보호조치, 상담문의 등 지역 주민의 생활안전 관련 신고 처리
	2) 지하철, 내수면 등 일반적인 출동이 어려운 특정 지역에서 주	가) 지하철경찰대 설치 · 운영 나) 관광경찰대 설치 · 운영

자치경찰사무	범위 기준	구체적 사항 및 범위
	민의 생명·신체·재산의 보호를 위한 경찰대 운영	
	3) 유실물 보관·반환·매각·국고귀속 등 유실물 관리	가) 유실물 처리업무 계획 및 지도·감독 나) 습득물·분실물 신고접수 및 보관 다) 유실자 확인 및 습득자 소유권 취득 시 물건 인계 라) 법정기간 만료 시 국고·금고 귀속 마) 유실물 관리 시설의 설치 및 운영
	4) 「경찰관 직무집행법」 제4조에 따른 응급구호대상자에 대한 보호조치 및 유관기관 협력	가) 응급구호대상자 보건의료기관 또는 공공구호기관 긴급구호 요청 및 인계하거나 경찰관서 임시보호 등 조치 나) 응급구호대상자 휴대 무기·흉기 임시영치 다) 주취자응급의료센터 운영 지원 라) 그 밖에 응급구호대상자 보호에 필요한 조치
	5) 그 밖에 관련 법령에 경찰의 사무로 규정된 지역주민의 생활안전에 관한 사무	가) 그 밖에 관련 법령에 경찰의 사무로 규정된 지역주민의 생활안전에 관한 사무

2. 지역 내 교통활동에 관한 사무

자치경찰사무	사무의 범위 기준	구체적 사항 및 범위
가. 교통법규 위반에 대한 지도·단속	1) 교통법규 위반 지도·단속, 공익신고 처리 등	가) 음주·무면허 등 교통법규 위반 단속 나) 교통법규 위반 공익신고 처리 다) 기타 교통법규 위반신고 처리(영상단속, 방문 신고 등)
	2) 음주단속 장비 등 교통경찰용 장비 보급·관리·운영 등	가) 음주단속장비 등 구매·보급 나) 음주단속장비 등 검정·교정 다) 음주단속장비 등 노후장비 교체
나. 교통안전시설 및 무인 교통단속용 장비의 심의·설치·관리	1) 교통사고 예방, 교통소통을 위한 교통안전시설 설치·관리·운영	가) 교통안전시설 운영계획 수립 나) 교통신호기 설치·관리·운영 다) 교통안전표지 설치·관리 라) 교통노면표시 설치·관리 마) 교통안전시설 및 유사 교통안전시설 무단 설치 단속 바) 그 밖에 도로 위험 방지와 교통안전 및 원활한 소통을 위한 교통안전시설 관련 조치
	2) 도로교통 규제 관련 지역 교통안전시설 심의위원회 설치 및 운영	가) 지역 교통안전시설 심의위원회 구성 나) 도로교통 규제 및 교통안전시설 설치여부의 심의·결정
	3) 무인 교통단속용 장비의 심의·설치·관리·운영	가) 무인 교통단속용장비의 설치·관리·운영 나) 무인 교통단속용장비의 우선 설치장소 선정 심의
다. 교통안전에 대한 교육 및 홍보	1) 교통안전에 대한 교육	가) 지역주민 대상 교통안전 교육계획 수립·시행 나) 교안, 리플렛 등 교육자료 제작·배포
	2) 교통안전에 대한 홍보	가) 지역주민 대상 교통안전 홍보계획 수립·시행 나) 교통안전 홍보물품 구매·보급
라. 주민참여 지역 교통활동의 지원 및 지도	1) 교통활동 지원 협력단체에 대한 운영·관리	가) 모범운전자회·녹색어머니회 등 교통활동 지원을 위한 운전자 모임 및 학부모단체 구성 나) 모범운전자회·녹색어머니회 등 교통활동지원을 위한 운전자 모임 및 학부모 단체의 교통안전 지원활동 관리

자치경찰사무	사무의 범위 기준	구체적 사항 및 범위
	2) 주민참여형 교통안전활동 지원 및 지도	가) 무사고 운전자 선발·관리 나) 교통법규 위반 공익신고 활성화를 위한 홍보·안내
마. 통행 허가, 어린이 통학버스의 신고, 긴급자동차의 지정 신청 등 각종 허가 및 신고에 관한 사무	1) 차마의 안전기준 초과 승차, 안전기준 초과적재 및 차로폭 초과 차 통행허가 처리	가) 안전기준 초과승차 허가 신청서 접수·허가증 발급 나) 안전기준 초과적재 허가 신청서 접수·허가증 발급 다) 차로폭초과차 통행 허가 신청서 접수·허가증 발급
	2) 도로공사 신고접수, 현장점검 및 지도·감독 등	가) 도로점용허가 필요 조치 나) 도로공사 신고 관련 교통안전 및 원활한 소통을 위한 필요 조치
	3) 어린이통학버스 관련 신고접수·관리 및 관계 기관 합동 점검	가) 어린이통학버스 신고 접수 및 신고증명서 발급·재교부 나) 관계부처 합동 어린이통학버스 안전점검 및 계도·단속
	4) 긴급자동차의 지정 신청·관리	가) 긴급자동차 지정증 신청서 접수·지정증 발급 나) 긴급자동차 지정증 재교부 신청서 접수·지정증 발급 다) 긴급자동차 지정 취소 및 지정증 회수
	5) 버스전용차로 통행 지정신청 처리	가) 버스전용차로 통행 지정신청서 접수·지정증 발급 나) 버스전용차로 통행 지정증 재교부 신청서 접수·지정증 발급 다) 버스전용차로 통행 지정 취소 및 지정증 회수
	6) 주·정차 위반차량 견인대행 법인등 지정	가) 견인대행법인등 지정신청서 접수·지정증 발급 나) 견인대행법인등 지정 취소·정지 및 지정증 회수
바. 그 밖에 지역 내의 교통안전 및 소통에 관한 사무	1) 지역주민의 교통안전 관련 112신고(일반신고를 포함한다) 처리	가) 교통사고, 사망·대형사고 신고 처리 나) 음주운전, 교통위반 신고 처리 다) 교통불편 신고 처리
	2) 운전면허 관련 민원 업무	가) 운전면허 발급·재발급·갱신 신청·접수·교부 나) 운전면허 적성검사 신청·접수 다) 국제운전면허 신청접수 및 교부 라) 운전경력증명서 발급 마) 기타 운전면허 관련 민원 업무
	3) 지역교통정보센터 운영 및 교통정보 연계	가) 지역교통정보센터 운영 나) 교통정보 연계(경찰청 도시교통정보센터 등과의 연계)
	4) 정체 해소 등 소통 및 안전 확보를 위한 교통관리	가) 출·퇴근 시간대 및 상습 정체 구간 주요 교차로에서의 교통관리 나) 안전사고·재해·재난 발생 시 이동로 및 안전 확보를 위한 교통통제 및 관리
	5) 지역 내 교통안전대책 수립·시행	가) 시기별·취약 대상·위험요인별 지역내 교통안전대책 수립·시행 나) 지역 교통안전협의체 구성·운영 등 교통안전 분야 유관기관 협업
	6) 교통안전 관련 기관 협의 등	가) 지역 교통영향평가, 교통성 검토 등 교통소통 관련 협의 나) 「도로법」 제48조에 따른 자동차전용도로 지정 등 관련 협의(도로관리청이 국토부장관인 경우는 제외) 다) 「교통안전법」상 안전진단, 사고조사 관련 협의 라) 「어린이·노인 및 장애인 보호구역의 지정 및 관리에 관한 규칙」 제3조에 따른 보호구역의 지정 등 관련 협의 마) 그 밖에 지역 내의 교통안전 및 소통에 관한 사무

3. 지역 내 다중운집 행사 관련 혼잡 교통 및 안전 관리

자치경찰사무	사무의 범위 기준	구체적 사항 및 범위
가. 지역 내 다중운집 행사 관련 혼잡 교통 및 안전 관리	1) 지역 내 다중운집 행사 등의 교통질서 확보 및 교통안전 관리 지원	가) 다중운집 행사장 주변 주요 교차로 소통 확보를 위한 교통관리 지원 나) 행사장 주변 보행자 등 교통사고 예방을 위한 교통안전 활동 지원
	2) 지역 내 다중운집 행사 안전 관리 지원	가) 다중운집 행사 안전관리계획 수립 지원 나) 행사장 주변 안전사고 예방 및 질서유지를 위한 안전활동 지원

비고: 위 표의 제2호 지역 내 교통 활동에 관한 사무 중 「도로교통법」 제2조 제3호의 고속도로에서 이루어지는 사무는 제외한다.

04 대구광역시 자치경찰사무와 자치경찰 위원회 조직 및 운영 등에 관한 조례

[시행 2021. 5. 10.] [대구광역시조례 제5582호, 2021. 5. 10., 제정]

대구광역시(정책기획관), 053-803-1971

제1조(목적) 이 조례는「국가경찰과 자치경찰의 조직 및 운영에 관한 법률」과「자치경찰사무와 시도자치경찰위원회의 조직 및 운영 등에 관한 규정」에서 위임된 사항과 그 시행에 필요한 사항을 규정함을 목적으로 한다.

제2조(생활안전·교통·경비 관련 자치경찰사무의 범위 등) ①「국가경찰과 자치경찰의 조직 및 운영에 관한 법률」(이하 "법"이라 한다) 제4조 제2항 및「자치경찰사무와 시도자치경찰위원회의 조직 및 운영 등에 관한 규정」(이하 "영"이라 한다) 제2조에 따른 자치경찰사무의 구체적 사항과 범위는 별표 1과 같다.

② 대구광역시장(이하 "시장"이라 한다)은 제1항에 따른 별표 1을 개정할 필요가 있을 경우 영 제2조 제2호에 따라 자치경찰사무를 적정한 규모로 정하기 위해 미리 대구광역시경찰청장의 의견을 청취한다.

③ 대구광역시자치경찰위원회(이하 "위원회"라 한다)는 영 제2조 제3호에 따라 자치경찰사무가 국가경찰사무와 유기적으로 연계되고 다른 특별시·광역시·특별자치시·도·특별자치도의 자치경찰사무와 균형이 이루어지도록 노력하여야 하며, 필요한 경우 경찰청장의 의견을 들을 수 있다.

제3조(자치경찰사무의 감사) ① 위원회는 영 제2조 제3호에 따라 중복감사를 방지하기 위해 경찰청장과 협의하여 자치경찰사무에 대한 감사계획을 수립·실시할 수 있다.

② 위원회는 전문지식이나 실무경험 등이 요구되는 분야를 감사할 때에는 외부 전문가, 대구광역시 감사관 또는 대구광역시경찰청장의 자문을 받을 수 있으며 필요한 경우 외부전문가를 감사에 참여시킬 수 있다.

③ 제1항에 따른 자치경찰사무에 대한 감사 절차와 방법 등은 법 제24조 제1항 제12호에 따른 위원회 규칙(이하 "위원회 규칙"이라 한다)으로 정한다.

제4조(위원회 위원의 임명방법) ① 시장은 법 제20조 제1항 제1호부터 제4호까지의 규정에 따른 위원 추천권자(이하 이 조에서 "추천권자"라 한다)로부터 위원으로 임명할 사람을 추천받은 경우 추천권자에게 위원으로 추천받은 사람의 자격요건 충족 여부 및 결격사유 유무 등을 확인할 수 있는 자료를 요구할 수 있다.

② 시장은 위원으로 추천받은 사람이 법 제20조 제2항의 자격요건을 갖추지 못하였거나 같은 조 제7항의 결격사유에 해당할 경우 해당 사실을 추천권자에게 통보하고, 재추천을 요청하여야 한다.

제5조(위원장 및 상임위원의 임명방법) ① 시장은 법 제20조 제1항에 따라 위원을 임명하고, 위원 중에서 1명을 위원장으로 임명한다.

② 제1항에 따라 임명된 위원장은 빠른 시일 내에 회의를 개최하고, 위원회는 해당 회의에서 상임위원 선정을 의결한다.

제6조(의안의 발의 및 상정) ① 위원은 재적위원 2명 이상의 찬성으로 법 제24조에 따른 위원회 소관 사무 범위에서 위원회에 상정할 의안을 발의할 수 있다. 다만, 위원장과 상임위원은 단독으로 의안을 발의할 수 있다.

② 위원장은 발의된 의안을 법 제26조 제1항에 따른 정기회의 또는 임시회의에 상정한다.

제7조(위원의 수당) ① 위원회의 위원 중 공무원이 아닌 위원에게 지급하는 수당의 종류는 다음 각 호와 같고, 수당의 지급 기준은 별표 2와 같다.

　　1. 참석수당: 위원이 위원회의 회의에 출석하여 심의·의결·자문 등을 하는 경우에 지급하는 수당

　　2. 심사수당: 위원회의 의결을 거쳐 위원장의 요청으로 미리 자료를 수집하거나 회의 안건을 검토하여 위원회에 보고하는 경우에 지급하는 수당

　　3. 그 밖에 위원회 운영에 필요한 수당

② 원거리에 거주하는 등 특별한 사유가 있는 경우에는 제1항 제1호에 따른 참석수당 이외에 교통비, 식비, 숙박비 등 여비를 별도로 지급할 수 있다.

제8조(위원의 여비) 위원회의 위원 중 공무원이 아닌 위원이 위원회의 의결에 따라 출장할 경우나 제7조 제2항의 경우에는 위원에게 3급 지방공무원에 상당하는 여비를 지급할 수 있다.

제9조(지급 절차 등) 이 조례에서 정한 사항 외에 위원회 위원의 수당 및 여비 등의 지급에 필요한 사항은 위원회 규칙으로 정한다.

제10조(실무협의회 구성 등) ① 위원회는 영 제15조 제1항에 따라 경찰청 등과 실무협의회를 운영할 수 있다.

② 실무협의회는 위원회, 경찰청 등 관계기관의 소속 공무원 등으로 구성한다.

③ 실무협의회는 회의 운영에 필요한 경우 관계전문가에게 회의에 출석하여 발언하게 하거나 자료의 제출을 요청할 수 있다.

제11조(간사) ① 실무협의회에 실무협의회의 사무를 처리할 간사 1명을 둔다.

② 간사는 위원회 사무기구 소속 과장이 된다.

제12조(운영세칙) 이 조례에서 규정한 사항 외에 실무협의회의 운영 등에 필요한 사항은 위원회가 경찰청 등 관계기관과 협의하여 정한다.

제13조(예산) ① 위원회는 법 제35조 제1항에 따라 「지방자치법」 제127조 제1항에서 시장이 대구광역시의회에 예산안을 제출하도록 정한 기한의 30일 전까지 자치경찰사무 수행에 필요한 예산안을 심의·의결하여 시장에게 제출한다.

② 위원회는 제1항에 따라 예산안을 심의·의결하기 전에 예산안을 경찰청장에게 통보하고 의견을 들어야 한다.

제14조(자치경찰사무 담당 공무원 등에 대한 지원) ① 시장은 법 제35조 제2항에 따라 자치경찰사무를 수행하는 공무원에게 「대구광역시 공무원 후생복지제도에 관한 조례」에 따라 대구광역시 소속 공무원이 적용받는 후생복지에 관한 사항 등 예산의 범위에서 복지, 처우 등의 지원을 할 수 있다.

② 시장은 자치경찰사무를 수행하는 공무원이 아닌 직원에게도 공무원에 준하여 제1항에 따른 지원을 할 수 있다.

제15조(위원장의 의회 출석·답변) 위원장은 「지방자치법」 제42조 제2항에 따라 대구광역시의회가 요구하면 출석·답변하여야 한다. 다만, 특별한 이유가 있으면 위원장은 상임위원 또는 위원회 소속 공무원에게 출석·답변하게 할 수 있다.

부칙 〈조례 제5582호, 2021. 5. 10.〉

이 조례는 공포한 날부터 시행한다.

생활안전, 교통, 경비 관련 자치경찰사무의 구체적 사항 및 범위(제2조 제1항 관련)

가. 지역 내 주민의 생활안전 활동에 관한 사무

자치경찰사무	범위 기준	구체적 사항 및 범위
1) 생활안전을 위한 순찰 및 시설의 운영	가) 지역주민 안전을 위한 범죄 예방시설 설치 · 운영	① 범죄취약지역 환경 개선 등 지역 범죄 예방환경설계 (CPTED) 사업 추진 ② CCTV 통합관제센터 운영 지원
	나) 지역주민 안전을 위한 범죄 예방진단	① 지역 · 건물의 범죄취약요소 현장진단 및 점검 · 관리 ② 범죄예방 우수시설 인증 시행 ③ 범죄예방 강화구역 관리 등 범죄예방 진단팀(CPO) 운영
	다) 지역주민 안전을 위한 순찰 과 범죄예방활동 시행 · 관리	① 시기별 · 테마별 범죄예방활동 시행 · 관리 ② 범죄예방을 위한 순찰(지역안전순찰 등) 제도 시행 ③ 은행 · 편의점 등 현금다액 취급업소 범죄예방활동 시행
2) 주민참여 방범 활동의 지원 및 지도	가) 범죄예방을 위한 주민 참여 지 역 협의체 구성 · 운영	① 생활안전협의회, 자율방범대 등에 대한 협업 및 지원 · 지도
	나) 주민 참여형 범죄 예방활동 시행 · 관리	① 지역주민 대상 범죄예방요령 · 범죄예방교실 · 시민 경찰학교 등 홍보활동 ② 주민 참여형 범죄예방활동(합동순찰 등)
3) 안전사고 및 재해 · 재난 시 긴급구조지원	가) 재난이 발생할 우려가 현저 하거나 재난이 발생한 경우 주민의 생명 · 신체 및 재산 을 보호하기 위한 긴급구조 지원	① 재난이 발생할 우려가 현저하거나 안전사고 및 재해 · 재난 발생 시 지역주민 안전확보를 위한 긴급구조지원
	나) 재해 발생 시 지역의 사회질 서 유지 및 교통관리 등	① 재해발생지역의 사회질서 유지 ② 재해발생지역의 교통관리 등
	다) 그 밖에 긴급구조 지원기관으로 서의 긴급구조지원 활동 등	그 밖에 긴급구조지원기관으로서의 지역 내 긴급구조지원 활동 등
4) 아동 · 청소년 · 노 인 · 여성 · 장애인 등 사회적 보호가 필 요한 사람에 대한 보 호 업무 및 가정 · 학교 · 성폭력 등의 예방	가) 아동 · 노인 · 장애인 학대 예 방과 피해 아동 · 노인 · 장애 인에 대한 보호활동	① 아동 · 노인 · 장애인 학대 예방활동(교육 · 홍보 등) ② 아동 · 노인 · 장애인 학대 사안대응(시설 내 학대 점검, 가해자 · 피해자 조사 등) ③ 아동 · 노인 · 장애인 학대 피해자 보호기관 등 연계 · 지원 ④ 아동 · 노인 · 장애인 학대 관련 학대예방경찰관(APO) 운영
	나) 아동 · 청소년 · 노인 · 여성 · 장애인 등 사회적 보호가 필요 한 사람의 실종 예방 · 대응 활동	① 지문 등 사전등록 업무 ② 실종 · 유괴 경보 체계 구축 · 운영 ③ 실종아동 등 조기발견 지침 대상시설 지도 · 감독 ④ 유전자 채취 및 보호시설 등 일제수색 운영
	다) 아동 대상 범죄예방 및 아동 안전 보호활동	① 아동안전지킴이 운영 및 선발 · 배치 · 감독 ② 아동안전지킴이집 관리 및 운영 · 교육 · 홍보 ③ 그 밖에 아동 대상 범죄예방 및 아동안전 보호활동
	라) 청소년 비행방지 등 선도 ·	① 청소년 비행방지, 선도 · 보호활동

자치경찰사무	범위 기준	구체적 사항 및 범위
	보호 활동	② 위기청소년(가해·피해학생, 학교·가정 밖 청소년 등) 면담·관리 ③ 위기청소년 발굴(거리상담 등) 및 유관기관 연계 ④ 소년범 선도제도 운영(선도프로그램, 선도심사위원회, 전문가참여제, 우범소년 송치) ⑤ 경찰의 청소년 선도·보호 활동에 대한 청소년 참여 제도 운영(정책자문단 등)
	마) 가정폭력범죄 예방과 피해자 등 보호 활동	① 가정폭력 예방활동(교육·홍보 등) ② 가정폭력 (긴급)임시조치 ③ 가정폭력 피해자 상담·보호기관 등 연계·지원 ④ 가정폭력 사안대응(협업회의 참석, 가해자·피해자 조사 등) ⑤ 가정폭력 관련 학대예방경찰관(APO) 운영
	바) 학교폭력의 근절·예방과 가해학생 선도 및 피해학생 보호 활동	① 학교폭력 예방활동(교육·홍보 등) ② 학교폭력 사안대응(학교폭력대책심의 위원회 참석, 117 사안대응, 가해·피해 학생 조사 등) ③ 청소년육성회 등 지역 내 학교폭력 유관단체와 협업 업무 ④ 청소년경찰학교, 명예경찰소년단 운영 ⑤ 학교전담경찰관(SPO) 운영
	사) 성폭력 예방과 성폭력 피해자 등 보호 활동	① 성폭력 범죄 예방활동(교육·홍보 등) ② 성폭력 범죄 피해자 보호·지원
	아) 그 밖에 관련 법령에 경찰의 사무로 규정된 아동·청소년·노인·여성·장애인 등 사회적 보호가 필요한 사람에 대한 보호 및 가정폭력·학교폭력·성폭력 등 예방 업무	그 밖에 관련 법령에 경찰의 사무로 규정된 아동·청소년·노인·여성·장애인 등 사회적 보호가 필요한 사람에 대한 보호 및 가정폭력·학교폭력·성폭력 등 예방 업무
5) 주민의 일상생활과 관련된 사회질서의 유지 및 그 위반행위의 지도·단속 (다만, 지방자치단체 등 다른 행정청의 사무는 제외한다)	가) 경범죄 위반행위 지도·단속 등 공공질서 유지	① 경범죄 위반행위 단속(과태료 등 지자체 행정처분 사항 제외) ② 지역 내 기초질서 확립을 위한 주민 대상 지도 및 홍보 등
	나) 공공질서에 반하는 풍속·성매매사범 및 사행행위 지도·단속	① 풍속영업의 지도·단속 ② 성매매 단속 ③ 성매매 예방 및 피해자 보호 ④ 사행행위 지도·단속
	다) 그 밖에 관련 법령에 경찰의 사무로 규정된 주민의 일상생활과 관련된 사회질서의 유지 및 그 위반행위의 지도·단속 업무	그 밖에 관련 법령에 경찰의 사무로 규정된 주민의 일상생활과 관련된 사회질서의 유지 및 그 위반행위의 지도·단속 업무
6) 그 밖에 지역주민의 생활안전에 관한 사무	가) 지역주민의 생활안전 관련 112신고(일반신고를 포함한다) 처리	① 가정폭력, 학교폭력, 아동학대, 실종 등 자치경찰 수사사무 관련 신고 처리 ② 풍속영업, 그 밖의 경범, 주취자 등 지역 질서유지 관련 신고 처리 ③ 분실습득, 보호조치, 상담문의 등 지역 주민의 생활안전 관련 신고 처리
	나) 지하철, 내수면 등 일반적인 출	① 지하철경찰대 설치·운영(수사 제외)

자치경찰사무	범위 기준	구체적 사항 및 범위
	동이 어려운 특정 지역에서 주민의 생명 · 신체 · 재산의 보호를 위한 경찰대 운영	② 내수면경찰대 설치 · 운영 ③ 관광경찰대 설치 · 운영
	다) 유실물 보관 · 반환 · 매각 · 국고귀속 등 유실물 관리	① 유실물 처리업무 계획 및 지도 · 감독 ② 습득물 · 분실물 신고접수 및 보관 ③ 유실자 확인 및 습득자 소유권 취득 시 물건 인계 ④ 법정기간 만료 시 국고 · 금고 귀속 ⑤ 유실물 관리 시설의 설치 및 운영
	라) 「경찰관 직무집행법」 제4조에 따른 응급구호대상자에 대한 보호조치 및 유관기관 협력	① 응급구호대상자 보건의료기관 또는 공공구호기관 긴급구호 요청 및 인계, 경찰관서 임시보호 등 조치 ② 응급구호대상자 휴대 무기 · 흉기 임시영치 ③ 주취자 응급의료센터 운영 지원 ④ 그 밖에 응급구호대상자 보호에 필요한 조치
	마) 그 밖에 관련 법령에 경찰의 사무로 규정된 지역주민의 생활안전에 관한 사무	그 밖에 관련 법령에 경찰의 사무로 규정된 지역주민의 생활안전에 관한 사무

나. 지역 내 교통활동에 관한 사무

자치경찰사무	범위 기준	구체적 사항 및 범위
1) 교통법규 위반에 대한 지도 · 단속	가) 교통법규 위반 지도 · 단속, 공익신고 처리 등	① 음주 · 무면허 등 교통법규 위반 단속 ② 교통법규 위반 공익신고 처리 ③ 그 밖의 교통법규 위반신고 처리(영상단속, 방문 신고 등)
	나) 음주단속 장비 등 교통경찰용 장비 보급 · 관리 · 운영 등	① 음주단속장비 등 구매 · 보급 ② 음주단속장비 등 검정 · 교정 ③ 음주단속장비 등 노후장비 교체
2) 교통안전시설 및 무인 교통단속용 장비의 심의 · 설치 · 관리	가) 교통사고 예방, 교통소통을 위한 교통안전시설 설치 · 관리 · 운영	① 교통안전시설 운영계획 수립 ② 교통신호기 설치 · 관리 · 운영 ③ 교통안전표지 설치 · 관리 ④ 교통노면표시 설치 · 관리 ⑤ 교통안전시설 및 유사 교통안전시설 무단 설치 단속 ⑥ 그 밖에 도로 위험 방지와 교통안전 및 원활한 소통을 위한 교통안전시설 관련 조치
	나) 도로교통 규제 관련 지역 교통안전시설 심의위원회 설치 및 운영	① 지역 교통안전시설 심의위원회 구성 ② 도로교통 규제 및 교통안전시설 설치여부의 심의 · 결정
	다) 무인 교통단속용 장비의 심의 · 설치 · 관리 · 운영	① 무인 교통단속용장비의 설치 · 관리 · 운영 ② 무인 교통단속용장비의 우선 설치장소 선정 심의
3) 교통안전에 대한 교육 및 홍보	가) 교통안전에 대한교육	① 지역주민 대상 교통안전 교육계획 수립 · 시행 ② 교안, 리플릿 등 교육자료 제작 · 배포
	나) 교통안전에 대한 홍보	① 지역주민 대상 교통안전 홍보계획 수립 · 시행 ② 교통안전 홍보물품 구매 · 보급

자치경찰사무	범위 기준	구체적 사항 및 범위
4) 주민참여 지역 교통활동의 지원 및 지도	가) 교통활동 지원 협력단체에 대한 운영 · 관리	① 모범운전자회 · 녹색어머니회 등 교통 활동 지원을 위한 운전자 모임 및 학부모단체 구성 ② 모범운전자회 · 녹색어머니회 등 교통활동지원을 위한 운전자 모임 및 학부모 단체의 교통안전 지원활동 관리
	나) 주민참여형 교통안전활동 지원 및 지도	① 무사고 운전자 선발 · 관리 ② 교통법규 위반 공익신고 활성화를 위한 홍보 · 안내
5) 통행 허가, 어린이 통학버스의 신고, 긴급자동차의 지정 신청 등 각종 허가 및 신고에 관한 사무	가) 차마의 안전기준 초과 승차, 안전기준 초과적재 및 차로 폭 초과 차 통행허가 처리	① 안전기준 초과승차 허가 신청서 접수 · 허가증 발급 ② 안전기준 초과적재 허가 신청서 접수 · 허가증 발급 ③ 차로 폭 초과 차 통행 허가 신청서 접수 · 허가증 발급
	나) 도로공사 신고접수, 현장점검 및 지도 · 감독 등	① 도로점용허가 필요 조치 ② 도로공사 신고 관련 교통안전 및 원활한 소통을 위한 필요 조치
	다) 어린이통학버스 관련 신고접수 · 관리 및 관계 기관 합동 점검	① 어린이통학버스 신고 접수 및 신고증명서 발급 · 재교부 ② 관계부처 합동 어린이통학버스 안전점검 및 지도 · 단속
	라) 긴급자동차의 지정 신청 · 관리	① 긴급자동차 지정증 신청서 접수 · 지정증 발급 ② 긴급자동차 지정증 재교부 신청서 접수 · 지정증 발급 ③ 긴급자동차 지정 취소 및 지정증 회수
	마) 버스전용차로 통행 지정신청 처리	① 버스전용차로 통행 지정신청서 접수 · 지정증 발급 ② 버스전용차로 통행 지정증 재교부 신청서 접수 · 지정증 발급 ③ 버스전용차로 통행 지정 취소 및 지정증 회수
	바) 주 · 정차 위반차량 견인 대행법인등 지정	① 견인대행법인등 지정신청서 접수 · 지정증 발급 ② 견인대행법인등 지정 취소 · 정지 및 지정증 회수
6) 그 밖에 지역 내의 교통안전 및 소통에 관한 사무	가) 지역주민의 교통안전 관련 112신고(일반신고를 포함한다) 처리	① 교통사고, 사망 · 대형사고 신고 처리 ② 음주운전, 교통위반 신고 처리 ③ 교통불편 신고 처리
	나) 운전면허 관련 민원 업무	① 운전면허 발급 · 재발급 · 갱신 신청 · 접수 · 교부 ② 운전면허 적성검사 신청 · 접수 ③ 국제운전면허 신청 · 접수 및 교부 ④ 운전경력증명서 발급 ⑤ 그 밖에 운전면허 관련 민원 업무
	다) 지역교통정보센터 운영 및 교통정보 연계	① 지역교통정보센터 운영 ② 교통정보 연계(경찰청 도시교통정보센터 등과의 연계)
	라) 정체 해소 등 소통 및 안전 확보를 위한 교통관리	① 출 · 퇴근 시간대 및 상습 정체 구간 주요 교차로에서의 교통관리 ② 안전사고 · 재해 · 재난 발생 시 이동로 및 안전 확보를 위한 교통통제 및 관리
	마) 지역 내 교통안전대책 수립 · 시행	① 시기별 · 취약 대상 · 위험요인별 지역내 교통안전대책 수립 · 시행 ② 지역 교통안전협의체 구성 · 운영 등 교통안전 분야 유

자치경찰사무	범위 기준	구체적 사항 및 범위
		관기관 협업
	바) 교통안전 관련 기관 협의 등	① 지역 교통영향평가, 교통성 검토 등 교통소통 관련 협의 ② 「도로법」 제48조에 따른 자동차전용도로 지정 등 관련 협의(도로관리청이 국토부장관인 경우는 제외) ③ 「교통안전법」상 안전진단, 사고조사 관련 협의 ④ 「어린이 · 노인 및 장애인 보호구역의 지정 및 관리에 관한 규칙」 제3조에 따른 보호구역의 지정 등 관련 협의 ⑤ 그 밖에 지역 내의 교통안전 및 소통에 관한 사무

다. 지역 내 다중운집 행사 관련 혼잡 교통 및 안전 관리

자치경찰사무	사무의 범위 기준	구체적 사항
다중운집 행사 관련 혼잡 교통 및 안전 관리	가) 지역 내 다중운집 행사 등의 교통질서 확보 및 교통안전 관리 지원	① 다중운집 행사장 주변 주요 교차로 소통 확보를 위한 교통관리 지원 ② 행사장 주변 보행자 등 교통사고 예방을 위한 교통안전 활동 지원
	나) 지역 내 다중운집 행사 안전 관리 지원	① 다중운집 행사 안전관리계획 수립 지원 ② 행사장 주변 안전사고 예방 및 질서유지를 위한 안전활동 지원

비고: 위 표의 나목 지역 내 교통 활동에 관한 사무 중 「도로교통법」 제2조 제3호의 고속도로에서 이루어지는 사무는 제외한다.

[별표 2]

수당의 지급기준(제7조 제1항 관련)

1. 참석수당

구분	단위	기준 단가	비고
위원회	일당	• 기본료: 150,000원 • 초과 : 50,000원	• 초과는 2시간 이상 시 1일 한 차례에 한 정하여 지급한다.

2. 심사수당 및 그 밖에 위원회의 운영에 필요한 수당 : 예산의 범위에서 사전 위원회 의결로 정하는 바에 따라 지급 가능

인천광역시

제1조(목적) 이 조례는 「국가경찰과 자치경찰의 조직 및 운영에 관한 법률」 및 「자치경찰사무와 시·도 자치경찰위원회의 조직 및 운영 등에 관한 규정」에서 위임된 사항과 그 시행에 필요한 사항을 규정함을 목적으로 한다.

제2조(자치경찰사무의 범위 등) ① 「국가경찰과 자치경찰의 조직 및 운영에 관한 법률」(이하 "법"이라 한다) 제4조 제2항에 따른 자치경찰사무에 관한 구체적인 사항 및 범위는 별표와 같다.

② 인천광역시장(이하 "시장"이라 한다)은 제1항에 따른 별표를 개정할 필요가 있는 경우 「자치경찰사무와 시·도자치경찰위원회의 조직 및 운영 등에 관한 규정」(이하 "영"이라 한다) 제2조 제2호에 따라 자치경찰사무가 적정한 규모로 정해지도록 미리 인천광역시경찰청장과 협의 절차를 거친다.

③ 인천광역시자치경찰위원회(이하 "위원회"라 한다)는 영 제2조 제3호에 따라 자치경찰사무가 국가경찰사무와 유기적으로 연계되고 다른 특별시·광역시·특별자치시·도·특별자치도의 자치경찰사무와 균형이 이루어지도록 노력하여야 하며, 필요한 경우 경찰청장의 의견을 들을 수 있다.

제3조(감사의 절차와 방법 등) 위원회의 자치경찰사무에 대한 감사절차와 방법 등은 위원회가 정한다.

제4조(위원회 위원의 임명 등) ① 시장은 법 제20조 제1항 제1호부터 제4호까지에 따른 사람을 위원회의 위원(이하 "위원"이라 한다)으로 임명하려는 경우 같은 규정에 따른 추천권자(이하 이 조에서 "추천권자"라 한다)에게 다음 각 호의 자료를 요구할 수 있다.

　　1. 법 제20조 제2항에 따른 자격요건을 증명할 수 있는 자료

　　2. 법 제20조 제7항에 따른 결격사유에 해당하지 않음을 증명할 수 있는 자료

　　3. 그 밖에 추천권자가 추천을 위해 검토한 자료

② 시장은 제1항에 따라 제출받은 자료를 검토한 결과 위원으로 임명할 수 없다고 판단한 경우 그 내용을 추천권자에게 통보해야 한다.

제5조(위원회 위원장 및 상임위원의 임명 등) ① 시장은 법 제20조 제1항에 따라 임명한 위원 중 1명을 위원회의 위원장(이하 "위원장"이라 한다)으로 임명한다.

② 위원장은 위원장으로 임명된 날부터 7일 이내에 위원회의 회의를 개최하여 상임위원 선정에 관한 사항을 의결한다.

제6조(위원회의 운영 등) ① 위원은 2명 이상의 찬성으로 의안을 발의할 수 있다. 다만, 위원장과 상임위원은 단독으로 의안을 발의할 수 있다.

② 위원장은 제1항에 따라 발의된 의안을 영 제13조 제1항에 따른 정기회의 또는 임시회의에 상정하여야 한다.

제7조(위원의 제척·기피·회피) ① 위원회 위원이 다음 각 호의 어느 하나에 해당하는 경우에는 위원회의 심의·의결에서 제척(除斥)된다.

　　1. 위원 또는 그 배우자나 배우자였던 사람이 해당 안건의 당사자가 되거나 그 안건의 당사자와

공동권리자 또는 공동의무자인 경우

2. 위원이 해당 안건의 당사자와 친족이거나 친족이었던 경우

3. 위원이 해당 안건에 자문·연구·증언·진술·감정·감사·수사·조사·대리 등의 방법으로 직접 관여한 경우

4. 위원이 최근 3년 이내에 해당 심의 대상 업체에 임원 또는 직원으로 재직한 경우

5. 위원이 속한 기관과 이해관계가 있는 사항인 경우

6. 위원 또는 위원이 속한 기관이 자문·고문 등을 행하고 있는 자와 이해관계가 있는 사항인 경우

7. 그 밖에 위원이 심의 안건과 직접적인 이해관계가 있다고 인정되는 경우

② 당사자는 제1항에 따른 제척사유가 있거나 위원에게 공정한 심의·의결을 기대하기 어려운 사정이 있는 경우에는 위원회에 기피 신청을 할 수 있고, 위원회는 의결로 기피 여부를 결정한다. 이 경우 기피 신청의 대상인 위원은 그 의결에 참여하지 못한다.

③ 위원 본인이 제1항 또는 제2항의 사유에 해당하는 경우에는 스스로 해당 안건의 심의·의결을 회피하여야 한다.

제8조(위원의 수당 등) 영 제16조 제2항에 따라 위원회에 출석한 공무원이 아닌 위원에게 지급하는 수당 등의 지급기준은 다음 각 호와 같다.

1. 참석수당: 위원회의 회의에 참석한 위원에게 지급

2. 심사수당: 회의 안건을 발의하거나 위원장으로부터 지명을 받아 미리 회의 안건을 검토하여 위원회에 보고한 위원에게 지급

3. 여비: 위원이 위원회의 의결 또는 위원장의 명에 따라 공무로 출장할 경우 지급

제9조(실무협의회 구성·운영 등) ① 위원회는 영 제15조 제1항에 따라 실무협의회를 구성·운영한다.

② 실무협의회는 위원회, 경찰청 등 관계기관의 소속 공무원 등으로 구성한다.

③ 실무협의회는 회의 운영에 필요한 경우 관계전문가에게 회의에 출석하여 발언하게 하거나 자료의 제출을 요청할 수 있다.

제10조(실무협의회 회의) ① 실무협의회의 회의는 분기별 1회 개최한다. 다만, 실무협의회 구성원의 요청이 있거나 위원장이 필요하다고 인정하는 경우에는 수시로 개최할 수 있다.

② 실무협의회는 다음 각 호의 어느 하나에 해당하는 사항 중 위원장이 필요하다고 인정하여 회의에 부친 사항을 협의한다.

1. 자치경찰사무 관련 주요 정책의 수립·시행 등 자치경찰사무에 관한 사항

2. 국가경찰사무와 자치경찰사무의 연계 및 치안행정과 지방행정간 협력·지원에 관한 사항

제11조(실무협의회 간사) 실무협의회의 회의 사무를 처리할 간사 1명을 두며, 간사는 위원회 사무기구의 실무협의회 운영 담당 부서의 장으로 한다.

제12조(운영세칙) ① 이 조례에서 규정한 사항 외에 위원회 운영 등에 필요한 사항은 위원회가 정한다.

② 이 조례에서 규정한 사항 외에 실무협의회 운영 등에 필요한 사항은 실무협의회의 회의를 거쳐 위원장이 정한다.

제13조(예산) 위원회는 법 제35조 제1항에 따라 회계연도 시작 80일 전까지 자치경찰사무의 수행에 필요한 예산요구안을 심의·의결해야 한다.

제14조(자치경찰사무 담당 공무원 등에 대한 지원) ① 시장은 법 제35조 제2항에 따라 자치경찰사무를 수행하는 공무원에게 「인천광역시 공무원 후생복지에 관한 조례」 에 따라 인천광역시 소속 공무원이 적용받는 후생복지에 관한 사항 등 예산의 범위에서 복지, 처우 등의 지원을 할 수 있다. 〈개정

2021.9.30.〉

② 시장은 자치경찰사무를 수행하는 공무원이 아닌 직원에게도 공무원에 준하여 제1항에 따른 지원을 할 수 있다. 〈신설 2021.9.30.〉

부칙 〈제6695호, 2021. 9. 30.〉

이 조례는 공포한 날부터 시행한다.

▌[별표]

생활안전, 교통, 경비 관련 자치경찰사무의 구체적 사항 및 범위(제2조 제1항 관련)

가. 지역 내 주민의 생활안전활동에 관한 사무

자치경찰사무	범위 기준	구체적 사항 및 범위
1) 생활안전을 위한 순찰 및 시설의 운영	가) 지역 주민 안전을 위한 범죄 예방 시설 설치 · 운영	① 범죄취약지역 환경 개선 등 지역 범죄 예방환경설계 (CPTED) 사업 추진 ② CCTV 통합관제센터 운영 지원
	나) 지역 주민 안전을 위한 범죄 예방진단	① 지역 · 건물의 범죄취약요소 현장진단 및 점검 · 관리 ② 범죄예방 우수시설 인증 시행 ③ 범죄예방 강화구역 관리 등 범죄예방진단팀(CPO) 운영
	다) 지역 주민 안전을 위한 순찰 과 범죄예방활동 시행 · 관리	① 시기별 · 테마별 범죄예방활동 시행 · 관리 ② 범죄예방을 위한 순찰(지역안전순찰 등) 시행 ③ 은행 · 편의점 등 현금다액 취급업소 범죄예방활동 시행
2) 주민참여 방범활동 의 지원 및 지도	가) 범죄예방을 위한 주민 참여 지역 협의체 구성 · 운영	① 생활안전협의회, 자율방범대 등에 대한 협업 및 지원 · 지도
	나) 주민 참여형 범죄예방활동 시행 · 관리	① 지역주민 대상 범죄예방요령 · 범죄예방교실 · 시민경찰학 교 등 홍보활동 ② 주민 참여형 범죄예방활동(합동순찰 등)
3) 안전사고 및 재해 · 재난 시 긴급구조지원	가) 재난이 발생할 우려가 현저하거 나 재난이 발생하였을 때에 주 민의 생명 · 신체 및 재산을 보 호하기 위한 긴급구조지원	① 재난이 발생할 우려가 현저하거나 안전사고 및 재해 · 재난 발생 시 지역주민 안전확보를 위한 긴급구조지원
	나) 재해 발생 시 지역의 사회질 서 유지 및 교통관리 등	① 재해발생지역의 사회질서 유지 ② 재해발생지역의 교통관리 등
	다) 그 밖에 긴급구조지원기관으로 서의 긴급구조지원 활동 등	① 그 밖에 긴급구조지원기관으로서의 지역 내 긴급구조지원 활동 등
4) 아동 · 청소년 · 노인 · 여성 · 장애인 등 사회적 보호가 필요한 사람에 대한 보호 업무 및 가정 · 학 교 · 성폭력 등의	가) 아동 · 노인 · 장애인 학대 예 방과 피해 아동 · 노인 · 장애인에 대한 보호활동	① 아동 · 노인 · 장애인 학대 예방활동(교육 · 홍보 등) ② 아동 · 노인 · 장애인 학대 사안대응(시설 내 학대 점검, 가 · 피해자 조사 등) ③ 아동 · 노인 · 장애인 학대 피해자 보호기관 등 연계 및 지원 ④ 아동 · 노인 · 장애인 학대 관련 학대예방경찰관(APO) 운영

자치경찰사무	범위 기준	구체적 사항 및 범위
예방	나) 아동 · 청소년 · 노인 · 여성 · 장애인 등 사회적 보호가 필요한 사람의 실종 예방 · 대응 활동	① 지문 등 사전등록 업무 ② 실종 · 유괴 경보 체계 구축 · 운영 ③ 실종아동등 조기발견 지침 대상시설 지도 · 감독 ④ 유전자 채취 및 보호시설 등 일제수색 운영
	다) 아동 대상 범죄예방 및 아동 안전 보호활동	① 아동안전지킴이 운영 및 선발 · 배치 · 감독 ② 아동안전지킴이집 관리 및 운영 · 교육 · 홍보 ③ 기타 아동 대상 범죄예방 및 아동안전 보호활동
	라) 청소년 비행방지 등 선도 · 보호 활동	① 청소년 비행방지, 선도 · 보호활동 ② 위기청소년(가 · 피해학생, 학교 · 가정 밖 청소년 등) 면담 · 관리 ③ 위기청소년 발굴(거리상담 등) 및 유관기관 연계 ④ 소년범 선도제도 운영(선도프로그램, 선도심사위원회, 전문가참여제, 우범소년 송치) ⑤ 경찰의 청소년 선도 · 보호 활동에 대한 청소년 참여 제도 운영(정책자문단 등)
	마) 가정폭력범죄 예방과 피해자 등 보호 활동	① 가정폭력 예방활동(교육 · 홍보 등) ② 가정폭력 (긴급)임시조치 ③ 가정폭력 피해자 상담 · 보호기관 등 연계 · 지원 ④ 가정폭력 사안대응(협업회의 참석, 가 · 피해자 조사 등) ⑤ 가정폭력 관련 학대예방경찰관(APO) 운영
	바) 학교폭력의 근절 · 예방과 가해학생 선도 및 피해학생 보호 활동	① 학교폭력 예방활동(교육 · 홍보 등) ② 학교폭력 사안대응(학폭위 참석, 117사안대응, 가 · 피해학생 조사 등) ③ 청소년육성회 등 지역 내 학교폭력 유관단체와 협업 업무 ④ 청소년경찰학교, 명예경찰소년단 운영 ⑤ 학교전담경찰관(SPO) 운영
	사) 성폭력 예방과 성폭력 피해자 등 보호 활동	① 성폭력범죄 예방활동(교육 · 홍보 등) ② 성폭력범죄 피해자 보호 · 지원
	아) 그 밖에 관련 법령에 경찰의 사무로 규정된 아동 · 청소년 · 노인 · 여성 · 장애인 등 사회적 보호가 필요한 사람에 대한 보호 및 가정폭력 · 학교폭력 · 성폭력 등 예방 업무	그 밖에 관련 법령에 경찰의 사무로 규정된 아동 · 청소년 · 노인 · 여성 · 장애인 등 사회적 보호가 필요한 사람에 대한 보호 및 가정폭력 · 학교폭력 · 성폭력 등 예방 업무
5) 주민의 일상생활과 관련된 사회질서의 유지 및 그 위반행위의 지도 · 단속 (다만, 지방자치단체 등 다른 행정청의 사무는 제외한다)	가) 경범죄 위반행위 지도 · 단속 등 공공질서 유지	① 경범죄 위반행위 단속(과태료 등 지자체 행정처분 사항 제외) ② 지역 내 기초질서 확립을 위한 주민 대상 계도 및 홍보 등
	나) 공공질서에 반하는 풍속 · 성매매사범 및 사행행위 지도 · 단속	① 풍속영업의 지도 · 단속 ② 성매매 단속 ③ 성매매 예방 및 피해자 보호 ④ 사행행위 지도 · 단속
	다) 그 밖에 관련 법령에 경찰의 사무로 규정된 주민의 일상생	그 밖에 관련 법령에 경찰의 사무로 규정된 주민의 일상생활과 관련된 사회질서의 유지 및 그 위반행위의 지도 · 단속 업무

자치경찰사무	범위 기준	구체적 사항 및 범위
	활과 관련된 사회질서의 유지 및 그 위반행위의 지도·단속 업무	
6) 그 밖에 지역주민의 생활안전에 관한 사무	가) 지역주민의 생활안전 관련 112신고(일반신고를 포함한다) 처리	① 가정폭력, 학교폭력, 아동학대, 실종 등 자치경찰 수사사무 관련 신고 처리 ② 풍속영업, 기타경범, 주취자 등 지역 질서유지 관련 신고 처리 ③ 분실습득, 보호조치, 상담문의 등 지역 주민의 생활안전 관련 신고 처리
	나) 지하철, 내수면 등 일반적인 출동이 어려운 특정 지역에서 주민의 생명·신체·재산의 보호를 위한 경찰대 운영	① 지하철경찰대 설치·운영(수사 제외) ② 내수면경찰대 설치·운영 ③ 관광경찰대 설치·운영
	다) 유실물 보관·반환·매각·국고귀속 등 유실물 관리	① 유실물 처리업무 계획 및 지도·감독 ② 습득물·분실물 신고접수 및 보관 ③ 유실자 확인 및 습득자 소유권 취득 시 물건 인계 ④ 법정기간 만료 시 국고·금고 귀속 ⑤ 유실물 관리 시설의 설치 및 운영
	라) 「경찰관 직무집행법」 제4조에 따른 응급구호대상자에 대한 보호조치 및 유관기관 협력	① 응급구호대상자 보건의료기관 또는 공공구호기관 긴급구호 요청 및 인계하거나 경찰관서 임시보호 등 조치 ② 응급구호대상자 휴대 무기·흉기 임시영치 ③ 주취자응급의료센터 운영 지원 ④ 그 밖에 응급구호대상자 보호에 필요한 조치
	마) 그 밖에 관련 법령에 경찰의 사무로 규정된 지역주민의 생활안전에 관한 사무	그 밖에 관련 법령에 경찰의 사무로 규정된 지역주민의 생활안전에 관한 사무

나. 지역 내 교통활동에 관한 사무

자치경찰사무	사무의 범위 기준	구체적 내용
1) 교통법규 위반에 대한 지도·단속	가) 교통법규 위반 지도·단속, 공익신고 처리 등	① 음주·무면허 등 교통법규 위반 단속 ② 교통법규 위반 공익신고 처리 ③ 기타 교통법규 위반신고 처리(영상단속, 방문 신고 등)
	나) 음주단속 장비 등 교통경찰용 장비 보급·관리·운영 등	① 음주단속장비 등 구매·보급 ② 음주단속장비 등 검정·교정 ③ 음주단속장비 등 노후장비 교체
2) 교통안전시설 및 무인 교통단속용 장비의 심의·설치·관리	가) 교통사고 예방, 교통소통을 위한 교통안전시설 설치·관리·운영	① 교통안전시설 운영계획 수립 ② 교통신호기 설치·관리·운영 ③ 교통안전표지 설치·관리 ④ 교통노면표시 설치·관리 ⑤ 교통안전시설 및 유사 교통안전시설 무단 설치 단속 ⑥ 그 밖에 도로 위험 방지와 교통안전 및 원활한 소통을 위한 교통안전시설 관련 조치
	나) 도로교통 규제 관련 지역 교통안전시설 심의위원회 구성 및 운영 지원	① 지역 교통안전시설 심의위원회 구성 ② 도로교통 규제 및 교통안전시설 설치여부의 심의·결정

자치경찰사무	사무의 범위 기준	구체적 내용
	다) 무인 교통단속용 장비의 심의 · 설치 · 관리 · 운영	① 무인 교통단속용장비의 설치 · 관리 · 운영 ② 무인 교통단속용장비의 우선 설치장소 선정 심의
3) 교통안전에 대한 교육 및 홍보	가) 교통안전에 대한 교육	① 지역주민 대상 교통안전 교육계획 수립 · 시행 ② 교안, 리플렛 등 교육자료 제작 · 배포
	나) 교통안전에 대한 홍보	① 지역주민 대상 교통안전 홍보계획 수립 · 시행 ② 교통안전 홍보물품 구매 · 보급
4) 주민참여 지역 교통활동의 지원 및 지도	가) 교통활동 지원 협력단체에 대한 운영 · 관리	① 모범운전자회 · 녹색어머니회 등 교통활동 지원을 위한 운전자 모임 및 학부모단체 구성 ② 모범운전자회 · 녹색어머니회 등 교통활동지원을 위한 운전자 모임 및 학부모 단체의 교통안전 지원활동 관리
	나) 주민참여형 교통안전활동 지원 및 지도	① 무사고 운전자 선발 · 관리 ② 교통법규 위반 공익신고 활성화를 위한 홍보 · 안내
5) 통행 허가, 어린이 통학버스의 신고, 긴급자동차의 지정 신청 등 각종 허가 및 신고에 관한 사무	가) 차마의 안전기준 초과 승차, 안전기준 초과적재 및 차로 폭 초과 차 통행허가 처리	① 안전기준 초과승차 허가 신청서 접수 · 허가증 발급 ② 안전기준 초과적재 허가 신청서 접수 · 허가증 발급 ③ 차로폭초과차 통행 허가 신청서 접수 · 허가증 발급
	나) 도로공사 신고접수, 현장점검 및 지도 · 감독 등	① 도로점용허가 필요 조치 ② 도로공사 신고 관련 교통안전 및 원활한 소통을 위한 필요 조치
	다) 어린이통학버스 관련 신고접수 · 관리 및 관계 기관 합동 점검	① 어린이통학버스 신고 접수 및 신고증명서 발급 · 재교부 ② 관계부처 합동 어린이통학버스 안전점검 및 계도 · 단속
	라) 긴급자동차의 지정 신청 · 관리	① 긴급자동차 지정증 신청서 접수 · 지정증 발급 ② 긴급자동차 지정증 재교부 신청서 접수 · 지정증 발급 ③ 긴급자동차 지정 취소 및 지정증 회수
	마) 버스전용차로 통행 지정신청 처리	① 버스전용차로 통행 지정신청서 접수 · 지정증 발급 ② 버스전용차로 통행 지정증 재교부 신청서 접수 · 지정증 발급 ③ 버스전용차로 통행 지정 취소 및 지정증 회수
	바) 주 · 정차 위반차량 견인대행 법인등 지정	① 견인대행법인등 지정신청서 접수 · 지정증 발급 ② 견인대행법인등 지정 취소 · 정지 및 지정증 회수
6) 그 밖에 지역 내의 교통안전 및 소통에 관한 사무	가) 지역주민의 교통안전 관련 112신고(일반신고를 포함한다) 처리	① 교통사고, 사망 · 대형사고 신고 처리 ② 음주운전, 교통위반 신고 처리 ③ 교통불편 신고 처리
	나) 운전면허 관련 민원 업무	① 운전면허 발급 · 재발급 · 갱신 신청 · 접수 · 교부 ② 운전면허 적성검사 신청 · 접수 ③ 국제운전면허 신청접수 및 교부 ④ 운전경력증명서 발급 ⑤ 기타 운전면허 관련 민원 업무
	다) 지역교통정보센터 운영 및 교통정보 연계	① 지역교통정보센터 운영 ② 교통정보 연계(경찰청 도시교통정보센터 등과의 연계)
	라) 정체 해소 등 소통 및 안전 확보를 위한 교통관리	① 출 · 퇴근 시간대 및 상습 정체 구간 주요 교차로에서의 교통관리 ② 안전사고 · 재해 · 재난 발생 시 이동로 및 안전 확보를 위한 교통통제 및 관리

자치경찰사무	사무의 범위 기준	구체적 내용
	마) 지역 내 교통안전대책 수립·시행	① 시기별·취약 대상·위험요인별 지역 내 교통안전대책 수립·시행 ② 지역 교통안전협의체 구성·운영 등 교통안전 분야 유관 기관 협업
	바) 교통안전 관련 기관 협의 등	① 지역 교통영향평가, 교통성 검토 등 교통소통 관련 협의 ② 「도로법」 제48조에 따른 자동차전용도로 지정 등 관련 협의(도로관리청이 국토부장관인 경우는 제외) ③ 「교통안전법」상 안전진단, 사고조사 관련 협의 ④ 「어린이·노인 및 장애인 보호구역의 지정 및 관리에 관한 규칙」 제3조에 따른 보호구역의 지정 등 관련 협의 ⑤ 그 밖에 지역 내의 교통안전 및 소통에 관한 사무

다. 지역 내 다중운집 행사 관련 혼잡 교통 및 안전 관리

자치경찰사무	사무의 범위 기준	구체적 내용
-	가) 지역 내 다중운집 행사 등의 교통질서 확보 및 교통안전 관리 지원	① 다중운집 행사장 주변 주요 교차로 소통 확보를 위한 교통관리 지원 ② 행사장 주변 보행자 등 교통사고 예방을 위한 교통안전 활동 지원
	나) 지역 내 다중운집 행사 안전 관리 지원	① 다중운집 행사 안전관리계획 수립 지원 ② 행사장 주변 안전사고 예방 및 질서유지를 위한 안전활동 지원

비고: 위 표의 나목 지역 내 교통 활동에 관한 사무 중 「도로교통법」 제2조 제3호의 고속도로에서 이루어지는 사무는 제외한다.

06 광주광역시 자치경찰사무와 자치경찰 위원회의 조직 및 운영 등에 관한 조례

[시행 2021. 5. 10.] [광주광역시조례 제5694호, 2021. 5. 7., 제정]

광주광역시

제1조(목적) 이 조례는 「국가경찰과 자치경찰의 조직 및 운영에 관한 법률」과 「자치경찰사무와 시·도 자치경찰위원회의 조직 및 운영 등에 관한 규정」에서 위임된 사항과 그 시행에 필요한 사항을 규정함을 목적으로 한다.

제2조(생활안전·교통·경비 관련 자치경찰사무의 범위 등) ① 「국가경찰과 자치경찰의 조직 및 운영에 관한 법률」(이하 "법"이라 한다) 제4조 제2항 및 「자치경찰사무와 시·도자치경찰위원회의 조직 및 운영 등에 관한 규정」(이하 "영"이라 한다) 제2조에 따른 자치경찰사무의 구체적 사항과 범위는 별표1과 같다.

② 광주광역시장(이하 "시장"이라 한다)은 제1항에 따른 별표1을 개정할 필요가 있을 경우 영 제2조 제2호에 따라 자치경찰사무가 적정한 규모로 정해지도록 미리 광주광역시경찰청장의 의견을 청취한다.

③ 광주광역시자치경찰위원회(이하 "위원회"라 한다)는 영 제2조 제3호에 따라 자치경찰사무가 국가경찰사무와 유기적으로 연계되고 다른 특별시·광역시·특별자치시·도·특별자치도의 자치경찰사무와 균형이 이루어지도록 노력하여야 하며, 필요한 경우 경찰청장의 의견을 들을 수 있다.

제3조(중복감사의 방지) ① 위원회는 영 제2조 제3호에 따라 중복감사를 방지하기 위해 경찰청장과 협의하여 자치경찰사무에 대한 감사계획을 수립·실시할 수 있다.

② 제1항에 따른 자치경찰사무에 대한 감사 절차와 방법 등은 법 제24조 제1항 제12호에 따른 위원회규칙(이하 "위원회규칙"이라 한다)으로 정한다.

제4조(위원회 위원의 임명방법) ① 시장은 법 제20조 제1항 제1호부터 제4호까지의 규정에 따른 위원 추천권자(이하 이 조에서 "추천권자"라 한다)로부터 위원으로 임명할 사람을 추천받은 경우 추천권자에게 위원으로 추천받은 사람의 자격요건 충족 여부 및 결격사유 유무 등을 확인할 수 있는 자료를 요구할 수 있다.

② 시장은 위원으로 추천받은 사람이 법 제20조 제2항의 자격요건을 갖추지 못하였거나 같은 조 제7항의 결격사유에 해당할 경우 해당 사실을 추천권자에게 통보하여야 한다.

제5조(위원장 및 상임위원의 임명방법) ① 시장은 법 제20조 제1항에 따른 위원 임명과 동시에 위원 중 1명을 위원장으로 임명한다.

② 제1항에 따라 임명된 위원장은 임명일로부터 7일 이내에 회의를 개최하고, 위원회는 해당 회의에서 상임위원 선정을 의결한다.

제6조(의안의 발의 및 상정) ① 위원은 재적위원 2인 이상의 찬성으로 법 제24조에 따른 위원회 소관 사무 범위 안에서 위원회에 상정할 의안을 발의할 수 있다. 다만, 위원장과 상임위원은 단독으로 의안을 발의할 수 있다.

② 위원장은 발의된 의안을 법 제26조 제1항에 따른 정기회의 또는 임시회의에 상정한다.

제7조(위원의 제척·기피·회피) ① 위원회의 위원은 다음 각 호의 어느 하나에 해당하는 사항에 대한 심의·의결에서 제척된다.

　　1. 위원과 직접적인 이해관계가 있는 사항

　　2. 위원의 배우자, 4촌 이내의 혈족, 2촌 이내의 인척 또는 위원이 속한 기관과 이해관계가 있는 사항

　　3. 위원 또는 위원이 속한 기관이 자문·고문 등을 하고 있는 자와 이해관계가 있는 사항

② 해당 안건의 당사자는 위원에게 공정한 심의·의결을 기대하기 어려운 사정이 있는 경우에는 위원회에 기피 신청을 할 수 있고, 위원회는 의결로 이를 결정한다. 이 경우 기피 신청의 대상인 위원은 그 의결에 참여하지 못한다.

③ 위원이 제1항 각 호에 따른 제척 사유에 해당하는 경우에는 스스로 해당 안건의 심의·의결에서 회피하여야 한다.

제8조(위원의 수당) ① 위원회의 위원 중 공무원이 아닌 위원에게 지급하는 수당의 종류는 다음 각 호와 같고 수당의 지급기준은 별표2와 같다.

　　1. 참석수당: 위원회에 위원이 출석하여 심의·의결·자문 등을 하는 경우에 지급하는 수당

　　2. 심사수당: 위원회 의결을 거쳐 위원장으로부터 의뢰를 받아 미리 자료를 수집하거나 회의 안건을 검토하여 위원회에 보고하는 경우에 지급하는 수당

　　3. 그 밖에 운영에 필요한 수당

② 원거리에 거주하는 등 특별한 사유가 있는 경우 제1항 제1호에 따른 참석수당 지급 시 교통비, 식비(급량비 기준 단가 적용), 숙박비를 실비의 범위에서 별도 지급할 수 있다.

제9조(위원의 여비) 위원회의 위원 중 공무원이 아닌 위원에게 위원회의 의결에 따라 출장할 때에는 3급 지방공무원에 상당하는 여비를 지급할 수 있다.

제10조(지급 절차 등) 이 조례에서 정한 사항 외에 위원회 위원의 수당 및 여비 등 지급에 필요한 사항은 위원회규칙으로 정한다.

제11조(실무협의회 구성 등) ① 위원회는 영 제15조 제1항에 따라 경찰청 등과 실무협의회를 운영할 수 있다.

② 실무협의회는 위원회, 경찰청 등 관계기관의 소속 공무원 등으로 구성한다.

③ 실무협의회는 회의 운영에 필요한 경우 관계전문가에게 회의에 출석하여 발언하게 하거나 자료의 제출을 요청할 수 있다.

제12조(간사) ① 실무협의회에 실무협의회의 사무를 처리할 간사 1명을 둔다.

② 간사는 위원회 사무기구 소속 과장이 된다.

제13조(운영세칙) 이 조례에서 규정한 사항 외에 실무협의회의 구성, 회의개최, 운영 등에 필요한 사항은 위원회가 경찰청 등 관계기관과 협의하여 정한다.

제14조(예산) ① 위원회는 법 제35조 제1항에 따라 「지방자치법」 제127조 제1항에서 시장이 의회에 예산안을 제출하도록 정한 기한의 30일 전까지 자치경찰사무 수행에 필요한 예산안을 심의·의결하여 시장에게 제출한다.

② 위원회는 제1항에 따라 예산안을 심의·의결하기 전에 예산안을 경찰청장에게 통보하고 의견을 들어야 한다.

제15조(자치경찰사무 담당 공무원 등에 대한 지원) ① 시장은 법 제35조 제2항에 따라 자치경찰사무를 수행하는 공무원에게 「광주광역시 공무원 후생복지에 관한 조례」에 따라 광주광역시 소속 공무원이

적용받는 후생복지에 관한 사항 등 예산의 범위에서 복지, 처우 등의 지원을 할 수 있다.

② 시장은 자치경찰사무를 수행하는 공무원이 아닌 직원에게도 공무원에 준하여 제1항에 따른 지원을 할 수 있다.

제16조(위원장의 의회 출석·답변) 위원장은 「지방자치법」 제42조 제2항에 따라 시의회가 요구하면 출석·답변하여야 한다. 다만, 특별한 이유가 있으면 위원장은 상임위원 또는 위원회 소속 공무원에게 출석·답변하게 할 수 있다.

부 칙

이 조례는 2021년 5월 10일부터 시행한다.

┃[별표 1]

생활안전, 교통, 경비 관련 자치경찰사무의 구체적 사항 및 범위(제2조 제1항 관련)

가. 지역 내 주민의 생활안전활동에 관한 사무

자치경찰사무	범위 기준	구체적 사항 및 범위
1) 생활안전을 위한 순찰 및 시설의 운영	가) 지역 주민 안전을 위한 범죄예방 시설 설치·운영	① 범죄취약지역 환경 개선 등 지역 범죄 예방환경설계 (CPTED) 사업 추진 ② CCTV 통합관제센터 운영 지원
	나) 지역 주민 안전을 위한 범죄예방진단	① 지역·건물의 범죄취약요소 현장진단 및 점검·관리 ② 범죄예방 우수시설 인증 시행 ③ 범죄예방 강화구역 관리 등 범죄예방진단팀(CPO) 운영
	다) 지역 주민 안전을 위한 순찰과 범죄예방활동 시행·관리	① 시기별·테마별 범죄예방활동 시행·관리 ② 범죄예방을 위한 순찰(지역안전순찰 등) 제도 시행 ③ 은행·편의점 등 현금다액 취급업소 범죄예방활동 시행
2) 주민참여 방범활동의 지원 및 지도	가) 범죄예방을 위한 주민 참여 지역 협의체 구성·운영	생활안전협의회, 자율방범대 등에 대한 협업 및 지원·지도
	나) 주민 참여형 범죄예방활동 시행·관리	① 지역주민 대상 범죄예방요령·범죄예방교실·시민경찰학교 등 홍보활동 ② 주민 참여형 범죄예방활동(합동순찰 등)
3) 안전사고 및 재해·재난 시 긴급구조지원	가) 재난이 발생할 우려가 현저하거나 재난이 발생하였을 때에 주민의 생명·신체 및 재산을 보호하기 위한 긴급구조지원	① 재난이 발생할 우려가 현저하거나 안전사고 및 재해·재난 발생 시 지역주민 안전확보를 위한 긴급구조지원
	나) 재해 발생 시 지역의 사회질서 유지 및 교통관리 등	① 재해발생지역의 사회질서 유지 ② 재해발생지역의 교통관리 등
	다) 그 밖에 긴급구조지원기관으로서의 긴급구조지원 활동 등	그 밖에 긴급구조지원기관으로서의 지역 내 긴급구조지원 활동 등
4) 아동·청소년·노인·여성·장애인	가) 아동·노인·장애인 학대 예방과 피해 아동·노인·장	① 아동·노인·장애인 학대 예방활동(교육·홍보 등) ② 아동·노인·장애인 학대 사안대응(시설 내 학대 점검,

자치경찰사무	범위 기준	구체적 사항 및 범위
등 사회적 보호가 필요한 사람에 대한 보호 업무 및 가정 · 학교 · 성폭력 등의 예방	애인에 대한 보호활동	가 · 피해자 조사 등) ③ 아동 · 노인 · 장애인 학대 피해자 보호기관 등 연계 · 지원 ④ 아동 · 노인 · 장애인 학대 관련 학대예방경찰관(APO) 운영
	나) 아동 · 청소년 · 노인 · 여성 · 장애인 등 사회적 보호가 필요한 사람의 실종 예방 · 대응 활동	① 지문 등 사전등록 업무 ② 실종 · 유괴 경보 체계 구축 · 운영 ③ 실종아동등 조기발견 지침 대상시설 지도 · 감독 ④ 유전자 채취 및 보호시설 등 일제수색 운영
	다) 아동 대상 범죄예방 및 아동안전 보호활동	① 아동안전지킴이 운영 및 선발 · 배치 · 감독 ② 아동안전지킴이집 관리 및 운영 · 교육 · 홍보 ③ 기타 아동 대상 범죄예방 및 아동안전 보호활동
	라) 청소년 비행방지 등 선도 · 보호 활동	① 청소년 비행방지, 선도 · 보호활동 ② 위기청소년(가 · 피해학생, 학교 · 가정 밖 청소년 등) 면담 · 관리 ③ 위기청소년 발굴(거리상담 등) 및 유관기관 연계 ④ 소년범 선도제도 운영(선도프로그램, 선도심사위원회, 전문가참여제, 우범소년 송치) ⑤ 경찰의 청소년 선도 · 보호 활동에 대한 청소년 참여 제도 운영(정책자문단 등)
	마) 가정폭력범죄 예방과 피해자 등 보호 활동	① 가정폭력 예방활동(교육 · 홍보 등) ② 가정폭력 (긴급)임시조치 ③ 가정폭력 피해자 상담 · 보호기관 등 연계 · 지원 ④ 가정폭력 사안대응(협업회의 참석, 가 · 피해자 조사 등) ⑤ 가정폭력 관련 학대예방경찰관(APO) 운영
	바) 학교폭력의 근절 · 예방과 가해학생 선도 및 피해학생 보호 활동	① 학교폭력 예방활동(교육 · 홍보 등) ② 학교폭력 사안대응(학폭위 참석, 117사안대응, 가 · 피해학생 조사 등) ③ 청소년육성회 등 지역 내 학교폭력 유관단체와 협업 업무 ④ 청소년경찰학교, 명예경찰소년단 운영 ⑤ 학교전담경찰관(SPO) 운영
	사) 성폭력 예방과 성폭력 피해자 등 보호 활동	① 성폭력범죄 예방활동(교육 · 홍보 등) ② 성폭력범죄 피해자 보호 · 지원
	아) 그 밖에 관련 법령에 경찰의 사무로 규정된 아동 · 청소년 · 노인 · 여성 · 장애인 등 사회적 보호가 필요한 사람에 대한 보호 및 가정폭력 · 학교폭력 · 성폭력 등 예방 업무	그 밖에 관련 법령에 경찰의 사무로 규정된 아동 · 청소년 · 노인 · 여성 · 장애인 등 사회적 보호가 필요한 사람에 대한 보호 및 가정폭력 · 학교폭력 · 성폭력 등 예방 업무
5) 주민의 일상생활과 관련된 사회질서의 유지 및 그 위반행위의 지도 · 단속 (다만, 지방자치단체 등 다른 행정	가) 경범죄 위반행위 지도 · 단속 등 공공질서 유지	① 경범죄 위반행위 단속(과태료 등 지자체 행정처분 사항 제외) ② 지역 내 기초질서 확립을 위한 주민 대상 계도 및 홍보 등
	나) 공공질서에 반하는 풍속 · 성매매사범 및 사행행위 지도 · 단속	① 풍속영업의 지도 · 단속 ② 성매매 단속 ③ 성매매 예방 및 피해자 보호

자치경찰사무	범위 기준	구체적 사항 및 범위
청의 사무는 제외한다)		④ 사행행위 지도·단속
	다) 그 밖에 관련 법령에 경찰의 사무로 규정된 주민의 일상생활과 관련된 사회질서의 유지 및 그 위반행위의 지도·단속 업무	그 밖에 관련 법령에 경찰의 사무로 규정된 주민의 일상생활과 관련된 사회질서의 유지 및 그 위반행위의 지도·단속 업무
6) 그 밖에 지역주민의 생활안전에 관한 사무	가) 지역주민의 생활안전 관련 112신고(일반신고를 포함한다) 처리	① 가정폭력, 학교폭력, 아동학대, 실종 등 자치경찰 수사사무 관련 신고 처리 ② 풍속영업, 기타경범, 주취자 등 지역 질서유지 관련 신고 처리 ③ 분실습득, 보호조치, 상담문의 등 지역 주민의 생활안전 관련 신고 처리
	나) 지하철, 내수면 등 일반적인 출동이 어려운 특정 지역에서 주민의 생명·신체·재산의 보호를 위한 경찰대 운영	① 지하철경찰대 설치·운영(수사 제외) ② 내수면경찰대 설치·운영 ③ 관광경찰대 설치·운영
	다) 유실물 보관·반환·매각·국고귀속 등 유실물 관리	① 유실물 처리업무 계획 및 지도·감독 ② 습득물·분실물 신고접수 및 보관 ③ 유실자 확인 및 습득자 소유권 취득 시 물건 인계 ④ 법정기간 만료 시 국고·금고 귀속 ⑤ 유실물 관리 시설의 설치 및 운영
	라) 「경찰관 직무집행법」 제4조에 따른 응급구호대상자에 대한 보호조치 및 유관기관 협력	① 응급구호대상자 보건의료기관 또는 공공구호기관 긴급구호 요청 및 인계하거나 경찰관서 임시보호 등 조치 ② 응급구호대상자 휴대 무기·흉기 임시영치 ③ 주취자응급의료센터 운영 지원 ④ 그 밖에 응급구호대상자 보호에 필요한 조치
	마) 그 밖에 관련 법령에 경찰의 사무로 규정된 지역주민의 생활안전에 관한 사무	그 밖에 관련 법령에 경찰의 사무로 규정된 지역주민의 생활안전에 관한 사무

나. 지역 내 교통활동에 관한 사무

자치경찰사무	사무의 범위 기준	구체적 내용
1) 교통법규 위반에 대한 지도·단속	가) 교통법규 위반 지도·단속, 공익신고 처리 등	① 음주·무면허 등 교통법규 위반 단속 ② 교통법규 위반 공익신고 처리 ③ 기타 교통법규 위반신고 처리(영상단속, 방문 신고 등)
	나) 음주단속 장비 등 교통경찰용 장비 보급·관리·운영 등	① 음주단속장비 등 구매·보급 ② 음주단속장비 등 검정·교정 ③ 음주단속장비 등 노후장비 교체
2) 교통안전시설 및 무인 교통단속용 장비의 심의·설치·관리	가) 교통사고 예방, 교통소통을 위한 교통안전시설 설치·관리·운영	① 교통안전시설 운영계획 수립 ② 교통신호기 설치·관리·운영 ③ 교통안전표지 설치·관리 ④ 교통노면표시 설치·관리

자치경찰사무	사무의 범위 기준	구체적 내용
		⑤ 교통안전시설 및 유사 교통안전시설 무단 설치 단속 ⑥ 그 밖에 도로 위험 방지와 교통안전 및 원활한 소통을 위한 교통안전시설 관련 조치
	나) 도로교통 규제 관련 지역 교통안전시설 심의위원회 설치 및 운영	① 지역 교통안전시설 심의위원회 구성 ② 도로교통 규제 및 교통안전시설 설치여부의 심의·결정
	다) 무인 교통단속용 장비의 심의·설치·관리·운영	① 무인 교통단속용장비의 설치·관리·운영 ② 무인 교통단속용장비의 우선 설치장소 선정 심의
3) 교통안전에 대한 교육 및 홍보	가) 교통안전에 대한 교육	① 지역주민 대상 교통안전 교육계획 수립·시행 ② 교안, 리플렛 등 교육자료 제작·배포
	나) 교통안전에 대한 홍보	① 지역주민 대상 교통안전 홍보계획 수립·시행 ② 교통안전 홍보물품 구매·보급
4) 주민참여 지역 교통활동의 지원 및 지도	가) 교통활동 지원 협력단체에 대한 운영·관리	① 모범운전자회·녹색어머니회 등 교통활동 지원을 위한 운전자 모임 및 학부모단체 구성 ② 모범운전자회·녹색어머니회 등 교통활동지원을 위한 운전자 모임 및 학부모 단체의 교통안전 지원활동 관리
	나) 주민참여형 교통안전활동 지원 및 지도	① 무사고 운전자 선발·관리 ② 교통법규 위반 공익신고 활성화를 위한 홍보·안내
5) 통행 허가, 어린이통학버스의 신고, 긴급자동차의 지정 신청 등 각종 허가 및 신고에 관한 사무	가) 차마의 안전기준 초과 승차, 안전기준 초과적재 및 차로 폭 초과 차 통행허가 처리	① 안전기준 초과승차 허가 신청서 접수·허가증 발급 ② 안전기준 초과적재 허가 신청서 접수·허가증 발급 ③ 차로폭초과차 통행 허가 신청서 접수·허가증 발급
	나) 도로공사 신고접수, 현장점검 및 지도·감독 등	① 도로점용허가 필요 조치 ② 도로공사 신고 관련 교통안전 및 원활한 소통을 위한 필요 조치
	다) 어린이통학버스 관련 신고접수·관리 및 관계 기관 합동 점검	① 어린이통학버스 신고 접수 및 신고증명서 발급·재교부 ② 관계부처 합동 어린이통학버스 안전점검 및 계도·단속
	라) 긴급자동차의 지정 신청·관리	① 긴급자동차 지정증 신청서 접수·지정증 발급 ② 긴급자동차 지정증 재교부 신청서 접수·지정증 발급 ③ 긴급자동차 지정 취소 및 지정증 회수
	마) 버스전용차로 통행 지정신청 처리	① 버스전용차로 통행 지정신청서 접수·지정증 발급 ② 버스전용차로 통행 지정증 재교부 신청서 접수·지정증 발급 ③ 버스전용차로 통행 지정 취소 및 지정증 회수
	바) 주·정차 위반차량 견인대행법인등 지정	① 견인대행법인등 지정신청서 접수·지정증 발급 ② 견인대행법인등 지정 취소·정지 및 지정증 회수
6) 그 밖에 지역 내의 교통안전 및 소통에 관한 사무	가) 지역주민의 교통안전 관련 112신고(일반신고를 포함한다) 처리	① 교통사고, 사망·대형사고 신고 처리 ② 음주운전, 교통위반 신고 처리 ③ 교통불편 신고 처리
	나) 운전면허 관련 민원 업무	① 운전면허 발급·재발급·갱신 신청·접수·교부 ② 운전면허 적성검사 신청·접수 ③ 국제운전면허 신청접수 및 교부 ④ 운전경력증명서 발급

자치경찰사무	사무의 범위 기준	구체적 내용
		⑤ 기타 운전면허 관련 민원 업무
	다) 지역교통정보센터 운영 및 교통정보 연계	① 지역교통정보센터 운영 ② 교통정보 연계(경찰청 도시교통정보센터 등과의 연계)
	라) 정체 해소 등 소통 및 안전 확보를 위한 교통관리	① 출·퇴근 시간대 및 상습 정체 구간 주요 교차로에서의 교통관리 ② 안전사고·재해·재난 발생 시 이동로 및 안전 확보를 위한 교통통제 및 관리
	마) 지역 내 교통안전대책 수립·시행	① 시기별·취약 대상·위험요인별 지역내 교통안전대책 수립·시행 ② 지역 교통안전협의체 구성·운영 등 교통안전 분야 유관기관 협업
	바) 교통안전 관련 기관 협의 등	① 지역 교통영향평가, 교통성 검토 등 교통소통 관련 협의 ② 「도로법」 제48조에 따른 자동차전용도로 지정 등 관련 협의(도로관리청이 국토부장관인 경우는 제외) ③ 「교통안전법」상 안전진단, 사고조사 관련 협의 ④ 「어린이·노인 및 장애인 보호구역의 지정 및 관리에 관한 규칙」 제3조에 따른 보호구역의 지정 등 관련 협의 ⑤ 그 밖에 지역 내의 교통안전 및 소통에 관한 사무

다. 지역 내 다중운집 행사 관련 혼잡 교통 및 안전 관리

자치경찰사무	사무의 범위 기준	구체적 내용
—	가. 지역 내 다중운집 행사 등의 교통질서 확보 및 교통안전 관리 지원	① 다중운집 행사장 주변 주요 교차로 소통 확보를 위한 교통관리 지원 ② 행사장 주변 보행자 등 교통사고 예방을 위한 교통안전 활동 지원
	나. 지역 내 다중운집 행사 안전 관리 지원	① 다중운집 행사 안전관리계획 수립 지원 ② 행사장 주변 안전사고 예방 및 질서유지를 위한 안전활동 지원

❙ [별표 2]

수당의 지급기준(제8조 제1항 관련)

1. 참석수당

구분	단위	기준 단가	비고
위원회	일당	• 기본료: 150,000원 • 초과 : 50,000원	• 초과는 2시간 이상 시 1일 한 차례에 한정하여 지급한다.

2. 심사수당 및 그 밖에 위원회의 운영에 필요한 수당: 예산의 범위에서 사전 위원회 의결로 정하는 바에 따라 지급 가능

대전광역시 자치경찰사무와 자치경찰 위원회의 조직 및 운영 등에 관한 조례

[시행 2021. 10. 1.] [대전광역시조례 제5724호, 2021. 10. 1., 일부개정]

대전광역시

제1조(목적) 이 조례는 「국가경찰과 자치경찰의 조직 및 운영에 관한 법률」과 「자치경찰사무와 시·도 자치경찰위원회의 조직 및 운영 등에 관한 규정」에서 위임된 사항과 그 시행에 필요한 사항을 규정함을 목적으로 한다.

제2조(생활안전, 교통, 경비 관련 자치경찰사무의 범위 등) ① 「국가경찰과 자치경찰의 조직 및 운영에 관한 법률」(이하 "법"이라 한다) 제4조 제2항 및 「자치경찰사무와 시·도자치경찰위원회의 조직 및 운영 등에 관한 규정」(이하 "영"이라 한다) 제2조에 따른 자치경찰사무의 구체적 사항 및 범위는 별표 1과 같다.

② 별표 1을 개정할 필요가 있을 경우 영 제2조 제2호에 따라 자치경찰사무가 적정한 규모로 정해지도록 미리 대전광역시경찰청장의 의견을 들어야 한다.

③ 대전광역시자치경찰위원회(이하 "위원회"라 한다)는 영 제2조 제3호에 따라 자치경찰사무가 국가 경찰사무와 유기적으로 연계되고 다른 지방자치단체의 자치경찰사무와 균형이 이루어지도록 노력하여야 한다. 이 경우 필요하면 경찰청장의 의견을 들을 수 있다.

제3조(중복감사의 방지) ① 위원회는 영 제2조 제3호에 따라 중복감사를 방지하기 위하여 경찰청장과 협의하여 자치경찰사무에 대한 감사계획을 수립·실시할 수 있다.

② 제1항에 따른 자치경찰사무에 대한 감사 절차와 방법 등은 법 제24조 제1항 제12호에 따른 위원회규칙(이하 "위원회규칙"이라 한다)으로 정한다.

제4조(위원회 위원의 임명방법) ① 대전광역시장(이하 "시장"이라 한다)은 법 제20조 제1항 제1호부터 제4호까지에 따른 위원 추천권자(이하 이 조에서 "추천권자"라 한다)로부터 위원으로 임명할 사람을 추천받은 경우 추천권자에게 위원으로 추천받은 사람의 자격요건 충족 여부 및 결격사유 유무 등을 확인할 수 있는 자료를 요구할 수 있다.

② 시장은 위원으로 추천받은 사람이 법 제20조 제2항의 자격요건을 갖추지 못하였거나 같은 조 제7항의 결격사유에 해당할 경우 해당 사실을 추천권자에게 통보하여야 한다.

제5조(위원장 및 상임위원의 임명방법) ① 시장은 법 제20조 제1항에 따른 위원 임명과 동시에 위원 중 1명을 위원장으로 임명한다.

② 제1항에 따라 임명된 위원장은 임명일부터 7일 이내에 회의를 개최하여, 상임위원 선정을 의결한다.

③ 부득이한 사유가 있는 경우에는 제1항 및 제2항의 규정을 적용하지 아니한다.

제6조(의안의 발의 및 상정) ① 위원은 재적위원 2명 이상의 찬성으로 법 제24조에 따른 위원회 소관 사무 범위에서 위원회에 상정할 의안을 발의할 수 있다. 다만, 위원장과 상임위원은 단독으로 의안을 발의할 수 있다.

② 위원장은 발의된 의안을 법 제26조 제1항에 따른 정기회의 또는 임시회의에 상정한다.

제7조(위원의 수당) ① 위원회의 위원 중 공무원이 아닌 위원에게 지급하는 수당의 종류는 다음 각 호와

같고 수당의 지급기준은 별표 2와 같다.

    1. 참석수당: 위원회에 위원이 출석하여 심의·의결·자문 등을 하는 경우에 지급하는 수당

    2. 심사수당: 위원회 의결을 거쳐 위원장으로부터 의뢰를 받아 미리 자료를 수집하거나 회의 안건을 검토하여 위원회에 보고하는 경우에 지급하는 수당

    3. 그 밖에 운영에 필요한 수당

② 원거리에 거주하는 등 특별한 사유가 있는 경우 제1항 제1호에 따른 참석수당 지급 시 교통비, 식비(급량비 기준 단가 적용), 숙박비를 실비의 범위에서 별도 지급할 수 있다.

제8조(위원의 여비) 위원회의 위원 중 공무원이 아닌 위원에게 위원회의 의결에 따라 출장할 때에는 3급 지방공무원에 상당하는 여비를 지급할 수 있다.

제9조(지급 절차 등) 이 조례에서 정한 사항 외에 위원회 위원의 수당 및 여비 등 지급에 필요한 사항은 위원회규칙으로 정한다.

제10조(실무협의회 구성 등) ① 위원회는 영 제15조 제1항에 따라 경찰청 등과 실무협의회를 운영할 수 있다.

② 실무협의회는 위원회, 경찰청 등 관계기관의 소속 공무원 등으로 구성한다.

③ 실무협의회는 회의 운영에 필요한 경우 관계전문가에게 회의에 출석하여 발언하게 하거나 자료의 제출을 요청할 수 있다

제11조(간사) ① 실무협의회에 실무협의회의 사무를 처리할 간사 1명을 둔다.

② 간사는 위원회 사무기구 소속 과장이 된다.

제12조(운영세칙) 이 조례에서 규정한 사항 외에 실무협의회의 구성, 회의개최, 운영 등에 필요한 사항은 위원회가 경찰청 등 관계기관과 협의하여 정한다.

제13조(예산) ① 위원회는 법 제35조 제1항에 따라 「지방자치법」 제127조 제1항에서 시장이 대전광역시의회에 예산안을 제출하도록 정한 기한의 30일 전까지 자치경찰사무 수행에 필요한 예산안을 심의·의결하여 시장에게 제출한다.

② 위원회는 제1항에 따라 예산안을 심의·의결하기 전에 예산안을 경찰청장에게 통보하고 의견을 들어야 한다.

제14조(자치경찰사무 담당 공무원 등에 대한 지원) ① 시장은 법 제35조 제2항에 따라 자치경찰사무를 수행하는 공무원에게 「대전광역시 공무원 후생복지 조례」에 따라 대전광역시 소속 공무원이 적용받는 후생복지에 관한 사항 등 예산의 범위에서 복지, 처우 등의 지원을 할 수 있다.

② 제1항에 따른 조례 등을 제정·개정 또는 폐지하는 경우에는 미리 위원회의 의견을 들어야 한다.

③ 시장은 자치경찰사무를 수행하는 공무원이 아닌 직원에게도 공무원에 준하여 제1항에 따른 지원을 할 수 있다. 〈신설 2021. 10. 1.〉

제15조(위원장의 의회 출석·답변) 위원장은 「지방자치법」 제42조 제2항에 따라 대전광역시의회가 요구하면 출석·답변하여야 한다. 다만, 특별한 이유가 있으면 위원장은 상임위원 또는 위원회 소속 공무원에게 출석·답변하게 할 수 있다.

부칙 〈조례 제5724호, 2021. 10. 1.〉

이 조례는 공포한 날부터 시행한다.

[별표 1]

생활안전, 교통, 경비 관련 자치경찰사무의 구체적 사항 및 범위(제2조 제1항 관련)

1. 지역 내 주민의 생활안전활동에 관한 사무

자치경찰사무	범위 기준	구체적 사항 및 범위
1) 생활안전을 위한 순찰 및 시설의 운영	가) 지역 주민 안전을 위한 범죄예방 시설 설치·운영	① 범죄취약지역 환경 개선 등 지역 범죄 예방환경설계 (CPTED) 사업 추진 ② 폐쇄회로 텔레비전(CCTV) 통합관제센터 운영 지원
	나) 지역 주민 안전을 위한 범죄예방진단	① 지역의 범죄취약요소 현장진단 ② 범죄취약요소 개선 및 관리상태 점검 ③ 범죄예방 강화구역 관리 등 범죄 예방진단팀(CPO) 운영
	다) 지역 주민 안전을 위한 순찰과 범죄예방활동 시행·관리	① 시기별·테마별 범죄예방활동 기획 및 운영 ② 범죄예방을 위한 순찰제도 시행 및 관리 ③ 강도·절도 취약업소 범죄예방 활동
2) 주민참여 방범활동의 지원 및 지도	가) 범죄예방을 위한 주민 참여 지역 협의체 구성·운영	① 생활안전협의회 등 구성 및 운영 ② 자율방범대 등에 대한 협업 및 지원·지도
	나) 주민 참여형 범죄예방활동 시행·관리	① 지역주민 대상 범죄예방요령·범죄예방교실·시민경찰학교 등 홍보활동 ② 주민참여형 범죄예방활동(합동순찰 등)
3) 안전사고 및 재해·재난 시 긴급구조지원	가) 재난이 발생할 우려가 현저하거나 재난이 발생하였을 때에 주민의 생명·신체 및 재산을 보호하기 위한 긴급구조지원	① 재난이 발생할 우려가 현저하여 긴급구조 필요시, 지역 주민 생명·신체·재산을 보호하기 위한 긴급구조 지원 ② 안전사고 및 재해·재난 발생시 지역주민 안전 확보를 위한 긴급구조 지원
	나) 재해 발생 시 지역의 사회질서 유지 및 교통관리 등	① 재해발생지역의 사회질서 유지 ② 재해발생지역의 교통관리 등
	다) 그 밖에 긴급구조지원기관으로서의 긴급구조지원 활동 등	그 밖에 긴급구조지원기관으로서의 지역 내 긴급구조지원 활동 등
4) 아동·청소년·노인·여성·장애인 등 사회적 보호가 필요한 사람에 대한 보호 업무 및 가정·학교·성폭력 등의 예방	가) 아동·노인·장애인 학대 예방과 피해 아동·노인·장애인에 대한 보호활동	① 아동·노인·장애인 학대 예방활동(교육·홍보 등) ② 아동·노인·장애인 학대 사안대응(시설 내 학대 점검 등) ③ 아동·노인·장애인 학대 피해자 유관기관 연계 등 보호활동 ④ 아동·노인·장애인 학대 관련 학대예방경찰관(APO) 운영
	나) 아동·청소년·노인·여성·장애인 등 사회적 보호가 필요한 사람의 실종 예방·대응 활동	① 지문 등 사전등록 업무 ② 실종·유괴 경보 체계 구축·운영 ③ 실종아동 등 조기발견 지침 대상시설 지도·감독 ④ 유전자 채취 및 보호시설 등 일제수색 운영
	다) 아동 대상 범죄예방 및 아동안전 보호활동	① 아동안전지킴이 운영 및 선발·배치·감독 ② 아동안전지킴이집 관리 및 운영·교육·홍보 ③ 그 밖에 아동 대상 범죄예방 및 아동안전 보호활동
	라) 청소년 비행방지 등 선도·보	① 청소년 비행방지, 선도·보호활동

자치경찰사무	범위 기준	구체적 사항 및 범위
	호 활동	② 위기청소년(가·피해학생, 학교·가정 밖 청소년 등) 면담·관리 ③ 위기청소년 발굴(거리상담 등) 및 유관기관 연계 ④ 소년범 선도제도 운영(선도프로그램, 선도심사위원회, 전문가참여제, 우범소년 송치) ⑤ 경찰의 청소년 선도·보호 활동에 대한 청소년 참여 제도 운영(정책자문단 등)
	마) 가정폭력범죄 예방과 피해자 등 보호 활동	① 가정폭력 예방활동(교육·홍보 등) ② 가정폭력 (긴급)임시조치 ③ 가정폭력 피해자 유관기관 연계 등 보호활동 ④ 가정폭력 사안대응(협업회의 참석 등) ⑤ 가정폭력 관련 학대예방경찰관(APO)운영
	바) 학교폭력의 근절·예방과 가해학생 선도 및 피해학생 보호 활동	① 학교폭력 예방활동(교육·홍보 등) ② 학교폭력 사안대응(학교폭력대책위원회 참석, 117사안 대응 등) ③ 청소년육성회 등 지역 내 학교폭력 유관단체와 협업 업무 ④ 청소년경찰학교, 명예경찰소년단 운영 ⑤ 학교전담경찰관(SPO) 운영
	사) 성폭력 예방과 성폭력 피해자 등 보호 활동	① 성폭력범죄 예방활동(교육·홍보 등) ② 성폭력범죄 피해자 유관기관 연계 등 보호활동
	아) 그 밖에 관련 법령에 경찰의 사무로 규정된 아동·청소년·노인·여성·장애인 등 사회적 보호가 필요한 사람에 대한 보호 및 가정폭력·학교폭력·성폭력 등 예방 업무	그 밖에 관련 법령에 경찰의 사무로 규정된 아동·청소년·노인·여성·장애인 등 사회적 보호가 필요한 사람에 대한 보호 및 가정폭력·학교폭력·성폭력 등 예방 업무
5) 주민의 일상생활과 관련된 사회질서의 유지 및 그 위반행위의 지도·단속 (다만, 지방자치단체 등 다른 행정청의 사무는 제외한다)	가) 경범죄 위반행위 지도·단속 등 공공질서 유지	① 경범죄 위반행위 단속 (과태료 등 지방자치단체 행정처분 사항 제외) ② 지역 내 기초질서 확립을 위한 주민 대상 계도 및 홍보 등
	나) 공공질서에 반하는 풍속·성매매사범 및 사행행위 지도·단속	① 풍속영업의 지도·단속 ② 성매매 단속(수사사무 제외) ③ 성매매 예방 및 피해자 보호 ④ 사행행위 지도·단속
	다) 그 밖에 관련 법령에 경찰의 사무로 규정된 주민의 일상생활과 관련된 사회질서의 유지 및 그 위반행위의 지도·단속 업무	그 밖에 관련 법령에 경찰의 사무로 규정된 주민의 일상생활과 관련된 사회질서의 유지 및 그 위반행위의 지도·단속 업무
6) 그 밖에 지역 주민의 생활안전에 관한 사무	가) 지역주민의 생활안전 관련 112 신고(일반신고를 포함한다) 처리	① 가정폭력, 학교폭력, 아동학대, 실종 등 자치경찰 수사사무 관련 신고 처리 ② 풍속영업, 기타경범, 보호조치 등 지역 질서유지 관련 신고 처리 ③ 분실습득, 상담문의 등 지역 주민의 생활안전 관련 신고 처리
	나) 지하철, 내수면 등 일반적인 출동이 어려운 특정 지역에서 주민의	① 지역 특화 경찰조직(지하철경찰대 등) 설치·운영 (수사사무 제외)

자치경찰사무	범위 기준	구체적 사항 및 범위
	생명 · 신체 · 재산의 보호를 위한 경찰대 운영	
	다) 유실물 보관 · 반환 · 매각 · 국고귀속 등 유실물 관리	① 유실물 처리업무 계획 및 지도 · 감독 ② 습득물 · 분실물 신고접수 및 보관 ③ 유실자 확인 및 습득자 소유권 취득 시 물건 인계 ④ 법정기간 만료 시 국고 · 금고 귀속
	라) 「경찰관 직무집행법」 제4조에 따른 응급구호대상자에 대한 보호조치 및 유관기관 협력	① 응급구호대상자 보건의료기관 또는 공공구호기관 긴급구호 요청 및 인계(다만, 필요시 경찰관서 임시보호조치) ② 응급구호대상자 휴대 무기 · 흉기 임시영치 ③ 주취자응급의료센터 운영에 대한 지원 ④ 그 밖에 응급구호대상자 유관기관 협력
	마) 그 밖에 관련 법령에 경찰의 사무로 규정된 지역주민의 생활안전에 관한 사무	그 밖에 관련 법령에 경찰의 사무로 규정된 지역주민의 생활안전에 관한 사무

2. 지역 내 교통활동에 관한 사무

자치경찰사무	사무의 범위 기준	구체적 내용
1) 교통법규 위반에 대한 지도 · 단속	가) 교통법규 위반 지도 · 단속, 공익신고 처리 등	① 음주 · 무면허 등 교통법규 위반 단속 ② 교통법규 위반 공익신고 처리(다만, 지방자치단체 행정처분 사항 제외) ③ 그 밖에 교통법규 위반신고 처리(다만, 지방자치단체 행정처분 사항 제외)
	나) 음주단속 장비 등 교통경찰용 장비 보급 · 관리 · 운영 등	① 음주단속장비 등 구매 · 보급 ② 음주단속장비 등 검정 · 교정 ③ 음주단속장비 등 노후장비 교체
2) 교통안전시설 및 무인 교통단속용 장비의 심의 · 설치 · 관리	가) 교통사고 예방, 교통소통을 위한 교통안전시설 설치 · 관리 · 운영	① 교통안전시설 운영계획 수립 ② 교통신호기 설치 · 관리 · 운영 ③ 교통안전표지 설치 · 관리 ④ 교통노면표시 설치 · 관리 ⑤ 교통안전시설 및 유사 교통안전시설 무단 설치 단속 ⑥ 그 밖에 도로 위험 방지와 교통안전 및 원활한 소통을 위한 교통안전시설 관련 조치
	나) 도로교통 규제 관련 지역 교통안전시설 심의위원회 설치 및 운영	① 도로교통 규제 관련 지역 교통안전시설 심의위원회 설치 및 운영
	다) 무인 교통단속용 장비의 심의 · 설치 · 관리 · 운영	① 무인 교통단속용장비의 우선 설치장소 선정 심의 ② 무인 교통단속용장비의 설치 · 관리 · 운영
3) 교통안전에 대한 교육 및 홍보	가) 교통안전에 대한 교육	① 지역주민 대상 교통안전 교육계획 수립 · 시행 ② 교안, 리플렛 등 교육자료 제작 · 배포
	나) 교통안전에 대한 홍보	① 지역주민 대상 교통안전 홍보계획 수립 · 시행 ② 교통안전 홍보물품 구매 · 보급
4) 주민참여 지역 교통활동의 지원 및 지도	가) 교통활동 지원 협력단체에 대한 운영 · 관리	① 모범운전자회 · 녹색어머니회 등 교통활동 지원을 위한 운전자 모임 및 학부모단체 구성

자치경찰사무	사무의 범위 기준	구체적 내용
		② 모범운전자회·녹색어머니회 등 교통활동지원을 위한 운전자 모임 및 학부모 단체의 교통안전 지원활동 관리
	나) 주민참여형 교통안전활동 지원 및 지도	① 무사고 운전자 선발·관리 ② 교통법규 위반 공익신고 활성화를 위한 홍보·안내
5) 통행 허가, 어린이 통학버스의 신고, 긴급자동차의 지정 신청 등 각종 허가 및 신고에 관한 사무	가) 차마의 안전기준 초과 승차, 안전기준 초과적재 및 차로폭 초과차 통행허가 처리	① 안전기준 초과승차 허가 신청서 접수·허가증 발급 ② 안전기준 초과적재 허가 신청서 접수·허가증 발급 ③ 차로폭초과차 통행 허가 신청서 접수·허가증 발급
	나) 도로공사 신고접수, 현장점검 및 지도·감독 등	① 도로점용허가 필요 조치 ② 도로공사 신고 관련 교통안전 및 원활한 소통을 위한 필요 조치
	다) 어린이통학버스 관련 신고 접수·관리 및 관계 기관 합동 점검	① 어린이통학버스 신고 접수 및 신고증명서 발급·재교부 ② 관계부처 합동 어린이통학버스 안전점검 및 계도·단속
	라) 긴급자동차의 지정 신청·관리	① 긴급자동차 지정증 신청서 접수·지정증 발급 ② 긴급자동차 지정증 재교부 신청서 접수·지정증 발급 ③ 긴급자동차 지정 취소 및 지정증 회수
	마) 버스전용차로 통행 지정신청 처리	① 버스전용차로 통행 지정신청서 접수·지정증 발급 ② 버스전용차로 통행 지정증 재교부 신청서 접수·지정증 발급 ③ 버스전용차로 통행 지정 취소 및 지정증 회수
	바) 주·정차 위반차량 견인대행법인등 지정	① 견인대행법인등 지정신청서 접수·지정증 발급 ② 견인대행법인등 지정 취소·정지 및 지정증 회수
6) 그 밖에 지역 내의 교통안전 및 소통에 관한 사무	가) 지역주민의 교통안전 관련 112신고(일반신고를 포함한다) 처리	① 교통사고, 사망·대형사고 신고 처리 ② 음주운전, 교통위반 신고 처리 ③ 교통불편 신고 처리
	나) 운전면허 관련 민원 업무	① 운전면허 발급·재발급·갱신 신청·접수·교부 ② 운전면허 적성검사 신청·접수 ③ 국제운전면허 신청접수 및 교부 ④ 운전경력증명서 발급 ⑤ 기타 운전면허 관련 민원 업무
	다) 지역교통정보센터 운영 및 교통정보 연계	① 지역교통정보센터 운영 ② 교통정보 연계(경찰청 도시교통정보센터 등과의 연계)
	라) 정체 해소 등 소통 및 안전 확보를 위한 교통관리	① 출·퇴근 시간대 및 상습 정체 구간 주요 교차로에서의 교통관리 ② 안전사고·재해·재난 발생 시 이동로 및 안전 확보를 위한 교통통제 및 관리
	마) 지역 내 교통안전대책 수립·시행	① 시기별·취약 대상·위험요인별 지역내 교통안전대책 수립·시행 ② 지역 교통안전협의체 구성·운영 등 교통안전 분야 유관기관 협업
	바) 교통안전 관련 기관 협의 등	① 지역 교통영향평가, 교통성 검토 등 교통소통 관련 협의 ② 「도로법」 제48조에 따른 자동차전용도로 지정 등 관련 협의(도로관리청이 국토부장관인 경우는 제외) ③ 「교통안전법」상 안전진단, 사고조사 관련 협의

자치경찰사무	사무의 범위 기준	구체적 내용
		④ 「어린이·노인 및 장애인 보호구역의 지정 및 관리에 관한 규칙」 제3조에 따른 보호구역의 지정 등 관련 협의 ⑤ 그 밖에 지역 내의 교통안전 및 소통에 관한 사무

다. 지역 내 다중운집 행사 관련 혼잡 교통 및 안전 관리

자치경찰사무	사무의 범위 기준	구체적 내용
–	가) 지역 내 다중운집 행사 등의 교통질서 확보 및 교통안전 관리 지원	① 다중운집 행사장 주변 주요 교차로 소통 확보를 위한 교통관리 지원 ② 행사장 주변 보행자 등 교통사고 예방을 위한 교통안전 활동 지원
	나) 지역 내 다중운집 행사 안전 관리 지원	① 다중운집 행사 안전관리계획 수립 지원 ② 행사장 주변 안전사고 예방 및 질서유지를 위한 안전활동 지원

비고: 위 표의 나목 지역 내 교통 활동에 관한 사무 중 「도로교통법」 제2조 제3호의 고속도로에서 이루어지는 사무는 제외한다.

█ [별표 2]

수당의 지급기준(제7조 제1항 관련)

1. 참석수당

구분	단위	기준 단가	비고
위원회	일당	• 기본료: 150,000원 • 초과 : 50,000원	• 초과는 2시간 이상 시 1일 1회만 지급한다.

2. 심사수당 및 그 밖에 위원회 운영에 필요한 수당 : 위원회 예산 범위에서 지급 가능

울산광역시 자치경찰사무와 자치경찰 위원회의 조직 및 운영 등에 관한 조례

[시행 2021. 10. 1.] [대전광역시조례 제5724호, 2021. 10. 1., 일부개정]

울산광역시(자치경찰위원회), 052-229-8814

제1조(목적) 이 조례는 「국가경찰과 자치경찰의 조직 및 운영에 관한 법률」 및 「자치경찰사무와 시 · 도 자치경찰위원회의 조직 및 운영 등에 관한 규정」에서 위임된 사항과 그 시행에 필요한 사항을 규정함을 목적으로 한다.

제2조(생활안전 · 교통 · 경비 관련 자치경찰사무의 범위 등) ① 「국가경찰과 자치경찰의 조직 및 운영에 관한 법률」(이하 "법"이라 한다) 제4조 제2항 및 「자치경찰사무와 시 · 도자치경찰위원회의 조직 및 운영 등에 관한 규정」(이하 "영"이라 한다) 제2조에 따른 생활안전, 교통, 경비 관련 자치경찰사무의 구체적 사항 및 범위는 별표 1과 같다.

② 별표 1을 개정하려는 경우 영 제2조 제2호에 따라 자치경찰사무가 적정한 규모로 정해지도록 미리 울산경찰청장의 의견을 청취한다.

③ 법 제18조 제1항에 따른 울산광역시자치경찰위원회(이하 "위원회"라 한다)는 영 제2조 제3호에 따라 자치경찰사무가 국가경찰사무와 유기적으로 연계되고 다른 특별시 · 광역시 · 특별자치시 · 도 · 특별자치도의 자치경찰사무와 균형이 이루어지도록 노력하여야 한다. 이 경우 경찰청장의 의견을 들을 수 있다.

제3조(중복감사의 방지) ① 위원회는 영 제2조 제3호에 따라 중복감사를 방지하기 위하여 경찰청장과 협의하여 자치경찰사무에 대한 감사계획을 수립 · 실시할 수 있다.

② 제1항에 따른 자치경찰사무에 대한 감사 절차 및 방법 등은 법 제24조 제1항 제12호에 따른 위원회규칙(이하 "위원회규칙"이라 한다)으로 정한다.

제4조(위원회 위원의 임명절차 등) ① 울산광역시장(이하 "시장"이라 한다)은 법 제20조 제1항 제1호부터 제4호까지의 규정에 따른 위원 추천권자(이하 "추천권자"라 한다)로부터 위원으로 임명할 사람을 추천받은 경우, 추천권자에게 위원으로 추천받은 사람의 자격요건 충족 여부 및 결격사유 유무 등을 확인할 수 있는 자료를 요구할 수 있다.

② 시장은 위원으로 추천받은 사람이 법 제20조 제2항의 자격요건을 갖추지 못하였거나 같은 조 제7항의 결격사유에 해당할 경우 해당 사실을 추천권자에게 통보하고 재추천을 요청하여야 한다.

제5조(위원장 및 상임위원의 임명방법) ① 시장은 법 제20조 제1항 각 호의 사람을 위원으로 임명할 때, 위원 중 1명을 위원장으로 임명하여야 한다.

② 제1항에 따라 임명된 위원장은 14일 이내에 회의를 개최하고, 위원회는 해당 회의에서 상임위원을 선정 · 의결한다.

제6조(의안의 발의 및 상정) ① 위원은 재적위원 2명 이상의 찬성으로 법 제24조 제1항 각 호에 따른 위원회 소관 사무의 범위에서 위원회에 상정할 의안을 발의할 수 있다. 다만, 위원장과 상임위원은 단독으로 의안을 발의할 수 있다.

② 위원장은 발의된 의안을 법 제26조 제1항에 따른 정기회의 또는 임시회의에 상정한다.

제7조(위원의 수당) ① 위원회의 위원 중 공무원이 아닌 위원에게 지급하는 수당의 종류는 다음 각 호의 구분에 따르고, 수당의 지급기준은 별표 2와 같다.

> 1. 참석수당: 위원회에 위원이 출석하여 심의·의결·자문 등을 하는 경우 지급하는 수당
> 2. 심사수당: 위원회 의결을 거쳐 위원장의 의뢰를 받아 미리 자료를 수집하거나 회의 안건을 검토하여 위원회에 보고하는 경우에 지급하는 수당
> 3. 그 밖에 위원회의 운영에 필요한 수당

② 원거리에 거주하는 등 특별한 사유가 있는 경우 제1항 제1호에 따른 참석수당 지급 시 교통비, 식비(급량비 기준 단가를 적용한다), 숙박비를 실비의 범위에서 별도로 지급할 수 있다.

제8조(위원의 여비) 위원회의 위원 중 공무원이 아닌 위원에게 위원회의 의결 또는 위원장의 명에 따라 공무로 출장할 때에는 3급 지방공무원에 상당하는 여비를 지급할 수 있다.

제9조(지급 절차 등) 이 조례에서 정한 사항 외에 위원회 위원의 수당 및 여비 등 지급에 필요한 사항은 위원회규칙으로 정한다.

제10조(실무협의회의 구성 등) ① 위원회는 영 제15조 제1항에 따라 경찰청 등과 실무협의회를 운영할 수 있다.

② 실무협의회는 위원회, 경찰청 등 관계 기관의 소속 공무원 등으로 구성한다.

③ 실무협의회는 관계 전문가에게 회의에 출석하여 발언하게 하거나 자료의 제출을 요청할 수 있다

제11조(실무협의회 간사) ① 실무협의회에 실무협의회의 사무를 처리할 간사 1명을 둔다.

② 간사는 위원회 사무국 소속 부서장이 된다.

제12조(실무협의회 운영세칙) 이 조례에서 규정한 사항 외에 실무협의회의 구성, 회의개최, 운영 등에 필요한 사항은 경찰청 등 관계기관과 협의한 후 위원장이 위원회의 의결을 거쳐 운영세칙으로 정한다.

제13조(예산) ① 위원회는 법 제35조 제1항에 따라 「지방자치법」 제127조 제1항에서 시장이 의회에 예산안을 제출하도록 정한 기한의 30일 전까지 자치경찰사무 수행에 필요한 예산안을 심의·의결하여 시장에게 제출한다.

② 위원회는 제1항에 따라 예산안을 심의·의결하기 전에 예산안을 경찰청장에게 통보하고 의견을 들어야 한다.

제14조(자치경찰사무 담당 공무원 등에 대한 지원) ① 시장은 법 제35조 제2항에 따라 자치경찰사무를 수행하는 공무원에게 「울산광역시 공무원 후생복지에 관한 조례」에 따라 울산광역시 소속 공무원이 적용받는 후생복지에 관한 사항 등 예산의 범위에서 복지, 처우 등의 지원을 할 수 있다.

② 제1항에 따른 조례 등을 제정·개정 또는 폐지하는 경우에는 미리 위원회의 의견을 들어야 한다.

③ 시장은 자치경찰사무를 수행하는 공무원이 아닌 직원에게도 공무원에 준하여 제1항에 따른 지원을 할 수 있다. 〈신설 2021.10.1.〉

제15조(위원장의 의회 출석·답변) 위원장은 「지방자치법」 제42조 제2항에 따라 시의회가 요구하면 출석·답변하여야 한다. 다만, 특별한 사유가 있는 경우에는 위원장은 상임위원 및 위원회 소속 공무원에게 출석·답변하게 할 수 있다.

제16조 (위원회의 운영규정) 이 조례에서 규정한 사항 외에 위원회의 운영 등에 필요한 사항은 위원회의 의결을 거쳐 위원장이 정한다.

부칙 〈조례 제5724호, 2021. 10. 1.〉

이 조례는 공포한 날부터 시행한다.

생활안전, 교통, 경비 관련 자치경찰사무의 구체적 사항 및 범위(제2조 제1항 관련)

가. 지역 내 주민의 생활안전활동에 관한 사무

자치경찰사무	범위 기준	구체적 사항 및 범위
1) 생활안전을 위한 순찰 및 시설의 운영	가) 지역 주민 안전을 위한 범죄 예방 시설 설치·운영	① 범죄취약지역 환경 개선 등 지역 범죄 예방환경설계(CPTED) 사업 추진 ② CCTV 통합관제센터 운영 지원
	나) 지역 주민 안전을 위한 범죄 예방진단	① 지역·건물의 범죄취약소 현장진단 및 점검·관리 ② 범죄예방 우수시설 인증 시행 ③ 범죄예방 강화구역 관리 등 범죄예방진단팀(CPO) 운영
	다) 지역 주민 안전을 위한 순찰 과 범죄예방활동 시행·관리	① 시기별·테마별 범죄예방활동 시행·관리 ② 범죄예방을 위한 순찰(지역안전순찰 등) 제도 시행 ③ 은행·편의점 등 현금다액 취급업소 범죄예방활동 시행
2) 주민참여 방범활동 의 지원 및 지도	가) 범죄예방을 위한 주민 참여 지 역 협의체 구성·운영	① 생활안전협의회, 자율방범대 등에 대한 협업, 지원 및 지도
	나) 주민 참여형 범죄예방활동 시행·관리	① 지역주민 대상 범죄예방요령·범죄예방교실·시민 경찰학교 등 홍보활동 ② 주민 참여형 범죄예방활동(합동순찰 등)
3) 안전사고 및 재해·재난 시 긴급구조지원	가) 재난이 발생할 우려가 현저 하거나 재난이 발생하였을 때에 주민의 생명·신체 및 재산을 보호하기 위한 긴급 구조지원	① 재난이 발생할 우려가 현저하거나 안전사고 및 재해·재난 발생 시 지역주민 안전확보를 위한 긴급구조지원
	나) 재해 발생 시 지역의 사회질 서 유지 및 교통관리 등	① 재해발생지역의 사회질서 유지 ② 재해발생지역의 교통관리 등
	다) 그 밖에 긴급구조지원기관으로 서의 긴급구조지원 활동 등	그 밖에 긴급구조지원기관으로서의 지역 내 긴급구조지원 활동 등
4) 아동·청소년·노 인·여성·장애인 등 사회적 보호가 필 요한 사람에 대한 보 호 업무 및 가정· 학교·성폭력 등의 예방	가) 아동·노인·장애인 학대 예 방과 피해 아동·노인· 장애인에 대한 보호활동	① 아동·노인·장애인 학대 예방활동(교육·홍보 등) ② 아동·노인·장애인 학대 사안대응(시설 내 학대 점검, 가해자·피해자 조사 등) ③ 아동·노인·장애인 학대 피해자 보호기관 등 연계·지원 ④ 아동·노인·장애인 학대 관련 학대예방경찰관(APO) 운영
	나) 아동·청소년·노인·여성· 장애 등 사회적 보호가 필요 한 사람의 실종 예방· 대응 활동	① 지문 등 사전등록 업무 ② 실종·유괴 경보 체계 구축·운영 ③ 실종아동 등 조기발견 지침 대상시설 지도·감독 ④ 유전자 채취 및 보호시설 등 일제수색 운영
	다) 아동 대상 범죄예방 및 아동 안전 보호활동	① 아동안전지킴이 운영 및 선발·배치·감독 ② 아동안전지킴이집 관리 및 운영·교육·홍보 ③ 그 밖의 아동 대상 범죄예방 및 아동안전 보호활동
	라) 청소년 비행방지 등 선도· 보호 활동	① 청소년 비행방지, 선도·보호활동 ② 위기청소년(가해·피해 학생, 학교·가정 밖 청소년 등) 면담·관리

자치경찰사무	범위 기준	구체적 사항 및 범위
		③ 위기청소년 발굴(거리상담 등) 및 유관기관 연계
		④ 소년범 선도제도 운영(선도프로그램, 선도심사위원회, 전문가참여제, 우범소년 송치)
		⑤ 경찰의 청소년 선도·보호 활동에 대한 청소년 참여 제도 운영(정책자문단 등)
	마) 가정폭력범죄 예방과 피해자 등 보호 활동	① 가정폭력 예방활동(교육·홍보 등)
		② 가정폭력 (긴급)임시조치
		③ 가정폭력 피해자 상담·보호기관 등 연계·지원
		④ 가정폭력 사안대응(협업회의 참석, 가해자·피해자 조사 등)
		⑤ 가정폭력 관련 학대예방경찰관(APO) 운영
	바) 학교폭력의 근절·예방과 가해학생 선도 및 피해학생 보호 활동	① 학교폭력 예방활동(교육·홍보 등)
		② 학교폭력 사안대응(학폭위 참석, 117사안대응, 가해·피해 학생 조사 등)
		③ 청소년육성회 등 지역 내 학교폭력 유관단체와 협업 업무
		④ 청소년경찰학교, 명예경찰소년단 운영
		⑤ 학교전담경찰관(SPO) 운영
	사) 성폭력 예방과 성폭력 피해자 등 보호 활동	① 성폭력범죄 예방활동(교육·홍보 등)
		② 성폭력범죄 피해자 보호·지원
	아) 그 밖에 관련 법령에 경찰의 사무로 규정된 아동·청소년·노인·여성·장애인 등 사회적 보호가 필요한 사람에 대한 보호 및 가정폭력·학교폭력·성폭력 등 예방 업무	그 밖에 관련 법령에 경찰의 사무로 규정된 아동·청소년·노인·여성·장애인 등 사회적 보호가 필요한 사람에 대한 보호 및 가정폭력·학교폭력·성폭력 등 예방 업무
5) 주민의 일상생활과 관련된 사회질서의 유지 및 그 위반행위의 지도·단속 (다만, 지방자치단체 등 다른 행정청의 사무는 제외한다)	가) 경범죄 위반행위 지도·단속 등 공공질서 유지	① 경범죄 위반행위 단속(과태료 등 지자체 행정처분 사항 제외)
		② 지역 내 기초질서 확립을 위한 주민 대상 계도 및 홍보 등
	나) 공공질서에 반하는 풍속·성매매사범 및 사행행위 지도·단속	① 풍속영업의 지도·단속
		② 성매매 단속
		③ 성매매 예방 및 피해자 보호
		④ 사행행위 지도·단속
	다) 그 밖에 관련 법령에 경찰의 사무로 규정된 주민의 일상생활과 관련된 사회질서의 유지 및 그 위반행위의 지도·단속 업무	그 밖에 관련 법령에 경찰의 사무로 규정된 주민의 일상생활과 관련된 사회질서의 유지 및 그 위반행위의 지도·단속 업무
6) 그 밖에 지역주민의 생활안전에 관한 사무	가) 지역주민의 생활안전 관련 112신고(일반신고를 포함한다) 처리	① 가정폭력, 학교폭력, 아동학대, 실종 등 자치경찰 수사사무 관련 신고 처리
		② 풍속영업, 기타경범, 주취자 등 지역 질서유지 관련 신고 처리
		③ 분실습득, 보호조치, 상담문의 등 지역 주민의 생활안전 관련 신고 처리
	나) 내수면 등 일반적인 출동이 어	① 내수면경찰대 설치·운영

자치경찰사무	범위 기준	구체적 사항 및 범위
	려운 특정 지역에서 주민의 생명·신체·재산의 보호를 위한 경찰대 운영	② 관광경찰대 설치·운영
	다) 유실물 보관·반환·매각·국고귀속 등 유실물 관리	① 유실물 처리업무 계획 및 지도·감독 ② 습득물·분실물 신고접수 및 보관 ③ 유실자 확인 및 습득자 소유권 취득 시 물건 인계 ④ 법정기간 만료 시 국고·금고 귀속 ⑤ 유실물 관리 시설의 설치 및 운영
	라)「경찰관 직무집행법」제4조에 따른 응급구호대상자에 대한 보호조치 및 유관기관 협력	① 응급구호대상자 보건의료기관 또는 공공구호기관 긴급구호 요청 및 인계하거나 경찰관서 임시보호 등 조치 ② 응급구호대상자 휴대 무기·흉기 임시영치 ③ 주취자응급의료센터 운영 지원 ④ 그 밖에 응급구호대상자 보호에 필요한 조치
	마) 그 밖에 관련 법령에 경찰의 사무로 규정된 지역주민의 생활안전에 관한 사무	그 밖에 관련 법령에 경찰의 사무로 규정된 지역주민의 생활안전에 관한 사무

나. 지역 내 교통활동에 관한 사무

자치경찰사무	사무의 범위 기준	구체적 내용
1) 교통법규 위반에 대한 지도·단속	가) 교통법규 위반 지도·단속, 공익신고 처리 등	① 음주·무면허 등 교통법규 위반 단속 ② 교통법규 위반 공익신고 처리 ③ 그 밖의 교통법규 위반신고 처리(영상단속, 방문 신고 등)
	나) 음주단속 장비 등 교통경찰용 장비 보급·관리·운영 등	① 음주단속장비 등 구매·보급 ② 음주단속장비 등 검정·교정 ③ 음주단속장비 등 노후장비 교체
2) 교통안전시설 및 무인 교통단속용 장비의 심의·설치·관리	가) 교통사고 예방, 교통소통을 위한 교통안전시설 설치·관리·운영	① 교통안전시설 운영계획 수립 ② 교통신호기 설치·관리·운영 ③ 교통안전표지 설치·관리 ④ 교통노면표시 설치·관리 ⑤ 교통안전시설 및 유사 교통안전시설 무단 설치 단속 ⑥ 그 밖에 도로 위험 방지와 교통안전 및 원활한 소통을 위한 교통안전시설 관련 조치
	나) 도로교통 규제 관련 지역 교통안전시설 심의위원회 설치 및 운영	① 지역 교통안전시설 심의위원회 구성 ② 도로교통 규제 및 교통안전시설 설치여부의 심의·결정
	다) 무인 교통단속용 장비의 심의·설치·관리·운영	① 무인 교통단속용장비의 설치·관리·운영 ② 무인 교통단속용장비의 우선 설치장소 선정 심의
3) 교통안전에 대한 교육 및 홍보	가) 교통안전에 대한 교육	① 지역주민 대상 교통안전 교육계획 수립·시행 ② 교안, 리플렛 등 교육자료 제작·배포
	나) 교통안전에 대한 홍보	① 지역주민 대상 교통안전 홍보계획 수립·시행 ② 교통안전 홍보물품 구매·보급
4) 주민참여 지역 교통활동의 지원 및 지도	가) 교통활동 지원 협력단체에 대한 운영·관리	① 모범운전자회·녹색어머니회 등 교통활동 지원을 위한 운전자 모임 및 학부모단체 구성 ② 모범운전자회·녹색어머니회 등 교통활동지원을 위한

자치경찰사무	사무의 범위 기준	구체적 내용
		운전자 모임 및 학부모 단체의 교통안전 지원활동 관리
	나) 주민참여형 교통안전활동 지원 및 지도	① 무사고 운전자 선발·관리 ② 교통법규 위반 공익신고 활성화를 위한 홍보·안내
5) 통행 허가, 어린이 통학버스의 신고, 긴급자동차의 지정 신청 등 각종 허가 및 신고에 관한 사무	가) 차마의 안전기준 초과 승차, 안전기준 초과적재 및 차로폭 초과 차 통행허가 처리	① 안전기준 초과승차 허가 신청서 접수·허가증 발급 ② 안전기준 초과적재 허가 신청서 접수·허가증 발급 ③ 차로폭 초과 차 통행 허가 신청서 접수·허가증 발급
	나) 도로공사 신고접수, 현장점검 및 지도·감독 등	① 도로점용허가 필요 조치 ② 도로공사 신고 관련 교통안전 및 원활한 소통을 위한 필요 조치
	다) 어린이통학버스 관련 신고접수·관리 및 관계 기관 합동 점검	① 어린이통학버스 신고 접수 및 신고증명서 발급·재교부 ② 관계부처 합동 어린이통학버스 안전점검 및 계도·단속
	라) 긴급자동차의 지정 신청·관리	① 긴급자동차 지정증 신청서 접수·지정증 발급 ② 긴급자동차 지정증 재교부 신청서 접수·지정증 발급 ③ 긴급자동차 지정 취소 및 지정증 회수
	마) 버스전용차로 통행 지정신청 처리	① 버스전용차로 통행 지정신청서 접수·지정증 발급 ② 버스전용차로 통행 지정증 재교부 신청서 접수·지정증 발급 ③ 버스전용차로 통행 지정 취소 및 지정증 회수
	바) 주·정차 위반차량 견인대행 법인 등 지정	① 견인대행법인 등 지정신청서 접수·지정증 발급 ② 견인대행법인 등 지정 취소·정지 및 지정증 회수
6) 그 밖에 지역 내의 교통안전 및 소통에 관한 사무	가) 지역주민의 교통안전 관련 112신고(일반신고를 포함한다) 처리	① 교통사고, 사망·대형사고 신고 처리 ② 음주운전, 교통위반 신고 처리 ③ 교통불편 신고 처리
	나) 운전면허 관련 민원 업무	① 운전면허 발급·재발급·갱신 신청·접수·교부 ② 운전면허 적성검사 신청·접수 ③ 국제운전면허 신청접수 및 교부 ④ 운전경력증명서 발급 ⑤ 그 밖에 운전면허 관련 민원 업무
	다) 지역교통정보센터 운영 및 교통정보 연계	① 지역교통정보센터 운영 ② 교통정보 연계(경찰청 도시교통정보센터 등과의 연계)
	라) 정체 해소 등 소통 및 안전 확보를 위한 교통관리	① 출·퇴근 시간대 및 상습 정체 구간 주요 교차로에서의 교통관리 ② 안전사고·재해·재난 발생 시 이동로 및 안전 확보를 위한 교통통제 및 관리
	마) 지역 내 교통안전대책 수립·시행	① 시기별·취약 대상·위험요인별 지역내 교통안전대책 수립·시행 ② 지역 교통안전협의체의 구성·운영 등 교통안전 분야 유관 기관 협업
	바) 교통안전 관련 기관 협의 등	① 지역 교통영향평가, 교통성 검토 등 교통소통 관련 협의 ② 「도로법」 제48조에 따른 자동차전용도로 지정 등 관련 협의(도로관리청이 국토부장관인 경우는 제외함) ③ 「교통안전법」상 안전진단, 사고조사 관련 협의 ④ 「어린이·노인 및 장애인 보호구역의 지정 및 관리에 관

자치경찰사무	사무의 범위 기준	구체적 내용
		한 규칙」 제3조에 따른 보호구역의 지정 등 관련 협의 ⑤ 그 밖에 지역 내 교통안전 및 소통에 관한 사무

비고: 위 표의 나목 지역 내 교통활동에 관한 사무 중 「도로교통법」 제2조 제3호에 따른 고속도로에서 이루어지는 사무는 제외한다.

다. 지역 내 다중운집 행사 관련 혼잡 교통 및 안전 관리

자치경찰사무	사무의 범위 기준	구체적 내용
-	가) 지역 내 다중운집 행사 등의 교통질서 확보 및 교통안전 관리 지원	① 다중운집 행사장 주변 주요 교차로 소통 확보를 위한 교통관리 지원 ② 행사장 주변 보행자 등 교통사고 예방을 위한 교통안전 활동 지원
	나) 지역 내 다중운집 행사 안전 관리 지원	① 다중운집 행사 안전관리계획 수립 지원 ② 행사장 주변 안전사고 예방 및 질서유지를 위한 안전활동 지원

▌[별표 2]

<u>수당의 지급기준</u>(제7조 제1항 관련)

1. 참석수당

구분	단위	기준 단가	비고
위원회	일당	• 기본료: 150,000원 • 초과 : 50,000원	• 초과는 2시간 이상 시 1일 1회만 지급한다.

2. 심사수당 및 그 밖에 위원회의 운영에 필요한 수당: 위원회 예산의 범위에서 위원회의 의결에 따라 지급할 수 있음.

세종특별자치시 자치경찰사무와 자치경찰위원회 조직 및 운영 등에 관한 조례

[시행 2021. 7. 15.] [세종특별자치시조례 제1721호, 2021. 7. 15., 일부개정]

세종특별자치시(자치분권과), 044-300-3122

제1조(목적) 이 조례는「국가경찰과 자치경찰의 조직 및 운영에 관한 법률」및「자치경찰사무와 시·도 자치경찰위원회의 조직 및 운영 등에 관한 규정」에서 위임된 사항과 그 시행에 필요한 사항을 규정함을 목적으로 한다.

제2조(생활안전·교통·경비 관련 자치경찰사무의 범위 등) ①「국가 경찰과 자치경찰의 조직 및 운영에 관한 법률」(이하 "법"이라 한다) 제4조 제2항 및「자치경찰사무와 시·도자치경찰위원회 조직 및 운영 등에 관한 규정」(이하 "영"이라 한다) 제2조에 따른 자치경찰사무의 구체적인 사항과 범위는 별표 1과 같다.

② 세종특별자치시장(이하 "시장"이라 한다)은 제1항에 따른 자치경찰사무의 구체적인 사항과 범위를 변경하는 경우 세종특별자치시경찰청장의 의견을 들어야 한다.

③ 법 제18조에 따라 설치하는 세종특별자치시자치경찰위원회(이하 "위원회"라 한다)는 영 제2조 제3호에 따라 자치경찰사무가 국가경찰사무와 유기적으로 연계되고 다른 특별시·광역시·도·특별자치도의 자치경찰사무와 균형이 이루어지도록 노력해야 한다.

제3조(중복감사의 방지) 위원회는 자치경찰사무에 대한 감사를 실시하는 경우 경찰청장과의 협의를 통해 중복감사를 방지하도록 노력해야 한다.

제4조(위원회 위원의 추천 및 임명방법) ① 시장은 법 제20조 제1항 제1호부터 제4호까지에 따른 위원 추천권자(이하 이 조에서 "추천권자"라 한다)로부터 위원으로 임명될 사람을 추천받은 경우, 추천권자에게 추천한 사람의 자격요건 충족 여부 및 결격사유 유무 등을 확인할 수 있는 자료를 요구할 수 있다.

② 시장은 위원으로 추천받은 사람이 법 제20조 제2항 각 호의 어느 하나에 해당하지 않거나, 같은 조 제7항 각 호의 어느 하나에 해당하는 경우 해당 사실을 추천권자에게 통보하고 재추천을 요청해야 한다.

③ 시장은 법 제20조 제1항에 따라 위원을 임명하고 위원 중 1명을 위원장으로 임명한다.

제5조(의안의 발의 및 상정) ① 위원은 재적위원 2명 이상의 찬성으로 법 제24조에 따른 위원회 소관 사무 범위에서 위원회에 상정할 의안을 발의할 수 있다. 다만, 위원장은 단독으로 의안을 발의할 수 있다.

② 위원장은 발의된 의안을 법 제26조 제1항에 따른 정기회의 또는 임시회의에 상정한다.

제6조(위원회의 간사) ① 위원회에 간사 1명을 두되, 간사는 세종특별자치시경찰청의 위원회의 사무를 담당하는 공무원 중 위원장이 지명하는 사람이 된다.

② 간사는 위원장의 명을 받아 다음 각 호의 사항을 처리한다.

1. 의안의 작성
2. 회의진행에 필요한 준비
3. 회의록 작성 및 보관

4. 실무협의회 사무처리

5. 그 밖에 위원회의 사무

제7조(위원의 수당 및 여비) ① 위원회의 위원에게 지급하는 수당의 종류는 다음 각 호와 같고, 수당의 지급기준은 별표 2에 따른다.

1. 참석수당: 위원회에 위원이 출석하여 심의·의결·자문 등을 하는 경우에 지급하는 수당

2. 심사수당: 위원회의 의결을 거쳐 위원장으로부터 의뢰를 받아 미리 자료를 수집하거나, 회의 안건을 검토하여 위원회에 보고하는 경우에 지급하는 수당

3. 그 밖에 운영에 필요한 수당

② 제1항 제1호에 따른 참석수당을 지급하는 경우 원거리에 거주하는 등 특별한 사유가 있는 때에는 교통비, 식비(급량비 기준 단가를 적용한다), 숙박비를 예산의 범위에서 별도로 지급할 수 있다.

③ 위원회의 위원장 또는 위원이 위원회의 의결에 따라 위원회의 업무를 위하여 출장할 경우에는 위원장에게는 3급, 위원에게는 4급 지방공무원에 상당하는 여비를 지급할 수 있다.

제8조(실무협의회의 구성 등) ① 위원회는 영 제15조 제1항에 따라 세종특별자치시(이하 "시"라 한다), 경찰청 등과 실무협의회를 운영할 수 있다.

② 실무협의회는 위원회, 시 및 경찰청 등 관계기관의 소속 공무원 등으로 구성한다.

제9조(실무협의회의 회의) ① 실무협의회의 회의는 위원장, 시장 및 경찰청장이 상호 협의하여 개최한다.

② 실무협의회는 다음 각 호의 사항을 협의한다.

1. 자치경찰사무의 원활한 수행에 관련된 사항

2. 국가경찰사무 및 자치경찰사무의 협력·조정

3. 지방행정사무와 자치경찰사무의 업무조정과 그 밖에 필요한 업무 협의·조정

4. 그 밖에 실무협의회 구성원 간 공동으로 협의가 필요하다고 요구하는 사항

③ 실무협의회는 회의 운영에 필요한 경우 관계전문가 등에게 회의에 출석하여 발언하게 하거나 자료의 제출을 요청할 수 있으며, 관계 공무원 등을 배석하게 할 수 있다.

④ 위원회는 실무협의회 협의 결과를 시장과 경찰청장에게 통보하여 해당 기관의 소관 사무처리에 반영될 수 있도록 노력해야 한다.

제10조(자치경찰사무 담당 공무원 등에 대한 지원) ① 시장은 법 제35조 제2항에 따라 자치경찰사무를 수행하는 공무원에게 예산의 범위에서 「세종특별자치시 공무원 후생복지에 관한 조례」에 따른 복지, 처우 등 지원을 할 수 있다.

② 시장은 자치경찰사무를 수행하는 공무원이 아닌 직원에게도 공무원에 준하여 제1항에 따른 지원을 할 수 있다.

제11조(운영세칙) 이 조례에서 규정한 사항 외에 위원회 및 실무협의회의 운영 등에 필요한 사항은 위원회의 의결을 거쳐 위원장이 정한다.

부칙 〈조례 제1721호, 2021. 7. 15.〉

이 조례는 공포한 날부터 시행한다.

[별표 1]

생활안전, 교통, 경비 관련 자치경찰사무의 구체적 사항 및 범위(제2조 제1항 관련)

가. 지역 내 주민의 생활안전활동에 관한 사무

자치경찰사무	범위 기준	구체적 사항 및 범위
1) 생활안전을 위한 순찰 및 시설의 운영	가) 지역 주민 안전을 위한 범죄 예방 시설 설치·운영	① 범죄취약지역 환경 개선 등 지역 범죄 예방환경설계 (CPTED) 사업 추진 ② CCTV 통합관제센터 운영 지원
	나) 지역 주민 안전을 위한 범죄 예방진단	① 지역·건물의 범죄취약요소 현장진단 및 점검·관리 ② 범죄예방 우수시설 인증 시행 ③ 범죄예방 강화구역 관리 등 범죄예방진단팀(CPO) 운영
	다) 지역 주민 안전을 위한 순찰 과 범죄예방활동 시행·관리	① 시기별·테마별 범죄예방활동 시행·관리 ② 범죄예방을 위한 순찰(지역안전순찰 등) 제도 시행 ③ 은행·편의점 등 현금다액 취급업소 범죄예방활동 시행
2) 주민참여 방범활동 의 지원 및 지도	가) 범죄예방을 위한 주민 참여 지 역 협의체 구성·운영	① 생활안전협의회, 자율방범대 등에 대한 협업 및 지원· 지도
	나) 주민 참여형 범죄예방활동 시행·관리	① 지역주민 대상 범죄예방요령·범죄예방교실·시민경찰 학교 등 홍보활동 ② 주민 참여형 범죄예방활동(합동순찰 등)
3) 안전사고 및 재해· 재난 시 긴급구조 지원	가) 재난이 발생할 우려가 현저 하거나 재난이 발생하였을 때에 주민의 생명·신체 및 재산을 보호하기 위한 긴급 구조지원	① 재난이 발생할 우려가 현저하거나 안전사고 및 재해· 재난 발생 시 지역주민 안전확보를 위한 긴급구조지원
	나) 재해 발생 시 지역의 사회질 서 유지 및 교통관리 등	① 재해발생지역의 사회질서 유지 ② 재해발생지역의 교통관리 등
	다) 그 밖에 긴급구조지원기관으로 서의 긴급구조지원 활동 등	그 밖에 긴급구조지원기관으로서의 지역 내 긴급구조지원 활동 등
4) 아동·청소년·노 인·여성·장애인 등 사회적 보호가 필요한 사람에 대 한 보호 업무 및 가정·학교·성폭 력 등의 예방	가) 아동·노인·장애인 학대 예 방과 피해 아동·노인·장애 인에 대한 보호활동	① 아동·노인·장애인 학대 예방활동(교육·홍보 등) ② 아동·노인·장애인 학대 사안 대응(시설 내 학대 점검, 가해자·피해자 조사 등) ③ 아동·노인·장애인 학대 피해자 보호기관 등 연계·지원 ④ 아동·노인·장애인 학대 관련 학대예방경찰관(APO) 운영
	나) 아동·청소년·노인·여성· 장애인 등 사회적 보호가 필 요한 사람의 실종 예방·대 응 활동	① 지문 등 사전등록 업무 ② 실종·유괴 경보 체계 구축·운영 ③ 실종아동 등 조기발견 지침 대상시설 지도·감독 ④ 유전자 채취 및 보호시설 등 일제수색
	다) 아동 대상 범죄예방 및 아동 안전 보호활동	① 아동안전지킴이 운영 및 선발·배치·감독 ② 아동안전지킴이집 관리 및 운영·교육·홍보 ③ 그 밖에 아동 대상 범죄예방 및 아동안전 보호활동
	라) 청소년 비행방지 등 선도· 보호 활동	① 청소년 비행방지, 선도·보호활동 ② 위기청소년(가해학생·피해학생, 학교·가정 밖 청소년 등) 면담·관리

자치경찰사무	범위 기준	구체적 사항 및 범위
		③ 위기청소년 발굴(거리상담 등) 및 유관기관 연계 ④ 소년범 선도제도 운영(선도프로그램, 선도심사위원회, 전문가참여제, 우범소년 송치) ⑤ 경찰의 청소년 선도·보호 활동에 대한 청소년 참여 제도 운영(정책자문단 등)
	마) 가정폭력범죄 예방과 피해자 등 보호 활동	① 가정폭력 예방활동(교육·홍보 등) ② 가정폭력 (긴급)임시조치 ③ 가정폭력 피해자 상담·보호기관 등 연계·지원 ④ 가정폭력 사안 대응(협업회의 참석, 가·피해자 조사 등) ⑤ 가정폭력 관련 학대예방경찰관(APO) 운영
	바) 학교폭력의 근절·예방과 가해학생 선도 및 피해학생 보호 활동	① 학교폭력 예방활동(교육·홍보 등) ② 학교폭력 사안대응(학교폭력대책심의위원회·학교폭력대책지역위원회 참석, 117사안대응, 가해자·피해학생 조사 등) ③ 청소년육성회 등 지역 내 학교폭력 유관단체와 협업 업무 ④ 청소년경찰학교 운영 ⑤ 학교전담경찰관(SPO) 운영
	사) 성폭력 예방과 성폭력 피해자 등 보호 활동	① 성폭력범죄 예방활동(교육·홍보 등) ② 성폭력범죄 피해자 보호·지원
	아) 그 밖에 관련 법령에 경찰의 사무로 규정된 아동·청소년·노인·여성·장애인 등 사회적 보호가 필요한 사람에 대한 보호 및 가정폭력·학교폭력·성폭력 등 예방 업무	그 밖에 관련 법령에 경찰의 사무로 규정된 아동·청소년·노인·여성·장애인 등 사회적 보호가 필요한 사람에 대한 보호 및 가정폭력·학교폭력·성폭력 등 예방 업무
5) 주민의 일상생활과 관련된 사회질서의 유지 및 그 위반행위의 지도·단속 (다만, 지방자치단체 등 다른 행정청의 사무는 제외한다)	가) 경범죄 위반행위 지도·단속 등 공공질서 유지	① 경범죄 위반행위 단속(다만, 과태료 등 지자체 행정처분 사항은 제외한다) ② 지역 내 기초질서 확립을 위한 주민 대상 계도 및 홍보 등
	나) 공공질서에 반하는 풍속·성매매사범 및 사행행위 지도·단속	① 풍속영업의 지도·단속 ② 성매매 단속 ③ 성매매 예방 및 피해자 보호 ④ 사행행위 지도·단속
	다) 그 밖에 관련 법령에 경찰의 사무로 규정된 주민의 일상생활과 관련된 사회질서의 유지 및 그 위반행위의 지도·단속 업무	그 밖에 관련 법령에 경찰의 사무로 규정된 주민의 일상생활과 관련된 사회질서의 유지 및 그 위반행위의 지도·단속 업무
6) 그 밖에 지역주민의 생활안전에 관한 사무	가) 지역주민의 생활안전 관련 112신고(일반신고를 포함한다) 처리	① 가정폭력, 학교폭력, 아동학대, 실종 등 자치경찰 수사사무 관련 신고 처리 ② 풍속영업, 기타경범, 주취자 등 지역 질서유지 관련 신고 처리 ③ 분실습득, 보호조치, 상담문의 등 지역 주민의 생활안전 관련 신고 처리
	나) 유실물 보관·반환·매각·국고귀속 등 유실물 관리	① 유실물 처리업무 계획 및 지도·감독 ② 습득물·분실물 신고접수 및 보관

자치경찰사무	범위 기준	구체적 사항 및 범위
		③ 유실자 확인 및 습득자 소유권 취득 시 물건 인계
		④ 법정기간 만료 시 국고 · 금고 귀속
		⑤ 유실물 관리 시설의 설치 및 운영
	다) 「경찰관 직무집행법」 제4조에 따른 응급구호대상자에 대한 보호조치 및 유관기관 협력	① 응급구호대상자 보건의료기관 또는 공공구호기관 긴급구호 요청, 인계 및 경찰관서 임시보호 등 임의 조치
		② 응급구호대상자 휴대 무기 · 흉기 임시영치
		③ 주취자응급의료센터 운영 지원
		④ 그 밖에 응급구호대상자 보호에 필요한 조치
	라) 그 밖에 관련 법령에 경찰의 사무로 규정된 지역주민의 생활안전에 관한 사무	그 밖에 관련 법령에 경찰의 사무로 규정된 지역주민의 생활안전에 관한 사무

나. 지역 내 교통활동에 관한 사무

자치경찰사무	사무의 범위 기준	구체적 내용
1) 교통법규 위반에 대한 지도 · 단속	가) 교통법규 위반 지도 · 단속, 공익신고 처리 등	① 음주 · 무면허 등 교통법규 위반 단속
		② 교통법규 위반 공익신고 처리
		③ 그 밖에 교통법규 위반신고 처리(영상단속, 방문 신고 등)
	나) 음주단속 장비 등 교통경찰용 장비 보급 · 관리 · 운영 등	① 음주단속장비 등 구매 · 보급
		② 음주단속장비 등 검정 · 교정
		③ 음주단속장비 등 노후장비 교체
2) 교통안전시설 및 무인 교통단속용 장비의 심의 · 설치 · 관리	가) 교통사고 예방, 교통소통을 위한 교통안전시설 설치 · 관리 · 운영	① 교통안전시설 운영계획 수립
		② 교통신호기 설치 · 관리 · 운영
		③ 교통안전표지 설치 · 관리
		④ 교통노면표시 설치 · 관리
		⑤ 교통안전시설 및 유사 교통안전시설 무단 설치 단속
		⑥ 그 밖에 도로 위험 방지와 교통안전 및 원활한 소통을 위한 교통안전시설 관련 조치
	나) 도로교통 규제 관련 지역 교통안전시설 심의위원회 설치 및 운영	① 지역 교통안전시설 심의위원회 구성
		② 도로교통 규제 및 교통안전시설 설치 여부의 심의 · 결정
	다) 무인 교통단속용 장비의 심의 · 설치 · 관리 · 운영	① 무인 교통단속용장비의 설치 · 관리 · 운영
		② 무인 교통단속용장비의 우선 설치장소 선정 심의
3) 교통안전에 대한 교육 및 홍보	가) 교통안전에 대한 교육	① 지역주민 대상 교통안전 교육계획 수립 · 시행
		② 교안, 리플렛 등 교육자료 제작 · 배포
	나) 교통안전에 대한 홍보	① 지역주민 대상 교통안전 홍보계획 수립 · 시행
		② 교통안전 홍보물품 구매 · 보급
4) 주민참여 지역 교통활동의 지원 및 지도	가) 교통활동 지원 협력단체에 대한 운영 · 관리	① 모범운전자회 · 녹색어머니회 등 교통활동 지원을 위한 운전자 모임 및 학부모단체 구성
		② 모범운전자회 · 녹색어머니회 등 교통활동지원을 위한 운전자 모임 및 학부모 단체의 교통안전 지원활동 관리
	나) 주민참여형 교통안전활동 지원 및 지도	① 무사고 운전자 선발 · 관리
		② 교통법규 위반 공익신고 활성화를 위한 홍보 · 안내
5) 통행 허가, 어린이	가) 차마의 안전기준 초과 승차,	① 안전기준 초과승차 허가 신청서 접수 · 허가증 발급

자치경찰사무	사무의 범위 기준	구체적 내용
통학버스의 신고, 긴급자동차의 지정 신청 등 각종 허가 및 신고에 관한 사무	안전기준 초과적재 및 차로 폭 초과 차 통행허가 처리	② 안전기준 초과적재 허가 신청서 접수·허가증 발급 ③ 차로폭초과차 통행 허가 신청서 접수·허가증 발급
	나) 도로공사 신고접수, 현장점검 및 지도·감독 등	① 도로점용허가 필요 조치 ② 도로공사 신고 관련 교통안전 및 원활한 소통을 위한 필요 조치
	다) 어린이통학버스 관련 신고접수·관리 및 관계 기관 합동 점검	① 어린이통학버스 신고 접수 및 신고증명서 발급·재교부 ② 관계부처 합동 어린이통학버스 안전점검 및 계도·단속
	라) 긴급자동차의 지정 신청·관리	① 긴급자동차 지정증 신청서 접수·지정증 발급 ② 긴급자동차 지정증 재교부 신청서 접수·지정증 발급 ③ 긴급자동차 지정 취소 및 지정증 회수
	마) 버스전용차로 통행 지정신청 처리	① 버스전용차로 통행 지정신청서 접수·지정증 발급 ② 버스전용차로 통행 지정증 재교부 신청서 접수·지정증 발급 ③ 버스전용차로 통행 지정 취소 및 지정증 회수
	바) 주·정차 위반차량 견인대행 법인등 지정	① 견인대행법인등 지정신청서 접수·지정증 발급 ② 견인대행법인등 지정 취소·정지 및 지정증 회수
6) 그 밖에 지역 내의 교통안전 및 소통에 관한 사무	가) 지역주민의 교통안전 관련 112신고(일반신고를 포함한다) 처리	① 교통사고, 사망·대형사고 신고 처리 ② 음주운전, 교통위반 신고 처리 ③ 교통불편 신고 처리
	나) 운전면허 관련 민원 업무	① 운전면허 발급·재발급·갱신 신청·접수·교부 ② 운전면허 적성검사 신청·접수 ③ 국제운전면허 신청 접수 및 교부 ④ 운전경력증명서 발급 ⑤ 그 밖에 운전면허 관련 민원 업무
	다) 지역교통정보센터 운영 및 교통정보 연계	① 지역교통정보센터 운영 ② 교통정보 연계(경찰청 도시교통정보센터 등과의 연계)
	라) 정체 해소 등 소통 및 안전 확보를 위한 교통관리	① 출·퇴근 시간대 및 상습 정체 구간 주요 교차로에서의 교통관리 ② 안전사고·재해·재난 발생 시 이동로 및 안전 확보를 위한 교통통제 및 관리
	마) 지역 내 교통안전대책 수립·시행	① 시기별·취약대상·위험요인별 지역내 교통안전대책 수립·시행 ② 지역 교통안전협의체 구성·운영 등 교통안전 분야 유관기관 협업
	바) 교통안전 관련 기관 협의 등	① 지역 교통영향평가, 교통성 검토 등 교통소통 관련 협의 ② 「도로법」 제48조에 따른 자동차전용도로 지정 등 관련 협의(도로관리청이 국토부장관인 경우는 제외) ③ 「교통안전법」상 안전진단, 사고조사 관련 협의 ④ 「어린이·노인 및 장애인 보호구역의 지정 및 관리에 관한 규칙」 제3조에 따른 보호구역의 지정 등 관련 협의 ⑤ 그 밖에 지역 내의 교통안전 및 소통에 관한 사무

다. 지역 내 다중운집 행사 관련 혼잡 교통 및 안전 관리

자치경찰사무	범위 기준	구체적 사항 및 범위
지역 내 다중운집 행사 관련 혼잡 교통 및 안전 관리	가) 지역 내 다중운집 행사 등의 교통질서 확보 및 교통안전 관리 지원	① 다중운집 행사장 주변 주요 교차로 소통 확보를 위한 교통관리 지원 ② 행사장 주변 보행자 등 교통사고 예방을 위한 교통안전 활동 지원
	나) 지역 내 다중운집 행사 안전 관리 지원	① 다중운집 행사 안전관리계획 수립 지원 ② 행사장 주변 안전사고 예방 및 질서유지를 위한 안전활동 지원

비고: 위 표의 나목 지역 내 교통 활동에 관한 사무 중 「도로교통법」 제2조 제3호의 고속도로에서 이루어지는 사무는 제외한다.

[별표 2]

수당의 지급기준(제7조 제1항 관련)

1. 참석수당

구분	단위	기준 단가	비고
위원회	일당	• 기본료: 150,000원 • 초과 : 50,000원	• 초과는 2시간 이상 시 1일 1회만 지급한다.

2. 심사수당 및 그 밖에 위원회 운영에 필요한 수당: 위원회 예산의 범위에서 사전에 위원회 의결로 정하는 바에 따라 지급 가능

경기도 자치경찰사무와 자치경찰 위원회의 구성 및 운영 등에 관한 조례

[시행 2021. 5. 20.] [경기도조례 제7000호, 2021. 5. 20., 제정]

경기도(자치행정과), 031-8008-2273

제1조(목적) 이 조례는 「국가경찰과 자치경찰의 조직 및 운영에 관한 법률」과 「자치경찰사무와 시·도 자치경찰위원회의 조직 및 운영 등에 관한 규정」에서 위임된 사항과 그 시행에 필요한 사항을 규정함을 목적으로 한다.

제2조(도지사의 책무 등) ① 경기도지사(이하 "도지사"라 한다)는 도민의 생명·신체 및 재산을 보호하고 공공의 안녕과 질서유지에 필요한 시책을 수립·시행하여야 한다.

② 경기도자치경찰위원회는 자치경찰사무가 국가경찰사무와 유기적으로 연계되고 다른 지방자치단체의 자치경찰사무와 균형이 이루어지도록 노력하여야 한다.

③ 자치경찰사무 담당 공무원은 그 직무를 수행할 때 헌법과 법률에 따라 도민의 자유와 권리 및 모든 개인이 가지는 불가침의 기본적 인권을 보호하고, 도민 전체에 대한 봉사자로서 공정·중립을 지켜야 하며, 부여된 권한을 남용하여서는 아니 된다.

제3조(자치경찰사무의 범위 등) ① 「국가경찰과 자치경찰의 조직 및 운영에 관한 법률」(이하 "법"이라 한다) 제4조 제2항 및 「자치경찰사무와 시·도자치경찰위원회의 조직 및 운영 등에 관한 규정」(이하 "영"이라 한다) 제2조에 따른 생활안전·교통·경비 관련 자치경찰사무의 구체적 사항과 범위는 별표1과 같다.

② 제1항에 따른 별표1을 정하는 경우 영 제2조 제2호에 따라 자치경찰사무가 적정한 규모로 정해지도록 미리 경기남·북부경찰청장의 의견을 들어야 한다.

제4조(경기도자치경찰위원회 설치) 경기도 자치경찰사무를 관장하고 위원회의 소관 사무를 심의·의결하기 위하여 도지사 소속으로 경기도남부자치경찰위원회 및 경기도북부자치경찰위원회(이하 "위원회"라 한다)를 각각 둔다.

제5조(위원의 추천) ① 도지사는 법 제20조 제1항 제1호부터 제4호까지에 따른 사람을 위원회의 위원(이하 "위원"이라 한다)으로 임명하려는 경우 같은 규정에 따른 위원 추천권자(이하 "추천권자"라 한다)에게 추천받은 사람과 관련된 필요한 자료를 요구할 수 있다.

② 도지사는 제1항에 따라 제출받은 자료를 검토한 결과 추천받은 사람이 법 제20조 제2항의 자격요건을 갖추지 못하였거나 같은 조 제7항의 결격사유에 해당할 경우 그 사실을 추천권자에게 통보하고 다시 추천할 것을 요청할 수 있다.

제6조(위원장 및 위원의 임명) ① 도지사는 법 제20조 제1항에 따라 임명한 위원 중 2명을 위원회의 위원장(이하 "위원장"이라 한다)으로 각각 임명한다.

② 위원장은 임명된 날부터 7일 이내에 위원회 회의를 개최하여 상임위원 선정에 관한 사항을 의결한다.

③ 제2항에 따라 선정된 상임위원은 위원장의 제청으로 도지사가 임명한다.

④ 위원은 특정 성(性)이 10분의 6을 초과하지 아니하도록 노력하여야 한다.

제7조(위원회의 운영 등) ① 위원은 재적위원 2인 이상의 찬성으로 의안을 발의할 수 있다. 다만, 위원장과 상임위원은 단독으로 의안을 발의할 수 있다.

② 도지사 및 경기남·북부경찰청장은 자치경찰사무와 관련하여 중요하다고 인정하는 사항은 회의에 부칠 수 있다.

③ 위원장은 제1항 및 제2항에 따른 의안을 정기회의 또는 임시회의에 상정하여야 한다.

④ 위원회는 법 제24조 제1항 각 호의 사항을 심의·의결한 경우에는 그 결과를 도지사에게 통보하여야 한다.

⑤ 위원회는 법 제28조 제2항에 따른 협의 시 경찰사무의 민주적인 관리운영과 효율적인 임무수행을 위한 적임자가 경기남·북부경찰청장에 임명될 수 있도록 노력하여야 한다.

제8조(재의요구) ① 도지사는 법 제24조에 대한 위원회의 의결이 적정하지 아니하다고 판단한 때에는 재의를 요구할 수 있다.

② 제1항에 따른 재의요구를 하는 경우 도지사는 재의요구서를 위원회에 제출하여야 한다.

③ 위원장은 제1항에 따른 재의요구를 받은 날로부터 7일 이내에 회의를 소집하여 다시 의결하여야 한다.

제9조(회의) ① 위원회의 회의는 정기회의와 임시회의로 구분한다.

② 정기회의는 특별한 사유가 있는 경우를 제외하고는 매월 1회 이상 위원장이 소집한다.

③ 위원장은 필요한 경우 임시회의를 소집할 수 있으며, 위원 2인 이상 또는 도지사는 위원장에게 임시회의 소집을 요구할 수 있다.

④ 제3항의 규정에 따른 임시회의 소집 요구가 있는 경우에는 위원장은 특별한 사유가 없을 때에는 회의를 소집하여야 한다.

제10조(위원회의 간사) ① 위원회에 간사 1인을 두되, 간사는 사무국의 위원회 업무 담당 과장으로 한다.

② 간사는 위원장의 명을 받아 다음 사항을 처리한다.

1. 의안의 작성
2. 회의진행에 필요한 준비
3. 회의록 작성과 보관
4. 그 밖에 위원회의 운영과 관련한 사무

제11조(사무국의 설치 등) ① 위원회의 사무를 처리하기 위하여 각각 사무국을 두며, 사무국에는 사무국장과 직원을 둔다.

② 위원회에 두는 사무직원의 수는 「경기도 행정기구 및 정원 조례」로 정한다.

③ 위원장은 위원회의 사무직원을 지휘·감독하고 사무국장은 위원장의 명을 받아 위원회의 사무를 처리한다.

제12조(자치경찰사무 담당 공무원의 임용) ① 도지사는 「경찰공무원 임용령」 제4조 제1항 및 제4항에 따라 자치경찰사무를 담당하는 경찰공무원 중 경감 또는 경위로의 승진임용권을 가진다.

② 위원회는 「경찰공무원 임용령」 제4조 제5항에 따라 도지사로부터 위임받은 임용권을 경기남·북부경찰청장에게 다시 위임하려는 경우에는 미리 도지사의 의견을 들어야 한다.

③ 도지사는 위원회의 자치경찰사무에 관한 인사 주요정책의 수립 및 운영지원에 관하여 회의에 부치거나 필요한 의견을 제시할 수 있다.

④ 위원회는 도지사에게 자치경찰사무 담당 공무원의 임용, 평가 및 인사위원회 운영에 필요한 지원을 요청할 수 있다.

제13조(자치경찰사무의 감사) ① 위원회는 자치경찰사무에 대한 중복감사를 방지하기 위해 경찰청장과 협의하여 자치경찰사무에 대한 감사계획을 수립·실시할 수 있다.

② 위원회는 전문지식이나 실무경험 등이 요구되는 분야를 감사할 때에는 외부 전문가, 경기도 감사관

또는 경찰청장에게 자문할 수 있으며 필요한 경우 외부전문가를 감사에 참여시킬 수 있다.

③ 제1항에 따른 자치경찰사무에 대한 감사 절차와 방법은 위원회의 의결을 거쳐 위원장이 정한다.

제14조(수당 등) ① 영 제16조 제2항에 따라 위원회에 출석하는 위원에게 지급하는 수당의 지급기준은 별표2와 같다. 다만, 공무원인 위원이 그 소관 업무와 관련하여 출석하는 경우에는 그러하지 아니한다.

② 위원회의 위원 중 공무원이 아닌 위원이 위원회의 의결 또는 위원장의 명에 따라 공무로 출장할 때에는 각 위원회의 상임위원에 준하여 여비를 지급할 수 있다.

③ 위원회에 참석하는 관계 전문가에게는 예산의 범위에서 수당과 여비를 지급할 수 있다.

제15조(실무협의회 구성·운영 등) ① 위원회는 영 제15조 제1항에 따라 상임위원, 경찰청 등 관계기관의 소속 공무원 등으로 구성되는 실무협의회를 각각 운영할 수 있다.

② 실무협의회는 회의 운영에 필요한 경우 관계공무원 및 관계전문가 등에게 회의에 출석하여 발언하게 하거나 자료의 제출을 요청할 수 있다.

③ 간사는 사무국의 위원회 업무 담당 팀장으로 한다.

④ 이 조례에서 규정한 사항 외에 실무협의회의 운영 등에 필요한 사항은 위원회의 의결을 거쳐 위원장이 정한다.

제16조(예산) 위원회는 회계연도 시작 80일 전까지 자치경찰사무의 수행에 필요한 예산안을 심의·의결하고 도지사에게 제출하여야 한다.

제17조(자치경찰사무 담당 공무원 등에 대한 지원) ① 도지사는 법 제35조 제2항에 따라 자치경찰사무를 수행하는 공무원에게 예산의 범위에서 복지, 처우 개선 등을 지원할 수 있다.

② 도지사는 자치경찰사무를 수행하는 공무원이 아닌 직원에게도 공무원에 준하여 제1항에 따른 지원을 할 수 있다.

제18조(자문기구 설치 등) ① 도지사는 경기도 자치경찰의 정책·제도에 관한 전반적인 사항을 자문하기 위한 자문기구를 설치할 수 있다.

② 제1항에 따른 자문기구를 설치할 때에는 자치경찰정책·제도 관련 전문가로 구성될 수 있도록 하여야 한다.

제19조(행정적 지원 요청) 위원회는 자치경찰사무의 효율적 수행을 위하여 필요한 경우 관계 기관에 행정적 지원을 요청할 수 있다.

제20조(도민 의견수렴 등) 위원회는 지역특성에 적합한 치안서비스 제공을 위하여 도민이 참여할 수 있는 정책제안, 의견수렴 등을 위한 노력을 하여야 한다.

제21조(자치경찰정책에 관한 연구 등) 도지사는 지방행정과 치안행정의 연계성 확보 및 자치경찰 선진화를 위한 연구·조사·기술개발 및 국제협력 등에 필요한 시책을 수립할 수 있다.

제22조(위원장의 의회 출석·답변) 위원장은 「지방자치법」 제42조 제2항에 따라 도의회가 요구하면 출석·답변하여야 한다.

부칙 〈2021. 5. 20.〉

제1조(시행일)

이 조례는 공포한 날부터 시행한다.

제2조(위원장과 위원의 임기 기산일에 관한 특례)

이 조례 시행 후 최초로 임명된 위원장과 위원의 임기 기산일은 2021년 7월 1일부터 시작하는 것으로 본다.

생활안전, 교통, 경비 관련 자치경찰사무의 구체적 사항 및 범위(제3조 제1항 관련)

가. 지역 내 주민의 생활안전활동에 관한 사무

자치경찰사무	사무의 범위 기준	구체적 내용
1) 생활안전을 위한 순찰 및 시설의 운영	가) 지역 주민 안전을 위한 범죄 예방 시설 설치 · 운영	① 범죄취약지역 환경 개선 등 지역 범죄 예방환경설계 (CPTED) 사업 추진 ② CCTV 통합관제센터 운영 지원
	나) 지역 주민 안전을 위한 범죄 예방진단	① 지역 · 건물의 범죄취약요소 현장진단 및 점검 · 관리 ② 범죄예방 우수시설 인증 시행 ③ 범죄예방 강화구역 관리 등 범죄예방진단팀(CPO) 운영 ④ 범죄예방 교육
	다) 지역 주민 안전을 위한 순찰 과 범죄예방활동 시행 · 관리	① 시기별 · 테마별 범죄예방활동 시행 · 관리 ② 범죄예방을 위한 순찰(지역안전순찰 등) 제도 시행 ③ 은행 · 편의점 등 현금다액 취급소 범죄예방활동 시행 ④ 범죄예방을 위한 순찰 및 시설의 운영 관련 행정과 자치 경찰사무 연계 필요 업무 협의 및 상호 협조
2) 주민참여 방범활동 의 지원 및 지도	가) 범죄예방을 위한 주민 참여 지역 협의체 구성 · 운영	① 생활안전협의회, 자율방범대 등에 대한 협업 및 지원 · 지도 ② 주민 참여 범죄예방활동 단체 협업 및 지원 · 지도
	나) 주민 참여형 범죄예방활동 시 행 · 관리	① 지역주민 대상 범죄예방요령 · 범죄예방교실 · 시민경찰 학교 등 홍보활동 ② 주민 참여형 범죄예방활동(합동순찰 등) ③ 주민 참여형 범죄예방활동 관련 행정과 자치경찰사무 연 계 필요 업무 협의 및 상호 협조
3) 안전사고 및 재해 · 재난 시 긴급구조지원	가) 재난이 발생할 우려가 현저하 거나 재난이 발생하였을 때에 주민의 생명 · 신체 및 재산을 보호하기 위한 긴급구조지원	① 재난이 발생할 우려가 현저하거나 안전사고 및 재해 · 재난 발생 시 지역주민 안전확보를 위한 긴급구조지원
	나) 재해 발생 시 지역의 사회질 서 유지 및 교통관리 등	① 재해발생지역의 사회질서 유지 ② 재해발생지역의 교통관리 등
	다) 그 밖에 긴급구조지원기관으 로서의 긴급구조지원 활동 등	그 밖에 긴급구조지원기관으로서의 지역 내 긴급구조지원 활동 등
4) 아동 · 청소년 · 노 인 · 여성 · 장애인 등 사회적 보호가 필요한 사람에 대 한 보호 업무 및 가 정 · 학교 · 성폭력 등의 예방	가) 아동 · 노인 · 장애인 학대 예방 과 피해 아동 · 노인 · 장애인에 대한 보호활동	① 아동 · 노인 · 장애인 학대 예방활동(교육 · 홍보 등) ② 아동 · 노인 · 장애인 학대 신고현장 출동 및 출입 · 조사 등 ③ 아동 · 노인 · 장애인 학대 피해자 보호기관 등 연계 · 지원 ④ 아동 · 노인 · 장애인 학대 관련 학대예방경찰관(APO) 운영 ⑤ 학대피해아동에 대한 격리, 인도 등 「아동학대범죄의 처 벌 등에 관한 특례법」제12조에 따른 응급조치 ⑥ 「아동학대범죄의 처벌 등에 관한 특례법」제13조에 따른 긴급임시조치 ⑦ 학대피해아동에 대한 「아동복지법」제15조에 따른 일시 보호조치에 대한 의뢰 · 지원

자치경찰사무	사무의 범위 기준	구체적 내용
		⑧ 아동 · 노인 · 장애인 학대 관련 행정과 자치경찰사무 연계 필요 업무 협의 및 상호 협조
	나) 아동 · 청소년 · 노인 · 여성 · 장애인 등 사회적 보호가 필요한 사람의 실종 예방 · 대응 활동	① 지문 등 사전등록 업무 ② 실종 · 유괴 경보 체계 구축 · 운영 ③ 실종아동 등 조기발견 지침 대상시설 지도 · 감독 ④ 유전자 채취 및 보호시설 등 일제수색 운영 ⑤ 실종아동 보호 관련 행정과 자치경찰사무 연계 필요 업무 협의 및 상호 협조
	다) 아동 대상 범죄예방 및 아동 안전 보호활동	① 아동안전지킴이 운영 및 선발 · 배치 · 감독 ② 아동안전지킴이집 관리 및 운영 · 교육 · 홍보 ③ 기타 아동 대상 범죄예방 및 아동안전 보호활동
	라) 청소년 비행방지 등 선도 · 보호 활동	① 청소년 비행방지, 선도 · 보호활동 ② 위기청소년(가 · 피해학생, 학교 · 가정 밖 청소년 등) 면담 · 관리 ③ 위기청소년 발굴(거리상담 등) 및 유관기관 연계 ④ 소년범 선도제도 운영(선도프로그램, 선도심사위원회, 전문가참여제, 우범소년 송치) ⑤ 경찰의 청소년 선도 · 보호 활동에 대한 청소년 참여 제도 운영(정책자문단 등) ⑥ 위기 청소년 및 소년범 관련 행정과 자치경찰사무 연계 필요 업무 협의 및 상호 협조
	마) 가정폭력범죄 예방과 피해자 등 보호 활동	① 가정폭력 예방활동(교육 · 홍보 등) ② 가정폭력 (긴급)임시조치 ③ 가정폭력 피해자 상담 · 보호기관 등 연계 · 지원 ④ 가정폭력 신고현장 출동 및 출입 · 조사 등 ⑤ 가정폭력 관련 학대예방경찰관(APO) 운영 ⑥ 가정폭력범죄 관련 행정과 자치경찰사무 연계 필요 업무 협의 및 상호 협조
	바) 학교폭력의 근절 · 예방과 가해학생 선도 및 피해학생 보호 활동	① 학교폭력 예방활동(교육 · 홍보 등) ② 학교폭력 사안대응(학폭위 참석, 117사안대응, 가 · 피해학생 조사 등) ③ 청소년육성회 등 지역 내 학교폭력 유관단체와 협업 업무 ④ 청소년경찰학교, 명예경찰소년단 운영 ⑤ 학교전담경찰관(SPO) 운영 ⑥ 학교폭력범죄 관련 행정과 자치경찰사무 연계 필요 업무 협의 및 상호 협조
	사) 성폭력 예방과 성폭력 피해자 등 보호 활동	① 성폭력범죄 예방활동(교육 · 홍보 등) ② 성폭력범죄 피해자 보호 · 지원 ③ 성폭력 피해자 등 긴급구조를 위한 상담 · 보호기관과 상호 협력 ④ 성폭력 피해자 상담 · 보호기관 등 연계 · 지원 ⑤ 성폭력 신고 현장출동, 출입 · 조사 등 조치 및 국가경찰 수사사무와 협력 ⑥ 성폭력범죄 관련 행정과 자치경찰사무 연계 필요 업무

자치경찰사무	사무의 범위 기준	구체적 내용
		협의 및 상호 협조
	아) 그 밖에 관련 법령에 경찰의 사무로 규정된 아동·청소년·노인·여성·장애인 등 사회적 보호가 필요한 사람에 대한 보호 및 가정폭력·학교폭력·성폭력 등 예방 업무	그 밖에 관련 법령에 경찰의 사무로 규정된 아동·청소년·노인·여성·장애인 등 사회적 보호가 필요한 사람에 대한 보호 및 가정폭력·학교폭력·성폭력 등 예방 업무
5) 주민의 일상생활과 관련된 사회질서의 유지 및 그 위반행위의 지도·단속 (다만, 지방자치단체 등 다른 행정청의 사무는 제외한다)	가) 경범죄 위반행위 지도·단속 등 공공질서 유지	① 경범죄 위반행위 단속(과태료 등 지자체 행정처분 사항 제외) ② 지역 내 기초질서 확립을 위한 주민 대상 계도 및 홍보 등
	나) 공공질서에 반하는 풍속·성매매사범 및 사행행위 지도·단속	① 풍속영업의 지도·단속 ② 성매매 단속 ③ 성매매 예방 ④ 성매매 피해자 등 긴급구조를 위한 상담·보호기관과 상호 협력 ⑤ 성매매 피해자 상담·보호기관 연계 지원 ⑥ 사행행위 지도·단속
	다) 그 밖에 관련 법령에 경찰의 사무로 규정된 주민의 일상생활과 관련된 사회질서의 유지 및 그 위반행위의 지도·단속 업무	그 밖에 관련 법령에 경찰의 사무로 규정된 주민의 일상생활과 관련된 사회질서의 유지 및 그 위반행위의 지도·단속 업무
6) 그 밖에 지역주민의 생활안전에 관한 사무	가) 지역주민의 생활안전 관련 112신고(일반신고를 포함한다) 처리	① 가정폭력, 학교폭력, 아동학대, 실종 등 자치경찰 수사사무 관련 신고 처리 ② 풍속영업, 기타경범, 주취자 등 지역 질서유지 관련 신고 처리 ③ 분실습득, 보호조치, 상담문의 등 지역주민의 생활안전 관련 신고 처리
	나) 지하철, 내수면 등 일반적인 출동이 어려운 특정 지역에서 주민의 생명·신체·재산의 보호를 위한 경찰대 운영	① 지하철경찰대 설치·운영(수사 제외) ② 내수면경찰대 설치·운영 ③ 관광경찰대 설치·운영
	다) 유실물 보관·반환·매각·국고귀속 등 유실물 관리	① 유실물 처리업무 계획 및 지도·감독 ② 습득물·분실물 신고접수 및 보관 ③ 유실자 확인 및 습득자 소유권 취득 시 물건 인계 ④ 법정기간 만료 시 국고·금고 귀속 ⑤ 유실물 관리 시설의 설치 및 운영
	라) 「경찰관 직무집행법」 제4조에 따른 응급구호대상자에 대한 보호조치 및 유관기관 협력	① 응급구호대상자 보건의료기관 또는 공공구호기관 긴급구호 요청 및 인계하거나 경찰관서 임시보호 등 조치 ② 응급구호대상자 휴대 무기·흉기 임시영치 ③ 주취자응급의료센터 운영 지원 ④ 그 밖에 응급구호대상자 보호에 필요한 조치
	마) 그 밖에 관련 법령에 경찰의 사무로 규정된 지역주민의 생활안전에 관한 사무	그 밖에 관련 법령에 경찰의 사무로 규정된 지역주민의 생활안전에 관한 사무

나. 지역 내 교통활동에 관한 사무

자치경찰사무	사무의 범위 기준	구체적 내용
1) 교통법규 위반에 대한 지도·단속	가) 교통법규 위반 지도·단속, 공익신고 처리 등	① 음주·무면허 등 교통법규 위반 단속 ② 교통법규 위반 공익신고 처리 ③ 어린이통학버스 법규 위반 행위에 대한 단속(단, 도로교통법 제53조 제7항 및 동법 제53조의3 제1항, 제3항은 제외) ④ 어린이통학버스 특별보호 규정 위반 행위에 대한 단속 ⑤ 교통법규 위반에 대한 지도·단속과 관련하여 행정과 자치경찰사무 연계 필요 업무 협의 및 상호 협조 ⑥ 기타 교통법규 위반신고 처리(영상단속, 방문 신고 등)
	나) 음주단속 장비 등 교통경찰용 장비 보급·관리·운영 등	① 음주단속장비 등 구매·보급 ② 음주단속장비 등 검정·교정 ③ 음주단속장비 등 노후장비 교체
2) 교통안전시설 및 무인 교통단속용 장비의 심의·설치·관리	가) 교통사고 예방, 교통소통을 위한 교통안전시설 설치·관리·운영	① 교통안전시설 운영계획 수립 ② 교통신호기 설치·관리·운영 ③ 교통안전표지 설치·관리 ④ 교통노면표시 설치·관리 ⑤ 교통안전시설 및 유사 교통안전시설 무단 설치 단속 ⑥ 어린이 교통안전을 위한 교통안전시설의 설치 및 개선 ⑦ 그 밖에 도로 위험 방지와 교통안전 및 원활한 소통을 위한 교통안전시설 관련 조치
	나) 도로교통 규제 관련 지역 교통안전시설 심의위원회 설치 및 운영	① 지역 교통안전시설 심의위원회 구성 ② 도로교통 규제 및 교통안전시설 설치여부의 심의·결정
	다) 무인 교통단속용 장비의 심의·설치·관리·운영	① 무인 교통단속용장비의 설치·관리·운영 ② 무인 교통단속용장비의 우선 설치장소 선정 심의
3) 교통안전에 대한 교육 및 홍보	가) 교통안전에 대한 교육	① 지역주민 대상 교통안전 교육계획 수립·시행 ② 교안, 리플릿 등 교육자료 제작·배포 ③ 어린이 교통안전 교육 및 홍보
	나) 교통안전에 대한 홍보	① 지역주민 대상 교통안전 홍보계획 수립·시행 ② 교통안전 홍보물품 구매·보급
4) 주민참여 지역 교통활동의 지원 및 지도	가) 교통활동 지원 협력단체에 대한 운영·관리	① 모범운전자회·녹색어머니회 등 교통활동 지원을 위한 운전자 모임 및 학부모단체 구성 ② 모범운전자회·녹색어머니회 등 교통활동지원을 위한 운전자 모임 및 학부모 단체의 교통안전 지원활동 관리
	나) 주민참여형 교통안전활동 지원 및 지도	① 무사고 운전자 선발·관리 ② 교통법규 위반 공익신고 활성화를 위한 홍보·안내 ③ 주민참여형 교통안전 활동 관련 행정과 자치경찰사무 연계 필요 업무 협의 및 상호 협조
5) 통행 허가, 어린이 통학버스의 신고, 긴급 자동차의 지정 신청 등 각종 허가 및 신고에 관한 사무	가) 차마의 안전기준 초과 승차, 안전기준 초과적재 및 차로폭 초과 차 통행허가 처리	① 안전기준 초과승차 허가 신청서 접수·허가증 발급 ② 안전기준 초과적재 허가 신청서 접수·허가증 발급 ③ 차로폭초과차 통행 허가 신청서 접수·허가증 발급

자치경찰사무	사무의 범위 기준	구체적 내용
	나) 도로공사 신고접수, 현장점검 및 지도·감독 등	① 도로점용허가 필요 조치 ② 도로공사 신고 관련 교통안전 및 원활한 소통을 위한 필요 조치
	다) 어린이통학버스 관련 신고접수·관리 및 관계 기관 합동 점검	① 어린이통학버스 신고 접수 및 신고증명서 발급·재교부 ② 관계부처 합동 어린이통학버스 안전점검 및 계도·단속
	라) 긴급자동차의 지정 신청·관리	① 긴급자동차 지정증 신청서 접수·지정증 발급 ② 긴급자동차 지정증 재교부 신청서 접수·지정증 발급 ③ 긴급자동차 지정 취소 및 지정증 회수
	마) 버스전용차로 통행 지정신청 처리	① 버스전용차로 통행 지정신청서 접수·지정증 발급 ② 버스전용차로 통행 지정증 재교부 신청서 접수·지정증 발급 ③ 버스전용차로 통행 지정 취소 및 지정증 회수
	바) 주·정차 위반차량 견인대행법인등 지정	① 견인대행법인등 지정신청서 접수·지정증 발급 ② 견인대행법인등 지정 취소·정지 및 지정증 회수
6) 그 밖에 지역 내의 교통안전 및 소통에 관한 사무	가) 지역주민의 교통안전 관련 112신고 (일반신고를 포함한다) 처리	① 교통사고, 사망·대형사고 신고 처리 ② 음주운전, 교통위반 신고 처리 ③ 교통불편 신고 처리
	나) 운전면허 관련 민원 업무	① 운전면허 발급·재발급·갱신 신청·접수·교부 ② 운전면허 적성검사 신청·접수 ③ 국제운전면허 신청접수 및 교부 ④ 운전경력증명서 발급 ⑤ 기타 운전면허 관련 민원 업무
	다) 지역교통정보센터 운영 및 교통정보 연계	① 지역교통정보센터 운영 ② 교통정보 연계(경찰청 도시교통정보센터 등과의 연계)
	라) 정체 해소 등 소통 및 안전 확보를 위한 교통관리	① 출·퇴근 시간대 및 상습 정체 구간 주요 교차로에서의 교통관리 ② 안전사고·재해·재난 발생 시 이동로 및 안전 확보를 위한 교통통제 및 관리
	마) 지역 내 교통안전대책 수립·시행	① 시기별·취약 대상·위험요인별 지역내 교통안전대책 수립·시행 ② 지역 교통안전협의체 구성·운영 등 교통안전 분야 유관 기관 협업
	바) 교통안전 관련 기관 협의 등	① 지역 교통영향평가, 교통성 검토 등 교통소통 관련 협의 ② 「도로법」 제48조에 따른 자동차전용도로 지정 등 관련 협의(도로관리청이 국토부장관인 경우는 제외) ③ 「교통안전법」상 안전진단, 사고조사 관련 협의 ④ 「어린이·노인 및 장애인 보호구역의 지정 및 관리에 관한 규칙」 제3조에 따른 보호구역의 지정 등 관련 협의 ⑤ 그 밖에 지역 내의 교통안전 및 소통에 관한 사무

다. 지역 내 다중운집 행사 관련 혼잡 교통 및 안전 관리

자치경찰사무	사무의 범위 기준	구체적 내용
–	가. 지역 내 다중운집 행사 등의 교통질서 확보 및 교통안전 관리 지원	① 다중운집 행사장 주변 주요 교차로 소통 확보를 위한 교통관리 지원 ② 행사장 주변 보행자 등 교통사고 예방을 위한 교통안전 활동 지원
	나. 지역 내 다중운집 행사 안전 관리 지원	① 다중운집 행사 안전관리계획 수립 지원 ② 행사장 주변 안전사고 예방 및 질서유지를 위한 안전활동 지원

비고: 위 표의 나목 지역 내 교통 활동에 관한 사무 중 「도로교통법」 제2조 제3호의 고속도로에서 이루어지는 사무는 제외한다.

┃[별표 2]

수당의 지급기준(제14조 제1항 관련)

1. 참석수당

구분	단위	기준 단가	비고
위원회	일당	• 기본료: 150,000원 • 초과 : 50,000원	• 초과는 2시간 이상 시 1일 1회만 지급한다.

2. 심사수당 및 그 밖에 위원회 운영에 필요한 수당 : 위원회 예산 범위내에서 사전 위원회 의결로 정하는 바에 따라 지급 가능

11 강원도 자치경찰사무와 자치경찰 위원회의 조직 및 운영 등에 관한 조례

[시행 2021. 4. 2.] [강원도조례 제4668호, 2021. 4. 2., 제정]

강원도

제1조(목적) 이 조례는 「국가경찰과 자치경찰의 조직 및 운영에 관한 법률」과 「자치경찰사무와 시·도 자치경찰위원회의 조직 및 운영 등에 관한 규정」에서 위임된 사항과 그 시행에 필요한 사항을 규정함을 목적으로 한다.

제2조(생활안전·교통·경비 관련 자치경찰사무의 범위 등) ① 「국가경찰과 자치경찰의 조직 및 운영에 관한 법률」(이하 "법"이라 한다) 제4조 제2항 및 「자치경찰사무와 시·도자치경찰위원회의 조직 및 운영 등에 관한 규정」(이하 "영"이라 한다) 제2조에 따른 자치경찰사무의 구체적 사항과 범위는 별표와 같다. 다만, 강원도 자치경찰위원회(이하 "위원회"라 한다)가 강원도경찰청장과 협의하여 조정할 수 있다.

② 위원회는 영 제2조 제3호에 따라 자치경찰사무가 국가경찰사무와 유기적으로 연계되고 다른 특별시·광역시·특별자치시·도·특별자치도의 자치경찰사무와 균형이 이루어지도록 노력하여야 하며, 필요한 경우 경찰청장의 의견을 들을 수 있다.

제3조(위원회 위원의 임명) ① 강원도지사(이하 "도지사"라 한다)가 법 제20조 제1항 제1호부터 제4호까지의 규정에 따른 위원회 위원 추천권자(이하 이 조에서 "추천권자"라 한다)로부터 위원을 추천받을 경우 추천권자는 추천자에 대한 자격요건 충족여부 및 결격사유 등을 확인할 수 있는 자료를 도지사에게 제출하여야 한다.

② 도지사는 위원으로 추천받은 사람이 법 제20조 제2항의 자격요건을 갖추지 못하였거나 같은 조 제7항의 결격사유에 해당할 경우 해당 사실을 추천권자에게 통보하고, 재추천을 요청하여야 한다.

제4조(위원장 및 상임위원의 임명) ① 도지사는 법 제20조 제1항에 따라 위원을 임명하고 위원 중 1명을 위원장으로 임명한다.

② 제1항에 따라 임명된 위원장은 회의를 개최하여 위원 중 1명을 상임위원으로 선정한다.

③ 제2항에 따라 선정된 상임위원은 위원장의 제청으로 도지사가 임명한다.

제5조(의안의 발의 및 상정) ① 위원은 재적위원 2인 이상의 찬성으로 법 제24조에 따른 위원회 소관 사무 범위에서 위원회에 상정할 의안을 발의할 수 있다. 다만, 위원장과 상임위원은 단독으로 의안을 발의할 수 있다.

② 위원장은 발의된 의안을 법 제26조 제1항에 따른 정기회의 또는 임시회의에 상정한다.

제6조(간사의 임명) ① 위원회에 위원회 업무를 보좌할 간사 1인을 두며, 간사는 사무국 자치경찰정책과장으로 한다.

② 간사는 위원장의 명을 받아 다음 각 호의 사항을 처리한다.

  1. 회의운영에 관한 사항(소집, 출석요구, 진행준비 등)
  2. 의안에 관한 사항(상정안건의 작성, 접수 및 검토 등)
  3. 회의 기록에 관한 사항(회의록의 작성 및 기록, 의안의 보관 등)

4. 그 밖의 위원회 소관 사무 처리를 위한 보좌 등

제7조(사무국) ① 법 제27조 및 영 제18조에 따라 위원회의 사무를 처리할 사무국을 설치하며, 사무국장
은 상임위원이 겸임한다.

② 사무국의 조직·정원 등은 「강원도 행정기구설치 조례」 및 「강원도 공무원 정원 조례」에 따른다.

제8조(실무협의회 구성 및 운영) ① 위원회는 영 제15조 제1항에 따라 국가경찰사무와의 유기적 연계 등
을 위한 실무협의회를 운영할 수 있다.

② 실무협의회는 위원회, 경찰청 등 관계기관의 소속 공무원 등으로 구성한다.

③ 실무협의회는 회의 운영에 필요한 경우 관계전문가에게 회의에 출석하여 발언하게 하거나 자료의
제출을 요청할 수 있다.

④ 이 조례에서 규정한 사항 외에 실무협의회 운영 등에 필요한 사항은 위원회가 경찰청 등 관계기관과
협의하여 정한다.

제9조(중복감사의 방지) 위원회는 법 제24조 제1항 제7호에 따른 감사를 실시할 경우 경찰청장과의 협의
를 통해 중복감사 등이 이루어지지 않도록 노력하여야 한다.

제10조(자치경찰사무 담당 공무원 등에 대한 지원) ① 도지사는 법 제35조 제2항에 따라 자치경찰사무를
수행하는 공무원에게 「강원도 공무원 후생복지 조례」에 따라 강원도 소속 공무원이 적용받는 후생
복지에 관한 사항(복지, 처우 등)을 예산의 범위에서 지원할 수 있다.

② 다만, 제1항에 따라 지원하는 경우에도 「경찰공무원의 보건안전 및 복지 기본법」과 「공무원 후생복
지에 관한 규정」 등에 의한 유사 지원과 중복하여 지원할 수 없다.

제11조(예산안 제출) 위원회는 법 제35조 제1항에 따라 자치경찰사무 수행에 필요한 예산안을 심의·의
결하여 도지사에게 제출하여야 한다.

제12조(위원장의 의회 출석·답변) 위원장은 「지방자치법」제42조 제2항에 따라 도의회가 요구하면 출석
·답변하여야 한다. 다만, 특별한 이유가 있으면 위원장은 상임위원 또는 위원회 소속 공무원에게 출
석·답변하게 할 수 있다.

제13조 (시행규칙) 이 조례의 시행에 필요한 사항은 규칙으로 정한다.

부칙 〈제4668호, 2021. 4. 2.〉

이 조례는 공포한 날부터 시행한다.

생활안전·교통·경비 관련 자치경찰사무의 구체적 사항 및 범위(제2조 제1항 관련)

가. 지역 내 주민의 생활안전 활동에 관한 사무

자치경찰사무	범위 기준	구체적 사항 및 범위
1) 생활안전을 위한 순찰 및 시설의 운영	가) 지역 주민 안전을 위한 범죄 예방 시설 설치·운영	① 범죄취약지역 환경 개선 등 지역 범죄 예방환경설계(CPTED) 사업 추진 ② CCTV 통합관제센터 운영 지원
	나) 지역 주민 안전을 위한 범죄 예방진단	① 지역·건물의 범죄취약요소 현장진단 및 점검·관리 ② 범죄예방 우수시설 인증 시행 ③ 범죄예방 강화구역 관리 등 범죄예방진단팀(CPO) 운영
	다) 지역 주민 안전을 위한 순찰과 범죄예방활동 시행·관리	① 시기별·테마별 범죄예방활동 시행·관리 ② 범죄예방을 위한 순찰(지역안전순찰 등) 제도 시행 ③ 은행·편의점 등 현금다액 취급업소 범죄예방활동 시행
2) 주민참여 방범활동의 지원 및 지도	가) 범죄예방을 위한 주민 참여 지역 협의체 구성·운영	① 생활안전협의회, 자율방범대 등에 대한 협업 및 지원·지도
	나) 주민 참여형 범죄예방활동 시행·관리	① 지역주민 대상 범죄예방요령·범죄예방교실·시민경찰학교 등 홍보활동 ② 주민 참여형 범죄예방활동(합동순찰 등)
3) 안전사고 및 재해·재난 시 긴급구조지원	가) 재난이 발생할 우려가 현저하거나 재난이 발생하였을 때에 주민의 생명·신체 및 재산을 보호하기 위한 긴급구조지원	① 재난이 발생할 우려가 현저하거나 안전사고 및 재해·재난 발생 시 지역주민 안전확보를 위한 긴급구조지원
	나) 재해 발생 시 지역의 사회질서 유지 및 교통관리 등	① 재해발생지역의 사회질서 유지 ② 재해발생지역의 교통관리 등
	다) 그 밖에 긴급구조지원기관으로서의 긴급구조지원 활동 등	그 밖에 긴급구조지원기관으로서의 지역 내 긴급구조지원 활동 등
4) 아동·청소년·노인·여성·장애인 등 사회적 보호가 필요한 사람에 대한 보호 업무 및 가정폭력·학교폭력·성폭력 등의 예방	가) 아동·노인·장애인 학대 예방과 피해 아동·노인·장애인에 대한 보호활동	① 아동·노인·장애인 학대 예방활동(교육·홍보 등) ② 아동·노인·장애인 학대 사안대응(시설 내 학대 점검, 가·피해자 조사 등) ③ 아동·노인·장애인 학대 피해자 보호기관 등 연계·지원 ④ 아동·노인·장애인 학대 관련 학대예방경찰관(APO) 운영
	나) 아동·청소년·노인·여성·장애인 등 사회적 보호가 필요한 사람의 실종 예방·대응 활동	① 지문 등 사전등록 업무 ② 실종·유괴 경보 체계 구축·운영 ③ 실종아동 등 조기발견 지침 대상시설 지도·감독 ④ 유전자 채취 및 보호시설 등 일제수색 운영
	다) 아동 대상 범죄예방 및 아동 안전 보호활동	① 아동안전지킴이 운영 및 선발·배치·감독 ② 아동안전지킴이집 관리 및 운영·교육·홍보 ③ 기타 아동 대상 범죄예방 및 아동안전 보호활동
	라) 청소년 비행방지 등 선도·보호 활동	① 청소년 비행방지, 선도·보호활동 ② 위기청소년(가·피해학생, 학교·가정 밖 청소년 등)

자치경찰사무	범위 기준	구체적 사항 및 범위
		면담 · 관리 ③ 위기청소년 발굴(거리상담 등) 및 유관기관 연계 ④ 소년범 선도제도 운영(선도프로그램, 선도심사위원회, 전문가참여제, 우범소년 송치) ⑤ 경찰의 청소년 선도 · 보호 활동에 대한 청소년 참여제도 운영(정책자문단 등)
	마) 가정폭력범죄 예방과 피해자 등 보호 활동	① 가정폭력 예방활동(교육 · 홍보 등) ② 가정폭력 (긴급)임시조치 ③ 가정폭력 피해자 상담 · 보호기관 등 연계 · 지원 ④ 가정폭력 사안대응(협업회의 참석, 가 · 피해자 조사 등) ⑤ 가정폭력 관련 학대예방경찰관(APO) 운영
4) 아동 · 청소년 · 노인 · 여성 · 장애인 등 사회적 보호가 필요한 사람에 대한 보호 업무 및 가정폭력 · 학교폭력 · 성폭력 등의 예방	바) 학교폭력의 근절 · 예방과 가해학생 선도 및 피해학생 보호 활동	① 학교폭력 예방활동(교육 · 홍보 등) ② 학교폭력 사안대응(학폭위 참석, 117사안대응, 가 · 피해학생 조사 등) ③ 청소년육성회 등 지역 내 학교폭력 유관단체와 협업 업무 ④ 청소년경찰학교, 명예경찰소년단 운영 ⑤ 학교전담경찰관(SPO) 운영
	사) 성폭력 예방과 성폭력 피해자 등 보호 활동	① 성폭력범죄 예방활동(교육 · 홍보 등) ② 성폭력범죄 피해자 보호 · 지원
	아) 그 밖에 관련 법령에 경찰의 사무로 규정된 아동 · 청소년 · 노인 · 여성 · 장애인 등 사회적 보호가 필요한 사람에 대한 보호 및 가정폭력 · 학교폭력 · 성폭력 등 예방 업무	그 밖에 관련 법령에 경찰의 사무로 규정된 아동 · 청소년 · 노인 · 여성 · 장애인 등 사회적 보호가 필요한 사람에 대한 보호 및 가정폭력 · 학교폭력 · 성폭력 등 예방 업무
5) 주민의 일상생활과 관련된 사회질서의 유지 및 그 위반행위의 지도 · 단속. 다만, 지방자치단체 등 다른 행정청의 사무는 제외한다.	가) 경범죄 위반행위 지도 · 단속 등 공공질서 유지	① 경범죄 위반행위 단속(과태료 등 지자체 행정처분 사항 제외) ② 지역 내 기초질서 확립을 위한 주민 대상 계도 및 홍보 등
	나) 공공질서에 반하는 풍속 · 성매매사범 및 사행행위 지도 · 단속	① 풍속영업의 지도 · 단속 ② 성매매 단속 ③ 성매매 예방 및 피해자 보호 ④ 사행행위 지도 · 단속
	다) 그 밖에 관련 법령에 경찰의 사무로 규정된 주민의 일상생활과 관련된 사회질서의 유지 및 그 위반행위의 지도 · 단속 업무	그 밖에 관련 법령에 경찰의 사무로 규정된 주민의 일상생활과 관련된 사회질서의 유지 및 그 위반행위의 지도 · 단속 업무
6) 그 밖에 지역주민의 생활안전에 관한 사무	가) 지역주민의 생활안전 관련 112신고(일반신고를 포함한다) 처리	① 가정폭력, 학교폭력, 아동학대, 실종 등 자치경찰 수사 사무 관련 신고 처리 ② 풍속영업, 기타 경범, 주취자 등 지역 질서유지 관련 신고 처리 ③ 분실습득, 보호조치, 상담문의 등 지역 주민의 생활안전 관련 신고 처리

자치경찰사무	범위 기준	구체적 사항 및 범위
6) 그 밖에 지역주민의 생활안전에 관한 사무	나) 지하철, 내수면 등 일반적인 출동이 어려운 특정 지역에서 주민의 생명·신체·재산의 보호를 위한 경찰대 운영	① 내수면경찰대 설치·운영 ② 관광경찰대 설치·운영
	다) 유실물 보관·반환·매각·국고귀속 등 유실물 관리	① 유실물 처리업무 계획 및 지도·감독 ② 습득물·분실물 신고접수 및 보관 ③ 유실자 확인 및 습득자 소유권 취득 시 물건 인계 ④ 법정기간 만료 시 국고·금고 귀속 ⑤ 유실물 관리 시설의 설치 및 운영
	라)「경찰관 직무집행법」제4조에 따른 응급구호대상자에 대한 보호조치 및 유관기관 협력	① 응급구호대상자 보건의료기관 또는 공공구호기관 긴급구호 요청 및 인계하거나 경찰관서 임시보호 등 조치 ② 응급구호대상자 휴대 무기·흉기 임시영치 ③ 주취자응급의료센터 운영 지원 ④ 그 밖에 응급구호대상자 보호에 필요한 조치
	마) 그 밖에 관련 법령에 경찰의 사무로 규정된 지역주민의 생활안전에 관한 사무	그 밖에 관련 법령에 경찰의 사무로 규정된 지역주민의 생활안전에 관한 사무

나. 지역 내 교통활동에 관한 사무

자치경찰사무	범위 기준	구체적 사항 및 범위
1) 교통법규 위반에 대한 지도·단속	가) 교통법규 위반 지도·단속, 공익신고 처리 등	① 음주·무면허 등 교통법규 위반 단속 ② 교통법규 위반 공익신고 처리 ③ 기타 교통법규 위반신고 처리(영상단속, 방문 신고 등)
	나) 음주단속 장비 등 교통경찰용 장비 보급·관리·운영 등	① 음주단속장비 등 구매·보급 ② 음주단속장비 등 검정·교정 ③ 음주단속장비 등 노후장비 교체
2) 교통안전시설 및 무인 교통단속용 장비의 심의·설치·관리	가) 교통사고 예방, 교통소통을 위한 교통안전시설 설치·관리·운영	① 교통안전시설 운영계획 수립 ② 교통신호기 설치·관리·운영 ③ 교통안전표지 설치·관리 ④ 교통노면표시 설치·관리 ⑤ 교통안전시설 및 유사 교통안전시설 무단 설치 단속 ⑥ 그 밖에 도로 위험 방지와 교통안전 및 원활한 소통을 위한 교통안전시설 관련 조치
	나) 도로교통 규제 관련 지역 교통안전시설심의 위원회 설치 및 운영	① 지역 교통안전시설 심의위원회 구성 ② 도로교통 규제 및 교통안전시설 설치여부의 심의·결정
	다) 무인 교통단속용 장비의 심의·설치·관리·운영	① 무인 교통단속용장비의 설치·관리·운영 ② 무인 교통단속용장비의 우선 설치장소 선정 심의
3) 교통안전에 대한 교육 및 홍보	가) 교통안전에 대한 교육	① 지역주민 대상 교통안전 교육계획 수립·시행 ② 교안, 리플렛 등 교육자료 제작·배포
	나) 교통안전에 대한 홍보	① 지역주민 대상 교통안전 홍보계획 수립·시행 ② 교통안전 홍보물품 구매·보급
4) 주민참여 지역 교통	가) 교통활동 지원 협력단체에 대	① 모범운전자회·녹색어머니회 등 교통활동 지원을 위

자치경찰사무	범위 기준	구체적 사항 및 범위
활동의 지원 및 지도	한 운영·관리	한 운전자 모임 및 학부모단체 구성 ② 모범운전자회·녹색어머니회 등 교통활동지원을 위한 운전자 모임 및 학부모 단체의 교통안전 지원활동 관리
	나) 주민참여형 교통안전활동 지원 및 지도	① 무사고 운전자 선발·관리 ② 교통법규 위반 공익신고 활성화를 위한 홍보·안내
5) 통행 허가, 어린이 통학버스의 신고, 긴급자동차의 지정 신청 등 각종 허가 및 신고에 관한 사무	가) 차마의 안전기준 초과 승차, 안전기준 초과적재 및 차로폭 초과 차 통행허가 처리	① 안전기준 초과승차 허가 신청서 접수·허가증 발급 ② 안전기준 초과적재 허가 신청서 접수·허가증 발급 ③ 차로폭 초과차 통행 허가 신청서 접수·허가증 발급
	나) 도로공사 신고접수, 현장점검 및 지도·감독 등	① 도로점용허가 필요 조치 ② 도로공사 신고 관련 교통안전 및 원활한 소통을 위한 필요 조치
	다) 어린이통학버스 관련 신고접수·관리 및 관계 기관 합동 점검	① 어린이통학버스 신고 접수 및 신고증명서 발급·재교부 ② 관계부처 합동 어린이통학버스 안전점검 및 계도·단속
	라) 긴급자동차의 지정 신청·관리	① 긴급자동차 지정증 신청서 접수·지정증 발급 ② 긴급자동차 지정증 재교부 신청서 접수·지정증 발급 ③ 긴급자동차 지정 취소 및 지정증 회수
	마) 버스전용차로 통행 지정신청 처리	① 버스전용차로 통행 지정신청서 접수·지정증 발급 ② 버스전용차로 통행 지정증 재교부 신청서 접수·지정증 발급 ③ 버스전용차로 통행 지정 취소 및 지정증 회수
	바) 주·정차 위반차량 견인대행 법인 등 지정	① 견인대행법인 등 지정신청서 접수·지정증 발급 ② 견인대행법인 등 지정 취소·정지 및 지정증 회수
6) 그 밖에 지역 내의 교통안전 및 소통에 관한 사무	가) 지역주민의 교통안전 관련 112신고(일반신고를 포함한다) 처리	① 교통사고, 사망·대형사고 신고 처리 ② 음주운전, 교통위반 신고 처리 ③ 교통불편 신고 처리
	나) 운전면허 관련 민원 업무	① 운전면허 발급·재발급·갱신 신청·접수·교부 ② 운전면허 적성검사 신청·접수 ③ 국제운전면허 신청접수 및 교부 ④ 운전경력증명서 발급 ⑤ 그 밖의 운전면허 관련 민원 업무
6) 그 밖에 지역 내의 교통안전 및 소통에 관한 사무	다) 지역교통정보센터 운영 및 교통정보 연계	① 지역교통정보센터 운영 ② 교통정보 연계(경찰청 도시교통정보센터 등과의 연계)
	라) 정체 해소 등 소통 및 안전 확보를 위한 교통관리	① 출·퇴근 시간대 및 상습 정체 구간 주요 교차로에서의 교통관리 ② 안전사고·재해·재난 발생 시 이동로 및 안전 확보를 위한 교통통제 및 관리
	마) 지역 내 교통안전대책 수립·시행	① 시기별·취약 대상·위험요인별 지역 내 교통안전대책 수립·시행 ② 지역 교통안전협의체 구성·운영 등 교통안전 분야 유관기관 협업
	바) 교통안전 관련 기관 협의 등	① 지역 교통영향평가, 교통성 검토 등 교통소통 관련 협의

자치경찰사무	범위 기준	구체적 사항 및 범위
		② 「도로법」 제48조에 따른 자동차전용도로 지정 등 관련 협의(도로관리청이 국토부장관인 경우는 제외)
		③ 「교통안전법」상 안전진단, 사고조사 관련 협의
		④ 「어린이 · 노인 및 장애인 보호구역의 지정 및 관리에 관한 규칙」 제3조에 따른 보호구역의 지정 등 관련 협의
		⑤ 그 밖에 지역 내의 교통안전 및 소통에 관한 사무

비고: 위 표의 나목 지역 내 교통 활동에 관한 사무 중 「도로교통법」 제2조 제3호의 고속도로에서 이루어지는 사무는 제외한다.

다. 지역 내 다중운집 행사 관련 혼잡 교통 및 안전 관리

자치경찰사무	범위 기준	구체적 사항 및 범위
–	가. 지역 내 다중운집 행사 등의 교통질서 확보 및 교통안전 관리 지원	① 다중운집 행사장 주변 주요 교차로 소통 확보를 위한 교통관리 지원 ② 행사장 주변 보행자 등 교통사고 예방을 위한 교통안전 활동 지원
	나. 지역 내 다중운집 행사 안전 관리 지원	① 다중운집 행사 안전관리계획 수립 지원 ② 행사장 주변 안전사고 예방 및 질서유지를 위한 안전활동 지원

충청북도 자치경찰사무와 자치경찰 위원회의 조직 및 운영 등에 관한 조례

[시행 2021. 5. 20.] [충청북도조례 제4565호, 2021. 5. 20., 제정]

충청북도

제1조(목적) 이 조례는「국가경찰과 자치경찰의 조직 및 운영에 관한 법률」과「자치경찰사무와 시·도자 치경찰위원회의 조직 및 운영 등에 관한 규정」에서 위임된 사항과 그 시행에 필요한 사항을 규정함 을 목적으로 한다.

제2조(생활안전·교통·경비 관련 자치경찰사무의 범위 등) ① 「국가경찰과 자치경찰의 조직 및 운영에 관한 법률」(이하 "법"이라 한다) 제4조 제2항 및「자치경찰사무와 시·도자치경찰위원회의 조직 및 운영 등에 관한 규정」(이하 "영"이라 한다) 제2조에 따른 자치경찰사무의 구체적 사항과 범위는 별 표 1과 같다.

② 충청북도지사(이하 "도지사"라 한다)는 별표 1을 개정할 필요가 있을 경우 영 제2조 제2호에 따라 자치 경찰사무가 적정한 규모로 정해지도록 미리 기간을 정하여 충청북도경찰청장의 의견을 청취한다.

③ 충청북도자치경찰위원회(이하 "위원회"라 한다)는 영 제2조 제3호에 따라 자치경찰사무가 국가경 찰사무와 유기적으로 연계되고 다른 특별시·광역시·특별자치시·도·특별자치도의 자치경찰사 무와 균형이 이루어지도록 노력하여야 하며, 필요한 경우 경찰청장의 의견을 들을 수 있다.

제3조(중복감사의 방지) ① 위원회는 영 제2조 제3호에 따라 중복감사를 방지하기 위해 경찰청장과 협의 하여 자치경찰사무에 대한 감사계획을 수립·실시할 수 있다.

② 제1항에 따른 자치경찰사무에 대한 감사의 절차와 방법 등은 법 제24조 제1항 제12호에 따른 위원회 규칙으로 정한다.

제4조(위원회 위원의 임명방법) ① 법 제20조 제1항 제1호부터 제4호까지의 규정에 따라 위원을 추천하 는 자는 추천하는 사람의 자격요건 충족 여부 및 결격사유 유무 등을 확인할 수 있는 자료를 도지사 에게 제출하여야 한다.

② 도지사는 위원으로 추천받은 사람이 법 제20조 제2항의 자격요건을 갖추지 못하였거나 같은 조 제7 항의 결격사유에 해당할 경우 해당 사실을 추천권자에게 통보하여야 한다.

제5조(위원장 및 상임위원의 임명방법) ① 도지사는 법 제20조 제1항에 따라 위원을 임명하고 위원 중 1 명을 위원장으로 임명한다.

② 제1항에 따라 임명된 위원장은 신속하게 회의를 개최하고, 위원회는 해당 회의에서 상임위원 선정을 의결한다.

제6조(의안의 발의 및 상정) ① 위원은 재적위원 2명 이상의 찬성으로 법 제24조에 따른 위원회 소관 사 무 범위에서 위원회에 상정할 의안을 발의할 수 있다. 다만, 위원장과 상임위원은 단독으로 의안을 발의할 수 있다.

② 위원장은 발의된 의안을 법 제26조 제1항에 따른 정기회의 또는 임시회의에 상정한다.

제7조(위원의 제척·기피·회피) ① 위원회의 위원은 다음 각 호의 어느 하나에 해당하는 사항에 대한 심 의·의결에서 제척(除斥)된다.

1. 위원과 직접적인 이해관계가 있는 사항
2. 위원의 배우자, 4촌 이내의 혈족, 2촌 이내의 인척 또는 위원이 속한 기관과 이해관계가 있는 사항
3. 위원 또는 위원이 속한 기관이 자문·고문 등을 하고 있는 자와 이해관계가 있는 사항

② 해당 안건의 당사자는 위원에게 공정한 심의·의결을 기대하기 어려운 사정이 있는 경우에는 위원회에 기피 신청을 할 수 있고, 위원회는 의결로 이를 결정한다. 이 경우 기피 신청의 대상인 위원은 그 의결에 참여하지 못한다.

③ 위원이 제1항 각 호에 따른 제척 사유에 해당하는 경우에는 스스로 해당 안건의 심의·의결에서 회피하여야 한다.

제8조(사무국의 조직 및 정원) ① 법 제27조 및 영 제18조에 따른 사무기구의 명칭은 사무국으로 하며, 사무국에는 사무국장을 두고 이는 상임위원이 겸임한다.

② 사무국의 조직·정원 등에 관하여 필요한 사항은 「충청북도 행정기구 설치 조례」 및 「충청북도 공무원 정원 조례」에 따른다.

제9조(위원의 수당) ① 위원회의 위원 중 공무원이 아닌 위원에게 지급하는 수당의 종류는 다음 각 호와 같고, 수당의 지급기준은 별표 2와 같다.

1. 참석수당: 위원회에 위원이 출석하여 심의·의결·자문 등을 하는 경우에 지급하는 수당
2. 심사수당: 위원회 의결을 거쳐 위원장으로부터 의뢰를 받아 미리 자료를 수집하거나 회의 안건을 검토하여 위원회에 보고하는 경우에 지급하는 수당
3. 그 밖에 운영에 필요한 수당

② 원거리에 거주하는 등 특별한 사유가 있는 경우 제1항 제1호에 따른 참석수당 지급 시 교통비, 식비(급량비 기준 단가 적용), 숙박비를 실비의 범위에서 따로 지급할 수 있다.

제10조(위원의 여비) 위원회의 위원 중 공무원이 아닌 위원이 위원회의 의결에 따라 출장할 때에는 3급 지방공무원에 상당하는 여비를 지급할 수 있다.

제11조(지급 절차 등) 이 조례에서 정한 사항 외에 위원회 위원의 수당 및 여비 등 지급에 필요한 사항은 위원회 규칙으로 정한다.

제12조(실무협의회 구성 등) ① 위원회는 영 제15조 제1항에 따라 경찰청 등과 실무협의회를 운영할 수 있다.

② 실무협의회는 위원회, 충청북도, 경찰청 등 관계기관의 소속 공무원 등으로 구성한다.

③ 실무협의회는 회의 운영에 필요한 경우 관계 전문가에게 회의에 출석하여 발언하게 하거나 자료의 제출을 요청할 수 있다.

제13조(간사) ① 실무협의회에 실무협의회의 사무를 처리할 간사 1명을 둔다.

② 간사는 위원회 사무국 소속 과장이 된다.

제14조(운영세칙) 이 조례에서 규정한 사항 외에 실무협의회의 구성, 회의개최, 운영 등에 필요한 사항은 위원회가 충청북도 및 경찰청 등 관계기관과 협의하여 정한다.

제15조(예산) ① 위원회는 법 제35조 제1항에 따라 「지방자치법」 제127조 제1항에서 도지사가 의회에 예산안을 제출하도록 정한 기한의 45일 전까지 자치경찰사무 수행에 필요한 예산안을 심의·의결하여 도지사에게 제출한다.

② 위원회는 제1항에 따라 예산안을 심의·의결하기 전에 예산안을 경찰청장에게 통보하고 의견을 들어야 한다.

제16조(자치경찰사무 담당 공무원에 대한 지원) ① 도지사는 법 제35조 제2항에 따라 자치경찰사무를 담당하는 공무원에게 「충청북도 공무원 후생복지에 관한 조례」에 따라 충청북도 소속 공무원이 적용받는 후생복지에 관한 사항을 예산의 범위에서 지원할 수 있다.

② 다만, 제1항에 따라 지원하는 경우에도 「경찰공무원의 보건안전 및 복지 기본법」과 「공무원 후생복지에 관한 규정」 등에 의한 유사 지원과 중복하여 지원할 수 없다.제17조(위원장의 의회 출석·답변) 위원장은 「지방자치법」 제42조 제2항에 따라 도의회가 요구하면 출석·답변하여야 한다. 다만, 특별한 이유가 있으면 위원장은 상임위원 또는 위원회 소속 공무원에게 출석·답변하게 할 수 있다.

부칙 〈2021. 5. 20. 조례 제4565호〉

이 조례는 공포한 날부터 시행한다.

| [별표 1]

생활안전, 교통, 경비 관련 자치경찰사무의 구체적 사항 및 범위(제2조 제1항 관련)

가. 지역 내 주민의 생활안전활동에 관한 사무

자치경찰사무	범위 기준	구체적 사항 및 범위
1) 생활안전을 위한 순찰 및 시설의 운영	가) 지역 주민 안전을 위한 범죄예방 시설 설치·운영	① 범죄취약지역 환경 개선 등 지역 범죄 예방환경설계(CPTED) 사업 추진 ② CCTV 통합관제센터 운영 지원
	나) 지역 주민 안전을 위한 범죄예방진단	① 지역·건물의 범죄취약요소 현장진단 및 점검·관리 ② 범죄예방 우수시설 인증 시행 ③ 범죄예방 강화구역 관리 등 범죄예방진단팀(CPO) 운영
	다) 지역 주민 안전을 위한 순찰과 범죄예방활동 시행·관리	① 시기별·테마별 범죄예방활동 시행·관리 ② 범죄예방을 위한 순찰(지역안전순찰 등) 제도 시행 ③ 은행·편의점 등 현금다액 취급업소 범죄예방활동 시행
2) 주민참여 방범활동의 지원 및 지도	가) 범죄예방을 위한 주민 참여 지역 협의체 구성·운영	생활안전협의회, 자율방범대 등에 대한 협업 및 지원·지도
	나) 주민 참여형 범죄예방활동 시행·관리	① 지역주민 대상 범죄예방요령·범죄예방교실·시민경찰학교 등 홍보활동 ② 주민 참여형 범죄예방활동(합동순찰 등)
3) 안전사고 및 재해·재난 시 긴급구조지원	가) 재난이 발생할 우려가 현저하거나 재난이 발생하였을 때에 주민의 생명·신체 및 재산을 보호하기 위한 긴급구조지원	① 재난이 발생할 우려가 현저하거나 안전사고 및 재해·재난 발생 시 지역주민 안전확보를 위한 긴급구조지원
	나) 재해 발생 시 지역의 사회질서 유지 및 교통관리 등	① 재해발생지역의 사회질서 유지 ② 재해발생지역의 교통관리 등
	다) 그 밖에 긴급구조지원기관으로서의 긴급구조지원 활동 등	그 밖에 긴급구조지원기관으로서의 지역 내 긴급구조지원 활동 등
4) 아동·청소년·노인·	가) 아동·노인·장애인 학대 예방	① 아동·노인·장애인 학대 예방활동(교육·홍보 등)

자치경찰사무	범위 기준	구체적 사항 및 범위
	과 피해 아동·노인·장애인에 대한 보호활동	② 아동·노인·장애인 학대 사안대응(가·피해자 조사 등) ③ 아동·노인·장애인 학대 피해자 보호기관 등 연계·지원 ④ 아동·노인·장애인 학대 관련 학대예방경찰관(APO) 운영
	나) 아동·청소년·노인·여성·장애인 등 사회적 보호가 필요한 사람의 실종 예방·대응 활동	① 지문 등 사전등록 업무 ② 실종·유괴 경보 체계 구축·운영 ③ 실종아동등 조기발견 지침 대상시설 지도·감독 ④ 유전자 채취 및 보호시설 등 일제수색 운영
	다) 아동 대상 범죄예방 및 아동 안전 보호활동	① 아동안전지킴이 운영 및 선발·배치·감독 ② 아동안전지킴이집 관리 및 운영·교육·홍보 ③ 아동 대상 범죄예방 및 아동안전 보호활동
	라) 청소년 비행방지 등 선도·보호 활동	① 청소년 비행방지, 선도·보호활동 ② 위기청소년(가·피해학생, 학교·가정 밖 청소년 등) 면담·관리 ③ 위기청소년 발굴(거리상담 등) 및 유관기관 연계 ④ 소년범 선도제도 운영(선도프로그램, 선도심사위원회, 전문가참여제, 우범소년 송치) ⑤ 경찰의 청소년 선도·보호 활동에 대한 청소년 참여제도 운영(정책자문단 등)
여성·장애인 등 사회적 보호가 필요한 사람에 대한 보호 업무 및 가정·학교·성폭력 등의 예방	마) 가정폭력범죄 예방과 피해자 등 보호 활동	① 가정폭력 예방활동(교육·홍보 등) ② 가정폭력 (긴급)임시조치 ③ 가정폭력 피해자 상담·보호기관 등 연계·지원 ④ 가정폭력 사안대응(협업회의 참석, 가·피해자 조사 등) ⑤ 가정폭력 관련 학대예방경찰관(APO) 운영
	바) 학교폭력의 근절·예방과 가해학생 선도 및 피해학생 보호 활동	① 학교폭력 예방활동(교육·홍보 등) ② 학교폭력 사안대응(학폭위 참석, 117사안대응, 가·피해학생 조사 등) ③ 청소년육성회 등 지역 내 학교폭력 유관단체와 협업 업무 ④ 청소년경찰학교, 명예경찰소년단 운영 ⑤ 학교전담경찰관(SPO) 운영
	사) 성폭력 예방과 성폭력 피해자 등 보호 활동	① 성폭력범죄 예방활동(교육·홍보 등) ② 성폭력범죄 피해자 보호·지원
	아) 그 밖에 관련 법령에 경찰의 사무로 규정된 아동·청소년·노인·여성·장애인 등 사회적 보호가 필요한 사람에 대한 보호 및 가정폭력·학교폭력·성폭력 등 예방 업무	그 밖에 관련 법령에 경찰의 사무로 규정된 아동·청소년·노인·여성·장애인 등 사회적 보호가 필요한 사람에 대한 보호 및 가정폭력·학교폭력·성폭력 등 예방 업무
5) 주민의 일상생활과 관련된 사회질서의 유지 및 그 위반행위의 지도·단속 (다만, 지방자치단체 등 다른 행정청의 사무	가) 경범죄 위반행위 지도·단속 등 공공질서 유지	① 경범죄 위반행위 단속(과태료 등 지자체 행정처분 사항 제외) ② 지역 내 기초질서 확립을 위한 주민 대상 계도 및 홍보
	나) 공공질서에 반하는 풍속·성매매사범 및 사행행위 지도·단속	① 풍속사범의 지도·단속 ② 성매매 단속 ③ 성매매 예방 및 피해자 보호

자치경찰사무	범위 기준	구체적 사항 및 범위
		④ 사행행위 지도 · 단속
는 제외한다)	다) 그 밖에 관련 법령에 경찰의 사무로 규정된 주민의 일상생활과 관련된 사회질서의 유지 및 그 위반행위의 지도 · 단속 업무	그 밖에 관련 법령에 경찰의 사무로 규정된 주민의 일상생활과 관련된 사회질서의 유지 및 그 위반행위의 지도 · 단속 업무
6) 그 밖에 지역주민의 생활안전에 관한 사무	가) 지역주민의 생활안전 관련 112신고(일반신고를 포함한다) 처리	① 가정폭력, 학교폭력, 아동학대, 실종 등 자치경찰 수사 사무 관련 신고 처리 ② 풍속영업, 기타경범, 주취자 등 지역 질서유지 관련 신고 처리 ③ 분실습득, 보호조치, 상담문의 등 지역 주민의 생활안전 관련 신고 처리
	나) 지하철, 내수면 등 일반적인 출동이 어려운 특정 지역에서 주민의 생명 · 신체 · 재산의 보호를 위한 경찰대 운영	① 지하철경찰대 설치 · 운영(수사 제외) ② 내수면경찰대 설치 · 운영 ③ 관광경찰대 설치 · 운영
	다) 유실물 보관 · 반환 · 매각 · 국고귀속 등 유실물 관리	① 유실물 처리업무 계획 및 지도 · 감독 ② 습득물 · 분실물 신고접수 및 보관 ③ 유실자 확인 및 습득자 소유권 취득 시 물건 인계 ④ 법정기간 만료 시 국고 · 금고 귀속, 폐기 등 처리 ⑤ 유실물 관리 시설의 설치 및 운영
	라) 「경찰관 직무집행법」 제4조에 따른 응급구호대상자에 대한 보호조치 및 유관기관 협력	① 응급구호대상자 보건의료기관 또는 공공구호기관 긴급 구호 요청 및 인계하는 등 필요한 조치 ② 응급구호대상자 휴대 무기 · 흉기 임시영치 ③ 주취자응급의료센터 운영 지원 ④ 그 밖에 응급구호대상자 보호에 필요한 조치
	마) 그 밖에 관련 법령에 경찰의 사무로 규정된 지역주민의 생활안전에 관한 사무	그 밖에 관련 법령에 경찰의 사무로 규정된 지역주민의 생활안전에 관한 사무

나. 지역 내 교통활동에 관한 사무

자치경찰사무	범위 기준	구체적 사항 및 범위
1) 교통법규 위반에 대한 지도 · 단속	가) 교통법규 위반 지도 · 단속, 공익신고 처리 등	① 음주 · 무면허 등 교통법규 위반 단속 ② 교통법규 위반 공익신고 처리(단, 불법 주정차 신고의 경우 관할 지자체에 통보) ③ 기타 교통법규 위반신고 처리(영상단속, 방문 신고 등)
	나) 음주단속 장비 등 교통경찰용 장비 보급 · 관리 · 운영 등	① 음주단속장비 등 구매 · 보급 ② 음주단속장비 등 검정 · 교정 ③ 음주단속장비 등 노후장비 교체
2) 교통안전시설 및 무인 교통단속용 장비의 심의 · 설치 · 관리	가) 교통사고 예방, 교통소통을 위한 교통안전시설 설치 · 관리 · 운영	① 교통안전시설 운영계획 수립 ② 교통신호기 설치 · 관리 · 운영 ③ 교통안전표지 설치 · 관리 ④ 교통노면표시 설치 · 관리

자치경찰사무	범위 기준	구체적 사항 및 범위
		⑤ 교통안전시설 및 유사 교통안전시설 무단 설치 단속
		⑥ 그 밖에 도로 위험 방지와 교통안전 및 원활한 소통을 위한 교통안전시설 관련 조치
	나) 도로교통 규제 관련 지역 교통안전시설 심의위원회 설치 및 운영	① 지역 교통안전시설 심의위원회 구성
		② 도로교통 규제 및 교통안전시설 설치여부의 심의 · 결정
	다) 무인 교통단속용 장비의 심의 · 설치 · 관리 · 운영	① 무인 교통단속용장비의 설치 · 관리 · 운영
		② 무인 교통단속용장비의 우선 설치장소 선정 심의
3) 교통안전에 대한 교육 및 홍보	가) 교통안전에 대한 교육	① 지역주민 대상 교통안전 교육계획 수립 · 시행
		② 교안, 리플렛 등 교육자료 제작 · 배포
	나) 교통안전에 대한 홍보	① 지역주민 대상 교통안전 홍보계획 수립 · 시행
		② 교통안전 홍보물품 구매 · 보급
4) 주민참여 지역 교통활동의 지원 및 지도	가) 교통활동 지원 협력단체에 대한 운영 · 관리	① 모범운전자회 · 녹색어머니회 등 교통활동 지원을 위한 운전자 모임 및 학부모단체 구성
		② 모범운전자회 · 녹색어머니회 등 교통활동지원을 위한 운전자 모임 및 학부모 단체의 교통안전 지원활동 관리
	나) 주민참여형 교통안전활동 지원 및 지도	① 무사고 운전자 선발 · 관리
		② 교통법규 위반 공익신고 활성화를 위한 홍보 · 안내
5) 통행 허가, 어린이 통학버스의 신고, 긴급자동차의 지정 신청 등 각종 허가 및 신고에 관한 사무	가) 차마의 안전기준 초과 승차, 안전기준 초과적재 및 차로폭 초과 차 통행허가 처리	① 안전기준 초과승차 허가 신청서 접수 · 허가증 발급
		② 안전기준 초과적재 허가 신청서 접수 · 허가증 발급
		③ 차로폭초과차 통행 허가 신청서 접수 · 허가증 발급
	나) 도로공사 신고접수, 현장점검 및 지도 · 감독 등	① 도로점용허가 필요 조치
		② 도로공사 신고 관련 교통안전 및 원활한 소통을 위한 필요 조치
	다) 어린이통학버스 관련 신고접수 · 관리 및 관계 기관 합동 점검	① 어린이통학버스 신고 접수 및 신고증명서 발급 · 재교부
		② 관계부처 합동 어린이통학버스 안전점검 및 계도 · 단속
	라) 긴급자동차의 지정 신청 · 관리	① 긴급자동차 지정증 신청서 접수 · 지정증 발급
		② 긴급자동차 지정증 재교부 신청서 접수 · 지정증 발급
		③ 긴급자동차 지정 취소 및 지정증 회수
	마) 버스전용차로 통행 지정신청 처리	① 버스전용차로 통행 지정신청서 접수 · 지정증 발급
		② 버스전용차로 통행 지정증 재교부 신청서 접수 · 지정증 발급
		③ 버스전용차로 통행 지정 취소 및 지정증 회수
	바) 주 · 정차 위반차량 견인대행법인등 지정	① 견인대행법인등 지정신청서 접수 · 지정증 발급
		② 견인대행법인등 지정 취소 · 정지 및 지정증 회수
6) 그 밖에 지역 내의 교통안전 및 소통에 관한 사무	가) 지역주민의 교통안전 관련 112신고(일반신고를 포함한다) 처리	① 교통사고, 사망 · 대형사고 신고 처리
		② 음주운전, 교통위반 신고 처리
		③ 교통불편 신고 처리
	나) 운전면허 관련 민원 업무	① 운전면허 발급 · 재발급 · 갱신 신청 · 접수 · 교부
		② 운전면허 적성검사 신청 · 접수
		③ 국제운전면허 신청접수 및 교부
		④ 운전경력증명서 발급
		⑤ 기타 운전면허 관련 민원 업무

자치경찰사무	범위 기준	구체적 사항 및 범위
	다) 지역교통정보센터 운영 및 교통정보 연계	① 지역교통정보센터 운영 ② 교통정보 연계(경찰청 도시교통정보센터 등과의 연계)
	라) 정체 해소 등 소통 및 안전 확보를 위한 교통관리	① 출·퇴근 시간대 및 상습 정체 구간 주요 교차로에서의 교통관리 ② 안전사고·재해·재난 발생 시 이동로 및 안전 확보를 위한 교통통제 및 관리
	마) 지역 내 교통안전대책 수립·시행	① 시기별·취약 대상·위험요인별 지역내 교통안전대책 수립·시행 ② 지역 교통안전협의체 구성·운영 등 교통안전 분야 유관기관 협업
	바) 교통안전 관련 기관 협의 등	① 지역 교통영향평가, 교통성 검토 등 교통소통 관련 협의 ②「도로법」제48조에 따른 자동차전용도로 지정 등 관련 협의(도로관리청이 국토부장관인 경우는 제외) ③「교통안전법」상 안전진단, 사고조사 관련 협의 ④「어린이·노인 및 장애인 보호구역의 지정 및 관리에 관한 규칙」제3조에 따른 보호구역의 지정 등 관련 협의 ⑤ 그 밖에 지역 내의 교통안전 및 소통에 관한 사무

다. 지역 내 다중운집 행사 관련 혼잡 교통 및 안전 관리

자치경찰사무	범위 기준	구체적 사항 및 범위
-	가. 지역 내 다중운집 행사 등의 교통질서 확보 및 교통안전 관리 지원	① 다중운집 행사장 주변 주요 교차로 소통 확보를 위한 교통관리 지원 ② 행사장 주변 보행자 등 교통사고 예방을 위한 교통안전 활동 지원
	나. 지역 내 다중운집 행사 안전 관리 지원	① 다중운집 행사 안전관리계획 수립 지원 ② 행사장 주변 안전사고 예방 및 질서유지를 위한 안전활동 지원

비고: 위 표의 나목 지역 내 교통 활동에 관한 사무 중 「도로교통법」 제2조 제3호의 고속도로에서 이루어지는 사무는 제외한다.

┃[별표 2]

수당의 지급기준(제9조 제1항 관련)

1. 참석수당

구분	단위	기준 단가	비고
위원회	일당	• 기본료: 150,000원 • 초과 : 50,000원	• 초과는 2시간 이상 시 1일 1회만 지급한다.

2. 심사수당 및 그 밖에 위원회 운영에 필요한 수당 : 위원회 예산 범위에서 위원회 의결로 정하는 바에 따라 지급 가능

13 충청남도 자치경찰사무와 자치경찰 위원회 조직 및 운영 등에 관한 조례

[시행 2021. 3. 22.] [충청남도조례 제4905호, 2021. 3. 22., 제정]

충청남도(자치행정과), 041-635-3606

제1조(목적) 이 조례는 「국가경찰과 자치경찰의 조직 및 운영에 관한 법률」과 「자치경찰사무와 시·도 자치경찰위원회의 조직 및 운영 등에 관한 규정」에서 위임된 사항과 그 시행에 필요한 사항을 규정함을 목적으로 한다.

제2조(생활안전·교통·경비 관련 자치경찰사무의 범위 등) ① 「국가경찰과 자치경찰의 조직 및 운영에 관한 법률」(이하 "법"이라 한다) 제4조 제2항 및 「자치경찰사무와 시·도자치경찰위원회의 조직 및 운영 등에 관한 규정」(이하 "영"이라 한다) 제2조에 따른 자치경찰사무의 구체적 사항과 범위는 별표1과 같다.

② 제1항에 따른 별표1을 개정할 필요가 있을 경우 영 제2조 제2호에 따라 자치경찰사무가 적정한 규모로 정해지도록 미리 충청남도경찰청장의 의견을 들어야 한다.

③ 충청남도자치경찰위원회(이하 "위원회"라 한다)는 영 제2조 제3호에 따라 자치경찰사무가 국가경찰사무와 유기적으로 연계되고 다른 특별시·광역시·특별자치시·도·특별자치도의 자치경찰사무와 균형이 이루어지도록 노력하여야 하며, 필요한 경우 경찰청장의 의견을 들을 수 있다.

제3조(중복감사의 방지) ① 위원회는 영 제2조 제3호에 따라 중복감사를 방지하기 위해 경찰청장과 협의하여 자치경찰사무에 대한 감사계획을 수립·실시할 수 있다.

② 제1항에 따른 자치경찰사무에 대한 감사 절차와 방법 등은 법 제24조 제1항 제12호에 따른 위원회규칙(이하 "위원회규칙"이라 한다)으로 정한다.

제4조(위원회 위원의 임명방법) ① 충청남도지사(이하 "도지사"라 한다)는 법 제20조 제1항 제1호부터 제4호까지의 규정에 따른 위원 추천권자(이하 이 조에서 "추천권자"라 한다)로부터 위원으로 임명할 사람을 추천받은 경우 추천권자에게 위원으로 추천받은 사람의 자격요건 충족 여부 및 결격사유 유무 등을 확인할 수 있는 자료를 요구할 수 있다.

② 도지사는 위원으로 추천받은 사람이 법 제20조 제2항의 자격요건을 갖추지 못하였거나 같은 조 제7항의 결격사유에 해당할 경우 해당 사실을 추천권자에게 통보하여야 한다.

제5조(위원장 및 상임위원의 임명방법) ① 도지사는 법 제20조 제1항에 따라 위원을 임명하고 위원 중 1명을 위원장으로 임명한다.

② 제1항에 따라 임명된 위원장은 임명일로부터 빠른 시일 내 회의를 개최하고 위원 중 1명을 상임위원으로 선정한다.

③ 제2항에 따라 선정된 상임위원은 위원장의 제청으로 도지사가 임명한다.

제6조(의안의 발의 및 상정) ① 위원은 재적위원 2인 이상의 찬성으로 법 제24조에 따른 위원회 소관 사무 범위 안에서 위원회에 상정할 의안을 발의할 수 있다. 다만, 위원장과 상임위원은 단독으로 의안을 발의할 수 있다.

② 위원장은 발의된 의안을 법 제26조 제1항에 따른 정기회의 또는 임시회의에 상정한다.

제7조(위원의 수당) ① 위원회의 위원 중 공무원이 아닌 위원에게 지급하는 수당의 종류는 다음 각 호와 같고 수당의 지급기준은 별표2와 같다.

　　1. 참석수당 : 위원회에 위원이 출석하여 심의·의결·자문 등을 하는 경우에 지급하는 수당

　　2. 심사수당: 위원회 의결을 거쳐 위원장으로부터 의뢰를 받아 미리 자료를 수집하거나 회의 안건을 검토하여 위원회에 보고하는 경우에 지급하는 수당

　　3. 그 밖에 운영에 필요한 수당

② 원거리에 거주하는 등 특별한 사유가 있는 경우 제1항 제1호에 따른 참석수당 지급 시 교통비, 식비(급량비 기준 단가 적용), 숙박비를 실비의 범위에서 별도 지급할 수 있다.

제8조(위원의 여비) 위원회의 위원 중 공무원이 아닌 위원에게 위원회의 의결에 따라 출장할 때에는 3급 지방공무원에 상당하는 여비를 지급할 수 있다.

제9조(지급 절차 등) 이 조례에서 정한 사항 외에 위원회 위원의 수당 및 여비 등 지급에 필요한 사항은 위원회규칙으로 정한다.

제10조(실무협의회 구성 등) ① 위원회는 영 제15조 제1항에 따라 경찰청 등과 실무협의회를 운영할 수 있다.

② 실무협의회는 위원회, 경찰청 등 관계기관의 소속 공무원 등으로 구성한다.

③ 실무협의회는 회의 운영에 필요한 경우 관계전문가에게 회의에 출석하여 발언하게 하거나 자료의 제출을 요청할 수 있다.

제11조(간사) ① 실무협의회에 실무협의회의 사무를 처리할 간사 1명을 둔다.

② 간사는 위원회 사무기구 소속 과장이 된다.

제12조(운영세칙) 이 조례에서 규정한 사항 외에 실무협의회의 구성, 회의개최, 운영 등에 필요한 사항은 위원회가 경찰청 등 관계기관과 협의하여 정한다.

제13조(예산) ① 위원회는 법 제35조 제1항에 따라 「지방자치법」 제127조 제1항에서 도지사가 충청남도의회(이하 "도의회"라고 한다)에 예산안을 제출하도록 정한 기한의 30일 전까지 자치경찰사무 수행에 필요한 예산안을 심의·의결하여 도지사에게 제출한다.

② 위원회는 제1항에 따라 예산안을 심의·의결하기 전에 예산안을 경찰청장에게 통보하고 의견을 들어야 한다.

제14조(자치경찰사무 담당 공무원에 대한 지원) ① 도지사는 법 제35조 제2항에 따라 자치경찰사무를 수행하는 공무원에게 「충청남도 공무원 후생복지제도 운영에 관한 조례」에 따라 충청남도 소속 공무원이 적용받는 후생복지에 관한 사항 등 예산의 범위에서 복지, 처우 등의 지원을 할 수 있다.

② 도지사는 자치경찰사무를 수행하는 공무원이 아닌 직원에게도 공무원에 준하여 제1항에 따른 지원을 할 수 있다.

③ 제1항에 따른 조례 등을 제정·개정 또는 폐지하는 경우에는 미리 위원회의 의견을 들어야 한다.

제15조(위원장의 의회 출석·답변) 위원장은 「지방자치법」 제42조 제2항에 따라 도의회가 요구하면 출석·답변하여야 한다. 다만, 특별한 이유가 있으면 위원장은 상임위원 또는 위원회 소속 공무원에게 출석·답변하게 할 수 있다.

조례 〈제4905호 2021. 3. 22.〉

이 조례는 공포한 날부터 시행한다.

생활안전, 교통, 경비 관련 자치경찰사무의 구체적 사항 및 범위(제2조 제1항 관련)

가. 지역 내 주민의 생활안전활동에 관한 사무

자치경찰사무	범위 기준	구체적 사항 및 범위
1) 생활안전을 위한 순찰 및 시설의 운영	가) 지역 주민 안전을 위한 범죄 예방 시설 설치 · 운영	① 범죄취약지역 환경 개선 등 지역 범죄 예방환경설계 (CPTED) 사업 추진 ② CCTV 통합관제센터 운영 지원
	나) 지역 주민 안전을 위한 범죄 예방진단	① 지역 · 건물의 범죄취약요소 현장진단 및 점검 · 관리 ② 범죄예방 우수시설 인증 시행 ③ 범죄예방 강화구역 관리 등 범죄예방진단팀(CPO) 운영
	다) 지역 주민 안전을 위한 순찰 과 범죄예방활동 시행 · 관리	① 시기별 · 테마별 범죄예방활동 시행 · 관리 ② 범죄예방을 위한 순찰(지역안전순찰 등) 제도 시행 ③ 은행 · 편의점 등 현금다액 취급업소 범죄예방활동 시행
2) 주민참여 방범 활동의 지원 및 지도	가) 범죄예방을 위한 주민 참여 지 역 협의체 구성 · 운영	생활안전협의회, 자율방범대 등에 대한 협업 및 지원 · 지도
	나) 주민 참여형 범죄예방활동 시 행 · 관리	① 지역주민 대상 범죄예방요령 · 범죄예방교실 · 시민경찰 학교 등 홍보활동 ② 주민 참여형 범죄예방활동(합동순찰 등)
3) 안전사고 및 재해 · 재난 시 긴급구조지원	가) 재난이 발생할 우려가 현저하 거나 재난이 발생하였을 때에 주민의 생명 · 신체 및 재산을 보호하기 위한 긴급구조지원	① 재난이 발생할 우려가 현저하거나 안전사고 및 재해 · 재 난 발생 시 지역주민 안전확보를 위한 긴급구조지원
	나) 재해 발생 시 지역의 사회질 서 유지 및 교통관리 등	① 재해발생지역의 사회질서 유지 ② 재해발생지역의 교통관리 등
	다) 그 밖에 긴급구조지원기관으로 서의 긴급구조지원 활동 등	그 밖에 긴급구조지원기관으로서의 지역 내 긴급구조지원 활동 등
4) 아동 · 청소년 · 노 인 · 여성 · 장애인 등 사회적 보호가 필요한 사람에 대한 보호 업무 및 가정 · 학교 · 성폭력 등 의 예방	가) 아동 · 노인 · 장애인 학대 예 방과 피해 아동 · 노인 · 장애 인에 대한 보호활동	① 아동 · 노인 · 장애인 학대 예방활동(교육 · 홍보 등) ② 아동 · 노인 · 장애인 학대 사안대응(시설 내 학대 점검, 가 · 피해자 조사 등) ③ 아동 · 노인 · 장애인 학대 피해자 보호기관 등 연계 · 지원 ④ 아동 · 노인 · 장애인 학대 관련 학대예방경찰관(APO) 운영
	나) 아동 · 청소년 · 노인 · 여성 · 장애인 등 사회적 보호가 필요 한 사람의 실종 예방 · 대응 활동	① 지문 등 사전등록 업무 ② 실종 · 유괴 경보 체계 구축 · 운영 ③ 실종아동 등 조기발견 지침 대상시설 지도 · 감독 ④ 유전자 채취 및 보호시설 등 일제수색 운영
	다) 아동 대상 범죄예방 및 아동 안전 보호활동	① 아동안전지킴이 운영 및 선발 · 배치 · 감독 ② 아동안전지킴이집 관리 및 운영 · 교육 · 홍보 ③ 기타 아동 대상 범죄예방 및 아동안전 보호활동
	라) 청소년 비행방지 등 선도 · 보호 활동	① 청소년 비행방지, 선도 · 보호활동 ② 위기청소년(가 · 피해학생, 학교 · 가정 밖 청소년 등) 면 담 · 관리

자치경찰사무	범위 기준	구체적 사항 및 범위
		③ 위기청소년 발굴(거리상담 등) 및 유관기관 연계 ④ 소년범 선도제도 운영(선도프로그램, 선도심사위원회, 전문가참여제, 우범소년 송치) ⑤ 경찰의 청소년 선도 · 보호 활동에 대한 청소년 참여 제도 운영(정책자문단 등)
	마) 가정폭력범죄 예방과 피해자 등 보호 활동	① 가정폭력 예방활동(교육 · 홍보 등) ② 가정폭력 (긴급)임시조치 ③ 가정폭력 피해자 상담 · 보호기관 등 연계 · 지원 ④ 가정폭력 사안대응(협업회의 참석, 가 · 피해자 조사 등) ⑤ 가정폭력 관련 학대예방경찰관(APO) 운영
	바) 학교폭력의 근절 · 예방과 가해학생 선도 및 피해학생 보호 활동	① 학교폭력 예방활동(교육 · 홍보 등) ② 학교폭력 사안대응(학폭위 참석, 117사안대응, 가 · 피해학생 조사 등) ③ 청소년육성회 등 지역 내 학교폭력 유관단체와 협업 업무 ④ 청소년경찰학교, 명예경찰소년단 운영 ⑤ 학교전담경찰관(SPO) 운영
	사) 성폭력 예방과 성폭력 피해자 등 보호 활동	① 성폭력범죄 예방활동(교육 · 홍보 등) ② 성폭력범죄 피해자 보호 · 지원
	아) 그 밖에 관련 법령에 경찰의 사무로 규정된 아동 · 청소년 · 노인 · 여성 · 장애인 등 사회적 보호가 필요한 사람에 대한 보호 및 가정폭력 · 학교폭력 · 성폭력 등 예방 업무	그 밖에 관련 법령에 경찰의 사무로 규정된 아동 · 청소년 · 노인 · 여성 · 장애인 등 사회적 보호가 필요한 사람에 대한 보호 및 가정폭력 · 학교폭력 · 성폭력 등 예방 업무
5) 주민의 일상생활과 관련된 사회질서의 유지 및 그 위반행위의 지도 · 단속 (다만, 지방자치단체 등 다른 행정청의 사무는 제외한다)	가) 경범죄 위반행위 지도 · 단속 등 공공질서 유지	① 경범죄 위반행위 단속(과태료 등 지자체 행정처분 사항 제외) ② 지역 내 기초질서 확립을 위한 주민 대상 계도 및 홍보 등
	나) 공공질서에 반하는 풍속 · 성매매사범 및 사행행위 지도 · 단속	① 풍속영업의 지도 · 단속 ② 성매매 단속 ③ 성매매 예방 및 피해자 보호 ④ 사행행위 지도 · 단속
	다) 그 밖에 관련 법령에 경찰의 사무로 규정된 주민의 일상생활과 관련된 사회질서의 유지 및 그 위반행위의 지도 · 단속 업무	그 밖에 관련 법령에 경찰의 사무로 규정된 주민의 일상생활과 관련된 사회질서의 유지 및 그 위반행위의 지도 · 단속 업무
6) 그 밖에 지역주민의 생활안전에 관한 사무	가) 지역주민의 생활안전 관련 112신고(일반신고를 포함한다) 처리	① 가정폭력, 학교폭력, 아동학대, 실종 등 자치경찰 수사사무 관련 신고 처리 ② 풍속영업, 기타경범, 주취자 등 지역 질서유지 관련 신고 처리 ③ 분실습득, 보호조치, 상담문의 등 지역 주민의 생활안전 관련 신고 처리
	나) 지하철, 내수면 등 일반적인 출동이 어려운 특정 지역에서 주민의 생명 · 신체 · 재산	① 내수면경찰대 설치 · 운영 ② 관광경찰대 설치 · 운영

자치경찰사무	범위 기준	구체적 사항 및 범위
	의 보호를 위한 경찰대 운영	
	다) 유실물 보관·반환·매각·국고귀속 등 유실물 관리	① 유실물 처리업무 계획 및 지도·감독 ② 습득물·분실물 신고접수 및 보관 ③ 유실자 확인 및 습득자 소유권 취득 시 물건 인계 ④ 법정기간 만료 시 국고·금고 귀속 ⑤ 유실물 관리 시설의 설치 및 운영
	라) 「경찰관 직무집행법」 제4조에 따른 응급구호대상자에 대한 보호조치 및 유관기관 협력	① 응급구호대상자 보건의료기관 또는 공공구호기관 긴급구호 요청 및 인계하거나 경찰관서 임시보호 등 조치 ② 응급구호대상자 휴대 무기·흉기 임시영치 ③ 주취자응급의료센터 운영 지원 ④ 그 밖에 응급구호대상자 보호에 필요한 조치
	마) 그 밖에 관련 법령에 경찰의 사무로 규정된 지역주민의 생활안전에 관한 사무	그 밖에 관련 법령에 경찰의 사무로 규정된 지역주민의 생활안전에 관한 사무

나. 지역 내 교통활동에 관한 사무

자치경찰사무	사무의 범위 기준	구체적 내용
1) 교통법규 위반에 대한 지도·단속	가) 교통법규 위반 지도·단속, 공익신고 처리 등	① 음주·무면허 등 교통법규 위반 단속 ② 교통법규 위반 공익신고 처리 ③ 기타 교통법규 위반신고 처리(영상단속, 방문 신고 등)
	나) 음주단속 장비 등 교통경찰용 장비 보급·관리·운영 등	① 음주단속장비 등 구매·보급 ② 음주단속장비 등 검정·교정 ③ 음주단속장비 등 노후장비 교체
2) 교통안전시설 및 무인 교통단속용 장비의 심의·설치·관리	가) 교통사고 예방, 교통소통을 위한 교통안전시설 설치·관리·운영	① 교통안전시설 운영계획 수립 ② 교통신호기 설치·관리·운영 ③ 교통안전표지 설치·관리 ④ 교통노면표시 설치·관리 ⑤ 교통안전시설 및 유사 교통안전시설 무단 설치 단속 ⑥ 그 밖에 도로 위험 방지와 교통안전 및 원활한 소통을 위한 교통안전시설 관련 조치
	나) 도로교통 규제 관련 지역 교통안전시설 심의위원회 설치 및 운영	① 지역 교통안전시설 심의위원회 구성 ② 도로교통 규제 및 교통안전시설 설치여부의 심의·결정
	다) 무인 교통단속용 장비의 심의·설치·관리·운영	① 무인 교통단속용장비의 설치·관리·운영 ② 무인 교통단속용장비의 우선 설치장소 선정 심의
3) 교통안전에 대한 교육 및 홍보	가) 교통안전에 대한 교육	① 지역주민 대상 교통안전 교육계획 수립·시행 ② 교안, 리플릿 등 교육자료 제작·배포
	나) 교통안전에 대한 홍보	① 지역주민 대상 교통안전 홍보계획 수립·시행 ② 교통안전 홍보물품 구매·보급
4) 주민참여 지역 교통활동의 지원 및 지도	가) 교통활동 지원 협력단체에 대한 운영·관리	① 모범운전자회·녹색어머니회 등 교통활동 지원을 위한 운전자 모임 및 학부모단체 구성 ② 모범운전자회·녹색어머니회 등 교통활동 지원을

자치경찰사무	사무의 범위 기준	구체적 내용
		위한 운전자 모임 및 학부모 단체의 교통안전 지원활동 관리
	나) 주민참여형 교통안전활동 지원 및 지도	① 무사고 운전자 선발·관리 ② 교통법규 위반 공익신고 활성화를 위한 홍보·안내
5) 통행 허가, 어린이 통학버스의 신고, 긴급자동차의 지정 신청 등 각종 허가 및 신고에 관한 사무	가) 차마의 안전기준 초과 승차, 안전기준 초과적재 및 차로 폭 초과 차 통행허가 처리	① 안전기준 초과승차 허가 신청서 접수·허가증 발급 ② 안전기준 초과적재 허가 신청서 접수·허가증 발급 ③ 차로폭초과차 통행 허가 신청서 접수·허가증 발급
	나) 도로공사 신고접수, 현장점검 및 지도·감독 등	① 도로점용허가 필요 조치 ② 도로공사 신고 관련 교통안전 및 원활한 소통을 위한 필요 조치
	다) 어린이통학버스 관련 신고접수·관리 및 관계 기관 합동 점검	① 어린이통학버스 신고 접수 및 신고증명서 발급·재교부 ② 관계부처 합동 어린이통학버스 안전점검 및 계도·단속
	라) 긴급자동차의 지정 신청·관리	① 긴급자동차 지정증 신청서 접수·지정증 발급 ② 긴급자동차 지정증 재교부 신청서 접수·지정증 발급 ③ 긴급자동차 지정 취소 및 지정증 회수
	마) 버스전용차로 통행 지정신청 처리	① 버스전용차로 통행 지정신청서 접수·지정증 발급 ② 버스전용차로 통행 지정증 재교부 신청서접수·지정증 발급 ③ 버스전용차로 통행 지정 취소 및 지정증 회수
	바) 주·정차 위반차량 견인대행 법인 등 지정	① 견인대행법인 등 지정신청서 접수·지정증 발급 ② 견인대행법인 등 지정 취소·정지 및 지정증 회수
6) 그 밖에 지역 내의 교통안전 및 소통에 관한 사무	가) 지역주민의 교통안전 관련 112신고(일반신고를 포함한다) 처리	① 교통사고, 사망·대형사고 신고 처리 ② 음주운전, 교통위반 신고 처리 ③ 교통불편 신고 처리
	나) 운전면허 관련 민원 업무	① 운전면허 발급·재발급·갱신 신청·접수·교부 ② 운전면허 적성검사 신청·접수 ③ 국제운전면허 신청접수 및 교부 ④ 운전경력증명서 발급 ⑤ 기타 운전면허 관련 민원 업무
	다) 지역교통정보센터 운영 및 교통정보 연계	① 지역교통정보센터 운영 ② 교통정보 연계(경찰청 도시교통정보센터 등과의 연계)
	라) 정체 해소 등 소통 및 안전 확보를 위한 교통관리	① 출·퇴근 시간대 및 상습 정체 구간 주요 교차로에서의 교통관리 ② 안전사고·재해·재난 발생 시 이동로 및 안전 확보를 위한 교통통제 및 관리
	마) 지역 내 교통안전대책 수립·시행	① 시기별·취약 대상·위험요인별 지역내 교통안전대책 수립·시행 ② 지역 교통안전협의체 구성·운영 등 교통안전 분야 유관 기관 협업
	바) 교통안전 관련 기관 협의 등	① 지역 교통영향평가, 교통성 검토 등 교통소통 관련 협의 ② 「도로법」 제48조에 따른 자동차전용도로 지정 등 관련 협의(도로관리청이 국토부장관인 경우는 제외) ③ 「교통안전법」상 안전진단, 사고조사 관련 협의

자치경찰사무	사무의 범위 기준	구체적 내용
		④ 「어린이·노인 및 장애인 보호구역의 지정 및 관리에 관한 규칙」 제3조에 따른 보호구역의 지정 등 관련 협의
		⑤ 그 밖에 지역 내의 교통안전 및 소통에 관한 사무

다. 지역 내 다중운집 행사 관련 혼잡 교통 및 안전 관리

자치경찰사무	사무의 범위 기준	구체적 사항
-	가. 지역 내 다중운집 행사 등의 교통질서 확보 및 교통안전 관리 지원	① 다중운집 행사장 주변 주요 교차로 소통 확보를 위한 교통관리 지원 ② 행사장 주변 보행자 등 교통사고 예방을 위한 교통안전 활동 지원
	나. 지역 내 다중운집 행사 안전 관리 지원	① 다중운집 행사 안전관리계획 수립 지원 ② 행사장 주변 안전사고 예방 및 질서유지를 위한 안전활동 지원

비고: 위 표의 나목 지역 내 교통 활동에 관한 사무 중 「도로교통법」 제2조 제3호의 고속도로에서 이루어지는 사무는 제외한다.

[별표 2]

수당의 지급기준(제7조 제1항 관련)

1. 참석수당

구분	단위	기준 단가	비고
위원회	일당	• 기본료: 150,000원 • 초과 : 50,000원	• 초과는 2시간 이상 시 1일 1회만 지급한다.

2. 심사수당 및 그 밖에 위원회 운영에 필요한 수당 : 위원회 예산 범위 내에서 사전 위원회 의결로 정하는 바에 따라 지급 가능

14 전라남도 자치경찰사무와 자치경찰 위원회의 조직 및 운영 등에 관한 조례

[시행 2021. 5. 20.] [전라남도조례 제5305호, 2021. 5. 20., 제정]

전라남도(자치경찰총괄과), 061-286-7941

제1조(목적) 이 조례는 「국가경찰과 자치경찰의 조직 및 운영에 관한 법률」과 「자치경찰사무와 시·도 자치경찰위원회의 조직 및 운영 등에 관한 규정」에서 위임된 사항과 그 시행에 필요한 사항을 규정함을 목적으로 한다.

제2조(생활안전·교통·경비 관련 자치경찰사무의 범위 등) ① 「국가경찰과 자치경찰의 조직 및 운영에 관한 법률」(이하 "법"이라 한다) 제4조 제2항 및 「자치경찰사무와 시·도자치경찰위원회의 조직 및 운영 등에 관한 규정」(이하 "영"이라 한다) 제2조에 따른 생활안전·교통·경비 관련 자치경찰사무의 구체적 사항과 범위는 별표 1과 같다.

② 제1항에 따른 별표 1을 개정할 필요가 있을 경우 영 제2조 제2호에 따라 자치경찰사무가 적정한 규모로 정해지도록 전라남도 자치경찰위원회(이하 "위원회"라 한다)는 미리 전라남도경찰청장의 의견을 청취한다.

③ 위원회는 영 제2조 제3호에 따라 자치경찰사무가 국가경찰사무와 유기적으로 연계되고 다른 특별시·광역시·특별자치시·도·특별자치도의 자치경찰사무와 균형이 이루어지도록 노력하여야 하며, 필요한 경우 경찰청장의 의견을 들을 수 있다.

제3조(중복감사의 방지) ① 위원회는 영 제2조 제3호에 따라 중복감사를 방지하기 위해 경찰청장과 협의하여 자치경찰사무에 대한 감사계획을 수립·실시할 수 있다.

② 자치경찰사무 감사 절차와 방법 등은 위원회의 의결로 정한다.

제4조(위원회 위원의 임명방법) ① 전라남도지사(이하 "도지사"라 한다)는 법 제20조 제1항 제1호부터 제4호까지에 따른 위원 추천권자(이하 이 조에서 "추천권자"라 한다)로부터 위원으로 임명할 사람을 추천받은 경우 추천권자에게 위원으로 추천받은 사람의 자격요건 충족 여부 및 결격사유 유무 등을 확인할 수 있는 자료의 제출을 요청할 수 있다.

② 도지사는 위원으로 추천받은 사람이 법 제20조 제2항의 자격요건을 갖추지 못하였거나 같은 조 제7항의 결격사유에 해당할 경우 해당 사실을 추천권자에게 통보하고 재추천을 요청하여야 한다.

제5조(위원장 및 상임위원의 임명방법) ① 도지사는 법 제20조 제1항에 따라 위원을 임명하고, 위원 중 1명을 위원장으로 임명한다.

② 제1항에 따라 임명된 위원장(이하 "위원장"이라 한다)은 임명일로부터 빠른 시일 내에 회의를 개최하고, 위원회는 해당 회의에서 상임위원 선정을 의결한다.

제6조(의안의 발의 및 상정) ① 위원은 재적위원 2명 이상의 찬성으로 법 제24조에 따른 위원회 소관 사무 범위에서 위원회에 상정할 의안을 발의할 수 있다. 다만, 위원장과 상임위원은 단독으로 의안을 발의할 수 있다.

② 위원장은 발의된 의안을 법 제26조 제1항에 따른 정기회의 또는 임시회의에 상정한다.

제7조(위원회 위원의 제척·기피·회피) ① 위원회 위원은 다음 사항에 해당 할 경우 심의·의결할 수 없다.

1. 위원과 「민법」 제777조 각 호의 어느 하나에 해당하는 친족 관계가 있는 사항

2. 위원이 안건의 당사자 등의 대리인으로 관여하거나 관여했던 사항

3. 위원이 해당 안건의 심사 · 의결에 공정을 기할 수 없는 현저한 사유가 있는 경우

② 위원이 공정한 심의 등을 할 수 없는 특별한 사정이 있는 경우 당사자 등은 위원장에게 기피 신청을 할 수 있다. 이 경우 위원장은 심의 등을 중단하고 그 신청이 이유가 있다고 인정할 때에는 해당 위원을 지체 없이 배제하여야 한다.

③ 위원은 제1항이나 제2항에 해당하는 경우에는 위원장의 승인을 받아 스스로 심의 등을 회피할 수 있다. 다만, 위원장이 신청할 경우 상임위원의 승인을 받는다.

제8조(위원의 수당 등) ① 위원회의 위원 중 공무원이 아닌 위원에게 지급하는 수당의 종류와 지급기준은 별표 2와 같다.

② 위원회의 위원 중 공무원이 아닌 위원이 원거리에 거주하는 등 특별한 사유가 있는 경우에는 제1항에 따라 지급하는 참석수당 외에 교통비, 식비 및 숙박비를 예산의 범위에서 지급할 수 있다.

③ 위원회의 위원 중 공무원이 아닌 위원이 위원회의 의결에 따라 출장할 때에는 3급 지방공무원에 상당하는 여비를 예산의 범위에서 지급할 수 있다.

제9조(실무협의회 구성 등) ① 영 제15조 제1항에 따라 위원회는 실무협의회를 구성할 수 있다.

② 실무협의회는 위원회, 경찰청 등 관계기관의 소속 공무원으로 구성한다.

③ 실무협의회는 회의 운영에 필요한 경우 관계전문가에게 회의에 출석하여 발언하게 하거나 자료의 제출을 요청할 수 있다.

제10조(간사) ① 실무협의회에 실무협의회의 사무를 처리할 간사 1명을 둔다.

② 간사는 위원회 사무기구 소속 실무협의회를 담당하는 과장이 된다.

제11조(운영세칙) 이 조례에서 규정한 사항 외에 실무협의회의 구성, 회의 개최, 운영 등에 필요한 사항은 위원회가 경찰청 등 관계기관과 협의하여 정한다.

제12조(예산) ① 위원회는 법 제35조 제1항에 따라 「지방자치법」 제125조에 따른 회계연도 시작 90일 전까지 자치경찰사무 수행에 필요한 예산안을 심의 · 의결하여 도지사에게 제출한다.

② 위원회는 제1항에 따라 예산안을 심의 · 의결하기 전에 예산안을 경찰청장에게 통보하고 의견을 들어야 한다.

제13조(자치경찰사무 담당 공무원 등에 대한 지원) 도지사는 법 제35조 제2항에 따라 자치경찰사무를 담당하는 공무원에게 「전라남도 공무원 후생복지에 관한 조례」에 따라 전라남도 소속 공무원이 적용받는 후생복지에 관한 사항 등을 예산의 범위에서 지원할 수 있다. 이 경우 「경찰공무원의 보건안전 및 복지 기본법」 및 「공무원 후생복지에 관한 규정」 등에 따른 유사지원과 중복하여 지급할 수 없다.

제14조(위원장의 의회 출석 · 답변) 위원장은 「지방자치법」 제42조 제2항에 따라 전라남도의회가 요구하면 출석 · 답변하여야 한다.

부칙 〈2021. 5. 20.〉

이 조례는 공포한 날부터 시행한다.

생활안전, 교통, 경비 관련 자치경찰사무의 구체적 사항 및 범위(제2조 제1항 관련)

가. 지역 내 주민의 생활안전활동에 관한 사무

자치경찰사무	범위 기준	구체적 사항 및 범위
1) 생활안전을 위한 순찰 및 시설의 운영	가) 지역 주민 안전을 위한 범죄예방 시설 설치·운영	① 범죄취약지역 환경 개선 등 지역 범죄 예방환경설계(CPTED) 사업 추진 ② CCTV 통합관제센터 운영 지원
	나) 지역 주민 안전을 위한 범죄예방진단	① 지역·건물의 범죄취약요소 현장진단 및 점검·관리 ② 범죄예방 우수시설 인증 시행 ③ 범죄예방 강화구역 관리 등 범죄예방진단팀(CPO) 운영
	다) 지역 주민 안전을 위한 순찰과 범죄예방활동 시행·관리	① 시기별·테마별 범죄예방활동 시행·관리 ② 범죄예방을 위한 순찰(지역안전순찰 등) 제도 시행 ③ 은행·편의점 등 현금다액 취급업소 범죄예방활동 시행
2) 주민참여 방범활동의 지원 및 지도	가) 범죄예방을 위한 주민 참여 지역 협의체 구성·운영	① 생활안전협의회, 자율방범대 등에 대한 협업 및 지원·지도
	나) 주민 참여형 범죄예방활동 시행·관리	① 지역주민 대상 범죄예방요령·범죄예방교실·시민경찰학교 등 홍보활동 ② 주민 참여형 범죄예방활동(합동순찰 등)
3) 안전사고 및 재해·재난 시 긴급구조 지원	가) 재난이 발생할 우려가 현저하거나 재난이 발생하였을 때에 주민의 생명·신체 및 재산을 보호하기 위한 긴급구조지원	① 재난이 발생할 우려가 현저하거나 안전사고 및 재해·재난 발생 시 지역주민 안전확보를 위한 긴급구조지원
	나) 재해 발생 시 지역의 사회질서 유지 및 교통관리 등	① 재해발생지역의 사회질서 유지 ② 재해발생지역의 교통관리 등
	다) 그 밖에 긴급구조지원기관으로서의 긴급구조지원 활동 등	그 밖에 긴급구조지원기관으로서의 지역 내 긴급구조지원 활동 등
4) 아동·청소년·노인·여성·장애인 등 사회적 보호가 필요한 사람에 대한 보호 업무 및 가정·학교·성폭력 등의 예방	가) 아동·노인·장애인 학대 예방과 피해 아동·노인·장애인에 대한 보호활동	① 아동·노인·장애인 학대 예방활동(교육·홍보 등) ② 아동·노인·장애인 학대 사안대응(시설 내 학대 점검, 가·피해자 조사 등) ③ 아동·노인·장애인 학대 피해자 보호기관 등 연계·지원 ④ 아동·노인·장애인 학대 관련 학대예방경찰관(APO) 운영
	나) 아동·청소년·노인·여성·장애인 등 사회적 보호가 필요한 사람의 실종 예방·대응 활동	① 지문 등 사전등록 업무 ② 실종·유괴 경보 체계 구축·운영 ③ 실종아동등 조기발견 지침 대상시설 지도·감독 ④ 유전자 채취 및 보호시설 등 일제수색 운영
	다) 아동 대상 범죄예방 및 아동안전 보호활동	① 아동안전지킴이 운영 및 선발·배치·감독 ② 아동안전지킴이집 관리 및 운영·교육·홍보 ③ 기타 아동 대상 범죄예방 및 아동안전 보호활동

자치경찰사무	범위 기준	구체적 사항 및 범위
	라) 청소년 비행방지 등 선도 · 보호 활동	① 청소년 비행방지, 선도 · 보호활동 ② 위기청소년(가 · 피해학생, 학교 · 가정 밖 청소년 등) 면담 · 관리 ③ 위기청소년 발굴(거리상담 등) 및 유관기관 연계 ④ 소년범 선도제도 운영(선도프로그램, 선도심사위원회, 전문가참여제, 우범소년 송치) ⑤ 경찰의 청소년 선도 · 보호 활동에 대한 청소년 참여제도 운영(정책자문단 등)
	마) 가정폭력범죄 예방과 피해자 등 보호 활동	① 가정폭력 예방활동(교육 · 홍보 등) ② 가정폭력 (긴급)임시조치 ③ 가정폭력 피해자 상담 · 보호기관 등 연계 · 지원 ④ 가정폭력 사안대응(협업회의 참석, 가 · 피해자 조사 등) ⑤ 가정폭력 관련 학대예방경찰관(APO) 운영
	바) 학교폭력의 근절 · 예방과 가해학생 선도 및 피해학생 보호 활동	① 학교폭력 예방활동(교육 · 홍보 등) ② 학교폭력 사안대응(학폭위 참석, 117사안대응, 가 · 피해학생 조사 등) ③ 청소년육성회 등 지역 내 학교폭력 유관단체와 협업 업무 ④ 청소년경찰학교, 명예경찰소년단 운영 ⑤ 학교전담경찰관(SPO) 운영
	사) 성폭력 예방과 성폭력 피해자 등 보호 활동	① 성폭력범죄 예방활동(교육 · 홍보 등) ② 성폭력범죄 피해자 보호 · 지원
	아) 그 밖에 관련 법령에 경찰의 사무로 규정된 아동 · 청소년 · 노인 · 여성 · 장애인 등 사회적 보호가 필요한 사람에 대한 보호 및 가정폭력 · 학교폭력 · 성폭력 등 예방 업무	그 밖에 관련 법령에 경찰의 사무로 규정된 아동 · 청소년 · 노인 · 여성 · 장애인 등 사회적 보호가 필요한 사람에 대한 보호 및 가정폭력 · 학교폭력 · 성폭력 등 예방 업무
5) 주민의 일상생활과 관련된 사회질서의 유지 및 그 위반행위의 지도 · 단속 (다만, 지방자치단체 등 다른 행정청의 사무는 제외한다)	가) 경범죄 위반행위 지도 · 단속 등 공공질서 유지	① 경범죄 위반행위 단속(과태료 등 지자체 행정처분 사항 제외) ② 지역 내 기초질서 확립을 위한 주민 대상 계도 및 홍보 등
	나) 공공질서에 반하는 풍속 · 성매매사범 및 사행행위 지도 · 단속	① 풍속영업의 지도 · 단속 ② 성매매 단속 ③ 성매매 예방 및 피해자 보호 ④ 사행행위 지도 · 단속
	다) 그 밖에 관련 법령에 경찰의 사무로 규정된 주민의 일상생활과 관련된 사회질서의 유지 및 그 위반행위의 지도 · 단속 업무	그 밖에 관련 법령에 경찰의 사무로 규정된 주민의 일상생활과 관련된 사회질서의 유지 및 그 위반행위의 지도 · 단속 업무
6) 그 밖에 지역주민의 생활안전에 관한 사무	가) 지역주민의 생활안전 관련 112신고(일반신고를 포함한다) 처리	① 가정폭력, 학교폭력, 아동학대, 실종 등 자치경찰 수사사무 관련 신고 처리 ② 풍속영업, 기타경범, 주취자 등 지역 질서유지 관련 신고 처리 ③ 분실습득, 보호조치, 상담문의 등 지역 주민의 생활

자치경찰사무	범위 기준	구체적 사항 및 범위
		안전 관련 신고 처리
	나) 지하철, 내수면 등 일반적인 출동이 어려운 특정 지역에서 주민의 생명·신체·재산의 보호를 위한 경찰대 운영	① 지하철경찰대 설치·운영(수사 제외) ② 내수면경찰대 설치·운영 ③ 관광경찰대 설치·운영
	다) 유실물 보관·반환·매각·국고귀속 등 유실물 관리	① 유실물 처리업무 계획 및 지도·감독 ② 습득물·분실물 신고접수 및 보관 ③ 유실자 확인 및 습득자 소유권 취득 시 물건 인계 ④ 법정기간 만료 시 국고·금고 귀속 ⑤ 유실물 관리 시설의 설치 및 운영
	라) 「경찰관 직무집행법」 제4조에 따른 응급구호대상자에 대한 보호조치 및 유관기관 협력	① 응급구호대상자 보건의료기관 또는 공공구호기관 긴급구호 요청 및 인계하거나 경찰관서 임시보호 등 조치 ② 응급구호대상자 휴대 무기·흉기 임시영치 ③ 주취자응급의료센터 운영 지원 ④ 그 밖에 응급구호대상자 보호에 필요한 조치
	마) 그 밖에 관련 법령에 경찰의 사무로 규정된 지역주민의 생활안전에 관한 사무	그 밖에 관련 법령에 경찰의 사무로 규정된 지역주민의 생활안전에 관한 사무

나. 지역 내 교통활동에 관한 사무

자치경찰사무	사무의 범위 기준	구체적 내용
1) 교통법규 위반에 대한 지도·단속	가) 교통법규 위반 지도·단속, 공익신고 처리 등	① 음주·무면허 등 교통법규 위반 단속 ② 교통법규 위반 공익신고 처리 ③ 기타 교통법규 위반신고 처리(영상단속, 방문 신고 등)
	나) 음주단속 장비 등 교통경찰용 장비 보급·관리·운영 등	① 음주단속장비 등 구매·보급 ② 음주단속장비 등 검정·교정 ③ 음주단속장비 등 노후장비 교체
2) 교통안전시설 및 무인 교통단속용 장비의 심의·설치·관리	가) 교통사고 예방, 교통소통을 위한 교통안전시설 설치·관리·운영	① 교통안전시설 운영계획 수립 ② 교통신호기 설치·관리·운영 ③ 교통안전표지 설치·관리 ④ 교통노면표시 설치·관리 ⑤ 교통안전시설 및 유사 교통안전시설 무단 설치 단속 ⑥ 그 밖에 도로 위험 방지와 교통안전 및 원활한 소통을 위한 교통안전시설 관련 조치
	나) 도로교통 규제 관련 지역 교통안전시설 심의위원회 설치 및 운영	① 지역 교통안전시설 심의위원회 구성 ② 도로교통 규제 및 교통안전시설 설치여부의 심의·결정
	다) 무인 교통단속용 장비의 심의·설치·관리·운영	① 무인 교통단속용장비의 설치·관리·운영 ② 무인 교통단속용장비의 우선 설치장소 선정 심의
3) 교통안전에 대한 교육 및 홍보	가) 교통안전에 대한 교육	① 지역주민 대상 교통안전 교육계획 수립·시행 ② 교안, 리플렛 등 교육자료 제작·배포
	나) 교통안전에 대한 홍보	① 지역주민 대상 교통안전 홍보계획 수립·시행 ② 교통안전 홍보물품 구매·보급

자치경찰사무	범위 기준	구체적 사항 및 범위
4) 주민참여 지역 교통 활동의 지원 및 지도	가) 교통활동 지원 협력단체에 대한 운영·관리	① 모범운전자회·녹색어머니회 등 교통활동 지원을 위한 운전자 모임 및 학부모단체 구성 ② 모범운전자회·녹색어머니회 등 교통활동지원을 위한 운전자 모임 및 학부모 단체의 교통안전 지원활동 관리
	나) 주민참여형 교통안전활동 지원 및 지도	① 무사고 운전자 선발·관리 ② 교통법규 위반 공익신고 활성화를 위한 홍보·안내
5) 통행 허가, 어린이 통학버스의 신고, 긴급자동차의 지정 신청 등 각종 허가 및 신고에 관한 사무	가) 차마의 안전기준 초과 승차, 안전기준 초과적재 및 차로폭 초과 차 통행허가 처리	① 안전기준 초과승차 허가 신청서 접수·허가증 발급 ② 안전기준 초과적재 허가 신청서 접수·허가증 발급 ③ 차로폭초과차 통행 허가 신청서 접수·허가증 발급
	나) 도로공사 신고접수, 현장점검 및 지도·감독 등	① 도로점용허가 필요 조치 ② 도로공사 신고 관련 교통안전 및 원활한 소통을 위한 필요 조치
	다) 어린이통학버스 관련 신고접수·관리 및 관계 기관 합동 점검	① 어린이통학버스 신고 접수 및 신고증명서 발급·재교부 ② 관계부처 합동 어린이통학버스 안전점검 및 계도·단속
	라) 긴급자동차의 지정 신청·관리	① 긴급자동차 지정증 신청서 접수·지정증 발급 ② 긴급자동차 지정증 재교부 신청서 접수·지정증 발급 ③ 긴급자동차 지정 취소 및 지정증 회수
	마) 버스전용차로 통행 지정신청 처리	① 버스전용차로 통행 지정신청서 접수·지정증 발급 ② 버스전용차로 통행 지정증 재교부 신청서 접수·지정증 발급 ③ 버스전용차로 통행 지정 취소 및 지정증 회수
	바) 주·정차 위반차량 견인대행법인등 지정	① 견인대행법인등 지정신청서 접수·지정증 발급 ② 견인대행법인등 지정 취소·정지 및 지정증 회수
6) 그 밖에 지역 내의 교통안전 및 소통에 관한 사무	가) 지역주민의 교통안전 관련 112신고(일반신고를 포함한다) 처리	① 교통사고, 사망·대형사고 신고 처리 ② 음주운전, 교통위반 신고 처리 ③ 교통불편 신고 처리
	나) 운전면허 관련 민원 업무	① 운전면허 발급·재발급·갱신 신청·접수·교부 ② 운전면허 적성검사 신청·접수 ③ 국제운전면허 신청접수 및 교부 ④ 운전경력증명서 발급 ⑤ 기타 운전면허 관련 민원 업무
	다) 지역교통정보센터 운영 및 교통정보 연계	① 지역교통정보센터 운영 ② 교통정보 연계(경찰청 도시교통정보센터 등과의 연계)
	라) 정체 해소 등 소통 및 안전 확보를 위한 교통관리	① 출·퇴근 시간대 및 상습 정체 구간 주요 교차로에서의 교통관리 ② 안전사고·재해·재난 발생 시 이동로 및 안전 확보를 위한 교통통제 및 관리
	마) 지역 내 교통안전대책 수립·시행	① 시기별·취약 대상·위험요인별 지역내 교통안전대책 수립·시행 ② 지역 교통안전협의체 구성·운영 등 교통안전 분야

자치경찰사무	범위 기준	구체적 사항 및 범위
		유관기관 협업
	바) 교통안전 관련 기관 협의 등	① 지역 교통영향평가, 교통성 검토 등 교통소통 관련 협의 ② 「도로법」 제48조에 따른 자동차전용도로 지정 등 관련 협의(도로관리청이 국토부장관인 경우는 제외) ③ 「교통안전법」상 안전진단, 사고조사 관련 협의 ④ 「어린이·노인 및 장애인 보호구역의 지정 및 관리에 관한 규칙」 제3조에 따른 보호구역의 지정 등 관련 협의 ⑤ 그 밖에 지역 내의 교통안전 및 소통에 관한 사무

다. 지역 내 다중운집 행사 관련 혼잡 교통 및 안전 관리

자치경찰사무	사무의 범위 기준	구체적 내용
–	가. 지역 내 다중운집 행사 등의 교통질서 확보 및 교통안전 관리 지원	① 다중운집 행사장 주변 주요 교차로 소통 확보를 위한 교통관리 지원 ② 행사장 주변 보행자 등 교통사고 예방을 위한 교통안전활동 지원
	나. 지역 내 다중운집 행사 안전 관리 지원	① 다중운집 행사 안전관리계획 수립 지원 ② 행사장 주변 안전사고 예방 및 질서유지를 위한 안전활동 지원

비고: 위 표의 나목 지역 내 교통 활동에 관한 사무 중 「도로교통법」 제2조 제3호의 고속도로에서 이루어지는 사무는 제외한다.

| [별표 2]

수당의 종류와 지급기준(제8조 제1항 관련)

1. 수당의 종류

가. 참석수당: 위원회에 위원이 출석하여 심의·의결·자문 등을 하는 경우에 지급하는 수당

나. 심사수당: 위원회 의결을 거쳐 위원장으로부터 의뢰를 받아 미리 자료를 수집하거나 회의 안건을 검토하여 위원회에 보고하는 경우에 지급하는 수당

다. 그 밖에 운영에 필요한 수당

2. 수당의 지급기준

가. 참석수당

구분	기준 단가	비고
참석수당	• 기본료: 150,000원 • 초과 : 50,000원	• 초과는 2시간 이상 시 1일 1회만 지급한다.

나. 심사수당 및 그 밖에 위원회 운영에 필요한 수당: 위원회 예산 범위에서 사전 위원회 의결로 정하는 바에 따라 지급 가능

15 전라북도 자치경찰사무와 자치경찰 위원회의 조직 및 운영 등에 관한 조례

[시행 2021. 5. 28.] [전라북도조례 제4928호, 2021. 5. 28., 제정]

전라북도, 063-280-3982

제1조(목적) 이 조례는「국가경찰과 자치경찰의 조직 및 운영에 관한 법률」과「자치경찰사무와 시·도 자치경찰위원회의 조직 및 운영 등에 관한 규정」에서 위임된 사항과 그 시행에 필요한 사항을 규정함을 목적으로 한다.

제2조(생활안전·교통·경비 관련 자치경찰사무의 범위 등) ①「국가경찰과 자치경찰의 조직 및 운영에 관한 법률」(이하 "법"이라 한다) 제4조 제2항 및「자치경찰사무와 시·도자치경찰위원회 조직 및 운영 등에 관한 규정」(이하 "영"이라 한다) 제2조에 따른 자치경찰사무의 구체적 사항과 범위는 별표1과 같다.

② 전라북도지사(이하 "도지사"라 한다)는 제1항에 따른 별표1을 개정할 필요가 있을 경우 영 제2조 제2호에 따라 자치경찰사무가 적정한 규모로 정해지도록 전라북도경찰청장의 의견을 들어야 한다.

③ 전라북도자치경찰위원회(이하 "위원회"라 한다)는 영 제2조 제3호에 따라 자치경찰사무가 국가경찰사무와 유기적으로 연계되고 다른 특별시·광역시·특별자치시·도·특별자치도의 자치경찰사무와 균형이 이루어지도록 노력하여야 하며, 필요한 경우 경찰청장의 의견을 들을 수 있다.

제3조(위원회 위원의 임명방법) ① 도지사는 법 제20조 제1항 제1호부터 제4호까지의 규정에 따른 위원 추천권자(이하 이 조에서 "추천권자"라 한다)로부터 위원으로 임명할 사람을 추천받은 경우 추천권자에게 위원으로 추천받은 사람의 자격요건 충족 여부 및 결격사유 유무 등을 확인할 수 있는 자료를 요구할 수 있다.

② 도지사는 위원으로 추천받은 사람이 법 제20조 제2항의 자격요건을 갖추지 못하였거나 같은 조 제7항의 결격사유에 해당할 경우 해당 사실을 추천권자에게 통보하고 재추천을 요청하여야 한다.

제4조(위원장 및 상임위원의 임명방법) ① 도지사는 법 제20조 제1항에 따른 위원 임명과 위원 중 1명을 위원장으로 임명한다.

② 제1항에 따라 임명된 위원장은 임명일로부터 빠른 시일 내에 위원회를 개최하고, 위원회는 해당 회의에서 상임위원 선정을 의결한다.

제5조(의안의 발의 및 상정) ① 위원은 재적위원 2인 이상의 찬성으로 법 제24조에 따른 위원회 소관 사무 범위 안에서 위원회에 상정할 의안을 발의할 수 있다. 다만, 위원장과 상임위원은 단독으로 의안을 발의할 수 있다.

② 위원장은 발의된 의안을 법 제26조 제1항에 따른 정기회의 또는 임시회의에 상정한다.

제6조(위원의 수당 등) ① 위원회의 위원 중 공무원이 아닌 위원에게는「전라북도 각종 위원회 구성 및 운영에 관한 조례」가 정하는 바에 따라 위원의 수당과 여비를 지급할 수 있다.

② 위원회의 위원 중 공무원이 아닌 위원에게 위원회의 의결에 따라 출장할 때에는 3급 공무원에 상당하는 여비를 지급할 수 있다.

제7조(사무기구) ① 법 제27조 및 영 제18조에 따라 위원회의 사무를 처리하기 위하여 사무국을 설치하

며, 사무국장은 상임위원이 겸임한다.

② 제1항에 따른 사무국의 조직·정원 등에 필요한 사항은 「전라북도 행정기구 설치 및 정원 운영에 관한 조례」를 따른다.

제8조(실무협의회 구성 등) ① 위원회는 영 제15조 제1항에 따라 경찰청 등과 실무협의회를 운영할 수 있다.

② 실무협의회는 위원회, 경찰청 등 관계기관의 소속 공무원 등으로 구성한다.

③ 실무협의회는 회의 운영에 필요한 경우 관계전문가에게 회의에 출석하여 발언하게 하거나 자료의 제출을 요청할 수 있다.

제9조(간사) ① 실무협의회의 사무를 처리할 간사 1명을 둔다.

② 간사는 위원회 사무기구 소속 실무협의회를 담당하는 부서장이 된다.

제10조(운영세칙) 이 조례에서 규정한 사항 외에 실무협의회의 운영 등에 필요한 사항은 경찰청 등 관계기관과 협의하여 위원회의 의결을 거쳐 위원장이 정한다.

제11조(중복감사의 방지) 위원회는 영 제2조 제3호에 따라 감사를 실시할 경우 경찰청장과 협의를 통해 중복감사가 이루어지지 않도록 노력하여야 한다.

제12조(자치경찰사무 담당 공무원 등에 대한 지원) ① 도지사는 법 제35조 제2항에 따라 자치경찰사무를 수행하는 공무원에게 예산의 범위에서 「전라북도 공무원 후생복지에 관한 조례」따른 복지, 처우 등을 지원할 수 있다.

② 도지사는 자치경찰사무를 수행하는 공무원이 아닌 직원에게도 공무원에 준하여 제1항에 따른 지원을 할 수 있다.

제13조(위원장의 의회 출석·답변) 위원장은 「지방자치법」 제42조 제2항에 따라 전라북도의회가 요구하면 출석·답변하여야 한다.

▌[별표 1] 〈제정 2021. 5. 24.〉

생활안전, 교통, 경비 관련 자치경찰사무의 구체적 사항 및 범위(제2조 제1항 관련)

가. 지역 내 주민의 생활안전활동에 관한 사무

자치경찰사무	범위 기준	구체적 사항 및 범위
1) 생활안전을 위한 순찰 및 시설의 운영	가) 지역 주민 안전을 위한 범죄 예방 시설 설치·운영	① 범죄취약지역 환경 개선 등 지역 범죄 예방환경설계 (CPTED) 사업 추진 ② CCTV 통합관제센터 운영 지원
	나) 지역 주민 안전을 위한 범죄 예방진단	① 지역·건물의 범죄취약요소 현장진단 및 점검·관리 ② 범죄예방 우수시설 인증 시행 ③ 범죄예방 강화구역 관리 등 범죄예방진단팀(CPO) 운영
	다) 지역 주민 안전을 위한 순찰과 범죄예방활동 시행·관리	① 시기별테마별 범죄예방활동 시행·관리 ② 범죄예방을 위한 순찰(지역안전순찰 등) 제도 시행 ③ 은행·편의점 등 현금다액 취급업소 범죄예방활동 시행
2) 주민참여 방범활동의 지원 및 지도	가) 범죄예방을 위한 주민 참여 지역 협의체 구성·운영	① 생활안전협의회, 자율방범대 등에 대한 협업 및 지원·지도
	나) 주민 참여형 범죄예방활동 시	① 지역주민 대상 범죄예방요령·범죄예방교실·시민경찰학

자치경찰사무	범위 기준	구체적 사항 및 범위
	행·관리	교 등 홍보활동 ② 주민 참여형 범죄예방활동(합동순찰 등)
3) 안전사고 및 재해· 재난 시 긴급구조 지원	가) 재난이 발생할 우려가 현저하 거나 재난이 발생하였을 때에 주민의 생명·신체 및 재산을 보호하기 위한 긴급구조 지원	① 재난이 발생할 우려가 현저하거나 안전사고 및 재해· 재난 발생 시 지역주민 안전확보를 위한 긴급구조지원
	나) 재해 발생 시 지역의 사회질 서 유지 및 교통관리 등	① 재해발생지역의 사회질서 유지 ② 재해발생지역의 교통관리 등
	다) 그 밖에 긴급구조지원기관으로 서의 긴급구조지원 활동 등	그 밖에 긴급구조지원기관으로서의 지역 내 긴급구조지원 활동 등
4) 아동·청소년·노 인·여성·장애인 등 사회적 보호가 필 요한 사람에 대한 보 호 업무 및 가정·학 교·성폭력 등의 예 방	가) 아동·노인·장애인 학대 예 방과 피해 아동·노인·장애 인에 대한 보호활동	① 아동·노인·장애인 학대 예방활동(교육·홍보 등) ② 아동·노인·장애인 학대 사안대응 ③ 아동·노인·장애인 학대 피해자 보호기관 등 연계· 지원 ④ 아동·노인·장애인 학대 관련 학대예방경찰관(APO) 운영
	나) 아동·청소년·노인·여성·장 애인 등 사회적 보호가 필요한 사람의 실종 예방·대응 활동	① 지문 등 사전등록 업무 ② 실종·유괴 경보 체계 구축·운영 ③ 실종아동 등 조기발견 지침 대상시설 지도·감독 ④ 유전자 채취 및 보호시설 등 일제수색 운영
	다) 아동 대상 범죄예방 및 아동 안전 보호활동	① 아동안전지킴이 운영 및 선발·배치·감독 ② 아동안전지킴이집 관리 및 운영·교육·홍보 ③ 기타 아동 대상 범죄예방 및 아동안전 보호활동
	라) 청소년 비행방지 등 선도· 보호 활동	① 청소년 비행방지, 선도·보호활동 ② 위기청소년(가·피해학생, 학교·가정 밖 청소년 등) 면 담·관리 ③ 위기청소년 발굴(거리상담 등) 및 유관기관 연계 ④ 소년범 선도제도 운영(선도프로그램, 선도심사위원회, 전 문가참여제, 우범소년 송치) ⑤ 경찰의 청소년 선도·보호 활동에 대한 청소년 참여 제 도 운영(정책자문단 등)
	마) 가정폭력범죄 예방과 피해자 등 보호 활동	① 가정폭력 예방활동(교육·홍보 등) ② 가정폭력 (긴급)임시조치 ③ 가정폭력 피해자 상담·보호기관 등 연계·지원 ④ 가정폭력 사안대응(협업회의 참석, 가·피해자 조사 등) ⑤ 가정폭력 관련 학대예방경찰관(APO) 운영
	바) 학교폭력의 근절·예방과 가 해학생 선도 및 피해학생 보 호 활동	① 학교폭력 예방활동(교육·홍보 등) ② 학교폭력 사안대응(학폭위 참석, 117사안대응, 가·피해 학생 조사 등) ③ 청소년육성회 등 지역 내 학교폭력 유관단체와 협업 업무 ④ 청소년경찰학교, 명예경찰소년단 운영 ⑤ 학교전담경찰관(SPO) 운영
	사) 성폭력 예방과 성폭력 피해자 등 보호 활동	① 성폭력범죄 예방활동(교육·홍보 등) ② 성폭력범죄 피해자 보호·지원
	아) 그 밖에 관련 법령에 경찰의	그 밖에 관련 법령에 경찰의 사무로 규정된 아동·청소년·

자치경찰사무	범위 기준	구체적 사항 및 범위
	사무로 규정된 아동·청소년·노인·여성·장애인 등 사회적 보호가 필요한 사람에 대한 보호 및 가정폭력·학교폭력·성폭력 등 예방 업무	노인·여성·장애인 등 사회적 보호가 필요한 사람에 대한 보호 및 가정폭력·학교폭력·성폭력 등 예방 업무
5) 주민의 일상생활과 관련된 사회질서의 유지 및 그 위반행위의 지도·단속 (다만, 지방자치단체 등 다른 행정청의 사무는 제외한다)	가) 경범죄 위반행위 지도·단속 등 공공질서 유지	① 경범죄 위반행위 단속(과태료 등 지자체 행정처분 사항 제외) ② 지역 내 기초질서 확립을 위한 주민 대상 계도 및 홍보 등
	나) 공공질서에 반하는 풍속·성매매사범 및 사행행위 지도·단속	① 풍속영업의 지도·단속 ② 성매매 단속 ③ 성매매 예방 및 피해자 보호 ④ 사행행위 지도·단속
	다) 그 밖에 관련 법령에 경찰의 사무로 규정된 주민의 일상생활과 관련된 사회질서의 유지 및 그 위반행위의 지도·단속 업무	그 밖에 관련 법령에 경찰의 사무로 규정된 주민의 일상생활과 관련된 사회질서의 유지 및 그 위반행위의 지도·단속 업무
6) 그 밖에 지역주민의 생활안전에 관한 사무	가) 지역주민의 생활안전 관련 112신고(일반신고를 포함한다) 처리	① 가정폭력, 학교폭력, 아동학대, 실종 등 자치경찰 수사사무 관련 신고 처리 ② 풍속영업, 기타경범, 주취자 등 지역 질서유지 관련 신고 처리 ③ 분실습득, 보호조치, 상담문의 등 지역 주민의 생활안전 관련 신고 처리
	나) 지하철, 내수면 등 일반적인 출동이 어려운 특정 지역에서 주민의 생명·신체·재산의 보호를 위한 경찰대 운영	① 내수면경찰대 설치·운영 ② 관광경찰대 설치·운영
	다) 유실물 보관·반환·매각·국고귀속 등 유실물 관리	① 유실물 처리업무 계획 및 지도·감독 ② 습득물·분실물 신고접수 및 보관 ③ 유실자 확인 및 습득자 소유권 취득 시 물건 인계 ④ 법정기간 만료 시 국고·금고 귀속 ⑤ 유실물 관리 시설의 설치 및 운영
	라) 「경찰관 직무집행법」 제4조에 따른 응급구호대상자에 대한 보호조치 및 유관기관 협력	① 응급구호대상자 보건의료기관 또는 공공구호기관 긴급구호 요청 및 인계(다만, 필요시 경찰관서 임시보호 조치) ② 응급구호대상자 휴대 무기·흉기 임시영치 ③ 주취자응급의료센터 운영 지원 ④ 그 밖에 응급구호대상자 보호에 필요한 조치
	마) 그 밖에 관련 법령에 경찰의 사무로 규정된 지역주민의 생활안전에 관한 사무	그 밖에 관련 법령에 경찰의 사무로 규정된 지역주민의 생활안전에 관한 사무

나. 지역 내 교통활동에 관한 사무

자치경찰사무	사무의 범위 기준	구체적 내용
1) 교통법규 위반에 대한 지도·단속	가) 교통법규 위반 지도·단속, 공익신고 처리 등	① 음주·무면허 등 교통법규 위반 단속 ② 교통법규 위반 공익신고 처리 ③ 기타 교통법규 위반신고 처리(영상단속, 방문 신고 등)

자치경찰사무	사무의 범위 기준	구체적 내용
	나) 음주단속 장비 등 교통경찰용 장비 보급·관리·운영 등	① 음주단속장비 등 구매·보급 ② 음주단속장비 등 검정·교정 ③ 음주단속장비 등 노후장비 교체
2) 교통안전시설 및 무인 교통단속용 장비의 심의·설치·관리	가) 교통사고 예방, 교통소통을 위한 교통안전시설 설치·관리·운영	① 교통안전시설 운영계획 수립 ② 교통신호기 설치·관리·운영 권한 ③ 교통안전표지 설치·관리 권한 ④ 교통노면표시 설치·관리 권한 ⑤ 교통안전시설 및 유사 교통안전시설 무단 설치 단속 ⑥ 그 밖에 도로 위험 방지와 교통안전 및 원활한 소통을 위한 교통안전시설 관련 조치
	나) 도로교통 규제 관련 지역 교통안전시설 심의위원회 설치 및 운영	① 지역 교통안전시설 심의위원회 구성 ② 도로교통 규제 및 교통안전시설 설치여부의 심의·결정
	다) 무인 교통단속용 장비의 심의·설치·관리·운영	① 무인 교통단속용장비의 설치·관리·운영 ② 무인 교통단속용장비의 우선 설치장소 선정 심의
3) 교통안전에 대한 교육 및 홍보	가) 교통안전에 대한 교육	① 지역주민 대상 교통안전 교육계획 수립·시행 ② 교안, 리플릿 등 교육자료 제작·배포
	나) 교통안전에 대한 홍보	① 지역주민 대상 교통안전 홍보계획 수립·시행 ② 교통안전 홍보물품 구매·보급
4) 주민참여 지역 교통활동의 지원 및 지도	가) 교통활동 지원 협력단체에 대한 운영·관리	① 모범운전자회·녹색어머니회 등 교통활동 지원을 위한 운전자 모임 및 학부모단체 구성 ② 모범운전자회·녹색어머니회 등 교통활동지원을 위한 운전자 모임 및 학부모 단체의 교통안전 지원활동 관리
	나) 주민참여형 교통안전활동 지원 및 지도	① 무사고 운전자 선발·관리 ② 교통법규 위반 공익신고 활성화를 위한 홍보·안내
5) 통행 허가, 어린이 통학버스의 신고, 긴급자동차의 지정 신청 등 각종 허가 및 신고에 관한 사무	가) 차마의 안전기준 초과 승차, 안전기준 초과적재 및 차로폭 초과 차 통행허가 처리	① 안전기준 초과승차 허가 신청서 접수·허가증 발급 ② 안전기준 초과적재 허가 신청서 접수·허가증 발급 ③ 차로폭초과차 통행 허가 신청서 접수·허가증 발급
	나) 도로공사 신고접수, 현장점검 및 지도·감독 등	① 도로점용허가 관련 교통안전 및 원활한 소통을 위한 협의 ② 도로공사 신고 관련 교통안전 및 원활한 소통을 위한 필요 조치
	다) 어린이통학버스 관련 신고접수·관리 및 관계 기관 합동점검	① 어린이통학버스 신고 접수 및 신고증명서 발급·재교부 ② 관계부처 합동 어린이통학버스 안전점검 및 계도·단속
	라) 긴급자동차의 지정 신청·관리	① 긴급자동차 지정증 신청서 접수·지정증 발급 ② 긴급자동차 지정증 재교부 신청서 접수·지정증 발급 ③ 긴급자동차 지정 취소 및 지정증 회수
	마) 버스전용차로 통행 지정신청 처리	① 버스전용차로 통행 지정신청서 접수·지정증 발급 ② 버스전용차로 통행 지정증 재교부 신청서 접수·지정증 발급 ③ 버스전용차로 통행 지정 취소 및 지정증 회수
	바) 주·정차 위반차량 견인대행법인등 지정	① 견인대행법인등 지정신청서 접수·지정증 발급 ② 견인대행법인등 지정 취소·정지 및 지정증 회수
6) 그 밖에 지역 내의	가) 지역주민의 교통안전 관련	① 교통사고, 사망·대형사고 신고 처리

자치경찰사무	사무의 범위 기준	구체적 내용
교통안전 및 소통에 관한 사무	112신고(일반신고를 포함한다) 처리	② 음주운전, 교통위반 신고 처리 ③ 교통불편 신고 처리
	나) 운전면허 관련 민원 업무	① 운전면허 발급 · 재발급 · 갱신 신청 · 접수 · 교부 ② 운전면허 적성검사 신청 · 접수 ③ 국제운전면허 신청접수 및 교부 ④ 운전경력증명서 발급 ⑤ 기타 운전면허 관련 민원 업무
	다) 지역교통정보센터 운영 및 교통정보 연계	① 지역교통정보센터 운영 ② 교통정보 연계(경찰청 도시교통정보센터 등과의 연계)
	라) 정체 해소 등 소통 및 안전 확보를 위한 교통관리	① 출 · 퇴근 시간대 및 상습 정체 구간 주요 교차로에서의 교통관리 ② 안전사고 · 재해 · 재난 발생 시 이동로 및 안전 확보를 위한 교통통제 및 관리
	마) 지역 내 교통안전대책 수립 · 시행	① 시기별 · 취약 대상 · 위험요인별 지역 내 교통안전대책 수립 · 시행 ② 지역 교통안전협의체 구성 · 운영 등 교통안전 분야 유관 기관 협업
	바) 교통안전 관련 기관 협의 등	① 지역 교통영향평가, 교통성 검토 등 교통소통 관련 협의 ② 「도로법」 제48조에 따른 자동차전용도로 지정 등 관련 협의(도로관리청이 국토부장관인 경우는 제외) ③ 「교통안전법」에 따른 안전진단, 사고조사 관련 협의 ④ 「어린이 · 노인 및 장애인 보호구역의 지정 및 관리에 관한 규칙」 제3조에 따른 보호구역의 지정 등 관련 협의 ⑤ 그 밖에 지역 내의 교통안전 및 소통에 관한 사무

다. 지역 내 다중운집 행사 관련 혼잡 교통 및 안전 관리

자치경찰사무	범위 기준	구체적 사항 및 범위
–	가) 지역 내 다중운집 행사 등의 교통질서 확보 및 교통안전 관리 지원	① 다중운집 행사장 주변 주요 교차로 소통 확보를 위한 교통관리 지원 ② 행사장 주변 보행자 등 교통사고 예방을 위한 교통안전 활동 지원
	나) 지역 내 다중운집 행사 안전 관리 지원	① 다중운집 행사 안전관리계획 수립 지원 ② 행사장 주변 안전사고 예방 및 질서유지를 위한 안전활동 지원

비고: 위 표의 나목 지역 내 교통 활동에 관한 사무 중 「도로교통법」 제2조 제3호의 고속도로에서 이루어지는 사무는 제외한다.

부칙 〈조례4928호, 2021. 5. 28.〉

이 조례는 공포한 날부터 시행한다.

경상북도 자치경찰사무와 자치경찰 위원회의 조직 및 운영 등에 관한 조례

[시행 2021. 5. 20.] [경상북도조례 제4493호, 2021. 5. 20., 제정]

경상북도

제1조(목적) 이 조례는 「국가경찰과 자치경찰의 조직 및 운영에 관한 법률」과 「자치경찰사무와 시·도 자치경찰위원회의 조직 및 운영 등에 관한 규정」에서 위임된 사항과 그 시행에 필요한 사항을 규정함을 목적으로 한다.

제2조(생활안전·교통·경비 관련 자치경찰사무의 범위 등) ① 「국가경찰과 자치경찰의 조직 및 운영에 관한 법률」(이하 "법"이라 한다) 제4조 제2항 및 「자치경찰사무와 시·도자치경찰위원회의 조직 및 운영 등에 관한 규정」(이하 "영"이라 한다) 제2조에 따른 자치경찰사무의 구체적 사항과 범위는 별표 1과 같다.

② 경상북도지사(이하 "도지사"라 한다)는 제1항에 따른 별표 1을 개정할 필요가 있을 경우 영 제2조 제2호에 따라 자치경찰사무가 적정한 규모로 정해지도록 미리 경상북도경찰청장의 의견을 청취한다.

③ 법 제18조에 따른 경상북도자치경찰위원회(이하 "위원회"라 한다)는 영 제2조 제3호에 따라 자치경찰사무가 국가경찰사무와 유기적으로 연계되도록 노력하여야 하며, 필요한 경우 경찰청장의 의견을 들을 수 있다.

제3조(중복감사의 방지) ① 위원회는 영 제2조 제3호에 따라 중복감사를 방지하기 위해 경찰청장과 협의하여 자치경찰사무에 대한 감사계획을 수립·실시할 수 있다.

② 제1항에 따른 자치경찰사무에 대한 감사 절차와 방법 등은 규칙으로 정한다.

제4조(위원회 위원의 임명방법) ① 도지사는 법 제20조 제1항 제1호부터 제4호까지의 규정에 따른 위원 추천권자(이하 이 조에서 "추천권자"라 한다)로부터 위원으로 임명할 사람을 추천받은 경우 추천권자에게 위원으로 추천받은 사람의 자격요건 충족 여부 및 결격사유 유무 등을 확인할 수 있는 자료를 요구할 수 있다.

② 도지사는 위원으로 추천받은 사람이 법 제20조 제2항의 자격요건을 갖추지 못하였거나 같은 조 제7항의 결격사유에 해당할 경우 해당 사실을 추천권자에게 통보하여야 한다.

제5조(위원장 및 상임위원의 임명방법) ① 도지사는 법 제20조 제1항에 따른 위원 임명과 동시에 위원 중 1명을 위원장으로 임명한다.

② 제1항에 따라 임명된 위원장은 임명일로부터 7일 이내에 회의를 개최하고, 위원회는 해당 회의에서 상임위원 선정에 관한 사항을 의결한다.

제6조(의안의 발의 및 상정) ① 위원은 2인 이상의 찬성으로 법 제24조에 따른 위원회 소관 사무 범위에서 위원회에 상정할 의안을 발의할 수 있다. 다만, 위원장과 상임위원은 단독으로 의안을 발의할 수 있다.

② 위원장은 발의된 의안을 법 제26조 제1항에 따른 정기회의 또는 임시회의에 상정한다.

제7조(위원의 제척·기피·회피) ① 위원이 다음 각 호의 어느 하나에 해당하는 경우에는 위원회의 심의·의결에서 제척된다.

1. 위원 또는 그 배우자나 배우자였던 사람이 해당 안건의 당사자(당사자가 법인·단체 등인 경우에는 그 임원을 포함한다. 이하 같다)가 되거나 해당 안건의 당사자와 공동권리자 또는 공동의무자인 경우

2. 위원이 해당 안건의 당사자와 친족이거나 친족이었던 경우

3. 위원이 해당 안건에 관하여 용역, 자문, 감정 또는 조사를 한 경우

4. 위원이나 위원이 속한 법인이 해당 안건의 당사자의 대리인이거나 대리인이었던 경우

② 해당 안건의 당사자는 제1항 각 호에 따른 제척 사유가 있거나 위원에게 공정한 심의·의결을 기대하기 어려운 사정이 있는 경우에는 기피 신청을 할 수 있고, 위원회는 의결로 이를 결정한다. 이 경우 기피 신청의 대상인 위원은 그 의결에 참여하지 못한다.

③ 위원이 제1항 각 호에 따른 제척 사유에 해당하는 경우에는 스스로 해당 안건의 심의·의결에서 회피하여야 한다.

제8조(실무협의회 구성 등) ① 위원회는 영 제15조 제1항에 따라 경찰청 등과 실무협의회를 운영할 수 있다.

② 실무협의회는 경상북도, 위원회, 경상북도경찰청 등 관계 기관의 소속 공무원 등으로 구성한다.

③ 실무협의회는 회의 운영에 필요한 경우 관계 전문가에게 회의에 출석하여 발언하게 하거나 자료의 제출을 요청할 수 있다

제9조(간사) ① 실무협의회에 실무협의회의 사무를 처리할 간사 1명을 둔다.

② 간사는 위원회 사무기구 소속으로 실무협의회를 담당하는 부서장이 된다.

제10조(운영세칙) 이 조례에서 규정한 사항 외에 실무협의회의 구성, 회의개최, 운영 등에 필요한 사항은 위원회가 경찰청 등 관계 기관과 협의하여 정한다.

제11조(위원의 수당) ① 위원회의 위원 중 공무원이 아닌 위원에게 지급하는 수당의 종류는 다음 각 호와 같고, 수당의 지급기준은 별표 2와 같다.

1. 참석수당 : 위원회에 위원이 출석하여 심의·의결·자문 등을 하는 경우에 지급하는 수당

2. 심사수당 : 위원회 의결을 거쳐 위원장으로부터 의뢰를 받아 미리 자료를 수집하거나 회의 안건을 검토하여 위원회에 보고하는 경우에 지급하는 수당

3. 그 밖에 운영에 필요한 수당

② 원거리에 거주하는 등 특별한 사유가 있는 경우 제1항 제1호에 따른 참석수당 지급 시 교통비, 식비(급량비 기준 단가를 적용한다), 숙박비를 실비의 범위에서 별도 지급할 수 있다.

제12조(위원의 여비) 위원회의 위원 중 공무원이 아닌 위원에게 위원회의 의결에 따라 출장할 때에는 3급 지방공무원에 상당하는 여비를 지급할 수 있다.

제13조(지급 절차 등) 이 조례에서 정한 사항 외에 위원회 위원의 수당 및 여비 등 지급에 필요한 사항은 「경상북도 위원회 실비변상 조례」에 따른다.

제14조(예산) ① 위원회는 법 제35조 제1항에 따라 「지방자치법」 제127조 제1항에서 도지사가 의회에 예산안을 제출하도록 정한 기한의 30일 전까지 자치경찰사무 수행에 필요한 예산안을 심의·의결하여 도지사에게 제출한다.

② 위원회는 제1항에 따라 예산안을 심의·의결하기 전에 예산안을 경찰청장에게 통보하고 의견을 들어야 한다.

제15조(자치경찰사무 담당 공무원 등에 대한 지원) 도지사는 법 제35조 제2항에 따라 자치경찰사무를 수행하는 공무원에게 「경상북도 공무원 후생복지에 관한 조례」에 따른 경상북도 소속 공무원이 적용받는 후생복지에 관한 사항 등 예산의 범위에서 복지, 처우 등의 지원을 할 수 있다.

부칙

이 조례는 공포한 날부터 시행한다.

생활안전, 교통, 경비 관련 자치경찰사무의 구체적 사항 및 범위(제2조 제1항 관련)

가. 지역 내 주민의 생활안전활동에 관한 사무

자치경찰사무	범위 기준	구체적 사항 및 범위
1) 생활안전을 위한 순찰 및 시설의 운영	가) 지역 주민 안전을 위한 범죄 예방 시설 설치·운영	① 범죄취약지역 환경 개선 등 지역 범죄 예방환경설계 (CPTED) 사업 추진 ② CCTV 통합관제센터 운영 지원
	나) 지역 주민 안전을 위한 범죄 예방진단	① 지역·건물의 범죄취약요소 현장진단 및 점검·관리 ② 범죄예방 우수시설 인증 시행 ③ 범죄예방 강화구역 관리 등 범죄예방진단팀(CPO) 운영
	다) 지역 주민 안전을 위한 순찰과 범죄예방 활동 시행·관리	① 시기별·테마별 범죄예방활동 시행·관리 ② 범죄예방을 위한 순찰(지역안전순찰 등) 제도 시행 ③ 은행·편의점 등 현금다액 취급업소 범죄예방활동 시행
2) 주민참여 방범 활동의 지원 및 지도	가) 범죄예방을 위한 주민 참여 지역 협의체 구성·운영	① 생활안전협의회, 자율방범대 등에 대한 협업 및 지원·지도
	나) 주민 참여형 범죄예방활동 시행·관리	① 지역주민 대상 범죄예방요령·범죄예방교실·시민경찰 학교 등 홍보활동 ② 주민 참여형 범죄예방활동(합동순찰 등)
3) 안전사고 및 재해·재난 시 긴급구조지원	가) 재난이 발생할 우려가 현저 하거나 재난이 발생하였을 때에 주민의 생명·신체 및 재산을 보호하기 위한 긴급 구조지원	① 재난이 발생할 우려가 현저하거나 안전사고 및 재해· 재난 발생 시 지역주민 안전확보를 위한 긴급구조지원
	나) 재해 발생 시 지역의 사회질 서 유지 및 교통관리 등	① 재해발생지역의 사회질서 유지 ② 재해발생지역의 교통관리 등
	다) 그 밖에 긴급구조지원기관으로 서의 긴급구조지원 활동 등	그 밖에 긴급구조지원기관으로서의 지역 내 긴급구조지원 활동 등
4) 아동·청소년·노 인·여성·장애인 등 사회적 보호가 필요한 사람에 대 한 보호 업무 및 가정·학교·성폭 력 등의 예방	가) 아동·노인·장애인 학대 예 방과 피해 아동·노인· 장애인에 대한 보호활동	① 아동·노인·장애인 학대 예방활동(교육·홍보 등) ② 아동·노인·장애인 학대 사안대응(가·피해자 조사 등) ③ 아동·노인·장애인 학대 피해자 보호기관 등 연계· 지원 ④ 아동·노인·장애인 학대 관련 학대예방경찰관(APO) 운영
	나) 아동·청소년·노인·여성· 장애인 등 사회적 보호가 필요 한 사람의 실종 예방·대응 활동	① 지문 등 사전등록 업무 ② 실종·유괴 경보 체계 구축·운영 ③ 실종아동등 조기발견 지침 대상시설 지도·감독 ④ 유전자 채취 및 보호시설 등 일제수색 운영
	다) 아동 대상 범죄예방 및 아동 안전 보호활동	① 아동안전지킴이 운영 및 선발·배치·감독 ② 아동안전지킴이집 관리 및 운영·교육·홍보 ③ 기타 아동 대상 범죄예방 및 아동안전 보호활동
	라) 청소년 비행방지 등 선도· 보호 활동	① 청소년 비행방지, 선도·보호활동 ② 위기청소년(가·피해학생, 학교·가정 밖 청소년 등) 면 담·관리 ③ 위기청소년 발굴(거리상담 등) 및 유관기관 연계

자치경찰사무	범위 기준	구체적 사항 및 범위
		④ 소년범 선도제도 운영(선도프로그램, 선도심사위원회, 전문가참여제, 우범소년 송치)
		⑤ 경찰의 청소년 선도 · 보호 활동에 대한 청소년 참여 제도 운영(정책자문단 등)
	마) 가정폭력범죄 예방과 피해자 등 보호 활동	① 가정폭력 예방활동(교육 · 홍보 등) ② 가정폭력 (긴급)임시조치 ③ 가정폭력 피해자 상담 · 보호기관 등 연계 · 지원 ④ 가정폭력 사안대응(협업회의 참석, 가 · 피해자 조사 등) ⑤ 가정폭력 관련 학대예방경찰관(APO) 운영
	바) 학교폭력의 근절 · 예방과 가해학생 선도 및 피해학생 보호 활동	① 학교폭력 예방활동(교육 · 홍보 등) ② 학교폭력 사안대응(학폭위 참석, 117사안대응, 가 · 피해학생 조사 등) ③ 청소년육성회 등 지역 내 학교폭력 유관단체와 협업 업무 ④ 청소년경찰학교, 명예경찰소년단 운영 ⑤ 학교전담경찰관(SPO) 운영
	사) 성폭력 예방과 성폭력 피해자 등 보호 활동	① 성폭력범죄 예방활동(교육 · 홍보 등) ② 성폭력범죄 피해자 보호 · 지원
	아) 그 밖에 관련 법령에 경찰의 사무로 규정된 아동 · 청소년 · 노인 · 여성 · 장애인 등 사회적 보호가 필요한 사람에 대한 보호 및 가정폭력 · 학교폭력 · 성폭력 등 예방 업무	그 밖에 관련 법령에 경찰의 사무로 규정된 아동 · 청소년 · 노인 · 여성 · 장애인 등 사회적 보호가 필요한 사람에 대한 보호 및 가정폭력 · 학교폭력 · 성폭력 등 예방 업무
5) 주민의 일상 생활과 관련된 사회질서의 유지 및 그 위반행위의 지도 · 단속(다만, 지방자치단체 등 다른 행정청의 사무는 제외한다)	가) 경범죄 위반행위 지도 · 단속 등 공공 질서 유지	① 경범죄 위반행위 단속(과태료 등 지자체 행정처분 사항 제외) ② 지역 내 기초질서 확립을 위한 주민 대상 계도 및 홍보 등
	나) 공공질서에 반하는 풍속 · 성매매사범 및 사행행위 지도 · 단속	① 풍속영업의 지도 · 단속 ② 성매매 단속 ③ 성매매 예방 및 피해자 보호 ④ 사행행위 지도 · 단속
	다) 그 밖에 관련 법령에 경찰의 사무로 규정된 주민의 일상생활과 관련된 사회질서의 유지 및 그 위반행위의 지도 · 단속 업무	그 밖에 관련 법령에 경찰의 사무로 규정된 주민의 일상생활과 관련된 사회질서의 유지 및 그 위반행위의 지도 · 단속 업무
6) 그 밖에 지역 주민의 생활안전에 관한 사무	가) 지역주민의 생활안전 관련 112신고(일반신고를 포함한다) 처리	① 가정폭력, 학교폭력, 아동학대, 실종 등 자치경찰 수사사무 관련 신고 처리 ② 풍속영업, 기타경범, 주취자 등 지역 질서유지 관련 신고 처리 ③ 분실습득, 보호조치, 상담문의 등 지역 주민의 생활안전 관련 신고 처리
	나) 지하철, 내수면 등 일반적인 출동이 어려운 특정 지역에서 주민의 생명 · 신체 · 재산의 보호를 위한 경찰대 운영	① 지하철경찰대 설치 · 운영(수사 제외) ② 내수면경찰대 설치 · 운영 ③ 관광경찰대 설치 · 운영

자치경찰사무	범위 기준	구체적 사항 및 범위
	다) 유실물 보관·반환·매각·국고귀속 등 유실물 관리	① 유실물 처리업무 계획 및 지도·감독 ② 습득물·분실물 신고접수 및 보관 ③ 유실자 확인 및 습득자 소유권 취득 시 물건 인계 ④ 법정기간 만료 시 국고·금고 귀속 ⑤ 유실물 관리 시설의 설치 및 운영
6) 그 밖에 지역 주민의 생활안전에 관한 사무	라) 「경찰관 직무집행법」 제4조에 따른 응급구호대상자에 대한 보호조치 및 유관기관 협력	① 응급구호대상자 보건의료기관 또는 공공구호기관 긴급구호 요청 및 인계하거나 경찰관서 임시보호 등 조치 ② 응급구호대상자 휴대 무기·흉기 임시영치 ③ 주취자응급의료센터 운영 지원 ④ 그 밖에 응급구호대상자 보호에 필요한 조치
	마) 그 밖에 관련 법령에 경찰의 사무로 규정된 지역주민의 생활안전에 관한 사무	그 밖에 관련 법령에 경찰의 사무로 규정된 지역주민의 생활안전에 관한 사무

나. 지역 내 교통활동에 관한 사무

자치경찰사무	사무의 범위 기준	구체적 내용
1) 교통법규 위반에 대한 지도·단속	가) 교통법규 위반 지도·단속, 공익신고 처리 등	① 음주·무면허 등 교통법규 위반 단속 ② 교통법규 위반 공익신고 처리 ③ 기타 교통법규 위반신고 처리(영상단속, 방문 신고 등)
	나) 음주단속장비 등 교통경찰용 장비 보급·관리·운영 등	① 음주단속장비 등 구매·보급 ② 음주단속장비 등 검정·교정 ③ 음주단속장비 등 노후장비 교체
2) 교통안전시설 및 무인 교통단속용 장비의 심의·설치·관리	가) 교통사고 예방, 교통소통을 위한 교통안전시설 설치·관리·운영	① 교통안전시설 운영계획 수립 ② 교통신호기 설치·관리·운영 ③ 교통안전표지 설치·관리 ④ 교통노면표시 설치·관리 ⑤ 교통안전시설 및 유사 교통안전시설 무단 설치 단속 ⑥ 그 밖에 도로 위험 방지와 교통안전 및 원활한 소통을 위한 교통안전시설 관련 조치
	나) 도로교통 규제 관련 지역 교통안전시설 심의위원회 설치 및 운영	① 지역 교통안전시설 심의위원회 구성 ② 도로교통 규제 및 교통안전시설 설치 여부의 심의·결정
	다) 무인 교통단속용 장비의 심의·설치·관리·운영	① 무인 교통단속용장비의 설치·관리·운영 ② 무인 교통단속용장비의 우선 설치장소 선정 심의
3) 교통안전에 대한 교육 및 홍보	가) 교통안전에 대한 교육	① 지역주민 대상 교통안전 교육계획 수립·시행 ② 교안, 리플렛 등 교육자료 제작·배포
	나) 교통안전에 대한 홍보	① 지역주민 대상 교통안전 홍보계획 수립·시행 ② 교통안전 홍보물품 구매·보급
4) 주민참여 지역 교통활동의 지원 및 지도	가) 교통활동 지원 협력단체에 대한 운영·관리	① 모범운전자회·녹색어머니회 등 교통활동 지원을 위한 운전자 모임 및 학부모단체 구성 ② 모범운전자회·녹색어머니회 등 교통활동지원을 위한 운전자 모임 및 학부모 단체의 교통안전 지원활동 관리
	나) 주민참여형 교통안전활동 지원 및 지도	① 무사고 운전자 선발·관리 ② 교통법규 위반 공익신고 활성화를 위한 홍보·안내

자치경찰사무	사무의 범위 기준	구체적 내용
5) 통행 허가, 어린이 통학버스의 신고, 긴급자동차의 지정 신청 등 각종 허가 및 신고에 관한 사무	가) 차마의 안전기준 초과 승차, 안전기준 초과적재 및 차로폭 초과 차 통행허가 처리	① 안전기준 초과승차 허가 신청서 접수·허가증 발급 ② 안전기준 초과적재 허가 신청서 접수·허가증 발급 ③ 차로폭초과차 통행 허가 신청서 접수·허가증 발급
	나) 도로공사 신고접수, 현장점검 및 지도·감독 등	① 도로점용허가 필요 조치 ② 도로공사 신고 관련 교통안전 및 원활한 소통을 위한 필요 조치
	다) 어린이통학버스 관련 신고접수·관리 및 관계 기관 합동 점검	① 어린이통학버스 신고 접수 및 신고증명서 발급·재교부 ② 관계부처 합동 어린이통학버스 안전점검 및 계도·단속
	라) 긴급자동차의 지정 신청·관리	① 긴급자동차 지정증 신청서 접수·지정증 발급 ② 긴급자동차 지정증 재교부 신청서 접수·지정증 발급 ③ 긴급자동차 지정 취소 및 지정증 회수
	마) 버스전용차로 통행 지정신청 처리	① 버스전용차로 통행 지정신청서 접수·지정증 발급 ② 버스전용차로 통행 지정증 재교부 신청서 접수·지정증 발급 ③ 버스전용차로 통행 지정 취소 및 지정증 회수
	바) 주·정차 위반차량 견인대행법인등 지정	① 견인대행법인등 지정신청서 접수·지정증 발급 ② 견인대행법인등 지정 취소·정지 및 지정증 회수
6) 그 밖에 지역 내의 교통안전 및 소통에 관한 사무	가) 지역주민의 교통안전 관련 112신고(일반신고를 포함한다) 처리	① 교통사고, 사망·대형사고 신고 처리 ② 음주운전, 교통위반 신고 처리 ③ 교통불편 신고 처리
	나) 운전면허 관련 민원 업무	① 운전면허 발급·재발급·갱신 신청·접수·교부 ② 운전면허 적성검사 신청·접수 ③ 국제운전면허 신청접수 및 교부 ④ 운전경력증명서 발급 ⑤ 기타 운전면허 관련 민원 업무
	다) 지역교통정보센터 운영 및 교통정보 연계	① 지역교통정보센터 운영 ② 교통정보 연계(경찰청 도시교통정보센터 등과의 연계)
	라) 정체 해소 등 소통 및 안전 확보를 위한 교통관리	① 출·퇴근 시간대 및 상습 정체 구간 주요 교차로에서의 교통관리 ② 안전사고·재해·재난 발생 시 이동로 및 안전 확보를 위한 교통통제 및 관리
	마) 지역 내 교통안전대책 수립·시행	① 시기별·취약 대상·위험요인별 지역내 교통안전대책 수립·시행 ② 지역 교통안전협의체 구성·운영 등 교통안전 분야 유관기관 협업
	바) 교통안전 관련 기관 협의 등	① 지역 교통영향평가, 교통성 검토 등 교통소통 관련 협의 ② 「도로법」 제48조에 따른 자동차전용도로 지정 등 관련 협의(도로관리청이 국토부장관인 경우는 제외) ③ 「교통안전법」상 안전진단, 사고조사 관련 협의 ④ 「어린이·노인 및 장애인 보호구역의 지정 및 관리에 관한 규칙」 제3조에 따른 보호구역의 지정 등 관련 협의 ⑤ 그 밖에 지역 내의 교통안전 및 소통에 관한 사무

다. 지역 내 다중운집 행사 관련 혼잡 교통 및 안전 관리

자치경찰사무	사무의 범위 기준	구체적 내용
-	가) 지역 내 다중운집 행사 등의 교통질서 확보 및 교통안전 관리 지원	① 다중운집 행사장 주변 주요 교차로 소통 확보를 위한 교통관리 지원 ② 행사장 주변 보행자 등 교통사고 예방을 위한 교통안전 활동 지원
	나) 지역 내 다중운집 행사 안전 관리 지원	① 다중운집 행사 안전관리계획 수립 지원 ② 행사장 주변 안전사고 예방 및 질서유지를 위한 안전활동 지원

비고: 위 표의 나목 지역 내 교통 활동에 관한 사무 중 「도로교통법」 제2조 제3호의 고속도로에서 이루어지는 사무는 제외한다.

▌[별표 2]

수당의 지급기준(제10조 제1항 관련)

1. 참석수당

구분	단위	기준 단가	비고
위원회	일당	• 기본료: 150,000원 • 초과 : 50,000원	• 초과는 2시간 이상 시 1일 1회만 지급한다.

2. 심사수당 및 그 밖에 위원회 운영에 필요한 수당 : 위원회 예산 범위에서 사전 위원회 의결로 정하는 바에 따라 지급 가능

17 경상남도 자치경찰사무와 자치경찰 위원회의 조직 및 운영 등에 관한 조례

[시행 2021. 5. 3.] [경상남도조례 제4955호, 2021. 5. 3., 제정]

경상남도(자치행정국 행정과), 055-211-3562

제1조(목적) 이 조례는「국가경찰과 자치경찰의 조직 및 운영에 관한 법률」과「자치경찰사무와 시·도 자치경찰위원회의 조직 및 운영 등에 관한 규정」에서 위임된 사항과 그 시행에 필요한 사항을 규정함을 목적으로 한다.

제2조(생활안전·교통·경비 관련 자치경찰사무의 범위 등) ①「국가경찰과 자치경찰의 조직 및 운영에 관한 법률」(이하 "법"이라 한다) 제4조 제2항 및「자치경찰사무와 시·도자치경찰위원회의 조직 및 운영 등에 관한 규정」(이하 "영"이라 한다) 제2조에 따른 자치경찰사무의 구체적인 사항 및 범위는 별표 1과 같다.

② 경상남도자치경찰위원회(이하 "위원회"라 한다)는 제1항에 따른 별표1을 개정할 필요가 있는 경우, 영 제2조 제2호에 따라 자치경찰사무가 적정한 규모로 정해지도록 미리 경상남도지사(이하 "도지사"라 한다)와 경상남도경찰청장의 의견을 들어야 한다.

③ 위원회는 영 제2조 제3호에 따라 자치경찰사무가 국가경찰사무와 유기적으로 연계되고 다른 특별시·광역시·특별자치시·도·특별자치도의 자치경찰사무와 균형이 이루어지도록 노력하여야 하며, 필요한 경우 경찰청장의 의견을 들을 수 있다.

제3조(위원회 위원의 임명방법) ① 도지사는 법 제20조 제1항 제1호부터 제4호까지의 규정에 따른 위원 추천권자(이하 이 조에서 "추천권자"라 한다)에게 위원으로 추천받은 사람의 자격요건 충족 여부 및 결격사유 유무 등을 확인할 수 있는 자료를 요구할 수 있다.

② 도지사는 위원으로 추천받은 사람이 법 제20조 제2항의 자격요건을 갖추지 못하였거나 같은 조 제7항의 결격사유에 해당할 경우 해당 사실을 추천권자에게 통보하고 재추천을 요청하여야 한다.

제4조(위원회 위원장 및 상임위원의 임명방법) ① 도지사는 법 제20조 제1항에 따라 위원을 임명하고, 위원 중 1명을 위원회의 위원장(이하 "위원장"이라 한다)으로 임명한다.

② 제1항에 따라 임명된 위원장은 임명일로부터 14일 이내에 회의를 개최하고, 위원회는 해당회의에서 상임위원 선정을 의결한다.

제5조(의안의 발의 및 상정) ① 위원은 재적위원 2인 이상의 찬성으로 법 제24조에 따른 위원회 소관 사무 범위 안에서 위원회에 상정할 의안을 발의할 수 있다. 다만, 위원장과 상임위원은 단독으로 의안을 발의할 수 있다. ② 위원장은 발의된 의안을 법 제26조 제1항에 따른 정기회의 또는 임시회의에 상정한다.

제6조(위원의 수당) 위원회의 위원 중 공무원이 아닌 위원에게는「경상남도 위원회 실비변상 조례」에 따라 수당과 여비를 지급할 수 있다. 단, 위원회의 위원 중 공무원이 아닌 위원이 위원회의 의결 또는 위원장의 명에 따라 공무로 출장할 때에는 3급 공무원에 상당하는 여비를 지급할 수 있다.

제7조(실무협의회 구성 및 운영 등) ① 위원회는 영 제15조 제1항에 따라 실무협의회를 운영할 수 있다.

② 실무협의회는 위원회, 경상남도, 경찰청, 경상남도경찰청 등 관계기관의 소속 공무원 등으로 구성한다.

③ 실무협의회는 회의 운영에 필요한 경우 관계전문가에게 회의에 출석하여 발언하게 하거나 자료의 제출을 요청할 수 있다.

제8조(실무협의회 간사) ① 실무협의회에 실무협의회의 사무를 처리할 간사 1명을 둔다.

② 간사는 위원회 사무기구의 실무협의회의 운영을 담당하는 부서장으로 한다.

제9조(실무협의회 운영세칙) 이 조례에서 규정한 사항 외에 실무협의회의 운영 등에 필요한 사항은 실무협의회의 회의를 거쳐 위원회가 정한다.

제10조(감사의 절차와 방법 등) ① 위원회는 법 제24조 제1항 제7호에 따라 자치경찰사무에 대한 감사계획을 수립·실시하여야 하며, 이 때 중복감사 방지를 위해 경찰청장과 협의할 수 있다.

② 제1항에 따른 자치경찰사무에 대한 감사 절차와 방법 등은 위원회의 의결을 거쳐 위원장이 따로 정한다.

제11조(자치경찰사무 담당 공무원에 대한 지원) 도지사는 법 제35조 제2항에 따라 자치경찰사무를 수행하는 공무원에게 「경상남도 공무원 후생복지에 관한 조례」에 따라 경상남도 소속 공무원이 적용받는 후생복지에 관한 사항을 예산의 범위에서 지원할 수 있다.

제12조(위원회의 운영규정) 이 조례에서 규정한 사항 외에 위원회의 운영 등에 필요한 사항은 위원회의 의결을 거쳐 위원장이 따로 정할 수 있다.

부칙

이 조례는 2021년 5월 3일부터 시행한다.

[별표 1]

생활안전, 교통, 경비 관련 자치경찰사무의 구체적 사항 및 범위

가. 지역 내 주민의 생활안전활동에 관한 사무

자치경찰사무	범위 기준	구체적 사항 및 범위
1) 생활안전을 위한 순찰 및 시설의 운영	가) 지역 주민 안전을 위한 범죄예방 시설 설치·운영	① 범죄취약지역 환경 개선 등 지역 범죄 예방환경설계 (CPTED) 사업 추진 ② CCTV 통합관제센터 운영 지원
	나) 지역 주민 안전을 위한 범죄예방진단	① 지역·건물의 범죄취약요소 현장진단 및 점검·관리 ② 범죄예방 우수시설 인증 시행 ③ 범죄예방 강화구역 관리 등 범죄예방진단팀(CPO) 운영
	다) 지역 주민 안전을 위한 순찰과 범죄예방활동 시행·관리	① 시기별·테마별 범죄예방활동(은행·편의점 등 현금다액 취급업소 등) 시행·관리 ② 범죄예방을 위한 순찰(지역안전순찰 등) 제도 시행
2) 주민참여 방범활동의 지원 및 지도	가) 범죄예방을 위한 주민 참여 지역 협의체 구성·운영	① 생활안전협의회, 자율방범대 등에 대한 협업 및 지원·지도
	나) 주민 참여형 범죄예방활동 시행·관리	① 지역주민 대상 범죄예방요령·범죄예방교실·시민경찰학교 등 홍보활동 ② 주민 참여형 범죄예방활동(합동순찰 등)

자치경찰사무	범위 기준	구체적 사항 및 범위
3) 안전사고 및 재해·재난 시 긴급구조지원	가) 재난이 발생할 우려가 현저하거나 재난이 발생하였을 때에 주민의 생명·신체 및 재산을 보호하기 위한 긴급구조지원	① 재난이 발생할 우려가 현저하거나 안전사고 및 재해·재난 발생 시 지역주민 안전확보를 위한 긴급구조지원
	나) 재해 발생 시 지역의 사회질서 유지 및 교통관리 등	① 재해발생지역의 사회질서 유지 ② 재해발생지역의 교통관리 등
	다) 그 밖에 긴급구조지원기관으로서의 긴급구조지원 활동 등	그 밖에 긴급구조지원기관으로서의 지역 내 긴급구조지원 활동 등
4) 아동·청소년·노인·여성·장애인 등 사회적 보호가 필요한 사람에 대한 보호 업무 및 가정·학교·성폭력 등의 예방	가) 아동·노인·장애인 학대 예방과 피해 아동·노인·장애인에 대한 보호활동	① 아동·노인·장애인 학대 예방활동(교육·홍보 등) ② 아동·노인·장애인 학대 사안대응(시설 내 학대 점검, 가·피해자 조사 등) ③ 아동·노인·장애인 학대 피해자 보호기관 등 연계·지원 ④ 아동·노인·장애인 학대 관련 학대예방경찰관(APO) 운영
	나) 아동·청소년·노인·여성·장애인 등 사회적 보호가 필요한 사람의 실종 예방·대응 활동	① 지문 등 사전등록 업무 ② 실종·유괴 경보 체계 구축·운영 ③ 실종아동등 조기발견 지침 대상시설 지도·감독 ④ 유전자 채취 및 보호시설 등 일제수색 운영
	다) 아동 대상 범죄예방 및 아동 안전 보호활동	① 아동안전지킴이 운영 및 선발·배치·감독 ② 아동안전지킴이집 관리 및 운영·교육·홍보 ③ 기타 아동 대상 범죄예방 및 아동안전 보호활동
	라) 청소년 비행방지 등 선도·보호 활동	① 청소년 비행방지, 선도·보호활동 ② 위기청소년(가·피해학생, 학교·가정 밖 청소년 등) 면담·관리 ③ 위기청소년 발굴(거리상담 등) 및 유관기관 연계 ④ 소년범 선도제도 운영(선도프로그램, 선도심사위원회, 전문가참여제, 우범소년 송치) ⑤ 경찰의 청소년 선도·보호 활동에 대한 청소년 참여 제도 운영(정책자문단 등)
	마) 가정폭력범죄 예방과 피해자 등 보호 활동	① 가정폭력 예방활동(교육·홍보 등) ② 가정폭력 (긴급)임시조치 ③ 가정폭력 피해자 상담·보호기관 등 연계·지원 ④ 가정폭력 사안대응(협업회의 참석, 가·피해자 조사 등) ⑤ 가정폭력 관련 학대예방경찰관(APO) 운영
	바) 학교폭력의 근절·예방과 가해학생 선도 및 피해학생 보호 활동	① 학교폭력 예방활동(교육·홍보 등) ② 학교폭력 사안대응(학폭위 참석, 117사안대응, 가·피해학생 조사 등) ③ 청소년육성회 등 지역 내 학교폭력 유관단체와 협업 업무 ④ 청소년경찰학교, 명예경찰소년단 운영 ⑤ 학교전담경찰관(SPO) 운영
	사) 성폭력 예방과 성폭력 피해자 등 보호 활동	① 성폭력범죄 예방활동(교육·홍보 등) ② 성폭력범죄 피해자 보호·지원

자치경찰사무	범위 기준	구체적 사항 및 범위
	아) 그 밖에 관련 법령에 경찰의 사무로 규정된 아동·청소년·노인·여성·장애인 등 사회적 보호가 필요한 사람에 대한 보호 및 가정폭력·학교폭력·성폭력 등 예방 업무	그 밖에 관련 법령에 경찰의 사무로 규정된 아동·청소년·노인·여성·장애인 등 사회적 보호가 필요한 사람에 대한 보호 및 가정폭력·학교폭력·성폭력 등 예방 업무
5) 주민의 일상생활과 관련된 사회질서의 유지 및 그 위반행위의 지도·단속 (다만, 지방자치단체 등 다른 행정청의 사무는 제외한다)	가) 경범죄 위반행위 지도·단속 등 공공질서 유지	① 경범죄 위반행위 단속(과태료 등 지자체 행정처분 사항 제외) ② 지역 내 기초질서 확립을 위한 주민 대상 계도 및 홍보 등
	나) 공공질서에 반하는 풍속·성매매사범 및 사행행위 지도·단속	① 풍속영업의 지도·단속 ② 성매매 단속 ③ 성매매 예방 및 피해자 보호 ④ 사행행위 지도·단속
	다) 그 밖에 관련 법령에 경찰의 사무로 규정된 주민의 일상생활과 관련된 사회질서의 유지 및 그 위반행위의 지도·단속 업무	그 밖에 관련 법령에 경찰의 사무로 규정된 주민의 일상생활과 관련된 사회질서의 유지 및 그 위반행위의 지도·단속 업무
6) 그 밖에 지역주민의 생활안전에 관한 사무	가) 지역주민의 생활안전 관련 112신고(일반신고를 포함한다) 처리	① 가정폭력, 학교폭력, 아동학대, 실종 등 자치경찰 수사사무 관련 신고 처리 ② 풍속영업, 기타경범, 주취자 등 지역 질서유지 관련 신고 처리 ③ 분실습득, 보호조치, 상담문의 등 지역 주민의 생활안전 관련 신고 처리
	나) 지하철, 내수면 등 일반적인 출동이 어려운 특정 지역에서 주민의 생명·신체·재산의 보호를 위한 경찰대 운영	① 지하철경찰대 설치·운영(수사 제외) ② 내수면경찰대 설치·운영 ③ 관광경찰대 설치·운영
	다) 유실물 보관·반환·매각·국고귀속 등 유실물 관리	① 유실물 처리업무 계획 및 지도·감독 ② 습득물·분실물 신고접수 및 보관 ③ 유실자 확인 및 습득자 소유권 취득 시 물건 인계 ④ 법정기간 만료 시 국고·금고 귀속 ⑤ 유실물 관리 시설의 설치 및 운영
	라) 「경찰관 직무집행법」 제4조에 따른 응급구호대상자에 대한 보호조치 및 유관기관 협력	① 응급구호대상자 보건의료기관 또는 공공구호기관 긴급구호 요청 및 인계하거나 경찰관서 임시보호 등 조치 ② 응급구호대상자 휴대 무기·흉기 임시영치 ③ 주취자응급의료센터 운영 지원 ④ 그 밖에 응급구호대상자 보호에 필요한 조치
	마) 그 밖에 관련 법령에 경찰의 사무로 규정된 지역주민의 생활안전에 관한 사무	그 밖에 관련 법령에 경찰의 사무로 규정된 지역주민의 생활안전에 관한 사무

나. 지역 내 교통활동에 관한 사무

자치경찰사무	사무의 범위 기준	구체적 내용
1) 교통법규 위반에 대한 지도 · 단속	가) 교통법규 위반 지도 · 단속, 공익신고 처리 등	① 음주 · 무면허 등 교통법규 위반 단속 ② 교통법규 위반 공익신고 처리 ③ 영상단속(캠코더 단속 포함) 및 방문신고 접수 등 기타 교통법규 위반신고 처리
	나) 음주단속 장비 등 교통경찰용 장비 보급 · 관리 · 운영 등	① 음주단속장비 등 구매 · 보급 ② 음주단속장비 등 검정 · 교정 ③ 음주단속장비 등 노후장비 교체
2) 교통안전시설 및 무인 교통단속용 장비의 심의 · 설치 · 관리	가) 교통사고 예방, 교통소통을 위한 교통안전시설 설치 · 관리 · 운영	① 교통안전시설 운영계획 수립 ② 교통신호기 설치 · 관리 · 운영 ③ 교통안전표지 설치 · 관리 ④ 교통노면표시 설치 · 관리 ⑤ 교통안전시설 및 유사 교통안전시설 무단 설치 단속 ⑥ 그 밖에 도로 위험 방지와 교통안전 및 원활한 소통을 위한 교통안전시설 관련 조치
	나) 도로교통 규제 관련 지역 교통안전시설 심의위원회 설치 및 운영	① 지역 교통안전시설 심의위원회 구성 ② 도로교통 규제 및 교통안전시설 설치여부의 심의 · 결정
	다) 무인 교통단속용 장비의 심의 · 설치 · 관리 · 운영	① 무인 교통단속용장비의 설치 · 관리 · 운영 ② 무인 교통단속용장비의 우선 설치장소 선정 심의
3) 교통안전에 대한 교육 및 홍보	가) 교통안전에 대한 교육	① 지역주민 대상 교통안전 교육계획 수립 · 시행 ② 교안, 리플렛 등 교육자료 제작 · 배포
	나) 교통안전에 대한 홍보	① 지역주민 대상 교통안전 홍보계획 수립 · 시행 ② 교통안전 홍보물품 구매 · 보급
4) 주민참여 지역 교통활동의 지원 및 지도	가) 교통활동 지원 협력단체에 대한 운영 · 관리	① 모범운전자회 · 녹색어머니회 등 교통활동 지원을 위한 운전자 모임 및 학부모단체 구성 ② 모범운전자회 · 녹색어머니회 등 교통활동지원을 위한 운전자 모임 및 학부모 단체의 교통안전 지원활동 관리
	나) 주민참여형 교통안전활동 지원 및 지도	① 무사고 운전자 선발 · 관리 ② 교통법규 위반 공익신고 활성화를 위한 홍보 · 안내
5) 통행 허가, 어린이 통학버스의 신고, 긴급자동차의 지정 신청 등 각종 허가 및 신고에 관한 사무	가) 차마의 안전기준 초과 승차, 안전기준 초과적재 및 차로폭 초과 차 통행허가 처리	① 안전기준 초과승차 허가 신청서 접수 · 허가증 발급 ② 안전기준 초과적재 허가 신청서 접수 · 허가증 발급 ③ 차로폭초과차 통행 허가 신청서 접수 · 허가증 발급
	나) 도로공사 신고접수, 현장점검 및 지도 · 감독 등	① 도로점용허가 필요 조치 ② 도로공사 신고 관련 교통안전 및 원활한 소통을 위한 필요 조치
	다) 어린이통학버스 관련 신고접수 · 관리 및 관계 기관 합동점검	① 어린이통학버스 신고 접수 및 신고증명서 발급 · 재교부 ② 관계부처 합동 어린이통학버스 안전점검 및 계도 · 단속
	라) 긴급자동차의 지정 신청 · 관리	① 긴급자동차 지정증 신청서 접수 · 지정증 발급 ② 긴급자동차 지정증 재교부 신청서 접수 · 지정증 발급 ③ 긴급자동차 지정 취소 및 지정증 회수
	마) 버스전용차로 통행 지정신청	① 버스전용차로 통행 지정신청서 접수 · 지정증 발급

자치경찰사무	사무의 범위 기준	구체적 내용
	처리	② 버스전용차로 통행 지정증 재교부 신청서 접수 · 지정증 발급 ③ 버스전용차로 통행 지정 취소 및 지정증 회수
	바) 주 · 정차 위반차량 견인대행 법인등 지정	① 견인대행법인등 지정신청서 접수 · 지정증 발급 ② 견인대행법인등 지정 취소 · 정지 및 지정증 회수
6) 그 밖에 지역 내의 교통안전 및 소통에 관한 사무	가) 지역주민의 교통안전 관련 112신고(일반신고를 포함한다) 처리	① 교통사고, 사망 · 대형사고 신고 처리 ② 음주운전, 교통위반 신고 처리 ③ 교통불편 신고 처리
	나) 운전면허 관련 민원 업무	① 운전면허 발급 · 재발급 · 갱신 신청 · 접수 · 교부 ② 운전면허 적성검사 신청 · 접수 ③ 국제운전면허 신청접수 및 교부 ④ 운전경력증명서 발급 ⑤ 기타 운전면허 관련 민원 업무
	다) 지역교통정보센터 운영 및 교통정보 연계	① 지역교통정보센터 운영 ② 교통정보 연계(경찰청 도시교통정보센터 등과의 연계)
	라) 정체 해소 등 소통 및 안전 확보를 위한 교통관리	① 출 · 퇴근 등 혼잡한 시간대 및 상습 정체 구간 주요 교차로에서의 교통관리 ② 안전사고 · 재해 · 재난 발생 시 이동로 및 안전 확보를 위한 교통통제 및 관리
	마) 지역 내 교통안전대책 수립 · 시행	① 시기별 · 취약 대상 · 위험요인별 지역내 교통안전대책 수립 · 시행 ② 지역 교통안전협의체 구성 · 운영 등 교통안전 분야 유관기관 협업
	바) 교통안전 관련 기관 협의 등	① 지역 교통영향평가, 교통성 검토 등 교통소통 관련 협의 ②「도로법」제48조에 따른 자동차전용도로 지정 등 관련 협의(도로관리청이 국토부장관인 경우는 제외) ③「교통안전법」상 안전진단, 사고조사 관련 협의 ④「어린이 · 노인 및 장애인 보호구역의 지정 및 관리에 관한 규칙」제3조에 따른 보호구역의 지정 등 관련 협의 ⑤ 그 밖에 지역 내의 교통안전 및 소통에 관한 사무

다. 지역 내 다중운집 행사 관련 혼잡 교통 및 안전 관리

자치경찰사무	사무의 범위 기준	구체적 내용
-	가) 지역 내 다중운집 행사 등의 교통질서 확보 및 교통안전 관리 지원	① 다중운집 행사장 주변 주요 교차로 소통 확보를 위한 교통관리 지원 ② 행사장 주변 보행자 등 교통사고 예방을 위한 교통안전 활동 지원
	나) 지역 내 다중운집 행사 안전 관리 지원	① 다중운집 행사 안전관리계획 수립 지원 ② 행사장 주변 안전사고 예방 및 질서유지를 위한 안전활동 지원

비고: 위 표의 나목 지역 내 교통 활동에 관한 사무 중 「도로교통법」 제2조 제3호의 고속도로에서 이루어지는 사무는 제외한다.

18 제주특별자치도 자치경찰사무 및 자치 경찰위원회 운영 등에 관한 조례

[시행 2021. 4. 14.] [제주특별자치도조례 제2792호, 2021. 4. 14., 제정]

제주특별자치도(자치경찰위원회), 064-710-6461

제1조(목적) 이 조례는 「국가경찰과 자치경찰의 조직 및 운영에 관한 법률」과 「자치경찰사무와 시·도 자치경찰위원회의 조직 및 운영 등에 관한 규정」에서 위임된 사항과 그 시행에 필요한 사항을 규정 함을 목적으로 한다.

제2조(생활안전·교통·경비 관련 자치경찰사무의 범위 등) ① 「국가경찰과 자치경찰의 조직 및 운영에 관한 법률」(이하 "법"이라 한다) 제4조 제2항에 따른 자치경찰사무의 구체적 사항 및 범위는 별표 1 과 같다.

② 제주특별자치도자치경찰위원회(이하 "위원회"라 한다)는 제1항에 따른 별표 1을 개정할 필요가 있을 경우 「자치경찰사무와 시·도자치경찰위원회의 조직 및 운영 등에 관한 규정」(이하 "영"이라 한다) 제2조 제2호에 따라 자치경찰사무가 적정한 규모로 정해지도록 미리 제주특별자치도지사(이하 "도지사"라 한다)와 제주특별자치도경찰청장(이하 "제주경찰청장"이라 한다)의 의견을 청취하여야 한다.

제3조(중복감사의 방지) ① 위원회는 영 제2조 제3호에 따라 중복감사를 방지하기 위하여 경찰청장이 수립하는 연간 감사계획과 연계하여 자치경찰사무에 대한 감사계획을 수립·실시할 수 있다.

② 제1항에 따른 자치경찰사무에 대한 감사 절차와 방법 등은 규칙으로 정한다.

제4조(위원회 위원의 임명방법 등) ① 도지사는 법 제20조 제1항 제1호부터 제4호까지의 규정에 따른 위원 추천권자(이하 이 조에서 "추천권자"라 한다)로부터 위원으로 임명할 사람을 추천받은 경우 추천권자에게 위원으로 추천받은 사람의 자격요건 충족 여부 및 결격사유 유무 등을 확인할 수 있는 자료를 요구할 수 있다.

② 도지사는 위원으로 추천받은 사람이 법 제20조 제2항의 자격요건을 갖추지 못하였거나 같은 조 제7항의 결격사유에 해당할 경우 해당 사실을 추천권자에게 통보하고, 위원으로 임명할 사람의 추천을 다시 요청하여야 한다.

③ 법 제20조 제3항에 따라 임명된 위원회의 위원장(이하 "위원장"이라 한다)은 임명된 날부터 7일 이내에 위원회의 회의를 개최하여 위원 중에서 1명을 위원회의 의결을 거쳐 상임위원으로 선정하고, 선정된 상임위원은 위원장의 제청으로 도지사가 임명한다.

제5조(의안의 발의 및 상정) ① 법 제26조 제4항에 따라 위원회의 위원은 2명 이상의 찬성으로 법 제24조에 따른 위원회의 소관 사무에 대하여 위원회에 상정할 의안을 발의할 수 있다. 다만, 위원장과 상임위원은 단독으로 의안을 발의할 수 있다.

② 위원장은 발의된 의안을 법 제26조 제1항에 따른 정기회의 또는 임시회의에 상정한다.

제6조(위원의 수당 등) ① 법 제26조 제3항 및 영 제16조 제2항에 따라 위원회에 출석한 공무원이 아닌 위원에게 지급하는 수당의 지급기준은 별표 2와 같다.

② 공무원이 아닌 위원이 위원회의 의결에 따라 출장할 때에는 예산의 범위에서 3급 지방공무원에 상당

하는 여비를 지급할 수 있다.

제7조(실무협의회의 운영 등) ① 법 제26조 제4항 및 영 제15조 제1항에 따른 실무협의회는 위원회·제주특별자치도·제주특별자치도교육청·제주특별자치도경찰청 소속 공무원 등으로 구성한다.

② 실무협의회는 회의 운영에 필요한 경우 관계전문가 등에게 회의에 출석하여 발언하게 하거나 자료의 제출을 요청할 수 있다.

③ 실무협의회의 회의에 출석한 관계전문가 등에 대해서는 예산의 범위에서 수당, 여비 및 그 밖에 필요한 경비를 지급할 수 있다.

④ 그 밖에 실무협의회의 운영 등에 필요한 사항은 위원회의 의결을 거쳐 위원장이 운영세칙으로 정한다. 이 경우 위원회는 도지사 및 제주경찰청장의 의견을 들을 수 있다.

제8조(경찰공무원에 대한 지원) 도지사는 위원회 사무국 소속 경찰공무원에게 「제주특별자치도 공무원 후생복지에 관한 조례」 또는 「제주특별자치도 공무원 맞춤형 복지제도 운영 규정」 등에서 정하는 바에 따라 예산의 범위에서 복지, 처우 등 재정적 지원을 할 수 있다.

제9조(위원장의 의회 출석·답변) 위원장은 「지방자치법」제42조 제2항에 따라 제주특별자치도의회가 요구하면 출석·답변하여야 한다. 다만, 특별한 이유가 있으면 위원장은 상임위원 또는 위원회 소속 공무원에게 출석·답변하게 할 수 있다.

부칙

이 조례는 공포한 날부터 시행한다.

▌[별표 1]

자치경찰사무의 구체적 사항 및 범위
(제2조 제1항 관련)

가. 지역 내 주민의 생활안전활동에 관한 사무

자치경찰사무	사무의 범위 기준	구체적 사항
1) 생활안전을 위한 순찰 및 시설의 운영	가) 지역 주민 안전을 위한 범죄예방 시설 설치·운영	① 지역 셉테드(범죄예방환경설계) 사업 추진 ② CCTV 통합관제센터 운영 지원
	나) 지역 주민 안전을 위한 범죄예방진단	① 지역·건물의 범죄취약요소 현장진단 및 점검·관리 ② 범죄예방 우수시설 인증 시행 ③ 범죄예방진단팀(CPO) 운영
	다) 지역 주민 안전을 위한 순찰과 범죄예방활동 시행·관리	① 시기별·테마별 범죄예방활동 시행·관리 ② 범죄예방을 위한 순찰(지역안전순찰 등) 제도 시행 ③ 은행·편의점 등 현금다액 취급업소 범죄예방활동 시행
2) 주민참여 방범활동의 지원 및 지도	가) 범죄예방을 위한 주민 참여 지역 협의체 구성·운영	생활안전협의회, 자율방범대 등에 대한 협업 및 지원·지도
	나) 주민 참여형 범죄예방활동 시행·관리	① 지역주민 대상 범죄예방요령·범죄예방교실·시민경찰학교 등 홍보활동 ② 주민 참여형 범죄예방활동(합동순찰 등)

자치경찰사무	사무의 범위 기준	구체적 사항
3) 안전사고 및 재해·재난 시 긴급구조지원	가) 재난이 발생할 우려가 현저하거나 재난이 발생하였을 때에 주민의 생명·신체 및 재산을 보호하기 위한 긴급구조지원	재난이 발생할 우려가 현저하거나 안전사고 및 재해·재난 발생 시 지역주민 안전확보를 위한 긴급구조지원
	나) 재해 발생 시 지역의 사회질서 유지 및 교통관리 등	① 재해발생지역의 사회질서 유지 ② 재해발생지역의 교통관리 등
	다) 그 밖에 긴급구조지원기관으로서의 긴급구조지원 활동 등	그 밖에 긴급구조지원기관으로서의 지역 내 긴급구조지원 활동 등
4) 아동·청소년·노인·여성·장애인 등 사회적 보호가 필요한 사람에 대한 보호 업무 및 가정·학교·성폭력 등의 예방	가) 아동·노인·장애인 학대 예방과 피해 아동·노인·장애인에 대한 보호활동	① 아동·노인·장애인 학대 예방활동(교육·홍보 등) ② 아동·노인·장애인 학대 사안대응(시설 내 학대 점검, 가·피해자 조사 등) ③ 아동·노인·장애인 학대 피해자 보호기관 등 연계·지원 ④ 아동·노인·장애인 학대 관련 학대예방경찰관(APO) 운영
	나) 아동·청소년·노인·여성·장애인 등 사회적 보호가 필요한 사람의 실종 예방·대응 활동	① 지문 등 사전등록 업무 ② 실종·유괴 경보 체계 구축·운영 및 실종아동등 조기 발견 지침 대상시설 지도·감독 ③ 유전자 채취 및 보호시설 등 일제수색 운영
	다) 아동 대상 범죄예방 및 아동 안전 보호활동	① 아동안전지킴이 운영 및 선발·배치·감독 ② 아동안전지킴이집 관리 및 운영·교육·홍보
	라) 청소년 비행방지 등 선도·보호 활동	① 청소년 비행방지, 선도·보호활동 ② 위기청소년(가해·피해학생, 학교·가정 밖 청소년 등) 면담·관리 ③ 위기청소년 발굴(거리상담 등) 및 유관기관 연계 ④ 소년범 선도제도 운영(선도프로그램, 선도심사위원회, 전문가참여제, 우범소년 송치) ⑤ 경찰의 청소년 선도·보호 활동에 대한 청소년 참여 제도 운영(정책자문단 등)
	마) 가정폭력범죄 예방과 피해자 등 보호 활동	① 가정폭력 예방활동(교육·홍보 등) ② 가정폭력 (긴급)임시조치 ③ 가정폭력 피해자 상담·보호기관 등 연계·지원 ④ 가정폭력 사안대응(협업회의 참석, 가해자·피해자 조사 등) ⑤ 가정폭력 관련 학대예방경찰관(APO) 운영
	바) 학교폭력의 근절·예방과 가해학생 선도 및 피해학생 보호 활동	① 학교폭력 예방활동(교육·홍보 등) ② 학교폭력 사안대응(학교폭력대책심의위원회 참석, 117 사안대응, 가해·피해학생 조사 등) ③ 청소년육성회 등 지역 내 학교폭력 유관단체와 협업 업무 ④ 청소년경찰학교, 명예경찰소년단 운영 ⑤ 학교전담경찰관(SPO) 운영
	사) 성폭력 예방과 성폭력 피해자 등 보호 활동	① 성폭력범죄 예방활동(교육·홍보 등) ② 성폭력범죄 피해자 보호·지원
	아) 그 밖에 관련 법령에 경찰의 사무로 규정된 아동·청소년·노인·여성·장애인 등 사	그 밖에 관련 법령에 경찰의 사무로 규정된 아동·청소년·노인·여성·장애인 등 사회적 보호가 필요한 사람에 대한 보호 및 가정폭력·학교폭력·성폭력 등 예방 업무

자치경찰사무	사무의 범위 기준	구체적 사항
5) 주민의 일상생활과 관련된 사회질서의 유지 및 그 위반행위의 지도·단속 (다만, 제주특별자치도 등 다른 행정청의 사무는 제외한다)	회적 보호가 필요한 사람에 대한 보호 및 가정폭력·학교폭력·성폭력 등 예방 업무	
	가) 경범죄 위반행위 지도·단속 등 공공질서 유지	① 경범죄 위반 행위 단속(과태료 등 지자체 행정처분 사항 제외) ② 지역 내 기초질서 확립을 위한 주민 대상 계도 및 홍보 등
	나) 공공질서에 반하는 풍속·성매매사범 및 사행행위 지도·단속	① 풍속영업의 지도·단속 ② 성매매 단속 ③ 성매매 예방 및 피해자 보호 ④ 사행행위 지도·단속
	다) 그 밖에 관련 법령에 경찰의 사무로 규정된 주민의 일상생활과 관련된 사회질서의 유지 및 그 위반행위의 지도·단속 업무	그 밖에 관련 법령에 경찰의 사무로 규정된 주민의 일상생활과 관련된 사회질서의 유지 및 그 위반행위의 지도·단속 업무
6) 그 밖에 지역주민의 생활안전에 관한 사무	가) 지역주민의 생활안전 관련 112신고(일반신고를 포함한다) 처리	① 가정폭력, 학교폭력, 아동학대, 실종 등 자치경찰 수사사무 관련 신고 처리 ② 풍속영업, 기타경범, 주취자 등 지역 질서유지 관련 신고 처리 ③ 분실습득, 보호조치, 상담문의 등 주민생활 관련 신고 처리
	나) 내수면 등 일반적인 출동이 어려운 특정 지역에서 주민의 생명·신체·재산의 보호를 위한 경찰대 운영	① 내수면경찰대 설치·운영 ② 관광경찰대 설치·운영
	다) 유실물 보관·반환·매각·국고귀속 등 유실물 관리	① 유실물 처리업무 계획 및 지도·감독 ② 습득물·분실물 신고접수 및 보관 ③ 유실자 확인 및 습득자 소유권 취득 시 물건 인계 ④ 법정기간 만료 시 국고·금고 귀속 ⑤ 유실물 관리 시설의 설치 및 운영
	라)「경찰관 직무집행법」제4조에 따른 응급구호대상자에 대한 보호조치 및 유관기관 협력	① 응급구호대상자 보건의료기관 또는 공공구호기관 긴급 구호 요청 및 인계하거나 경찰관서 임시보호 등 조치 ② 응급구호대상자 휴대 무기·흉기 임시영치 ③ 주취자응급의료센터 운영 지원 ④ 그 밖의 응급구호대상자 유관기관 협력
	마) 그 밖에 관련 법령에 경찰의 사무로 규정된 지역주민의 생활안전에 관한 사무	그 밖에 관련 법령에 경찰의 사무로 규정된 지역주민의 생활안전에 관한 사무

나. 지역 내 교통활동에 관한 사무

자치경찰사무	사무의 범위 기준	구체적 사항
1) 교통법규 위반에 대한 지도·단속	가) 교통법규 위반 지도·단속, 공익신고 처리 등	① 음주·무면허 등 교통법규 위반 단속 ② 교통법규 위반 공익신고 처리 ③ 기타 교통법규 위반신고 처리(영상단속, 방문 신고 등)

자치경찰사무	사무의 범위 기준	구체적 사항
	나) 음주단속 장비 등 교통 경찰용 장비 보급·관리· 운영 등	① 음주단속장비 구매·보급 ② 음주단속장비 검정·교정 ③ 음주단속장비 노후장비 교체
2) 교통안전시설 및 무인 교통단속용 장비의 심의·설치· 관리	가) 교통사고 예방, 교통소통을 위한 교통안전시설 설치· 관리·운영	교통안전시설 및 유사 교통안전시설 무단 설치 단속
	나) 무인 교통단속용 장비의 심의 ·설치·관리·운영	① 무인 교통단속용장비의 설치·관리·운영 ② 무인 교통단속용장비의 우선 설치장소 선정 심의
3) 교통안전에 대한 교육 및 홍보	가) 교통안전에 대한 교육	① 지역주민 대상 교통안전 교육계획 수립·시행 ② 교안, 리플렛 등 교육자료 제작·배포
	나) 교통안전에 대한 홍보	① 지역주민 대상 교통안전 홍보계획 수립·시행 ② 교통안전 홍보물품 구매·보급
4) 주민참여 지역 교통활동의 지원 및 지도	가) 교통활동 지원 협력단체에 대한 운영·관리	① 모범운전자회·녹색어머니회 등 교통 활동 지원을 위한 운전자 모임 및 학부모 단체 운영 ② 모범운전자회·녹색어머니회 등 교통 활동 지원을 위한 운전자 모임 및 학부모 단체의 교통안전 지원활동 관리
	나) 주민참여형 교통안전 활동 지원 및 지도	① 무사고 운전자 선발·관리 ② 교통법규 위반 공익신고 활성화를 위한 홍보·안내
5) 통행 허가, 어린이 통학버스의 신고, 긴급자동차의 지정 신청 등 각종 허가 및 신고에 관한 사무	가) 차마의 안전기준 초과 승차, 안전기준 초과적재 및 차로폭 초과차 통행허 가 처리	① 안전기준초과승차 허가신청서 접수·허가증 발급 ② 안전기준초과적재 허가신청서 접수·허가증 발급 ③ 차로폭초과차 통행허가신청서 접수·허가증 발급
	나) 도로공사 신고접수, 현장점 검 및 지도·감독 등	① 도로점용허가 필요 조치 ② 도로공사 신고 관련 교통안전 및 원활한 소통을 위한 필요 조치
	다) 어린이 통학버스 관련 신고접수·관리 및 관계 기관 합동 점검	① 어린이 통학버스 신고 접수 및 신고증명서 발급·재교부 ② 관계부처 합동 어린이 통학버스 안전점검 및 계도·단속
	라) 긴급자동차의 지정 신청·관리	① 긴급자동차 지정증 신청서 접수·지정증 발급 ② 긴급자동차 지정증 재교부 신청서 접수·지정증 발급 ③ 긴급자동차 지정 취소 및 지정증 회수
	마) 버스전용차로 통행 지정 신청 처리	① 버스전용차로 통행 지정신청서 접수·지정증 발급 ② 버스전용차로 통행 지정증 재교부 신청서 접수·지정증 발급 ③ 버스전용차로 통행 지정 취소 및 지정증 회수
	바) 주·정차 위반차량 견인대 행법인등 지정	① 견인대행법인등 지정신청서 접수·지정증 발급 ② 견인대행법인등 지정 취소·정지 및 지정증 회수
6) 그 밖에 지역 내의 교통안전 및 소통 에 관한 사무	가) 지역주민의 교통안전 관련 112신고(일반신고를 포함 한다) 처리	① 교통사고, 사망·대형사고 신고 처리 ② 음주운전, 교통위반 신고 처리 ③ 교통불편 신고 처리
	나) 운전면허 관련 민원 업무	① 운전면허 발급·재발급·갱신 신청·접수·교부 ② 운전면허 적성검사 신청·접수 ③ 국제운전면허 신청접수 및 교부 ④ 운전경력증명서 발급 ⑤ 기타 운전면허 관련 민원 업무

자치경찰사무	사무의 범위 기준	구체적 사항
	다) 정체 해소 등 소통 및 안전 확보를 위한 교통관리	① 출·퇴근 시간대 및 상습 정체 구간 주요 교차로에서의 교통관리 ② 안전사고·재해·재난 발생 시 이동로 및 안전 확보를 위한 교통통제 및 관리
	라) 지역 내 교통안전대책 수립·시행	① 시기별·취약 대상·위험요인별 지역내 교통안전대책 수립·시행 ② 지역 교통안전협의체 구성·운영 등 교통안전 분야 유관기관 협업 강화
	마) 교통안전 관련 기관 협의 등	① 지역 교통영향평가, 교통성 검토 등 교통소통 관련 협의 ② 「도로법」 제48조에 따른 자동차전용도로 지정 등 관련 협의(도로관리청이 국토부장관인 경우는 제외) ③ 「교통안전법」에 따른 안전진단, 사고조사 관련 협의 ④ 그 밖에 지역 내의 교통안전 및 소통에 관한 사무

다. 지역 내 다중운집 행사 관련 혼잡 교통 및 안전 관리

자치경찰사무	사무의 범위 기준	구체적 사항
다중운집 행사 관련 혼잡 교통 및 안전 관리	가) 지역 내 다중운집 행사 등의 교통질서 확보 및 교통안전 관리 지원	① 다중운집 행사장 주변 주요 교차로 소통 확보를 위한 교통관리 지원 ② 행사장 주변 보행자 등 교통사고 예방을 위한 교통안전 활동 지원
	나) 지역 내 다중운집 행사 안전 관리 지원	① 다중운집 행사 안전관리계획 수립 지원 ② 행사장 주변 안전사고 예방 및 질서유지를 위한 안전활동 지원

▌[별표 2]

<u>수당의 지급기준</u>(제6조 제1항 관련)

1. 참석수당

구분	단위	기준 단가	비고
위원회	일당	• 기본료: 150,000원 • 초과 : 50,000원	• 초과는 2시간 이상 시 1일 한 차례에 한정하여 지급한다.

2. 심사수당 및 그 밖에 위원회의 운영에 필요한 수당 : 예산의 범위에서 사전 위원회 의결로 정하는 바에 따라 지급 가능

【비고】
가. 참석수당: 위원회에 위원이 출석하여 심의·의결·자문 등을 하는 경우에 지급하는 수당
나. 심사수당: 위원회의 의결을 거쳐 위원장으로부터 의뢰를 받은 위원회의 위원이 미리 자료를 수집하거나 회의 안건을 검토하여 위원회에 보고하는 경우에 지급하는 수당

19 제주특별자치도 자치경찰 운영 등에 관한 조례

[시행 2021. 5. 20.] [제주특별자치도조례 제2833호, 2021. 5. 20., 일부개정]

제주특별자치도(자치경찰단), 064-710-6286

 제1장 총칙

제1조(목적) 이 조례는 「제주특별자치도 설치 및 국제자유도시 조성을 위한 특별법」에서 위임한 사항과 그 밖의 시행에 필요한 사항을 규정함을 목적으로 한다. 〈개정 2020. 4. 13.〉

제2조(국가경찰과의 관계) 자치경찰은 사무를 수행함에 있어 국가경찰과 상호 긴밀한 협력과 응원 체제를 갖추어야 한다.

 제2장 국가경찰과의 협약

제3조(국가경찰과의 협약 체결) ① 「제주특별자치도 설치 및 국제자유도시 조성을 위한 특별법」(이하 "제주특별법"이라 한다) 제91조 제4항에 따라 제주특별자치도지사(이하 "도지사"라 한다)는 국가경찰과 자치경찰간의 사무분담 및 사무수행방법에 관한 업무협약안을 작성하여 제주특별자치도경찰청장(이하 "제주자치도경찰청장"이라 한다)에게 협약 체결을 요청하여야 한다. 이 경우 도지사는 업무협약안을 작성하기 전에 제주특별자치도자치경찰위원회의 의견을 들어야 한다. 〈개정 2016. 1. 11., 2021. 5. 20.〉

② 도지사는 제주자치도경찰청장과 제1항에 따른 업무협약의 체결을 완료한 때에는 이를 도보에 게재하여 공표하여야 한다. 〈개정 2021. 5. 20.〉

③ 제주특별법 제91조에 따른 업무협약에는 다음 각 호의 사항을 포함하여야 한다. 〈개정 2016. 1. 11., 2021. 5. 20.〉

  1. 자치경찰의 활동 목표에 관한 사항

  2. 제4조에 따라 자치경찰이 수행할 사무의 구체적 범위에 관한 사항

  3. 인력 및 장비 운영 등에 관한 사항

  4. 자치경찰과 국가경찰 간 상호 협력과 응원에 관한 사항

  5. 업무협약의 유효 기간 및 개정에 관한 사항

  6. 그 밖에 자치경찰사무의 효율적인 추진에 관한 사항

제4조(국가경찰과의 사무분담 기준) 제주특별법 제91조 제4항에 따라 자치경찰과 국가경찰 간에 사무를 분담할 때에는 주민의 안전 및 공공의 안전을 최우선으로 하고, 주민의 자유와 권리 행사를 최대한 보장하기 위하여 다음 각 호의 사항을 고려하여 상호 부여된 권한을 존중하고 협력이 극대화 되도록 하여야 한다. 〈개정 2016. 1. 11., 2021. 5. 20.〉

  1. 제주의 지역적 특성 및 요일별, 계절별 특수성

2. 중복되는 업무의 최소화를 통한 경찰력의 효율적 운영

3. 주민 및 방문 내·외국인에 대한 치안 서비스의 증대

제5조(사무수행 방법의 기준) ① 제주특별법 제90조에 따른 자치경찰사무를 수행하는 방법의 기준은 다음 각 호와 같다. 〈개정 2016. 1. 11., 2021. 5. 20.〉

1. 효율적인 사무 수행을 위한 중점 활동 지역 선정 및 운영

2. 치안의 수요, 인력, 보유 장비 등을 감안한 근무 시간과 근무 방법 선정

3. 자치경찰과 국가경찰의 유기적인 협조

② 자치경찰과 국가경찰은 예정된 특수한 치안 수요에 대비하여 서로 지원이 필요한 경우에는 미리 협력을 요청하여야 한다.

 제3장   삭제 〈2021. 5. 20.〉

제6조 삭제 〈2021. 5. 20.〉

제7조 삭제 〈2021. 5. 20.〉

제8조 삭제 〈2021. 5. 20.〉

제9조 삭제 〈2021. 5. 20.〉

제10조 삭제 〈2021. 5. 20.〉

제11조 삭제 〈2021. 5. 20.〉

 제4장   자치경찰공무원의 직무 수행

제12조(복제) 제주특별법 제99조에 따른 자치경찰공무원의 제복에 대한 복제와 흉장 및 표지장 등은 규칙으로 정한다. 〈개정 2016. 1. 11., 2021. 5. 20.〉

제13조(경찰 인력 및 장비 등의 상호 통보) 제주특별법 제100조 제3항에 따른 경찰 인력, 장비 등의 운영 상황 및 계획의 통보는 유·무선 통신망을 활용하되, 구체적인 내용은 협약으로 정한다. 〈개정 2016. 1. 11., 2021. 5. 20.〉

제14조(근무 시간) 자치경찰공무원의 근무 시간은 주간(晝間)으로 하되, 치안 수요에 따라 야간과 공휴일에도 탄력적으로 운영할 수 있다.

 제5장   교통시설심의위원회의 구성과 운영

제15조(구성) ① 제주특별법 제435조 제1항에 따라 설치하는 제주특별자치도 교통시설심의위원회(이하 "교통시설심의위원회"라 한다)에 부위원장 1명을 두며, 부위원장은 위원 중에서 호선한다. 〈개정 2016. 1. 11., 2021. 5. 20.〉

② 도지사는 교통시설심의위원회의 위원 중 교통 분야의 전문성을 갖춘 국가경찰공무원이 포함되도록 위촉하여야 한다.

제16조(위원의 임기) 위원의 임기는 2년으로 하되, 한 차례에 한하여 연임할 수 있다. 다만, 위원 중 공무원이 아닌 위원의 사임 등으로 새로 위촉된 위원의 임기는 전임 위원 임기의 남은 기간으로 한다.

제17조(위원장의 직무) ① 교통시설심의위원회의 위원장(이하 "위원장"이라 한다)은 교통시설심의위원회를 대표하고, 교통시설심의위원회의 업무를 총괄한다.

② 위원장이 부득이한 사유로 직무를 수행할 수 없는 때에는 부위원장이 그 직무를 대행한다.

제18조(회의) ① 위원장은 교통시설심의위원회의 회의를 소집하고, 그 의장이 된다.

② 위원회의 회의는 재적위원 3분의 2 이상 출석으로 개의(開議)하고, 출석위원 과반수의 찬성으로 의결한다.

③ 회의는 월 1회 정기적으로 개최함을 원칙으로 하되, 심의대상 시설의 수량에 따라 위원장이 그 시기를 조정할 수 있다.

④ 위원장은 회의를 개최하려는 경우에는 회의개최 7일 전까지 회의의 일시·장소 및 심의안건 등을 위원에게 통지하여야 한다. 다만, 부득이한 사유가 있을 경우에는 회의개최 3일 전까지 통지할 수 있다. 〈개정 2020. 4. 13.〉

⑤ 위원장은 교통시설심의위원회의 심의를 위하여 필요한 경우에는 관계 공무원 또는 관계 전문가 등에게 회의에 출석하여 발언하게 하거나 자료의 제출을 요청할 수 있다.

⑥ 도지사는 제주특별법 제435조 제4항에 전단에 따라 다음 각 호의 어느 하나에 해당하는 경우에는 교통시설심의위원회의 심의를 거치지 아니할 수 있다. 〈개정 2020. 4. 13., 2021. 5. 20.〉

　　1. 중요한 행사나 도로공사 등으로 일시적으로 긴급하게 교통안전시설을 설치할 필요가 있는 경우. 다만, 설치한 시설을 계속 존속시킬 필요가 있는 경우에는 교통시설심의위원회의 심의를 거쳐야 한다.

　　2. 「도시교통정비 촉진법」 제15조에 따른 교통영향평가 실시 대상 사업으로 교통영향평가심의위원회의 심의를 거치고 그 심의 결과에 따라 교통안전시설을 설치하려는 경우

　　3. 「도로교통법」 제12조 및 같은 법 제12조의2에 따른 어린이 보호구역, 노인 보호구역 및 장애인 보호구역 내에 교통안전시설을 설치하는 경우

　　4. 교통사고 잦은 곳의 개선 사업으로 교통안전시설을 설치하는 경우

제19조(간사) ① 교통시설심의위원회에 위원회의 사무를 처리할 간사 1명을 둔다.

② 간사는 자치경찰단 교통업무 담당 과장이 된다. 〈개정 2020. 4. 13.〉

제20조(수당 등) 교통시설심의위원회의 회의에 참석하는 위원과 관계 전문가 등에게는 「제주특별자치도 각종 위원회 실비 변상 조례」에 따라 예산의 범위에서 수당과 그 밖에 필요한 경비를 지급할 수 있다.
　　[전문개정 2021. 5. 20.]

제21조(운영 세칙) 이 조례에서 정한 것 외에 교통시설심의위원회의 운영에 필요한 사항은 교통시설심의위원회의 의결을 거쳐 위원장이 정한다.

제6장　　자치경찰기마대의 설치와 운영

제22조(설치) 제주특별법 제90조에 따른 특화된 주민치안 사무를 수행하기 위하여 제주특별자치도 자치경찰기마대(이하 "기마대"라 한다)를 설치할 수 있다. 〈개정 2016. 1. 11., 2021. 5. 20.〉

제23조(운영) 기마대 근무 등 운영에 필요한 사항은 규칙으로 정한다. 〈개정 2020. 4. 13.〉

제24조(명예기마대의 운영) ① 도지사는 기마대의 운영을 활성화하기 위하여 제주자치도민이 참여하는 제주특별자치도 자치경찰명예기마대(이하 "명예기마대"라 한다)를 운영할 수 있다.

② 제1항에 따른 명예기마대의 운영에 필요한 사항은 규칙으로 정한다.

제7장 보 칙

제25조(시행규칙) 이 조례에서 정한 것 외에 이 조례의 시행에 필요한 사항은 규칙으로 정한다.

부칙

제1조(시행일)

이 조례는 공포한 날부터 시행한다.

제2조(치안행정위원회 등에 대한 경과조치)

종전의 조례에 따라 구성·운영되고 있는 치안행정위원회, 교통시설심의위원회, 자치경찰기마대와 명예기마대 등은 각각 이 조례에 따라 구성·운영하는 것으로 본다.

제3조(위원에 대한 경과조치)

종전의 조례에 따라 위촉된 치안행정위원회 위원 및 교통시설심의위원회 위원은 각각 이 조례에 따라 위촉된 위원으로 보되, 그 임기는 종전의 규정에 따른 임기까지로 한다.

제4조(일반적 경과조치)

이 조례 시행 당시 종전의 조례에 따라 행한 행위 등은 이 조례에 따른 행위 등으로 본다.

부칙 〈제1558호,2016. 1. 11.〉

이 조례는 2016년 1월 25일부터 시행한다.

부칙 〈제2510호, 2020. 4. 13.〉

이 조례는 공포한 날부터 시행한다. 다만, 제18조 제6항의 개정규정은 2020년 6월 11일부터 시행한다.

부칙 〈제2833호, 2021. 5. 20.〉

이 조례는 공포한 날부터 시행한다.

저자 약력

이동규('자치경찰의 교육과 미래전략' 집필)

경찰대학을 졸업하고 KAIST 미래전략대학원에서 공학석사를 취득, 현재 같은 대학원에서 박사과정을 진행 중에 있다. 지능, 경제, 형사 등 일선 수사부서에서 15년간 근무하였으며 특수수사 분야를 특기로 하였다. 경찰수사연수원 지능범죄수사학과장을 거쳐 현재 경찰인재 개발원 자치경찰교육센터장을 맡고 있다. 드론, VR, A.I. 등 첨단기술들과 함께 범죄와 치안 환경 변화 예측을 주로 연구하고 있다. 저서로는「Anti-Drone : 드론위협의 대응」이 있다.

김형담('자치경찰의 이해' 집필)

경찰대학 행정학과를 졸업하고 영국 University of Surrey에서'영국 경찰의 역사와 문화: 한국 자치경찰제 도입에 관한 정책적 시사점'을 주제로 범죄학 석사학위를 취득하였다. 주로 지역경찰 순찰팀원으로 근무하였으며, 경찰서 생활안전계장, 생활질서계 생명존중협력담당 관 등으로 근무하였다. 현재 경찰인재개발원에서 자치경찰 분야 강의와 연구를 담당하고 있다.

이정원('자치경찰의 사무와 권한' 집필)

경찰대학 행정학과를 졸업하고 일선 시도청과 경찰서에서 다양한 범죄수사 업무를 담당하였다. 박사학위 취득 후 공법(헌법, 행정법, 지방자치법) 분야에서 경찰활동에 대한 관심을 가지며 연구하고 있다. 경찰인재개발원에서 '헌법가치정책실무과정'과 '피해자위기개입전문가 과정'을 운영하면서 관련 분야의 강의를 수행하고 있다.

박성희('경찰사무의 유형별 분류' 집필)

경찰대학 법학과를 졸업하고 춘천경찰서 신사우지구대, 춘천경찰서 여성보호계장, 강원지방 경찰청 피해자보호계장, 경찰청 정보2과, 경찰청장 비서실 등 경찰의 각급 관서를 두루 거쳤다. 특히 범죄 피해자 및 사회적 약자 보호 분야에 매진하여 2020년 대통령 표창을 받았다. 현재 경찰인재개발원에서 '자치경찰' 및 '피해자보호·지원' 관련 연구와 강의를 담당하고 있다.

문성준('수사 기능을 수행하는 자치경찰' 집필)

수사·경비·보안·외사·지역경찰 기능에서 일하였고, 특히 경찰청 수사구조개혁단에서 수사권 개혁 업무를 담당하였다. 경찰수사연수원, 경찰인재개발원, 그리고 현재는 경찰대학에서 '수사제도', '수사서류작성', '수사추론' 등에 관한 연구와 강의를 담당하고 있다.

최형우('112치안종합상황실' 집필)

서울지방경찰청, 서울종로경찰서, 서울강서경찰서 112치안종합상황실에서 근무하였다.
2016년부터 경찰인재개발원에서 112치안종합상황실 과정 연구와 강의를 담당하고 있으며
경찰대학 및 소방·해경 긴급신고 요원과 페루, 엘살바도르, 온두라스, 앙골라, 필리핀 등
해외 경찰 대상 긴급신고 시스템 교육을 하여 왔다. 경찰청 112신고 접수 지령 매뉴얼 및
112신고 시스템 구축에 참여하였다.

조준택('지역경찰' 집필)

경찰대학 행정학과를 졸업하고 서울경찰청 영등포·강남·용산경찰서에서 근무하였다. 서울대
학교 행정대학원에서 박사학위를 받고 행정학과 경찰학의 국내외 학술지에 논문을 게재하였
으며 현재 경찰인재개발원에서 자치경찰 및 민간경비 관련 연구와 강의를 담당하고 있다.

손원진('생활안전' 집필)

경찰대학 법학과, 순천향대 법과학대학원에서 공부하였다. 경찰청 생활안전국, 경남청에서
생안, 여청, 생활질서 등 범죄예방과 질서유지 업무를 담당하였다. 2008년부터 CPTED에
관심을 갖고 무질서, 범죄, 범죄에 대한 두려움을 감소시킬 수 있는 방안에 대해 고민하고
있으며, 한국의 선진 치안시스템을 해외에 전파하는 일에도 앞장서고 있다. 현재 경찰인재개
발원에서 범죄예방정책 및 CPTED에 대한 강의를 담당하고 있다.

좌동진('보호조치' 집필)

1992년도 경찰에 입직하여 지방청 생활안전, 외근지도관, 교육, 수사, 지역경찰 등 30년에
걸친 풍부한 현장경험과 경찰 동료강사로서 많은 강의경력을 보유하고 있다. 특히 경찰청 소
속 위기협상 요원으로 경찰대학, 수사연수원, 중앙경찰학교, 지방경찰학교, 전국의 강력형사
팀장들을 대상으로 인질 및 자살시도자 현장 대응기법을 강의하였으며 현재 경찰인재개발원
에서 전국의 현장 경찰관들을 대상으로 '보호조치'의 일환인 '지역경찰 초동조치', '정신질환·자
살시도자 현장대응기법'과 관련한 연구와 강의를 담당하고 있다.

백기호('생활질서(풍속)' 집필)

부산지방경찰청 형사과 광역수사대와 수사과 경제범죄수사팀, 해운대경찰서 형사과 강력팀
등 다수의 수사부서에서 근무하였고, 경찰공제회 발간 승진수험서 집필위원으로 활동 중이
며, '사행성게임물 판례연구' 책자를 발간하는 등 풍속분야 연구를 지속해 오며 관련 유공으로
2019년 문화체육관광부장관 표창을 받았다. 현재 경찰인재개발원에서 '풍속분야' 및 '총포
화약분야' 관련 연구와 강의를 담당하고 있다.

이재용('경범죄' 집필)

경찰대학 행정학과를 졸업하고 경찰에 입직하여 주로 수사부서에서 근무하였다. 강력범죄, 폭력범죄, 경제범죄, 실종사건, 교통사고 등 각종 수사팀에서 국민생활과 밀접한 사건들을 수사하였고, 현재 경찰인재개발원에서 형사법과 수사실무를 주로 지역경찰 관점에서 연구하며 강의하고 있다.

강영훈('가정폭력' '아동학대' 집필)

경찰대학 법학과를 졸업하고 경찰에 입직하여 여성청소년계장, 학교폭력전담팀장 등 여성청소년 관련 분야에서 근무하였다. 현재는 경찰인재개발원에서 8년째 APO(학대예방경찰관), 여성청소년수사팀 등의 현장 경찰을 대상으로 강의하고 관련 정부기관, 아동보호전문기관, 여성인권진흥원 등 협업 기관·단체에도 지속적으로 출강하고 있다.

서민수('학교폭력 & 소년범죄' 집필)

대학에서 청소년 상담학과 아동학을 전공했다. 2012년 '청.바.지.동아리'라는 청소년 자치단체를 운영하며 청소년 활동을 시작했으며, 인천경찰청에서 다년간 '학교전담경찰관' 활동과 '청소년경찰학교'를 운영했다. 현재, 경찰인재개발원에서 '학교폭력과 소년법' 관련 연구와 교육을 담당하고 있고, 조선일보에서 부모교육 칼럼을 연재 중이다. 저서로는 「내 새끼 때문에 고민입니다만,」, 「요즘 자녀學」이 있다.

김학수('성폭력 및 실종 대응 업무' 집필)

중앙대학교 대학원 청소년학과를 졸업(석사)하였고, 서울강남경찰서와 서울경찰청, 여성청소년계, 경찰청 여성청소년과 청소년계, 서울송파경찰서 실종수사팀장 등 각급 경찰관서에서 오랜 기간 여성청소년 관련 부서에서 근무하였다. 특히 청소년 건전 육성 및 사회적 약자 보호 유공으로 2017년 대통령 표창, 2020년 여성가족부장관 표창을 받았다. 현재 경찰인재개발원에서 '성범죄 대응 및 실종수사' 관련 연구와 강의를 담당하고 있다.

여창우('교통' 집필)

1998년 순경공채로 경찰에 입문한 이후 2004년부터 의정부경찰서 교통조사계, 경기북부경찰청 교통조사계 등에서 교통사고조사 및 재조사, 거짓말탐지검사 등의 업무를 수행하였다. 2018년부터 현재까지 경찰인재개발원 자치경찰교육센터에서 지역경찰수사역량강화과정 및 교통업무 관련 연구와 강의를 담당하고 있다.

2022년 안전, 주민, 경찰
자치경찰의 새로운 이해 자치경찰법령집

초판발행   2022년 1월 10일

지은이   이동규 외 14인
펴낸이   안종만·안상준

편 집   염상호
기획/마케팅   오치웅
표지디자인   BEN STORY
제 작   고철민·조영환

펴낸곳   ㈜ **박영사**
             서울특별시 금천구 가산디지털2로 53, 210호(가산동, 한라시그마밸리)
             등록 1959. 3. 11. 제300-1959-1호(倫)
전 화   02)733-6771
f a x   02)736-4818
e-mail   pys@pybook.co.kr
homepage   www.pybook.co.kr
ISBN   979-11-303-1388-7   93350

* 파본은 구입하신 곳에서 교환해 드립니다. 본서의 무단복제행위를 금합니다.
* 저자와 협의하여 인지첩부를 생략합니다.

정 가   59,000원